Kompakt-Lexikon Wirtschaftspolitik

Lizenz zum Wissen.

Sichern Sie sich umfassendes Wirtschaftswissen mit Sofortzugriff auf tausende Fachbücher und Fachzeitschriften aus den Bereichen: Management, Finance & Controlling, Business IT, Marketing, Public Relations, Vertrieb und Banking.

Exklusiv für Leser von Springer-Fachbüchern: Testen Sie Springer für Professionals 30 Tage unverbindlich. Nutzen Sie dazu im Bestellverlauf Ihren persönlichen Aktionscode C0005407 auf *www.springerprofessional.de/buchkunden/*

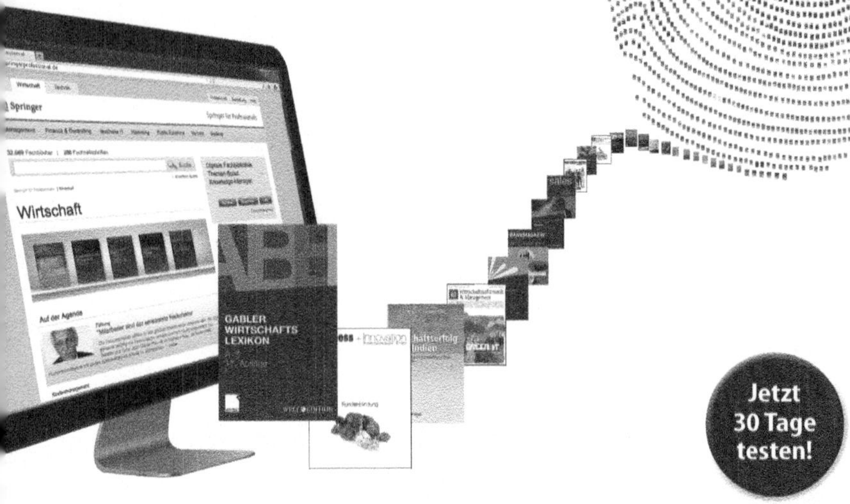

Jetzt 30 Tage testen!

Springer für Professionals.
Digitale Fachbibliothek. Themen-Scout. Knowledge-Manager.

- Zugriff auf tausende von Fachbüchern und Fachzeitschriften
- Selektion, Komprimierung und Verknüpfung relevanter Themen durch Fachredaktionen
- Tools zur persönlichen Wissensorganisation und Vernetzung

www.entschieden-intelligenter.de

Springer für Professionals

Springer Fachmedien Wiesbaden (Hrsg.)

Kompakt-Lexikon Wirtschaftspolitik

3.200 Begriffe nachschlagen, verstehen, anwenden

ISBN 978-3-658-03036-0

Die Deutsche Nationalbibliothek verzeichnet diese Publikation in der Deutschen Nationalbibliografie; detaillierte bibliografische Daten sind im Internet über http://dnb.d-nb.de abrufbar.

Springer Gabler
© Springer Fachmedien Wiesbaden 2013
Das Werk einschließlich aller seiner Teile ist urheberrechtlich geschützt. Jede Verwertung, die nicht ausdrücklich vom Urheberrechtsgesetz zugelassen ist, bedarf der vorherigen Zustimmung des Verlags. Das gilt insbesondere für Vervielfältigungen, Bearbeitungen, Übersetzungen, Mikroverfilmungen und die Einspeicherung und Verarbeitung in elektronischen Systemen.

Die Wiedergabe von Gebrauchsnamen, Handelsnamen, Warenbezeichnungen usw. in diesem Werk berechtigt auch ohne besondere Kennzeichnung nicht zu der Annahme, dass solche Namen im Sinne der Warenzeichen und Markenschutz-Gesetzgebung als frei zu betrachten wären und daher von jedermann benutzt werden dürften.

Redaktion: Stefanie Brich, Claudia Hasenbalg
Layout und Satz: workformedia | Frankfurt am Main | München

Gedruckt auf säurefreiem und chlorfrei gebleichtem Papier

Springer Gabler ist eine Marke von Springer DE.
Springer DE ist Teil der Fachverlagsgruppe Springer Science+Business Media
www.springer-gabler.de

Autorenverzeichnis

Professor Dr. **Oliver Budzinski**, Technische Universität Ilmenau, Ilmenau
Sachgebiet: Prozesspolitik

Professor Dr. **Mathias Erlei**, Technische Universität Clausthal, Clausthal
Sachgebiet: Experimentelle Wirtschaftsforschung

Professor Dr. **Eberhard Feess**, Frankfurt School of Finance and Management, Frankfurt am Main
Sachgebiet: Umwelt- und Ressourcenökonomik

Professor Dr. **Wolf Fichtner**, Karlsruher Institut für Technologie (KIT), Karlsruhe
Sachgebiet: Energiepolitik

Dr. **Fred Henneberger**, Universität St. Gallen, St. Gallen
Sachgebiet: Arbeitsmarkt

Professor Dr. Dr. **Christian Henning**, Christian-Albrechts-Universität zu Kiel, Kiel
Sachgebiet: Agrarpolitik

Dr. **Jörg Jasper**, EnBW AG, Berlin
Sachgebiet: Prozesspolitik

Professor Dr. **Berndt Karl Keller**, Universität Konstanz, Konstanz
Sachgebiet: Arbeitsmarkt

Professor Dr. **Martin Klein**, Martin-Luther-Universität Halle-Wittenberg, Halle (Saale)
Sachgebiete: Entwicklungspolitik, Internationale Organisationen

Johannes Klenk, Eberhard Karls Universität, Tübingen
Sachgebiet: Bildungspolitik

Professor Dr. **Henning Klodt**, Institut für Weltwirtschaft, Kiel
Sachgebiete: Industriepolitik, Strukturpolitik, Technologiepolitik

Professor Dr. **Hagen Krämer**, Hochschule Karlsruhe - Technik und Wirtschaft, Karlsruhe
Sachgebiet: Verteilungstheorie und -politik

Tobias Krause, Universität Potsdam, Potsdam
Sachgebiet: Public Management

Dr. **Robert Malina**, Westfälische Wilhelms-Universität, Münster
Sachgebiet: Verkehrspolitik

Professor Dr. **Albrecht Michler**, Heinrich-Heine-Universität, Düsseldorf
Sachgebiet: Prozesspolitik

Jun.-Prof. Dr. **Ulf Papenfuß**, Universität Leipzig, Leipzig
Sachgebiet: Öffentliches Finanzmanagement

Prof. Dr. Dr. **Helge Peukert**, Universität Erfurt, Erfurt
Sachgebiet: Neue Institutionenökonomik

Professor Dr. **Isabella Proeller**, Universität Potsdam, Potsdam
Sachgebiet: Public Management

Professor Dr. **Bernd-Thomas Ramb**, Universität Siegen, Siegen
Sachgebiet: Allgemeine Wirtschaftspolitik

Professor Dr. **Dirk Sauerland**, Universität Witten/Herdecke, Witten
Sachgebiet: Ordnungspolitik

Dr. **Andreas Schäfer**, Universität Leipzig, Leipzig
Sachgebiet: Wachstumspolitik

Prof. Dr. **Christina Schäfer**, Helmut-Schmidt-Universität/Universität der Bundeswehr, Hamburg
Sachgebiet: Öffentliches Finanzmanagement

Professor Dr. **Josef Schmid**, Eberhard Karls Universität, Tübingen
Sachgebiet: Bildungspolitik

Dr. **Enrico Schöbel**, Universität Leipzig, Leipzig
Sachgebiet: Neue Politische Ökonomie

Dr. **Andreas Szczutkowski**, Universität Bielefeld, Bielefeld
Sachgebiet: Informationsökonomik

Dr. **Carsten Weerth**, Hauptzollamt, Bremen
Sachgebiete: Europäische Wirtschaftspolitik

Professor Dr. **Martin Werding**, Ruhr-Universität, Bochum
Sachgebiet: Sozialpolitik

Professor (em.) Dr. **Rupert Windisch**, Friedrich-Schiller-Universität, Jena
Sachgebiet: Verfügungsrechte

Abkürzungsverzeichnis

a.	anno (Jahr)
Abb.	Abbildung
Abk.	Abkürzung
ABl	Amtsblatt
ABl EG	Amtsblatt der Europäischen Gemeinschaften
Abschn.	Abschnitt
Abt.	Abteilung
ADSp	Allgemeine Deutsche Spediteurbedingungen
AEG	Allgemeines Eisenbahngesetz
a.F.	alte Fassung
AG	Aktiengesellschaft; Amtsgericht; Ausführungsgesetz
AktG	Aktiengesetz
allg.	allgemein
amerik.	amerikanisch
AMG	Arzneimittelgesetz
AO	Abgabenordnung
ArbGG	Arbeitsgerichtsgesetz
Art.	Artikel
AUB	Allgemeine Versicherungsbedingungen für die Unfallversicherung
AÜG	Arbeitnehmerüberlassungsgesetz
AWV	Außenwirtschaftsverordnung
BaföG	Berufsausbildungsförderungsgesetz
BAG	Bundesarbeitsgericht
b.a.w.	bis auf weiteres
BBankG	Gesetz über die deutsche Bundesbank
BBergG	Bundesberggesetz
BBiG	Berufsbildungsgesetz
BDSG	Bundesdatenschutzgesetz
BErzGG	Bundeserziehungsgeldgesetz
bes.	besonders(-e, -es, -er)
BetrAVG	Gesetz zur Verbesserung der betrieblichen Altersvorsorge
BetrVG	Betriebsverfassungsgesetz
bez.	bezüglich
BGB	Bürgerliches Gesetzbuch
BGBl	Bundesgesetzblatt (I = Teil I, II = Teil II, III = Teil III)
BHO	Bundeshaushaltsordnung
BImSchG	Bundes-Immissionsschutzgesetz
BinSchG	Binnenschifffahrtsgesetz
BM	Bundesminister(ium)
BNatSchG	Bundesnaturschutzgesetz
BörsG	Börsengesetz
BSG	Bundessozialgericht

BSHG	Bundessozialhilfegesetz
bspw.	beispielsweise
BVerfG	Bundesverfassungsgericht
BVG	Bundesversorgungsgesetz
bzw.	beziehungsweise
ca.	circa
DepotG	Depotgesetz
d.h.	das heißt
EAG	Europäische Atomgemeinschaft
EAGV	Vertrag über die Europäische Atomgemeinschaft
EEG	Erneuerbare-Energien-Gesetz
EGKS	Europäische Gemeinschaft für Kohle und Stahl
EGKSV	Vertrag über die Europäische Gemeinschaft für Kohle und Stahl
EGV	Vertrag zur Gründung der Europäischen Gemeinschaft
engl.	englisch
EnWG	Energiewirtschaftsgesetz
EStG	Einkommensteuer-Gesetz
etc.	et cetera
EU	Europäische Union
EuGH	Europäischer Gerichtshof
EUV	Vertrag über die Europäische Union
e.V.	eingetragener Verein
evtl.	eventuell
EVO	Eisenbahn-Verkehrsordnung
EWGV	Vertrag über die Europäische Wirtschaftsgemeinschaft
ff.	folgende
franz.	französisch
geb.	geboren
ggf.	gegebenenfalls
GmbH	Gesellschaft mit beschränkter Haftung
GMBl	Gemeinsames Ministerialblatt
griech.	griechisch
GWB	Gesetz gegen Wettbewerbsbeschränkungen (Kartellgesetz)
HandwO	Handwerksordnung
HGB	Handelsgesetzbuch
i.Allg.	im Allgemeinen

i.d.F.	in der Fassung
i.d.R.	in der Regel
i.e.S.	im engeren Sinn
inkl.	inklusive
InvG	Investmentgesetz
i.V.	in Verbindung
i.w.S.	im weiteren Sinn
Jh.	Jahrhundert
KG	Kommanditgesellschaft
KMU	klein- und mittelständische Unternehmen
KStG	Körperschaftsteuergesetz
KWG	Gesetz über das Kreditwesen
lat.	lateinisch
LHO	Landeshaushaltsordnung
mind.	mindestens
Mio.	Millionen
MOG	Marktordnungsgesetz
Mrd.	Milliarden
m.spät.Änd.	mit späteren Änderungen
Nr.	Nummer
o.Ä.	oder Ähnliches
ÖPNV	öffentlicher Personennahverkehr
PBefG	Personenbeförderungsgesetz
ProdHaftG	Produkthaftungsgesetz
PVÜ	Pariser Verbandsübereinkommen
RVO	Reichsversicherungsordnung
s.	siehe
S.	Seite
SGB	Sozialgesetzbuch
SGG	Sozialgerichtsgesetz
sog.	sogenannte(-r, -s)
Std.	Stunde(-n)
TEHG	Treibhaus-Emissionshandelsgesetz

u.a.	und andere; unter anderem
u.Ä.	und Ähnliche(-s)
UmweltHG	Umwelthaftungsgesetz
usw.	und so weiter
u.U.	unter Umständen
UVPG	Gesetz über die Umweltverträglichkeitsprüfung
UWG	Gesetz gegen den unlauteren Wettbewerb
v.a.	vor allem
VAG	Versicherungsaufsichtsgesetz
VBL	Versorgungsanstalt des Bundes und der Länder
vgl.	vergleiche
VO	Verordnung
vs.	versus
VVG	Versicherungsvertragsgesetz
VwVfG	Verwaltungsverfahrensgesetz
WHG	Wasserhaushaltsgesetz
WoGG	Wohngeldgesetz
WpHG	Wertpapierhandelsgesetz

AASM – Abk. für *Assoziierte afrikanische Staaten und Madagaskar*; Gruppe von frankophonen Staaten. Vor Erlangung der staatlichen Souveränität waren die jeweiligen Territorien nach Maßgabe der Art. 198 ff. AEUV der Gemeinschaft (→ EWG) assoziiert. Nach ihrer Unabhängigkeit schlossen die AASM dann (erstmals am 20.7.1963) → Assoziierungsabkommen i.S.d. Art. 217 AEUV mit der → EWG (später der EG, nunmehr der EU) ab (sog. → Jaunde-Abkommen).

Abbaukosten – *Extraktionskosten*; Kosten der Förderung einer → erschöpflichen Ressource.

Abbaumengensteuer – Steuer auf die abgebaute Menge einer → erschöpflichen Ressource.

Abbaupfad – zeitliche Verteilung des Abbaus einer → erschöpflichen Ressource.

Abbaurate – pro Zeiteinheit abgebaute Menge einer → erschöpflichen Ressource.

Abgabesätze – Zinssätze, zu denen bestimmte Geldmarktpapiere von der Europäischen Zentralbank im Rahmen der → Offenmarktpolitik unter dem Nennwert abgegeben werden. Eine Zusammenstellung der jeweiligen Abgabesätze enthalten die Monatsberichte der Deutschen Bundesbank. – *Gegensatz*: → Rücknahmesätze.

abgeleitetes Einkommen → Sekundäreinkommen.

Absatzförderungsfonds der deutschen Land- und Ernährungswirtschaft – *Absatzfonds*; ehemals öffentlich-rechtliche Anstalt; Sitz in Bonn. Ihm oblag nach dem Absatzfondsgesetz i.d.F. vonm 1.7.1969 m.spät.Änd. bis 2009 die Aufgabe, den Absatz und die Verwertung von Erzeugnissen der deutschen Land- und Ernährungswirtschaft durch Erschließung und Pflege von Märkten im In- und Ausland zentral zu fördern. Finanzierung durch Beiträge der genannten Wirtschaftszweige. Bedient sich zur Durchführung seiner Aufgaben der → Centralen Marketinggesellschaft der deutschen Agrarwirtschaft mbH (CMA) und der Zentralen Markt- und Preisberichtstelle für Erzeugnisse der Land-, Forst und Ernährungswirtschaft GmbH (ZMP). Das Bundesverfassungsgericht verkündet am 3.2.2009 das Urteil, dass sowohl Aufgabenstellung als auch die Beitragserhebung des Absatzfonds seit dem 1.7.2002 verfassungswidrig und nichtig sind. Der Verwaltungsrat des Absatzfonds beschloss daraufhin, die geordnete Liquidation seiner Durchführungsgesellschaften CMA und ZMP.

Abschöpfung – 1. *Begriff*: FrühereAbgabe im Rahmen der EU-Agrarpolitik. – 2. *Rechtliche Regelungen*: a) Europarechtlich war sie geregelt durch den Vertrag zur Gründung der Europäischen Wirtschaftsgemeinschaft und das Gesetz zu den Verträgen vom 25.3.1957 zur Gründung der Europäischen Wirtschaftsgemeinschaft und der Europäischen Atomgemeinschaft (BGBl. 1957 II 753) – jeweils geändert und ergänzt durch die weiteren Beitritte zur Europäischen Gemeinschaft. b) In zahlreichen Verordnungen wurden seinerzeit verschiedene Arten der Abschöpfung für u.a. folgende Produkte geregelt: Getreide, Rindfleisch, Schweinefleisch, Zucker sowie bestimmte, aus landwirtschaftlichen Erzeugnissen hergestellte Waren. c) Die nationale Durchführung war v.a. geregelt im Gesetz zur Durchführung der gemeinsamen Marktordnung (MOG) vom 31.8.1972 (BGBl. I 1617) m.spät.Änd. – 3. *Ziele*: a) Bei der *Einfuhr* von Marktordnungswaren in die EG zum Ausgleich des Unterschieds zwischen den (niedrigen) Preisen der Erzeugnisse auf dem Weltmarkt und den (höheren) Preisen der EG, um die innergemeinschaftlichen (höheren) Preise auf dem Agrarmarkt zu halten und sie vor Schwankungen der Weltmarktpreise zu schützen. b) Bei der *Ausfuhr* für solche Agrarwaren, deren Weltmarktpreis über dem EG-Preisniveau lag, um Unterversorgung infolge attraktiver Exportverhältnisse zu verhindern. – 4. *Höhe* der Abschöpfung wurde von der EG-Kommission für eine bestimmte Gültigkeitsperiode festgesetzt. – 5. *Agrarzölle*: Heute werden stattdessen Einfuhrzölle und/oder zumeist nur saisonale Ausfuhrzölle erhoben. – Vgl. auch → Agrarmarktordnung, → Agrarpolitik, Ausfuhrabgaben, Außenprotektion.

absolute Armut – 1. *Begriff*: durch die Nairobi-Rede des damaligen Weltbankpräsidenten R. McNamara (1973) in die entwicklungspolitische Diskussion eingeführte Bezeichnung für die entwürdigenden Lebensbedingungen der Armen in der Dritten Welt. In absoluter Armut leben alle Personen mit einem Tageseinkommen unterhalb eines bestimmten US-Dollar-Betrages, gerechnet in Kaufkraftparität. Die absolute → Armutsgrenze wird von der Weltbank bei 1,25 PPP US-Dollar pro Tag angesetzt (Preisniveau von 2005). – 2. *Messung*: ausgewählte Indikatoren der absoluten Armut (→ Armutsindikatoren) nach der International Development Association (→ IDA) sind a) *Pro-Kopf-Einkommen*, b) *Kalorienaufnahme*, c) *durchschnittliche Lebenserwartung*, d) *Kindersterblichkeit* sowie e) *Geburtenrate*. – Vgl. auch Armut, → relative Armut.

absolute Mehrheitsregel → Abstimmungsverfahren, bei dem eine Alternative als beschlossen gilt, wenn sie mehr als die Hälfte aller abgegebenen Stimmen erhält. – *Anders*: → relatives Mehrheitswahlrecht.

Absorptionsansatz – 1. Begriff der *monetären Außenwirtschaftstheorie*, wonach die Leistungsbilanz der Zahlungsbilanz der Differenz zwischen dem Bruttoinlandsprodukt und der im Inland verbrauchten Gütermengen (Absorption) entspricht. Eine Verbesserung des Saldos der Leistungsbilanz ergibt sich langfristig bei einer Abwertung nur dann, wenn die Produktion um mehr steigt als die Absorption. – 2. Begriff der *Entwicklungspolitik und -theorie*, wonach in einem Entwicklungsland seine interne Faktorausstattung (i.w.S.: Arbeitskräfte, Know-how, Kapital, Natur, Infrastruktur etc.) bestimmt, welche Arten und Mengen von außen eingebrachter Faktoren (v.a. Kapital und Know-how) sinnvoll eingesetzt (absorbiert) werden können. Z.B. begrenzt das Fehlen qualifizierter Arbeitskräfte die sinnvolle Verwendung hoch entwickelter Technologien. – *Gegenteil:* Hortung.

Abstimmungsregeln → Abstimmungsverfahren.

Abstimmungsverfahren – *Abstimmungsregeln*. Regelung der Stimmenverteilung und der Feststellung des Abstimmungssiegers bei kollektiven Entscheidungsprozessen (→ Kollektiventscheidung). Stimmenverteilung heute i.Allg. nach der Regel: Eine Person, eine Stimme. Für die Entscheidung, welche der zur Wahl stehenden Alternativen die Abstimmung gewinnt, existiert eine Vielzahl von Regeln, z.B. einfache Mehrheit, qualifizierte Mehrheit, absolute Mehrheit, Punktemethode. Abstimmungsverfahren sind faktisch manipulierbar durch → strategisches Abstimmungsverhalten.

ACI – Abk. für *Association Cambiste Internationale (Financial Markets Association)*. 1955 in Frankreich gegründet. Anstoß war ein entsprechendes Abkommen zwischen Devisenhändlern in Frankreich und England. Seither hat sich ACI zur führenden Organisation für professionelle Händler an Finanzmärkten entwickelt. Ziel der Organisation ist die Interessenvertretung ihrer Mitglieder, die Wahrung und Weiterentwicklung von Verhaltensstandards an den Finanzmärkten sowie die Aus- und Weiterbildung von Händlern an Finanzmärkten.

additiver Umweltschutz – *End-of-Pipe-Technik;* Sammelbegriff für Maßnahmen im → Umweltschutz, die dem Prozess der umweltschädlichen Leistungserstellung nachgeschaltet sind. – *Gegensatz:* → integrierter Umweltschutz. – Vgl. auch → präventiver Umweltschutz, → Umweltpolitik.

Adverse Selection – *adverse Selektion, Antiselektion, Negativauslese*. 1. *Begriff:* Adverse Selection bezeichnet eine Ausprägung von Marktversagen, welche aus der → Informationsasymmetrie zwischen Vertragspartnern (Käufern und Verkäufern) vor Vertragsabschluss resultiert (Hidden Characteristics). – 2. *Mechanismus:* In dem auf Akerlof (1970) zurückgehenden Modell, das als Klassiker dieser Literatur gilt, wird am *Beispiel des Marktes für Gebrauchtwagen* illustriert, wie sich unvollständige Informationen der Nachfrager auswirken: Die Nachfrager können die Anbieter von gut erhaltenen Gebrauchtwagen nicht von den Anbietern schlecht erhaltener Gebrauchtwagen unterscheiden. Umgekehrt kennt jeder Anbieter genau die Qualität seines Autos. Ein Nachfrager geht deshalb von einer durchschnittlichen Qualität der Gebrauchtwagen aus. Die Anbieter von guten Gebrauchtwagen werden zur Deckung ihrer Opportunitätskosten (Nutzeneinbuße durch Verkauf des Autos) stets einen höheren Preis verlangen müssen als die Anbieter schlecht erhaltener Wagen. Da die Anbieter von schlecht erhaltenen Gebrauchtwagen jedoch wissen, dass die Nachfrager gute und schlechte Anbieter nicht unterscheiden können, besteht für sie ein Anreiz vorzugeben, ebenfalls Autos von hoher Qualität zu verkaufen und denselben Preis wie die Anbieter guter Autos zu fordern. Da dieser Preis jedoch u.U. über dem Preis liegen wird, den die Nachfrager für die von ihnen erwartete Durchschnittsqualität zu zahlen bereit sind, werden keine Transaktionen mit den Anbietern guter Autos zustande kommen, d.h. Anbieter höherer Qualität ziehen sich aus dem Markt zurück und es werden nur Gebrauchtwagen unterdurchschnittlicher Qualität angeboten. Dieses Marktversagen ist eine Folge der asymmetrischen Informationsverteilung: Wären die Nachfrager über die Qualität der Gebrauchtwagen vollständig informiert, würde jeder Gebrauchtwagen angeboten und einen Preis abhängig von seiner Qualität erzielen. Auf Versicherungsmärkten entsteht dieses Problem als Folge der Informationsasymmetrie zwischen Anbietern und Nachfragern von Versicherungen. Die Anbieter haben üblicherweise einen Informationsnachteil hinsichtlich wichtiger Merkmale der Nachfrager, welche die Eintrittswahrscheinlichkeiten von Versicherungsfällen betreffen. Adverse Selektion stellt eine mögliche Ursache für Marktversagen auf Arbeitsmärkten dar, bspw. als Folge der Informationsasymmetrie zwischen Arbeitgeber und Bewerber hinsichtlich der Qualifikation von Bewerbern. – 3. Typischerweise hat eine Marktseite Interesse an der Entwicklung von Marktmechanismen, welche den Informationsnachteil abbauen, wie die Anbieter gut erhaltener Gebrauchtwagen im Akerlof-Modell (z.B. durch die Gewährung von Qualitätsgarantien). Diese werden mit den Begriffen Signalling oder Screening zusammengefasst. Beim Signaling geht die Initiative vom gut informierten Partner aus (Werbung, Garantien, Zeugnisse oder Zertifikate im Bewerbungsprozess), beim Screening dagegen vom schlecht informierten Partner (Auswahlgespräche, Fragebögen). – Vgl. auch Prinzipal-Agent-Theorie.

AEUV – Abk. für *Vertrag über die Arbeitsweise der Europäischen Union*; durch den Vertrag von Lissabon erfolgte Umbenennung des *Vertrags über die Europäische Gemeinschaft* (→ EGV). Alle Art. des EGV werden mit dem AEUV neu nummeriert und ggf. neu gefasst. Die → Europäische Gemeinschaft hat mit Wirkung vom 1.12.2009 ihre Rechtspersönlichkeit verloren und ist endgültig in der → EU aufgegangen, die gleichzeitig Rechtspersönlichkeit gewonnen hat.

AfDB – 1. *Begriff:* Abk. für *African Development Bank (AfDB);* gegründet 1964 in Khartum; Geschäftsaufnahme 1966. Die anfangs durch afrikanische Staaten gegründete AfDB öffnete sich später auch für nicht regionale Mitglieder (europäische Staaten, Kanada, USA, Japan, China, Südkorea, Indien, Brasilien, Argentinien, Saudi-Arabien und Kuwait). Mitglieder der AfDB sind 53 afrikanische und 24 nicht afrikanische Staaten. – 2. *Ziele:* nachhaltige Armutsbekämpfung, wirtschaftliche Entwicklung und sozialer Fortschritt der Mitgliedsländer durch Unterstützung bei Entwicklungshilfeprojekten, Harmonisierung nationaler Entwicklungsstrategien. – *Schwerpunkte* der Kreditvergabe: Agrar-, Transport-, Energie- und Exportsektoren. – 3. *Abteilungen der ADB:* Afrikanischer Entwicklungsfonds (African Development Fund, AfDF), 1973/74 zur Gewährung von finanziellen Hilfen in Form von Zuschüssen und günstigen Krediten an bes. arme afrikanische Länder gegründet; der Nigerianische Treuhandfonds (Nigeria Trust Fund, NTF), 1976 als spezieller Fonds mit Mitteln der Republik Nigeria gegründet.

African Development Bank → AfDB.

African Union (AU) – 1. *Begriff und Merkmale: Afrikanische Union;* Organisation der regionalen Integration in Afrika mit Sitz in Addis Abeba; seit 2001/2 Nachfolgeorganisation der Organisation für Afrikanische Einheit. – 2. *Zielsetzung:* Politische und wirtschaftliche Integration. Gemeinsamer Gerichtshof und gemeinsame Währung. – 3. *Organe:* Höchstes Organ der AU ist die Generalversammlung, in der die Staats- und Regierungschefs der Mitgliedsländer vertreten sind. Der Exekutivrat der AU setzt sich aus den Fachministern der Länder zusammen. Er ist der Generalversammlung verantwortlich. Die Kommission der AU umfasst neben einem Vorsitzenden und einem stellvertretenden Vorsitzenden acht Kommissare, die für unterschiedliche Aufgabenbereiche zuständig sind. Die AU umfasst auch das Panafrikanische Parlament, das eine gewisse Kontrollfunktion ausüben soll, einen Gerichtshof und weitere Institutionen.

Afrikanische Entwicklungsbank → AfDB.

Afrikanische Union → African Union (AU).

Agency-Kosten – 1. *Begriff:* I.w.S.: sämtliche pekuniären und nichtpekuniären Kosten, die durch Interessenkonflikte im Rahmen einer Prinzipal-Agent-Beziehung (→ Agency-Theorie) entstehen. Agency-Kosten i.e.S. werden von M.C. Jensen und W.H. Meckling (1976) definiert als Summe der Überwachungs- und Bindungskosten zzgl. des Residualverlusts (Residual Loss). *Überwachungskosten* messen den Wert der Ressourcenaufwendungen des Prinzipals zur Überwachung des Agenten. Als *Bindungskosten* wird der Wert der Ressourcen bezeichnet, die ein Agent aufwendet, um ein bestimmtes vom Prinzipal unerwünschtes Verhalten glaubhaft auszuschließen. Beide Kategorien sind Bestandteil der Kosten zur Abfassung, Überwachung und Durchsetzung von Verträgen. Der *Residualverlust* reflektiert die Unmöglichkeit der Durchsetzung eines vollkommenen Vertrages. Er wird als monetäres Äquivalent der Wohlfahrtseinbuße definiert, die dem Prinzipal entsteht, wenn der Agent trotz Aufwendung von Überwachungs- und Bindungskosten nicht im besten Interesse des Prinzipals handelt, sondern zumindest teilweise ein abweichendes Ziel verfolgt. – 2. *Ursachen:* Folgende Bedingungen müssen erfüllt sein, damit Agency-Kosten entstehen können: a) Ein Verzicht des Prinzipals auf einen Agenten ist nicht durchführbar (der Prinzipal kann sich z.B. nicht selbst unter Narkose operieren) oder kommt (z.B. wegen des Verzichts auf Spezialisierungsvorteile) nicht in Betracht (ärztliche Diagnose vs. Selbstdiagnose). – b) Der Agent verfügt über bessere Informationen als der Prinzipal. – c) Eine vollständige Überwachung der Aktivitäten des Agenten ist nicht oder nur unter Aufwendung von Kosten möglich. – d) Die Interessen des Agenten sind nicht deckungsgleich mit denen des Prinzipals. – 3. *Abgrenzung:* Agency-Kosten entstehen zu Beginn einer Vertragsbeziehung (ex ante) im Zuge eines umfassenden Interessenausgleiches zwischen vollständig rational handelnden Akteuren. Im Rahmen des Transaktionskostenansatzes wird dagegen von unvollständigen → Verträgen eingeschränkt rational handelnder Individuen ausgegangen, die notwendigerweise Lücken aufweisen. Aus diesem Grund besteht (ex post) im Erfüllungsstadium der Beziehung weiterer Handlungsbedarf seitens der Vertragspartner. Im Gegensatz zu den Agency-Kosten beinhalten *Transaktionskosten* im Sinn von Williamson daher auch Ressourcenaufwendungen, die ex post im Rahmen einer Anpassung der Vertragsbeziehung an unvorhergesehene Ereignisse anfallen.

Agency-Problem → Agency-Theorie.

Agency-Theorie – 1. *Begriff/Gegenstand:* a) *I.w.S.:* Zweig der Wirtschaftstheorie, der die Kooperation zwischen Wirtschaftssubjekten beim Vorliegen von Interessenkonflikten und → Informationsasymmetrie zum Gegenstand hat. – b) *I.e.S.:* Ausgangspunkt der Agency-Theorie i.e.S. ist eine Agency-Beziehung, bei der definitionsgemäß eine Partei (der Agent) im Auftrag einer anderen Partei (dem Prinzipal) agiert. Eine Agency-Beziehung kommt zumeist zustande, weil der Agent über spezielles Wissen bzw. bes. Fähigkeiten im Hinblick auf die in Frage stehenden Aufgaben verfügt. Agency-Beziehungen bestehen z.B. zwischen Anteilseignern und Vorstand, Mandant und Rechtsanwalt, Patient und Arzt. In der Agency-Theorie wird durchweg unterstellt, dass Individuen ihr Eigeninteresse verfolgen. Folglich kann nicht davon ausgegangen werden, dass der Agent automatisch im besten Interesse des Prinzipals handelt. Es liegt mit anderen Worten ein Agency-Problem vor und es stellt sich die Frage, wie der Prinzipal den Agenten dennoch motivieren kann, sich möglichst so zu verhalten, wie der Prinzipal es wünscht. Eine vollständige

Überwachung der Aktivitäten des Agenten in Verbindung mit einer Sanktionierung von Fehlverhalten des Agenten kommt häufig (etwa aus Kostengründen) nicht in Betracht. Daher widmet sich die Agency-Theorie vornehmlich dem Problem der indirekten Verhaltenssteuerung des Agenten durch die Bereitstellung von Anreizen im Rahmen von Verträgen zwischen Prinzipal und Agenten. Solche Anreizverträge (Incentive Contracts) setzen an beobachtbaren Größen an, auf die der Agent durch sein Verhalten Einfluss nimmt. Sie könnten z.B. eine Gewinnbeteiligung des Agenten in Form von Bonuszahlungen, Akkord- oder Prämienlöhne oder die Selbstbeteiligung eines Versicherten im Schadenfall vorsehen. Im Zentrum der Agency-Theorie steht die Prämisse, dass vertragliche Vereinbarungen aus Sicht von Prinzipalen und Agenten optimal im Sinn des Zweitbesten sind; erstbeste und damit Pareto-optimale Lösungen sind in erster Linie wegen der asymmetrischen Information und aufgrund der Interessenskonflikte zwischen Agenten und Prinzipalen nicht erreichbar. Häufig wird auch explizit postuliert, dass ein Agency-Problem sog. → Agency-Kosten verursacht, die durch Wahl der Vertragsform minimiert werden. Diese Prämissen sind aus folgendem Grund von Bedeutung. Würde ein Agency-Problem generell keinerlei Kosten/Wohlfahrtseinbußen für irgendeine Partei verursachen, dann bestünde kein substanzieller Unterschied zwischen einer Agency-Beziehung und einer anonymen Marktbeziehung bei vollkommener Konkurrenz. Die konkrete Vertragsform wäre in einer solchen perfekten Welt unter dem Gesichtspunkt ökonomischer Effizienz irrelevant. In der unvollkommenen Welt der Agency-Theorie ist dem nicht so. Hier spiegelt die Struktur vertraglicher Vereinbarungen die (für die beteiligten Parteien) optimale Form der Organisation ihrer ökonomischen Beziehungen unter den gegebenen Informations- und sonstigen Beschränkungen wider. In diesem Sinn leistet die Agency-Theorie einen Beitrag zur Theorie (optimaler) ökonomischer Organisation. Mit ihrer Hilfe können zahlreiche vertragliche und institutionelle Arrangements (z.B. Franchising) analysiert und ökonomisch begründet werden. – 2. *Abgrenzung:* Innerhalb der Agency-Theorie kann differenziert werden zwischen der positiven Agency-Theorie und der Prinzipal-Agent-Theorie. Beide Zweige sind als Teilgebiete der Vertragstheorie der Neuen Institutionenökonomik zuzuordnen und bes. vom Ansatz der → Transaktionskostenökonomik abzugrenzen. Die Agency-Theorie unterstellt rationale Wirtschaftssubjekte, die vollständige Verträge in dem Sinn abschließen, dass alle symmetrisch beobachtbaren und relevanten Variablen genutzt werden. Der Transaktionskostenansatz betont dagegen, dass bes. komplexe Verträge aufgrund beschränkter Rationalität der Wirtschaftssubjekte Lücken aufweisen, im obigen Sinn also unvollständig sind. Für die organisationstheoretischen Implikationen unvollständiger Verträge wird vom Transaktionskostenansatz eine herausgehobene Bedeutung zugemessen. – 3. *Teilgebiete:* a) *Positive Agency-Theorie:* Von Jensen (1983) geprägter Begriff für einen Zweig der Agency-Theorie. Im Vergleich zur Prinzipal-Agent-Theorie ist die positive Agency-Theorie in stärkerem Maße empirisch ausgerichtet. In der positiven Agency-Theorie wird häufig der gemeinsame Einfluss von Umgebungsfaktoren (wie etwa der Grad der Spezifität von Human- und physischem Kapital, Kapital- und Arbeitsmärkte (→ spezifische Investitionen)) und Überwachungssowie Bindungsaktivitäten (→ Agency-Kosten) auf die Wahl der Vertragsform analysiert. – b) *Prinzipal-Agent-Theorie.*

Agenda 2010 – 1. *Begriff:* Konzept zur Reform des Sozial- und Wirtschaftssystems. – 2. *Folgen:* In Bezug auf den Arbeitsmarkt führte der 2002 vorgelegte Bericht der Kommission „Moderne Dienstleistungen am Arbeitsmarkt" zu den Hartz-Gesetzen I – IV, die wesentliche Änderungen der institutionellen und instrumentellen Ebene zur Folge hatten (→ Hartz-Gesetze). Als Beispiele seien genannt: Geringfügige Beschäftigung wird ausgeweitet, Leiharbeit (→ Arbeitnehmerüberlassung) wird weiter dereguliert, die Personal-Service-Agenturen (Personal-Service-Agentur) werden neben den bereits bestehenden privaten Verleihunternehmen eingeführt, später jedoch wieder abgeschafft, die Bezugsdauer des Arbeitslosengeldes (→ Arbeitslosengeld) wird auf i.d.R. zwölf Monate beschränkt, unabhängig vom Einzahlungszeitraum in die Arbeitslosenversicherung, die Arbeitslosenhilfe wird mit der Sozialhilfe zusammengefasst. Nach Ablauf der Arbeitslosengeld-Zahlung können Arbeitslose das → Arbeitslosengeld II beantragen, das die Höhe des früheren Sozialhilfesatzes hat und an Bedürftigkeitskriterien (wie niedrige Vermögensgrenzen und Berücksichtigung des Einkommens der Bedarfsgemeinschaft) geknüpft ist. Die Regelungen der Zumutbarkeit für die Annahme von Stellenangeboten werden verschärft, sodass im Prinzip jede nicht sittenwidrige Arbeit unabhängig von der individuellen Qualifikation zumutbar ist. Die Beurteilung der Reform bleibt kontrovers.

Agenda 21 – ein umfassendes Aktionsprogramm zur Umsetzung des Prinzips der → nachhaltigen Entwicklung, das auf der Konferenz der → UN für Umwelt und Entwicklung, Juni 1992 in Rio de Janeiro von 178 Regierungen verabschiedet wurde. Aktionsbereiche sind u.a. die Armutsbekämpfung, die Veränderung der Konsumgewohnheiten, der Zusammenhang zwischen Bevölkerungsdynamik und nachhaltige Entwicklung, der Schutz und die Förderung der menschlichen Gesundheit, die Förderung einer nachhaltigen Siedlungsentwicklung, die Integration von Umwelt- und Entwicklungszielen und bes. die Erhaltung und Bewirtschaftung der natürlichen Ressourcen. Die Ziele sollen u.a. durch Stärkung der Rolle wichtiger gesellschaftlicher Gruppen (z.B. Frauen, Kinder und Jugendliche) und Nichtregierungsorganisationen (NROs) erreicht werden.

Agent → Agency-Theorie, Prinzipal-Agent-Theorie.

Agentur für Arbeit – 1. *Begriff:* örtliche Dienststelle der → Bundesagentur für Arbeit. – 2. *Aufgaben:* Die ehemaligen ca. 180 Arbeitsämter (bis 31.12.2003) wurden im Rahmen der → Hartz-Gesetze reformiert und zu Einrichtungen für „alle arbeitsmarktbezogenen Dienstleistungen" umgestaltet. Die Agenturen für Arbeit können die Zusammenarbeit mit Kreisen und Gemeinden in Verwaltungsvereinbarungen regeln (§ 368 V SGB III). Diese Einrichtungen, die eine neue Organisationsstruktur mit veränderten Formen der internen Arbeitsteilung haben, dienen als erste Anlauf- und Weiterleitungsstelle für Arbeitsuchende und Unternehmen und bieten umfassende Leistungen ganzheitlich an. Sie koordinieren nicht nur Angebot und Nachfrage auf lokalen und regionalen Arbeitsmärkten, sondern übernehmen auch weitere Aufgaben, u.a. Zuständigkeiten der Sozialämter. Dadurch erfolgte eine Verlagerung von Kompetenzen auf die Agenturen für Arbeit (One-Stop-Shop). Mit der Einrichtung von Kundenzentren werden die Aufgabenbereiche Beratung und Vermittlung sowie Leistung getrennt. Die Dezentralisierung auf kommunaler Ebene verfolgt das Ziel größerer Nähe zu Arbeitsuchenden und Betrieben. Im Bereich der Grundsicherung für Arbeitsuchende (Sozialgesetzbuch [SGB] II) können → Jobcenter zwischen den örtlichen Agenturen für Arbeit und den zuständigen kommunalen Trägern (Kreise und kreisfreie Städte) zum Zwecke der gemeinsamen Aufgabenwahrnehmung gebildet werden (Rechtsgrundlage: Art. 91e GG). – Vgl. auch Arbeitsmarktpolitik, → Arbeitslosengeld II.

Agrarabschöpfungen → Abschöpfung, → Agrarmarktordnungen.

Agrarmarktordnungen – 1. *Ziel:* Mit den Agrarmarktordnungen in der EU sollen v.a. die Erzeugerpreise für landwirtschaftliche Produkte gestützt werden. Die Agrarmarktordnungen sind das „klassische" Instrument zur Verwirklichung einer protektionistischen → Agrarpreispolitik in der EU. – 2. *Muster:* Als erste Agrarmarktordnungen sind Ende der 1960er-Jahre Getreidemarktordnungen eingeführt worden. Diese charakterisieren am besten die „Schutzphilosophie" der Agrarmarktordnungen. Ein Außenschutz wird durch → Abschöpfungen (Zölle) und Exporterstattungen (Exportsubventionen) erreicht. Ausländische Konkurrenten können deshalb nicht unterhalb eines festgelegten Schwellenpreises in der EU anbieten, während aus der EU exportiertes Getreide auf Drittlandmärkten mit den ausländischen Anbietern konkurrieren kann. Innerhalb der EU selbst stellen Interventionspreise sicher, dass die Getreidepreise nicht unter ein festgelegtes Niveau sinken können. – 3. *Anwendung:* Agrarmarktordnungen existieren Anfang der 1990er-Jahre für die meisten Agrarprodukte. Marktordnungen mit Außenschutz und internen Stützpreisen nach dem Muster der Getreidemarktordnungen umfassen zu diesem Zeitpunkt Agrarprodukte mit einem Produktionswertanteil von etwa 70 Prozent. Marktordnungen mit Außenschutz, aber ohne interne Stützpreise, sind für Produkte mit einem Produktionswertanteil von etwa 20 Prozent relevant; und für weitere Produkte, die einen Produktionswertanteil von etwa 3 Prozent umfassen, gibt es Marktordnungen, die lediglich Ergänzungs- oder Pauschalbeihilfen vorsehen. – 4. *Weiterentwicklung:* Mehrere Agrarreformen, v.a. seit 1992, haben einzelne Agrarmarktordnungen wesentlich geändert. Interventionspreise wurden u.a. für Getreide sehr stark in Richtung Weltmarktpreisniveau abgesenkt, und Subventionszahlungen erfolgen vermehrt über Direktzahlungen. Diese werden an die Fläche bzw. Tierzahl gekoppelt und seit 2003 als entkoppelte Betriebsprämie ausgezahlt. Für die Zeit ab 2013 sind weitere Reformen der Agrarmarktordnungen geplant. Insbesondere wird eine Gemeinsame Marktorganisation für landwirtschaftliche Erzeugnisse sowie eine stärkere Bindung der Direktzahlungen an ökologische Standards, das sogenante Greening (→ Agrarumweltpolitik) anvisiert.

Agrarpolitik – 1. *Begriff:* Teilgebiet der Agrarökonomik, dessen Erkenntnisgegenstand das politische Handeln im Agrarbereich ist. Zu den Aufgaben der wissenschaftlichen Agrarpolitik gehört es, agrarpolitisches Handeln zu beschreiben, zu erklären und dessen Wirkungen zu untersuchen. – 2. *Einordnung:* Agrarpolitik ist ein Teilgebiet der Wirtschafts- und Sozialwissenschaften des Landbaus und damit der Agrarwissenschaften. Wissenschaftstheoretisch basiert die Agrarpolitik auf verschiedenen Gebieten der Wirtschaftstheorie und der Wirtschaftspolitik. Starke Verflechtungen gibt es bes. zur Mikroökonomik und zur → Wohlfahrtsökonomik, zur → sektoralen Strukturpolitik sowie zur Handelspolitik und zur Entwicklungspolitik. – 3. *Agrarsektor:* Der Agrarsektor umfasst die Gesamtheit aller wirtschaftlichen Aktivitäten im Agrarbereich einer Volkswirtschaft. Mit dem volkswirtschaftlichen Wachstum wandelt sich i.d.R. die Agrar- und Betriebsstruktur: Die Zahl der Betriebe sinkt, und die Betriebseinheiten werden größer. Insgesamt schrumpft der volkswirtschaftliche Beitrag des Agrarsektors in der wirtschaftlichen Entwicklung. – 4. *Ziele:* a) Die heutige Vielfalt agrarpolitischer Ziele erklärt sich aus der Entwicklung des Agrarsektors und aus den gesellschaftlichen Ansprüchen, die an die Agrarpolitik gestellt werden. Allg. werden *drei Zielbereiche* für die Agrarpolitik hervorgehoben: Effizienz, Verteilungsgerechtigkeit und Nachhaltigkeit. Bei der Effizienz geht es um eine optimale intra- und intersektorale Ressourcenallokation. Bei der Verteilungsgerechtigkeit geht es um die Sicherung eines angemessenen Einkommens für die Landwirtschaft, darüber hinaus aber um die Armutsbekämpfung im ländlichen Raum und um Ernährungssicherung. Nachhaltigkeit beschäftigt sich mit Umwelteffekten

Agrarpolitik

der Landwirtschaft und mit anderen nichtmarktfähigen Leistungen der Landwirtschaft wie z.B. ihr Beitrag zur ländlichen Entwicklung, zum Tierschutz und zur Lebensmittelsicherheit und -qualität (→ Multifunktionalität der Landwirtschaft). b) In vielen Industrieländern sind die Stabilisierung von Agrarmärkten, die Sicherung eines angemessenen Einkommens für die Landwirtschaft und die Versorgungssicherung „klassische" agrarpolitische Ziele. Daneben soll der Agrarbereich zur Wohlstandssteigerung in der Volkswirtschaft, zu einer angemessenen Versorgung der Verbraucher und zu einer Förderung des internationalen Handels beitragen. Seit 2013 steht zunehmend der Anspruch im Vordergrund, agrarpolitische Mittel zur Honorierung öffentlicher Güter und gesellschaftlicher Leistungen einzusetzen. Agrarpolitische Ziele finden sich für Deutschland im Landwirtschaftsgesetz, im E(W)G-Vertrag und im Zielkatalog des Bundesministeriums für Verbraucherschutz, Ernährung und Landwirtschaft (BMVEL). Nicht genannt wird in offiziellen Zielkatalogen das Ziel der Budgetbegrenzung und der Vermeidung internationaler Handelskonflikte für die Agrarpolitik, obwohl es gerade in der EU heute eine wesentliche Rolle spielt. – 5. *Instrumente:* a) Der Aktionsbereich der Agrarpolitik besteht aus *ordnungs- und ablaufpolitischen Instrumenten.* Da jedoch ordnungspolitische Fragen zumeist die gesamte Wirtschaftspolitik betreffen und nicht ständig geändert werden, versteht man unter den agrarpolitischen Instrumenten heute im Wesentlichen Instrumente der Ablaufpolitik. Korrespondierend zu den Zielbereichen können Instrumente der Agrarpolitik zu Aktionsbereichen zusammengefasst werden. b) Die → Agrarstrukturpolitik umfasst Maßnahmen, die auf einen effizienten intra- und intersektoralen Strukturwandel abzielen. I.d.R. führt der volkswirtschaftliche Strukturwandel zu einem strukturellen Anpassungsproblem in der Landwirtschaft. Insgesamt schrumpft der volkswirtschaftliche Beitrag des Agrarsektors in der wirtschaftlichen Entwicklung, und Produktionsfaktoren müssen von der Landwirtschaft in andere Sektoren abwandern. Diese Abwanderung ist aufgrund von Transaktionskosten gehemmt, und es kommt zu Strukturanpassungsproblemen. c) Die → Agrarpreispolitik ist in den meisten Industrieländern durch das Einkommensziel bestimmt. Aufgrund des gehemmten Strukturwandels im Agrarsektor kommt es zum Phänomen der sog. intersektoralen Einkommensdisparität, d.h. zu viele Faktoren sind in der Landwirtschaft beschäftigt und erzielen im Vergleich zu dem volkswirtschaftlichen Durchschnitt nur eine geringe Entlohnung. Die Entwicklung der dt. Agrarpolitik ist ein markantes Beispiel für die Entstehung des *Agrarprotektionismus* im Verlauf der industriellen Entwicklung zur Stützung der im Agrarsektor erzielten Einkommen. d) Die *Agrarsozialpolitik* umfasst in erster Linie die landwirtschaftlichen sozialen Sicherungssysteme sowie die Armutsbekämpfung im ländlichen Raum. e) Die → Agrarumweltpolitik hebt auf das Ziel einer nachhaltigen Agrarproduktion ab. Angestrebt wird, dass in bestmöglicher Weise die Belange der Ernährungssicherung, des Einkommenserwerbs und des Ressourcenschutzes berücksichtigt werden. – f) Die *ländliche Entwicklungspolitik* zielt auf eine Förderung des nachhaltigen wirtschaftlichen Wachstums und der Lebensqualität in ländlichen Räumen ab. – 6. *Institutionelle Rahmenbedingungen:* a) Die *institutionellen Rahmenbedingungen* können als ein System von Regeln und Organisationen beschrieben werden, die den Rahmen für privatwirtschaftliches Handeln im Agrarbereich und für den Einsatz agrarpolitischer Instrumente abgeben. Neben den agrarpolitischen Instrumenten gehören sie zu den Aktionsbereichen der Agrarpolitik. Wissenschaftstheoretisch gehört die Analyse der institutionellen Rahmenbedingungen zur → Ordnungspolitik bzw. zur Neuen Institutionenökonomik und zur Neuen Politischen Ökonomie. b) Die Gesamtheit aller Regeln für den Agrarbereich kann man als *Agrarverfassung* bezeichnen. Relevante Fragestellungen zur Agrarverfassung sind etwa, welche Bedeutung der internationalen Arbeitsteilung, dem Privateigentum an Boden und der Verteilung dieses Produktionsfaktors sowie der Arbeitsverfassung und der Rechtsform von Betrieben für die Agrarentwicklung zukommt. c) Zur Gestaltung der Agrarpolitik tragen verschiedene *Institutionen* bei. In Deutschland sind es als gesetzgebende Organe Bundestag, Bundesrat und Landtage, als durchführende Institutionen Regierung und Ministerien auf Bundes- und Länderebene und darüber hinaus etwa auch die Rechtsprechung, Landwirtschaftskammern, Tarifpartner und Interessenverbände wie der Deutsche Bauernverband. Hinzu kommen relevante Institutionen auf der Ebene der EU wie Kommission, Ministerrat, Europäisches Parlament und Europäischer Gerichtshof sowie COPA als europäischer Spitzenverband der nationalen Bauernverbände. Schließlich tragen auch internationale Organisationen wie die Welthandelsorganisation, die Weltbank und die Welternährungsorganisation zur Gestaltung der Agrarpolitik bei. – Innerhalb der *EU* wird die Agrarpreispolitik weitgehend auf supranationaler Ebene gestaltet. Die Verantwortung für die Agrarstrukturpolitik und Agrarumweltpolitik liegt vorwiegend auf nationaler und regionaler, jedoch zunehmend auch auf supranationaler Ebene, und für die Agrarsozialpolitik ist in Deutschland v.a. die Bundesregierung zuständig. – 7. *Finanzierung:* Die Agrarpolitik belastet die öffentlichen Haushalte in Deutschland und in der EU in erheblichem Umfang und auf unterschiedliche Weise. – Die Budgetausgaben für die supranational gestaltete Agrarpolitik wurden bis zur Förderperiode 2000-2006 über die *Europäischen Ausrichtungs- und Garantiefonds für die Landwirtschaft (EAGFL)* abgewickelt. Seit der Förderperiode 2007-2013 erfolgt die Finanzierung über den Garantiefond für die Landwirtschaft (EGLF) sowie den Europäischen Landwirtschaftsfond für die Entwicklung des ländlichen Raumes (ELER). Die Ausgaben für die Europäische

Agrarpolitik haben lange Zeit über die Hälfte des EU-Haushalts betragen und liegen erst seit Anfang 2000 knapp darunter (rund 45 Prozent). Die Mitgliedsstaaten tragen hieran einen Anteil entsprechend ihrer Finanzierungsquote. – Zusätzlich gibt es in Deutschland *öffentliche Hilfen für den Agrarbereich*, die überwiegend vom Bund getragen werden. Diese „nationalen" Ausgaben für die Agrarpolitik sind überwiegend Ausgaben für die Agrarstrukturpolitik, Agrarumweltpolitik und die Agrarsozialpolitik. Die vom Bund finanzierte Agrarsozialpolitik betrug im Jahr 2013 ein Volumen von ca. 3,7 Mrd. Euro, die gemeinsam von Bund und Ländern finanzierte Gemeinschaftsaufgabe „Förderung der Agrarstruktur und des Küstenschutzes" ein Volumen von ca. 1 Mrd. Euro. – 8. *Europäische Agrarpolitik:* Seit 1968 gibt es eine Agrarpolitik im Rahmen der Europäischen Gemeinschaft. Zentrale Instrumente waren bis Anfang der 1990er-Jahre eine supranationale, protektionistische Agrarpreispolitik (→ Agrarmarktordnungen), eine begrenzte Agrarstrukturpolitik auf supranationaler und nationaler Ebene sowie eine überwiegend nationale Agrarsozialpolitik. Erst mit dem Anfang der 1990er-Jahre einsetzenden Reformprozess findet eine Stützung der Einkommen in der Landwirtschaft vermehrt durch direkte Transferzahlungen statt. Diese waren zunächst als faktorgebundene Transferzahlungen an die Produktion gekoppelt und werden seit 2003 zunehmend als *entkoppelte Direktzahlungen* ausgezahlt (→ Prämie). Weiterhin setzte eine Verschiebung von der Markt- und Preispolitik zur Agrarstrukturpolitik, Agrarumweltpolitik und ländlichen Entwicklungspolitik ein. Für die Förderperiode 2014-2020 sind weitere Reformen der EU-Agrarpolitik vorgesehen, die eine stärkere inhaltliche Ausrichtung der eingesetzten Mittel an ökologischen und sozialen Kriterien anvisieren. Dies wird unter dem Stichwort *Greening* insbesondere hinsichtlich einer Reform der Verordnung über Direktzahlungen diskutiert, wobei eine Zahlung zukünftig noch stärker an die Erfüllung spezieller ökologischer Leistungen gebunden sein soll. – 9. *Spezielle Agrarpolitik:* Die spezielle Agrarpolitik widmet sich Fragen der Agrarpolitik, die sich auf spezielle Ziele (z.B. Agrarumweltpolitik, ländliche Ent1wicklungspolitik), Instrumente (z.B. Agrarpreispolitik) oder andere spezielle Aspekte beziehen. Häufig findet sich auch eine regionale Differenzierung bei der Analyse agrarpolitischer Probleme: Agrarpolitik in Industrieländern, Agrarpolitik in Entwicklungsländern.

Agrarpreispolitik – 1. *Industrieländer:* Die Beeinflussung von Agrarpreisen ist ein zentrales Instrument der → Agrarpolitik. In Industrieländern wird dieses Instrument oft dazu benutzt, den heimischen Agrarsektor vor internationaler Konkurrenz zu schützen. Eine solche Schutzfunktion haben z.B. die → Agrarmarktordnungen in der EU. Generell lässt sich eine *protektionistische Agrarpreispolitik* durch Produktsubventionen für die Erzeuger als auch durch Eingriffe in den Außenhandel (Zölle und Exportsubventionen, in der Terminologie der Agrarpolitik in der EU: → Abschöpfungen und Exporterstattungen) verwirklichen. Der Agrarprotektionismus in vielen Industriestaaten wird zunehmend kritisiert und hat im Rahmen der Verhandlungen in den WTO-Verhandlgnen zu heftigem Streit geführt. Die EU versucht, durch → Agrarreformen dieser Kritik an der eigenen protektionistischen Agrarpreispolitik zu entgehen und die negativen Konsequenzen ihrer Agrarpreispolitik einzudämmen. – 2. *Entwicklungsländer:* In Entwicklungsländern ist der Preis, den Bauern für ihre Produkte erhalten, oftmals geringer als der relevante Importparitätspreis bzw. Exportparitätspreis. Eine solche Besteuerung der Landwirte über den Produktpreis kann man durch Produktsteuern erreichen, aber auch durch Außenhandelseingriffe wie Importsubventionen und Zölle auf Exporte. Generell spricht man von einer Benachteiligung der Landwirtschaft in Entwicklungsländern.

Agrarreform – 1. *Allgemein:* Geplante staatliche Maßnahmen zur Veränderung einer Agrarstruktur. Ziel einer Agrarreform ist die Verbesserung des Lebensstandards breiter Bevölkerungsschichten auf dem Lande (Agrargebiet) sowie generell eine Produktionssteigerung der → Landwirtschaft. Zu unterscheiden sind Maßnahmen einer Bodenbesitzreform sowie solche einer Bodenbewirtschaftungsreform. Vordringliches Ziel von Agrarreformen war häufig die Zerschlagung des Großgrundbesitzes und die Aufteilung des Bodens unter der landlosen Agrarbevölkerung. – 2. *Maßnahmen:* Zu unterscheiden sind Maßnahmen einer Bodenreform bzw. Bodenbesitzreform (u.a. Umverteilung des Bodeneigentums, Bildung von Produktionsgemeinschaften, Verbesserung des Pachtwesens) sowie solche einer Bodenbewirtschaftungsreform (u.a. Verbesserung der Produktionstechnik, Übergang von Subsistenz- zu Marktprodukten, Organisation des Markt- und Kreditwesens). Agrarreformen wurden mit Ausnahme in Afrika südlich der Sahara mit mehr oder weniger Erfolg in den meisten Ländern der Dritten Welt durchgeführt. Räumliche Beispiele für tief greifende Agrarreformen sind u.a. Kuba, Ägypten, Algerien, Syrien, Iran, Pakistan, Indien, Philippinen und Korea. – Agrarreformen sind nicht mit agrarpolitischen Reformen zu verwechseln, bei denen es zu einer Schwerpunktverschiebung unter den Instrumenten der → Agrarpolitik oder deren Neuausrichtung kommt.

Agrarsektor → primärer Sektor.

Agrarstrukturpolitik – 1. *Begriff:* Maßnahmen, die auf die sektorale und räumliche Verteilung von Produktionsfaktoren abzielen. Entsprechend unterscheidet man sektorale und regionale Agrarstrukturpolitik. Sektorale Agrarstrukturpolitik beeinflusst direkt die Agrar- und Betriebsstruktur und soll i.d.R. zu einer Verbesserung der Produktionsgrundlagen und zu einer Erhöhung der Einkommenskapazitäten landwirtschaftlicher Betriebe führen. Regionale Agrarstrukturpolitik beeinflusst die regionale Wirtschaftsstruktur und soll zu einem erhöhten Wirtschaftspotenzial ländlicher Regionen führen. Die Agrarstrukturpolitik gehört neben der → Agrarpreispolitik zu den grundlegenden Instrumenten der → Agrarpolitik. – 2. *Formen:* Zu den „klassischen" Instrumenten der sektoralen Agrarstrukturpolitik im überbetrieblichen Bereich zählen die Flurbereinigung, wasserwirtschaftliche Maßnahmen, Forschung, Beratung und Ausbildung sowie die Förderung der Vermarktung und der Beschaffung im Agrarbereich. Im betrieblichen Bereich gehören Investitionsbeihilfen, aber auch die Förderung der Betriebsaufgabe zur sektoralen Agrarstrukturpolitik. Zur regionalen Agrarstrukturpolitik gehören Infrastrukturmaßnahmen, ländliche Entwicklungsprogramme, Dorferneuerung, Förderung des Agrartourismus. In Deutschland gestalten u.a. Bund und Länder die Agrarstrukturpolitik im Rahmen der Gemeinschaftsaufgabe „Förderung der Agrarstruktur und des Küstenschutzes". Zunehmend wird Agrarstrukturpolitik auch auf der Ebene der EU gestaltet und über die Strukturfonds (sog. Zweite Säule; Strukturpolitik der Europäischen Union) finanziert. – 3. *Wirkungen:* Sektorale Agrarstrukturpolitik fördert überwiegend den intra- und intersektoralen Strukturwandel und vermindert somit das Problem der sektoralen → Einkommensdisparität. Regionale Agrarstrukturpolitik fördert v.a. den interregionalen Austausch von Gütern und Faktoren und verbessert die Ressourcenausstattung und Wirtschaftsstrukturen ländlicher Ökonomien und vermindert regionale Einkommensdisparitäten. – 4. *Entwicklung:* Agrarstrukturpolitik wurde in der EU zunächst als sektorale Agrarstrukturpolitik eingeführt und war ursprünglich am Effizienzziel ausgerichtet. Mitte der 1970er-Jahre wurde die Europäische Agrarstrukturpolitik dann auch als regionale Agrarstrukturpolitik formuliert (Förderung benachteiligter Gebiete), aber auch aus umweltpolitischen Gründen und zur Vermeidung der negativen Konsequenzen der protektionistischen Agrarpreispolitik betrieben. Oftmals wurden hierdurch die Produktionsmöglichkeiten begrenzt, und die traditionelle Perspektive der Agrarstrukturpolitik, den Agrarbereich in seiner Entwicklung zu fördern, verkehrt sich in ihr Gegenteil. Mit der Agenda 2000 wird Europäische Agrarstrukturpolitik zunehmend in Form einer ländlichen Entwicklungspolitik (LEP) betrieben und stärker am Verteilungsziel ausgerichtet. Dieser Reformprozess wurde in einer fundamentalen Reform der europäischen LEP im Jahr 2005 fortgeführt. Seit dieser Reform besteht die LEP aus drei thematischen Achsen: (1) Förderung der Wettbewerbsfähigkeit der Landwirtschaft, (2) Förderung des Landmanagement und der Umwelt und (3) Verbesserung der Lebensqualität und Förderung der Diversifikation in ländlichen Regionen. Zusätzlich gibt es die sog. Leader-Achse als methodische Querschnittsachse, in der der Aufbau lokaler Planungskapazitäten (sog. lokale Aktionsgruppen [LAG]) zur Entwicklung ländlicher Entwicklungsstrategien gefördert wird. Im Gegensatz zur ersten Säule wird die LEP als zentraler Bestandteil der zweiten Säule der Europäischen Agrarpolitik grundsätzlich kofinanziert.

Agrarüberschüsse – Angebotsüberhänge auf Agrarmärkten, die nur mithilfe von Exporterstattungen (Exportsubventionen) auf dem Weltmarkt abgesetzt werden können. Diese fallen als Folge einer protektionistischen → Agrarpreispolitik höher aus als ohne diese Politik und belasten die öffentlichen Haushalte. In der EU wurden sehr hohe Agrarüberschüsse durch eine protektionistische Agrarpreispolitik z.B. Ende der 1970er- und Anfang der 1980er-Jahre beobachtet und als Butterberge und Milchseen bezeichnet. Aus volkswirtschaftlicher Sicht führt eine protektionistische Agrarpreispolitik unabhängig vom Selbstversorgungsgrad auf einem betrachteten Markt immer zu Wohlstandsverlusten.

Agrarumweltpolitik – 1. *Begriff:* Agrarumweltpolitik umfasst politische Maßnahmen, die auf die Umwelteffekte der Landwirtschaft abheben. Umwelteffekte können oft als → externe Effekte der Landnutzung interpretiert werden. Aufgabe der → Agrarpolitik ist es, solche externen Effekte zu identifizieren und zu bewerten und Wege der → Internalisierung externer Effekte in einer integrierten Agrarumweltpolitik zu prüfen. – 2. *Effekte:* a) Die Landwirtschaft nutzt und beeinflusst die Umwelt und damit die natürlichen Lebensgrundlagen des Menschen. Die Vermeidung negativer Umwelteffekte der Landbewirtschaftung gehört heute zu den wesentlichen Zielen der Agrarpolitik, während anderseits die landschaftspflegende und umwelterhaltende Funktion der Landwirtschaft betont wird. Der → Sachverständigenrat für Umweltfragen (SRU) hat in seinem Sondergutachten zu Umweltproblemen der modernen Landwirtschaft folgende Bereiche hervorgehoben: (1) Zerstörung der Artenvielfalt; (2) Gefährdung des Grundwassers durch Nitratauswaschung; (3) Degradierung von Böden durch Verdichtung und Bodenerosion; (4) Eutrophierung des Oberflächenwassers; (5) Beeinträchtigung der Nahrungsmittelqualität durch Schadstoffe; (6) Belastungen der Luft durch Staubemissionen, Geruchsbelästigung und Lärm- und Abgasemissionen. b) Die Landwirtschaft beeinflusst ferner andere Umweltgüter (Kulturlandschaft, Landschaftspflege, artgerechte Tierhaltung). – 3. *Ursachen:* Umwelteffekte werden durch die Art der Landbewirtschaftung verursacht. In der traditionellen Landwirtschaft treten direkte Effekte v.a. durch den Landanspruch auf, in der modernen Landwirtschaft hingegen durch Intensivierung und Spezialisierung. Hinter den direkten Effekten auf die Umwelt sind die eigentlichen Ursachen zu sehen: Bevölkerungswachstum und Armut, zumal in Entwicklungsländern, Konkurrenzdruck und Einkommenserwerb v.a. in Industrieländern und generell oftmals technische Fortschritte und politische Rahmenbedingungen. – 4. *Politikansätze:*

Der Sachverständigenrat für Umweltfragen (SRU) in Deutschland hat einige konkrete Forderungen zur Umgestaltung der Landwirtschaft aus ökologischer Sicht erhoben: eine generelle Senkung der speziellen Intensität, eine gezielte Flächenumwidmung nach ökologischen Kriterien, die Bindung von Transferzahlungen an ökologische Leistungen etc. Das Leitbild des Rats einer eher traditionellen Landwirtschaft mit weitgehend geschlossenem Stoffkreislauf ist nicht unumstritten. Generell kommt es darauf an, bei der Gestaltung klassischer Instrumente der Agrarpolitik, wie der → Agrarpreispolitik und der → Agrarstrukturpolitik, die ökologischen Implikationen zu analysieren und zu berücksichtigen. Bei Investitionen und in der Agrarstrukturpolitik ist das weitgehend Standard geworden, bei der Agrarpreispolitik hingegen ist es noch nicht üblich, z.B. den unterschiedlichen Einfluss einzelner Anbauverfahren auf die Bodenerosion bei der Festlegung von Preisniveaus und Preisrelationen zu berücksichtigen. – 5. *Entwicklung:* Erste Extensivierungsmaßnahmen der Agrarumweltpolitik wurden Ende der 1980er-Jahre in der EU allerdings primär zum Abbau der → Agrarüberschüsse eingeführt. Erst mit den → Agrarreformen von 1992, 2000 und 2003 wurden Umweltziele stärker in die Europäische Agrarpolitik integriert. Insbesondere mit den Agrarreformen von 2000 und 2003 werden extensive landwirtschaftliche Produktionsverfahren zum Schutz der Umwelt und der Landschaftspflege gefördert, die über die Grundanforderungen der guten landwirtschaftlichen Praxis hinausgehen. Weiterhin müssen Landwirte seit 2003 Mindestnormen (Cross Compliance) zugunsten des Umweltschutzes als Vorraussetzung für den Erhalt der vollständigen Direktzahlungen (→ Betriebsprämie) erfüllen. Für die Förderperiode 2014-2020 sind weitere Reformen der Agrarumweltpolitik der EU vorgesehen, die allgemein unter dem Stichwort *Greening* diskutiert werden. *Greening* bezieht sich auf den Vorschlag der Europäischen Kommission zur Reform der Verordnung über Direktzahlungen (KOM(2011)625), wonach 30 Prozent der bisherigen Direktzahlungen an drei ökologische Standards gebunden werden sollen: 1. Ausweis ökologischer Vorrangsflächen in Höhe von mindestens 7 Prozent der beihilfefähigen Betriebsfläche; 2. Einhaltung einer Mindes-Fruchtfolge; 3. Erhalt des Dauergrünlands.

Agrarwissenschaften – interdisziplinärer und angewandter Wissenschaftsbereich, in dem Fragen der Agrarwirtschaft und der Agrarentwicklung untersucht werden. Die grundlegende Problemstellung der Agrarwissenschaften richtet sich auf eine zentrale Zukunftsfrage des Menschen. Malthus hat diese Problemstellung vor 200 Jahren als Konflikt zwischen Wachstum der Nahrungsproduktion und Wachstum der Bevölkerung aufgezeigt. Dieser Konflikt ist nicht gelöst und stellt sich heute als ein globaler Konflikt zwischen Ernährungssicherung und Ressourcenschutz sowie als ein Konflikt zwischen Arm und Reich dar. In den Agrarwissenschaften werden Kenntnisse verschiedener Disziplinen zusammengetragen, um Lösungsansätze zu erarbeiten. Zu den Agrarwissenschaften zählen v.a. die Pflanzenbauwissenschaften, die Gartenbauwissenschaften, die Nutztierwissenschaften, die Landtechnik und die Wirtschafts- und Sozialwissenschaften des Landbau sowie der ökologische Landbau und Agrargeographie.

AISAM – 1. *Begriff und Merkmale:* Abk. für *Association Internationale des Sociétés d'Assurance Mutuelle, International Association of Mutual Insurance Companies, Internationale Vereinigung der Versicherungsgesellschaften auf Gegenseitigkeit;* internationaler Zusammenschluss von Versicherungsvereinen auf Gegenseitigkeit aus mehr als 30 Ländern, gegründet 1964 auf die Initiative eines Holländers und einer Gruppe von Gegenseitigkeitsversicherern, Sitz in Brüssel. Die AISAM hat beratenden Status beim Wirtschafts- und Sozialrat der Vereinten Nationen (ECOSOC, vgl. → UN) sowie bei der Welthandels- und Entwicklungskonferenz der Vereinten Nationen in Genf (→ UNCTAD). – *Veröffentlichungen:* Mutualité (zweimal jährlich); AISAM Dictionary, 1982. – 2. *Ziele:* Information und der Repräsentation gegenüber nationalen und internationalen Organisationen und sonstigen Regierungs- oder anderen Instanzen und Austauschforum für die Mitglieder. – 3. *Organe:* a) Generalversammlung als oberstes Organ. Sie tritt jedes Jahr zusammen. Sie setzt sich aus der Gesamtheit der AISAM-Mitglieder zusammen und bestimmt die großen Linien der Vereinigung. – b) Der Ausschuss setzt sich aus mind. sieben gewählten Mitgliedern zusammen und hält zwei- bis dreimal im Jahr eine Sitzung ab. Er ist mit der Leitung und Verwaltung der Vereinigung beauftragt. – c) Das Generalsekretariat führt die täglichen Geschäfte der Vereinigung. – 4. *Mitglieder:* Vollmitglieder und assoziierte Mitglieder: – *Vollmitglieder* (zugelassene privatrechtliche Gegenseitigkeitsversicherungsgesellschaften, privatrechtliche und gesetzlich anerkannte Gegenseitigkeitsversicherungsgruppen und alle Versicherungsgesellschaften im Besitz oder unter der Aufsicht von privatrechtlichen Gegenseitigkeitsgesellschaften oder Gegenseitigkeitsversicherungen; Versicherungsgesellschaften auf Gegenseitigkeit nach privatem Recht, die gemäß den nationalen Aufsichtsbestimmungen ohne Zulassung arbeiten; nationale privatrechtliche Fachorganisationen; multinationale Fachorganisationen von Gegenseitigkeitsversicherungen nach privatem Recht). – *Assoziierte Mitglieder* Versicherungsunternehmen, die nicht den Rechtsstatus eines Gegenseitigkeitsvereins haben, jedoch nach den Grundsätzen der Gegenseitigkeit arbeiten; Gesellschaften, die eine enge Beziehung zu einem oder mehreren Vollmitgliedern der Vereinigung pflegen und die dem Versicherungssektor Dienstleistungen anbieten, außerhalb der Versicherungsbranche tätige Gegenseitigkeitsgesellschaften, die Verbindungen zur Versicherungsbranche oder zum

Risikofinanzierungsgeschäft aufweisen). – Jede weitere an den Aktivitäten der Vereinigung interessierte Partei kann den Beobachterstatus beantragen. Ende 2006 zählt die Vereinigung 121 direkte Mitglieder, darunter 7 nationale Verbände (der amerikanisch/kanadische, belgische, dänische, deutsche, französische, niederländische und spanische), die weltweit 21 Länder vertreten. Durch diese nationalen Verbände zählt die AISAM ungefähr 2.000 indirekte Mitglieder weltweit. Die Verteilung der Mitglieder pro Land ist folgende:

- Belgien	8
- Dänemark	8
- Deutschland	24
- Finnland	5
- Frankreich	32
- Großbritannien	1
- Italien	2
- Japan	1
- Marokko	1
- Niederlande	9
- Norwegen	1
- Österreich	3
- Portugal	1
- Schweden	1
- Schweiz	5
- Senegal	1
- Spanien	13
- Tunesien	2
- Ungarn	1
- Vereinigte Staaten/Kanada	1

5. *Kongresse:* Die AISAM veranstaltet jedes zweite Jahr einen Kongress. Er bietet die Gelegenheit, den Umfang der laufenden Arbeiten zu beurteilen und die Meinungen über Entwicklung und Ergebnisse der in den beiden zurückliegenden Jahren durchgeführten Projekte auszutauschen.

Akkulturation – Kulturwandel in Entwicklungsländern, der beim Aufeinandertreffen mit Industrieländerkulturen auftritt. Der Kontakt mit einer fremdartigen Kultur vollzieht sich durch Nachahmung und Übernahme ursprünglich fremder Kulturelemente in die eigene Kultur, die evtl. tief greifende Wandlungen durchmacht. Im Kolonialismus erfolgte sie gewaltsam. – Freiwillige Verarbeitung der Kultureinflüsse und Anpassung an die eigenen Bedürfnisse fördert die Entwicklungsmöglichkeiten durch größere Offenheit gegenüber neuen Technologien, Werthaltungen oder Organisationsformen.

Akkumulation – 1. *Allgemein:* Anhäufung. – 2. Begriff der klassischen Lehre und des → Marxismus für Erweiterungsinvestitionen (→ Krisentheorie). – 3. In der *Wachstumstheorie* wird analysiert, welche Rolle die Akkumulation von Produktionsfaktoren wie physisches Kapital und Humankapital für die wirtschaftliche Entwicklung eines Landes spielt. Die Goldene Regel der Kapitalakkumulation diskutiert die Bedingungen (Sparquote, Grenzproduktivität des Kapitals), die zu einer Maximierung des Pro-Kopf-Konsums im Steady-State-Gleichgewicht führen.

AKP-Staaten – 1. *Begriff:* Unter der Bezeichnung AKP-Staaten wird eine Internationale Organisation von 79 Ländern in Afrika, Karibik und dem Pazifik – davon viele ehemalige Kolonien Frankreichs und Großbritanniens – verstanden. Gründung in der Georgetown-Vereinbarung, zuerst mit dem Ziel der wirtschaftlichen Kooperation. – 2. *Bedeutung:* Die EU unterhält seit 1975 im Rahmen der Gemeinsamen Handelspolitik mit den AKP-Staaten Vertragsbeziehungen (Assoziierungsabkommen nach Art. 217 → AEUV) über Handel, wirtschaftliche Kooperation und Entwicklung sowie Finanzhilfen (→ Lomé-Abkommen; seit 2000: Cotonou-Abkommen). Während zunächst Zollpräferenzen im Umgang mit den AKP-Staaten wichtig waren, und mit → STABEX und → SYSMIN zwei Verfahren zur Stabilisierung der Exporterlöse der AKP-Staaten etabliert wurden, haben sich die AKP-Staaten inzwischen zu ausbaufähigen Beziehungen zur Welthandelsorganisation – → World Trade Organization (WTO) – entschlossen.

aktueller Rentenwert – Bestandteil der Rentenformel. Seit 1.1.1992 ist der aktuelle Rentenwert der Betrag, der in der gesetzlichen Rentenversicherung einer monatlichen Rente wegen Alters entspricht, wenn Beiträge für ein Kalenderjahr aufgrund des Durchschnittsverdienstes gezahlt worden sind. Er beträgt zum 1.7.2012 28,07 Euro (West) und 24,92 Euro (Ost); er verändert sich jedes Jahr zum 1. Juli, indem der bisherige aktuelle Rentenwert mit den Faktoren für die Veränderung 1. der Bruttolohn- und -gehaltssumme je durchschnittlich beschäftigtem Arbeitnehmer, 2. des Beitragssatzes zur gesetzlichen Rentenversicherung (zzgl. eines „Altersvorsorgeanteils" für ergänzende private Altersvorsorge, → Riester-Rente) und 3. eines zum 1.8.2004 neu eingeführten Nachhaltigkeitsfaktors (§ 68 SGB VI) vervielfältigt wird.

ALADI – 1. *Begriff und Merkmale:* Abk. für *Asociación Latino-Americana de Integración, Latin American Integration Association (LAIA)*, Lateinamerikanische Integrationsvereinigung; Nachfolgeorganisation der → LAFTA auf Basis des Vertrags von Montevideo am 12.8.1980 gegründet, in Kraft getreten am 18.3.1981. – 2. *Ziele:* a) Förderung des Handels für Schaffung eines gemeinsamen Marktes; b) regionale Zollpräferenzen; c) Markteröffnung für

Mitgliedsstaaten ohne Gegenseitigkeitsprinzip sowie d) multilaterale Assoziationsmodelle.

ALALC – Abk. für *Asociación Latino-Americano de Libre Comercio;* → LAFTA.

Alexander-von-Humboldt-Stiftung – 1. *Aufgaben:* Förderung von Wissenschaftskooperationen zwischen hoch qualifizierten ausländischen und dt. Wissenschaftlern. Die Stiftung ermöglicht im Jahr ca. 1.800 Wissenschaftlern aus der ganzen Welt den wissenschaftlichen Aufenthalt in Deutschland; das Netzwerk umfasst 23.000 Wissenschaftler. – 2. *Preise:* Seit 1980 wird der *Alexander-von-Humboldt-Preis* an herausragende ausländische Spitzenwissenschaftler vergeben. Weitere Preise gibt es für Postdoktoranden und erfahrene Wissenschaftler. In 2009 wurde erstmals der Humboldt-Alumni-Preis vergeben. Damit sollen innovative Netzwerkinitiativen der Stipendiaten und Preisträger ausgezeichnet werden.

Alfried Krupp von Bohlen und Halbach-Stiftung – Stiftung zur Förderung der Wissenschaft in Forschung und Lehre einschließlich des wissenschaftlichen Nachwuchses, des Bildungswesens, des Gesundheitswesens, des Sports, der Literatur, der Musik und der Kunst. Seit 1986 wird der Krupp-Förderpreis für junge Hochschullehrer und darüber hinaus der Krupp Wissenschaftspreis verliehen.

Alimentationsprinzip → soziale Sicherung der Beamten.

allgemein anerkannte Regeln der Technik – technische Verfahren und Vorgehensweisen, die in der praktischen Anwendbarkeit erprobt sind und von der Mehrheit der Fachleute anerkannt werden. Anhaltspunkte für solche Verfahren geben v.a. technische Regelwerke (z.B. DIN-Normen). – Vgl. auch → Stand der Technik, → Stand von Wissenschaft und Forschung.

Allgemeine Wirtschaftspolitik – Die Allgemeine Wirtschaftspolitik ist als theoretische Grundlage der Wirtschaftspolitik zu verstehen.

I. Begriff: Im Gegensatz zur wissenschaftlichen Analyse spezieller Bereiche der Wirtschaftspolitik (z.B. Geld-, Finanz-, Einkommens-, Verteilungs-, Konjunktur-, Wachstums-, Beschäftigungspolitik etc.) befasst sich die Allgemeine Wirtschaftspolitik mit der grundsätzlichen Systematik wirtschaftspolitischer Handlungen weitgehend ohne den konkreten Bezug auf bestimmte ökonomische Ziele oder Gegebenheiten. Auch die Analyse bestimmter wirtschaftswissenschaftlicher Theorien, die politisch-praktische Relevanz besitzen, zählt nicht direkt zum Gegenstand der Allgemeinen Wirtschaftspolitik. Jedoch können diese und andere Theorien der Makroökonomik zur praktischen Umsetzung der Allgemeinen Wirtschaftspolitik herangezogen werden. Die Allgemeine Wirtschaftspolitik bezeichnet daher die allgemeine Erklärung wirtschaftspolitischer Aktivitäten staatlicher Instanzen. Synonyme Bezeichnungen sind *Wissenschaftliche Wirtschaftspolitik, Theorie der Wirtschaftspolitik, Economic Policy, Principals of Political Economy, Applied Economics.*

II. Entwicklung: Die Entwicklung der Allgemeinen Wirtschaftspolitik ist eng mit der Entwicklung der Wirtschaftswissenschaft als wissenschaftliche Disziplin verknüpft. Dementsprechend kann das Werk von Smith „An Inquiry into the Nature and Causes of the Wealth of Nations" (1776), als erste Schrift mit wirtschaftspolitischer Relevanz angesehen werden. Im Titel dieses Buches wird eine generelle Zielsetzung der Wirtschaftspolitik, im Inhalt ein Instrumentarium mit einer stark reduzierten Einflussnahme des Staates (Nachtwächterstaat) beschrieben. Nachfolgende Werke von Malthus, Mill und Ricardo prägen den Begriff der „Political Economy" und vermehren mit der Funktionsausweitung auch das Steuerinstrumentarium des Staates. Mit den Schriften von Marx (1818–1883) beginnt der gesellschaftspolitische Umverteilungsanspruch an die Wirtschaftspolitik und die Wandlung von der Political Economy zur aktivistischen Economic Policy. Diese Wandlung mündet in die erste systematische Theorie einer praktischen Wirtschaftspolitik mit ausgeprägten staatlichen Interventionen, ausformuliert in dem Hauptwerk von Keynes „The General Theory of Employment, Interest and Money" (1936). Die gleichzeitig beginnende wissenschaftliche Entwicklung der Ökonometrie mit ihrer Konstruktion ökonomischer Totalmodelle und der Vision der vollständigen Steuerbarkeit der Wirtschaft endet zunächst mit der heute eher skeptischen Einschätzung differenzierter wirtschaftspolitischer Lenkungsmöglichkeiten. Gleichzeitig setzt die Erweiterung der Allgemeinen Wirtschaftspolitik um die Betrachtung von institutionellen und prozessualen Grenzen ein (Neue Politische Ökonomie).

III. Systematisierung: Um die Komplexität der Allgemeinen Wirtschaftspolitik zu strukturieren, werden verschiedentlich Aufteilungen vorgenommen, z.B. in die Gestaltung der Wirtschaftsordnung (→ Ordnungspolitik) und die Einflussnahme auf den wirtschaftlichen Ablauf (→ Prozesspolitik); gelegentlich wird diese Form der Aufteilung ergänzt durch die Einflussnahme auf die Struktur der Wirtschaft (→ Strukturpolitik). Eine andere Systematik folgt der Aufteilung in *quantitative Wirtschaftspolitik* und *qualitative Wirtschaftspolitik.* Allen Aufteilungen übergeordnet ist die *funktionelle Systematisierung,* die auf eine bestimmte Zielsetzung (→ wirtschaftspolitische Ziele) und den entsprechenden Instrumenteneinsatz (→ wirtschaftspolitische Mittel) verweist.

IV. Struktur: Unter der Beachtung der allgemeinen Handlungsaspekts wirtschaftspolitischer Maßnahmen lässt sich als systematischer *Fragenkatalog* voranstellen: Wer macht was, warum und wie? Darauf basieren zunächst unmittelbar die charakteristischen Grundelemente der Allgemeinen Wirtschaftspolitik: Die *Zielrichtung* der wirtschaftspolitischen

Maßnahmen (warum), die Maßnahmen (*Mittel* der Wirtschaftspolitik) im instrumentalen Sinn selbst (was) und der *Träger* der Wirtschaftspolitik, den Akteur der Maßnahmen (wer). Die Frage nach dem Wie führt erstens zu der Forderung der *Rationalität* der wirtschaftspolitischen Maßnahmen. Rational im grundsätzlichen Sinn von vernünftig, einsichtig und zweckmäßig verweist auf die Notwendigkeit, dass zwischen den eingesetzten Mitteln und dem damit zu erreichenden Zielen ein Zusammenhang bestehen muss, der sich auch wissenschaftlich begründen lässt. Für diese wissenschaftliche Begründung ist wiederum die Anwendung einer bestimmten Methodik der Wissensgewinnung maßgeblich. Als weitere charakteristische Elemente der Allgemeinen Wirtschaftspolitik bestehen somit der wirtschaftspolitische → Ziel-Mittel-Zusammenhang als inhaltliche und formale Beschreibung der zugrunde liegenden ökonomischen Theorie und die → Methodologie, mittels derer diese ökonomische Theorie entwickelt wurde. Die Methodologie ist nicht zuletzt deshalb von hoher Bedeutung für die Allgemeine Wirtschaftspolitik, weil sie maßgeblich für die politische Akzeptanz einer wirtschaftspolitisch angewandten ökonomischen Theorie ist. Die zweite Antwort auf das Wie der wirtschaftspolitischen Maßnahmen verweist auf den → wirtschaftspolitischen Prozess. Wirtschaftspolitische Aktionen folgen einer allgemein formulierbaren Handlungssystematik, die in einzelne Ablaufphasen untergliedert wird (Information, Entscheidung, Durchführung, Kontrolle und Modifikation). Der wirtschaftspolitische Prozess trägt dabei in sich wieder Züge der anderen Strukturelemente (Träger, Mittel und Ziele der einzelnen Prozessphasen). Insgesamt lässt sich damit die Allgemeine Wirtschaftspolitik durch die Charakteristik der Strukturelemente Ziele der Wirtschaftspolitik, Mittel der Wirtschaftspolitik, Träger der Wirtschaftspolitik, wirtschaftspolitische Ziel-Mittel-Zusammenhänge, methodologische Grundlage der Wirtschaftspolitik und Prozess der Wirtschaftspolitik beschreiben.

V. Kritische Analyse: Da die Allgemeine Wirtschaftspolitik der Vorbereitung konkreter wirtschaftspolitischer Maßnahmen staatlicher Instanzen dient, die einen Eingriff in das individuell verantwortete Wirtschaften bedeuten, obliegt ihr nicht nur die (positive) Analyse der rein technischen Möglichkeiten, sondern auch die (normative) kritische Betrachtung der damit einhergehenden Werturteile. Wirtschaftspolitik ist in der allgemeinen Gesellschaftspolitik eingebunden. Fragen der Ethik, der Freiheit und des Rechts können aus der Gesamtbetrachtung der Allgemeinen Wirtschaftspolitik nicht ausgeklammert werden.

Allgemeiner Ausschuss des ländlichen Genossenschaftswesens → COGECA.

allgemeines Präferenzsystem → APS.

Allgemeines Zoll- und Handelsabkommen → GATT.

Allmende – Allgemeineigentum. – Vgl. auch → Allmenderessourcen.

Allmenderessource – *Common Pool Resource, Common Property Resource.* Bei uneingeschränkter Zugriffsmöglichkeit besteht die Gefahr der vorzeitigen Erschöpfung bzw. Ausrottung. Unregulierte Märkte führen bei Allmenderessourcen nicht auf optimale Marktergebnisse (→ Marktversagen). Ursache für die Fehlallokation ist der fehlende Anreiz für den individuellen Ressourcennutzer, die von ihm verursachten → Nutzungskosten zu berücksichtigen. Zur Korrektur von Fehlentwicklungen werden Beschränkungen der Nutzungsrechte oder steuerpolitische Maßnahmen (z.B. Abbaumengensteuern) vorgeschlagen.

Allokationspolitik – Allokationspolitik beinhaltet: (1) Beseitigung von Funktionsstörungen der marktmäßigen Koordination durch Abbau von einer freien Güter- und Faktorpreisbildung entgegenstehenden Hemmnisse (*Beispiel*: Wettbewerbspolitik zur Sicherung des funktionsfähigen Wettbewerbs); (2) Bereitstellung nicht marktfähiger öffentlicher Güter; (3) Beseitigung aufgrund → externer Effekte entstandener Verzerrungen der Produktions- und Konsumstruktur (*Beispiel*: → Umweltpolitik auf Basis des Verursacherprinzips).

Als-ob-Konzept → Vergleichsmarktkonzept; → Missbrauchsaufsicht.

Alte Institutionenökonomik – heterodoxe, kritische ökonomische Theorierichtung mit den Begründern Veblen (The Theory of the Leisure Class, 1899) und Commons (Legal Foundations of Capitalism, 1924). Heute werden ihre Ideen in der Association for Evolutionary Economics und im Journal of Economic Issues weiter verfolgt. Ausgehend vom neoklassischen Gleichgewichtsmodell werden Marktunvollkommenheiten und → Marktversagen als die Ursachen für Transaktions- und Informationskosten und damit für die Entstehung von Institutionen angesehen. Im Unterschied zur Neuen Institutionenökonomik stehen sie Marktwirtschaft und Kapitalismus kritisch gegenüber: Die Spaltung zwischen Arm und Reich, die Umweltzerstörung, die Dominanz der Corporate Culture, das Anfachen von Ehrgeiz und Neid durch Prestigegüter werden abgelehnt und Interessenkonflikte zwischen sozialen Gruppen unterstellt. Commons verfasste auch eine Geschichte der amerik. Arbeiterbewegung und war gedanklicher Vorläufer des amerik. New Deal in den 1930er-Jahren. Methodisch wird ein ganzheitlicher, nicht formalistischer, die Normorientierung der Menschen im Gegensatz zum reinen Eigeninteresse betonender Ansatz verfolgt und gegen den Neoliberalismus die Notwendigkeit politischer Lenkung von Marktprozessen hervorgehoben.

Alters-Einkommens-Profil → Arbeitsmarkttheorien, → Senioritätsentlohnung.

Altersrente – früher: *Altersruhegeld*; laufende Leistung im Rahmen der → Gesetzlichen

Rentenversicherung (GRV) zur Sicherung des Alters. – 1. *Voraussetzungen:* Neben dem Erreichen von bestimmten Altersgrenzen sind verschiedene versicherungsrechtliche Voraussetzungen zu erfüllen: a) *Regelaltersrente* (§ 35 SGB VI): Vollendung des 67. Lebensjahres (s. aber Übergangsregelung in § 235 SGB VI) und allg. Wartezeit (fünf Jahre). – b) *Altersrente für langjährig Versicherte* (§ 36 SGB VI): Vollendung des 67. Lebensjahres (s. aber Übergangsregelung in § 236 SGB VI) und Wartezeit von 35 Jahren. – c) *Altersrente für anerkannte schwerbehinderte Menschen* (§ 37 SGB VI): Vollendung des 65. Lebensjahres, Wartezeit von 35 Jahren, Anerkennung als schwerbehinderter Mensch im Sinn des § 2 II SGB IX. Versicherte, die von der Vertrauensschutzvorschrift des § 236a SGB VI erfasst werden, können Altersrenten nach § 37 SGB VI noch ab dem 65. Lebensjahr geltend machen. – d) (ab 1.1.2012) *Altersrente für bes. langjährig Versicherte* (§§ 33 II Nr. 3a, 38 SGB VI): Vollendung des 65. Lebensjahres und Wartezeit von 45 Jahren. – e) *Altersrente für Frauen* (§ 237a SGB VI): vor dem 1.1.1952 geboren, Vollendung des 60. Lebensjahres, mehr als zehn Jahre versicherungspflichtige Tätigkeit nach Vollendung des 40. Lebensjahres und eine Wartezeit von 15 Jahren. Die Anhebung der Altersgrenzen erfolgt nach §§ 237a II und III SGB VI. – f) *Altersrente für langjährig unter Tage beschäftigte Bergleute* (§ 40 SGB VI): Vollendung des 62. Lebensjahres und Erfüllung einer Wartezeit von 25 Jahren. Die Altersrenten können als Vollrente oder als Teilrente bezogen werden (§ 42 SGB VI). – 2. *Verdienstgrenzen:* Nach Vollendung des 67. Lebensjahres sind Einnahmen aus Erwerbstätigkeit ohne Einfluss auf die Altersrente; Altersrentner nach dem 67. Lebensjahr können unbegrenzt dazu verdienen. Für alle anderen Altersrenten gelten unterschiedliche Hinzuverdienstgrenzen (§ 34 II, III SGB VI). Bei Überschreiten der maßgeblichen Grenzen entfällt der Rentenanspruch. – 3. *Steuerliche Behandlung:* nachgelagerte Besteuerung, Rentenbesteuerung.

Alterssicherung – wichtiger Teil der → sozialen Sicherung; nach dem *Drei-Säulen-Konzept* zu gliedern in: – *1. Säule:* die staatliche Alterssicherung, der die → Gesetzliche Rentenversicherung (GRV), die → Alterssicherung der Landwirte, die → soziale Alterssicherung der freien Berufe sowie die → soziale Sicherung der Beamten zuzuordnen sind. – *2. Säule:* die ergänzende erwerbsbezogene Alterssicherung mit betrieblicher Altersversorgung (bAV) und → zusätzlicher Altersversorgung im öffentlichen Dienst sowie – *3. Säule:* die private Altersvorsorge (ggfs. mit staatlicher Förderung, vgl. → Riester-Rente). Die staatliche Alterssicherung wird weit überwiegend (in Deutschland ganz) im → Umlageverfahren finanziert (→ Generationenvertrag), die betriebliche Altersversorgung und die private Vorsorge basieren auf dem → Kapitaldeckungsverfahren. Neben der Einkommenssicherung für das Alter tragen auch die Kranken- und Pflegeversicherung erheblich zur sozialen Sicherung im Alter bei. Faktisch übernehmen auch die → Unfallversicherung und die Kriegsopferversorgung (→ Lastenausgleich) Funktionen der Alterssicherung für spezielle Personenkreise.

Alterssicherung der Landwirte – 1. *Charakterisierung:* eigenständiger Zweig der → Sozialversicherung; gewährt Leistungen für selbstständige Landwirte und ihre mitarbeitenden Familienangehörigen nach dem Gesetz über die Alterssicherung der Landwirte (ALG) vom 29.7.1994 (BGBl. I S. 1890, 1891), zuletzt geändert durch das Gesetz vom 12.4.2012 (BGBl. I S. 579). Ursprüngliche Zielsetzung war die Abdeckung des zusätzlichen Bargeldbedarfs (Taschengeld) neben dem Altenteil, wenn ein Landwirt seinen Hof an seinen Nachfolger übergeben hat (zur Hofabgabe vgl. §§ 21, 22 ALG). Das Sicherungskonzept hat sich inzwischen zu einer echten Teilsicherung mit Verdienstersatzfunktion entwickelt. – 2. *Versicherter Personenkreis:* a) *Versicherungspflichtig* sind Landwirte und mitarbeitende Familienangehörige (§ 1 I ALG). Landwirt ist, wer als selbstständiger Unternehmer ein auf Bodenbewirtschaftung beruhendes Unternehmen der Landwirtschaft (§ 1 IV ALG) mit einer bestimmten Mindestgröße (§ 1 V ALG) betreibt. Der Ehegatte eines Landwirts gilt als Landwirt, wenn beide Ehegatten nicht dauernd getrennt leben und der Ehegatte voll erwerbsgemindert nach § 43 II SGB VI ist. Mitarbeitende Familienangehörige sind (1) Verwandte bis zum dritten Grade, (2) Verschwägerte bis zum zweiten Grade und (3) Pflegekinder eines Landwirts oder seines hauptberuflich im Unternehmen tätigen Ehegatten (§ 1 VIII ALG). – b) *Versicherungsfrei* sind Landwirte und mitarbeitende Familienangehörige, die (1) das 18. Lebensjahr noch nicht oder das 67. Lebensjahr bereits vollendet haben, (2) die Wartezeit für eine Rente wegen Erwerbsminderung nicht mehr erfüllen können. Außerdem Landwirte, die eine Rente unter Berücksichtigung von § 21 VI ALG beziehen, und mitarbeitende Familienangehörige, solange sie als Landwirt in der Alterssicherung der Landwirte versichert sind (§ 2 ALG). – 3. *Befreiung von der Versicherungspflicht:* ist in bestimmten Fällen möglich (vgl. § 3 I, III ALG). – 4. *Freiwillige Versicherung* ist für Ehegatten von ehemaligen Landwirten unter bestimmten Voraussetzungen (§ 4 ALG) ebenso möglich wie eine freiwillige Weiterversicherung von Personen, die zuletzt als Landwirt versichert waren (§ 5 ALG). – 5. *Leistungen:* a) medizinische Rehabilitation nach Maßgabe der §§ 7–10 ALG. – b) Regelaltersrenten für Landwirte vom 67. Lebensjahr an, wenn die Wartezeit von 15 Jahren erfüllt ist und das Unternehmen der Landwirtschaft abgegeben worden ist. Mitarbeitende Familienangehörige erhalten die Altersrente nach Vollendung des 67. Lebensjahres, wenn sie die Wartezeit von 15 Jahren erfüllt haben und nicht Landwirt sind (§ 11 ALG). – c) Vorzeitige Altersrente können Landwirte unter bestimmten Bedingungen bis zu zehn Jahren vor Vollendung des 67. Lebensjahres erhalten (§ 12 I

ALG). – d) *Renten wegen Erwerbsminderung* (§ 13 ALG). Bei voller Erwerbsminderung wird eine Rente gewährt, wenn die Voraussetzungen des § 43 SGB VI und des § 13 I ALG erfüllt sind (§ 13 I 2 ALG). – e) *Hinterbliebenenrenten*: Witwen-/Witwerrenten (§ 14 ALG), Renten wegen Todes für hinterbliebene Lebenspartner (§ 14a ALG), Waisenrenten (§ 15 ALG) und Renten wegen Todes bei Verschollenheit des versicherten Landwirts, wenn die Umstände dessen Tod wahrscheinlich machen und seit einem Jahr Nachrichten über dessen Leben nicht eingegangen sind. (§ 16 ALG) – 6. *Wartezeiten:* Für die Wartezeiten von fünf, fünfzehn und 35 Jahren werden Beitragszeiten (Pflicht- oder freiwillige Beiträge zur landwirtschaftlichen Alterskasse und zur allg. gesetzlichen Rentenversicherung) und Monate aus dem Versorgungsausgleich angerechnet (§ 17 ALG). Die Wartezeit von fünf Jahren ist vorzeitig erfüllt, wenn die Erwerbsminderung oder der Tod des Versicherten während der Versicherungspflicht eintritt (§ 17 II ALG). – 7. *Berechnung der Renten:* Die Rentenberechnung richtet sich nach den umfassenden Regelungen der § 23 und 24 ALG. – 8. *Organisation:* Für die Erfüllung der Aufgaben der Alterssicherung der Landwirte sind die bei jeder landwirtschaftlichen Berufsgenossenschaft errichteten landwirtschaftlichen Alterskassen zuständig (§ 49 ALG). – 9. *Finanzierung:* Die Finanzierung erfolgt durch Beiträge der versicherungspflichtigen Landwirte und Bundesmittel (§ 66 II ALG). Die Beitragshöhe wird jeweils für das folgende Kalenderjahr festgesetzt (§ 68 ALG). Mitarbeitende Familienangehörige zahlen die Hälfte des Beitrags eines Landwirts (§ 68 ALG). Freiwillig Versicherte tragen ihre Beiträge selbst (§ 70 III ALG).

Alters-Verdienstfunktion – mathematische Gleichung bzw. Funktion, die den vermuteten funktionalen Zusammenhang zwischen dem durchschnittlichen Nettojahreseinkommen von → Erwerbstätigen und dem Alter sowie dem Bildungsniveau der Erwerbstätigen beschreibt.

Alters-Verdienstkurve – grafische Darstellung der in Volks- und Berufszählungen, Mikrozensen, Panel- oder sonstigen Erhebungen gewonnenen Informationen über den funktionalen Zusammenhang zwischen Nettojahresverdienst, Alter und Bildungsniveau.

Altlasten – Ablagerungen und Altstandorte, sofern von ihnen Umweltgefährdungen ausgehen oder zu erwarten sind. – Vgl. auch → Vorsorgeprinzip.

ambulante Leistungen → Gesundheitswesen.

amerikanisches Verfahren – 1. *Begriff:* Verfahren zur Liquiditätszuteilung bei → Zinstendern, welches von der Europäischen Zentralbank – Europäisches System der Zentralbanken (ESZB) – u.a. angewendet wird. – 2. *Funktionsweise:* Beginnend mit den höchsten Gebotssätzen teilt die Zentralbank den Kreditinstituten (auch: Geschäftspartner, Finanzinstitut) beim amerikanischen Verfahren Zentralbankguthaben zu ihren individuellen Bietungssätzen zu, und zwar so lange, bis das von ihr vorgesehene Gesamtvolumen an Liquidität erreicht ist. Da die Banken aufgrund ihrer Geldmarktkenntnisse i.Allg. eng beieinander liegende Sätze bieten, sind beim marginalen Zuteilungssatz oft Repartierungen notwendig. – Vgl. auch → holländisches Verfahren, → Tenderverfahren.

AMF – Abk. für → *Arab Monetary Fund.*

Amsterdamer Vertrag – 1. *Charakterisierung:* Der → Europäische Rat einigte sich am 16./17.6.1997 in Amsterdam über die Novellierung des EU-Vertrages (→ Maastrichter Vertrag); dieser erlangte zum 1.5.1999 Rechtskraft. Die Neuerungen betrafen alle drei sog. EU-Säulen (→ EU); anders als den früheren Vertragsreformen überwogen die nicht ökonomischen Integrationsfelder. Die sog. erste Säule (EU) wurde im Wesentlichen in Gestalt der Neuaufnahme eines Beschäftigungskapitels sowie durch Einfügung des „Maastrichter" Sozialprotokolls und durch die Einbeziehung des Schengener Abkommens (Freizügigkeit des innergemeinschaftlichen Personenverkehrs) weiterentwickelt. Mit dem Ziel, die weltpolitische Rolle der EU zu stärken, wurden im Rahmen der → GASP (sog. zweite Säule) einige begrenzte Verbesserungen der außenpolitischen Aktionsfähigkeit der EU erreicht. Zur Verbesserung des rechtlichen Schutzes der (Unions-)Bürger wurde die Zusammenarbeit in den Bereichen Justiz und Inneres (sog. dritte Säule) durch eine Reihe von Neuerungen ausgebaut. – 2. Eine prozedurale Neuerung stellte die Einführung des *Prinzips der Flexibilität* (nur erste und dritte Säule) dar: Unter Wahrung bestimmter Voraussetzungen wurde es auf der Basis eines einstimmigen Ratsbeschlusses möglich, dass eine Gruppe von EU-Staaten, welche die Mehrheit der Mitgliedsländer umfasst, den restlichen Mitgliedsstaaten integrationspolitisch (Vertiefung des Integrationsprozesses) voranschreiten kann. Außerdem wurde die Sanktionsmöglichkeit gegen Mitgliedsstaaten eingeführt, die eine schwerwiegende und anhaltende Verletzung der Prinzipien und Grundrechte begehen (Art. 7 EUV, durch den Vertrag von Nizza präzisiert). – 3. Die bedeutendste in Amsterdam erzielte *institutionelle Neuerung* war die beträchtliche Aufwertung, welche das → Europäische Parlament als Mitentscheidungsorgan erfuhr. Insgesamt blieb jedoch speziell die Reform der EU-Organe sowie die Reform der gemeinschaftlichen Entscheidungsverfahren weit hinter jenen Erfordernissen zurück, welche eine unerlässliche Voraussetzung dafür sind, dass die EU auch mit 25 bis 30 Mitgliedsstaaten funktions- und handlungsfähig ist. Um diesen und anderen vor der Ost-Erweiterung der EU zu überwindenden Mängeln abzuhelfen, wurden vom → Europäischen Rat begrenzte Änderungen hinsichtlich der Stimmgewichtung im Europäischen Parlament und der Sitzverteilung im → Rat der Europäischen Union vorgenommen. Ferner wurden die Regeln für sog. qualifizierte Mehrheitsentscheidungen modifiziert und die Möglichkeiten ihrer Anwendung auf zusätzliche Politikfelder ausgeweitet.

ANDEN-Pakt – 1. *Begriff und Merkmale*: Der Andenpakt wurde gegründet mit der Unterzeichnung des Abkommens von Cartagena (1969). Die Gründungsländer: Bolivien, Chile, Ecuador, Kolumbien und Peru. – 2. *Ziele*: Wirtschaftsgemeinschaft: (a) Abbau der Handelsschranken; (b) gemeinsamer Außenzoll; (c), gemeinsame Industrialisierungsprogramme; (d) Verbesserung der Wettbewerbsfähigkeit; (e) Harmonisierung der Wirtschafts- und Sozialpolitik. – 3. *Organe*: Die Kommission mit Repräsentanten aller Mitgliedsstaaten und die sog. Junta, die sich aus drei Mitgliedern zusammensetzt, sowie das Parlament und der Gerichtshof. – 4. *Ergebnis*: Anstieg des subregionalen Handels. – 5. *Probleme*: Die Integrationsbemühungen sind auch aufgrund des unterschiedlichen Entwicklungstandes unbefriedigend und die gemeinsamen Industrialisierungsprogramme blieben ohne Erfolg. – 6. *Veröffentlichungen*: Leyes Económicas de los Países Miembros sowie technische Publikationen.

anerkannter Ausbildungsberuf – Beruf, der als Grundlage für eine geordnete und einheitliche → Berufsausbildung sowie zu ihrer Anpassung an die technischen, wirtschaftlichen und gesellschaftlichen Erfordernisse durch das Bundesministerium für Wirtschaft und Technologie im Einvernehmen mit dem Bundesministerium für Bildung und Forschung (BMBF) staatlich anerkannt ist (§ 4 BBiG; § 25 HwO). Für einen anerkannten Ausbildungsberuf darf gemäß § 4 Abs.2 BBiG bzw. § 25 Abs.2 HwO nur nach der entsprechenden → Ausbildungsordnung ausgebildet werden; in anderen als anerkannten Ausbildungsberufen dürfen Jugendliche unter 18 Jahren grundsätzlich nicht ausgebildet werden. Die Ausbildung endet mit der Ausbildungsabschlussprüfung. – Die Gesamtzahl aller staatlich anerkannten Ausbildungsberufe beträgt 345 (Stand August 2012). – Gemäß § 90 BBiG gehört es zu den Aufgaben des → Bundesinstituts für Berufsbildung (BIBB), ein *Verzeichnis der anerkannten Ausbildungsberufe* zu führen und dieses jährlich zu veröffentlichen.

angebotsbeschränktes Gleichgewicht – Begriff der Makroökonomik. Ist die gesamtwirtschaftliche Güternachfrage größer als die gewinnmaximale Produktion der Unternehmen, ergibt sich die Höhe des Nationaleinkommens in der kurzen Frist aus dem Angebot der Unternehmen. Es gilt die Angebotsverteilung in Form der Grenzproduktivitätstheorie (→ Grenzproduktivitätstheorie der Verteilung) oder Monopolgradtheorie (→ Monopolgradtheorie der Verteilung). – *Gegensatz:* → Nachfragebeschränktes Gleichgewicht.

angebotsinduzierte Inflation → Inflationstheorien.

Angebotsinflation → Inflationstheorien.

angebotsorientierte Verteilungstheorien – an der Angebotsseite des Gütermarktes ansetzende Verteilungstheorien, wie Grenzproduktivitätstheorie (→ Grenzproduktivitätstheorie der Verteilung) und Monopolgradtheorie (→ Monopolgradtheorie der Verteilung).

Anonymität – Die Anonymität der Abstimmung ist bei einem → Abstimmungsverfahren gewährleistet, wenn das Ergebnis nicht davon abhängt, von welchen Teilnehmern die einzelnen Stimmen abgegeben wurden.

Anpassungsflexibilität → Wettbewerbsfunktionen.

Anpassungsfortbildung – eine Form der → beruflichen Weiterbildung. Aktualisierung der individuellen beruflichen Leistungspotenziale durch Erweiterung und Anpassung der Fertigkeiten und Kenntnisse an technische, wirtschaftliche und rechtliche Entwicklungen. Anpassungsfortbildung erfolgt im Rahmen betrieblicher oder überbetrieblicher Veranstaltungen. Förderung durch die Agentur für Arbeit möglich. – Vgl. auch → Aufstiegsfortbildung, → berufliche Fortbildung.

Anpassungspolitik → positive Anpassungspolitik, → sektorale Strukturpolitik, → Strukturanpassungspolitik.

Anreiz – Incentives, Disincentives.

Anreizintensität – Prinzipal-Agent-Theorie.

anthropozentrischer Ansatz – Der anthropozentrische Ansatz wird häufig als Bekenntnis zur rücksichtslosen Ausbeutung der Natur missverstanden. In der Umwelt- und Ressourcenökonomik wird dagegen gezeigt, dass der anthropozentrische Ansatz mit einem haushälterischen Umgang mit der Natur vereinbar ist. Häufig wird überdies übersehen, dass der anthropozentrische Ansatz nicht im Widerspruch zu einer Berücksichtigung von nicht-nutzungsabhängigen Nutzen natürlicher Ressourcen steht. Dies liegt primär daran, dass im anthropozentrischen Ansatz auch der Nutzen zukünftiger Generationen berücksichtigt wird. – *Gegensatz:* → ökozentrischer Ansatz.

Antiselektion → Adverse Selection.

Anwartschaftsdeckungsverfahren – Das Anwartschaftsdeckungsverfahren wird v.a. im Bereich der Lebensversicherungen, aber auch im Bereich der privaten Pensions- und Krankenversicherungen (→ private Krankenversicherung, PKV) angewendet. Es stellt eine besondere Form der Kapitaldeckung (→ Kapitaldeckungsverfahren) dar, bei der jeweils die individuellen Ansprüche abgedeckt werden. Allgemein werden die zur späteren Leistungserfüllung benötigten Beiträge (im Falle der Krankenversicherung zumindest zu einem Teil) vor dem Eintritt des Versicherungsfalls (im Falle der Krankenversicherung vor dem Eintritt einer höheren Schadenswahrscheinlichkeit im Alter) nach versicherungsmathematischen Grundsätzen eingezogen. Es gilt dabei, dass in jedem Zeitpunkt der Barwert der zu erwartenden Leistungen durch die Summe aus zukünftigen Beiträgen und bereits angesammeltem Deckungskapital gedeckt sein muss.

Anwartschaftszeit – Wartezeit.

Applied Economics → Allgemeine Wirtschaftspolitik.

APQLI – Abk. für *Augmented Physical Quality of Life Index;* → Physical Quality of Life Index (PQLI).

APS → Generalized System of Preferences (GSP); Handelspräferenzen der Europäischen Union zugunsten zahlreicher solcher → Entwicklungsländer, die nicht in eines der → Assoziierungsabkommen der EU eingebunden sind (spezifische Form von „Aid by Trade"). Dem von der EU (→ EWG) seit 1971 gewährten APS liegt eine entsprechende Empfehlung der → UNCTAD zugrunde. Andere → Industrieländer sind diesem Beispiel inzwischen gefolgt. – Das *Hauptmerkmal des APS-Konzepts* besteht darin, dass gewerbliche Erzeugnisse aus den Entwicklungsländern bei der Einfuhr in die EU ein pro Jahr mengenmäßig begrenzter Zollvorteil gewährt wird. Die Zollpräferenz wird ohne Reziprozität gewährt, d.h. Exporte aus der EU in die betreffenden Entwicklungsländer erhalten keine entsprechende Vergünstigung. Das APS stellt eine nach Art. XXIV → GATT heute unzulässige Ausnahme vom Prinzip der → Meistbegünstigung dar. Voraussetzung für die praktische Gewährung des *Präferenzzollsatzes* ist die Vorlage des *Präferenznachweises Form A* sowie der Nachweis der Beförderung aus dem betreffenden *Ursprungsland*. Nachweis der *Direktbeförderung* ist nicht mehr erforderlich.

Äquivalenzprinzip – 1. *Begriff:* Besteuerungsprinzip, nach dem sich die Höhe der Abgaben nach den empfangenen staatlichen Leistungen durch den Staatsbürger richtet. Für den Nutzen, den die Bürger aus öffentlichen Gütern und Diensten ziehen, sollen sie aus Gründen der optimalen Allokation ein marktpreisähnliches Entgelt zahlen. - 2. *Formen:* a) *individuelle Äquivalenz:* Äquivalenz bezogen auf einzelne Personen; kaum realisierbar, bei vielen Leistungen insbesondere bei Steuern nicht gewollt. - b) *gruppenmäßige Äquivalenz:* Äquivalenz bezogen auf Gruppen, v.a. regional abgegrenzte Gruppen; wichtiges Kriterium für die Bemessung öffentlicher Einnahmen und deren Verteilung im föderalen Finanzausgleich. – *Beurteilung:* Nach heutiger Meinung ist das Äquivalenzprinzip in der Besteuerung nicht praktikabel, da der Nutzen i.d.R. nicht operational messbar und individuell zurechenbar ist; bei der Bemessung aufkommensstarker Steuern es außerdem dem fiskalischen Ziel der Einnahmenerhebung und vielen verteilungspolitischen Zielsetzungen. – *Gegensatz:* Leistungsfähigkeitsprinzip.

Arabische Liga – 1. *Begriff und Merkmale: League of Arab States (LAS);* aus der panarabischen Bewegung entstandener Konsultativ- und Nichtangriffspakt. – *Sitz und Gründung:* 22.3.1945 in Kairo durch sieben arabische Staaten; aktuell 22 Mitgliedsstaaten. – 2. *Ziele:* Engere wirtschaftliche, militärische, politische und kulturelle Zusammenarbeit sowie Wahrung der Unabhängigkeit und Souveränität der Mitgliedsstaaten sowie der arabischen Außeninteressen. Vermeidung und Schlichtung von Streitfällen zwischen Mitgliedsländern. Anerkennung Palästinas als unabhängiger Staat. *Fernziel:* Bildung eines arabischen Staates. – 3. *Organe:* Rat der Arabischen Liga (Ligarat), sich konstituierend aus den Repräsentanten der Mitgliedsstaaten (i.d.R. Außenminister), der permanenten Kommission und dem Generalsekretariat, konferiert halbjährlich. Bei Bedarf können Gipfeltreffen der Staats- und Regierungschefs einberufen werden (zuletzt 2001). Seit 27.9.2005 existiert in Damaskus ein provisorisches Parlament, welches nur beratende Funktion ausübt. Es besteht aus 88 Mitgliedern – je vier aus jedem Mitgliedsstaat.

Arab Monetary Fund (AMF) – Eine regionale arabische Organisation mit dem Ziel der Korrektur von Zahlungsbilanzungleichgewichten und der monetären Zusammenarbeit. Langfristiges Ziel ist die Schaffung einer gemeinsamen arabischen Währung. *Gegründet:* 1976, die Arbeit wurde 1977 aufgenommen. – *Sitz:* Abu Dhabi. – *Mitglieder:* 22 Länder.

Arbeiterfrage des 19. Jahrhunderts → Proletaritätsmerkmale.

Arbeiterklasse – Begriff des wissenschaftlichen → Sozialismus. Die Arbeiterklasse ist eine der beiden Hauptklassen der kapitalistischen Gesellschaft und umfasst die nicht im Besitz von Produktionsmitteln befindlichen Lohnabhängigen. – Vgl. auch → Klassentheorie.

Arbeiterselbstverwaltung – Form der laboristischen Unternehmensverfassung, bei der die unternehmerische Willensbildung durch die in dem Betrieb beschäftigten Mitarbeiter erfolgt. Diese üben gleichberechtigt und gemeinsam die Unternehmerfunktion aus, soweit sie ihre Kompetenzen nicht an einen von ihnen gewählten Ausschuss delegieren; die Unternehmerfunktion ist nicht an Vermögensanteile an dem jeweiligen Betrieb gekoppelt, sodass mit dem Prinzip der Arbeiterselbstverwaltung das → Einkommensprinzip korrespondiert. – Die Arbeiterselbstverwaltung ist Bestandteil der meisten Konzeptionen der → Rätedemokratie, wird auch in Kooperativen (Alternativbetrieben) in privatwirtschaftlichen Marktwirtschaften angewandt. Sie war bis Anfang der 1990er-Jahre das grundlegende Prinzip in der selbstverwalteten sozialistischen Marktwirtschaft des ehemaligen Jugoslawiens.

Arbeitgeberanteil – 1. *Charakterisierung:* Teil des Beitrags zur → Sozialversicherung, der (i.d.R. neben dem Arbeitnehmeranteil) vom Arbeitgeber für einen versicherungspflichtigen Arbeitnehmer zu entrichten ist (Beitragssatz). In der gesetzlichen Kranken- und Rentenversicherung und in der Arbeitslosenversicherung betrug der Arbeitgeberanteil viele Jahre genau 50 Prozent des allgemeinen Beitragssatzes. Die andere Hälfte war vom Arbeitnehmer zu tragen (paritätische Finanzierung). Für die Mitglieder der gesetzlichen

Krankenversicherung gilt seit dem 1.7.2005 jedoch ein zusätzlicher Beitragssatz in Höhe von 0,9 Prozent der beitragspflichtigen Einnahmen. Seit dem 1.1.2011 beläuft sich der allgemeiner Beitragssatz auf 15,5 Prozent; die Arbeitgeber tragen somit 7,3 Prozentpunkte und die Arbeitnehmer 8,2 Prozentpunkte. Individuelle Zusatzbeiträge (Gesundheitsprämie) einzelner Krankenkassen, die seit 2009 erhoben werden können, werden von den Arbeitnehmern allein getragen (→ Gesundheitsreform). Seit Inkrafttreten der → Pflegeversicherung hat der Arbeitgeber grundsätzlich auch dort die Hälfte des allgemeinen Beitrags der versicherungspflichtigen Beschäftigten zu zahlen, die in der gesetzlichen Krankenversicherung pflichtversichert sind (§ 58 I SGB XI). Kinderlose Versicherte haben ab dem 23. Lebensjahr jedoch einen Beitragszuschlag zu zahlen, an dem der Arbeitgeber nicht beteiligt ist (§ 55 III SGB XI). – Der Arbeitgeber hat in bestimmten Fällen bspw. geringfügiger Beschäftigung bis 450 Euro die vollen Beiträge zu übernehmen. – Werden die Beiträge aus Verschulden des Arbeitgebers verspätet entrichtet, so hat er sie in voller Höhe einschließlich des Arbeitnehmeranteils nachzuentrichten. – 2. *Steuerliche Behandlung:* Nach § 3 Nr. 62 EStG sind gesetzliche Arbeitgeberanteile steuerfrei. – 3. In der *Kostenrechnung* wird der Arbeitgeberanteil als bes. Kostenart verrechnet. – 4. *Volkswirtschaftlich* handelt es sich bei den Arbeitgeberbeiträgen um Bestandteile der Lohnsumme und damit des Einkommens des Produktionsfaktors Arbeit. Die Zahlung der Beiträge durch der Arbeitgeber besagt nichts über die reale Belastung (Inzidenz) durch die Arbeitgeberbeiträge zur Sozialversicherung.

Arbeitnehmerüberlassung – *Personalleasing, Leiharbeit, Zeitarbeit;* 1. *Begriff:* Überlassung von Arbeitnehmern durch ihren Arbeitgeber (Verleiher) zur Arbeitsleistung an Dritte (Entleiher). Die Arbeitnehmerüberlassung ist im Gegensatz zu allen anderen ein dreiseitiges Beschäftigungs- bzw. Arbeitsverhältnis zwischen Arbeitnehmer, Verleih- und Entleihfirma. Sie ist für letztere ein Instrument zur externen Flexibilisierung des Personaleinsatzes. – 2. *Entwicklung:* Sie wurde erstmals im Gesetz zur Regelung der gewerbsmäßigen Arbeitnehmerüberlassungsgesetz (AÜG) von 1972 verankert. Der Verleiher unterliegt grundsätzlich der Erlaubnispflicht (§ 1 AÜG). – Wesentliche Änderungen erfuhr das AÜG durch das Erste Gesetz für moderne Dienstleistungen am Arbeitsmarkt vom 23.12.2002 (BGBl. I 4607) (→ Hartz-Gesetze). Mit Wirkung zum 1.1.2003 wurden das besondere Befristungsverbot (Verbot der wiederholten Befristung eines Leiharbeitsverhältnisses, ohne dass ein sachlicher Grund in der Person des Leiharbeitnehmers vorlag), das Synchronisationsverbot (Verbot der Einstellung eines Arbeitnehmers für nur eine einzelne Überlassung an einen Entleiher), das Wiedereinstellungsverbot (desselben Arbeitnehmers innerhalb von drei Monaten) und die Beschränkung der Überlassungsdauer (auf höchstens zwei Jahre) aufgehoben.

Diese Änderungen haben zu einer deutlichen Ausweitung (auf die höchste, jemals erreichte Zahl von ca. 900.000 Arbeitsverhältnissen im Jahr 2010) geführt. Fast die Hälfte aller Überlassungen endet nach weniger als drei Monaten. Allerdings ist die Mehrzeit der Zeitarbeitnehmer unmittelbar vor Aufnahme ihrer Tätigkeit ohne Beschäftigung, sodass keine systematische Verdrängung von Stammbelegschaften zu erkennen ist. Hingegen treten auch „Klebeeffekte" im Sinne eines Übergangs in ein unbefristetes Arbeitsverhältnis bei dem Entleihunternehmen eher selten ein, was an der deutlich prozyklischen Entwicklung der Arbeitnehmerüberlassung liegen mag. Zugunsten der Leiharbeitnehmer wurde der Gleichstellungsgrundsatz im Gesetz verankert: Leiharbeitnehmer müssen grundsätzlich zu denselben Bedingungen beschäftigt werden wie die Stammarbeitnehmer des entleihenden Unternehmens. – Aufgrund der notwendigen Umsetzung der Europäischen Richtlinie über Leiharbeit (2008/104/EG) (*EU-Leiharbeitsrichtlinie*) untersagt schließlich das neu gefasste AÜG seit dem 1.12.2011 einen *dauerhaften* Leiharbeitnehmereinsatz (Erstes Gesetz zur Änderung des Arbeitnehmerüberlassungsgesetzes - Verhinderung von Missbrauch der Arbeitnehmerüberlassung vom 28.4.2011 [BGBl. I 642]). Sein Anwendungsbereich wird ferner auf die *nicht* gewerbsmäßige Arbeitnehmerüberlassung ausgedehnt, mithin werden auch konzerninterne Personaldienstleistungsgesellschaften vom AÜG erfasst. – Auf Basis des § 3a AÜG trat schließlich am 1.1.2012 ein absoluter Mindestlohn (*Lohnuntergrenze*) in Höhe von 7,89 Euro im Westen und 7,01 Euro im Osten Deutschlands in Kraft, und zwar durch Verordnung des Bundesministeriums für Arbeit und Soziales (BMAS) nach Beteiligung des Tarifausschusses.

Arbeitsamt → Agentur für Arbeit.

Arbeitsangebot → Arbeitsmarkttheorien, Arbeitslosigkeit, → Arbeitsmarkt.

Arbeitsbeschaffungsmaßnahmen – 1. *Begriff:* Arbeitsbeschaffungsmaßnahmen waren im Gegensatz zu passiven Lohnersatzleistungen Instrumente aktiver Arbeitsmarktpolitik, die v.a. in Zeiten hoher Arbeitslosigkeit zur Erhaltung und Schaffung von Arbeitsplätzen auf beruflichen und regionalen Teilarbeitsmärkten beitragen sollten. Mit dem Gesetz zur Verbesserung der Eingliederungschancen am Arbeitsmarkt vom 20.12.2011 (BGBl. I 2854) wurden diese mit Wirkung vom 1.4.2012 ersatzlos gestrichen. – 2. *Regelungen:* Die rechtliche Grundlage bildete das SGB III (§§ 260-271). Arbeitsbeschaffungsmaßnahmen waren grundsätzlich zeitlich befristet (i.d.R. bis zu zwölf Monaten, Ausnahmen für bestimmte Gruppen) und schafften Beschäftigungsmöglichkeiten für arbeitslose Arbeitnehmer mit dem Ziel der Erhaltung oder Wiedererlangung ihrer individuellen → Beschäftigungsfähigkeit. Die Förderung geschah v.a. durch die ergänzende Gewährung von pauschalierten Lohnkostenzuschüssen, jedoch auch durch Darlehen und Sachkostenzuschüsse an die Maßnahmenträger, die natürliche oder juristische Personen sein konnten (u.a. Kommunen, Wohlfahrtsverbände, Vereine, aber auch Wirtschaftsunternehmen). Die Höhe des Zuschusses bestimmte sich durch die Art der Tätigkeit sowie das Qualifikationsniveau der geförderten Teilnehmer. – 3. *Voraussetzungen:* Die zur Vergabe notwendigen Voraussetzungen wurden im Laufe der Jahre häufig, z.T. wesentlich geändert. Es musste sich grundsätzlich um „zusätzliche und im öffentlichen Interesse liegende Arbeiten" handeln, wie im Bereich sozialer Dienste oder im Umweltschutz, die sonst nicht oder erst zu einem späteren Zeitpunkt durchgeführt worden wären; eine Beeinträchtigung der örtlichen Wirtschaft durfte nicht erfolgen. – 4. *Entwicklung:* Arbeitsbeschaffungsmaßnahmen erfreuten sich im Laufe der vergangenen Jahrzehnte unterschiedlicher Beliebtheit; von einem systematischen antizyklischen Einsatz konnte nie die Rede sein. Infolge der Finanzierung aus Mitteln der Arbeitslosenversicherung wurden sie in Phasen von Haushaltsdefiziten der → Bundesagentur für Arbeit wiederholt zum bevorzugten Objekt von Sparmaßnahmen. Auch eine gewisse Abhängigkeit vom politischen (Wahl-)Zyklus war mehrfach zu konstatieren. In den 2000er-Jahren nahm ihre Bedeutung deutlich ab, nachdem sie in den 1990er-Jahren nach der Vereinigung im Rahmen spezieller, erweiterter Regelungen in den neuen Bundesländern häufig eingesetzt wurden. – 5. *Probleme:* Wirkungs- bzw. Implementationsanalysen zeigen, dass sich die Chancen der dauerhaften Eingliederung in den ersten Arbeitsmarkt für die Mehrzahl der Teilnehmer im Vergleich zu vergleichbaren Nicht-Teilnehmern nicht verbesserten, für einige sich sogar verschlechterten. Dies hängt insbesondere damit zusammen, dass die Suchintensität während der Teilnahme aufgrund von Einbindungseffekten (*Lock-in-Effekten*) sinken kann (Arbeitsmarkttheorien). Nur bei arbeitsmarktferneren Gruppen verbesserten sich die Integrationschancen. Unerwünschte Folgen auf Unternehmensseite bestanden u.a. in Mitnahme- und Substitutionseffekten. Zudem wurde die Etablierung eines dauerhaften zweiten Arbeitsmarktes befürchtet. – Vgl. auch Arbeitslosenversicherung, Arbeitsmarktpolitik.

Arbeitseinkommen – I. Volkswirtschaftstheorie: der dem Produktionsfaktor Arbeit zuzurechnende Teil des im Zuge der Produktion von Gütern entstandenen Einkommens. Die Entstehung des Arbeitseinkommens wird durch die funktionale Verteilungstheorie untersucht.

II. Volkswirtschaftliche Gesamtrechnung: Zusammenfassung von Arbeitnehmerentgelt und kalkulatorischem Arbeitseinkommen der Selbstständigen (kalkulatorischer Unternehmerlohn). – Vgl. auch → Arbeitseinkommensquote.

Arbeitseinkommensquote – Die Arbeitseinkommensquote gibt das gesamtwirtschaftliche → Arbeitseinkommen in Relation zum Volkseinkommen wieder:

$$AEQ = \frac{W/A}{Y/E} = \frac{(W/A) * E}{Y}$$

wobei AEQ: Arbeitseinkommensquote, W: Löhne, A: Anzahl der Arbeitnehmer, E: Anzahl der Erwerbstätigen, Y: Volkseinkommen. Sie entspricht damit gleichzeitig dem Verhältnis von Lohneinkommen je Arbeitnehmer zu Volkseinkommen je Erwerbstätigen, was im weitesten Sinne auch als Verhältnis von Pro-Kopf-Lohn zur Arbeitsproduktivität verstanden werden kann. Im Unterschied zur → Lohnquote werden bei der Berechnung der Arbeitseinkommensquote auch die aus Arbeit entstandenen Einkommen der Selbstständigen berücksichtigt. Bei der Berechnung der Arbeitseinkommen der Selbstständigen wird dabei in Anlehnung an Kravis (1959) häufig mit der Annahme gearbeitet, dass sich das durchschnittliche Arbeitseinkommen jedes Selbstständigen (und mithelfenden Familienangehörigen) auf den Durchschnittslohn eines abhängig Beschäftigten beläuft. Bei Verwendung der Kravis-Annahme wird Arbeitseinkommensquote durch den Wandel der Beschäftigtenstruktur (Veränderung der Arbeitnehmerquote) genau wie eine bereinigte Lohnquote nicht beeinflusst. Auch aus diesem Grund hat die Arbeitseinkommensquote die bereinigte Lohnquote in der empirischen Analyse weitgehend verdrängt. Eine solchermaßen definierte Arbeitseinkommensquote steht zur bereinigten Lohnquote in einem festen Verhältnis: die Arbeitseinkommensquote liegt immer um den Wert E/A (Kehrwert der Arbeitnehmerquote des Basisjahres) über der bereinigten Lohnquote. – In Deutschland und anderen Industrienationen ist die Arbeitseinkommensquote seit mehreren Jahren stark rückläufig. – Vgl. auch → funktionale Einkommensverteilung.

Arbeitsentfremdung → Entfremdung.

Arbeitsförderungsgesetz (AFG) – 1. *Grundlage:* Die institutionell-rechtliche Grundlage der Arbeitsmarktpolitik war lange Jahre das 1969 (BGBl. I 582) verabschiedete Arbeitsförderungsgesetz (AFG). Das AFG bedeutete damals eine wesentliche Schwerpunktverlagerung von der reaktiv-nachsorgenden zur aktiv-gestaltenden und vorausschauenden Arbeitsmarktpolitik; das Instrumentarium und der dem Staat zugestandene Einfluss wurden erheblich ausgebaut. – 2. *Ziele:* Das übergeordnete Ziel bestand im Unterschied zu späteren Regelungen explizit darin, die Maßnahmen „im Rahmen der Sozial- und Wirtschaftspolitik der Bundesrepublik darauf auszurichten, dass ein hoher Beschäftigungsstand erzielt und aufrecht erhalten, die Beschäftigungsstruktur ständig verbessert und damit das Wachstum der Wirtschaft gefördert wird" (§ 1). Das AFG verfolgte wirtschaftspolitische und sozialpolitische, allokative und integrative Ziele. Die Reihenfolge der Maßnahmen und Instrumente zeigte eine Hierarchie der Ziele an: Vorbeugende Maßnahmen, die Arbeitslosigkeit verhindern und den Strukturwandel der Wirtschaft durch Verbesserung der beruflichen und regionalen Mobilität der Arbeitnehmer sowie durch Qualifizierungsmaßnahmen (Umschulung und Weiterbildung) fördern sollten, rangierten vor kompensatorischen Leistungen (v. a. → Arbeitslosengeld als Entgeltersatzleistung). Die Instrumente und Maßnahmen der aktiven Arbeitsmarktpolitik lassen sich zu drei Gruppen zusammenfassen: Information und Beratung, Förderung der beruflichen Aus- und Weiterbildung, Erhaltung und Schaffung von Arbeitsplätzen. – 3. *Entwicklung und Probleme:* Das grundlegende Problem bestand darin, dass das AFG in einer Zeit deutlicher Arbeitskräfteknappheit und für eine Zeit der Vollbeschäftigung sowie für die proaktive Bewältigung des Strukturwandels geschaffen war. Daraus resultierten nahezu notwendigerweise Probleme in Phasen wesentlich veränderter Arbeitsmarktbedingungen, die nicht nur durch kurzfristig-konjunkturelle sondern durch dauerhaft-strukturelle (Massen-)Arbeitslosigkeit gekennzeichnet waren. Seit Mitte der 1970er-Jahre erfolgte eine beträchtliche Zahl von Novellierungen und weiteren Änderungen (wie wiederholte Erhöhungen der Beitragssätze, mehrfache Leistungseinschränkungen bzw. Ausgabenkürzungen, erhebliche Veränderungen bei Instrumenten und Maßnahmen). In ihrer Summe führten sie zu einer Rückverlagerung von der präventiven zur reaktiven Arbeitsmarktpolitik. Außerdem geriet das AFG zunehmend in den Sog der Forderungen nach grundlegender „Flexibilisierung" des Arbeitsmarktes, für die es nicht konzipiert war. Wiederkehrende Finanzierungsprobleme resultierten aus dem Finanzierungsmodus: In konjunkturell ungünstigen Zeiten stiegen die Ausgaben für passive Lohnersatzleistungen („Muss-Leistungen"), während die Einnahmen und damit der Handlungsspielraum für die bes. wichtigen aktiven Maßnahmen („Kann-Leistungen") zurückgingen. Dieser Zusammenhang von Einnahmen und Ausgaben führt zu einer typischen, prozyklischen Stop-and-Go-Politik. Das AFG wurde schließlich mit Wirkung zum 1.1.1998 durch das Dritte Buch Sozialgesetzbuch (SGB III) – Arbeitsförderung – vom 24.3.1997 (BGBl. I 594) m.spät.Änd. abgelöst.

Arbeitsförderungsreformgesetz (AFRG) – Gesetz vom 24.3.1997 (BGBl. I 594), das zum 1.1.1998 mit dem → Arbeitsförderungsgesetz (AFG) als Drittes Buch in das → Sozialgesetzbuch (SGB) (SGB III) integriert wurde.

Arbeitsgelegenheiten – nach Abschaffung der → Arbeitsbeschaffungsmaßnahmen inzwischen die einzige Form der öffentlich geförderten Beschäftigung im Rahmen der Arbeitsmarktpolitik. – Vgl. auch → Leistungen zur Eingliederung in Arbeit nach SGB II.

Arbeitskampf – 1. *Begriff:* die von Arbeitnehmer- oder Arbeitgeberseite aufgrund eines Kampfbeschlusses vorgenommene Störung des Arbeitsablaufs zu dem Zweck, durch gemeinsame (kollektive) Maßnahmen die andere Seite absichtlich unter wirtschaftlichen Druck zu setzen, um ein bestimmtes Verhandlungsziel zu erreichen. – 2. *Gesetzliche Regelung:* Der Arbeitskampf ist gesetzlich nicht geregelt. Der Begriff Arbeitskampf findet sich, ohne definiert oder geregelt zu werden, in einigen Bundesgesetzen (vgl. §§ 2 I Nr. 2 ArbGG, § 74 II BetrVG, § 146 SGB III, § 174 SGB III; vgl. § 25 KSchG, § 91 SGB IX). Der Streik als Mittel des Arbeitskampfs wird in mehreren Länderverfassungen erwähnt.

Arbeitskräftemobilität – 1. *Begriff:* potenzielle und faktische Beweglichkeit der Arbeitskräfte. – 2. Der *Grad der Arbeitskräftemobilität* beeinflusst die allokative Effizienz der Arbeitsmärkte, bes. das Ausmaß der strukturellen Arbeitslosigkeit. Das zentrale Motiv aus Arbeitnehmersicht besteht in einer Verbesserung ihrer Chancen auf dem Arbeitsmarkt; Mobilität verursacht finanzielle und soziale Kosten. In sozialwissenschaftlicher Perspektive hängt sie wesentlich von rechtlich-institutionellen Bedingungen ab und ist von entscheidender Bedeutung für die tatsächliche Mobilität. – 3. *Inner- und zwischenbetriebliche Mobilität:* Innerbetriebliche Mobilität im Sinne von vertikaler Mobilität erfolgt traditionell v.a. über Aufstiegsleitern bzw. -ketten, die den Wettbewerbsbedingungen des externen Marktes weitgehend entzogen sind, und beginnt an bestimmten Einstiegsstellen (Ports of Entry); sie steigt (fällt) mit expandierenden (schrumpfenden) betrieblichen Arbeitsmärkten. Weiterbildungsmaßnahmen bzw. der Erwerb betriebsspezifischen Humankapitals sind ein zentrales Instrument der individuellen Anpassung bzw. der Etablierung und Stabilisierung innerbetrieblicher Arbeitsmärkte. Zwischenbetriebliche Mobilität im Sinne horizontaler Mobilität erfordert eine breite, überbetrieblich orientierte Ausbildung bzw. Qualifikation, die durch das deutsche System der „dualen" beruflichen Bildung mit allgemein-überbetrieblichen und spezifisch-betrieblichen Anteilen erleichtert wird (Arbeitsmarkttheorien). Die Fluktuationsraten der sozialversicherungspflichtig Beschäftigten sind – bei deutlichen sektoralen Unterschieden – im Zeitverlauf erstaunlich konstant geblieben. Neben langfristig stabilen Beschäftigungsverhältnissen bestehen in zunehmendem Maße instabile, u.a. in Form atypischer Beschäftigung. – 4. *Regionale Mobilität* findet traditionell v.a. statt aus wirtschaftlich schwächeren Regionen (z.B. Ostfriesland) in prosperierende, wirtschaftsstarke Regionen (z.B. Bayerns oder Baden-Württembergs). Seit der dt. Vereinigung bestehen Wanderungsströme insbesondere zwischen alten und neuen Bundesländern; sie führten v.a. in den 1990er-Jahren zu einer spürbaren Nettoabwanderung von Arbeitskräften aus dem Osten, wobei deutliche Spannweiten zwischen den Bundesländern bestehen. Mobil sind v.a.

jüngere Arbeitnehmer, wobei sämtliche Qualifikationsstufen betroffen sind (Unqualifizierte, Facharbeiter, Hochschulabsolventen). Infolge der eintretenden Verluste an Humankapital können regionale Disparitäten verstärkt sowie regionale Wachstums- und damit Entwicklungschancen eingeschränkt werden. – 5. *Grenzüberschreitende Mobilität*: Trotz der Abschaffung aller formalrechtlichen Mobilitätshemmnisse, d.h. der in den frühen 1990er-Jahren erfolgten Einführung der vollständigen und ungehinderten Freizügigkeit als einer der Grundfreiheiten des gemeinsamen Marktes, arbeiten weniger als zwei Prozent der Bevölkerung der EU-Mitgliedsstaaten in einem anderen als ihrem Herkunftsland. Als Erklärungen anzuführen sind neben der Verfassung der nationalen Arbeitsmärkte, die z.T. durch hohe Arbeitslosenquoten auch in den Aufnahmeländern gekennzeichnet sind, v.a. sprachliche und kulturelle Unterschiede. Derzeit noch nicht endgültig geklärt ist das tatsächliche Ausmaß der Mobilität von Arbeitnehmern aus den neuen Mitgliedsländern Mittel- und Osteuropas in die alten Mitgliedsländer nach Ablauf der Übergangsfristen bzw. der vollständigen Umsetzung der Arbeitnehmerfreizügigkeit im Jahr 2011. In der ersten Phase blieb die Migration deutlich hinter den ursprünglichen Erwartungen zurück. Die Quote grenzüberschreitender Mobilität, die wesentlich niedriger ist als etwa die zwischen den Bundesstaate der USA, hat sich zwischen den alten EU-Mitgliedsländern im Zeitverlauf nur unwesentlich verändert; höher ist sie in grenznahen Regionen (durch Grenzgänger und Pendler). Folglich kann trotz des Abbaus sämtlicher rechtlicher Mobilitätsschranken von einer „Europäisierung" der Arbeitsmärkte nach wie vor nicht die Rede sein. Nach Einführung der Personenfreizügigkeit mit den EU-Mitgliedsstaaten sind die aktuell zu beobachtenden Migrationsströme in die Schweiz den besseren Verdienstaussichten und der niedrigeren Arbeitslosenquote zuzuschreiben. – 6. Schließlich ist ein Unterschied des rechtlichen Rahmens zu beachten: Zwischen den EU-Mitgliedsstaaten sowie mit der Schweiz gilt das Grundrecht der Freizügigkeit. Für *Drittstaaten* gilt diese Regelung nicht, sondern das Aufenthaltsgesetz, welches bes. Regeln für bestimmte Gruppen hoch qualifizierter Arbeitnehmer formuliert. Insgesamt ist der Anteil der Ausländer an allen Beschäftigten bislang relativ gering geblieben. Eine Ausnahme bildet die Schweiz, die zu einem typischen Einwanderungsland wurde.

Arbeitslosengeld – 1. *Begriff:* wichtigste Geldleistung aus dem Bereich des im Sozialgesetzbuch III (SGB III) geregelten Arbeitsförderungsrechts, das bes. durch die 2003 und 2004 in Kraft getretenen Gesetze für moderne Dienstleistungen am Arbeitsmarkt (BGBl. I 2002, 4607; BGBl. I 2003, 2848, 2954) (→ Hartz-Gesetze) stark verändert wurde. Das als Leistung einer Risikoversicherung gezahlte Arbeitslosengeld I (ALG I) stellt eine Entgeltersatzleistung dar, die anstelle des Arbeitsentgelts den Lebensunterhalt sichern soll; es gehört damit zum eigentlichen Bereich der Arbeitslosenversicherung. Die Gewährung des Arbeitslosengeldes erfolgt durch die Bundesagentur für Arbeit über deren (örtliche) Agenturen für Arbeit. Daneben besteht seit 2005 das sozialhilfeähnlich ausgestaltete → Arbeitslosengeld II, welches durch Zusammenlegung die bisherige → Arbeitslosenhilfe und Sozialhilfe ablöst und z.B. nach Auslaufen der Ansprüche auf Arbeitslosengeld der im Sozialgesetzbuch II (SGB II) geregelten Grundsicherung für Arbeitsuchende dient. – 2. *Begünstigter Personenkreis:* Arbeitnehmer, die arbeitslos sind, sich bei der Agentur für Arbeit persönlich arbeitslos gemeldet (§ 141 I SGB III), die Anwartschaftszeit (Anwartschaft) erfüllt (§ 137 SGB III) und einen darauf gerichteten Antrag gestellt haben, ab dem Zeitpunkt der Antragstellung (§ 325 II SGB III). Als arbeitslos gilt (§ 16 SGB III), wer vorübergehend nicht in einem Beschäftigungsverhältnis steht und eine versicherungspflichtige Beschäftigung von mind. 15 Wochenstunden sucht (§ 138 V SGB III). Die gleichzeitige Ausübung einer insgesamt weniger als 15 Stunden wöchentlich umfassenden geringfügigen Beschäftigung oder geringfügigen selbstständigen Tätigkeit (§ 8 SGB IV) steht einer Anspruchsberechtigung nicht entgegen. – 3. *Bemessung:* a) *Höhe:* Das Arbeitslosengeld beträgt für Arbeitslose, die selbst oder deren Ehegatte mind. ein Kind im Sinn des § 32 EStG haben, wenn beide Ehegatten unbeschränkt einkommensteuerpflichtig sind und nicht dauernd getrennt leben, 67 Prozent und für die übrigen Arbeitslosen 60 Prozent (§ 149 SGB III) des pauschalierten Nettoentgelts (Leistungsentgelt) (§ 153 SGB III). Das pauschalierte Nettoentgelt richtet sich nach der Zuordnung des Arbeitslosen zu bestimmten Leistungsgruppen, je nach der Lohnsteuerklasse, die zu Beginn des Kalenderjahres, in dem der Anspruch auf Arbeitslosengeld entstanden ist, auf der Lohnsteuerkarte eingetragen war. Die Auszahlung erfolgt nachträglich in monatlichen Abständen (§ 337 II SGB III). Nebeneinkommen aus einer weniger als 15 Stunden wöchentlich umfassenden Beschäftigung wird nach Maßgabe des § 155 SGB III teilweise angerechnet. Im Übrigen findet eine Einkommensanrechnung nicht statt. Auch die Höhe des Vermögens des Arbeitslosen ist beim Arbeitslosengeld unbeachtlich. → Teilarbeitslosengeld gibt es für Arbeitnehmer, die sich wegen einer noch fortbestehenden versicherungspflichtigen (Neben-)Beschäftigung nur „teilarbeitslos" gemeldet haben (§ 162 SGB III). – b) *Bemessungsgrundlage* ist das im Bemessungszeitraum durchschnittlich auf die Woche entfallende Entgelt, soweit es beitragspflichtig gewesen ist (§ 151 SGB III). *Bemessungszeitraum* sind die abgerechneten Entgeltabrechnungszeiträume des Bemessungsrahmens von einem Jahr vor der Entstehung des Anspruchs (§ 150 SGB III). – 4. *Anspruchsdauer:* Der Anspruch auf Arbeitslosengeld ist nur gegeben, wenn in der zweijährigen Rahmenfrist des § 143 SGB III eine Anwartschaft erworben wurde, also mind. eine zwölfmonatige versicherungspflichtige Beschäftigung ausgeübt wurde (§ 142 I SGB III). Bei einer Vorbeschäftigungszeit von zwölf Monaten entsteht unter bestimmten Voraussetzungen und noch bis zum 31.12.2014 ein Anspruch für die Dauer von sechs Monaten (§ 142 II SGB III). Je nach Dauer der vorangegangenen Versicherungspflicht innerhalb einer auf drei Jahre erweiterten Rahmenfrist und nach Lebensalter besteht eine Anspruchsdauer von bis zu 24 Monaten (§ 147 SGB III). Im Fall der Gewährung anderer Sozialleistungen, z.B. einer Versichertenrente wegen voller Erwerbsminderung oder einer Altersrente aus der gesetzlichen Rentenversicherung, kommt der Anspruch auf Arbeitslosengeld zum Ruhen (§ 156 SGB III). Durch die Leistung von Arbeitslosengeld darf nicht in Arbeitskämpfe eingegriffen werden, weshalb der Anspruch auf Arbeitslosengeld während eines → Arbeitskampfes ebenfalls zum Ruhen kommen kann (§ 160 SGB III). Der Anspruchsbeginn kann sich durch den Eintritt einer Sperrzeit verzögern (§ 159 SGB III). Gleichfalls kann die Zahlung einer Urlaubsabgeltung (§ 157 II SGB III) zu einem späteren Beginn des ansonsten bestehenden Leistungsanspruchs führen. – 5. *Besteuerung:* Das Arbeitslosengeld gehört nicht zum steuerpflichtigen Arbeitslohn; es ist gemäß § 3 Nr. 2 EStG steuerfrei, hat aber Einfluss auf die Höhe des Steuersatzes bei der Einkommensteuer (Progressionsvorbehalt). – 6. *Wirtschaftspolitische Bedeutung:* Arbeitsmarktpolitik.

Arbeitslosengeld I → Arbeitslosengeld.

Arbeitslosengeld II – Für erwerbsfähige Hilfebedürftige existiert seit dem 1.1.2005 die Grundsicherung für Arbeitsuchende als neue Sozialleistung; sie wurde eingeführt durch Zusammenlegung der → Arbeitslosenhilfe, die bis zum 31.12.2004 bei fortdauernder Arbeitslosigkeit im Anschluss an die Gewährung von → Arbeitslosengeld gezahlt wurde, mit der Sozialhilfe für Erwerbsfähige; Grundlage dieses steuerfinanzierten staatlichen Unterstützungssystems ist das Vierte Gesetz für moderne Dienstleistungen am Arbeitsmarkt vom 24.12.2003 (BGBl. I 2954) (→ Hartz-Gesetze). – 1. *Rechtsgrundlage:* SGB II, neugefasst durch Bekanntmachung v. 13.05.2011 BGBl. I 850, 2094 m.spät.Änd., hier insbes. die §§ 19 ff. – 2. *Aufgabe:* Die Grundsicherung für Arbeitsuchende soll die Eigenverantwortung von erwerbsfähigen Hilfebedürftigen und Personen, die mit ihnen in einer sog. Bedarfsgemeinschaft leben, stärken und dazu beitragen, dass sie ihren Lebensunterhalt unabhängig von der Grundsicherung aus eigenen Mitteln und Kräften bestreiten können („Fördern und Fordern"). Sie soll erwerbsfähige Hilfebedürftige bei der Aufnahme oder Beibehaltung einer Erwerbstätigkeit unterstützen und den Lebensunterhalt sichern, soweit sie ihn nicht auf andere Weise bestreiten können (§ 1 SGB II). – Als erwerbsfähige Hilfebedürftige gelten Personen, die das 15. Lebensjahr vollendet und die gesetzliche Altersgrenze noch nicht erreicht haben, erwerbsfähig und hilfebedürftig sind (§§ 7 f. SGB II). Sie erhalten Arbeitslosengeld II und die Mitglieder ihrer Bedarfsgemeinschaft *Sozialgeld* (§ 19 I SGB II). Als erwerbsfähig gilt (§ 8 SGB II), wer gegenwärtig oder voraussichtlich innerhalb von sechs Monaten nicht wegen Krankheit oder Behinderung außerstande ist, mind. drei Stunden täglich zu arbeiten. Es ist dabei unerheblich, ob eine Erwerbstätigkeit vorübergehend unzumutbar ist (§ 10 SGB II). Bezieher von Arbeitslosengeld II haben kein Anrecht auf Leistungen nach dem SGB XII (→ Sozialhilfe). – 3. *Träger:* Nach dem 2005 erfolgten Neuorganisation der Leistungserbringung sind Träger der Grundsicherung für Arbeitsuchende jeweils für bestimmte Leistungen grundsätzlich der → Bundesagentur für Arbeit und die kreisfreien Städte und Gemeinden (§ 6 SGB II); die Träger können diese Aufgabe in sog. Arbeitsgemeinschaften (ARGEn) oder getrennt wahrnehmen. Das BVerfG sah in seinem Urteil vom 20.12.2007 aber in den ARGEn eine unzulässige Mischverwaltung, die zudem gegen den Grundsatz der Verantwortungsklarheit verstößt; die Aufgabenverteilung war daher neu zu regeln. Mit dem Gesetz zur Änderung des Grundgesetzes (Art. 91e) vom 21.7.2010 (BGBl. I 944) schuf der Gesetzgeber die Möglichkeit, eine gemeinsame Trägerschaft zuzulassen. Die bisherige Bezeichnung ARGE wird durch die Bezeichnung *Gemeinsame Einrichtung* (§ 44b SGB II) ersetzt. Gleichzeitig bleibt unter bestimmten Voraussetzungen auch die einheitliche Übernahme der Trägerschaft für alle Leistungen ausschließlich durch die Kommune (sog. Options-Kommune) erlaubt (§ 6a SGB II). Mit dem Gesetz zur Weiterentwicklung der Organisation der Grundsicherung für Arbeitsuchende vom 3.8.2010 (BGBl. I 1112) führen die neuen Träger, die gemeinsamen Einrichtungen nach § 44b SGB II und die zugelassenen kommunalen Träger nach § 6a SGB II, die Bezeichnung → Jobcenter. Diese Regelungen sind am 1.1.2011 in Kraft getreten. – 4. *Leistungen:* Die Leistungen, die das soziokulturelle → Existenzminimum sichern sollen, setzen sich zusammen aus der Regelleistung, einem Mehrbedarf für bestimmte Personengruppen und der Übernahme von Kosten für Unterkunft und Heizung (§ 19 I SGB II). – Der *Regelbedarf* (§ 20 SGB II), der jährlich angepasst wird, beträgt ab 1.1.2013 für Alleinstehende 382 Euro, für erwachsene Partner 90 Prozent dieses Betrages, für Kinder bis zum 6. Lebensjahr 219 Euro, bis zum 14. Lebensjahr 251 Euro und für Kinder ab dem 15. Lebensjahr sowie für sonstige erwerbsfähige Mitglieder der Bedarfsgemeinschaft 287 Euro. – *Mehrbedarfe* (§ 21 SGB II) als Prozentsatz der Regelleistung stehen bspw. erwerbsfähigen werdenden Müttern (17 Prozent), Alleinerziehenden mit einem Kind unter sieben Jahren oder mit zwei oder drei Kindern unter 16 Jahren (12 Prozent je Kind, jedoch mind. 36 Prozent, höchstens 60 Prozent) und erwerbsfähigen behinderten Menschen mit Leistungen nach § 33 SGB IX (35 Prozent) zu. – Bezieher von Arbeitslosengeld II sind in der Kranken- und Pflegeversicherung sowie in der Renten- und Unfallversicherung pflichtversichert (§§ 25 f. SGB II). – Bei Aufnahme einer bezahlten Tätigkeit können zusätzlich z.b. ein *Einstiegsgeld* (§ 16b SGB II) oder Leistungen zur Eingliederung von Selbstständigen (§ 16c SGB II) gewährt werden. – 5. *Leistungsvoraussetzungen:* Die Leistungen setzen *Hilfebedürftigkeit* voraus. Bei ihrer Beurteilung sind Einkommen und Vermögen zu berücksichtigen (haushaltsbezogener Ansatz). Für eigenes Erwerbseinkommen bestehen Absetz- bzw. *Freibeträge* (§ 11b II, III SGB II): Anrechnungsfrei bleiben mind. 100 Euro. Darüber hinaus bleiben für Beträge über 100 Euro bis 800 Euro 20 Prozent und für Beträge über 800 Euro bis 1200 Euro (bei Beziehern mit minderjährigen Kindern: bis 1500 Euro) 10 Prozent anrechnungsfrei. Eigenes Vermögen mindert den Anspruch auf Arbeitslosengeld II, je vollendetem Lebensjahr bleiben jedoch 150 Euro (mind. 3.100 Euro) frei (§ 12 II SGB II). Es werden auch Einkommen und Vermögen eines Lebenspartners herangezogen. – 6. *Pflichtverletzungen:* Verletzt der Hilfebedürftige seine Pflichten, ist das Arbeitslosengeld II in verschiedenen Stufen zu kürzen (§ 31a SGB II).

Arbeitslosenhilfe – Leistung der → Bundesagentur für Arbeit, die bis zum 31.12.2004 gewährt wurde (vgl. §§ 190 ff. SGB III a.F. und Arbeitslosenversicherung). Mit dem Vierten Gesetz für moderne Dienstleistungen am Arbeitsmarkt vom 1.10.2003 wurden die Arbeitslosenhilfe und die → Sozialhilfe ab dem 1.1.2005 zum → Arbeitslosengeld II zusammengefasst (→ Hartz-Gesetze).

Arbeitslosenquote – Arbeitslosenquoten berechnen – ähnlich wie die → Erwerbslosenquote – die relative Unterauslastung des Produktionsfaktors Arbeit(-skraft), indem sie die (registrierten) Arbeitslosen in Relation zu den → Erwerbspersonen setzen. Es werden zwei Quoten ermittelt, die sich in der Abgrenzung der Erwerbspersonen unterscheiden. In Deutschland wurde lange die Arbeitslosenquote bezogen auf die *abhängigen zivilen Erwerbspersonen ermittelt.* Sie berücksichtigt lediglich die abhängigen zivilen Erwerbspersonen, also die Summe aus voll sozialversicherungspflichtig Beschäftigten inkl. der Auszubildenden, geringfügig Beschäftigten, Beamten (ohne Soldaten) und (registrierten) Arbeitslosen. Die Arbeitslosenquote bezogen auf *alle zivilen Erwerbspersonen* beinhaltet neben den abhängigen zivilen Erwerbstätigen auch die Selbstständigen sowie die mithelfenden Familienangehörigen. Diese Berechnung ist im Ausland gebräuchlicher und hat den Vorteil, auch die zunehmende Bedeutung selbstständiger Tätigkeiten zu berücksichtigen. Seit Januar 2009 wird diese Quote auch für spezielle Personengruppen errechnet und damit die statistische Berichterstattung grundsätzlich auf die Darstellung dieser Arbeitslosenquote umgestellt. – Die Bezugsgrößen für die Arbeitslosenquoten beinhalten Informationen aus verschiedenen Statistiken (z.B. Beschäftigungsstatistik, Personalstandsstatistik und Mikrozensus), die erst mit zeitlicher Verzögerung vorliegen. Sie werden einmal jährlich, i.d.R. im April oder Mai, aktualisiert. Eine Rückrechnung erfolgt nicht. – Die Arbeitslosenquoten werden monatlich bzw. jährlich in unterschiedlichen regionalen und personellen Abgrenzungen von der → Bundesagentur für Arbeit veröffentlicht.

Arbeitslosigkeitsdynamik – 1. *Begriff:* Die Arbeitslosigkeitsdynamik zeigt sich in der Relation zwischen den Bewegungsgrößen (Zugänge in und Abgänge aus Arbeitslosigkeit) und der Bestandsgröße der Arbeitslosigkeit, Letztere wird gemessen als durchschnittliche Anzahl Arbeitsloser in der betrachteten Zeitperiode. – 2. *Konsequenz:* Ein Quotient von z.B. 2 besagt, dass sich der Bestand in einer Periode zweimal erneuert. Je größer die Dynamik ist, desto geringer sind durchschnittliche Verweildauer (→ Arbeitsmarktrisiken) und damit „Schweregrad" der Arbeitslosigkeit.

Arbeitslosigkeitsschwelle – 1. *Begriff:* das durch die Veränderungsrate der → Erwerbstätigen bestimmte Wirtschaftswachstum, bei dem sich die Arbeitslosigkeit bzw. → Arbeitslosenquote insgesamt nicht verändert. – 2. *Folge:* Liegt das Wachstum über (unter) dem Produktivitätsfortschritt, steigt (sinkt) die Arbeitsnachfrage (Beschäftigung) *und* es sinkt (steigt) auch die Arbeitslosigkeit, falls sich die Größe der → stillen Reserve *nicht* verändert. – Vgl. auch → Beschäftigungsschwelle.

Arbeitsmarkt – 1. *Begriff:* Zusammentreffen von Arbeitsangebot und Arbeitsnachfrage. – 2. In *traditioneller, neoklassischer Sicht* entspricht die Funktionsweise des Arbeitsmarkts der von Güter- oder anderen Märkten. Sowohl Arbeitsangebot als auch Arbeitsnachfrage sind reallohnabhängig. Das Arbeitsangebot nimmt mit steigendem Reallohn zu (Grenznutzentheorem), und die Arbeitsnachfrage nimmt mit steigendem Reallohn ab (Grenzproduktivitätstheorem). Ungleichgewichte (in Form von Arbeitslosigkeit oder Überbeschäftigung) werden durch den Preismechanismus automatisch ausgeglichen (klassische Lehre, Neoklassik). Grundsätzlich kommt es immer und überall zu einem Gleichgewicht, bei dem jeder Arbeitnehmer, der zum herrschenden Reallohn arbeiten will, auch tatsächlich arbeiten kann. Arbeitslosigkeit ist aus neoklassischer Sicht grundsätzlich freiwilliger Natur (aufgrund hoher Freizeitpräferenzen der Anbieter). Arbeitskräfte, die freiwillig arbeitslos sind, empfinden den Vollbeschäftigungsreallohn als zu niedrig und sind nicht bereit, bei diesem Reallohn eine Beschäftigung aufzunehmen. – 3. Die *Keynessche und keynesianische Kritik* der neoklassischen Arbeitsmarktanalyse richtet sich vor allem gegen die Annahmen Markttransparenz und Gültigkeit des Sayschen Theorems. Nach Keynes (Keynesianismus) wird die tatsächliche Höhe der Beschäftigung auf den Gütermärkten festgelegt. Die Nachfrage nach Arbeit ist eine abgeleitete Größe und wird durch die Höhe der effektiven Nachfrage bestimmt. Ist die effektive Nachfrage kleiner als das Vollbeschäftigungseinkommen

(Unterbeschäftigungsgleichgewicht), liegt konjunkturelle Arbeitslosigkeit vor, die ursachenadäquat durch die Konjunkturpolitik bekämpft werden muss. – Vgl. auch Arbeitsmarkttheorien, Arbeitsmarktpolitik, → Beschäftigungstheorie, → Beschäftigungspolitik.

Arbeitsmarktbilanz – 1. *Arbeitskräftebilanz:* Zusammentreffen bzw. Gegenüberstellung von → Erwerbspersonenpotenzial (Arbeitskräfteangebot) und → Erwerbstätigen (realisierte Arbeitskräftenachfrage). – 2. *Arbeitsvolumenbilanz:* Zusammentreffen bzw. Gegenüberstellung von angebotenem und nachgefragtem Arbeitsvolumen (Anzahl Arbeitskräfte multipliziert mit der jeweils tatsächlich geleisteten Arbeitszeit). – 3. Mit dem *Saldo* von Angebot und Nachfrage lassen sich Auslastungs- bzw. Unterauslastungsgrade (z.B. Unterbeschäftigungsquote, → Arbeitslosenquote) berechnen.

Arbeitsmarktpolitik – Arbeitsmarktpolitik ist grundsätzlich die Summe aller Maßnahmen zur Beeinflussung des Geschehens auf Arbeits- und Ausbildungsmärkten. Von ihr betroffen sind in erster Linie Arbeitslose, Arbeitsplatz- und Ausbildungsplatzsuchende.

Arbeitsmarktrisiken – 1. *Begriff:* Die Risiken am Arbeitsmarkt bestehen darin, arbeitslos zu werden und zu bleiben. 2. *Zugangsrisiko:* Dieses wird entweder als Verhältnis von arbeitslosen Personen zu den Erwerbspersonen (Erwerbstätige + Arbeitslose) (Betroffenheitsquote) oder als Verhältnis der neu aufgetretenen Arbeitslosigkeitsfälle zu den Erwerbspersonen gemessen. – 3. *Verbleibsrisiko:* Dieses wird ausgedrückt durch die durchschnittliche (abgeschlossene) Dauer der Arbeitslosigkeit. Sie wird gemessen als Verhältnis von Durchschnittsbestand an Arbeitslosen zu Zugang an Arbeitslosen bzw. Zugang an Arbeitslosigkeitsfällen pro Periode. Zugangs- und Verbleibsrisiko ergeben zusammengenommen als Produkt die → Arbeitslosenquote. Ihre Zerlegung in die beiden Risiken erlaubt eine Differenzierung der Arbeitsmarktsituation nach dem „Schweregrad" der Arbeitslosigkeit und trägt zu einer effizienteren Arbeitsmarktpolitik bei. Die Abbildung „Arbeitsmarktrisiken am Arbeitsmarkt" verdeutlicht diesen Zusammenhang: Die Kurven geben den „geometrischen Ort" aller Kombinationen von Zugangs- und Verbleibsrisiko an, die zur selben Arbeitslosenquote (z.B. 10 oder 5 Prozent) führen. Arbeitsmarktpolitische Maßnahmen haben sich danach auszurichten, (1) das Zugangsrisiko zu verringern, (2) das Verbleibsrisiko zu reduzieren und (3) den „Schweregrad" der Arbeitslosigkeit zu mindern. – Vgl. auch Arbeitsmarktpolitik.

Arbeitsmarktsegmentationstheorien → Arbeitsmarkttheorien.

Arbeitsmarktstatistik – 1. *Begriff:* I.e.S. bezeichnet der Begriff die durch Auswertung von Prozessdaten gewonnenen Statistiken der → Bundesagentur für Arbeit als Teil der amtlichen Statistik. I.w.S. werden mit Arbeitsmarktstatistik auch alle Statistiken zur Lage und Entwicklung des Arbeitsmarktes

**Arbeitsmarktrisiken –
Zugangs- und Verbleibsrisiken am Arbeitsmarkt**

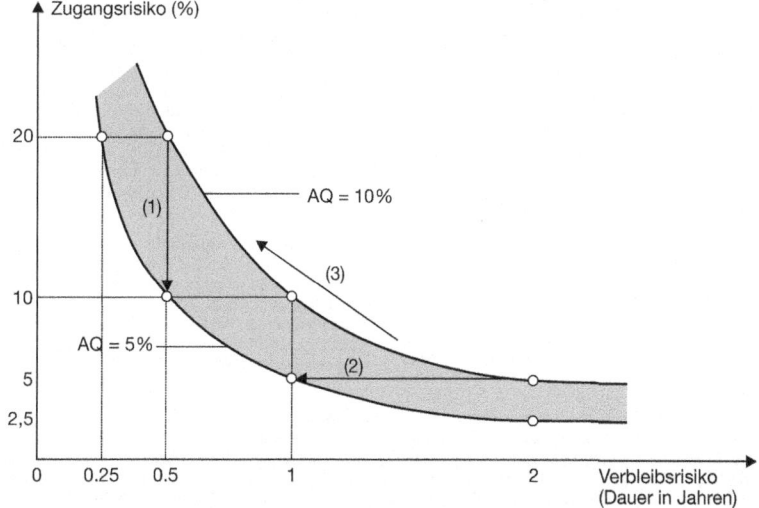

bezeichnet; neben Arbeitsmarktstatistiken im engeren Sinne zählen hierzu v.a. Erhebungen des Statistischen Bundesamtes. - 2. *Wichtige Bestandteile* der Arbeitsmarktstatistik sind: a) die regelmäßige Berichterstattung der Bundesagentur für Arbeit: monatliche Veröffentlichung von Daten zu Beschäftigung, Arbeitslosigkeit und offenen Stellen sowie zur Situation auf dem Ausbildungsmarkt und zur sozialen Sicherung. Insbesondere werden im Rahmen der monatlichen Berichterstattung, als Ursprungswerte und teils saisonbereinigt, Bestands- und Bewegungsinformationen zur Arbeitslosigkeit und zu → Arbeitslosenquoten sowie Daten zu den der Bundesagentur für Arbeit gemeldeten bzw. bekannten offenen Stellen bereitgestellt. b) die Erwerbstätigenrechnung und Arbeitskräfteerhebung des Statistischen Bundesamtes zur Berichterstattung über den dt. Arbeitsmarkt nach dem Labor-Force-Konzept der International Labour Organisation (ILO). Die Orientierung an diesem Konzept stellt eine Vergleichbarkeit mit anderen Staaten her. Vgl. hierzu auch Arbeitskräfteerhebung, Erwerbstätigenrechnung. c) die Jahresstatistik zum Ende der Berufsberatungsjahres: Ende September veröffentlichte Statistik der Bundesagentur für Arbeit über die Lage auf dem Ausbildungsmarkt, die Daten zu Schulabgängern, Bewerbern um Berufsausbildungsstellen und gemeldeten Berufsausbildungsstellen bereitstellt. d) Statistiken der Bundesagentur für Arbeit über spezielle Aspekte des Arbeitsmarktes wie bspw. ausgewählte Personengruppen, Arbeitnehmerüberlassung, Kurzarbeit oder Maßnahmen aktiver Arbeitsmarktpolitik.

Arbeitsmarktsubventionen - 1. *Begriff:* öffentliche Förderung von Beschäftigung und Qualifizierung. - 2. *Herkunft der Mittel:* erfolgt direkt oder indirekt aus Beiträgen der → Bundesagentur für Arbeit sowie aus Umlagen. - 3. *Ziele:* Die finanziellen Mittel sollen wirtschaftsnah (mit der Wirtschaftsförderung in Region und/oder Branche abgestimmt bzw. verzahnt) Arbeitgeber und institutionelle Träger unterstützen, die Zielgruppen der aktiven Arbeitsmarktpolitik zu fördern, insbesondere zu qualifizieren und in den (ersten) Arbeitsmarkt zu (re-)integrieren.

Arbeitsnachfrage - Arbeitsmarkttheorien, Arbeitslosigkeit, → Arbeitsmarkt.

Arbeitspädagogik - 1. Als *Wissenschaftsdisziplin* Teilbereich der → Berufs- und Wirtschaftspädagogik, der das Ziel verfolgt, „den Zusammenhang zwischen der Entfaltung des persönlichen Leistungsvermögens (des Leistungsantriebs und der Leistungsfähigkeit) und dem Wachstum der Persönlichkeit systematisch zu erforschen und nach den dabei gewonnenen Erkenntnissen zu gestalten" (Riedel). Kennzeichnend für die von Riedel und Dörschel geprägte Arbeitspädagogik ist der Versuch, arbeitsorganisatorisch-effektivitätsorientierte Aspekte mit erzieherischen Gesichtspunkten zu einer „Anthropologie der Arbeit" zu verbinden. In neueren Ansätzen deutet sich eine intensivere Zusammenarbeit mit der Arbeitswissenschaft, -soziologie und -psychologie an; das Forschungsanliegen ist stärker subjektbezogen auf die Gestaltung persönlichkeitsförderlicher Arbeitsformen und -bedingungen gerichtet. - 2. Im *pädagogisch-praktischen Handlungsfeld* bezeichnet Arbeitspädagogik eine auf die praktischen Bedürfnisse der → betrieblichen Ausbildung gerichtete Methodenlehre der Arbeitserziehung bzw. -unterweisung. Sie hat bes. Bedeutung durch die seit 1972 erlassenen Ausbilder-Eignungsverordnungen (AEVO) gewonnen, die den Nachweis berufs- und arbeitspädagogischer Kenntnisse verlangen.

Arbeitsplatzwettbewerbsmodell - 1. *Begriff:* nicht institutionalistische, neoklassische Variante innerhalb der Segmentationstheorien (Arbeitsmarkttheorien). Sie betont u.a. informelle Regeln der Kooperation und Selektion und konzipiert den → Arbeitsmarkt primär als Ausbildungsmarkt. Die Arbeitsplatzbewerber werden entsprechend ihrer relativen Position in Bezug auf die für das Unternehmen zu erwartenden Ausbildungskosten in eine Arbeitskräfteschlange eingeordnet. Originärer Träger der Produktivität ist nicht der Arbeitnehmer, sondern der Arbeitsplatz; die Produktivität und Entlohnung des Beschäftigten ist eine Funktion des besetzten Arbeitsplatzes. Die Bewerber konkurrieren mittels der Ausbildungskosten, die ihre Anpassung an die Arbeitsplatzbedingungen voraussichtlich erfordern werden. Die Annahme lautet, dass die Ausbildungskosten mit der Länge der Ausbildungsdauer steigen und mit der Höhe des Allgemeinbildungsniveaus sinken. Aus der Warteschlange werden die Bewerber bevorzugt eingestellt, die aufgrund ihrer Hintergrundmerkmale die geringsten Ausbildungskosten für das Unternehmen erwarten lassen. - 2. *Folge:* An die Stelle des Lohnwettbewerbs unter den Arbeitsanbietern tritt die Kostenkonkurrenz zwischen den Arbeitsplatzbewerbern. Unterstellt wird, dass Personen mit höherem Allgemeinbildungsniveau höhere Chancen der Rekrutierung haben. Die Außerkraftsetzung des direkten Lohnwettbewerbs und die Einschränkung der Stellenkonkurrenz zwischen bereits Beschäftigten und neu Auszubildenden sichern die Weitergabe des (betriebs-)spezifischen Wissens.

Arbeitstheorie des Eigentums - von dem engl. Philosophen Locke (1632-1704) entwickelte Theorie, nach der das Privateigentum durch die Arbeit gerechtfertigt wird, die zu seiner Schaffung aufgewendet werden musste. Bei Locke dient diese Theorie als Waffe gegen die Rechte des absoluten Herrschers sowie dazu, ein Recht auf Privateigentum als Naturrecht zu begründen.

Arbeitsvermittlung - *Stellenvermittlung;* 1. *Begriff:* Tätigkeit, die darauf gerichtet ist, Arbeitsuchende mit Arbeitgebern zur Begründung von Ausbildungs- und Arbeitsverhältnissen zusammenzuführen. - 2. *Regelung:* Die Arbeitsvermittlung ist eine der Hauptaufgaben der → Bundesagentur für Arbeit bzw. der → Agenturen für Arbeit. Ein Vermittlungsmonopol hat die Bundesagentur für Arbeit aber seit 1994 nicht mehr (§§ 35 ff. SGB III). Während private Arbeitsvermittler grundsätzlich gewinnorientiert arbeiten, ist die Arbeits- und Ausbildungsvermittlung durch die Bundesagentur für Arbeit eine unentgeltliche (§ 42 I SGB III), wenngleich nicht kostenlose Leistung. – *Anders:* → Arbeitnehmerüberlassung.

Arbeitsverwaltung → Bundesagentur für Arbeit, Arbeitsmarktpolitik.

Arbeitswertlehre – I. Arbeitswertlehre nach Smith und Ricardo: Smith und Ricardo betrachten den Arbeitseinsatz nur als annähernden Bestimmungsgrund der Preisbildung für Güter und berücksichtigen neben den Lohnkosten auch das Gewinn- und Grundrenteneinkommen als Bestandteil des „natürlichen Preises". Für Smith bestimmen sich die Güterpreise allein nach dem Arbeitseinsatz nur in einer wenig entwickelten Jäger- und Sammlergesellschaft, in der Kapital und Boden freie Güter sind. – *Gegenteil:* subjektive Werttheorie.

II. Arbeitswertlehre nach Marx: Für → Marx dagegen ist alleine die menschliche Arbeitskraft, nicht jedoch Kapital und Boden wertschöpfend. – 1. Ihm zufolge beruht der Preis eines Gutes *(Tauschwert)* ausschließlich auf der zu seiner Herstellung durchschnittlich notwendigen Arbeitszeit einheitlicher Qualifikationsstufe; höher qualifizierte Arbeit ist in Grundeinheiten niedrigster Qualifikation umzurechnen. Der Tauschwert (W) setzt sich zusammen aus: (1) Dem → konstanten Kapital (c), das sind im Wesentlichen Abschreibungen auf das Anlagekapital und die eingesetzten Umlaufgüter, (2) dem für Lohnzahlungen aufgewandten → variablen Kapital (v) sowie (3) dem ausschließlich durch Arbeitseinsatz erzielten Mehrwert (m), also der Wertschöpfung (W):

$$W = c + v + m.$$

Das Verhältnis $m : v$ wird als Mehrwertrate (m'), das Verhältnis $m : (c + v)$ als → Profitrate (p') definiert. – 2. Die von Marx im ersten Band seines Hauptwerks „Das Kapital" abgeleitete *Preisbildungsmethode*

$$W = c + v \cdot (1 + m')$$

impliziert, dass der Unternehmer möglichst arbeitsintensiv zu produzieren versucht, um möglichst viel Wert und damit Mehrwert bei gegebenem c zu erlangen. Eine zunehmende Kapitalintensivierung der Produktion (Zunahme der → organischen Zusammensetzung des Kapitals) als Ursache des unterstellten → tendenziellen Falls der Profitrate ist unter der Annahme, dass ausschließlich die Arbeit wertschöpfend ist, nicht ableitbar. – 3. Obwohl für Marx die Arbeitswertlehre, die er unter den impliziten Modellannahmen kapitalarmer (handwerklicher) Produktion herleitet, Grundlage seiner Theorie der → Ausbeutung ist, *modifiziert* er im dritten Band von „Das Kapital" die *Preisbildungsregel für die industrielle*

Güterproduktion bei hoher Kapitalbindung: Der Unternehmer kalkuliere dann auf die insgesamt eingesetzten Geldmittel (c + v) die gesellschaftlich durchschnittliche Profitrate, die sich aus den betriebsindividuellen Raten durch Kapitalbewegung von Branchen mit unterdurchschnittlicher zu solchen mit überdurchschnittlicher Rentabilität herausbildet:

$$W = (c + v) \cdot (1 + p').$$

Dabei entsteht der Gewinn jedoch auch durch den Einsatz eines konstanten Kapitals. Dessen Wertschöpfungsbeitrag wird hier also von Marx, und zwar im Widerspruch zu seinen sonstigen Ausführungen, anerkannt. – 4. Mehrwert entsteht, weil der Gebrauchswert der Arbeit größer ist als der Tauschwert der Arbeit. Der Tauschwert der Arbeit wird bestimmt durch das Existenzminimum. – 5. Abgesehen von dieser Inkonsistenz bleibt bei der Marxschen Arbeitswertlehre ungeklärt, nach welchem Modus höher qualifizierte in einfache Arbeit umzurechnen und wie damit der Mehrwert eindeutig bestimmbar ist.

Arbeitszeitpolitik – I. Charakterisierung: Summe aller Maßnahmen, die die individuelle und betriebliche Arbeitszeit bez. Umfang (chronometrische Dimension) und Lage (chronologische Dimension) beeinflussen. – Die *Ziele* der Arbeitszeitpolitik werden im Wesentlichen zunächst freizeit- und familienpolitisch sowie später v.a. beschäftigungspolitisch und betriebswirtschaftlich begründet. – *Träger* sind Gesetzgeber, Tarifvertragsparteien, Unternehmensleitungen und betriebliche Arbeitnehmervertretungen. Arbeitszeitpolitik kann sich strategisch sowohl auf die Wochen- als auch auf die Lebensarbeitszeit beziehen.

II. Maßnahmen und Trends: 1. Die zahlreichen allgemeinen und speziellen *gesetzlichen Arbeitszeitvorschriften* in Deutschland (Arbeitszeitgesetz, Bundesurlaubsgesetz, Jugendarbeitsschutz, Frauenschutz, Mutterschutz, Ladenschlussgesetz, Bundeselterngeld- und Elternzeitgesetz), die die tägliche, wöchentliche und jährliche Arbeitszeit der Arbeitnehmer und Betriebe sowie längere Pausen im Berufsleben regulieren, formulieren allgemeine Rahmenbedingungen. Außerdem beeinflussen gesetzliche Regelungen der Schul- und (bis zum 30.6.2011) der Wehrdienstpflicht, zur Rentenversicherung etc. die Lebensarbeitszeit der → Erwerbstätigen. – 2. *Durch Arbeitszeitregelungen,* die bes. die Wochenarbeitszeit, die Sonntags-, Feiertags-, Nacht- und Mehrarbeit sowie deren monetäre und/oder zeitliche Vergütung und den Jahresurlaub betreffen, nutzen die Tarifvertragsparteien den arbeitszeitpolitischen Spielraum. – 3. Über *Betriebsvereinbarungen* und *einzelvertragliche Regelungen* versuchen Arbeitgeber und -nehmer in der jüngeren Vergangenheit, ihre weitergehenden Arbeitszeitvorstellungen zu realisieren. Die Möglichkeiten einer weitgehenden Flexibilisierung der Arbeitszeiten und damit verbunden einer Dezentralisierung der Arbeitszeitpolitik wurden verstärkt seit Mitte der 1980er-Jahre genutzt. Seit Mitte der 1990er-Jahre gewinnen neben den traditionellen kollektiven

Regelungen individuelle Arbeitszeitkonten, Blockfreizeiten bzw. Sabbaticals und Vertrauenarbeitszeiten an Bedeutung. Seit 2000 werden wiederholt befristete Arbeitszeitverkürzungen, aber auch -verlängerungen auf Betriebsebene vereinbart, wodurch langfristige Entwicklungen umgekehrt werden. Unbezahlte Arbeitszeitverlängerungen sind inzwischen ebenfalls kein Tabu mehr. Insgesamt deuten die Entwicklungen für die Zukunft auf eine weitere Flexibilisierung bzw. sogar stärkere Individualisierung der Arbeitszeiten hin.

III. Grundrichtungen: 1. Die *staatliche Arbeitszeitpolitik* verfolgt vorrangig Ziele des *Arbeitsschutzes*. Zur Bekämpfung der Arbeitslosigkeit (Arbeitsmarktpolitik) wurde seit den frühen 1980er-Jahren die *Verkürzung der Lebensarbeitszeit* (Reduzierung des Arbeitskräfteangebots durch Vorruhestand) gefördert. Im Gegensatz zu diesem langfristigen Trend erfolgt ab dem Jahr 2012 zur Sicherung der Renten (demographischer Wandel) eine Verlängerung der Lebensarbeitszeit. Aufgrund der Alterung der Bevölkerung und der dadurch bedingten Finanzierungsprobleme der Alterssicherungssysteme wird das Renteneintrittsalter schrittweise von 65 auf 67 Jahre angehoben (→ Rentenversicherung). – 2. Aus familien- und beschäftigungspolitischen Gründen streben die *Gewerkschaften* traditionell die *Verkürzung der tariflichen Wochenarbeitszeit* an. Lange Zeit stellte die 40-Stunden-Woche den Regelfall dar. In den durch hohe Arbeitslosigkeit gekennzeichneten 1980er- und 1990er-Jahren sollte eine Verkürzung der effektiven Wochenarbeitszeit („Einstieg in die 35-Stunden-Woche") das vorhandene Arbeitsvolumen auf mehr Beschäftigte verteilen. Forderungen nach *Abbau von Überstunden* spielten ebenfalls eine Rolle. – 3. Die *Arbeitgeberverbände* lehnen Gewerkschaftsforderungen nach kollektiven Arbeitszeitverkürzungen als kostensteigernd und beschäftigungsfeindlich ab und fordern stattdessen Arbeitszeitmodelle, die Betrieben *mehr Arbeitszeitflexibilität* eröffnen. Inzwischen ist die Flexibilisierung und Differenzierung der Arbeitszeiten weit fortgeschritten (vgl. → Arbeitszeitnutzung). Vermehrt werden auch (befristete) Arbeitszeitverlängerungen ohne Lohnausgleich gefordert. – 4. Unabhängig von den intendierten und kontrovers diskutierten Beschäftigungseffekten arbeitszeitpolitischer Maßnahmen werden schließlich die *Sicherung der freien Arbeitszeitwahl* (Arbeitszeitsouveränität) als arbeitszeitpolitisches Ziel sowie längere Phasen der Erwerbsunterbrechung (z.B. Elternzeit, unbezahlter Urlaub) als sozial- und gesellschaftspolitische Ziele vertreten.

Arbeitszeitverkürzung – die lange Zeit zu beobachtende Verkürzung der Wochen-, Jahres- (durch Urlaubsverlängerung), aber auch Lebensarbeitszeit (gleitender Ruhestand, Senkung des Renteneintrittsalters) aus sozial-, familien-, gesundheits- oder arbeitsmarktpolitischen Gründen (Arbeitsmarktpolitik), die derzeit jedoch zum Stillstand gekommen ist bzw. sich sogar in die entgegengesetzte Richtung der Arbeitszeitverlängerung (insbesondere Erhöhung des Renteneintrittsalters) entwickelt. Die in den 1980er- und 1990er-Jahren zu beobachtende Verkürzung der Wochenarbeitszeit („Einstieg in die 35-Stunden-Woche") führte zu deren Flexibilisierung und Differenzierung bis hin zur Ent-Standardisierung sowie zur Delegation von Tarifkompetenz von der überbetrieblichen an die betriebliche Ebene (Dezentralisierung durch Betriebsvereinbarung). Seit Mitte der 1990er-Jahre dominierte in verschiedenen Branchen die qualitativ neuartige beschäftigungssichernde Arbeitszeitpolitik, bei der Arbeitszeitverkürzungen gegen temporäre Beschäftigungsgarantien getauscht wurden. In neuerer Zeit findet Beschäftigungssicherung auch durch Arbeitszeitverlängerungen ohne entsprechenden Lohnausgleich statt. Die Anpassung von Lage und Länge der Arbeitszeit spielt häufig eine wichtige Rolle im Rahmen betrieblicher Bündnisse für Beschäftigung und Wettbewerbsfähigkeit bzw. für Arbeit. – Vgl. auch → Arbeitszeitpolitik.

Armutsfazilität – alternative Bezeichnung für die Poverty Reduction and Growth Facility (→ PRGF) von → IWF und Weltbank (→ IBRD).

Armutsforschung → Armut.

Armutsgrenze – *Armutsschwelle*. 1. *Konzept:* Mit der Armutsgrenze werden absolute oder relative Schwellenwerte für wirtschaftliche und soziale Indikatoren festgelegt, die Aussagen darüber zulassen, welcher Prozentsatz der Bevölkerung einer bestimmten Region, eines Landes oder einer Ländergruppe in „Armut" lebt. Die Armutsgrenze wird dabei meist als Grenzwert des verfügbaren Einkommens oder der Konsumausgaben privater Haushalte vorgegeben, lässt sich aber auch kombiniert auf der Basis ganzer Bündel soziodemographischer Indikatoren definieren. – 2. *Absolute Armut:* Absolute Schwellenwerte bspw. des standardisierten Pro-Kopf-Einkommens oder verfügbaren Einkommens. Für international vergleichende Messungen müssen die nationalen Angaben zum Einkommen zunächst unter Anwendung von Kaufkraftparitäten (und nicht von Wechselkursen) in international vergleichende Dollar umgerechnet werden. Ein bekanntes und auf dieser Basis berechnetes internationales Maß für die Verbreitung von monetärer „Armut" war bis vor einigen Jahren der Prozentsatz der Bevölkerung, der von weniger als 1,08 Dollar (gemessen in Kaufkraftparität zum Basisjahr 1993) pro Tag leben muss. Im Jahr 2008 kam es zu einer Anpassung dieser Armutsgrenze durch die Weltbank auf 1,25 Dollar (gemessen in Kaufkraftparität zum Basisjahr 2005) pro Tag. – 3. *Relative Armut:* Einkommen von Personen oder privaten Haushalten, bezogen auf das Durchschnitts- oder Medianeinkommen einer Vergleichsgruppe (i.d.R. die Gesamtpopulation eines Landes). Für Deutschland und andere europäische Länder wird die relative Armutsgrenze in der europäischen amtlichen Statistik offiziell bei 60

Prozent des medianen Äquivalenzeinkommens angegeben. Darüber hinaus werden dort jedoch auch zusätzliche Armutsgrenzen bei bspw. 40 Prozent des medianen oder 60 Prozent des durchschnittlichen Äquivalenzeinkommens ausgewiesen. – Vgl. auch → Armutsindikatoren.

Armutsindikatoren – 1. *Konzept:* Mit Armutsindikatoren wird versucht, das komplexe Phänomen „Armut" empirisch zu erfassen und quantitativ zu messen. Im Vordergrund des Interesses stehen dabei traditionell ökonomische Indikatoren, v.a. das Pro-Kopf-Einkommen oder der Pro-Kopf-Verbrauch, die als wichtige Ressourcen für die Verwirklichung eines menschenwürdigen Daseins angesehen werden. In der neueren Armutsforschung wird jedoch deutlich gesehen, dass solche ökonomischen Indikatoren durch quantitative soziodemographische Armutsindikatoren (wie bspw. den Alphabetisierungsgrad, den Gesundheitszustand, die mittlere Lebenserwartung, den Zugang zu sauberem Wasser etc.) und auch durch qualitative Informationen (wie bspw. die Diskriminierung von Frauen, gesellschaftliche Ausgrenzung etc.) ergänzt werden müssen, wenn eine befriedigende Erfassung und Erklärung von Armut gelingen soll. – 2. *Empirische Messprobleme:* Die Messung von Armut wirft schon auf nationaler Ebene gravierende Probleme auf, da typischerweise viele der von Armut betroffenen Personen und Haushalte statistisch nicht erfasst werden, weil sie schwer erreichbar sind (wie Wohnungs- und Obdachlose), nicht befragt werden können (wie große Teile der Ausländer-, Heim- und Anstaltsbevölkerung) oder erhöhte Ausfall- und Verweigerungsquoten bei Befragungen aufweisen. Bei international vergleichenden Analysen ist darüber hinaus zu berücksichtigen, dass Aussagekraft und Vergleichbarkeit von Armutsindikatoren durch unterschiedliche Messkonzepte und Abgrenzungen der nationalen Statistiken erheblich eingeschränkt sind. – 3. *Kritik:* Die bisherige Armutsforschung zeigt, dass die vorherrschenden Armutsindikatoren kaum in der Lage sind, die Realität von Armut in ihrer ganzen Komplexität widerzuspiegeln. Sie tragen v.a. den Lebensumständen der Ärmsten, die in den Statistiken meist fehlen, sowohl in quantitativer als auch in qualitativer Hinsicht zu wenig Rechnung. – Vgl. auch → Armutsgrenze.

Armutsquote – Kennziffer, die angibt, wie viel Prozent der Bevölkerung unter der → Armutsgrenze leben.

Armutsschwelle → Armutsgrenze.

Armuts- und Reichtumsbericht – seit dem Jahr 2001 regelmäßig in der Mitte jeder Wahlperiode von der Deutschen Bundesregierung vorgelegte Studie über die Lebenslagen der Bundesbürger. Zusätzlich zur vielfach diskutierten Armutsthematik soll dabei auch explizit die in der Vergangenheit vergleichsweise wenig beachtete Reichtumsthematik behandelt werden.

Arrow-Paradoxon – *Arrow-Unmöglichkeitstheorem.* 1. *Begriff:* von Arrow entwickeltes Theorem der → Wohlfahrtsökonomik und der → Theorie der Kollektiventscheidungen, wonach es nicht gewährleistet ist, dass Mehrheitsentscheidungen unabhängig von der gewählten Abstimmungsform zu eindeutigen Ergebnissen führen. Varian (Grundzüge der Mikroökonomik) stellt die folgenden Anforderungen an den gesellschaftlichen Entscheidungsprozess: (1) Vollständigkeit, Reflexivität und Transitivität der individuellen und der sozialen Präferenzen; (2) Wenn jedes Individuum eine Alternative A der Alternativen B vorzieht, sollte auch die soziale Präferenzordnung die Alternative A vor der Alternativen B präferieren; (3) Präferenzen zwischen den Alternativen A und B sollten unabhängig sein von der Bewertung anderer Alternativen. – *Beispiel:*

Person	Rangfolge der Alternativen
1	A > B > C
2	B > C > A
3	C > A > B

Im Beispiel wird jede Alternative jeweils gleich stark mit 2:1 den beiden anderen vorgezogen. Die Wahl einer bestimmten Alternative hängt damit von der Reihenfolge der Wahlgänge ab. Daraus folgt, dass die Abstimmung nach dem Mehrheitswahlprinzip nicht mit Sicherheit zu einer eindeutigen kollektiven Präferenzfolge führt. Willkürliche Abstimmungsergebnisse können nicht ausgeschlossen werden. – 2. *Bewertung:* Das von Arrow herausgearbeitete Abstimmungsparadoxon führt zu der ernüchternden Erkenntnis, dass es nicht möglich ist, mit Mehrheitsentscheidungen individuelle Präferenzen konsistent zu aggregieren und auf dieser Basis eine gesellschaftliche → Wohlfahrtsfunktion abzuleiten. – *Anders:* → Condorcet-Paradoxon.

Arrow-Unmöglichkeitstheorem → Arrow-Paradoxon.

Arusha-Abkommen – 1. *Regionale Integration:* 1969 von den Ländern Kenia, Tansania und Uganda mit der → EWG auf der Basis von Art. 238 EWGV (1958) für die Dauer von fünf Jahren geschlossenes → Assoziierungsabkommen. Dieses entsprach (mit Ausnahme der Bestimmungen über die Gewährung von finanzieller Hilfe) inhaltlich weitgehend dem zweiten → Jaunde-Abkommen. – 2. *Politik und Zeitgeschichte:* Verhandlungen über Friedensabkommen nach einem etwa zweieinhalb Jahre andauernden Bürgerkrieg in Ruanda unter Federführung der Afrikanischen Union (→ OAU).

Arzneimittelversorgung – 1. *Überblick:* Die Arzneimittelversorgung in Deutschland wird durch etwas mehr als 500 Hersteller, etwa 20 *Großhändler* und mehr als 20.000 Apotheken sichergestellt. Das

Arzneimittelangebot umfasst mehr als 35.000 industriell hergestellte Präparate, die man in freiverkäufliche, apothekenpflichtige und verschreibungspflichtige Arzneimittel sowie Betäubungsmittel unterteilen kann. – 2. *Abgabe- und Zulassungsverfahren:* Die Arzneimittelversorgung der Versicherten der gesetzlichen Krankenkassen erfolgt in Form von Sachleistungen *(Sachleistungsprinzip).* Der vom Arzt verordnete Wirkstoff wird von Apotheken in Form von Arzneimitteln an den Patienten abgegeben. Der Apotheker rechnet das abgegebene Arzneimittel dann mit der Krankenkasse des Patienten ab. Medikamente, die nicht verschreibungspflichtig sind, werden von der Kasse nicht erstattet (§ 34 SGB V). Bei verschreibungspflichtigen Medikamenten trägt der Patient 10 Prozent (mind. fünf Euro, höchstens zehn Euro, jährlich höchstens zwei Prozent, bei chronisch Kranken höchstens ein Prozent des Bruttoeinkommens) selbst (Zuzahlung, → Gesundheitsreform, → Moral Hazard). Ärzte können lediglich Arzneimittelmuster kostenlos an Patienten abgeben. Der Bund ist für die *Zulassung* von Arzneimitteln zuständig, während die Überwachung der pharmazeutischen Unternehmen den Bundesländern obliegt. – 3. *Preisbildung:* a) *Arzneimittelverordnung:* Pharmazeutische Hersteller sind grundsätzlich frei, die Preise ihrer Arzneimittel entsprechend der Wettbewerbssituation zu bilden oder zu verändern. Um jedoch das Gebot eines in ganz Deutschland einheitlichen Apothekenverkaufspreises sicherzustellen, unterliegt die Preisbildung des Großhandels und der Apotheken der von der Bundesregierung erlassenen Arzneimittel-Preisverordnung (AMPreisV). Der Apothekenpreis ergibt sich mit der Festsetzung der Zuschläge auf den Herstellerabgabepreis („Preisbindung der zweiten Hand") (vgl. §§ 2, 3 AMPreisV). – b) *Festbeträge:* Die grundsätzlich freie Preisbildung auf der Herstellerstufe, die für Forschung und Entwicklung (F&E) wichtig ist, wird seit dem Gesundheits-Reformgesetz (1989) für verschreibungspflichtige Medikamente faktisch durch das Instrument der Festbeträge eingeschränkt. Die Krankenkassen erstatten für wirkungsgleiche Arzneimittel, die in der Festbetragsliste enthalten sind, nur noch einen einheitlichen, niedrigen Betrag, unabhängig von den tatsächlich divergierenden Marktpreisen der einzelnen Arzneimittel. – Festbeträge werden in einem zweistufigen Verfahren festgestellt: Im ersten Schritt bestimmt der Bundesausschuss der Ärzte und der Krankenkassen, für welche Gruppen von Arzneimitteln Festbeträge sachlich sinnvoll festgesetzt werden können. Es werden in den Gruppen jeweils Arzneimittel zusammengefasst, mit (1) identischen Wirkstoffen, (2) pharmakologisch-therapeutisch vergleichbaren Wirkstoffen und (3) therapeutisch vergleichbarer Wirkung (§ 35 I SGB V). Im zweiten Schritt setzen die Spitzenverbände der Krankenkassen gemeinsam und einheitlich den jeweiligen Festbetrag einer Arzneimittelgruppe fest. Das am 1.05.2006 in Kraft getretene *Arzneimittelversorgungs-Wirtschaftlichkeitsgesetz* (AVWG) soll die Anreize verstärken die Arzneimittelausgaben zu reduzieren. Die wesentlichen Inhalte des AVWG sind: (1) Die Festbeträge für Arzneimittel werden abgesenkt. (2) Die Krankenkassen können mit Pharma-Herstellern spezielle Rabattverträge abschließen, um dadurch Mehrkosten der Versicherten für Medikamente zu verhindern, deren Preis über dem Festbetrag liegt. (3) Die Krankenkassen können Arzneimittel von der Zuzahlung befreien, wenn der Preis des Medikaments mind. 30 Prozent unterhalb des Festbetrags liegt. (4) Für Ärzte wird eine Bonus-Malus-Regelung eingeführt. (5) Arzneimittel, die eine therapeutische Verbesserung darstellen, bleiben von Festbeträgen freigestellt. (6) Es wird ein zweijähriger Preisstopp für verordnungsfähige Arzneimittel eingeführt. (7) Die Hersteller von Generika sollen einen Abschlag von 10 Prozent des Herstellerpreises ohne Mehrwertsteuer gewähren. (8) Krankenhäuser sollen bei der Entlassmedikation nur jene Arzneimittel anwenden, die auch bei einer weiteren Medikamententherapie im Anschluss an die Klinik wirtschaftlich und zweckmäßig sind. (9) Naturalrabatte der Pharmahersteller an Apotheken werden verboten. – Vgl. auch → Gesundheitsreform, → Gesundheitswesen. – Mit dem am 1.1.2011 in Kraft getretenen Gesetz zur Neuordnung des Arzneimittelmarktes (AMNOG) kam es im Bereich der neu auf den Markt kommenden Arzneimittel zu gesetzlichen Neuregelungen. – 1) Die pharmazeutischen Unternehmen sind seither verpflichtet den Krankenversicherungen für verschreibungspflichtige Arzneimittel ohne Festbeträge einen Rabatt von 16 Prozent des Verkaufspreises zu gewähren. – 2) Die bis 2011 gültige Praxis der Preisfestsetzung durch die Anbieter im Bereich neuer, innovativer Arzneimittel wurde mit Inkrafttreten des Gesetzes durch Vertragspreise ersetzt. Die Hersteller sind dazu verpflichtet dem Bundesausschuss Nachweise über den Zusatznutzen neuer Medikamente bzw. deren Wirkstoffe vorzulegen. Für Arzneimittel ohne erwiesenen Zusatznutzen gelten seit dem 1.1.2011 ebenfalls Festbetragsregelungen. Anderseits vereinbaren die pharmazeutischen Unternehmen mit den Krankenversicherungen einen Erstattungsbetrag für neue Medikamente, falls ein Zusatznutzen vorliegt. Preise in anderen europäischen Ländern sollen dabei berücksichtigt werden. – Die gesetzlichen Neuregelungen basieren auf der Erkenntnis, dass die Arzneimittelausgaben bes. im Bereich der innovativen und patentgeschützten Präparate, für die bisher keine Festbeträge galten, gestiegen sind.

Ärztekammer – eine der beiden zentralen Organisationen zur Wahrnehmung der Aufgaben der Selbstverwaltung der niedergelassenen Ärzte und Zahnärzte: Regelung der Rechte und Pflichten der Ärzte durch Erlass einer Berufsordnung, Regelung der spezialisierenden Weiterbildung, Förderung der ärztlichen Fortbildung, Aufsicht über die Einhaltung der Berufspflichten (einschließlich der Anrufung der Berufsgerichtsbarkeit), Regelung und Überwachung der Ausbildung von Arzthelferinnen, Einrichtung von

Schlichtungs- und Gutachterkommissionen für ärztliche Behandlungsfehler bzw. Arzt-Haftpflichtfragen, die der Beseitigung von Streitigkeiten zwischen Ärzten und Patienten dienen. Zusätzlich fungiert die Ärztekammer als berufspolitische Interessenvertretung ihrer Mitglieder (daneben gibt es freie Interessenvereinigungen, wie z.B. den Hartmannbund). - Die Ärztekammern sind Teil der → sozialen Sicherung und genauso wie die → Kassenärztlichen Vereinigungen (KV) „Körperschaften öffentlichen Rechts".

ASEAN - 1. *Begriff und Merkmale: Association of South East Asian Nations, Wirtschaftsgemeinschaft südostasiatischer Länder;* am 8.8.1967 in Bangkok durchgeführter Zusammenschluss. - 2. *Ziele:* Förderung der wirtschaftlichen Entwicklung der Mitgliedsstaaten und Stärkung der politischen Stabilität innerhalb der Südost-Asien-Region. - 3. *Organe:* Gipfelkonferenz (alle drei Jahre), Ministerkonferenz (jährlich), ständiger Ausschuss. - *Tätigkeiten:* Die Aktivitäten umfassen den Ausbau der Außenbeziehungen und die Formulierungen gemeinsamer Industrie-, Handels-, Landwirtschafts-, Bergbau-, Energie-, Verkehrs-, Forschungs-, Sozial-, Tourismus- und Kulturpolitik. - Vgl. auch → ASEAN Plus Drei.

ASEAN Plus Drei - *ASEAN plus three,* Bezeichnung für gemeinsame Konferenzen der 10 → ASEAN-Staaten sowie Japan, Südkorea und die Volksrepublik China.

Asienkrise - Bezeichnung für die Währungs-, Finanz- und Wirtschaftskrise mehrer ost- und südostasiatischer Staaten, welche im März 1997 in Thailand begann. Sie führte zu einem scharfen Konjunktureinbruch - ein Zusammenbruch des Bankensektors konnte nur mit Unterstützung des → IWF verhindert werden, jedoch war die Rolle des IWF umstritten. Die Ursachen der Asienkrise beruhten u.a. auf einem schwach entwickelten Finanzsektor, exzessiver Kreditaufnahme, u.a. in Fremdwährung, und starken Handelsbilanzdefizitas.

Association of European Transmission System Operaters → ETSO.

Association of South East Asian Nations → ASEAN.

Assoziierte afrikanische Staaten und Madagaskar → AASM.

Assoziierungsabkommen - Völkerrechtliche Verträge, die bes. Beziehungen zwischen einer internationalen (oder supranationalen) Organisation und einem Nichtmitgliedsstaat begründen.

Asunción-Abkommen - am 26.3.1991 von Argentinien, Brasilien, Paraguay und Uruguay unterzeichnetes Abkommen; Rechtsgrundlage für die Errichtung des Gemeinsamen Marktes Südamerikas - *Mercado Cumún del Sur,* → MERCOSUR.

Asylbewerberleistungsgesetz → Sozialhilfe.

asymmetrische Information → Informationsasymmetrie, → Agency-Theorie, Spieltheorie.

Attraktor - abgeschlossene, beschränkte Punktmenge, die invariant gegenüber der Dynamik eines System ist: Wenn ein Zustand zu einem Zeitpunkt x_0 zu einem Attraktor gehört, so gilt dies auch für alle späteren Zeitpunkte. Ein Attraktor zwingt damit gleichsam ein System im Zeitablauf auf ein bestimmtes Verhaltensmuster. Der Attraktor besitzt ein Einzugsgebiet (Bassin des Attraktors), das aus den Trajektorien besteht, die sich dem Attraktor im Zeitablauf asymptotisch annähern. Attraktoren können Fixpunkte, Zyklen mit unterschiedlicher Periodenzahl, Tori oder auch sog. chaotische Attraktoren (Attraktoren, die sensitiv von den Anfangswerten abhängig sind) sein. - Vgl. auch → Bifurkation, → Chaos.

aufgenommene Gelder - *Nostroverpflichtungen;* die von einem Kreditinstitut zur Verstärkung der eigenen Liquidität im Interesse vorübergehender Ausweitung des Kreditgeschäfts hereingenommenen Gelder, meist Kassenreserven anderer Banken. Die Initiative zur Aufnahme geht im Gegensatz zum normalen Einlagengeschäft vom aufnehmenden (geldsuchenden) Institut aus. - *Gegensatz:* → Nostroguthaben.

Auflage - I. Öffentliches Recht: Nebenbestimmung zum Verwaltungsakt, durch die dem Begünstigten ein Tun, Dulden oder Unterlassen vorgeschrieben wird (§ 36 II Nr. 4 VwVfG). Auflagen sind bes. häufig bei der Erteilung der Bauerlaubnis.

II. Erbrecht: eine Anordnung von Todes wegen, durch die der Erblasser einen Erben oder Vermächtnisnehmer zu einer Leistung verpflichtet, ohne einem anderen ein Recht auf die Leistung zuzuwenden (z.B. Anordnung über Grabpflege, Bestimmung, 1.000 Euro zu mildtätigen Zwecken zu verwenden; §§ 1940, 2192-2196 BGB).

Aufstiegsfortbildung - Lehrgänge von längerer Dauer (bis zu drei Jahren) zum Erwerb höherer beruflicher Qualifikationen als Grundlage für beruflichen Aufstieg. I.d.R. mit Prüfungsabschluss vor einer Industrie- und Handelskammer (IHK). - *Rechtliche Grundlage:* Die Teilnahme an Fortbildungsmaßnahmen, mit denen Prüfungen für Abschlüsse auf der Grundlage der §§ 53, 54 BBiG und der §§ 42a, 51a HandwO oder auf vergleichbare Abschlüsse nach bundes- und landesrechtlichen Regelungen vorbereitet werden, werden nach Maßgabe des Aufstiegsfortbildungsförderungsgesetzes (AFBG) i.d.F. vom 9.10.2012 (BGBl. I 2126) gefördert (Meister-BaföG). - Vgl. auch → Anpassungsfortbildung, → berufliche Fortbildung.

Augmented Physical Quality of Life Index (APQLI) → Physical Quality of Life Index (PQLI).

Auktionsverfahren → Umweltzertifikat.

Ausbeutung - I. Wirtschaftstheorie: 1. *Wirtschaftstheorie des* → Marxismus: Aus → Arbeitswertlehre und → Mehrwerttheorie wird abgeleitet, dass die

Arbeiter nicht den vollen Gegenwert der von ihnen erstellten Güter als Lohn erhalten, sondern nur das ausbezahlt bekommen, was sie zur Deckung des eigenen „Reproduktionsaufwands" (Miete, Ernährung, Kleidung u.a.) benötigen. Die Differenz zwischen dem Wert der produzierten Güter und Lohn (Mehrwert) würde sich der Unternehmer aneignen, d.h. er beute die Arbeiter aus. In welchem *Ausmaß* dies geschehe, soll anhand der sog. Mehrwertrate messbar sein. Die Ausbeutung führe zur fortschreitenden Verelendung der Arbeiter. – *Kritik:* Die Ausbeutungslehre lässt allerdings die produktiven Leistungen der beiden anderen Faktoren (Kapitaleinsatz und Boden) unberücksichtigt, wie auch der Beitrag des dispositiven Faktors durch sie nicht erklärt wird. – 2. *Pigou* spricht von Ausbeutung, wenn der Lohnsatz unter dem Wertgrenzprodukt der Arbeit liegt. Sind die Faktormärkte durch Konkurrenz gekennzeichnet, kann es keine Ausbeutung geben. Der Faktorpreis kann niedriger als das Wertgrenzprodukt sein, wenn es sich bei dem Faktormarkt um ein Nachfragemonopol oder ein bilaterales Monopol handelt. – 3. *Theorie der Unterentwicklung der Entwicklungsländer:* → Dependencia-Theorien.

Ausbeutungsmissbrauch – liegt vor, wenn ein marktbeherrschendes Unternehmen im Sinne der §§ 18, 19 GWB bzw. von Art. 102 AEUV seine Marktstellung gegenüber vor- bzw. nachgelagerten Wirtschaftsstufen dazu benutzt, um z.B. zu niedrige Einkaufspreise (Problem der sog. *Nachfragemacht* des Handels gegenüber der Industrie) oder monopolistisch überhöhte Verbraucherpreise (z.B. im Fall des Verhältnisses Industrie zu Endverbraucher) zu fordern. Im Rahmen der → Missbrauchsaufsicht der Kartellbehörden kann ein derartiges Verhalten korrigiert werden, wobei der wettbewerbskonforme Als-ob-Preis i.d.R. mithilfe sog. → Vergleichsmärkte konkretisiert wird. – *Probleme:* Problematisch ist bei dieser korrigierenden Missbrauchsaufsicht, dass – ähnlich wie beim → Behinderungsmissbrauch – die Ursache des Missbrauchs, d.h. die Existenz von → Marktmacht, nicht beseitigt wird. Die Missbrauchsaufsicht ist insofern nicht ursachenadäquat. Dies wäre dagegen im Fall einer Entflechtung gegeben, die die Ursachen der Marktmacht beseitigt.

Ausbildender – nach § 10 BBiG derjenige, der einen → Auszubildenden zur → Berufsausbildung einstellt und dazu die persönliche Eignung besitzt (§ 28 I BBiG). Bei fehlender fachlicher Eignung hat der Ausbildende einen → Ausbilder mit der Ausbildung zu beauftragen. Zu den persönlichen und fachlichen Eignungsvoraussetzungen vgl. die Ausbilder-Eignungsverordnung (gewerbliche Wirtschaft, Landwirtschaft, öffentlicher Dienst und Hauswirtschaft). – *Pflichten des Ausbildenden* (§§ 14-16 BBiG): (1) Pflicht zur ordnungsgemäßen und planmäßigen Ausbildung auf der Grundlage des entsprechenden → Ausbildungsordnung; (2) Zurverfügungstellung geeigneter Ausbildungsmittel; (3) Gewährleistung zweckmäßiger und angemessener Ausbildungsbedingungen; (4) Freistellung des Auszubildenden für den Berufsschulunterricht, für Prüfungen sowie für Ausbildungsmaßnahmen außerhalb der Ausbildungsstätte; (5) angemessene Vergütung für den Auszubildenden; (6) Ausstellung eines Zeugnisses nach Beendigung der Ausbildung; dies ist vom Ausbilder zu unterschreiben, wenn Ausbildender die Berufsausbildung nicht selbst durchgeführt hat.

Ausbilder – nach § 28 BBiG bzw. § 22 HandwO vom → Ausbildenden mit der Wahrnehmung der Ausbildungsfunktion ausdrücklich beauftragte Person, die dazu persönlich und fachlich geeignet sein muss. Die Ausbilder-Eignungsverordnung (AEVO) vom 21.1.09 (BGBl. I S. 88) schreibt vor, dass sich die betrieblichen Ausbilder arbeits- und berufspädagogische Kenntnisse anzueignen haben und diese in einer Prüfung nachweisen müssen. Durch die Beauftragung mit Bildungsaufgaben werden dem Ausbilder Teile des Weisungsrechts gegenüber dem → Auszubildenden übertragen. Im Handwerk besitzt die fachliche Eignung wer (1) die Meisterprüfung bestanden hat oder (2) die Gesellen- oder eine Abschlussprüfung (z.B. an einer deutschen Hochschule) in einer dem Ausbildungsberuf entsprechenden Fachrichtung bestanden hat und eine angemessene Zeit in seinem Beruf praktisch tätig war (vgl. § 22b HandwO). Daneben bedarf er einer Abschlussprüfung nach AEVO.

Ausbildereignung – Das → Berufsbildungsgesetz (BBiG) regelt in § 28, dass nur ausbilden darf, wer über die persönliche und fachliche Eignung dazu verfügt. – Die persönliche Eignung regelt § 29. Sie ist insbes. dann nicht gegeben, wenn dem Ausbilder die Beschäftigung von Kindern und Jugendlichen untersagt ist, oder wenn der Ausbilder mehrfach schwer gegen das BBiG oder Vorschriften und Bestimmungen auf Grundlage des BBiG verstoßen hat. – Die fachliche Eignung regelt § 30 BBiG. Während die beruflichen Voraussetzungen i.d.R. durch eine der Fachrichtung des Ausbildungsberufs entsprechende, bestandene Abschlussprüfung des Ausbilders und eine angemessene Zeit der Berufspraxis gegeben sind, fordert das BBiG für die berufs- und arbeitspädagogische Fähigkeit des Ausbilders eine gesonderte Qualifikation. Diese ist gemäß → Ausbilder-Eignungsverordnung (AEVO 2009) mit Zeugnis oder Nachweis zu belegen. Die geforderten berufs- und arbeitspädagogischen Voraussetzungen umfassen u.a. die Kenntnis der einschlägigen Vorschriften des BBiG, Kenntnisse über das Berufsausbildungsverhältnis, die Planung von Berufsausbildungen und die Möglichkeiten zur Förderung von Lernprozessen. – Im Handwerk ist die Ausbildereignung traditionell Teil der Meisterqualifikation. Im Bereich der zulassungspflichtigen Handwerke ist dies nach wie vor der Fall. Für die Ausbildung in zulassungsfreien Handwerken und handwerksähnlichen Gewerben ist die Ausbildereignung entsprechend AEVO nachzuweisen.

Ausbilder-Eignungsverordnung – Verordnung vom 21.1.2009 – AEVO (BGBl. I 88). Die AEVO regelt die Bestandteile und den Nachweis der berufs- und arbeitspädagogischen → Ausbildereignung. Dabei trennt die Verordnung nach vier Handlungsfeldern der Ausbildung: (1) Ausbildungsvoraussetzungen prüfen und Ausbildung planen, (2) Ausbildung vorbereiten und bei der Einstellung von Auszubildenden mitwirken, (3) Ausbildung durchführen und (4) Ausbildung abschließen. – Die AEVO gilt für Ausbilder in Gewerbebetrieben, in der Landwirtschaft, in der Hauswirtschaft, im Bergwesen und im öffentlichen Dienst, nicht jedoch für freie Berufe. Auf Beschluss der Bundesregierung kann die AEVO durch den Bundesminister für Bildung und Forschung für einen bestimmten Zeitraum außer Kraft gesetzt werden, um Berufsausbildung zu erleichtern. Nach einer solchen Aussetzung zwischen 2003 und 2009, die zu einem leichten Anwachsen der Zahl der Ausbildungsplätze, zugleich aber zu Qualitätseinbußen in der Berufsausbildung geführt hat, gilt seit dem Ausbildungsjahr 2009/2010 eine neue AEVO. Befreiungsvorschriften stellen sicher, dass Ausbilder, die vor Inkrafttreten der AEVO erfolgreich und ohne Beanstandungen ausgebildet haben, auch weiterhin kein Prüfungszeugnis vorlegen müssen. Zeugnisse nach früheren Ausbilder-Eignungsverordnungen bleiben weiterhin gültig.

Ausbildungsberater – nach § 76 BBiG bzw. § 41a HandwO von den zuständigen Stellen (Kammern) zu bestellende Personen, denen die Aufgaben zukommen: (1) die an der Berufsausbildung Beteiligten zu beraten; (2) die Durchführung der Berufsausbildung zu überwachen; (3) bei der Zusammenarbeit der zuständigen Stelle mit betrieblichen und außerbetrieblichen Stellen mitzuwirken. Ausbildungsberater sind i.d.R. hauptamtlich tätig und müssen die Eignung als → Ausbilder besitzen.

Ausbildungsberuf → anerkannter Ausbildungsberuf, → Berufsausbildung, Berufsausbildungsverhältnis.

Ausbildungsberufsbild → Ausbildungsordnung.

Ausbildungsförderung – *Berufsausbildungsförderung.* 1. *Öffentliche Aufgabe* gemäß Bundesausbildungsförderungsgesetz (BAföG) i.d.F. vom 6.6.1983 (BGBl. I 645, 1680) m.spät.Änd. durch verschiedene Rechtsverordnungen zur Ausführung des BAföG. Auf individuelle Ausbildungsförderung besteht ein Rechtsanspruch nach Maßgabe des BAföG, wenn dem Auszubildenden die für seinen Lebensunterhalt und seine Ausbildung erforderlichen Mittel anderweitig nicht zur Verfügung stehen. Ausbildungsförderung wird geleistet für den Besuch der in § 2 BAföG aufgeführten Ausbildungsstätten, wozu u.a. die weiterführenden allgemeinbildenden Schulen ab Klasse 10, Berufsfachschulen, Fach- und Fachoberschulklassen, Abendhaupt-, -realschulen oder -gymnasien und Kollegs, Höhere Fachschulen, Akademien und Hochschulen gehören. Auf die im Gesetz festgesetzten Bedarfssätze sind Einkommen und Vermögen des Auszubildenden, seines Ehegatten und seiner Eltern in dieser Reihenfolge anzurechnen (§ 11 II BAföG). Die Ausbildungsförderung wird bei Schülern als nicht rückzahlungspflichtiger Zuschuss geleistet. Bei dem Besuch von höheren Fachschulen, Akademien und Hochschulen wird der monatliche Förderungsbetrag zur Hälfte als Staats-Darlehen, in Sonderfällen als verzinsliches Bankdarlehen, und zur Hälfte als Zuschuss geleistet (vgl. §§ 18–18d BAföG). Für Ausbildungsabschnitte seit dem 28.2.2001 beträgt die Höchstgrenze der Rückzahlung 10.000 Euro. Zuständig für die Durchführung ist das Amt für Ausbildungsförderung. – 2. Das BAföG hat nicht alle Bereiche der Ausbildungsförderung zusammengefasst. Ausbildungsförderung zur Schulausbildung, zur betrieblichen und schulischen Berufsausbildung gibt es auch nach dem Recht der Arbeitsförderung (Sozialgesetzbuch III), nach dem Bundesversorgungsgesetz, nach der Kriegsfolgengesetzgebung, als berufsfördernde Maßnahmen zur Rehabilitation in der gesetzlichen Unfall- und Rentenversicherung sowie als bes. Erziehungsmaßnahmen der Jugendhilfe; Hochbegabtenförderung leisten privat organisierte Förderungswerke oder die graduierten Förderungsgesetze der Länder. – Vgl. auch → Sicherung der Familie und von Kindern, Arbeitsmarktpolitik.

Ausbildungsordnung – 1. *Begriff:* Gemäß § 5 BBiG bzw. § 26 HandwO Grundlage für eine geordnete und einheitliche → Berufsausbildung sowie zur Anpassung der Berufsausbildung an die technischen, wirtschaftlichen und gesellschaftlichen Verhältnisse und deren Entwicklung. Ausbildungsordnungen legen rechtsverbindlich die inhaltlich-curriculare Ausrichtung der Berufsausbildung in → anerkannten Ausbildungsberufen fest und sind Grundlage der → betrieblichen Ausbildungspläne. – 2. *Bestandteile:* Die Ausbildungsordnung hat mind. festzulegen (1) Bezeichnung des Ausbildungsberufs, (2) Ausbildungsdauer, (3) Fertigkeiten und Kenntnisse, die Gegenstand der Berufsausbildung sind (Ausbildungsberufsbild), (4) Ausbildungsrahmenplan als Anleitung zur sachlichen und zeitlichen Gliederung der Ausbildung sowie (5) Prüfungsanforderungen. – 3. *Verfahren:* Ausbildungsordnungen werden als Rechtsverordnung vom Bundesministerium für Wirtschaft und Arbeit oder vom sonst zuständigen Fachminister im Einvernehmen mit dem Bundesministerium für Bildung und Forschung (BMBF) erlassen. Die Entwicklung von Ausbildungsordnungen liegt in der Zuständigkeit des → Bundesinstituts für Berufsbildung.

Ausfallbürgschaft – *Schadlosbürgschaft;* Sonderform der Bürgschaft. Der Bürge haftet nur, soweit der Gläubiger mit seiner Forderung ausfällt. Der Ausfallbürge braucht nicht erst die Einrede der Vorausklage zu erheben, vielmehr muss der Gläubiger nachweisen, dass er erfolglos die Zwangsvollstreckung gegen den Hauptschuldner versucht hat. – Vgl. auch modifizierte Ausfallbürgschaft. Zur *Förderung von Mittelstand und Existenzgründungen* werden Ausfallbürgschaften seitens → Bürgschaftsbanken übernommen. – Im *Export* gewährt der Bund unter bestimmten Voraussetzungen Ausfallbürgschaften (Exportkreditgarantien des Bundes).

Ausfuhrabschöpfung → Abschöpfung.

Ausfuhrprämie – *Exportprämie*; Vergütung bei der Ausfuhr bestimmter Waren; kann vom Staat oder von privaten Vereinigungen (Syndikaten) gewährt werden. – 1. *Offene Ausfuhrprämien* sind relativ selten, da sie Dumping-Charakter haben und das Ausland leicht zu Gegenmaßnahmen anreizen. – 2. Häufiger sind *versteckte Ausfuhrprämien* in Form von Zollrückvergütungen, Vorzugstarifen auf den Verkehrsmitteln, Steuerherabsetzungen etc. Auch der Devisenbonus stellt eine Art Ausfuhrprämie dar. – Vgl. auch Ausfuhrerstattung.

Ausgleichsabgabe – I. Sozialökonomik: → Lastenausgleich.

II. Energiepolitik: Durch das Dritte Verstromungsgesetz vom 13.12.1974 eingeführte, zweckgebunde Abgabe (sog. *Kohlepfennig*), die durch Urteil des Bundesverfassungsgerichts vom 7.12.1994 als Finanzierungsinstrument zum Einsatz deutscher Steinkohle für nicht verfassungskonform befunden wurde und deshalb Ende 1995, mit dem Ende des → Jahrhundertvertrages, auslief. – Vgl. auch → Kohlepolitik.

III. Naturschutz: Nach dem Bundesnaturschutzgesetz sind Eingriffe in Natur und Landschaft zu vermeiden. Unvermeidbare Beeinträchtigungen sind auszugleichen. Nach § 15 VII BNatSchG kann das Bundesumweltministerium oder, solange wie soweit es von seiner Ermächtigung keinen Gebrauch gemacht hat, können die Länder vorsehen, dass für nicht ausgleichbare Beeinträchtigungen Ersatz in Geld zu leisten ist (früherer Begriff: Ausgleichsabgabe, jetzt: Ersatzzahlung).

Ausgleichslager → Buffer Stock.

Ausgleichspolitik – Element der Politik des → kontrollierten Emissionshandels. Hier geht es darum, sicherzustellen, dass in Belastungsgebieten Wirtschaftswachstum möglich ist, ohne zusätzliche Umweltverschmutzung auszulösen. Eine neu in eine Region eintretende Firma oder eine Firma, die ihre Anlagen in dem betreffenden Belastungsgebiet erweitern will, darf dies bei Anwendung der Ausgleichspolitik nur tun, wenn die hierdurch verursachten zusätzlichen Emissionen an anderer Stelle durch Emissionsvermeidungsaktivitäten überkompensiert werden. Außerdem muss die Neuanlage den Erfordernissen des → Stands der Technik entsprechen.

Ausländerkonvertibilität → Konvertibilität. – *Gegenteil*: Inländerkonvertibilität.

Auslandsinvestition – *Kapitalexport*; Übertragung inländischen Kapitals ins Ausland. Zu unterscheiden sind → Direktinvestition und → Portfolio-Investition. – Vgl. auch internationale Kapitalbewegungen; zur Besteuerung: Ausländische Betriebsstätte, ausländische Einkünfte, ausländische Tochtergesellschaft, Auslandsniederlassung.

Auslandskapital – das einer Volkswirtschaft aus anderen Ländern zugeführte Kapital durch → Direktinvestitionen, → Portfolio-Investitionen, Auslandskredite, Kreditderivate.

Auslandsschulden – Summe der Verbindlichkeiten eines Landes gegenüber allen anderen. Aussagefähiger ist der Saldo aus → Auslandsschulden und → Auslandsvermögen, weil durchaus alle Länder der Welt gleichzeitig Auslandsschulden haben können, da sie auch Forderungen gegenüber dem Ausland besitzen. Die Bundesrepublik Deutschland ist Netto-Auslandsgläubiger, während viele → Entwicklungsländer Nettoschuldner sind. – Vgl. auch Auslandsverschuldung, → Auslandsverschuldung der Entwicklungsländer.

Auslandsvermögen – 1. *Begriff*: Summe der Forderungen eines Landes gegenüber allen anderen Ländern. Durch *Saldierung* von Auslandsvermögen und → Auslandsschulden wird ersichtlich, ob das betreffende Land Nettogläubiger oder -schuldner ist. – Die *Bundesrepublik Deutschland* z.B. ist Nettogläubiger: Die Nettoauslandsposition der → Deutschen Bundesbank (→ Währungsreserven, → Reserveposition im IWF, Sonderziehungsrechte, Forderungen an die → Europäische Zentralbank (EZB), Kredite und sonstige Forderungen an das Ausland abzüglich Auslandsverbindlichkeiten) sowie die Nettoforderungen inländischer Unternehmen (einschließlich Kreditinstitute) weisen einen hohen Plus-Saldo auf. – Viele *Entwicklungsländer* sind in erheblichem Maße Nettoschuldner (→ Auslandsverschuldung der Entwicklungsländer). – 2. *Steuerliche Behandlung*: ausländisches Vermögen.

Auslandsverschuldung der Entwicklungsländer – 1. *Ursachen*: V.a. die drastischen Ölpreissteigerungen der Jahre 1973/1974 und 1979/1980 machten Kreditaufnahmen im Ausland notwendig. Die expansive Haushaltspolitik und restriktive Geldpolitik der USA nach dem zweiten Ölpreisanstieg führten zu einem Anstieg des Dollarkurses und des internationalen Zinsniveaus. Die monetaristisch geprägte Stabilitätspolitik der USA verursachte eine weltweite Rezession, die zu einem Verfall der Rohstoffpreise und damit zu sinkenden Exporterlösen der Entwicklungsländer führte. Banken vergaben großzügige Kredite an Entwicklungsländer, wobei das Zinsrisiko aufgrund von Zinsgleitklauseln bei den Entwicklungsländern lag; der später entstandene extreme Zinsanstieg hatte entsprechende Folgen. Zudem waren die Forderungen in Dollar nominiert, sodass die Verschuldung stark vom Wechselkurs abhängig ist. – Die aufgenommenen Kredite wurden vielfach nicht entwicklungskonform verwendet, sodass das genannte Liquiditätskriterium nicht erfüllt war. Überhöhte Staatsausgaben (Rüstungsausgaben) und eine expansive Geldpolitik führten zu einem Vertrauensverlust der Bürger der Entwicklungsländer in die eigene Währung (Kapitalflucht). – Die hohe Auslandsverschuldung der Entwicklungsländer bewirkte eine abnehmende Kreditwürdigkeit vieler Entwicklungsländer, sodass Banken sich mit weiteren Krediten zurückhielten. Der Wachstumsprozess vieler Entwicklungsländer wurde dadurch unterbrochen, sodass unternommene Investitionen sich nicht mehr amortisierten. Entwicklungsländer benötigen neue Mittel, um aus der Krise „herauszuwachsen". – 2. *Lösungsansätze:* a) *Sanierungsmaßnahmen:* Schuldnerländer müssen u.a. ihre leistungsbilanzbelastende Interventions- und Wechselkurspolitik revidieren, für verbesserte Rahmenbedingungen bei → Direktinvestitionen sorgen, durch geldpolitische Maßnahmen die einheimische Ersparnisbildung steigern sowie die Defizite des Staatshaushaltes absenken. Auf Seiten der Industrieländer müssen andererseits verstärkt technische und finanzielle Hilfe leisten, v.a. ihre Märkte für Exporte der Entwicklungsländer öffnen (→ Baker-Plan, → Brady-Initiative, → HIPC-Initiative). – b) → Schuldenerlass. – c) *Schuldenübernahme durch eine internationale Schuldenagentur:* → Debt-Conversion-Programm. – d) *Verweigerung der Rückzahlung seitens der Schuldnerländer:* Vereinzelt wird ein sog. Schuldnerkartell gefordert, um die Rückzahlung gemeinsam zu verweigern. – e) *Ordnungspolitischer Lösungsansatz:* Zur Forcierung ihrer wirtschaftlichen Entwicklung brauchen Entwicklungsländer neue Kredite, v.a. für sozialpolitische Maßnahmen, zum Aufbau der Industriekapazität (verstärkt auch → Direktinvestitionen) und für Infrastrukturinvestitionen.

Auslandszahlungsverkehr – *Grenzüberschreitender Zahlungsverkehr.* 1. *Merkmale:* Im Auslandszahlungsverkehr werden grenzüberschreitende Zahlungen aus dem Kapital-, Dienstleistungs- und Güterkehr mit dem Ausland von Kreditinstituten abgewickelt. Bei Ländern, mit denen *freier Devisenverkehr* besteht, werden die Zahlungen in konvertierbaren Währungen abgewickelt. Die Bezahlung erfolgt also in Devisen, deren Kurs im Devisenhandel festgestellt wird. Bei *Devisenbewirtschaftung (gebundenem Zahlungsverkehr)* erfolgen die Zahlungen auf der Basis von Devisenzuteilungen oder über ein Zahlungsabkommen im Verrechnungsweg. – 2. *Bestimmungen* in Deutschland für den Auslandszahlungsverkehr: Für den Auslandszahlungsverkehr bestehen nach dt. Außenwirtschaftsrecht grundsätzlich keine Beschränkungen, aber gewisse Meldepflichten gegenüber der → Deutschen Bundesbank: a) Gebietsansässige haben Zahlungen über 12.500 Euro, die sie von Gebietsfremden oder für deren Rechnung von Gebietsansässigen entgegennehmen oder die sie an Gebietsfremde oder für deren Rechnung an Gebietsansässige leisten, zu melden. Die Meldepflicht besteht nicht bei Ausfuhrerlösen und bei Zahlungen im Zusammenhang mit Krediten mit einer Laufzeit von bis zu zwölf Monaten (§ 59 ff. AWV). b) Gebietsansässige mit Ausnahme der Geldinstitute haben monatlich ihre Forderungen und Verbindlichkeiten gegenüber Gebietsfremden zu melden, wenn diese zusammengerechnet mehr als 5 Mio. Euro betragen (§ 62 AWV). c) Die Meldungen sind der Deutschen Bundesbank bzw. deren zuständiger Hauptverwaltung zu erstatten (§ 63 AWV). Mit Wirkung vom 31.12.2007 wurden die Meldevorschriften im Zahlungsverkehr im Hinblick auf die Realisierung von SEPA angepasst. Die neuen SEPA-Zahlungsinstrumente sehen keinen statistischen Meldeteil mehr vor, daher sind meldepflichtige ausgehende Zahlungen in den Euro-Zahlungsverkehrsraum grundsätzlich der Bundesbank einmal monatlich direkt vom Meldepflichtigen anzuzeigen. – Die Angaben über den Auslandszahlungsverkehr bilden eine wesentliche Grundlage der Zahlungsbilanzstatistik. Vielfach werden diese Zahlungen heute noch über Korrespondenzbankbeziehungen abgewickelt. Dabei führen inländische Korrespondenzbanken für ausländische Kreditinstitute Konten (Lorokonto) i.d.R. in Inlandswährung und/oder Korrespondenzbanken im Ausland führen für inländische Banken Konten (Nostrokonto), i.d.R. in der ausländischen Währung. Im europäischen Zahlungsverkehr werden durch die zunehmende Integration im Zuge der Währungsunion und der Errichtung des einheitlichen europäischen Zahlungsverkehrsraums (Single Euro Payments Area (SEPA)) vermehrt Auslandszahlungen in Euro über Zahlungssysteme geleitet (TARGET2 des Europäischen Systems der Zentralbanken (→ ESZB), Euro1 und STEP2 der EBA). Der Nachrichtenverkehr zwischen den Korrespondenzbanken und innerhalb der Zahlungssysteme erfolgt heute üblicherweise über SWIFT. – Bei der Abwicklung von Euro-Zahlungen (national und grenzüberschreitend) wird vielfach bewusst auf eine Unterscheidung zwischen Inlands- und Auslandszahlungen verzichtet. Zumal ab dem 1.1.2003 Zahlungen innerhalb der → EU zu Inlandskonditionen vorgenommen werden müssen. Voraussetzungen hierfür sind die Angabe des Betrages in Euro, die Benutzung der EU-Standardüberweisung, die korrekte Angabe des IBAN und des BICs.

Ausschuss der berufsständischen landwirtschaftlichen Organisationen → COPA.

Ausschuss der Regionen (AdR) – 1. *Charakterisierung:* Ausschuss der → EU, mit der Aufgabe, die Tätigkeit des → Rats der Europäischen Union (vormals Ministerrat) und der → Europäischen Kommission beratend zu unterstützen (Art. 13 IV EUV und Art. 305-307 AEUV). Der Sitz des AdR ist in Brüssel. Dem AdR gehören nach Art. 305 AEUV eine maximale Anzahl von 350 Mitgliedern an Vertretern der regionalen und lokalen Gebietskörperschaften der EU-Staaten an (z.B. Länder, Provinzen, Departements, Kreise oder Gemeinden). Die Ausschussmitglieder sind an keine Weisungen gebunden, werden von den EU-Regierungen vorgeschlagen und vom Rat auf fünf Jahre ernannt. Seit dem Vertrag von Nizza müssen die AdR-Vertreter ein Wahlmandat ihrer Gebietskörperschaft innehaben oder einer gewählten Versammlung gegenüber verantwortlich sein. Die nationale Zusammensetzung ist in Art. 305 AEUV festgelegt und spiegelt in loser Form die unterschiedliche Größe der Mitgliedsländer wieder. – 2. *Bedeutung:* Die Schaffung des AdR eröffnet den regionalen und lokalen Gebietskörperschaften erstmals die Möglichkeit einer gewissen Beteiligung am Willensbildungsprozess der EU. Seine Errichtung ist im Zusammenhang mit dem Subsidiaritätsprinzip (Art. 5 EUV) zu sehen und verfolgt das Ziel, eine größere Bürgernähe der Gemeinschaftsentwicklung zu gewährleisten. Die Anhörung des AdR ist bes. bei Vorhaben der Regional- und Strukturpolitik sowie vor der Entscheidung anderer Fragen zwingend vorgeschrieben, die Zuständigkeiten bzw. zentrale Interessen der Regionen betreffen (z.B. Bildung, Umwelt und Verkehr).

Ausschuss der ständigen Vertreter (AStV) → COREPER.

Außenwert – Der Außenwert einer Währung (auch: Geldwertstabilität, neben dem inneren Wert) gibt an, wie viele Einheiten ausländischer Währung(en) auf dem Devisenmarkt für eine Einheit des inländischen Geldes gezahlt werden (Mengennotierung). Der bilaterale Außenwert ist demnach der Kehrwert des - in Preisnotierung ermittelten - Wechselkurses, z.B. des Preises für einen Dollar in Euro.

Außenwertstabilität – Wenn die → Zentralbank als (Neben-)Ziel ihrer Geldpolitik versucht, den → Außenwert (im Unterschied zur Stabilisierung des inneren Wertes, einer geringen und stabilen Inflation) der heimischen Währung zu stabilisieren, geht es nicht darum, die nominalen Austauschverhältnisse zwischen inländischem und ausländischem Geld konstant zu halten. Vielmehr soll die Kaufkraft der eigenen Währung in anderen Ländern erhalten bleiben. Dies wird z.B. durch Bemühungen um eine Aufwertung der eigenen Währung angestrebt, wenn ein Inflationsimport aus dem Ausland verhindert werden soll.

äußere Institution → Institution.

Aussperrung – 1. *Begriff:* Die von einem oder mehreren Arbeitgebern planmäßig vorgenommene Nichtzulassung von Arbeitnehmern zur Arbeit unter Verweigerung der Lohnzahlung. Die Aussperrung kann alle Arbeitnehmer eines Betriebs oder Wirtschaftszweigs betreffen; sie kann sich auch nur gegen die Streikenden oder arbeitsunwilligen Arbeitnehmer richten. – I.d.R. reagiert die Arbeitgeberseite mit der Aussperrung auf einen zuvor begonnenen Streik (Abwehraussperrung). Eine Aussperrung als Angriffsaussperrung ist denkbar, hat 1945 jedoch nicht mehr erfolgt. 2. *Rechtmäßigkeit:* a) Nach der Rechtsprechung des Bundesarbeitsgerichts (bestätigt vom BVerfG, 26.6.1991, 1 BvR 779/85) ergibt sich die Befugnis für eine Abwehraussperrung aus der verfassungsrechtlich garantierten Tarifautonomie (Art. 9 III GG) und dem zu deren Funktionieren erforderlichen Verhandlungsgleichgewicht der sozialen Gegenspieler. Im Vergleich zum Streik hat die Abwehraussperrung nur eine „begrenzte Funktion und Legitimation", doch ist sie insoweit gerechtfertigt, wie die angreifende Gewerkschaft durch bes. Kampftaktiken (z.B. eng begrenzte Teilstreiks) ein Verhandlungsübergewicht erreichen kann. – b) Im Einzelnen geltende Grundsätze für Abwehraussperrungen: (1) Ein generelles Aussperrungsverbot ist mit den Grundsätzen der Tarifautonomie nicht vereinbar. Deshalb ist Art. 29 V der Hessischen Landverfassung (generelles Aussperrungsverbot) unwirksam (Bundesrecht geht Landesrecht vor). (2) Abwehraussperrungen sind auf das *umkämpfte Tarifgebiet* zu beschränken. (3) Aussperrungen, die *gezielt* nur die Mitglieder einer streikenden Gewerkschaft erfassen, nicht organisierte Arbeitnehmer aber verschonen, sind als gegen die positive Koalitionsfreiheit gerichtete Maßnahmen gemäß Art. 9 III GG rechtswidrig. – (4) Für eine rechtmäßige Aussperrung gelten die *Voraussetzungen*, die an einen rechtmäßigen Streik zu stellen sind: von einer Tarifvertragspartei (Arbeitgeberverband oder Arbeitgeber) beschlossen und gegen eine Gewerkschaft gerichtet; eine kollektive Regelung der Arbeitsbedingungen anstrebend; letztes Mittel (Ultima-Ratio-Prinzip); fair geführt (Übermaßverbot).

Austerität – von lat. *austeritas*, dt. Strenge, Herbheit; findet im ökonomischen Sinne Verwendung als Bezeichnung für eine strenge Sparpolitik des Staates. Die strenge Reduktion auf das Notwendige im Bereich öffentlicher aber auch privater Haushalte soll einen schlanken und ausgeglichenen Staatshaushalt herbeiführen und die gesamtwirtschaftliche Situation verbessern. Eine Austeritätspolitik wird insbes. in finanziellen Krisenzeiten angestrebt.

Austeritätspolitik – vgl. → Austerität.

Auszubildender – im Sinn des Berufsbildungsgesetzes bzw. der Handwerksordnung Person, die auf der Grundlage eines Berufsausbildungsvertrages eine → Berufsausbildung in einem geordneten Ausbildungsgang absolviert. – 1. *Pflichten:* Der Auszubildende hat sich zu bemühen, die der Berufsausbildungsabschlussprüfung (Ausbildungsziel) erforderlichen Fertigkeiten und Kenntnisse zu erwerben. Er hat die ihm im Rahmen seiner Berufsausbildung übertragenen Verrichtungen sorgfältig auszuführen, den Weisungen des Ausbildenden oder Ausbilders zu folgen, über Betriebsgeheimnisse Stillschweigen zu wahren, Werkzeuge, Maschinen und sonstige Einrichtungen pfleglich zu behandeln (§ 13 BBiG). – 2. *Rechte:* a) Anspruch auf dem Lebensalter angemessene und mit fortschreitender Berufsausbildung, mind. jährlich ansteigende *Vergütung;* Mehrarbeit ist bes. zu vergüten. Anspruch auf Vergütung besteht auch für den Besuch der Berufsschule, für die Teilnahme an Prüfungen und Ausbildungsmaßnahmen außerhalb der Ausbildungsstätte (§§ 17 ff. BBiG). Die Vergütung ist monatlich, spätestens am letzten Arbeitstag des Monats, zu zahlen. – 3. Nach Beendigung des Berufsausbildungsverhältnisses hat der Auszubildende Anspruch auf ein *Zeugnis*, welches Auskunft über Art, Dauer und Ziel der Berufsausbildung sowie über die erworbenen Fertigkeiten, Kenntnisse und Fähigkeiten des Auszubildenden geben muss. Der Auszubildende kann Erweiterung auf Angaben über Verhalten und Leistung verlangen (§ 16 BBiG). – Auszubildende werden durch die Berufsbildungsstatistik erfasst.

Autotrophie → Biozönose.

autozentrierte Entwicklung – Gedanken der → Dependencia-Theorien aufgreifend sollte zur Überwindung unvollständiger Wirtschaftskreisläufe in der Dritten Welt die Entstehung lebensfähiger, auf lokal verfügbare → Ressourcen gründender Ökonomien gefördert werden. Der Aufbau eigener Industriesektoren, die Entwicklung angepasster Technologien, Produktivitätssteigerung der Landwirtschaft und die inländische Produktion von Massenkonsumgütern zur Befriedigung der Grundbedürfnisse waren das wirtschaftspolitische Ziel. Der Entwicklungserfolg der → Schwellenländer führte zur Umorientierung und zur Ablehnung der autozentrierten Entwicklung

Availability Doctrine – *Roosa Doctrine, Kreditverfügbarkeitstheorie;* theoretische Grundlage der restriktiven Geldpolitik der frühen 1950er-Jahre im amerik. → Federal Reserve System. Nach der Availability Doctrine soll es der Zentralbank möglich sein, durch eine Erhöhung der Zinssätze für Schatzwechsel das Kreditangebot der Geschäftsbanken einzuschränken. Dies geschieht über eine Umstrukturierung der Aktiva aufgrund mehrerer Portfolioeffekte, unter denen der Locking-in-Effekt (Roosa-Effekt) den Kern der Argumentation ausmacht: Danach können Wertpapiere im Portefeuille der Banken nicht als Liquiditätspotenzial angesehen werden, weil Zinserhöhungen die Banken gerade wegen der dann eintretenden Kapitalverluste (Kurssenkungen) davon abhalten, Wertpapiere zugunsten einer verstärkten Kreditgewährung abzubauen. – Für die *Bundesrepublik Deutschland* kann aufgrund empirischer Untersuchungen die Availability Doctrine nicht bestätigt werden. Im Gegenteil ist festzustellen, dass die Banken während Restriktionsphasen in deutlicher Regelmäßigkeit mit steigenden Wertpapierzins und sinkendem Kurs ihre Wertpapierbestände zugunsten von Direktkrediten tendenziell abbauten.

B

Bachelor – 1. *Begriff:* Bachelor bezeichnet den untersten akademischen Grad (undergraduate). Wird im Zusammenhang mit dem → Bologna-Prozess in Deutschland und anderen europäischen Ländern eingeführt; bes. in englischsprachigen Staaten verbreitet. – 2. *Merkmale:* Ein Bachelorstudiengang dauert i.d.R. drei bis vier Jahre, d.h. sechs bis acht Studiensemester, und gilt als berufsqualifizierender Abschluss. Je nach Angebot der Universität können Ein- oder Mehr-Fach-Studiengänge absolviert werden. Ein Masterstudium (→ Master) kann Weiterführung sein. – 3. *Mögliche Bachelorabschlüsse:* Bachelor of Arts (B.A.), Bachelor of Engineering (B.Eng.), Bachelor of Laws (LL.B.) und Bachelor of Science (B.Sc.).

Backstop-Ressource → Backstop-Technologie.

Backstop-Technologie – Die erschöpfliche Ressource wird durch eine in unbegrenzter Menge zur Verfügung stehende Ressource (Backstop-Ressource) substituiert. – *Beispiele:* Nutzung von Sonnenenergie und Kernfusion. In der Modellbildung der Umwelt- und Ressourcenökonomik beeinflusst die Berücksichtigung von Backstop-Technologien den gleichgewichtigen und optimalen → Abbaupfad erschöpflicher Ressourcen.

Backwash-Effekt – zentrengerichteter Vorgang, bei dem periphere oder ländliche Räume zugunsten der Zentren → Ressourcen abgeben. Backwash-Effekte können sich im Rahmen einer globalen, wie einer staatlichen oder regionalen Betrachtung einstellen. – Vgl. auch → Kontereffekt, Entzugseffekt.

BAföG – Abk. für *Bundesausbildungsförderungsgesetz*; vgl. → Ausbildungsförderung.

BAG – 1. Abk. für *Bundesarbeitsgericht*. – 2. Abk. für → Bundesamt für Güterverkehr.

Bahnfrachtgeschäft – Beförderung von Gütern im Bahnverkehr. Durch den Frachtvertrag ist der Frachtführer dazu verpflichtet, das Gut zum Bestimmungsort zu befördern und dort an den Empfänger auszuliefern. Der Absender wird verpflichtet, eine vereinbarte Fracht zu zahlen. Statt des bisherigen Formal-/Realvertrages, nach dem der Abschluss des Frachtvertrages mit der Annahme des Gutes und des zugehörigen Frachtbriefes durch die Bahn gegeben war, gilt nunmehr der Konsensualvertrag, nach dem Absender und Bahn übereinstimmende Willenserklärungen abgeben. Seit dem 1.7.1998 gilt die → Eisenbahn-Verkehrsordnung (EVO) nicht mehr für den Güterverkehr. Das → Übereinkommen über den internationalen Eisenbahnverkehr (COTIF) gilt bei Frachtverkehr mit durchgehenden Frachtbriefen zwingend.

Bahnreform → Deutsche Bahn AG (DB).

Baker-Plan – vom Finanzminister der USA J. Baker auf der Weltwährungskonferenz im Oktober 1985 in Seoul vorgeschlagenes Lösungsmodell für die internationale Schuldenkrise (→ Auslandsverschuldung der Entwicklungsländer). Durch Strukturreformen nach marktwirtschaftlichen Prinzipien sollten die Entwicklungsländer aus der Schuldenkrise herauswachsen, wozu zusätzliche öffentliche und private Kredite geplant waren. Nachfolge des Baker-Plans war die → Brady-Initiative.

Bank des Staates – Die → Deutsche Bundesbank kann als Hausbank des Bundes und – eingeschränkt - der Bundesländer bezeichnet werden. Die öffentliche Hand nutzt die Zentralbank für ihren Zahlungsverkehr, allerdings ab Anfang des Jahres 1994 ohne jede Überziehungsmöglichkeit (Verbot von Kassenkrediten der Bundesbank an den Staat durch den Europäischen Einigungsvertrag). Die meisten der vom Bund begebenen Schuldtitel werden durch oder unter Mitwirkung (Ausschreibung und Abwicklung) der Bundesbank verkauft.

Bankenaufsicht (BA) – 1. *Begriff:* Überwachung der Geschäftstätigkeit von Kreditinstituten durch öffentliche Institutionen. – 2. *Ziel:* Ziel der Bankenaufsicht ist es, ein funktionsfähiges Banken- und Finanzsystem zu gewährleisten. Die Aufsicht der Banken soll dazu führen, dass dieses System effizient und stabil bleibt und seine gesamtwirtschaftliche Funktion erfüllen kann. – 3. *Gesetzliche Grundlage:* Die zentrale gesetzliche Grundlage zur Bankenaufsicht in Deutschland stellt das Kreditwesengesetz (KWG) dar. Hierin enthalten sind die wichtigsten Regeln für Kreditinstitute, die allesamt das Ziel verfolgen, möglichen Missständen im Kreditwesen entgegenzuwirken. § 6 KWG fasst hierunter alle Sachverhalte zusammen, die die Sicherheit der den Instituten anvertrauten Vermögenswerte gefährden, die ordnungsmäßige Durchführung der Bankgeschäfte oder → Finanzdienstleistungen beeinträchtigen oder erhebliche Nachteile für die Gesamtwirtschaft herbeiführen können. Eine Vielzahl von Vorschriften des KWG zielt v.a. darauf ab, Kundeneinlagen zu sichern, indem die Risiken, die Banken eingehen können (Ausfallrisiken, Liquiditätsrisiken, Preisrisiken, operationelle Risiken) limitiert werden. Aufgabe der Bankenaufsicht ist jedoch nicht die Verhinderung einer Bankeninsolvenz in jedem Fall. Zur Gewährleistung der Sicherheit von Kundeneinlagen besteht hierfür zusätzlich ein gesetzlich verankertes System der Einlagensicherung. Parallel hierzu existieren freiwillige, ergänzende Einlagensicherungssysteme der einzelnen Bankengruppen. – 4. *Historische Entwicklung:*

Bankengeld

Historisch betrachtet ist die Entwicklung der Bankenaufsicht in Deutschland eng mit den Geschehnissen von großen Bankenpleiten verknüpft. Im Jahre 1931 wurde die erste allg. Bankenaufsicht per Notverordnung als Reaktion auf die Schieflage der Danatbank erlassen. Unter dem Eindruck der Herstatt-Pleite im Jahre 1974 wurden zahlreiche Vorschriften ergänzt oder verschärft. Nach weiteren Änderungen zur Harmonisierung der europäischen Bankennormen in den 1980er-Jahren gehen die wesentlichen Impulse zur Fortentwicklung der Bankenaufsicht mittlerweile vom Baseler Ausschuss für Bankenaufsicht aus. Zentrale Regelungen des Baseler Ausschusses waren die „Internationale Konvergenz der Eigenkapitalbemessung und Eigenkapitalanforderungen" (Basel II), die Solvabilitätsverordnung (SolvV) und die Mindestanforderungen an das Risikomanagement (MaRisk). Jüngste Übereinkunft des Ausschusses ist das als Reaktion auf die Ereignisse der Finanzmarktkrise im Jahre 2010 beschlossene Reformpaket „Basel III", welches verschärfte Eigenkapital- und Liquiditätsvorschriften für Banken zur Folge haben wird. – 5. *Funktionsweise der Bankenaufsicht in Deutschland:* a) *Aufgabenteilung:* Zwei Institutionen teilen sich in Deutschland die Aufgaben der Bankenaufsicht: Die Bundesanstalt für Finanzdienstleistungsaufsicht (BaFin) ist laut § 6 I KWG die zuständige Verwaltungsbehörde, die die Aufsicht über die Institute nach den Vorschriften des KWG ausübt. Als weitere Institution agiert die → Deutsche Bundesbank. § 7 I KWG regelt die Zusammenarbeit zwischen BaFin und Bundesbank bei der laufenden Überwachung der Institute. b) *Erlaubniserteilung:* Die Erlaubniserteilung zur Betreibung von Bankgeschäften stellt den ersten Schritt zur Beaufsichtigung von Kreditinstituten dar. Erforderlich ist zunächst eine schriftliche Erlaubnis der BaFin (§§ 32, 33 KWG). So ist bspw. der Nachweis eines bestimmten Mindestanfangskapitals erforderlich. Weiterhin muss es u.a. mindestens zwei Geschäftsleiter geben, deren fachliche und charakterliche Eignung nachgewiesen ist. c) *Laufende Aufsicht:* Im Rahmen der anschließenden laufenden Aufsicht wertet die Deutsche Bundesbank die von den Banken regelmäßig einzureichenden Meldungen und Berichte aus. Hierbei werden insbesondere die Angemessenheit der Eigenmittelausstattung (§ 10 KWG), der Liquiditätsausstattung (§ 11 KWG) und der eingesetzten Risikosteuerungsverfahren geprüft und beurteilt. Als wesentliche Informationsquelle verwendet die Bankenaufsicht bspw. Jahresabschlüsse, Prüfungsberichte, monatlich durch die Institute einzureichende Kurzbilanzen (Monatsausweise) und Meldungen über vergebene Groß- und Millionenkredite. Ebenso finden angekündigte wie auch unangekündigte Sonderprüfungen vor Ort statt. Eine zunehmende Bedeutung haben die Überprüfungen der Einhaltung der MaRisk (Angemessenheit der Risikomanagementsysteme). d) *Eingriffsmöglichkeiten:* Im Falle von festgestellten Verstößen gegen Normen des KWG verfügt die BaFin über zahlreiche und weitgehende Eingriffsmöglichkeiten in den Geschäftsbetrieb eines Institutes. Insbesondere bei drohender Insolvenz und Gefährdung von Einlagen reicht dieses Spektrum von Fristsetzungen zur Normerfüllung bis zur Schließung des betroffenen Institutes. Im Falle von wirtschaftlichen Schwierigkeiten, die mehrere oder alle Kreditinstitute betreffen (v.a. wenn schwerwiegende Gefahren für die Gesamtwirtschaft zu befürchten sind) kann die Bundesregierung per Rechtsverordnung ein allg. Moratorium für die Verbindlichkeiten der Institute erlassen sowie Kreditinstitute für den Verkehr mit der Kundschaft vorübergehend schließen (§ 47 KWG).

Bankengeld → Sichteinlagen; → Giralgeld. – *Gegenteil:* Banknoten.

Bankengesetzgebung – Gesamtheit der Normativbestimmungen und Beaufsichtigungsvorschriften für die Kreditwirtschaft. – *Ziele:* a) Sicherung der Kunden vor Schäden, b) Schutz der Gesamtheit gegenüber Funktionsstörungen im Bankwesen, c) wirtschaftspolitische Beeinflussung der Kreditfunktionen der Banken. – *Bankengesetzgebung der Bundesrepublik Deutschland:* Ein umfassendes Bankgesetzbuch ist nicht vorhanden. Bedeutendste gesetzliche Normen für die Kreditwirtschaft sind heute (1) die Regelungen des EG-Vertrags über das Europäische System der Zentralbanken (ESZB) und die → Europäische Zentralbank (EZB) in den Art. 105 ff. EGV mit der Aufgabe, die Geldpolitik der Gemeinschaft festzulegen und auszuführen, Devisengeschäfte durchzuführen, inoffizielle Währungsreserven der Mitgliedsstaaten zu halten und reibungslose Interaktionen der Zahlungssysteme zu fördern; (2) das Gesetz über die Deutsche Bundesbank → Bundesbankgesetz (BBankG) – i.d.F. vom 22.10.1992 (BGBl. I 1782) m.spät.Änd., das der → Deutschen Bundesbank die Aufgabe zuweist, als integraler Bestandteil des ESZB für die bankmäßige Abwicklung des Zahlungsverkehrs im Inland und mit dem Ausland zu sorgen (§ 3 BBankG); (3) das Kreditwesengesetz (KWG) als rechtlicher Rahmen für eine dem Einzelbetrieb zugewandte Bankenaufsicht. Daneben besteht eine Fülle von Sondervorschriften für verschiedene Rechtsformen (Sparkassengesetze der Länder, Pfandbriefgesetz (PfandBG), Investmentgesetz (InvG), Gesetz über Bausparkassen) und spezifische Geschäftsarten (Depotgesetz (DepotG), Börsengesetz (BörsG)), Wertpapierhandelsgesetz (WpHG).

Bank for International Settlement (BIS) → BIZ.

Bank für Internationalen Zahlungsausgleich → BIZ.

Bankwochenstichtage – 7., 15., 23. und letzter Tag eines Monats. Zur Vereinfachung werden einige bankstatistische Angaben – z.B. die reservepflichtigen Verbindlichkeiten – in Deutschland nicht für jeden Geschäftstag, sondern nur für die Bankwochenstichtage ausgewiesen.

Bargeldumlauf – Umlauf von Banknoten (→ Notenumlauf) und Münzen (→ Münzumlauf) in einem Land (zu einem bestimmten Stichtag, einer bestimmten Bilanzrechnung, bzw. Bestandsgröße).

Barreserve – Kassenbestände der Kreditinstitute einschließlich konvertibler ausländischer Zahlungsmittel sowie → Sichteinlagen der Kreditinstitute bei einer Zentralbank. – Vgl. auch → Mindestreserve, freie Reserven, → Überschussreserve.

BBankG – Abk. für *Gesetz über die Deutsche Bundesbank* (→ Bundesbankgesetz).

Bedarfsgerechtigkeit → Bedarfsprinzip, → Verteilungsgerechtigkeit, Sozialpolitik in der Marktwirtschaft.

Bedarfsmarktkonzept → relevanter Markt.

Bedarfsprinzip – Leitbild für eine → gerechte Einkommensverteilung, wonach die Verteilung der Einkommen am individuellen Bedarf bzw. an individueller Bedürftigkeit orientiert werden soll. Das Bedarfsprinzip gilt als eine die Marktverteilung korrigierende Verteilungsnorm und kommt u.a. in weiten Teilen der Sozialgesetzgebung zum Ausdruck. – Vgl. auch → Verteilungsgerechtigkeit.

Bedienungspflicht → Betriebspflicht.

Beförderung – *Transport;* die durchgeführte Ortsveränderung von Personen und Sachen. – Vgl. auch → Verkehr.

Beförderungsgeschäfte – *Transportgeschäfte, Verkehrsgeschäfte;* Geschäfte, die der Beförderung von Gütern oder Personen gegen Entgelt dienen. Beförderungsgeschäfte sind rechtlich Werkverträge (§§ 631–650 BGB), da sie den Erfolg der Beförderung, nämlich die Herbeiführung einer Ortsveränderung, zum Inhalt haben. Für die einzelnen Beförderungsgeschäfte meist Sonderrecht. – Zahlreiche Beförderungsgeschäfte sind *Grundhandelsgeschäfte,* z.B. alle Beförderungsgeschäfte zur See, die Beförderungsgeschäfte der → Frachtführer, der zur Personenbeförderung zu Lande oder auf Binnengewässern bestimmten Anstalten und der Schleppschifffahrtsunternehmer (§ 1 II 5 HGB). – Das Verkehrsgewerbe ist gewerbepolizeilich, verkehrswirtschaftlich und betriebsgeschäftlich *bes. geregelt.*

Beförderungspflicht – gemeinwirtschaftliche Auflage im Verkehr (→ Gemeinwirtschaftlichkeit im Verkehr), bedeutet für die betroffenen Verkehrsunternehmen Kontrahierungszwang, d.h. Verpflichtung des Verkehrsunternehmens, einen Auftrag zum Transport von Personen, dann anzunehmen, wenn die Beförderung mit normalen Verkehrsmitteln durchgeführt werden kann. Als Folge der Beförderungspflicht können die Verkehrsunternehmen einzelne unrentable Beförderungen grundsätzlich nicht ablehnen. – Beförderungspflicht gilt für die → Deutsche Bahn AG (DB) im Personenverkehr, für Teile des öffentlichen Straßenpersonenverkehrs und des Fluglinienverkehrs.

Beförderungsvertrag – Werkverträge nach den §§ 631 ff. BGB. Insofern spielt es grundsätzlich keine Rolle, um welches Beförderungsmittel es sich handelt (Flugzeug, Bahn, Bus, Schiff, Taxi, Ski-Lift etc.). Zu beachten sind die Sonderbestimmungen v.a. im Haftungsbereich für die einzelnen Beförderungsarten. Zur Luftbeförderung vgl. für nationale Flüge Luftverkehrsgesetz (LuftVG), für internationale Flüge vgl. das Warschauer Abkommen bzw. Montrealer Übereinkommen (MontÜbk) (in Kraft: 4.11.2003), für die Personen- und Gepäckbeförderung auf Schiffen das Binnenschifffahrtsgesetz (BinSchG) sowie für die Beförderung auf See die §§ 664 ff. HGB (Umsetzung des Athener Übereinkommens für Personen- und Gepäckbeförderung zur See in nationales Recht), für die Beförderung mit Omnibussen das Personenbeförderungsgesetz (PBefG) sowie internationale Übereinkommen (EG-Verordnungen), für die Bahn neben den §§ 631 ff. BGB die → Eisenbahn-Verkehrsordnung (EVO), das Haftpflichtgesetz (HPfG) und bei internationalen Bahnbeförderungen das → Übereinkommen über den internationalen Eisenbahnverkehr (COTIF). Die genannten Bestimmungen sehen v.a. im Haftungsbereich Obergrenzen für die Haftung u.a. bei Körper- und Sachschäden vor. Reiseveranstalter können sich bei Pauschalreisen auf diese Haftungsbestimmungen ebenfalls nach § 651h II BGB berufen.

Begleitpapiere – beim Frachtgeschäft die zur Erfüllung der Zoll-, Steuer- und sonstigen Verwaltungsvorschriften vor Ablieferung des Guts an den Empfänger erforderlichen Papiere. Begleitpapiere sind im Frachtbrief zu bezeichnen. Soweit nicht den → Frachtführer Verschulden trifft, *haftet* der Absender für alle aus dem Mangel der Unzulänglichkeit oder Unrichtigkeit der Begleitpapiere entstehenden Folgen (§§ 426 f. HGB, § 65 EVO).

begrenzte Rationalität – ökonomische Rationalität.

Behinderungsmissbrauch – liegt vor, wenn ein marktbeherrschendes Unternehmen im Sinne der §§ 18, 19 GWB bzw. von Art. 102 AEUV die Wettbewerbsmöglichkeiten dritter Unternehmen wesentlich beeinträchtigt. Dabei wirft die Abgrenzung zwischen einem erwünschten dynamischen Unternehmerverhalten und einem Missbrauch erhebliche Abgrenzungs- und Beweiswürdigungsprobleme auf. – *Problem:* Ähnlich wie bei dem → Ausbeutungsmissbrauch ist die Aufsicht über Behinderungsmissbrauch nicht ursachenadäquat, da die Marktmacht als Ursache für den Missbrauch durch eine von den Kartellbehörden erzwungene Korrektur des Marktverhaltens nicht beseitigt wird.

Behörde – 1. *Begriff:* staatliche Organisationseinheit, die auf gesetzlicher Grundlage in das Gefüge der äußeren Verfassung des Staates eingegliedert ist. Behörden sind Träger öffentlicher Rechte; sie haben mit staatlicher Autorität alle Angelegenheiten des Staates wahrzunehmen. Die in Behörden beschäftigten Personen können Beamte sein oder Angestellte und Arbeiter des öffentlichen Dienstes. – 2. *Einteilung der Behörden:* (1) oberste Bundesbehörden (z.B. Bundesministerium, Bundeskanzleramt, Bundesrechnungshof); (2) *Bundesoberbehörden* und *obere Bundesbehörden* (z.B. Bundeskriminalamt); (3) nachgeordnete *mittlere Behörden* (Oberfinanzdirektion etc.); (4) *untere Behörden* (Kreiswehrersatzämter, Wasser- und Schifffahrtsämter etc.). – 3. *Einflüsse staatlicher Ausführungsorgane:* Das Verhalten staatlicher Behörden wird von der → ökonomischen Theorie der Bürokratie erklärt. Da Behörden (im statischen Modell) zum Budgetausgleich verpflichtet sind, haben sie kein Gewinnziel. Stattdessen strebt die Bürokratie nach der Maximierung ihres diskretionären Budgets bzw. ihrer Mitarbeiterzahl, da von deren Höhe Prestige, Macht und oft auch das Einkommen der Behördenleiter abhängen. Konsequenzen ergeben sich daraus für das Angebot staatlich produzierter Güter, das gegenüber privater Produktion zu hoch ausfällt und zu arbeitsintensiv hergestellt wird. Des Weiteren nutzt die Bürokratie ihren Informationsvorsprung gegenüber den Politikern auch bei der Formulierung politischer Themen aus (Prinzipal-Agent-Beziehung). Diese werden so gestellt, dass das zu erwartende politische Gleichgewicht mit einem möglichst großen Staatsanteil am Nationaleinkommen verbunden ist.

Beihilfe – an Beamte, Richter, teilweise auch an Angestellte und Arbeiter des Bundes, der Länder, der Gemeinden, Körperschaften und Stiftungen des öffentlichen Rechts in Krankheits-, Geburts- und Todesfällen sowie für Aufwendungen bei Maßnahmen zur Früherkennung von Krankheiten und bei Schutzimpfungen gewährte Geldzahlung. Anspruchsberechtigt sind auch die Ehegatten, Kinder und Versorgungsempfänger. – *Gesetzliche Grundlage:* für die beamtenrechtliche Beihilfe die Fürsorgepflicht des Dienstherrn (§ 45 Beamtenstatusgesetz); genauere Ausgestaltung für den Bund in den Beihilfevorschriften des Bundes sowie Beihilfeverordnungen auf Landesebene. – *Höhe (im Bund und in den Ländern teilweise unterschiedlich geregelt):* Für Unverheiratete i.d.R. 50 Prozent, für Verheiratete 55 Prozent der beihilfefähigen (notwendigen) Aufwendungen. Die Sätze erhöhen sich für jedes Kind, für das Kindergeld zusteht, um 5 Prozent, höchstens jedoch auf 70 Prozent. Teilweise bestehen Höchstsätze wie z.B. bei Hilfsmitteln, Anstaltsunterbringung, Zahnersatz, Kur, Geburtsbeihilfe etc.

Beihilfehöchstsätze – maximaler → Subventionswert, den eine finanzielle Fördermaßnahme für gewerbliche Unternehmen (→ Wirtschaftsförderung) erreichen darf. Die Beihilfehöchstsätze können für einzelne Fördermaßnahmen festgelegt werden oder auch, bei Kumulierungsmöglichkeit verschiedener Maßnahmen, als Gesamthöchstsatz. In der Praxis der Wirtschaftsförderung spielen heute v.a. neben Beihilfehöchstsätzen, die von Bundes- oder Landesregierungen vorgegeben werden, auch solche der EU, die für alle Mitgliedsländer verbindlich sind, eine Rolle.

Beinahe-Geld → Geldsurrogate.

Beitragsbemessungsgrenze – Grenze, bis zu der eine sozialversicherungsrechtliche Heranziehung von Entgelt und Einkommen zur Erhebung von Beiträgen erfolgt. Die Beitragsbemessungsgrenze bestimmt zusammen mit der Geringfügigkeitsgrenze im Falle sozialversicherungspflichtiger Beschäftigung das versicherungspflichtige Arbeitsentgelt. Sozialversicherte, die mehr als die jährlich vom Bundesministerium für Gesundheit und Soziale Sicherung festgelegte Beitragsbemessungsgrenze verdienen, zahlen nur bis zur Beitragsbemessungsgrenze Beiträge. Sie erwerben auch nur auf dieser Grundlage Leistungsansprüche. Die Beitragsbemessungsgrenze wird für jeden Versicherungszweig getrennt gesetzlich festgelegt; vgl. auch die Sozialversicherungs-Rechengrößenverordnung 2012 vom 2.12.2012 (BGBl. I 2421).

Beitragsbezogenheit – Die Beitragsbezogenheit der Leistungen des Arbeitslosengeldes I (Arbeitslosenversicherung) und der → Renten der → gesetzlichen Rentenversicherung (GRV) an ihre Empfänger ergibt sich aus der Lohnbezogenheit dieser Leistungen, da die Beitragszahlungen auf einem für alle Versicherten geltenden einheitlichen, proportionalen Beitragssatz beruhen. Änderungen der Beitragssätze haben allerdings keinen Einfluss auf die Höhe der jeweiligen Leistungsansprüche. – Beitragsbezogenheit ist ein Instrument der Beitragsäquivalenz (→ Äquivalenzprinzip), des → Versicherungsprinzips und der Leistungsgerechtigkeit (→ Verteilungsgerechtigkeit).

Beitragsfestsetzung → soziale Sicherung, → Sozialversicherung.

Beitragshoheit → soziale Sicherung, → Sozialversicherung.

Benthamsche Nutzenfunktion → utilitaristische Wohlfahrtsfunktion. Die Soziale Wohlfahrt U wird berechnet als Summe der individuellen Nutzenfunktionen. In einer Gesellschaft mit n Individuen gilt dabei:

$$U = f(u1) + f(u2) + ... + f(un+1) + f(un).$$

Benutzungszwang – üblich Anschluss- und Benutzungszwang. Bei öffentlichem Bedürfnis kann durch kommunale Satzung für die Grundstücke des Gemeindegebietes der Anschluss an Wasserleitung, Kanalisation, Straßenreinigung, Fernheizung und ähnliche Einrichtungen und die Benutzung dieser Einrichtungen vorgeschrieben werden. (Dieses gilt z.B. für Schlachthöfe).

Beratungsförderung – Form der → Wirtschaftsförderung, durch die bestimmten Unternehmensgruppen (z.B. kleinen und mittleren Unternehmen, Existenzgründern) oder für bestimmte Investitionsvorhaben Unternehmensberatungsleistungen zur Verfügung gestellt werden. Die Leistungen können von Wirtschaftsförderungsgesellschaften, Organisationen wie z.B. dem Rationalisierungskuratorium der dt. Wirtschaft e.V. (RKW) oder auch von privaten Unternehmensberatern erbracht werden. Sofern die Beratung für das Unternehmen nicht unentgeltlich ist, werden die Beratungskosten aus öffentlichen Mitteln (teilweise) erstattet.

bereinigte Lohnquote – um den Wandel der Erwerbstätigenstruktur korrigierte → Lohnquote. Im Gegensatz zur Berechnung der Lohnquote wird bei der Ermittlung der bereinigten Lohnquote die Arbeitnehmerquote eines Basisjahres t = 0 konstant gehalten, sodass Aussagen bezüglich der Entwicklung der Lohnquote im Zeitverlauf nicht durch Veränderungen der Erwerbstätigenstruktur verzerrt werden. Die bereinigte Lohnquote ergibt sich durch Multiplikation der → Arbeitseinkommensquote mit der Arbeitnehmerquote im Basisjahr t = 0. Es gilt:

$$LQ_t^b = \frac{(\frac{A}{E})_0}{(\frac{A}{E})_t} \left(\frac{W}{Y}\right)_t = \frac{(\frac{W}{Y})_t}{(\frac{A}{E})_t} \left(\frac{A}{E}\right)_0 = AEQ_t \left(\frac{A}{E}\right)_0$$

wobei LQ^b: bereinigte Lohnquote, W: Löhne, A: Anzahl der Arbeitnehmer, E: Anzahl der Erwerbstätigen, Y: Volkseinkommen, A/E: Arbeitnehmerquote, W/Y: Lohnquote. – Da die Erwerbstätigenstruktur in den letzten Jahrzehnten im Vergleich zu früheren Perioden relativ stabil geblieben ist, hat die bereinigte Lohnquote in empirischen Untersuchungen an Bedeutung verloren.

Bergsonsche Wohlfahrtsfunktion – 1. *Begriff:* Von Bergson entwickelte → Wohlfahrtsfunktion. Für n Gesellschaftsmitglieder mit n individuellen Nutzenfunktionen u_i lautet die gesellschaftliche Nutzenfunktion: $U = f(u_1, u_2, \ldots, u_n)$. – 2. *Herleitung:* Das Wohlfahrtsmaximum wird grafisch dadurch ermittelt, dass die Nutzenfunktion U in Form eines gesamtwirtschaftlichen Indifferenzkurvensystems in das Diagramm der gesellschaftlichen → Wohlstandsgrenze eingezeichnet wird (vgl. Abbildung → Bergsonsche Wohlfahrtsfunktion). Der Tangentialpunkt P der Wohlstandsgrenze mit der Indifferenzkurve I_2 der gesellschaftlichen Indifferenzkurvenschar stellt das Wohlfahrtsmaximum dar. – 3. *Erkenntnisziel:* Mit der Bergsonschen Wohlfahrtsfunktion soll das Problem gelöst werden, dass auf der → Kontraktkurve zwar ein → Wohlfahrtsoptimum jedoch kein optimum optimorum definiert werden kann, da eine Bewegung entlang der Kurve unter pareto-optimalen Bedingungen nicht möglich ist. – 4. *Anwendungen:* Ein Anwendungsbeispiel ist die im Rahmen der Allokationstheorie (Allokation) zu bestimmende Größe des öffentlichen Sektors bzw. die Entscheidung zwischen der Produktion privater und öffentlicher Güter (v.a. Samuelson und Musgrave).

Berichtsheft – vom → Auszubildenden zu führender Ausbildungs- oder Tätigkeitsnachweis, sofern dies in der → Ausbildungsordnung verlangt wird. Im Berichtsheft sind stichwortartig mind. wöchentlich die vermittelten Kenntnisse und Fähigkeiten bzw. die ausgeführten Tätigkeiten aufzuführen und durch die an der Ausbildung beteiligten Personen monatlich prüfen und abzeichnen zu lassen. Vorlage des Berichtshefts ist ggf. eine Zulassungsvoraussetzung für die Ausbildungsabschlussprüfung (§ 43 I Nr.2 BBiG bzw. § 36 I Nr.2 HandwO).

Bernoulli-Nash-Wohlfahrtsfunktion – Wohlfahrtsfunktion, die aus dem Produkt der (je nach gesellschaftspolitischem Ziel) gewichteten Individualnutzen gebildet wird: $U = g_1 \cdot u_1 \cdot g_2 \cdot u_2 \cdot \ldots \cdot g_n \cdot u_n$. Die Bernoulli-Nash-Wohlfahrtsfunktion wird im Rahmen der → Wohlfahrtsökonomik verwendet und trägt der Möglichkeit Rechnung, dass die bei der Ermittlung der gesellschaftlichen Wohlfahrt berücksichtigten individuellen Nutzen nicht autonom sind.

berufliche Bildung → Berufsbildung.

berufliche Fortbildung – 1. *Begriff:* Nach § 1 III BBiG soll die berufliche Fortbildung dem einzelnen die Möglichkeit eröffnen, seine beruflichen Kenntnisse und Fertigkeiten im bisherigen Berufsfeld zu erhalten und zu erweitern, um seine Qualifikation der technischen Entwicklung anzupassen (→ Anpassungsfortbildung) oder einen beruflichen Aufstieg zu ermöglichen (→ Aufstiegsfortbildung). Bei der beruflichen Fortbildung besteht ein Berufsbildungsverhältnis, jedoch kein Berufsausbildungsverhältnis. – 2. Als *Grundlage* für eine geordnete und einheitliche berufliche Fortbildung sowie zu ihrer Anpassung an die technischen, wirtschaftlichen und gesellschaftlichen Erfordernisse und deren Entwicklung können durch Rechtsverordnung bestimmt werden: Inhalt, Ziel, Prüfungsanforderungen, Prüfungsverfahren sowie Zulassungsvoraussetzungen und Bezeichnung des Abschlusses. – 3. *Formen:* Die berufliche Fortbildung kann im Rahmen eines bestehenden Arbeitsverhältnisses im gegenseitigen Interesse von Arbeitgeber

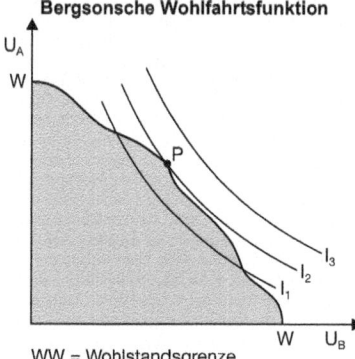

Bergsonsche Wohlfahrtsfunktion

WW = Wohlstandsgrenze
U_A = Nutzen des A
U_B = Nutzen des B
I = Indifferenzkurven

und Arbeitnehmer erfolgen. Sie kann innerhalb des Betriebes oder durch außerbetriebliche Fortbildungseinrichtungen durchgeführt werden oder auch durch Fernunterricht. – 4. Die *Kosten* der beruflichen Fortbildung trägt bei arbeitgeberinitiierter Fortbildung i.d.R. der Arbeitgeber (Ausbildungsbeihilfe), bei eigeninitiierter Fortbildung dagegen weitgehend der Arbeitnehmer. – Vgl. auch → berufliche Weiterbildung.

berufliche Rehabilitation – Maßnahmen zur (Wieder-)Eingliederung behinderter Menschen (→ Rehabilitation) in das Erwerbsleben (§§ 33 ff. SGB IX). Voraussetzung ist eine unfall- oder krankheitsbedingte Beeinträchtigung der Berufs- oder Ausbildungsfähigkeit, die eine bes. Hilfe zur dauerhaften Eingliederung in Arbeit und Beruf erforderlich macht. Diese erfolgt unter Einbeziehung sozialer, psychologischer und medizinischer Maßnahmen hauptsächlich als berufliche Erstausbildung behinderter Jugendlicher in Berufsbildungswerken und als → berufliche Fortbildung oder berufliche Umschulung behinderter Erwachsener in Berufsförderungswerken. Körperlich, geistig oder seelisch behinderte Menschen können auch außerhalb der Ausbildungsordnungen anerkannter Ausbildungsberufe ausgebildet werden, um die bes. Verhältnisse dieser Personengruppe zu berücksichtigen (§ 48 I BBiG). Behinderte Menschen können eine individuelle Förderung gemäß der §§ 112 ff. SGB III durch die → Bundesagentur für Arbeit sowie gemäß §§ 35 ff. SGB IX erhalten.

berufliches Bildungswesen → Berufsbildungssystem, → Berufsausbildung, Berufsschule.

berufliches Gymnasium → Fachgymnasium.

berufliche Weiterbildung – I. Definition: Berufliche Weiterbildung dient einerseits dem Ziel, aufbauend auf der Ausbildung, einer Erwerbsperson neue Qualifikationen zu vermitteln oder alte zu erhalten und aufzufrischen, um so nachhaltig die Beschäftigungschancen sicherzustellen und ein selbständiges Agieren auf dem Arbeitsmarkt zu ermöglichen. Andererseits zielt sie auf die Sicherstellung des qualitativen und quantitativen Arbeitskräftebedarfs der Betriebe der gesamten Volkswirtschaft. Das Lernen in der beruflichen Weiterbildung kann entweder formal in Weiterbildungseinrichtungen, nicht-formal, etwa am Arbeitsplatz, oder informell (Alltags- und Erfahrungslernen) erfolgen. Dabei wird es in Zukunft für alle Beteiligten verstärkt darauf ankommen, eine kontinuierliche Weiterbildung sicherzustellen und lebenslanges Lernen zur Selbstverständlichkeit werden zu lassen. Dabei kommt es zu einer zunehmenden Verschränkung von Aus- und Weiterbildungsaktivitäten, sodass in Zukunft eine Abgrenzungen zum Erstausbildungssystem wie auch zum tertiären Bildungsbereich (Hochschulen, Berufsakademien, etc.) immer schwieriger wird. Gleichzeitig wird auch die in der Vergangenheit geprägte Unterscheidung zwischen beruflicher und allg. Weiterbildung (Erwachsenenbildung, politische Bildung) schwierig. Im Rahmen einer zunehmenden Globalisierung und Flexibilisierung der Arbeitswelt werden vermehrt berufsübergreifende und soziale Kompetenzen, wie etwa Schlüsselqualifikationen, Lernen lernen und Teamfähigkeit, benötigt. Diese werden häufig auch in allen Arten von allg. Weiterbildungsmaßnahmen vermittelt und trainiert, sodass eine systematische Trennung zunehmend künstlich wird.

II. Kosten und Erträge der beruflichen Weiterbildung: Obwohl man sowohl aus individueller als auch aus betrieblicher Perspektive geneigt ist, die Kosten der Weiterbildung in den Vordergrund zu stellen, da sie entweder auf dem Privatkonto oder im betrieblichen Rechnungswesen direkt sichtbar werden, darf aus ökonomischer Perspektive nicht übersehen werden, dass den Kosten einer beruflichen Weiterbildung in der Zukunft Erträge gegenüberstehen. Berufliche Weiterbildungen sind insofern als Investitionen (in Humankapital) zu interpretieren, die grundsätzlich nach den gleichen Investitionskalkülen wie Sachkapitalinvestitionen zu beurteilen sind (→ Humankapitaltheorien). – Die entscheidende Frage bei Humankapitalinvestitionen ist aber, wem die Erträge einer beruflichen Weiterbildung zufallen. Bei den vermehrt benötigten berufsübergreifenden Qualifikationen handelt es sich meist um marktfähige, in vielen Unternehmen einsetzbare, allg. Qualifikationen. Die resultierenden Erträge fallen in Form von höherem Einkommen oder besseren Karriereaussichten schwerpunktmäßig den Arbeitnehmern zu, dementsprechend müssten von diesen auch die Kosten getragen werden. Umfasst die berufliche Weiterbildungsmaßnahme eher betriebs- und tätigkeitsspezifische Qualifikationen, können Unternehmen (über höhere Produktivität) und Arbeitnehmer in gleichem Maße profitieren. Analog zur Abschöpfung der Erträge müssten dementsprechend auch die Kosten aufgeteilt werden, indem die Unternehmen z.B. die direkten Kosten der Weiterbildung (Lehrgangskosten, Sach- und Overheadkosten) aber auch indirekte Kosten wie Lohnfortzahlung für in Weiterbildung befindliche Mitarbeiter übernehmen, und die Arbeitnehmer zumindest einen Teil ihrer Freizeit opfern (Opportunitätskosten). Da Weiterbildung aber nicht nur individuelle Erträge, sondern über externe Effekte auch wirtschaftliches Wachstum und gesellschaftliche Erträge mit sich bringt, beteiligt sich darüber hinaus der Staat über Steuererleichterungen etc. in nicht unerheblichem Ausmaß an den Weiterbildungsaufwendungen von Unternehmen und Arbeitnehmern. Außerdem gewährt er finanzielle Unterstützung z.B. im Rahmen von Arbeitsmarktmaßnahmen, weil Individuen (oder Betriebe) aufgrund von Liquiditätsproblemen an Weiterbildungsinvestitionen gehindert werden.

III. Herausforderungen der beruflichen Weiterbildung: Die berufliche Weiterbildung sieht sich in den kommenden Jahren zahlreichen Problemen und Herausforderungen gegenüber. Die fortschreitende

Globalisierung zwingt die Unternehmen zu innovativen Produkten und führt bei gleichzeitig zunehmender Informatisierung zu einer Erhöhung der Wissensintensität in den Produktionsprozessen. Die Herstellung neuer innovativer Produkte verlangt ebenso zusätzliche Qualifikationen der Mitarbeiter wie zunehmend abstrakter und komplexer werdende beschleunigte Entscheidungs- und Ablaufprozesse. Die durch möglichen Kostendruck entstehende Verringerung des Mitarbeiterstammes führt ebenfalls zu höheren Anforderungen an die Belegschaft. Der Bedarf an beruflicher Weiterbildung wird dadurch generell ansteigen. – Da in den kommenden Jahren die dt. Erwerbsbevölkerung aufgrund der demografschen Entwicklung schrumpft, wird sich darüber hinaus der Mangel an Fachkräften verschärfen. Außerdem wird der Pool an qualifizierten Nachwuchskräften dramatisch schrumpfen, sodass in Zukunft nicht mehr davon ausgegangen werden kann, dass der Fachkräftebedarf durch Einstellung von Arbeitsmarkteinsteigern gedeckt wird. Zur Sicherung und Erneuerung der Qualifikationsausstattung müssen deshalb zwingend bisher unzureichend genutzte Lern- und Leistungspotenziale u.a. älterer Arbeitnehmer und von Frauen mit Kindern zusätzlich erschlossen werden. Darüber hinaus müssen auch Erwerbspersonen mit Migrationshintergrund verstärkt in Weiterbildungsmaßnahmen einbezogen werden. – Schließlich wird sich die Art der vermittelten Qualifikationen zunehmend wandeln. Arbeit wird nicht nur wissensbasierter, sondern stellt auch zunehmend Anforderungen an theoretische und analytische Fähigkeiten. Neben rein berufs- und funktionsorientierten Qualifikationen treten daher zunehmend funktionsübergreifende Schlüsselqualifikationsanforderungen wie analytische Fähigkeiten, Kreativität, Teamfähigkeit, Selbststeuerungs- und Kommunikationsfähigkeit.

IV. Lösungsansätze: Die aufgezeigten Entwicklungen und Herausforderungen verlangen nach grundsätzlich modifizierten Strukturen der beruflichen Weiterbildung. Dies setzt neben einer soliden Finanzierung, Transparenz, Qualitätssicherung und auch Lernzeit voraus, sodass alle Beteiligten einerseits die Möglichkeit und andererseits einen klaren Anreiz zur Beteiligung an lebenslangem Lernen haben. So müssen Weiterbildungsangebote bspw. inhaltlich und zeitlich derart miteinander verkoppelt sein, dass die Arbeitnehmer und Unternehmen daraus kontinuierliche, durchlässig und miteinander verzahnte Bildungsgänge erkennen und wahrnehmen können. Anerkannte Qualitätssicherungsinstitutionen müssen die fachliche und didaktische Qualität der Anbieter und die Transparenz über Zertifikaten hinsichtlich ihrer Verwertbarkeit sicherstellen. Außerdem müssen verstärkt auch im betrieblichen Arbeitsablauf erworbene Kenntnisse zertifiziert werden, um die Durchlässigkeit und Anschlussfähigkeit zu weiteren Bildungsmaßnahmen sicherzustellen. Aufgrund zunehmender Komplexität wird auch eine nachfragerfreundliche Informations- und Beratungsinfrastruktur nötig, die Arbeitnehmern und Unternehmen neue Orientierungspunkte gibt.

Berufsakademie – Einrichtung des tertiären Bildungsbereichs außerhalb der Hochschule. Die für Abiturienten gedachten Ausbildungsgänge finden im Wechsel in betrieblichen Ausbildungsstätten und hochschulähnlichen Lehreinrichtungen (Studienakademien, Verwaltungs- und Wirtschaftsakademien) statt und sind auf sechs Studiensemester angelegt. Die wissenschafts- und berufsorientierte Ausbildung führt zu einem dem Hochschulabschluss vergleichbaren Abschluss. – *Voraussetzung* für die Aufnahme an einer Staatlichen Berufsakademie (Modell Baden-Württemberg, Sachsen, Berlin u.a. Bundesländer) erfordert einen Vertrag zwischen Studierendem und Praxispartner. Es ist jedoch kein „→ Berufsausbildungsvertrag" i.S.d. BBiG.

Berufsaufbauschule – berufsbildende Schulform für Jugendliche, die in der Berufsausbildung stehen oder eine solche abgeschlossen haben. Aufnahmevoraussetzung ist der Hauptschulabschluss und der mind. halbjährige, erfolgreiche Besuch der → Berufsschule im Rahmen einer Berufsausbildung. Die Berufsaufbauschule vermittelt eine über das Ziel der Berufsschule hinausgehende allg. und fachtheoretische Bildung. – *Unterrichtsvarianten:* (1) *Berufsaufbauschule in Vollzeitform*, die von Schülern mit abgeschlossener Berufsausbildung (oder mehrjähriger Berufspraxis) über zwei bis drei Halbjahre mit durchschnittlich 34 Wochenstunden besucht wird; (2) *Berufsaufbauschule in Teilzeitform*, die parallel zur dualen Berufsbildung oder zur Berufstätigkeit über sechs bis sieben Halbjahre mit elf bis zwölf Wochenstunden im Abendunterricht besucht wird; (3) *kombinierte Berufsaufbauschule*, in der einem Vollzeitblock Teilzeitunterricht folgt und umgekehrt. – *Abschluss:* Der erfolgreiche Abschluss der Berufsaufbauschule führt zu einem dem Realschulabschluss gleichwertigen, allg. Bildungsabschluss.

Berufsausbildung – Ausbildung in einem staatlich → anerkannten Ausbildungsberuf. Die Berufsausbildung hat die für die Ausübung einer qualifizierten beruflichen Tätigkeit in einer sich wandelnden Arbeitswelt notwendigen beruflichen Fertigkeiten, Kenntnisse und Fähigkeiten (berufliche Handlungsfähigkeit) in einem geordneten Ausbildungsgang zu vermitteln. Sie hat ferner den Erwerb der erforderlichen Berufserfahrungen zu ermöglichen (§ 1 III BBiG). Die Berufsausbildung vollzieht sich überwiegend im dualen System (→ duale Berufsausbildung) und den Vollzeitberufsschulen (→ Berufsschule). – Vgl. auch Berufsausbildungsverhältnis, → Berufsbildung, → Berufsbildungssystem, → betriebliche Ausbildung.

Berufsausbildungsförderung → Ausbildungsförderung.

Berufsausbildungsvertrag

Berufsausbildungsvertrag – 1. *Begriff:* Vertrag zwischen → Ausbildendem und → Auszubildendem, der ein Berufsausbildungsverhältnis begründet (§ 10 BBiG). Bei Vertragsabschluss mit einem Minderjährigen ist die Zustimmung des gesetzlichen Vertreters erforderlich. Die Vertragsvereinbarungen sind vom Ausbildenden schriftlich niederzulegen und vom Ausbildenden, dem Auszubildenden bzw. seinem gesetzlichen Vertreter zu unterzeichnen. – 2. *Mindestangaben:* Art, sachliche und zeitliche Gliederung sowie Ziel der Berufsausbildung, Beginn und Dauer der Berufsausbildung, Ausbildungsmaßnahmen außerhalb der Ausbildungsstätte, Dauer der regelmäßigen täglichen Arbeitszeit, Dauer der Probezeit, Zahlung und Höhe der Vergütung, Dauer des Urlaubs, Voraussetzungen für eine Kündigung. – 3. *Nichtig* (§ 12 BBiG): (1) Vereinbarungen, die den Auszubildenden nach Beendigung des Berufsausbildungsverhältnisses in der Ausübung seiner beruflichen Tätigkeit beschränken (dies gilt nicht, wenn sich Auszubildende innerhalb der letzten sechs Monate der Berufsausbildung verpflichten, nach deren Abschluss ein Arbeitsverhältnis mit den Ausbildenden einzugehen); (2) die Verpflichtung des Auszubildenden, für die Berufsbildung eine Entschädigung zu zahlen; (3) Vertragsstrafen; (4) Ausschluss oder Beschränkung von Schadensersatzansprüchen und die Festsetzung der Höhe eines Schadensersatzes in Pauschbeträgen.

Berufsberatung – 1. *Begriff:* Erteilung von Rat und Auskunft in Fragen der Berufswahl einschließlich des Berufswechsels; ergänzt durch Berufsaufklärung, Unterrichtung über die Förderung der beruflichen Bildung im Einzelfall und Vermittlung in berufliche Ausbildungsstellen (§§ 29 ff., 35 ff. SGB III). – 2. *Regelung:* Soweit die Berufsberatung Aufgabe der → Bundesagentur für Arbeit ist, erfolgt sie grundsätzlich unentgeltlich (§ 42 I SGB III). Die Beratung steht allen Ratsuchenden offen. Ähnlich wie im Fall der Ausbildungs- und → Arbeitsvermittlung (§§ 291 ff. SGB III) kann auch die Berufsberatung inzwischen durch Private erfolgen (§§ 288a ff. SGB III).

berufsbildende Schulen → Berufsbildungssystem, → Berufsschule.

Berufsbildung – 1. *Begriff:* Berufsbildung bezeichnet jenen Sektor des Bildungssystems, der auf die Vermittlung von → Qualifikationen und normativen Orientierungen für Berufstätigkeiten in abgegrenzten Funktions- und Positionsfeldern des Beschäftigungssystems gerichtet ist. Die heute übliche Verwendung des Begriffs schließt die akademischen Ausbildungsgänge aus. Berufsbildung erfolgt außerhalb des allgemeinbildenden Schulwesens an vielfältigen Einrichtungen des → Berufsbildungssystems, v.a. als → Berufsausbildung, als → berufliche Weiterbildung und in verschiedenen Schulformen des beruflichen Schulwesens. – 2. *Rechtliche Grundlagen:* → Berufsbildungsgesetz (BBiG) und Handwerksordnung (HwO) sowie Schulgesetze und Rechtsverordnungen der einzelnen Bundesländer. – 3. *Ziel:* Entsprechend der berufsqualifikatorischen Funktion steht in den Organisationsformen der Berufsbildung die Vermittlung fachtheoretischer und fachpraktischer Inhalte im Vordergrund; sie werden in unterschiedlichem Maß durch Inhalte des allgemeinbildenden Fächerkanons ergänzt. – Wesentlich für den derzeitigen Status der Berufsbildung ist die Tatsache, dass ihre formalen Abschlüsse zwar prinzipiell den Zugang zu bestimmten Funktionen im Beschäftigungssystem eröffnen, sie jedoch traditionell nur in begrenztem Umfang Anschluss an das allg. Bildungswesen. Berechtigungswesen (allgemeinbildende Abschlüsse, bes. allg. Hochschulreife) ermöglichen. Soweit in den vergangenen Jahren die Gleichstellung beruflicher Abschlüsse mit Berechtigungen allgemeinbildender Schulen erreicht wurde, ließ sich dies nur über die verstärkte Aufnahme allgemeinbildender Fächer zulasten berufsbezogener Inhalte durchsetzen. Hintergrund dieser Problematik ist die traditionelle Diskreditierung der Berufsbildung gegenüber einer als zweckfreier Menschenbildung verstandenen „Allgemeinbildung". – 4. Im Zusammenhang der pädagogischen Theoriebildung und der bildungspolitischen Diskussion kennzeichnet der Begriff Berufsbildung eine *bestimmte Qualität personaler Entwicklung* unter dem Einfluss berufsbezogener Lerninhalte und Lernumwelten. Die Frage nach der Bestimmung und Bewertung dieser Qualität im Vergleich zur „Allgemeinbildung" ist eng verknüpft mit der Entstehung und Entwicklung der dt. Bildungsbegriffs. Sie hat die Ausformung des Bildungswesens im 19. und frühen 20 Jh. wesentlich bestimmt und war für die heutige dualistische Struktur des Bildungssystems (→ duale Berufsbildung) prägend. Zugleich bietet sie den Anknüpfungspunkt für eine umfassende Kritik an diesem Dualismus, die in der programmatischen Forderung nach „Gleichwertigkeit trotz Andersartigkeit" von Berufsbildung und „Allgemeinbildung" zum Ausdruck kommt.

Berufsbildungsausschuss – bei der jeweils zuständigen Stelle (i.d.R. Kammern) eingerichtetes Gremium, das dort zu erlassende Rechtsvorschriften für die Durchführung der Berufsausbildung beschließt und in allen wichtigen Angelegenheiten der beruflichen Bildung zu unterrichten und zu hören ist. Dem Berufsbildungsausschuss gehören je sechs Beauftragte der Arbeitgeber und der Arbeitnehmer sowie sechs Lehrer an berufsbildenden Schulen (mit beratender Stimme) an. – *Rechtsgrundlage:* §§ 77ff. BBiG. – In der Handwerksordnung als Gesellenprüfungsausschuss bezeichnet.

Berufsbildungsbericht – zentrales Steuerungsinstrument im Rahmen der Berufsbildungsförderung. § 86 BBiG verpflichtet das Bundesministerium für Bildung und Forschung, die Entwicklung der Berufsbildung kontinuierlich zu beobachten und bis zum 1.4. jeden Jahres an die Bundesregierung Bericht zu erstatten. Der Berufsbildungsbericht wird vom → Bundesinstitut für Berufsbildung (BIBB) erstellt. Er soll den Stand und die voraussichtliche Weiterentwicklung des Ausbildungsplatzangebotes der kommenden Jahre darstellen und bei einer Gefährdung der Sicherheit eines regional und sektoral ausgewogenen Angebots Vorschläge für deren Behebung unterbreiten. Der Berufsbildungsbericht soll daher zwei Teile haben: a) für das zurückliegende Jahr Angaben (1) zur Zahl der neu-abgeschlossenen und der noch bestehenden Berufsausbildungsverträge, (2) zur Zahl der unbesetzt gebliebenen Ausbildungsplätze sowie (3) zur Zahl der nicht vermittelten Ausbildungsplätze suchenden Personen. (b) Für das laufende Jahr Einschätzungen (1) zur erwarteten Zahl der Ausbildungsplätze suchenden Personen und (2) zum erwarteten Angebot an Ausbildungsplätzen. Stichtag ist jeweils der Wechsel des Ausbildungsjahres zwischen dem 30.09. und dem 01.10.

Berufsbildungsgesetz (BBiG) – Gesetz vom 23.3.2005 (BGBl. I 931) m.spät.Änd. und zahlreichen Verordnungen zur Ausbildung bestimmter Berufe, regelt → Berufsausbildung, → berufliche Fortbildung und berufliche Umschulung. – *Ausgenommen:* (1) Berufsbildung in den berufsbildenden Schulen, die den Schulgesetzen der Länder untersteht; (2) Berufsbildung in einem öffentlich-rechtlichen Dienstverhältnis und auf Kauffahrteischiffen, soweit es sich nicht um Schiffe der kleinen Hochseefischerei oder der Küstenfischerei handelt. – Für die Berufsbildung im *Handwerk* gilt z.T. das Berufsbildungsgesetz (z.B. Vorschriften über den Berufsausbildungsvertrag), z.T. die Handwerksordnung (HandwO), die weitgehend dem Berufsbildungsgesetz angepasst ist.

Berufsbildungspass – vom Bundesausschuss für Berufsbildung durch Beschluss vom 25.10.1974 empfohlener Pass, der den Inhaber in die Lage versetzt, seine Bemühungen auf dem Sektor der beruflichen Weiterbildung übersichtlich und vollständig zu dokumentieren. Eintragung auf Wunsch des Teilnehmers durch den Veranstalter. Die Funktionen des Berufsbildungspasses scheinen vor dem Hintergrund des lebenslangen Lernens und unterschiedlich verwertbarer Zertifikate in Zukunft immer wichtiger zu werden.

Berufsbildungssystem – 1. *Begriff/Grundstruktur:* Unter institutionell-organisatorischem Aspekt umfasst das Berufsbildungssystem alle öffentlichen und privaten Einrichtungen von Bildungsmaßnahmen, die direkt oder indirekt an einer beruflichen Qualifizierung beteiligt sind. Die Qualifizierungsmaßnahmen zielen auf das Erreichen beruflicher Abschlüsse auf verschiedenen Stufen mit den entsprechenden formalen Berechtigungen. Daneben geht es um die Ausbildung einer kurzfristigen, tätigkeitsbezogenen Anpassung (Flexibilität) sowie einer beruflichen Beweglichkeit (Mobilität). Die Qualifizierungsmaßnahmen beziehen sich dabei auf stufenweise fortschreitend aufgebaute vorberufliche Bildung, Vorbereitung auf eine Ausbildung bzw. berufliche Tätigkeit, berufliche Erstausbildung (diese besitzt innerhalb der dualen Berufsbildung den quantitativ größten Stellenwert), Vermittlung von Studienzugangsberechtigungen, gehobene Berufsbildung (→ berufliche Weiterbildung, → berufliche Fortbildung, berufliche Umschulung). – 2. *Träger der Einrichtungen des Berufsbildungssystems* sind in den meisten Fällen öffentliche oder private Schulen, Betriebe, überbetriebliche Einrichtungen, Fortbildungszentren, Rehabilitationszentren, Wirtschaftsverbände, Gewerkschaften etc. – 3. *Zentrale rechtliche Grundlage* des Berufsbildungssystems ist das → Berufsbildungsgesetz (BBiG) vom 23.3.2005 m.spät. Änd. Nach § 1 I BBiG umfasst die Berufsbildung die „Berufsausbildungsvorbereitung, die Berufsausbildung, die berufliche Fortbildung und die berufliche Umschulung"; in der Praxis hat sich das Berufsbildungssystem jedoch wesentlich vielschichtiger entwickelt. In Bezug auf die Auszubildenden gibt es neben dem Jugendarbeitsschutzgesetz noch andere Gesetze, die ausdrücklich die Rechte der Auszubildenden in ihren Regelungsbereich einbeziehen, z.B. Bundesurlaubs-, Tarifvertrags-, Betriebsverfassungs-, Betriebspersonalvertretungs- und Kündigungsschutzgesetz. Für die Berufsausbildung gilt neben dem Berufsbildungsgesetz die Handwerksordnung (HandwO). – 4. *Problemfelder:* Nachdem in den letzten Jahren eine Reihe von Maßnahmen zur Verbesserung der beruflichen Bildung durchgeführt wurden (u.a. Ausbau des → Berufsgrundbildungsjahres, Schaffung gestufter → Ausbildungsordnungen, Modellversuche zur Ausbildung von Mädchen in gewerblich-technischen Berufen), werden heute von Berufspädagogik und Bildungspolitik folgende Problemfelder innerhalb des Berufsbildungssystems hervorgehoben: schrittweise Herstellung der Gleichwertigkeit von beruflicher und allgemeiner Bildung (→ Berufsbildung); Stärkung und Anpassung der Berufsschule an neue Berufsbildungs- und Arbeitsmarkterfordernisse; Weiterentwicklung der Ausbildungsordnungen; Verbesserung der Abstimmung zwischen betrieblicher und schulischer Ausbildung; Integration neuer Informations- und Kommunikationstechniken in die berufliche Ausbildung; Ausbau der beruflichen Weiterbildung; Förderung der Berufsausbildung von benachteiligten Jugendlichen (Mädchen, behinderte Menschen, Ausländer); kontinuierliche fachliche und pädagogische Qualifizierung der Ausbilder. Überlagert werden diese qualitativen Probleme bes. in strukturschwachen Regionen durch den anhaltenden Mangel an qualifizierten Ausbildungsplätzen.

berufsfachlicher Teilarbeitsmarkt → Arbeitsmarkttheorien.

Berufsfachschule – Schule mit Vollzeitunterricht von mind. einjähriger Dauer, für deren Besuch keine Berufsausbildung oder berufliche Tätigkeit vorausgesetzt wird. Sie hat die Aufgabe, allg. und fachliche Inhalte zu vermitteln und den Schüler zu befähigen, den Abschluss in einem → anerkannten

Ausbildungsberuf zu erlangen, einen Teil der Berufsausbildung in einem oder mehreren anerkannten Ausbildungsberufen zu ersetzen oder ihn zu einem Berufsausbildungsabschluss zu führen, der nur in Schulen erworben werden kann. – Als *Zugangsvoraussetzung* gilt i.d.r. das Abschlusszeugnis der Hauptschule. Je nach schulartenspezifischen Anforderungen können jedoch auch Realschulabschluss bzw. Reifezeugnis verlangt werden. – *Berechtigungen/Abschlüsse:* Je nach Dauer der Ausbildung wird durch den Besuch der Berufsfachschule die Berufsschulpflicht erfüllt bzw. verkürzt. Die zweijährigen Berufsfachschulen führen zu einem mittleren Bildungsabschluss als Eingangsvoraussetzung für weiterführende Bildungsgänge (→ Fachoberschule, → Fachschule, → Fachgymnasium).

Berufsfeld – zusammenfassende Bezeichnung für eine Gruppe inhaltlich oder funktional verwandter (Ausbildungs-)Berufe. Die Berufsfeldschneidung erfolgte unter stark pragmatischen Gesichtspunkten im Zusammenhang mit der Einführung des → Berufsgrundbildungsjahres. Zz. werden 13 Berufsfelder unterschieden: Wirtschaft und Verwaltung; Metalltechnik; Elektrotechnik; Bautechnik; Holztechnik; Textiltechnik und Bekleidung; Chemie, Physik, Biologie; Drucktechnik; Farbtechnik und Raumgestaltung; Gesundheit; Körperpflege; Ernährung und Hauswirtschaft; Agrarwirtschaft.

Berufsgenossenschaft – 1. *Begriff:* Träger der gesetzlichen → Unfallversicherung (§§ 114 ff. SGB VII). Verbände in der Form von öffentlich-rechtlichen Körperschaften mit Selbstverwaltung, mit Zwangsmitgliedschaft für die Unternehmen. Finanzierung über Mitgliederbeiträge. – 2. *Arten:* Berufsgenossenschaften für Metall, Bergbau, Steine und Erden, Gas und Wasser, Chemie, Holz- und Schnitzstoffe, Druck und Papier, Textil und Leder, Nahrungs- und Genussmittel, Bau, Seeschifffahrt, Handel und Dienstleistungen, Verkehr und Gesundheitsdienst, Landwirtschaft sowie die Unfallversicherungsträger der öffentlichen Hand. – 3. *Mitgliedschaft:* Pflichtmitglieder sind die Unternehmer der jeweiligen Berufsgruppen, deren Unternehmen ihren Sitz im örtlichen Zuständigkeitsbereich der Berufsgenossenschaft haben. Die Mitgliedschaft beginnt mit Eröffnung des Unternehmens oder Aufnahme der vorbereitenden Arbeiten. Gegenstand und Art des Unternehmens sind der Berufsgenossenschaft anzuzeigen, die im Unternehmen Beschäftigten sind darüber zu unterrichten, welcher Berufsgenossenschaft das Unternehmen angehört. – 4. *Aufgaben:* Unfallversicherung und Unfallverhütung. Bei vorsätzlicher oder grob fahrlässiger Verletzung der Unfallverhütungsvorschriften stehen der Berufsgenossenschaft Sanktionsmittel zu, die von Geldstrafen bis zur Stilllegung von Maschinen und Anlagen reichen. – 5. *Verfassung:* Die Berufsgenossenschaften geben sich eine Satzung, die von der Vertreterversammlung beschlossen wird und u.a. Bestimmungen treffen muss über Sitz, Vertretung, Form der Willenserklärung, Aufstellung des Haushaltsplans. Die Satzung und ihre Änderungen bedürfen der Genehmigung durch die Aufsichtsbehörde. – 6. *Aufsichtsbehörde:* Bundesversicherungsamt für bundesunmittelbare Berufsgenossenschaften, Landesbehörden für landesunmittelbare Berufsgenossenschaften. – 7. *Dachverbände:* (1) gewerbliche Berufsgenossenschaften, (2) landwirtschaftliche Berufsgenossenschaften im Gesamtverband der deutschen landwirtschaftlichen Berufsgenossenschaften. – 8. Neben den Berufsgenossenschaften werden noch der Bund, die Länder, die Gemeinden und Gemeindeverbände als Versicherungsträger tätig (Gemeindeunfallversicherungsverband).

Berufsgrundbildungsjahr (BGJ) – 1. *Begriff:* Organisationsform der Grundstufe der → Berufsausbildung, in der eine berufliche Grundbildung auf Berufsfeldbreite (→ Berufsfeld) vermittelt wird und zugleich die allg. Fächer der Sekundarstufe I fortgeführt werden. Es ist für Ausbildungsberufe, die dem Berufsfeld zugeordnet sind, Grundlage einer folgenden Fachbildung. Das Berufsgrundbildungsjahr dauert ein Jahr und wird in einigen Bundesländern und einigen Berufsfeldern in beruflichen Vollzeitschulen oder in der dualen Berufsbildung durchgeführt. – 2. *Ziele:* (1) Erhöhung der beruflichen Mobilität und Flexibilität durch Entspezialisierung; (2) Hinausschieben der speziellen Berufswahl durch gestufte Berufswahlentscheidung; (3) Systematisierung und Pädagogisierung durch produktionsunabhängige Grundbildung; (4) Ausgleich qualitativer und quantitativer Schwankungen im Ausbildungsplatzangebot; (5) bessere Verknüpfung von theoretischem und praktischem Lernen. – 3. *Organisation/Curriculum:* Grundlage des Berufsgrundbildungsjahrs ist die Gruppierung von Ausbildungsberufen zu einigen Berufsfeldern sowie eine weitere Schwerpunktbildung innerhalb von Berufsfeldern. Der Unterricht umfasst einen berufsfeldübergreifenden und einen berufsfeldbezogenen – fachtheoretischen und fachpraktischen – Lernbereich; im zweiten Ausbildungshalbjahr erfolgt ggf. eine Spezialisierung innerhalb der Berufsfeldschwerpunkte. Die Rahmenlehrpläne für den berufsfeldbezogenen Bereich werden von der Kultusministerkonferenz in Abstimmung mit der Bundesregierung erarbeitet. – 4. *Anrechnung:* Der erfolgreiche Besuch des Berufsgrundbildungsjahres wird: (1) mit einem Jahr auf die Ausbildungszeit angerechnet, wenn der gewählte Ausbildungsberuf dem Berufsfeld und ggf. dem Schwerpunkt innerhalb des Berufsfeldes zugeordnet ist, in dem das Berufsgrundbildungsjahr durchgeführt wurde; (2) mit einem halben Jahr angerechnet, wenn der Ausbildungsberuf innerhalb des entsprechenden Berufsfeldes, jedoch außerhalb des jeweiligen Schwerpunktes angesiedelt ist.

Berufskolleg – Schulform in einigen Bundesländern, die in ein bis drei Jahren zu einer beruflichen Erstqualifikation und bei mind. zweijähriger Dauer unter bes. Voraussetzungen zur Fachhochschulreife führt. – *Aufnahmevoraussetzung* ist ein Realschulabschluss oder ein gleichwertiger Schulabschluss. – *Unterrichtsvarianten:* (1) Vollzeitschule (Regelfall); (2) Teilzeitunterricht bei Kooperation mit betrieblichen Ausbildungsstätten. – *Ähnlich:* → Fachakademie.

Berufskrankheit – 1. *Begriff:* Krankheit, die von der Bundesregierung durch Rechtsverordnung als Berufskrankheit bezeichnet ist und die ein Versicherter bei einer unfallversicherten Tätigkeit erleidet (§ 9 SGB VII). Im Gegensatz zum Arbeitsunfall, bei dem die schädigende Einwirkung durch ein zeitlich begrenztes, plötzliches Ereignis erfolgt, stellt die Berufskrankheit das Ergebnis einer länger andauernden, der Gesundheit nachteiligen betrieblichen Beschäftigung dar. Als Berufskrankheit können vom Unfallversicherungsträger auch Krankheiten anerkannt werden, die nicht in der Rechtsverordnung als Berufskrankheit bezeichnet sind, sofern nach neuen Erkenntnissen der medizinischen Wissenschaft die Voraussetzungen für eine Berufskrankheit vorliegen (§ 9 II SGB VII). – 2. *Geltendes Recht:* Die aktuelle Liste der Berufskrankheit findet sich in der Anlage 1 zur Berufskrankheiten-VO vom 31.10.1997 (BGBl. I 2623) m.spät.Änd. – 3. *Verhütung:* (1) Verpflichtung des Arbeitgebers (Gesundheitsschutz), (2) Aufgabe der Gewerbeaufsicht und der → Berufsgenossenschaften durch Vorschläge und Belehrungen. – 4. *Entschädigung:* Die anerkannten Berufskrankheiten sind ein Versicherungsfall in der gesetzlichen → Unfallversicherung und lösen eine Leistungspflicht des Versicherungsträgers aus.

Berufsoberschule – berufsbildende Schulform mit Vollzeitunterricht, die eine allgemeine und fachtheoretische Bildung vermittelt und in mind. zwei Jahren zur fachgebundenen Hochschulreife führt. Durch eine Zusatzprüfung in Französisch oder Latein kann die allgemeine Hochschulreife erworben werden. – *Aufnahmevoraussetzung* ist eine abgeschlossene Berufsausbildung bzw. eine entsprechende Berufspraxis und Realschulabschluss.

Berufspädagogik → Berufs- und Wirtschaftspädagogik.

Berufsschule – 1. *Begriff:* Schule, die von Berufsschulpflichtigen/-berechtigten besucht wird, die sich in der beruflichen Ausbildung (→ Berufsausbildung) befinden oder in einem Arbeitsverhältnis stehen und ihre Schulpflicht noch nicht erfüllt haben (→ Berufsschulpflicht). Die Berufsschule soll als → Lernort in der dualen Berufsbildung allg. und fachliche Lerninhalte unter bes. Berücksichtigung der Anforderungen der Berufsausbildung vermitteln. Der Unterricht erfolgt in Teilzeitform an einem oder zwei Wochentagen oder in zusammenhängenden Teilabschnitten als → Blockunterricht. Er steht in enger Beziehung zur betrieblichen bzw. überbetrieblichen Ausbildung. Im Rahmen einer in Grund- und Fachstufe gegliederten Berufsausbildung kann die Grundstufe als → Berufsgrundbildungsjahr (BGJ) durchgeführt werden. Daneben werden auch die Vollzeitberufsschulen als Berufsschulen bezeichnet. – 2. *Derzeitige Situation:* Die Berufsschule ist traditionell nach Fachrichtungen unterteilt in kaufmännisch-verwaltende, gewerblich-technische, hauswirtschaftlich-pflegerische, landwirtschaftliche und bergbauliche Berufsschulen. Überwiegende Träger der Berufsschulen sind die kommunalen Gebietskörperschaften. Es besteht durchweg eine Mischfinanzierung aus öffentlichen Mitteln, nach der die Schulträger die laufenden Sachausgaben sowie die Personalausgaben des nichtlehrenden Personals und die Bundesländer die Sachausgaben als Zweckzuschüsse wie auch die Personalausgaben für das lehrende Personal und anteilig der Ausbildungsförderung übernehmen. Die Gemeinden tragen nach diesem Finanzierungsmodus etwas mehr als 20 Prozent und die Länder knapp 80 Prozent der Gesamtausgaben. Teilweise werden Gebühren an den Vollzeitberufsschulen erhoben. Der Unterricht erfolgt in Einberufs- oder Berufsgruppenklassen; er beträgt zz. überwiegend acht Wochenstunden, soll jedoch auf zwölf Wochenstunden ausgeweitet werden. Das Curriculum der Berufsschule umfasst berufstheoretischen und berufspraktischen Unterricht sowie Unterricht in allgemeinbildenden Fächern. Die curriculare Regelungskompetenz für den Unterricht an Berufsschulen liegt bei den Bundesländern, die → Lehrpläne werden jedoch zwischen den Bundesländern unter Berücksichtigung der jeweiligen → Ausbildungsordnungen abgestimmt. – Vgl. auch → Berufsbildungssystem, → duale Berufsausbildung.

Berufsschulpflicht – im Rahmen der durch Ländergesetz geregelten allg. Schulpflicht i.d.R. für alle Jugendlichen bis zum vollendeten 18. Lebensjahr oder bis zum Abschluss der beruflichen Erstausbildung, sofern sie keine weiterführenden allgemeinbildenden oder beruflichen Vollzeitschulen besuchen. Die Berufsschulpflicht ist grundsätzlich an öffentlichen → Berufsschulen zu erfüllen, in deren Einzugsbereich sich der Ausbildungs- oder Beschäftigungsort des Jugendlichen befindet. Ist kein Beschäftigungsverhältnis gegeben, so ist der Wohnort maßgebend.

Berufs- und Wirtschaftspädagogik – I. Begriff: „Teildisziplin der Erziehungswissenschaft, die die pädagogischen Probleme beruflicher Bildungs- und Sozialisationsprozesse, v.a. Jugendlicher, erforscht, reflektiert und konstruktiv zu klären sucht" (Stratmann). Die Berufs- und Wirtschaftspädagogik entwickelte sich historisch aus der Berufsschullehrerausbildung. Entsprechend bezeichnet *Berufspädagogik i.e.S.* die „Wissenschaft von der Ausbildung im gewerblichen und gewerblich-technischen Bereich im Rahmen der Gewerbelehrerausbildung, in Abgrenzung von der *Wirtschaftspädagogik i.e.S.* als der Wissenschaft von der Ausbildung im kaufmännisch-verwaltenden Bereich im Rahmen der Handelslehrerausbildung" (Lipsmeier). Als weitere funktionale Teilbereiche der Berufs- und Wirtschaftspädagogik gelten Berufsschulpädagogik,

→ Betriebspädagogik, → Arbeitspädagogik und z.T. die allg. Wirtschaftserziehung.

II. *Positionen:* Entsprechend unterschiedlicher wissenstheoretischer Positionen in der Erziehungswissenschaft insgesamt lässt sich im Bereich der Berufs- und Wirtschaftspädagogik eine Vielzahl konkurrierender Ansätze unterscheiden, deren gemeinsames Merkmal in der Ablehnung der traditionellen kulturphilosophischen Berufs- und Wirtschaftspädagogik sowie in der verstärkten Hinwendung zu empirischen Verfahren zu sehen ist. In grober Klassifikation können unterschieden werden: 1. *Verhaltenstheoretische Positionen*, die Probleme der Lehrer-Schüler-Interaktion in den Mittelpunkt stellen, diese unter methodologischer Orientierung am Konzept des → Kritischen Rationalismus und verhaltenstheoretischer Konzepte der Psychologie aufzuklären versuchen und so eine sukzessive Verbesserung der Ausbildungspraxis anstreben. - 2. *Systemtheoretische Ansätze*, die unter der Leitidee gesellschaftlicher Funktionalität und unter bes. Berücksichtigung der Anforderungen des Beschäftigungssystems versuchen, ein (theoretisches) Subsystem Berufserziehung zu konstruieren, von dem her die Erziehungswirklichkeit erschlossen und beurteilt werden kann und in pragmatischer Absicht im Hinblick auf den Systemzweck optimale institutionelle und curriculare Arrangements getroffen werden können. - 3. *Handlungstheoretische Ansätze*, deren grundlegender Anspruch darin besteht, Prozesse beruflicher Sozialisation vom Subjekt her zu analysieren. Dies bedeutet bes. (1) Bezugnahme auf ein interaktionistisches Person-Umwelt-Konzept, dessen zentrales Konstrukt der Handlungsbegriff ist, (2) Orientierung an der bildungstheoretisch begründeten Leitidee der Mündigkeit des Subjekts und (3) methodologische Verknüpfung empirisch-analytischer und hermeneutisch-interpretativer Verfahren.

III. *Forschungsfelder:* (1) Ziel- und Normenproblematik, bes. die Frage nach dem Verhältnis von → Berufsbildung und Allgemeinbildung; (2) Evaluation und Entwicklung beruflicher Curricula (→ wirtschaftsberufliche Curriculumentwicklung); (3) Probleme der didaktisch-methodischen Gestaltung beruflicher Lernprozesse (Fachdidaktik Wirtschaftslehre); (4) Lernortproblematik bzw. Theorie und Empirie der → Lernorte der beruflichen Bildung.

Berufsunfähigkeitsrente – bis 31.12.2000: Leistung der → gesetzlichen Rentenversicherung (GRV). Seit dem 1.1.2001 gibt es eine Berufsunfähigkeitsrente nicht mehr. Das Risiko der Berufsunfähigkeit wird über solier für eine Übergangszeit abgesichert durch die Gewährung einer Rente wegen teilweiser Erwerbsminderung (Rente wegen Erwerbsminderung) bei Berufsunfähigkeit nach § 240 SGB VI bis zur Vollendung des 65. Lebensjahres bei Versicherten, die vor dem 2.1.1961 geb. sind. - 1. *Voraussetzungen:* Neben den Voraussetzungen des § 240 I SGB VI müssen Berufsunfähigkeit im Sinn des § 240 II SGB VI und eine Wartezeit von 60 Monaten vorliegen. Außerdem müssen während der letzten 60 Monate vor Eintritt der Berufsunfähigkeit mind. 36 Monate mit Pflichtbeiträgen belegt sein oder die Berufsunfähigkeit muss aufgrund eines Tatbestandes des § 43 V SGB VI eingetreten sein (z.b. Arbeitsunfall). Nach den §§ 43 IV, 241 SGB VI werden bestimmte Zeiten für die Ermittlung der 60 Kalendermonate, in denen 36 Pflichtbeiträge enthalten sein müssen, nicht mitgezählt (Ersatzzeiten und Zeiten des Bezugs einer Knappschaftsausgleichsleistung vor dem 1.1.1992, Rentenbezugszeiten, Anrechnungszeiten, Berücksichtigungszeiten). War die allg. Wartezeit bereits vor dem 1.1.1984 erfüllt oder war die Berufs- oder Erwerbsunfähigkeit bis zu diesem Zeitpunkt eingetreten, gelten die bes. versicherungsrechtlichen Voraussetzungen des § 241 II SGB VI. – 2. *Laufzeit:* Die Berufsunfähigkeitsrente wird bis zur Vollendung des 65. Lebensjahres gezahlt. Sie ist regelmäßig befristet für längstens drei Jahre ab Rentenbeginn zu gewähren, es sei denn, dass die Behebung der Leistungsminderung unwahrscheinlich ist (§ 102 II SGB VI). – 3. *Hinzuverdienstgrenze:* Seit 1.1.2001 gilt § 96a SGB VI, der die Hinzuverdienstgrenzen für alle Renten wegen verminderter Erwerbsfähigkeit regelt. Dem (hinzuverdienten) Arbeitsentgelt oder -einkommen werden Sozialleistungen mit Lohnersatzfunktion (z.B. Krankengeld) gleichgestellt.

Berufsvorbereitungsjahr (BVJ) – 1. *Begriff:* einjähriges, vollzeitschulisches Bildungsjahr, das zur Erfüllung der allg. Schulpflicht an berufsbildenden Schulen absolviert wird. – 2. *Adressaten:* Das ursprüngliche Ziel war, Jugendliche gezielt zu fördern, die aufgrund ihrer körperlichen und/oder geistigen Entwicklung nicht oder noch nicht in der Lage sind, eine Berufswahlentscheidung zu treffen oder eine berufliche Ausbildung zu beginnen. Unter dem Einfluss von Ausbildungsplatzmangel und Jugendarbeitslosigkeit hat sich der Adressatenkreis dahin verschoben, dass Jugendliche das Berufsvorbereitungsjahr besuchen müssen, wenn sie nach Beendigung der allgemeinbildenden Schule weder einen vollzeitschulischen Bildungsgang wählen noch ein Ausbildungsverhältnis eingehen und ihre Schulpflicht noch nicht erfüllt haben. – 3. Mit dem *Abschluss des Berufsvorbereitungsjahres* ist i.d.R weder eine Qualifikation noch eine Zugangsberechtigung zu anderen Bildungseinrichtungen verbunden. – 4. *Inhalt:* Vermittlung grundlegender fachlicher Kenntnisse und Fertigkeiten aus einem oder mehreren → Berufsfeldern. Ein bes. didaktisches Gewicht soll fachpraktischen Lernprozessen zukommen. – *Anders:* → Berufsgrundbildungsjahr (BGJ).

Beschäftigtengrößenklassen → Unternehmensgrößenstruktur.

Beschäftigung – tatsächlicher Einsatz des Produktionsfaktors Arbeit in einer bestimmten Periode (z.B. in einem Jahr); Gegenstand der → Beschäftigungstheorie. - Absolut gemessen durch die in einer Volkswirtschaft geleisteten Arbeitsstunden, die zur Erstellung des Bruttoinlandsproduktes (BIP) eingesetzt wurden. Dieses Arbeitsvolumen errechnet sich aus der Zahl der Beschäftigten (→ Erwerbstätige nach dem Beschäftigungsortskonzept) multipliziert mit der durchschnittlichen Arbeitszeit pro Beschäftigtem. - Relativ gemessen anhand des Beschäftigungsgrades.

Beschäftigungsfähigkeit – *Employability*; 1. *Begriff*: Das Konzept betont die Notwendigkeit ständiger Weiterqualifizierung und lebenslangen Lernens sowie die Eigenverantwortung des einzelnen Arbeitnehmers für seine gesamte Erwerbsbiografie bei sich ständig wandelnden Anforderungen. - 2. *Folge*: Die in traditioneller Sicht dominierende Arbeitsplatzsicherheit (job security) soll abgelöst werden durch die genereller angelegte Beschäftigungsfähigkeit bzw. -sicherheit (employment security) des Individuums auf unterschiedlichen Arbeitsplätzen bzw. bei verschiedenen Arbeitgebern. Bei Verlust des Arbeitsplatzes soll möglichst umgehend eine alternative Beschäftigung gefunden werden können. Dieses Konzept, welches v.a. die → Europäische Kommission entwickelt und favorisiert hat, spielt zunächst neben der Förderung von Unternehmergeist, Anpassungsfähigkeit sowie Chancengleichheit eine wesentliche Rolle als eine von vier „Säulen" der in den späten 1990er-Jahren entwickelten „Europäischen Beschäftigungsstrategie" bzw. der Lissabon-Strategie der 2000er-Jahre; später ging es in die revidierten, ab 2005 geltenden „Integrierten Leitlinien für Wachstum und Beschäftigung" ein. Außerdem ist es auf EU-Ebene von zentraler Bedeutung im Rahmen von Konzepten der Flexicurity, die Flexibilität und soziale Sicherheit zu vereinbaren suchen. Auf nationaler Ebene fand es auch Eingang in das Sozialgesetzbuch III (§ 1 II). - Vgl. auch Arbeitsmarktpolitik, → Beschäftigungspolitik, → Europäische Beschäftigungspolitik.

Beschäftigungsförderungsgesetz – 1. *Grundlage*: Das Gesetz vom 26.4.1985 (BGBl. I 710) trat zunächst befristet in Kraft, wurde mehrfach verlängert, dabei geändert und schließlich durch das am 1.1.2001 in Kraft getretene → Gesetz über Teilzeitarbeit und befristete Arbeitsverträge abgelöst. - 2. *Ziele*: Kernbestimmung des Liberalisierung und Deregulierung des Arbeitsmarktes ausgerichteten BeschFG war die „erleichterte Zulassung befristeter Arbeitsverträge" ohne bes. sachliche Begründung und ohne gerichtliche Missbrauchskontrolle für einen Zeitraum von zunächst 18, später bis zu 24 Monaten; außerdem wurden zwei Varianten der Teilzeitarbeit geregelt, nämlich die „Anpassung der Arbeitszeit an den Arbeitsanfall" („Arbeit auf Abruf" oder kapazitätsorientierte, variable Arbeitszeit) und das Jobsharing sowie die zulässige Höchstdauer der Überlassung eines Leiharbeitnehmers an denselben Entleiher (→ Arbeitnehmerüberlassung) verlängert. - 3. *Auswirkungen*: Es kam kaum zur Schaffung zusätzlicher Arbeitsplätze, die Niveaueffekte auf die Höhe der Beschäftigung blieben gering. Das Gesetz führte jedoch zu einem Formwandel des Beschäftigungseinstiegs: Ein zunehmender Anteil von Neueinstellungen erfolgte befristet. Die Befristungsquote erhöhte sich in unterschiedlichen Phasen des Konjunkturverlaufs kaum, da ein Teil der zunächst befristeten Arbeitsverträge später entfristet wurde. Durch das BeschFG erhielten die Betriebe ein neues Instrument der Personalselektion und -planung bzw. zur Flexibilisierung des Personalbestandes und -einsatzes; innerhalb der betrieblichen Sozialstruktur entstanden neue Differenzierungen und Segmentierungen zwischen Beschäftigtengruppen. Das BeschFG hat zur generellen Zunahme von Arbeitsverhältnissen, die vom Prinzip der Dauer- und Vollzeitbeschäftigung abweichen, beigetragen.

Beschäftigungsintensität – 1. *Begriff*: gibt an, um wie viel Prozent sich die Beschäftigung verändert, wenn die Gesamtwirtschaft um ein Prozent wächst. - 2. *Folge*: Die Beschäftigungswirksamkeit des Wirtschaftswachstums ist um so höher, je größer der relative Abstand zwischen diesem und der → Beschäftigungsschwelle ist.

Beschäftigungspolitik – 1. *Charakterisierung*: Das Hauptziel der Beschäftigungspolitik des Staates und der Tarifpartner liegt in der Aufrechterhaltung bzw. Wiederherstellung einer Vollbeschäftigungssituation (bzw. eines hohen Beschäftigungsstandes). In quantitativer Hinsicht ist ein hoher Beschäftigungsstand mit der Beschäftigung aller arbeitsfähigen und arbeitswilligen Erwerbspersonen gleichzusetzen, dabei werden bestimmte Personengruppen, wie z.B. Ausländer, Ältere, Behinderte etc. nicht ausgenommen. Die Erreichung dieses Ziels bedeutet allerdings nicht, dass die Arbeitslosenquote gegen null tendieren muss, da in einem marktwirtschaftlichen System ein gewisses Ausmaß an friktioneller Arbeitslosigkeit stets gegeben und für die Bewältigung des Strukturwandels notwendig ist. In qualitativer Hinsicht bedeutet ein hoher Beschäftigungsstand, dass die Arbeitsplätze nicht nur der Zahl nach mit dem Erwerbspersonenangebot übereinstimmen, sondern auch bestimmte qualitative Anforderungen erfüllen sollen, wie z.B. Beschäftigungsmöglichkeiten in zeitlich gewünschtem Umfang auf Teilzeitarbeitsplätzen, Beschäftigungschancen in der erworbenen Qualifikationsstufe (Vermeidung unterwertiger Beschäftigung) sowie Verbesserung der Beschäftigungsstruktur nach folgenden Gesichtspunkten: Qualifikation (Verringerung des Anteils der An- und Ungelernten) (→ Humankapitaltheorien), Risiko am Arbeitsplatz (Verringerung der Gesundheitsgefährdung und der Unfallhäufigkeit), Sektoren (Abbau von Monostrukturen und der Konzentration der Beschäftigung auf einen oder wenige Wirtschaftszweige) sowie Regionen (Herstellung der Einheitlichkeit der Lebensverhältnisse in Deutschland). - 2. Die staatliche Beschäftigungspolitik umfasst drei *Strategiebereiche*: a)

Nachfragepolitik (Erhöhung der Nachfrage nach Erwerbspersonen) mit folgenden Instrumenten: (1) *nachfrageorientierte Wirtschaftspolitik (Konjunkturpolitik),* z.B. Steuer- und Zinssenkungen, Erhöhung der Staatsausgaben (Fiskalpolitik, Geldpolitik). (2) *angebotsorientierte Wirtschaftspolitik,* z.B. Verbesserung der Produktions- und Investitionsbedingungen, marktwirtschaftliche Erneuerung und Förderung des Wettbewerbs durch Deregulierungsmaßnahmen, Liberalisierung des Ladenschlussgesetzes, des Arbeitsrechts und der → Arbeitnehmerüberlassung sowie Privatisierung der → Arbeitsvermittlung und → Berufsberatung. (3) *Technologiepolitik,* z.B. Verbesserung der internationalen Wettbewerbsfähigkeit durch Produkt- und Prozessinnovationen sowie der Förderung des Humankapitals der Erwerbspersonen. (4) → Arbeitszeitverkürzung und -flexibilisierung, z.B. Verkürzung der jährlichen Arbeitszeit bei gleichzeitiger Verlängerung der Betriebszeiten, Umwandlung von Voll- in Teilzeitarbeitsplätze sowie Einführung von Teilruhestandsphasen gegen Ende des Erwerbslebens (→ Arbeitszeitpolitik). (5) *beschäftigungsorientierte Lohnpolitik,* z.B. Abschluss von Tariflohnsteigerungen unterhalb des Produktivitätszuwachses, Reduzierung der Lohnnebenkosten, Förderung des Strukturwandels hin zum tertiären Sektor (Tarifpolitik). – b) *Angebotspolitik* (Anpassung des Angebots an Erwerbspersonen an die verfügbare Zahl der Arbeitsplätze) mit folgenden Instrumenten: (1) *Verkürzung der Erwerbslebensdauer,* z.B. vorzeitiges Ausscheiden aus oder späteres Eintreten in den Arbeitsmarkt durch expansive Bildungspolitik, Einführung von Sabbaticals und Langzeiturlaubsphasen, Erwerbsunterbrechung durch Mutterschafts- und Erziehungszeiten, Betreuung pflegebedürftiger Personen sowie Fortbildung und Umschulung zur Weiterbildung. (2) *Aussiedler- und Ausländerpolitik,* z.B. Maßnahmen zur Integration, Anreize zum Verbleib im Herkunftsland, wachstumsorientierte Einwanderungspolitik. (3) *Wanderungspolitik,* z.B. Förderung der regionalen und beruflichen Mobilität von Erwerbspersonen (→ Arbeitskräftemobilität). – c) *Arbeitsmarkt-Ausgleichspolitik oder Arbeitsmarktpolitik im engeren Sinne* (Ausgleich von Angebot und Nachfrage am Arbeitsmarkt) mit folgenden Instrumenten: (1) *Arbeitsvermittlung,* z.B. Maßnahmen zur Beschleunigung des Arbeitsmarktausgleichs sowie zur qualitativen Verbesserung des Vermittlungserfolges, Kooperation privater und öffentlicher Arbeitsvermittlung, Arbeitsvermittlung unter dem Dach des Arbeitnehmerüberlassungsgesetzes, Förderung der internationalen Berufs- und Arbeitsberatung sowie der Arbeitsvermittlung. (2) *Qualifizierungspolitik,* z.B. Förderung der allg. und der beruflichen Ausbildung sowie der beruflichen Weiterbildung mit dem Ziel des Erwerbs von Schlüsselqualifikationen. Vgl. auch → Europäische Beschäftigungspolitik, Arbeitsmarktpolitik.

Beschäftigungsschwelle – 1. *Begriff:* das durch die Veränderungsrate der Arbeitsproduktivität je → Erwerbstätigen bestimmte Wirtschaftswachstum, bei der sich die Arbeitskräftenachfrage (Beschäftigung, Erwerbstätigkeit) insgesamt nicht verändert. – 2. *Folge:* Liegt das Wirtschaftswachstum über (unter) dem Produktivitätsfortschritt, steigt (sinkt) die Beschäftigung. – Vgl. auch → Beschäftigungsintensität, → Arbeitslosigkeitsschwelle.

Beschäftigungsstruktur – 1. *Sektorale Beschäftigungsstruktur:* Verteilung der Beschäftigten (Erwerbstätigen) nach Wirtschaftsbereichen oder → Wirtschaftszweigen; sektoraler Strukturwandel. – 2. *Regionale Beschäftigungsstruktur:* Regionale Verteilung der Erwerbstätigkeit in einer Volkswirtschaft. – 3. *Funktionale Beschäftigungsstruktur:* Gliederung der Erwerbstätigkeit nach funktionalen Merkmalen, bes. Unterscheidung zwischen Fertigungs- und Dienstleistungstätigkeiten; → intrasektoraler Strukturwandel. – 4. *Sonstige Gliederungsmerkmale:* Geschlecht, Alter, selbstständige/unselbstständige Beschäftigung, berufliche Qualifikation, Vollzeit/Teilzeit.

Beschäftigungstheorie – 1. *Begriff:* Teil der Volkswirtschaftstheorie, der sich mit der Bestimmung des Arbeitsvolumens (der Beschäftigung) in einer Volkswirtschaft befasst. – 2. *Kontroverse:* Während sich aus neoklassischer Sicht die Wirtschaft (abgesehen von saisonaler und friktioneller Arbeitslosigkeit) immer im Zustand eines Gleichgewichts bei Vollbeschäftigung befindet *(klassische Lehre,* Neoklassik), zeigt die *Keynes'sche Lehre* (Keynes), dass es durchaus längere Zeiten größerer unfreiwilliger Arbeitslosigkeit geben kann, die i.d.R. auf einen Mangel an gesamtwirtschaftlicher Nachfrage zurückzuführen ist. Nach neoklassischer Vorstellung wird die Beschäftigung wesentlich durch die Angebotsseite (Produktion) bestimmt. Dagegen betonen Keynes und die Keynesianer die Einflüsse der gesamtwirtschaftlichen Nachfrage (Konsumausgaben + Investitionen + Staatsausgaben + Exporte - Importe) auf die Beschäftigung. Diese Kontroverse ist nach wie vor aktuell und begründet die Unterschiede sowohl in Bezug auf Positionen und Forderungen von Gewerkschaften und Arbeitgeberverbänden in Tarifverhandlungen als auch hinsichtlich der politischen Vorstellungen zu Maßnahmen und Instrumenten einer → Beschäftigungspolitik. Die neoklassische Sicht wird vertreten durch den Monetarismus, die Neue Klassische Makroökonomik, die Angebotsökonomik; die keynesianische Sicht wird vertreten durch den Keynesianismus, die Neokeynesianische Theorie und die Neukeynesianische Makroökonomik. – Vgl. auch → Arbeitsmarkt.

Besitzeinkommen – Einkommen, die Vermögensbesitzer aus ihrem finanziellen, materiellen und immateriellen Vermögen beziehen. Dazu gehören Zins, Miete, Dividende und Pacht. – Nach Preiser resultieren die Besitzeinkommen aus einer Monopol- oder

Quasimonopolstellung der Bodenbesitzer bzw. der Besitzer produzierter Produktionsmittel gegenüber den besitzlosen Arbeitern. – Vgl. auch Vermögenseinkommen.

Betreuungsgeld – 1. *Begriff:* Sozialleistung nach dem Bundeselterngeld- und Elternzeitgesetz (BEEG) i.d.F. vom 15.2.2013 (BGBl. I 254) m.spät.Änd. für Eltern von Kindern im Alter von 1 bis unter 3 Jahren. Die Einführung dieses Instruments der Familienpolitik (→ Sicherung der Familie und von Kindern) war in Politik und Öffentlichkeit lange Zeit umstritten. Nach Verabschiedung der erforderlichen Gesetzesänderung durch den Bundestag im November 2012 wird das Betreuungsgeld ab August 2013 für ab dem 1.8.2012 geborene Kinder gewährt. – 2. *Voraussetzungen:* Anspruchsberechtigte müssen in der Bundesrepublik Deutschland wohnen, mit dem Kind in einem Haushalt leben und das Kind selbst betreuen oder erziehen. Entscheidend ist darüber hinaus, dass für das Kind keine öffentlich geförderte Kinderbetreuung, insbes. keine Betreuung in Tageseinrichtungen oder in Kindertagespflege nach §24 SGB VIII in Anspruch genommen wird. Ausnahmen bestehen, sofern die Eltern krank, behindert oder verstorben sind. – Für bestimmte Personengruppen besteht Anspruch auf Elterngeld auch im Ausland (z.B. bei Entsendung, Abordnung, Versetzung oder Kommandierung; Entwicklungshelfern). Für den Anspruch eines Ausländers, der nicht der EU angehört, ist weitere Voraussetzung, dass er im Besitz einer Niederlassungs- oder Aufenthaltserlaubnis ist. Anspruch besteht vom ersten Tag des 15. Lebensmonats (bzw. im Anschluss an die Gewährung von Elterngeld) für maximal 22 Monate bis längstens zur Vollendung des 36. Lebensmonats des Kindes. – 3. *Höhe:* Die Höhe des Betreuungsgeldes beträgt 150 Euro je Kind im Monat. Bei Einführung der Leistung werden bis einschließlich Juli 2014 zunächst nur 100 Euro je Kind im Monat gewährt. Alternativ zur Inanspruchnahme als Geldleistung können die Eltern auch eine Leistung zur ergänzenden, privaten Altersvorsorge oder zur Ersparnis für die Ausbildung des Kindes wählen. In diesen Fällen erhöht sich die Leistung um 15 Euro je Kind im Monat.

betriebliche Ausbildung – 1. *Begriff:* Teil der Berufsausbildung im Rahmen der → dualen Berufsausbildung, der in der Verantwortung von Betrieben der Wirtschaft und in vergleichbaren Einrichtungen außerhalb der Wirtschaft (öffentlicher Dienst, freie Berufe, Haushalte etc.) durchgeführt wird. – *Rechtsgrundlage* der betrieblichen Ausbildung ist ein → Berufsausbildungsvertrag zwischen Ausbildungseinrichtung (→ Ausbildender) und → Auszubildendem. – Die betriebliche Ausbildung soll gemäß Berufsbildungsgesetz (BBiG) grundsätzlich in → anerkannten Ausbildungsberufen nach den Regelungen der jeweiligen → Ausbildungsordnung durch persönlich und fachlich geeignete Personen (→ Ausbilder) erfolgen. Die Durchführung der betrieblichen Ausbildung erfolgt nach einem → betrieblichen Ausbildungsplan auf der Grundlage der jeweiligen Ausbildungsordnung und wird von der jeweils zuständigen Stelle (i.d.R. Kammer) geregelt und überwacht. Sie findet i.d.R. an drei bis vier Wochentagen statt und wird durch Unterricht an der → Berufsschule ergänzt und begleitet. Dieser kann auch als → Blockunterricht stattfinden. – 2. *Ziele:* Die betriebliche Ausbildung steht unter der allg. Zielsetzung, eine breit angelegte Grundbildung und die für die Ausübung einer qualifizierten beruflichen Tätigkeit notwendigen fachlichen Fertigkeiten und Kenntnisse zu vermitteln sowie den Erwerb der erforderlichen Berufserfahrung zu ermöglichen. – 3. *Formen:* (1) betriebliche Ausbildung im unmittelbaren Arbeitszusammenhang, überwiegend nach dem → Imitatio-Prinzip; (2) lehrgangsmäßige betriebliche Ausbildung, z.B. in → Lehrwerkstätten und → Übungsfirmen; (3) innerbetrieblicher Unterricht, Werkschulen. I.d.R. finden sich Kombinationen dieser Ausbildungsformen, die oft noch durch überbetriebliche Ausbildungsmaßnahmen in der Verantwortung der Ausbildungsbetriebe ergänzt werden. – 4. *Probleme* ergeben sich vorrangig aus dem Spannungsfeld von pädagogisierter und produktionsgebundener Ausbildung durch mangelnde Systematik und Vollständigkeit, unzureichende theoretische Fundierung, unzureichende Qualifikation der Ausbilder, ausbildungsfremde Tätigkeiten sowie durch ungenügende Abstimmung der betrieblichen Ausbildung mit dem Berufsschulunterricht. Ein bes. Problemfeld ist der bildungspolitisch kontrovers diskutierte Zusammenhang zwischen der einzelbetrieblichen Finanzierung und dem derzeit beobachtbaren Rückgang an betrieblichen Ausbildungsplätzen. Die Suche nach Finanzierungsalternativen hat dazu geführt, dass sich in den letzten Jahrzehnten mit der überbetrieblichen Finanzierung, Tariffondsfinanzierung und Verbundfinanzierung unterschiedliche Finanzierungsweisen der betrieblichen Ausbildung entwickelt haben, welche die einzelbetriebliche Finanzierung zunehmend ergänzen.

betriebliche Bildungsmaßnahme → betriebliche Ausbildung, → berufliche Weiterbildung.

betrieblicher Ausbildungsplan – betriebsindividuell aufzustellende sachliche und zeitliche Ordnung der Berufsausbildung, die mit dem Ausbildungsberufsbild, dem Ausbildungsrahmenplan und den Prüfungsanforderungen (→ Ausbildungsordnung) abgestimmt sein muss. Bei der Erstellung des betrieblichen Ausbildungsplans werden die Ausbildungsbetriebe nach § 45 BBiG von Ausbildungsberatern der zuständigen Stellen unterstützt und kontrolliert. – Vgl. auch → betriebliche Ausbildung.

betriebliche Sozialpolitik – sozial ausgerichtete Institutionen und Maßnahmen, die im Rahmen der → sozialen Marktwirtschaft als Element allg. Unternehmenspolitik darauf ausgerichtet sind, den jeweiligen Betriebsangehörigen spezielle Vorteile materieller und ideeller Art zuteil werden zu lassen. Die betrieblichen Sozialleistungen haben im Zuge des Ausbaus des allg. Systems der → sozialen Sicherung relativ an Bedeutung verloren, obwohl sie im historischen Ablauf in vielen Bereichen Vorreiterfunktionen für die staatliche Sozialpolitik übernommen hatten. Gleichwohl sind sie nach wie vor beachtlich (Personalnebenkosten). So wird die betriebliche Altersversorgung (bAV) als *zweite Säule* im System der Alterssicherung bezeichnet.

betriebliche Umweltökonomik – Hauptsächliche Fragestellungen sind: (1) warum umweltbezogene Aspekte in betriebliche Entscheidungen integriert werden sollten. Neben der Erfüllung gesetzlicher Auflagen kommen dabei eine Harmonisierung von Unternehmens- und Umweltzielen (z.B. Energieeinsparungen führen zu Emissions- und Kostenverminderungen) und die Ausschöpfung von Marktpotenzialen infrage, sofern die Zahlungsbereitschaft von Konsumenten auch von Umweltaspekten beeinflusst wird. Letzteres ist nach empirischen Untersuchungen nur dann in großem Ausmaß zu erwarten, wenn sich die positiven Umweltwirkungen auch im Produkt selbst ausdrücken. (2) In welcher Weise Umweltaspekte in die betriebliche Planung (Unternehmensplanung) integriert werden sollten. Neben der Anwendung und Fortentwicklung traditioneller betriebswirtschaftlicher Instrumente, z.B. im Ökomarketing oder bei der Erfassung von Umweltschutzkosten, werden auch eigens entwickelte Instrumente wie das Ökoaudit zur Früherkennung und Verminderung umweltbezogener Risiken eingesetzt.

Betriebsgrößenstruktur → Unternehmensgrößenstruktur.

betriebsinterner Teilarbeitsmarkt → Arbeitsmarkttheorien.

Betriebsoptima – mikroökonomisch von der Kostenseite und von der Erlösseite bestimmte Grenzen; 1. Betriebsminimum (kurzfristige Preisuntergrenze): bei einem ertragsgesetzlichen Kostenverlauf der Schnittpunkt von Grenzkosten und variablen Stückkosten; 2. Betriebsoptimum (langfristige Preisuntergrenze): Intersektion von Grenzkostenkurve mit der Kurve der gesamten Stückkosten.

Betriebspädagogik – Spezialbereich der → Berufs- und Wirtschaftspädagogik. Gegenstand der Betriebspädagogik ist die Analyse, Beschreibung, Erklärung, Kritik und Gestaltung geplanter und ungeplanter betrieblicher Lernvorgänge. Als praktisch-pädagogischer Tätigkeitsbereich umfasst die Betriebspädagogik die betriebliche Bildungsarbeit in Betrieben der Wirtschaft und der öffentlichen Verwaltung (Erstausbildung, Weiterbildung, Training, Management-Schulung). Nach ihrer Abwendung von traditionell kulturpädagogischen Ansätzen ist die wissenschaftliche Betriebspädagogik zunehmend von Forschungsvorhaben zur Humanisierung der Arbeitswelt (Humanisierung der Arbeit) beeinflusst worden. Die Frage nach dem Zusammenhang der Anforderungsstruktur des Arbeitshandeln mit Prozessen der Kompetenz- und Persönlichkeitsentwicklung hat an Bedeutung gewonnen. Es liegen enge Verknüpfungen mit der Arbeits- und Organisationspsychologie, Arbeitswissenschaft und → Arbeitspädagogik vor.

Betriebspflicht – gemeinwirtschaftliche Auflage im Verkehrssektor (→ Gemeinwirtschaftlichkeit). Soweit die Verkehrsunternehmen der Betriebspflicht unterliegen (v.a. im Linienverkehr), sind sie gehalten, ihre Anlagen quantitativ und qualitativ ausreichend zu bemessen und nicht ohne Zustimmung der Genehmigungsbehörde abzubauen. – Betriebspflicht gilt für die → Deutsche Bahn AG (DB), für Teile des öffentlichen Straßenpersonenverkehrs sowie des Fluglinienverkehrs.

Betriebsprämie → Prämie.

Betriebsrente – betriebliche Altersversorgung (bAV) in Form einer Alters-, Invaliden- oder Hinterbliebenenrente.

Betriebswirtschaftslehre öffentlicher Unternehmen und Verwaltungen → öffentliche Betriebswirtschaftslehre, → New Public Management (NPM).

Beveridge-Kurve – 1. *Begriff:* geometrischer Ort aller quantitativen Beziehungen zwischen Arbeits- bzw. Erwerbslosigkeit und vakanten Stellen. – 2. *Erläuterung:* Dieses Instrument eignet sich zur Darstellung des strukturellen Auseinanderfallens von Angebot und Nachfrage am → Arbeitsmarkt (→ Mismatch). Der Zusammenhang wird auf der Basis von → Arbeitslosenquote und Vakanzquote (jeweils bezogen auf alle → Erwerbspersonen) ausgewiesen, um demografische Einflüsse auf das → Erwerbspersonenpotenzial auszuschalten. Die üblicherweise inverse Relation zwischen beiden Variablen bedingt einen streng konvexen, annähernd hyperbolischen Verlauf der Kurve. Mismatch-Probleme können verursacht sein durch Informationsdefizite, Unterschiede zwischen der Qualifikation der Bewerber und den Anforderungen der Stellen sowie durch regionale Differenzen zwischen dem Wohnort des Arbeitsanbieters und dem Ort des angebotenen Arbeitsplatzes etc. Insbesondere seit Ende der 1980er-Jahre führen Störungen im Reallokationsprozess am Arbeitsmarkt zu einer Rechtsverschiebung der Kurve: Eine gestiegene Quote an offenen Stellen korrespondiert mit einer höheren Quote an Arbeitslosen.

Beveridge-Plan – Länder, deren System der → sozialen Sicherung auf das von W. H. Beveridge (1942) in Großbritannien entwickelte Modell zurückgeht, betreiben diese weniger durch beitragsfinanzierte → Sozialversicherungen als vorrangig durch steuerfinanzierte öffentliche Dienste und staatliche Transfers. – Vgl. auch → Bismarckske Sozialversicherungspolitik, → Theorie der Sozialpolitik, → Wohlfahrtsstaat.

Bevölkerungsexplosion – in Medien und Öffentlichkeit verwendeter Begriff für die mitunter starke Wachstumsphase einer Bevölkerung im demografischen Übergang.

Bevölkerungsfalle – *Population Trap*; bei Gültigkeit der Annahmen der neoklassischen Produktionsfunktion und der keynesianischen Sparfunktionen einerseits und eines neomalthusianischen Bevölkerungswachstums andererseits ergeben sich folgende Funktionalbeziehungen zwischen dem Pro-Kopf-Einkommen (PKE) und den Wachstumsraten der Bevölkerung (w_B) bzw. des Volkseinkommens (w_Y) eines Entwicklungslandes: Von den drei möglichen *Gleichgewichten* sind nur E und B sta-

Bevölkerungsfalle

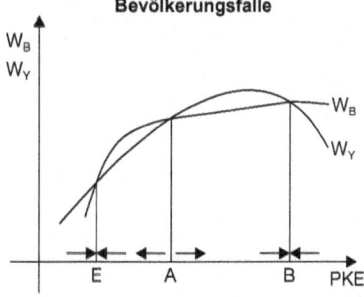

bil. Gelingt es Entwicklungsländern, Wachstumsraten zwischen E und A zu erzielen, dann wird das höhere Bevölkerungswachstum das PKE zum Existenzminimum E zurückzwingen. Einzig ein Wachstum, das den kritischen Wert A überschreitet, bringt Entwicklungsländer auf das höhere Gleichgewicht B. Entwicklungsländer sind in einem sog. Low Level Equilibrium gefangen. Nur durch gewaltige Entwicklungsanstrengungen (Critical Minimum Effort) lässt sich die Bevölkerungsfalle überspringen. Dies führt zur Forderung nach deutlich höherer Entwicklungshilfe (Big Push). – Allerdings ist die Hypothese der Bevölkerungsfalle *empirisch* nicht nachweisbar, der technische Fortschritt kann die w_Y-Kurve so verlagern, dass sie kontinuierlich über der w_B-Kurve liegt; Falleneffekte sind dann nicht möglich.

Bevölkerungsfonds der Vereinten Nationen → UNFPA.

BIBB – Abk. für → Bundesinstitut für Berufsbildung.

Bifurkation – qualitative Strukturänderung des Zustandsraumes eines Systems (z.B. Änderung der → Attraktors), die auftritt, wenn kritische Werte überschritten werden. – *Beispiel für die Lösung eines dynamischen Systems:* Für die Differenzengleichung

$$x_{t+1} = \mu \cdot x_t \cdot (1 - x_t)$$

verdoppelt sich in Abhängigkeit von m die (asymptotisch stabile) zyklische Lösung, bzw. aus der stationären Lösung wird ein Zweierzyklus; für diesen Bifurkationsprozess existieren also jeweils nach Parametergröße 2^n, mit n = 1, 2, ..., zyklische Lösungen und für n = 0 ein stationärer Lösungswert. Wird m hinreichend groß, existieren Lösungen mit beliebiger Periodenlänge.

Bilanzierungsmethode – Grundlage der Planung und Koordination der Wirtschaftsprozesse in → staatssozialistischen Zentralplanwirtschaften. Die Bilanzierungsmethode basiert auf den Salden naturaler Planbilanzen und als Knappheitsgrade und als Auswahlkriterium für die Ziele der zentralen Planungsinstanz (Güterbilanzen, Arbeitskräftebilanzen etc.). Diese Ziele werden in die zu ihrer Erfüllung notwendigen Güter erster Ordnung umgerechnet (→ Mengersche Güterordnung). Diesem Bedarf (Bedarfsbilanzen) werden der vorhandene Bestand und die importierbaren Gütermengen gegenübergestellt. Ein eventueller Fehlbetrag muss entweder in der folgenden Planperiode produziert werden oder die Menge der Endprodukte wird reduziert. Auftretende Fehlbeträge für die Güter der unterschiedlichen Ordnungen werden also so lange in solche nächsthöherer Ordnung umgerechnet und dieser Bedarf gesamtwirtschaftlich aggregiert, bis das ursprüngliche zentrale Zielbündel in solchen Gütern ausgedrückt ist, die sich nicht mehr durch inländische Produktion oder Importe vermehren lassen (Güter höchster Ordnung: Arbeit und Boden, aber auch Engpassgüter im Bereich der Produktionsmittel). – Da nicht alle staatlichen Ziele mit den verfügbaren Gütern gleichzeitig erreichbar sind und Fehlbeträgen für einzelne Produkte zunächst Überschussbestände in anderen Bilanzen gegenüberstehen, werden nun so lange *Umstrukturierungen* des zentralen Zielbündels und der den Bilanzen zugrunde gelegten Produktionsverflechtungen vorgenommen, bis eine bestmögliche Anpassung der Ziele an die Produktionsmöglichkeiten und ein möglichst effizienter Mitteleinsatz erreicht ist. Allerdings gibt es keine marktliche Allokation, d.h. dem Preismechanismus gleichwertiges Verfahren zur Ermittlung von Knappheiten.

bilaterale Hilfe → Entwicklungshilfe, die ein Geberland einem Empfängerland gewährt.

bilaterales Oligopol – zweiseitiges → Oligopol. Marktform nach dem Ökonomen von Stackelberg mit jeweils einem Anbieter und Nachfrager. – *Beispiele*: Tarifverhandlungen auf dem Arbeitsmarkt.

Bildungsarmut – der – absolute oder relative – individuelle Mangel an Bildungszertifikaten und Bildungskompetenzen. Bildungsökonomisch wird der Begriff auch mit Humankapitalschwäche übersetzt. Bildungsarmut hat sowohl Auswirkungen auf das betroffene Individuum als auch auf die gesamte Volkswirtschaft. Sie korreliert mit Einkommen und sozialem Status sowie den Risiken, arbeitslos, krank oder arm zu werden. Z.T. basiert Bildungsarmut in Deutschland auf Mängeln im Bildungssystem und mangelnden Bildungsinvestitionen, was jedoch entsprechende soziale Kosten erzeugt. – Vgl. → Bildungsökonomie, → Humankapital.

Bildungsbudget – stellt die geplanten Ausgaben und geschätzten Einnahmen einer Bildungseinrichtung gegliedert nach Ausgaben- und Einnahmengruppen oder gegliedert nach einzelnen Ausgaben- und Einnahmenpositionen in einem Rechenwerk gegenüber.

Bildungserträge und -nutzen – direkte und indirekte Wirkungen von Bildungsaktivitäten auf vier Ebenen: 1. *Individueller Nutzen und Ertrag:* Aus der Perspektive der lernenden Individuen bestehen die Wirkungen von Bildungsaktivitäten darin, dass sie in Gegenwart und Zukunft ein höheres Maß an Bedürfnisbefriedigung realisieren können, sei es unmittelbar während der Bildungsaktivitäten selbst, aus der späteren Berufstätigkeit, und/oder in der gegenwärtigen oder zukünftigen Freizeit. Dieses höhere Maß an Bedürfnisbefriedigung kann durch direkte oder indirekte Nutzenstiftung von Bildungsaktivitäten erzeugt werden, wobei die indirekte Nutzenstiftung vorliegt, wenn Bildungsmaßnahmen über die höhere Produktivität zu einem gestiegenen Einkommen beitragen, das die Vermögensposition des Individuums verbessert und ein höheres Niveau des Konsums und der Bedürfnisbefriedigung erlaubt. Da die direkte Erfassung des direkten wie indirekten Bildungsnutzens kaum erwindbare konzeptuelle sowie Datenprobleme aufwirft, ist es üblich, *Ertragsindikatoren für Bildungsaktivitäten* zu verwenden: (1) Alters-Bildungsniveau-Verdienst-Kurven (erfasst werden Einkommensdifferenzen Zwischen unterschiedlichen Bildungsniveaus nach Steuern); (2) Verdienstfunktionen als Einkommensdeterminanten (erfasst werden neben Alter und Bildungsniveau Geschlecht, Berufserfolg, Rasse, Begabung, Motivation, soziale Herkunft etc.); (3) Nutzen-Kosten-Analysen (der Gegenwartswert der individuellen Bildungserträge einer bestimmten Bildungsinvestition vergleicht den abgezinsten Wert des Lebenseinkommens aus dieser Investition mit dem abgezinsten Wert des entgangenen Lebenseinkommens bzw. der Opportunitäts- oder indirekten Kosten). – 2. *Institutionelle Bildungserträge:* Sie fallen an, wenn Unternehmen selber aus- oder weiterbilden, sei es on the Job oder auch systematisch wie im Rahmen der dualen Berufsausbildung in Deutschland. Die Erträge können während der Bildungsmaßnahme durch produktive Leistungen der Lernenden am Lernort Arbeitsplatz, in Form von Opportunitätserträgen (durch das Einsparen der Kosten externer Rekrutierung) oder im Anschluss an die Bildungsmaßnahme (produktive Leistungen am Arbeitsplatz) entstehen. Die Erträge fallen von einer Bildungsmaßnahme an, wenn die Unternehmen sich zumindest einen Teil der bildungsbedingten Produktivitätszuwächse aneignen können, was Becker (1975) zufolge bei spezifischem Training der Fall ist. In diesem Fall teilen sich Auszubildende und Unternehmen sowohl die Kosten wie auch die Erträge der Ausbildung. – 3. *Staatliche Bildungserträge:* Sie ergeben sich aus dem Umstand, dass bildungsbedingte höhere private Einkommen oder Unternehmensumsätze über -gewinne selbst bei konstanten Steuersätzen zu höheren Einnahmen aus Lohn-, Einkommen-, Umsatz- und Unternehmenssteuern führen. – 4. *Soziale bzw. gesellschaftliche Bildungserträge:* Sie umfassen die individuellen, institutionellen und staatlichen Bildungserträge sowie die → externen Erträge Dritter, die durch individuelle Bildungsinvestitionen erzeugt aber vom Investor nicht internalisiert werden können. Zu solchen durchaus umstrittenen externen Erträgen werden gezählt: Wirkungen auf Familienangehörige, Freunde, Nachbarn und Arbeitskollegen und deren Produktivität bzw. Nutzenbefriedigungsniveaus, auf Demokratiebewusstsein und Gesetzesloyalität, Innovativität, Werthaltungen und Wirtschaftswachstum. Die gesellschaftliche Vorteilhaftigkeit von Bildungsinvestitionen wird durch die soziale bzw. gesellschaftliche Rendite bzw. Nutzen-Kosten-Analyse erfasst. In diese Nutzen-Kosten-Kalkulation gehen auf der Ertragsseite die Arbeitseinkommen vor Steuer ein, während auf der Kostenseite neben den Opportunitätskosten alle direkten Kosten (der Individuen und der Institutionen bzw. des Staates) berücksichtigt werden. Berechnungen sozialer Renditen kommen zu beachtlichen Renditewerten mit einem der privaten Bildungsrenditen ähnlichen Gefälle nach Bildungsbereichen. Die Beobachtung, dass die sozialen Renditen international durchweg unter den privaten Renditen liegen, kann mit dem Verweis auf die hohen Kostenanteil erklärt werden, der üblicherweise aus den Staatshaushalten getragen wird. – Vgl. auch → Bildungskosten.

Bildungsgutschein – Gutscheine, die vom Staat an Lernende ausgegeben werden und die einen bestimmten Geldwert repräsentieren. Die Empfänger können damit Bildungsleistungen kaufen. Die Bildungsanbieter lösen die empfangenen Gutscheine gegen Geld beim Staat ein. – Vgl. auch → berufliche Fortbildung.

Bildungsinvestitionen → Bildungsökonomie, → Bildungskosten, → Humankapitaltheorien.

Bildungskosten – 1. *Entstehung:* Bildungskosten entstehen durch den Wert des Ressourcenverbrauchs und der Ressourcennutzung, die Lernende verursachen. Dazu gehört der Wert der Zeit, welche Lernende aufbringen und in der sie auf die Erzielung von Einkommen verzichten. – 2. *Arten:* a) *Direkte Kosten:* Sie umfassen alle bewerteten laufenden Ressourcenverbräuche, welche die Vermögensposition des Kostenträgers (im Sinn der betriebswirtschaftlichen Kostenrechnung) vermindert und durch Bildungsaktivitäten verursacht werden. Kostenträger können dabei sein: Das lernende Individuum, dessen Familie, die Bildungsinstitution, der Staat, die Gesellschaft insgesamt. Direkte Kostenarten, die von den Lernenden, oder den Institutionen, oder vom Staat oder der Gesellschaft getragen werden, sind: Bildungsbedingte zusätzliche Lebenshaltungskosten, Transportkosten, Kosten für Lehr- und Lernmaterialien,

Personalkosten (für Erzieherinnen, Lehrer, Ausbilder etc.), sonstige Sachkosten (Energie, Miete, Telefon, Porto etc.), Bildungsgebühren. – In den öffentlichen Finanzstatistiken werden i.d.R. die Ausgaben der öffentlichen Haushalte (untergliedert nach Ausgabenarten wie Personal-, Investitions- und Sachausgaben) pro Kalenderjahr ausgewiesen. Während *die öffentlichen Bildungsausgaben und die Ausgaben der* → Bundesagentur für Arbeit für berufliche Weiterbildung gut dokumentiert sind, liegen für die Kosten der betrieblichen Aus- und Weiterbildung Daten aus wenigen, in großem Abstand vorgenommenen große Erhebungen vor. Über die *direkten Kosten der Lernenden bzw. ihrer Familien* liegen entweder keine Daten vor (Schulbereich, Elementarbereich, Berufsausbildung) oder erste Schätzungen. Lediglich die direkten privaten Studienkosten sind durch die in Dreijahresabständen regelmäßig stattfindenden Sozialerhebungen des Deutschen Studentenwerkes gut erfasst. Ihre Aussagefähigkeit ist aber dadurch beeinträchtigt, dass die Studienkosten „brutto" und damit die studienbedingten zusätzlichen Lebenshaltungskosten nicht gesondert ausgewiesen werden. – b) *Indirekte Kosten:* Der oben gegebene Kostenbegriff beschränkt die Bildungskosten nicht auf die direkten (ausgabengleichen) Kosten, sondern schließt Opportunitätskosten bzw. kalkulatorische Kosten mit ein. Indirekte Kosten sind somit als die nicht ausgabengleichen Kosten definiert. Die wichtigste Kategorie der Opportunitätskosten stellen die entgangenen Einkommen der Lernenden (individuelle Ebene) bzw. die entgangene Produktion (Organisationsebene) bzw. das entgangene Bruttoinlandsprodukt (gesellschaftliche Ebene) dar. – c) *Externe Kosten und Kosten nonformaler Bildung:* Externe Bildungskosten entstehen, wenn die Bildungsbemühungen Vermögensverluste außerhalb des Bildungssystems erzeugen (z.B. Kosten von Gewalttaten in Schulen gegenüber Lehrpersonen oder Mitlernenden oder von Polizeischutz von bzw. an Schulen). Schließlich finden eine Fülle von Bildungsprozessen nonformal, d.h. außerhalb des formalen Bildungssystems z.B. in der Familie, zu Hause, am Arbeitsplatz oder bei anderen Gelegenheiten statt, die ebenfalls Ressourcen – v.a. Zeit – beanspruchen. – Vgl. auch → Bildungserträge und -nutzen.

Bildungsökonomie – 1. *Begriff:* Beschreibung und Analyse, wie Individuen, Institutionen und die Gesellschaft insgesamt knappe → Ressourcen einsetzen, um verschiedene Arten von Bildung zu produzieren, d.h. die Entwicklung von Wissen, Kenntnissen, Fähigkeiten und Fertigkeiten, von Einstellungen, moralischen Normen, Werten, Orientierungen, von Charakter und geistigem Vermögen über die Zeit v.a. durch formale Institutionen anzuregen und zu fördern, und wie die knappen Ressourcen sowie die Ergebnisse ihrer Nutzung in Bildungsprozessen in Gegenwart und Zukunft zwischen den Menschen und Gruppen innerhalb einer Gesellschaft verteilt werden. – 2. *Bildung als ökonomisches Gut:* Die Tatsache, dass Schulbildung in Deutschland seitens des Staates preislos angeboten wird, verleitet häufig zu der irrigen Auffassung, Bildung sei kostenlos zu haben (freies Gut). Doch in jeder Gesellschaft muss ein Teil der jeweils der Gesellschaft zur Verfügung stehenden Ressourcen aufgebracht werden, damit Bildungsleistungen bereitgestellt werden können. Bildung ist somit ein ökonomisches bzw. knappes Gut, das den Gesetzen des Wirtschaftens, der Knappheit und dem Postulat effizienten Handelns (→ Effizienz) unterliegt. Umstritten ist bis heute, ob Bildung ein privates, ein öffentliches Gut, ein meritorisches Gut oder ein Mischgut ist. – 3. Die *Rolle des Staates im Bildungswesen* hängt wesentlich davon ab, ob Bildung als öffentliches Gut angesehen und wie stark das → Marktversagen gewertet wird. Die Tatsache, dass weite Bereiche des Bildungswesens in vielen Ländern staatlich organisiert sind, hat vermutlich eher politische als ökonomische Gründe, denn das staatliche Bildungsmonopol (d.h. die Einheit von staatlicher Bildungsproduktion und -finanzierung) ist nur eine und im Vergleich zu ordnungspolitischem Handeln sowie Anbieter- oder Nachfragersubvention die schärfste Interventionslösung bei vermutetem Marktversagen. Die Public-Choice-Theorie (Neue Politische Ökonomie) hat die Effizienz der staatlichen Bereitstellung von Gütern und der ihr zugrunde liegenden Entscheidungsprozesse in Zweifel gezogen und mit der These des → Staatsversagens oder Regierungsversagens gekontert. Wegen Wählerunwissenheit, der Dominanz spezieller politischer Interessen, politischer Kurzsichtigkeit, fehlender Stimmen für effizientes Handeln, unpräziser Reflexion der Kundenpräferenzen, politischer Handlungs- und Entscheidungslags, sowie wegen informationeller, finanzieller und legitimatorischer Handlungsrestriktionen der Politiker könnten die politischen Steuerungsprozesse keine effiziente Ressourcenallokation im Bildungssystem bewirken. – 4. *Bildung als Konsum oder Investition:* Die Frage nach dem Gutscharakter von Bildung wurde in der Phase der Renaissance der Bildungsökonomie in den 1960er-Jahren gestellt. Die Diskussion endete mit dem Ergebnis, dass weder theoretisch und noch empirisch zwischen dem Investitions- oder Konsumcharakter zu entscheiden sei oder auch zwischen entsprechenden Anteilen der Bildungsaufwendungen. Bis heute hat sich die (willkürlich getroffene) Vorstellung gehalten, dass Bildungsaufwendungen (private wie gesellschaftliche) als Investitionen zu gelten haben, während die Konsumkomponente als kostenloses Kuppelprodukt anfällt. – 5. → Humankapitaltheorien. – 6. *Makro- und Mikroökonomik der Bildung:* Der Zusammenhang von Bildung und Ökonomik wird sowohl auf der Ebene der Makroökonomik als auch auf jener der Mikroökonomik bearbeitet. Während die makroökonomische Perspektive den Systembezug von Bildungswesen und dem ökonomischen System in den Blick nimmt (Bildung und Einkommensverteilung, Bildung und Wirtschaftswachstum, Bildung und Beschäftigung, Bildungsfinanzierung), wählt die mikroökonomische Perspektive das Verhalten des einzelnen Bildungsanbieters und -nachfragers als Beobachtungsgegenstand.

Bildungspolitik – 1. *Begriff:* Bildungspolitik ist die Gesamtheit der Entscheidungen, Handlungen, Handlungsprogramme und Regelungen, die von öffentlichen oder privaten Organisationen getroffen werden, um die Bedingungen für das Gelingen von Lernprozessen inhaltlich, organisatorisch und ressourcenmäßig zu gestalten. – 2. *Begründung staatlicher Bildungspolitik:* Am Anfang staatlicher Bildungspolitik standen das Interesse des (preußischen) Staates an einer schreib-, lese- und rechenkundigen Beamten-, Offiziers- und Soldatenschaft, sowie die Erwartung, dass eine staatlich gewährte Volksbildung einerseits produktive Kräfte freisetzen und die wirtschaftliche Entwicklung fördern, andererseits die Bevölkerung in die bestehende Gesellschaft integrieren und soziale Unruhen verhindern werde. Aus dieser historischen Entwicklung erwuchs die These, Bildung sei ein öffentliches Gut, in gewissem Umfang gar ein meritorisches Gut. Daher gilt heute die Sicherung eines bestimmten Bildungsniveaus als ein aus dem Grundgesetz ableitbares gesellschaftliches Ziel und als staatliche Aufgabe. Aus den historischen Anfangsbedingungen entwickelte sich ein faktisches → Monopol des Staates als Bildungsanbieter, der allein die vom Art. 72 GG geforderte Einheitlichkeit der Lebensverhältnisse gewährleisten könne. Die Zuständigkeiten für das Bildungswesen und die Kultur liegen dem Grundgesetz zufolge im Wesentlichen bei den Ländern (Kulturhoheit der Länder).

Bildungsproduktionsfunktion – Übertragung der Idee der betriebswirtschaftlichen → Produktionsfunktion auf Bildungsinstitutionen. Die Bildungsproduktionsfunktion modelliert einen vermuteten funktionalen Zusammenhang zwischen Bildungsinputs und Bildungsoutput.

Bildungsspirale – Sie beschreibt die paradoxe Situation, dass die höchsten Bildungsabschlüsse durch ihre Inflationierung entwertet werden, dass dadurch aber die Jugendlichen nicht abgeschreckt werden, sondern dass sie vielmehr gezwungen sehen, diese Abschlüsse (z.B. Abitur) zu erreichen, um überhaupt eine Zugangschance im Wettbewerb um die knappen, v.a. höheren Positionen zu erhalten.

Bildungswesen → Bildungsökonomie.

Bildungswesen/-system – Das Bildungswesen/-system umfasst zum einen das Schulsystem mit dem Primarbereich, der die 1. bis 4. Klasse umfasst (in Berlin und Brandenburg bis zur 6. Klasse). Die Sekundarstufe I umfasst das anschließende 5. bis 9. (bzw. 10.) Schuljahr und unterliegt länderspezifischen Regelungen für die Haupt-, Real- und Gesamtschule sowie das Gymnasium. In einigen Bundesländern werden derzeit einzelne Schulformen zur Sekundarschulen zusammengefasst. Die Sekundarstufe II umfasst dabei die Klassen 11 bis 12 bzw. 13 der Gymnasien bzw. Gesamtschulen. Den Abschluss bildet die allgemeine oder fachgebundene Hochschulreife. Ferner umfasst der Sekundarbereich II auch die berufsbildenden Schulen sowie Berufskollegs oder Berufsober- oder Förderschulen als Sonderform schulische Berufsbildung. – Der sog. zweite Bildungsweg umfasst Abendschulen zur Erlangung unterschiedlicher Schulabschlüsse sowie Kollegs, auf denen die allgemeine Hochschulreife erworben werden kann. Neben den Einrichtungen der weiteren allgemeinen und beruflichen Bildung sowie dem Bereich der persönlichen Weiterbildung existiert zum andern im sogenannten tertiären Bildungsbereich das Hochschulwesen mit Universitäten, Gesamthochschulen, technischen, pädagogischen, Musik- und Filmhochschulen, theologischen Hochschulen und Fachhochschulen. – Vgl. → Bildungspolitik.

billige Flaggen – 1. Staaten, unter deren Flagge *Schiffe* (ausländischer Reeder bzw. Reedereien) fahren, die in diesen Staaten aus steuerlichen bzw. finanziellen Gründen (Steuervorteile, Ausweichen vor kostenintensiven Sozial- und Sicherheitsvorschriften für die Besatzung) registriert sind. Ursprünglich galten als Billige-Flaggen-Staaten Panama, Honduras und Liberia (PANHOLIB); heute werden Schiffe auch in andere Länder (i.d.R. → Entwicklungsländer) ausgeflaggt. – 2. Der Begriff wird heute auch auf *andere Verkehrsmittel* angewandt (Diskussion der Lkw-Ausflaggung in der EU-Bereich, wird hier aber durch Aufweichung bzw. Aufhebung des Kabotagevorbehalts weitgehend gegenstandslos).

billiges Geld – *Politik des billigen Geldes;* geldpolitisches Konzept für eine expansive Konjunkturpolitik. Durch Maßnahmen, die den Banken liquide Mittel zuführen und die Zinssätze nach unten bewegen, soll die Bereitschaft des Bankenpublikums zur Kreditaufnahme erhöht und eine allg. Belebung der wirtschaftlichen Tätigkeit ausgelöst werden. Die Wirksamkeit der Politik des billigen Geldes ist wegen der geringen Zinselastizität v.a. der Investitionen in Rezessionsphasen als schwach einzuschätzen.

binäre Abstimmungsverfahren – 1. *Begriff:* Regeln, bei denen die Gruppenpräferenzen über einer Menge von Alternativen aus paarweisen Vergleichen gewonnen werden. – 2. *Neue Politische Ökonomie:* Unter allen Regeln zur Auswahl zwischen zwei Alternativen ragt die → einfache Mehrheitsregel in zweierlei Hinsicht heraus: (1) Sie erfüllt als Einzige eine Reihe weithin geteilter Normen demokratischen Vorgehens (Anonymität, Neutralität, positive Reaktion und eine abgeschwächte Form der Universalitätsbedingung aus dem Arrow-Paradoxon). (2) Aus der Perspektive eines repräsentativen Teilnehmers auf der Ebene der Verfassungsberatung, der hinter dem Rawlsschen Schleier der Unwissenheit über die eigenen zukünftigen Interessen verschiedene Abstimmungsregeln beurteilt, minimiert sie unter bestimmten einschränkenden Voraussetzungen den Erwartungswert der Nachteile des Überstimmtwerdens (→ Rae-Taylor-Theorem). Unter allgemeineren Voraussetzungen können auch andere Quorumregeln (→ qualifizierte Mehrheitsregeln) kostenminimierend sein. - Probleme ergeben sich dagegen, wenn es *mehr als zwei Alternativen* gibt und die paarweisen Vergleiche in einem Meta-Abstimmungsverfahren zu einer Auswahl aus der gesamten Alternativenmenge aggregiert werden sollen: (1) Tritt hierbei das → Condorcet-Paradoxon auf, so droht eine endlose Folge von Wahlgängen, die nur dadurch vermieden werden kann, dass jede Alternative nur einmal in das Abstimmungsverfahren eingebracht werden darf und unterlegene Alternativen ein für alle Mal ausscheiden. Dadurch hängt das Endergebnis jedoch von der Reihenfolge der Abstimmung ab, wodurch der → Geschäftsordnung eine ausschlaggebende Bedeutung zukommt. (2) Ein weiterer Nachteil der Mehrheitsregel wird in der Gefahr der Ausbeutung und Unterdrückung der Minderheit gesehen. Hat die Minderheit intensivere Präferenzen als die Mehrheit, so kann es dadurch insgesamt zu Wohlfahrtsverlusten kommen. Stimmt ein Gremium jedoch regelmäßig über verschiedene Angelegenheiten ab, so lassen sich Präferenzintensitäten durch Vereinbarungen über ein Logrolling ausdrücken und diese Wohlfahrtsverluste vermindern.

Bindungskosten → Agency-Kosten.

Binnengewässer - Flüsse, Kanäle, Seen, Haffe u.a. - Vgl. auch → Binnenschifffahrt.

Binnenkonnossement - Form des → Konnossements; im Flussfrachtgeschäft angewandt. Eine Verpflichtungsurkunde des → Frachtführers, die für seine Rechtsbeziehungen zum Empfänger entscheidend ist (§ 26 BinSchG i.V. mit §§ 445 ff. HGB).

Binnenmarkt - 1. *Allgemein:* Bezeichnung für einen internen Markt mit freiem Waren- und Dienstleistungsverkehr, mit freiem Kapitalverkehr sowie Freizügigkeit der Arbeitnehmer und Niederlassungsfreiheit der Selbstständigen (Wirtschaftsgebiet). - 2. *Außenwirtschaft:* Von der → EU verwendeter Begriff zur Kennzeichnung des gemeinsamen Marktes der EU (Integrationstheorie).

Binnenprotektion - Unterstützung (Protektion) der Unternehmen im Inland bei den Produktionsbedingungen. Erfolgt v.a. durch Subventionen, die in vielfältigen Formen gewährt werden. - 1. Das quantitativ größte Gewicht haben die *Finanzhilfen.* Oftmals wird über die Gewährung der Finanzhilfen von Fall zu Fall entschieden, sodass der Staat mit diesem Instrument tief in die unternehmerischen Entscheidungsprozesse hineinwirken kann. - 2. Das zweitwichtigste Instrument sind die *Steuervergünstigungen.* Unternehmen, die die gesetzlich genannten Bedingungen erfüllen, haben i.d.R. einen Rechtsanspruch auf ihre Gewährung, sodass der Einfluss auf konkrete Unternehmensentscheidungen geringer ist als bei den Finanzhilfen. - 3. Hilfen für strukturschwache Branchen werden auch in Form von → *Ausfallbürgschaften oder zinsgünstigen Krediten* gewährt. Diese Instrumente werden v.a. dort eingesetzt, wo hohe Risiken oder niedriges Eigenkapital die Kreditaufnahme am privaten Kapitalmarkt erschweren. - 4. Schwerer fassbar sind einige *verdeckte Instrumente* der Binnenprotektion, etwa die Bevorzugung inländischer Anbieter bei der öffentlichen Auftragsvergabe oder die Verquickung von kommerziellen und politischen Interessen bei staatseigenen Unternehmen. - *Wirkungen:* → Industriepolitik.

Binnenschifffahrt - 1. *Begriff:* Beförderung von Personen und Gütern mit Schiffen auf Binnengewässern (Flüssen, Seen und Kanälen). - Zu *unterteilen* nach Gewässern (z.B. Rheinschifffahrt, Donauschifffahrt) und nach Betriebsformen (Partikulier-, Reederei- und Werkschifffahrt). - 2. *Unternehmensstruktur:* Für die Binnenschifffahrt in der Bundesrepublik Deutschland charakteristisch ist das Nebeneinander von Reedereien (Unternehmen mit eigener Landorganisation zur Akquisition und Disposition von Frachten; Durchführung des gewerbsmäßigen Transports mit eigenem oder fremdem Schiffsraum), einer Vielzahl von Partikulieren (selbstständige Schiffseigner mit höchstens drei Schiffen und ohne eigene Frachtzuführungsorganisation an Land) sowie von Industrie- und Handelsunternehmen, die sog. Werkverkehr betreiben. Letztere verlieren durch die Deregulierung des Verkehrssektors jedoch an Bedeutung, da sie sich auch gewerblich betätigen können. - 3. *Eingesetzte Schiffsarten und ihre Tragfähigkeit:* In der Binnenschifffahrt eingesetzt werden heute in Westeuropa im Wesentlichen Motorgüterschiffe, Schubverbände und Koppelverbände. Motorgüterschiffe haben meist eine Tragfähigkeit von 300-4.500 t; geeignet v.a. zum Transport von festen und flüssigen Massengütern, zunehmend aber auch zur Beförderung von Containern, Stückgütern und Anlageteilen. Bei den Schubverbänden werden zumeist vier (auf manchen Wasserwegen wie z.B. dem Niederrhein auch sechs) kastenförmige unbesetzte Schubleichter neben- und hintereinander gekoppelt und durch ein starr verbundenes Schubboot geschoben (Tragfähigkeit der typisierten Schubleichter variiert zwischen 1.250 und 2.800 t). Koppelverbände bestehen aus einem zum Schieben ausgerüsteten Motorgüterschiff und bis zu drei Schubleichtern. Daneben inzwischen auch in der dt. Binnenschifffahrt zunehmender Einsatz von Spezialschiffen (Containertransport, Lash-Leichter, Schiffe für den RoRo-Verkehr, Tankschiffe, Gasschiffe u.a.). - 4. *Probleme:* Da die Binnenschifffahrt traditionell für den Transport von Massengütern geeignet ist, wirkt sich der mengenmäßige Rückgang der Aufträge aus der Kohle- und Stahlindustrie auch der Binnenschifffahrt aus. Das Transportaufkommen in diesen Güterklassen geht zurück. Aber auch die verstärkte Substitution von Erdölprodukten, v.a. von Heizöl, führt zum Verlust vom Transportaufkommen in der Binnenschifffahrt, die zz. noch nach neuen Produkten sucht, die die entstandene Nachfragelücke schließen. Die Binnenschifffahrt setzt daher verstärkt auf den Container- und den → Roll-on/Roll-off-Verkehr, wobei allerdings diese Verkehrsarten die Transportverluste im Massengut nur bedingt ersetzen können. Probleme ergeben sich für die dt. Binnenschifffahrt durch den hohen Wettbewerbsdruck v.a. der niederländischen Flotte. Die nationalen und supranationalen Abwrackaktionen der Vergangenheit haben das Problem der Überkapazitäten nicht beseitigt, sodass, wenn nicht in ausreichendem Maße neue Verkehre erschlossen werden können, ein weiterer Rückgang der dt. Binnenschifffahrt nicht unwahrscheinlich ist. Darüber können auch die guten Auslastungen und Betriebsergebnisse in den letzten Jahren nicht hinwegtäuschen.

Binnenwanderung – I. Entwicklungspolitik: Form der → Migration. – *Kennzeichen:* Im Sinn der Landflucht die rasche Abwanderung von Teilen der ländlichen Bevölkerung in Städte, was eine übersteigerte Urbanisierung bewirkt. Die Migranten versprechen sich selbst in der urbanen Marginalität Verbesserungen gegenüber den Verhältnissen auf dem Lande: Fehlender Besitz an Boden und Wasser, niedrige Produktivität, Arbeitslosigkeit, Vernachlässigung des Agrarsektors. Agrarreformen und integrierte ländliche Entwicklung versuchen eine ursachenadäquate Bekämpfung. Analytisch wurde die Binnenwanderung durch das → Todaro-Modell modelliert.

Binnenwert → Geldwert, → Inflation.

Bioindikatoren – messbare Anzeichen von Reaktionen ausgewählter Organismen auf Beeinträchtigungen in ihrer Umwelt, die zur Erkennung von ökologischen Belastungen verwendet werden. – Vgl. auch → Grenzwert, → kritische Belastungswerte.

Biokybernetik – Kybernetik der belebten Welt; untersucht die Regelung, Steuerung und Selbstregulation von vernetzten, ineinander greifenden Prozessen in biologischen Systemen. – Vgl. auch → Vernetzung.

biokybernetische Grundregeln – von F. Vester formulierte Prinzipien zur Beurteilung und Gestaltung des menschlichen Handelns, die er aus Erkenntnissen der → Biokybernetik ableitete.

Bionik – Wortkombination aus Biologie und Technik. Durch die Orientierung an Funktionen, Strukturen und Organisationsprinzipien von Organismen bzw. Organismensystemen, die in der Jahrmilliarden dauernden Evolution optimiert wurden, können Quellen für die Erforschung und Entwicklung von technischen Systemen erschlossen werden. – *Teilbereiche:* Chemobionik, Energetobionik, Evolutionsstrategien, Informationsbionik, Strukturbionik. – Vgl. auch → Systemmanagement.

Biosphäre – i.e.S. die Gesamtheit aller Lebewesen und ihrer Wechselbeziehungen. Die Biosphäre ist ein dissipatives, synergetisches → System (→ Synergetik), in dem → Ordnungen als → Fließgleichgewichte zu verstehen sind. Der alles aufrechterhaltende Faktor in der Biosphäre ist der Fluss der Materie in Verwertungszyklen (z.B. Atmung und Photosynthese). – Vgl. auch → Entropie, → Systemmanagement.

Biozönose – 1. *Begriff:* Zufällige oder zielstrebige Vergesellschaftung von Pflanzen und Tieren aufgrund ähnlicher Lebensraumansprüche. Infolgedessen entstehen einseitige oder wechselseitige, meist ernährungsbedingte Beziehungen, die sich – in einen Gleichgewichtszustand gezwängt – durch *Selbstregulation* erhalten und um einen Mittelzustand schwanken. – 2. Eine bes. wichtige *Biozönosestruktur* ist das Zusammenspiel von Produzenten, Konsumenten und Reduzenten (Destruenten). – a) Die Pflanzen entnehmen im Rahmen der Photosynthese als *Produzenten* mit ihren Wurzeln Wasser und Nährstoffe aus dem Boden und bilden mithilfe des Sonnenlichtes und CO_2 Glukose (Traubenzucker), den Ausgangsstoff für weitere organische Verbindungen. Diese Verbindungen nutzen die Pflanzen zur Erhaltung des Stoffwechsels und zum Aufbau körpereigener Substanzen; ausschließlich Produzenten können so aus anorganischen organische Stoffe aufbauen (*Autotrophie*). – b) Die *Konsumenten* sind tierische Organismen. Sie sind von anderen Lebewesen abhängig, da sie zur Ernährung energiereiche organische Stoffe benötigen, um daraus körpereigene Substanzen aufzubauen (*Heterotrophie*). Ein Teil der aufgenommenen Energie geht durch Atmung verloren. *Konsumenten erster Ordnung* sind Pflanzenfresser (Herbivore). Sie können *Konsumenten zweiter Ordnung*, den Fleischfressern (Carnivore), als Nahrung dienen, die wiederum Nahrung für die *Konsumenten dritter Ordnung* sind (z.B. Superraubtiere wie Bussarde). – c) Die *Destruenten* (Reduzenten), v.a. Bakterien und Pilze, bauen organische Stoffe zu anorganischen ab (Mineralisierung). – d) Produzenten und Destruenten bilden einen *kurzen Kreislauf*. Zwischen diese treten im *langen Kreislauf* die Konsumenten (verschiedener Ordnung). Die *Nahrungsketten* können sehr komplex sein, da es viele verschiedene Produzenten- und Konsumentenarten gibt, die in mehreren Abhängigkeitsverhältnissen gleichzeitig stehen. – Vgl. auch → Bionik, → biokybernetische Grundregeln, → Entropie, → Koevolution, → ökologische Kompatibilität, → Systemmanagement, → Vernetzung.

BIS – Abk. für *Bank for International Settlement*. – Vgl. auch → BIZ.

Bismarcksche Sozialversicherungspolitik – Länder mit einer Orientierung am in Deutschland unter O. v. Bismarck (nach der „Kaiserlichen Botschaft" von 1881) entwickelten System der → sozialen Sicherung konkretisieren die Gestaltungsprinzipien der Sozialpolitik ihrer Bürger gegenüber den Standardrisiken des (Erwerbs-)Lebens durch überwiegend beitragsfinanzierte, eigenständige (parafiskalische) → Sozialversicherungen, bes. für Arbeitslosigkeit, Gesundheit und Alter. – Vgl. auch → Beveridge-Plan, Sozialstaat, → Theorie der Sozialpolitik.

BIZ – 1. *Begriff und Merkmale: Bank für Internationalen Zahlungsausgleich (BIZ), Bank for International Settlement (BIS);* am 17.5.1930 zur Abwicklung deutscher Reparationszahlungen im Rahmen des Young-Planes gegründetes zwischenstaatliches Institut mit Sitz in Basel mit der *Rechtsform der AG*. – 2. *Ziele und Aufgaben:* Förderung der Zusammenarbeit der Notenbanken, Erleichterung internationaler Finanzoperationen, Übernahme von Treuhandschaften oder Bevollmächtigungen bei internationalen Finanzabkommen, Zentrum für Währungs- und Wirtschaftsforschung. Als Agentin der → OEEC führte sie die Verrechnungen der Forderungen und Verpflichtungen und den Ausgleich der Salden in Gold oder Dollar innerhalb der Europäischen Zahlungsunion (EZU; OEEC) durch. In letzter Zeit hat die BIZ als Forum für den Erfahrungsaustausch nationaler Zentralbanken einen wichtigen Beitrag zur Reform des internationalen Finanzsystems geleistet. Als Teil der → Neuen Weltfinanzarchitektur wurde an der BIZ das → Forum für Finanzmarktstabilität (FSF) eingerichtet. Der Baseler Ausschuss dient insbesondere der Weiterentwicklung der Bankenaufsicht. – 3. Die *Geschäftsführung* obliegt dem Verwaltungsrat, der aus den Zentralbankpräsidenten verschiedener Staaten besteht. – 4. *Bedeutung:* Die BIZ gilt als Zentralbank der Zentralbanken. Sie bietet Zentralbanken ein breites Spektrum an speziellen Finanzdienstleistungen zur Verwaltung ihrer Devisenreserven. Aufgrund zunehmender Interdependenz der internationalen Finanzmärkte wird die BIZ als informelles Kooperations- und Koordinationsgremium von den beteiligten Zentralbanken genutzt. Zur Stabilisierung internationaler Finanzmärkte wurden vom Committee on Banking Supervision and Regulatory Practices mit dem Baseler Konkordat und dem Baseler Akkord Abkommen ausgearbeitet. Entsprechend dem Baseler Konkordat überwachen die Zentralbanken die Geschäftstätigkeit der Banken ihres Zuständigkeitsbereichs, wobei eine gegenseitige Informationspflicht besteht. Der Baseler Akkord standardisiert die Mindestkapitalausstattung international tätiger Banken der G 10. Ende 2010 veröffentlichte der Baseler Ausschuss für Bankenaufsicht neue Regelungen zur Eigenkapitalunterlegung von Bankgeschäften, die unter dem Begriff *„Basel III"* Gegenstand zahlreicher Diskussion sind und insbesondere unter den Eindrücken der Finanzmarktkrise 2007 bis 2009 entstanden sind. – *Veröffentlichungen:* Annual Reports (dt., engl., franz., ital.), wissenschaftliche Working Paper und Fachaufsätze sowie allg. Wirtschaftsanalysen.

Blasenpolitik → Glockenpolitik.

Blockfloating → Währungsschlange, Schlange im Tunnel.

Blockunterricht – Zusammenfassung der Unterrichtstage der → Berufsschule zu größeren zeitlichen Einheiten (Blöcken) in einer Dauer von zwei bis sechs Wochen.

BMG – Abk. für → Bundesministerium für Gesundheit.

BMWi – Abk. für → Bundesministerium für Wirtschaft und Technologie.

Bo'ao-Asien-Forum – Boao Forum for Asia, Abk. *BFA*; nicht staatliche, nicht gewinnorientierte, offene internationale Jahreskonferenz für Regierungschefs, Wirtschaftsvertreter und Wissenschaftler zur Verbesserung der innerasiatischen aber auch globalen Wirtschaftsbeziehungen. Gründung des BFA war am 21.2.2001. Seit 2002 findet das Forum in Bo'ao (China) statt.

Bodenrente → Grundrente.

Bologna-Prozess – 1. *Begriff:* Im Juni 1999 wurde in der italienischen Stadt Bologna von den Bildungsministern 29 europäischer Staaten eine Erklärung unterzeichnet, die eine Angleichung der nationalen Hochschulsysteme vorsieht. – 2. *Inhalte der Vereinbarung:* Aufbau vergleichbarer Studiengänge und -abschlüsse und eines zweistufigen Systems von Studienabschlüssen (→ Bachelor und → Master), die Einführung eines „Diploma Supplement" mit Informationen über den Studienablauf, die Modularisierung des Studiums und die Einführung eines Leistungspunktesystems (ECTS) sowie eine kontinuierliche Qualitätssicherung der Hochschulausbildung, (u.a. durch Akkreditierung der Studiengänge). – In diesem bis 2010 andauernden Prozess soll ein gemeinsamer europäischer Hochschulbereich der 46 Bologna-Mitgliedsstaaten geschaffen und somit der Mobilitätsgrad in diesem Umfeld gesteigert werden.

Bolschewismus – russ. für *Mehrheitler*, die die politisch-ideologische Lehren des → Marxismus-Leninismus vertreten. Die Bezeichnung der Bolschewismus geht auf ein Abstimmungsergebnis innerhalb der ehemaligen Sozialdemokratischen Arbeiterpartei Russlands (SDAPR) auf ihrem zweiten Parteitag 1903 in London zurück. Da Russland damals noch ein relativ rückständiges Agrarland mit ausgeprägt feudalen Strukturen war, fehlten dort entsprechend der Marxschen Entwicklungslehre (→ historischer Materialismus) die Voraussetzungen für Errichtung einer kommunistischen Ordnung. Abgestimmt wurde darüber, ob dementsprechend zunächst eine *bürgerliche Revolution* den → Kapitalismus bringen müsse, der dann die notwendigen Bedingungen für den → Kommunismus schaffe (Auffassung der unterlegenen *Menschewiki*, russ. für Minderheitler), oder ob dennoch unmittelbar eine *kommunistisch-proletarische Revolution* anzustreben sei (Auffassung der von Lenin angeführten Gruppe der *Bolschewiki*). Diese Auseinandersetzungen führten zur Spaltung der Partei. Während sich die Menschewiki zu einer parlamentarisch orientierten sozialdemokratischen Partei entwickelten, wurden die Bolschewiki von Lenin zu einer Kaderpartei von Berufsrevolutionären geformt, die dann 1917 durch einen bewaffneten Aufstand in der damaligen Hauptstadt Petrograd die Machtergreifung gelang.

Bonitätsrente → Grundrente.

Borda-Regel – *Rangsummenregel;* ein nach J.C. Borda benanntes Verfahren der Abstimmung (→ Abstimmungsverfahren) über n Alternativen, bei dem die Teilnehmer jeder Alternative so viele Punkte zuordnen, wie es der Rangziffer in ihrer Präferenzordnung entspricht (beste Alternative ein Punkt, zweitbeste zwei etc., schlechteste n Punkte). Gewählt ist dann die Alternative mit der geringsten Summe der Punkte.

Bordkonnossement – *Shipped on Board-Bill of Lading (B/L); -Bill of Loading (BL);* Sonderform des → Konnossements. Bestätigung des Verfrachters über die erfolgte Verladung der Ware auf dem im Konnossement genannten Schiff.

Boulding – Kenneth Ewart, 1910–1993, aus England stammender, seit den 1930er-Jahren in den USA lebender Nationalökonom und Philosoph, der zuletzt an der University of Colorado lehrte. Bouldings Werke fanden v.a. in den 1980er- und 1990er-Jahren große Beachtung bei der ökologischen Ökonomik (→ Raumschiff-Ökonomik). Boulding gilt unter den modernen Nationalökonomen als origineller Denker und skurriler Außenseiter zugleich, der auch als Pazifist, Ökologe und schöngeistiger Schriftsteller von sich reden machte. Einen Eindruck von seiner enormen geistigen Spannweite vermittelt sein Buch „Beyond Economics: Essays on Society, Religion, and Ethics" (1968).

Bourgeoisie – 1. Im Frankreich des 18. Jh. Bezeichnung für das städtische Bürgertum, das zugleich im Besitz des Produktivvermögens war. – 2. Bezeichnung des → Marxismus für die Unternehmer, d.h. die Eigentümer der Produktionsmittel (→ Klassentheorie).

Bowley's Law – In der wirtschaftswissenschaftlichen Theorie findet sich eine ganze Reihe von sog. „ökonomischen Konstanten", gelegentlich auch als „great magnitudes in economics" bezeichnet. Diese Größen werden im langfristigen empirischen Zeitablauf als relativ stabil angesehen. – Die Aufnahme der → Lohnquote in die Sammlung konstanter ökonomischer Größen lässt sich wesentlich auf die Arbeiten Arthur L. Bowleys (1869-1957) zu Beginn des 19. Jahrhunderts in Großbritannien zurückführen, der als Mathematiker, Statistiker und Ökonom in Großbritannien tätig war. Die Bezeichnung *Bowley's Law* für das Gesetz der konstanten Lohnquote findet sich erstmals 1964 in dem einflussreichen Lehrbuch *Economics* von Paul A. Samuelson. Die Existenz von Bowley's Law ist aus empirischen und methodischen Gründen jedoch fragwürdig, spielte aber dennoch eine bedeutsame Rolle bei der Herausbildung der maßgeblichen Verteilungstheorien.

Brady-Initiative – Vorschlag des US-Finanzministers N. Brady vom April 1989 zur Lösung der internationalen Verschuldungskrise nach dem Scheitern des → Baker-Plans. – Die Brady-Initiative sah einen substanziellen Abbau der Altschulden bzw. des Schuldendienstes vor. Die Beteiligten konnten aus *drei Alternativen* wählen: Rückkauf von Schuldtiteln (→ Debt-Conversion-Programm), Tausch von Schuldtiteln gegen Beteiligungskapital (Debt Equity Swap) oder Tausch gegen Schuldtitel mit niedrigeren Zinsen oder längeren Laufzeiten (Debt Bond Swap). – *Bedingung für Umschuldungen* nach der Brady-Initiative war ein → Strukturanpassungsprogramm (SAP) des Schuldnerlandes. In den 1980er-Jahren wurde die Brady-Initiative durch die umfassendere → HIPC-Initiative abgelöst.

Braindrain – 1. *Begriff:* Emigration von Arbeitskräften, die dem Abwanderungsland Kenntnisse und Fertigkeiten, d.h. in den Menschen inkorporiertes → Humankapital, entzieht. Bes. in Ländern der Dritten Welt wird der Braindrain als entwicklungsbeeinträchtigender Faktor angesehen (→ Kontereffekt). – 2. *Ursachen* sind exogene Faktoren (z.B. bessere Arbeitsbedingungen und Entlohnung in den Industrieländern) und endogene Faktoren (z.B. den Opportunitätskosten nicht entsprechende Entlohnung, politische Instabilität, Diskriminierung und Unterdrückung bis hin zur Verfolgung Intellektueller). – 3. *Wirkungen* für das Abwanderungsland: a) mögliche *negative Wirkungen* u.a.: (1) Rückgang der Produktivität der verbliebenen Arbeitskräfte und sonstigen Produktionsfaktoren aufgrund gestärkter komplementärer Beziehungen; (2) Entfallen externer Erträge, die von den Emigranten erzeugt und mit der Entlohnung nicht abgegolten wurden; (3) Entfallen eventueller bisher von den Emigranten geleisteter Transferzahlungen zugunsten von Inländern; (4) nicht abgegoltene, vom Abwanderungsland getragene Ausbildungskosten, deren Erträge dem Zuwanderungsland zufallen. – b) Mögliche *positive Wirkungen* u.a.: (1) Teilhabe des Heimatlandes an von den Abgewanderten im Ausland erzielten Forschungsergebnissen (Tropenmedizin, Agrarforschung u.a.); (2) bei temporärer Abwanderung unentgeltlicher Zustrom von Humankapital bei der Rückkehr ins Heimatland durch zusätzliche Qualifikation im Ausland; (3) im Fall der „Produktion" von Akademikerüberschüssen (wie in einigen Entwicklungsländern) Entlastung des Arbeitsmarktes, politische Stabilisierung und u.U. auch Entlastung des Staatshaushalts (z.B. wenn durch die Abwanderung überschüssige Arbeitskräfte aus dem öffentlichen Sektor abgezogen werden).

Branchenabkommen – 1. *Begriff:* Kooperative, freiwillige Absprache zwischen den Unternehmen einer Branche und der Umweltbehörde, bei der Unternehmen und Verbände eigenverantwortlich Maßnahmen ergreifen, um von außen gesetzte Ziele zu erreichen; nicht-fiskalisches Instrument der → Umweltpolitik. – 2. *Vorteile:* a) Berücksichtigung der jeweiligen unternehmensspezifischen, regionalen Umweltbedingungen. – b) Vermeidung eines langwierigen Gesetzgebungs- und Verordnungsprozesses. – c) Harmonische Integration in die Handlungsabläufe der Wirtschaft. – 3. *Nachteile:* a) Gefahr einer punktuellen Umweltpolitik. – b) Mangelnde Wirksamkeit rechtlich unverbindlicher Branchenabkommen.

Branchenstruktur → sektorale Wirtschaftsstruktur.

Brandt-Kommission – nach ihrem Vorsitzenden W. Brandt benannte *Unabhängige Kommission für internationale Entwicklungsfragen*, die 1977 auf Vorschlag des damaligen Weltbankpräsidenten R. McNamara ins Leben gerufen wurde. Sie bestand aus sieben Mitgliedern der Industrie- und zehn Mitgliedern der Entwicklungsländer. – Ihr *Auftrag* lag in der Ausarbeitung von Vorschlägen zur beschleunigten Entwicklung der Dritten Welt. Der erste Bericht (Das Überleben sichern; 1980) gab Anregungen zur Umgestaltung der internationalen Wirtschaftsbeziehungen. Der zweite Bericht (Hilfe in der Weltkrise; 1982) beschäftigte sich mit der → Auslandsverschuldung der Entwicklungsländer.

Bretton-Woods-System – Gold-Devisen-Standard. 1. *Begriff:* Internationales Währungssystem nach dem Zweiten Weltkrieg bis Anfang der 1970er-Jahre. Benannt nach einem am 27.7.1944 in der Stadt Bretton Woods im US-Bundesstaat New Hampshire unterzeichneten internationalen Abkommen, welches eine *umfassende Neuordnung der Weltwirtschaft* nach dem Zweiten Weltkrieg anstrebte. Zu verstehen als Reaktion auf die durch Abwertungswettläufe und Protektionismus gekennzeichnete Periode zwischen dem ersten und dem Zweiten Weltkrieg. – *Ziel* war eine reibungslose und von Handelsbarrieren befreite Abwicklung des Welthandels unter engen Schwankungsbändern der Wechselkurse (Zielzonen-System). Konzipiert nach dem Gold-Devisen Standard mit dem US-Dollar als Leitwährung. – *Kernbestandteile* des in Bretton Woods vereinbarten Währungssystems waren: (1) Festlegung einer Parität von (damals) 35 US-Dollar pro Unze Gold und (2) Verpflichtung der USA zum An- und Verkauf von Dollar zu diesem Preis, (3) Festlegung der Wechselkurse (Paritäten) der übrigen Währungen gegenüber dem US-Dollar, (4) Verpflichtungen der Notenbanken dieser übrigen Währungen, die Wechselkurse innerhalb einer Bandbreite von ein Prozent um diese Paritäten zu stabilisieren, (5) die Möglichkeit der Veränderung der Paritäten im Fall von fundamentalen Zahlungsbilanzproblemen einzelner Länder (→ Realignments) und schließlich (6) die Errichtung des internationalen Währungsfonds (→ IWF) zur internationalen Kreditgewährung bei vorübergehenden Zahlungsbilanzproblemen. Neben der Installation dieses Währungssystems wurde in Bretton Woods auch die *Errichtung der Weltbank* (→ IBRD) zum Zwecke der Entwicklungsländerfinanzierung beschlossen. Ergänzt wurde das Bretton-Woods-Abkommen durch die 1948 unterzeichnete *Havanna-Charta*, die die multilaterale Handelsliberalisierung anstrebte und aus der das → GATT hervorging. – 2. *Probleme:* Das Bretton-Woods-*Währungssystem* brach in den 1970er-Jahren zusammen, und zwar im Wesentlichen aufgrund zweier Konstruktionsfehler. *Erstens* aufgrund des *Redundanzproblems*, manchmal auch das *Problem des n-ten Landes* genannt. Damit ist gemeint, dass es bei n Währungen nur n–1 voneinander unabhängige Wechselkurse, und auch nur n–1 voneinander unabhängige Zahlungsbilanzen gibt. Wenn n–1 Länder die vorgesehenen Paritäten verteidigen und auf diese Weise ihre geldpolitische Souveränität aufgeben, so ist das n-te Land (das Leitwährungsland, in diesem Fall die USA) bei der Wahl seiner Geldpolitik von außenwirtschaftlichen Restriktionen befreit. Seine Politik hat aber gravierende Rückwirkungen auf alle anderen Länder, es beeinflusst dadurch nämlich die Entwicklung der nominelle Preise (die Inflationsraten) aller anderen Länder. Die nominelle Verankerung des Gesamtsystems durch die Gold-Dollar Parität funktionierte nur sehr begrenzt. Die USA verfolgten gegen Ende der 1960er-Jahre - u.a. bedingt durch den Vietnam Krieg - eine inflationäre Politik (Grund: öffentliche Haushaltsdefizite, expansive Geldpolitik) und waren nur sehr beschränkt zur Goldkonvertibilität des US-Dollar bereit. Die anderen Länder aber waren umgekehrt nicht mehr bereit, die so entstandene Inflationsrate der USA zu akzeptieren, wozu das Festkurssystem sie gezwungen hätte. *Das zweite Problem* war die zögerliche Anpassung der *Paritäten* auf Veränderungen fundamentaler wirtschaftlicher Einflussfaktoren in den einzelnen Ländern (u.a. Goldunter- bzw. Dollarüberdeckung), die dem System keine Glaubwürdigkeit verleihen konnten. Als Resultat entstanden *destabilisierende Spekulationen*, und nach einigen Versuchen, das System mit Veränderungen der Paritäten (→ Realignment) und/oder erweiterten Bandbreiten zu retten, kam Anfang der 1970er-Jahre der Zusammenbruch des Bretton-Woods-Systems. – Vgl. auch Wechselkurspolitik.

BRIC-Staaten – eine 2003 vom Goldman-Sachs-Chefvolkswirt O'Neill geschaffene und heute übliche Bezeichnung von vier wichtigen → Schwellenländern. BRIC steht hierbei für die Anfangsbuchstaben der Länder Brasilien, Russland, Indien und China.

Brückensprache – Sprache, die mit metadisziplinären Konzepten wie z.B. → Chaos, Dynamik, Fluktuation, Irreversibilität, → Komplexität, → Selbstorganisationstheorie, Stabilität oder → System (Autopoiese, → dissipative Strukturen, Kybernetik, → Systemmanagement, → Umweltpolitik) die Verständigung zwischen und die Zusammenarbeit von Wissenschaftlern aus verschiedenen Disziplinen ermöglichen soll (→ Interdisziplinarität).

Brundtland-Bericht – 1. *Begriff und Merkmale:* Im Herbst 1983 wurde von der UNO-Vollversammlung die World Commission on Environment and Development unter Vorsitz der Norwegerin G.H. Brundtland gebildet. Im April 1987 wurde ihr Bericht „Our Common Future" vorgelegt. – 2. *Ziele*: Der Bericht zielt auf einen globalen Bewusstseinswandel ab und legte den Schwerpunkt auf die Beziehung zwischen Wirtschaftswachstum und Umweltschutz, wobei „sustainable development" als möglicher Kompromiss der Interessen von Entwicklungsländern und Industrieländern dargestellt wurde.

Bruttobetrieb – *reiner Regiebetrieb*; wirtschaftlich, technisch und sozial abgrenzbare Verwaltungseinheit, deren gesamte Einnahmen und Ausgaben (→ Kameralistik) bzw. Erträge, Aufwendungen, Einzahlungen und Auszahlungen (Doppik) getrennt und in voller Höhe im Trägerhaushalt ausgewiesen werden. Ein eigenes Vermögen sowie eine eigene Kasse bestehen nicht, sodass strittig ist, inwieweit der → Regiebetrieb als Bruttobetrieb zu den → öffentlichen Unternehmen zu rechnen ist. Die enge finanzielle Verflechtung von Regiebetrieb und Trägerhaushalt erschwert eine wirtschaftliche Betriebsführung. Demgegenüber wirft die Instrumentalisierung des Regiebetriebes zur Erfüllung öffentlicher Ziele aufgrund der organisatorischen und personellen Anbindung an den Träger keine Schwierigkeiten auf. Gesonderte Rechtsvorschriften zur Führung von Bruttobetrieben bestehen nicht. Mögliche Beispiele für einen Regiebetrieb sind Friedhöfe, Bauhöfe, Museen und Schwimmbäder – *Gegensatz*: Eigenbetrieb.

Bruttoeinkommen – ergibt sich aus den gesamten erzielten Einkünften einer Person bzw. eines Haushaltes aus unselbstständiger Arbeit (inklusive Weihnachtsgeld, 13./14. Monatsgehalt, Urlaubsgeld usw.), aus selbstständiger Arbeit, Einkünften aus Vermietung, Verpachtung, Vermögen, Sonderzahlungen und öffentlichen Transferzahlungen. Nach Abzug von Steuern, Solidaritätszuschlag und Pflichtbeiträgen zur Sozialversicherung resultiert das → Nettoeinkommen.

Brutto-Etatisierung – *Bruttoprinzip*; Haushaltsgrundsatz zur Aufstellung des Haushaltsplans; nach diesem sind alle Einnahmen und Ausgaben von Verwaltungseinheiten im Trägerhaushalt (→ Bruttobetrieb, → Regiebetrieb) unsaldiert auszuweisen. – *Gegensatz*: → Netto-Etatisierung, Nettoprinzip.

Bubble Policy → Glockenpolitik.

Budgetmaximierung → ökonomische Theorie der Bürokratie.

Buffer Stock – Marktausgleichslager für Rohstoffe, die dazu dienen sollen, Rohstoffpreise zu stabilisieren, indem Angebots- und Nachfragemengen von der Buffer Stock-Verwaltung durch Käufe oder Verkäufe entsprechend dem Stabilisierungsziel beeinflusst werden. Entwicklungsländer haben ihre Einrichtung im Rahmen der Verhandlungen über eine → Neue Weltwirtschaftsordnung gefordert, wobei die Industrieländer die Finanzierung zu sichern hätten. – Industrieländer haben Buffer Stocks weitgehend abgelehnt. Die *bisherigen Erfahrungen* mit Buffer Stocks sind nicht ermutigend. Buffer Stocks wirken strukturkonservierend, verursachen Fehllallokationen und können u.U. Exporterlösschwankungen verstärken. – *Alternative*: Exporterlöse könnten auch durch eine kompensierende Finanzierung stabilisiert werden.

Bullionismus → Merkantilismus.

Bundesagentur für Arbeit – 1. *Begriff*: zentrale Behörde der Arbeitsverwaltung. Sie ist 2004 aus der früheren Bundesanstalt für Arbeit hervorgegangen. – 2. *Aufbau*: Die Bundesagentur für Arbeit gliedert sich dreistufig in der Nürnberger Zentrale, zehn Regionaldirektionen (früher: Landesarbeitsämter) und 176 örtliche Agenturen für Arbeit (früher: Arbeitsämter) mit gut 610 Geschäftsstellen. Besondere Dienststellen, wie das Institut für Arbeitsmarkt- und Berufsforschung (IAB), die Zentrale Auslands- und Fachvermittlung (ZAV) in Bonn, die Führungakademie der Bundesagentur für Arbeit (FBA), die Hochschule der Bundesagentur für Arbeit als staatlich anerkannte Fachhochschule für Arbeitsmarktmanagement etc., ergänzen das Dienstleistungsangebot. – 3. *Stellung*: Sie ist eine bundesunmittelbare Körperschaft des öffentlichen Rechts mit Selbstverwaltung und steht unter der Rechtsaufsicht des Bundesministeriums für Arbeit und Soziales (BMAS). An der Spitze steht der Vorsitzende, der auf Vorschlag des Verwaltungsrats von der Bundesregierung ernannt wird. – 4. *Aufgabe*: Durchführung der passiven und der aktiven Arbeitsmarktpolitik. – 5. *Haushalt*: a) *Haushaltsverfahren*: Der Haushaltsplan wird vom Vorstand in eigener Verantwortung aufgestellt (§ 71a I SGB IV); er bedarf der Genehmigung der Bundesregierung. Seit 1993 liegt das Recht zur Haushaltsinkraftsetzung auch gegen den Willen der Bundesagentur für Arbeit beim Bundesministerium für Arbeit und Soziales (BMAS), wenn Maßgaben der Bundesregierung nicht berücksichtigt werden und die geplanten Ausgaben nicht aus den Einnahmen und der Rücklage der Bundesagentur für Arbeit gedeckt werden können (§ 71a IV SGB IV). – b) *Haushaltsvolumen*: Höhe wie Struktur der Ausgaben bestimmen Bundesregierung und Parlament einerseits über das Dritte Buch des Sozialgesetzbuches (SGB III), bes. die Beitragssätze und -bemessungsgrenzen, die Leistungshöhe und -dauer einzelner Maßnahmen und andererseits über das Recht zur Haushaltsinkraftsetzung. Verbleibende Defizite der Bundesagentur für Arbeit sind aus dem Bundeshaushalt auszugleichen. – c) *Einnahmequellen*: Der größte Teil der Ausgaben wird aus Beiträgen bestritten, die Betriebe und sozialversicherungspflichtige Arbeitnehmer je zur Hälfte bis zur Beitragsbemessungsgrenze der gesetzlichen Rentenversicherung abführen (alte Bundesländer monatlich 5.600 Euro/ neue Bundesländer monatlich 4.800 Euro, jeweils ab 2012) bei einem Beitragssatz von 3

Prozent (seit 2011). Der darüber hinaus gehende Teil der Ausgaben wird als Defizit aus allg. Haushaltsmitteln, dem allg. Steueraufkommen, finanziert. Im Jahr 2011 beliefen sich die Ausgaben im Haushaltsplan der Bundesagentur für Arbeit auf ca. 37,5 Milliarden Euro. Für 2012 ist ein ähnlicher Betrag zu erwarten. Einige Ausgaben (→ Wintergeld, → Insolvenzgeld) werden durch Umlagen der Arbeitgeber finanziert. – Vgl. auch Arbeitslosenversicherung, Arbeitsmarktpolitik.

Bundesamt für Güterverkehr (BAG) – Bundesoberbehörde im Geschäftsbereich des Bundesministeriums für Verkehr, Bau- und Stadtentwicklung (BMVBS) mit Sitz in Köln. Erledigt Verwaltungsaufgaben nach dem Güterkraftverkehrsgesetz (GüKG) vom 22.6.1998 (BGBl. I 1485) m.spät.Änd. oder anderer Gesetze (§ 11 GüKG).

Bundesanstalt für Arbeit → Bundesagentur für Arbeit.

Bundesanstalt für Post- und Telekommunikation Deutsche Bundespost (BAnstPT) – juristische Person zur Wahrung der Rechte und Pflichten der Bundesrepublik Deutschland aus den Anteilen an den Aktiengesellschaften, die aus den Teilsondervermögen der Deutschen Bundespost hervorgegangen sind (→ Deutsche Post AG, → Deutsche Postbank AG, → Deutsche Telekom AG). – *Sitz*: Bonn. Die Anstalt steht nunmehr unter Fachaufsicht des Bundesministeriums der Finanzen (BMF). Neben den Aufgaben nach dem Aktiengesetz (AktG) obliegen der Bundesanstalt u.a. folgende Aufgaben: Koordinierung der Unternehmen durch Beratung, Anregung für das äußere Erscheinungsbild der Unternehmen, Abschluss von Manteltarifverträgen, Fortführung der Sozialeinrichtungen der früheren Deutschen Bundespost. Durch die Erfüllung von Aufsichts- und Genehmigungspflicht soll die Bundesanstalt für Post- und Telekommunikation Deutsche Bundespost einen sukzessiven Übergang in eine marktorientierte Steuerung von Post- und Telekommunikationsdiensten gewährleisten; die Marktliberalisierung der Telekommunikationsdienste ist bereits realisiert.

Bundesaufsichtsamt für das Kreditwesen (BAKred) – ehemalige Bundesoberbehörde im Geschäftsbereich des Bundesministeriums der Finanzen (BMF) mit Sitz in Bonn. Aufgegangen zum 1.5.2002 in der Bundesanstalt für Finanzdienstleistungsaufsicht (BaFin). – Vgl. auch → Bankenaufsicht (BA).

Bundesausbildungsförderungsgesetz (BAföG) → Ausbildungsförderung.

Bundesbank → Deutsche Bundesbank. Oberste Währungsbehörde der Bundesrepublik Deutschland; Kapitaleigner der → Europäischen Zentralbank (EZB).

Bundesbankgesetz (BBankG) – *Gesetz über die Deutsche Bundesbank*; Gesetz vom 26.7.1957 m.spät. Änd., mit dem die → Deutsche Bundesbank errichtet wurde. Damit wurde das zweistufige Bankensystem in Deutschland beendet. Die Deutsche Bundesbank als Einheitsbank wurde geschaffen durch die Umgestaltung der Bank deutscher Länder, der Landeszentralbanken sowie der Berliner Zentralbank. Die Landeszentralbanken werden als Hauptverwaltungen der Deutschen Bundesbank verstanden. Das Bundesbankgesetz regelt die Organisation der Deutschen Bundesbank und legt die Aufgaben der Geldpolitik sowie den Rahmen für die Instrumente der Geldpolitik in Deutschland fest. Das Bundesbankgesetz ist inzwischen mehrfach novelliert worden, um es veränderten geld- und finanzwirtschaftlichen Bedingungen, aber auch politischen Veränderungen (z.B. die deutsche Einigung) anzupassen. Durch die Sechste Novelle des BBankG vom 22.12.1997 wurde die Bundesbank in das Europäische System der Zentralbanken (ESZB) eingegliedert.

Bundesbeteiligung – Beteiligung des Bundes und seines Sondervermögens an Unternehmen in privater und öffentlicher Rechtsform (→ öffentliche Unternehmen). Die einzelnen Unternehmen, an denen der Bund (mehrheitlich) beteiligt ist, werden als → Bundesunternehmen bezeichnet. – Über die unmittelbaren und bedeutenderen mittelbaren Bundesbeteiligungen wird regelmäßig vom Bundesminister der Finanzen in einem Beteiligungsbericht berichtet. – Der Bund und seine → Sondervermögen waren 2011 unmittelbar an 109 Unternehmen des öffentlichen und privaten Rechts beteiligt (vgl. Beteiligungsbericht des Bundes 2011). Die Gesamtzahl der bedeutenderen unmittelbaren und mittelbaren Beteiligungen des Bundes betrug im selben Jahr 680. Die Zahl der unmittelbaren Beteiligungen des Bundes mit einem Nennkapital von ≥ 50.000 Euro/LW und ≥ 25 Prozent Anteilsbeteiligung des Bundes ist mit 30 Beteiligungen im Vergleich zu 2010 gleich geblieben. Die Gesamtzahl der bedeutenderen mittelbaren Beteiligungen mit einem Nennkapital von ≥ 50.000 Euro/LW und ≥ 25 Prozent Anteilsbeteiligung hat sich gegenüber dem Vorjahr 2010 auf insgesamt 650 erhöht. Von diesen 680 unmittelbaren und mittelbaren Beteiligungen fallen: (1) 65 Beteiligungen (hiervon 57 Beteiligungen im mittelbaren Bereich) in den Geschäftsbereich des Bundesministeriums der Finanzen, (2) 600 Beteiligungen (hiervon 593 Beteiligungen im mittelbaren Bereich) in den Geschäftsbereich des Bundesministeriums für Verkehr, Bau und Stadtentwicklung und (3) 15 Beteiligungen verteilen sich auf weitere 6 Bundesressorts. – Vgl. auch → Privatisierung.

Bundesbetrieb nach § 26 BHO – rechtlich unselbstständiger, organisatorisch ausgegliederter Teil der Bundesverwaltung (→ Bundesunternehmen, → öffentliche Unternehmen). Im Haushaltsplan sind nur die Zuführungen und Ablieferungen zu veranschlagen (Nettobetrieb). – *Pflichten*: Ein Wirtschaftsplan ist aufzustellen; kaufmännisches Rechnungswesen ist anzuwenden; ein Jahresabschluss ist aufzustellen und eine Kosten- und Leistungsrechnung durchzuführen. Es gelten die Haushaltsgrundsätze. – Auf *Landesebene* entspricht dem Bundesbetrieb der Landesbetrieb nach § 26 LHO.

Bundesinstitut für Berufsbildung (BIBB) – bundesunmittelbare juristische Person des öffentlichen Rechts, die der Rechtsaufsicht des Bundesministeriums für Bildung und Forschung (BMBF) untersteht; Sitz in Bonn. – *Rechtsgrundlage:* Berufsbildungsgesetz (BBiG) vom 23.3.2005 (BGBl. I 931) m.spät. Änd. – *Aufgaben:* Berufsbildungsforschung, Berufsbildungsplanung, Vorbereitung des → Berufsbildungsberichts, Vorbereitung von Ausbildungsordnungen, Führung und Veröffentlichung des Verzeichnisses der anerkannten Ausbildungsberufe etc.

Bundeskartellamt (BKartA) – selbstständige Bundesoberbehörde im Geschäftsbereich des Bundesministers für Wirtschaft und Technologie (BMWi); Sitz in Bonn gemäß § 51 I GWB. Kartellbehörde des Bundes nach dem Kartellgesetz (§§ 51–53 GWB); ausschließlich für bestimmte Kartellsachen (z.B. Fusionskontrolle) zuständig (§ 48 II Satz 1 GWB). Der Bundesminister für Wirtschaft und Technologie kann dem Bundeskartellamt lediglich allg. Weisungen erteilen (zu veröffentlichen im Bundesanzeiger gemäß § 52 GWB). – *Veröffentlichung:* alle zwei Jahre Bericht über die Tätigkeit des Bundeskartellamts sowie über Lage und Entwicklung auf seinem Aufgabengebiet (§ 53 GWB; s. auch weiterführende Web-Adresse). – Vgl. auch → Deutsches Kartellrecht.

Bundesministerium für Gesundheit (BMG) – zuständig für die Erhaltung, Sicherung und Fortentwicklung der Leistungsfähigkeit der gesetzlichen → Krankenversicherung sowie der gesetzlichen → Pflegeversicherung.

Bundesministerium für Wirtschaft und Technologie (BMWi) – zuständig für die Gestaltung der Bedingungen für wirtschaftliches Handeln auf der Basis von persönlicher und unternehmerischer Freiheit, Wettbewerb und Stabilität, Gewährleistung eines angemessenen Schutzes der Arbeitnehmer und Förderung der Beschäftigung der Arbeitnehmer.

Bundessozialhilfegesetz (BSHG) → Sozialhilfe.

Bundestarifordnung Elektrizität (BTO Elt) – Die BTOElt wurde durch Art. 5 des 2. EnWRNG (Zweites Gesetz zur Neuregelung des Energiewirtschaftsrechts v. 7.7.2005 BGBl. I S. 1970) aufgehoben und trat m.W.v. 1.7.2007 außer Kraft. – Insb. § 1 BTOElt zielte darauf ab, dass Elektrizitätsversorgungsunternehmen mit allgemeiner Anschluss- und Versorgungspflicht gem. § 6 EnWG für die Versorgung im Niederspannungsbereich allgemeine Tarife anzubieten haben, die eine möglichst sichere und preisgünstige Elektrizitätsversorgung, eine rationale und sparsame Verwendung von Elektrizität sowie eine Ressourcenschonung und möglichst geringe Umweltbelastung gewährleisten und sich an den Kosten der Elektrizitätsversorgung orientieren.

Bundesumweltstiftung – *„Deutsche Bundesstiftung Umwelt" (DBU)*; tätig seit 1991, mit Sitz in Osnabrück. Zuständig für die finanzielle Förderung von Umweltprojekten aller Art mit folgenden Aufgabenschwerpunkten: Modernisierung der mittelständischen Wirtschaft im Sinn vorsorgenden Umweltschutzes (→ präventiver Umweltschutz); Motivationsförderung zum nachsorgenden Umweltschutz (→ additiver Umweltschutz); Verbesserung der Umweltbildung; rationelle Energienutzung; Stipendien, bes. im Bereich der Förderung von Promotionen mit Umweltbezug.

Bundesunternehmen – wenig spezifizierter Sammelbegriff für alle öffentlich-rechtlichen und privat-rechtlichen Unternehmen (→ öffentliche Unternehmen) des Bundes: (1) → Bundesbeteiligung mit mehr als 50 Prozent Nennkapital, (2) → Sondervermögen des Bundes und (3) → Bundesbetrieb nach § 26 BHO. – Es steht Bund und Ländern grundsätzlich frei, in welcher Organisationsform sie sich unternehmerisch betätigen, soweit sie die Voraussetzungen der (Bundes-)Haushaltsordnung erfüllen. Staatsbetriebe und → Sondervermögen sind nach den Haushaltsordnungen dazu verpflichtet, einen Wirtschaftsplan aufzustellen. – Vgl. → Öffentliche Unternehmen

Bundesverband Public Private Partnership (BPPP) – Am 4.11.2003 gegründeter Verband zur Diskussion und Analyse von Public-Private-Partnerships (PPP). Vertreter aus Praxis und Wissenschaft analysieren im Austausch, inwieweit PPP Beiträge zur effektiven und effizienten Erfüllung öffentlicher Aufgaben sowie zur Realisierung der Innovations- und Reformziele im öffentlichen Sektor leisten können. Der BPPP wertet Erfahrungen aus dem In-und Ausland aus, untersucht Weiterentwicklungspotenziale und formuliert Empfehlungen für zusätzliche Verbesserungen.

Bundeszuschuss – zur Finanzierung der gesetzlichen → Rentenversicherung, der Arbeitslosenversicherung und in jüngerer Zeit auch der → Krankenversicherung aus allg. Haushaltsmitteln gezahlter Zuschuss des Bundes. Neben den Beiträgen der Arbeitgeber und Arbeitnehmer wichtigste Einnahmequelle der Rentenversicherung. Rechtfertigung findet der Bundeszuschuss v.a. durch die Übertragung von allg. sozialen Aufgaben auf die Rentenversicherung, denen keine Beitragseinnahmen gegenüberstehen (sog. versicherungsfremde Leistungen, z.B. Anrechnung von Ausbildungszeiten, Ersatzzeiten, Zahlung von Fremdrenten). – Der allgemeine Bundeszuschuss zur Rentenversicherung ändert sich nach der Lohnentwicklung und der Entwicklung des Beitragssatzes; zudem wird ein zusätzlicher Bundeszuschuss zur Abgeltung nicht beitragsgedeckter Leistungen gezahlt (§ 213 SGB VI). Im Jahr 2011 betrug der allgemeine Bundeszuschuss zur allgemeinen

Rentenversicherung 39,6 Mrd. Euro, die Summe aller Bundeszuschüsse zur allgemeinen Rentenversicherung 58,9 Mrd. Euro. – Auch an die GKV werden seit 2004 Bundeszuschüsse aus allg. Haushaltsmitteln für sog. versicherungsfremde Leistungen gezahlt (z.B. das Mutterschaftsgeld und andere Leistungen bei Schwangerschaft und Geburt). 2011 betrug der allgemeine Bundeszuschuss 13,3 Mrd. Euro. Im selben Jahr erfolgt zur Finanzierung des Sozialausgleichs im Zusammenhang mit den Zusatzbeiträgen (→ Gesundheitsreform) für die Jahre 2012 bis 2014 ein zusätzlicher Zuschuss von 2 Mrd. Euro. Ab dem Jahr 2015 wird der Bund regelmäßig Zahlungen zur Finanzierung des Sozialausgleichs leisten. Die Höhe soll 2014 gesetzlich festgesetzt werden.

Bürgerversicherung – Vorschlag zur Reform der Finanzierung der gesetzlichen → Krankenversicherung. Anders als im gegenwärtigen System sollen in die weiterhin einkommensabhängige Beitragspflicht alle Personen, die ihren gewöhnlichen Aufenthaltsort in der Bundesrepublik Deutschland haben (d.h. auch Arbeitnehmer oberhalb der Versicherungspflichtgrenze, Selbstständige, Beamte, Rentner etc.), und alle Einkommensarten (neben den Einkommen aus unselbständiger Tätigkeit auch Einkünfte aus selbständiger Tätigkeit und alle Kapitaleinkünfte) einbezogen werden. Die Meinungen gehen darüber auseinander, ob der lohnabhängige Anteil des Beitrags weiterhin zur Hälfte vom Arbeitgeber getragen werden soll. – Vgl. auch → Rürup-Kommission, → Kopfpauschale.

Bürgschaftsbanken – *Kreditgarantiegemeinschaften;* Selbsthilfeeinrichtungen des → Mittelstandes, an denen Handwerkskammern, Industrie- und Handelskammern, Kammern der Freien Berufe, Wirtschaftsverbände und Innungen, Banken und Sparkassen sowie Versicherungsunternehmen beteiligt sind. Sie übernehmen → Ausfallbürgschaften für kurz-, mittel- und langfristige Kredite an Unternehmen, die keine ausreichenden Kreditsicherheiten bieten können, z.B. für Existenzgründungen und Betriebsübernahmen, Investitions- und Wachstumsfinanzierungen, Betriebsmittel (auch Kontokorrentkreditrahmen), Avale und Garantien (auch Kreditrahmen). Ausfallbürgschaften können für ein einzelnes Unternehmen bis zu einer Gesamthöhe von 1 Mio. Euro übernommen werden. Im Rahmen des von der Bundesregierung zur Bewältigung der Finanzmarktkrise beschlossenen Konjunkturpakets II konnten Bürgschaftsbanken in den Jahren 2009 und 2010 vorübergehend die Bürgschaftsobergrenze von 1 Mio. Euro auf 2 Mio. Euro erhöhen. Die Übernahme von Bürgschaften für Sanierungskredite ist ausgeschlossen. – Durch globale Rückbürgschaften, die vom Bund und vom betreffenden Bundesland übernommen werden, deckt die öffentliche Hand einen hohen Teil des Risikos der Bürgschaftsbanken ab. – Bürgschaftsbanken sind → Kreditinstitute im Sinn von §1 KWG. Sie betreiben mit dem Garantiegeschäft Bankgeschäfte und unterliegen der → Bankenaufsicht (BA). – Vgl. auch → Wirtschaftsförderinstitute.

Bürokratie – legal-rationale Organisationsform, kennzeichnend für jede moderne Verwaltung im öffentlich-staatlichen Bereich sowie in Unternehmen, Betrieben, Verbänden, Parteien, Kirchen, Militärorganisationen etc. – 1. *Wesentliche Merkmale* (nach Weber): Geordnetes System von Regeln auf der Basis einer Satzung; hierarchisch gegliedertes unpersönliches System von Positionen; Abgrenzung von Komponenten und Zuordnung von Funktionen, Verantwortlichkeiten und Befugnissen; Auslese der Funktionsträger nach formalen Qualifikationen; schriftliche Erfassung und Dokumentation aller Vorgänge, Gleichbehandlung der Antragsteller. – 2. Als *Vorteil* wird i.Allg. die *technische Überlegenheit* gegenüber anderen Organisations- und Herrschaftsformen in komplexen, hocharbeitsteiligen und differenzierten Gesellschaften hervorgehoben, v.a. Objektivität, Stetigkeit, Berechenbarkeit, Planbarkeit und Zuverlässigkeit. – 3. *Probleme:* a) Da Zwecke und Ziele der Bürokratie aus individuell-subjektiver Perspektive oft *schwer überschaubar und verständlich* sind, resultiert ein Unbehagen gegenüber der Bürokratie. – b) Eine *Anpassung der internen Struktur* an Zielveränderungen in einer sich permanent wandelnden sozialen Umwelt fallen der Bürokratie schwer. Ihre Leistungsfähigkeit sinkt. Zur Erhaltung ihrer Effizienz ist sie von Reformulierungen ihrer gesetzten Ordnung abhängig. – Vgl. auch → Behörde, Bürokrat, Bürokratismus, → ökonomische Theorie der Bürokratie, → Gewaltenteilung, Exekutive.

Bürokratiekritik – 1. *Begriff und Merkmale:* Kritik am Umfang und an der Effektivität der Verwaltungstätigkeit, wobei für den Umfang Indikatoren wie etwa Staatsquote, Ausgabenvolumen und Anteile an den Gesamtausgaben (z.B. Personalausgaben) sowie die Zahl der im öffentlichen Sektor Beschäftigten, für die Effektivität – unter Bezugnahme auf den dem Wettbewerb ausgesetzten privatwirtschaftlichen Unternehmenssektor – etwa Produktivität und Kosten herangezogen werden. So betonen v.a. die Ansätze von Ökonomen wie z.B. Niskanen, Buchanan und Tullock die Ineffizienz der bürokratischen Aktivitäten (→ rent seeking); Bürokaten werden als Nachfrager nach öffentlichen Gütern auf Seite der Anbieter bzw. der Bereitsteller angesehen. – 2. *Erkenntnisinteresse:* Bürokratiekritik spielt eine wesentliche Rolle als Argumentationsgrundlage für die Forderung nach → Privatisierung öffentlicher Leistungen sowie für neuere Ansätze (→ New Public Management (NPM)), die – als Alternative zur Privatisierung – die Voraussetzungen und Bedingungen effizienten Verwaltungshandelns zum Gegenstand haben (→ Bürokratietheorie).

Bürokratietheorie – weitgehend gleichgesetzt mit theoretischen Erklärungsansätzen für das Verhalten von Individuen in und gegenüber → Bürokratien;

eine generelle Bürokratietheorie fehlt bisher. Ausgangspunkt ist das idealtypische Modell der bürokratischen Organisation von Weber als effizientes Instrument zur legalen Herrschaftsausübung, Bürokratietheorie ist daher Teil der (soziologischen) Organisationstheorie. Dem steht die ökonomische Theorie der Bürokratie gegenüber. Diese versucht, ökonomische Ineffizienzen, etwa in Form überhöhter Kosten – gemessen am privatwirtschaftlichen, dem Wettbewerb ausgesetzten Referenzsystem – und der generellen Expansion staatlicher Verwaltungen durch spezifische Verzerrungen im Verhalten der Verwaltungsmitglieder bzw. der Nutzer von Verwaltungsleistungen zu erklären. Wesentliche Erklärungshypothesen hierbei sind das budgetmaximierende Verhalten der Organisationsmitglieder sowie die Informationsasymmetrie zwischen Politik und Verwaltung. – Bürokratietheorie wird oftmals in Zusammenhang und unter dem Vorzeichen von → Bürokratiekritik diskutiert.

Bürokratieversagen → Hierarchienachteile.

C.R. Poensgen Stiftung (CRP) – gemeinnütziger Verein zur Förderung von Führungskräften in der Wirtschaft, gegründet 1956 von der Industrie- und Handelskammer Düsseldorf, seit 1998 ist die Stiftung Teil der Deutschen Gesellschaft für Personalführung e. V. (DGFP). – *Aufgabe:* Heranbildung von Unternehmerpersönlichkeiten als Nachwuchskräfte für leitende Positionen in den Unternehmungen. – *Methoden:* (1) Durchführung von Lehrgängen, die von Unternehmern und sonstigen Praktikern des Wirtschaftslebens sowie von Experten einzelner Gebiete abgehalten werden; (2) Zusammenkünfte von führenden Unternehmern und Nachwuchskräften zu Diskussionen und Gedankenaustausch.

Cabotage → Kabotage.

CACEU – 1. *Begriff und Merkmale:* Abk. für *Central African Customs and Economic Union, Union Douanière et Economique de l'Afrique Centrale (UDEAC), Zentralafrikanische Zoll- und Wirtschaftsunion;* am 8.12.1964 durch den Vertrag von Brazzaville gegründet. – 2. *Ziele:* Förderung der wirtschaftlichen Integration durch Zollunion und schrittweise Entwicklung eines gemeinsamen Marktes; Harmonisierung auf dem Gebiet der Entwicklungsplanung, industriellen Zusammenarbeit, Verkehrswesens, der Investitionsgesetzgebung und des Steuerwesens. Mit Frankreich bildet die UDEAC die Zentralafrikanische Währungsunion (Union Monétaire de l'Afrique Centrale).

CACM – *Central American Common Market, Zentralamerikanischer Gemeinsamer Markt;* 1960 gegründeter wirtschaftlicher Zusammenschluss von Costa Rica, El Salvador, Guatemala, Honduras und Nicaragua mit dem Ziel der Errichtung eines gemeinsamen Marktes in diesen Staaten.

Cake Eating Problem – Begriff aus der Umwelt- und Ressourcenökonomik, mit dem die Frage, wie ein vorgegebener Bestand einer → erschöpflichen Ressource am besten auf verschiedene Perioden aufzuteilen sei, bezeichnet wird. – Vgl. → Abbaupfad.

Cambridge-Cambridge-Kontroverse – bedeutsame Debatte in den 1950er- und 1960er-Jahren zwischen Ökonomen aus Cambridge (England) und Ökonomen des Massachusets Institutes of Technology (MIT) in Cambridge (USA). Ausgelöst durch das Buch „Warenproduktion mittels Waren" des Cambridge(England)-Ökonomen Piero Sraffa (1960) setzte die eine langjährige Debatte um die logische Konsistenz von zentralen theoretischen Konzepte der neoklassischen Kapitaltheorie, insbes. der aggregierten Produktionsfunktion, und den Folgen für die makroökonomische neoklassische Verteilungstheorie ein. – Maßgebliche Vertreter aus Cambridge (England) waren Joan Robinson, Luigi L. Pasinetti, Pierangelo Garegnani. Maßgebliche Vertreter aus Cambridge (USA) waren Paul A. Samuelson, Robert Solow.

Cambridge-Theorie der Verteilung → Keynes-Kaldor-Verteilungstheorie.

Capture-Theorie – Begriff der Theorie der Wirtschaftspolitik und der Neuen Politischen Ökonomie. Der Capture-Theorie zufolge gibt es in demokratisch verfassten Marktwirtschaften auch einen „Markt" für staatliche Regulierungseingriffe. „Nachfrager" sind Unternehmen bzw. deren Interessenverbände, die sich durch die Erlangung von Regulierungsprivilegien dem wettbewerblichen Anpassungszwang entziehen wollen. Hierfür sichern sie den gewählten Regierungspolitikern als den „Anbietern" staatlicher Regulierungsprivilegien politische (und/oder finanzielle) Unterstützung zu. Das Selbstinteresse der Politiker und der mit der Regulierungsaufgabe betrauten Verwaltungen (bürokratiespezifische Expansionsbestrebungen) führt zu einem tendenziellen Anwachsen von → Interventionismus und → Dirigismus und damit zu einem Absinken der gesamtwirtschaftlichen Effizienz.

CARICOM – 1. *Begriff und Merkmale: Caribbean Community and Common Market, Karibische Gemeinschaft;* am 4.7.1973 mit dem Vertrag von Chaguaramas (Trinidad) gegründet. Die CARICOM ersetzte die Karibische Freihandelszone (CARISTA), deren Zielsetzung der Handelsliberalisierung um die ökonomische Integration erweitert wurde. – 2. *Ziele:* Gemeinsame Außenhandelspolitik und gemeinsamer Außenhandelstarif sowie eine Koordinierung der nationalen Entwicklungspläne sind vorgesehen.

Carl Duisberg Gesellschaft (CDG) – 1949 von Bund, Ländern und der dt. Wirtschaft gegründete gemeinnützige Organisation für die internationale berufliche Weiterbildung und Personalentwicklung. 2002 fusionierte die CDG mit der dt. Stiftung für internationale Entwicklung (DSE) zur InWEnt – → Internationale Weiterbildung und Entwicklung gemeinnützige GmbH (InWEnt). Unter diesem Namen werden die Programme der Vorgänger-Organisationen weitergeführt. Die Programme werden meist im Auftrag des Bundesministeriums für wirtschaftliche Zusammenarbeit und Entwicklung (BMZ) im Rahmen der personellen Zusammenarbeit durchgeführt.

CCC – Abk. für *Customs Cooperation Council,* → Rat für die Zusammenarbeit auf dem Gebiet des Zollwesens (RZZ).

CCI – Abk. für *Chambre de Commerce International,* → ICC.

CD – Abk. für *Certificate of Deposit, Depositenzertifikat;* eine verbriefte → Termineinlage von Nicht-Banken bei Banken. Der Anleger einer bestimmten Mindestsumme festverzinslicher Termineinlagen erhält für seine Einlagen ein Depositenzertifikat. Dieses ist ein fungibles → Geldmarktpapier mit Laufzeiten von i.d.R. ein bis sechs Monaten, es kann daher auch vor Fälligkeit veräußert werden. Die Verzinsung der Depositenzertifikate liegt aufgrund der entstehenden Ausgabekosten geringfügig unter der von vergleichbaren Termineinlagen. Erstmals 1966 von Londoner Eurobanken begeben, sind Depositenzertifikateauch in Deutschland seit 1986 zugelassen; sie unterliegen der → Mindestreserve.

CDG – Abk. für *Carl-Duisberg-Gesellschaft.*

CEA – 1. *Begriff und Merkmale: Confédération Européenne de l'Agriculture, European Confederation of Agriculture, Verband der Europäischen Landwirtschaft;* gegründet 1948 mit Sitz in Brüssel. Spitzenverband von mehreren Hundert Landwirtschafts- und Genossenschaftsverbänden in Europa und die Nachfolgeorganisation der *International Commission of Agriculture* sowie der *International Confederation of Agriculture.* – 2. *Ziele:* Vertretung und Schutz der Interessen der europäischen Landwirtschaft in wirtschaftlichen, sozialen und kulturellen Angelegenheiten; Fortentwicklung der Grundlagen der Landwirtschaft; Schutz und Unterstützung des unabhängigen landwirtschaftlichen Familienbetriebs.

CEAO – *Communauté Economique de l'Afrique de l'Ouest, Westafrikanische Wirtschaftsgemeinschaft;* am 9.6.1959 gebildet aus sieben westafrikanischen frankophonen Staaten; zz. untätig. – *Probleme:* Überschneidungen mit → ECOWAS.

CEDEAO – *Communauté Economique des Etats de l'Afrique de l'Ouest, Wirtschaftsgemeinschaft westafrikanischer Staaten;* → ECOWAS.

CEEAC – Abk. für *Communauté Economique des Etats de l'Afrique Centrale;* → ECCAS.

CEMAC – 1. *Begriff und Merkmale:* Abk. für *Central African Money Union;* wirtschaftliche und monetäre Gemeinschaft von Zentralafrika; Geschäftsaufnahme 1966. – 2. *Mitgliedsstaaten* sind Äquatorialguinea, Gabun, Kamerun, Kongo, Tschad und Zentralafrikanische Republik. – 3. *Ziele:* Schaffung einer immer engeren Vereinigung zwischen Völkern und Mitgliedsländern, Förderung der nationalen Märkte durch Abschaffung von Hindernissen für internationalen Handel, Entwicklung der Solidarität der Mitgliedsstaaten zugunsten der benachteiligten Länder und Regionen, Schaffung eines gemeinsamen afrikanischen Marktes.

CEN – 1. *Begriff und Merkmale:* Abk. für Comité Européen de Normalisation, European Comittee for Standardization, Europäisches Komitee für Normung; privatrechtliche, gemeinnützige Vereinigung. – 2. *Tätigkeit und Ziele:* Die Europäische Normung (europäische Normen) auf Basis einer freiwilligen technischen Harmonisierung in Europa.

CENELEC – 1. *Begriff und Merkmale: Comité Européen de Normalisation Electrotechnique, Europäisches Komitee für elektrotechnische Normung;* privatrechtliche, gemeinnützige Vereinigung. – 2. *Tätigkeit:* europäische Normung (europäische Normen).

Central African Customs and Economic Union → CACEU.

Central African Money Union → CEMAC.

Centrale Marketinggesellschaft der Deutschen Agrarwirtschaft mbH (CMA) – Sitz in Bonn, zentrale Einrichtung der Wirtschaft zur Förderung des Absatzes und der Verwertung von Erzeugnissen der dt. Land-, Forst- und Ernährungswirtschaft im In- und Ausland. Die Definition und Durchführung der Aufgaben war durch Richtlinien des → Absatzförderungsfonds der deutschen Land- und Ernährungswirtschaft geregelt, der auch die erforderlichen Mittel bereitstellte. Ein Hauptkritikpunkt an der CMA war die Verwendung der Fondgelder für unwirksame Werbemaßnahmen. – Mit dem Urteil des Bundesverfassungsgerichts vom 3.2.2009 wurde das Absatzförderungsgesetz für verfassungswidrig erklärt. Seitdem befindet sich die CMA in der Liquidation.

CERN – *Conseil Européene pour la Recherche Nucléaire, European Organization for Nuclear Research, Europäische Organisation für Kernforschung;* gegründet am 29.9.1954 aufgrund eines Beschlusses der Generalversammlung der UNESCO (1950) und einer von ihr angeregten Regierungskonferenz (1951). – *Organe:* (1) Rat aus je zwei Vertretern der Mitgliedsstaaten; (2) Ausschüsse für Finanzen und Wissenschaftspolitik. – *Aktivitäten:* Zusammenarbeit der Mitgliedsstaaten bei der wissenschaftlichen Grundlagenforschung der Kernenergie. Sehr leistungsfähige internationale Forschungslaboratorien auf dem Gebiet der Teilchen hoher Energie. Die Forschungsergebnisse dürfen nicht militärischen Zwecken dienen und sollen veröffentlicht werden. – *Veröffentlichungen:* CERN Courrier (monatlich); Scientific Reports; Annual Reports.

Certificate of Deposit → CD.

Chancengerechtigkeit → Verteilungsgerechtigkeit, Sozialpolitik in der Marktwirtschaft.

Chancengleichheit → Gleichheitsprinzip, → Verteilungspolitik, → Vermögenspolitik.

Chaos – 1. *Begriff:* Verhaltensweise deterministischer, nicht linearer dynamischer Systeme, bei der irreguläre, aperiodische Zeitpfade der Systemvariablen erzeugt werden, die z.T. an Zufallsprozesse erinnern. Chaotische Systeme reagieren extrem sensitiv auf Änderungen der Anfangs- und Randbedingungen, wodurch die Möglichkeiten, das Systemverhalten zu prognostizieren, zumindest stark eingeschränkt sind. – 2. *Bedeutung:* Die Möglichkeit des Entstehens chaotischer Dynamik ist sowohl in der Wirtschaftstheorie als auch in der Ökologie nachgewiesen worden (Chaos-Theorie). - Vgl. auch → Synergetik, → Systemmanagement.

Charterpartie - Beweisurkunde über den Inhalt des → Chartervertrags (§ 557 HGB) im → Seefrachtgeschäft, entsprechend dem Frachtbrief im Landfrachtgeschäft. Jede Partei erhält ein Exemplar der „carta partita", der alten im Zickzack zerschnittenen Doppelurkunde. Maßgeblich für vereinheitlichte Ausarbeitung der Charterpartie ist die Baltic and International Maritime Conference (BIMCO).

Chartervertrag - 1. *Charakterisierung*: Frachtvertrag des Seefrachtgeschäfts. Der Chartervertrag bezieht sich auf das Schiff im Ganzen *(Vollcharter)*, auf einen verhältnismäßigen Teil *(Teilcharter)* oder auf einen bestimmten Raum des Schiffes *(Raumcharter)* oder auf eine bestimmte Zeit *(Zeitcharter)*. Beim Chartervertrag schließt der Verfrachter mit einem oder wenigen Befrachtern ab, wobei er sich den individuellen Bedürfnissen der Gegenpartei anpassen muss. – 2. *Außenwirtschaftsrechtliche Regelungen*: a) Vercharterung von Seeschiffen unter Bundesflagge an Gebietsfremde aus Ländern, die der Länderliste C angehören, ist genehmigungspflichtig. - b) Das Chartern von Seeschiffen fremder Flagge ist genehmigungspflichtig, wenn der Chartervertrag zwischen Gebietsansässigen und -fremden aus einem Land, das nicht auf der Länderliste F enthalten ist, abgeschlossen werden soll (§ 46 II AWV).

Cheapest Cost Avoider - Die Frage, ob der (physische) Verursacher oder der Geschädigte der Cheapest Cost Avoider ist, kann nur kontextabhängig beantwortet werden. Ferner sind im Optimum häufig Maßnahmen mehrerer Beteiligter erforderlich. Das Konzept spielt eine zentrale Rolle bei der Zuweisung der Verantwortung im Rahmen der Verschuldens- und Gefährdungshaftung und ist grundlegend für die ökonomische Analyse des Rechts.

Chiang-Mai-Initiative - Eine am 6.5.2000 im thailändischen Chiang Mai verabschiedete Initiative, welche die Währungsswapregelungen der ASEAN-Staaten (→ ASEAN) auf die Staaten der → ASEAN Plus Drei ausweitet. Ziel ist die Schaffung eines regionalen finanziellen Reservemechanismus in Ergänzung zu den Notfallkreditregelungen des IWF zur Verhinderung bzw. Ausbreitung von Finanzkrisen wie der → Asienkrise.

Chicago School - ursprünglich nur mit dem Monetarismus (Friedman u.a.) identifiziert, hat sie in den 1970er-Jahren auch zu wirtschaftspolitischen Fragen und Problemen der Antitrustpolitik Stellung bezogen. - Das *polit-ökonomische Vorverständnis* der Chicago School lässt sich wie folgt charakterisieren: (1) Verständnis des Marktgeschehens als eines freien Spiels der Kräfte ohne staatliche Eingriffe, in welchem die Gesündesten und Besten überleben (Stigler: „Survival of the Fittest", sog. *Sozial-Darwinismus*). (2) Zurückdrängen des Einflusses des Staates, der nur – sehr eng umgrenzte – ordnungspolitische Rahmenbedingungen setzen soll: Die wirtschaftspolitische Abstinenz des Staates soll quasi automatisch zu einem pareto-optimalen Zustand führen (→ Pareto-Optimum). (3) Übertragung ökonomischen Denkens auf alle Lebensbereiche (z.B. „Economics of Marriage", „Economics of Crime"). (4) Liberal-konservatives Selbstverständnis der Vertreter der Chicago School, welches von ihren Gegnern als unternehmerfreundlich und gewerkschaftsfeindlich kritisiert wird. - In den 1980er-Jahren hatten unter Präsident Reagan die Lehren der Chicago School großen Einfluss auf die US-amerikanische Wirtschaftspolitik gewonnen (sog. *Reaganomics* als Ausdruck einer ausschließlich angebotsorientierten Wirtschaftspolitik und radikaler Abschwächung der Antitrustpolitik, bes. bei der Fusionskontrolle).

CIIA - Abk. für → Commission Internationale des Industries Agricoles et Alimentaires.

circa-Klausel (ca.) - Handelsklausel in Lieferungsverträgen, nach der auch eine Lieferung mit einer geringfügigen (nach Geschäftszweigen verschiedenen) Abweichung in Menge, Preis oder Lieferzeit als Erfüllung gilt. – Im *Schifffahrtsbrauch* bei einer Ladungsübernahme vorkommende Klausel, unter der im dem jeweiligen Brauch entsprechenden Mehr oder Weniger des im Frachtbrief, Ladeschein oder → Konnossement angegebenen Maßes, Gewichtes oder der Menge der Frachtgüter verstanden wird.

Classe Distributive - Klasse der Kaufleute, Gewerbetreibenden und Handwerker, die keine Werte schafft, sondern nur bestehende Werte umformt. - Vgl. auch → Physiokratie, Quesnay.

Classe Productive - Klasse der Landwirte und Urproduzenten, die die Werte einer Volkswirtschaft schafft und Pachtzahlungen an die → Classe stérile leistet. - Vgl. auch → Physiokratie, Quesnay.

Classe Stérile - Klasse des Adels und des Klerus, die keine Werte schafft und von den Pachteinnahmen der produktiven Klasse (→ Classe productive) lebt. - Vgl. auch → Physiokratie, Quesnay.

Clawson-Knetsch-Methode → Transportkostenansatz.

Clean Air Act - Der Clean Air Act (CAA) regelt die SO2-Emissionen von Kraftwerken, in denen Elektroenergie durch die thermische Umwandlung von fossilen Brennstoffen gewonnen wird. Kernstück des CAA ist der Emissionshandel, in den die Kraftwerke in unterschiedlichen zeitlichen Phasen sukzessive einbezogen wurden. Die Vermeidung regionaler Spitzenbelastungen wird durch Sonderregeln sicher gestellt. Obwohl die konkrete Ausgestaltung des CAA unterschiedlich beurteilt wird ist unstrittig, dass der Emissionshandel zur gleichzeitigen Emissionsverminderung und Kostenersparnis geführt hat.

Clean Development Mechanism – Abk. *CDM;* Methode zur internationalen Verminderung von Schadstoffen und zur umweltverträglichen Entwicklung, bei denen sich ein Land A (Industrieland) Vermeidungsmaßnahmen im Land B (weniger entwickeltes Land) unter bestimmten Umständen anrechnen lassen kann, um seine Verpflichtungen zu erfüllen. Gemäß Art. 12 des → Kyoto-Protokolls bieten sie als flexible Kyoto-Mechanismen den zu Reduktionsmaßnahmen verpflichteten Ländern, die in Anhang B des Kyoto-Protokolls aufgelistet sind, die Möglichkeit zur Reduktion von Treibhausgasen in anderen Ländern, die *nicht* im Anhang B des Kyoto-Protokolls aufgelistet sind (weniger entwickelte Länder). Auf Projektebene soll der Mechanismus für umweltverträgliche Entwicklung unter Beteiligung privater Körperschaften (insbesondere Unternehmen) erfolgen und zu einer nachhaltigen Entwicklung in den gastgebenden Ländern beitragen (Vgl. → Joint Implementation). Für die Durchführung von CDM-Projekten muss das investierende Land gemäß den Übereinkommen von Marrakesch der Vertragsstaaten folgende Kriterien erfüllen: 1. Ratifikation des Kyoto-Protokolls, 2. Vorliegende Berechnung der Ausstattung mit zugeteilten Emissionsrechten (Assigned Amount Units), 3. Etablierung eines nationalen Systems zur Abschätzung seines Treibhausgasemissionen bzw. Speicherung durch Senken (→ Senkenprojekte), 4. Etablierung eines nationalen Treibhausgasregisters, 5. Rechtzeitiges jährliches Einreichen seines Treibhausgasinventars, 6. Einreichung zusätzlicher Informationen über seine Ausstattung mit zugeteilten Emissionsrechten. – Das gastgebende Land muss lediglich das Kriterium 1 erfüllen. Eine Überwachung der CDM-Projekte erfolgt durch den CDM-Exekutivrat der bei dem Secretariat of the United Nations Framework Convention on Climate Change in Bonn angesiedelt ist.

Clubtheorie → ökonomische Theorie des Clubs.

Coase-Theorem – 1. *Begriff:* von Coase begründetes Theorem der Allokationstheorie (Internalisierungskonzept), bes. der Umwelt- und Ressourcenökonomik, nach dem unter bestimmten Voraussetzungen (vollständige Informationen, klar definierte Eigentumsrechte, wenige Beteiligte) durch eine Verhandlungslösung zwischen den betroffenen Wirtschaftssubjekten ein optimales Niveau von → externen Effekten erzielt werden kann (Effizienzthese). – 2. *Funktionsweise:* Dieses Pareto-Optimum ist unabhängig davon, wem ursprünglich die Nutzungsrechte zugesprochen wurden. So können z.B. die Geschädigten eines Kohlekraftwerkes den Schadstoffausstoß beeinflussen, indem sie dem Verursacher für eine Reduktion des Ausstoßes einen Geldbetrag bezahlen, bis ihr marginaler Vorteil (= Ersparnis an Grenzkosten der Schädigung) den marginalen Kosten ihrer Zahlungen (= Grenzvermeidungskosten) entspricht (Laissez-faire-Regel). Bei der Haftungsregel zahlt der Verursacher den Geschädigten die Entschädigung in der Höhe, bei der die Grenzvermeidungskosten gleich den Grenzkosten der Schädigung sind. Während die Umweltqualität bzw. Verschmutzungsniveau identisch sind, haben die Lösungen in Abhängigkeit der definierten Eigentumsrechte unterschiedliche Wirkungen auf die Verteilung. – 3. *Kritik:* Coases gegen interventionistische Lösungen gerichtete Überlegungen sind nach seiner eigenen Aussage nur auf Problemfälle mit geringen Transaktionskosten (u.a. kleine Gruppe von Betroffenen) anwendbar. Die Verursacher der Schädigung sind ebenso deutlich erkennbar wie die Geschädigten.Die Verhandlungskosten sind niedrig. Eine Alternative zur Verhandlungslösung nach Coase ist die Pigou-Steuer, bei der der Staat eine Ökosteuer auf den Umweltverbrauch erhebt und durch den Preismechanismus des Marktes eine pareto-optimale Lösung anstrebt.

COCOM – Abk. für *Coordinating Committee for Multilateral Export Control, Coordinating Committee for East-West Trade Policy;* 1949 in Paris gegründet, hat es ab Anfang der 1980er-Jahre aufgrund der technologischen und politischen Entwicklung bes. in den USA an Bedeutung gewonnen und seit Anfang der 1990er-Jahre Änderung erfahren (New Forum). Die beteiligten Staaten waren nicht an internationale Beschlüsse gebunden; es bestanden keine Regierungsabkommen in Bezug auf Organisation, Aufgabenregelung und Kompetenzen. Ziele waren die Kontrolle des Handels mit bestimmten Staaten sowie des Handels von „sensiblen"/„sensitiven" Gütern. – Das COCOM-Gremium wurde einvernehmlich am 31.3.1994 aufgelöst. Embargolisten und Genehmigungserteilung hatten keine Relevanz mehr. – *Nachfolger:* → Wassenaar Arrangement.

COGECA – *Allgemeiner Verband des ländlichen Genossenschaftswesens;* europäische Dachorganisation der landwirtschaftlichen Genossenschaften in der EU; gegründet am 24.9.1959. – *Mitglieder:* 36 Vollmitglieder, 4 angeschlossene Mitglieder – *Sitz:* Brüssel (gemeinsames Generalsekretariat von → COPA und COGECA).

Coherence – Bezeichnung für die Zusammenarbeit und Koordination zwischen den führenden internationalen Organisation → IWF, → IBRD (Weltbank) und → World Trade Organization (WTO). Der Begriff entstand in der zweiten Hälfte der 1990er-Jahre, nachdem mit der WTO eine neue und starke internationale Organisation im Bereich des Welthandels entstanden war. Dementsprechend erfasst der Begriff in erster Linie die Problematik, wie die WTO und die Probleme des Welthandels in die seit 50 Jahren praktizierte Zusammenarbeit zwischen IWF und Weltbank integriert werden kann. Formale Grundlage für die Coherence sind Kooperationsabkommen, die die WTO mit dem IWF (1996) und der Weltbank (1997) vereinbart hat. – Vgl. auch → Cross Conditionality.

Colbertismus – von Colbert unter Ludwig XIV. in Frankreich ausgeprägte Form des → Merkantilismus.

COLOMBO-Plan – *Colombo-Plan for Cooperative Economic and Social Development in Asia and the Pacific;* im Mai 1950 von einigen Staaten des Commonwealth zur Förderung der technischen und wirtschaftlichen Entwicklung und zur Steigerung des Lebensstandards geschaffenes Instrument mit Sitz in Colombo. – *Ziel:* Förderung der wirtschaftlichen und sozialen Entwicklung in den Empfängerländern über → Kapitalhilfe durch nicht rückzahlungspflichtige Unterstützungen, Anleihen für nationale Entwicklungsvorhaben, Warenlieferungen (z.B. Getreide, Düngemittel, Verbrauchsgüter), Lieferungen von Investitionsgütern, technische Hilfeleistungen durch Experten, die Bereitstellung von Studienplätzen und den Transfer von Hochtechnologie.

COMECON – *Council für Mutual Economic Assistance, Rat für gegenseitige Wirtschaftshilfe (RGW).* 1. *Merkmale:* 1948 gegründete, 1991 aufgelöste Wirtschaftsgemeinschaft osteuropäischer Staaten mit Sitz in Moskau. Nach der Ablehnung der Teilnahme der UdSSR und ihrer Satelliten am Marshall-Plan galt er als Gegenstück zur → OECD. – 2. *Ziele:* Vernetzung der Volkswirtschaften der Ostblocks, bes. zur Rationalisierung und Optimierung der industriellen Produktion. Vorgesehen war eine interregionale Arbeitsteilung, die durch eine gemeinsame Planung der Investitionspolitik seiner Mitglieder erreicht werden sollte. Angestrebt wurde auch ein Austausch wirtschaftlicher und technischer Erfahrungen und Zusammenarbeit für spezielle Bereiche (z.B. Computertechnologie). – 3. *Organisation:* Der Rat fungierte als Oberstes Ständiges Organ unter wechselndem Vorsitz. Als nicht-ständiges Organ fungierten Gipfelkonferenzen. Neben dem Ständigen Sekretariat in Moskau gab es Ständige Kommissionen für zahlreiche Sachgebiete (Außenhandel, Energie, Finanz- und Währungsfragen). Instrumente der wirtschaftlichen Zusammenarbeit waren koordinierte Fünf-Jahres-Pläne der Mitglieder und ein Verrechnungssystem auf Basis des Transferrubels zur effektiveren Ausgestaltung des multilateralen Zahlungsverkehrs innerhalb des COMECON.

COMESA – 1. *Begriff und Merkmale: Common Market for Eastern and Southern Africa; gemeinsamer Markt im östlichen und südlichen Afrika,* gegründet 1994. – 2. *Organe:* U.a. der Ministerrat, der die politischen Entscheidungen über die Aktionsprogramme und die allg. Aktivitäten der COMESA trifft, sowie das Komitee der Zentralbankpräsidenten, welches das COMESA Clearing House betreibt und die Umsetzung der monetären und finanziellen Kooperation überwacht. Das Generalsekretariat ist die zentrale Verwaltungsinstanz der COMESA. – 3. *Mitglieder:* Ägypten, Äthiopien, Burundi, Dschibuti, Eritrea, Kenia, Komoren, Demokratische Republik Kongo, Libyen, Madagaskar, Malawi, Mauritius, Ruanda, Sambia, Seychellen, Simbabwe, Sudan, Swasiland und Uganda.

Comité des Organisations Professionelles Agricoles de la CEE → COPA.

Comité des Représentants Permanents → COREPER.

Comité Européen de Normalisation → CEN.

Comité Européen de Normalisation Electrotechnique → CENELEC.

Comité Maritime International – Vereinigung, die sich seit 1897 mit Kongressen, Gesetzentwürfen, Musterformularen Verdienste um die internationale Regelung seehandelsrechtlicher Fragen erworben hat.

Commission Internationale des Industries Agricoles et Alimentaires (CIIA) – *International Commission for Food Industries, Internationale Kommission der Lebensmittelindustrie;* 1936 gegründete Nachfolgeorganisation der 1905 eingesetzten internationalen Kommission auf diesem Gebiet sowie des Ständigen internationalen Büros für analytische Chemie der menschlichen und tierischen Ernährung (PIBAC). – *Sitz:* Paris. – *Tätigkeiten:* Führung eines Dokumentationszentrums der landwirtschaftliche Erzeugnisse verarbeitenden Industrien (CDI-UPA), Veranstaltung von Kongressen und Symposien. – *Veröffentlichungen:* Food and Agricultures Industries; Liaison Bulletins; Proceedings of Congresses and Symposia.

Commission on Sustainable Development – Die Commission on Sustainable Development (CSD) mit Sitz in New York wurde im Dezember 1992 gegründet, um eine effektive Implementierung auf lokaler bis interregionaler Ebene der Ergebnisse der United Nations Conference on Environment and Development (UNCED) in Rio de Janeiro, Brasilien zu gewährleisten. Auf der Konferenz wurde der Grundstein für einen Plan zur Erreichung einer → nachhaltigen Entwicklung für das 21. Jh. (→ Agenda 21) gelegt. Entscheidungen der CSD werden in Zweijahreszyklen beschlossen. Die CSD ist eine funktionale Kommission des UN Economic and Social Council und hat 53 Länder als Mitglieder. – Vgl. auch → Nachhaltigkeitsindikatoren.

Commodity Terms of Trade – 1. *Begriff:* Eines der Konzepte der Terms of Trade, definiert als die Relation des Export- zum Importgüterpreisindex (als Indexveränderung ausgedrückt). Wenn ohne nähere Erläuterung von Terms of Trade die Rede ist, sind Commodity Terms of Trade gemeint (z.B. im Zusammenhang mit Verelendungswachstum). – *Kehrwert:* Net Barter Terms of Trade. – 2. *Beurteilung:* Die Aussagefähigkeit bez. der Entwicklung der Vorteilhaftigkeit des Handels sind beschränkt, da Veränderungen der Güterqualität und der Export- und Importgütermengen und -strukturen nicht berücksichtigt werden. Ein Rückgang der Commodity Terms of Trade führt selbst im Zwei-Güter-Modell nicht unbedingt zu einer Verschlechterung der Wohlfahrtsposition. Sinkt aufgrund des technischen Fortschritts (Anstieg der

Faktorproduktivität) der Preis des Exportgutes, verschlechtern sich die Commodity Terms of Trade; die Wohlfahrt des Landes kann sich verbessern, wenn die Preissenkung unterhalb der Produktivitätszunahme liegt. – *Anders:* → Income Terms of Trade.

Common Market for Eastern and Southern Africa → COMESA.

Common Pool Problem – Allokationsproblem bei der Nutzung einer dem gemeinsamen Zugriff mehrerer Entscheidungsträger ausgesetzten Ressource (→ Allmenderessource).

Common Pool Resource → Allmenderessource.

Common Property Resource → Allmenderessource.

Conditionality → Konditionalität.

Condorcet-Paradoxon – nach Marquis de Condorcet (1785) benanntes Paradoxon, das bei paarweiser Abstimmung zwischen mind. drei Alternativen auftreten kann. Bei einer Gruppenentscheidung über n Alternativen wird schrittweise über jeweils zwei der n Alternativen abgestimmt (paarweise Abstimmung). Als gewählt gilt eine Alternative, die gegen jede andere im paarweisen Vergleich gewinnt (→ binäre Abstimmungsverfahren). In Verbindung mit zyklischen Majoritäten kann das Paradoxon auftreten: Obwohl die individuellen Präferenzen das Kriterium der Transitivität (der Präferenzordnung) erfüllen, kann dieses Kriterium auf aggregierter (kollektiver) Ebene verletzt sein.

Condorcet-Paradoxon

Person Präferenz	1	2	3
1. Rang	a	b	c
2. Rang	b	c	a
3. Rang	c	a	b

Im aufgeführten Beispiel mit drei Personen und drei Alternativen gewinnt a gegen b und b gegen c mit jeweils 2 : 1 Stimmen, a verliert jedoch gegen c mit 1 : 2 Stimmen. Keine Alternative wird mehrheitlich allen anderen vorgezogen. – Vgl. auch → Arrow-Paradoxon.

Conseil Européen pour la Recherche Nucléaire → CERN.

Constitutional Consent → Verfassungskonsens.

Constitutional Economics – Zweig der Neuen Institutionenökonomik, der die Entstehung einer Verfassung aus der Anarchie vermittels individueller Interdependenzkostenkalküle heraus analysiert (wesentliche Begründer: Tullock und Buchanan). Gefragt wird nach den Verfassungsgrundsätzen, Wahlsystemen etc., die in einer Mehrheitsdemokratie die gesellschaftliche Koordination verbessern. Im Anschluss an Wicksells frühe Arbeiten ist die mit dem Pareto-Kriterium harmonierende Einstimmigkeitsregel ideal, da hier die Kosten des Überstimmtwerdens (Diskriminierungskosten) Null betragen, denen aber die Kosten der Entscheidungsfindung (z.B. Probleme der Einstimmigkeitsregel in der EU) gegenüber stehen. Die Lösung bieten optimale Mehrheitsregeln (z. B. Zweidrittel- oder qualifizierte Mehrheiten). Andere Themen der Constitutional Economics betreffen elementare ökonomische Themen wie die vermutete Vorteilhaftigkeit des fiskalischen Äquivalenzprinzips bis hin zur Einführung direkt-demokratischer Elemente zur Eindämmung des Staatsversagens. – Vgl. auch → Schleier der Unwissenheit.

Contestable Markets → potenzieller Wettbewerb.

Contingent Credit Lines (CCL) → Neue Weltfinanzarchitektur.

Contingent Valuation – *kontingenter Bewertungsansatz;* Methode der ökonomischen Bewertung von Umweltressourcen. Bei der Contingent Valuation wird die Zahlungsbereitschaft der Probanden für Umweltqualitätsveränderungen mithilfe von Befragungen ermittelt (direkter Bewertungsansatz). Die Contingent Valuation leidet tendenziell darunter, dass die Befragten keinen ökonomischen Anreiz haben, über ihre Zahlungsbereitschaft nachzudenken (Belohnungsproblem). Überdies ist eine Beantwortung für die Befragten schwierig, weil sie nur rudimentär auf Erfahrungen mit Märkten für Umweltqualität zurückgreifen können (Abstraktionsproblem). Ferner ist es denkbar, dass die Befragten ihre Präferenzen absichtlich verzerrt wiedergeben (Problem des strategischen Verhaltens). Die Contingent Valuation versucht, diesen Problemen bei der Gestaltung von Fragebögen entgegenzuwirken.

Coordinating Committee for East-West Trade Policy → COCOM.

Coordinating Committee for Multilateral Export Control → COCOM.

COPA – 1. *Begriff und Merkmale:* Abk. für *Comité des Organisations Professionelles Agricoles de la CEE; Ausschuss der berufsständischen landwirtschaftlichen Organisationen;* Interessenvertretung der Landwirte der EU-Mitgliedsstaaten; gegründet am 6.9.1958. – 2. *Ziele:* Sicherung der Lebens- und Arbeitsbedingungen der Landwirte in der → EU und Verbesserung von deren Einkommenssituation. – 3. *Aufgaben:* Prüfung von den in Verbindung mit der Entwicklung der gemeinsamen Agrarpolitik stehenden Fragen; Vertretung von Interessen des Agrarsektors insgesamt; Kontaktpflege mit EU-Behörden und Sozialpartnern auf Unionsebene. Enge Zusammenarbeit – auch der Organe und Gremien.

COREPER – *Ausschuss der ständigen Vertreter (AStV);* Abk. für *Comité des Représentants Permanents;* Hilfsorgan des → Rats der Europäischen Union (vormals Ministerrat). Ausschussmitglieder sind bei der EU akkreditierte ständige Vertreter der Mitgliedsstaaten (im Botschafterrang). – *Aufgaben:* Vorbereitung der Sitzungen des Rats (mit Ausnahme des Rats der Landwirtschaftsminister) sowie Ausführung von Aufgaben, die ihm vom Rat übertragen wurden (Art. 240 AEUV). Zur Erfüllung seiner Aufgaben kann der COREPER Unterausschüsse oder Arbeitsgruppen einsetzen.

Cost Push Inflation – *Kostendruckinflation;* Unterteilung in Marktmacht- und Verteilungskampfinflation. Die Marktmachtinflation sieht das steigende Preisniveau als Ergebnis von Monopolen, Kartellen und den Missbrauch von Marktmacht. Die → Verteilungsinflation sieht die Auseinandersetzung zwischen Gewerkschaften und Arbeitgeber als Ursache der Inflation. – Vgl. auch → Inflationstheorien.

COTIF – Abk. für *Convention Relative aux Transports Internationaux Ferroviaires,* → Übereinkommen über den internationalen Eisenbahnverkehr.

CP – Abk. für *Commercial Paper;* unbesicherte Inhaberschuldverschreibungen, die ähnlich wie Sola-Wechsel Zahlungsversprechen beinhalten. Sie werden deshalb nur von ersten Adressen auf dem Banken- und dem Unternehmenssektor begeben, i.d.R. im Rahmen eines CP-Programms. Der Emittent kann je nach Kapitalbedarf daraus einzelne Tranchen abrufen, nach der Rückzahlung steht der ganze Rahmen wieder zur Verfügung. CPs werden abdiskontiert begeben und zum Nennwert zurückgezahlt. Laufzeiten können von einigen Tagen bis zu zwei Jahren reichen; der Schwerpunkt liegt bei ein bis drei Monaten. Sie werden deshalb als Geldmarktpapiere zugeordnet.

Credible Commitments → glaubhafte Zusicherungen.

Critical-Levels-Konzept → kritische Belastungswerte.

Critical-Loads-Konzept → kritische Belastungswerte.

Cross Conditionality – liegt vor, wenn sich die Bedingungen und Auflagen, die → IWF und Weltbank (→ IBRD) bei ihrer Kreditgewährung machen, widersprechen und damit faktisch unerfüllbar werden. In der Praxis führt die Vermeidung von Cross Conditionality zu einer engen Koordination der Arbeit von IWF und Weltbank bei ihrer Länderarbeit. – Vgl. auch → Konditionalität.

Currency Board System – 1. *Begriff:* Regelgebundene Geldordnung, bei der der Hauptteil der inländischen Geldbasis (monetäre Basis) durch internationale → Währungsreserven oder Gold gedeckt ist. Die Emission heimischer Noten und Münzen erfolgt durch ein einzurichtendes Währungsamt zu einem Fixkurs gegenüber einer international akzeptierten ausländischen Währung (Reservewährung, Leitwährung). Das Währungsamt garantiert einen freien und unbeschränkten Tausch der ausgegebenen Banknoten in die Leitwährung zu einem festen Wechselkurs. Bei einer Deckung der monetären Basis von mind. 100 Prozent spricht man von einem orthodoxen, bei geringeren Deckungsgraden von einem unorthodoxen Currency Board System. – 2. *Merkmale:* a) *Konstitutive Bestandteile:* Deckungsregel und Fixierung des Wechselkurses sowie Konvertibilität der eigenen Währung. – b) *Institutionelle Rahmenbedingungen:* Da das Währungsamt bei Liquiditätsengpässen im Bankensektor nicht stützend eingreift, kommt einer unabhängigen Bankenaufsicht sowie einem funktionierenden Einlagensicherungssystem eine hohe Bedeutung zu. Ebenso ist die Finanzierung von Staatsdefiziten gesetzlich auszuschließen, um das Ziel der Geldwertstabilität zu erreichen und beizubehalten. – 3. *Funktionsweise:* Eine Änderung der Währungsreserven bewirkt eine gleichgerichtete Änderung der Geldbasis. Die Entwicklung der umlaufenden Geldmenge wird somit durch das Angebot und die Nachfrage am Devisenmarkt bestimmt. – *Beispiel* für den idealtypischen Ablauf der Geldschöpfung in einem Currency Board System (Kapitalbilanz unberücksichtigt): Ausgehend von einem Leistungsbilanzgleichgewicht sorgt ein steigendes inländisches Preisniveau für eine erhöhte Nachfrage nach relativ billigeren Importgütern und/oder gleichzeitig für einen Exportrückgang. Die Leistungsbilanz wird defizitär. Aufgrund der erhöhten Devisennachfrage verringert sich der Devisenbestand der Geschäftsbanken, die ihr Kreditvolumen einschränken und damit eine Kontraktion der → Geldmenge bewirken. Damit einhergehende steigende Zinsen und Einkommensrückgänge vermindern die Güternachfrage, was wiederum zu einer sinkenden Devisennachfrage und einem sinkenden Preisniveau der inländischen Güter führt. Damit verknüpft ist eine sinkende Nachfrage nach Auslandsgütern und/oder steigende Exporte. Am Ende des Prozesses ist die Leistungsbilanz wieder ausgeglichen und die anfängliche Einschränkung des Geldangebots wird aufgehoben. – 4. *Ziele und Gründe für die Einrichtung eines Currency Board System:* Typischerweise ist die Einführung eines Currency Board Systems für Länder attraktiv, die hohe Inflationsraten haben und eine Rückkehr zur monetären Stabilität erhoffen und/oder geringe eigene geldpolitische Kompetenz aufweisen. Prinzipiell könnte das Land zwar die Reservewährung direkt als inländisches Zahlungsmittel einsetzen, jedoch können die Währungsreserven zinstragend angelegt werden und das Land kann somit Geldschöpfungsgewinne realisieren. Auch die mit der Emission einer eigenen Währung verbundenen Prestigegewinne sprechen für das Currency Board System. Ein Currency Board System verlangt eine funktionsfähige Marktwirtschaft sowie die Freiheit des Kapitalmarktes.

Curriculum – systematische Darstellung der beabsichtigten Unterrichtsziele, -inhalte und -methoden über einen bestimmten Zeitraum als konsistentes System mit mehreren Bereichen zum Zweck der optimalen Vorbereitung, Verwirklichung und Evaluation des

Unterrichts (Frey). – *Relevante Elemente:* (1) *I.w.S.:* Lernziele, Lerninhalte, Prozessmerkmale des Lernens; (2) *i.e.S.:* Lernziele und -inhalte. – *Abgrenzung zum herkömmlichen Lehrplan:* Mit dem Begriff des Curriculum wird der Anspruch betont, Planungsentscheidungen für Unterricht unter Einbeziehung wissenschaftlicher Erkenntnisse und Verfahren zu begründen, bes. Ziele und Inhalte im Hinblick auf den Erwerb von → Qualifikationen zur Bewältigung gegenwärtiger und zukünftiger Lebenssituationen zu rechtfertigen und schließlich Entscheidungen über Curricula in demokratischen Konsensbildungsprozessen zu legitimieren (S.B. Robinsohn). Entgegen diesem weit gehenden Anspruch wird Curriculum in der Praxis häufig synonym für → Lehrplan, Lehrgang, Richtlinie oder auch einzelne Stundenvorbereitungen verwendet. – Vgl. auch → wirtschaftsberufliche Curriculumentwicklung.

Customs Co-Operation Council (CCC) → Rat für die Zusammenarbeit auf dem Gebiet des Zollwesens (RZZ).

DAC – Abk. für → Development Assistance Committee.

Daseinsvorsorge – bezeichnet die grundlegende Versorgung der Bevölkerung mit wesentlichen Gütern und Dienstleistungen durch den Staat und/oder von der öffentlichen Hand geförderten Organisationen. Mitunter werden auch Bezeichnungen wie „Existenzsicherung" oder „zivilisatorische Grundversorgung" verwendet. Als Felder der öffentlichen Daseinsvorsorgen werden häufig Aufgaben wie Abfallbeseitigung, Wasserversorgung, Energieversorg und öffentlicher Personennahverkehr genannt. – Der Begriff wurde in den 1930er-Jahren von Ernst Forsthoff im Anschluss an Karl Jaspers in die gesellschaftspolitische und verwaltungsrechtliche Debatte eingebracht. Welche Güter und Dienstleistungen von staatlicher Seite aus erbracht bzw. gewährleistet werden sollen, ist – ebenso wie der Begriff als solcher – Gegenstand kontroverser Diskussionen, die gesellschaftlichen Wandlungsprozessen unterliegen. Im Zusammenhang mit knappen öffentlichen Finanzmitteln, demografischem Wandel, Bevölkerungswegzug sowie Liberalisierungs-/Deregulierungsüberlegungen und grenzüberschreitendem Wettbewerb wird sowohl das Angebot von Gütern/Dienstleistungen als auch die Erbringungs-/Gewährleistungsform diskutiert.

DB – Abk. für → Deutsche Bahn AG.

DBV – Abk. für → Deutscher Bauernverband e. V.

DC – Abk. für → Developing Country.

Debt Bond Swap → Debt-Conversion-Programm.

Debt Buy Back → Debt-Conversion-Programm.

Debt-Conversion-Programm – Umschuldungsmaßnahmen zur Lösung der Schuldenkrise: (1) Der Rückkauf von Auslandsschulden mit Abschlag gegen Devisen wird als *Debt Buy Back* bezeichnet. (2) Ein Schuldentausch mit Abschlägen gegenüber dem Nennwert der ursprünglichen Schuld wird als *Debt Bond Swap* bezeichnet. (3) Eine Umwandlung in Inlandsbeteiligungen der Entwicklungsländer wird *Debt Equity Swap* genannt, wofür es schon einen funktionierenden Sekundärmarkt gibt. Z.T. werden die Entwicklungsländer-Schuldtitel mit 90 Prozent abdiskontiert. Der Erwerber kann damit einheimische Beteiligungen erwerben; die Gläubiger senken ihre Auslandsverschuldung. (4) Werden Schuldtitel erlassen und im Gegenzug umweltpolitische Zugeständnisse gemacht, spricht man vom → Debt for Nature Swap.

Debt Equity Swap → Debt-Conversion-Programm.

Debt for Nature Swap – Beim Debt for Nature Swap treten Umweltschutzorganisationen aus Industrieländern als Käufer von Schuldtiteln der Länder der Dritten Welt auf, die mit hohen Abschlägen auf Sekundärmärkten gehandelt werden. Der Schuldenerlass (oder der Umtausch der Titel in die heimische Währung des Schuldnerlandes) erfolgt gegen die Zusicherung, bestimmte Umweltschutzprojekte durchzuführen. Der wesentliche Vorteil besteht in der Verbindung geldpolitischer Ziele mit Umweltzielen.

Deckung – Bereithaltung von Mitteln seitens der → Notenbank zur Notendeckung, d.h. zur jederzeitigen Einlösung zurückströmender Banknoten. Um der Notenbank die Möglichkeit konjunkturpolitischer Einflussnahme zu geben, wurden Staatspapiere, für die geldpolitische Refinanzierung zugelassen Wertpapiere sowie → Währungsreserven als vollwertige Deckungsmittel zugelassen. Mittlerweile hat sich aber die Erkenntnis durchgesetzt, dass für die Stabilität des Geldwertes keine Deckungsvorschriften notwendig sind; vielmehr kommt es darauf an, das Geld – verglichen mit der vorhandenen Gütermenge – knapp zu halten. Eine große Bedeutung kommt der Glaubwürdigkeit der Zentralbank zu, eine Geldpolitik mit niedrigen Inflationsraten zu sichern. Deshalb enthalten moderne Notenbankverfassungen keine Deckungsvorschriften mehr.

DED → Deutscher Entwicklungsdienst.

Defizitverfahren → Stabilitäts- und Wachstumspakt. Dieser sog. Pakt gilt als völkerrechtlicher Vertrag; das Defizitverfahren wird eingeleitet, soweit nachhaltig gegen → Konvergenzkriterien verstoßen wird oder Staatsverschuldung und Nettokreditaufnahme vorliegen.

Deflation – Zeitperiode mit negativer → Inflationsrate und wirtschaftlicher Krise; im Unterschied zur → Inflation mit steigenden Inflationsraten und zur Disinflation mit abnehmenden, aber positiven Inflationsraten ist die Deflation mit Senkungen des Preisniveaus verbunden. Die Krise erklärt sich aus den folgenden Gründen: 1. Die Nachfrager rechnen mit weiteren Preissenkungen und zögern ihre Käufe noch hinaus. – 2. Die Preise auf der Ertragsseite der Unternehmen fallen, während die Kosten durch Verträge zeitlich fixiert sind. Die Folge ist ein Rückgang des Gewinnes und damit der Produktion. – 3. *Historische Erfahrung*: In der Weltwirtschaftskrise (1929) stieg die Arbeitslosigkeit, während die Aktienkurse ins Uferlose stürzten. In Japan ist in den 1990er-Jahren eine Deflation attestiert worden.

Deindustrialisierung – 1. *Begriff*: Zur Kennzeichnung bestimmter (an sich für entwickelte Volkswirtschaften als normal erachtetes) Muster des → sektoralen Strukturwandels verwendeter Begriff. – 2.

Erklärung: Auf hohem volkswirtschaftlichen Entwicklungsniveau verliert die industrielle Produktion im Vergleich zu den → Dienstleistungen relativ an Bedeutung. Im Zusammenhang mit dieser Beobachtung erhobene Forderungen nach einer *Erhaltungspolitik* zugunsten industrieller → Wirtschaftszweige beruhen auf der These, ein möglichst hoher Anteil industrieller Produktion sei unabdingbar für Wachstum und Wohlstand. Diese These wird häufig mit dem vermuteten Produktivitätsrückstand der Dienstleistungen gegenüber industrieller Produktion begründet, wodurch bei einem Anwachsen des → Dienstleistungssektors die gesamtwirtschaftliche Produktivität weniger stark steige. Ein zweites Argument zielt auf die Bedeutung des Außenhandels, der (noch) überwiegend Warenhandel sei, und dessen Basis bei einer Deindustrialisierung gefährdet würde. Beide Argumente sind aus empirischer Sicht nicht zutreffend. Sie gründen auch auf einer überholten Vorstellung des Dienstleistungsbegriffs, der überwiegend auf die konsumnahen (personenbezogenen) Dienstleistungen abstellt. Tatsächlich kommt den *produktions- oder unternehmensbezogenen Dienstleistungen* (→ Finanzdienstleistungen, → technische Dienstleistungen) ein wesentlich größeres und auch noch zunehmendes Gewicht bei. – 3. *Empirie:* Die Dienstleistungsunternehmen in Deutschland weisen seit Mitte der 1970er-Jahre ein gleich hohes Produktivitätswachstum auf wie Unternehmen des Produzierenden Gewerbes. Auch im internationalen Handel spielen v.a. die unternehmensbezogenen Dienstleistungen eine immer größere Rolle. – Vgl. auch → Drei-Sektoren-Hypothese.

Dekartellierung – Zerschlagung; Auflösung wirtschaftlicher Unternehmenszusammenschlüsse, die auf Wettbewerbsbeschränkungen ausgerichtet sind. – Die 1945 durch das Potsdamer Abkommen eingeführte Dekartellierung sollte die übermäßige Konzentration der Wirtschaftsmacht, bes. durch Kartelle, Syndikate, Trusts und andere monopolistische Abreden vernichten. – *Ziel* der Dekartellierung war die Entflechtung, die vollständige Dezentralisierung der dt. Industrie sowie die Verringerung ihrer Wettbewerbsfähigkeit auf den Weltmärkten. – *Grundsatz* der Dekartellierung war das Kartellverbot; es wurde jedoch durch eine „Rule of Reason" abgeschwächt. Der Verbotsgrundsatz wurde 1957 durch das Kartellgesetz übernommen. Anders als in den USA (Antitrust) sieht das dt. Kartellrecht zwar keine ausdrückliche Möglichkeit vor, bestehende Unternehmen zu zerschlagen. Jedoch hat der Gesetzgeber mit der Achten GWB-Novelle vom 1.1.2013 klargestellt, dass die von der Kartellbehörde zur wirksamen Abstellung von Zuwiderhandlungen festgelegten Abhilfemaßnahmen auch struktureller Art sein, d.h. wenn notwendig auch zu einer Entflechtung führen können (§ 32 II GWB). Eine konsequente Missbrauchsaufsicht über marktbeherrschende Unternehmen ist deshalb ebenso notwendig wie eine wirksame Fusionskontrolle im Sinne einer präventiven Strukturkontrolle. – Vgl. auch → Deutsches Kartellrecht, Entflechtung.

Delors-Bericht – 1996 erschienener Bericht der UESCO zur Bildung für das 21. Jh. Der Bericht ist Ergebnis weltweiter Analysen der unabhängigen Kommission „Bildung für das 21. Jahrhundert" (bestehend aus Lehrern, Forschern, Studenten, Regierungsvertretern und Nichtregierungsorganisationen; 1993 von Jacques Delors ins Leben gerufen). Der Bericht befasst sich mit den Aspekten: kulturelle Bildung, Verhältnis von Bildung und Demokratie, soziale Arbeitsprozesse, Arbeitswelt sowie Entwicklung von Forschung und Wissenschaft. U.a. empfiehlt der Bericht als Richtgröße für (nationale) Bildungsausgaben 6 Prozent des Bruttosozialprodukts (BSP).

Demand Pull Inflation – *Nachfragesoginflation*; die Demand Pull Inflation entsteht, wenn die gesamtwirtschaftliche Nachfrage (Staatsnachfrage, Konsumnachfrage, Investitionsnachfrage sowie Außenbeitrag) höher ist als das gesamtwirtschaftliche Produktionspotenzial. – Vgl. auch → Inflationstheorien; Hochkonjunktur.

Demand Shift Inflation → Demand Pull Inflation.

Demand Side Management (DSM) – Einflussnahme durch den Energieversorger bzw. Dritte auf die Energienachfrage in Haushalten oder Industrie zur Steuerung der Energiemenge oder den Zeitpunkt des Energiekonsums. Dies bildet insbesondere im Zuge einer weiteren Marktpenetration von volatiler Elektrizitätseinspeisung durch Erneuerbare Energien einen wichtigen Bestandteil eines künftigen Energiesystems. Das elektrizitätswirtschaftliche Paradigma, dass sich das Elektrizitätsangebot nach der Nachfrage richtet, ist hiermit aufgeweicht. Größere industrielle Elektrizitätskunden haben DSM bereits implementiert. Die Wirtschaftlichkeit für private Haushalte ist aufgrund des geringen Lastverschiebepotentials unklar. Elektrofahrzeuge und Wärmepumpen könnten dies in Zukunft jedoch ändern. Auf Haushaltsseite wurden bisher nur einfache Technologien wie bspw. die Regelung der Aufladung von Nachtspeicheröfen nach HT-NT-Stromtarifen umgesetzt. Die Beeinflussung der Last aufgrund eines Preissignals ist eine indirekte DSM-Maßnahme; eine direkte Maßnahme ist bspw. die Steuerung der Last (z.B. durch Fern-Ausschalten von elektrischen Geräten) durch den Energieversorger.

Demarkationsvertrag – *Abgrenzungsvertrag*. 1. *Allgemein:* Vertrag, mit dem die Interessengebiete zweier oder mehrerer nach den gleichen Zielen strebender Subjekte abgrenzt (z.B. beim Gebietskartell). – 2. *Bei Energie- und Wasserversorgungsunternehmen:* Vertrag zwischen Versorgungsunternehmen zur Abgrenzung und Aufteilung von Versorgungsgebieten für leitungsgebundene Energie- und Wasserversorgung. Demarkationsverträge waren nach § 103 I GWB a.F. vom Kartellverbot freigestellt. Diese Freistellung ist im Rahmen der Sechsten Kartellnovelle zum 1.1.1999 zwecks wettbewerblicher Öffnung der Strom- und Gasversorgung teilweise beseitigt worden. Im Bereich der Wasserversorgung sind wettbewerbsbeschränkende Verträge hingegen weiterhin vom Verbot des § 1 GWB ausgenommen (vgl. § 31 GWB). Als Ausgleich unterliegen Wasserversorgungsunternehmen gemäß § 31 b GWB einer verschärften Missbrauchsaufsicht.

Demokratie → direkte Demokratie, → indirekte Demokratie

demokratischer Zentralismus – Organisationsprinzip des → Marxismus-Leninismus; von Lenin (Revolutionstheorie) ursprünglich für den Aufbau und die Leitung der russischen kommunistischen Partei eingeführt, wurde es nach der kommunistischen Machtergreifung in Russland 1917 und später in den übrigen sozialistischen Staaten auch auf Staat und Wirtschaft übertragen. Bis zu den gesellschafts- und wirtschaftspolitischen Umgestaltungen galt er in den sozialistischen Staaten. – 1. *Elemente des parteiinternen demokratischen Zentralismus:* (1) *Wahl der Parteiorgane* von unten nach oben (primär akklamatorische Bestätigung der Personalvorschläge übergeordneter Parteiinstanzen); (2) *regelmäßige Berichterstattung* gegenüber der wählenden Instanz; (3) *Verbindlichkeit der Direktiven* übergeordneter Parteiorgane, *straffe Parteidisziplin* und *Unterordnung der Minderheit* unter die Mehrheit. Der demokratische Zentralismus dient somit der zentralistischen Ausrichtung einer Kaderpartei als der „Partei neuen Typus" (Lenin). – 2. *Im staatlichen Bereich* steht der demokratische Zentralismus ebenfalls für einen *hierarchischen Aufbau* mit zentraler Leitung durch die obersten Staatsorgane unter unmittelbarem Einfluss der kommunistischen Partei (bei enger personeller Verflechtung). Die Leiter der jeweiligen staatlichen (aber auch der wirtschaftlichen) Hierarchieebene werden von der übergeordneten Instanz eingesetzt und sind ihr gegenüber verantwortlich. Zur möglichst effizienten Verwirklichung der zentralen politischen Ziele sind die regionalen Staatsorgane mit „operativen" Entscheidungsrechten ausgestattet. – 3. *Im wirtschaftlichen Bereich* manifestiert sich der demokratische Zentralismus in der *zentralen staatlichen Leitung und Planung* der wirtschaftlichen Prozesse unter Einbeziehung der Betriebe und der Beschäftigten im Interesse der Erfüllung der zentralen Planziele bei Anwendung der wirtschaftlichen Rechnungsführung (→ staatssozialistische Zentralplanwirtschaft).

Dependencia-Theorien – 1. *Begriff und Hintergrund:* a) Dependencia-Theorien sehen die Unterentwicklung der Dritten Welt in erster Linie als Folge ihrer unausgewogenen *Einbindung in die Weltwirtschaft*. Ihre Eingliederung in den kapitalistischen Weltmarkt, erzwungen durch Kolonialismus, Imperialismus und → Neokolonialismus war verbunden mit Ausbeutung, der Entstehung von Strukturdefekten und strukturellen Abhängigkeiten. Dependencia-Theorien entstanden Mitte der 1960er-Jahre in Lateinamerika, beherrschten in kürzester Zeit die sozialwissenschaftliche Diskussion und nahmen dort erheblichen Einfluss auf die praktische entwicklungspolitische Diskussion. Die Enttäuschung über die Ergebnisse der von den Vereinten Nationen proklamierten Entwicklungsdekade brachte die bis dahin verfolgte Modernisierungsstrategie in Misskredit. – b) Als alternatives Erklärungsmuster wird Unterentwicklung nicht als ein Zurückbleiben hinter dem Entwicklungsstand der Industrieländer gesehen, sondern als Konsequenz effizienter Weltmarktintegration. – 2. *Einordnung und methodisches Vorgehen:* Dependencia-Theorien greifen auf Ergebnisse der Imperialismustheorie, der → Prebisch-Singer-These, des Verelendungswachstums und der entwicklungspolitischen → Kontereffekte zurück. Im Gegensatz zur Modernisierungstheorie wird Unterentwicklung nicht als endogen, sondern als exogen verursacht dargestellt (→ Entwicklungstheorie). Unterentwicklung ist damit kein geschichtlicher Naturzustand, sondern das Ergebnis eines historischen Prozesses, dessen Determinanten zu untersuchen sind. – Die Dependencia-Theorien entwickelten sich in *verschiedenen Ausprägungen:* Sozialistische Autoren betonten den Gedanken der Ausbeutung und Mehrwertaneignung seitens der Industrieländer. Andere Autoren streben eine → Neue Weltwirtschaftsordnung an. Strukturelle Heterogenität galt als wichtiges Merkmal peripherer Entwicklungsgesellschaften (→ Strukturalismus). Die rasche Verschlechterung der Terms of Trade führe zur Verschuldungskrise. Gefordert wird eine Abkoppelung aus der Weltwirtschaft (→ autozentrierte Entwicklung) und eine Politik der Importsubstitution. – 3. *Hauptkomponenten einer „abhängigen" Entwicklung:* Nach der direkten Ausbeutung während der Kolonialzeit wurden die Entwicklungsländer der klassischen internationalen Arbeitsteilung unterworfen, die nur einer kleinen metropolitanen Schicht Wohlfahrt brachte. Die Masse der Bevölkerung wurde von der Entwicklung ausgeschlossen. Entwicklungsländer wurden in zunehmendem Maße von Industrieländern abhängig: Von den importierten Investitionsgütern, von der Exportnachfrage nach ihren Rohstoffen und in ihrer Produktionsstruktur. Abhängigkeit, Strukturdefekte und Ausbeutung sind damit nicht nur Ausdruck der Unterentwicklung, sondern sie haben auch negative Entwicklungswirkungen. – *Merkmale:* Charakterisiert wird die Abhängigkeit durch Phänomene wie hoher Anteil ausländischer Investitionen im modernen Sektor, Stützung der Industrialisierung auf ausländische Technologien, Angewiesenheit des Absatzes auf einseitig vermachtete Exportmärkte, finanzielle Abhängigkeit durch z.T. hohe Auslandsverschuldung. In Entwicklungsländern bildet sich eine *strukturelle Heterogenität* heraus, deren Interpretation theoretisch kaum fundiert werden kann. Der Ausdruck Heterogenität steht oft für soziale Ungerechtigkeit, mangelnde Integration *(Partizipation)* der Masse der Bevölkerung in den Entwicklungsprozess und unzulängliche Ausschöpfung des verfügbaren Entwicklungspotenzials. *Ausbeutung* wird entweder im Marxschen Sinn als Aneignung des Mehrwerts oder im Sinn der Imperialismustheorie durch ungleichen Tausch dargestellt. Für vergleichbare Leistungen erhalten Arbeiter der Entwicklungsländer ein geringeres Entgelt als die der Industrieländer. Die Verschlechterung der Terms of Trade führt zu einem Einkommenstransfer von armen Entwicklungsländern in wohlhabende Industrieländer. Als Vehikel dazu dient der Transfer hoher Gewinne ins Ausland durch ausländische Investoren, wodurch es ggf. zu einer Dekapitalisierung der Peripherie kommt. – 4. *Beurteilung:* Bis in die 1970er-Jahre beherrschten Dependencia-Theorien die sozialwissenschaftliche Diskussion Lateinamerikas und auch die entwicklungstheoretische Debatte in Deutschland. Die Übertragung des Ansatzes auf die Afrika-Forschung blieb fast aus, obgleich der Begriff des → Neokolonialismus dort aufgegriffen wurde. Die Auswirkungen auf die asiatische Diskussion blieb unbedeutend. Die Wachstumserfolge ostasiatischer Schwellenländer mit weltmarktorientierter Industrialisierungsstrategie und unbestreitbaren Wachstumserfolgen unter Beachtung einer autozentrierten Entwicklung widersprachen den dependenztheoretischen Annahmen. Die heterogene Entwicklung der Entwicklungsländer ließ sich mithilfe der einfachen Zweiteilung der Welt in Zentrum und Peripherie nicht mehr erklären. Die starke Fixierung auf die exogene Wirkung der Weltmarktintegration zeigte bei unterschiedlichen Reaktionen der Entwicklungsländer auf die Weltmarktintegrierung, dass die endogenen Ursachen der Unterentwicklung stark unterschätzt wurden. – *Modifikation:* Einige Dependencia-Theorien korrigierten ihre Konzeption (exemplarisch: D. Senghaas), sodass unterschiedliche Transformations- und Innovationsfähigkeiten der einzelnen Gesellschaften analysiert wurden. Damit wurden Gedanken der Modernisierungstheorien aufgegriffen. – *Kritik* wird an der einseitigen Analyse und unklaren *Begriffsabgrenzungen* geübt. Abhängigkeit und Unterentwicklung werden gleich definiert, obgleich Abhängigkeit für Unterentwicklung ursächlich sein soll. Auch der Begriff der Ausbeutung trifft auf die internationalen Wirtschaftsbeziehungen nicht unbedingt zu, da nicht jeder Gewinn als Ausbeutung bezeichnet werden kann. Teilweise wurde Ausbeutung auch durch die Wirtschaftspolitik der Entwicklungsländer hervorgerufen. Ebenfalls bereitet der Begriff strukturelle Heterogenität Schwierigkeiten, da sie im Grunde genommen bei jedem Wachstum auftritt, eine strukturelle Homogenität wäre bei unterschiedlicher Produktivität von Produktionsfaktoren und unterschiedlicher Verteilung von Ressourcen kaum möglich. Während die Beschreibungen der Dependencia-Theorien als Situationsanalyse für Teile der Dritten Welt nicht an Aktualität verloren hat, sind ihre *wirtschaftspolitischen Rezepte* als gescheitert anzusehen. Entwicklung wurde nicht durch Abkoppelung, sondern durch die Herausforderung des internationalen Wettbewerbs ermöglicht. Übrigens leiden Dependencia-Theorien an verschwommenen wirtschaftspolitischen Vorstellungen, die konkrete wirtschaftspolitische Maßnahmen zur Verbesserung der ökonomischen Entwicklung vermeiden und kaum auf die zu verfolgende Industrialisierungsstrategie, Außenhandels-, Währungs-, Steuerpolitik etc. eingehen.

Deprivation → Armut.

Deregulierung – Aufhebung von Regulierungstatbeständen (→ Regulierung). In der wirtschaftspolitischen Diskussion häufig erhobene Forderung, um durch die Beseitigung einschränkender Bestimmungen für unternehmerisches Handeln und somit durch die Schaffung von mehr Wettbewerb zu höherer volkswirtschaftlicher Leistungsfähigkeit beizutragen. Diese Forderung wird insbesondere für den → Arbeitsmarkt erhoben.

Deutsche Bahn AG (DB) – 1. *Charakterisierung:* Die beiden Sondervermögen des Bundes, die Deutsche Bundesbahn und die Deutsche Reichsbahn, wurden am 1.1.1994 zunächst zum Bundeseisenbahnvermögen (BEV) zusammengefasst, welches sich in einen Unternehmens- und einen Verwaltungsbereich gliedert. Der unternehmerische Bereich wurde im unmittelbaren Anschluss als DB ausgegliedert (1. Stufe der Bahnreform). Innerhalb der DB wurden die Geschäftsbereiche Personennahverkehr, Personenfernverkehr, Personenbahnhöfe, Ladungsverkehr, Stückgut, Netz/Infrastruktur, Bahnbau, Traktion und Instandhaltung/Werke organisatorisch und rechnerisch getrennt. Querschnittsfunktionen wurden in Zentralbereichen zusammengefasst. Am 1.6.1999 wurden die Bereiche Personennahverkehr, Personenfernverkehr, Güterverkehr, Personenbahnhöfe und Fahrweg als eigenständige Aktiengesellschaften rechtlich verselbstständigt (2. Stufe der Bahnreform). Die DB hat Holdingfunktionen. Angestrebt wird mit dieser Konzernstruktur ein marktnahes und flexibles Agieren dezentraler, eigenverantwortlicher Unternehmenseinheiten bei gleichzeitiger Nutzung von Synergieeffekten. Dem BEV (nicht rechtsfähiges Sondervermögen des Bundes) obliegen die Aufgaben der Schuldenverwaltung (sog. Altschulden der Deutschen Bundesbahn und der Deutschen Reichsbahn), der Personalverwaltung (u.a. Dienstherrenfunktion für verbeamtete Eisenbahner) und der Vermögensverwaltung von Immobilien, die nicht für den Bahnbetrieb notwendig sind. Zur Wahrnehmung hoheitlicher Aufgaben wurde das → Eisenbahn-Bundesamt (EBA) errichtet (Aufsichts- und Genehmigungsbehörde). – 2. *Europäische Grundlagen:* Aufgrund der Probleme der Leistungsfähigkeit der Eisenbahnunternehmen der Gemeinschaft und der Erfordernisse des Binnenmarktes haben die EU-Organe schon frühzeitig (u.a. 1965 und 1984) Vorschläge zur Strukturreform unterbreitet. Zentrale Bedeutung hat jedoch die Richtlinie vom 29.7.1991 zur Entwicklung der

Eisenbahnunternehmen der Gemeinschaft (91/440 EWG). Ziel der Richtlinie war die Anpassung der Eisenbahnunternehmen an die Erfordernisse des Binnenmarktes. Die vier zentralen Prinzipien zur Neustrukturierung sind (1) unternehmerische Unabhängigkeit der Eisenbahnunternehmen, (2) Trennung von Eisenbahninfrastruktur und Transportbetrieb, (3) finanzielle Sanierung der Eisenbahnunternehmen und (4) Zugangs- und Transitrechte zur Eisenbahninfrastruktur der Mitgliedsstaaten, zunächst beschränkt auf internationale Gruppierungen und Eisenbahnunternehmen im grenzüberschreitenden Kombinierten Güterverkehr. – 3. *Probleme:* a) *Verkehrs- und wettbewerbspolitische Probleme:* Offene Fragen bestehen zum einen hinsichtlich der Einordnung in die allg. Verkehrspolitik (Konkurrenz des Straßenverkehrs) zum anderen hinsichtlich der Aufbrechung der Monopolstrukturen (Regionalisierung), dabei v.a. die Diskriminierung Dritter durch die Kalkulation von Trassennutzungspreisen und die Gewährung von Großkundenrabatten. – b) *Probleme der Zuständigkeit und Einflussnahme des Bundes:* Die unternehmerische Unabhängigkeit des Konzerns DB bleibt trotz der Umwandlung in eine Aktiengesellschaft fraglich, da der Bund alleiniger Eigentümer ist (organisatorische, nicht materielle Privatisierung). Offen sind v.a. Fragen der Preisgestaltung, der weiteren finanziellen Verantwortung des Bundes für anstehende Infrastrukturinvestitionen und der Einfluss des EBA. Die geplante materielle Privatisierung konnte bisher wegen der wirtschaftlichen Lage der DB noch nicht erfolgen.

Deutsche Bundesbahn (DB) → Deutsche Bahn AG (DB).

Deutsche Bundesbank – 1. *Institution:* Mit dem Gesetz über die Deutsche Bundesbank (BBankG) vom 26.7.1957 gemäß Art. 88 GG durch den Bund errichtete Währungs- und Notenbank (→ Zentralbank) der Bundesrepublik Deutschland als bundesunmittelbare juristische Person des öffentlichen Rechts. Die Deutsche Bundesbank hat ihren Sitz in Frankfurt a.M. Die Deutsche Bundesbank bildet seit 1.11.1992 mit ihren neun Hauptverwaltungen, denen 32 Filialen (Stand Ende 2012, werden weiter reduziert) nachgeordnet sind, ein einstufiges Zentralbanksystem. Sie resultiert aus der Verschmelzung der Bank deutscher Länder und der ehemals rechtlich selbstständigen Landeszentralbanken (zweistufiges Zentralbanksystem). Am 1.1.1999 wurde die Deutsche Bundesbank in das Europäische System der Zentralbanken (ESZB) eingegliedert und gab ihre Autonomie an dieses ab. – 2. *Aufgaben:* Oberstes Ziel aller Tätigkeiten der Deutschen Bundesbank ist es, die Stabilität des allgemeinen Preisniveaus und des Finanzsystems zu sichern. Mit dem Beginn der Tätigkeit des ESZB sind die ursprünglich auf Bundesbankebene angesiedelten Aufgaben der Sicherung der Währung und die Verantwortung für die bankmäßige Abwicklung des Zahlungsverkehrs auf die europäische Ebene übergegangen. Die Bundesbank ist gegenüber dem ESZB weisungsgebunden und setzt dessen Ziele auf dem Gebiet der Bundesrepublik um. Die Bundesbank hat folgende Arbeitsbereiche als ihre Kerngeschäftsfelder identifiziert: stabiles Geld, ein stabiles Finanz- und Währungssystem, ein stabiles Bankensystem, sicherer Zahlungsverkehr und sicheres Bargeld. Zudem verwaltet sie die Währungsreserven und führt die Bankenstatistik. – 3. *Organisation:* Mit dem Siebten Gesetz zur Änderung des Bundesbankgesetzes vom 23.3.2002 wurde die Organisationsstruktur der Bundesbank an ihre veränderte Rolle im ESZB angepasst. Die Führungsstruktur wurde durch Abschaffung des Zentralbankrates, des Direktoriums und der Vorstände der Landeszentralbanken gestrafft. Sie besteht derzeit aus einem sechsköpfigen Vorstand (Präsident, Vizepräsident, und vier weitere Mitglieder). Der Präsident, der Vizepräsident und ein weiteres Mitglied werden von der Bundesregierung, drei weitere Vorstände vom Bundesrat im Einvernehmen mit der Bundesregierung vorgeschlagen. Die Mitglieder des Vorstandes werden vom Bundespräsidenten i.d.R. für acht Jahre bestellt. – 4. *Gewinn, Gewinnverwandlung- und -verteilung:* Der Gewinn, den die Bundesbank aus der Erfüllung ihrer währungspolitischen Aufgaben im Rahmen des ESZB erwirtschaftet, bildet einen Teil der Summe der monetären Einkünfte der nationalen Notenbanken innerhalb des ESZB. Aus dieser Summe fließt der Bundesbank der Anteil zu, der dem von der Bundesbank eingezahlten Anteil am Grundkapital der EZB entspricht (ca. 20 Prozent) und der schließlich an den Bund abgeführt wird. Im Jahr 2009 hat die Deutsche Bundesbank einen Gewinn von 4,1 Mrd. Euro erwirtschaftet. Davon flossen 3,5 Mrd. Euro in den Bundeshaushalt und 600 Mio. Euro in die Tilgung der Konjunkturpakete.

Deutsche Bundesstiftung Umwelt → Bundesumweltstiftung.

Deutsche Forschungsgemeinschaft e.V. (DFG) – Selbstverwaltungsorganisation der dt. Wissenschaft. – *Aufgaben:* Finanzielle Förderung in allen Forschungsbereichen, Förderung der Zusammenarbeit unter den Forschern, Beratung der Parlamente und Regierungen in wissenschaftlichen Fragen, Pflege der Beziehungen zur Wissenschaft im Ausland, Nachwuchsförderung, Förderung des Bibliothekswesens und spezieller Hilfseinrichtungen der Forschung. – *Finanzierung* durch Bund, Länder und den → Stifterverband für die Deutsche Wissenschaft (SV).

Deutsche Gesellschaft für Technische Zusammenarbeit → GTZ.

Deutsche Mark (DM) – gesetzliches Zahlungsmittel in der Bundesrepublik Deutschland bis zur Einführung des → Euro am 1.1.2002.

Deutsche Post AG – *Deutsche Post World Net;* hervorgegangen von 1989 bis 1995 aus der Privatisierung der Bundesbehörde Deutsche Bundespost

(Postdienst; gelbe Post). Gleichzeitig entstand aus dem Bereich Fernmeldedienst die Deutsche Telekom AG sowie aus dem Bereich Postbank die Postbank. Postaktien wurden erstmals im November 2000 auf dem organisierten Kapitalmarkt gehandelt. Seitdem sich 2005 die Kreditanstalt für Wiederaufbau von einem großen Teil der Postaktien trennte, ist die Post mehrheitlich in privatem Besitz. Bis Ende 2007 hatte das Postgesetz der Deutschen Post AG die Exklusivrechte gewährt. Seit dem 1.1.2008 herrscht freier Wettbewerb auf dem deutschen Postmarkt.

Deutsche Postbank AG – 1. *Begriff und Merkmale*: dt. Finanzinstitut bzw. Geschäftsbank (Kreditinstitut i.S.d. § 1 I Nr. 1 KWG) mit Sitz in Bonn. – 2. *Aktivitäten*: Spar- und Retailgeschäft sowie Hausbank der Deutschen Post. – 3. *Geschichte*: 1989 im Rahmen des Poststrukturgesetzes wurde die Deutsche Bundespost in drei eigenständige Bereiche zerlegt, einer davon die Deutsche Bundespost – Postbank. Börsengang am 23.6.2004. Seit September 2006 ist die Aktie der Deutschen Postbank Teil des Deutschen Aktienindexes (DAX) an der Frankfurter Wertpapierbörse.

Deutscher Ausschuss für das Erziehungs- und Bildungswesen → Bildungspolitik.

Deutscher Bauernverband e.V. (DBV) – Spitzenverband der Landes-Bauernverbände; gegründet 1948; Sitz in Berlin. – *Aufgaben*: Wahrnehmung und Förderung der agrar-, wirtschafts-, rechts-, steuer-, sozial-, bildungs- und gesellschaftspolitischen Interessen der in der Land- und Forstwirtschaft tätigen Menschen. – *Veröffentlichung* des „Situationsberichts zur Lage der Landwirtschaft", um die wirtschaftliche Entwicklung und Bedeutung der Landwirtschaft darzustellen. – *Mitgliedschaft* im Weltbauernverband (WFO – World Farmers' Organisation) und im Ausschuss der landwirtschaftlichen berufsständischen EU-Organisationen (→ COPA).

Deutscher Bildungsrat → Bildungspolitik.

Deutsche Reichsbahn → Deutsche Bahn AG (DB).

Deutscher Entwicklungsdienst (DED) – Entwicklungshilfeorganisation, v.a. zur Entsendung von Entwicklungshelfern; 1963 gegründet; Sitz in Bonn. Der DED ist einer der international größten Freiwilligendienste auf dem Gebiet der → Entwicklungshilfe. Finanzierung aus dem Bundeshaushalt. Der DED ist seit 2005 Mitglied im → Global Compact der Vereinten Nationen (→ UN).

Deutscher Umweltindex (DUX) → Umweltindikatoren.

Deutsches Kartellrecht – 1. Die *Geschichte des Deutschen Kartellrechts* wird durch eine Grundsatzentscheidung des Reichsgerichts aus dem Jahr 1897 geprägt, wonach die Kartellbildung im Rahmen der Vertragsfreiheit allg. als zulässig angesehen wurde, da sich das Recht auf Gewerbefreiheit nur gegen den Staat, nicht jedoch auch gegen private wirtschaftliche Machtbildung richte. Diese Entscheidung hatte zur Folge, dass das Deutsche Reich in den folgenden Jahrzehnten zum klassischen Land der Kartelle wurde. Abgesehen von einer Kartellenquête 1903–1905 kam es erst 1923 zur Verordnung gegen Missbrauch wirtschaftlicher Machtstellungen. Die Nationalsozialisten erließen am 15.7.1933 das sog. *Zwangskartellgesetz*, um ein Instrument zur Lenkung der Wirtschaft nach ihren Vorstellungen zu gewinnen. – Nach Teil III Art. 12 des Potsdamer Abkommens sollte die dt. Wirtschaft in kürzester Zeit dezentralisiert werden, um die übermäßige → Konzentration der dt. Wirtschaftskraft aufgrund von Kartellen, Syndikaten, Trusts und anderen Monopolstellungen (→ Monopole) zu vernichten. Im Jahre 1947 erließen daher die amerikanischen, englischen und französischen Militärregierungen *Dekartellierungsgesetze* bzw. *-verordnungen*, die zwei Hauptziele verfolgten: (1) Beseitigung der dt. Wirtschaftsmacht und Rüstungskapazität (Entflechtung einzelner Wirtschaftssektoren als Ausdruck der politischen Zielsetzung); (2) Durchsetzung des Prinzips der *Wettbewerbsfreiheit* in Deutschland (wirtschaftspolitische Zielsetzung in starker Anlehnung an die amerikanische Antitrustpolitik; Wettbewerbspolitik). – 2. *Entstehungsgeschichte und Ziele des GWB*: Am 1.1.1958 ist das *Gesetz gegen Wettbewerbsbeschränkungen (GWB)* in Kraft getreten und hat die alliierten Dekartellierungsbestimmungen von 1947 abgelöst. Das GWB ist zum einen durch die ordnungspolitischen Vorstellungen des Ordoliberalismus, zum anderen durch das US-amerikanische Vorbild beeinflusst worden. Mittlerweile gehen die wohl stärksten Einflüsse auf die Weiterentwicklung des deutschen Kartellrechts vom europäischen Kartellrecht aus. Dies ist nicht zuletzt Ausdruck eines Harmonisierungsprozesses auf europäischer Ebene, von dem die Wettbewerbspolitik genauso wie auch andere Politikbereiche erfasst werden. Das Gesetz geht davon aus, dass die „Wettbewerbswirtschaft die ökonomischste und zugleich demokratischste Form der Wirtschaftsordnung" sei; insofern liegen dem GWB sowohl ökonomische als auch gesellschaftspolitische Zielfunktionen zugrunde. – *Novellierungen*: Das GWB ist seit 1958 mehrfach novelliert worden, vgl. z.B. das Änderungsgesetz vom 5.12.2012 (BGBl I 2403). Daneben gab und gibt es immer wieder kleinere Gesetzesänderungen, so etwa durch Art. 2 LXII des Gesetzes vom 22.12.2011 (BGBl I 3044). – 3. *Grobsystematik des GWB*: Das deutsche Kartellrecht ruht im Wesentlichen auf den drei Säulen Durchsetzung des Kartellverbots (Kartellbekämpfung), Missbrauchsaufsicht über marktbeherrschende und marktstarke Unternehmen sowie Zusammenschlusskontrolle, deren Bedeutung wie folgt skizziert werden kann: (1) Hauptaufgabe der Kartellbehörde im Rahmen der *Kartellbekämpfung* ist die Beseitigung horizontaler und vertikaler Wettbewerbsbeschränkungen als Resultate von Vereinbarungen zwischen Unternehmen, Beschlüssen von Unternehmensvereinigungen oder abgestimmtes Verhalten (vgl. Kartell). Zu den typischen horizontalen

Wettbewerbsbeschränkungen zählen Preis-, Mengen- und Gebietsabsprachen; auf vertikaler Ebene können sich insbesondere Preisbindungen sowie Ausschließlichkeitsbindungen wettbewerbsbeschränkend auswirken. (2) Die kartellbehördliche → Missbrauchsaufsicht bezweckt die Verhinderung bzw. Beendigung von → Behinderungs- und → Ausbeutungsmissbräuchen durch → marktbeherrschende oder zumindest marktstarke Unternehmen. (3) Im Rahmen der Zusammenschlusskontrolle prüft das → Bundeskartellamt (BKartA) als zuständige Kartellbehörde, ob die beteiligten Unternehmen infolge des Zusammenschlusses (Unternehmenszusammenschluss) wettbewerblich nicht kontrollierbare Verhaltensspielräume erlangen, die zu einer erheblichen Behinderung wirksamen Wettbewerbs führen können. Das Bundeskartellamt kann die Freigabe dann mit entgegenwirkenden Auflagen und Bedingungen verknüpfen oder das Zusammenschlussvorhaben untersagen. Eine Anmelde- und Kontrollpflicht besteht jedoch nur, wenn die beteiligten Unternehmen bestimmte Umsatzschwellen erreichen. (4) Daneben enthält das GWB u.a. verfahrensrechtliche Regelungen, so zu Kartellverwaltungsverfahren, Bußgeldverfahren, Kartellzivilverfahren, zivilen Unterlassungs- und Schadensersatzansprüchen sowie Regelungen zum kartellrechtlichen Sanktionensystem (vgl. Abstellungsverfügung; Verpflichtungszusagen; einstweilige Maßnahmen; Entzug der Freistellung; Vorteilsabschöpfung). – 4. *Verhältnis des deutschen zum* → *europäischen Kartellrecht:* a) *Durchsetzung des Kartellverbots:* Soweit Vereinbarungen zwischen Unternehmen, Beschlüsse von Unternehmensvereinigungen und aufeinander abgestimmte Verhaltensweisen geeignet sind, den Handel zwischen EU-Mitgliedsstaaten zu beeinträchtigen, ist Art. 101 I AEUV von der deutschen Kartellbehörde zwingend direkt anzuwenden. Nach § 22 I GWB kann die weitgehend korrespondierende Regelung des § 1 GWB dann parallel dazu angewandt werden. Dies darf gemäß § 22 II GWB jedoch nach deutschem Kartellrecht nicht zum Verbot einer Kartellvereinbarung führen, die bei Anwendung der entsprechenden europäischen Norm erlaubt wäre. b) *Missbrauchsaufsicht:* Art. 102 AEUV ist von der nationalen Wettbewerbsbehörde unmittelbar anzuwenden, wenn durch die missbräuchliche Verhaltensweise eine Handelsbeeinträchtigung im Gemeinsamen Markt droht. Die vergleichbaren Regelungen im deutschen Kartellrecht (hier insbesondere §§ 19, 20 GWB) können nach § 22 III GWB parallel dazu angewandt werden. Zur Unterbindung oder Ahndung entsprechender Verstöße können dabei nach nationalem Recht strengere Vorschriften erlassen werden als im europäischen Recht. c) *Zusammenschlusskontrolle:* Die Beurteilung von Zusammenschlussvorhaben mit Inlandsauswirkung erfolgt stets nach deutschem Kartellrecht durch das Bundeskartellamt oder nach europäischem Kartellrecht durch die Generaldirektion Wettbewerb der Europäischen Kommission. Bei welcher Wettbewerbsbehörde der Zusammenschluss anzumelden ist, hängt insbesondere vom Zusammenschlusstatbestand sowie von den absoluten Umsätzen und der regionalen Umsatzstruktur der beteiligten Unternehmen ab. Dabei sind unter bestimmten Voraussetzungen (Teil-)Verweisungen von der eigentlich zuständigen nationalen Wettbewerbsbehörde an die Europäischen Kommission und umgekehrt möglich.

Deutsche Stiftung für internationale Entwicklung (DSE) – Entwicklungshilfeorganisation; 1959 gegründet. 2002 fusionierte die DSE mit der Carl-Duisberg-Gesellschaft (CDG) zur → Internationalen Weiterbildung und Entwicklung gemeinnützige GmbH (InWEnt); Sitz in Bonn.

Deutsche Telekom AG – 1. *Geschichte:* 1995 gegründet infolge der Privatisierung der Telekommunikationsdienste der Deutschen Bundespost; betreibt den Aufbau und die Unterhaltung moderner Telekommunikationsnetze. Am 18.11.1996 erfolgte der Börsengang der Deutsche Telekom AG. Seit 1998 (Telekommunikationsgesetz) ist die Monopolstellung der Deutsche Telekom AG auf dem Telefonmarkt in Deutschland gefallen. – 2. *Regulierung:* Seitdem kontrolliert eine Regulierungsbehörde, die heutige Bundesnetzagentur, den Umgang der Deutsche Telekom AG mit der Konkurrenz.

Deutsche Telekom Stiftung – gegründet am 11.2.2004 mit Sitz in Bonn. – *Aufgaben:* Förderung von Bildung, Forschung und Technologie in Deutschland. Dazu gehört auch die Unterstützung technischer und naturwissenschaftlicher Schul- (Lehrerausund -fortbildung, Anpassung von Lernprozessen) und Hochschulprojekte (in den Natur- und Ingenieurwissenschaften sowie Ökonomik).

Developing Country (DC) – „normales" → Entwicklungsland, teilweise auch als LDC (Less Developed Country) bezeichnet, in Abgrenzung zu den → Least Developed Countries (LDC), den ärmsten Entwicklungsländern.

Development Assistance Committee (DAC) – Ausschuss für → Entwicklungshilfe, seit 1961 ein Sonderorgan der → OECD. – *Ziel* ist die Koordinierung und Intensivierung der Entwicklungshilfe der westlichen Industrieländer. Die DAC-Mitgliedsstaaten bringen den Großteil der Entwicklungshilfegelder (→ ODA) für die Dritte Welt auf.

Devisenablieferungspflicht – bei → Devisenbewirtschaftung Verpflichtung von Deviseninländern zur Devisenanmeldung und -ablieferung.

Devisenbewirtschaftung – *Devisenkontrolle;* eine auf partielle oder totale Regelung des Zahlungsverkehrs mit dem Ausland gerichtete Währungspolitik des Staates (Devisenmonopol). Devisenbewirtschaftung impliziert stets eine mehr oder weniger ausgeprägte zentrale staatliche Lenkung des Außenhandels und ist i.d.R. in einem chronischen Devisenmangel begründet. – Die Devisenbewirtschaftung erfasst alle

Bereiche der Zahlungsbilanz, bes. auch den Kapitalverkehr, mit dem Ziel, eine Abstimmung der Einnahmen und Ausgaben von Devisen zu erreichen. – *Gegensatz:* → Konvertibilität.

Devisenkontrolle → Devisenbewirtschaftung.

Devisenmonopol → Devisenbewirtschaftung. Ein Devisenmonopol ist eine Marktform mit einem staatlichen Monopol der Devisenvergabe.

Devisenpensionsgeschäfte – Geschäfte, die Devisenswapgeschäften entsprechen mit dem Unterschied, dass Geschäftspartner auf Kassa- und Terminmärkten identisch sind. Devisenpensionsgeschäfte werden i.d.R. von Zentralbanken zur Steuerung der Devisenmärkte verwendet. – Da die Banken für die Dauer des Geschäfts → Zentralbankgeld verlieren, wird durch Devisenpensionsgeschäfte temporär Liquidität absorbiert. Insoweit ist die *liquiditätspolitische Wirkung* dieser Maßnahme die gleiche wie bei einem kontraktiven Devisenswapgeschäft. Im Gegensatz zu letzterem bleiben die Nettoauslandsaktiva der Bundesbank bei einem Devisenpensionsgeschäft aber unverändert. Devisenpensionsgeschäfte dienen der Feinsteuerung des Geldmarkts. – Vgl. auch Geldpolitik; → geldpolitische Instrumente.

Devisenreserven – Im Besitz der → Zentralbank befindliche, auf ausländische Währung lautende Guthaben bzw. Finanzaktiva. Der Teil der → Währungsreserven, der für Devisenmarktinterventionen verwendet wird. – Vgl. auch Devisenmarkt.

Devisenrestriktionen – alle staatlichen Maßnahmen, die auf eine teilweise oder völlige Regelung des Zahlungsverkehrs mit Devisen als liquide Guthaben in ausländischer Währung ausgerichtet sind und die → Konvertibilität berühren. – *Beispiele:* Bewilligungspflicht von Auslandsanleihen und Kapitalexporten; Beschränkung des Erwerbs inländischer Wertpapiere durch Ausländer; Zuteilung von Reisedevisen. – Vgl. auch → Devisenbewirtschaftung.

Devisenspekulation – 1. *Charakterisierung:* Kauf (Verkauf) ausländischer Währungen (Devisen) in der Erwartung, dass ihr Wechselkurs steigt (sinkt) und sie mit Gewinn wieder verkauft (zurückgekauft) werden können. Die Devisentransaktion erfolgt am Markt für Kassadevisen (Devisenkassageschäft), am Markt für Termindevisen (Devisentermingeschäft) oder in Form eines Swapgeschäfts (→ Swap). – 2. *Folgen:* a) Im System *fester Wechselkurse* kann die Devisenspekulation destabilisierend wirken, da die Notenbank aufgrund ihrer → Interventionspflicht gezwungen sein kann, in einem solchen Ausmaß Devisen gegen Hingabe inländischer Zahlungsmittel aufzukaufen oder gegen Hereinnahme inländischen Geldes abzugeben, dass die inländische Geldversorgung in einer unter binnenwirtschaftlichen Gesichtspunkten unvertretbaren oder unerwünschten Weise gestört wird. – b) Im *System freier (sog. flexibler) Wechselkurse* können durch die Devisenspekulation ausgelöste Wechselkursschwankungen zu einer Verzerrung der internationalen Handelsströme und somit der internationalen Arbeitsteilung und Faktorallokation führen (z.b. Exporteinschränkung und Importausweitung durch spekulationsbedingte Aufwertungen oder Inflationstendenzen durch spekulationsbedingte Abwertungen).

Devisenswap → Swap; gleichzeitiger Kauf bzw. Verkauf von Devisen auf dem Devisenkassamarkt und Verkauf bzw. Kauf der Devisen auf dem Devisenterminmarkt.

Devisenswapgeschäfte → Swapgeschäfte, → Devisenswap.

Devisenswappolitik → Swappolitik.

dezentrale Energieversorgung – Im Gegensatz zu zentraler Energieversorgung versteht man unter dezentraler Energieversorgung die Energiebereitstellung durch kleinere Anlagen in Verbrauchernähe. Diese Begriffsdefinition hat also eine geografische und eine quantitative Komponente: Die dezentralen Energieumwandlungsanlagen stehen unmittelbar dort, wo die Energie gebraucht wird und die Energiebereitstellung erfolgt durch verhältnismäßig mehr, dafür aber wesentlich kleineren Anlagen im Vergleich zur zentralen Energieversorgung. Daraus ergeben sich neue Anforderungen an Energiemanagement, Netzbetrieb und Schutztechnik. – Unter dezentralen Stromerzeugungsanlagen versteht man daher insb. solche Anlagen, die in ein öffentliches Verteilnetz, gewöhnlich ein Mittel- oder Niederspannungsnetz, einspeisen oder der Eigenversorgung dienen. Auch Inselnetze (Zusammenschaltung weniger, kleiner Stromerzeuger und -verbraucher in ländlichen Regionen ohne Anschluss an ein öffentliches Stromnetz) zählt man zur dezentralen Stromerzeugung und -versorgung. Gleichermaßen werden Wind- und Solarkraftanlagen üblicherweise zur dezentralen Stromerzeugung gezählt, wobei hier nach obiger Definition darauf geachtet werden sollte, auf welcher Netzebene die Anlagen einspeisen. Insb. im Bereich der Windkraft ist der Übergang zur zentralen Stromerzeugung fließend.

DFG – Abk. für → Deutsche Forschungsgemeinschaft e. V. (DFG).

diagonale Unternehmenskonzentration → Unternehmenskonzentration.

Dialektik – im antiken Griechenland Bezeichnung für eine Argumentationslehre, wie vorgetragene Meinungen auf ihre Gründe zu prüfen sind. Später erfolgte Umdeutung zu einer *Entwicklungstheorie*, speziell in Form der *dialektischen Triade* von These, Antithese und Synthese. Im → Marxismus wird Dialektik zur Wissenschaft von allg. Entwicklungsgesetzen innerhalb von Natur und Gesellschaft. – In *Deutschland* hat die Dialektik-Konzeption der Frankfurter Schule größere Beachtung gefunden;

beschränkt sich auf Analyse gesellschaftlicher Entwicklungen und Zusammenhänge.

dialektischer Materialismus – allgemein-philosophische Grundlage des → Marxismus zur Ableitung von Entwicklungsgesetzmäßigkeiten in Natur und Gesellschaft. Dialektik als Methode bedeutet Denken in Widersprüchen. – 1. *Hegel*, auf den sich Marx methodologisch beruft, geht davon aus, dass sich die menschliche Vernunft (das Bewusstsein) dialektisch fortschreitend weiterentwickelt: Jeder Begriff *(These)* impliziert seinen Widerspruch *(Gegenthese),* und beide verschmelzen zu einer höheren Wissensstufe *(Synthese),* die als neue These wiederum ihre Gegenthese hervorruft. Dieser fortschreitende Erkenntnisprozess bestimmt Hegel zufolge das Denken und damit die Realität, die er aus der Natur des Geistes zu erklären versucht *(Idealismus).* – 2. Für *Marx* dagegen basieren alle geistigen und sozialen Erscheinungen auf der objektiven Realität, die für ihn allein die Materie sein kann *(Materialismus),* d.h. die Ideen und das Bewusstsein sind nur Reflexe der materiellen Wirklichkeit. Unter dem Materiellen versteht er die Gesamtheit aller objektiv-realen Dinge und Prozesse einschließlich der Beziehungen, Zusammenhänge und Verhältnisse in Natur und Gesellschaft. Wesentliches Merkmal dieses Materiebegriffs ist für Marx und Engels die *Bewegung* im Sinn fortschreitender dialektischer Veränderung, hervorgerufen durch die inneren Widersprüche und Spannungen. Aus der Spannung der Gegensätze und ihrer gegenseitigen Durchdringung wird die Entwicklung zu Neuem und Höherem abgeleitet *("Einheit und Kampf der Gegensätze").* Sie wachsen so lange sukzessive an, bis sich die materielle Realität an einem bestimmten Punkt abrupt und radikal verändert *("Übergang der Quantität in Qualität").* Die neue Qualität ruft jedoch entsprechend der dialektischen Grundthese ihren eigenen Widerspruch hervor *("Negation der Negation").* – Da der Mensch durch seine Arbeit in ständigem Austausch mit der Natur steht und dabei gesellschaftliche („materielle") Beziehungen eingeht, gilt dieses materiale Bewegungsgesetz der marxistischen Theorie zufolge auch für die Entwicklung des Gesellschaftssystems (→ historischer Materialismus).

Didaktik → Wirtschaftsdidaktik, → didaktische Modelle.

didaktische Modelle – theoretisch konstruierte Gebilde, mit deren Hilfe komplexes Unterrichtsgeschehen in seiner Struktur, seinen Intentionen, seinem Ablauf und in seinen individuellen und gesellschaftlichen Implikationen als durchschaubares Beziehungsgefüge beschreibe (Explikationsmodelle) und geplant (Handlungsmodelle) werden kann (Salzmann). – Für die Unterrichtspraxis *bedeutsame Modelle:* (1) Bildungstheoretische bzw. kritisch-konstruktive Didaktik (Klafki); (2) lehrtheoretische (Heimann/Otto/Schulz) bzw. lerntheoretische Didaktik (Schulz); (3) informationstheoretische Didaktik (von Cube); (4) dialektische Didaktik (Klingenberg); konstruktive Dialektik (Arnold, Knoll).

Dienstleistungen – In Abgrenzung zur Warenproduktion (materielle Güter) spricht man bei den Dienstleistungen von *immateriellen* → Gütern. – Als ein typisches Merkmal *von Dienstleistungen* wird die Gleichzeitigkeit von Produktion und Verbrauch angesehen (z.B. Taxifahrt, Haarpflege in einem Frisiersalon, Theateraufführung). Da die unmittelbare, überwiegend auch personengebundene *Arbeitsleistung* des Produzenten hier den wesentlichen Inhalt der Dienstleistungen ausmacht, werden nur geringe Möglichkeiten zur Produktivitätssteigerung gesehen. Daraus wurde die These eines generellen *Produktivitätsrückstands* der Dienstleistungen gegenüber der Warenproduktion abgeleitet (→ Drei-Sektoren-Hypothese). In modernen Volkswirtschaften haben derartige *gebundene Dienstleistungen* aber nur noch eine relativ geringe Bedeutung, vielmehr wird die Dynamik des Dienstleistungssektors insgesamt von der Entwicklung *ungebundener Dienstleistungen* bestimmt, für die eine zeitliche und räumliche Entkoppelung von Produktion und Verbrauch durchaus charakteristisch ist. Bei diesen ungebundenen Dienstleistungen, zu denen bes. die *produktions-* oder *unternehmensbezogenen Dienstleistungen* gehören (→ Finanzdienstleistungen, → technische Dienstleistungen), erlaubt der Einsatz technischer Hilfsmittel (EDV, Kommunikationstechniken) Produktivitätssteigerungen, die weit über denen der industriellen Produktion liegen können.

Dienstleistungsgesellschaft – *postindustrielle Gesellschaft, Tertiarisierung der Wirtschaft;* die Dienstleistungsgesellschaft ist dadurch charakterisiert, dass das Wirtschaftswachstum in hoch entwickelten Volkswirtschaften überwiegend durch den Konsum und die Produktion von Dienstleistungen getragen wird. – Vgl. auch → Dienstleistungssektor, → Drei-Sektoren-Hypothese.

Dienstleistungsintensität der Produktion → intrasektoraler Strukturwandel.

Dienstleistungssektor – *tertiärer Sektor;* zusammenfassende Kennzeichnung derjenigen → Wirtschaftszweige, die → Dienstleistungen produzieren. – In der *institutionellen Abgrenzung* der Systematik der Wirtschaftszweige zählen dazu: Handel; Verkehr und Nachrichtenübermittlung; Kreditinstitute und Versicherungen; Wohnungsvermietung; sonstige Unternehmen oder freie Berufe, die Dienstleistungen erbringen; Organisationen ohne Erwerbscharakter und private Haushalte; Gebietskörperschaften und Sozialversicherungen. – Alternativ kann der Dienstleistungssektor an Merkmalen der Berufsfunktion der Erwerbstätigen abgegrenzt werden *(funktionale Abgrenzung).* Typische Dienstleistungsberufe: Kaufleute, Techniker, Ingenieure, Verwaltungskräfte, Verkehrsberufe, Gesundheitsdienst- und Erziehungsberufe. – Statistisch stellt sich der Dienstleistungssektor bei funktionaler Abgrenzung als weitaus umfangreicher dar als bei institutioneller Abgrenzung, da Beschäftigte in Industrieunternehmen (→ sekundärer Sektor), die Dienstleistungsfunktionen ausüben, statistisch gleichwohl als Industriebeschäftigte erfasst werden. – Vgl. auch → intraskektoraler Strukturwandel.

Differenzialeinkommen – jene Einkommen, deren Entstehung analog der Differentialrente (→ Grundrente) bei Ricardo aus unterschiedlichen Produktionskosten erklärt werden kann, die zu unterschiedlich hohen Einkommen führen; Sammelbezeichnung für Grundrente und alle Arten von → Produzentenrenten. – Vgl. auch → Differenzialrente.

Differenzialrente – Einkommen, das aufgrund unterschiedlicher Produktionskosten dem Produzenten mit den geringeren Produktionskosten zufließt. Die Differenzialrente kann auf dem Rationalisierungsvorsprung eines Unternehmens gegenüber den anderen Unternehmen beruhen und besteht dann nur so lange, wie der Rationalisierungsvorsprung gehalten werden kann (→ dynamisches Einkommen). Können die eingesetzten → Produktionsfaktoren nicht beliebig vermehrt werden (z.B. der Boden in der Landwirtschaft), wird die Differenzialrente als Dauereinkommen bezogen, wenn der Grenzproduzent (Produzent mit den höchsten Kosten) seine Kosten nicht senken kann und seine Güter noch am Markt gebraucht werden. Nur der Grenzproduzent bezieht keine Differenzialrente. Alle übrigen Hersteller beziehen eine Rente in Höhe der Kostendifferenz zum Grenzproduzenten. Das Prinzip der Differenzialrente wurde erstmalig von Anderson und Ricardo vertreten. – Differenzialrente als Form der *Bodenrente:* → Grundrente. – Die → Konsumentenrente ist ebenfalls als Differenzialrente erklärbar. – Die Übertragung auf die industrielle → Produzentenrente (→ Quasirente) und auf die Konsumentenrente wurde durch Schäffle, Walker, Marshall vorgenommen.

Diffusionsfunktion – Diffusionsfunktionen oder -matrizen werden benutzt, um die Auswirkungen umweltpolitischer Maßnahmen in einer Region auf die Emissions- und Immissionsbelastungen in anderen Regionen zu bestimmen. Damit sind sie bei diffundierenden Schadstoffen auch eine Voraussetzung zur Klärung der physischen Grundlagen einer Monetarisierung externer Effekte (→ ökonomische Bewertung von Umweltschäden).

Diktator – In der → Theorie der Kollektiventscheidungen ein Gruppenmitglied, das seine strikten Präferenzen über alle zur Wahl stehenden Alternativen der Gruppe aufzwingen kann, unabhängig davon, welche Präferenzen die übrigen Gruppenmitglieder haben. – Vgl. auch → wohlwollender Diktator.

Diktatur des Proletariats – im → Marxismus die Herrschaftsausübung der Arbeiterklasse über die → Bourgeoisie nach der revolutionären Beseitigung des Kapitalismus im → Sozialismus (→ Klassentheorie, → Marxismus-Leninismus).

direkte Demokratie – 1. *Begriff:* Staatsform, bei der im theoretischen Ideal jede einzelne öffentliche Angelegenheit durch Abstimmung aller Bürger des Gemeinwesens entschieden wird. – 2. *Theorie der direkten Demokratie:* Zweig der Neuen Politischen Ökonomie, der sich mit den Eigenschaften von Abstimmungsregeln in (kleinen) Gruppen beschäftigt, bes. sucht man ideale Regeln (→ Abstimmungsverfahren). In der empirischen Forschung wird regelmäßig auf die Beispiele direktdemokratisch konstituierter Bundesstaaten in den USA und Kantone in der Schweiz verwiesen, wobei angenommen wird, dass die individuellen Interessen der Wähler infolge der direkten Abstimmung besser als im Falle repräsentativer Demokratien in den getroffenen Kollektiventscheidungen widergespiegelt sind.

direkte Finanzhilfen – Form von Subventionen, durch die dem begünstigten Unternehmen für bestimmte Aufwendungen, z.B. Investitions-, Personal- oder auch Sachkosten, aus Mitteln öffentlicher Haushalte eine (teilweise) Kostenerstattung gewährt wird. – *Beispiele:* → Investitionsförderung, → Forschungs- und Entwicklungsförderung. – Vgl. auch → Wirtschaftsförderung.

direkte Tarife – Begriff aus dem Eisenbahnwesen. § 12 AEG verpflichtet die öffentlichen Eisenbahnen, für die Beförderung von Personen und Gütern, die auf mehreren aneinander anschließenden Eisenbahnen des öffentlichen Verkehrs (Deutsche Bahn AG, nicht bundeseigene Eisenbahnen) erfolgen, eine direkte Abfertigung einzurichten und für den Personenverkehr durchgehende direkte Tarife aufzustellen.

Direktinvestition – I. *Begriff:* Form der → Auslandsinvestition. – 1. *Kennzeichen:* Kapitalexport durch Wirtschaftssubjekte eines Landes in ein anderes Land mit dem Ziel, dort Immobilien zu erwerben, Betriebsstätten oder Tochterunternehmen zu errichten, ausländische Unternehmen zu erwerben oder sich an ihnen mit einem Anteil zu beteiligen, der einen entscheidenden Einfluss auf die Unternehmenspolitik gewährleistet. – *Gegensatz:* → Portfolio-Investition, die vorrangig der Geldanlage dient. – 2. *Entscheidungskriterien:* Steuervorteile im Ausland, Abweichungen in den Faktorpreisen und den wettbewerbsrechtlichen Vorschriften, Sicherung der Lieferung von Rohstoffen oder Vorprodukten, Erschließung oder Erhaltung von Absatzmärkten (→ Kapitalflucht). Absicherung der politischen Risiken durch Garantien für Kapitalanlagen im Ausland (Investitionsschutzabkommen). Entgegen weitverbreiteter Meinung gibt es für das Unterlaufen von Umweltvorschriften als Motiv für Direktinvestition *keine* empirischen Beweise. Eine zusammenfassende Erklärung bietet das → eklektische Paradigma.

II. Wirkungen: 1. Mögliche positive Wirkungen für das Empfängerland (v.a. in Entwicklungsländern): (1) Milderung der Kapitalknappheit und dadurch Steigerung der Produktivität bzw. Beschäftigung sonstiger Produktionsfaktoren; (2) Wachstumsbeschleunigung durch Zunahme der gesamtwirtschaftlichen Investition (externe Investitionsfinanzierung); (3) Entlastung der Zahlungsbilanz; (4) Beitrag zur Diversifizierung der Produktionsstruktur; (5) positive Beschäftigungseffekte; (6) Technologietransfer; (7) Induzierung von Investitions- bzw. Produktionsaktivitäten in vor- und nachgelagerten Produktionsstufen. – 2. Mögliche negative Wirkungen für das Empfängerland (bes. in Entwicklungsländern): (1) Verdrängung einheimischer Produzenten; (2) Wohlfahrtsverluste bzw. Einkommenstransfer zugunsten der Investoren durch staatliche Vergünstigungen (z.B. unentgeltliche Gewährung von Infrastrukturleistungen, „Schutzrente" im Weg einer Abschirmung des Marktes durch Importzölle oder subventionierte Inputs und verbilligte Kredite).

Direktinvestitionsförderung – Maßnahme der Hilfe für → Entwicklungsländer; Förderung von → Direktinvestitionen in diesen Ländern. In Deutschland wurde dafür ein differenziertes Förderinstrumentarium entwickelt. Allen Maßnahmen ist gemeinsam, dass durch sie das wirtschaftliche oder politische Risiko einer Kooperation gemindert werden soll: Durch verlässliche Informationen, durch günstige Kredite, durch Übernahme von Garantien und Bürgschaften oder durch die Gewährung von Steuervorteilen. Im Einzelnen gehören zum Instrumentarium, u.a. Bundesgarantien für Kapitalanlagen im Ausland, mit denen das politische Risiko von Kapitalanlagen gedeckt werden kann, Bundesgarantien und -bürgschaften für ungebundene Finanzkredite, Kredite aus Bundeshaushaltsmitteln oder die Förderung durch die Deutsche Investitions- und Entwicklungsgesellschaft mbH (DEG). Weitere Informationen erteilen u.a die Bundesagentur für Außenwirtschaft (bfai), → Kreditanstalt für Wiederaufbau (KfW), Deutsche Investitions- und Entwicklungsgesellschaft (DEG), → UNIDO, Industrie- und Handelskammern und das Bundesministerium für wirtschaftliche Zusammenarbeit und Entwicklung (BMZ).

Dirigismus – interventionistische, → marktinkonforme Eingriffe (→ Interventionismus, → Marktkonformität) in privatwirtschaftliche Marktwirtschaften, die zur Erreichung gruppenbezogener, sektoraler oder struktureller wirtschaftspolitischer Ziele die Koordinationsfähigkeit des Marktwettbewerbs partiell oder total außer Kraft setzen. – *Beispiele:* Staatliche Ge- und Verbote im wirtschaftlichen Bereich. – Eine *wesentliche Gefahr* des Dirigismus besteht darin, dass aufgrund unvorhergesehener und staatlicherseits unerwünschter Ausweichreaktionen der privaten Wirtschaftssubjekte zunehmend weitere Folgeinterventionen durchgeführt werden müssen, sollen die wirtschaftspolitischen Ziele dennoch erreicht werden *(Ölflecktheorie)*. Zunehmender Dirigismus kann, wie die Erfahrungen zeigen, zum Entstehen einer → Schattenwirtschaft, im Extremfall zu einem Systemwandel führen.

Diseconomies of Scope – *Verbundnachteile; Gegenteil:* → Economies of Scope.

Diskontkredit – 1. *Begriff:* kurzfristiger Kredit, den Kreditinstitute durch den Ankauf von noch nicht fälligen Wechseln vergeben. Dabei erhält der Kunde, der den Wechsel einreicht, den Wechselbetrag abzüglich der bis zur Fälligkeit entstehenden Zinsen (Diskont) und Wechselspesen ausgezahlt. Dazu wird der Wechsel durch Indossament an das Kreditinstitut übertragen. Bei Fälligkeit zahlt der Wechselkunde den im Wechsel vereinbarten Wechselbetrag zum Nennwert zurück. Für den Ankauf von Wechseln kann das Kreditinstitut dem Kunden eine Diskontkreditlinie einräumen, innerhalb derer Wechsel angekauft werden. – 2. *Einordnung:* Die Vergabe von Diskontkrediten gehört zu den Bankgeschäften i.S.d. KWG (§ 1, 1 Nr. 3 KWG). Rechtlich gesehen ist der Diskontkredit in Forderungsankauf und keine Kreditgewährung (außer beim Solawechsel). Aufgrund der Wechselstrenge und der Haftungsverpflichtung der Wechselbeteiligten ist ein Diskontkredit für die Kreditinstitute relativ risikolos. – 3. *Bedeutung:* Mit der Übertragung der geldpolitischen Befugnisse auf die → Europäische Zentralbank (EZB) wurde das Diskontgeschäft der Deutschen Bundesbank, also der Wechselankauf zum → Diskontsatz, zum 1.1.1999 eingestellt. Vorher hat die Kreditinstitute die Möglichkeit, ihre angekauften Wechsel guter Bonität bei der Bundesbank zum Diskontsatz zu rediskontieren. Da die EZB keine Rediskontgeschäfte betreibt, hat das Diskontgeschäft allgemein an Bedeutung verloren. Gelegentlich kaufen Kreditinstitute auch heute noch Wechsel an und vergeben Diskontkredite, doch dann zumeist im Auslandsgeschäft.

Diskontmarkt – Markt für Wechselkredit (Akzeptkredit). – Vgl. auch → Geldmarkt, Privatdiskonten.

Diskontpapiere → Schatzwechsel.

Diskontsatz – 1. Zinssatz für *Wechselkredite* (→ Diskontkredit). Beim Ankauf von Wechseln werden für die Zeit bis zum Fälligkeitstag Zinsen (Diskont) berechnet. Diese werden von der Wechselsumme abgezogen. Der Wechseleinreicher erhält dann den abgezinsten Betrag ausgezahlt und zahlt bei Fälligkeit den Nennbetrag des Wechsels zurück. – 2. Früher wurde der Diskontsatz von der → Deutschen Bundesbank festgelegt und galt wie der Lombardsatz als Leitzinssatz der Geldpolitik. Da im Rahmen der Wirtschafts- und Währungsunion die geldpolitischen Befugnisse auf die → Europäische Zentralbank (EZB) übergegangen sind, setzt die Deutsche Bundesbank seit dem 1.1.1999 keinen Diskontsatz oder Lombardsatz mehr fest. Sofern in früheren Vorschriften oder Alt-Verträgen Bezug auf den Diskontsatz genommen wird, regelt das Diskontsatz-Überleitungsgesetz (DÜG), dass als Referenzzinssatz heute ein Basiszinssatz verwendet wird, der sich am Zinssatz für längerfristige Refinanzierungsgeschäfte orientiert.

diskretionärer Mitteleinsatz – ermöglicht im Vergleich zum regelgebundenen Mitteleinsatz eine größere Flexibilität der Wirtschaftspolitik, insbes. bei ungewöhnlichen und neuartigen Entscheidungsproblemen. – *Nachteile:* (a) *Time-Lag:* Verzögerungen im Entscheidungsverfahren durch höheren Informations- und Planungsaufwand; (b) *Kontrollmöglichkeiten* z.B. bez. der Angemessenheit wirtschaftspolitischer Maßnahmen eingeschränkt; (c) mangelnde Konstanz der Wirtschaftspolitik und somit steigende Unsicherheit. – *Gegensatz:* → regelgebundener Mitteleinsatz.

Diskriminierungstheorien – 1. Das *Präferenzmodell* als prominentestes Beispiel der neoklassischen Diskriminierungstheorien geht davon aus, dass sich Lohndifferenziale zwischen Arbeitnehmergruppen u.a. aus der Vorliebe von Unternehmern für bzw. aus dem Vorurteil von Unternehmern gegen bestimmte Gruppen erklären lassen (Taste for Discrimination). – 2. Im *Konzept der statistischen Diskriminierung* verfügen Unternehmer nur über unvollständige Informationen über die Produktivität einzelner Arbeitnehmer. Sie verwenden deshalb repräsentative, sozialstatistische Merkmale von Gruppen (z.B. Nationalität, Alter, Geschlecht, soziale Herkunft, Qualifikationsniveau) zur wahrscheinlichkeitstheoretischen Einschätzung der Eigenschaften von Gruppenmitgliedern. Gruppenmerkmale wirken damit unabhängig von ihrer tatsächlichen individuellen Ausprägung als Kosten sparende Indikatoren für die zu erwartende Produktivität des Arbeitnehmers. Arbeitnehmer, deren tatsächliche Produktivität darüber (darunter) liegt, erhalten einen zu geringen (zu hohen) Lohn. – 3. Im *Overcrowding-Ansatz* werden die unterschiedlichen Knappheitsverhältnisse in vornehmlich von Männern und Frauen besetzten Berufen für einen Teil der Lohnunterschiede verantwortlich gemacht.

Disparität → Unternehmenskonzentration, Messung.

Dissertation – wissenschaftliche Arbeit, Teil der → Promotion.

dissipative Strukturen – eine ursprünglich aus dem Bereich der physikalischen Chemie stammende Theorie; beschäftigt sich mit umwelttoffenen, sich im thermodynamischen Ungleichgewicht befindlichen Systemen, deren Elemente durch nicht lineare Beziehungen (→ Nichtlinearität) miteinander verknüpft sind und die unter Energiezufuhr von außen geordnete Strukturen hervorbringen. – Vgl. auch → Entropie, → Synergetik, → Systemmanagement.

Distribution – *Verteilung*; Verteilung von Einkommen (Einkommensverteilung) und von Vermögen (→ Vermögensverteilung). – Vgl. auch → Verteilungspolitik, → Verteilungstheorie.

Distributionstheorie → Verteilungstheorie.

Divergenz-Indikator → EWS, Indikator bzw. Messzahl, von dem bzw. von der die Abweichungen der Wechselkurse einer Währung gegenüber anderen Währungen um einen bestimmten Prozentsatz angezeigt werden und somit die betreffende → Zentralbank zu → Interventionen verpflichtet wird.

DM – Abk. für → Deutsche Mark.

D-Mark (DM) – Abk. für → Deutsche Mark.

Doha-Runde – Welthandelsrunde bei der → World Trade Organization (WTO). Zentrales Ziel der Doha-Runde ist die Verbesserung der Lage der Entwicklungsländer im Welthandel, weswegen sie auch unter der Bezeichnung *Doha Development Round* und *Doha Development Agenda* firmiert. Die in der Doha-Erklärung vereinbarten Verhandlungsziele umfassen u.a. eine weitere Marktöffnung im Bereich der Landwirtschaft und die sog. Singapur-Themen (Investitionen, Wettbewerb, öffentliches Beschaffungswesen und Handelserleichterungen).

Dollar – Gesetzliches Zahlungsmittel, v.a. in den Vereinigten Staaten, Kanada und Australien. – *Im Sprachgebrauch* wird i.d.R. US-Dollar gemeint.

Domäne – Land- und forstwirtschaftlicher Grundbesitz der öffentlichen Hand, in der Rechtsform des → Regiebetriebes oder der Anstalt bewirtschaftet. Domänen waren im Mittelalter wichtige Einnahmequelle der fürstlichen Schatzkammer, woraus die Gleichsetzung öffentlicher Wirtschaft mit Domänenwirtschaft resultierte. Domänen sind als Quelle erwerbswirtschaftlicher Einkünfte seit Entwicklung des modernen Steuersystems von geringer Bedeutung. Heute ist der Domänenbesitz größtenteils verpachtet oder wird als Lehr- und Versuchsgut (Land, Weinbau und Forstwirtschaft) von der öffentlichen Hand bewirtschaftet.

Domänenwirtschaft → Domäne.

Donaukommission – internationaler Zusammenschluss der Donauanliegerstaaten, errichtet 1949. – *Ziele:* Durchführung von Großprojekten zur Verbesserung der Donauschifffahrtsbedingungen, Entwicklung einheitlicher Navigationssysteme, Zollregelungen, gesundheitlicher Bestimmungen, Bereitstellung eines hydrometeorologischen Dienstes, Aufbau einer Donaustatistik.

doppelt geknickte Preisabsatzfunktion → monopolistische Konkurrenz.

Doppelwährung → Währungssystem.

Dosis-Wirkungs-Beziehung – Zusammenhang zwischen der Menge des Eintrags eines bestimmten Schadstoffes und dem damit verursachten (meist physischen) Effekt.

Drei-Ebenen-Konzept – *3-E-Konzept;* ein aus dem New Public Management abgeleiteter Ansatz zur Operationalisierung von Formalzielen in öffentlichen Verwaltungen auf den Ebenen (1) Zielebene, (2) Maßnahmenebene und (3) Umsetzungsprozess. Das Verhältnis von geplanten Zielen zur Zielerreichung (Outcome) umfasst die Effektivität. Das Verhältnis von Maßnahmen und Ressourceneinsatz zur Zielerreichung umfasst die Ebene der Effizienz. Der konkrete Umsetzungsprozess zur Realisierung vorgegebener Maßnahmen bezieht sich auf die Wirtschaftlichkeit im Sinn von Kostenwirtschaftlichkeit (Kostenminimierung) bzw. Economy (Sparsamkeit). – Auf der Ebene der Effektivität (Wirksamkeit) geht es um die Abstimmung zwischen Politik und Verwaltung durch Ziele. Größtmögliche Wirksamkeit wird dann erreicht, wenn vorgegebene Wirkungen mit dem kleinstmöglichen Leistungsvolumen ausgelöst werden. Effektivität beschreibt somit das Verhältnis geplanter Ziele zum tatsächlich realisierten Zielerreichungsgrad und damit der Wirkung des Verwaltungshandelns (Outcome). Die Messung der Wirksamkeit erfordert daher die Festlegung von Maßgrößen, mit denen der Zielerreichungsgrad erfasst werden kann. – Bei der Ermittlung der Effektivität spielt die sukzessive Entwicklung von Zielindikatoren eine große Rolle, da es sich oftmals um schlecht strukturierte Probleme handelt, die stark von politischen Rationalitäten (z.B. Machterhaltungsstrategien) beeinflusst werden. – Auf der Ebene der Effizienz (Wirtschaftlichkeit) sind die Ziele bereits vorgegeben, und es werden die geeigneten Maßnahmen in Form von Input und Output (Produkten) festgelegt. Wirtschaftlichkeit wird dann erreicht, wenn vorgegebene Leistungen mit dem kleinstmöglichen Ressourceneinsatz erstellt werden. Die Effizienz bezieht sich damit auf die Relation eines Outputs und die hierfür erforderlichen Ressourcen (z.B. Kosten). – Auf der Prozess- bzw. Ressourcenebene steht die Kostenwirtschaftlichkeit (Economy) im Mittelpunkt. Sparsamkeit (Economy) im Mittelpunkt. Hier steht neben dem Outcome auch der Output z.B. in Form der zu erstellenden Produkte fest. Economy wird dann erreicht, wenn mit kleinstmöglichem Mitteleinsatz die notwendigen Ressourcen beschafft werden. – Damit geht es rein operativ um die konkrete Ausgestaltung des Leistungsprozesses. Bewertungskriterium ist der Ressourcenverbrauch, d.h. es geht um die wirtschaftliche Steuerung des Ressourceneinsatzes i.S.d. ökonomischen Prinzips (eine vorgegebene Leistung mit möglichst geringem Ressourceneinsatz erzielen). Ergänzt um die Ebene der Ordnungsmäßigkeit in Bezug auf die Frage nach Gesetzes- und Vorschriftskonformität (Efficacy) wird das vorgestellte Modell auch als 4-E-Modell bezeichnet.

dreifache Dividende – Mit der Einführung von Ökosteuern (→ ökologische Steuerreform) verbundene Hoffnung, dass diese (1) zu einer Verbesserung der → Umweltqualität, (2) zu einer Verminderung der Arbeitslosigkeit und (3) zu einer Reduzierung der Excess Burden des Steuersystems führen.

dreigeteilter Arbeitsmarkt→ Arbeitsmarkttheorien.

Dreimonatsgeld – Zentralbankguthaben, die unter Banken zur Standardlaufzeit von drei Monaten verliehen werden.

Drei-Sektoren-Hypothese – 1. *Begriff:* Von Clark und Fourastié begründete These über den langfristigen → sektoralen Strukturwandel zwischen *primärem, sekundärem* und *tertiärem* Sektor. Auf niedrigem Entwicklungsstand, gemessen am Volkseinkommen, dominiert der primäre Sektor (Landwirtschaft). Ein fortgeschrittener Entwicklungsstand ist durch Dominanz des sekundären Sektors (industrielle Produktion) gekennzeichnet. Auf hohem Entwicklungsniveau verlagern sich Produktion und Konsum dann überwiegend auf die → Dienstleistungen (tertiärer Sektor). – 2. *Begründungen:* a) *Einkommenselastizität der Nachfrage:* Auf niedrigem Einkommensniveau ist die Nachfrage nach Gütern des primären Sektors relativ unelastisch und konzentriert sich auf die Deckung des Grundbedarfs. Mit steigenden Einkommen nimmt die Elastizität der Nachfrage zu, und dies begünstigt zunächst industriell hergestellte Güter und im weiteren Entwicklungsverlauf Dienstleistungen. – b) Produktionsseitig führt der *technische Fortschritt* zu unterschiedlichen Wachstumsmustern der Sektoren. Während im sekundären Sektor (kapitalintensive Produktion) der technische Fortschritt arbeitssparend wirkt und somit zu einem relativen Rückgang der Beschäftigung führt (→ Deindustrialisierung), werden die Möglichkeiten zur Produktivitätssteigerung im tertiären Sektor als begrenzt angesehen, was einen steigenden Erwerbsanteil dieses Sektors zur Folge hat. – 3. *Empirische Relevanz:* Das Verlaufsmuster des Strukturwandels nach der Drei-Sektoren-Hypothese ist empirisch gut zu bestätigen (→ sektoraler Strukturwandel). Allerdings hat sich die Vermutung eines generellen Produktivitätsrückstands des Dienstleistungssektors als nicht zutreffend erwiesen. Bes. die elektronische Datenverarbeitung, aber auch die Entwicklung moderner Kommunikationstechniken haben zu erheblichen Produktivitätszuwächsen bei vielen Dienstleistungsproduktionen geführt, sodass der dominierende Erklärungsfaktor für den Bedeutungsgewinn der Dienstleistungen in Verschiebungen der Nachfrage zu sehen ist.

DSE – Abk. für → Deutsche Stiftung für internationale Entwicklung.

duale Berufsausbildung – 1. *Begriff:* in der Bundesrepublik Deutschland übliches Berufsausbildungssystem mit dualer Struktur; berufliche Erstausbildung Jugendlicher, die an zwei → Lernorten (→ Berufsschule und Betrieb) mit unterschiedlichen Ausrichtungen durchgeführt wird. – 2. *Merkmale:* inhaltlich-zeitliche Verknüpfung einer überwiegend fachpraktischen Ausbildung im Betrieb (→ betriebliche Ausbildung) und/oder in einer überbetrieblichen Ausbildungsstätte mit einer fachtheoretisch-allgemeinen Bildung in der Berufsschule. - 3. *Rechtliche Regelungen:* Zweiteilung der Zuständigkeiten für die rechtliche Regelung der betrieblichen und schulischen Berufsausbildung: (1) Die Ausbildung in den Betrieben wird bundeseinheitlich durch das → Berufsbildungsgesetz (BBiG) geregelt. - (2) Kultusminister und -senatoren der Länder sind für den Unterricht an den berufsbildenden Schulen zuständig. Es werden vom Bund einheitliche → Ausbildungsordnungen erstellt, während die Länder gesondert Lehrpläne bzw. Richtlinien für die Berufsschulen erlassen. Der Kultusministerkonferenz der Länder (KMK) obliegt die vorbereitende Koordination der einzelnen Lehrpläne durch die Erarbeitung gemeinsamer Rahmenlehrpläne. - Die Durchführung der Berufsausbildung regeln, soweit detailliertere Vorschriften nicht bestehen, die *„zuständigen Stellen"*, z.B. Industrie- und Handelskammern, Handwerkskammern, Landwirtschaftskammern, Ärztekammern. Sie führen ein → Verzeichnis der Berufsausbildungsverhältnisse (Lehrlingsrolle), bilden Prüfungsausschüsse und erlassen Prüfungsordnungen für die Ausbildungsabschluss- und -zwischenprüfungen und stellen zur Beratung und Kontrolle der Ausbildungsbetriebe einen Ausbildungsberater. - 4. *Finanzierung:* Es ist eine Mischfinanzierung in öffentlicher (Berufsschule) und privatwirtschaftlicher (Betrieb) Verantwortung. I.d.R. werden die Personalausgaben für die Lehrer an öffentlichen Berufsschulen von den Ländern getragen; der jeweilige Schulträger (kreisfreie Städte, Landkreise) übernimmt die Sachausgaben sowie die Ausgaben für das Verwaltungspersonal. Die anerkannten privaten Berufsschulen erhalten je nach Länderregelung Finanzhilfen zu den Sach- und Personalausgaben. Die Ausbildungsbetriebe finanzieren die Kosten der betrieblichen Ausbildung (Personalkosten, Sachkosten) eigenständig (einzelbetriebliche Finanzierung). Durch die Kritik an dem einzelbetrieblichen Finanzierungsmodus haben sich eigenständige Organisations- und Finanzierungsweisen von betrieblicher Ausbildung entwickelt. So werden die überbetrieblichen Ausbildungsstätten (z.B. Lehrwerkstätten) zumeist durch Zuschüsse des Bundes sowie der jeweiligen Bundesländer finanziert. Die Tariffondfinanzierung erfolgt über ein Umlagesystem und die Verbundfinanzierung je nach Kooperationsform im Sinn eines Ausgleichsprinzips. - 5. *Probleme:* Aufgrund der unterschiedlichen Zuständigkeiten bei der Planung und Durchführung der Berufsausbildung weichen die Ausbildungspläne in der schulischen und betrieblichen Teil der Ausbildung z.T. erheblich voneinander ab; zudem sind die betriebliche und schulische Ausbildung sachlich und zeitlich nur wenig aufeinander abgestimmt. Zur Behebung dieses Problems wurde von der Kultusministerkonferenz der Länder ein Koordinierungsausschuss eingesetzt, der u.a. die Aufgabe hat, die Abstimmung der Ausbildungsordnungen und Rahmenlehrpläne vorzunehmen. - Vgl. auch → Bildungspolitik und den umfangreichen von der Bundesregierung jährlich vorgelegten Berufsbildungsbericht.

duale Finanzierung - Form der → Finanzierung im öffentlichen Bereich, bei der mehrere Finanzierungsträger jeweils bestimmte Kostenarten finanzieren. I.d.R. erfolgt eine duale Finanzierung derart, dass von den öffentlichen Haushalten die Investitionen finanziert werden und von den Leistungsabnehmern bzw. den Versicherungen die Kosten des laufenden Betriebs zu tragen sind. Die duale Finanzierung zählt zu den typischen Formen der Krankenhausfinanzierung. Die Einführung der dualen Finanzierung in der bis heute geltenden Form erfolgte 1972 durch das Krankenhaus-Finanzierungsgesetz vom 29.7.1972.

dualer Arbeitsmarkt→ Arbeitsmarkttheorien.

Dualismus-Theorien - Erklärungsansätze der → Entwicklungstheorie, die von Ungleichheiten in der Sozial- und Wirtschaftsstruktur (Dualismus) von Entwicklungsländern ausgehen. Die Gesellschaft ist in zwei Sektoren gespalten, in einen modernen, dynamischen, in die Weltwirtschaft integrierten und in einen traditionellen, stagnierenden, oft isolierten Sektor, wobei sich beide Sektoren unabhängig voneinander nach eigenen Gesetzmäßigkeiten entwickeln. Je nach Fragestellung werden verschiedene Dualismen unterschieden: (1) sozialer Dualismus (entsteht durch das Aufeinandertreffen eines fremden, meist westlich importierten Sozialsystems auf das traditionelle Sozialsystem von Entwicklungsländern; (2) technologischer Dualismus (unterschiedliche Produktionstechniken); (3) regionaler Dualismus (entwickelte und zurückgebliebene Regionen mit geringen wirtschaftlichen Austauschbeziehungen).

Duopol → Oligopol.

Durchschnittsziel → Geldmengenziel.

dynamische Anreizwirkung - Fähigkeit umweltpolitischer Instrumente, → umwelttechnischen Fortschritt zu induzieren (→ Umweltpolitik).

dynamische Einkommen - 1. *Begriff:* Einkommen, die nicht in einem statischen Zustand, sondern im dynamischen Prozess der wirtschaftlichen Entwicklung entstehen. Dazu gehören: Pioniergewinn (Vorsprungsgewinn) und Marktlagengewinn. - Gegensatz: → Statische Einkommen. - 2. *Entstehungsursachen nach Erich Preiser:* a) Pioniergewinn: beruht in Anlehnung an Schumpeter auf dem Gewinn des Schumpeterschen Unternehmers aus Innovationen im Prozess der „schöpferischen Zerstörung", bei dem alte Produktionsverfahren durch neue ersetzt werden und neue Produkte entstehen. Preiser bezeichnet den Pioniergewinn daher auch als „Fortschrittsprämie". b) Marktlagengewinn (Q-Gewinn): Werden in einer Wirtschaft Investitionen durch Kredite und Geldschöpfung finanziert, entstehen dynamische Marktlagengewinne, von Preiser in Anlehnung an Keynes'

Treatise on Money mit Q bezeichnet. Sie bilden zusammen mit der freiwilligen Ersparnis (S) den Gegenposten zur Investition (I=S+Q). Die Investitionen lösen in einer unterbeschäftigten Wirtschaft bei steigender Nachfrage und kurzfristig unelastischem Angebot Preissteigerungen in der Konsumgüterindustrie auf, die die Marktlagengewinne entstehen lassen. Im Laufe des Anpassungsprozesses (d.h. bei der Bewegung zu einem neuen Gleichgewicht hin) werden Multiplikatoreffekte ausgelöst durch die die Marktlagengewinne zugunsten der freiwilligen Ersparnis immer kleiner werden, bis sie im neuen kurzfristigen Gleichgewicht schließlich ganz verschwinden (I=S).

dynamische Prinzipal-Agent-Theorie –Prinzipal-Agent-Theorie.

Dyopol → Oligopol.

EAG – *EURATOM*; Abk. für *Europäische Atomgemeinschaft.* 1. *Begriff:* Von einigen europäischen Staaten durch Vertrag vom 25.3.1957 gegründet, der gleichzeitig mit dem EWG-Vertrag am 1.1.1958 in Kraft trat. Mit dem → Maastrichter Vertrag durch die Gründung der → EU in die erste Säule der EU gerückt (sog. Drei-Säulen-Modell). Seit dem Vertrag von Lissabon wurden die drei Säulen aufgelöst und in das Gemeinsame Haus der Europäischen Union überführt (sog. Gemeinsames-Haus-Modell). Die EAG besteht neben dem → EUV und dem → AEUV weiter. – 2. *Ziele:* Förderung von Kernforschung und Nutzung der Kernenergie. – 3. *Organe:* Aufgrund der Fusionsverträge vom 8.4.1965 hat die EAG – bei Fortbestand des EURATOM-Vertrages (→ EAGV) – seit 1.7.1967 gemeinsame Organe (Versammlung, Ministerrat, Kommission, Gerichtshof) mit der → EWG und → EGKS. – 4. *Aufgaben:* Durch Förderung der Forschung, Verbreitung technischer Kenntnisse, Entwicklung von Sicherheitsnormen für den Gesundheitsschutz der Bevölkerung und der Arbeitskräfte, Erleichterung der Investitionen, Zusammenarbeit mit anderen Ländern und zwischenstaatlichen Einrichtungen soll zugleich zur Hebung des Lebensstandards in den Mitgliedsstaaten und zur Entwicklung der Beziehungen mit anderen Ländern beigetragen werden. Durch eine Diversifikation der Versorgungsgebiete und die Kontrolle von Verträgen (Importe müssen gemeldet werden) soll die Versorgungssicherheit erhöht werden. – 5. *Ein gemeinsamer Markt für Kernbrennstoffe und Ausrüstung* bereits am 1.1.1959 verwirklicht. – 6. Enge *Zusammenarbeit* mit der internationalen Energie-Agentur (→ IEA), der Kernenergieagentur (→ NEA), der OECD und der Internationalen Atomenergie-Organisation (→ IAEA).

EAGFL – Abk. für *Europäischer Ausrichtungs- und Garantiefonds für die Landwirtschaft,* GAP, Strukturpolitik der Europäischen Union.

EAGV – Abk. für *Vertrag über die Europäische Atomgemeinschaft*; der Gründungsvertrag der → EAG (EURATOM-Vertrag) wurde am 25.3.1957 in Rom unterzeichnet (einer der sog. Römischen Verträge) und ist am 1.1.1958 zusammen mit dem → EWGV in Kraft getreten. Nach dem Vertrag von Lissabon die letzte noch bestehende Gründungsgemeinschaft der Europäischen Gemeinschaften. Der EAGV besteht neben dem → EUV und dem → AEUV.

EBRD – Abk. für *European Bank for Reconstruction and Development,* Europäische Bank für Wiederaufbau und Entwicklung, sog. *Osteuropabank.* – 1. *Charakterisierung:* Die EBRD ist eine internationale Organisation mit Sitz in London; wurde am 15.4.1991 errichtet. Mitglieder dieser regionalen Entwicklungsbank sind 61 Staaten und zwei zwischenstaatliche Institutionen (→ EU und → EIB). – 2. *Aufgaben:* Förderung des Übergangs zur offenen Marktwirtschaft in jenen Ländern Mittel- und Osteuropas sowie Zentralasiens, welche den Prinzipien der Mehrparteiendemokratie, des Pluralismus und der Marktwirtschaft verpflichtet sind und sich von diesen Prinzipien leiten lassen. Im Gegensatz zur Weltbank → IBRD und zum → IWF hat die EBRD also ein politisches Mandat: Unterstützungen erhalten nur solche Länder, die den Demokratisierungsprozess (Mehrparteiensystem) vorantreiben. Zu ihrer Rolle als Katalysator des Wandels arbeitet die EBRD eng mit internationalen Finanzinstitutionen und anderen internationalen und nationalen Organisationen zusammen. Die Hauptformen der EBRD-Finanzhilfen sind Darlehen, Kapitalanlagen und Garantien. Außerdem leistet die EBRD Regierungsberatung bei Programmen zur Re-Strukturierung der Wirtschaft. Höchstens 40 Prozent ihrer Mittel dürfen in öffentliche Projekte fließen, angestrebt werden Kofinanzierungen. Bei Kofinanzierungen im privaten Sektor übernimmt die EBRD bis zu mehr als einem Drittel der Projektkosten bei einer maximalen Laufzeit von zehn Jahren zu Marktkonditionen. Die EBRD refinanziert sich über den freien Kapitalmarkt. – 3. *Organisation und Finanzierung:* Oberstes Organ der EBRD ist der Gouverneursrat, in den jedes Mitglied einen Minister (i.d.R. Finanzminister) und einen Vertreter entsendet. Ihm unterliegen die Grundlagenentscheidungen, z.B. Aufnahme neuer Mitglieder, Kapitalmaßnahmen, Wahl des Direktoriums und des Präsidenten. Die Gouverneure wählen ein Exekutivdirektorium, das aus „hoch qualifizierten Wirtschafts- und Finanzleuten" besteht, die nicht Mitglied des Gouverneursrats sein dürfen. Das Direktorium entscheidet mit einfacher Stimmenmehrheit. Die laufenden Geschäfte obliegen dem Exekutivkommittee, dem Präsidenten, Vizepräsidenten, Chefökonomen, Justiziar und Generalsekretär.

ECA → UN.

ECCAS – 1. *Begriff und Merkmale:* Abk. für *Economic Community of Central African States, Communauté Economique des Etats de l'Afrique Centrale (CEEAC), Zentralafrikanische Wirtschaftsgemeinschaft;* 1983 gegründet. – 2. *Ziele:* Förderung der ökonomischen, sozialen, kulturellen, technischen und wissenschaftlichen Entwicklung der Mitgliedsstaaten und des afrikanischen Kontinents durch → Zollunion. Des Weiteren wird eine gemeinsame Handelspolitik mit dem Ziel des Abbaus aller Beschränkungen des Verkehrs von Personen, Gütern, Dienstleistungen und des Kapitals. – 3. *Mitglieder:* Angola, Äquatorialguinea, Burundi, Gabun, Kamerun, Demokratische

Republik Kongo, Republik Kongo, Sao Tome und Proncipe, Tschad und Zentralafrikansiche Republik.

Eckrentner – *Standardrentner*; „standardisierter" Musterfall eines Beziehers einer Altersrente, der während seines gesamten Arbeitslebens mit einer Dauer von 40 oder 45 Jahren durchgängig ein durchschnittliches versicherungspflichtiges Arbeitsentgelt erzielt hat. Das Verhältnis seiner Rente zum Durchschnittseinkommen wird als (Eck- oder Standard-)*Rentenniveau* bezeichnet.

ECOFIN – Kurzbezeichnung für den → Rat der Europäischen Union (vormals Ministerrat), wenn dieser in Gestalt der Wirtschafts- und Finanzminister der Mitgliedsstaaten zusammentritt.

Economic Community of Central African States → ECCAS.

Economic Diversification Index (EDI) – Indikator der ökonomischen Strukturschwäche eines Landes (kleinere Werte zeigen zunehmende Strukturprobleme an). Er wird aus folgenden Teilindizes zusammengesetzt: (1) Anteil der verarbeitenden Industrie am Bruttoinlandsprodukt (BIP), (2) Beschäftigtenanteil in der Industrie, (3) Elektrizitätsverbrauch pro Kopf und (4) Exportkonzentrationsindex (ein Maß für die Abhängigkeit eines Landes vom Export eines Gutes bzw. eines Rohstoffs).

Economic Policy → Allgemeine Wirtschaftspolitik.

Economies of Scope – *Verbundvorteile*; wirtschaftliche Vorteile, die bei diversifizierten Unternehmen auftreten können, die auf verschiedenen Märkten tätig sind (Mehrprodukt-Unternehmung). Sie können in bestimmten Funktionsbereichen *synergetische Effekte* im Sinn von Kostenersparnissen erzielen, die sich daraus ergeben, dass z.B. die Kosten (K) für Forschung und Entwicklung (F&E) von zwei verschiedenen und getrennt herstellbaren Produkten a und b durch ein diversifiziertes Unternehmen günstiger sind als durch zwei Einprodukt-Unternehmen: – K(a, b) << K_1 (a) + K_2 (b). – Synergetische Effekte sind im Fall *reiner Konglomerate* bes. beim Einsatz von finanziellen, technologischen oder unternehmerischen Ressourcen möglich: (1) Finanzierungsvorteile infolge des geringeren Insolvenzrisikos von Konglomeraten und damit niedrigere Fremdkapitalzinsen sowie erweiterter Kreditrahmen. Dabei unterscheidet man zwischen realen und pekuniären Kostenersparnissen; Letztere sind Ausdruck von Nachfragemacht und einer Einkommensumverteilung zugunsten des Konglomerats; (2) Kostenersparnisse bei F&E im Fall verwandter Produktionen sowie sog. Abfallerfindungen; Ersparnisse von Such- und Informationskosten bei den Verwendungsmöglichkeiten von Erfindungen; (3) Kostenersparnisse beim Einsatz des dispositiven Faktors durch gemeinsame Stabsabteilungen sowie bessere Ausnutzung der Führungsqualitäten des Managements für verschiedene Produkte. – Diesen Möglichkeiten der Erzielung von Kostenersparnissen steht allerdings die *Gefahr* von *Diseconomies of Scope* infolge der Bürokratie von Großunternehmen und der damit verbundenen mangelnden Motivation gegenüber. Die Chancen der Realisierung von Verbundvorteilen werden daher häufig überschätzt. – Economies of Scope sind Ursache für → Unternehmenskonzentrationen. – *Anders*: Economies of Scale.

ECOSOC – Abk. für *Economic and Social Council* (Wirtschafts- und Sozialrat), → UN.

ECOWAS – 1. *Begriff und Merkmale*: Abk. für *Economic Community of West African States, Communauté Economique des Etats de l'Afrique de l'Ouest (CEDEAO)*, Wirtschaftsgemeinschaft westafrikanischer Staaten, gegründet: 28.5.1975, Lagos. – 2. *Ziele*: Stufenweise Integration (→ Zollunion, → Wirtschaftsunion, Währungsunion) und wirtschaftliche Zusammenarbeit mit der langfristigen Perspektive einer politischen Vereinigung; Vorreiter der afrikanischen Einheit → OAU. – 3. *Organe*: Als höchstes Entscheidungsorgan Konferenz der Staatschefs, Ministerrat, 4 Fachkommissionen. – 4. *Mitglieder*: setzen sich zusammen aus Staaten der Westafrikanischen Wirtschafts- und Währungsunion sowie der Westafrikanischen Währungsunion. Benin, Burkina Faso, Gambia, Ghana, Guinea, Guinea-Bissau, Elfenbeinküste, Kap Verde, Liberia, Mali, Niger, Senegal, Sierra Leone und Togo. – Vgl. auch Westafrikanische Wirtschaftsgemeinschaft (→ CEAO).

ECU – Abk. für *European Currency Unit*, *Europäische Währungseinheit*. – *Begriff*: Währungskorb vor Einführung des Euros, der die Währungen aller Mitgliedsländer der → EU enthielt (seit Einführung des → Euro weggefallen; die anteilsmäßige Zusammensetzung wurde wiederholt angepasst. Die Schaffung von ECU erfolgte im → EWS dadurch, dass die Mitgliedsländer einen bestimmten Prozentsatz ihrer Währungsreserven beim Europäischen Fonds für Währungspolitische Zusammenarbeit (→ EFWZ) zu hinterlegen hatten und im Gegenzug dafür ein entsprechend großes Guthaben in ECU eingeräumt bekamen.

Edgeworth-Box – analytisches Hilfsmittel zur Ermittlung der in der Wohlfahrtsökonomik

Edgeworth-Box – Entstehung

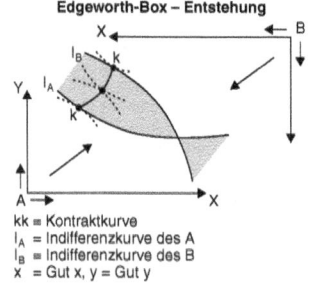

kk = Kontraktkurve
I_A = Indifferenzkurve des A
I_B = Indifferenzkurve des B
x = Gut x, y = Gut y

verwendeten → Kontraktkurve. Sie entsteht durch die Kombination der Indifferenzkurvensysteme zweier Tauschpartner (vgl. Abbildung „Edgeworth-Box – Entstehung"). Dazu müssen die beiden Systeme so angeordnet werden, dass sich ein Rechteck bildet, d.h., das Indifferenzkurvensystem des B wird um 180° gedreht und auf das des A gesetzt. Die Kantenlängen des so entstandenen Rechtecks entsprechen dem verfügbaren Faktor- bzw. Güterbestand. Innerhalb der so entstandenen Edgeworth-Box schneiden sich nun einige Indifferenzkurven, während andere sich tangieren. Die Punkte, die sich tangieren, bilden die Kontraktkurve.

EDI – 1. Abk. für *Electronic Data Interchange*. – 2. Abk. für → Economic Diversification Index.

Educational Governance – 1. *Begriff:* die Lenkung/Beeinflussung von Strukturen und Prozessen der Bildung durch eine Gesellschaft, einen Staat, eine internationale Gemeinschaft. Unter den Begriff Educational Governance fallen die Handlungsstrukturen eines Bildungssystems, in denen Prozesse und Maßnahmen von Akteuren umgesetzt werden (kollektive Regelung gesellschaftlicher Sachverhalte im Bereich Bildung). Das Governance-Konzept ist ein jüngerer Ansatz in der sozialwissenschaftlichen Forschung zur Modernisierung und Steuerung sozialer Systeme, mit dem Ziel der Etablierung nachhaltiger Wirksamkeit und Qualität. – 2. *Merkmale:* a) Zu Educational Governance gehören sowohl Formen institutionalisierter zivilgesellschaftlicher Selbstregulierung als auch das Zusammenwirken staatlicher sowie zivilgesellschaftlicher und marktlicher Akteure als auch das hoheitliche Handeln staatlicher Akteure. Aus analytischer Sicht wird der Governance-Begriff als Oberbegriff aller sozialen Handlungskoordination genutzt und ist in diesem Sinne ein Gegenbegriff zu hierarchischer Steuerung, in der einem einzelnen Akteur die Macht zur Steuerung zugeschrieben wird. – b) Das Konzept stützt sich auf die Beobachtung, dass die von modernen, international vernetzten Gesellschaften aufgeworfenen bildungsbezogenen Probleme häufig Querschnittsprobleme sind, die bereichsübergreifende Kooperation erfordern. – c) Der Begriff Governance kommt ursprünglich aus der Politikwissenschaft, ist von dort in die Verwaltungslehre eingewandert, etwa als *New Public Management* bzw. als *Neues Steuerungsmodell* und wird neuerdings auch in den Bildungswissenschaften verwendet, um die Steuerung bildungspolitischer Zusammenhänge zu analysieren. – d) In der international vergleichenden Forschung wurde die Etablierung von Governance-Regimen u.a. am Beispiel der managerialen Steuerung des englischen Schulsystems in der Thatcher-Ära untersucht, bei der Außensteuerung durch substantielle Zielvorgaben, die Hierarchisierung schulinterner Steuerung und die Erhöhung des Konkurrenzdrucks durch die Etablierung von Quasi-Märkten kombiniert wurden. Weitere Studien beschäftigen sich mit der Kooperation von Staat und Schule im Spannungsfeld von Hierarchie und Autonomie, mit der Steuerung der Hochschule zwischen staatlicher Regulierung, akademischer Selbstverwaltung und leistungsorientiertem New Public Management oder der Re-Kontextualisierung verordneter Schulautonomie durch Lehrkräfte. Auch in der (Weiter-)Bildungsforschung wird das Governance-Konzept inzwischen aufgegriffen, so etwa wenn der Einfluss supra- und internationaler Organisationen wie der OECD, der EU oder der Weltbank auf nationale Entwicklungen in den Blick genommen wird.

EEA – Abk. für *Einheitliche Europäische Akte*. 1. *Charakterisierung:* Die Vollendung der Zollunion (1.7.1968) zwischen den Mitgliedstaaten der → EWG machte es erforderlich, weitergehende Ziele im Sinn einer Vertiefung des Integrationsprozesses vertraglich zu vereinbaren. Die in den 1970er- und frühen 1980er-Jahren unternommenen Initiativen für eine Reform der drei Gemeinschaften (EWG, → EGKS, → EAG) führten jedoch nicht zu dem gewünschten Ergebnis. Die Gesamtheit der zwischen den seinerzeit zwölf EG-Mitgliedsstaaten (→ EG) vereinbarten Änderungen der drei Gemeinschaftsverträge (→ EGKSV, → EWGV, → EAGV) wird als EEA bezeichnet. Nach Ratifizierung durch alle Mitgliedsstaaten trat die EEA am 1.7.1987 in Kraft. – 2. *Inhalt:* a) *Kernelement der EEA* war die vertragliche Festlegung, die bestehende → Zollunion bis zum 31.12.1992 durch eine schrittweise Reduzierung der wichtigsten innergemeinschaftlichen nicht tarifären Handelshemmnisse zum sog. → Einheitlichen Binnenmarkt (*Gemeinsamer Binnenmarkt*) auszubauen. – b) Die *Mitwirkungsmöglichkeiten des* → Europäischen Parlamentes (EP) im Rahmen der gemeinschaftlichen Entscheidungsprozesse wurden durch die Schaffung des sog. *Kooperationsverfahrens* (Art. 294 AEUV) verstärkt. – c) Die EEA hat ferner eine explizite Vertragsgrundlage für eine Reihe sog. *flankierender Gemeinschaftspolitiken* geschaffen. Hierbei handelt es sich v.a. um Möglichkeiten zur Ergänzung der nationalen Sozialpolitik (Art. 151–161 AEUV), der Umweltpolitik (Art. 191–193 AEUV) sowie der Forschungs- und Technologiepolitik (Art. 179–190 AEUV). Die Erweiterung der Integrationsziele spiegelte sich ferner in der Einfügung eines neuen Titels in den → EGV; (Art. 174–178 AEUV), welcher der EG und den Mitgliedsländern die Aufgabe der Förderung des „wirtschaftlichen und sozialen Zusammenhalts" der Gemeinschaft (→ Kohäsion) zuweist. Außerdem verpflichteten sich die Mitgliedsstaaten in der EEA (Art. 120 AEUV) auf ein hohes Maß an Konvergenz in der Wirtschafts- und Währungspolitik hinzuwirken. – d) Die EEA beinhaltete weiterhin eine grundlegende *Reform der Arbeitsweise der Strukturfonds der EU* (Strukturpolitik der Europäischen Union). – e) Außerdem wurde durch die EEA zur Arbeitsentlastung des Europäischen Gerichtshofs (→ EuGH) und zur Beschleunigung der Rechtssprechung wurde ein für bestimmte Arten von

Klagen zuständiges sog. → Europäisches Gericht Erster Instanz (EuG) dem EuGH vorgeschaltet (Art. 256 AEUV). – f) Schließlich wurde durch die EEA ein vertraglicher Rahmen für die (bis dahin ohne Rechtsgrundlage im EWGV praktizierte) Kooperation der Mitgliedsländer auf dem Gebiet der *Außenpolitik* geschaffen (sog. *Europäische Politische Zusammenarbeit (EPZ)*). – 4. *Fazit:* Insgesamt gesehen hat die EEA durch die Schaffung des Einheitlichen Binnenmarkts, die Ausweitung der Anwendungsmöglichkeiten des Mehrheitsprinzips und durch den Ausbau der außenpolitischen Zusammenarbeit dem europäischen Einigungsprozess in nachhaltiger Weise neue wirtschaftliche und politische Dynamik verliehen.

EEF – Abk. für *Europäischer Entwicklungsfonds.* 1. *Gegenstand:* Ein EEF umfasst die Finanzmittel, welche die Europäische Union (→ EU) während der jeweiligen Laufzeit eines solchen Fonds für die wirtschaftliche und soziale Entwicklung der mit der Gemeinschaft nach Art. 198 AEUV assoziierten außereuropäischen Staaten (→ Assoziierungsabkommen) zur Verfügung stellen kann. – 2. *Finanzierung:* Die Mittel des EEF werden von den Mitgliedsstaaten der EU nach einem jeweils vereinbarten Schlüssel außerhalb des Gemeinschaftshaushalts aufgebracht und von der → Europäischen Kommission verwaltet. Zur Ergänzung des EEF stellt die Europäische Investitionsbank (→ EIB) zinsverbilligte Kredite zur Verfügung.

EEG → Erneuerbare-Energien-Gesetz.

Effektivlohn – volkswirtschaftliche Bezeichnung für den im Unternehmen tatsächlich ausbezahlten Lohn. Während der Tariflohn im Tarifvertrag für einen bestimmten Zeitraum festgelegt wird, ist der Effektivlohn reagibel gegenüber den sich wandelnden Bedingungen am Arbeitsmarkt. Der Effektivlohnsatz übersteigt i.d.R. den Tariflohnsatz. Die Veränderungsrate zwischen Effektivlohnsatz und Tariflohnsatz bezeichnet man als *Lohn-Drift.* – In Deutschland sorgte bis zu Beginn der 1990er-Jahre der Anstieg der übertariflichen Leistungen noch für einen verstärkten, wenn auch moderaten Zuwachs der Effektivlöhne. Danach reduzierte die negative Lohn-Drift die Effektivverdienste. Hier schlugen sich zum einen der Abbau von übertariflichen Leistungen im Zuge der anhaltend hohen Arbeitslosigkeit nieder. Zum anderen verringert sich die Lohn-Drift rechnerisch durch einen Anstieg des Anteils von Teilzeitbeschäftigten an allen Erwerbstätigen, was in den 2000er-Jahren in relevantem Maße der Fall war. In dieselbe Richtung wirkte der Anstieg des Anteils der unterdurchschnittlich entlohnten Beschäftigten im Dienstleistungssektor. Keine Rolle für die Lohn-Drift spielte hingegen in dieser Periode – im Unterschied zur Vergangenheit – die Verringerung der tariflich vereinbarten Wochenarbeitszeit. – Vgl. auch → Lohn-Gap.

effiziente Firmengrenze – Konzept im Rahmen der → Transaktionskostenökonomik bzw. Beitrag v.a. von R. Coase zur Frage, welche Transaktionen in die Firmenhierarchie zu integrieren und welche besser über den Markt abzuwickeln sind (Make-or-Buy-Entscheidungen; Insourcing vs. Outsourcing). Sind im Rahmen einer Transaktionsbeziehung → spezifische Investitionen unerheblich, so sprechen Economies of Scale, die ein spezialisierter externer Anbieter durch Bündelung der Nachfrage wahrnehmen kann, und → Hierarchienachteile der unternehmensinternen Organisation für eine marktliche Koordination von Transaktionen. Mit steigendem Spezifitätsgrad der eingesetzten Produktionsfaktoren und deshalb zunehmenden → Quasirenten entstehen zwischen den Transaktionspartnern jedoch Abhängigkeiten, die institutionell abgesichert werden müssen. Dadurch steigen die Transaktionskosten der marktlichen Koordination. Gleichzeitig sinken mit steigendem Spezifitätsgrad der eingesetzten Faktoren die Kostenvorteile eines externen Anbieters. Ab einem bestimmten Grad der Faktorspezifität ist die Integration der sensitiven Transaktionen in die Unternehmenshierarchie sinnvoll, da die Kosten der institutionellen Absicherung auf dem Markt zu hoch werden. – Zwischen den Polen Markt und Hierarchie sind → hybride Organisationsformen angesiedelt.

effiziente Produktion – Zustand, in dem es bei gegebener Ressourcenausstattung und Technologie nicht möglich ist, von mind. einem Gut mehr und von allen anderen Güter mind. genauso viel herzustellen (→ Pareto-Optimum). Mikroökonomisch gesehen bedeutet dies, dass die Minimalkostenkombination erfüllt ist.

Effizienz – Beurteilungskriterium, mit dem sich beschreiben lässt, ob eine Maßnahme geeignet ist, ein vorgegebenes Ziel in einer bestimmten Art und Weise (z.B. unter Wahrung der Wirtschaftlichkeit) zu erreichen.

Effizienzlohn → Arbeitsmarkttheorien.

Effizienzlohntheorien → Arbeitsmarkttheorien.

EFRE – Abk. für *Europäischer Fonds für Regionale Entwicklung.* 1. *Gegenstand:* Der EFRE ist das zentrale Element der → Regionalpolitik bzw. Strukturpolitik der Europäischen Union (→ EU). Der EFRE ist 1975 errichtet worden und hat seine Rechtsgrundlage in Art. 176 AEUV. Die Verwaltung des Fonds obliegt der → Europäischen Kommission. Die Fondsmittel sind i.Allg. im Haushaltsplan der Europäischen Union ausgewiesen. – 2. Die *Zielsetzung des EFRE* besteht gemäß Art. 176 AEUV darin, durch der Verringerung des wirtschaftlichen Rückstands der am stärksten zurückgebliebenen Gebiete sowie durch Förderung der Strukturwandels der „Industriegebiete mit rückläufiger Entwicklung" zu einem Abbau der „wichtigsten regionalen Ungleichgewichte in der Gemeinschaft [Union] beizutragen". Dadurch soll der „wirtschaftliche und soziale Zusammenhalt" der Union (→ Kohäsion) gestärkt und einer harmonischen weiteren Vertiefung der Integration der Weg geebnet werden. – 3. *Mittelverwendung:* Alle Strukturfonds sind in der Förderperiode 2007-2013 an die Prioritäten der EU im Bereich der Förderung von Wachstum und Beschäftigung (→ Lissabon-Strategie) gebunden, indem 60 Prozent der Ausgaben dem Ziel „*Konvergenz*" und 75 Prozent der Ausgaben dem Ziel „Regionale Wettbewerbsfähigkeit und Beschäftigung" zugute kommen sollen. Zuschüsse aus den Mitteln des EFRE können v.a. für direkte Hilfen bei Unternehmensinvestitionen (bes. von KMU) und für Maßnahmen zur Verbesserung der → Infrastruktur (Forschung, Innovation, Telekommunikation, → Umwelt, Energie, Transport) gewährt werden. – b) *Merkmale:* Die Gewährung von Finanzhilfen durch den EFRE erfolgt stets als ergänzende Unterstützung im Rahmen der mitgliedstaatlichen → Regionalförderung (Prinzip der sog. *Additionalität*). Die Zuteilung der Mittel erfolgt nach quantifizierbaren Kriterien, die Ausmaß und Stärke der regionalen Disparitäten zwischen den Teilräumen der Gemeinschaft widerspiegeln. – 4. *Mittelvolumen:* Wegen des Bestehens intraregionaler Pro-Kopf-Einkommensunterschiede von bis zu 1:4 ist die mit der Einheitlichen Europäischen Akte (→ EEA) verfolgte Zielsetzung der Schaffung eines → Einheitlichen Binnenmarkts von einer beträchtlichen Aufwertung der gemeinschaftlichen Regionalpolitik flankiert worden. Der Anteil der Strukturfonds (EFRE, ESF und → Kohäsionsfonds) am → EU-Haushalt im Finanzierungszeitraum 2007-2013 liegt bei 35,7 Prozent (347,41 Mrd. Euro). Für Deutschland sind hiervon 26,34 Mrd. Euro vorgesehen.

EFTA – Abk. für *European Free Trade Association, Europäische Freihandelsassoziation.* 1. *Charakterisierung:* → Freihandelszone. Das am 4.1.1960 unterzeichnete „Übereinkommen zur Errichtung der Europäischen Freihandels-Assoziation" (sog. → Stockholmer Konvention) ist am 3.5.1960 formal in Kraft getreten. Amtssitz der EFTA ist Genf. – 2. *Organe und Arbeitsweise:* In Genf residiert ein sog. *Sekretariat* zur Verwaltung der EFTA, soweit es sich um EWR-Angelegenheiten handelt in Brüssel; die Regierungen der Mitgliedsländer unterhalten in Genf *ständige Delegationen.* Die EFTA-Konvention beinhaltet keine supranationalen Instanzen oder Befugnisse. Oberstes formelles Organ ist der sog. *Rat.* In diesem Lenkungsgremium sind alle Mitgliedsländer gleichberechtigt vertreten. Der Ratsvorsitz wechselt alle sechs Monate. Auf Ministerebene kommt der Rat jährlich zweimal zusammen. Der Rat besitzt in allen von der Konvention bestimmten Fragen umfassende Entscheidungsvollmachten. Beschlüsse des Rats sind für die Mitgliedsländer bindend. Daneben gibt es die Überwachungsbehörde ESA (→ EWR) und den EFTA-Gerichtshof. – 3. *Ziele und spezifische Merkmale:* a) *Überblick:* Die EFTA verfolgt explizit nur *wirtschaftspolitische Ziele.* Diese sind weniger weitreichend als diejenigen der Europäischen Union (EU). Neben dem Ziel der Verwirklichung des *Freihandels* bei industriellen Produkten enthält der EFTA-Vertrag *Wettbewerbsregeln* sowie Vorschriften zum Abbau technischer Handelshemmnisse. Die meisten Agrar- und Fischerei-Erzeugnisse bleiben vom innergemeinschaftlichen Freihandel und den gemeinsamen Wettbewerbsregeln weitgehend ausgenommen. Zum Zweck der Förderung des Austauschs solcher Waren bestehen mehrere *bilaterale Abmachungen* zwischen einzelnen EFTA-Staaten. – b) Seit Ende 1966 ist der *Handel zwischen den EFTA-Staaten mit gewerblichen Produkten* (mit „Ursprung" aus einem Mitgliedsland) von allen Zöllen und auch von den meisten mengenmäßigen Importbeschränkungen befreit. Gegenüber der restlichen Welt unterhalten die EFTA-Länder jedoch uneinheitliche Handelsschranken. Dies verhindert nicht nur den Abbau der innergemeinschaftlichen Grenzkontrollen, sondern hat außerdem noch zeit- und kostenaufwändige Abfertigungsprozeduren zur Folge (z.B. kompliziert zu handhabende Ursprungsregeln; kompensatorische Nacherhebung von Zöllen auf Drittlandsgüter oder deren Anteil an weiterverarbeiteten Produkten, um Zollumgehungen zu vermeiden). – c) Anders als bei der EU sind die *Wettbewerbsregeln* der EFTA-Konvention nicht auf eine *Harmonisierung des Wettbewerbsrecht* gerichtet. Die gemeinsamen Wettbewerbsbestimmungen betreffen ein Verbot bestimmter Arten von Subventionen, ein Verbot von wettbewerbsbeschränkenden Unternehmensabsprachen, Antidumping-Bestimmungen, Vorschriften hinsichtlich des öffentlichen Auftragswesens sowie Einschränkungen der Diskriminierungsmöglichkeiten im Zusammenhang mit dem Niederlassungsrecht. – 4. *Beziehungen zur EU:* Drei der vier verbliebenen EFTA-Mitgliedsstaaten bilden gemeinsam mit der → EU den → EWR (→ EFTA-EU-Beziehungen). – 5. *Geschichte der EFTA:* Gründungsmitglieder der EFTA (1960) waren Dänemark, Norwegen, Österreich, Portugal, Schweden, die Schweiz und das Vereinigte Königreich. Es folgten Finnland (assoziiertes Mitglied 1961, Vollmitglied 1986), Island (1970) und Liechtenstein (1991). Zunächst standen → EWG und EFTA in großer Konkurrenz. Nach dem Beitritt von Dänemark und dem Vereinigten Königreich (1973), Portugal (1986) sowie Finnland, Österreich und Schweden (1995) zur → EG und dem damit einhergehenden Austritt aus der EFTA umfasst diese *Rest-EFTA* nur noch vier Staaten: Island, Norwegen, die Schweiz und Liechtenstein. Island hat im Jahr 2010 Beitrittsverhandlungen mit der EU aufgenommen.

EFTA-EU-Beziehungen – 1. Weil die → EU mit großem Abstand der größte Handelspartner der EFTA-Staaten (→ EFTA) ist bzw. die → EG war, haben diese stets eine *enge Kooperation mit der EG bzw. EU* angestrebt. – 2. In den vergangenen Jahrzehnten fanden parallel zur *Entwicklung des Konzepts für die Errichtung eines* → Einheitlichen Binnenmarkts der EG verschiedene Zusammenkünfte der EFTA- und EG-Staaten auf Regierungsebene statt, um die

Zusammenarbeit von EG und EFTA über die bestehenden Freihandelsverträge hinaus zu intensivieren. Im Mai 1992 erfolgte *die Unterzeichnung des Vertrags über den* → EWR (Europäischer Wirtschaftsraum). Der EWR ist am 1.1.1994 im Verhältnis zwischen der EU und – mit Ausnahme der Schweiz – den EFTA-Staaten rechtswirksam geworden.

EFWZ – Abk. für *Europäischer Fonds für Währungspolitische Zusammenarbeit*; von den Mitgliedsstaaten der → EG nach dem Zusammenbruch des globalen Festkurssystems (→ Bretton-Woods-System) im Zuge der Errichtung des Europäischen Währungsverbunds im April 1973 geschaffener Fonds. Aufgabe des EFWZ war es, den vereinbarten Stützungskreditmechanismus zu handhaben. Als Folge des im EU-Vertrag bestimmten Wegs zur Errichtung einer Europäischen Währungsunion (→ EWWU) wurde der EFWZ zum 1.1.1994 (Beginn der zweiten Stufe der Währungsunion) aufgelöst; seine Aufgaben wurden dem gleichzeitig neu errichteten → EWI (Europäisches Währungsinstitut) übertragen.

EG – Abk. für *Europäische Gemeinschaften oder Europäische Gemeinschaft*. 1. *Begriff:* Der EG lagen zwei rechtlich selbstständige Gemeinschaften zugrunde: Die → EWG (Europäische Wirtschaftsgemeinschaft, seit 1.11.1993: Europäische Gemeinschaft) und die → EAG (bzw. EURATOM, Europäische Atomgemeinschaft). Während sowohl die frühere (seit dem 24.7.2002 außer Kraft getretene) Montanunion als auch EURATOM jeweils nur die Integration eng abgegrenzter Wirtschaftszweige bezweckten, zielt die EWG (EG) auf eine allumfassende wirtschaftliche Integration der Mitgliedsstaaten ab (Schaffung eines → gemeinsamen Marktes und schrittweise Harmonisierung aller für das Funktionieren des gemeinsamen Marktes wichtigen Wirtschaftspolitikbereiche). Ungeachtet ihrer rechtlichen Eigenständigkeit sind die zwei Gemeinschaften durch vielfältige gemeinsame vertragliche Bestimmungen, z.B. Rechtsgrundsätze, einen gemeinsamen Haushalt sowie durch gemeinsame Organe eng verbunden. – 2. Neben dem (bes. im politischen Bereich) üblich gewordenen Sprachgebrauch „Europäische Gemeinschaften" zur Kennzeichnung der Gesamtheit der zwei Gemeinschaften ist durch ex-Art. 8 EUV die bis dahin als „Europäische Wirtschaftsgemeinschaft" benannte Gemeinschaft mit Wirkung vom 1.11.1993 in *„Europäische Gemeinschaft"* umbenannt worden; der reformierte (ehemalige) EWG-Vertrag (→ EWGV) wurde unter der (neuen) Bezeichnung EG-Vertrag (Vertrag zur Gründung der Europäischen Gemeinschaft, → EGV) Bestandteil des Vertrags über die Europäische Union. Mit dem Mantelvertrag über die Europäische Union (→ Maastrichter Vertrag) wurden die damals noch drei, jetzt zwei Gemeinschaften zur sog. Ersten Säule der → EU. Die völkerrechtliche Selbstständigkeit der Gemeinschaften wurde dadurch zu diesem Zeitpunkt jedoch nicht aufgehoben. Die EG hat ihre Rechtspersönlichkeit am 30.11.2009 verloren und ist in der EU aufgegangen. Der bisherige EGV wurde mit dem Vertrag von Lissabon am 1.12.2009 umbenannt in den „Vertrag über die Arbeitsweise der Europäischen Union" (→ AEUV). Die → EAG bleibt weiter mit eigener Rechtspersönlichkeit neben der EU bestehen.

Egalitarismus → Gleichheitsprinzip.

EGKS – Abk. für *Europäische Gemeinschaft für Kohle und Stahl, Montanunion.* 1. *Überblick:* EGKS war die älteste der drei (Teil)-Gemeinschaften im Rahmen der Europäischen Gemeinschaften (EG). Der EGKS-Vertrag (EGKSV) trat am 23.7.1952 in Kraft; nach Ablauf der vereinbarten 50-jährigen Vertragsdauer trat er am 23.7.2002 außer Kraft. Seitdem galten für den Kohle- und Stahlsektor die allg. Bestimmungen des EG-Vertrages. Die EGKS besaß – wie → E(W)G und → EAG – eine eigene völkerrechtliche Rechtspersönlichkeit. – *Mitglieder* waren alle EU-Mitgliedsstaaten. – 2. *Ziele:* Mit der Errichtung der EGKS wurde u.a. das Ziel der Errichtung eines Gemeinsamen Marktes im Montanbereich verfolgt. Außerdem beinhaltete der EGKSV Vorschriften zur Förderung des Wettbewerbs, der Einführung durchgehender Transporttarife, Finanzhilfen für Rationalisierungsinvestitionen sowie die Freizügigkeit der Arbeitnehmer. Das strikte Subventionierungsverbot für den Kohle- und Stahlbereich (Art. 4c EGKSV) wurde Anfang der 1980er-Jahre durch die Inkraftsetzung eines sog. Subventionskodex für den Stahlbereich erheblich relativiert worden. – 3. Die EGKS verfügte bis zur Fusion der *Organe* der Gemeinschaften (1.7.1967) über eine eigenständige Exekutive (sog. Hohe Behörde) und ein spezielles Entscheidungsorgan (sog. Besonderer Ministerrat). Mit der Fusion gingen diese beiden Organe der EGKS in der EG-Kommission (heute: → Europäische Kommission) bzw. im EG-Ministerrat (heute: → Rat der Europäischen Union) auf. Im Unterschied zu den Bestimmungen des EWG- und des EAG-Vertrags war die Hohe Behörde/Europäische Kommission ermächtigt, durch Stellungnahmen zu Investitionsplänen einzelner Unternehmen unmittelbar auf die Investitionstätigkeit der Montanunternehmen in der Gemeinschaft Einfluss zu nehmen (Art. 54 EGKSV).

EGKSV – *Vertrag über die Gründung der Europäischen Gemeinschaft für Kohle und Stahl* (auch *Montanunion* genannt), erster Gründungsvertrag der später drei Europäischen Gemeinschaften → EGKS, → EAG und → EWG. Der EGKSV galt für eine Laufzeit von 50 Jahren und endete am 23.06.2002.

E-Government → Electronic Government.

EGV – Abk. für *Vertrag über die Europäische Gemeinschaft*; durch den → Maastrichter Vertrag erfolgte Umbenennung des Vertrag über die Europäische Wirtschaftsgemeinschaft (→ EWGV). Alle Artikel des → EWGV wurden mit dem EGV neu nummeriert und ggf. neu gefasst. Mit dem Vertrag von Lissabon ist der EGV umbenannt worden in *Vertrag über die Arbeitsweise der Europäischen Union* (→ AEUV), die EG hat am 1.12.2009 ihre Rechtspersönlichkeit verloren und die EU hat zu diesem Zeitpunkt eigenständige Rechtspersönlichkeit gewonnen, vgl. → EUV.

ehernes Lohngesetz – 1. *Begriff:* Lohntheorie von Ferdinand Lassalle, auf Vorstellungen von Ricardo und anderen Klassikern zurückgehend (→ Subsistenzmittelfondstheorie, → Existenzminimum-Theorien des Lohns). Dem ehernen Lohngesetz zufolge kann der durchschnittliche Arbeitslohn längerfristig das Subsistenzniveau nicht über- oder unterschreiten. Liegt der Arbeitslohn über dem Subsistenzniveau, steigt durch Vermehrung der Arbeiterbevölkerung das Arbeitsangebot, sodass der Lohn sinkt; sinkt der Arbeitslohn unter das Subsistenzniveau, führt eine Verminderung des Arbeitsangebots zu seinem Wiederanstieg. Die Vermehrungsrate ist durch die Lohnhöhe mibestimmt. – 2. *Auffassung von Karl Marx:* Marx verneinte einen sofortigen Einfluss von Veränderungen der Lohnhöhe auf die Vermehrungsrate mit dem Hinweis auf die Aufwuchszeit der Kinder, die bis zu deren Eintritt in den Produktionsprozess vergehe. Die Eigenschaft der Lohnhöhe, in Richtung des Subsistenzniveaus zu tendieren, begründete Marx mit der Tendenz des technischen Fortschritts, Arbeitskräfte freizusetzen und eine industrielle Reservearmee zu schaffen. (vgl. → Verteilungstheorie). – 3. *Bedeutung:* Das eherne Lohngesetz hatte entscheidenden Einfluss auf Gewerkschaften und Sozialdemokratie v.a. wegen der aus ihm abgeleiteten Konsequenzen für die Politik der Arbeiterbewegung. Eine nachhaltige Veränderung der gesellschaftlichen Verhältnisse wurde nicht durch Arbeitskampf im Produktionsbereich erwartet, sondern durch Erringung der parlamentarischen Mehrheit durch die Arbeiterklasse (Kampf um das allg. und direkte Wahlrecht).

EIB – Abk. für *Europäische Investitionsbank*. 1. *Überblick:* Die EIB ist die „Hausbank" der Europäischen Union und 1958 als öffentlich-rechtliches Finanzinstitut mit eigener Rechtspersönlichkeit und Sitz in Luxemburg gegründet worden. Die Satzung der Bank ist dem E(W)G-Vertrag (inzwischen umbenannt in → AEUV) in Form eines Protokolls beigefügt. Sie ist eine der Institutionen der EU. Die EIB verfolgt keinen Erwerbszweck. – 2. *Mitglieder und Anteilseigner:* Alle EU-Mitgliedsstaaten (→ EU) sind Mitglied und Anteilseigner. Die Anteile der Mitgliedsstaaten am Kapital der EIB werden entsprechend des wirtschaftlichen Gewichts des jeweiligen Landes innerhalb der EU (gemessen am BIP) zum Beitrittszeitpunkt ermittelt. Ende 2011 belief sich das gezeichnete Kapital der EIB auf mehr als 232 Mrd. Euro. Nach Satzung der Bank darf der Betrag aller ausstehenden Darlehen 250 Prozent des gezeichneten Kapitals nicht überschreiten. Zur Erfüllung ihrer politischen Aufgaben soll die EIB dadurch auf eine solide wirtschaftliche Basis gestellt sein. – 3. *Aufgaben:* a) Art. 309 AEUV weist der EIB die generelle Aufgaben zu, im Wege der Gewährung von Darlehen und Garantien für Infrastruktur- und Unternehmensinvestitionen zu einer ausgewogenen Entwicklung und zum wirtschaftlichen und sozialen Zusammenhalt der EU-Mitgliedsstaaten beizutragen und dadurch dem Integrationsfortschritt zu dienen. Innerhalb der EU werden mit Vorrang Vorhaben in solchen Regionen finanziert, die den Förderungskriterien der Strukturfonds der Europäischen Union genügen. – b) Als EU-Institution passt die EIB ihre Aktivitäten den Entwicklungen der Gemeinschaftspolitiken an. Die Prioritäten der Darlehensgewährung innerhalb der EU betreffen die Förderung der Entwicklung wirtschaftlich schwacher EU-Regionen, die Stärkung der → internationalen Wettbewerbsfähigkeit von Industrie, Landwirtschaft und Dienstleistungssektor, den Auf- und Ausbau transeuropäischer Verkehrs- und Kommunikationsnetze, die Sicherung der Energieversorgung sowie Maßnahmen zur Erhaltung oder Verbesserung der Umwelt und des architektonischen Erbes. – Neben den Förderungsaktivitäten innerhalb der Gemeinschaft gewährt die EIB aber auch Kredite für Projekte in solchen Drittländern, mit denen die EU Abkommen über wirtschaftliche und finanzielle Kooperation geschlossen hat. – 4. *Vergabekriterien:* Das jeweilige Projekt muss zur europäischen Integration beitragen, volkswirtschaftlich vernünftig und technisch sinnvoll konzipiert sein, den Vorschriften über den Umweltschutz und über die Vergabe öffentlicher Aufträge entsprechen und sich – im Fall von Unternehmensinvestitionen – selbst tragen. Der Beschlussfassung liegen sowohl die Ergebnisse der Projektprüfung zugrunde, als auch die Stellungnahmen der Europäischen Kommission sowie des Mitgliedsstaats, in welchem die Investition erfolgen soll. – 5. *Refinanzierung:* Die EIB finanziert ihre Kreditvergabetätigkeit hauptsächlich durch Anleiheemissionen auf den internationalen Kapitalmärkten. Ihre Anleiheprodukte werden international sowohl von institutionellen als auch privaten Anlegern erworben. Da sämtliche EU-Mitgliedsstaaten Anteilseigner der EIB sind, erhalten ihre Anleihen entsprechend sehr gute Ratings auf Staatsanleihenniveau. Dieser Refinanzierungsvorteil ermöglicht die günstigen Finanzierungsprodukte und Dienstleistungen der EIB. – 6. *Reaktionen der EIB auf die Finanzkrise:* Die EIB leistete in der jüngsten Finanzkrise schnelle und zusätzliche Unterstützung für die europäische Wirtschaft. Die gesamten Darlehensauszahlungen stiegen auch 2011 auf 59 Mrd. Euro (zum Vergleich 2008: 48,6 Mrd. Euro). Der Betrag der unterzeichneten Darlehen betrug 2011 60 Mrd. Euro. Zudem wurden Bemühungen angestellt, den Darlehensvergabeprozess einfacher und flexibler zu gestalten. Zur Krisenbewältigung wurde zusätzlich ein Maßnahmenpaket der Bank bestimmt, das zusätzliche Finanzierungen in der EU im Umfang von 50 Mrd. Euro vorsieht. Hierunter fallen insbesondere Unterstützungen des, bes. hart von der Krise getroffen wurden, sowie Operationen in den Bereichen Energie, Klimaschutz und Infrastruktur (einschließlich spezifischer Unterstützung zur Emissionsreduzierung).

Eigenbetrieb – 1. *Begriff:* Teil der allg. Hoheitsverwaltung ohne eigene Rechtspersönlichkeit (vgl. auch → Kommunale Unternehmen). Im Gegensatz zum → Regiebetrieb oder → Bruttobetrieb stellt der Eigenbetrieb ein → Sondervermögen dar, das gesondert vom Kommunalhaushalt zu verwalten ist und eine eigene Wirtschafts-, Erfolgs-, Finanz- und Vermögensplanung besitzt. In der Bilanz eines Eigenbetriebs werden Forderungen und Verbindlichkeiten gegenüber der Trägerkommune aktiviert bzw. passiviert, obwohl diese innerhalb derselben Rechtsperson nicht entstehen können. – 2. *Organe:* Betriebsleitung und Betriebsausschuss. – 3. *Vorteile des Eigenbetriebs gegenüber dem* → Regiebetrieb/ → Bruttobetrieb: größere Flexibilität in Bezug auf investive Maßnahmen und Personalausstattung, Verkürzung von Entscheidungswegen, erleichterte Transparenz und Erfolgskontrolle durch Sonderrechnung, Ermöglichung einer wirtschaftlichen Geschäftsführung unter Beibehaltung einer weitgehenden Kontrolle durch die Trägerverwaltung.

Eigentumsrecht → Verfügungsrechte.

Eigenwirtschaftlichkeit – Begriff zur Kennzeichnung der Finanzsituation eines → öffentlichen Unternehmens. Eigenwirtschaftlichkeit ist dann gegeben, wenn die Kosten, der Aufwand bzw. die Auszahlungen für die Leistungserbringung durch die erzielten Leistungsentgelte gedeckt sind, d.h. eine Kosten-, Aufwands- oder Auszahlungsdeckung erzielt wird. Die Terminologie ist damit unscharf. Zudem wird nicht allgemeingültig festgelegt, inwieweit Ausgleichszahlungen (z.B. Subventionen) in die Ermittlung einbezogen werden dürfen. Dies regeln die jeweiligen Gesetze. – Vgl. auch Kostendeckungsprinzip, → Versorgungssicherheit. – *Anders:* erwerbswirtschaftliches Prinzip, Gewinnmaximierung.

einfache Mehrheitsregel – *Pluralitätsregel;* → Abstimmungsverfahren, bei dem eine Alternative als beschlossen gilt, wenn sie mehr Stimmen erhalten hat als jede andere Alternative bzw. wenn sie als einzige zur Wahl stand und mehr Ja- als Nein-Stimmen erhalten hat. – Vgl. auch → binäre Abstimmungsverfahren, → Rae-Taylor-Theorem. – *Anders:* → absolute Mehrheit, → relatives Mehrheitswahlrecht, qualifizierte Mehrheit.

Eingipfligkeit – liegt bei einer Gruppe von Abstimmenden dann vor, wenn sich die zur Abstimmung stehenden Alternativen entlang einer Achse so anordnen lassen, dass für jeden Wähler die Punkte, die seine Nutzenhöhe für jede Alternative angeben, durch einen Linienzug mit nur einem (lokalen) Gipfel verbunden werden können. – Vgl. Abbildung „Eingipfligkeit".

Eingliederung behinderter Menschen – 1. *Begriff:* Körperlich, geistig oder seelisch behinderte

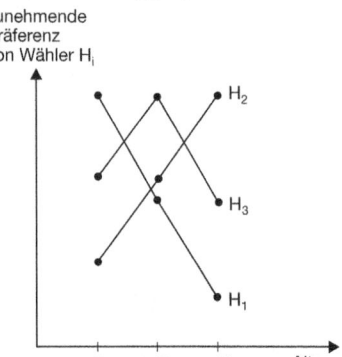

Menschen und von Behinderung bedrohte Personen können zunächst die gleichen Leistungen des Systems der → sozialen Sicherung in Anspruch nehmen wie andere Bürger auch. Darüber hinaus besteht unabhängig von der Ursache der Behinderung ein soziales Recht auf die Hilfe, die notwendig ist, um die Behinderung abzuwenden, zu beseitigen, zu bessern, ihre Verschlimmerung zu verhüten oder ihre Folgen zu mindern und um einen den Neigungen und Fähigkeiten entsprechenden Platz in der Gemeinschaft, bes. im Arbeitsleben, zu sichern. – 2. *Träger und Leistungen:* Die notwendigen Leistungen sind nicht einem eigenständigen Sozialleistungsbereich übertragen, sondern eingebettet in die sonstigen Aufgaben einer Vielzahl von Trägern der sozialen Sicherung. a) *Medizinische Leistungen* zur → Rehabilitation werden durch die gesetzliche → Krankenversicherung, die gesetzliche → Rentenversicherung und die gesetzliche → Unfallversicherung sowie die Träger der sozialen Entschädigung bei Gesundheitsschäden erbracht. b) *Berufsfördernde Leistungen* der Rehabilitation werden durch die Arbeitsförderung (Arbeitslosenversicherung), die Renten- und die Unfallversicherung sowie die Träger der sozialen Entschädigung bei Gesundheitsschäden erbracht. c) *Leistungen zur allg. sozialen Eingliederung* im Zuge der Rehabilitation werden von der Unfallversicherung, die Träger der sozialen Entschädigung bei Gesundheitsschäden und die → Sozialhilfe erbracht, die aufgrund ihrer umfassenden Aufgabenstellung auch als Ausfallbürgschaft eintritt, wenn benötigte medizinische, bildungsbezogene oder berufliche Hilfen zur Eingliederung von vorrangigen Trägern nicht in Anspruch genommen werden können. d) *Weitere Leistungen im Einzelnen:* Vorsorge, Früherkennung, Frühförderung, Rehabilitationssport und Versehrtenleibesübungen, (berufliche) Bildung für behinderte Menschen, Berufsberatung, Führung von Werkstätten für behinderte Menschen, Aufklärung, Auskunft und Beratung.

Eingliederungsgeld → Arbeitslosenversicherung.

Eingliederungszuschüsse – 1. *Begriff:* Zuschuss an den Arbeitgeber zum Ausgleich von Minderleistungen förderungsbedürftiger Arbeitnehmer als Ermessensleistung der aktiven Arbeitsförderung. – 2. *Rechtliche Grundlage:* §§ 88–92 SGB III. Förderungsbedürftig sind Arbeitnehmer, die ohne die Leistung nicht oder nicht dauerhaft in den Arbeitsmarkt eingegliedert werden können (erschwert Vermittelbare und bes. betroffene schwerbehinderte Menschen). – 3. *Umfang:* Förderhöhe und Förderdauer richten sich nach dem Umfang der Einschränkung der Arbeitsleistung des Arbeitnehmers sowie nach den Anforderungen des jeweiligen Arbeitsplatzes (Minderleistung). Die Förderung kann als monatlicher Zuschuss bis zur Höhe von 50 Prozent des regelmäßig gezahlten Arbeitsentgelts sowie des pauschalierten Arbeitgeberanteils am Gesamtsozialversicherungsbeitrag für die Dauer von längstens zwölf Monaten geleistet werden. Bei Eingliederungszuschüssen für schwerbehinderte oder sonstige behinderte Menschen kann die Förderhöhe bis zu 70 Prozent des berücksichtigungsfähigen Arbeitsentgelts und die Förderdauer bis zu 24 Monate betragen. Für bes. betroffene schwerbehinderte Menschen kann die Förderdauer bis zu 60 Monate betragen, ab dem vollendeten 55. Lebensjahr bis zu acht Jahre.

Einheitliche Europäische Akte → EEA.

Einheitlicher Binnenmarkt – Der mit der → EEA (Einheitliche Europäische Akte) geschaffene Art. 26 II AEUV definiert den Einheitlichen Binnenmarkt als einen „Raum ohne Binnengrenzen", in welchem die vier sog. Grundfreiheiten (freier Verkehr von „Waren, Personen, Dienstleistungen und Kapital") gewährleistet sind. Der Binnenmarkt wurde mit Wirkung vom 1.1.1993 verwirklicht. Der Binnenmarkt ist das Herzstück der europäischen Integration und hat dank seiner Freiheiten und offenen Grenzen zu wichtigen Wachstums- und Beschäftigungsschüben geführt. Die → Kommission (Generaldirektion → Binnenmarkt) ist bemüht den Binnenmarkt immer weiter zu vereinheitlichen, denn trotz stetiger Bemühungen ist der Binnenmarkt noch unvollständig.

Einheitlichkeit der Lebensbedingungen – Herstellung der Einheitlichkeit der Lebensbedingungen ist eine Zielsetzung der regionalen Strukturpolitik (→ Regionalpolitik).

Einkommensdisparität – *Einkommensunterschiede, Einkommensdifferenzen, Einkommensungleichheit;* ungleiche Verteilung von Einkommen in der Bevölkerung. Die Einkommensdisparität kann auch für verschiedene Teilgruppen in der Bevölkerung ermittelt werden. Dazu gehören bspw. Einkommensunterschiede zwischen den Beschäftigten verschiedener Sektoren (sektorale Einkommensdisparität), zwischen den Bewohnern verschiedener Regionen (regionale Einkommensdisparität) oder zwischen den Angehörigen verschiedener sozialer Gruppen (bspw. Männer-Frauen). – Ein weit verbreitetes statistisches Maß zur Quantifizierung der Einkommensdisparität ist der → Gini-Koeffizient.

Einkommensklassen – Begriff bei der Betrachtung der Einkommensverteilung zwischen bestimmten sozialen Gruppen. Die Klasseneinteilung orientiert sich dabei in erster Linie an der Person des Einkommensempfängers bzw. bei der Betrachtung von Haushalten am Haushaltsvorstand und nicht an der Einkommensherkunft (→ Gewinneinkommen, → Lohneinkommen). Am gebräuchlichsten ist die Aufteilung in Arbeitnehmer und Selbstständige. Verbreitet ist jedoch auch die Bildung von Arbeiter-, Angestellten-, Beamten-, Landwirten-, Selbstständigen- und Nichterwerbstätigenklassen.

Einkommenpolitik – 1. *Neoklassisch-monetaristischer Ansatz:* Anhaltende Arbeitslosigkeit ist nach dieser Lehre immer und überall auf ein zu hohes Reallohnniveau zurückzuführen. Bei Vollbeschäftigung dagegen führen Lohnerhöhungen über die Produktivitätsentwicklung hinaus zu Kostensteigerungen und damit zu Inflation. Konsequenterweise werden je nach Lage kostenniveauneutrale Lohnregeln (→ kostenniveauneutrale Lohnpolitik) bzw. vollbeschäftigungskonforme Richtlinien (vollbeschäftigungskonforme Lohnpolitik) empfohlen. Diese stellen die Einkommenspolitik in den Dienst der Konjunkturpolitik. Aktive Umverteilungsbemühungen werden abgelehnt, weil der Marktmechanismus auch das Ziel der verteilenden Gerechtigkeit erfüllt. Lohnregeln und -empfehlungen sollen lediglich die sowieso stattfindende marktmäßige Entwicklung vorwegnehmen und beschleunigen. Es geht den Verfechtern der Regeln nicht um die Lösung des Verteilungskonflikts, da es diesen nach ihrer Lehre eigentlich gar nicht gibt, sondern darum, die Gegenseite (Arbeitnehmer, Gewerkschaften) davon zu überzeugen, ihre autonomen Verteilungspläne aufzugeben. – 2. *Ansätze keynesianischer Prägung:* Auch nach keynesianischer und postkeynesianischer Argumentation versagt die traditionelle Konjunkturpolitik mit den Zielen Preisstabilität und Vollbeschäftigung teilweise wegen des Verteilungskonflikts zwischen den Gruppen. Nach keynesianischer und postkeynesianischer Sicht dient Einkommens- bzw. Lohnpolitik nicht nur zur konjunkturpolitischen Absicherung, sondern hat immer auch Umverteilungscharakter, jedenfalls solange ungerechtfertigte Ungleichheiten vorliegen. – Vgl. auch → einkommenspolitische Empfehlungen.

einkommenspolitische Empfehlungen – *Lohnleitlinien.* 1. *Begriff:* Mithilfe von einkommenspolitischen Empfehlungen soll versucht werden, Verteilungskonflikte als potenzielle Ursache gesamtwirtschaftlicher Instabilität zu entschärfen. Die Palette dieser Art von einkommenspolitischer Absicherung der

Konjunkturpolitik ist vielfältig und umfasst Forderungen nach Lohnkontrollen und Lohnstopps, Indexierungsvorschläge, → Lohnleitlinien in verschiedenen Varianten, Verstetigungskonzepte und Ad-hoc-Empfehlungen. – 2. *Probleme:* Die Reproduktion der Lohn- und Preismechanismus eines marktwirtschaftlich organisierten Wirtschaftssystems zur Festlegung des „richtigen" Lohnniveaus und der „richtigen" Lohnrelationen bei Gleichgewicht auf allen Märkten ist nicht möglich. Ihr steht die Kenntnis der zahlreichen lohnbestimmenden Faktoren (um nur einige zu nennen: die Produktionsbedingungen, die Präferenzordnungen der Haushalte, die Marktbedingungen, die Verteilung der Faktoren) nicht zur Verfügung, die der generelle Preismechanismus einer Marktwirtschaft berücksichtigt. Wenn trotzdem der Versuch gemacht wird, lohnpolitische Empfehlungen bzw. Leitlinien zu entwickeln, kann das nur auf vereinfachte makroökonomische Weise geschehen. Zu nennen sind produktivitätsorientierte, kostenniveauneutrale und vollbeschäftigungskonforme Lohnpolitik (→ produktivitätsorientierte Lohnpolitik, → kostenniveauneutrale Lohnpolitik, vollbeschäftigungskonforme Lohnpolitik).

Einkommensprinzip – unternehmerisches Formalziel u.a. der Familienbetriebe und Genossenschaften in den privatwirtschaftlichen Marktwirtschaften. Der wesentliche Unterschied zum Gewinnprinzip besteht darin, dass die Bezüge der Mitarbeiter nicht als Kosten angesehen werden, sondern Zielgröße der unternehmerischen Disposition sind. Das Unternehmenseinkommen, definiert als Gewinn plus Löhnen, wird verwandt zur (1) Finanzierung von Investitionen und (2) Ausschüttung von persönlichen Einkommen der Betriebsangehörigen, wofür Steuern sowie Sozialbeiträge abzuführen sind.

Einkommensquoten – Maße der quotalen (→ funktionalen) Einkommensverteilung. Vgl. → Gewinnquote, → Lohnquote.

Einkommensstreuung – Begriff der → personellen Einkommensverteilung. Dabei geht es um die Verteilung des Einkommens zwischen, v.a. aber auch innerhalb bestimmter sozialer Gruppen (→ Einkommensklassen).

Einkommensumverteilung – *Einkommensredistribution;* Korrektur der aus dem Produktionsprozess entstandenen → primären Einkommensverteilung durch Transfers, Steuern, Abgaben und die Zurverfügungstellung öffentlicher Güter. – Vgl. auch → sekundäre Einkommensverteilung

Einkommensverteilungstheorien → Verteilungstheorie.

Einlagenfazilitäten des ESZB – Möglichkeit der Kreditinstitute, kurzfristige (Übernacht-)Sichteinlagen bei der EZB zu unterhalten; verzinst mit dem Einlagensatz von 1 Prozent (Januar 2009). – Vgl. auch Europäisches System der Zentralbanken (ESZB), Geldpolitik.

Einlagenzertifikat → CD.

Einspeisevergütung – *Stromeinspeisungsvergütung;* von Netzbetreibern gezahlte Vergütung für die Einspeisung regenerativ erzeugten elektrischen Stroms in das allg. Stromnetz, gestaffelt nach Größe und Technologie, gemäß des → Erneuerbare-Energien-Gesetz (EEG).

Einstimmigkeitsregel – 1. *Begriff und Merkmale:* Demokratisches → Abstimmungsverfahren, bei dem eine Alternative nur dann als beschlossen gilt, wenn alle Teilnehmer der Abstimmung (bzw. alle Abstimmungsberechtigten) ihr zustimmen. Voraussetzung ist die Kenntnis der Konsequenzen, wenn keine Alternative die erforderliche Stimmenzahl erhält. Typischerweise gilt dann der Status Quo als beschlossen. – 2. *Bedeutung und Kritik:* Wie v.a. K. Wicksell gezeigt hat, ist die Einstimmigkeitsregel vereinbar mit dem Pareto-Optimum in gesellschaftlichen Entscheidungssituationen. Andere Autoren kritisieren, dass es bei der Einstimmigkeitsregel zwar keine Kosten eines Überstimmtwerdens gibt, dafür aber prohibitiv hohe Konsensbildungskosten.

Einzelmachtkonzept → Macht.

Eisenbahnaufsicht → Eisenbahn-Bundesamt (EBA).

Eisenbahn-Bundesamt (EBA) – 1. *Begriff und Merkmale:* Aufsichts- und Genehmigungsbehörde für die Eisenbahnen des Bundes und Eisenbahnunternehmen mit Sitz im Ausland für das Gebiet der Bundesrepublik Deutschland sowie für die Magnetschwebebahnen. – 2. *Geschichte:* Das Eisenbahn-Bundesamt (EBA) wurde im Zuge der Strukturreform der Bundeseisenbahnen mit Wirkung vom 1.1.1994 als selbstständige Bundesoberbehörde errichtet und gehört zum Geschäftsbereich des Bundesministeriums für Verkehr, Bau- und Wohnungswesen (BMVBW). Seit dem 1.1.2006 ist die Bundesnetzagentur zuständig für den Zugang zur Eisenbahninfrastruktur. – 3. *Aufgaben:* Das Eisenbahn-Bundesamt (EBA) hat darüber zu wachen, dass das Verhalten der Eisenbahnunternehmen den rechtlichen Vorgaben entspricht und der Eisenbahnbetrieb den Anforderungen der Sicherheit genügend geordnet durchgeführt wird. Die Kontrollmaßstäbe hierfür sind in erster Linie in den Vorschriften des Allgemeinen Eisenbahngesetzes und der auf seiner Grundlage erlassenen (oder fortgeltenden) Rechtsverordnungen enthalten.

Eisenbahngesetze – Gesetzgebung in Ausübung der Eisenbahnhoheit, die für die Bundeseisenbahnen (Art. 73 Nr. 6a GG) und als konkurrierende Gesetzgebung über die Schienenbahnen, die nicht Bundesbahnen sind, mit Ausnahme den Bergbahnen, beim Bund liegt (Art. 74 Nr. 23 GG). Die durch die Bahnstrukturreform notwendige Änderung hat sich in Art. 87e GG niedergeschlagen, der die Eisenbahnverkehrsverwaltung neu regelte und festschrieb, dass die Eisenbahnen des Bundes in privat-rechtlicher Form geführt werden. Entsprechend sind das Gesetz zur Zusammenführung und Neugliederung der Bundeseisenbahn (BENeuglG) vom 27.12.1993 (BGBl. I 2378) entstanden und das Allgemeine Eisenbahngesetz (AEG) vom 27.12.1993 (BGBl. I 2378) m.spät.Änd. neu formuliert worden. Zur Regelung der hoheitlichen Aufgaben auf dem Gebiet des Eisenbahnwesens entstand das Gesetz über die Eisenbahnverkehrsverwaltung des Bundes (EVerkVerwG) vom 27.12.1993 (BGBl. I 2378), in dem Bildung und Aufgabenbeschreibung des → Eisenbahn-Bundesamtes (EBA) geregelt sind. – Vgl. auch → Übereinkommen über den internationalen Eisenbahnverkehr (COTIF).

Eisenbahn-Tarif – Zusammenstellung sämtlicher für den → Beförderungsvertrag im Bahnverkehr festgesetzter oder genehmigter Bedingungen, die veröffentlicht und gleichmäßig gegenüber allen Interessenten angewandt werden müssen; neben Annahmepflicht, Transportzwang etc. v.a. die von der Bahn für ihre Leistungen geforderten Beförderungsentgelte und Beförderungsbedingungen im Personenverkehr. Durch die Tarifliberalisierung und Privatisierung der DB AG weitgehend gegenstandslos geworden.

Eisenbahnverkehr – 1. *Begriff*: Eisenbahnverkehr ist die Beförderung von Personen und Gütern auf einer Eisenbahninfrastruktur, durchgeführt von Eisenbahnverkehrsunternehmen. Eisenbahnverkehr ist von anderen schienengebundenen Verkehren zu unterscheiden. Nach § 1 AEG sind dies z.B. „Magnetschwebebahnen, Straßenbahnen und die nach ihrer Bau- oder Betriebsweise ähnlichen Bahnen, Bergbahnen und sonstige Bahnen besonderer Bauart". Eisenbahnverkehr wird in Deutschland von der → Deutschen Bahn AG (DB) und den privaten Bahngesellschaften betrieben; da die Privatwagengesellschaften lediglich Transportmittel bereithalten, nicht jedoch die Zugförderung sicherstellen, zählen sie nicht zu den Eisenbahnen. Im Güterverkehr wird zwischen Ganzzug-, Einzelwagen- und → kombiniertem Verkehr unterschieden. – 2. *Probleme*: Die Bedeutung des Eisenbahnverkehrs ist seit den 1950er-Jahren ständig gesunken, die finanzielle Belastung der öffentlichen Haushalte dagegen seit Mitte der 1960er-Jahre ständig gestiegen. Das traf v.a. auf die Deutsche Bundesbahn zu. Alle Versuche, die Entwicklung zu stoppen, schlugen fehl. Das Problem verschärfte sich noch durch die Deutsche Reichsbahn, deren Anlagevermögen völlig unzulänglich war und dringend unter großen Aufwendungen modernisiert werden musste. Schließlich wurde Ende der 1980er-Jahre eine Kommission eingesetzt, die sich mit der Reform der Deutschen Bundesbahn, dann auch der Deutschen Reichsbahn befassen sollte. Die Vorschläge der Kommission bildeten die Grundlage für die Bahnstrukturreform, die zum 1.1.1994 in Kraft getreten ist. Begünstigt wurde die Bahnstrukturreform durch die EG-Eisenbahnpolitik, die durch die verbindliche Richtlinie 91/440/EWG eine nachhaltige Änderung der Eisenbahnpolitik der EG-Mitgliedsstaaten forderte.

Eisenbahn-Verkehrsordnung (EVO) – Eisenbahnverkehrsordnung (EVO) vom 20.3.1999, BGBl. I, 782 – zuletzt geändert durch Art. 3 des Gesetzes Gesetzes vom 26.5.2009, BGBl. I, 1146 – vgl. auch Zweites Gesetz zur Änderung schadensersatzrechtlicher Vorschriften vom 19.7.2002, BGBl. I, 2674. – Vgl. auch → Beförderungsvertrag.

eklektisches Paradigma – Ansatz von J.H. Dunning zur Erklärung der Bestimmungsgründe von → Direktinvestitionen. Dunning unterscheidet drei potenzielle Determinanten unternehmerischer Standortwahl: (1) Standortvorteile (Location Advantages), (2) Eigentumsvorteile (Ownership Advantages) und (3) Internalisierungsvorteilen (Internalization Advantages). Standortvorteile ergeben sich aus den Eigenschaften des anvisierten Standorts (z.B. günstige Löhne, Nähe zum Absatzmarkt). Eigentumsvorteile ergeben sich aus den Eigenschaften der Unternehmens selbst (z.B. unternehmensinternes Know-how). Internalisierungsvorteile schließlich ergeben sich dann, wenn die unternehmensspezifischen Vorteile am anvisierten Standort nicht durch Lizensierung oder ähnliche Kooperationsformen direkt vermarktet werden können. Dann bleibt nur die Gründung einer Tochtergesellschaft vor Ort oder die Übernahme eines vor Ort ansässigen Unternehmens. Für das Zustandekommen von Direktinvestitionen müssen also alle drei Vorteile in hinreichendem Ausmaß vorliegen. Ist dies nicht der Fall, so wird das Unternehmen für seine Internationalisierung andere Strategien wählen, z.B. Exporte, Lizensierung oder Kooperation im Rahmen internationaler Unternehmensnetzwerke.

Electronic Government – *E-Government*. 1. *Begriff*: Abwicklung geschäftlicher Prozesse im Zusammenhang mit Regieren und Verwalten mithilfe von Informations- und Kommunikationstechniken über elektronische Medien. Electronic Government ist eine Sonderform des Electronic Business, wobei ein Amt oder eine Behörde als Partei in Erscheinung tritt und mit Bürgern oder Unternehmen interagiert (z.B. Durchführung von Steuererklärung oder Kfz-Zulassung). – 2. *Ziele*: Verbesserung der Wirtschaftlichkeit im öffentlichen Sektor (Allokationsfunktion); Organisation von Austauschprozessen mit dem Verwaltungsumfeld (sog. virtuelles Rathaus); Verbesserung der Standortbedingungen; gesellschaftspolitische Mitgestaltung der Beziehungen Bürger und Staat (spiegelt sich in Begriffen wie z.B. elektronische Demokratie (Electronic Democracy) und elektronische Briefwahl; gesellschaftspolitische Gestaltungsfunktion). – 3. *Ausdifferenzierung von Electronic Government* in systemsteuernde und systembildende Funktion: Systemsteuernde Funktion bezieht sich auf die Standardisierung und Verbesserung bisheriger

Problemlösungs- und Wertschöpfungsprozesse mithilfe der IuK-Technik. Systembildende Funktion bezieht sich auf ganz neue Formen und Strukturen öffentlicher Leistungsprozesse und deren Wertschöpfung, etwa durch Verlagerung einzelner Aktivitäten auf den Bürger, durch Vernetzung sowie durch Schaffung bisher nicht möglicher Mitwirkungen und Einflussnahme auf öffentliche Informationsverarbeitungsprozesse.

Elektromobilität – der Teil der Mobilität, für den elektrische Energie genutzt wird. I.w.S. sind dies sowohl Eisenbahnfahrten, Transporte mit einem elektrischen Gabelstapler als auch elektrisch unterstützte Fahrräder (Pedelec), Golfcarts, etc. Im heutigen Kontext sind i.d.R. aber elektrisch angetriebene Pkw im Fokus. Hierunter fallen Brennstoffzellenfahrzeuge (FCEV), batterieelektrische Fahrzeuge (BEV) aber auch sog. Hybride (Fahrzeuge mit Verbrennungs- und kleinem Elektromotor) und Plug-in-Hybride (PHEV, Hybride mit der Möglichkeit, die Batterie am Elektrizitätsnetz zu laden und damit eine höhere Reichweite im elektrischen Fahrmodus zu realisieren).

Emerging Markets – Als Emerging Markets werden oftmals die Aktienmärkte in → Schwellenländer bezeichnet. Ein wichtiges Merkmal stellen der Anstieg von sowohl inländischen als auch ausländischen Investitionen (Portfolio- und Direkt-) dar. – *Beispiele* für Emerging Markets sind die Länder Osteuropas, China und Indien.

Emission – an die Umweltmedien abgegebene Abfälle aus Produktion, Distribution und Konsum. Häufig auf → Schadstoffe (Schadstoffemissionen) beschränkt. – Nach Bundes-Immissionsschutzgesetz (BImSchG) von Anlagen (Betriebsstätten, Maschinen, Geräte, Grundstücke) ausgehende Luftverunreinigungen, Geräusche, Erschütterungen, Licht, Wärme, Strahlen und ähnliche Umwelteinwirkungen. – *Anders:* → Immissionen.

Emissionsabgabe – *Emissionssteuer*. 1. *Begriff:* Bestimmter, für jede emittierte Einheit des betreffenden Schadstoffes an den Staat zu entrichtender Geldbetrag. – 2. *Beurteilung:* Ein rationaler Emittent wird reagieren, indem er seine Emissionen des betreffenden Schadstoffes so weit zurückführt, bis seine Grenzvermeidungskosten der am Steuersatz angestiegen sind. Ist der Steuersatz für alle Emittenten gleich, ergibt sich im Anpassungsgleichgewicht eine Situation, in der die Grenzvermeidungskosten der verschiedenen Emittenten einander gleich sind. In dem an die Abgabe angepassten Gleichgewicht vermeidet ein Emittent (ceteris paribus) umso mehr Emissionen, je günstiger seine Grenzkostenfunktion der Emissionsvermeidung verläuft. Damit wird erreicht, dass das insgesamt vorgegebene Emissionsvermeidungsziel zu gesamtwirtschaftlich minimalen Vermeidungskosten realisiert wird. – Für die Verursacher besteht ein stetiger Anreiz zur Einführung → umwelttechnischen Fortschritts, da die Einführung eines Verfahrens zur Emissionsvermeidung durch Steuerersparnis belohnt wird. – Die Emissionsabgabe leidet darunter, dass die politiktreibende Instanz nicht genau vorhersehen kann, welches Emissionsniveau sich nach Anpassung der Verursacher an den Steuersatz einstellen wird. – Vgl. auch → Umweltabgabe.

Emissionsauflage → Umweltauflage.

Emissionsbanking – Element des → kontrollierten Emissionshandels, welches Unternehmen ermöglicht, sich Emissionsüberschussminderungen bei einer Umweltbank (Emissionsbank) gutschreiben zu lassen. Diese Guthaben können angespart oder an andere Emittenten verkauft bzw. verliehen werden.

Emissionshandel – 1. Ziel des Emissionshandels ist, die Atmosphäre im Hinblick auf die → Emission von Treibhausgasen in ein kostenpflichtiges Gut zu verwandeln, indem die Emission solcher Gase an den Besitz von Berechtigungen zur Emission von Treibhausgasen geknüpft wird. – *Das Konzept:* Jeder Emittent von Treibhausgasen darf nur die Menge an → Schadstoffen in einer Periode freisetzen, für die er über Emissionsrechte verfügt. Dem Emittenten steht es frei, ob der die höchstens zugelassene Menge an Schadstoffen freisetzt oder versucht, die Schadstoffmenge durch technische Innovationen oder Installation von Filtern etc. zu verringern. Erreicht er eine Reduktion der Emissionsmenge, verfügt er über überschüssige Emissionsrechte. Diese kann er an solche Emittenten weiterveräußern, für die etwa eine Nachrüstung der Anlagen höhere Kosten verursacht als der Erwerb zusätzlicher Emissionsrechte. Auf diese Weise bildet sich ein Markt für Emissionsrechte. Verantwortliche haben die Wahl, entweder im Bereich der eigenen Anlage Emissionen zu reduzieren oder Berechtigungen von anderen Verantwortlichen zuzukaufen. Der → Emissionshandel ist ein kosteneffizientes Instrument, mit dem genau definierte Reduktionsziele erreicht werden können: Es wird für die betroffenen Unternehmen eine wirtschaftliche Anreizstruktur geschaffen, ihre Emissionen zu verringern oder zu vermeiden, um durch Emissionen verursachte Betriebskosten zu vermeiden. – 2. *Duchführung:* a) Der Emissionshandel basiert auf einem sog. Cap-and-Trade-System, also ein Emissionshandel mit absoluter Mengenbegrenzung. Dabei wird die Gesamtzahl der vom Staat ausgegebenen Berechtigungen im Hinblick auf ein verfolgtes Emissionsziel festgesetzt (Cap); beim Emissionshandel in der → EU ergeben sich die nationalen Reduktionsziele aus den Vorgaben des → Kyoto-Protokolls, aufgeschlüsselt für die Mitgliedsstaaten durch eine Lastenverteilungsvereinbarung des Ministerrats (*Burden Sharing*). Um die Belastung für Unternehmen durch den Emissionshandel zu reduzieren, sieht das europäische Emissionshandel-System eine weitgehend kostenfreie Grundausstattung von Emittenten mit Berechtigungen bis zum Jahre 2012 vor. Soweit diese Grundausstattung die

Emissionen eines Unternehmens jedoch nicht vollständig abdeckt, ist das Unternehmen entweder zur Reduzierung seiner Emissionen oder zum Zukauf von Berechtigungen verpflichtet die auf dem Markt angeboten werden (Trade). – b) Nach der Richtlinie 2003/87/EG des Europäischen Parlaments und des Rates über ein System für den Handel mit Treibhausgasemissionszertifikaten in der Gemeinschaft (ABl. EG Nr. L 275, S. 32), die am 25.10.2003 in Kraft getreten ist, ist seit dem 1.1.2005 ein gemeinschaftsweites Emissionshandel-Systems eingerichtet. Dadurch sollen Verpflichtungen aus dem Protokoll von Kyoto zum Rahmenabkommen der Vereinten Nationen über Klimaveränderungen vom 11.12.1997 (BGBl. 2002 II 966) erfüllt werden. Das Emissionshandel-System soll zunächst nur die Emission von CO_2 erfassen. Seit 2008 können die Mitgliedsstaaten daneben auch die übrigen im Kyoto-Protokoll erfassten Gase einbeziehen. Erfasst sind zunächst nur die Emissionen von Anlagen in den durch Anhang I der Richtlinie bestimmten bes. emissionsintensiven Sektoren. Die Richtlinie sieht u.a. vor, dass den Unternehmen von 2008 bis 2012 mind. 90 Prozent der Berechtigungen kostenlos zugeteilt werden (Art. 10 der Richtlinie). Ziel ist, dass die EU und ihre Mitgliedsstaaten in dieser Periode ihre Emissionen gegenüber dem Stand von 1990 um 8 Prozent senken. Die Festsetzung der Gesamtmenge der in einem Mitgliedsstaat zuzuteilenden Berechtigungen obliegt den Mitgliedsstaaten, die auch die Verteilung des nationalen Kontingents zu regeln haben. In dem Treibhausgas-Emissionshandelsgesetz (TEHG) vom 21.7.2011 (BGBl. I 1475) m.spät.Änd., mit dem die Richtlinie in dt. Recht umgesetzt worden ist, werden den Unternehmen nach Maßgabe des Zuteilungsgesetzes 2012 (ZuG 2012) vom 7.8.2007 (BGBl. I 1788) Berechtigungen in einer gewissen Höhe zugeteilt. Das TEHG regelt die Handelsperioden ab 2013. Ab dem 1.1.2012 sind auch für Luftverkehrstätigkeiten Berechtigungen erforderlich. Das TEHG enthält die Grundlinien des Emissionshandelssystems und regelt im Detail alle Fragen der Zuteilung (§§ 7 ff. TEHG) und des Handels von Berechtigungen (§ 8 TEHG) sowie die darauf bezogenen Sanktionen (§§ 29 ff. TEHG). Es wird ein Emissionshandelsregister eingeführt, das die Konten für Berechtigungen und ein Verzeichnis der geprüften und berichteten Emissionen enthält (§ 17 TEHG). – Vgl. dazu auch die Zuteilungsverordnung 2012 (ZuV 2012) vom 13.8.2007 (BGBl. I 1941).

Emissionskredit – Ein *Kredit*, den die Emissionsbank durch die feste Übernahme der Wertpapiere (Aktien, Anleihen) dem Ausgeber gewährt.

Emissionsmonopol – ausschließliches Recht der Zentralbank zur Ausgabe (Emission) von gesetzlichen Zahlungsmitteln. – Vgl. auch → Notenmonopol.

Emissionsrecht → Emissionshandel, → Umweltzertifikat.

Emissionsrechtehandel → Emissionshandel.

Emissionssteuer → Emissionsabgabe.

Emissionszertifikat → Umweltzertifikat.

Empire Building → Unternehmenskonzentration.

empiristische Methodologie → Methodologie.

Energieaufsicht – Die Elektrizitäts- und Gasversorgungsunternehmen unterstehen der staatlichen Aufsicht, die die Einhaltung des → Energiewirtschaftsgesetzes (EnWG) überwacht. Zu den Aufgaben der Energieaufsicht gehört u.a. die Genehmigung der Betriebsaufnahme von Energieversorgungsunternehmen (§ 4 EnWG), ungehinderten Zugang zu den Netzen zu gewährleisten, Beschränkungen des Wettbewerbs vorzubeugen (§ 29 GWB), die Überwachung der Sicherstellung der allg. Versorgung der Letztverbraucher mit möglichst sicherer, effizienter, preiswerter und umweltverträglicher Energie. Die Zuständigkeit für die Energieaufsicht liegt bei der Bundesnetzagentur, den Kartellbehörden und der Energieaufsicht der Länder (vgl. § 54 EnWG).

Energiebesteuerung – Erhebung von indirekten Steuern auf → Energieträger. In der Bundesrepublik Deutschland ist die bedeutendste Besteuerung im Energiesteuergesetz (EnergieStG), welches 2006 das Mineralölsteuergesetz ablöste, geregelt. Die Steuersätze und die zu besteuernden Energieträger sind in §2 des EnergieStG definiert (insb. Erdgas, Heizöl und Kraftstoffe). Ein Teil des Steueraufkommens kann als Ersatz für eine Straßenbenutzungsgebühr angesehen werden. Ein weiteres Gesetz ist das Stromsteuergesetz (StromStG), ebenfalls eine Verbrauchsteuer, welches den Bezug von elektrischem Strom besteuert und einerseits fiskalischen Zwecken dient (insb. zur Finanzierung der Rentenzahlungen), andererseits einen Anreiz für einen sparsamen Umgang mit Elektrizität schaffen soll.

Energiebilanz – Mit einer Energiebilanz kann die Bereitstellung, die Umwandlung und die Verwendung von → Energieträgern in einem beliebigen Energiesystem dargestellt werden. Die Aufstellung einer Energiebilanz ermöglicht eine Bestimmung des energetischen Wirkungsgrads eines Systems, wodurch mögliche Energieeffizienzverbesserungen identifiziert werden können. Energiebilanzen werden für Energiesysteme aller Größenordnungen (Gebäude bis Volkswirtschaften) über unterschiedliche Zeithorizonte aufgestellt.

Energiedienstleistung – funktionell betrachtete Leistung, für die neben → Energieträgern auch Sachkapital eingesetzt wird. Die hierbei in Anspruch genommene Energiemenge wird auch Nutzenergie genannt. Die Nachfrage nach Beleuchtung, Transport von Personen und Gütern, nach warmem Wasser oder warmen Räumen, nach stationärem Antrieb von Motoren, nach elektrochemischen Reaktionen, nach hohen Temperaturen zum Schmelzen von Metall etc. wird in einer Kombination von Umwandlungsgeräten

Energieeinsparung

(Pkw) und → Energieträgern (Kraftstoff) auf einer geeigneten → Infrastruktur (Straßennetz) erbracht.

Energieeinsparung – die Reduktion des (spezifischen) Energieverbrauchs einer Anwendung, Branche oder eines Energiesystems im Vergleich zu einem Referenzfall. Der Energieverbrauch wird dabei i.d.R. auf den Output des Systems bezogen, wie bspw. in Form einer Energieintensität oder eines spezifischen Energieverbrauchs.

Energieintensität – Relation zwischen Energieverbrauch und Wertschöpfung in einem Sektor oder in der Gesamtwirtschaft, gemessen z.B. durch Primär- oder Endenergieverbrauch je Einheit Bruttoinlandsprodukt (BIP). Typischerweise nimmt die Energieintensität einer Volkswirtschaft in den frühen Entwicklungsstadien (Industrialisierung) zu und sinkt später durch den steigenden Anteil der Wirtschaftsleistung im tertiären Sektor. – **Energieelastizität** des Wirtschaftswachstums (Erhöhung des Energieverbrauchs je Erhöhung des realen BIP [in Prozent]) ist im weltweiten Durchschnitt von 0,7 in den 1970er-Jahren auf 0,4 in den 1990er-Jahren bis 2002 gesunken. Die Energieelastizität des

Energiepolitik – Ziele

Ziele der Energiepolitik	Beispiele
Senkung von Substitutionskosten	– Information als öffentliches Gut (Bauherren, Verbraucher etc.) – technisch-organisatorische Barrieren (Prämie für Backstop-Entwicklung)[1] – Markteinführung für neue Technologien (Senkung von Umstellungskosten, Standardisierungsvorteile, Realisierung von Skaleneffekten)
Wettbewerbsförderung	– Öffnung von Netzen[2] – Regulierung natürlicher Monopole bzw. monopolistischer Bottlenecks
Infrastrukturbereitstellung	– Schutz spezifischer Investitionen versus Verhinderung regionaler oder lokaler Monopole
Umweltnutzung (Internalisierung externer Effekte)	– Umweltpolitik für klassische Schadstoffe zur Erreichung optimaler Emissionsmengen auf Angebots- und Nachfrageseite (Ist Strom die „sauberste" Energiequelle?) – Vertragsgestaltung für internationale Kooperation bei globalen Schadstoffen (Klimaproblem)
Entwicklung und Wachstum	– Versorgungssicherheit, d.h. Vermeidung von Mengenverknappungen und drastischen Preisausschlägen (Clubgut); – Bevorratung für Krisenzeiten, Pools gegen Marktrisiken bilden
gesellschaftliche Integration	– Akzeptanz von Energiesystemen fördern – Sozialverträglichkeit sichern

[1] Backstop-Techniken werden sehr langfristig benötigt (Wasserstoff-Technik, Solarsysteme etc.), sind aber im Zeitrahmen von geltenden Patentschutzregeln nicht rentabel zu realisieren. In diesem Sinn ist ihre Entwicklung „Grundlagenforschung" mit sehr langfristigem Nutzen.

[2] Der Zugang zu Netzen oder Netzkomponenten kann in einer Wertschöpfungskette ein strategisches Hindernis für Wettbewerb aus vor- und nachgelagerten Stufen (Stromerzeugung – Stromverkauf) sein. Im Sinn einer Steigerung des Wettbewerbs auf diesen Stufen ist dann die staatliche Intervention in die Öffnung der Netze paradoxerweise begründet: Mehr Wettbewerb (auf anderen Stufen) durch staatlichen Eingriff (in die Netze).

Wirtschaftswachstums in den Industrieländern ist heute allg. niedriger als in den Entwicklungsländern.

Energiepolitik – 1. *Allgemein:* In der → Energiewirtschaft zeigen sich spezifische Eigenheiten wie Umwelteffekte, leitungsgebundene Systeme, asymmetrische Informationen, spezielle Marktrisiken (u.a. Monopolbildung) und sehr lange Planungshorizonte, die energiepolitische Flankierung (und sei es nur zur Sicherstellung von mehr „funktionsfähigem Markt") erforderlich machen können. Zum zweiten sind seit jeher zahlreiche Teile von Energiemärkten durch ihre Grundversorgungseigenschaft politischer Einflussnahme ausgesetzt, entsprechen also nicht immer dem hehren Ziel der reinen Marktwirtschaft. – 2. *Instrumente:* Die Instrumente der Energiepolitik lassen sich in ordnungsrechtliche Vorgaben über die Spielregeln einerseits und direkte Intervention in die Märkte andererseits einordnen. Die Energiebesteuerung kann sowohl energiepolitische als auch fiskalische Zwecke verfolgen. – Obwohl die Europäische Union (EU) keine direkte Kompetenz für Energiepolitik hat, verlagern sich zunehmend energiepolitische Entscheidungen zur EU: Aus ihrer Zuständigkeit für Wettbewerbsfragen und Umweltpolitik kann die EU zahlreiche Begründungen für Vorgaben für energiepolitische Maßnahmen der Mitgliedstaaten ableiten. Dies betrifft z.B. die Ausgestaltung der Klimapolitik durch Einführung des Emissionshandels für CO_2 oder die Öffnung der Netze für Elektrizität oder Erdgas für einen großen Kreis von Akteuren. – Vgl. Abbildung „Energiepolitik – Ziele".

Energiepreisaufsicht → Energieaufsicht.

Energiesicherung – 1. *Begriff:* die langfristige Sicherung der Energieversorgung auf verschiedenen Ebenen: regional, nationalstaatlich, europäisch und global. Energiesicherung gehört zu den wichtigsten gesellschaftlichen und gesamtwirtschaftlichen Herausforderungen. Ihre Nachhaltigkeit und Langfristigkeit haben maßgeblichen Einfluss auf die ökonomische, soziale und ökologische Entwicklung auf den genannten Ebenen. Ein wesentlicher Bestandteil der Energiesicherung besteht in einer ausgewogenen Energieträgerstruktur, wobei verschiedene Ebenen zu unterscheiden sind: (1) Verhältnis von inländischen zu importierten Energieträgern; (2) geografische Diversifizierung der Importquellen; (3) Diversifizierung der Energieträger, d.h. Verhältnis Kernenergie und konventionelle, fossile Energieträger (insb. Steinkohle, Braunkohle, Erdgas, Öl) zu erneuerbaren Energien (insb. Wind, Solarenergie, Biomasse, Geothermie). Neben der genutzten Energieträgerstruktur sind die Energieeffizienz sowie die Energiebevorratung bzw. -speicherung weitere wichtige Bestandteile der Energiesicherung. – 2. *Maßnahmen:* Allgemein lassen sich verschiedene Maßnahmen zur Energiesicherung unterscheiden: a) *Politische Maßnahmen:* Nutzung der wechselseitigen Abhängigkeit zwischen Energie-(Öl-)Exportländern und Importländern im Sinne einer Kooperation statt Konfrontation durch die Internationale Energieagentur und die Europäische Union. b) *Strategische energiepolitische Sicherungsmaßnahmen:* Diversifizierung der Importquellen, Aufbau von Vorratslagern (Energiebevorratung), Diversifizierung der Energieträgerstruktur. c) *Maßnahmen zur Beherrschung aktueller Versorgungskrisen:* Aktionsprogramm der Internationalen Energieagentur, EG-Richtlinien (1968, 1975), in der Bundesrepublik Deutschland Energiesicherungsgesetz. – 3. *Energiesicherungsgesetz:* Eingriffsmöglichkeiten zur Gewährleistung der Deckung des lebenswichtigen Bedarfs an Energie sind im Energiesicherungsgesetz vom 20.12.1974 (BGBl. I S. 3681) m.spät.Änd. geregelt. Als lebenswichtig ist in diesem Zusammenhang gem. Gesetzestext auch der Bedarf zur Erfüllung öffentlicher Aufgaben und internationaler Verpflichtungen zu verstehen. a) *Regelung:* Können bei Gefährdung oder Störung der Einfuhren von Mineralöl oder Erdgas (ziviler Notstand) durch Rechtsverordnungen Vorschriften erlassen werden über die Produktion, den Transport, die Lagerung, die Verteilung, die Abgabe, den Bezug, die Verwendung sowie die Höchstpreise von Erdöl, Erdölerzeugnissen, festen, flüssigen, gasförmigen Energieträgern, von elektrischer Energie sowie von sonstigen Energien sowie über Buchführung-, Nachweis- u. Meldepflichten hinsichtl. dieser Güter; z.B. Einführung eines Sonntagsfahrverbotes und einer Geschwindigkeitsbegrenzung für Kraftfahrzeuge. b) *Verstöße* gegen erlassene Rechtsverordnungen können als Ordnungswidrigkeit oder Straftat geahndet werden. Die Maßnahmen reichen von Appellen und Empfehlungen zur Energieeinsparung bis zur Zwangsbewirtschaftung von Energieträgern.

Energiesteuer – 1. *Begriff:* Die Energiesteuer gehört zu den bundesgesetzlich geregelten Verbrauchsteuern und ist damit eine indirekte Steuer. Mit ihr wird die Verwendung der unten genannten Stoffe als Kraft- und Heizstoffe innerhalb der dt. Steuergebiets (Bundesrepublik Deutschland ohne das Gebiet von Büsingen und ohne die Insel Helgoland) besteuert. – 2. *Rechtsgrundlage:* Das Energiesteuergesetz (EnergieStG) und die Energiesteuer-Durchführungsverordnung (EnergieStV). – 3. Die Steuer wird von der Zollverwaltung verwaltet, die Einnahmen stehen dem Bund zu. Die Energiesteuer gehört zu den innerhalb der EG harmonisierten Verbrauchsteuern und unterliegt der länderübergreifenden, EG-einheitlichen Überwachung. – 4. *Steuergegenstand:* Energiearten fossiler Herkunft (Mineralöle, Erdgas, Flüssiggase) sowie nachwachsende Energiearten wie Pflanzenöle oder Alkohole als Heiz- oder Kraftstoff in der Bundesrepublik Deutschland. Daneben wurden die weiteren fossilen Energieträger Steinkohle und Braunkohle sowie Koks als auch Schmierstoffe aufgenommen. Die Höhe der Steuer ist in § 2 EnergieStG für jedes der unterschiedlichen Energieerzeugnisse einzeln festgelegt; dort nicht ausdrücklich aufgeführte Energieerzeugnisse unterliegen dem Steuersatz für dasjenige

Energieerzeugnis, dem sie nach Beschaffenheit und Verwendungszweck am nächsten stehen (§ 2 IV EnergieStG). Für die Verwendung in bestimmten begünstigten Anlagen fällt die Steuer geringer aus (§ 2 II, § 3, 3a EnergieStG). – 5. *Verfahren*: Energieerzeugnisse dürfen nach ihrer Herstellung solange noch steuerfrei belassen bleiben, wie sie in einem von der Finanzverwaltung zugelassenen Steuerlager (Betrieb, z.B. Großhandel, Großhandelsvertrieb etc.) verbleiben. Die Steuer fällt an, wenn sie aus einem Steuerlager ausgelagert werden, ohne erneut in ein Verfahren der Steueraussetzung überführt zu werden, oder bei anderweitiger Überführung in den freien Verkehr. Steuerschuldner ist normalerweise der Inhaber des Steuerlagers. – 6. *Grenzüberschreitende Aspekte*: Das Verfahren der Steueraussetzung (d.h. einstweiliges Nichtanfallen der Steuer) kann fortgesetzt werden, bis Energieerzeugnisse aus dem Gebiet der EU ausgeführt worden sind (§ 13), d.h. Ausfuhren können unbelastet erfolgen. Innerhalb der EU können Energieerzeugnisse unter Steueraussetzung (im Wesentlichen: nur) an die Inhaber anderer zugelassener Steuerlager und ihnen gleichgestellte Empfänger geliefert werden, d.h. grenzüberschreitende Lieferungen an Private wären zu versteuern. – 7. *Aufkommen*: 39,8 Mrd. Euro (2009). – 8. *Auswirkungen, Hintergründe*:- Die Einführung der Energiesteuer geht zurück auf die Energiesteuer-Richtlinie der EU (RL 2003/96 zur Restrukturierung der gemeinschaftlichen Rahmenvorschriften zur Besteuerung von Energieerzeugnissen und elektrischem Strom (EnergieStRL). Sie hat u.a. das frühere deutsche Mineralölsteuergesetz abgelöst (seit 1.8.2006).

Energiesystemanalyse – Die Energiesystemanalyse dient der Analyse eines Energiesystems, wobei dieses System unterschiedliche Systemgrenzen haben kann; so kann es sich bei dem zu betrachtenden Energiesystem etwa um das globale Energiesystem, das europäische, ein nationales oder regionales System sowie das eines Industriestandortes handeln. Mithilfe modellgestützter Ansätze sucht die Energiesystemanalyse nach Antworten bspw. auf Fragen zum zukünftigen Energiesystem bzw. zur ganzheitlichen Bewertung unterschiedlicher Technologien. Die Energiesystemanalyse will helfen Entscheidungen in Energiepolitik, Energieforschung und Energiewirtschaft im Hinblick auf Technologien und Infrastrukturen für Energiebereitstellung und Energieumwandlung wissensbasiert und systematisch zu unterstützen. Dazu bedarf es je nach Fragestellung der Berücksichtigung unterschiedlichster Faktoren und Rahmenbedingungen.

Energieträger – Stoffe oder andere Kräfte, die geeignet sind, im physikalischen Sinn Arbeit zu leisten. Man unterscheidet *Primärenergieträger*, die in natürlicher Form gewonnen werden können wie etwa Stein- und Braunkohle, Mineralöl, Erdgas, aber auch Holz, Torf und Sonnenlicht oder Wind. Uran und Thorium sind als spaltbare Atome für die Stromerzeugung in Kernkraftwerken geeignet. Die in der Natur gefundenen Energieträger sind i.d.R. nicht homogen; so unterscheiden sich die in Deutschland gefundenen Erdgasvorkommen erheblich in ihrer chemischen Zusammensetzung und damit auch im Brennwert. Um den Endnutzer die gewünschte Homogenität und auch überhaupt eine einfache Einsetzbarkeit zu ermöglichen, werden die Primärenergieträger in andere Energieträger umgewandelt: Kraftstoffe, Heizöl oder im Brennwert homogenes Erdgas, elektrischer Strom u.ä. sind als Sekundärenergieträger für die Endnutzer besser geeignete *Endenergieträger*. Durch den Umwandlungsprozess entstehen energetische Verluste. – Für eine vergangene Periode werden die Umwandlungsprozesse vom Primärenergieeinsatz bis hin zum letzten Einsatz der Endenergieträger in der → Energiebilanz ausgewiesen. – Vgl. auch → fossile Energieträger, → regenerative Energieträger.

Energiewirtschaft – 1. *Begriff*: Auf der Angebotsseite umfasst die Energiewirtschaft diejenigen Sektoren der Wirtschaft, die mit der Förderung bzw. dem Import von → Energieträgern, deren Umwandlung, Lagerung und Transport befasst sind. Die Energienachfrage von Haushalten, Industrie und Gewerbe richtet sich auf die nutzbaren Endenergieträger wie etwa Strom, Kraftstoffe, Erdgas oder Heizöl, die zusammen mit den entsprechenden Anlagen geeignet sind, die gewünschten Energiedienstleistungen zu erbringen. Sie umfassen Hochtemperaturwärme etwa für das Schmelzen von Metallerzen, Niedertemperaturwärme etwa für Heizung und Warmwasserbereitung, Transport von Gütern und Personen, elektrochemische Reaktionen wie Elektrolyse, weiterhin Beleuchtung und Telekommunikation, Antrieb stationärer Motoren. Im Sinn der Ressourcenökonomik ist Energie eine unverzichtbare Ressource: Ohne Energieeinsatz ist praktisch kein Produktionsprozess, v.a. nicht im industriellen Maßstab, denkbar. – 2. *Geschichtliche Entwicklung*: Aus historischer Sicht wurden derartige Energiedienstleistungen bis weit in das 19. Jh. hinein im Wesentlichen durch regenerative Energieträger erbracht. Die Erzeugung von Wärme für Heizung und Kochen basierte auf der Verbrennung von Holz oder anderer Biomasse, ebenso die Verhüttung von Metallerzen (Holzkohle). Wind und Wasserkraft lieferten mechanische Energie ebenso wie Tierfutter Energie für Pferde und andere Zugtiere. Durch großflächige Abholzungen um die jeweiligen Standorte von Hochöfen (bspw. im Raum Lüneburg) wurden die ersten Energiekrisen wegen Holzknappheit im Mittelalter ausgelöst. Mit dem Bau des ersten Hochofens auf Steinkohlebasis 1709 in Wales durch A. Darby begann das industrielle Zeitalter auf der Basis der Steinkohlenutzung. Die Industrialisierung in England und Mitteleuropa im 19. Jh. basierte praktisch vollständig auf Kohle. Mit der kommerziellen Förderung des Mineralöls im Elsass (Peschelbronn) im 18. Jh. und 1859 in Pennsylvania (USA) begann ein rasches Vordringen von Mineralölprodukten zunächst für Beleuchtung (Petroleum) und dann als

Kraftstoff für Fahrzeuge. Während in den USA bereits nach dem Ersten Weltkrieg als dritter wichtiger Energieträger Erdgas verwendet wurde, begann dessen Expansion in Europa erst in den 1960er-Jahren ebenso wie die zivile und kommerzielle Nutzung der Kernspaltungstechnik in den Industriestaaten Amerikas, Japan und Europas inkl. der damaligen Sowjetunion. Um die Jahrhundertwende zum 21. Jh. basierte die (kommerzielle) Weltenergieversorgung größtenteils auf Verbrennung → fossiler Energieträger und jeweils zu rund 5 Prozent auf der Nutzung regenerativer Energie sowie nuklearer Energie in → Kernkraftwerken, Tendenz steigend. Daneben gibt es in weiten Gebieten v.a. nahe des Äquators noch zahlreiche Energieeinsätze durch Brennholz, die statistisch nur unzureichend erfasst werden. – 3. *Moderne Energiewirtschaft:* Die Energiewirtschaft in den Industrieländern lässt sich heute als ein miteinander verflochtenes und gegenseitig abhängiges System von Märkten für die verschiedenen Primärenergieträger (bspw. Mineralöl und Erdgas) und Sekundärenergieträger (bspw. Diesel und Elektrizität) beschreiben. Die Energieträger haben jeweils spezifische Vor- und Nachteile, die ihre Einsatzmöglichkeiten und Marktchancen abgrenzen. So wird bspw. für den Antrieb nicht-schienengebundener Fahrzeuge offensichtlich ein Energieträger mit hoher Energiedichte benötigt, was bisher in Form flüssiger Kraftstoffe realisiert wurde. Beleuchtung und Telekommunikation mit den heutigen Standards sowie der Antrieb unterschiedlich großer stationärer Motoren werden heute größtenteils durch elektrische Lösungen dargestellt. Die Erzeugung von hohen Temperaturen in der Grundstoffindustrie kann hingegen oftmals durch einen breiten Mix von Energieträgern wie Heizöl, Erdgas, Kohle, aber auch Altreifen etc. erfolgen. Dafür sind entsprechend ausgelegte technische Anlagen erforderlich. Die Transport- und Lagermöglichkeiten der Energieträger sind sehr unterschiedlich. Aufgrund der geringen Energiedichte und den dadurch hohen spezifischen Transportkosten für Braunkohle wird diese i.d.R. nahe der Förderstellen sofort in Elektrizität umgewandelt bzw. in geringem Umfang zu Briketts verarbeitet. Die spezifischen Transportkosten für Steinkohle sind zwar ebenfalls hoch, aufgrund der höheren Energiedichte/Brennwerts wird Steinkohle international gehandelt und mit Schiffen über die Meere transportiert. Ebenfalls weltweit gehandelt wird Mineralöl, dessen Transportkosten in Tankern und Pipelines deutlich niedriger liegen als für Kohle. Während man also bei Steinkohle und Mineralöl von einem Weltmarkt sprechen kann, sind die Transportkosten für Erdgas nur bei Pipeline-Transport bis zu wenigen tausend Kilometern noch günstig auf weiteren Entfernungen (und für Inseln) ist der Transport in Form von tiefgekühltem (verflüssigtem) Erdgas (Liquefied Natural Gas (LNG)) wirtschaftlicher. Dementsprechend gibt es jeweils regional separierte Märkte für Erdgas in Nordamerika oder in Europa (im Verbund mit Russland und Nordafrika) mit lediglich geringen Ex- und Importmöglichkeiten. Die sog. leitungsgebundenen Energieträger (Strom, Fernwärme und teilweise Erdgas) benötigen i.d.R. für den wirtschaftlichen Transport Leitungsnetze. Deren Ausbau und Unterhaltung ist für die Versorgungssicherheit bei diesen Energieträgern notwendig. Ein einfacher Zugang für Dritte zu derartigen Netzen wird aus Wettbewerbsgründen gefordert, sodass hier i.d.R. staatliche Regulierung des Netzzugangs und der Konditionen dafür stattfindet. Die fossilen Brennstoffe Kohle, Mineralöl und Erdgas bestehen zu unterschiedlichen Anteilen aus Kohlenstoff und anderen brennbaren Anteilen wie etwa Schwefel oder Wasserstoff. Bei Verbrennung fossiler Energieträger entstehen i.d.R. auch Schadstoffemissionen. Je nach Bestandteile von Schwefel oder anderen Stoffen entstehen die „klassischen" → Emissionen SO_2 oder Staubpartikel, welche heute durch moderne Filter- oder Abscheidetechniken aus dem Abgas getrennt werden können. Der Luftstickstoff reagiert zudem bei bestimmten Temperaturen zu NOx (– Abk. für die verschiedenen gasförmigen Oxide des Stickstoffs), was heute durch Katalysatoren in der Abgasanlage wieder rückgängig gemacht werden kann. Auch wenn heute CO_2-Emissionen bei der Verbrennung fossiler Brennstoffe unvermeidlich ist, kann es technisch durch die Carbon Capture Storage (CCS) Technologie in den Abgasen gebunden und unterirdisch gespeichert werden. Jedoch ist das Verfahren bisher zu teuer und wird nur in Demonstrationsanlagen eingesetzt. Die CO_2-Emissionsintensität richtet sich nach dem Kohlenstoffanteil des Energieträgers: Braunkohle emittiert am meisten, Erdgas aufgrund seines hohen brennbaren Wasserstoffanteils am wenigsten CO_2 pro Energieeinheit. Die CO_2-Emissionen der Kernenergienutzung und bei der Nutzung regenerativer Energien entstehen v.a. auf den vor- und nachgelagerten Stufen im Gesamtsystem und sind im Vergleich zu den fossilen Energieträgern deutlich geringer. Die weltweite Beschränkung von CO_2-Emissionen ist Gegenstand der Klimapolitik. – Vgl. auch → Emissionshandel.

Energiewirtschaftsgesetz (EnWG) – trat erstmals 1935 in Kraft und enthält grundlegende Regelungen zur leitungsgebundenen Energieversorgung. Heute bezieht sich das Energiewirtschaftsgesetz (EnWG) üblicherweise auf die konstitutive Neufassung vom 7.7.2005 (BGBl. I S. 1970, 3621) m.spät.Änd. Nach dem Gesetzestext in seiner aktuellen Fassung (Änderungsgesetz vom 20.12.2012 [BGBl.I S. 2730]) ist der Zweck eine möglichst sichere, preisgünstige, verbraucherfreundliche, effiziente und umweltverträgliche leitungsgebundene Versorgung der Allgemeinheit mit Elektrizität und Gas, die zunehmend auf erneuerbaren Energien beruht. Neben allgemeinen Vorschriften enthält das Gesetz insb. Regelungen zur Entflechtung, zur Regulierung des Netzbetriebes, zur Energielieferung an Letztverbraucher, zur Planfeststellung und Wegenutzung, zur Sicherheit und Zuverlässigkeit der Energieversorgung, zu Behörden sowie zu Verfahren

enges Oligopol

und Rechtsschutz bei überlangen Gerichtsverfahren. Das EnWG verpflichtet die Elektrizitätsversorgungsunternehmen (EVU) und Gasversorgungsunternehmen (GVU) im Rahmen der Vorschriften des Energiewirtschaftsgesetzes die Versorgung sicherzustellen (§2 I EnWG). Die mit dem Gesetz bezweckte Regulierung der Elektrizitäts- und Gasversorgungsnetze soll den Zielen der Sicherstellung eines wirksamen und unverfälschten Wettbewerbs bei der Versorgung und der Sicherung eines langfristig angelegten leistungsfähigen und zuverlässigen Betriebs von Energieversorgungsnetzen dienen (§ 1 II EnWG).

enges Oligopol – Von E. Kantzenbach vorgestellte Marktform eines Oligopols mit einer geringen Anzahl an Anbietern und einer hohen (potenziellen) Wettbewerbsintensität. Die effektive Wettbewerbsintensität ist hingegen gering, da die Oligopolisten aufgrund der hohen Verhaltensinterdependenz zu wettbewerblichem Parallelverhalten oder sogar zu einer Verhaltensabstimmung neigen.

englische Klausel → Europäisches Kartellrecht.

Entfremdung – 1. *Begriff:* Marx zufolge soll der Begriff die negativen Auswirkungen des Privateigentums an den Produktionsmitteln und der fortschreitenden Arbeitsteilung im → Kapitalismus auf die arbeitenden Menschen beschreiben. Beides führe zur Entfremdung: (1) Des Menschen *vom Produkt seiner Arbeit* (da dies nicht ihm, sondern dem Unternehmer gehört); (2) der Menschen *untereinander* (da alle zwischenmenschlichen Beziehungen weitestgehend kommerzialisiert würden, sodass sich die Menschen gegenseitig nur als unpersönliche Faktoren wahrnähmen); (3) des Menschen *von seiner Gattung* (da die Arbeitsteilung den wahren Charakter der Produktion als gemeinschaftliches, schöpferisches Handeln verdecke); (4) des Menschen *in und von seiner Arbeit* (da die fortschreitende Arbeitsteilung immer mehr die freie Entfaltung der individuellen Neigungen und Fähigkeiten einschränke). – 2. *Aufhebung der Entfremdung:* Die Entfremdung lässt sich dem → Marxismus zufolge erst im → Sozialismus bzw. → Kommunismus durch *Vergesellschaftung der Produktionsmittel und Abschaffung der herkömmlichen Arbeitsteilung* aufheben. – 3. *Folgen/Beurteilung:* Die Arbeitsteilung abschaffen hieße, einen Produktivitätsrückschritt großen Ausmaßes zu verursachen, der die entwickelten Volkswirtschaften wieder auf vorindustrielles Niveau herabsinken ließe. Gerade die produktivitätssteigernde Wirkung der Arbeitsteilung hat eine zu Zeiten von Marx ungeahnte Zunahme der Freizeit und damit der Selbstverwirklichungsmöglichkeiten außerhalb der Arbeit sowie die Erleichterung der Lebensbedingungen für alle Bevölkerungskreise gebracht. Da sich im Zuge des technischen Fortschritts immer zahlreichere unterschiedliche Berufe herausbilden, kann die arbeitsteilige Spezialisierung selbst zur Verwirklichung der individuellen Fähigkeiten und Präferenzen innerhalb der Arbeit führen. In welchem Ausmaß derartige Selbstentfaltungsspielräume entstehen und genutzt werden können, hat nicht mit der Eigentumsform des Arbeitsplatzes zu tun, sodass eine Vergesellschaftung der Produktionsmittel selbst in diesem Zusammenhang ohne Belang ist.

Entkoppelungsthese – These, die besagt, dass das Bildungssystem von den Qualifikationsansprüchen des Beschäftigungssystems unabhängig sei (These der relativen Autonomie). Die These unterstellt einen sehr offenen und flexiblen Arbeitsmarkt. – *Anders:* → Koppelungsthese.

Entropie – 1. *Begriff:* Maß für den Grad der Zerstreuung bzw. Grad der nicht verfügbaren Energie. Der wahrscheinlichste Zustand ist der mit maximaler Entropie (thermodynamisches Gleichgewicht); ein unwahrscheinlicher Zustand ist durch geringe Entropie gekennzeichnet. Die komplexitätssteigernde Evolution auf der Erde, also die Erreichung unwahrscheinlicher Ordnungszustände, ist der Tatsache zu verdanken, dass das System energetisch offen ist. Alle Prozesse des Lebens beruhen auf einem permanenten Energiefluss. Die strukturierte Komplexität der auf der Erde befindlichen Materie ist auf den ständigen Zustrom von Sonnenenergie zurückzuführen. Die Entstehung von → Ordnung ist nur durch einen permanenten Energieinput möglich, der zur (Über-)Kompensierung der Entropieproduktion genutzt wird. Die → Biosphäre wird deshalb auch als „gepumptes System" bezeichnet. – 2. *Bedeutung:* Die Entropiesteigerung kann als globales Maß für Umweltzerstörung aufgefasst werden. Beide Hauptsätze gelten auch für Materie, die physikalisch als eine Form von Energie aufgefasst werden kann. Die fundamentale Relevanz dieser biophysikalischen Bedingungen des Wirtschaftens allg. und bes. für die → Umweltpolitik wird an der Metapher vom Raumschiff Erde (→ Raumschiff-Ökonomik) deutlich. – Vgl. auch → ökologische Knappheit, → Systemmanagement.

Entscheidungskosten – die bei einer Gruppenentscheidung beim einzelnen Gruppenteilnehmer im Zuge der Beratung und Verhandlung entstehenden Aufwendungen, auch an Zeit. Sie sind umso höher, je größer die Gruppe und je höher das zu einer Entscheidung erforderliche Quorum (→ qualifizierte Mehrheitsregel). Im Falle einer Einstimmigkeitsregel (K. Wicksell) sind die Entscheidungskosten maximal. – *Anders:* Konsensfindungskosten.

Entschließungsfreiheit → wettbewerbspolitische Leitbilder.

Entsorgungswirtschaft – Sammelbegriff für die – vorwiegend öffentlichen – Einrichtungen der Müllabfuhr, Straßenreinigung, Kanalisation, Kläranlagen, Müllverbrennungsanlagen, Mülldeponien, Abwasser-Pipeline, Wiederaufbereitungsanlagen für Kernbrennstoffe und Recycling-Anlagen. Zunehmend durch Privatisierungs- und Liberalisierungsbestrebungen gekennzeichnet.

Entwicklungshelfer – 1. *Begriff*: Entwicklungshelfer ist, wer in → Entwicklungsländern ohne Erwerbsabsicht Dienst leistet, um zum Fortschritt der Länder beizutragen, sich auf zwei Jahre beim Träger des Entwicklungsdienstes vertraglich verpflichtet und dafür nur bes. Leistungen erhält. – 2. *Rechtsgrundlage*: Entwicklungshelfergesetz vom 18.6.1969 (BGBl. I 549) m.spät.Änd. – 3. *Rechtsstellung*: Der Träger schließt mit Entwicklungshelfern den *Entwicklungshelfer-Dienstvertrag* (kein Arbeitsvertrag) ab; indes gelten eine Reihe arbeitsrechtlicher Grundsätze entsprechend. Der Entwicklungshelfer enthält kein eigentliches Arbeitsentgelt, sondern Unterhaltsgeld und Sachleistungen zur Sicherung des Lebensbedarfs, Wiedereingliederungsbeihilfe, Erstattung der Reisekosten und Urlaubsgewährung. – Der Träger hat eine *Haftpflicht- und Krankenversicherung* abzuschließen. – Bei *Arbeitsunfähigkeit* ist Unterhalt, Tagegeld und Versorgung zu zahlen. – Für die *Rechtsstreitigkeiten* der Entwicklungshelfer mit dem Träger sind die Arbeitsgerichte zuständig (§ 2 I Nr. 7 ArbGG). – 4. *Träger des Entwicklungsdienstes* sind vom Bundesminister für wirtschaftliche Zusammenarbeit anerkannte juristische Personen, die ausschließlich oder überwiegend Entwicklungshelfer vorbereiten, entsenden und betreuen und diese zu solchen Vorhaben entsenden, die mit den Förderungsmaßnahmen der Bundesrepublik für → Entwicklungsländer in Einklang stehen, wie z.B. der → Deutsche Entwicklungsdienst (DED) oder die Deutsche Arbeitsgemeinschaft für Entwicklungshilfe e. V. (AGEH).

Entwicklungshilfe – 1. *Begriff*: Alle Leistungen materieller und nicht materieller Art von Industrieländern an → Entwicklungsländer zu Vorzugskonditionen mit dem Ziel der Förderung der sozio-ökonomischen Entwicklung bzw. Verbesserung der Lebensbedingungen über Know-how-, Technologie- und Ressourcentransfer. Nach der Definition des → Development Assistance Committee (DAC) ist ein Zuschusselement von einem bestimmten Prozentsatz bei dem betreffenden Transfer im Vergleich zu kommerziellen Transaktionen notwendig, um in voller Höhe als Entwicklungshilfe zu gelten. Nicht zur Entwicklungshilfe i.e.S. zählen private und öffentliche Leistungen zu marktüblichen Bedingungen, → Direktinvestitionen, Kapitalanlagen in Entwicklungsländern, internationale Bankkredite oder staatliche Exportkredite. I.e.S. zählen auch private Entwicklungsleistungen (Wirtschaft, Kirchen u.a.) zur Entwicklungshilfe. – Im *neueren Sprachgebrauch* werden die Begriffe → finanzielle Zusammenarbeit und → technische Zusammenarbeit verwendet. – 2. *Hauptformen*: (1) Maßnahmen, die unmittelbar an Güterströmen ansetzen und eine Verbesserung der Handelsposition der Entwicklungsländer bewirken sollen (→ Handelshilfe); (2) Maßnahmen, die an Finanzströmen ansetzen und einen direkten Ressourcentransfer in Entwicklungsländer zum Gegenstand haben. – 3. *Formen*: a) *bilaterale/ multilaterale Entwicklungshilfe*: Entwicklungshilfe wird als → bilaterale Hilfe (ein Geber-, ein Empfängerland) und als multilaterale Hilfe (mehrere Geber-, ein oder mehrere Empfängerländer) gewährt. Während die Vergabe bilateraler Hilfe oft politischer Logik folgt, ist die multilaterale Hilfe weniger von der Politik abhängig, dafür aber bei der Durchführung aufgrund zusätzlicher Koordinationskosten teurer. – b) *Gebundene/freie Entwicklungshilfe*: Bei der gebundenen Hilfe (→ Lieferbindung) ist das Empfängerland an Lieferungen von Firmen des Geberlandes gebunden. Oft ist die gebundene Hilfe teurer, weil der internationale Bietervergleich entfällt. Bei der freien Entwicklungshilfe kann das Empfängerland die Art der Lieferung und den Lieferanten frei wählen. – c) *Programm-/Projekthilfe*: Entwicklungshilfe kann bestimmte (isolierte) Projekte im Rahmen der → Kapitalhilfe finanzieren, während → Projekthilfe im Rahmen der → finanziellen Zusammenarbeit mehrere Projekte sektoral oder regional zusammenfasst. Programmhilfemittel ermöglichen eine Mittelumschichtung im Programmablauf und erlauben einen koordinierten Einsatz von Förderungsmitteln. – d) *Katastrophenhilfe*: Im akuten Katastrophenfall wird Entwicklungshilfe als Soforthilfe gewährt; meist als → Warenhilfe geschenkweise über die Vermittlung internationaler (oft Nichtregierungs-) Organisationen. – 4. *Träger*: a) *Internationale Träger*: (1) Weltbankgruppe und Regionalbanken, v.a. Internationalen Bank für Wiederaufbau und Entwicklung (→ IBRD); Internationale Entwicklungsorganisation (→ IDA); International Finance Corporation (→ IFC; Förderung des privaten Sektors über die Mobilisierung von Inlands- und Auslandskapital); Multilaterale Investitions-Garantie-Agentur (→ MIGA; Übernahme von Garantien privatwirtschaftlicher Direktinvestitionen). (2) Vereinte Nationen: Entwicklungsprogramm der Vereinten Nationen (→ UNDP); Organisation für industrielle Entwicklung (→ UNIDO); Bevölkerungsfonds der Vereinten Nationen (→ UNFPA); Internationaler Fonds für landwirtschaftliche Entwicklung (IFAD); Welternährungsprogramm (WEP). (3) EU: → Lomé-Abkommen. (4) Sonstige internationale Träger: z.B. Internationaler Währungsfonds (→ IWF) (Zurverfügungstellung bes. Kreditfazilitäten für Entwicklungsländer). – b) *Nationale Träger*: → Kreditanstalt für Wiederaufbau (KfW); Deutsche Gesellschaft für Technische Zusammenarbeit (→ GTZ). – c) *Private Träger*: V.a. entwicklungspolitische Organisationen der Kirchen und politische Stiftungen.

Entwicklungsländer – Staaten, die im Vergleich zu Industrieländern einen Entwicklungsrückstand aufweisen, indem einerseits das erzielte Wohlfahrtsniveau niedrig ist und andererseits die Funktionsfähigkeit des Wirtschaftssystems im Hinblick auf die Erzeugung wohlfahrtsrelevanter Leistungen mangelhaft ist. Indikatoren zur Verdeutlichung des niedrigen Entwicklungsstandes sind: Niedriges Pro-Kopf-Einkommen und das Leben breiter

Bevölkerungsschichten in der Nähe des Existenzminimums; geringe Arbeitsproduktivität; hohe Arbeitslosigkeit; geringer Bildungsstand; Dominanz des primären Sektors in gesamtwirtschaftlicher Produktion und im Export; unzulängliche Infrastruktur. – *Verschuldungsprobleme von Entwicklungsländern:* → Auslandsverschuldung der Entwicklungsländer. – *Gegensatz:* → Industrieländer. – Vgl. auch → Entwicklungstheorie, → Länderklassifizierung, Wachstumstheorie.

Entwicklungsprogramm der Vereinten Nationen → UNDP.

Entwicklungstheorie – *Ökonomik der Entwicklungsländer.* 1. *Begriff:* Entwicklungstheorie beschäftigt sich mit der systematischen Analyse der Probleme von Volkswirtschaften der Entwicklungsländer. Obgleich das allg. gültige wirtschaftswissenschaftliche Instrumentarium angewandt wird, müssen die Spezifika der Entwicklungsländer dabei bes. berücksichtigt werden. Im Gegensatz zur Entwicklungspolitik geht es der Entwicklungstheorie um grundsätzliche Erklärungsmuster der wirtschaftlichen Entwicklung. – 2. *Erklärungsansätze:* a) *Außenwirtschaftliche Erklärungsansätze:* (1) *Fehlende Konkurrenzfähigkeit:* Auf List geht die Beobachtung zurück, dass junge einheimische Industrien der ausländischen Konkurrenz unterlegen sein können. Trotz potenzieller komparativer Vorteile können junge Industrien wegen ihrer „Kinderkrankheiten" (Mangel an Erfahrungen, technischem Wissen und qualifizierten Arbeitern) ihre Wettbewerbsreife nicht hinreichend schnell erlangen. Ohne die Einführung eines Erziehungszolls haben aufholende Industrien gegenüber reifen Wettbewerbern keine Chance. (2) *Sinkende Terms of Trade:* Für die typischen Exportgüter der Entwicklungsländer (Rohstoffe) werden langfristig relativ niedrigere Preise gezahlt. Daraus ergibt sich ein Einkommenstransfer an Industrieländer (→ Prebisch-Singer-These). (3) → Kontereffekte: Myrdal bezeichnet negative Folgewirkungen der weniger entwickelten Länder bei ihrer → Integration in den Weltmarkt als Backwash-Effekte. Folgen sind (→ Braindrain und die Verdrängung entwicklungsfördernder Industrieproduktion. (4) *Protektionismus der Industrieländer:* Aus unterschiedlichen Gründen schützen Industrieländer ihre Wirtschaft vor ausländischer Konkurrenz, bes. aus Entwicklungsländern (Protektionismus). Gerade im Primärsektor bestehen noch beträchtliche Handelsschranken. Fehlende Sanktionen einer internationalen Wettbewerbsordnung verwehren Entwicklungsländern damit Entwicklungschancen. (5) *Dominante Wirtschaft* (Économie Dominante): Die ungleiche Machtverteilung begründet nach → Perroux negative Folgen der Integration der Entwicklungsländer bei den internationalen Austauschbeziehungen. Die internationale Arbeitsteilung wirkt sich nur für die Industrieländer vorteilhaft aus. (6) Damit verwandt ist das *Argument der peripheren Wirtschaft:* Die hoch industrialisierten Länder bilden das Zentrum, die Entwicklungsländer die Peripherie. In Weiterentwicklung der Imperialismustheorien kommt es zu unterschiedlichen Diffusionen von Produktivitätsfortschritten. (7) *Verelendungswachstum* (Immiserizing Growth) zeigt, dass eine forcierte Expansion des Exportsektors in Entwicklungsländern bei unelastischer Nachfrage auf dem Weltmarkt zu Realeinkommensverlusten wegen erhöhten Terms-of-Trade-Verlusten führt. Das erhöhte Angebot wird durch sinkende Preise überkompensiert. (8) → Dependencia-Theorien. – b) *Sonstige Ansätze:* (1) *Bevölkerungswachstum:* Hohe Bevölkerungswachstumsraten (→ Bevölkerungsexplosion, → Bevölkerungsfalle) führen zu niedrigem PKE und machen dadurch Wachstumserfolge zunichte. Allerdings ist eine Mindestbevölkerungsdichte notwendig, um die Wohlfahrtseffekte und Produktivitätssteigerungen vertiefter Arbeitsteilung zu nutzen. Ein hohes Bevölkerungswachstum kann entwicklungsfördernd sein, wenn für die damit verbundenen Schwierigkeiten geeignete Problemlösungen gefunden werden. (2) *Unzureichende Faktorausstattung:* Viele Entwicklungsländer leiden unter fehlenden pflanzlichen und mineralischen Rohstoffen bzw. unter einem Mangel an landwirtschaftlich nutzbarem Boden. Auch geografische Beschaffenheiten können Entwicklung behindern wie z.B. Insellage, fehlender Zugang zum Meer, großer Anteil an gebirgigen, unfruchtbaren Regionen. Dazu kann auch fehlendes Realkapital, fehlende Infrastruktur oder fehlendes Humankapital gehören. Das Argument unzureichender Faktorausstattung führte zur Entwicklung wachstumstheoretischer Ansätze und zur Forderung von Kapitaltransfers im Rahmen der → Entwicklungshilfe der Industrieländer (→ Two-Gap-Modelle). Die potenzielle Kapitalausstattung kann auch Folge unzulänglicher Wirtschaftspolitik sein. (3) *Wirtschaftsstufentheorien/Stadienlehre:* → Rostowsche Stadientheorie. (4) *Kolonialismus:* Kolonialmächte zwangen aufgrund ihrer militärischen Überlegenheit und ihres Transportmonopols in der Seeschifffahrt die Entwicklungsländer zu entwicklungsfeindlichen Wirtschaftsstrukturen: Monokulturen, Unterdrückung heimisches Handwerks. Nach der Dekolonisation blieb eine ökonomische, politische und kulturelle Anbindung an das einstige Mutterland bestehen. Die von den Entwicklungsländern „unfair" genannten weltwirtschaftlichen Rahmenbedingungen werden als → Neokolonialismus bezeichnet. – c) – *Dualismus-Theorien.* – d) *Zirkuläre Verursachungsketten (Teufelskreise):* Manche Ursachen wirken zirkulär verstärkend negativ auf den Entwicklungsprozess, z.B. mangelnde Ersparnisse, fehlende Kapitalgüternachfrage, mangelnde Gesundheit, geringe Bildung, fehlende gesamtwirtschaftliche Nachfrage. – e) *Unzulängliche nationale Wirtschaftspolitik,* v.a. wettbewerbsfeindliche Wirtschaftsordnung, nationale Faktorpreisverzerrungen, überbewertete Währung, Importsubstitutionspolitik, staatliche Lenkung, verfehlte Geld- und Fiskalpolitik. – f) *Sonstige interne*

Faktoren: politische Instabilität; schwach ausgebildete Infrastruktur; fehlende Finanzintermediation.

EPA – 1. Abk. für → Europäisches Patentamt. – 2. Abk. für *Europäisches Amt für Personalauswahl, EPSO.*

EPO – Abk. für *European Patent Office,* → Europäisches Patentamt (EPA).

Erfahrungsgut → Gut, dessen Qualität ein Haushalt erst nach vollzogenem Konsum feststellen kann. Der Konsum von Erfahrungsgütern zieht Lerneffekte nach sich, die das Nachfrageverhalten zukünftiger Perioden beeinflussen.

Erhaltungspolitik → sektorale Strukturpolitik.

Erkenntnis → Kognition.

Erlaubnis – *Gestattung.* 1. *Allgemein:* Verwaltungsakt, durch den ein einzelner von bestimmten gesetzlichen Beschränkungen befreit wird: (1) entweder aufgrund einer Verbotsnorm mit Erlaubnisvorbehalt (Kontrollerlaubnis) oder (2) aufgrund eines grundsätzlichen Verbots, von dem eine Ausnahme gemacht wird (Ausnahmebewilligung, Dispens). – 2. *Erlaubnis bez. Kreditinstitute:* Wer im Inland Bankgeschäfte betreiben oder → Finanzdienstleistungen erbringen will, bedarf der Erlaubnis der Bundesanstalt für Finanzdienstleistungsaufsicht (BaFin) (§ 32 KWG). Die Erlaubnis kann unter → Auflagen erteilt werden. Sie darf versagt werden bei mangelnder fachlicher Eignung oder Unzuverlässigkeit des Geschäftsleiters, Unzuverlässigkeit des Antragstellers oder bei unzureichenden Mitteln (§ 33 KWG). Die Erlaubnis kann u.a. zurückgenommen werden, wenn sie erschlichen wurde, der Geschäftsbetrieb mehr als sechs Monate nicht ausgeübt wurde, Tatsachen bekannt werden, die zur Versagung der Erlaubnis geführt hätten oder anderweit nicht abwendbare Gefahr für die Sicherheit der Kundenwerte besteht (§ 35 KWG). Bei Rücknahme der Erlaubnis kann das Institut aufgelöst werden (§ 38 KWG). – 3. *Erlaubnis bez. eines stehenden Gewerbes oder des Reisegewerbes:* Gewerbeerlaubnis, Reisegewerbekarte. – 4. *Erlaubnis für den Betrieb einer Gaststätte:* Gaststättengesetz. – 5. *Erlaubnis für die Errichtung eines Bauwerks:* Bauerlaubnis. – 6. *Erlaubnis zur Durchführung von gewerblichem Güternahverkehr und gewerblichem Umzugsgutverkehr:* → Genehmigung.

Ernährungs- und Landwirtschaftsorganisation der Vereinten Nationen → FAO.

Erneuerbare-Energien-Gesetz (EEG) – Das Erneuerbare Energien Gesetz (EEG) stellt den energierechtlichen Rahmen für die Förderung von Erneuerbaren Energien in Deutschland dar. Kernpunkte sind garantierte Einspeisevergütung, garantierter Anschluss an das Netz und bevorzugte Abnahme der Elektrizität durch den Netzbetreiber. Das EEG ist in der ersten Fassung hat im Jahre 2000 das Stromeinspeisegesetz ersetzt, wurde in den Jahren 2004 und 2008 konstitutiv neu gefasst und 2012 zuletzt novelliert. Im EEG ist das energiepolitische Ziel festgeschrieben, schrittweise 80% der Stromversorgung aus Erneuerbaren Energien bis 2050 zu erreichen. Die Kosten, die dem Netzbetreiber für die Vergütung der Erneuerbaren Energien entstehen, werden abzüglich der Einnahmen aus deren Vermarktung auf die Endverbraucher umgelegt.

erneuerbare Energieträger → regenerative Energieträger.

erneuerbare Ressource – Die Wachstumsrate des Bestandes hängt von vielen Determinanten ab, bes. von der Größe des Bestandes selbst. Der Zusammenhang zwischen gegenwärtiger Nutzung und zukünftiger Nutzungsmöglichkeit ist daher bei erneuerbaren Ressourcen komplexer als bei erschöpflichen Ressourcen, weil die Rückwirkungen von Abbauraten auf Regenerationsraten berücksichtigt werden müssen. – *Wichtige Beispiele:* Wald- und Fischbestände. – *Gegensatz:* → erschöpfliche Ressource. – Vgl. auch → Ressourcenökonomik.

Erntekosten – *Fangkosten;* Kosten der Ernte bzw. des Fangs einer → erneuerbaren Ressource.

Erntepfad – *Fangpfad;* Verteilung der Ernte bzw. des Fangs einer → erneuerbaren Ressource auf verschiedene Perioden.

ERP – Abk. für *European Recovery Program, Europäisches Wiederaufbauprogramm;* aufgrund der Vorschläge des amerik. Außenministers Marshall am 3.4.1948 erlassenes einheitliches Hilfsprogramm *(Marshall-Plan)* für die durch den Krieg zerstörten Länder Europas; infolge der Weigerung der Ostblockländer zur Mitarbeit auf *Westeuropa* beschränkt. Die Verwaltung lag bei der ECA (Economic Cooperation Administration), die bei der Verteilung der Geschenke und Kredite die Vorschläge der → OEEC, die im Zusammenhang mit der ERP-Hilfe gegründet wurden, berücksichtigte. Für die ECA-Mittel konnten v.a. Lebensmittel und Rohstoffe, vornehmlich aus den USA, bezogen werden. Die Beträge hierfür hatten die Importeure in heimischer Währung auf Gegenwertfonds *(Counterpart Funds)* einzuzahlen, bei deren Verwendung im Inland die ECA ein Mitspracherecht hatte. – Die Gegenwerte in nationaler Währung führten zum ERP-Sondervermögen, das heute die Grundlage für die Bereitstellung von → ERP-Krediten bildet.

ERP-Kredite – 1. *Begriff:* Kredite aus Mitteln des ERP-Sondervermögens, die von der Bundesregierung für Zwecke der → Wirtschaftsförderung eingesetzt werden. Zu den einzelnen Verwendungszwecken vgl. → ERP-Programme. In der Bundesrepublik Deutschland seit Anfang der 1950er-Jahre eingesetzt, sind ERP-Kredite zum Vorbild für zahlreiche andere kreditwirtschaftliche Fördermaßnahmen geworden. – 2. *Merkmale:* Langfristigkeit (zehn bis 20 Jahre Laufzeit); unter dem Marktzinsniveau liegende Festzinssätze für die gesamte Laufzeit; Recht des Schuldners auf jederzeitige Rückzahlung des Kredits ohne Vorfälligkeitskosten. ERP-Kredite werden über Geschäftsbanken vergeben, wobei übliche Kriterien der Kreditwürdigkeit angelegt werden. Es besteht kein Rechtsanspruch auf Gewährung von ERP-Krediten. – Vgl. auch → Strukturpolitik, → Mittelstandsförderung.

ERP-Programme – Maßnahmen zur → Wirtschaftsförderung, die aus Mitteln des ERP-Sondervermögens finanziert werden. Vornehmlich eingesetzt als Instrument der regionalen Strukturpolitik (→ Regionalpolitik), der → Existenzgründungsförderung, zur Förderung von Umweltschutzinvestitionen sowie der → Exportförderung (→ öffentlich unterstützte Exportkredite). Für die verschiedenen Förderzwecke werden jährlich haushaltsmäßig bestimmte Mittelansätze veranschlagt, die in Form von Darlehen ausgereicht werden. – Vgl. auch → ERP-Kredite.

ERP-Regionalprogramm → Regionalpolitik.

erschöpfliche Ressource – Wegen der im relevanten Zeitraum exogen gegebenen Gesamtmenge vermindert eine in der Gegenwart abgebaute Einheit einer erschöpflichen Ressource den künftig verfügbaren Bestand genau um eine Einheit. Daher rivalisieren Gegenwart und Zukunft vollständig um die Ressourcennutzung. Für bestimmte erschöpfliche Ressourcen (z.B. Metalle) kann die Rivalität zwischen gegenwärtiger und zukünftiger Nutzung durch → Recycling abgemildert werden. – *Beispiele:* Traditionelle Energieträger (wie Öl, Kohle oder Erdgas) und mineralische Rohstoffe. – *Gegensatz:* → erneuerbare Ressource. – Vgl. auch → Hotelling-Regel, → Ressourcenökonomik.

Ersparnislücke – 1. *Begriff und Merkmale:* Begriff aus der Entwicklungspolitik. → Entwicklungsländer sind nicht in der Lage, die erforderlichen Ersparnisse zur Finanzierung notwendiger Investitionen zu generieren. – 2. *Ökonomische Bedeutung:* Gerade Gunnar Myrdal hat mit seiner Theorie der Teufelskreise darauf hingewiesen, dass eine zu geringe Kapitalintensität und ein zu hohes Wachstum der Bevölkerung zu dem niedrigen Pro-Kopf-Einkommen der Entwicklungsländer führen. Unzureichendes Einkommen wiederum führt zu einer (wenn nicht negativen) Ersparnis, sodass ohne ausländische Direktinvestitionen oder Entwicklungshilfe kein Entwicklungsprozess möglich ist.

erweiterte Pareto-Regel → Abstimmungsverfahren, bei dem für die Gruppe zwischen zwei Alternativen grundsätzlich Indifferenz festgelegt wird, es sei denn, eine Alternative wird der anderen einstimmig oder zumindest ohne Gegenstimme vorgezogen. Die erweiterte Pareto-Regel ist eine → gesellschaftliche Entscheidungsfunktion.

Erwerbslose – Personen ohne Arbeitsverhältnis, die dem Arbeitsmarkt zur Verfügung stehen und sich um einen Arbeitsplatz bemühen. Die Angaben zu Erwerbslosen basieren auf den Definitionen des internationalen Arbeitsamtes (→ ILO) nach dem Labor-Force-Konzept. Diese einheitliche Erhebung ermöglicht internationale Vergleiche, die auf Basis der Zahl der (registrierten) Arbeitslosen aufgrund unterschiedlicher nationaler Definitionen und Erhebungsweisen nur sehr eingeschränkt durchführbar sind. Die Erhebung erfolgt im Rahmen einer gemeinschaftlichen Arbeitskräfteerhebung; in Deutschland ist sie als Unterstichprobe in den Mikrozensus integriert. Als erwerbslos zählt, wer aktiv in den vergangenen vier Wochen eine Arbeit gesucht hat und weniger als eine Stunde pro Woche vergütet tätig war. Ebenso reicht die Suche nach einer Tätigkeit von einer Stunde pro Woche aus, um als erwerbslos zu gelten; eine Meldung bei einer → Agentur für Arbeit oder einem Träger der Grundsicherung ist nicht notwendig. Erwerbslose und → Erwerbstätige ergeben zusammen die → Erwerbspersonen.

Erwerbslosenquote – 1. *Definition:* Die Erwerbslosenquote stellt den Anteil Erwerbsloser an allen → Erwerbspersonen (→ Erwerbstätige und → Erwerbslose) dar. Damit erfasst sie – ähnlich wie die Arbeitslosenquote – die relative Unterauslastung des Produktionsfaktors Arbeit(-skraft). – 2. *Abrenzung:* Die Erwerbslosenquote ist von der nach nationalen Kriterien festgelegten → Arbeitslosenquote abzugrenzen. Die Erwerbslosenquote wird in Deutschland vom Statistischen Bundesamt nach den international vergleichbaren Kriterien der Internationalen Arbeitsorganisation (→ ILO) ermittelt (Labor-Force-Konzept) und im Rahmen der monatlichen „ILO-Arbeitsmarktstatistik" veröffentlicht. Die Untersuchung des Statistischen Bundesamtes kennt nicht die Unterscheidung zwischen registrierten und nicht registrierten Arbeitslosen (Arbeitslose). Im Gegensatz zu den Daten der → Bundesagentur für Arbeit werden hier durch eine Telefonumfrage auch nicht gemeldete Arbeitssuchende als Erwerbslose erfasst. Als erwerbslos gilt, wer weniger als eine Stunde pro Woche arbeitet (nach der Definition der Bundesagentur für Arbeit als arbeitslos, wer weniger als 15 Wochenstunden arbeitet), aber mehr arbeiten will. Die Gesamtzahl der Erwerbslosen wird anhand einer Stichprobe hochgerechnet. Damit ist die → stille Reserve mit erfasst, hingegen fallen geringfügig Beschäftigte sowie Arbeitsunwillige heraus. Ebenso berücksichtigt das Statistische Bundesamt ausschließlich die Inländer. Laut ILO umfasst das Gesamtpotenzial Personen bis zum 75. Lebensjahr, während die Arbeitsagentur nur Personen bis zum 65. Lebensjahr betreut. – *Empirische Differenz:* V.a. aufgrund der restriktiven Definition (höchstens eine Stunde Arbeit pro Woche) werden z.B. Personen, die bis zu 15 Stunden pro Woche arbeiten und so gemäss SGB III arbeitslos sein können, nicht als Erwerbslose gezählt. Deshalb liegt die Erwerbslosenzahl und die Erwerbslosenquote des Statistischen Bundesamtes zumeist deutlich unter der von der Bundesagentur für Arbeit veröffentlichten Arbeitslosenzahl und der Arbeitslosenquote.

Erwerbsminderung – 1. *Teilweise Erwerbsminderung*: Versicherte sind teilweise erwerbsgemindert, wenn sie wegen Krankheit oder Behinderung auf nicht absehbare Zeit außerstande sind, unter den üblichen Bedingungen des allg. Arbeitsmarktes mind. sechs Stunden täglich erwerbstätig zu sein. – 2. *Volle Erwerbsminderung*: Versicherte sind voll erwerbsgemindert, wenn sie wegen Krankheit oder Behinderung auf nicht absehbare Zeit außerstande sind, unter den üblichen Bedingungen des allg. Arbeitsmarktes mind. drei Stunden täglich erwerbstätig zu sein. Voll erwerbsgemindert sind auch Versicherte, die wegen Art oder Schwere der Behinderung nicht auf dem allg. Arbeitsmarkt tätig sein können, sowie Versicherte, die bereits vor Erfüllung der allg. Wartezeit voll erwerbsgemindert waren, in der Zeit einer nicht erfolgreichen Eingliederung in den allg. Arbeitsmarkt. – 3. *Erwerbsminderung im Sinne der gesetzlichen Unfallversicherung*: Minderung der Erwerbsfähigkeit (MdE).

Erwerbsminderungsrente – Rente wegen Erwerbsminderung.

Erwerbspersonen – gemäss Labor-Force-Konzept der International Labour Organization (→ ILO) alle Personen, die ihren Wohnsitz im Bundesgebiet haben (Inländerkonzept) und eine unmittelbar oder mittelbar auf Erwerb gerichtete Tätigkeit ausüben oder suchen (Abhängige, Selbstständige, mithelfende Familienangehörige), unabhängig von der Bedeutung des Ertrags dieser Tätigkeit für ihren Lebensunterhalt und ohne Rücksicht auf die von ihnen tatsächlich geleistete oder vertragsmäßig zu leistende Arbeitszeit (Erwerbskonzept). Die Erwerbspersonen setzen sich zusammen aus den → Erwerbstätigen und den → Erwerbslosen. – *Gegensatz*: Nichterwerbspersonen.

Erwerbspersonenpotenzial – Das Erwerbspersonenpotenzial (Zahl der Personen im erwerbsfähigen Alter) ist ein Maß für das im Inland maximal zur Verfügung stehende Arbeitskräfteangebot. Es setzt sich zusammen aus der festgestellten Zahl der im Inland → Erwerbstätigen, der Zahl der registrierten Arbeitslosen und einer geschätzten Zahl versteckter Arbeitsloser (→ stille Reserve), unabhängig davon, ob Letztere freiwillig oder unfreiwillig dem Arbeitsmarkt fernbleiben. Damit ist dieses Konzept umfassender als das der → Erwerbspersonen, das die stille Reserve explizit *nicht* berücksichtigt.

Erwerbsstruktur → Beschäftigungsstruktur.

Erwerbstätige – Erwerbstätige sind Personen im Alter von 15 Jahren oder älter, die einer oder mehreren, auf wirtschaftlichen Erwerb gerichteten Tätigkeiten nachgehen, unabhängig von der Dauer der tatsächlich geleisteten oder vertragsmäßig zu leistenden wöchentlichen Arbeitszeit (mindestens eine Stunde). Für die Zuordnung ist es unerheblich, ob aus dieser Tätigkeit der überwiegende Lebensunterhalt bestritten wird oder nicht. Personen, die mehreren Erwerbstätigkeiten gleichzeitig nachgehen, werden nur einmal mit ihrer Haupterwerbstätigkeit erfasst (Personenkonzept). Zu den Erwerbstätigen zählen neben den sozialversicherungspflichtig und geringfügig entlohnten Beschäftigten Beamte, Selbstständige (einschließlich Mithelfende) sowie Beschäftigte in Arbeitsgelegenheiten. Nicht zu den Erwerbstätigen zählen Personen, die ehrenamtliche Tätigkeiten ausüben. Die Definition der Erwerbstätigen beruht auf dem Labor-Force-Konzept der International Labour Organization (→ ILO). – Die Zahl der Erwerbstätigen in Deutschland wird im Rahmen der Arbeitskräfteerhebung und im Rahmen der *Erwerbstätigenrechnung* erhoben und stammt aus einer Vielzahl von erwerbsstatistischen Quellen. Hierzu zählen die Statistik der → Bundesagentur für Arbeit zu den sozialversicherungspflichtig und geringfügig Beschäftigten, die Personalstandsstatistik über das Personal im öffentlichen Dienst, Statistiken mit unterschiedlicher Periodizität für einzelne Wirtschaftsbereiche, die Ergebnisse des Mikrozensus und weitere Meldungen einzelner Institutionen. Abhängig vom Verwendungszweck wird die Zahl der Erwerbstätigen sowohl nach dem Inländerkonzept (einschließlich der Auspendler, ohne die Einpendler) als auch nach dem Inlandskonzept (einschließlich der Einpendler, ohne die Auspendler) ausgewiesen; Unterschiede ergeben sich aus dem Pendlersaldo. Die Veröffentlichung monatlicher, vierteljährlicher und jährlicher Erwerbstätigenzahlen erfolgt durch das Statistische Bundesamt (StBA). Die Veröffentlichung der geschätzten monatlichen gesamtwirtschaftlichen Werte (mit einem Monat Verzögerung zum Berichtsmonat) erfolgt gemeinsam mit der Zahl der → Erwerbslosen und der Erwerbslosenquoten (→ Erwerbslosenquote).

Erwerbsunfähigkeitsrente – Leistung der → gesetzlichen Rentenversicherung (GRV) für den Versicherungsfall der Erwerbsunfähigkeit. Diese Rente wird nach der Reform des Rentenwegens verminderter Erwerbsfähigkeit ab 1.1.2001 nicht mehr gewährt. Für diejenigen, die am 31.12.2000 einen Anspruch auf Erwerbunfähigkeitsrente hatten, besteht der Anspruch weiter bis zur Vollendung des 65. Lebensjahres, wenn die Anspruchsvoraussetzungen des § 44 SGB VI alter Fassung weiterhin vorliegen (§ 302 b SGB VI). – Vgl. auch Rente wegen Erwerbsminderung.

Erziehungs-, Wissenschafts- und Kulturorganisation der Vereinten Nationen → UNESCO.

Erziehungsgeld – bis 31.12.2006 gewährte Sozialleistung nach dem Bundeserziehungsgeldgesetz (BErzGG) i.d.F. vom 9.2.2004 (BGBl. I 206) m.spät. Änd. für alle Mütter oder Väter für die Dauer von bis zu 24 Monaten nach der Geburt des Kindes (→ Sicherung der Familie und von Kindern). Die bisherigen Regelungen über das Erziehungsgeld wurden für Eltern neugeborener Kinder zum Jahresbeginn 2007 durch Regelungen über ein Elterngeld ersetzt. Erziehungsgeld wurde deshalb nur noch längstens bis zum 31.12.2008 gezahlt. Das Bundeserziehungsgeldgesetz (BErzGG) ist zu diesem Zeitpunkt außer Kraft getreten. Seit 1.1.2007 gilt das Bundeselterngeld- und Elternzeitgesetz i.d.F. vom 5.12.2006 (BGBl. I 2748) m.spät.Änd.

Erziehungsrente – Leistung der gesetzlichen → Rentenversicherung. – 1. *Zweck:* Die Erziehungsrente ist eine Versichertenrente eigener Art und soll in den nach dem 30.6.1977 wirksam werdenden Ehescheidungsfällen beim Tod des versicherten früheren Ehegatten eine Versorgungslücke schließen, die wegen Kindererziehung nicht anderweitig geschlossen werden kann. Erziehungsrente kann nur der unverheiratete frühere Ehegatte erhalten und zwar bis zur Vollendung des 65. Lebensjahres. – 2. *Voraussetzung:* Erziehung mind. eines waisenrentenberechtigten Kindes und Zurücklegung einer Versicherungszeit von 60 Kalendermonaten vor dem Tod des früheren Ehegatten (§ 47 SGB VI). Unter denselben Voraussetzungen haben auch verwitwete Ehegatten, für die ein Rentensplitting durchgeführt wurde, Anspruch auf Erziehungsrente. Eigenes Einkommen des Anspruchsberechtigten wird nach § 97 SGB VI angerechnet.

Erziehungsurlaub → Elternzeit.

ESCAP → UN.

ESFS – European System of Financial Supervisors, dt. = Europäisches Finanzaufsichtssystem.

ESZB – Abk. für *Europäisches System der Zentralbanken.*

ETSO – Abk. für *Association of European Transmission System Operators;* Dachverband der Betreiber von elektrischen Übertragungsnetzen in Europa, gegründet am 1.7.1999 in Frankfurt a.M. – *Aufgabe* ist der Abbau von Handelsschranken im internationalen Stromaustausch und die Schaffung einer gemeinsamen Basis für den Strombinnenmarkt in Europa.

EU – Abk. für *Europäische Union.* 1. *Begriff:* Nach Vollendung von → Zollunion und → Einheitlichem Binnenmarkt im Rahmen der → EWG stellte die EU eine neue Integrationsstufe auf dem Weg zu „einer immer engeren Union der Völker Europas" (Art. 1 EUV) dar. Mit der EU wird das langfristige Ziel des europäischen Einigungsprozesses stärker sichtbar, über die wirtschaftliche Integration hinaus schrittweise auch eine politische Union anzustreben; der *Vertrag über eine Europäische Union* (→ EUV) lässt offen, wie eine umfassende Union der Völker Europas gestaltet werden soll. – 2. *Vertrag über die Europäische Union (EUV):* Von den Staats- und Regierungschefs der EG-Staaten am 9./10.12.1991 in Maastricht vereinbarte und am 7.2.1992 unterzeichnete Vertrag über die Europäische Union (EUV; → Maastricht Vertrag), geändert durch den Amsterdamer Vertrag vom 2.10.1997 (BGBl. 1998 II 387), geändert durch den Vertrag von Nizza vom 26.2.2001 (BGBl. 2001 II S. 1667), geändert durch die Akten zum Beitrittsvertrag vom 16.4.2003 (BGBl. 2003 II 1410), die Akten zum Beitrittsvertrag für Bulgarien und Rumänien und den Vertrag von Lissabon vom 13.12.2007 (BGBl. 2008 II S. 1038) dehnt die Integrationsziele aus und verbessert die supranationalen Handlungsmöglichkeiten. – Er etablierte eine *Drei-Säulen-Struktur der EU (Drei-Säulen-Modell):* Die sog. erste Säule umfasst die novellierten Gründungsverträge (→ EGKS-Vertrag (seit dem 24.7.2002 außer Kraft), → EWGV – unbenannt in → EGV – und → EAGV und als neues Integrationsziel den stufenweisen Ausbau des Einheitlichen Binnenmarkts zu einer Europäischen Wirtschafts- und Währungsunion (→ EWWU). Dazu kommen zwei weitere, durch den EUV neu geschaffene Integrationssäulen: Die Gemeinsame Außen- und Sicherheitspolitik (→ GASP; zweite Säule) sowie die Zusammenarbeit in den Bereichen Justiz und Inneres (dritte Säule). – Die EU verfügte seit Inkrafttreten des Maastrichter Vertragswerkes über einen *einheitlichen institutionellen Rahmen* (Art. 3 EUV); darüber hinaus besitzt sie (völkerrechtliche) Rechtspersönlichkeit; seit dem 1.12.2009 ist die → EG endgültig in der EU aufgegangen, die EAG bleibt mit eigener (völkerrechtlicher) Rechtspersönlichkeit. Seit Gründung der EU ist ein Beitritt von neuen Mitgliedsstaaten nur noch zur EU in ihrer Gesamtheit möglich. – 3. *Institutionelle Neuerungen:* (1) → Europäische Kommission: Die EG-Kommission wurde angesichts ihrer erweiterten Aufgaben entsprechend umbenannt. (2) → Rat der Europäischen Union: Der vormalige Ministerrat wurde entsprechend umbenannt. (3) → Europäisches Parlament: Die Einflussnahmemöglichkeiten des Europäischen Parlaments auf die Gesetzgebung der Gemeinschaft/Union wurden v.a. in Fragen des Binnenmarkts vergrößert (Einführung der sog. Mitentscheidungsverfahrens). (4) Ferner wurde als weiteres Hilfsorgan der sog. → Ausschuss der Regionen (AdR) etabliert, der vor Entscheidungen mit bestimmten regionalen Bezügen zu hören ist. (5) Zur besseren Überwindung des wirtschaftlichen Leistungsgefälles innerhalb der Union wurde in Ergänzung der bestehenden Strukturpolitik (Strukturpolitik der Europäischen Union) der sog. → Kohäsionsfonds errichtet. – 4. Durch den Vertrag von Lissabon wurde eine grundlegende Änderung des bestehenden Vertragssystems vorgenommen. Das Drei-Säulen-Modell wird aufgelöst, und die EU erhält formell Rechtspersönlichkeit. Der EG-Vertrag (EGV) wird in „Vertrag über die Arbeitsweise der Europäischen Union" (→ AEUV) umbenannt. Die beiden EU-Verträge stehen gleichberechtigt nebeneinander. Als letzte Gründungsgemeinschaft bleibt darüber hinaus die EAG neben den EU-Verträgen (EUV/AEUV) bestehen, insofern besteht ein „*Gemeinsames-Haus-Modell*".

EU-Beihilfekontrolle – gestützt auf Art. 88 des Vertragswerks der EU. Die EU kann die Zulässigkeit und den Umfang nationaler Subventionspolitiken kontrollieren, wenn die innergemeinschaftliche Wettbewerbsneutralität dies erfordert. Nationale Beihilfen werden als nicht wettbewerbsneutral angesehen, wenn sie einzelnen Unternehmen oder Wirtschaftszweigen Vorteile gegenüber Unternehmen oder Wirtschaftszweigen in anderen Mitgliedsstaaten der EU verschaffen und dadurch den innergemeinschaftlichen Handel verzerren. Die EU-Beihilfekontrolle umfasst regionale und sektorale Maßnahmen der → Wirtschaftsförderung. Beabsichtigt ein Mitgliedsstaat entsprechende Fördermaßnahmen, so ist dies der Kommission der EU mitzuteilen (Notifikation). Die Kommission leitet dann eine Prüfung der Maßnahme ein und erlaubt oder untersagt die vorgesehene Förderung. Der Rahmen für zulässige nationale Beihilfen wird durch *Rechtsverordnungen* der EU festgelegt.

EU-Binnenmarkt → Einheitlicher Binnenmarkt der Europäischen Gemeinschaft (EG)/Europäischen Union (EU).

EU-Forschungspolitik → Technologiepolitik.

EuG – Abk. für → Europäisches Gericht Erster Instanz.

EuGH – Abk. für *Europäischer Gerichtshof*. 1. *Überblick:* Judikative der → EU (Art. 251 – 281 AEUV, Art. 136 EAGV), Sitz in Luxemburg. – 2. *Mitglieder:* Die Richter und Generalanwälte werden von den Regierungen der Mitgliedsstaaten im gegenseitigen Einvernehmen für eine sechsjährige Amtszeit ernannt. Die Richter wählen aus ihrer Mitte den Gerichtspräsidenten für eine Dauer von drei Jahren. Aufgabe der Generalanwälte, die richterliche Unabhängigkeit genießen, ist es, durch die Stellung von Schlussanträgen der Rechtsfindung des EuGH zu dienen. – 3. Der EuGH hat die generelle Aufgabe, bei der Anwendung und Auslegung des EU-Rechts und der von der EU abgeschlossenen völkerrechtlichen Verträge die *Wahrung des Gemeinschaftsrechts* zu gewährleisten. Dabei besteht Zuständigkeit sowohl für die EU als auch Euratom (→ EAG). Der EuGH ist in erster Linie *Verfassungsgericht* (Auslegung und Anwendung des Primärrechts; Überprüfung der Vereinbarkeit des sekundären EU-Rechts mit dem Primärrecht). Der Gerichtshof hat ferner *verwaltungsgerichtliche Zuständigkeiten* (Klagen von natürlichen und juristischen Personen gegen Maßnahmen der EU: Nichtigkeitsklagen, Untätigkeitsklagen). – *Weitere Aufgabenbereiche:* Rechtsmittelinstanz für Entscheidungen des → Europäischen Gerichts Erster Instanz (EuG); Erstellung von Gutachten für den → Rat der Europäischen Union (ehem. Ministerrat) und die → Europäische Kommission (vgl. Art. 218 Abs. 11 AEUV, Art. 107 Verfahrensordnung des Gerichtshofs). Neben der Kontrolle der Vereinbarkeit der Rechtsakte der EU mit dem EU-Recht ist der EuGH (nach der Zahl der zu behandelnden Verfahren) überwiegend damit befasst, den Ersuchen mitgliedsstaatlicher Gerichte nach sog. Vorabentscheidungen nach Art. 267 AEUV (d.h. der Klärung bestimmter, für die Entscheidung eines nationalen Gerichts relevanter Fragen des EU-Rechts) nachzukommen.

EU-Haushalt – 1. *Merkmale:* Seit 1971 existiert im Wesentlichen ein Gesamthaushaltsplan der Europäischen Gemeinschaften (→ EG, → EAG, → EGKS), seit 1.1.1993 der Europäischen Union (→ EU). Der Europäische Entwicklungsfonds (→ EEF) ist nicht in den EU-Haushalt eingebunden. – 2. *Haushaltsverfahren:* Der Ablauf ist in Art. 313 ff. AEUV festgelegt. Die → Europäische Kommission erarbeitet einen Haushalts*vor*entwurf; dieser wird dem → Rat der Europäischen Union zugeleitet, welcher dann den Haushaltsentwurf aufstellt. Die erste Lesung erfolgt im → Europäischen Parlament (EP), die Zweite im Rat. Die Feststellung des Haushaltsplans obliegt dem Präsidenten des Europäischen Parlaments. Die Obergrenzen der jährlichen Haushaltspläne sowie der Anteil der wichtigsten Ausgabenkategorien am Gesamtvolumen des Budgets ergeben sich aus der sog. *Finanziellen Vorschau der Europäischen Union.* Die Haushaltsführung der Gemeinschaftsorgane wird vom Europäischen Rechnungshof überwacht (→ EuRH). – 3. *Einnahmen (z.T. weg gefallen):* die ersten beiden Einnahmen werden sog. *traditionelle Eigenmittel* genannt und machen zwischen 10 und 15 Prozent der Eigenmittel (Einnahmen) aus. (1) Zoll, der auf Grundlage des gemeinsamen Zolltarifs der EU durch die Zollbehörden der Mitgliedsstaaten erhoben wird; (2) Agrarzoll (früher → Abschöpfungen) an der gemeinschaftlichen Außengrenze, die von den Zollbehörden der Mitgliedsstaaten erhoben wird; (3) Mehrwertsteueranteil an der in den Mitgliedsstaaten erhobenen Mehrwertsteuer nach einer seit 1988 harmonisierten MWSt-Bemessungsgrundlage; (4) Beiträge der Mitgliedsstaaten zum Gemeinschaftshaushalt (sog. BNE-Eigenmittel); (5) etwaige Haushaltsdefizite dürfen nicht im Wege der Kreditaufnahme finanziert werden; ein etwaiger Etatüberschuss wird den Einnahmen des nachfolgenden Haushaltsjahres zugeschlagen oder an die Mitgliedsstaaten retransferiert. Da der EU-Haushalt durch die traditionellen Eigenmittel alleine nicht mehr zu finanzieren ist und auch die MwSt-Beiträge nicht mehr ausreichen, bekommen die Beiträge der EU-Mitgliedsstaaten auf Grundlage der BNE-Eigenmittel eine immer größere Bedeutung, alleine in den Jahren 2005 und 2006 machte deren Anteil mehr als 70 Prozent der Einnahmen des EU-Haushalts aus. – 4. *Ausgaben:* a) *Arten:* „Obligatorische Ausgaben" sind solche Aufwendungen, die erforderlich sind, damit die EU ihren im Primär- oder Sekundärrecht verankerten Verpflichtungen genügt. Die Haushaltsbefugnis für sie liegt beim Rat. „Nicht obligatorische Ausgaben" bedürfen der Zustimmung des → Europäischen Parlaments. – b) *Struktur:* Der Anteil der Ausgaben für die → GAP ist fast 50 Prozent der Gesamtausgaben, während die Aufwendungen für Strukturmaßnahmen

EU-Kartellrecht

(Strukturpolitik der Europäischen Union) nur etwas mehr als ein Viertel des Haushaltsvolumen entsprechen.

EU-Kartellrecht → Europäisches Kartellrecht.

EU-Kommission → Europäische Kommission.

EURATOM – Abk. für *Europäische Atomgemeinschaft*, → EAG. Internationale Organisation mit eigener Rechtspersönlichkeit, die in der neuen → EU nach dem Vertrag von Lissabon als einzige der drei Gründungsgemeinschaften weiter besteht. Aufgabe und Ziel ist die friedliche Nutzung der Kernspaltung zur Energiegewinnung, Forschung und zu medizinischen Zwecken.

EU-Raum der Freiheit, der Sicherheit und des Rechts – 1. *Begriff/ Merkmale*: Die Zusammenarbeit in den Bereichen Justiz und Inneres wurde erstmals als sog. „Dritte Säule" im → Maastrichter Vertrag als ein Bereich verankert, in dem auf EU-Ebene die zwischenstaatliche Zusammenarbeit koordiniert werden konnte. Anders als in der vergemeinschafteten „Ersten Säule" war der Integrationsgrad also sehr gering. Dies änderte sich mit dem → Amsterdamer Vertrag, als wichtige Teile der „Dritten Säule" in die „Erste Säule" überführt wurden. Art. 67 ff. AEUV umfassen seitdem z.b. Visum-, Asyl-, Einwanderungs- und Ausländerpolitik. Im Bereich Asylpolitik ist es das Ziel, ein gemeinsames Asylsystem zu schaffen, das auf der Grundlage der Genfer Flüchtlingskonvention gemeinsame Standards und Prozeduren vorsieht. Wichtige Rechtsinstrumente hierbei sind das Dubliner Übereinkommen, das regelt welcher Staat für die Prüfung eines Asylgesuchs zuständig ist, sowie die in der Folge geschaffene Datenbank Eurodac zur Erfassung von Fingerabdrücken von Asylsuchenden und illegalen Einwanderern. Art. 81 AEUV enthält seit dem Vertrag von Amsterdam die *Zusammenarbeit in Zivilsachen*. Außerdem wurde der Schengen-Besitzstand in den → EUV und → EGV integriert. Eine Ausdehnung von Mehrheitsentscheidungen auf diese Bereiche ist jedoch bislang nicht gelungen. In der „Dritten Säule" verblieb die polizeiliche und justizielle Zusammenarbeit in Strafsachen (PJZS). Letztere hat das Ziel eine effektivere und koordiniertere Verbrechensbekämpfung, z.B. des Terrorismus, organisierte Kriminalität Menschenhandel, Kinderpornographie, Betrug, Korruption und Drogenhandel. Sie stützt sich z.B. auf Zusammenarbeit, Informationsaustausch und gemeinsame Fortbildung der nationalen Polizei- und Zollbehörden, auch unter Einbeziehung von Europol und dem mit dem Vertrag von Nizza geschaffenen Amt Eurojust. Basierend auf einem Rahmenbeschluss aus dem Jahr 2002, ersetzt seit Januar 2004 ein europäischer Haftbefehl die bisherigen Auslieferungsverfahren. Durch den Vertrag von Lissabon wird das Drei-Säulen-Modell abgeschafft und durch das „Gemeinsames-Haus-Modell" ersetzt. Die zweite und dritte Säule werden in die EU integriert, die Inhalte werden durch den → AEUV näher bestimmt. – 2. *Umsetzung*: Der Raum der Sicherheit, der Freiheit und des Rechts wird operationell mithilfe von Mehrjahresprogrammen umgesetzt, momentan durch das sog. „Haager Programm" (2005 – 2010). Ein Großteil der legislativen Vorschläge der Kommission bezieht sich mittlerweile auf diesen Bereich, z.b. die Vorschläge für Sanktionen für Arbeitnehmer, die illegale Einwanderer beschäftigen, die sog. „Blue Card" zur Vereinfachung hochqualifizierter Einwanderung, einheitliche Aufnahmebedingungen für Forscher, Studenten, Saisonarbeiter etc. aus Drittstaaten, die Schaffung eines europäischen Asylbüros etc. Im Herbst 2008 hat der Europäische Rat einen Europäischen Pakt für Migration und Asyl beschlossen, der auf dem bisher Erreichten aufbaut und ein erneuertes Engagement der Mitgliedsstaaten darstellt, ihre Migrations- und Asylpolitiken verstärkt zu integrieren. – 3. *Ausblick*: Das Mehrjahresprogramm „Haager Programm" lief im Jahre 2010 aus. Bis 2014 wird das „Stockholmer Programm" weitere konkrete Integrationsschritte auf dem Weg zum Raum der Freiheit, der Sicherheit und des Rechts behandeln.

EU-Regionalpolitik → Regionalpolitik.

EuRH – Abk. für *Europäischer Rechnungshof*; 1977 errichtete, mit Inkrafttreten des Vertrags über die Europäische Union (→ Maastrichter Vertrag) in den Rang eines Hauptorgans der Europäischen Union (→ EU) erhobene Institution (Art. 13 I → EUV-Lissabon, Art. 285 bis 287 AEUV) mit Sitz in Luxemburg. Die *Mitglieder* des EuRH (eins pro Mitgliedsland) werden von → Rat der Europäischen Union (Ministerrat) nach Anhörung des → Europäischen Parlaments einstimmig für eine Dauer von sechs Jahren ernannt. Sie genießen den Status richterlicher Unabhängigkeit und dürfen in Wahrnehmung ihrer Aufgaben „Anweisungen von einer Regierung oder anderen Stelle weder anfordern noch entgegennehmen" (Art. 247 III EGV, Art. 286 III AEUV). – *Aufgabe des EuRH* ist es, die Rechtmäßigkeit und Ordnungsmäßigkeit der Ausgaben und Einnahmen der Union und aller von ihr geschaffenen Institutionen (soweit nichts anderes bestimmt ist) sowie die Wirtschaftlichkeit der Haushaltsführung zu überprüfen. Der Rechnungshof erstellt nach jedem Haushaltsjahr einen Bericht sowie aus bes. Anlässen Sonderberichte, die im Amtsblatt der EU veröffentlicht werden. Auf dessen Grundlage sowie der Stellungnahmen der Gemeinschaftsorgane zum Bericht befindet das Europäische Parlament über eine Entlastung der → Europäischen Kommission.

Euro – Zahlungsmittel und Recheneinheit in der Europäischen Währungsunion (EWU). Ersetzt seit 1.1.1999 die nationalen Währungen der Teilnehmerländer im → Eurowährungsgebiet (bzw. Eurowährungsraum oder kurz Euroraum); zunächst als Buchgeld und elektronisches Geld, seit 1.1.2002 auch als ausschließliches gesetzliches Zahlungsmittel (z.B.

Bargeld) innerhalb der Wirtschafts- und Währungsunion.

EUROCONTROL – *European Organisation for the Safety of Air Navigation*; 1960 errichtete internationale Flugsicherungsbehörde. – *Mitglieder:* 38 europäische Staaten – *Sitz:* Brüssel. – *Aufgaben:* (1) EUROCONTROL soll die bisher von nationalen Flugsicherungsdiensten durchgeführten Kontrollaufgaben im oberen Luftraum übernehmen und eine automatisierte Flugsicherung vorbereiten. Ziele sind die optimale Nutzung des europäischen Luftraums und die Vermeidung von Überfüllung, die Entwicklung und Implementierung eines globalen Satelliten-Navigationssystems sowie die Verbesserung der Zusammenarbeit zwischen zivilen und militärischen Einrichtungen. (2) Ausgehend von den Richtlinien und Empfehlungen der → ICAO und unter Berücksichtigung der Erfordernisse der Landesverteidigung Untersuchung der Möglichkeiten einer Vereinheitlichung der innerstaatlichen Dienste und Vorschriften, die für die Sicherheit des Luftverkehrs notwendig sind. (3) Förderung von gemeinsamen Vorgehen auf dem Gebiet der funktechnischen Hilfsmittel, Fernmeldeeinrichtungen und entsprechenden Bordausrüstungen, die die Sicherheit der Luftfahrzeuge gewährleisten sollen. (4) Einleitung von zusätzlichen Maßnahmen zur Entlastung und Verbesserung der Ausgangsposition der Flugsicherung außerhalb ihrer Einflusssphäre auf mehreren Gebieten des Luftverkehrs, um so die Verkehrssicherheit insgesamt zu erhöhen. Als *EUROCONTROL-Forschungsinstitutionen* fungieren das EUROCONTROL Experimental Centre, das EUROCONTROL Institute of Air Navigation Services, das Central Route Charges Office sowie das Upper Area Control Centre.

Europa-Abkommen – 1. *Begriff:* bes. Form von → Assoziierungsabkommen der → EU nach Maßgabe von Art. 217 AEUV geschlossen mit der Türkei (ABl. 1964, 3687), zehn mittel- und osteuropäischen Staaten (bis zum EU-Beitritt am 1.5.2004) sowie Bulgarien und Rumänien (bis zum EU-Beitritt am 1.1.2007). – 2. *Ratifizierung:* Weil die Europa-Abkommen sich auch auf Regelungsbereiche erstreckten, die nicht in den Kompetenzrahmen der EU-Organe fielen, mussten die Abkommen zur Erlangung der Gültigkeit auch von jedem Mitgliedsstaat der EU ratifiziert werden. Wegen der Alleinzuständigkeit der EU in Handelsfragen wurde der handelspolitische Teil der Europa-Abkommen stets schon vor der mitgliedstaatlichen Ratifikation durch ein sog. → Interimsabkommen in Kraft gesetzt, welches dann später durch die Europa-Abkommen abgelöst wurde. – 3. *Zweck der Europa-Abkommen* war und ist es, den marktwirtschaftlichen Transformationsprozess in den betreffenden Staaten zu fördern und ihre Volkswirtschaften schrittweise an die EU heranzuführen und den Beitrittsprozess zu begleiten. Sie werden inhaltlich durch die neuen Stabilisierungs- und Assoziierungsabkommen (SAA) ersetzt, die derzeit mit den Balkan-Ländern geschlossen worden sind.

Europäische Atomgemeinschaft (EURATOM) → EAG.

Europäische Bank für Wiederaufbau und Entwicklung → EBRD.

Europäische Beschäftigungspolitik – 1. *Begriff:* Der Amsterdamer Vertrag von 1997 enthält erstmals ein eigenständiges Kapitel (ursprünglich Art. 125-130, inzwischen Art. 145-150 des Vertrags über die Arbeitsweise der Europäischen Union [AEUV]) zur gemeinsamen Beschäftigungspolitik, genauer zur engeren supranationalen Koordinierung und Steuerung der nationalen Arbeitsmarkt- und Beschäftigungspolitiken, die deutliche Unterschiede aufweisen und auf spezifische Problemlagen eingehen müssen. Sie verbleiben jedoch wegen des Subsidiaritätsprinzips primär in nationaler Zuständigkeit, eine eigenständige Kompetenz der EU wird nicht begründet. – 2. *Verfahren:* Die nationalen und supranationalen Akteure beschließen mittelfristig geltende „Beschäftigungspolitische Leitlinien". Die Mitgliedsländer sind gehalten, diese gemeinsamen Leitlinien in sog. nationalen Aktionsplänen (NAPs) mithilfe ihrer nationalspezifischen Instrumente und Verfahren umzusetzen und jährlich Bericht über ihre Aktivitäten und Fortschritte zu erstatten. Die Kommission evaluiert diese nationalen Berichte (Monitoring) und erstellt einen synthetisierenden gemeinsamen Beschäftigungsbericht, der u.a. Vergleiche zwischen Ländern enthält (Benchmarking) sowie Best Practices präsentiert. Nach Konsultation anderer EU-Gremien kann der Ministerrat mit qualifizierter Mehrheit an die Mitgliedsstaaten Handlungsempfehlungen aussprechen, die publiziert werden, aber ausschließlich *nicht* bindenden Charakter haben. – 3. *Inhalte:* Die erste Generation (1998-2002) bestand aus vier „Säulen" (Verbesserung der → Beschäftigungsfähigkeit, Entwicklung des Unternehmergeistes, Förderung der Anpassungsfähigkeit der Unternehmen und ihrer Arbeitnehmer, Stärkung und Ausbau der Maßnahmen für Chancengleichheit). Nach Überarbeitung und Wirkungsbewertung bestand die zweite Generation (2003-2008) aus drei übergreifenden „Querschnittsthemen" (→ Vollbeschäftigung, Steigerung der Arbeitsplatzqualität und der Arbeitsproduktivität, Stärkung des sozialen Zusammenhalts und der sozialen Eingliederung). Diese Ziele wurden in der folgenden Phase (2008-2010) kaum verändert. Seit 2005 erfolgt jedoch eine engere Abstimmung mit den Grundzügen der Wirtschaftspolitik bzw. die Zusammenführung beider Prozesse in den integrierten Leitlinien für Wachstum und Beschäftigung (modifizierte Lissabon-Strategie). 2010 wurden die beschäftigungspolitischen Leitlinien an die neue Wachstumsstrategie „Europa 2020" angepasst (Erhöhung der Beschäftigungsquote, Abbau der strukturellen Arbeitslosigkeit und Förderung der Arbeitsplatzqualität, Heranbildung von Arbeitskräften und Förderung lebenslangen Lernens, Steigerung der Qualität und Leistungsfähigkeit der Bildungssysteme und Verbesserung des Zugangs zur Hochschulbildung, Bekämpfung von gesellschaftlicher Armut und Ausgrenzung). Diese Zehnjahresstrategie hat zum Ziel, Beschäftigung und intelligentes, nachhaltiges und integratives Wachstum zu schaffen. – 4. *Folgen:* Die „offene Methode der Koordinierung" (OMK) stellt ein neues, im Vergleich zu früheren „weiches" Instrument der EU-Regulierung dar, welches am Beispiel der Beschäftigungspolitik entwickelt wurde, inzwischen aber auch in anderen Politikfeldern (wie soziale Inklusion und Gender Mainstreaming) Anwendung findet. Angesichts des primär politischen Charakters der Europäischen Beschäftigungsstrategie sind in methodischer Hinsicht Kausalbeziehungen der Interaktion zwischen nationaler und europäischer Ebene kaum zu ermitteln und messbare, durch die europäische Beschäftigungsstrategie verursachte Veränderungen (Wirkung) schwierig zu belegen. Zumindest in einigen Mitgliedsländern sind prozedurale Veränderungen in → Governance und Politikgestaltung tiefergehend als substantielle. Aktuell wird als Antwort auf die Finanz- und Schuldenkrise verschiedentlich eine weitergehende Integration gefordert. – Vgl. auch → Beschäftigungspolitik.

Europäische Energiecharta – im Dezember 1994 unterzeichnetes Vertragswerk m.spät.Änd. zur Schaffung eines europäischen Energieverbundes. Das Ziel der Europäischen Energiecharta ist die weitere Liberalisierung des Handels von Strom, Gas und Erdöl zwischen den Unterzeichnerstaaten und die Einführung westlicher Standards in den ehemaligen kommunistischen Ländern, die das Vertragswerk überwiegend ebenfalls unterzeichnet haben.

Europäische Freihandelsassoziation – *European Free Trade Association*, → EFTA.

Europäische Gemeinschaft – Gegründet am 1.1.1958 als *Europäische Wirtschaftsgemeinschaft* (→ EWG), die mit dem → Maastrichter Vertrag 1992 umbenannt wurde in → EG. Die EG hatte bis 30.11.2009 eigene Rechtspersönlichkeit. Durch den Vertrag von Lissabon geht die EU endgültig in die Europäische Union (→ EU) auf, welche eigene Rechtspersönlichkeit erhält. Der EG-Vertrag wird umbenannt in „Vertrag über die Arbeitsweise der Europäischen Union (AEUV)". EU-Vertrag und AEUV stehen gleichberechtigt nebeneinander, das alte „Drei-Säulen-Modell" der EU gilt seit Dezember 2009 nicht mehr.

Europäische Gemeinschaften – Nach Auslaufen des EGKS-Vertrags (→ EGKSV) und Umbenennung des EG-Vertrags (→ EGV) in „Vertrag über die Arbeitsweise der Europäischen Union (→ AEUV)" durch den Vertrag von Lissabon mit Wirkung vom 1.12.2009 verbleibt mit eigener Rechtspersönlichkeit neben der → EU nur die Europäische Atom-Gemeinschaft (→ EAG). Die → EGKS war die erste Europäische Gemeinschaft, die jedoch nur eine vertragsmäßige Laufzeit von 50 Jahren hatte (23.7.1952 – 23.7.2002). Die → EG hatte eigene Rechtspersönlichkeit und ist seit 1.12.2009 vollständig in die EU aufgegangen.

Europäische Gemeinschaft für Kohle und Stahl → EGKS.

Europäische Investitionsbank → EIB.

Europäische Kommission – 1. *Begriff:* Organ der Europäischen Union (→ EU) mit Sitz in Brüssel. – 2. *Merkmale:* Die → Europäische Kommission hat ein Mitglied pro EU-Mitgliedsstaat (zzt.: 27); mit dem EU-Reformvertrag (Vertrag von Lissabon) sollte die Anzahl der Kommissare ab 2014 auf nur noch zwei Drittel der Anzahl der Mitgliedsstaaten beschränkt werden, was jedoch durch einstimmigen Beschluss der Staats- und Regierungschefs von Dezember 2008 b.a.w. aufgehoben wurde, nicht zuletzt um die Ratifizierung des Vertrags von Lissabon durch Irland zu erleichtern. Die Europäische Kommission fasst Beschlüsse als Kollegium mit einfacher Mehrheit, jedoch werden in der Praxis die meisten Beschlüsse im Konsens gefasst. Die Europäische Kommission tritt wöchentlich einmal zur Sitzung zusammen (mittwochs oder im Falle von Plenartagungen des Europäischen Parlaments dienstags). Der Kommissionspräsident und die übrigen Kommissionsmitglieder werden von den Regierungen der Mitgliedstaaten im gegenseitigen Einvernehmen, nach Prüfung und Zustimmung des → Europäischen Parlaments, für eine Amtszeit von fünf Jahren ernannt. Der Kommissionspräsident hat Richtlinien- und organisatorische Kompetenz. Die Kommissionsmitglieder üben ihre Tätigkeit in voller Unabhängigkeit (Art.17 EUV). Ihnen sind unterschiedliche Fachbereiche zugewiesen. Der Verwaltungsunterbau der Europäischen Kommission gliedert sich in Generaldirektionen und Dienste. Die Europäische Kommission wird von Ausschüssen von Vertretern der Mitgliedstaaten unterstützt und kontrolliert (Komitologie). Als Kollegium kann sie durch ein Misstrauensvotum des Europäischen Parlaments zum Rücktritt gezwungen werden. Amtsenthebung einzelner Kommissare, etwa bei schweren Verfehlungen, ist ebenfalls möglich. – 3. *Aufgaben:* Die Europäische Kommission hat das Initiativmonopol in den meisten Politikbereichen. Nach der Annahme eines legislativen Vorschlags begleitet die Europäische Kommission diesen durch den gesamten Gesetzgebungsprozess und ist bestrebt, in enger Zusammenarbeit mit der Ratspräsidentschaft, die endgültige Annahme des Vorschlags durch den Rat und das Europäische Parlament zu erleichtern. Die Europäische Kommission hat außerdem exekutive Befugnisse, indem sie Gemeinschaftsprogramme (Forschungsrahmenprogramm, Media, Lebenslanges Lernen etc.) verwaltet und Fördermittel vergibt. Im Haushaltsverfahren ist die Europäische Kommission verantwortlich für Aufstellung und Verwaltung des

→ EU-Haushaltes. Als „Hüterin der Verträge" überwacht sie die Einhaltung der Verträge und des Sekundärrechts durch die Mitgliedstaaten. Dies schließt die Möglichkeit ein, ein mehrstufiges Vertragsverletzungsverfahren einzuleiten und notfalls vor dem *Europäischen Gerichtshof* (→ EuGH) gegen Mitgliedstaaten Klage zu erheben. Im Rahmen der Wirtschafts- und Währungsunion kann sie ein Defizitverfahren einleiten, als Kartellbehörde ein Bußgeld für Unternehmen verhängen oder als Wettbewerbshüterin Unternehmensfusionen genehmigen oder unterbinden. In den Außenbeziehungen verhandelt die Europäische Kommission im Auftrag des → Rats der Europäischen Union (vormals Ministerrat) internationale Abkommen und verwaltet Hilfs- und Entwicklungsprogramme. Beitritte von neuen EU-Mitgliedstaaten werden von der Europäischen Kommission vorbereitet und überwacht.

Europäischer Ausgleichs- und Garantiefonds für die Landwirtschaft (EAGFL) → GAP.

Europäischer Entwicklungsfonds → EEF.

Europäischer Fonds für Regionale Entwicklung → EFRE.

Europäischer Fonds für Währungspolitische Zusammenarbeit → EFWZ.

Europäischer Forschungsrat → Technologiepolitik.

Europäischer Gerichtshof → EuGH.

Europäischer Rat – 1. *Begriff/Merkmale:* Der Europäische Rat ist das Dachorgan und die höchste politische Instanz der → EU. In ihm kommen die Staats- und Regierungschefs der EU und der Präsident des Europäischen Rats und der Präsident des Europäischen Parlaments sowie Präsident der → Europäischen Kommission bis zu zweimal pro Halbjahr zusammen (sog. *Gipfeltreffen*). Er wurde 1974 institutionalisiert und hat seit der Einheitlichen Europäischen Akte (→ EEA) eine primärrechtliche Verankerung. An den mind. zwei jährlichen *Gipfeltreffen* des Europäischen Rates nehmen auch die Außenminister als ein weiteres Mitglied der Kommission teil. Die Wirtschafts- und Finanzminister können in Fragen der Wirtschafts- und Währungsunion hinzu gerufen werden. Der Europäische Rat erstattet dem → Europäischen Parlament Bericht. Er ist nicht zu verwechseln mit dem → Rat der Europäischen Union (vormals Ministerrat) oder dem → Europarat in Straßburg, der bereits 1949 als eigenständige internationale Organisation gegründet wurde. Mit dem Vertrag von Lissabon wird der Europäische Rat nun auch vertraglich zu einem Organ der EU erhoben (Art. 13 EUV und Art. 15 EUV). – 2. *Aufgaben:* Der Europäische Rat gibt der Union die für ihre Entwicklung erforderlichen Impulse und legt die allgemeinen politischen Zielvorstellungen und Prioritäten hierfür fest(Art. 15 I EUV). Dies ist auch relevant für die Bereiche Wirtschafts- und Beschäftigungspolitik. Der Europäische Rat kann im Rahmen der → GASP nicht nur Grundsätze und allg. Leitlinien, sondern auch Gemeinsame Strategien beschließen (Art. 26 EUV).

Europäischer Rechnungshof → EuRH → , Organ der Europäischen Union (→ EU).

Europäischer Regionalfonds → EFRE.

Europäischer Sozialfonds (ESF) – 1. *Gegenstand:* Einer der Strukturfonds der Europäischen Union; zentrales Instrument der Strukturpolitik der → EU und der EU-Strategie von Lissabon für Wachstum und Beschäftigung (→ Sozialpolitik der Europäischen Union, Strukturpolitik der Europäischen Union). Von Beginn an im Vertrag über die Gründung der Europäischen Wirtschaftsgemeinschaft (→ EWG) verankert. Die Operationen des ESF begannen 1960. – 2. *Ziele:* Mithilfe des ESF wird die Beschäftigung in der EU gefördert. Die grundlegende Bestimmung des ESF ergibt sich aus dem Motiv, die im Zuge der Herausbildung eines gemeinsamen Marktes ausgelösten Anpassungsprozesse in Ergänzung zu den mitgliedstaatlichen Maßnahmen arbeitsmarktpolitisch zu flankieren. Dadurch soll zu einer harmonischen Entwicklung der Gemeinschaft als Ganzes sowie zur Stärkung des „wirtschaftlichen und sozialen Zusammenhalts" der EU (→ Kohäsion) beigetragen werden. – 3. Gemäß den Art. 162 ff. AEUV verfolgt der Fonds die *Aufgabe*, vorrangig die Beschäftigungsmöglichkeiten in den wirtschaftlich zurückgebliebenen Regionen der Gemeinschaft zu verbessern. Zu diesem Zweck unterstützt der Fonds v.a. Anpassungsmaßnahmen von Arbeitnehmern und Unternehmen, den Zugang von Arbeitsuchenden, Nichterwerbstätigen, Frauen und Zuwanderern zum Arbeitsmarkt, soziale Eingliederung benachteiligter Personen und Kampf gegen Diskriminierung auf dem Arbeitsmarkt, Stärkung des Humankapitals durch die Reform von Bildungssystemen und die Vernetzung von Bildungseinrichtungen. – 4. *Mittelausstattung:* Von 2007-2013 stehen insgesamt ca. 75 Mrd. Euro aus ESF-Mitteln zur Verfügung. Für Deutschland sind es im gleichen Förderzeitraum 9,38 Mrd. Euro. – 5. Angesichts der *Wirtschafts- und Finanzkrise* und ihren negativen Auswirkungen auf die Beschäftigungssituation kann der ESF – komplementär zu den nationalen sozialen Sicherheitssystemen – eine unterstützende Rolle spielen, um Arbeitnehmer und Unternehmen durch die Krise zu bringen und ihre sozialen Folgen abzumildern. Die Kommission hat den Zugang zu ESF-Mitteln in der Krise erleichtert und flexibler gestaltet sowie die Mittelauszahlungen vorgezogen.

Europäischer Wirtschaftsrat → OEEC.

Europäischer Wirtschaftsraum → EWR.

Europäisches Finanzaufsichtssystem – *European System of Financial Supervision*, ESFS.

Europäisches Gericht Erster Instanz (EuG) – *Gericht Erster Instanz der Europäischen Union;* dem Europäischen Gerichtshof (→ EuGH) im Zuge der Umsetzung der Einheitlichen Europäischen Akte

(→ EEA) beigeordnetes Gericht mit Sitz in Luxemburg. Es wurde durch den Beschluss 88/591/EGKS/ EWG/Euratom des Rates vom 24.10.1988 zur Entlastung des Europäischen Gerichtshofes geschaffen, besteht aus siebenundzwanzig Richtern (ein Richter je Mitgliedsstaat). Jeder Mitgliedsstaat muss durch mind. einen Richter vertreten sein. Das EuG nahm im September 1998 seine Tätigkeit auf und hat Richter, die von den Regierungen der Mitgliedstaaten im gegenseitigen Einvernehmen für eine Amtszeit von sechs Jahren ernannt werden. Das Gericht tagt in Kammern mit drei oder fünf Richtern (vgl. Art. 50 des Protokolls über die Satzung des Gerichtshofs der Europäischen Union vom 26.2.2001 (ABl. Nr. C 80, S. 53) m.spät Änd.). Das EuG ist für bestimmte Arten von Verfahren zuständig (z.B. Klagen im Zusammenhang mit der Anwendung der gemeinschaftsrechtlichen Wettbewerbsbestimmungen, Streitsachen hinsichtlich handelspolitischer Schutzmaßnahmen), vgl. Art. 256 AEUV, Art. 140a EAG. – Gegen Entscheidungen des EuG können unter bestimmten Voraussetzungen Rechtsmittel beim EuGH eingelegt werden, Art. 56 des Protokolls der Satzung, a.a.O.) -- Ferner ist 2005 aufgrund des Beschlusses des Rates vom 2.11.2004 (ABl. Nr. L 333 S. 7) das Gericht für den öffentlichen Dienst der Europäischen Union errreichtet worden, der für Streitsachen im Bereich des öffentlichen Dienstes der EU zuständig ist.

Europäisches Hochschulinstitut – Post Graduate-Lehr- und Forschungsinstitut. – *Sitz:* Florenz. 1972 von den sechs EG-Gründungsmitgliedern gegründet; 1976 eröffnet. – *Ziel:* Förderung des Gedankens der europäischen Einigung in Lehre und Forschung. – *Forschungsgebiete/-schwerpunkte:* Geschichte und Kulturgeschichte, Wirtschaftswissenschaften, Rechtswissenschaften, Politik- und Sozialwissenschaften; vergleichende interdisziplinäre europäische Studien.

Europäisches Kartellrecht – Die deutsche Wettbewerbsordnung wird heute nicht mehr allein durch das deutsche Recht bestimmt. Neben das deutsche Wettbewerbsrecht sind vielmehr durch die Art. 101 und 102 des Vertrages über die Arbeitsweise der Europäischen Union (AEUV) und die Europäische Fusionskontrollverordnung (Verordnung (EG) Nr. 139/2004 des Rates vom 20.1.2004 über die Kontrolle von Unternehmenszusammenschlüssen („EG-Fusionskontrollverordnung"); ABl. L 24 vom 29.1.2004, S. 1) Regelungen auf europäischer Ebene getreten. – 1. *Entstehungsgeschichte und Ziele:* Aus dem sog. *Schumanplan* und der Idee einer europäischen Föderation entwickelte sich der Vertrag über die Gründung der Europäischen Gemeinschaft für Kohle und Stahl (→ EGKS), der 1952 in Kraft trat und 2002 nach 50 Jahren ausgelaufen ist. Wegen der krisenhaften Entwicklung auf dem Kohle- und Stahlmarkt waren die wettbewerbsrechtlichen Vorschriften des EGKS-Vertrages insgesamt wenig effektiv. 1957 wurden durch die *Römischen Verträge* die Europäische Wirtschaftsgemeinschaft (→ EWG) und die Europäische Atomgemeinschaft (→ EAG) gegründet. Danach verfolgte der EG-Vertrag mit seinen wettbewerbsrechtlichen Vorschriften v.a. das Ziel, einen gemeinsamen Markt für alle Waren und Leistungen zu errichten und die Wirtschaftspolitik (Allgemeine Wirtschaftspolitik) der Mitgliedsstaaten schrittweise einander anzunähern (vgl. Art. 2 EGV). Der europäische Binnenmarkt trägt heute bewußt marktwirtschaftliche Züge, da er u.a. durch die Errichtung eines Systems unverfälschten Wettbewerbs geschaffen wurde. Die Wettbewerbsregeln der Art. 101–106 AEUV schützen den zwischenstaatlichen Handel vor Beschränkungen und Behinderungen mittels eines *Kartell- und Machtmissbrauchsverbotes.* – 2. *Die wichtigsten kartellrechtlichen Vorschriften des AEUV:* Die wettbewerbsrechtlichen Vorschriften des AEUV bezwecken, den innereuropäischen Handel vor Beschränkungen und Behinderungen mittels Absprachen oder Machtmissbrauch zu schützen. Der Schutzzweck der Art. 101 und 102 AEUV geht daher primär dahin, den zwischenstaatlichen Handel in der EU vor Beeinträchtigungen zu schützen, die für die Verwirklichung der Ziele eines einheitlichen Marktes nachteilig sind, wenn z.B. Handelsschranken errichtet oder verfestigt und die gewollte gegenseitige Durchdringung der Märkte erschwert werden. –a) *Erfassung der Verhandlungsstrategie (Durchsetzung des Kartellverbots):* Gemäß Art. 101 AEUV sind horizontale und vertikale Vereinbarungen zwischen Unternehmen, Beschlüsse von Unternehmensvereinigungen und aufeinander abgestimmte Verhaltensweisen verboten, die den Handel zwischen den Mitgliedsstaaten zu beeinträchtigen geeignet sind und eine Verhinderung, Einschränkung oder Verfälschung des Wettbewerbs innerhalb des Binnenmarktes bezwecken oder bewirken. Diese sec. 1 Sherman Act vergleichbare Generalklausel ist durch Beispiele in Art. 101 I AEUV konkretisiert worden; so sind bes. die mittelbare oder unmittelbare Festsetzung von An- oder Verkaufspreisen oder sonstiger Geschäftsbedingungen, die Einschränkung von Erzeugung, Absatz, technischer Entwicklung oder Investitionen, Gebietsabsprachen sowie kollektive Diskriminierungen und Kopplungsverträge verboten. – Das generelle Verbot des Art. 101 I AEUV ist mittlerweile durch eine Fülle von Entscheidungen der Europäischen Kommission und des Europäischen Gerichtshofes konkretisiert worden, die sich in *drei Fallgruppen* systematisieren lassen: (1) *Horizontale Absprachen,* die mittels der verschiedensten rechtlichen Instrumente den eindeutigen Zweck verfolgen, die Trennung in nationale Märkte aufrecht zu erhalten und damit die Schaffung eines größeren gemeinsamen Marktes zu verhindern. (2) *Vertikale Absprachen,* die den Zweck verfolgen, die ausländischen Abnehmer oder die Exporteure selbst vor Parallelimporten und damit vor Wettbewerb zu schützen, da damit die von den Europäischen Verträgen gewollte Durchdringung der nationalen Märkte verhindert wird. (3) *Ausübung gewerblicher Schutzrechte*

(Patente, Know-how, Warenzeichen) und Urheberrechte, wenn der zwischenstaatliche Handel spürbar beeinträchtigt wird. Die europäische Rechtsprechung unterscheidet dabei zwischen dem bloßen Bestand gewerblicher Schutzrechte und ihrer Benutzung zu wettbewerbsbeschränkenden Zwecken. – *Einschränkungen:* Das relativ strikte Verbotsprinzip des Art. 101 I AEUV ist jedoch in Art. 101 III AEUV eingeschränkt worden. Die Europäische Kommission kann danach das Verbot des Art. 101 I AEUV auf bestimmte Vereinbarungen und aufeinander abgestimmte Verhaltensweisen für nicht anwendbar erklären, und zwar nicht nur im Einzelfall, sondern auch als sog. *Gruppenfreistellung,* wodurch bestimmte Vertragstypen generell von der Anwendung des Art. 101 I AEUV ausgenommen sind. – *Voraussetzungen:* Jede Freistellung, auch die Gruppenfreistellung setzt voraus, dass die vier Bedingungen des Art. 101 III AEUV erfüllt sind: (1) Verbesserung der Warenerzeugung oder -verteilung oder Förderung des technischen oder wirtschaftlichen Fortschritts. Dies soll erfolgen unter (2) angemessener Beteiligung der Verbraucher an dem entstehenden Gewinn, wobei (3) die auferlegten Beschränkungen für die Verwirklichung dieser Ziele unerlässlich sein müssen und (4) der Wettbewerb für einen wesentlichen Teil der betreffenden Waren nicht ausgeschaltet wird. – Im Interesse der Rechtssicherheit der Unternehmen und der verwaltungsmäßigen Vereinfachung hat die Europäische Kommission im Rahmen sog. *Gruppenfreistellungsverordnungen* bestimmte Arten (Typen) von horizontalen und vertikalen Wettbewerbsbeschränkungen von der Anwendung des Kartellverbots des Art. 101 I AEUV freigestellt, darunter bspw. (1) Spezialisierungsvereinbarungen gemäß Verordnung (VO) Nr. 1218/2010; (2) vertikale Vereinbarungen gemäß VO Nr. 330/2010; (3) Technologietransfer-Vereinbarungen gemäß VO Nr. 772/2004; (4) Kooperationsvereinbarungen auf dem Gebiet der Forschung und Entwicklung (F&E) gemäß VO Nr. 1217/2010; (5) vertikale Vereinbarungen und abgestimmte Verhaltensweisen im Kfz-Sektor gemäß VO Nr. 461/2010; (6) Vereinbarungen und aufeinander abgestimmte Verhaltensweisen im Luftverkehr gemäß VO Nr. 487/2009. – Die Europäische Kommission verwendet im Wesentlichen folgende *Kriterien für Gruppenfreistellungen:* relativer Marktanteil, absolute Umsatzgrößen und/oder zeitliche Begrenzung der in Anspruch genommenen Wettbewerbsbeschränkung. – *Anwendung:* Bes. großzügig steht die Kommission heute der *Kooperation* bei der Entwicklung und Durchsetzung neuer Technologien – selbst bei Beteiligung von Großunternehmen – gegenüber, da finanzieller Aufwand und Marktrisiken oft sogar die finanziellen Ressourcen von Großunternehmen überstiegen. Das ursprünglich strikte Verbotsprinzip des Art. 101 I AEUV ist von der Kommission zwar mittels Gruppenfreistellungs-VOs, den Leitlinien für horizontale Kooperation und zuletzt der VO Nr. 1/03 (Verordnung (EG) Nr. 1/2003 des Rates vom 16.12.2002 zur Durchführung der in den Artikeln 81 und 82 des Vertrages niedergelegten Wettbewerbsregeln; ABl. L1 vom 4.1.2003, S. 1) in ein *Missbrauchsprinzip* umfunktioniert worden; jedoch geht die Europäische Kommission im Fall einer spürbaren Beeinträchtigung des zwischenstaatlichen Handels konsequent gegen alle horizontalen und auch vertikalen Wettbewerbsbeschränkungen – ungeachtet ihrer Rechtsform – vor. – b) *Erfassung der Behinderungsstrategie (Behinderungsmissbrauchsaufsicht):* Die Generalklausel des Art. 102 AEUV verbietet die missbräuchliche Ausnutzung einer beherrschenden Stellung auf dem Binnenmarkt oder einem wesentlichen Teil desselben durch ein oder mehrere Unternehmen, soweit dies dazu führen kann, den Handel zwischen den Mitgliedsstaaten zu beeinträchtigen. – Anders als in § 18 GWB wird der *Marktbeherrschungsbegriff* jedoch nicht näher erläutert; es bestehen auch keinerlei Legalvermutungen, die der Kommission den Nachweis einer marktbeherrschenden Stellung erleichtern würden. Nach der Rechtsprechung des EuGH gilt ein Unternehmen auf einem *Bedarfsmarkt* (→ relevanter Markt) als marktbeherrschend, wenn es die Fähigkeit zur Entwicklung unabhängiger Marktstrategien besitzt, d.h., wenn es über einen vom Wettbewerb nicht mehr hinreichend kontrollierten Verhaltensspielraum verfügt; das ist der Fall, wenn ein Unternehmen ohne große Rücksichtnahme auf Wettbewerber (horizontal) bzw. Lieferanten oder Abnehmer (vertikal) handeln kann *(Marktverhaltenstest).* Dabei ist es nicht erforderlich, dass das Unternehmen im Bereich der gesamten EU eine beherrschende Stellung besitzt; vielmehr reicht es aus, wenn eine solche in einem wesentlichen Teil vorliegt. – Der unbestimmte Rechtsbegriff Marktbeherrschung ist von der Rechtsprechung zudem durch eine Reihe von *Strukturmerkmalen* konkretisiert worden *(Marktstrukturtest):* (1) relativer Marktanteil (von 40 Prozent oder mehr) sowie großer Abstand zu den Konkurrenten, (2) vertragliche und sonstige Beziehungen zu aktuellen oder potenziellen Konkurrenten, (3) Beteiligungen und personelle Verflechtungen, (4) Verbindungen zu Abnehmern oder Lieferanten, (5) Finanzkraft eines Konzerns, (6) technologische Vorsprünge vor Konkurrenten, (7) Besitz von Schutzrechten und berühmten Warenzeichen, (8) Fehlen potenzieller Konkurrenten sowie (9) Abhängigkeit der Abnehmer. – Um die *Anwendung des Missbrauchsverbotes* praktikabler zu machen, erhält Art. 102 AEUV vier *Regelbeispiele,* die die generelle Missbrauchsklausel konkretisieren. Bes. sind das die Diskriminierung von Handelspartnern sowie die sachlich nicht gerechtfertigte Kopplung verschiedener Leistungen verboten. Ähnlich wie im dt. Recht ist der Nachweis eines Verschuldens oder einer Sittenwidrigkeit beim Missbrauch nicht notwendig; vielmehr ist allein entscheidend, ob das Verhalten objektiv im Widerspruch zu den Zielen des Binnenmarktes steht *(objektiver Missbrauchsbegriff).* Grundsätzlich sind daher alle Maßnahmen beherrschender Unternehmen missbräuchlich, die auf eine Abschottung schon beherrschter oder die Eroberung weiterer Märkte durch wettbewerbsbeschränkende Praktiken abzielen. – c) *Erfassung der Konzentrationsstrategie (Ausbeutungsmissbrauchsaufsicht; Fusionskontrolle):* (1) Markterbebniskontrolle marktbeherrschender Unternehmen: Das Verbot des Art. 102 AEUV erfasst nicht nur den Behinderungsmissbrauch, sondern auch den Ausbeutungsmissbrauch marktbeherrschender Stellungen gegenüber vor- bzw. nachgelagerten Wirtschaftsstufen. Anders als § 19 GWB mit seiner generellen Missbrauchsklausel, die erst im Rahmen der Vierten GWB-Novelle im Jahre 1980 durch Beispiele konkretisiert worden ist, enthält Art. 102 AEUV von Anfang an *Regelbeispiele* für den Ausbeutungsmissbrauch: unmittelbare oder mittelbare Erzwingung von unangemessenen Einkaufs- oder Verkaufspreisen oder sonstigen Geschäftsbedingungen sowie Einschränkung der Erzeugung, des Absatzes oder der technischen Entwicklung zum Schaden der Verbraucher. – Nach der *Rechtsprechung des Europäischen Gerichtshofes* ist ein Preis missbräuchlich überhöht, wenn ein übertriebenes Missverhältnis zwischen den tatsächlich entstandenen Kosten und dem tatsächlich verlangten Preis besteht *(Kosten-Gewinn-Konzept)* und wenn der erzwungene Preis absolut oder im Vergleich zu Konkurrenzprodukten *(Vergleichsmarkt-Konzept)* unangemessen ist. Geschäftsbedingungen werden dann als missbräuchlich angesehen, wenn sie die Freiheit der Vertragspartner unbillig beeinträchtigen; die Unbilligkeit muss dabei durch Abwägung der Interessen aller Beteiligten und der Wirkungen auf die Interessen Dritter festgestellt werden. (2) *Fusionskontrolle:* Der EWG-Vertrag hatte ursprünglich – im Gegensatz zu Art. 66 des Vertrags über die Gründung der Europäischen Gemeinschaft für Kohle und Stahl – keine Zusammenschlusskontrolle vorgesehen. Die Kommission hatte bereits 1973 einen Vorschlag für eine Fusionskontrollverordnung des Rates erarbeitet, der jedoch vom Europäischen Ministerrat erst am 21.12.1989 verabschiedet wurde und i.d.F. vom 20.1.2004 (Verordnung (EG) Nr. 139/2004 des Rates vom 20.1.2004 über die Kontrolle von Unternehmenszusammenschlüssen [„EG-Fusionskontrollverordnung"]; ABl. L 24 vom 29.1.2004, S. 1) Folgendes vorsieht: (a) Die Fusionskontrolle gilt für alle Zusammenschlüsse im Sinn von Art. 3 FKVO mit gemeinschaftsweiter Bedeutung, die nach Art. 1 II FKVO dann gegeben ist, wenn der weltweite Gesamtumsatz aller am Zusammenschluss beteiligten Unternehmen mehr als 5 Mrd. Euro und der gemeinschaftsweite Gesamtumsatz der beteiligten Unternehmen jeweils mehr als 250 Mio. Euro beträgt *(Aufgreifkriterien)*, es sei denn, die am Zusammenschluss beteiligten Unternehmen erzielen jeweils mehr als zwei Drittel ihres gemeinschaftsweiten Gesamtumsatzes in ein und demselben Mitgliedstaat (implizite Vermutung für die Nicht-Beeinträchtigung des zwischenstaatlichen Handels). (b) Zusammenschlüsse, die wirksamen Wettbewerb im Gemeinsamen Markt oder in einem wesentlichen Teil desselben wesentlich behindern, bes. als ein Ergebnis der Begründung oder Verstärkung einer beherrschenden Stellung, sind von der Europäischen Kommission für unvereinbar mit dem Gemeinsamen Markt zu erklären *(Eingreifkriterium* im Sinn des Art. 2 III FKVO). Bei der Prüfung des Zusammenschlusses hat die Europäische Kommission gemäß Art. 2 I FKVO – ähnlich wie in § 18 III GWB – die wirtschaftliche Macht und die Finanzkraft der beteiligten Unternehmen, die Wahlmöglichkeiten der Lieferanten und Abnehmer, ihren Zugang zu den Beschaffungs- und Absatzmärkten, die rechtlichen oder tatsächlichen Marktzutrittsschranken, die Entwicklung des Angebots und der Nachfrage bei den jeweiligen Erzeugnissen und Dienstleistungen (→ Marktphase) sowie die Interessen der Zwischen- und Endverbraucher zu berücksichtigen. Dazu geht Ziff. 32 der Erwägungsgründe von der Vereinbarkeit mit dem Gemeinsamen Markt aus, wenn der kombinierte Marktanteil 25 Prozent nicht überschreitet. Diese Marktstrukturmerkmale sollen wirksamen Wettbewerb konkretisieren. (3) Bei der Prüfung der Vereinbarkeit eines Zusammenschlusses mit dem gemeinsamen Markt hat die Kommission jedoch gemäß Art. 2 I FKVO auch „die Entwicklung des technischen und wirtschaftlichen Fortschritts, sofern diese dem Verbraucher dient und den Wettbewerb nicht behindert", zu berücksichtigen. Diese kontroverse Klausel, die eine Abwägung zwischen der Aufrechterhaltung und Entwicklung eines wirksamen Wettbewerbs, wie er in Art. 1 I FKVO mithilfe verschiedener Marktstrukturmerkmale konkretisiert worden ist, und dem technischen Fortschritt als einem Performance-Element erlaubt, ist nunmehr in enger Anlehnung an den Wortlaut des Art. 101 III AEUV formuliert worden. Je nach Interpretation des Eingreifkriteriums durch die Kommission kann *wirksamer Wettbewerb im Sinne* der Aufrechterhaltung kompetitiver Marktstrukturen, welche quasi automatisch zu wirtschaftlichem und technischem Fortschritt führen, *oder im Sinne* einer *Industriepolitik* verstanden werden, die durch direkte staatliche Maßnahmen den wirtschaftlichen und technischen Fortschritt fördern soll. (c) Zusammenschlüsse im Sinne von Art. 1 FKVO sind gemäß Art. 4 FKVO bei der Kommission anzumelden und dürfen gemäß Art. 7 I FKVO weder vor ihrer Anmeldung noch vor einer Vereinbarkeitserklärung mit dem Gemeinsamen Markt vollzogen werden (strikte *Ex-Ante-Kontrolle*). (d) Gemäß Art. 21 FKVO besitzt die Europäische Kommission die ausschließliche Zuständigkeit für die europäische Fusionskontrolle, es sei denn, dass die EU gemäß Art. 9 FKVO im Fall rein regionaler Wettbewerbsbeschränkungen den Fall an die nationale Kartellbehörde überweist (sog. Lokalklausel), oder die Mitgliedstaaten gemäß Art. 21 IV FKVO geeignete Maßnahmen zum Schutz anderer berechtigter Interessen (z.B. öffentliche Sicherheit, Medienvielfalt oder Aufsichtsregeln) treffen (sog. englische Klausel). – V.a. das sehr weit gefasste Eingreifkriterium und die damit verbundene Gefahr, dass die Fusionskontrolle zu Zwecken der Struktur- und Industriepolitik missbraucht wird, waren bis zum Schluss äußerst kontrovers. – d) *Erfassung der Ausnahmebereiche:* Als Bereichsausnahme ist gemäß Art. 42 AEUV nur die Landwirtschaft von der Anwendung der Art. 101 und 102 AEUV freigestellt (VO Nr. 26/62). Alle übrigen Wirtschaftsbereiche unterliegen daher grundsätzlich den Wettbewerbsregeln des AEUV. – Für eine Reihe von Wirtschaftszweigen sind allerdings *wettbewerbsrechtliche Sonderregeln* erlassen worden: (1) Für den Eisenbahn-, Straßen und Binnenschifffahrtsverkehr durch die VO Nr. 169/2009, (2) für den Seeverkehr durch die VOs Nr. 246/2009 und 906/2009, (3) für den Luftverkehr durch die VO Nr. 487/2009, (4) für den Versicherungssektor durch die VO Nr. 267/2010. – Alle übrigen Wirtschaftsbereiche unterliegen den Art. 101 und 102 AEUV, sodass – im Fall einer Beeinträchtigung des zwischenstaatlichen Handels – die Freistellung der verbliebenen Bereichsausnahmen (vgl. → wettbewerbsrechtliche Ausnahmebereiche) nach nationalem Recht langfristig an Bedeutung verlieren dürfte. – 3. *Zuständigkeiten bei der Anwendung des europäischen Kartellrechts:* Zuständig für die Durchsetzung des Europäischen Wettbewerbsrechts ist gemäß Art. 9 der VO Nr. 17/62 grundsätzlich die Europäische Kommission in Brüssel, die hierfür die Generaldirektion Wettbewerb etabliert hat. Daneben verpflichtet Art. 3 I VO 1/03 die Wettbewerbsbehörden der Mitgliedsstaaten in Fällen mit Zwischenstaatlichkeitsbezug zur unmittelbaren dezentralen Anwendung von Art. 101 und 102 AEUV. Gegen die Entscheidungen der Europäischen Kommission kann Nichtigkeitsklage vor dem Europäischen Gerichtshof (EuGH) erhoben werden (Art. 263 und 264 AEUV), der auch in den bei ihm anhängigen Sachen die erforderlichen einstweiligen Anordnungen treffen kann (Art. 279 AEUV); dem EuGH ist seit 1989 ein → Europäisches Gericht Erster Instanz (EuG) vorgeschaltet. Die erste Instanz hat die Entscheidungen in tatsächlicher und rechtlicher Hinsicht zu überprüfen, während die zweite Instanz auf die Entscheidung von Rechtsfragen beschränkt ist. – 4. *Verfahrensrecht im europäischen Kartellrecht:* Zur Durchsetzung des europäischen Kartellrechts bestehen analog zum dt. Kartellrecht verschiedene verfahrensrechtliche Möglichkeiten: a) Im Bußgeldverfahren können gemäß Art. 23 der VO Nr. 1/03 Geldbußen bis zu 10 Prozent des letzten Jahresumsatzes zur Durchsetzung der in Art. 101 und 102 AEUV enthaltenen Verbote festgesetzt werden. Anders als im dt. und amerik. Recht ist allerdings eine Verhängung von Geldbußen nur gegen Unternehmen, nicht gegen natürliche Personen möglich. – b) Das Verwaltungsverfahren kann verschiedene Formen annehmen: Feststellung und Abstellung von Zuwiderhandlungen, einstweilige Maßnahmen, Verpflichtungszusagen und Feststellung der Nichtanwendbarkeit. – c) Private Schadensersatz- und Unterlassungsklagen sind nach dem europäischen Recht nicht vorgesehen. Da die Art. 101 und 102 AEUV jedoch Schutzgesetz im Sinn des § 823 II BGB sind, kann als zivilrechtliche Sanktion auch eine Klage auf Schadensersatz oder Unterlassung vor den ordentlichen dt. Gerichten in Betracht kommen.

Europäisches Komitee für elektrotechnische Normung → CENELEC.

Europäisches Komitee für Normung → CEN.

Europäisches Parlament – 1. *Begriff/Charakterisierung:* Das gemeinsame parlamentarische Organ der EU. Es setzt sich aus Vertretern der unionsbürgerinnen und Unionsbürger(zusammen (Art. 13, 14 Abs. 1 EUV). Es hat seinen Sitz in Straßburg; Ausschüsse und Fraktionen tagen in Brüssel. Die Abgeordneten des Europäischen Parlaments werden für die Dauer von fünf Jahren von den Bürgern der Mitgliedstaaten direkt gewählt. Im Europäischen Parlament existieren keine nationalen Gruppierungen, sondern politische Fraktionen auf Unionsebene. Der Anzahl der Mandate eines Mitgliedslandes liegt ein vertraglicher Schlüssel zugrunde, der an der Bevölkerungszahl orientiert ist. – 2. *Kompetenzen:* Seit der ersten Direktwahl im Jahr 1979 hat sich das Europäische Parlament schrittweise zu einem Mitgestalter der Gemeinschaftspolitik entwickelt. Bes. seine Gesetzgebungsbefugnisse wurden ständig erweitert. Mit dem Vertrag von Lissabon wird das Mitentscheidungsverfahren zum Regelverfahren erhoben. a) *Haushaltsbefugnisse:* Aufgrund seiner Position im Haushaltsverfahren kann das Europäische Parlament Einfluss auf die finanziellen Spielräume für die verschiedenen Politikbereiche nehmen. Das Europäische Parlament hat das Recht, den Gesamt-Haushaltsplan der EU (→ EU-Haushalt) abzulehnen; bei den sog. nicht-obligatorischen Ausgaben (z.B. Strukturfonds, Forschungsprogramme, Umweltpolitik, Verkehr) kann das Parlament die Höhe der Etatansätze beschließen. – b) *Gesetzgebungsbefugnisse:* Der Vertrag von Rom sah ursprünglich vor, dass die Kommission Rechtsakte vorschlug und der Rat sie – seit 1979 nach Anhörung des Parlaments – verabschiedete. Der Unionsvertrag gibt ihm das Recht, Gesetzgebungsvorhaben zu initiieren, verpflichtet die Kommission aber nicht ausdrücklich, auf Aufforderung des Europäischen Parlaments einen Vorschlag für einen zu erlassenen Rechtsakt auszuarbeiten. Die Überprüfung des jährlichen Arbeitsprogramms der Kommission gibt dem Parlament Gelegenheit, seine Prioritäten anzumelden. Bei der Beteiligung des Europäischen Parlaments an der EU-Gesetzgebung in kann man abgestufte Mitbestimmungs- bzw. Mitwirkungsrechte im ordentlichen und besonderen Gesetzgebungsverfahren unterscheiden (Art. 289,294 AEU-V)-c) *Ernennung und Kontrolle:* Die → Europäische Kommission ist dem Europäischen Parlament verantwortlich. Am Ende eines Haushaltsjahrs entscheidet das Europäische Parlament auf der Basis des Berichts des → EuRH über die Entlastung der Kommission. Das Europäische Parlament hat das Recht, die → Europäische Kommission zu einer *Rechtsetzungsinitiative* aufzufordern. Das Europäische Parlament muss der Ernennung der Kommissare zustimmen, kann einem amtierenden Kommissar das Vertrauen entziehen und die Kommission über ein Misstrauensvotum zum Rücktritt zwingen (Art. 247 AEUV). Darüber hinaus wählt das Parlament den Präsidenten der Kommission (Art. 14 I EUV-Lissabon). – 3. *Zusammensetzung:* Das Europäische Parlament setzt sich aus 750 Vertretern der Unionsbürgerinnen und Unionsbürger zusammen Art. 14 EUV). Die Bürgerinnen und Bürger sind im Europäischen Parlament degressiv proportional, mind. jedoch mit sechs Mitgliedern je Mitgliedsstaat vertreten. Kein Mitgliedsstaat erhält mehr als 96 Sitze. Den größten Anteil mit 96 Sitzen hat die Bundesrepublik Deutschland gefolgt von Frankreich, Großbritannien und Italien mit jeweils 78 Sitze. Das Europäische Parlament verfügt über 20 parlamentarische Ausschüsse, die in öffentlicher Sitzung ein- bis zweimal monatlich zusammentreten und die Abstimmungen im Plenum vorbereiten. – *Live-Debatten:* alle Ausschuss- und Plenarsitzungen können über Internet live verfolgt werden.

Europäisches Patentamt (EPA) – *European Patent Office (EPO);* Organ der Europäischen Patentorganisation mit Sitz in München, Zweigstelle in Den Haag und Dienststellen in Berlin und Wien; gegliedert in fünf Generaldirektionen (Recherche, Prüfung/Einspruch, Beschwerde, Verwaltung und Recht/internationale Angelegenheiten). 1977 gegründet auf der Grundlage des Europäischen Patentübereinkommens (EPÜ). – *Organe* des Amts sind die Eingangsstelle, zuständig für die Eingangs- und Formalprüfung (Art. 15, 90, 91 EPÜ), die Rechercheabteilung, zuständig für die Erstellung europäischer Recherchen (Art. 17, 92 EPÜ), Prüfungsabteilungen, zuständig für die sachliche Prüfung der Anmeldung, die Zurückweisung der Anmeldung oder die Erteilung des europäischen Patents (Art. 18, 94–97 EPÜ), die Einspruchsabteilungen, zuständig für die Entscheidung über Einsprüche gegen erteilte Patente, mit denen mangelnde Patentfähigkeit, Offenbarung oder Hinausgehen des Patents über den Inhalt der Anmeldung in ihrer ursprünglich angenommenen Fassung geltend gemacht wird (Art. 100–105 EPÜ), und Beschwerdekammern, zuständig für Beschwerden gegen Entscheidungen der Eingangsstelle, der Prüfungsabteilungen, Einspruchsabteilungen und der Rechtsabteilung (Art. 21, 106–112 EPÜ). Das Amt veröffentlicht die europäische Anmeldung (Art. 93 EPÜ), die europäische Patentschrift (Art. 98, 103 EPA) und führt das europäische Patentregister (Art. 127). Daneben ist es Anmelde- und Bestimmungsamt, Recherchenbehörde und mit der vorläufigen Prüfung beauftragte Behörde nach dem Patent Cooperation Treaty (PCT), Art. 151–158 EPÜ. Neben dem Amtsblatt des EPA gibt es das Europäische Patentblatt heraus, das die Eintragungen in das Patentregister wiedergibt sowie die nach dem EPÜ vorgeschriebenen Veröffentlichungen enthält (Art. 129 EPÜ). – *Einsicht in Unterlagen:* Akteneinsicht; – *Gebühren:* Gebührenordnung des Europäischen Patentorganisation vom 1.7.1999 (Beilage zum ABl. EPA 5/1999), zuletzt geändert durch Beschluss des Verwaltungsrats vom 9.12.2008, mit dem die Gebühren erheblich gesenkt wurden.

Europäisches Währungsabkommen (EWA) – von den OECD-Ländern (→ OECD) als Nachfolgeinstitution für die Europäische Zahlungsunion (EZU; → OEEC) errichtet und später aufgehoben. Ihre Hauptaufgabe bestand darin, den multilateralen Zahlungsbilanzausgleich zwischen den Vertragsparteien zu organisieren.

Europäisches Währungsinstitut → EWI.

Europäisches Währungssystem → EWS.

Europäisches Wettbewerbsrecht → Europäisches Kartellrecht.

Europäisches Wiederaufbauprogramm → ERP.

Europäische Umweltagentur – *European Environment Agency (EEA);* seit 1994 tätige EU-Organisation (→ EU) mit Sitz in Kopenhagen. Die EEA dient als Informations- und Dokumentationszentrum.

europäische Umweltpolitik – 1. *Ziele:* Erhaltung und Schutz der Umwelt sowie Verbesserung ihrer Qualität; Schutz der menschlichen Gesundheit; umsichtige und rationale Verwendung der natürlichen Ressourcen; Förderung von Maßnahmen auf internationaler Ebene zur Bewältigung regionaler oder globaler Umweltprobleme (Art. 174 I EGV). – 2. *Grundsätze:* Vorbeugeprinzip (präventive Maßnahmen gegen Umweltbelastungen, → präventiver Umweltschutz); → Ursprungsprinzip; → Verursacherprinzip; → Vorsorgeprinzip. – 3. *Zuständigkeit:* Umweltpolitik fällt nicht unter die ausschließliche Zuständigkeit der → EU. Aus diesem Grund muss das Subsidiaritätsprinzip (Art. 5 EGV) beachtet werden. EU-Umweltpolitik erfolgt v.a. über den Erlass von Richtlinien, die von den Mitgliedsstaaten in nationales Recht umgesetzt werden müssen. – 4. *Entwicklung:* 1972 wurden eine aktive europäische Umweltpolitik sowie die geplante Harmonisierung der Umweltvorschriften aller EU-Mitgliedsländer beschlossen. Durch einstimmige Beschlussfassung sind in der Zeit von 1973 bis heute sechs *Umweltaktionsprogramme* verabschiedet und infolge der Beschlüsse von 1973 über zweihundert *Umweltschutzrichtlinien* erarbeitet worden. In den 1980er-Jahren bis 2000 fokussierten die Aktionsprogramme die Prinzipien der Vorbeugung und Verhütung. Mit dem sechsten Umweltaktionsprogramm (2002–2012) verlagerte sich allerdings der Schwerpunkt hin zu Klimaschutz, Gesundheitsschutz, Naturschutz, Artenvielfalt und dem Management natürlicher Ressourcen sowie – ergänzend – die Umweltprobleme der EU-Beitrittsländer. – Die *ausdrückliche Kompetenz für die Umweltpolitik* erhielt die

EG bzw. EU erst durch die seit 1.7.1987 in Kraft getretene Einheitliche Europäische Akte (als Ergänzung zum EWG-Vertrag). Die bis dato schon in der Praxis angewandten Grundsätze wurden nun verbindlich festgelegt. – Mit dem Vertrag von Amsterdam wurde die Bedeutung der europäischen Umweltpolitik verstärkt, bes. durch die Aufnahme des *Grundsatzes der* → nachhaltigen Entwicklung in den EG-Vertrag sowie durch Art. 6 EGV, durch den der Umweltschutz in alle anderen Gemeinschaftspolitiken einbezogen wurde (sog. *Querschnittsprinzip*). 2001 verabschiedeten die europäischen Staats- und Regierungschefs in Göteborg eine Strategie zur nachhaltigen Entwicklung. – Innerhalb der letzten Jahre hat die Europäische Union neben der nach innen gerichteten Umweltpolitik der Gemeinschaft auch an der globalen Umweltpolitik mitgewirkt. Die EU ist Vertragspartner zahlreicher internationaler Umweltübereinkommen, wie dem 1997 verabschiedeten → Kyoto-Protokoll. Nachdem das Kyoto-Protokoll nach der Ratifikation Russlands in Kraft getreten ist, bestehen die Aufgaben darin, die Vorgaben des Kyoto-Protokolls zu konkretisieren und konsequent umzusetzen. Dazu gehört insbesondere die Verpflichtung, die in der EU emittierten Treibhausgase bis zum Jahr 2012 um 8 Prozent jährlich zu reduzieren (Basisjahr 1990). Außerdem wird intensiv über die Zeit nach 2012 und die Fortsetzung des Kyoto-Protokolls nachgedacht.

Europäische Union → EU.

Europäische Union des Handwerks und der Klein- und Mittelbetriebe → UEAPME.

Europäische Wirtschaftsgemeinschaft (EWG) → EWG.

Europäische Wirtschafts- und Währungsunion (EWWU) → EWWU.

Europäische Zahlungsunion (EZU) → OEEC.

Europäische Zentralbank (EZB) – 1. *Begriff/Merkmale:* Die Europäische Zentralbank (EZB) ist mit Blick auf die dritte und letzte Stufe der Europäischen Wirtschafts- und Währungsunion (→ EWWU), die am 1.1.1999 begann, geschaffen worden. Sie ist Teil des Europäischen Systems der Zentralbanken (ESZB), das außer ihr aus allen nationalen Zentralbanken der EU-Mitgliedsstaaten besteht (Art. 105 ff. EGV). Die EZB ist eine in Frankfurt a.M. ansässige Gemeinschaftseinrichtung (kein Organ) und ist mit eigener Rechtspersönlichkeit ausgestattet. Die EZB ist durch die nationalen Zentralbanken mit einem Grundkapital von gut fünf Mrd. Euro ausgestattet. Darüber hinaus ist die EZB mit Währungsreserven (ausschließlich Währungsbereiche außerhalb der EWWU) im Gegenwert von 50 Mrd. Euro ausgestattet. – 2. *Aufgabe* der EZB und des ESZB ist die Festlegung und Ausführung der Geldpolitik der EU, wobei das (im EGV und im EZB-Statut festgehaltene) Ziel der Preisstabilität gewahrt werden muss. Die EZB hat das ausschließliche Recht, die Ausgabe von Euro-Banknoten zu genehmigen. Die EZB soll die allg. Wirtschaftspolitik der EU unterstützen, ohne jedoch die Preisstabilität zu beeinträchtigen, wobei versucht wird, die Inflationsrate bei unter 2 Prozent im Vergleich zum Vorjahr zu halten. Dieses Ziel wird durch die Kontrolle der Geldmenge, u.a. durch Festlegung von Leitzinssätzen, und Beobachtung der Preisentwicklung verfolgt. Die EZB ist in der Wahrnehmung ihrer Aufgaben völlig unabhängig. – 3. Seit dem 1.1.2002 haben 17 EU-Mitgliedsstaaten den Euro als Gemeinschaftswährung eingeführt und bilden gemeinsam die sog. *Euro-Zone.* 2007 wurde der Euro in Slowenien, 2008 in Malta und Zypern, 2009 in der Slowakei und 2011 auch in Estland als Währung eingeführt. – 4. *Organe:* (1) *Direktorium* (EZB-Präsident, EZB-Vizepräsident und vier weitere Mitglieder); (2) *EZB-Rat* (Mitglieder des Direktoriums sowie die Präsidenten der NZBs der teilnehmenden Mitgliedsstaaten); (3) *Erweiterter Rat* (EZB-Päsident, EZB-Vizepräsident und die NZB-Präsidenten aller Mitgliedsstaaten). – 5. *EU-Erweiterung:* Die Erweiterungen der EU bedeuten nicht, dass die neuen Mitgliedsstaaten automatisch an der Wirtschafts- und Währungsunion teilnehmen. Hierfür müssen sie die sog. → Konvergenzkriterien erfüllen. Schon vor ihrem Beitritt können diese Länder am → EWS teilnehmen, d.h. ihre Währung an den Euro koppeln.

Europarat – *Council of Europe;* Zusammenschluss von 47 europäischen Länder zur allg. Zusammenarbeit in politischen, kulturellen, sozialen und wirtschaftlichen Fragen, gegründet am 5.5.1949 in London aufgrund einer Entschließung des Kongresses der Europäischen Unionsbewegung in Den Haag 1948 und der Initiative der Signaturstaaten des Paktes zur kollektiven Verteidigung und zur wirtschaftlichen, sozialen und kulturellen Zusammenarbeit (Brüsseler Pakt), dem Vorläufer der Westeuropäischen Union (→ WEU). – *Sitz:* Straßburg. – *Organe:* (1) Ministerkomitee aus je einem Vertreter (Außenminister) der Mitgliedsstaaten; (2) Parlamentarische Versammlung aus von den nationalen Parlamenten gewählten Vertretern aller Mitgliedsstaaten mit verschiedenen Ausschüssen; (3) Generalsekretariat; seit 1994 Kongress für Lokale und Regionale Behörden in Europa. – *Wichtigste Tätigkeitsgebiete:* Wahrung der Menschenrechte (u.a. Europäische Konvention zum Schutz der Menschenrechte und Grundfreiheiten mit Errichtung einer Europäischen Kommission sowie eines Europäischen Gerichtshofs für Menschenrechte), Sozialpolitik, Wirtschafts- und Bevölkerungspolitik, Rechts- und Strafwesen, kulturelle Zusammenarbeit, Sport und Jugendfragen, Umweltprobleme, Fragen der Kommunalverwaltung und Regionalplanung sowie Fragen der Denkmal- und Landschaftspflege.

European Association of Craft, Small and Medium-sized Enterprises → UEAPME.

European Bank for Reconstruction and Development → EBRD.

European Currency Unit → ECU; abgelöst durch die gemeinsame EU-Währung → Euro.

European Energy Exchange → Strombörse, mittlerweile auch European Power Exchange (EPEX).

European Free Trade Association → EFTA.

European Patent Office (EPO) → Europäisches Patentamt (EPA).

European Recovery Program → ERP.

Euroraum – Gebiet der 17 Länder (2013), die den Euro eingeführt haben.

EUROSTAT – *Statistisches Amt der Europäischen Union* mit Sitz in Luxemburg. Verantwortlich für die Erhebung und Veröffentlichung von Statistiken der → EU (insbesondere Handel), die nationalen Statistikämter der Mitgliedsstaaten arbeiten EURSTAT zu und melden regelmäßig nationale Daten; siehe auch Statistisches Bundesamt (DESTATIS).

Eurosystem – Das Eurosystem besteht aus der → Europäischen Zentralbank (EZB) und derzeit 17 nationalen → Zentralbanken der EU-Mitgliedsstaaten, die den → Euro in der dritten Stufe der Europäische Wirtschafts- und Währungsunion (→ EWWU) eingeführt haben. Die nationalen Zentralbanken der Mitgliedsstaaten, die noch nicht dem Eurowährungsgebiet beigetreten sind, zählen zwar zum → ESZB, aber nicht zum Eurosystem. Das Eurosystem nimmt die Hoheitsrechte im Bereich der Geld- und Währungspolitik für die Mitgliedsstaaten der Währungsunion wahr. Vorrangiges Ziel des Eurosystems ist die Gewährleistung der Preisstabilität. Hauptaufgaben des Eurosystems sind die Festlegung und Ausführung der Geldpolitik der Gemeinschaft, die Durchführung der gemeinschaftlichen Devisenmarkttransaktionen sowie die Haltung und Verwaltung der → Währungsreserven. Daneben soll es den reibungslosen Zahlungsverkehr fördern und eine Reihe von Beratungs- und Informationsfunktionen wahrnehmen. In seinen geldpolitischen Entscheidungen ist das Eurosystem grundsätzlich unabhängig von sonstigen Trägern der Wirtschaftspolitik auf nationaler wie auch Gemeinschaftsebene (Unabhängigkeit der Zentralbank). – Vgl. auch → EU.

Euroumrechnungskurse – Die Teilnehmerländer am Eurowährungsraum haben sich am 2.5.1998 in Brüssel über das Verfahren zur Bestimmung der unwiderruflich festen Umrechnungskurse für den → Euro am 1.1.1999 geeinigt. Die am 2.5.1998 im Europäischen Währungssystem (→ EWS) geltenden bilateralen Leitkurse der Währungen der Mitgliedsstaaten der Europäischen Währungsunion (EWU) wurden für die unwiderrufliche Festlegung der Umrechnungskurse für den Euro verwendet. Diese Kurse entsprachen (angeblich) den wirtschaftlichen Grunddaten und sind mit einer dauerhaften Konvergenz der Wirtschaftsentwicklung der am Eurowährungsgebiet teilnehmenden Mitgliedsstaaten vereinbar. Die Zentralbanken der Mitgliedsstaaten, die den Euro als einheitliche Währung einführten, stellen mithilfe geeigneter Markttechniken sicher, dass die am Devisenmarkt am 31.12.1998 geltenden Kurse, die im Rahmen der regelmäßigen Konzertation zur Berechnung der Tageskurse der offiziellen ECU festgestellt wurden, den in der Übersicht „Euro-Umrechnungskurse" dargestellten Paritätengitter festgelegten bilateralen EWS-Leitkursen entsprechen.

Eurowährungsgebiet – *Euroland;* geografisches Gebiet, in dem der Euro die nationale Währung ist. Das Eurowährungsgebiet wurde zum 1.1.1999 mit dem Start der Eurogeldpolitik gegründet und umfasst seit dem Beitritt Griechenlands zum 1.1.2001, Sloweniens zum 1.1.2007, den Beitritten Zyperns und Maltas zum 1.1.2008, dem Beitritt der Slowakei am 1.1.2009 sowie dem Beitritt Estlands am 1.1.2011 17 Staaten (Deutschland, Frankreich, Italien, Belgien, Niederlande, Luxemburg, Spanien, Portugal, Österreich, Finnland, Irland, Griechenland, Slowenien, Zypern, Malta, Slowakei und Estland).

Eurowährungsraum → Euro, Europäische Währungsunion (EWU).

EU-Sozialcharta – 1957 wurden in der Präambel des EWG-Vertrags (→ EWGV) unter den angestrebten Zielen der „wirtschaftliche und soziale Fortschritt" der Mitgliedsstaaten und „die stetige Besserung der Lebens- und Beschäftigungsbedingungen ihrer Völker" aufgeführt. 1989 wurde vom → Europäischen Rat (seinerzeit zunächst gegen die Stimme Großbritanniens) die EWG-Gemeinschaftscharta der Sozialen Grundrechte der Arbeitnehmer beschlossen. In diesem Dokument wurde die bisherige sozialpolitische Rolle der Gemeinschaft festgeschrieben und die Absicht zum Ausdruck gebracht, dass der wirtschaftliche Integrationsprozess auch von einer Weiterentwicklung der gemeinschaftlichen Sozialpolitik begleitet sein soll. – Die EU-Sozialcharta hatte bis zur Übernahme in den Vertrag von Nizza keine rechtlichen Bindungswirkungen und stellte primär eine *politische Absichtserklärung* dar. Die *Charta der Grundrechte,* die am 7.12.2000 in Nizza verkündet wurde, greift u.a. die in der Sozialcharta erklärten Rechte auf.

EU-Technologiepolitik → Technologiepolitik.

EU-Umweltpolitik → europäische Umweltpoltik.

EUV – Abk. für *Vertrag über die Europäische Union;* mit dem → Maastrichter Vertrag wurde der EUV unterzeichnet und neben den damals noch drei Europäischen Gemeinschaften (→ EGKS, → EAG, → EWG) eingeführt (jetzt besteht neben der → EU nur noch die EAG). Das Drei-Säulen-Modell erklärte die Dachstruktur des EUV über den drei Gemeinschaften (die gemeinsam die sog. Erste Säule der EU bilden) und die Ergänzung des Ordnungsrahmens um zwei weitere Säulen: die → GASP und die *Zusammenarbeit in den Bereichen Justiz und Inneres.* Mit dem Vertrag von Lissabon ist der EUV erneut geändert worden. Die EG hat ihre Rechtspersönlichkeit verloren und die EU hat *Rechtspersönlichkeit* gewonnen. Zahlreiche Vorschriften sind aus dem EGV – geändert – in den EUV übernommen worden. Das Drei-Säulen-Modell ist nicht mehr gültig und ersetzt worden in das „Gemeinsame-Haus-Modell".

EU-Vertrag – Der *Vertrag über die Europäische Union* (→ EUV) wurde am 7.2.1992 mit dem → Maastrichter Vertrag von den Mitgliedsstaaten der EWG-12 unterzeichnet und galt seit dem 1.11.1993. Der EUV bestand zunächst aus den Art. A bis S. Mit dem → Amsterdamer Vertrag, der am 1.5.1999 in Kraft getreten ist, wurden die Art. J.1 bis J.17 und K.1 bis K.17 eingefügt. Durch den Vertrag von Nizza, der am 1.2.2003 in Kraft getreten ist, wurden die Art. A bis S EUV umbenannt in Art. 1 bis 53 EUV. Mit dem Vertrag von Lissabon ist der EUV erneut geändert worden. Zahlreiche Inhalte wurden aus dem → EGV übernommen und der EGV enthält seitdem 55 Artikel. Die EU hat damit Rechtspersönlichkeit erhalten, die EG ist vollständig in der EU aufgegangen und hat ihre eigenständige Rechtspersönlichkeit verloren. – Vgl. auch → Maastrichter Vertrag, Vertrag von Lissabon, → Europäische Gemeinschaft (EG), Europäische Wirtschaftsgemeinschaft (→ EWG), Europäische Atomgemeinschaft (→ EAG, Euratom).

EU-Wettbewerbsrecht → Europäisches Kartellrecht.

EVI – Abk. für *Economic Vulnerability Index*; basiert auf den Indikatoren (1) Unbeständigkeit in der landwirtschaftlichen Produktion, (2) Unbeständigkeit bei Export von Gütern und Dienstleistungen, (3) die wirtschaftliche Bedeutung der nichtklassischen Wirtschaftszweige an der Gesamtwirtschaft, (4) Exportdichte und (5) internationale wirtschaftliche Bedeutung.

Evidenzbasierung – Der Begriff der Evidenzbasierung im Bildungssystem ist in Deutschland eng mit der PISA-Studie verknüpft. PISA hat den Trend zu einer verstärkten Evidenzbasierung im Bildungssystem und in der Bildungsforschung, der bereits mit der Rezeption der Befunde der TIMSS-Studie begonnen hatte, wesentlich verstärkt. Evidenzbasierung bedeutet in diesem Zusammenhang die Stützung von Entscheidungen bzw. die Weiterentwicklung von Theorien auf der Basis von sozialwissenschaftlichen Daten, die mithilfe der jeweils besten Studiendesigns und Analysemethoden gewonnen werden. In der Nachfolge von PISA wurde das Institut zur Qualitätsentwicklung im Bildungswesen (IQB) in Berlin gegründet, das die Länder der Bundesrepublik Deutschland bei der Qualitätssicherung und Weiterentwicklung von Bildungserträgen unterstützt, insbes. im Rahmen der Weiterentwicklung, Operationalisierung, Normierung und Überprüfung von Bildungsstandards. Ein vom Bundesministerium für Bildung und Forschung (BMBF) sowie der Kultusministerkonferenz finanziell geförderter indikatorengestützter Nationaler Bildungsbericht nimmt seit 2006 alle zwei Jahre eine umfassende Bestandsaufnahme des Bildungssystems vor. Seit 2007 fördert das BMBF im Rahmen eines koordinierten Forschungsförderprogramms Projekte in dem Bereich der Empirischen Bildungsforschung, einem interdisziplinären Forschungsfeld, zu dem u.a. die Erziehungswissenschaft, Psychologie, Soziologie, Wirtschaftswissenschaft sowie verschiedene Fachdidaktiken beitragen.

EVO – Abk. für → Eisenbahn-Verkehrsordnung.

evolutionäre Erkenntnistheorie – Biologische Erkenntnistheorie, die Geist als eine Systemeigenschaft des Gehirns begreift und davon ausgeht, dass zwischen dem menschlichen Erkenntnisapparat und der Außenwelt eine weitgehende Analogie besteht. – Vgl. auch → Konstruktivismus, → Systemmanagement.

evolutorische Ökonomik – 1. *Einordnung:* Die Vertreter der evolutorischen Ökonomik stehen in der Denk-Tradition J.A. Schumpeters und begreifen Wirtschaften als einen offenen, evolutorischen Vorgang, der zeit- und pfadabhängig und insofern irreversibel ist. Im Zentrum der evolutorischen Ökonomik stehen nicht Bedingungen, Existenz, Eindeutigkeit und Stabilität von Gleichgewichten, sondern Entwicklung und Wandel durch die fortlaufende Entstehung und Ausbreitung von Neuerungen. Vertreter der evolutorischen Ökonomik fragen v.a. nach der langfristigen Entwicklung von Technologien, Institutionen, Industriestrukturen und einzelnen/mehreren Volkswirtschaften (modelliert als Koevolution). Sie arbeiten empirisch-induktiv, indem sie in ihrer Modellbildung von Erkenntnissen der empirischen Innovations- und Diffusionsforschung ausgehen. – 2. *Elemente des Paradigmas:* Die evolutorische Ökonomik hat das „Schumpetersche Erbe" weiterentwickelt, benutzt den Denk-Prinzip der → Selbstorganisationstheorie und verwendet Konzepte aus verschiedenen Evolutionstheorien, z.B. Mutation, Selektionsfaktoren, Zufall, Irreversibilität. – 3. *Modelle:* In der evolutorischen Ökonomik lassen sich grob zwei Forschungsrichtungen unterscheiden: Eine, deren Modelle eine quantitativen-formalen Charakter haben, und eine zweite Richtung, deren Vertreter hauptsächlich mit qualitativen Modellen arbeiten, aufgrund der → Komplexität der von ihnen behandelten Fragen. – Vgl. auch → ökologische Kompatibilität, → Systemmanagement.

EWA – Abk. für → Europäisches Währungsabkommen.

EWG – Abk. für *Europäische Wirtschaftsgemeinschaft*.

I. **Überblick:** Die Europäische Wirtschaftsgemeinschaft (EWG) war eine der drei Europäischen Gemeinschaften (die EWG wurde mit dem → Maastrichter Vertrag in → EG umbenannt; mit dem Vertrag von Lissabon hat sie ihre Rechtspersönlichkeit verloren und ist in der → EU aufgegangen; daneben besteht noch immer die → EAG; seit 23.7.2002 ist der → EGKS-Vertrag nicht mehr gültig, die zunächst drei Gemeinschaften haben sich auf eine – die EAG – reduziert), auf denen die Europäische Union (EU) basiert. – Seit der in Maastricht beschlossenen Reform der Gründungsverträge (in Kraft seit 1.11.1993) heißt die EWG „Europäische Gemeinschaft". Die Abkürzung „EG" („Europäische Gemeinschaften") wurde zugleich für die drei bzw. zwei Gemeinschaften als Ganzes verwendet, ist jedoch unpräzise. – Die EWG war eine supranationale Körperschaft des Völkerrechts. Der Gründungsvertrag (EWG-Vertrag, → EWGV) wurde am 25.3.1957 in Rom unterzeichnet (einer der sog. Römischen Verträge) und trat am 1.1.1958 zusammen mit dem EURATOM-Vertrag (→ EAGV) in Kraft. Sowohl die Fusion der Organe (1967) der drei Gemeinschaften (EWG, EAG, EGKS) als auch die Einbettung des E(W)G-Vertrags in den Vertrag über die Europäische Union (EUV) bedeuten 1993 keine Verschmelzung der drei Gemeinschaften. Mit dem Vertrag von Lissabon ist der EGV umbenannt in den „Vertrag über die Arbeitsweise der Europäischen Union" (→ AEUV). Gleichzeitig verliert die EG ihre Rechtspersönlichkeit und geht vollständig in der EU auf, die Rechtspersönlichkeit gewinnt. Daneben bleibt von den Gründungsgemeinschaften nur die EAG (EURATOM) bestehen. Die Geltungsdauer des E(W)G-Vertrags war zeitlich unbegrenzt nach Art. 312 EGV; gleiches gilt nun für den EUV und den AEUV, Art. 356 AEUV. Die EWG bestand vom 1.1.1958 bis 31.12.1992, die EG von 1.1.1993 bis 30.11.2009. Seitdem ist die EG in der EU aufgegangen.

II. Gründung und Mitgliedsstaaten: Die sechs Mitgliedstaaten der → EGKS (Belgien, Bundesrepublik Deutschland, Frankreich, Italien, Luxemburg und die Niederlande) beschlossen auf der Konferenz von Messina (1./2.6.1955), eine gemeinsame → Zollunion zu errichten, die sämtliche Sektoren ihrer jeweiligen Volkswirtschaften umfasst. Neben den wirtschaftspolitischen Absichten, die mit der Errichtung der EWG verbunden waren, bestanden stets auch allgemeinpolitische Ziele (z.B. Wohlstandsmehrung als Grundlage einer gedeihlichen innenpolitischen Entwicklung der Mitgliedstaaten, Friedenssicherung, soziale Entwicklung).

III. Novellierungen des EWGV, Entstehung der EG und AEUV: Nach der Verwirklichung der ersten Integrationsstufe (Vollendung der → Zollunion zum 1.7.1968) wurden die wirtschaftspolitischen Ziele im Zuge von bisher vier Vertragsreformen fortentwickelt und erweitert: a) Die erste grundlegende Neufassung des EWG-Vertrags erfolgte erst 1986/87 in Gestalt der sog. → EEA *(Einheitliche Europäische Akte);* gleichzeitig wurden der EGKS-Vertrag und der EURATOM-Vertrag(EAG) an den durch die EEA reformierten EWGV angepasst. – b) Die zweite grundlegende Reform der Gründungsverträge durch den am 1.11.1993 in Kraft getretenen sog. Vertrag über die Europäische Union; → Maastrichter Vertrag) betrifft ebenfalls ganz überwiegend den EWG-Vertrag, der gleichzeitig in EG-Vertrag (→ EGV) umbenannt wurde. Insbesondere wurde hier die Ergänzung des → Binnenmarkts um eine Wirtschafts- und Währungsunion beschlossen. – c) Die dritte, in Amsterdam im Juni 1997 beschlossene Novellierung des sog. gemeinschaftlichen Primärrechts trat am 1.5.1999 in Kraft (sog. → Amsterdamer Vertrag). – d) Der vierte, in Nizza im Februar 2001 unterzeichnete Vertrag (*Vertrag von Nizza*) trat am 1.2.2003 in Kraft. – e) Der fünfte, in Lissabon im Dezember 2007 unterzeichnete Vertrag (*Vertrag von Lissabon*) ist am 1.12.2009 in Kraft getreten. Dadurch hat die EG ihre Rechtspersönlichkeit verloren, sie geht endgültig in der EU auf, die eigene Rechtspersönlichkeit gewonnen hat. Mit dieser Reform wird der EGV in → AEUV umbenannt und wesentliche Elemente des gescheiterten Vertrags über eine Europäische Verfassung werden übernommen. Durch diese Reform soll die Handlungsfähigkeit der EU auch mit 27 Mitgliedstaaten erhalten bleiben, z.B. durch vereinfachte Abstimmungsverfahren bei Entscheidungen.

IV. Aufgaben: 1. *Ziele und Aufgabenzuweisungen gemäß Gründungsvertrag:* Im Unterschied zur EGKS und der EAG war die EWG von Anfang an auf die Integration *aller* Wirtschaftssektoren der beteiligten Länder ausgerichtet. Dem lag die Absicht zugrunde, über eine verbesserte Ressourcenallokation zur besseren Erreichung der wirtschaftspolitischen Oberziele beizutragen und zugleich ganz allg. „engere Beziehungen zwischen den Staaten zu fördern, die in der Gemeinschaft zusammengeschlossen sind" (Art. 2 EWGV von 1957). Integrationspolitisches Ziel des EWGV von 1957 war die Errreichung einer Zollunion bis zum 1.1.1970 (bereits zum 1.7.1968 verwirklicht). Als eine Konsequenz der Option für das Konzept der Zollunion besitzt die EWG seit dem 1.1.1973 die alleinige handelspolitische Kompetenz gegenüber Drittstaaten (gemeinsame Handelspolitik, ex-Art. 131 ff. EGV, Art. 206 ff. AEUV). Für den Agrarsektor gelten unter Beachtung der spezifischen Bestimmungen der Art. 45-48 AEUV (ex-Art. 39–42 EGV) ebenfalls die allg. Vorschriften über den Gemeinsamen Markt, analog für die Verkehrspolitik (Art. 90-100 AEUV, ex-Art. 70–80 EGV). Außerdem beinhaltete der E(W)GV seit Anfang an umfangreiche gemeinsame Wettbewerbsregeln und das Postulat, die mitgliedsstaatlichen Rechtsvorschriften aneinander anzugleichen, soweit dies „für das ordnungsgemäße Funktionieren des gemeinsamen Marktes erforderlich ist". Im Übrigen enthielt der Gründungsvertrag gewisse Ansätze für eine gemeinsame Sozialpolitik. – 2. *Ausweitung der Gemeinschaftskompetenzen:* a) Durch die EEA wurde die bestehende Zollunion im Wege der Harmonisierung einer großen Zahl nicht tarifärer Handelshemmnisse bis Ende 1992 zum → Einheitlichen Binnenmarkt (Raum ohne Binnengrenzen) weiterentwickelt; außerdem wurde der Europäische Fonds für regionale Entwicklung (→ EFRE) durch die EEA im EWGV verankert und die Arbeitsweise der Strukturfonds reformiert. Im Zusammenhang mit der EEA sind ferner die Umwelt-, Forschungs- und Technologiepolitik sowie das Ziel des wirtschafts- und sozialpolitischen Zusammenhalts (Kohäsion) in den EWGV einbezogen worden. – b) Der am 1.11.1993 in Kraft getretene *Vertrag über die Europäische Union* (Maastricher Vertrag) hat die (zugleich fortentwickelten) Bestimmungen des EWGV unter der Neubezeichnung EG-Vertrag (EGV) übernommen. Im Zuge dieser zweiten grundlegenden Novellierung des (ehemaligen) EWGV wurden bestehende Gemeinschaftskompetenzen ausgeweitet und auch mehrere neue Zuständigkeiten der Gemeinschaft geschaffen. Die seit Anbeginn bestehenden allg. Zielsetzungen des EWGV wurden in Form eines umfangreichen Katalogs expliziter Einzelziele in Art. 3 EGV präzisiert. – c) Die 1999 in Kraft getretene *Reform des EU-Vertrages* (→ Amsterdamer Vertrag) brachte im Hinblick auf den EGV v.a. eine beträchtliche Straffung der Entscheidungsverfahren.

EWGV – Abk. für *Vertrag über die Europäische Wirtschaftsgemeinschaft*; der Gründungsvertrag der → EWG (EWG-Vertrag, EWGV) wurde am 25.3.1957 in Rom unterzeichnet (einer der sog. → Römischen Verträge) und ist am 1.1.1958 zusammen mit dem → EURATOM-Vertrag (→ EAGV) in Kraft getreten.

EWI – Abk. für *Europäisches Währungsinstitut*. 1. *Gegenstand:* Das EWI wurde mit Beginn der zweiten Stufe (1.1.1994) der Europäischen Wirtschafts- und Währungsunion (→ EWWU, Europäische Währungsunion (EWU)) in Frankfurt a.M. errichtet. Mit der Errichtung der → Europäischen Zentralbank (EZB) am 1.6.1998 wurde das EWI aufgelöst. Das EWI besaß eigene Rechtspersönlichkeit; seine Mitglieder waren die Zentralbanken der EU-Mitgliedsstaaten. – 2. *Aufgaben und Befugnisse:* Das EWI besaß keine geldpolitischen Steuerungsfunktionen. Nach seiner Errichtung hatte das EWI die operationellen Aufgaben des → EFWZ (Europäischer Fonds für währungspolitische Zusammenarbeit), insbesondere im Zusammenhang der Finanzierung und der Organisation von Devisenmarktinterventionen, sowie die Funktionen des Ausschusses der Gouverneure der EU-Zentralbanken übernommen. – Hauptaufgaben: Überwachung des Funktionierens des → EWS (Europäisches Währungssystem), Vorbereitung der Währungsunion.

EWR – Abk. für *Europäischer Wirtschaftsraum*. 1. *Gegenstand:* → Freihandelszone zwischen der → EU und der Europäischen Freihandelsassoziation (→ EFTA), jedoch ohne Teilnahme der Schweiz (damit nehmen nur Island, Liechtenstein und Norwegen teil). Das EWR-Abkommen sieht neben weit reichenden wechselseitigen Handelspräferenzen bei gewerblichen Produkten auch gewisse Anpassungen der EFTA-Staaten an das EU-Recht vor. – 2. Am 2.5.1992 erfolgte die *Unterzeichnung* des „Abkommens über den Europäischen Wirtschaftsraum". Am 1.1.1994 ist das → EWR-Abkommen in Kraft getreten (für Liechtenstein erst am 1.5.1995). Aus Sicht des EU-Rechts handelt es sich beim EWR-Vertrag um ein → Assoziierungsabkommen nach Maßgabe von Art. 217 AEUV. – 3. *Ziele und spezifische Merkmale:* Zweck des EWR ist die Verwirklichung eines gemeinsamen Wirtschaftsraums, welcher grundsätzlich dem → Einheitlichen Binnenmarkt ähneln soll, ohne dass die teilnehmenden EFTA-Staaten der EU beitreten müssen. Die beteiligten EFTA-Staaten haben sich verpflichtet, die vier Grundfreiheiten des Einheitlichen Binnenmarkts (freier Waren-, Personen-, Dienstleistungs- und Kapitalverkehr) sowie die Wettbewerbsregeln des E(W)G-Vertrags in ihr innerstaatliches Recht zu übernehmen. Durch das EWR-Abkommen wurden zahlreiche Bestimmungen des Gemeinschaftsrechts auf die beteiligten EFTA-Staaten ausgeweitet, um einen einheitlichen Wirtschaftsraum zu schaffen. Ausgeklammert wurden die Zollunion sowie eine Vereinheitlichung der Währung. Im Zweifel haben für die EFTA-Staaten die EWR-Vorgaben Vorrang gegenüber den entsprechenden Bestimmungen der → Stockholmer Konvention. Die Grenzkontrollen zwischen der EU und den am EWR beteiligten EFTA-Staaten bleiben jedoch bestehen. Denn in der Handelspolitik gegenüber dritten Ländern bleiben die Vertragspartner autonom. Dem Wesen einer Freihandelszone folgend, wurden alle Zölle zwischen den Mitgliedern des EWR aufgehoben. Eine Harmonisierung der Zölle gegenüber der restlichen Welt sowie der indirekten Steuern ist nicht beabsichtigt. Außerdem beinhaltet das EWR-Abkommen (im Unterschied zum Einheitlichen Binnenmarkt) keine gemeinsame Agrarpolitik. Ausgeklammert aus dem EWR-Vertrag bleiben weiterhin das Ziel einer gemeinsamen Wirtschafts- und Währungspolitik sowie der Bereich der Gemeinsamen Außen- und Sicherheitspolitik (→ GASP). Neben einer Vertiefung der Zusammenarbeit in der Umweltpolitik, in Ausbildungs- und Verbraucherschutzangelegenheiten sowie in Fragen der Sozial- und der Forschungspolitik leisten am EWR beteiligte die EFTA-Staaten außerdem Beiträge zur Finanzierung der Entwicklung wirtschaftlich rückständiger EU-Regionen (→ Kohäsionsfonds). – 4. *Organe:* Die Durchführung des EWR-Vertrags sowie die Überwachung seiner Bestimmungen obliegt dem EWR-Rat (gemeinsames Entscheidungsgremium); dem gemeinsamen Ausschuss (Joint Committee; geschäftsführendes Organ); dem Parlamentarischen EWR-Ausschuss (setzt sich paritätisch aus Mitgliedern des → Europäischen Parlaments sowie der Parlamente der teilnehmenden EFTA-Staaten zusammen) und dem EWR-Schiedsgericht. – 5. *Heranführung an die EU:* Die Gesamtheit der im Abkommen enthaltenen Regelungen macht deutlich, dass der EWR auch der Vorbereitung der EFTA-Staaten auf einen etwaigen späteren Beitritt zur EU dienen soll. Ein formelles Mitentscheidungsrecht der EFTA-Staaten hinsichtlich der Weiterentwicklung des EU-Rechts besteht weiterhin nicht. Nach Art. 128

EWR-Abkommen muss jedes Land, welches der EU beitreten möchte, gleichzeitig Mitglied des EWR werden.

EWS – Abk. für *Europäisches Währungssystem*. Nach zwei früheren, in den 1970er-Jahren fehlgeschlagenen Anläufen zur Schaffung einer Währungsunion am 13.3.1979 in Kraft getreten (sog. *Wechselkursmechanismus I*). Seit dem 1.1.1999 regelt der WechselkursmechanismusII (EWS II) die währungspolitischen Beziehungen zwischen der → *Europäischen Zentralbank* (EZB) und den EU-Mitgliedsstaaten, die vorerst noch nicht an der dritten Stufe der Europäischen Währungsunion (EWU) und der Gemeinschaftswährung → Euro teilnehmen.

EWU – Abk. für *Europäische Währungsunion*.

EWWU – Abk. für *Europäische Wirtschafts- und Währungsunion;* Kernziel der Europäischen Union (→ EU). Nach Art. 3 IV EUV errichtet die EU eine WWU, deren Währung der Euro ist. Laut ex-Art. 2 EGV hat die EWWU die Zielsetzung, innerhalb der Gemeinschaft ein beständiges, nicht-inflationäres und umweltverträgliches Wachstum, einen hohen Grad an Konvergenz der Wirtschaftsleistungen, ein hohes Beschäftigungsniveau, ein hohes Maß an sozialem Schutz, die Hebung der Lebenshaltung und der Lebensqualität, den wirtschaftlichen und sozialen Zusammenhalt sowie die Solidarität zwischen den Mitgliedsstaaten zu fördern. Zweck der EWWU ist es gemäß Art. 120 AEUV, den Einheitlichen Binnenmarkt in ein Wirtschaftsgebiet mittels einer einheitlichen Wirtschaftspolitik zu transformieren, sodass Mitgliedsstaaten, ihre Wirtschaftspolitik als „eine Angelegenheit von gemeinsamem Interesse" ansehen und im Rahmen des → Rats der Europäischen Union koordinieren. Dies geschieht nach Maßgabe von Art. 119 AEUV auf der Basis marktwirtschaftlicher Ordnungsprinzipien, wobei die jeweiligen Politiken vorrangig am Ziel der Preisniveaustabilität sowie an den Grundsätzen einer offenen Marktwirtschaft mit freiem Wettbewerb, der Wahrung gesunder öffentlicher Finanzen und des langfristigen außenwirtschaftlichen Gleichgewichts auszurichten sind. – Durchsetzung der → *Wirtschaftsunion*: Die Wirtschaftspolitik der Mitgliedsländer wird vom Rat überwacht und bewertet. Entspricht das Verhalten eines Mitgliedsstaates nicht den genannten Grundsätzen, so kann der Rat konkrete Empfehlungen an den jeweiligen Staat richten. Dies ist bes. für die Fiskal- und Lohnpolitik der Mitgliedsstaaten von Bedeutung, weil diesbezügliche Zuständigkeiten im Gegensatz zur Geldpolitik [Europäische Währungsunion (EWU)] nicht auf die Gemeinschaft übertragen wurden. Im Hinblick auf ihre Fiskalpolitik sind die Mitgliedsstaaten verpflichtet, „übermäßige Defizite" zu vermeiden (Art. 126 I AEUV). Im Hinblick auf die (nationalen) Haushaltspolitiken ist bestimmt worden, dass öffentliche Defizite weder vom Europäischen System der Zentralbanken (ESZB); bestehend aus der Europäischen Zentralbank und den nationalen Zentralbanken) noch durch bevorrechtigten Zugang zu Kreditinstituten finanziert werden dürfen (Art. 123 und 124 AEUV). Hinzu kommt, dass weder die EU noch die Mitgliedsstaaten für die Verbindlichkeiten der öffentlichen Haushalte anderer Mitgliedsstaaten haften (Art. 125 AEUV).

Existenzgründungsförderung – Maßnahmen der → *Wirtschaftsförderung*, die Unterstützung bei der Gründung von Unternehmen oder bei der Aufnahme einer selbstständigen Erwerbstätigkeit geben. Teils spezielle Fördermaßnahmen für bestimmte Unternehmens- oder Personengruppen, z.B. technologieorientierte Unternehmensgründungen. – *Programme/Maßnahmen:* (1) Kredite (Darlehen für sog. Klein- und Kleinstgründungen; → *Unternehmerkapital*; → *Unternehmerkredit*) sowie Beratungs- und Vermittlungsangebote der → *Kreditanstalt für Wiederaufbau* (KfW) (Förderprogramme auch zur Bereitstellung von Beteiligungskapital bzw. Risikokapital); (2) Gemeinschaftsprogramme von Bund, Land und Banken; (3) → *Ausfallbürgschaften* von Bürgschaftsbanken; (4) Leistungen der Agenturen für Arbeit (Arbeitsamt) zur Sicherstellung des Lebensunterhalts und zur sozialen Sicherung (Überbrückungsgeld; Existenzgründerzuschuss, auch als Ich-AG bezeichnet); (5) Hilfen des Europäischen Sozialfonds (ESF) zur Gründung einer selbstständigen Existenz; (6) Kredite des Sozialamts an Sozialhilfeempfänger als Anschubfinanzierung für eine Gründung.

Existenzminimum – 1. *Begriff:* nach dem Lebensstandard der einzelnen Länder für den Lebensunterhalt als notwendig erachtete und anerkannte Mittel. Die Definition ist immer kulturspezifisch und relativ. – 2. *Arten:* (1) *physisches* Existenzminimum. Dieses umfasst die Mittel, die zur Befriedigung der materiellen Bedürfnisse notwendig sind, um zu überleben. Dies sind v.a. Nahrung, Kleidung, Wohnung und eine medizinische Notfallversorgung. (2) *soziokulturelles* Existenzminimum. Dieses garantiert über das physische Existenzminimum hinaus ein Recht auf Teilhabe am gesellschaftlichen (sozialen), kulturellen und politischen Leben. – Vgl. auch → *Existenzminimum-Theorien des Lohns*.

Existenzminimum-Theorien des Lohns – diejenigen → *Lohntheorien*, nach denen Abweichungen des Lohnes vom Existenzminimumlohn (Lohn zur Sicherung des physiologischen bzw. kulturellen → *Existenzminimums*) nur kurzfristig möglich sind. Seit den 1980er-Jahren wurden Modelle von Grundeinkommen, negativer Einkommensteuer und einer bedarfsorientierten sozialen Grundsicherung auch losgelöst von der Erwerbsarbeit entwickelt. – Bei den Klassikern der Politischen Ökonomie wurde die Lohnhöhe durch ein historisch und sozial veränderliches Subsistenzniveau bestimmt. Dieses ist nicht in einem biologischen Sinne zu verstehen, sondern wird aus den jeweiligen sozialen Bedingungen heraus bestimmt. – Vgl. auch → ehernes Lohngesetz, → natürlicher Lohn, → Verteilungstheorie.

expansive Lohnpolitik – u.a. von gewerkschaftlicher Seite vorgeschlagenes Konzept, das durch Nominallohnerhöhungen, die über den Produktivitätsfortschritt hinausgehen, sowohl die → Lohnquote als auch das Volkseinkommen real steigern soll. – Vgl. auch → Lohnpolitik, → Nominallohnpolitik, → produktivitätsorientierte Lohnpolitik.

Exploitation → Ausbeutung.

Exploration – Verfahren der Forschungsplanung im Rahmen der empirischen Sozialforschung. Exploration dient zur Vervollständigung und Erweiterung vorhandener Problembeschreibung. Sie geschieht u.a. durch sekundäranalytische Auswertungen von Datenmaterial und Durchführung von Vorstudien bzw. Pilotprojekten.

Exportförderung – *Ausfuhrförderung.* 1. *Begriff und Ziele:* a) *Begriff:* staatliche Förderung der Exporte, darunter (1) private Maßnahmen wie Gemeinschaftswerbung, gemeinschaftliche Exportkreditfinanzierung der Exporteure, Tätigkeit von Auslandshandelskammern etc.; (2) mittelbare und unmittelbare staatliche Maßnahmen (Exportförderung i.e.S.). – b) *Ziele:* i.d.R. Erzielung eines Handelsbilanzüberschusses bzw. Verminderung eines Handelsbilanzdefizits, wenn die Einfuhr nicht gedrosselt werden soll, auch Aufrechterhaltung bzw. Erzielung eines hohen Beschäftigungsgrades, bei staatlichen Außenhandelsmonopolen häufig politische Motive. – 2. *Instrumente der staatlichen Exportförderung:* a) *unmittelbare fiskalische Maßnahmen:* Exportsubventionen, → Ausfuhrprämien, Ausfuhrgarantien und -bürgschaften (z.B. in Deutschland durch die Exportkreditgarantien des Bundes, sog. *Euler-Hermes-Deckungen*), Ausfuhrerstattungen bei landwirtschaftlichen Marktordnungsprodukten, Zinszuschüsse bei Exportkrediten, Investitionshilfen (auch für Auslandsniederlassungen), Ausnahmetarife der Verkehrsmittel für Exportgüter (z.B. Seehafenausnahmetarife). – b) *Kreditpolitische Maßnahmen:* Schaffung bes. günstiger Kreditbedingungen für Ausfuhrgeschäfte, bes. Finanzierungsmittel, differenzierter Zinssätze. – c) *währungspolitische Maßnahmen:* Abwertung, Schaffung gespaltener Wechselkurse, Managed Floating. – d) *steuerliche Maßnahmen:* Befreiung oder Ermäßigung von Steuern (z.B. Umsatzsteuer), Erlaubnis zur Bildung steuerfreier Rücklagen, Sonderabschreibungen auf Exportforderungen etc. – e) Förderung der *Bildung internationaler Exportpreiskartelle* (z.B. → OPEC). – f) *staatliche Auslandswerbung,* finanzielle Unterstützung von Messen und Ausstellungen, Beratung und Information der Exportwirtschaft durch staatliche Stellen (Bundesagentur für Außenwirtschaft, diplomatische Vertretungen im Ausland). – 3. *Beschränkung der Exportförderung durch internationale Abkommen:* a) Der → *IWF* verbietet eine Manipulation des Wechselkurses. – b) Die → World Trade Organization (WTO) verbietet direkte Ausfuhrsubventionen; es bestehen jedoch zahlreiche Ausnahmen, u.a. im Agrarbereich. – c) Die → *OECD* fordert die Abschaffung verschiedener „künstlicher Exportbeihilfen", wie Prämien, direkte Subventionen, über der inländischen Steuerlast liegende Steuervergütungen oder staatlich ermäßigte Versicherungsprämien und Rohstoffpreise. – d) Die *EU* verbietet im innergemeinschaftlichen Handel grundsätzlich alle staatlichen Beihilfen (Art. 107 AEUV) und macht Vorschriften über die zulässigen Steuerrückvergütungen (Art. 111 AEUV). – Von internationalen Vereinbarungen *nicht* betroffen sind nicht diskriminierende Förderungsmaßnahmen (außer Abwertung), wie angemessene Werbung, Information, angemessene Kreditgarantien und Bürgschaften und u.U. die angemessene Vergütung indirekter Steuern. – 4. *Wirkungen:* a) Staatliche Exportförderung in Form von *Subventionen* und sonstigen Maßnahmen, die eine „künstliche" Verbilligung der Exporte darstellen, wirkt auf eine Abweichung des Außenhandels von den komparativen Vorteilen hin und ist insofern i.d.R. eine Ursache von Fehlallokation. Solche Maßnahmen können bestenfalls sinnvoll sein, wenn sie zeitlich begrenzt sind und jungen entwicklungsfähigen Industrien in → Entwicklungsländern zugute kommen (Erziehungszoll). – b) Relativ unbedenklich sind staatliche Exportförderungsmaßnahmen, die allg. der *Verbesserung der Marktübersicht* und der Information dienen. – c) Hinsichtlich der Wirkung von *internationalen Exportpreiskartellen* ist neben den Nachteilen für die Weltwirtschaft insgesamt deren beschränkte Funktionsfähigkeit (→ Rohstoffkartelle) zu beachten. – Vgl. auch Handelspolitik, → Kreditanstalt für Wiederaufbau (KfW).

Expropriation – im → Marxismus (1) die Enteignung der Privatunternehmer durch Vergesellschaftung der Produktionsmittel im Zuge der sozialistischen bzw. kommunistischen Revolution, (2) die → Ausbeutung der Arbeiter durch die Unternehmer sowie (3) die Übernahme kleinerer, im Wettbewerbsprozess unterliegender Unternehmen durch erfolgreichere im Prozess der → Konzentration.

Externalität → externer Effekt, Gesamtnachfrageexternalität.

externe Erträge – in Geldeinheiten bewertete positive → externe Effekte.

externe Kosten – *ökologische Folgekosten, soziale Kosten.* 1. *Begriff:* Kosten, die zwar durch einzelwirtschaftliches Handeln entstehen, aber von der Allgemeinheit bzw. Dritten getragen werden (externalisierte Kosten). – 2. *Formen:* (1) Im Bereich der *Natur* (Okkupation der Landschaft: Zersiedlung, Mülldeponien u.a.) und Belastungen der Böden (Erschöpfung der Ressourcen, Verkarstung etc.), Luft (Rauch, Gase u.a.) und Wasser (Wasserverschmutzung, -erwärmung); (2) im Bereich des *Menschen* (psychische Belastungen: Schichtarbeit, Akkord etc. oder physische Belastungen: Arbeitsunfälle, → Berufskrankheiten etc.). – 3. *Folge:* Ökologische Schäden werden als negative externe Effekte betriebswirtschaftlich *nicht* als leistungsbedingter (und kostenrelevanter) Güterverzehr betrachtet. Ressourcenverbrauch/ Umweltbelastungen gehen nicht mit den „ökologisch wahren Preisen" in die Preiskalkulation ein. Kein Regulativ wie bei mit Preisen bewerteten „knappen" Gütern, wo ein Mehrverbrauch zu einem Preisanstieg führt (d.h., kein Knappheitsindikator gegeben). – 4. *Entwicklung:* Teile dieser Effekte müssen Betriebe inzwischen in der Kostenrechnung durch gesetzgeberische Restriktionen übernehmen (Auflagen, Abgaben, Versicherungsprämien). Natur wird zu einem (betrieblichen) „Produktionsfaktor". – Vgl. auch → externer Effekt.

externer Effekt – 1. *Begriff/Merkmale:* Wesentliches Merkmal externer Effekte ist, dass diese keine Auswirkungen für den Verursacher haben, weil zwischen ihm und den Betroffenen keine über den Preis- bzw. Marktmechanismus vermittelte Beziehung und auch keine anders geartete Vertragsbeziehung besteht. Steigt (sinkt) der Nutzen bzw. die Produktion des Betroffenen mit dem Niveau des externen Effekts, so handelt es sich um einen positiven (negativen) externen Effekt im Konsum bzw. in der Produktion. – Positive und negative externe Effekte entstehen durch die Diskrepanz *zwischen privaten und sozialen Kosten* bzw. Erträgen. Private Kosten stellen diejenigen Kosten dar, die bei der Produktion und Konsumtion der Unternehmen und Haushalte in die private Wirtschaftsrechung eingehen. Soziale Kosten entstehen der Volkswirtschaft insgesamt. Gehen von einem Gut ausschließlich externe Effekte aus, so handelt es sich um ein öffentliches Gut. – 2. *Arten:* Unterschieden werden externe Effekte im Konsumbereich und bei der Produktion. (a) Positive externe Effekte beim Konsum liegen vor, wenn z.B. angenehme Gerüche oder Düfte vorliegen oder wenn in einem Hochhaus die Nachbarn alle die Heizung nutzen. (b) Negative externe Effekte beim Konsum liegen vor, wenn z.B. die individuelle Entscheidung zum Konsum einer Zigarette negative Auswirkungen auf die Nutzenfunktion eines Nichtrauchers hat. (c) Von positiven externen Effekten in der Produktion spricht man, wenn der Imker mit seiner Bienenzüchtung einen externen Vorteil für den Obstgärtner schafft. (d) Bei einem negativen externen Effekt sind die Produktionsentscheidungen eines Unternehmens, z.B. eine Chemiefabrik, mit negativen Konsequenzen auf das Produktionsergebnis eines anderen Unternehmens, z.B. eines Fischers oder einer Wäscherei, verbunden. – 3. *Bedeutung für die ökonomische Theorie:* Liegen externe Effekte vor, so führt dies zu einer Fehlallokation der Ressourcen im Marktsystem (→ Marktversagen). Die Ableitung des → Wohlfahrtsoptimums ist problematisch; das Marktgleichgewicht ist nicht pareto-optimal. I.Allg. wird eine Aktivität, die mit negativen (positiven) externen Effekten verbunden ist, aus volkswirtschaftlicher Sicht auf einem zu hohen (niedrigen) Niveau ausgeübt. Im Fall externer Kosten liegt dies daran, dass der Urheber bei seiner Optimierung nur einen Teil der insgesamt von der Aktivität verursachten Kosten in sein privatwirtschaftliches Entscheidungskalkül einbezieht und mit dem Nutzen der Aktivität vergleicht. – Vgl. auch → Internalisierung externer Effekte.

Extraktion – Abbau → erschöpflicher Ressourcen.

Extraktionskosten → Abbaukosten.

EZB – Abk. für → Europäische Zentralbank.

F

Fachakademie – Schultyp in einigen Bundesländern, der den Realschulabschluss oder einen gleichwertigen Schulabschluss voraussetzt und i.d.R. im Anschluss an eine dem Ausbildungsziel dienende berufliche Ausbildung oder praktische Tätigkeit auf den Eintritt in eine gehobene Berufslaufbahn vorbereitet. Der Ausbildungsgang dauert bei Vollzeitunterricht mind. zwei Jahre. Durch eine staatliche Ergänzungsprüfung zur Abschlussprüfung kann die Zugangsberechtigung zu einer entsprechenden → Fachhochschule (FH) erworben werden. – *Ähnlich:* → Berufskolleg.

Fachgymnasium – *berufliches Gymnasium;* Gymnasium mit Schwerpunktsetzung auf berufsbezogene Fächer; nach Berufsfeldern gegliedert (musische, technische, sozialpädagogische, wirtschaftliche Bereiche u.a.). Fachgymnasien führen i.d.R. zur Allgemeinen Hochschulreife. – Vgl. auch → Wirtschaftsgymnasium.

Fachhochschulen (FH) – selbstständige oder integrierte Einrichtungen des Hochschulbereichs, hervorgegangen aus den früheren höheren Fachschulen (Ingenieurschulen, höhere Wirtschaftsfachschulen etc.). I.d.R. umfassen sie Einrichtungen des ingenieurwissenschaftlichen, wirtschaftswissenschaftlichen, sozialpädagogischen und künstlerischen Studienbereichs. – *Rechtsform:* Körperschaften des öffentlichen Rechts (Regelfall). – *Formen:* Einige Bundesländer haben sich für *regionale Fachhochschulen* entschieden, die in Fachbereiche unterteilt sind. Wenige Bundesländer (z.B. Rheinland-Pfalz) verfügen über *Landesfachhochschulen,* die in regionale Abteilungen mit jeweils mehreren Fachrichtungen gegliedert sind. – *Aufgaben:* Die Fachhochschulen vermitteln eine anwendungsorientierte Lehre auf wissenschaftlicher Grundlage und befähigen zu selbstständiger Anwendung wissenschaftlicher Methoden und Erkenntnisse in Beruf und Gesellschaft. Sie dienen der kritischen Reflexion technischer, wirtschaftlicher und sozialer Zusammenhänge und bieten darüber hinaus Weiterbildungsmöglichkeiten für Erwachsene und Kontaktstudien an. Sie arbeiten mit allen anderen Einrichtungen des Hochschulbereichs in kooperativer oder integrierter Weise zusammen. Fachhochschulprofessoren sind in angemessener Weise an anwendungsorientierter Forschung zu beteiligen. – *Aufnahmevoraussetzungen:* Mittlere Reife oder Fachschulreife mit anschließendem Besuch der Fachoberschule und damit verbundener Fachhochschulreife oder abgeschlossene kaufmännische Lehre, Fachschulreife und zusätzliche Fachhochschulreife nach verkürztem Besuch der Fachoberschule.

Fachoberschule – berufsbildende Schule, die, auf dem Realschulabschluss oder einem als gleichwertig anerkannten Abschluss aufbauend, allg., fachtheoretische und fachpraktische Kenntnisse und Fähigkeiten vermittelt. Zahlenmäßig wichtigste Fachbereiche: Technik und Wirtschaft. Die Fachoberschule umfasst die Klassen 11 und 12. – *Lern- und Ausbildungsinhalte:* a) Die *fachpraktische Ausbildung* findet in der Klasse 11 häufig als Praktikantenausbildung statt; sie wird von jenen Schülern besucht, die den Realschulabschluss oder einen entsprechenden Bildungsstand, aber noch keinen beruflichen Abschluss besitzen. – b) Die *allg. und fachtheoretische Ausbildung* erfolgt in der Klasse 12, in die Schüler direkt aufgenommen werden können, wenn sie den Realschulabschluss und einen beruflichen Abschluss oder Berufserfahrung in der entsprechenden Fachrichtung nachweisen können. – *Abschluss:* Fachhochschulreife.

Fachschule für Betriebswirtschaft – *Fachschule für Wirtschaft, Wirtschaftsfachschule.* 1. *Begriff:* Öffentliche oder private → Fachschule zur Ausbildung kaufmännischer Fachkräfte, die fähig sind, gehobene Tätigkeiten in der Wirtschaft und der Verwaltung auszuüben. – 2. *Aufnahmevoraussetzungen:* (1) Fachschulreife, Realschulabschluss oder gleichwertiger Bildungsstand und (2) Abschlussprüfung in einem kaufmännischen Ausbildungsberuf mit anschließender mind. zweijähriger (bei allgemeiner oder fachgebundener Hochschulreife einjähriger) Berufserfahrung oder i.d.R. sechsjähriger kaufmännischer Berufserfahrung mit Abschlussprüfung. – 3. *Ausbildungsgang:* Insgesamt vier Halbjahre, gegliedert in Grundstufe und Fachstufe von je zwei Halbjahren. (1) Grundstufe als Vollzeitschule oder Teilzeitschule (Abend- und Samstagunterricht) umfasst allgemeine Grundfächer; (2) Fachstufe als Vollzeitschule mit Fachstufenkursen nach betriebswirtschaftlichen Funktionen. – 4. *Abschlussprüfung* als *„Staatlich geprüfter Betriebswirt"* für die Absolventen der Fachschule für Betriebswirtschaft sowie für Schulfremde bei Vorliegen bestimmter Voraussetzungen.

Fachschule für Wirtschaft → Fachschule für Betriebswirtschaft.

Fachschulen – berufsbildende Schulform, die nach Abschluss einer Berufsausbildung und entsprechender Berufserfahrung oder nach einschlägiger praktischer Berufstätigkeit besucht wird. Ziel ist eine vertiefte berufliche Fachbildung sowie ein Ausbau der Allgemeinbildung. Die Fachschule befähigt i.d.R. zur Übernahme von Funktionen, die i.Allg. vom im Beruf erfahrenen Praktikern nicht mehr erfüllt werden können und nicht den Einsatz von Fachhochschul- oder Hochschulabsolventen erfordern. – *Dauer der Ausbildung:* bei Vollzeitunterricht zwischen einem halben Jahr und drei Jahren, bei Teilzeitunterricht kann sie bis zu vier Jahren betragen. – Durch die Wahrnehmung von Zusatzunterricht können mit dem Fachschulabschluss auch der *Realschulabschluss* oder die *Fachhochschulreife* erworben werden. – *Fachschulen mit wirtschaftlicher Orientierung:* → Fachschule für Betriebswirtschaft.

Fachwirt – nach der Weiterbildungskonzeption des Deutschen Industrie- und Handelskammertages (DIHK) mittlere kaufmännische Führungskraft, Branchen- bzw. Wirtschaftszweigspezialist mit erweiterten beruflichen Kenntnissen in einem Wirtschaftszweig, z.B. Industriefachwirt, Handelsfachwirt, Versicherungsfachwirt, Verkehrsfachwirt, Bankfachwirt. – Fortbildungsmöglichkeiten bei Industrie- und Handelskammern (IHK) und anderen Bildungsträgern sowie durch Fernkurse mit Direktunterricht. – *Fachwirteprüfungen* bei Industrie- und Handelskammern. – *Zulassungsvoraussetzungen zur Prüfung:* (1) Abgeschlossene Ausbildung in einem entsprechenden kaufmännischen Ausbildungsberuf; weitere Berufspraxis in dieser Fachrichtung von mind. drei Jahren; (2) ohne abgeschlossene kaufmännische Berufsausbildung mind. sechsjährige einschlägige Berufspraxis.

Fallpauschale → Krankenhaus.

Fallstudie – didaktisches Mittel im Rahmen von Bildungs- und Ausbildungsmaßnahmen wie auch methodisches Instrument v.a. im Bereich sozialwissenschaftlicher und psychologischer Forschung. – Im Rahmen des Wirtschafts- und Arbeitslehreunterrichts sollen, ausgehend von einem konkreten Fall, für komplexe wirtschaftliche und soziale Entscheidungstatbestände von den Schülern in einer aktiven Problemauseinandersetzung alternative Lösungsmöglichkeiten gefunden und rational begründet werden. Ein derartiger handlungs- und entscheidungsorientierter Unterricht sollte nicht nur nach formalen, entscheidungslogischen Kriterien konzipiert sein, sondern ebenso auch Wertvorstellungen und Wertkonflikte thematisieren.

falsche Anreize → Hierarchienachteile.

Falsifikation – Eine Falsifikation liegt vor, wenn zu einer wissenschaftlichen Aussage (Hypothese) ein widersprüchlicher Befund festgestellt wird, z.B. durch eine hypothesenkonträre Beobachtung (Empirismus). – *Gegensatz:* → Verifikation. – Vgl. auch → kritischer Rationalismus.

Familienkasse → Kindergeld.

Familienlastenausgleich – 1. *Begriff:* a) *Familienlastenausgleich i.e.S.:* direkte staatliche Transfers an Familien mit Kindern, mit denen durch die Geburt und Erziehung verursachte Lasten ausgeglichen werden sollen, i.d.R. negativ mit dem Einkommen der Eltern verknüpft. – b) *Familienlastenausgleich i.w.S.:* Häufig werden in den Familienlastenausgleich auch die spezielle familienfreundliche Gestaltung der Einkommensteuer (Splitting-Verfahren, → Kindergeld, Kinderfreibeträge), zahlreiche weitere staatliche Maßnahmen zur finanziellen Entlastung von Familien (z.B. Preis- und Tarifvorteile bei der Benutzung öffentlicher Verkehrsmittel, Schulgeldfreiheit) einbezogen; dasselbe gilt für familienbezogene Entgeltkomponenten im öffentlichen Dienst und betriebliche Sozialleistungen. – 2. *Ziele:* Schutz der Institution Familie, vom Einkommen der Eltern unabhängige Entwicklungschancen für Kinder, bevölkerungspolitische Ziele und im Rahmen der Steuergesetze Besteuerung nach der Leistungsfähigkeit (Leistungsfähigkeitsprinzip). – 3. Die *Weiterentwicklung* ist der → Familienleistungsausgleich. Die Abgrenzung zwischen Familienlasten- und Familienleistungsausgleich wird in der Literatur nicht immer eindeutig beschrieben. Im 7. Familienbericht werden die Begriffe Familienlastenausgleich und Familienleistungsausgleich folgendermaßen definiert: „Familienpolitische Leistungen, die aus dem Kriterium der Bedarfsgerechtigkeit und der Lebensstandardsicherung abgeleitet sind, zielen darauf ab, bestimmte Belastungen der Eltern zu kompensieren, die durch die Geburt und die Erziehung der Kinder entstehen. Diese Instrumente lassen sich unter dem Oberbegriff Familienlastenausgleich zusammenfassen. Daneben ist es eine weitere Aufgabe der staatlichen Familienpolitik, jene Leistungen zu kompensieren, die Familien für die Gesellschaft erbringen, die aber nicht über den Markt abgegolten werden. Diese fasst man als Familienleistungsausgleich zusammen." (ebenda, S. 56 Fn 35). Das Bundesfamilienministerium beziffert die Summe der familienbezogenen Maßnahmen und Leistungen zuletzt (für 2009) auf rund 122,7 Mrd. Euro (steuerliche Maßnahmen, Geldleistungen, Maßnahmen der Sozialversicherung, Realtransfers; ohne ehebezogene Leistungen und Bildungsausgaben). – Vgl. → Sicherung der Familie und von Kindern.

Familienleistungsausgleich – Weiterentwicklung des → Familienlastenausgleichs im Rahmen der sozialen → Sicherung der Familie und von Kindern. Der Begriff stellt in den Vordergrund, dass Familien durch die Geburt und Erziehung von Kindern Leistungen für die Gesellschaft erbringen, die von dieser ausgeglichen werden sollen, da dies nicht über den Markt geschehen kann. Im Einkommensteuergesetz werden die einkommensteuerlichen Kinderfreibeträge und das → Kindergeld seit 1996 unter dem Titel Familienleistungsausgleich geführt. Das Bundesfamilienministerium nennt als Instrumente des Familienleistungsausgleichs: Kindergeld, die steuerliche Freistellung von Kinderbetreuungskosten, Elterngeld, die beitragsfreie Mitversicherung von Kindern in der Kranken- und Pflegeversicherung, die Anrechnung von Kindererziehungszeiten in der gesetzlichen Rentenversicherung. Da einige dieser Instrumente auch unter den Familienlastenausgleich gerechnet werden, erscheint die praktische Abgrenzung der beiden Begriffe als schwierig.

Fangkosten → Erntekosten.

Fangpfad → Erntepfad.

FAO – Abk. für *Food and Agricultural Organization, Ernährungs- und Landwirtschaftsorganisation der Vereinten Nationen;* am 16.10.1945 in Quebec gegründete UN-Organisation mit Sitz in Rom (seit 1951); zahlreiche (Sub-) Regionalbüros, Ländervertretungen und Verbindungsbüros; 191 Mitgliedsstaaten (2007) und EU und das assoziierte Mitglied Faröer Inseln. – *Ziele:* Hebung des Ernährungs- und Lebensstandards in der Welt; Verbesserung der Produktion und Verteilung von Erzeugnissen der Land- und Forstwirtschaft sowie Fischerei; Verbesserung der Lebensbedingungen der ländlichen Bevölkerung. – *Organe: Generalversammlung* (Konferenz) der Delegierten, die im zweijährigen Rhythmus als oberstes Organ die Politik festlegt und im 6-jährigen Rhythmus einen vorsitzenden Generaldirektor wählt; *Welternährungsrat* (Council; 49 gewählte Mitgliedsstaaten als ständiges Exekutivorgan der Konferenz), der von verschiedenen bereichsspezifischen Ausschüssen bei der Programmierung und Koordinierung der Aktivitäten beraten wird; der organisatorische Unterbau des FAO ist aufgeteilt in 8 Departments. – *Aktivitäten:* FAO sammelt, analysiert und verbreitet weltweit landwirtschaftliche und ernährungspolitische Informationen und erarbeitet Vorschläge zur Überwindung ernährungspolitischer Probleme und leistet technische Hilfe. Bei Hungerkatastrophen informiert sie über ein globales Frühwarnsystem und organisiert Notstandshilfe (→ Nahrungsmittelhilfe). Enge Zusammenarbeit mit → UNICEF, → IBRD, → WHO, → ILO und → WFP. – *Finanzierung* über Umlagen der Mitgliedsstaaten, zusätzliche Mittel aus Treuhandfonds der Mitgliedsstaaten und des → UNDP. – Publikation von unentgeltlichem Informationsmaterial.

FDIC – Abk. für → Federal Deposit Insurance Corporation.

Federal Deposit Insurance Corporation (FDIC) – 1934 aufgrund des Banking Act von 1933 (Änderungen 1935) als Bundesinstitution für die Depositenversicherung in den USA errichtete Pflichtversicherung für alle Mitgliedsbanken des → Federal Reserve System (FRS), für Nicht-Mitgliedsbanken und Sparbanken freiwillig. – Sitz in Washington.

Federal Reserve Bank → Federal Reserve System (FRS).

Federal Reserve Note → Federal Reserve System (FRS).

Federal Reserve System (FRS) – 1. *Begriff:* Geld- und Kreditorganisation der USA, geschaffen durch die Federal Reserve Act 1913. In zwölf Federal Reserve Districts sind jeweils Federal Reserve Banks (FRB, Bundesreserve-Banken) errichtet worden als alleinige → Notenbanken und Zentralinstitute, bei denen die dem FRS angehörenden Banken ihre Liquiditätsreserven (Liquiditätsreserven der Geschäftsbanken) zu halten haben. Sitz der FRB in Boston, New York, Philadelphia, Cleveland, Richmond, Atlanta, Chicago, St. Louis, Minneapolis, Kansas City, Dallas, St. Francisco. Dem FRS müssen alle National Banks als Mitglied angehören. Banken mit einzelstaatlichem Aufgabenbereich (State Banks), können freiwillig Mitglied sein. Die FRB sind Aktiengesellschaften, ihr Kapital wird von den Mitgliedsbanken aufgebracht. Die Einzahlung beträgt 6 Prozent des Eigenkapitals jeder Bank, 50 Prozent müssen bar hinterlegt werden. – 2. *Geschäfte der FRB:* Die üblichen Aufgaben von Zentralbanken. Die ausgegebenen Noten (Federal Reserve Notes) müssen zu 40 Prozent durch Gold oder Goldzertifikate, im Übrigen durch Handelswechsel und kurzfristige Staatspapiere gedeckt sein; keine Einlösungspflicht in Gold. Die FRB besorgen die Bankgeschäfte der Regierung, erledigen das zwischenstaatliche Scheckclearing und kaufen bzw. verkaufen Obligationen im Offenmarktgeschäft auf Anweisung des Open Market Committee. Sie arbeiten nur mit Kreditinstituten. Einlagen unterhalten nur Banken und Regierungsstellen. – 3. *Organisation der FRB:* a) *Oberste Leitung* jeder FRB durch neun auf drei Jahre gewählte Direktoren. – b) Der *Board of Governors of the FRS* (bestehend aus sieben auf 14 Jahre vom Präsidenten der USA ernannten und vom Senat bestätigten Mitgliedern) führt die Aufsicht über die FRB. – *Aufgaben:* Kontrolle ihrer Tätigkeit, Bestimmung der Währungs- und Geldpolitik der USA, Prüfung und Bestätigung der von der FRB festgesetzten Diskontraten, Festsetzung der von den Mitgliedsbanken zu haltenden Mindestreserven. – c) Die sieben Mitglieder des Board of Governors haben auch in dem aus zwölf Mitgliedern bestehenden *Federal Open Market Committee,* das die Richtlinien für das Offenmarktgeschäft gibt, die ausschlaggebende Stimme.

Feinsteuerungsoperationen des ESZB → Geldpolitik.

Fernmeldemonopol – früher ausschließlich dem Bund zustehendes und durch die Deutsche Bundespost ausgeübtes Recht, Fernmeldeanlagen (Telegrafen-, Fernsprech- und Funkeinrichtungen) zu errichten und zu betreiben (*Fernmeldeanlagengesetz*); mit der vollständigen Liberalisierung des Telekommunikationsmarktes im *Telekommunikationsgesetz* 1998 entfallen.

Fernstudium – 1. *Begriff:* Ein raum- und zeitüberbrückendes, aus der Ferne gesteuertes, überregionales Studium. Die Kommunikation der Lehrinhalte erfolgt mittels technischer (speichernder) Medien. Kontrollfunktionen (Verständniskontrolle und Leistungsbestätigung) können direkt (durch zentrale und dezentrale Tutorials oder Seminare) wie auch indirekt (über technische Medien) vorgenommen werden. – 2. *Abweichungen* gegenüber anderen Lernformen: (1) *Lehrobjektivierung:* Lehrinhalte und Lehrmeinungen verschiedener Dozenten werden durch technische (speichernde) Medien „objektiviert" bereitgestellt; (2) *Individualisierung:* Individuelle Aus- und

Weiterbildung, Selbstbestimmung des Lerntempos. – 3. *Formen (Typologie):* Fernstudium mittels Studienbrief und Audio-Cds, MP3-Dateien oder Kassetten (Grundtyp, Fernstudium der traditionellen Art), computerunterstützte Unterweisung (programmierte Instruktion), Kombination von Direkt- und Fernstudium (Sandwich-Study). – *Anders:* → Fernunterricht.

Fernstudium im Medienverbund – im Bereich des → Fernstudiums ein Integrationsprozess von Medienorganisationsformen und Humanaggregaten (Fernstudiengruppen); Fernstudium mit Übernahme von Direktstudienteilen (Medienverbund: technische, dispositive, arbeitsteilige Verbindung von Medien; Medien: persönliche Rede des Dozenten, Studienbrief, Fernsehen, Audio-CD, MP3-Datei, Kassette etc. Medienorganisationen nach Zweckmäßigkeitsgründen: didaktische Zweckmäßigkeit, technische (mengenmäßige) Wirtschaftlichkeit (Rationalprinzip) und Erreichen der vorgegebenen bildungspolitischen Ziele. – Keine integrative Strukturierung mit dem Direktstudium zu einem einheitlichen Studiensystem.

Fernunterricht – die auf vertraglicher Grundlage erfolgende, entgeltliche Vermittlung von Kenntnissen und Fähigkeiten, bei der (1) der Lehrende und der Lernende ausschließlich oder überwiegend räumlich getrennt sind und (2) der Lehrende oder sein Beauftragter den Lernerfolg überwachen. – Alle entgeltlich angebotenen Fernlehrgänge, soweit sie nicht auf Freizeitbeschäftigung oder Unterhaltung gerichtet sind, unterliegen einer *Zulassungspflicht.* – Die auf den *Vertragsschluss* gerichtete Willenserklärung des Teilnehmers bedarf der Schriftform. – *Zuwiderhandlungen* werden als Ordnungswidrigkeit geahndet. Vgl. dazu das Fernunterrichtsschutzgesetz i.d.F. vom 4.12.2000 (BGBl. I S. 1670) m.spät. Änd. – *Anders:* → Fernstudium.

Festbeträge – (für Arznei- und Verbandmittel) in der gesetzlichen → Krankenversicherung. Festbeträge sind eine Regelung zur Verringerung der Ausgaben der Krankenkassen v.a. bei Arzneimitteln. Diese Wirkung entsteht dadurch, dass nach § 31 II SGB V von der Krankenkasse für deren Mitglieder und Familienangehörige Arzneimittel, für die Festbeträge festgesetzt worden sind, nur bis zur Höhe dieser Festbeträge abzüglich der zu leistenden Zuzahlung als Sachleistung übernommen und erstattet werden. – *Bestimmung der Festbeträge* (§ 35 SGB V): Der Gemeinsame Bundesausschuss bestimmt in Richtlinien, für welche Gruppen von Arzneimitteln Festbeträge festgesetzt werden können; wirkstoffgleiche oder vergleichbare Arzneimittel können dabei zusammengefasst werden. Sachverständige der medizinischen und pharmazeutischen Wissenschaft und Praxis sowie der Arzneimittelhersteller und der Berufsvertretungen der Apotheker sind vor der Entscheidung des Bundesausschusses anzuhören. Der Spitzenverband Bund der Krankenkassen setzt auf der Grundlage der ergangenen Richtlinien mind. einmal im Jahr die absolute Höhe der Festbeträge für Arzneimittel fest. – Für *Hilfsmittel* wie z.B. Brillengläser etc. gilt eine ähnliche Regelung.

FhG – Abk. für → Fraunhofer-Gesellschaft zur Förderung der angewandten Forschung e. V.

Filterhypothese → Filtertheorie.

Filtertheorie – *Screeningtheorie.* Die Filtertheorie geht wie das Konzept der statistischen Diskriminierung (→ Diskriminierungstheorien) von der Annahme aus, dass seitens der Arbeitgeber unvollständige Information über das Produktivitätspotenzial der einzelnen Arbeitskräfte vorliegt (asymmetrische Information zwischen Anbieter und Nachfrager). Arbeitgeber benutzen deshalb Bildungsabschlüsse als Indikatoren für die berufliche Leistungsfähigkeit der Stellenbewerber, mithilfe derer sie die produktivsten Kandidaten herausfiltern. Sie zahlen denjenigen Bewerbern höhere Löhne, die über höhere Bildungsabschlüsse verfügen. Denn sie wissen, dass unter diesen der Anteil mit hohen (angeborenen) Fähigkeiten größer ist, weil es für sie geringere Kosten verursacht in (Aus-)Bildung zu investieren als für weniger produktive Individuen. Dieser Zusammenhang wird sich auch im Berufsleben zeigen. Im Unterschied zu den → Humankapitaltheorien (Arbeitsmarkttheorien) hat das Bildungswesen ausschließlich die Aufgabe, die Arbeitskräfte entsprechend ihrer potenziellen, nicht beobachtbaren Produktivität zu sortieren, ohne diese jedoch per se zu erhöhen. Zertifikate über Bildungsabschlüsse erfüllen für die Arbeitgeber die Aufgabe eines Informationsmediums und signalisieren die erwartete zukünftige Produktivität der Stellenbewerber. Dadurch wird der Zusammenhang von Bildung und Einkommen stärker als bei der Humankapitaltheorie auf das Anfangseinkommen projiziert.

Filterung → Adverse Selection, → Screening.

Finalprinzip – Prinzip zur Grundlegung und Ausgestaltung sozialpolitischer Maßnahmen. Das Finalprinzip richtet Maßnahmen auf die Herstellung eines erwünschten Endzustandes aus (z.B. eigenständige → soziale Sicherung auch der nicht erwerbstätigen Frau). – *Gegensatz:* → Kausalprinzip. – Zwischen beiden Prinzipien bestehen Rivalitätsbeziehungen. – *Bedeutung:* Nach Errichtung und Ausbau der gesetzlichen Sozialversicherung, die sich stark am Kausalprinzip orientieren (Erwerbsstatus, Eintritt eines Versicherungsfalls), geht der Trend bei der Weiterentwicklung der sozialen Sicherungssystems in Richtung des „vorwärts" gewandten Finalprinzips, u.a. deshalb, weil die hohe Komplexität der sozialen Wirklichkeit nicht alle möglichen Ursachen sichtbar werden lässt, an die dann Sicherungsmaßnahmen anzuknüpfen hätten. Mit der Betonung des Aspekts der Finalität will die Sozialpolitik v.a. dazu beitragen, dass keine unerwünschten Lücken im Sicherungsnetz verbleiben. - Vgl. auch → Sozialpolitik, Gestaltungsprinzipien.

Financial Markets Association → ACI.

Finanzdienstleistungen - Gesamtheit aller von → Kreditinstituten sowie von banknahen und bankfremden Konkurrenten (Versicherungen, Bausparkassen, etc.) angebotenen Leistungen, z.T. unter Einsatz moderner Informations- und Kommunikationstechniken. Nach § 1 Ia KWG handelt es sich im einzelnen um: a) *Anlagevermittlung*: die Vermittlung von Geschäften über die Anschaffung und Veräußerung von Finanzinstrumenten. b) *Anlageberatung*: die Abgabe von persönlichen Empfehlungen an Kunden, die sich auf Geschäfte mit bestimmten Finanzinstrumenten beziehen, sofern die Empfehlung auf eine Prüfung der persönlichen Umstände des Anlegers gestützt oder als für ihn geeignet dargestellt wird und nicht ausschließlich über Informationsverbreitungskanäle oder für die Öffentlichkeit bekannt gegeben wird. c) *Betrieb eines multilateralen Handelssystems*: der Betrieb eines multilateralen Systems, das die Interessen einer Vielzahl von Personen am Kauf und Verkauf von Finanzinstrumenten innerhalb des Systems und nach festgelegten Bestimmungen in einer Weise zusammenbringt, die zu einem Vertrag über den Kauf dieser Finanzinstrumente führt. d) *Platzierungsgeschäft*: das Platzieren von Finanzinstrumenten ohne feste Übernahmeverpflichtung. e) *Abschlussvermittlung*: die Anschaffung und Veräußerung von Finanzinstrumenten im fremden Namen für fremde Rechnung. f) *Finanzportfolioverwaltung*: die Verwaltung einzelner in Finanzinstrumenten angelegter Vermögen für andere mit Entscheidungsspielraum. g) *Eigenhandel*: die Anschaffung und Veräußerung von Finanzinstrumenten auf eigene Rechnung als Dienstleistung für andere. h) *Drittstaateneinlagenvermittlung*: die Vermittlung von Einlagengeschäften mit Unternehmen mit Sitz außerhalb des Europäischen Wirtschaftsraums. i) *Sortengeschäft*: der Handel mit Sorten. j) *Factoring*: der laufende Ankauf von Forderungen auf der Grundlage von Rahmenverträgen mit oder ohne Rückgriff. k) *Finanzierungsleasing*: der Abschluss von Finanzierungsleasingverträgen als Leasinggeber. l) *Anlageverwaltung*: die Anschaffung und Veräußerung von Finanzinstrumenten für eine Gemeinschaft von Anlegern, die natürliche Personen sind, mit Entscheidungsspielraum bei der Auswahl der Finanzinstrumente, sofern dies ein Schwerpunkt des angebotenen Produktes ist und zu dem Zweck erfolgt, dass diese Anleger an der Wertentwicklung der erworbenen Finanzinstrumente teilnehmen. - Für Versicherungs- und Bausparprodukte gelten die entsprechenden gesetzlichen Regelungen. - *Produkte*: sämtliche Arten von Finanzprodukten, v.a. aus den Bereichen Bank, Investmentfonds, Bausparen, Immobilien und Versicherungen. - *Service*: Beratung über Finanzprodukte und das Aufzeigen passender Lösungen, z.B. im Wege des Financial Planning oder der Versicherungsvermittlung.

finanzielle Zusammenarbeit - bilateral gewährte Kapitalhilfe, durch die Entwicklungsländern Finanzierungsmittel zu günstigen Bedingungen zur Förderung ihrer wirtschaftlichen und sozialen Entwicklung zur Verfügung gestellt werden. Die finanzielle Zusammenarbeit ist dem Volumen nach das bedeutendste Instrument der entwicklungspolitischen Zusammenarbeit. Der größte Teil der bundesdeutschen, finanziellen Zusammenarbeit wird im Auftrag des BMZ von der KFW Entwicklungsbank der → Kreditanstalt für Wiederaufbau (KfW) durchgeführt.

Finanzierung - 1. *Begriff*: Maßnahmen der Mittelbeschaffung und -rückzahlung und damit der Gestaltung der Zahlungs-, Informations-, Kontroll- und Sicherungsbeziehungen zwischen Unternehmen und Kapitalgebern. - 2. *Formen*: a) Außenfinanzierung: (1) Finanzierung durch bisherige Eigentümer (Eigenfinanzierung); (2) Finanzierung durch neue Eigentümer (Beteiligungsfinanzierung); (3) Finanzierung durch Gläubiger (Fremdfinanzierung). - b) Innenfinanzierung: (1) Finanzierung durch Bindung von güter- und leistungswirtschaftlichen Überschüssen über die Minderung des Gewinns als Bemessungsgrundlage für Steuerzahlungen und Ausschüttungen (z.B. Finanzierung aus Abschreibungen, Finanzierung über die Dotierung von Rückstellungen); (2) Finanzierung durch Einbehaltung von ausschüttungsfähigem, aber nicht ausgeschüttetem Überschuss (Selbstfinanzierung). - 3. Finanzierung *im öffentlichen Bereich*: → duale Finanzierung.

Finanzierungshilfen → Wirtschaftsförderung.

Finanzinnovationen - 1. *Charakterisierung*: Neuerungen im Finanzsektor, sowohl neue Märkte (Euromärkte) als auch neue Finanzierungsinstrumente (Produktinnovationen) einschließlich neuer Geschäftsformen (z.B. Forfaitierung, → Swap), die sich seit dem Zweiten Weltkrieg entwickelt haben. - 2. *Ursachen*: U.a. Deregulierung und Liberalisierung internationaler und nationaler Finanzmärkte, Umgehung vorhandener Regulierungen (Regulierungsarbitrage), ausgeprägte Zins- und Wechselkursschwankungen, Spekulation und neue Kommunikationstechnologien. - *Entstehung*: In den USA haben die → paramonetären Finanzierungsinstitute, die keine Girokonten führen durften, mit NOW-Konten (Negotiable Order of Withdrawal = übertragbarer Abhebungsauftrag) eine analog Sichteinlagen jederzeit verfügbare verzinsliche Anlageform geschaffen. Die konkurrierenden Geschäftsbanken wiederum umgingen das bis 1986 bestehende Zinsverbot auf Sichteinlagen z.B. mithilfe von ATS-Konten (Automatic Transfer Service, Sparguthaben, von denen automatisch Beträge auf Girokonten übertragen werden). - 3. *Innovative Finanzierungsinstrumente (Auswahl)*: a) *Geldmarktfondsanteile* (Money Market Mutual Fund (MMMF)) sind verzinsliche Anteile an einem Fonds, der seine Geldmittel in kurzfristige, zinsbringende Wertpapiere (z.B. Certificate of Deposit (→ CD)) und

Schatzwechsel investiert. Über diese MMMF kann per Scheck verfügt werden. – b) *Geldmarkteinlagekonten* (Money Market Deposit Account (MMDA)) sind MMMF, die bei Geschäftsbanken gehalten werden und der staatlichen Einlagenversicherung unterliegen. – c) Die *variabel verzinslichen Kredite und Anleihen* (Floating Rate Notes (FRN)) haben v.a. auf den Euromärkten Bedeutung erlangt. Die Floater, die auch die Deutsche Bundesbank im Zuge der Restliberalisierung für den inländischen Emissionsmarkt (1986) genehmigt hat, bieten bes. in Zeiten steigender Zinsen für den Anleger eine interessante Alternative wegen der weit gehenden Vermeidung von Kursrisiken. – d) *Null-Coupon-Anleihen (Zerobond)* sind ohne laufende Zinszahlung ausgestattet, entweder als Zuwachsanleihe (Zinssammler, Ausgabekurs = 100, Rückzahlungskurs enthält Zins und Zinseszins) oder als echte Zerobonds (Rückzahlungskurs = 100, Ausgabepreis mit Abschlag, welcher Zins und Zinseszins enthält). – e) Die *verbrieften Kredite in Form von kurzfristigen, nicht börsenorientierten Schuldtiteln* werden von einer einzelnen Bank (Revolving Underwriting Facilities (RUF)) oder von einer Bankengruppe (Note Issuance Facilities (NIF)) am Markt platziert. Die Bank(-engruppe) garantiert die Unterbringung und fungiert zunächst nur als Kreditvermittler, muss bei Platzierungsproblemen ihre Kreditzusage jedoch selbst einlösen. – f) Formen der Sicherung von Kurs- und Zinsänderungsrisiken stellen eine Verbindung von Anleihen mit Swaptransaktionen dar, d.h. Finanztiteln mit Terminkontrakten *(Financial Futures)*. – 4. *Geldpolitische Konsequenzen:* Die geldpolitischen Konsequenzen der Finanzinnovationen betreffen zum einen die definierten Geldmengenabgrenzungen, welche durch Substitutionsprozesse zwischen klassischen Sichteinlagen und Finanzinnovationen beeinträchtigt werden können, und zum anderen die Effizienz der nationalen Geldpolitiken. So kann z.B. der für zinsabhängige Investitionen und Konsumkredite bei einer Hochzinspolitik angestrebte Bremseffekt durch zinsvariable Kredite und Anleihen gemindert werden. Als Resultat wird eine stärkere internationale Abstimmung der Geldpolitiken gefordert.

Finanzkapital – durch Hilferding eingeführter Begriff. Das Finanzkapital umfasst das Geldkapital der Banken und anderer Kapitalsammelbecken. Die Bedeutung des konzentrierten Finanzkapitals liegt in dem Einfluss, den die – relativ wenigen – Besitzer bzw. Verwalter des Finanzkapitals (die „Finanzaristokratie") auf den Wirtschaftsprozess, bes. die Investitionstätigkeit auszuüben vermögen. Die Erscheinung des Finanzkapitals ist eines der typischen Kennzeichen des → Kapitalismus, bes. des → Spätkapitalismus, erwachsend aus der Konzentrationstendenz im Bankwesen und Versicherungswesen.

Finanzkrisen – 1. *Begriff:* Meist innerhalb kurzer Zeit auftretende gravierende und nicht-temporäre Verschlechterungen in den Ausprägungen von wesentlichen Finanzmarktindikatoren (Wertpapier- und Wechselkurse, Zinsen, Bonitätsbewertungen etc.), die massive und andauernde realwirtschaftliche Folgen nach sich ziehen können. Das Phänomen der Finanzkrisen ist außerordentlich vielgestaltig und begrifflich schwer zu fassen. Finanzkrisen sind ein historisch immer wieder auftretendes Phänomen (Subprime-Krise). – 2. *Arten:* (Hinsichtlich des Grades der in ihnen zum Ausdruck kommenden Marktanomalie): a) *Informationskrise:* Oftmals liegt lediglich eine (evtl. aufgestaute) Verschlechterung der Fundamentalwerte einer Finanzkrise zugrunde, die eine Wertkorrektur der entsprechenden Wertschriften zur Folge hat. Durch zunächst korrigierende Eingriffe oder unzureichende Informationsdiffusion kann es zu Verzögerungen der Anpassungen (Hysterese) kommen, die sich schließlich bei Versagen der Korrektur oder Eintreffen der Information krisenartig entladen, wobei Überschießungseffekte auftreten können. Diese Form der Krise hat im Wesentlichen langfristig stabilisierenden Charakter und kann nicht als Marktanomalie bezeichnet werden, wenngleich hiermit oftmals schmerzliche Auswirkungen für die Betroffenen verbunden sind. – b) *Spekulationskrise:* Anders verhält es sich dann, wenn die Dispositionen der Finanzmarktakteure sich nicht an Fundamentaldaten ausrichten, sondern durch die allg. Marktentwicklung oder das Verhalten anderer Marktteilnehmer bedingt sind. In diesem Fall ist oftmals eine irrationale spekulationsorientierte Sozialdynamik mit einem hohen Ausmaß an Mitläuferspekulation zu beobachten, die zu einer im Wege einer positiven Rückkopplung immer weiter zunehmenden Divergenz zwischen Fundamental- und Finanzmarktwerten führt. Auf diese Weise kommt es zum Entstehen einer sog. spekulativen Blase, deren Zerplatzen krisenhafte Erscheinungen nach sich zieht. – 3. *Ausbreitung:* Die Gefahr der Ausbreitung einer zunächst einzelwirtschaftlich oder lokal begrenzten Finanzkrise auf die gesamtwirtschaftliche Ebene wird als *Systemrisiko* bezeichnet. Neben der Intensität und dem Gewicht der Initialkrise tragen der Grad der Verflechtung der Finanzmärkte, die Bedeutung der Mitläuferspekulation, die Marktüblichkeit bestimmter Finanzinstrumente (Derivate) sowie marktstrukturelle Gegebenheiten (Anteil fungibler Portfolioinvestitionen im Verhältnis zu Direktinvestitionen) zum Systemrisiko bei. – 4. *Maßnahmen gegen Finanzkrisen:* Hierbei kann zwischen ursachen- und folgenseitigen Maßnahmen unterschieden werden. Ursachenseitige Maßnahmen können bes. die Konsolidierung der Struktur der Finanzmärkte und die Transparenz und Effizienz der institutionellen Strukturen (Einführung einer funktionierenden Bankenaufsicht, Bekämpfung von Nepotismus und Korruption) umfassen, was dazu beitragen kann, auch Informationskrisen zu verhindern oder in ihren Auswirkungen zu dämpfen. Die Folgen der letztgenannten Krisenform gehen auf effizientes Marktverhalten zurück und stellen als notwendige Wertberichtigungen grundsätzlich erwünschtes

Marktverhalten dar. Sie können gleichwohl durch institutionelle, vertrauensbildende und im Akutfalle auch sozialpolitische Maßnahmen abgefedert werden. Im Fall von Spekulationskrisen treten Marktineffizienzen auf, die auf destabilisierende Spekulation zurückgehen. Zur Bekämpfung dieses Phänomens wurde vorgeschlagen, eine Spekulationssteuer mit einem einheitlichen Satz von 0,5 Prozent des Transaktionswertes sämtlicher Finanzmarkttransaktionen einzuführen, die dazu dienen soll, v.a. kurzfristige Spekulationen zu erschweren (sog. Tobin Tax). Da diese jedoch weltweit eingeführt werden müsste, sind die Realisierungschancen dieser Steuer derzeit eher als gering einzustufen. Darüber hinaus besteht die Gefahr, dass eine derartige Steuer systemstabilisierende Transaktionen verhindert. Ferner muss beachtet werden, dass spekulative Marktteilnehmer selber einen Stabilisierungsbeitrag leisten können. Zusätzliche Marktteilnehmer steigern das Transaktionsvolumen (Markttiefe) und stellen damit sicher, dass sich kursrelevante Informationen schneller in den Preisen widerspiegeln. Andere Maßnahmenvorschläge zur Vermeidung von Finanzkrisen konzentrieren sich auf eine eingehendere Regulierung spezifischer Finanzinstrumente (z.B. derivative Instrumente) oder spezifischer Marktteilnehmer (wie Hedge Funds), die durch eine erhöhte Risikobereitschaft geprägt sind, um Systemrisiken zu vermindern.

Finanzpolitik – I. Betriebliche Finanzpolitik: Summe aller Maßnahmen der Finanzierung einer Unternehmung zur Befriedigung des Kapitalbedarfs, unterstützt durch Finanzplanung. Finanzpolitik ist als Teil der Unternehmenspolitik in Zielen und Methoden abzustimmen mit Investitionspolitik, Einkaufspolitik, Marketingpolitik, Dividendenpolitik sowie der Gestaltung des Produktionsprogramms und dessen Ablaufes.

II. Öffentliche Finanzpolitik: 1. *Begriff:* Neben der Geldpolitik ein zentrales Instrument der Wirtschaftspolitik. Sie verfolgt das Ziel, Struktur und Höhe der Nationaleinkommens einer Volkswirtschaft mithilfe öffentlicher Einnahmen und öffentlicher Ausgaben zu beeinflussen; sie dient aber auch anderen Politikbereichen, sofern dort öffentliche Mittel eingesetzt werden. – 2. *Einordnung:* Finanzpolitik ist Ordnungspolitik und Prozesspolitik. Unter ordnungspolitischem Aspekt gehört zu einer Wettbewerbswirtschaft z.B. ein Steuersystem, das den Wettbewerbsmechanismus möglichst wenig verfälscht; unter prozesspolitischem Aspekt verändern staatliche Einnahmen und Ausgaben die volkswirtschaftlichen Gesamtgrößen, aber auch Entscheidungen auf Einzelmärkten. Finanzpolitische Maßnahmen gehören vorwiegend zu den indirekt wirkenden Instrumenten. Im Gegensatz zu direkt verhaltensändernden Kontrollen (z.B. Preisstopp) beeinflussen sie i.d.R. die Daten für privatwirtschaftliches Handeln, weniger das Handeln der privaten Wirtschaftssubjekte selbst. Ausnahmen sind prohibitiv wirkende Einnahmen, die einem Ge- oder Verbot gleichkommen (z.B.: Prohibitivzoll). – 3. *Ziele:* a) *Fiskalisches Ziel:* Aufgabe der staatlichen Einnahmesicherung. – b) *Allokatives Ziel:* Vielzahl von Teilzielen, die alle auf eine Veränderung der Ressourcenverteilung gerichtet sind; dabei kann es sich um eine Veränderung zwischen Privaten handeln (Probleme bei der regionalen und sektoralen Strukturpolitik), um eine Veränderung der Ressourcenverteilung zwischen Staat und Privaten (Problem der Staatsquote) sowie um eine Veränderung der Ressourcenverteilung innerhalb des Staates (Probleme des staatlichen Haushaltsplans sowie des Finanzausgleichs). – c) *Distributionsziel* bzw. *Ziel der Einkommensverteilung:* Das Ergebnis des marktwirtschaftlichen Prozesses, der selbst möglichst wenig gestört werden soll, ist unter sozialen Gesichtspunkten zu korrigieren, da eine Marktwirtschaft die Einkommen nach der Leistung, aber nicht nach den Bedürfnissen der Menschen verteilt. Zur Korrektur der Marktverteilung dienen verschiedene Maßnahmen, dazu gehören v.a. das progressive Einkommenssteuersystem sowie ein Transfersystem, das dafür sorgen soll, dass auch Leistungsschwache ein Einkommen erzielen, mit dem sie ihre Existenz bestreiten können. – d) *Stabilisierungsziel:* Die öffentliche Hand soll durch gezielte konjunkturelle Impulse (Beeinflussung der gesamtwirtschaftlichen Nachfrage) das Wachstum fördern. In der Bundesrepublik Deutschland hat das Stabilitätsgesetz vom 8.6.1967 (BGBl. I 582) das stabilisierungspolitische Gesamtziel in die Einzelziele Preisniveaustabilität, hoher Beschäftigungsstand, außenwirtschaftliches Gleichgewicht und stetiges wie angemessenes Wachstum gegliedert und damit konkreter gefasst. – 4. *Träger:* Bund, Länder und Gemeinden, wobei jeder Entscheidungsebene bestimmte Aufgaben obliegen, dem Bund z.B. die Verteidigung und die soziale Sicherung, den Ländern die Bildungspolitik, den Gemeinden der Aufbau der örtlichen Infrastruktur. Sobald eine Aufgabe mehrere Ebenen betrifft, kommt es zur Mischfinanzierung (Art. 104a, 91a, b GG). Auf jeder staatlichen Ebene sind die Entscheidungsprozesse durch die Gewaltenteilung nach Legislative, Exekutive und Judikative sowie durch den Einfluss von Parteien und Verbänden vielfältig strukturiert. Hinzu kommt der Einfluss supranationaler Institutionen; hinzuweisen ist auf das zunehmende Gewicht der EU bei nationalen finanzpolitischen Entscheidungen. – 5. *Instrumente:* a) *Einnahmenpolitik:* (1) Steuerpolitik; (2) Schuldenpolitik (Debt Management). – b) *Ausgabenpolitik:* Im Rahmen einer Stabilisierungspolitik fällt ihr die zentrale Aufgabe zu, durch Konjunktur- und Ausgabenprogramme die Gesamtnachfrage antizyklisch zu variieren, um auf diese Weise eine Veränderung der Investitions- und Konsumtätigkeit zu bewirken; dafür geeignet sind vornehmlich Investitionsausgaben, die sich nicht nur im Fall der Rezession erhöhen, sondern auch in Boomsituationen reduzieren lassen (Problem der Reversibilität). Verbreitetes Instrument der Ausgabenpolitik im Bereich der Allokations- und Distributionsaufgabe sind Subventionen und Transfers. – c)

Budgetpolitik: Je nach seiner Einnahme- und Ausgabestruktur und nach seinen Veränderungen gegenüber der Vorperiode kann ein Haushalt mehr oder weniger expansiv sein und damit entsprechend auf die Gesamtwirtschaft einwirken. Zur Quantifizierung dieser expansiven bzw. kontraktiven Effekte sind im Laufe der letzten beiden Jahrzehnte mehrere Messkonzepte entwickelt worden, von denen v.a. das Konzept des konjunkturneutralen Haushalts Beachtung gefunden hat. Im Rahmen der Schuldenbremse und des europäischen Fiskalpaktes ist das Konzept des strukturellen bzw. konjunkturbereinigten Defizits von großer Bedeutung. Ebenso entscheidend wie problematisch bei der Ermittlung dieser Defizitgröße ist das gewählte statistische Bereinigungsverfahren, mit dem der Einfluss der Konjunktur aus den Daten herausgefiltert werden soll. Je nach angewandter Methode kann es zu teilweise erheblichen Unterschieden bei der Berechnung des strukturellen Defizits kommen. – 6. *Probleme finanzpolitischer Steuerung:* a) *Ausweichmöglichkeiten:* Orientieren sich vornehmlich an den Vermeidungsmöglichkeiten der Steuern; für die meisten steuerpolitischen Instrumente sind daher die Signalwirkungen von zentraler Bedeutung, die darauf gerichtet sind, die gewünschten Verhaltensänderungen durch steuerliche Entlastungen zu bewirken. – b) *Diskretionäre vs. regelgebundene Finanzpolitik:* Probleme zielorientierter Finanzpolitik bestehen v.a. beider Prognose und Planung sowie bez. des zeitlichen Einsatzes der Instrumente (Timing). Diese Nachteile einer diskretionären Finanzpolitik, die bei der Wahl von Zeitpunkt, Art, Dosierung und Dauer des Einsatzes der Instrumente vielfältig variieren, haben zur Suche nach Alternativen geführt. Mögliche Lösungen bietet eine regelgebundene Finanzpolitik, die durch Vorwegregelung finanzpolitischer Maßnahmen in Rahmengesetzen die vorzunehmenden Eingriffe an bestimmte Signale binden will. Dies setzt freilich eine bes. leistungsfähige Theorie voraus, die bisher nicht existiert. Erschwerend kommt hinzu, dass expansive und kontraktive Maßnahmen der Finanzpolitik auf unterschiedliche Interessenlagen stoßen: Positive Maßnahmen werden angenommen, Sanktionsversuche dagegen häufig unterlaufen. Die im Grundgesetz verankerte Schuldenbremse stellt eine besonders weitreichende Form regelgebundener Finanzpolitik dar.

Fiscal Agent → Bank des Staates.

Fisher-Effekt – Eins-zu-eins-Beziehung zwischen erwarteter → Inflationsrate und Nominalzinssatz (Zinsfuß). Die Fisher-Gleichung geht davon aus, dass Kreditgeber und Kreditnehmer eine bestimmte Realverzinsung für den Kredit vereinbaren möchten. Da in derartigen Kontrakten aber üblicherweise der nominale Zinssatz fixiert werden muss, wird neben dem angestrebten Realzinssatz auch die erwartete Inflationsrate berücksichtigt. Steigt die erwartete Inflationsrate um einen bestimmten Prozentsatz, wird man erwarten, dass der Nominalzinssatz um den gleichen Prozentsatz steigt. Der Realzinssatz bliebe dann konstant.

Flächenstilllegungen – Seit 1988 gibt es in der → Agrarpolitik der EU das Instrument der Flächenstilllegungen. Nach Maßgabe der → Agrarreform von 1992 mussten Landwirte einen Teil der Fläche von Getreide, Eiweiß- und Ölfrüchten stilllegen, um in den Genuss flächenbezogener Ausgleichszahlungen zu gelangen (obligatorische Flächenstilllegung). Nach der → Garantiemengenregelung auf dem Milchmarkt wurden Flächenstilllegungen als die Einführung eines weiteren planwirtschaftlichen Instruments in die Agrarpolitik der EU kritisiert. – *Begründung:* Flächenstilllegungen wurden v.a. deshalb eingeführt, um die → Agrarüberschüsse und die hohen Budgetbelastungen der protektionistischen → Agrarpreispolitik zu senken, ohne diese grundsätzlich abschaffen zu müssen. Flächenstilllegungen können wegen ihrer der „klassischen" → Agrarstrukturpolitik entgegengesetzten Wirkung auch als eine Art „negative" Agrarstrukturpolitik bezeichnet werden. – In der *Agrarreform von 2003* wurden Verpflichtungen zur Flächenstilllegung in handelbare Prämienrechte für Flächenstilllegungen umgewandelt, wodurch die negativen Allokationswirkungen der Flächenstilllegungen z.T. aufgehoben werden. – Seit 1992 kann die obligatorische Flächenstilllegung jährlich durch die EU-Organe festgelegt werden. Insbes. kann die obligatorische Flächenstilllegung bei Nahrungsmittelknappheit ausgesetzt werden. Aufgrund der Preissteigerung auf den Nahrungsmittelmärkten wurde daher der Stillegungssatz ab Herbst 2007 auf 0 Prozent gesenkt.

flexible (Umwelt-)Auflage → Umweltauflage.

flexible Altersgrenze → Arbeitszeitpolitik; Betriebsrentengesetz (BetrAVG).

Fließgleichgewicht – herrscht in einem System, wenn Stoffe und Energie mit der gleichen Rate vom System als Inputs aufgenommen werden, mit der sie nach der systeminternen Umwandlung als Output abgegeben werden. – Vgl. auch → Entropie, → Ökosystem.

Flucht in Sachwerte → Inflation.

Folgekostenansatz – Methode zur Quantifizierung von Umweltbelastungen, bei der lediglich monetär anfallende Kosten (z.B. die Sanierung von Gebäuden) berücksichtigt wird. Diese konservative Methode unterschätzt die Kosten von Umweltbelastungen, weil Präferenzkosten nicht erfasst werden. Der Vorteil davon ist, dass diese Kosten als kaum kritisierbares Minimum akzeptiert werden. – Vgl. auch → ökonomische Bewertung von Umweltschäden.

Food and Agricultural Organization → FAO.

Förderbanken → Wirtschaftsförderinstitute.

Fördergebiete → regionale Fördergebiete.

Fördermaßnahmen – staatliche Unterstützung privater Unternehmen überwiegend durch finanzielle Hilfen, z.B. Subventionen, Beihilfen. – Vgl. auch → Wirtschaftsförderung.

Förderung der Wirtschaft → Wirtschaftsförderung.

formeller Sektor – im Gegensatz zum → informellen Sektor Bezeichnung für den modernen, geschützten Sektor oft (transnationaler) Großunternehmen mit kapitalintensiver Technologie in Entwicklungsländern. Formale Sektoren zeichnen sich aus durch hohe Markteintrittsbarrieren, erheblichen Anteil ausländischer Ressourcennutzung, Produktion hoher Losgrößen, formale Bildungsabschlüsse als Beschäftigungsvoraussetzung sowie durch Zölle, Kontingente und Handelslizenzen in geschützten Märkten – Vgl. auch → Entwicklungstheorie.

Forschungs- und Entwicklungsförderung – 1. *Begriff:* Forschungs- und Entwicklungsförderung wird zum einen als staatliche oder staatlich geförderte Grundlagenforschung, zum anderen als anwendungsorientierte → Innovationsförderung betrieben. Die Unterscheidung zwischen Grundlagen- und angewandter Forschung stellt darauf ab, wie stark das Forschungsinteresse bereits auf eine konkrete wirtschaftliche Umsetzung oder Nutzung orientiert ist. – 2. *Ziele:* Die Forschungs- und Entwicklungsförderung in der Grundlagenforschung dient der Vermehrung wissenschaftlichen und technischen Wissens. Dabei spielt die Erwartung einer möglichen wirtschaftlichen Nutzung der Forschungsergebnisse durchaus eine wichtige Rolle, d.h. auch die Förderung der Grundlagenforschung ist nicht zweckfrei. In der angewandten Forschung zielt die Forschungs- und Entwicklungsförderung v.a. darauf ab, die Innovationsfähigkeit der Unternehmen zu verbessern. – 3. *Formen und Instrumente:* a) *Förderung der Grundlagenforschung* kann darin bestehen, in staatlichen Forschungseinrichtungen bestimmte wissenschaftliche oder technische Problemstellungen untersuchen zu lassen und die Forschungsergebnisse anschließend öffentlich (unentgeltlich) zugänglich zu machen. – *Beispiele* solcher (Groß-)Forschungseinrichtungen sind das Kernforschungszentrum Karlsruhe, die dt. Forschungs- und Versuchsanstalt für Luft- und Raumfahrt, die Institute der Fraunhofer-Gesellschaft oder anwendungsorientierte Forschungsinstitute an Hochschulen. In geeigneten Fällen kann der Staat aber auch die Grundlagenforschung durch Private (v.a. große Unternehmen) z.B. durch finanzielle Zuwendungen unterstützen. – b) Die *Förderung anwendungsorientierter Innovationen* spielt sich überwiegend im Bereich der privaten Unternehmen ab.

Forstwirtschaft – Die planmäßige, auf den Anbau und Abschlag von Holz in Wäldern ausgerichtete Wirtschaftstätigkeit. – Ziele dieser Wirtschaftstätigkeit umschließen die Rohstoffgewinnung und den Erhalt der Schutz- und Erholungsfunktion des Waldes. – Gesetzliche Regelungen zur Forstwirtschaft finden sich im Bundeswaldgesetz vom 2.5.1975 (BGBl. I 1037), das explizit eine Förderung der Forstwirtschaft regelt. – Die jüngste Änderung des Bundeswaldgesetzes durch Art. 1 des Gesetzes vom 31.7.2010 (BGBl. I S. 1050) definiert mit Forstpflanzen bestockte Flächen, die als Wald zu bezeichnen sind, neu. Damit trägt es den jüngsten agroforstlichen Entwicklungen und der Errichtung von Kurzumtriebsplantagen Rechnung.

Fortbildung – Fortbildung ist neben der Berufsausbildungsvorbereitung, der Berufsausbildung und der beruflichen Umschulung ein Teilbereich der Berufsbildung. Sie zielt i.e.S. auf jene Qualifikationen, die bereits in einem Ausbildungsberuf erworben wurden; andernfalls ist weiter gefasst von Weiterbildung oder Umschulungen bzw. von Lebenslangem Lernen und Erhalt der Employability (→ Beschäftigungsfähigkeit) die Rede.

Forum für Finanzmarktstabilität (FSF) – *Financial Stability Forum*; Forum zur Förderung der Stabilität des internationalen Finanzsystems; integraler Teil der → Neuen Weltfinanzarchitektur. Das Forum wurde im April 1999 auf der Grundlage eines Berichts des ehemaligen Präsidenten der Deutschen Bundesbank, H. Tietmeyer, zur Stabilität der internationalen Finanzmärkte (→ Tietmeyer Report) eingerichtet, Sitz in Basel. Den Vorsitz hat anfänglich der General Manager der → BIZ, Andrew Crockett. Außerdem wird das Forum durch ein kleines ständiges Sekretariat an der BIZ unterstützt. Das FSF ist effektiv eine ständige Arbeitsgruppe von Vertretern nationaler Zentralbanken, Regulierungs- und Aufsichtsbehörden sowie der wichtigsten internationalen Wirtschaftsorganisationen.

fossile Energieträger – kohlenstoffhaltige Energieträger, welche in über Jahrmillionen andauernden Prozessen entstanden und somit (im Gegensatz zu erneuerbaren Energieträgern) in menschlichen Zeitdimensionen nicht erneuerbar sind. Seit der Entdeckung der Eisenverhüttung auf Steinkohlebasis im Jahr 1709 basierte die industrielle Entwicklung zunächst im Wesentlichen auf Braun- und Steinkohle, dann etwa ab 1860 auch auf der Nutzung von Mineralöl und schließlich seit 1920 in den USA und ab 1960 in Europa auf der Nutzung von Erdgas. Heute tragen fossile Energieträger den Großteil zur weltweiten Energieversorgung bei. – Wegen ihres Kohlenstoffgehalts wird bei ihrer Verbrennung CO_2 zurück in die Atmosphäre gegeben, welches über Mio. von Jahren davon abgeschieden war. Dies ist ein wichtiger Faktor für eine sehr langfristige Veränderung der Zusammensetzung der Atmosphäre und erfordert deshalb dringend die auf eine Emissionsreduktion zielenden Maßnahmen der Klimapolitik.

Frachtbasis – geografischer Ausgangspunkt der Frachtberechnung für alle Lieferungen eines Gutes, berücksichtigt von allen Unternehmen, die an einem entsprechenden Übereinkommen über die

Frachtberechnung beteiligt sind. Dem Käufer werden die Frachtkosten für die Entfernung zwischen Frachtbasis und Empfangsort berechnet, ohne Rücksicht darauf, von welchem Ort geliefert wird, wie hoch demnach die wirkliche Fracht ist. Die Bevorzugung eines bestimmten Lieferanten wegen der Transportkosten ist damit ausgeschlossen. – *Frachtbasis in der Bundesrepublik Deutschland:* Siegen in der Stahlindustrie für Handelsfeinbleche, Essen für die übrigen Bleche sowie für Kohle, Oberhausen für andere Walzwerkerzeugnisse.

Frachtführer – Durch den Frachtvertrag wird der Frachtführer verpflichtet, Frachtgut zu Lande, auf Binnengewässern oder mit Luftfahrzeugen zu befördern und dort an den Empfänger abzuliefern. Handelt es sich um den Betrieb eines gewerblichen Unternehmens, gelten die §§ 407 – 452 d HGB. – Bei der Güterbeförderung zur See entspricht dem Frachtführer der *Verfrachter* (§§ 407, 559 HGB).

Frachtparität – geografischer Endpunkt bis zu dem der Verkäufer die Fracht übernimmt, auch wenn die Lieferung nach einem anderen Bestimmungsort des Käufers geht.

Frachtrate → Frachtsatz.

Frachtsatz – 1. *Güterverkehr:* der auf eine Gewichtseinheit (i.d.R. 100 kg, bei Stückgut bis 1.000 kg) bezogene Beförderungspreis. – 2. *Seeverkehr:* Es wird von Frachtraten gesprochen. – 3. *Personenverkehr:* Der auf eine Entfernungseinheit (1 km) bezogene Beförderungspreis wird als *Tarifsatz* bezeichnet.

Fraunhofer-Gesellschaft zur Förderung der angewandten Forschung e.V. (FhG) – gegründet 1949; benannt nach dem Forscher, Erfinder und Unternehmer J. von Fraunhofer, 1787 – 1826). – *Aufgaben:* Anwendungsorientierte Vertragsforschung auf allen ingenieurwissenschaftlichen Fachgebieten; Beratung und Information Interessierter. Vertragspartner und Auftraggeber sind Industrie- und Dienstleistungsunternehmen sowie der Bund. In seinem Auftrag und mit seiner Förderung werden zukunftsrelevante Forschungsprojekte durchgeführt. – Die Fraunhofer-Gesellschaft betreibt über 80 Forschungseinrichtungen, davon 57 Institute an 40 Standorten in Deutschland. – *Mitglieder* sind namhafte Unternehmen und private Förderer.

Fraunhofer-Institute → Fraunhofer-Gesellschaft zur Förderung der angewandten Forschung e.V. (FhG).

Free-Rider-Verhalten – *Trittbrettfahrerverhalten;* Begriff der Finanzwissenschaft und Umwelt- und Ressourcenökonomik für die aus dem Rationalprinzip abgeleitete Annahme über das Verhalten des einzelnen Wirtschaftssubjekts bei der Entscheidung über Bereitstellung und Finanzierung öffentlicher Güter sowie deren Nutzung. Bei öffentlichen Gütern kann das einzelne Wirtschaftssubjekt aufgrund ökonomischer oder technischer Gründen nicht oder nicht oder nicht vollständig von der Nutzung einmal bereitgestellter Güter ausgeschlossen werden (Ausschlussprinzip). Der Ausschluss wäre ineffizient, da das Rivalitätsprinzip nicht greift und die Grenzkosten eines weiteren Nutzers gleich Null sind. Es wird bei der Entscheidung seine wahren Präferenzen verschleiern, um nicht zur Finanzierung herangezogen zu werden, wenn es davon ausgehen kann, dass das Gut auch ohne seinen Beitrag bereitgestellt werden. Das Free-Rider-Verhalten ist somit eine Ursache für eine suboptimale Allokation der betreffenden Güter und kann sogar zu einer pareto-ineffizienten Nicht-Bereitstellung führen.

Free Trade Area of the Americas → FTAA.

Freiburger Schule – 1. *Begriff:* Als Freiburger Schule wird die Forschungs- und Lehrgemeinschaft von Ökonomen und Juristen bezeichnet, die sich in den 1930er-Jahren an der Universität in Freiburg i.B. zusammenfand und die deutsche → Ordnungsökonomik entwickelte. Die gemeinsamen Grundüberzeugungen der Freiburger Schule wurden unter dem Begriff Ordoliberalismus bekannt, welcher die Grundlage der wirtschaftspolitischen Konzeption der → Sozialen Marktwirtschaft als Wirtschaftsordnung bildete. Die Ordoliberalen lehnten aufgrund der historischen Erfahrungen die freie Marktwirtschaft (Kapitalismus) als Wirtschaftsordnung ebenso ab wie die Zentralverwaltungswirtschaft. – 2. *Vertreter:* Von den Vertretern der Freiburger Schule sind heute v.a. der Ökonom Eucken und der Jurist Böhm bekannt; zu den Gründern gehörte auch der Jurist Großmann-Doerth; etwas später stießen neben anderen von Dietze und Lampe hinzu. Außerdem werden die Ökonomen Miksch, Röpke und Rüstow zur Freiburger Schule gezählt. – 3. *Ordnungspolitische Hauptaussagen:* Die „Politik der Wettbewerbsordnung" wurde von Eucken in seinen posthum veröffentlichten „Grundsätzen der Wirtschaftspolitik" (1952/1990) systematisch dargestellt. Diese können weitgehend als Manifest normativen Ordnungsdenkens der Freiburger Schule insgesamt betrachtet werden. Als Ziel der ordnungsökonomischen Überlegungen definiert Eucken die Gestaltung einer *„funktionsfähigen und menschenwürdigen Wirtschaftsordnung"*. Zunächst hebt Eucken die zur Herstellung einer Wettbewerbsordnung konstituierenden (welche die Funktionsfähigkeit sicherstellen sollen) und sodann die notwendigen regulierenden Prinzipien hervor, welche die Menschwürdigkeit der Ordnung unterstützen sollen. – a) Zu den *konstituierenden Prinzipien* zählt Eucken: (1) *Herstellung eines „funktionsfähigen Preissystems vollständiger Konkurrenz"* als das zentrale „Grundprinzip". Wenn auch die Bedeutung freier Preisbildung auf Wettbewerbsmärkten von Eucken und auch von Böhm recht überzeugend dargestellt wurde, so bleibt die Bedeutung der Marktform vollständiger Konkurrenz für die Eigenschaften einer Wettbewerbsordnung und für wettbewerbssichernde Politiken häufig unklar und anfechtbar. Später wurde in Freiburg die Wettbewerbstheorie durch von Hayek („Wettbewerb als Entdeckungsverfahren") und die Wettbewerbspolitik durch Böhm und Hoppmann (Leitbild der „Wettbewerbsfreiheit") entscheidend weiterentwickelt. (2) *Preisniveaustabilität:* Damit der marktliche Preismechanismus seine Lenkungsfunktion erfüllen kann, bedarf es einer inneren (und äußeren) Geldwertstabilität. Zur Vermeidung von Inflation schlägt Eucken daher die feste Bindung der Geldschöpfung an durchschnittliche Knappheiten eines Warenbündels („Waren-Reserve-Währung") vor. (3) *Offenhaltung von Märkten:* Die Wirksamkeit der Koordinations- und Kontrollfunktionen des Wettbewerbs verlangt freien Marktzutritt. Hierzu zählt Eucken v.a. die Aufhebung von Zöllen und Mengenbeschränkungen im internationalen Handel, freie Berufswahl, Gewerbefreiheit und eine Begrenzung des Patentschutzes. (4) *Privateigentum:* Als Voraussetzung einer Wettbewerbswirtschaft wird das Privateigentum an Produktionsmitteln anerkannt. (5) *Vertragsfreiheit:* Sie gilt wie Privateigentum als konstitutiv für eine Wettbewerbsordnung. Allerdings gibt es Grenzen der Vertragsfreiheit. So dürfe die Bildung von Kartellen nicht als legitime Nutzung der Vertragsfreiheit akzeptiert werden. (6) *Vermeidung von Haftungsbeschränkungen:* Vertreter der Freiburger Schule gehen davon aus, dass derjenige, der die Chance auf einen Gewinn hat, auch das Risiko des Verlusts tragen soll. Sie kritisieren die Haftungsbeschränkungen in der Rechtsform der GmbH sowie bei Allgemeinen Geschäftsbedingungen als Ausdruck eines „selbst geschaffenen Rechts der Wirtschaft". (7) *Vorhersehbarkeit und Stetigkeit der Wirtschaftspolitik:* Mithilfe der Wettbewerbsordnung sollen die Wirtschaftssubjekte in die Lage versetzt werden, auf der Grundlage möglichst sicherer Daten langfristige Pläne zu verwirklichen. Zu diesen Daten gehört auch der ordnungspolitische Rahmen; die Forderung nach Rechtssicherheit dient der Stabilisierung von Erwartungen und damit wachstumsfördernden Investitionen. – b) Die *regulierenden Prinzipien* sind den konstituierenden insoweit nachgeordnet, als sie wirtschaftspolitische Eingriffe in den Marktprozess begründen sollen, die nach Befolgung der konstituierenden Prinzipien noch als notwendig oder auch nur sinnvoll betrachtet werden. (1) *Eindämmung von Marktmacht:* So dürften bei strenger Anwendung des Prinzips offener Märkte nur noch wenige, sog. natürlichen Monopole regulierungsbedürftig sein. Die Grundsätze, nach denen eine staatliche Monopolkontrolle im Einzelnen zu verfahren habe, werden bei Eucken weit weniger umfassend dargestellt und problematisiert als etwa bei Böhm, dessen Arbeiten einen beachtlichen Einfluss auf die Gestaltung des Wettbewerbsrechts im Nachkriegsdeutschland hatten. Ähnlich skizzenhaft bleiben Euckens Äußerungen zur Einkommenspolitik. Er hält eine Korrektur der z.T. unwirtschaftlichen Primärverteilung über Märkte durch eine progressive Einkommensteuer für geboten. (2) *Internalisierung externer Effekte:* Es folgen noch einige knappe Begründungen zur Korrektur von externen Effekten und anomalen Angebotsreaktionen auf Preisänderungen. Bemerkenswert bleibt, dass Eucken schon damals (1952) einen staatlichen Handlungsauftrag im Bereich der Umweltpolitik begründet.–c) *Staatspolitische Prinzipien:* Aus der spezifischen Freiburger Sicht der *Interdependenz der Ordnungen* stellt sich das Problem der politischen und rechtlichen Realisierungsbedingungen des ordoliberalen Programms. Schon die konstituierenden und erst recht die regulierenden Prinzipien lassen erkennen, dass hier kein „Minimalstaat" gefordert ist, sondern ausdrücklich ein „starker" und „aktionsfähiger" Rechtsstaat (Eucken) im Sinne einer neutralen, von wirtschaftlichen Machtgruppen unabhängigen Ordnungsinstanz. Folgerichtig stellt Eucken folgende *staatspolitische Prinzipien* auf: Zum einen soll einer „neufeudalen Autoritätsminderung des Staates" dadurch entgegengewirkt werden, dass wirtschaftliche Machtgruppen aufzulösen oder ihre Funktionen zu begrenzen sind. Zum anderen sollte die Wirtschaftspolitik auf die Gestaltung der Ordnungsformen der Wirtschaft gerichtet sein, nicht auf die Lenkung des Wirtschaftsprozesses. Damit wird erneut das zweifache Machtproblem aufgegriffen, dem im Fall privater Macht durch die Disziplin der Wettbewerbsordnung und im Fall staatlicher Macht durch die Bindung an rechtsstaatliche Regeln und ordnungspolitische Grundsätze begegnet werden soll. – 4. *Aktuelle Bedeutung:* In der Wirtschafts- und Wirtschaftswissenschaft insgesamt hat der Einfluss der Freiburger Schule seit den 1960er-Jahren deutlich nachgelassen. In jüngster Zeit zeigen sich aber Anzeichen für eine Wiederentdeckung des ordnungspolitischen Denkens. Nicht zuletzt angesichts globaler Wirtschafts- und Finanzkrisen stellt sich die Frage nach funktionsfähigen und menschenwürdigen Wirtschaftsordnungen neu – und dringlich. Diese neuen Ordnungsüberlegungen werden oft unter dem Dach der Neuen Institutionenökonomik verortet. So lassen sich Ähnlichkeiten zwischen den Ansätzen der Freiburger Schule und der modernen → Konstitutionenökonomik aufzeigen. Ebenso gibt es Modernisierungen der staatspolitischen Prinzipien im Sinne einer Konjunkturpolitik für den Markt, einer Sozialpolitik für den Markt sowie einer Industriepolitik für den Markt (Erlei/Leschke/Sauerland, 2007).

freie Marktwirtschaft → Marktwirtschaft.

freier Wettbewerb → wettbewerbspolitische Leitbilder.

freie Währung → Währungssystem.

freie Wirtschaftslehre – von S. Gesell gegründete Lehre, die Störungen der Konjunktur durch die Einführung von Freigeld (→ Schwundgeld) und Freiland (Abschaffung des Eigentums an Grund und Boden bei Abführung der Grundrente an den Staat) beseitigen will.

Freihandelszone – *Free Trade Association (FTA).* Aus dem nationalen → Binnenmarkt von

Entwicklungs- und Transformationsländern formal-juristisch ausgegliederte, weltmarktorientierte Standorte von Produktion und Handel, mit denen sich das betreffende Land in die internationale Arbeitsteilung einzugliedern versucht.

freiwillige Arbeitslosigkeit Arbeitslosigkeit, → Arbeitsmarkt.

Freizeitpolitik – spezielle politische Zielsetzung, die die Bereiche Wirtschaftspolitik, Sozialpolitik, Raumordnungs-, Boden-, Bau- und Verkehrspolitik, Kultur-, Familien-, Jugend- und Sozialpolitik berührt. Gegenstand von Freizeitpolitik sind u.a.: räumliche Erfordernisse und Auswirkungen von Freizeit und Erholung; Freizeit- und Erholungsprobleme im Wohnumfeld und in der Stadt; Fremdenverkehr; Erhöhung des Wohn- und Freizeitwertes in umweltbeeinträchtigenden Wohnquartieren; Probleme des Freizeit- und Erholungsverkehrs; Probleme des Freizeitwohnens; Förderung des Breiten- und Freizeitsports; Kulturarbeit; Jugendpflege; Altenarbeit; Förderung des Freizeitvereinswesens.

Friedenswahl → Sozialversicherungswahlen.

Friedrich-Ebert-Stiftung (FES) – gegründet 1925; neugegründet 1947, mit Sitz in Berlin und Bonn. – *Aufgaben:* Politische und gesellschaftliche Bildung im Geiste von Demokratie und Pluralismus, finanzielle Förderung von dt. und ausländischen Studenten und Forschung, sowie internationale Verständigung und Zusammenarbeit.

Friedrich-Naumann-Stiftung für die Freiheit – gegründet 1958 mit Sitz in Potsdam, Stiftung für liberale Politik. – *Aufgaben:* Politische Bildung und Politikdialog, Begabtenförderung, Forschung und politische Beratung, Archiv. – *Angegliedertes Institut:* Theodor-Heuss-Akademie (Gummersbach).

friktionelle Arbeitslosigkeit → Arbeitslosigkeit.

Fringe Benefits – *Freiwillige betriebliche Zusatzleistungen;* 1. *Begriff:* Bei den Fringe Benefits handelt es sich um Bruttolöhne und -gehälter in Form von Sachleistungen. – 2. *Umfang:* Sie umfassen alle Waren und Dienstleistungen, welche ein Unternehmen oder ein Betrieb seinen Arbeitnehmern zur Verfügung stellt. – 3. *Beispiele:* Unternehmenserzeugnisse, die unentgeltlich oder verbilligt abgegeben werden; Mitarbeiterwohnungen; Firmenwagen (zum Privatgebrauch); soziale Aufwendungen für indirekte Leistungen zulasten der Arbeitgeber wie Kantinen und Essensmarken, Kultur-, Sport- und Freizeiteinrichtungen, Kindergärten und -krippen; Kostenersatzungen für Fahrten zwischen Wohnort und Arbeitsplatz.

Fritz-Thyssen-Stiftung – gegründet 1959 mit Sitz in Köln. – *Aufgaben:* Förderung der Wissenschaft an wissenschaftlichen Hochschulen und Forschungsstätten, v.a. auf den Gebieten der Geisteswissenschaften, internationale Beziehungen, Staat, Wirtschaft und Gesellschaft sowie Medizin und Naturwissenschaften.

Frühkapitalismus → Kapitalismus.

frühsozialistische Konzepte → Sozialismus.

FSF – Abk. für → Forum für Finanzmarktstabilität.

FTA – Abk. für *Free Trade Association*, → Freihandelszone.

FTAA – Abk. für *Free Trade Area of the Americas,* Gesamtamerikanische Freihandelszone; 1994 in Miami initiiert. – *Sitz:* San Francisco. – Sie besteht aus 34 amerik., demokratischen Staaten. Ihr Ziel ist sowohl der Freihandel als auch die Förderung der Investition in Lateinamerika.

Fuhrunternehmer – Begriff des Straßenverkehrsrechts für den Halter eines Fahrzeugs (Halter eines Kraftfahrzeuges), mit dem er gewerbsmäßig gegen Entgelt die Beförderung von Personen oder Gütern für eigene Rechnung betreibt. Der Fuhrunternehmer braucht nicht Eigentümer des Fahrzeugs zu sein.

fundamentale Transformation – Entwicklung einer Wettbewerbssituation, die vor dem Vertragsabschluss durch mehrere Anbieter gekennzeichnet ist und nach dem Vertragsschluss die Form eines formal nicht determinierten bilateralen Monopols annimmt. Die Ex-Post-Abhängigkeit von einem einzigen Anbieter kann sich daraus ergeben, dass jener Anbieter, der den erstmaligen Zuschlag erhält, transaktionsspezifische Investitionen tätigen muss. Folglich hat er ex post gegenüber seinen Konkurrenten einen Wettbewerbsvorsprung, weil er bei einem erneuten Bietprozess die → spezifischen Investitionen nicht mehr einrechnen muss. Andererseits können diese zu einer Abhängigkeit vom Nachfrager führen.

Fundamentalsätze der Wohlfahrtsökonomik → Hauptsätze der Wohlfahrtsökonomik.

funktionale Einkommensverteilung – 1. *Begriff:* Verteilung des gesamtwirtschaflichen Einkommens (Einkommensverteilung) auf funktionale Einkommensarten (Lohn, Profit, Zins und Rente) oder auf die Produktionsfaktoren (Arbeit, Kapital, Boden), die zur Erwirtschaftung des Sozialprodukts beigetragen haben. Die funktionale Einkommensverteilung ist seit der ökonomischen Klassik der vorherrschende Untersuchungsgegenstand der volkswirtschaftlichen Verteilungstheorie. – 2. *Merkmale:* Bei der Analyse der Einkommensverteilung unterscheidet man prinzipiell zwei verschiedene Herangehensweisen: Die → personelle Einkommensverteilung betrachtet die Verteilung der im Wirtschaftsprozess entstandenen Einkommen auf Personen oder Haushalte in der Gesellschaft. Unter der funktionalen Einkommensverteilung wird demgegenüber die Aufteilung der gesamtwirtschaftlichen Einkommen auf funktionale Einkommensarten (Lohn, Profit, Zins und Rente) oder auf die Produktionsfaktoren verstanden, die zur Erwirtschaftung des Sozialprodukts beigetragen haben oder an seiner Verteilung partizipieren (wie reine Besitzeinkommen). In der funktionalen Einkommensvereilung der neoklassischen Theorie werden üblicherweise lediglich zwei Produktionsfaktoren und damit zwei Haupteinkommensarten unterschieden, nämlich die den Produktionsfaktoren Arbeit und Kapital zugehörigen Einkommen.–Bei der statistischen Erfassung der Größen der funktionalen Einkommensverteilung werden im Rahmen der Volkswirtschaftlichen Gesamtrechnung die von den abhängig Beschäftigten empfangenen Arbeitnehmerentgelte (Bruttolöhne und -gehälter plus tatsächliche und unterstellte Arbeitgeberbeiträge zur Sozialversicherung) ausgewiesen. Die den Kapitalbesitzern zufließenden Einkommen aus Unternehmens- und Vermögenstätigkeit (einschließlich der Mischeinkommen der Selbstständigen) werden nach der Ermittlung des Volkseinkommens im Wesentlichen als Residualgröße bestimmt. Bezieht man diese beiden Einkommensarten auf das Volkseinkommen, so erhält man die sogenannte → Lohnquote bzw. die → Gewinnquote. Beide Quoten ergänzen sich zu eins bzw. zu 100 Prozent. – 3. *Probleme:* a) *Lohnquote:* Die Darstellung der funktionalen Einkommensverteilung mittels der gesamtwirtschaftlichen Lohnquote weist im Wesentlichen zwei Mängel auf. Zum einen reagiert die Größe auf eine Veränderung der Erwerbstätigenstruktur. Wenn bspw. die Zahl der abhängig Beschäftigten im Verhältnis zu allen Erwerbstätigen zunimmt, weil bspw. durch den Rückgang der Beschäftigten in der Landwirtschaft die Zahl der selbstständig Beschäftigten abnimmt, steigt die Lohnquote rein rechnerisch an. Dies könnte fälschlicherweise als Indikator für eine Verbesserung der Verteilungsposition der Lohneinkommensbeziehrer interpretiert werden. Durch Berechnung einer → bereinigten Lohnquote kann dieser Mangel umgangen werden. Die zweite Unzulänglichkeit der Lohnquote ergibt sich aus der Feststellung, dass die Einkommen der Selbstständigen zu einem gewissen Teil auch durch ihre Arbeitsleistung entstehen. Will man die dem Produktionsfaktor Arbeit insgesamt zugehörigen Einkommen (→ Arbeitseinkommen) ermitteln, sind die Arbeitseinkommen der Selbstständigen zu den Arbeitseinkommen der Arbeitnehmer hinzu zu addieren. Um entsprechend beide Mängel der Lohnquote zu umgehen, wird anstatt der (bereinigten) Lohnquote häufig die → Arbeitseinkommensquote berechnet. – Problematisch für die Beschreibung der funktionalen Einkommensverteilung und die Aussagefähigkeit der Arbeitseinkommensquote ist jedoch wiederum die Interpretation der Restgröße (Volkseinkommen abzüglich Arbeitseinkommen). Die um die Arbeitsentgelte der Selbstständigen bereinigten Unternehmens- und Vermögenseinkommen können nur mit sehr großen Abstrichen als die Einkommen des Produktionsfaktors Kapital angesehen werden. In dieser kalkulatorischen Rest- und Sammelgröße schlagen sich nicht nur alle Fehler bei der Berechnung des Volkseinkommens oder generelle Bewertungs- und Messprobleme (z.B. bei den Abschreibungen) nieder. Sie umfassen v.a. ein compositum mixtum von Einkommensarten, die nicht als Kapitaleinkommen im eigentlichen Sinne angesehen werden können, wie z.B. die Vermögenseinkommen des Staates (u.a. der Bundesbankgewinn), unterstellte Mieten für selbstgenutzte Eigenheime und die nicht ausgeschütteten Gewinne der Kapitalgesellschaften. Dennoch ist die Arbeitseinkommensquote die übliche Größe, mit der die Entwicklung der funktionalen Einkommensverteilung dargestellt wird. – b) *Querverteilung:* Da die privaten Haushalte prinzipiell sowohl Besitzer des Produktionsfaktors Arbeit wie auch des Produktionsfaktors Kapital sein können, ist es nicht unüblich, dass ein Haushalt sowohl Arbeits- wie auch Kapitaleinkommen empfängt. Dieses als Querverteilung bezeichnete Phänomen erschwert die Interpretation von Veränderungen der funktionalen Einkommensverteilung aus sozial-ökonomischer Sicht. Zumindest verteilungspolitisch steht daher häufig die personelle Einkommensverteilung im Mittelpunkt. Da personelle und die funktionale Einkommensverteilung aber eng miteinander verwoben sind, ist auch die funktionale Einkommensverteilung für zahlreiche ökonomische und soziale Fragestellungen, wie z.B. für die Frage der Einkommensungleichheit, von einer hohen Relevanz. – c) *Einkommensstreuung:* Ähnliches gilt für die Tatsache, dass sich die gesamtwirtschaftlichen Arbeitseinkommen u.a. aus hochbezahlten, mit einem hohen Grad an Selbstbestimmung versehenen Tätigkeiten (Managergehälter) und geringfügig entlohnten Tätigkeiten aus abhängiger Beschäftigung zusammensetzen. – d) *Schwankungen im Konjunkturverlauf:* Bei der Analyse der funktionalen Einkommensverteilung muss berücksichtigt werden, dass Einkommensquoten im Konjunkturverlauf schwanken. Die Lohn- bzw. Arbeitseinkommensquote weist im Normalfall ein anti-zyklisches Verhalten auf, d.h. sie steigt im konjunkturellen Abschwung an, während sie umgekehrt im Aufschwung sinkt. Grund hierfür ist die nur teilweise erfolgende Anpassung der Arbeitseinkommen an die konjunkturelle Entwicklung, während die Gewinneinkommen aufgrund ihres Residualcharakters entsprechend deutlich stärker schwanken als die Arbeitseinkommenssumme. Da die Anpassung überdies zeitlich verzögert einsetzt ("wage-lags"), tritt die Anti-Zyklizität der Arbeitseinkommensquote tendenziell leicht phasenversetzt auf. – 4. *Empirische Entwicklungen:* Bei der Aufteilung des Volkseinkommens haben sich in den letzten Jahrzehnten in vielen industriellen Ländern größere Veränderungen ergeben, die sich in einem verringerten Anteil der Arbeitseinkommen niedergeschlagen haben. Auch international wird immer häufiger darauf hingewiesen, dass die in den vergangenen Jahren erwirtschafteten Wohlstandsgewinne ungleichmäßig auf die Produktionsfaktoren verteilt würden und sich so die funktionale Einkommensverteilung seit geraumer Zeit stark verändere. Während Kapitalbesitzer relativ hohe Einkommenszuwächse erzielten, würden die Bezieher von Arbeitseinkommen gar nicht oder nur relativ wenig am ohnehin schon geringen Wachstum des Sozialprodukts partizipieren. In Deutschland schwankte die Arbeitseinkommensquote in den 1990er-Jahren ohne einen klar erkennbaren Trend um einen Wert von ungefähr 79 Prozent. Damit kann für die letzte Dekade des 20. Jahrhunderts von einer gewissen Stabilität der Arbeitseinkommensquote in Deutschland gesprochen werden. Dies veränderte sich jedoch in den zehn anschließenden Jahren deutlich. In den 2000er-Jahren reduzierte sich die Arbeitseinkommensquote in Deutschland drastisch. Von einem Wert von 80,6 Prozent im Jahr 2000 fiel die Größe auf 72,3 Prozent im Jahr 2007 – ein Rückgang von rund acht Prozentpunkten innerhalb von sieben Jahren und damit ein in der Geschichte der Bundesrepublik Deutschland bislang einmaliger Vorgang.

funktionale Verteilung → funktionale Einkommensverteilung.

Fürsorgeprinzip – Prinzip, nach dem eine spezielle Form von Bedürftigkeit Anlass für Umverteilung (z.B. → Arbeitslosengeld II für erwerbsfähige Hilfebedürftige, Wohngeldzahlungen an einkommensschwächere Mieter) ist. – Steht insbes. im *Gegensatz* zu: → Versicherungsprinzip, Versorgungsprinzip. – Vgl. auch → Sozialpolitik, Gestaltungsprinzipien.

Fusion – 1. *Allgemein:* Unternehmenszusammenschluss. – 2. *Handels- und Steuerrecht:* Verschmelzung. – 3. *Kartellrecht:* Zusammenschlusskontrolle, → Europäisches Kartellrecht.

Fusionskontrolle – Zusammenschlusskontrolle.

Fusionskontrollverordnung – Abk. *FKVO*. → Europäisches Kartellrecht.

G 10 – *Group of Ten, Zehner-Club, Zehner-Gruppe;* 1962 gebildetes informelles Kooperationsgremium der zehn westlichen Hauptindustrieländer (Kanada, USA, Japan, Belgien, Frankreich, Bundesrepublik Deutschland, Italien, Niederlande, Schweden, Schweiz, Großbritannien) zur Abstimmung und Wahrung der gemeinsamen Währungsinteressen und der gegenseitigen Unterstützung bei Zahlungsbilanzschwierigkeiten. Sitz in Paris. G 10 tagt zweimal jährlich unter Teilnahme von Repräsentanten des → IWF, der → OECD und des → BIZ. Die Schweiz ist seit 1984 elftes Vollmitglied (bei Gründung erst nur assoziiert); Belgien ist assoziiertes Mitglied. – G 10 und der → IWF trafen 1962 die Allgemeinen Kreditvereinbarungen (AKV). Aufgrund der damals erreichten umfassenden → Konvertibilität der Währungen wurde ein *Sonderkreditfond* errichtet und die kurzfristigen Kapitalbewegungen freizügiger gestaltet, um durch diese Kredithilfen den Mitgliedsländern den Ausgleich der Zahlungsbilanzen zu erleichtern und die internationale Währungsordnung stabiler zu gestalten. Internationale Währungskrisen konnte G 10 nicht verhindern, deren Auswirkungen aber überwinden helfen. Der hohe Anteil ihrer Mitglieder an den Quoten des IWF ermöglicht es G 10, einen starken Einfluss auf die Politik des IWF zu nehmen. So initiierte G 10 u.a. die Schaffung der → Sonderziehungsrechte (SZR).

G 24 – *Group of Twenty-Four, Intergovernmental Group of Twenty-Four on International Monetary Affairs;* 1971 gegründet. Hauptziel ist die Koordinierung der Position der → Entwicklungsländer bei Fragen der internationalen Finanz- und Währungspolitik. Die Gruppe umfasst 24 Mitgliedsländer aus Afrika, Lateinamerika und Asien (einschließlich Arabien). Mitgliedsländer der → G 77, nicht Mitglieder der G 24 sind, können als Beobachter an ihren Treffen teilnehmen. Die Mitgliedsländer werden durch ihre Finanzminister bzw. Zentralbankpräsidenten vertreten. Sie treffen sich zweimal pro Jahr, jeweils vor den Halbjahrestreffen von → IWF und Weltbank (→ IBRD) im Frühling und im Herbst.

G 5 – *Group of Five; Fünfer-Club;* 1. *Bedeutung:* 1973 erstmals erfolgtes Zusammentreffen der Finanzminister und Notenbankpräsidenten der USA, Japans, Deutschlands, Frankreichs und Großbritanniens. Ziel ist eine engere Kooperation der Industriestaaten auf dem Gebiet der Währungspolitik, → Weltwirtschaftsgipfel sowie ein stetiges Wirtschaftswachstum. Erweiterungen führten zu → G 7 (Group of Seven) und → G 8 (Group of Eight). – 2. *Alternative Bezeichnung* für den lockeren Zusammenschluss von 5 wichtigen Schwellenländern: China, Indien, Brasilien, Mexiko und Südafrika.

G 7 – *Group of Seven, Siebener-Club, Siebener-Gruppe;* informelles Netzwerk, initiiert vom franz. Präsidenten d'Estaing und dem dt. Bundeskanzler Schmidt, die 1975 die Staats- und Regierungschefs Italiens, Japans, Großbritanniens und der USA (1976 auch Kanadas) einluden, seit 1978 auch den Präsidenten der EU-Kommission mit Beobachterstatus. Ohne ital. und kanadische Finanzminister auch als → G 5 bezeichnet. – *Ziele:* Informationsaustausch, Planung der internationalen Agenda für das Folgejahr, Verfolgung stetigen Wachstums und größerer Währungsstabilität. Erfolgreich bei der informellen Währungskoordination, weniger erfolgreich bei der Koordinierung der Makropolitiken. – Vgl. auch → Weltwirtschaftsgipfel.

G 77 – Sprachrohr der Länder der Entwicklungsländer innerhalb der Vereinten Nationen (→ UN), v.a. für entwicklungs- und wirtschaftspolitische Fragen. Gegründet 1964, 130 Mitglieder.

G 8 – *Group of Eight,* entspricht der Siebenergruppe (→ G 7) zzgl. Russlands, das seit 1998 offizielles Mitglied ist. – Vgl. auch → Weltwirtschaftsgipfel.

GAB – Abk. für *General Arrangements to Borrow;* Verträge zwischen dem → IWF und elf Mitgliedsländern bzw. deren Zentralbanken, gemäß denen der IWF sich bei Bedarf, zu marktbezogenen Zinssätzen erhebliche Währungsbeträge zur Verwendung im Rahmen seiner Kreditprogramme ausleihen kann. Die GAB sind seit Oktober 1962 in Kraft, die elf Gläubigerländer (USA, Deutschland, Japan, Großbritannien, Frankreich, Italien, Kanada, Niederlande, Belgien, Schweden, Schweiz) stellen insgesamt 17 Mrd. → Sonderziehungsrechte (SZR) zur Verfügung. Durch ein entsprechendes Arrangement mit Saudi-Arabien stehen für den IWF weitere 1,5 Mrd. SZR bereit. Seit 1998 wurden die GAB durch die → NAB (New Arrangements to Borrow) ergänzt, sodass nun insgesamt 34 Mrd. SZR zur Verfügung stehen. Die Beträge des GAB sind bisher zehnmal aktiviert worden; das letzte Mal 1998 mit 6,3 Mrd. SZR für Russland.

GAP – Abk. für *Gemeinsame Agrarpolitik (der Europäischen Union* (→ EU*))*. 1. Die GAP ist heute stark vereinfacht, modernisiert und kostengünstiger. Lebensmittelberge gibt es fast nicht mehr und die Exporthilfen sind stark gesunken. Insofern widerspricht sie den häufig noch bestehenden Klischees. Europa ist heute ein wichtiger Ausführer, aber auch der weltweit größte Einführer von Lebensmitteln, v.a. aus Entwicklungsländern. Die bisher von der EU getätigten Einfuhren aus den Entwicklungsländern und den am wenigsten entwickelten Ländern übertreffen die der USA, Japans, Kanadas, Australiens und Neuseelands zusammengenommen. Der europäische Agrarsektor wendet sichere, saubere und umweltverträgliche Methoden an und produziert Qualitätserzeugnisse. Auch steht der Sektor im Dienste seines ländlichen Raums und trägt dazu bei, diesen als Arbeitsplatz, Wohn- und Ferienort zu erhalten und für die Zukunft fit zu machen. Die Regeln über die GAP und ihre Organisation finden sich in den Art. 38 ff. AEUV. Die GAP wird im Kern von drei Grundsätzen bestimmt: Der erste, nämlich die Verwirklichung des gemeinsamen Marktes für sämtliche Erzeugnisse in der EU, bedeutet, dass landwirtschaftliche Erzeugnisse frei zwischen den Mitgliedsstaaten gehandelt werden können und Zölle nur an den Außengrenzen der EU erhoben werden dürfen. Der zweite Grundsatz ist die Gemeinschaftspräferenz, die EU-Erzeugnissen gegenüber den aus Drittländern eingeführten Erzeugnissen einen Preisvorteil einräumt. Der dritte Grundsatz schließlich (die finanzielle Solidarität) bedeutet, dass die Mitgliedsstaaten gemeinsam für die Finanzierung der GAP verantwortlich sind. 1979 kam ein vierter Grundsatz, die Mitverantwortung, hinzu. Dieser Grundsatz besagt, dass die Landwirte in bestimmten Sektoren an den durch die Überproduktion entstehenden Kosten beteiligt werden. Ein wichtiges Instrument der GAP sind die *Gemeinsamen Marktorganisationen (GMO)*, die es für die meisten Agrarprodukte der EU gibt. Es handelt sich dabei um Regeln, durch die Handelshemmnisse in der EU für diese Agrarprodukte abgebaut werden. – 2. *Finanzierung:* Die Agrarausgaben wurden bis Ende 2006 vom *Europäischen Ausrichtungs- und Garantiefonds für die Landwirtschaft (EAGFL)* finanziert. An die Stelle des EAGFL sind der *Europäische Garantiefonds für die Landwirtschaft (EGFL)* und der *Europäischen Landwirtschaftsfonds für die Entwicklung des ländlichen Raums (ELER)* getreten. Im Laufe der Jahre ist der Anteil der Gemeinsamen Agrarpolitik am EU-Budget kontinuierlich gesunken. Im Jahr 1988 betrug er noch knapp 70 Prozent, im Jahre 2008 nur mehr ca. 45 Prozent des EU-Haushalts. Laut der Finanziellen Vorschau der Europäischen Union 2007–2013 wird eine weitere Reduzierung dieses Anteils bis 2013 angestrebt. Seit dem 30.4.2009 müssen die Angaben über Empfänger von GAP-Zahlungen öffentlich zugänglich sein. – 3. *GAP-Reform:* Die Landwirtschaft trägt mittlerweile weniger als 2 Prozent zum BIP der EU bei. Die GAP steht in mancher Hinsicht noch im Widerspruch mit Welthandelsregeln und führte in der Vergangenheit zu beträchtlicher Überproduktion. Besonders seit 1999 wird die GAP deshalb einer grundlegenden Reform unterzogen, die v.a. das Ziel hat, diesen Politikbereich in Einklang zu bringen mit den Erfordernissen der EU-Erweiterung und der *Welthandelsorganisation (WTO)*. Die europäische Landwirtschaft soll multifunktional, nachhaltig und wettbewerbsfähig werden und die Regionen mit bes. Schwierigkeiten einschließen. Themen wie Verbraucher-, Tier- und Umweltschutz, ländliche Entwicklung sowie Pflege der Kulturlandschaft sind heute Bestandteil der GAP. Beim Kopenhagener Gipfel von Dezember 2002 wurden Obergrenzen für die Agrarkosten nach der Erweiterung festgelegt: 9,8 Mrd. Euro, davon ca. die Hälfte für die Entwicklung des ländlichen Raums. Außerdem sollen die Landwirte in den neuen Mitgliedsstaaten unmittelbar nach dem Beitritt zunächst nur ein Viertel der in den alten Mitgliedsstaaten gezahlten Direktbeihilfen erhalten. Eine allmähliche Angleichung des Unterstützungsniveaus soll bis 2013 erfolgen. Der für 2006 festgelegte Betrag für die GAP in der aus 27 Mitgliedsstaaten bestehenden EU bildet die Obergrenze der GAP-Ausgaben bilden, deren weiterer Anstieg nur noch um ein Prozent als Inflationsausgleich erlaubt würde. Faktisch heißt dies, dass die GAP-Ausgaben eingefroren worden sind. Am 26.6.2003 wurde schließlich vom → Rat der Europäischen Union (vormals Ministerrat) ein weiterer wichtiger Reformschritt beschlossen, der die Stützungsmechanismen der GAP vollkommen verändert. Die Hauptelemente sind: Fast vollständige Entkopplung von Produktion und Stützungszahlungen, Verknüpfung einzelbetrieblicher Zahlungen an Einhaltung von Standards in den Bereichen Umwelt, Lebensmittelsicherheit, Tier-/Pflanzengesundheit, Tierschutz und Arbeitssicherheit sowie die Verpflichtung zur „Cross Compliance" (Erhalt eines guten agronomischen Zustands der Betriebe), verstärkte Unterstützung der ländlichen Entwicklung, Kürzung der Direktzahlungen („Modulation") an Großbetriebe, Anpassung der Marktstützungspolitik in den einzelnen Produktbereichen. Die Reform ist in den Jahren 2004 und 2005 in Kraft getreten, in einigen Mitgliedsstaaten nach einer Übergangsfrist erst 2007. – 4. *GAP-Gesundheitscheck:* Der Ministerrat einigte sich im November 2008 über den GAP-Gesundheitscheck, ein Bündel von Maßnahmen, die die GAP weiter modernisieren. Zu den Maßnahmen gehören die Abschaffung der Flächenstilllegung, die schrittweise Anhebung der Milchquoten bis zu ihrem endgültigen Wegfall im April 2015 und die Umwandlung der Marktintervention in ein reines Sicherheitsnetz. Direktzahlungen werden gekürzt und die frei werdenden Mittel für die ländliche Entwicklung vorgesehen. Die Kürzungen belaufen sich derzeit auf 5 Prozent bei Beträgen von über 5000 Euro jährlich. Bis 2012 wurde dieser Satz auf 10 Prozent aufgestockt. Bei Zahlungen von über 300.000 Euro jährlich wird ein weitere Kürzung von 4 Prozent vorgenommen. Die EU kofinanziert die übertragenen Mittel zu 75 Prozent bzw. in Konvergenzregionen zu 90 Prozent. Die Mitgliedsstaaten können außerdem Milchbauern in schwierig zu bewirtschaftenden Regionen bei der Anpassung an die neue Marktlage helfen. – 5. *Vereinfachung der GAP:* Die Vereinfachung der GAP, die seit 2005 erfolgt, hat bis Frühjahr 2009 beträchtliche Fortschritte gemacht: Ziel ist es, den sich aus der GAP ergebenden Verwaltungsaufwand um 25 Prozent bis 2012 zu reduzieren. So wurden bes.

Vermarktungsnormen für 26 Obst- und Gemüsearten aufgehoben (u.a. für Gurken). Der Gesundheitscheck wird den landwirtschaftlichen Betrieben Einsparungen ermöglichen, etwa 146 Mio. Euro durch Abschaffung der Stilllegungsregelung. 300 überflüssige Rechtsakte wurden aufgehoben, und die einheitliche Gemeinsame Marktordnung ersetzt 22 einzelne gemeinsame Marktorganisationen. Die Anzahl der Artikel wird von ca. 920 auf 230 reduziert und ermöglicht die Aufhebung von 78 Rechtsakten des Rates. 400 Mio. Euro Einsparungen werden durch eine verbesserte Nutzung von Informationstechnologien erwartet. Im Bereich der Einfuhren sind nur noch 65 (vorher 500) Lizenzen erforderlich, im Exportbereich nur noch 43, wodurch insgesamt die Kosten um ca. ca. 7,4 Mio. Euro gesenkt wurden.

Garantiemengenregelung – Für den Milchmarkt in der EU gilt seit 1984 eine Garantiemengenregelung, nach der der im Rahmen der bestehenden → Agrarmarktordnung abgesicherte Preis für den Produzenten auf eine Höchstmenge begrenzt wird. Praktisch besteht auf dem Milchmarkt heute ein Quotensystem, das allerdings bis zum Jahr 2015 ausläuft. – *Beurteilung*: Die Garantiemengenregelung wird v.a. ordnungspolitisch kritisiert, weil es sich grundlegend um die Einführung eines planwirtschaftlichen Instruments in die → Agrarpolitik der EU handelt. Die Garantiemengenregelung wurde v.a. deshalb eingeführt, um die hohen Budgetbelastungen der protektionistischen → Agrarpreispolitik zu senken, ohne diese abschaffen zu müssen. In der Tendenz hemmt die Garantiemengenregelung den Strukturwandel, anstatt ihn zu fördern, und kann wegen ihrer der „klassischen" → Agrarstrukturpolitik entgegengesetzten Wirkung deshalb als eine Art negative Agrarstrukturpolitik bezeichnet werden. – Die in der *Agrarreform 2000 und 2003* (VO (EWG) 1782/2003) beschlossenen Milchpreiskürzungen könnten das Quotensystem faktisch aufheben, wenn Betriebe ihre zugeteilten Quotenmengen bei niedrigen Milchpreisen nicht mehr ausschöpfen. Zudem ist im Rahmen der aktuellen Überprüfung der europäischen Agrarpolitik die Beendigung der Garantiemengenregelung ab 2015 vorgesehen.

Garantien für Kapitalanlagen im Ausland – Absicherung von → Direktinvestitionen gegen politische Risiken im Anlageland. Auch die Erträge können einbezogen werden. Instrumente werden angeboten von nationalen und internationalen Institutionen; zu Letzteren gehört die Weltbanktochter Multilaterale Investitions-Garantie-Agentur (→ MIGA) für Direktinvestitionen in → Entwicklungsländern.

GASP – Abk. für *Gemeinsame Außen- und Sicherheitspolitik (der EU)*; gemeinsam mit der Wirtschafts- und Währungsunion (WWU) und der Zusammenarbeit in den Bereichen Justiz und Inneres als bes. Tätigkeitsschwerpunkt der → EU errichtet. – 1. *Hintergrund*: Die Bemühungen der Gemeinschaft, der wirtschaftlichen Integration auch eine politische Dimension zu geben, reichen bis in die Gründerjahre zurück. Seit 1970 kam es zu einer wachsenden Abstimmung im Rahmen der sog. Europäischen Politischen Zusammenarbeit (EPZ), doch erst 1987 gelang es im Rahmen einer Reform der Gründungsverträge (in Art. 30 der Einheitlichen Europäischen Akte (→ EEA)), die EPZ zu verankern. Ein weiterer Schritt zu einer Vereinheitlichung der Außen- und Sicherheitspolitik wurde mit dem Vertrag über die EU von 1992 (Maastrichter Vertrag) sowie den Verträgen von Amsterdam (1997) und Nizza (2001) getan. – 2. Die *rechtliche Grundlage* der GASP findet sich in Art. 23-46 EUV. – 3. *Ziele* (Art. 21 Abs. 2 EUV) u.a.: (1) Wahrung der gemeinsamen Werte, der grundlegenden Interessen und der Unabhängigkeit der Union; (2) Stärkung ihrer Sicherheit und der ihrer Mitglieder in allen ihren Formen; (3) die Wahrung des Weltfriedens und die Stärkung der internationalen Sicherheit entsprechend den Grundsätzen der UN und der Schlussakte von Helsinki; (4) die Förderung der internationalen Zusammenarbeit; (5) die Förderung von Demokratie und Rechtsstaatlichkeit sowie die Achtung der Menschenrechte. – 4. *Instrumente*: Die GASP verfügt über folgende Handlungsformen: 1. allgemeine Leitlinien, 2. Beschlüsse zur Festlegung a) der von der Union durchzuführenden Aktionen, b) den von der Union einzunehmenden Standpunkten, c) der Einzelheiten der zur Durchführung in a) und b) genannten Beschlüsse, 3. die systematischen Zusammenarbeit (Art. 25 EUV). – 5. *Zuständigkeiten*: Beschlüsse werden im Rahmen der GASP vom Europäischen Rat und vom Rat einstimmig gefasst, sofern nichts anderes festgelegt ist. Der Erlass von Gesetzgebungsakten ist ausgeschlossen. Auf der Basis der vom Europäischen Rat festgelegten allgemeinen Leitlinien und strategischen Vorgaben fasst der Rat (Ministerrat) die für die Durchführung der Politik erforderlichen Beschlüsse. Letztere sind für alle Mitgliedstaaten bindend und stellen das wirkungsvollste und operationellste Instrument der GASP dar. Standpunkte und Aktionen werden i.d.R. einstimmig beschlossen. Eine Abstimmung mit qualifizierter Mehrheit ist nur in den Fällen möglich, in denen der Europäische Rat zuvor einstimmig eine Gemeinsame Strategie beschlossen hat. Falls sich ein Mitgliedstaat aus wichtigen Gründen nationaler Politik einen solchen Beschluss ablehnt, kann der Beschluss nicht mit qualifizierter Mehrheit gefasst werden, sondern wird zur einstimmigen Beschlussfassung an den Europäischen Rat zurückverwiesen. Bei der einstimmigen Beschlussfassung können sich Mitgliedstaaten enthalten, sodass ein Staat bspw. nicht an einer Aktion teilnehmen muss. Er darf sie allerdings auch nicht behindern („konstruktive Enthaltung"). Eine weitere Möglichkeit, die Beschlussfassung in der GASP zu beschleunigen (neben qualifizierter Mehrheit und konstruktiver Enthaltung) ist die Anwendung der Flexibilitätsklausel: Können die Ziele der Union und der Gemeinschaft nicht von allen Mitgliedstaaten erreicht werden, können diejenigen, die dazu in der Lage sind (mind. acht Mitgliedsstaaten) untereinander eine verstärkte Zusammenarbeit aufnehmen. In der GASP ist dies z.B. für die Durchführung einer Aktion oder eines Standpunkts oder bei Initiativen im Rüstungsbereich möglich. Gemeinsame Aktionen können in allen Bereichen der GASP (bei Fragen mit militärischen oder verteidigungspolitischem Bezug jedoch nur einstimmig) beschlossen werden und führen in der Praxis zur Entsendung von Wahlbeobachtern, Minenräumung, Terrorismusbekämpfung, Entsendung ziviler Fachkräfte, Benennung von EU-Sonderbeauftragten oder auch zum Einsatz von Militär z.B. für humanitäre Missionen, Friedenssicherung oder -erzwingung. – 6. Durch den → Amsterdamer Vertrag wurde der GASP mit dem „Hohen Vertreter für die GASP" ein Gesicht verliehen. Dieser Posten wurde vom Generalsekretär des Rates wahrgenommen. In dem vom Europäischen Konvent ausgearbeiteten Entwurf einer Verfassung für Europa (Verfassung für Europa) war der Vorschlag enthalten, den Posten eines europäischen Außenministers zu schaffen. Der Vertrag von Lissabon hat das Amt des Hohen Vertreters für Außen- und Sicherheitspolitik geschaffen (Art. 18 EUV). Er führt im Rat „Auswärtige Angelegenheiten" den Vorsitz und er vertritt die Union in den Bereichen der Gemeinsamen Außen- und Sicherheitspolitik (§ 27 EUV). – 7. *ESVP:* Seit 1998 arbeitet die EU am Aufbau einer Europäischen Sicherheits- und Verteidigungspolitik (ESVP, vgl. Art 42-46 EUV)), die nach dem EUV im Rahmen der GASP schrittweise auch zu einer gemeinsamen Verteidigung führen könnte. In diesem Zusammenhang wird auch über die Entwicklung kollektiver Fähigkeitsziele für die Streitkräfteführung, Aufklärung und Transport sowie die effiziente Umstrukturierung der europäischen Rüstungsindustrie und eine enge Zusammenarbeit mit der NATO diskutiert. Mit dem Politischen Komitee, dem Politischen und Sicherheitspolitischen Komitee, dem Strategieplanungs- und Frühwarneinheit sowie dem Militärausschuss und dem Militärstab im Ratssekretariat wurden neue sicherheits- und verteidigungspolitische EU-Gremien geschaffen. Der Ministerrat tritt nun auch in der Zusammensetzung der Verteidigungsminister zusammen. Die nahezu vollständige Integration der → WEU in die EU ist im Rahmen dieses ESVP-Prozesses erfolgt. Parallel sind auch das zivile Krisenmanagement (mithilfe von Polizei, Verwaltungsexperten und Fachkräften im Zivil- und Katastrophenschutz) und die Bedeutung von Konfliktprävention mit sämtlichen zur Verfügung stehenden Mitteln der EU in ihrer Bedeutung gestiegen. Im Jahre 2003 übernahm die EU erstmals die Verantwortung für zwei europäische Polizeimissionen in Bosnien-Herzegowina und in Mazedonien. Im gleichen Jahr fanden auch europäische/EU-Militäroperationen im Rahmen der ESVP in der Demokratischen Republik Kongo und in Mazedonien statt. Für den Zeitraum 2008-2009 sind insbesondere die Operationen im Tschad (EUFOR) sowie die Anti-Piraten Operation ATALANTA vor der Küste Somalias zu nennen.

GATS – Abk. für *General Agreement on Trade in Services, Allgemeines Abkommen für den Dienstleistungshandel;* als Abschluss der → Uruguay-Runde am 15.4.1994 in Marrakesch (Marokko) geschlossen. Die jüngere Schwester des → GATT reguliert den internationalen Handel mit Dienstleistungen. Ursprünglich sollten sie schon im Rahmen der → ITO liberalisiert werden; auch eine Integration in das → GATT scheiterte, sodass die Dienstleistungen in der Uruguay-Runde einen Sonderstatus erhielten. Seit Anfang 2000 gibt es Neuverhandlungen im Rahmen des WTO zu den GATS, welche vorsehen dass alle WTO-Mitglieder Marktöffnungsangebote gegenüber Drittstaaten vorlegen. – GATS besteht aus drei unterschiedlichen Vertragsteilen, dem Rahmenabkommen, den Anhängen und den nationalen Zugeständnissen. Das Rahmenabkommen nennt die Grundprinzipien Meistbegünstigungsklausel (→ Meistbegünstigung), Transparenz, Liberalisierung, Inländerbehandlung. Das letzte Prinzip deutet an, dass der Dienstleistungssektor nicht vollständig liberalisiert werden muss, aber ausländische Dienstleister dürfen gegenüber Einheimischen nicht benachteiligt werden. Die Anhänge legen die unterschiedlichen Liberalisierungsgrade einzelner Dienstleistungssektoren fest. Vier Anhänge regeln Finanzdienstleistungen, Telekommunikation, Luftverkehr und die Bewegungsfreiheit natürlicher Personen, sodass Individuen vorübergehend ein Dienstleistungstransfer gestattet werden soll. Bei den nationalen Zugeständnissen geben die Vertragsparteien an, welche Sektoren sie liberalisieren und welche vorerst von Liberalisierungsmaßnahmen ausgenommen werden. GATS ist einer der zentralen Pfeiler der → World Trade Organization (WTO).

GATT – Abk. für *General Agreement on Tariffs and Trade, Allgemeines Zoll- und Handelsabkommen;* Vorgängerabkommen, welches in der → World Trade Organization (WTO) gipfelte, die zum 1.1.1995 gegründet wurde. – 1. *Entstehung:* Das GATT geht auf Bemühungen der USA um eine Liberalisierung des Welthandels zurück. Sie schlugen die Gründung einer Internationalen Handelsorganisation (→ ITO) und die Kodifizierung einer Welthandels-Charta (Havanna-Charta) vor. Verhandlungen in London (1946) und Genf (1947) führten dazu, die handelspolitischen Abschnitte der Havanna-Charta vorläufig in Kraft zu setzen. So wurde am 30.10.1947 als GATT von 23 Staaten angenommen und traten am 1.1.1948 in Kraft. – Da die Havanna-Charta mangels Ratifizierung durch die USA nie in Kraft trat, blieb das GATT bis 1994 die einzige internationale Abkommen zur *Schaffung einer internationalen Welthandelsordnung.* – *Länder:* Im August 1994 gehörten zum GATT 123 Vertragsparteien, davon 99 Entwicklungsländer. Weitere Länder wenden de facto das GATT an. – Am 15.4.1994 wurden in Marrakesch nach mehr als 7-jährigen Verhandlungen die Ergebnisse der *Uruguay-Runde* des GATT von 111 Ländern unterzeichnet, die einen neuen Meilenstein für die Welthandelsordnung darstellen. Das bislang nur provisorisch angewandte GATT wird in die WTO überführt. Die letzte Ministerkonferenz im Dezember 2005 fand in Hongkong mit 149 Mitgliedern (→ Doha-Runde) statt. Neben neuen Themen wurde eine zunehmende Integration der Agrarwirtschaft mit Auslaufen von Exportsubventionen vereinbart. Weitere Verhandlungen über Investitionen, Marktzugang und des Art. XXIV GATT mit der Inkompatibilität. – 2. *Ziele:* Erhöhung des Lebensstandards, Förderung der Beschäftigung und des wirtschaftlichen Wachstums durch Intensivierung des internationalen Güteraustauschs. Zur Verwirklichung sind kollektive Zollsenkungen vorgesehen, die auf der Grundlage der → Meistbegünstigung, Liberalisierung und nach dem Prinzip der Reziprozität gestaltet werden. – 3. *Organisation und Verfahren:* Entscheidungsgremium ist die *Versammlung* der Vertragsparteien (der gleichberechtigten Mitgliedsstaaten), die i.d.R. jährlich stattfindet, wobei Beschlüsse i.d.R. mit einfacher Mehrheit gefasst werden (in Ausnahmefällen ist qualifizierte Mehrheit nötig). Meist erfolgen Beschlüsse im Konsensverfahren. *Sekretariat* mit Sitz in Genf, seit 1964 mit → UNCTAD Betreiber des → ITC. – 4. *Prinzipien und Wirkungsweise:* Im ersten Teil des GATT wird die → Meistbegünstigung festgelegt, eine Nicht-Diskriminierung ausländischer Produkte untereinander (Gleichbehandlung der Handelspartner an den Handelsgrenzen). Teil 2 schreibt die *Inländerbehandlung* fest, Nicht-Diskriminierung von ausländischen gegenüber inländischen Produkten (nach Überschreiten der Zollgrenze). *Geltungsbereich und organisatorische Fragen* werden in Teil 3 abgehandelt; 1965 wurden als Teil 4 *Sonderbestimmungen für Entwicklungsländer* hinzugefügt. So entstand das Allgemeine Präferenzsystem (→ APS), in welchen die Industrieländer den Entwicklungsländern Handelspräferenzen gewährten (Abweichung von der Meistbegünstigung zugunsten der Entwicklungsländer). – *Ausnahmeregelungen* sind möglich zum Schutz der Zahlungsbilanz, aus Gründen der öffentlichen Ordnung und Gesundheit sowie der nationalen Sicherheit. Das Prinzip der Meistbegünstigung gilt nicht für Zollunionen und Freihandelsabkommen. Außerdem ist der Weltagrarhandel aus dem GATT ausgeklammert. Quantitative Handelsbeschränkungen sind nach dem GATT unzulässig. Allerdings sind Globalkontingente für den Agrarsektor und zum Schutz der heimischen Industrie erlaubt. Zollsenkungen wurden durch Verhandlungen erreicht. – Bisher gab es acht abgeschlossene *Zollrunden:* 1947 in Genf, 1949 in Annecy, 1951 in Torquay, 1956 in Genf, 1960/1961 in Genf (Dillon-Runde), 1964–1967 in Genf (Kennedy-Runde), 1973–1979 in Genf (Tokio-Runde), 1986–1994 Uruguay (→ Uruguay-Runde). Neben Zollsenkungen wurde ein Abbau nicht-tarifärer Handelshemmnisse erreicht. – 5. *Wirksamkeit des GATT:* Das GATT trug zur weltwirtschaftlichen Prosperität der Nachkriegszeit bei, Importzölle auf industrielle Produkte wurden massiv abgebaut, Prinzipien der Nicht-Diskriminierung, Berechenbarkeit und Transparenz erlaubten eine relativ konfliktfreie Entwicklung des Welthandels. Auf dem Gebiet der *Zollsenkungen* sind die größten Erfolge zu verzeichnen. Jedoch werden Mitgliedsländer mit ständig neuen quantitativen Restriktionen konfrontiert. Die Konflikte zwischen USA, Japan und der EU (Strafimportzölle) zeigen die Gefährdungen des liberalen Außenhandels. Bes. schwierig gestalten sich der *Abbau der nicht-tarifären Handelshemmnisse* sowie die *Liberalisierung des Agrarhandels.* – *Probleme:* Dem GATT fehlen Sanktionsmechanismen gegenüber großen Handelsmächten, die Gefährdungen ergeben sich durch einen weltweiten → Subventionswettlauf und gegenüber Grauzonenmaßnahmen. Weitere Schwierigkeiten folgten aus der Nichteinbeziehung des Dienstleistungshandels und geistigen Eigentumsschutzes, die in der Uruguay-Runde angegangen wurden. Da die Tokio-Runde ein fragmentiertes und zersplittertes System unterschiedlicher Kodizes, die nicht von allen GATT-Vertragspartnern als verbindlich akzeptiert wurden, hinterließ, wurde der Ruf nach neuen Vertragsverhandlungen laut. Durch die → Uruguay-Runde wurde durch Verhandlungen mit 117 Staaten eine neue Welthandelsordnung geschaffen, die 1995 in Kraft trat (GATT 1994). – 6. *Das neue GATT:* WTO regelt im GATT den Warenverkehr. Zollsenkungen zwischen 33 und 100 Prozent sind in der → Uruguay-Runde vereinbart worden. Einbezogen sind nun auch die Sektoren Landwirtschaft und Textilien, angestrebt wird eine Stärkung der GATT-Welthandelsregeln. Außerdem müssen alle GATT-Vertragsparteien alle Abkommen der Uruguay-Runde übernehmen (Single-Package-Ansatz). Für den Dienstleistungsbereich gilt das GATS, das Nicht-Diskriminierung (Meistbegünstigung und Inländerprinzip) festschreibt. Kurzfristig bleibt es beim Status quo, langfristig ist eine progressive Liberalisierung vorgeschrieben. TRIPS behandelt das geistige Eigentum, wo ebenfalls Nicht-Diskriminierung vereinbart sowie konkrete Schutzbestimmungen und wirksame Durchsetzungsmechanismen verabschiedet wurden. Das neue GATT-System bildet somit ein umfassendes Regelwerk für den gesamten Welthandel. – *Veröffentlichungen:* U.a. GATT Focus (monatlich), GATT Activities (jährlich), International Trade (jährlich), Basic Instruments and Selected Documents Series (jährlich). – Vgl. auch → internationale Ordnungsökonomik.

GCC – Abk. für *Gulf Cooperation Council,* → Golf-Kooperationsrat.

Gebührenhaushalt – organisatorisch abgegrenzter Leistungsbereich der öffentlichen Verwaltung (→ Regiebetrieb), bei denen die Kosten der Leistungserstellung vollständig oder teilweise durch Gebühren abgedeckt werden. – Vgl. auch → kostenrechnende Einrichtungen.

Gebührenordnung – 1. *Begriff:* im Bereich der Rechtsberatung, der Gesundheitspflege und bei sonstigen Dienstleistungen im öffentlichen Interesse die durch staatliche Rechtssetzung bzw. durch die Selbstverwaltungskörperschaften der freiberuflich Tätigen (Ärzte, Rechtsanwälte, Wirtschaftsprüfer etc.) tabellarisch festgelegten Gebühren bzw. Gebührensätze. – 2. *Beispiele:* Gebührenordnung für Ärzte (GOÄ), Gebührenordnung für Zahnärzte (GOZ), Gebührenordnung für Rechtsanwälte (Rechtsanwaltsgebührenordnung), Gebührenordnung für Steuerberater (Steuerberatergebührenordnung). – Vgl. auch → Kassenärztliche Vereinigung (KV).

gebundene Hilfe → Lieferbindung.

gebundene Währung → Währungssystem.

Gefährdungshaftung – 1. *Begriff:* Schadensersatzpflicht, die kein Verschulden (→ Verschuldenshaftung) voraussetzt, sondern darauf beruht, dass der Ersatzpflichtige bei einer erlaubten Tätigkeit unvermeidlich eine gewisse Gefährdung seiner Umgebung herbeiführt (z.B. durch Halten eines Tieres, eines Kraftwagens, Betrieb eines Eisenbahnunternehmens). – 2. Nach Gesetz die folgenden wichtigsten *Fälle:* a) Gefährdungshaftung des Kraftfahrzeughalters (§ 7 StVG; Kraftfahrzeughaftung), wenn beim Betrieb eines Fahrzeugs ein Mensch getötet, verletzt oder eine Sache beschädigt wird. Anspruchsberechtigt sind die Verletzten, ggf. Hinterbliebene; erstattet wird Vermögensschaden und nach der Schadensrechtsreform auch Schmerzensgeld (Haftungsbegrenzung). – b) Gefährdungshaftung des Tierhalters (§ 833 Satz 1 BGB). – c) Gefährdungshaftung von Eisenbahnunternehmern sowie eines Inhabers von Elektrizitäts- und Gasanlagen (Haftpflichtgesetz; Gasanlagen, gefährliche Betriebe). – d) Gefährdungshaftung eines Flugzeughalters (§§ 33 ff. LuftVG). – e) Gefährdungshaftung des Inhabers einer Anlage zur Erzeugung oder Spaltung von Kernbrennstoffen und des sonstigen Bearbeiters oder Verwenders von Kernbrennstoffen (§§ 25 ff. AtG). – f) Gefährdungshaftung des pharmazeutischen Unternehmers bei Arzneimittelschäden (§§ 84 ff. AMG). – g) Gefährdungshaftung des Herstellers eines fehlerhaften Produkts nach §§ 1, 10 ProdHaftG. – h) Gefährdungshaftung nach dem Wasserhaushaltsgesetz (§ 22 WHG). – i) Gefährdungshaftung nach dem Umwelthaftungsgesetz (§§ 1, 2, 15 UmweltHG). – j) Gefährdungshaftung nach dem Gentechnikgesetz (§ 33 GenTG). – k) Gefährdungshaftung nach dem Bundesberggesetz (§§ 114 ff. BBergG). – l) Gefährdungshaftung nach dem Bundesdatenschutzgesetz (§8 BDSG). – 3. *Entlastung* nur in manchen Fällen durch den Nachweis, dass den Ersatzpflichtigen kein Verschulden trifft (so der Tierhalter für Nutztiere nach § 833 Satz 2 BGB), in manchen nur durch den Nachweis höherer Gewalt.

Gefangenendilemma – 1. *Begriff:* Das Gefangenendilemma kennzeichnet eine Situation, in der individuell rationales Verhalten der einzelnen Gruppenmitglieder zu einem für die Gruppe nicht Pareto-optimalem Ergebnis führt. Obwohl demnach ein Gleichgewicht vorhanden ist, ist dieses nicht gesellschaftlich optimal. – 2. *Beispiel:* Situation mehrerer Gefangener, die nicht miteinander kommunizieren und unabhängig voneinander verhört werden, wobei die Kronzeugenregelung gilt. Gefangene, die gestehen und damit ihre Mitgefangenen überführen, gehen mit geringer Strafe aus, während die durch Geständnisse ihrer Komplizen Belasteten einer verschärften Bestrafung unterliegen. Das Entscheidungsdilemma liegt darin, dass jedem isoliert handelnden Gefangenen ein Geständnis vorteilhaft scheint. Folglich werden alle Gefangenen als dominante Strategie gestehen und sich dadurch einer Bestrafung aussetzen, der sie durch gemeinsames konsequentes Leugnen hätten ausweichen können. – 3. *Lösung:* Ein gesellschaftlich optimales Ergebnis kann erreicht werden, durch: (a) wiederholte strategische Interaktionen, (b) Externe Bestrafung der Geständigen, die höher als die Gefängnisstrafe ist. – 4. *Wirtschaftswissenschaftliche Bedeutung:* Das Gefangenendilemma findet sich in zahlreichen wirtschaftlichen Konstellationen, z.B. bei Kartellen, dem Ziel der Preisniveaustabilität und im Rahmen von Kooperationsbeziehungen. In einer Forschungs- und Entwicklungskooperation etwa ist es für alle Partner individuell rational, eigene Ergebnisse zurückzuhalten und gleichzeitig von den Informationen des Partners zu profitieren. Handeln die übrigen Kooperationspartner aber entsprechend, so führt dies zu einem Zusammenbruch der vorteilhaften Kooperation. Das Gefangenendilemma kann institutionell überwunden werden, wenn die Beteiligten im Interesse der Gruppe insgesamt auf kurzfristige individuelle Vorteile verzichten, um so in den Genuss der Kooperationsvorteile zu gelangen. Dies kann z.B. durch die Gestaltung langfristiger Verträge erreicht werden.

Geldaggregat → Geldmenge.

Geldentwertung → Inflation.

Geldersatzmittel → Geldsurrogate. Waren, die die Geldfunktionen, die Tauschmittelfunktion, die Recheneinheitsfunktion sowie die Wertaufbewahrungsfunktion erfüllen.

Geldmarkt – 1. *Geldmarkt im makroökonomischen Sinn:* Zusammentreffen von Angebot und Nachfrage nach Geld zwischen Banken und Nichtbanken. – 2. *Im institutionellen Sinn:* Markt für den kurzfristigen Geldhandel, v.a. für den Handel von Zentralbankgeld zwischen Kreditinstituten. Er dient dem partiellen Liquiditätsausgleich der Banken. Dies geschieht auf zweifache Weise: Durch Mittelbereitstellung eines Kreditinstitutes an ein anderes oder durch Kauf von → Geldmarktpapieren bei einem anderen Kreditinstitut. Geldmarktpapiere sind Wertpapiere mit relativ kurzer Laufzeit (bis zu zwei Jahren). Der Zins, zu dem Zentralbankgeld gehandelt wird ist der Geldmarktsatz.

Geldmarktkredit – 1. *Charakterisierung/Bezeichnungen:* Geldmarktkredite können von Wirtschaftsunternehmen (sog. Nichtbanken) oder Banken bei den international ausgerichteten Banken in Euro oder in den gängigen Fremdwährungen zu kurz- bis mittelfristigen Laufzeiten aufgenommen werden. Zinsbasis für Geldmarktkredite sind i.Allg. EURIBOR bzw. EONIA oder LIBOR (London Interbank Offered Rate). – 2. *Finanzierung/Kurssicherung:* Geldmarktkredite dienen den Wirtschaftsunternehmen u.a. der zinsgünstigen Finanzierung ihres kurz- bis mittelfristigen Kapitalbedarfs, und zwar sowohl des Inlandsgeschäfts als auch des Auslandsgeschäfts. Geldmarktkredite ermöglichen – als aufgenommene Fremdwährungskredite – darüber hinaus eine Kurssicherung bei Exportforderungen, die auf die entsprechende Fremdwährung lauten. – 3. *Merkmale:* a) Geldmarktkredite stehen in den Währungen aller führenden westlichen Industrienationen sowie in Euro zur Verfügung. – b) Ausdrückliche Höchstbeträge existieren bei Geldmarktkrediten nicht. Die Mindestbeträge liegen – je nach kreditgewährender Bank – bei etwa 100.000 Euro bzw. Fremdwährungsgegenwert. – c) Am Geldmarkt gibt es sowohl feste Laufzeitkategorien, z.B. eine Woche, zwei und drei Wochen sowie monatsbezogene Laufzeiten von eins, zwei, drei, sechs und zwölf Monaten sowie in den führenden Währungen bis zu 24 und 36 Monaten. Daneben sind im Einzelfall auch sog. krumme (gebrochene) Laufzeiten möglich, die zwischen den festen Laufzeitkategorien liegen und eine genaue zeitliche Anpassung an ein Außenhandelsgeschäft ermöglichen. – d) Auf Grundlage des Tagesgeldes unter Banken gibt es darüber hinaus auch die Kreditüberlassung als täglich fälliges Geld, was praktisch auf eine Kreditgewährung „bis auf Weiteres" hinaus läuft. I.Allg. werden solche Kredite auf einem Euro-Geldmarktkonto gewährt. Entsprechend der Zinsentwicklung für Tagesgeld ändert sich der Zinssatz bei täglich fälligen Geldmarktkrediten ebenso täglich. – e) Die von der kreditgewährenden Eurobank berechneten Zinskosten beruhen auf dem sog. Einstandszinssatz (z.B. EURIBOR, LIBOR, EONIA), zzgl. eines Zinszuschlags der kreditgewährenden Bank. Bei fester Laufzeit des Geldmarktkredits gilt der vereinbarte Zinssatz i.Allg. ebenfalls fest für die gesamte Laufzeit. Als Referenzzinssatz für Euro-Geldmarktkonten bzw. -kredite wird meistens der von der Europäischen Zentralbank bei den EURIBOR-Referenzbanken für Tagesgeld erhobene Zinssatz EONIA (Euro Overnight Index Average) herangezogen, zzgl. der kundenindividuellen Marge der kreditgewährenden Bank.

Geldmarktpapiere – *Geldmarkttitel, Geldmarktinstrumente;* verbriefte Vermögensrechte, die mit dem primären Ziel der kurzfristigen Liquiditätsversorgung am → Geldmarkt emittiert werden. So z.B. → Schatzwechsel und → unverzinsliche Schatzanweisungen zur Finanzierung öffentlicher Haushalte. Unternehmen emittieren Commercial Papers (→ CP) und Euro-Notes im Rahmen größerer, mit den Banken abgestimmter Programme. Die Banken selber begeben Certificates of Deposits (→ CD), indem sie Einlagen verbriefen. – Die Einordnung als Geldmarktpapier basiert i.d.R. auf einer Laufzeit von weniger als einem Jahr.

Geldmarktsätze – Zinssätze am → Geldmarkt. – 1. Geldmarktsätze im *Direktverkehr zwischen den Kreditinstituten:* Der Geldmarktsatz wird für jedes einzelne Geschäft je nach Angebot und Nachfrage ausgehandelt. Am *Tagesgeldmarkt* orientieren sich die Geldmarktsätze im Zinskorridor, den die Europäische Zentralbank für ihre geldpolitischen Refinanzierungsmaßnahmen vorgibt. Die Geldmarktsätze am *Termingeldmarkt* (Medio-, Ultimo-, Monats- und Dreimonatsgelder) liegen i.d.R. über dem Geldmarktsatz des Tagesgeldmarktes. – 2. Geldmarktsätze *der Europäischen Zentralbank:* Abgabesätze sind der Hauptrefinanzierungssatz, der Zinssatz für die längerfristige Refinanzierung sowie der Satz für die Spitzenrefinanzierungsfazilität, der den Zinskorridor nach oben begrenzt. Die untere Grenze bildet der Satz für die Verzinsung der Einlagefazilität. Die Zinssätze der EZB dienen der Geldpolitik und werden bei Bedarf neu festgesetzt. – Vgl. auch EONIA, LIBOR, EURIBOR.

Geldmarkttitel → Geldmarktpapiere.

Geldmarktzins – Zins für kurzfristige Geldanlagen, z.B. → Tagesgeld oder → Dreimonatsgeld.

Geldmenge – *Geldmengenaggregat.* Abzugrenzen sind: (1) *Geldmengenaggregat M1:* M1 umfasst das laufende Bargeld – ohne Kassenbestände der → monetären Finanzinstitute (MFI) – und täglich fällige Einlagen (Sichteinlagen) bei den MFI. (2) *Geldmengenaggregat M2:* M2 beinhaltet M1 und Einlagen mit einer vereinbarten Laufzeit von bis zu zwei Jahren sowie Einlagen mit einer vereinbarten Kündigungsfrist bis zu drei Monaten. (3) *Geldmengenaggregat M3:* M3 beinhaltet M2 und zusätzlich Repo-Geschäfte (befristete Transaktion auf Grundlage einer Rückkaufsvereinbarung), Geldmarktfondsanteile und Geldmarktpapiere sowie Schuldverschreibungen mit einer Ursprungslaufzeit von bis zu zwei Jahren. Nach aktueller Einschätzung hat der EZB-Rat die weit gefasste Abgrenzung M3 als zentrale Steuergröße und als Indikator zur Beurteilung der monetären Entwicklung bes. herausgestellt. Bei der Beurteilung der geldpolitischen Lage durch den EZB-Rat kommt der Änderungsrate der Geldmenge eine Indikatorfunktion zu.

Geldmengenaggregat → Geldmenge.

Geldmengenregel – *monetaristische Geldmengenregel;* ein auf Friedman zurückgehender Vorschlag zur Verstetigung der Geldpolitik. Danach soll die Zuwachsrate der → Geldmenge an der langfristigen Wachstumsrate des realen Inlandsprodukts ausgerichtet werden. Angenommen wird eine stabile, vorhersehbare Nachfrage nach Geld, die

Umlaufsgeschwindigkeit folgt einem Trend. Eine Variante dieser Regel orientiert das Geldmengenwachstum am Wachstum des Produktionspotenzials. – Mit der Geldmengenregel soll verhindert werden, dass die Geldpolitik durch diskretionäre Maßnahmen Konjunkturschwankungen verstärkt oder durch diese gar erst verursacht wird. Kritisch anzumerken ist die Annahme der Stabilität des privaten Sektors und der Steuerbarkeit der Geldmenge über die monetäre Basis durch den Monetarismus. – Vgl. auch → potenzialorientierte Kreditpolitik.

Geldmengensteuerung → Geldmengenziel.

Geldmengenziel – Festlegung einer geplanten Geldmengensteigerung, die als stabilitätsgerecht angesehen wird und an einem sog. Referenzwert, der sich an dem weit gefassten Geldmengenaggregat M3 (→ Geldmenge) orientiert, quantifiziert wird. Das Europäische System der Zentralbanken (ESZB) orientiert sich bei der Ableitung des Geldmengenziels an den Vorstellungen einer potenzialorientierten Geldpolitik (→ potenzialorientierte Wirtschaftspolitik). Der Referenzwert wird aus der Summe von drei Komponenten gebildet: (1) dem mittelfristigen Trendwachstum des realen Bruttoinlandsproduktes, (2) der Änderung der Umlaufsgeschwindigkeit von M3 und (3) der mit dem Ziel der Preisniveaustabilität vereinbaren Steigerung des Harmonisierten Verbraucherpreisindex (HVPI). Letzterer Bestandteil ist mit dem von der Deutschen Bundesbank angewendeten Konzept des normativen Preisanstiegs (bis 1984 fand die Sprachregelung des unvermeidlichen Preisanstiegs Anwendung) vergleichbar, das die von der Bundesbank in der mittleren Frist maximal zu tolerierende Inflationsrate bei zwei Prozentpunkten geldpolitisch operationalisierte und das auch von der EZB in gleicher Weise übernommen wurde.

Geldnutzen – 1. *Individueller Geldnutzen:* Nutzen, den ein bestimmter Geldbetrag einem Wirtschaftssubjekt stiftet. Zu unterscheiden: a) *Eigentlicher Geldnutzen (Geldbestandsnutzen)*, nicht-pekuniäre Erträge der Geldhaltung in Form von Sicherheit und Bequemlichkeit beim Tausch. Aufgrund des Geldnutzens ist die reale → Geldmenge ein Argument der Nutzenfunktion und führt deshalb zum Realkassenhaltungseffekt. – b) *Derivativer Geldnutzen (Geldstromnutzen):* identisch mit dem Nutzen der Güter, welche mit einem bestimmten Geldbetrag erworben werden. – 2. *Volkswirtschaftlicher Geldnutzen:* Nutzen, der einer Volkswirtschaft als → Geldwirtschaft gegenüber einer Naturaltauschwirtschaft entsteht. Die Verwendung von Geld als allg. Recheneinheit und allg. Zahlungs- und Wertaufbewahrungsmittel bietet anerkanntermaßen eine Reihe von Vorteilen, z.B. die Verringerung von Informations- und Transaktionskosten bei der Suche nach Tauschmöglichkeiten in sachlicher und zeitlicher Hinsicht und dadurch der Anreiz zu mehr Tauschhandlungen mit positiven kollektiven Wohlfahrtseffekten. Die Nachteile einer Geldwirtschaft, z.b. die Verselbstständigung des Geldsektors und die sozialen Kosten einer auf Mehrung des persönlichen Geldvermögens ausgerichteten Gesellschaft, werden demgegenüber i.d.R. geringer bewertet.

Geldordnung → Währungssystem, Währungsverfassung. Gesetze und Verordnungen, die Institutionen, Märkte und Behörden festlegen, die mit dem Umlauf der Währung sowie deren Stabilität vertraut sind.

Geldpolitik – Die Geldpolitik beinhaltet alle Maßnahmen, die aufgrund geldtheoretischer Erkenntnisse zur Regelung der Geldversorgung und des Kreditangebots der Banken unter Beachtung der gesamtwirtschaftlichen Ziele ergriffen werden. Häufig findet sich auch die Bezeichnung „Geld- und Kreditpolitik" mit der gleichen begrifflichen Bedeutung. Das Ziel der Preisniveaustabilität steht dabei im Vordergrund.

geldpolitische Instrumente – Der EBZ stehen mit den Ständigen Fazilitäten (Einlagefazilität und Spitzenrefinanzierungsfazilität), der → Mindestreservepolitik sowie mit den → Outright-Offenmarktgeschäften (Hauptrefinanzierung; längerfristige Refinanzierung) die wichtigsten Instrumente zur Verfügung. – Vgl. auch Geldpolitik.

geldpolitische Übertragungswege → Geldtheorie.

Geldsorten – *Sorten;* ausländische Banknoten. Geldsorten werden meist an der Börse gehandelt und sind Gegenstand des Geldwechselgeschäftes der Banken. Zu den Geldsorten gehören auch die Münzen, von denen die Goldmünzen international gehandelt werden.

Geldstromanalyse – statistische Erfassung und ökonomische Auswertung aller Zahlungs- und Kreditvorgänge in einer Volkswirtschaft.

Geldsubstitute – *Währungssubstitution.* Ersatz einer Währung durch eine wertstabilere im Zuge steigender Inflationserwartungen. – Vgl. auch → Geldsurrogate.

Geldsurrogate – *Beinahegeld, Geldersatzmittel, Geldsubstitute, Quasigeld;* Geldformen, die anstelle gesetzlicher Zahlungsmittel treten, aber keinen Annahmezwang aufweisen. Geldsurrogate können Zahlungsverpflichtungen (Wechsel) und Zahlungsanweisungen (Scheck) oder Forderungen gegen → paramonetäre Finanzierungsinstitute sein.

Geldüberhang – *Kaufkraftüberhang;* Überschuss der → Geldmenge (bzw. des nominellen Volkseinkommens) über das Güterangebot (das reale Volkseinkommen). – *Entstehung:* a) Wird in einer vollbeschäftigten Wirtschaft die Geldmenge erhöht, so kommt es zu einem Geldüberhang, weil das Güterangebot nicht mehr vermehrt werden kann. So die erhöhte Geldmenge auch nachfragewirksam eingesetzt wird, kommt es zu einem Preisniveauanstieg, welcher den ursprünglichen Geldüberhang sukzessive abbaut. – *Klassisches Beispiel* für einen Geldüberhang bietet die Wirtschaftsgeschichte Deutschlands während des Zweiten Weltkriegs und der Zeit von 1945 bis 1948. – b) In Zentralverwaltungswirtschaften entstand ein Geldüberhang, wenn das zentral geplante Güterangebot zu den administrativ festgelegten Preisen unter dem nachfragewirksamen nominellen Volkseinkommen blieb. Wegen der Festpreise wurde dieser Geldüberhang nicht durch einen Preisniveauanstieg abgebaut, sondern er schlug sich in wachsendem unfreiwilligen Sparen nieder (mitunter auch als Kassenhaltungsinflation bezeichnet). Der Abbau des Festpreissystems im Zuge der Systemtransformation in den Reformstaaten führte dort verschiedentlich zu einem Preisniveauanstieg, der die grundsätzlichen Probleme der Systemtransformation noch verstärkte.

Geldumlauf → Geldmenge, Geldpolitik.

Geldumlaufgeschwindigkeit – Häufigkeit, mit der eine Geldeinheit in einer Periode für Umsätze verwendet wird. Steigerung der Geldumlaufgeschwindigkeit wirkt wie eine Vermehrung, Verminderung der Geldumlaufgeschwindigkeit wie eine Verringerung der → Geldmenge. Die Geldumlaufgeschwindigkeit der Geldmenge M3 wird berechnet als Verhältnis zwischen dem nominalen Bruttoinlandsprodukt (BIP) und dem Preisniveau, gemessen durch einen bekannten Preisindex.

Geld- und Kreditpolitik → Geldpolitik.

Geldvolumen → Geldmenge.

Geldwert – *Kaufkraft des Geldes;* die für eine Geldeinheit käufliche Gütermenge („Güterpreis des Geldes", Preiser). – 1. *Binnenwert:* Diese entspricht dem inversen Wert des Preisniveaus; bei einem Steigen des Preisniveaus sinkt die mit einer Geldeinheit zu erwerbende Gütermenge und umgekehrt. – 2. *Außenwert:* Kaufkraft einer über den Wechselkurs umgerechneten inländischen Währungseinheit im Ausland. – Vgl. auch → Kaufkraftparitätentheorie. – 3. *Stabilisierung des Geldwertes (Geldwertstabilität)* ist eine Maxime für die Wirtschaftspolitik eines Landes; sie soll v.a. mithilfe der Geldpolitik erreicht werden. – Vgl. auch → Inflation. – 4. *Theorie des Geldes:* Geldtheorie.

Geldwertsicherungsklausel → Wertsicherungsklausel.

Geldwertstabilität → Geldwert, → Inflation.

Geldwirtschaft – Form der modernen Volkswirtschaft, in der jeder Tauschakt (Ware gegen Ware) in zwei unabhängige Kaufakte (Ware gegen Geld, Geld gegen Ware) zerlegt ist. Da fast ausschließlich Kreditgeld in Umlauf ist, wird häufig auch von *Kreditwirtschaft* gesprochen. – *Gegensatz:* Naturalwirtschaft.

Geldzins – *Nominalzins;* Erscheinungsform des → Zinses in der Geldwirtschaft. Geldzins wird in den monetären Zinstheorien als Erklärung für die Existenz des Zinses angeführt.

Gelegenheitsverkehr → Charterverkehr.

Gemeinde – eine politische und administrative Einheit mit eigenem Territorium. Die Gemeinden sind Träger der *kommunalen Selbstverwaltung*, die ihnen durch Art. 28 II GG garantiert ist. Das Recht der Selbstverwaltung umfasst die eigenverantwortliche Regelung aller Angelegenheiten der örtlichen Gemeinschaft im Rahmen der Gesetze. Sie verfügen damit über die Personal-, Finanz-, Organisations-, Planungs-, Satzungs-, Gebiet- und Aufgabenhoheit. Gemeinden, kreisfreie Städte und kreisangehörige Städte werden unter dem Begriff *Kommune* zusammengefasst. Als *Gebietskörperschaften* sind die Kommunen juristische Personen öffentlichen Rechts mit eigener Verfassung, eigenem Haushalt und Dienstherrnfähigkeit. – Die Wahrnehmung von *Selbstverwaltungsangelegenheiten* kann den Gemeinden durch Gesetz zur Pflicht gemacht werden (*pflichtige Selbstverwaltungsangelegenheiten*), z.B. Bauleitplanung, Haushaltsgestaltung). Zu den Pflichtaufgaben zählen bspw. die Bereitstellung von Kindergärten, Jugend- und Sozialhilfe, Gemeindestraßen, Wohngeld, Schulverwaltung, Förderung des Wohnungsbaus, Abfallbeseitigung und Abwasserbeseitigung. – Darüber hinaus können Gemeinden auch freiwillige Aufgaben (*freiwillige Selbstverwaltungsangelegenheiten*) erbringen. Zu den freiwilligen Aufgaben zählen bspw. die Bereitstellung und der Betrieb von Museen, Schwimmbädern, Theatern, Grünanlagen, Bürgerhäusern, Wirtschaftsföderung, Jugendeinrichtungen oder Sportstätten. – Für die Selbstverwaltungsaufgaben ist die *Gemeindevertretung* (Rat/Gemeinderat/Stadtrat) die höchste Entscheidungsinstanz. – Daneben nehmen die Gemeinden *Weisungsaufgaben* wahr, die ihnen durch Gesetz zur Erledigung nach Weisung zu übertragen sind. Nach Art. 83ff. GG nehmen die Gemeinden Aufgaben als untere Verwaltungsinstanz des Bundes und Landes wahr. Hierzu gehören Aufgaben im Bereich Melderecht, Zivilschutz, Ordnungsrecht, Bauaufsichtsrecht und Ausländerangelegenheiten. – Die *rechtliche Struktur der Gemeinden (Kommunalverfassung)* ist in den *Gemeindeordnungen* der Länder in unterschiedlicher Weise geregelt. Die von den Bürgern unmittelbar gewählte *Gemeindevertretung (Rat)* ist das oberste Gemeindeorgan. Als sog. Beschlussorgan entscheidet sie über alle wichtigen Angelegenheiten der Gemeinde, erlässt die Satzungen der Gemeinde und den Haushalt. Ausführendes Verwaltungsorgan ist der teils direkt gewählte Bürgermeister bzw. als Kollegialorgan der Magistrat oder der Stadtdirektor. Das Verwaltungsorgan bereitet die Beschlüsse der Gemeindevertretung vor, führt sie aus und ist für alle Geschäfte der laufenden Verwaltung zuständig. – *Gemeindeaufsicht:* Kommunalaufsicht. – *Gewerbliche Gemeindenunternehmen:* → Kommunalbetrieb. – *Gemeindekredit:* Kommunalkredit.

Gemeindewirtschaft → Kommunalwirtschaft.

Gemeineigentum → Allmenderessource.

Gemeinsame Außen- und Sicherheitspolitik → GASP.

Gemeinsamer Markt – 1. *Allgemein:* → Wirtschaftsunion; regionale → Freihandelszone (→ Zollunion, → Freihandelszone). – 2. *Gemeinsamer Markt im Rahmen der EU:* → EU, → EG, → EWG, → EEA, → Einheitlicher Binnenmarkt. – 3. *EU-Wirtschaftsrecht:* Der Gemeinsame Markt ist ein zu einem Drittland oder mehreren Drittländern durch gemeinsame Außenhandelsgrenze abgegrenzter Raum des Wirtschaftens, der auf staatsgrenzenüberschreitenden Grundfreiheiten in einem Schutzsystem gegen Wettbewerbsverfälschungen beruht und von sektoralen und flankierenden Gemeinschaftspolitiken begleitet wird.

Gemeinschaft – Verkürzende Bezeichnung für Europäische Wirtschaftsgemeinschaft (→ EWG) bzw. Europäische Gemeinschaften (→ EG). Die EWG wurde zur EG, die EG ist in der → EU aufgegangen.

Gemeinwirtschaft – 1. *Begriff:* Unmittelbar auf das Wohl einer übergeordneten Gesamtheit (Gemeinwohl) ausgerichtete wirtschaftliche Aktivitäten (→ Gemeinwirtschaftlichkeit). An die Stelle der Privatwirtschaft zugrunde liegenden Gewinnziels tritt eine kollektive Nutzenmaximierung (theoretischer, nicht befriedigend gelöster Ansatz). – Die Theorie des marktwirtschaftlichen Systems geht zwar von der Annahme aus, dass die optimale Versorgung der Volkswirtschaft durch eine Gewinnmaximierung aller Unternehmen erzielt werden kann. (Nicht-erwerbswirtschaftliche Unternehmen stören damit das Marktgeschehen und verhindern den optimalen Einsatz der Ressourcen.) Eine Begründung für ein Handeln im „öffentlichen Interesse" wird allerdings auch theoretisch angenommen, sobald ein wirtschaftswissenschaftliches Problem vorliegt, dass zu → Marktversagen führt und dadurch eine Intervention oder regulierende Tätigkeit des Staates oder eines gemeinnützigen Trägers erforderlich erscheinen lässt. – Zentrales wissenschaftliches Problem der Gemeinwirtschaft ist die Bestimmung des *„öffentlichen Interesses"* und somit der Ziele und Aufgaben von gemeinwohlorientierten Aktivitäten. Vertreter des Regulierungsparadigmas treten daher dafür ein, eine Marktöffnung und Privatisierung bei Monopolstrukturen zu ermöglichen, soweit regulative Mechanismen eingesetzt werden können, die einem → Marktversagen entgegenwirken. – Die Nobelpreisträgerin Elinor Ostrom wies in einigen Fällen empirisch nach, dass eine lokale Selbstorganisation bei gemeinschaftlich genutzten Ressourcen (im Falle eines sog. *Allmendeguts*) unter bestimmten Organisationsprinzipien sowohl der staatlichen Kontrolle als auch der reinen Privatisierung überlegen sein kann. – 2. *Inhaltliche Abgrenzung* (hat sich im Zeitablauf grundsätzlich gewandelt): a) *Monistischer Ansatz:* Gemeinwirtschaft wird gleichgesetzt mit → Planwirtschaft oder einem System kooperierender Genossenschaften. – b) *Dualistischer Ansatz:* Neben dem privatwirtschaftlichen Sektor wird die Gemeinwirtschaft als ein staatswirtschaftlicher oder genossenschaftlicher Sektor, der den privatwirtschaftlichen Sektor zu ergänzen und mögliche negativen Folgen zu vermeiden bzw. zu kompensieren hat, als zweiter Teil der gesamten Wirtschaftsordnung gesehen. – c) *Pluralistischer Ansatz* (wird i.Allg. heute vertreten): → gemeinwirtschaftliche Unternehmen.

gemeinwirtschaftliche Unternehmen – inhaltlich wenig operationalisierter Begriff. Gemeinwirtschaftliche Unternehmen nehmen in der herrschenden Wirtschaftsordnung teilweise am Wettbewerb teil; sie sollen – idealtypisch – gegenüber den privatwirtschaftlichen Unternehmen und Haushalten regulierende, stimulierende und komplementäre Funktionen wahrnehmen. Träger gemeinwirtschaftlicher Unternehmen sind im Wesentlichen die Gebietskörperschaften (in diesem Fall handelt es sich dann auch um → öffentliche Unternehmen), Gewerkschaften, Kirchen, Parteien, Stiftungen und Verbände.

Gemeinwirtschaftlichkeit – I. *Allgemein:* 1. *Charakterisierung:* vielschichtig interpretierte Leitvorstellung für die Steuerung von dem Nutzen der Allgemeinheit verpflichteten Betrieben (→ gemeinwirtschaftliche Unternehmen, → Gemeinwirtschaft). Zur Operationalisierung gemeinwirtschaftlichen Verhaltens wurden zahlreiche einzelwirtschaftliche Handlungsmaximen aufgestellt: u.a. Gewinnverzichtsregel, kostenorientierte Preispolitik (Kosten-/Preisregel), Gewinnverwendung im Allgemeininteresse/Gemeinwohl (Gewinnverwendungsregel), Maximierung der zu erstellenden und abzugebenden Leistung bei Kostendeckung (Leistungsmaximierungsregel). Gemeinwirtschaftliches Verhalten wird zudem u.a. in der Unterwerfung unter gesetzlich formulierte Pflichtenkataloge, z.B. → Betriebspflicht, → Beförderungspflicht, → Tarifpflicht und Fahrplanpflicht gesehen. – *Anders:* Gemeinnützigkeit (gemeinnützige Zwecke). – 2. *Bedeutung:* In jüngster Zeit zunehmend Beachtung in der Betriebswirtschaftslehre, teilweise unter anderen Begriffen, z.B. Unternehmensethik, diskutiert.

II. *Gemeinwirtschaftlichkeit im Verkehrssektor:* 1. *Begriff:* mittels spezifischer Auflagen (v.a. Betriebs-, Beförderungs- und Tarifpflicht) bewirkte Umgestaltung der Zielfunktionen der im Verkehrssektor tätigen Unternehmen zwecks Berücksichtigung struktur-, regional- und sozialpolitischer Ziele sowie der staatlichen → Daseinsvorsorge. – 2. *Folgen:* Die Prinzipien der Gemeinwirtschaftlichkeit schränken die Möglichkeiten der Gewinnerzielung ein; die Ausnutzung von Marktmacht und Marktchancen wird durch Berücksichtigung gemeinwirtschaftlicher Interessen eingeengt. Gemeinwirtschaftlichkeit bedeutet Drosselung der Rentabilität, aber auch Einschränkung des

Verlustabbaus bei unrentabel arbeitenden Unternehmen. Ohne staatliche Ausgleichsleistungen ist Gemeinwirtschaftlichkeit v.a. dort, wenn auch nicht auf Dauer, realisierbar, wo innerhalb eines (Monopol-) Unternehmens interne Subventionierung möglich ist. – 3. *Beurteilung:* Ein der gegenwärtigen Situation der Verkehrswirtschaft angepasstes Verständnis von Gemeinwirtschaftlichkeit kann sich nicht an tradierten Strukturen orientieren, sondern muss zukunftsbezogen sein und verstärkt die Gesichtspunkte einer volkswirtschaftlich effizienten Arbeitsteilung der Verkehrsträger berücksichtigen. Dort, wo andere Verkehrsträger oder -unternehmen die erforderlichen Transporte zu niedrigeren Kosten und/oder höherer Qualität erbringen können und wo funktionsfähiger Wettbewerb herrscht, sollten die gemeinwirtschaftlichen Auflagen gelockert werden, zumal sie häufig als Grund für die Forderung nach Subventionen herangezogen werden.

gemischte Wirtschaftsordnung – *Mixed Economy;* Idee, die im Anschluss an R.A. Dahl und C.E. Lindblom darauf basiert, dass die Wirtschaftsordnung einer → Marktwirtschaft ein Mischsystem der Koordinationsmechanismen Markt-Preis-Mechanismus, demokratischen Willensbildung (Polyarchie), administrative Lenkungsverfahren (Bürokratie) und Verhandlungen zwischen Interessengruppen bzw. Verbänden (Bargaining) ist.

gemischtöffentliches Unternehmen – 1. *Begriff:* → Öffentliches Unternehmen, das von verschiedenen Gebietskörperschaften getragen wird. – *Anders:* → gemischtwirtschaftliches Unternehmen. – 2. *Arten:* (1) *Horizontale gemischtöffentliche Unternehmen:* Eigentümer sind Gebietskörperschaften nur einer Ebene (z.B. Kommune oder Länder); (2) *vertikale gemischtöffentliche Unternehmen:* Eigentümer sind Gebietskörperschaften verschiedener Ebenen (z.B. Bund, Länder und Gemeinden). – 3. *Bedeutung:* Gemischtöffentliche Unternehmen besitzen v.a. dort Bedeutung, wo durch öffentliche Unternehmen überregionale Aufgaben wahrgenommen werden sollen (z.B. Flughäfen).

gemischtwirtschaftliches Unternehmen – liegt dann vor, wenn private und öffentliche Anteilseigner an einer Kapitalgesellschaft derart beteiligt sind, dass entweder dem öffentlichen oder dem privaten Anteilseigner eine Sperrminorität bei den Entscheidungen in den zuständigen Unternehmensorganen eingeräumt ist. – *Anders:* → gemischtöffentliches Unternehmen. – Vgl. auch → öffentliche Unternehmen, → Public Private Partnership.

Genehmigung – die nachträgliche Zustimmung zu einem von anderen Personen vorgenommenen Rechtsgeschäft (§ 184 BGB; andernfalls: Einwilligung). Hängt die Gültigkeit eines Geschäfts von der Genehmigung eines anderen ab, so ist das Rechtsgeschäft schwebend unwirksam. – Vgl. auch behördliche Genehmigung, → Erlaubnis.

General Agreement on Tariffs and Trade → GATT.

General Arrangements to Borrow → GAB.

Generalized System of Preferences (GSP) – *Generalized System of Preferences; Allgemeines Präferenzsystem* (→ APS).

Generalverkehrsplan (GVP) – Plan, der die gesamte Verkehrssituation in einem Planungsraum (Gemeinde, Land) berücksichtigt. – *Zweck:* Der Generalverkehrsplan soll aufgrund der Analyse und Diagnose der gegebenen Situation unter bestimmten Zielsetzungen die künftige Situation prognostizieren und Maßnahmen zur Erreichung der künftig angestrebten Situation vorschlagen.

Generationenvertrag – 1. *Begriff:* fiktiver „*Solidar-Vertrag zwischen jeweils zwei Generationen*" (W. Schreiber) als theoretisch-institutionelle Grundlage einer im → Umlageverfahren finanzierten

Generationenvertrag

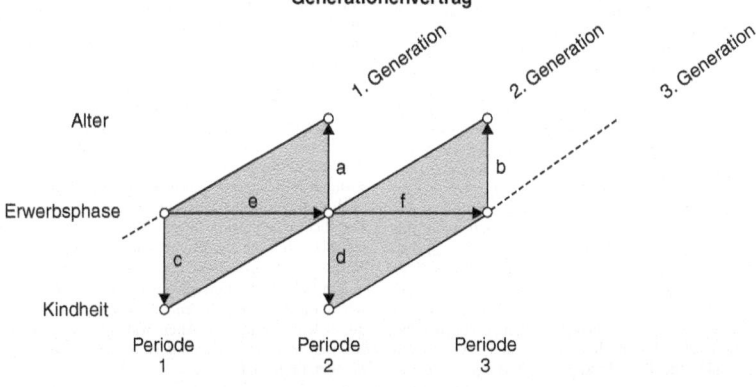

dynamischen Rente. Ziel ist die Einführung von Zurechnungsregeln für die Verteilung des Arbeitseinkommens → Erwerbstätiger mit der Absicht, die individuellen Konsummöglichkeiten angemessen auf die *drei Lebensphasen* Kindheit und Jugend, Erwerbsphase und Alter aufzuteilen. – Nach der *Auflösung des traditionellen Drei-Generationen-Verbundes* innerhalb einer ökonomisch weitgehend autarken Großfamilie bietet der Generationenvertrag insofern eine – auch unter den Bedingungen einer arbeitsteilig organisierten, individualistischen Gesellschaft funktionierende – prinzipielle Alternative dazu, Konsummöglichkeiten durch die Herausbildung funktionsfähiger Kapitalmärkte und durch die Bildung von Sach- oder Geldvermögen intertemporal (und intergenerationell) zu verschieben. – Da der Generationenvertrag mit der jeweiligen Kindergeneration zu „schließen" wäre, bedarf er einer gesellschaftlichen Organisation und eignet sich – anders als eine im sog. Kapital- oder → Anwartschaftsdeckungsverfahren finanzierte Rente – nur als Verfahren der *sozialen* (kollektiven) *Alterssicherung* (→ soziale Sicherung). – 2. *Funktionsweise:* a) Gemäß der (modifizierten) *Mackenroth-These* muss in einer (geschlossenen) Volkswirtschaft aller „Sozialaufwand" – unabhängig vom gewählten Finanzierungsverfahren – stets aus dem Volkseinkommen (korrekt: Bruttonationaleinkommen) der laufenden Periode gedeckt werden. Insofern entsprechen die *realen Leistungsströme zwischen den Generationen* grundsätzlich immer dem in der Abbildung „Generationenvertrag" gezeigten Muster.

Aus dem Nationaleinkommen, das mithilfe der Arbeitskraft der jeweils in der Erwerbsphase stehenden Generation erstellt wird, müssen sowohl die im Alter stehenden Angehörigen der Elterngeneration (Pfeile a und b) als auch die Mitglieder der nachwachsenden Generation (Pfeile c und d) unterhalten werden. Überlagert werden diese realen Beziehungen jedoch durch ein u.U. abweichendes Bild der *rechtlichen Ansprüche und Verpflichtungen:* Im Gegensatz zum Kapitaldeckungsverfahren bzw. zu einer kapitalfundierten Alterssicherung, wo die Ansprüche der Alten durch Eigentumsrechte am von ihnen zuvor gebildeten Kapitalstock (Pfeile e und f) geschützt sind (Äquivalenz von a und e bzw. b und f), während die Leistungen an Kinder und Jugendliche außer Betracht bleiben, basiert der Generationenvertrag prinzipiell darauf, dass Unterhaltsleistungen der Erwerbstätigen an die Kindergeneration in der Folgeperiode durch solche an die dann Alten abgegolten werden (Umlageverfahren, Äquivalenz von a und c bzw. b und d). – b) Die *zentrale Größe dieses Systems* bildet dabei das *Humanvermögen* der Gesellschaft, bestimmt durch Anzahl und Qualifikation der nachwachsenden Generation. Entsprechende „Investitionen" der Erwerbstätigen verzinsen sich mit der Wachstumsrate der Lohnsumme (H. Aaron). Damit wird eine umlagefinanzierte Alterssicherung abhängig von der demografischen Entwicklung sowie von der Ausbildung der zukünftig Erwerbstätigen. – 3. *Ausgestaltung:* a) Von der Grundidee des Generationenvertrags her ist eine Organisation der kollektiven Alterssicherung als *Sozialversicherung* nahe liegend, bei der die Äquivalenz von *(privaten) Aufwendungen* für die nachwachsende Generation mit späteren Rentenzahlungen explizit berücksichtigt wird. – b) Möglich ist stattdessen jedoch auch eine Verbindung von Alterssicherung – selbst in Gestalt eines *Steuer-Transfer-Systems* – mit einem (steuerfinanzierten) → Familienlastenausgleich, einschließlich öffentlich finanzierter Bildungsangebote, durch den sich die Gesellschaft und somit auch Kinderlose am Aufwand für Investitionen in das zukünftige Humanvermögen beteiligen. Soweit damit allerdings Intransparenzen oder Veränderungen der Anreizbedingungen verbunden sind, weil die Gewährung öffentlicher Leistungen nicht mehr unmittelbar den zuvor geschilderten, realen Leistungsbeziehungen entspricht, kann dies die Stabilität des jeweiligen Gesamtsystems u.U. gefährden. – c) Dies gilt auch für die *in der Bundesrepublik Deutschland* (1957) gewählte Form der *gesetzlichen Alterssicherung,* die auf der (nur vordergründigen, mittlerweile aber als „eigentumsähnliche Ansprüche" unter grundgesetzlichen Schutz gestellten) Äquivalenz von *Beiträgen,* aus denen die Renten der gegenwärtigen Altengeneration finanziert werden, mit den späteren Renten der jetzt Erwerbstätigen basiert (Pfeil a und b). Auf die parallel geforderte Einrichtung einer kollektiv organisierten *„Kindheits- und Jugendrente"* (W. Schreiber) zur Finanzierung der elterlichen Aufwendungen für die nachwachsende Generation wurde dagegen verzichtet – zum einen aus einer gewissen bevölkerungspolitischen Zurückhaltung heraus, zum anderen wohl auch wegen der gerade erfolgten Einführung eines → Kindergelds. – 4. *Probleme:* a) Bis heute strittig sind in der Wissenschaft die Wirkungen einer auf dem Generationenvertrag basierenden Alterssicherung auf die volkswirtschaftliche (Sach-)Kapitalbildung und damit auf die Größe des längerfristig zu verteilenden Nationaleinkommens *(Feldstein-Kontroverse).* – b) Konsens herrscht dagegen weitgehend darüber, dass eine (vollständige) *Rückkehr zu einer kapitalfundierten Alterssicherung* ohne Doppelbelastung der dann Erwerbstätigen unter realistischen Bedingungen nicht mehr möglich ist, da die wesentlichen Vorteile einer umlagefinanzierten Rente in evtl. (historischen) Einführungsgewinnen für die erste Rentnergeneration liegen. – c) Noch problematischer dürften jedoch etwaige Diskrepanzen zwischen den realen Leistungsströmen im Generationenvertrag und dem institutionell bedingten Bild der rechtlichen Ansprüche und Verpflichtungen sein, soweit davon verzerrte *Anreizeffekte für die Bevölkerungsentwicklung und die Humanvermögensbildung* insgesamt ausgehen. Demografische Strukturen mit einer sinkenden Zahl Erwerbstätiger erlegen diesen relativ steigende Lasten durch den Unterhalt von Alten- wie Kindergeneration auf, was zu *Verteilungskonflikten zwischen den Generationen* führen kann.

Gentlemen's Agreement – *Frühstückskartelle; Vereinbarung auf Treu und Glauben.* 1. *Allgemein:* eine auf die guten Sitten vertrauende, deshalb schriftlich nicht näher fixierte Abmachung zwischen zwei oder mehreren Partnern. Die Erklärungen werden ohne Rechtsfolgewillen abgegeben, weil der erstrebte Erfolg im Vertrauen auf das Wort des Partners oder mithilfe einer Bindung an den Anstand erreicht werden soll. – 2. *Kartellrecht:* kartellrechtliche Vereinbarung in Form von Absprachen, deren Beachtung außerrechtlichen Normen überlassen wird (Kartell). Nach § 1 GWB und Art. 101 I AEUV unzulässig (Verbot von abgestimmten Verhaltensweisen). – Der Nachweis solcher Praktiken ist allerdings oftmals problematisch.

gerechte Einkommensverteilung – 1. Begriff: Begriff der → Verteilungspolitik und der Verteilungstheorie, bei dem es um die normative Frage nach einer gerechten Aufteilung des Einkommens geht. – 2. Merkmale: Eine Verteilungssituation, die allgemein als gerecht angesehen wird, ist kaum vorstellbar, da die Auffassung über die Gerechtigkeit von der Einkommensverteilung von subjektiven Werturteilen über die Gerechtigkeit an sich aber individuell u.a. auch von der Tatsache abhängt, ob eine Person über ein relativ hohes oder niedriges Einkommen verfügt. Dies gilt noch mehr, wenn eine gerechtere Einkommensverteilung durch staatliche Umverteilungsmaßnahmen hergestellt werden soll, da die Praxis der Umverteilung von Einkommen dazu führt, dass einigen Einkommensbeziehern Einkommen entzogen wird. Es kann allenfalls versucht werden, eine weitgehende gesellschaftliche Akzeptanz darüber zu erzielen, welches Ausmaß von Ungleichverteilung und welches Ausmaß von Umverteilung noch vertretbar sind. Diese gesellschaftliche Übereinkunft variiert je nach Zeitperiode und Länderkreis, wie ein Vergleich zwischen z.B. angelsächsischen und skandinavischen Ländern unmittelbar verdeutlicht. – 3. Maßnahmen und Probleme: Eine Verteilung des Einkommens lässt sich nach zwei extremen Kriterien denken: a) *Leistungsprinzip:* Nach J.B. Clark sollen die → Produktionsfaktoren ein Einkommen in Höhe ihres Beitrages zum Produktionsergebnis erhalten (→ Grenzproduktivitätstheorie der Verteilung). Problem: Wenn Einkommen nur nach Leistung verteilt werden, würde ein Teil der Menschen ohne Einkommen bleiben bzw. ein Einkommen erzielen, dass ihr Existenzminimum nicht deckt. b) *Bedarfsprinzip:* Unter Gerechtigkeit wird „gleiche Wohlfahrt für alle Individuen" verstanden. Problem: Ein solches Konzept ist wegen der Probleme bei der Messung und dem Vergleich von Nutzen nur schwer zu operationalisieren. Zudem gehen negative Rückwirkungen auf den Prozess der Einkommensentstehung aus. c) Eine Einkommensverteilung, die aus einem dieser Prinzipien resultiert, würde wohl jeweils nicht als gerecht empfunden werden. Weder eine Verteilung, bei der alle den gleichen Anteil bzw. ein Einkommen nach ihrem Bedarf und das unabhängig von ihrer Leistung bekommen, noch eine Situation, in der diejenigen, die nichts leisten können (insbes. Junge, Alte, Kranke), überhaupt kein Einkommen erzielen, kann als eine gerechte Einkommensverteilung angesehen werden. Im Rahmen der staatlichen Distributionspolitik strebt die Politik daher eine (sekundäre) Einkommensverteilung an, die zu einer Verteilung führt, die zwischen dem Ergebnis eines reinen Leistungs- und eines reinen Bedarfsprinzip liegt. Problem: Ein zu weit gehender sozialer Ausgleich würde Leistungsanreize reduzieren und zu einem Rückgang des Gesamteinkommens führen. Ein zu geringer Ausgleich gefährdet andererseits den sozialen Zusammenhalt und führt zu gesellschaftlichen Spannungen. Es geht daher darum, die richtige Balance bei der Herstellung einer gerechten Einkommensverteilung zu finden. – 4. Bezugspunkte zu anderen Fachgebieten: In der Finanzwissenschaft findet man diese Problematik bei der finanzpolitischen Distributionsfunktion wieder: Es geht um die Beeinflussung der Einkommenserzielungsmöglichkeiten sowie um eine aktive Umverteilung (→ Redistribution) der Einkommen gemäß einer als gerecht angesehenen/politisch vorgegebenen Einkommensverteilung. Ähnliche Aspekte finden sich auch bei der Frage nach der gerechten Steuerhöhe und der gerechten Steuerverteilung (Steuergerechtigkeit).

Gericht Erster Instanz der Europäischen Union – Europäisches Gericht Erster Instanz (EuG); zweite Instanz: Europäischer Gerichtshof (→ EuGH).

Gesamtamerikanische Freihandelszone → FTAA.

gesamtwirtschaftliches Arbeitskräftepotenzial → Erwerbspersonenpotenzial.

Geschäftsbanken – alle → Kreditinstitute i.S.d. KWG. Als Geschäftsbanken i.e.S. gelten in Deutschland nur solche Institute, die sich als Universalbanken mit allen wesentlichen Sparten des Bankgeschäfts befassen. – *Gegensatz:* Spezialbanken.

Geschäftsordnung – Richtlinien, nach denen die Arbeit von Gremien abgewickelt wird, soweit sie gesetzlich oder satzungsmäßig nicht geregelt ist. Wichtige in der Geschäftsordnung zu regelnde Punkte: Einberufung zur Sitzung, Tagesordnung, Vorsitz, Abstimmungsmodus, Minderheitsvotum, Protokollführung, Redezeitbegrenzung, Berichterstattung, Geschäftsführung zwischen den Sitzungen. – Die Geschäftsordnung bestimmt in einem Entscheidungsgremium die Reihenfolge, in der über die Alternativen abgestimmt wird. Bei Auftreten des → Condorcet-Paradoxons kann die Geschäftsordnung für den Ausgang der Gruppenentscheidung ausschlaggebend sein (→ binäre Abstimmungsverfahren).

Gesellschaft für Informatik e.V. (GI) – gegründet 1969. – *Aufgaben:* Die Informatik in Forschung und Lehre, ihre Anwendung und die Weiterbildung auf diesem Gebiet zu fördern. Veranstaltung von Tagungen, Förderung von wissenschaftlichen

Veröffentlichungen, Einrichtung von Fachbereichen, Fachausschüssen und Fachgruppen sowie Unterrichtung einer breiten Öffentlichkeit über Fragen der Informationsverarbeitung.

Gesellschaft für Mathematik und Datenverarbeitung mbH (GMD) – eine der 13 Großforschungseinrichtungen der Bundesrepublik Deutschland; gegründet 1968, 1995 wurde sie in GMD-Forschungszentrum Informationstechnik umbenannt, die 2001 mit der Fraunhofer-Gesellschaft fusionierte. – *Aufgaben:* Forschung und Entwicklung (F&E) auf dem Gebiet der Informations- und Kommunikationstechnologie und der für ihren Fortschritt bedeutsamen Mathematik sowie die damit verbundene fachliche und wissenschaftliche Aus- und Fortbildung; Beratung und Unterstützung der öffentlichen Verwaltung, bes. der Bundesregierung, von Hochschulen sowie von Herstellern und Anwendern bei der Einführung und Fortentwicklung der Informationstechnik. Forschungs- und Entwicklungsaufgaben reichen von der Grundlagenforschung bis zur Entwicklung konkreter Produkte.

Gesellschaft für Ökologie (GfÖ) – gegründet 1970; Geschäftsstelle in Berlin; ca. 1.400 Mitglieder weltweit (2012). – *Aufgaben:* Förderung des Zusammenarbeit aller auf ökologischen Gebieten arbeitenden Disziplinen; Förderung einer ökologisch orientierten Ausbildung; Vertretung ökologischer Belange in der Öffentlichkeit sowie bei gesellschaftlichen und wirtschaftspolitischen Entscheidungen.

Gesellschaft für Organisation e.V. (GfO) – gegründet 1922. – *Ziel:* Förderung im Bereich der Wissenschaft, Wirtschaft und Verwaltung mit Organisation betrauten Personen. – *Aufgaben:* Aus-, Fort- und Weiterbildung für Organisatoren und andere Führungskräfte (geschlossene mehrwöchige Lehrgänge, Fachseminare); Erfassung und Entwicklung anderweitiger Forschungen und Erfahrungen auf den einschlägigen Gebieten; dezentrale Öffentlichkeitsarbeit durch Fachtagungen, Kongresse und Fachgruppenarbeit. – *Publikation:* Zeitschrift Führung + Organisation (zfo). – *Ausbildungsinstitution:* Akademie für Organisation (afo).

gesellschaftliche Entscheidungsfunktion – Verfahren, mit dem für eine Gruppe von n Abstimmenden zu jeder Kombination individueller Präferenzordnungen aus einer Menge von m Alternativen eine beste Alternative ausgewählt wird. Sen (1970) hat die Existenz einer gesellschaftlichen Entscheidungsfunktion bewiesen und damit einen Ausweg aus dem → Arrow-Paradoxon aufgezeigt. – Vgl. auch → erweiterte Pareto-Regel.

gesellschaftliche Schwäche – 1. *Begriff:* Die Abgrenzung „sozialer Probleme" durch das analytische Konstrukt der personenbezogenen gesellschaftlichen Schwäche der → Lebenslagen vermeidet die Assoziation mit Armut im allg. Sprachverständnis und verdeutlicht die Abhängigkeit gesellschaftlicher Schwäche a) von den grundlegenden Ordnungsregeln, b) von der tatsächlichen Möglichkeit der Menschen, die den Ordnungsregeln entsprechenden Rollen zu spielen, und c) von den gesellschaftlichen Zielen in Bezug auf die Lebenslagen, die sich im politischen Willensbildungsprozess durchsetzen oder vom Wissenschaftler unterstellt werden. Materiell korrespondiert das Konzept der gesellschaftlichen Schwäche zu großen Teilen mit jüngeren Ansätzen zur Begründung für Sozialpolitik in der Marktwirtschaft. – Vgl. auch → Theorie der Sozialpolitik. – 2. *Aktuelle Merkmale:* Der Arbeitnehmer ist heute nicht mehr in der extremtypischen Lebenslage des Proletariers des 19. Jh. Dennoch wird mit dem Status der abhängigen Beschäftigung i.d.R. die Vermutung einer gesellschaftlichen Schwäche verbunden. a) *Abhängige Beschäftigung und Schutzbedürftigkeit der Arbeitnehmer:* Bei der Wahrnehmung der persönlichen Entfaltungsfreiheit (Art. 2 GG) sowie der Freiheit der Berufs- und Arbeitsplatzwahl (Art. 12 GG) und bes. im Verhältnis zum Arbeitgeber erscheint der Arbeitnehmer der sozialpolitischen Förderung und des Schutzes bedürftig. Die in einer freiheitlichen Gesellschaftsordnung grundsätzlich vorrangige Selbstverantwortlichkeit der Bürger und die Gleichberechtigung bei der Wahrnehmung ihrer Freiheitsrechte werden daher zugunsten der Arbeitnehmer durch gesetzliche Normen eingeschränkt (Individualarbeitsrecht, Arbeitnehmerschutz). Darüber hinaus wird den Arbeitsvertragsparteien die Koalitionsfreiheit und damit die Tarifautonomie für eine verbindliche Vereinbarung von Mindestbedingungen für Einzelarbeitsverträge eingeräumt (Kollektivarbeitsrecht, Tarifvertrag, Lohnpolitik). Auch der normale Arbeitnehmer der Gegenwart erscheint als gesellschaftlich schwach wegen der existenziellen Verbundenheit von Arbeitsleistung und Persönlichkeit des Arbeitnehmers, die v.a. bei (andauernder) Arbeitslosigkeit deutlich wird, wegen der – trotz verbreiteter Kaufkraftreserven gegebenen – Angewiesenheit des Arbeitnehmers auf die Verwertung seiner Arbeitskraft, wegen der an das Eigentum an den Produktionsmitteln gebundenen Hierarchie und Weisungsbefugnis im Unternehmen sowie wegen Unvollkommenheiten der Arbeitsmärkte. b) *Standardrisiken:* Das marktwirtschaftliche Prinzip der Äquivalenz von Leistung und Gegenleistung (Leistungsgerechtigkeit) begründet eine weitere gesellschaftliche Schwäche des Arbeitnehmers für die Zeiten, in denen eine am Arbeitsmarkt verwertbare Arbeitsleistung oder nicht in ausreichender Qualität oder Quantität erbracht werden kann. Damit stellt sich das Problem der → sozialen Sicherung gegen die Standardrisiken eines normalen Lebens: Kindheit/Jugend, Krankheit, Unfall, Invalidität, Alter und Pflegebedürftigkeit. c) *Eingeschränkte Konsumfreiheit:* Auch bei anderen Problemen im Wirtschaftsleben können sich aus der Diskrepanz zwischen Grundannahmen für die generellen Ordnungsregeln und den tatsächlichen Fähigkeiten der Individuen, ihre Rollen diesen Regeln gemäß zu spielen, sozial schwache Gruppen und somit sozialpolitische Aufgaben ergeben. So kann die aus der persönlichen Entfaltungsfreiheit ableitbare Konsumfreiheit (bzw. Freiheit der Einkommensverwendung) vielfach nicht mit der erwünschten Souveränität wahrgenommen werden, weil dem Konsumenten Informationen fehlen oder nur mit erheblichem Aufwand verfügbar gemacht werden können oder weil seine rationale Urteilsfähigkeit in Bezug auf die Gesamtheit des Preis-Leistungsverhältnisses eingeschränkt ist. Dies wird bes. im Bereich der Gesundheitsgüter und -dienstleistungen angenommen, aber zunehmend auch als Grund für eine generelle Verbraucherschutzpolitik bei der Nachfrage nach technologisch oder ökonomisch komplexen Gütern und Dienstleistungen (z.B. bei Versicherung und Kredit) genannt. d) *Benachteiligung von Familien:* In der neueren Geschichte der Sozialpolitikwissenschaft wird immer wieder darauf hingewiesen, dass Familien, als die verbreitetste Form des unmittelbaren Zusammenlebens von Menschen, im Rahmen einer individualistischen offenen Wettbewerbsgesellschaft als gesellschaftlich schwach erscheinen. Dies gilt zum einen historisch infolge der Unvollständigkeit ihrer Ordnungsregeln bei der Internalisierung der Leistungen von Familien für die Gesellschaft (z.B. bei positiven → externen Effekten der Kindererziehung für den → Generationenvertrag) und zum anderen infolge der bisherigen Verletzung des Grundsatzes einer gleichmäßigen Besteuerung nach der wirtschaftlichen Leistungsfähigkeit (Leistungsfähigkeitsprinzip). Dies gilt darüber hinaus wegen der Irrelevanz des Familienstandes für das Leistungseinkommen, bezogen auf gesellschaftspolitische Vorstellungen von Bedarfsgerechtigkeit für Familien im Verhältnis zu Kinderlosen (z.B. orientiert an der Gleichheit gewichteter Pro-Kopf-Einkommen), soweit man die Entscheidung für Kinder nicht ausschließlich als Privatsache ansieht. e) *Diskriminierung:* Gesellschaftliche Schwäche kann schließlich auch aus systematischen und systembedingten Benachteiligungen bestimmter Bevölkerungsgruppen, etwa wegen ihres Geschlechts (Frauendiskriminierung) oder der Zugehörigkeit zu ethnischen und sonstigen Minderheiten (Ausländerfeindlichkeit, Rassismus), resultieren. Derartige Benachteiligungen widersprechen der Idee einer offenen Wettbewerbsgesellschaft, da sie die Wahrnehmung von Entfaltungs- und Betätigungsmöglichkeiten erschweren und die Chancengerechtigkeit u.U. auch in dem Sinn reduzieren, dass die Betroffenen (unbegründet) bereits daran gehindert werden, Qualifikationen zu erwerben oder Vermögen zu bilden, mit deren Hilfe sie eine Stellung in der Gesellschaft und im Erwerbsleben erreichen könnten, die ihren Fähigkeiten und Neigungen entspricht.

gesellschaftliche Wohlfahrtsfunktion – nach Arrow eine Vorschrift, die jeder Kombination individueller Präferenzordnungen eine (vollständige und transitive) → kollektive Präferenz(relation) eindeutig zuordnet. – Vgl. auch → Bergsonsche Wohlfahrtsfunktion, → utilitaristische Wohlfahrtsfunktion von Jeremy Bentham, Maximin-Regel nach John Rawls.

Gesellschaftsvertrag – 1. *Begriff:* Die die Gesellschaft schaffende vertragliche Rechtsgrundlage, oft auch *Satzung* genannt. – 2. *Die allg. Vorschriften* über Rechtsgeschäfte und Verträge finden Anwendung. Auch die Anfechtung eines Gesellschaftsvertrags ist zulässig, hat aber keine rückwirkende Kraft mehr, sobald die Gesellschaft ins Leben getreten ist, und wirkt nie gegen gutgläubige Dritte; sie wirkt nur wie eine Kündigung, die i.d.R. zur Auseinandersetzung unter den Gesellschaftern führt. – 3. *Bedeutung in der Volkswirtschaftstheorie:* → Konstitutionenökonomik, Konsensethik.

Gesetz der konstanten Lohnquote – Während die ökonomischen Klassiker keineswegs von einer Konstanz der funktionalen Einkommensverteilung ausgingen, änderte sich diese Auffassung unter dem Einfluss der empirischen Arbeiten von Arthur L. Bowleys (1869-1957) zu Beginn des 19. Jahrhunderts. Auf Bowley geht das „Gesetz der konstanten Lohnquote" zurück. Unter dem Einfluss dieses „Gesetzes" veränderte sich die Fragestellung der funktionalen Verteilungstheorie. Nun ging es nicht mehr darum, wie die jeweiligen Niveaus der Lohn- und Profitquote zustande kommen und welche Ursachen zu Veränderungen der Einkommensanteile am Volkseinkommen führen. Der beherrschende Untersuchungsgegenstand besteht seitdem in der Frage, welche Gründe für die angebliche Konstanz der Lohnquote verantwortlich sind. – Dabei präsentieren die drei bedeutsamen Theorien der funktionalen Einkommensverteilung eine ganz unterschiedliche Modellierung, wenn eine Konstanz der Lohnquote abgebildet werden soll. Die neoklassische Theorie mit ihren Annahmen von maximierenden Agenten, vollkommener Konkurrenz und Vollbeschäftigung unterlegt ihrer Grenzproduktivitätstheorie der Verteilung in der einfachen Version ohne technischen Fortschritt eine Produktionsfunktion vom Cobb-Douglas-Typ, deren Substitutionselastizität dafür sorgt, dass sich die Faktoreinkommensanteile nicht ändern. Wird der technische Fortschritt berücksichtigt, wird zusätzlich seine Neutralität angenommen. – Die postkeynesianische Verteilungstheorie bietet mit der Kaldor-Formel zwar eine ganz andersartige Erklärung der Einkommensverteilung, die aber im Endeffekt ebenfalls zu konstanten Einkommensanteilen führt. Hier sind die Ex-Post-Identität von Ersparnis und Investition sowie die unterschiedlichen aber exogen gegebenen Sparneigungen aus Lohn- und Profit die wesentlichen Gründe für die Konstanz der funktionalen Einkommensverteilung. Die Höhe der Einkommensanteile wird im Vollbeschäftigungsgleichgewicht von der Investitionsquote festgelegt, die selber aus wachstumstheoretischen Überlegungen bestimmt wird und deren Konstanz ebenfalls als ein stilisiertes Faktum erachtet wird. – Als Begründer des dritten Ansatzes der wichtigen modernen Verteilungstheorien gilt Michal Kalecki, ein weiterer Vertreter der post-keynesianischen Theorie. Bei Kalecki bestimmen Firmen, die auf nicht vollkommenen Märkten mit unterausgelasteten Ressourcen agieren, ihre Preise mittels Zuschlagskalkulation auf die Kosten. Der Aufschlagfaktor wird vom Monopolgrad determiniert, welcher laut Kalecki in der langen Frist eine prinzipiell ansteigende Tendenz besitzt. Wenn andererseits die Rohstoffpreise sinken oder der gesamtwirtschaftliche Monopolgrad zunimmt, können sich diese Einflüsse gegenseitig so kompensieren, dass eine Konstanz der langfristigen funktionalen Einkommensverteilung resultiert. – Betrachtet man die Theorien der funktionalen Verteilung im Überblick, so stellt man fest, dass sie die Konstanz der funktionalen Einkommensverteilung entweder durch eine Konstanz der zentralen Determinanten der Verteilung oder durch einander quasi automatisch kompensierende Kräfte „erklären".

Gesetze für moderne Dienstleistungen am Arbeitsmarkt → Hartz-Gesetze.

Gesetz gegen Wettbewerbsbeschränkung (GWB) → Deutsches Kartellrecht.

gesetzliche Arbeitslosenversicherung Arbeitslosenversicherung.

Gesetzliche Krankenversicherung (GKV) → Krankenversicherung.

Gesetzliche Rentenversicherung (GRV) – 1. *Begriff:* Zweig der deutschen → Sozialversicherung, der bei Alter, → Erwerbsminderung und vorzeitigem Tod eine Rente an Versicherte (Hinterbliebene) gewährt. Zentrale Aufgaben sind die Ersetzung ausgefallener Arbeitseinkommen sowie die Erhaltung, Besserung und Wiederherstellung der Erwerbsfähigkeit der Versicherten. Gemessen an der Versichertenzahl bedeutendstes System der Alters- und Erwerbssicherung in Deutschland. Neben der GRV gibt es weitere Alterssicherungssysteme, wie die → Alterssicherung der Landwirte und die Versorgungswerke der (kammerfähigen) freien Berufe sowie die Beamtenversorgung. – 2. *Rechtsgrundlage:* SGB VI. – 3. *Leistungen:* Neben den Renten wegen Alters, Erwerbsminderung und vorzeitigem Tod werden für Rentner Beiträge zur gesetzlichen Krankenversicherung (GKV) bezahlt und Rehabilitationsleistungen erbracht. Die Altersrente wurde bis 2011 ab dem 65. Lebensjahr ohne Abschläge gewährt. Seit dem Jahr 2012 wird die Regelaltersgrenze bis zum Jahr 2029 zunächst um einen Monat pro Jahrgang, später um zwei Monate pro Jahrgang angehoben. Dies hat zur Folge, dass die Geburtsjahrgänge 1964 und später die Regelaltersrente erst ab dem vollendeten 67. Lebensjahr in Anspruch nehmen können. Jeder frühere Rentenbeginn mindert die Rente (um 0,3 % pro Monat), jeder spätere Rentenbeginn erhöht sie (um 0,5 % pro Monat). Die Rentenhöhe ist grundsätzlich von den im Erwerbsleben erzielten Arbeitsentgelten abhängig. Dies gilt auch für die Erwerbsminderungsrente, jedoch müssen die Betroffenen je nach Alter bei Eintritt der Erwerbsminderung u.U. Abschläge von bis zu 10,8 % in Kauf nehmen. Die Ansprüche aus Altersrente ergeben sich als Produkt der Summe der Entgeltpunkte mit dem → aktuellen Rentenwert unter Berücksichtigung von Abschlägen (bspw. Frühverrentung). Entgeltpunkte erhält der Versicherte in Höhe seines versicherungspflichtigen Arbeitsentgelts im Vergleich zu einem administrativ definierten Durchschnittsentgelt. Der aktuelle Rentenwert wird jährlich mit der Rentenformel ermittelt. – 4. *Träger und Finanzierung:* Die Aufgaben der GRV werden durch Bundes- und Regionalträger wahrgenommen (Deutsche Rentenversicherung). Spezielle Arbeitnehmergruppen (bspw. Bergbau) werden in einem eigenständigen gemeinsamen Bundesträger zusammengefasst (Deutsche Rentenversicherung Knappschaft-Bahn-See). Die Leistungen werden im → Umlageverfahren (Umlagefinanzierung) aus Beiträgen der Versicherten finanziert, die als konstanter Prozentsatz des Bruttoeinkommens (von einem Mindestverdienst bis zur → Beitragsbemessungsgrenze) – jeweils hälftig vom Arbeitgeber und Arbeitnehmer – abgeführt werden. Außer von Rentenbeiträgen wird die GRV durch den → Bundeszuschuss finanziert, der im Wesentlichen dafür gedacht ist, eine Reihe von sog. versicherungsfremden Leistungen (z.B. Anrechnung von Ausbildungszeiten, Ersatzzeiten, Zahlung von Fremdrenten) zu finanzieren. Hinzu kommen Beiträge der Träger von Lohnersatzleistungen (z.B. Kranken-, Unterhalts- oder Arbeitslosengeld I), die für die Empfänger von Lohnersatzleistungen die Rentenversicherungsbeiträge ganz oder zur Hälfte übernehmen.

gesetzliches Zahlungsmittel → Euro, Geld, → Zahlungsmittel, wie es in der Währungsverfassung oder → Geldordnung bestimmt wird.

Gesetzliche Unfallversicherung → Unfallversicherung.

Gesetz über die Deutsche Bundesbank → Bundesbankgesetz (BBankG).

Gesetz über Teilzeitarbeit und befristete Arbeitsverträge – am 1.1.2001 in Kraft getretenes Gesetz, das zwecks Umsetzung zweier EG-Richtlinien über Teilzeitarbeit und über befristete Arbeitsverträge notwendig wurde. Sein Ziel ist, Teilzeitarbeit zu fördern, die Voraussetzungen der Zulässigkeit befristeter Arbeitsverträge (befristeter Arbeitsvertrag) festzulegen und die Diskriminierung von teilzeitbeschäftigten und befristet beschäftigten Arbeitnehmern zu verhindern (§ 1). Arbeitsverträge können ohne sachlichen Grund bis zu einer Höchstdauer von zwei Jahren (bei neu gegründeten Unternehmen bis zur Dauer von vier Jahren) und bei höchstens dreimaliger (bei neu gegründeten Unternehmen mehrfacher) Verlängerungsmöglichkeit in diesem Zeitraum befristet werden, wenn der Arbeitnehmer neu eingestellt wird (§ 14). Dieses Gesetz löste das seit 1985 befristet geltende, mehrfach verlängerte → Beschäftigungsförderungsgesetz (BeschFG) ab.

Gesetz zur Reform der arbeitsmarktpolitischen Instrumente → Job-AQTIV-Gesetz.

Gesetz zur Reform der Arbeitsverwaltung und Arbeitsvermittlung – Das 2002 in Kraft getretene Gesetz führt einen dreiköpfigen Vorstand als Leitungsorgan der → Bundesagentur für Arbeit ein. Der Beamtenstatus der Mitglieder der Führungsorgane wurde abgeschafft. Personen, die seit mind. drei Monaten als Arbeitslose registriert sind, können von der → Agentur für Arbeit Gutscheine für die Einschaltung privater Arbeitsvermittler erhalten. Die Erlaubnispflicht für die Zulassung privater → Arbeitsvermittlung entfällt.

Gestaltungspolitik → sektorale Strukturpolitik.

Gesundheitsfonds → Krankenversicherung, → Gesundheitsreform.

Gesundheitsprämie → Gesundheitsreform.

Gesundheitsreform – 1. *Begriff:* umfasst gesetzgeberische Maßnahmen zur Änderung der Rahmenbedingungen im Gesundheitswesen und in der Krankenversicherung. Das Hauptziel der Gesundheitsreformen in Deutschland war die Kostendämpfung bei den Gesundheitsausgaben sowie die Stärkung von Wettbewerb. – 2. *Die Gesundheitsreform 2004:* Mit dem *Gesetz zur Modernisierung der gesetzlichen Krankenversicherung* (GMG) wurden neue Regelungen für Zuzahlungen seitens der Versicherten implementiert. a) Für den jeweils ersten Besuch bei einem Arzt oder Zahnarzt in einem Quartal wurde eine *Praxisgebühr* in Höhe von zehn Euro eingeführt. Diese entfiel bei Vorsorgeuntersuchungen oder wenn eine Überweisung eines anderen Arztes aus demselben Quartal vorlag, letzteres sollte die Lotsenfunktion des Hausarztes fördern. Die Praxisgebühr wurde zum 01.01.2013 wieder abgeschafft. b) Bei verschreibungspflichtigen Arzneimitteln und Verbandmitteln sowie bei Hilfsmitteln beträgt die *Zuzahlung* 10 Prozent des Preises, jedoch mindestens fünf Euro und maximal zehn Euro pro Arzneimittel (vgl. → Arzneimittelversorgung). Bei Heilmitteln und häuslicher Krankenpflege wird eine Zuzahlung von 10 Prozent der Kosten des Mittels bzw. der Leistung zzgl. 10 Euro je Verordnung erhoben. Für Krankenhausaufenthalte beträgt die Zuzahlung zehn Euro pro Tag, ist aber begrenzt auf maximal 28 Tage pro Kalenderjahr. – c) Die *Leistungen der Krankenkassen* wurden reduziert: Nicht verschreibungspflichtige Arzneimittel und Arzneimittel, die überwiegend der Verbesserung der privaten Lebensführung dienen, werden von den gesetzlichen Krankenkassen grundsätzlich nicht mehr erstattet. Fahrkosten zur ambulanten Behandlung werden grundsätzlich nicht mehr von der Krankenkasse übernommen. Bei Sehhilfen übernehmen die Krankenkassen grundsätzlich keinen Zuschuss mehr. Sterbegeld und Entbindungsgeld werden aus dem Leistungskatalog der gesetzlichen Krankenversicherung herausgenommen. – d) Die *Finanzierung von Zahnersatz und Krankengeld* wurde auf eine neue Grundlage gestellt: Seit Juli 2005 wird von den Versicherten der GKV ein Sonderbeitrag in Höhe von 0,9 Prozent des versicherungspflichtigen Bruttoentgelts erhoben (0,5 Prozent für das Krankengeld, 0,4 Prozent für Zahnersatz), an dem sich die Arbeitgeber nicht beteiligen. – 3. *Die Gesundheitsreform 2007:* Das *GKV-Wettbewerbsstärkungsgesetz* (GKV-WSG) gilt als Erweiterung des GKV-Modernisierungsgesetzes zur Stärkung von Wettbewerb, Qualität und Wirtschaftlichkeit. Die wesentlichen Inhalte des GKV-WSG sind: a) Einführung einer *Pflichtversicherung* für alle Einwohnerinnen und Einwohner in der gesetzlichen oder privaten → Krankenversicherung. b) *Änderungen im Leistungsrecht:* Ausweitung von medizinisch notwendigen Leistungen, z.B. in der Palliativversorgung, Ausweitung der ambulanten Versorgung durch Krankenhäuser, Rechtsanspruch auf Rehabilitation und häusliche Krankenpflege, Impfungen sowie Vater-/Mutter-Kind-Kuren werden Pflichtleistungen. c) Mehr Sicherheit und Wirtschaftlichkeit in der → Arzneimittelversorgung: (1) *Kosten-Nutzen-Bewertung:* Neue Arzneimittel müssen sich an ihrem Nutzen und an ihren Kosten messen lassen. (2) *Ärztliche Zweitmeinung:* Bei speziellen Arzneimitteln ist für die Patientensicherheit eine Zweitmeinung erforderlich. (3) *Rabattverträge:* Der Wettbewerb über Ausschreibungen wird geöffnet und Krankenkassen können mit Herstellern günstigere Preise vereinbaren. d) *Mehr Wettbewerbsfreiheit der Krankenkassen:* Einführung von *Wahltarifen* für bes. Versorgungsformen, Selbstbehalte und Kostenerstattung, freie Wahl der Rehabilitationseinrichtung. e) *Abbau von Bürokratie:* Ein Spitzenverband (statt vorher sieben) vertritt die Belange der gesetzlichen Krankenversicherung auf Bundesebene, Ermöglichung von kassenartenübergreifenden Fusionen, Professionalisierung des Gemeinsamen Selbstverwaltungsgremiums (G-BA), Einführung einer neuen vertragsärztlichen Euro-Gebührenordnung. f) Umstellung der Finanzierung der gesetzlichen Krankenversicherung mit Einführung des *Gesundheitsfonds* sowie eines *morbiditätsorientierten Risikostrukturausgleichs* (vgl. → Krankenkasse), die bis zum 1.1.2009 wirksam wurden. Seit der Einführung des Gesundheitsfonds gilt für alle gesetzlichen Krankenversicherungen bundesweit ein einheitlicher Beitragssatz. Die Beiträge fließen zusammen mit allgemeinen Haushaltsmitteln des Bundes (→ Bundeszuschuss) in den Gesundheitsfonds. Pro Versicherten erhalten die Krankenkassen aus dem Gesundheitsfonds eine einheitliche Grundpauschale. Hinzu kommen auf der Basis des morbiditätsorientierten Risikostrukturausgleichs (Morbi-RSA) alters-, geschlechts- und risikoadjustierte Zuschläge, um unterschiedliche Risikostrukturen der Versicherten der verschiedenen Krankenkassen auszugleichen. Ein zusätzlicher Finanzbedarf, der über die Zuweisungen aus dem Gesundheitsfonds hinaus geht, soll von den gesetzlichen Krankenkassen über Einsparungen oder die Erhebung von *Zusatzbeiträgen* gedecken werden. Durch einen Krankenkassenwechsel können Versicherte die Entrichtung eines Zusatzbeitrags vermeiden. g) *Reform der privaten Krankenversicherung (PKV):* Einführung eines Basistarifs zu GKV-analogen Versicherungsbedingungen, Möglichkeit der Übertragung von Altersrückstellungen, d.h. vollständige Übertragbarkeit innerhalb eines Unternehmens oder Übertragbarkeit im Umfang des Basistarifs jedes beliebigen PKV-Unternehmens. – h) Einführung einer neuen *vertragsärztlichen Gebührenordnung*. – 4. *Die Gesundheitsreform 2011:* Zum 1.1.2011 trat das Gesetz zur nachhaltigen und sozial ausgewogenen Finanzierung der Gesetzlichen Krankenversicherung (GKV-FinG) in Kraft. Die wichtigsten Neuregelungen betreffen die Finanzierung der gesetzlichen Krankenversicherung, v.a. für die Zukunft. Für alle gesetzlichen Krankenversicherungen gilt 2011 ein bundesweit einheitlicher Beitragssatz von 15,5 Prozent der beitragspflichtigen Einnahmen. Einschließlich des mitgliederbezogenen Sonderbeitrags von 0,9 Prozent trägt der Arbeitnehmer davon 8,2 Prozent und der Arbeitgeber 7,3 Prozent. Daneben fließen dem gesetzlichen Krankenversicherung über den Gesundheitsfonds weiterhin Bundeszuschüsse zu. Zukünftige Ausgabensteigerungen sollen nicht mehr über weitere Erhöhungen des Beitragssatzes, sondern über die Erhebung von pauschalen Zusatzbeiträgen (→ Kopfpauschale, Gesundheitsprämie) der Mitglieder finanziert werden. Ein aus allgemeinen Haushaltsmitteln des Bundes finanzierter Sozialausgleich soll sicherstellen, dass kein Mitglied durch die einkommensunabhängigen Zusatzbeiträge über Gebühr belastet wird. Die sog. „Überforderungsklausel" greift, wenn der durchschnittliche Zusatzbeitrag die Grenze von 2 Prozent der beitragspflichtigen Einnahmen eines Mitglieds übersteigt. Die Prüfung erfolgt bei der Beitragsabführung durch den Arbeitgeber bzw. durch die Rentenversicherung.

Gesundheitswesen – Das Gesundheitswesen ist differenziert gegliedert. Man unterscheidet die *ambulante und stationäre Leistungserbringung* durch niedergelassene Ärzte und Zahnärzte, → Krankenhäuser sowie → sonstige Leistungserbringer; einen eigenen Bereich stellt die → Arzneimittelversorgung dar. Die *Finanzierung* dieser Leistungen erfolgt im Wesentlichen durch die → Krankenversicherungen, die wiederum in die gesetzliche und private Krankenversicherung unterteilt sind. Daneben gibt es seit 1995 die → Pflegeversicherung.

Gewährleistungsauftrag → Kassenärztliche Vereinigung (KV).

Gewaltenteilung – rechtsstaatlicher Grundsatz, demzufolge die Staatsgewalt durch voneinander getrennte Träger der Staatsgewalt ausgeübt wird. Unterschieden werden die *horizontale Gewaltenteilung* auf einer Ebene von Jurisdiktionen (Legislative oder Gesetzgebung, Exekutive oder Verwaltung und Judikative oder Rechtsprechung; vgl. Art. 20 II und III GG) sowie die *vertikale Gewaltenteilung* in föderalen Staaten (Bund, Länder, Gemeinden als Träger; vgl. Art. 20 I, 23 und 30 GG). – Vgl. auch → Rechtsstaatlichkeit, Föderalismus.

Gewässerschutz → Umweltschutz, Wasserrecht.

Gewerbeansiedlungsförderung → kommunale Wirtschaftsförderung.

Gewerbepark – zusammenhängendes und in sich geschlossenes Gewerbegebiet, das nach einheitlicher Konzeption durch private Investoren (auch ohne Beteiligung der öffentlichen Hand) erschlossen, bebaut und anschließend an gewerbliche Nutzer verkauft oder vermietet wird (z.B. Einkaufszentren). Kennzeichen eines Gewerbeparks sind die gemeinsame kostengünstige Nutzung von dort gebotenen Infrastruktureinrichtungen (→ Infrastruktur) sowie die im Rahmen der → kommunalen Wirtschaftsförderung gegebenen Mitwirkungsmöglichkeiten von Kommunen oder Gebietskörperschaften durch Bereitstellung geeigneter Flächen und entsprechende Bebauungsplanung. Mit Frei- und Grünflächen soll ein Gewerbepark attraktiver als traditionelle Gewerbegebiete gestaltet werden.

Gewinnbeteiligung – 1. *Mitarbeiter eines Unternehmens* partizipieren am Gewinn des beschäftigenden Unternehmens; ggf. verbunden mit einer Kapitalbeteiligung. Grundlage ist eine freiwillige Vereinbarung. Bezugsgröße der Gewinnbeteiligung ist zumeist der Bilanzgewinn, s. Bilanzgewinn (-verlust). – Die in der Praxis auftretenden Unterschiede ergeben sich aus der Funktion der Gewinnbeteiligung und dem Auszahlungs- und Verfügungsmodus. – 2. *Gewinnbeteiligung der Vorstands- und Aufsichtsratsmitglieder* (Tantieme): soll in einem angemessenen Verhältnis stehen zu den Aufgaben des Vorstands- oder Aufsichtsratsmitglieds und der Lage der Gesellschaft (§§ 87 I, 113 I AktG). Fragen der Gewinnbeteiligung, wie überhaupt des Salärs von Vorständen, sind angesichts von Firmenpleiten und Korruptionsfällen immer wieder Gegenstand der öffentlichen Diskussion. Neben moralischen Fragen geht es dabei auch um Rechtsfragen, so u.a. darum, ob eine gesetzliche Deckelung rechtlich möglich ist und eingeführt werden sollte.

Gewinndruckinflation → Angebotsinflation, die dadurch entsteht, dass die Unternehmen ihre Gewinnspannen erhöhen. – Vgl. auch → Inflationstheorien.

Gewinneinkommen – Einkommen aus Unternehmertätigkeit und Vermögen. Es setzt sich prinzipiell zusammen aus: Zinsen, Nettopachten, Dividenden und sonstigen (entnommenen und nicht entnommenen) Ausschüttungen der Unternehmen mit oder ohne eigene(r) Rechtspersönlichkeit. Die Summe aus Gewinn- und Lohneinkommen ergibt das

Volkseinkommen. – Nicht zu den Unternehmensgewinnen i.e.S. gehören prinzipiell die Mieteinnahmen der privaten Haushalte, die Zinseinkommen und Nettopachten der privaten Haushalte und des Staates, die Einkommen der Freiberufe, die Einkommen aus Unternehmertätigkeit und Vermögen in der Land- und Forstwirtschaft, Einkommen von Deutscher Bahn und Deutscher Post.

Gewinnquote – *Profitquote*; Anteil des → Gewinneinkommens am Volkseinkommen. Die unbereinigte Gewinnquote ergibt sich als Restgröße:

$$\frac{G}{Y} = 1 - \frac{L}{Y}$$

wobei: Y = Volkseinkommen, L = Arbeitnehmerentgelt (Lohn), G = Gewinneinkommen. – Vgl. auch → Lohnquote, Verteilungsentwicklung.

Gewinnrate – *Profitrate*; Verhältnis von Gewinn zu eingesetztem Kapital.

GfÖ – Abk. für → Gesellschaft für Ökologie.

GfürO – Abk. für → Gesellschaft für Organisation e. V.

GI – Abk. für → Gesellschaft für Informatik e. V.

Gibbard-Satterthwaite-Theorem – Theorem, das besagt, dass es keine Abstimmungsregel gibt, die weder trivial noch diktatorisch ist, immer eine eindeutige Entscheidung herbeiführt und es zugleich ausschließt, dass sich → strategisches Abstimmungsverhalten lohnt. – Vgl. auch → Abstimmungsverfahren.

Gibrat-Verteilungsfunktion – von Robert Gibrat 1931 aufgestellte Funktion zur näherungsweisen Beschreibung der → personellen Einkommensverteilung. – Betrachtet man die Häufigkeitsverteilung der Einkommensempfänger auf Einkommensklassen, so ergibt sich das Bild einer verzerrten (rechtsschiefen) Normalverteilung, nach Gibrat einer lognormalen Verteilung.

Gini-Koeffizient – *Gini-Index*. Der Gini-Koeffizient ist ein weit verbreitetes Maß zur Quantifizierung der relativen Konzentration einer Einkommensverteilung. Im Falle der maximalen Gleichverteilung der Einkommen (d.h. jede Person bezieht exakt das Durchschnittseinkommen der betrachteten Grundgesamtheit) nimmt der Gini-Koeffizient den Wert Null an, während er im anderen Extremfall einer maximal ungleichen Einkommensverteilung (d.h. eine einzige Person bezieht das komplette Einkommen der betrachteten Grundgesamtheit für sich alleine) den Wert Eins annimmt. Der Gini-Koeffizient lässt sich mithilfe der → Lorenzkurve veranschaulichen und bestimmen (vgl. Abbildung „Lorenzkurven zur Einkommensverteilung"). Der Gini-Koeffizient entspricht dabei der Fläche zwischen der Winkelhalbierenden (Gerade der perfekten Gleichverteilung) und der entsprechend ermittelten Lorenzkurve in Relation zur Gesamtfläche unterhalb der Winkelhalbierenden (Dreiecksfläche zwischen der Winkelhalbierenden und der Geraden der perfekten Ungleichverteilung).

Gini-Verteilungsfunktion → Gini-Koeffizient, → personelle Einkommensverteilung.

Lorenzkurven zur Einkommensverteilung

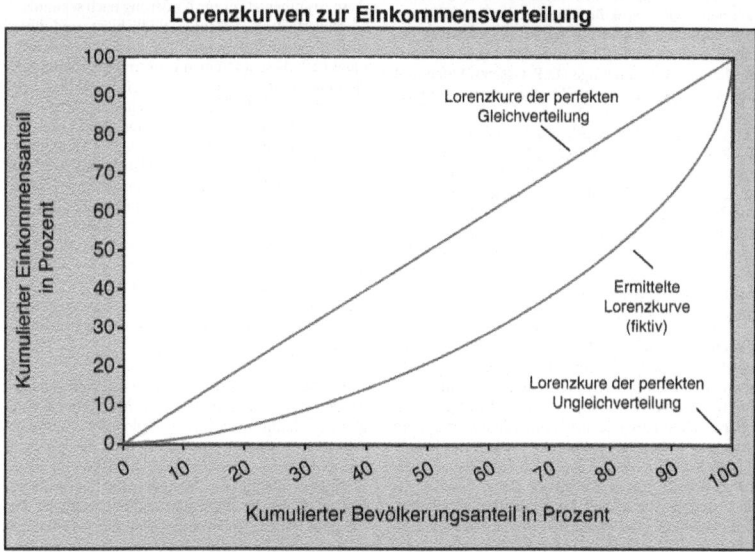

Giralgeld → Sichteinlagen.

Giralgeldschöpfung – Fähigkeit der Geschäftsbanken auf der Basis freier Liquiditätsreserven (→ Überschussreserven) durch Kreditvergabe das Buchgeld zu schaffen. Die Kreditschöpfungsmultiplikatoren hängen insbesondere ab von der Höhe der freien Liquidität, vom → Mindestreservesatz und von der Bargeldabflussquote. – Vgl. auch Geldschöpfung, Geldtheorie.

glaubhafte Zusicherungen – *Credible Commitments;* 1. *Begriff und Merkmale:* dienen der Absicherung langfristiger Vertragsbeziehungen und der Reduktion von → Unsicherheit. – 2. *Ökonomische Bedeutung:* Ohne die Möglichkeit von glaubhaften Zusicherungen kann eine arbeitsteilige Wirtschaft nicht funktionieren, weil die Transaktionskosten zu hoch werden. Mithilfe glaubhafter Zusicherungen kann ein Vertragspartner bereits vor Vertragsabschluss demonstrieren, dass er im Verlauf der Transaktionsbeziehung auf opportunistische Manöver verzichten wird (→ Opportunismus). – Zusicherungen können auf unterschiedliche Weise glaubhaft gemacht werden. Zwischen Transaktionspartnern, die sich kennen und vertrauen, können Zusicherungen in Form mündlicher Zusagen gegeben werden. Aber auch → spezifische Investitionen in Sach- oder Humankapital, die im Rahmen einer Transaktionsbeziehung geleistet werden, können – gewissermaßen als Form der Geiselhaftung – zur Glaubhaftigkeit von Zusagen führen. Ein Transaktionspartner wird im Eigeninteresse von opportunistischem Verhalten Abstand nehmen, weil er eine Beendigung der Transaktionsbeziehung und den Verlust seiner → Quasirente befürchten muss. Schließlich sind auch stabile institutionelle Rahmenbedingungen (z.B. Gesetze, Sitten und Gebräuche) als glaubhafte Zusicherungen zu verstehen, die ökonomische Austauschbeziehungen fördern. – 3. *Geldpolitik als Beispiel:* In der Literatur um die Zeitinkonsistenz der optimalen, geldpolitischen Entscheidungen der Zentralbank (Barro, Gordon) ist die Glaubwürdigkeit von zentraler Bedeutung. Die Transparenz und Offenheit der Geldpolitik, somit die Fähigkeit, glaubhafte Zusicherungen zu machen, führen zu fallenden Inflationserwartungen der Wirtschaftssubjekte. Eine auf Preisniveaustabilität bedachte Geldpolitik ist dann erfolgreicher bzw. mit geringeren Produktionsverlusten verbunden.

Gleichheitsprinzip – 1. *Liberale Gleichheitsauffassung:* a) *Allgemein:* Dem → Liberalismus liegt eine ausgeprägt leistungsorientierte Gleichheitsauffassung zugrunde. Alle Wirtschaftssubjekte sollen freien Zugang zu allen Chancen haben, die sie nach eigenem Ermessen wahrnehmen können. Freiheit des Individuums bzw. der Familie ist das höchste Ziel aller sozialen Einrichtungen. Ausdruck dieser Freiheit ist die uneingeschränkte Konsumentensouveränität, denn es ist eines der Hauptziele des Liberalismus, die ethischen Probleme dem Individuum zu überlassen, damit es mit diesen Problemen allein fertig werden kann. Hinzu kommt eine freiwillige Koordinierung der individuellen Wirtschaftspläne über den anonymen Markt(-mechanismus), die aufgrund der Unpersönlichkeit der sicherste Garant zur Vermeidung von Diskriminierung ist. Für die → Verteilungspolitik bleibt systemimmanent lediglich der Bereich des Ausgleichs unterschiedlicher Startchancen, wie z.B. gleiche Elementarschulbildung für alle. – b) *Humanitäre Modifikationen* des Liberalismus besagen, dass Umverteilung über Sicherung der Chancengleichheit hinaus auch in dem Ausmaß betrieben werden soll, dass diejenigen Wirtschaftssubjekte, welche bei bester Nutzung ihrer Chancen nicht das → Existenzminimum erwirtschaften können, Sozialtransfers erhalten, sodass ihre Existenz gewährleistet ist. Regelmäßig wird die Leistung von Sozialtransfers (z.B. Arbeitslosenhilfe, Hartz IV) an strenge Kontrollen gebunden. Danach ist die Verwendung freigestellt. – c) *Soziale Sicherheit* im Sinn von Streben nach Stabilisierung eines einmal erreichten Realeinkommensniveaus wird abgelehnt. Sie beschränkt sich auf die staatliche Garantie eines Existenzminimums, dessen Höhe durch die Steuerlast, die die große Mehrheit zu tragen bereit ist, bestimmt wird. – 2. *Bedarfsorientierte Gleichheitsauffassung (Egalitarismus):* Einkommensunterschiede werden nicht als primär leistungsbedingt angesehen, sondern durch unterschiedliche Erbanlagen, Erziehung, ererbtes Vermögen (ungleiche Startchancen) und unfaire Spielregeln (z.B. unvollständiger Wettbewerb) erklärt, und sind entsprechend dem → Bedarfsprinzip zu korrigieren. Im Extrem führt diese Argumentation zur Forderung nach sekundärer Gleichverteilung. Leistungsfeindlichkeit und übertriebene Versorgungsansprüche führen zum Zusammenbruch dieser extremen Umverteilungsökonomie, die in der Praxis kaum vertreten wird. – 3. *Praktische Kompromisse:* Die in demokratischen Systemen vorherrschende Gleichheitsauffassung basiert seit der Aufklärung auf der Vertragstheorie (→ Verteilungspolitik) und lässt sich durch die Forderung nach Gerechtigkeit und/oder Fairness kennzeichnen. Solange Chancengleichheit (gleiche Startpunkte für alle) nicht erreicht ist und ungerechtfertigte Einkommensvorteile durch unfaire Spielregeln bestehen, ist Umverteilung angezeigt. Eine so motivierte → Einkommensumverteilung findet ihre Grenzen dort, wo sie die wirtschaftliche Dynamik und die Leistungsfähigkeit des wirtschaftlichen Systems zu beeinträchtigen droht.

Globalbudgetierung – In einem Globalbudget erhalten Organisationseinheiten die Mittel für die Aufgabenerfüllung in Form einer „globalen" Netto-Gesamtsumme zugewiesen. Damit wird der sachliche und zeitliche → Zweckbindung der Mittel im Haushaltsplan öffentlicher Verwaltungen aufgeweicht. Grundlage ist der haushaltsrechtliche Vermerk, der mit dem Haushaltsplan einer Gebietskörperschaft für organisatorische Teileinheiten von der zuständigen

Legislative beschlossen wird. Aus Steuerungsperspektive soll der geringere Detaillierungsgrad der Globalbudgets durch den Abschluss einer Leistungsvereinbarung bzw. eines Kontrakts kompensiert werden. Globalbudgetierung in Verbindung mit → Kontraktmanagement soll die Eigenverantwortung und Motivation der Verwaltungsmitglieder stärken und damit zugleich Wirtschaftlichkeitspotenziale ausschöpfen. – Globalbudgetierung ist zu einem zentralen Element der → Verwaltungsreform international [→ New Public Management (NPM), Budgetierung] geworden. In Deutschland wird dabei regelmäßig nur von Budgetierung, d.h. ohne das Präfix Global- gesprochen. – *Praktische Anwendung* findet Globalbudgetierung recht breit z.T. im Ausland (z.B. Schweiz), und in Deutschland in größerem Umfang auf kommunaler Ebene sowie im Rahmen von Pilotprojekten u.a. in einzelnen Universitäten und Hochschulen. International gesehen, aber auch zwischen Kommunen in Deutschland besteht eine grosse Vielfalt an konkreter Ausgestaltung der Globalbudgetierung in Hinblick auf die Auflockerung der Zweckbindung. Welche sächlichen und zeitlichen Zweckbindungen aufgehoben oder gelockert werden, ist daher sehr unterschiedlich. Generell werden in Deutschland die Personalmittel i.d.R. nicht von der Globalbudgetierung umfasst.

Global Compact – von K. Annan, dem ehemaligen Generalsekretär der → UN, ins Leben gerufene Pakt zwischen der UN und Unternehmen; die operative Phase startete im Juli 2000. Die Teilnahme ist für Unternehmen freiwillig (freiwillige Selbstverpflichtung) und setzt die Abgabe einer entsprechenden Willenserklärung voraus. Hierdurch verpflichten sich Unternehmen zur Einhaltung von zehn Prinzipien aus den Bereichen Menschenrechte, Arbeitsnormen, Umweltschutz und Korruptionsbekämpfung. 2008 zählte die Initiative mehr als 6.200 Beitritte. – *Kritik*: Da die Einhaltung der Prinzipien keine (rechtliche) Verbindlichkeit besitzt, wird bisweilen die Wirksamkeit des Global Compact angezweifelt. In diesem Kontext ist manchmal auch der Begriff des Bluewashing (angelehnt an Greenwashing) zu finden.

Global Governance – i.w.S. das gesamte System aller internationalen Institutionen sowie die Regeln, nach denen sie arbeiten und wie wir mit nationalen Institutionen interagieren. In der entwicklungspolitischen Debatte wird der Begriff oft im normativen Sinn verwendet, wobei auf eine grundlegende Reform und Demokratisierung der globalen Entscheidungsfindung abgestellt wird. Vorschläge zur Erneuerung der Global Governance umfassen u.a. die Schaffung einer Weltzentralbank, internationale Schuldenfazilität, die Rohstoffpreisstabilisierung, die internationale Koordinierung der Fiskalpolitik sowie die Schaffung einer internationalen „Zivilgesellschaft". Unter letzterem wird i.Allg. die Einbeziehung der Nichtregierungsorganisationen in die Entscheidungsfindung in den internationalen Organisationen verstanden. Diese gewinnt zunehmend an Bedeutung, z.B. innerhalb der Sicherheitspolitik durch weltweite Vernetzung politischer Institutionen und innerhalb der Umweltpolitik. – Vgl. auch → Good Governance.

Globalisierung – I. *Allgemein*: Form der Strategie einer grenzüberschreitend tätigen Unternehmung (globale Unternehmung), bei der Wettbewerbsvorteile weltweit mittels Ausnutzung von Standortvorteilen (internationale Standortpolitik) und Erzielung von Economies of Scale aufgebaut werden sollen. Bes. Bedeutung im Rahmen des globalen Wettbewerbs v.a. in globalen Branchen. Prominentester Vertreter der Globalisierung ist Theodore Levitt, der in dem 1983 erschienenen Aufsatz „The Globalization of Markets" das „Ende der multinationalen Konzerne", die eine differenzierte, länderspezifische Marktbearbeitung betreiben, prophezeite. – *Theoretisches Fundament* der Globalisierungs-These ist die → Konvergenztheorie, wonach unterschiedliche Sozialisationen sich aufgrund technischer und wirtschaftlicher Entwicklung immer weiter annähern, womit auch kulturelle Differenzen allmählich obsolet werden. War die These der Globalisierung ursprünglich auf die internationale Produktpolitik (und internationale Programmpolitik) beschränkt, so vollzog sich nach und nach eine Ausweitung auf das gesamte internationale Marketing-Mix und schließlich die gesamte Unternehmenstätigkeit (internationales Management). Kritiker der Globalisierungs-These bezweifeln die Konvergenztheorie und betonen hingegen die mangelnde Standardisierbarkeit der meisten Produkte und sonstigen Unternehmensaktivitäten aufgrund unterschiedlicher sozio-ökonomischer, natürlich-technischer, sozio-kultureller und politisch-rechtlicher Länderspezifika.

II. *Umweltpolitik*: Tendenz zur Intensivierung weltweiter Verflechtungen in ökonomischen, politischen, kulturellen und informationstechnischen Bereichen. Globalisierung ist verknüpft mit der Tatsache, dass auch lokale anthropogene Handlungen globale Auswirkungen haben können. Die Globalisierung erfordert interdisziplinäre Forschungsansätze zur Erfassung komplexer Systemzusammenhänge (→ Interdisziplinarität). Ein Instrument zur verbesserten internationalen Bekämpfung von Umweltproblemen ist → Joint Implementation. – Vgl. auch → Entropie.

Glockenpolitik – *Bubble Policy, Blasenpolitik*; Element des → kontrollierten Emissionshandels, Mischform von → Umweltzertifikat und → Umweltauflage. Bei der Glockenpolitik geht es darum, dass im Zuge der Altanlagensanierung verschärfte Emissionsgrenzwerte nicht mehr von jeder einzelnen Anlage erfüllt werden müssen, sondern von einer Gruppe nahe genug beieinander liegender Anlagen als ganzes erfüllt werden können. Die in einer solchen Glocke insgesamt erreichte Emissionssenkung entspricht also der von der verschärften Auflagenregelung angestrebten Verringerung. Die Aufteilung der

Beiträge, die einzelne Anlagen zu dieser Senkung liefern, kann jedoch von den Unternehmen nach Kostengesichtspunkten abweichend von der Auflage gewählt werden. Um die ökologische Gleichwertigkeit von Glockenarrangement und nachträglicher Anordnung im Sinn der Auflagenregelung zu gewährleisten, ist das Kompensationsarrangement der Glocke genehmigungspflichtig. Empirische Untersuchungen zeigen, dass durch die Glockenpolitik erhebliche Kosteneinsparungen möglich geworden sind. – Vgl. auch → Umweltpolitik.

GMD – Abk. für → Gesellschaft für Mathematik und Datenverarbeitung mbH.

Goldgehalt – 1. Feingoldgewicht einer Goldmünze. – 2. Feingehalt der Währungseinheit, wie er sich aufgrund der gesetzlichen Vorschriften errechnet.

Goldparität – im Rahmen des Währungssystems des Goldstandards (→ internationaler Goldstandard) für die einzelnen Währungen festgelegte Goldmenge, zu der die jeweilige Währung umgetauscht werden konnte.

Goldpreis – 1. Bis Anfang der 1970er-Jahre betrug der Goldpreis des amerik. → Federal Reserve System (FRS) 35 US-Dollar je Feinunze. Dieser für die intervalutarischen Beziehungen zwischen den Zentralbanken der Mitgliedsländer des IWF verbindliche Goldpreis bestimmte auch den Goldpreis am freien Markt. – 2. Seit März 1968 bewegten sich offizieller und freier Goldpreis auseinander (gespaltener Goldmarkt). Die Zentralbanken verpflichteten sich, auf den Goldmärkten nicht mehr zu intervenieren. – 3. Nachdem der offizielle Goldpreis seine Bedeutung eingebüßt hatte (Suspendierung der Goldeinlösungszusage des Federal Reserve System am 15.8.1971), beschloss der IWF seine Abschaffung. – 4. Die wichtigsten Goldpreisnotierungen erfolgen in Europa auf den Märkten in Zürich, Paris und London.

Goldumlaufwährung → Goldwährungen.

Goldwährungen → Währungssysteme, in denen Gold entweder als gesetzliches Zahlungsmittel dient (Goldumlaufwährung) oder in denen das Geld zumindest jederzeit in Gold eingelöst werden kann. – *Merkmale:* (1) Fester Goldpreis (→ Goldparität) durch Bestimmung des Feingoldgehalts der Geldeinheit; (2) allg. Recht auf Besitz und Verwendung des Goldes (auch zu Zahlungen) zu dieser Parität; (3) Goldankaufs- und Geldeinlösepflicht der Zentralbank zur Aufrechterhaltung der Parität; (4) freier Goldaußenhandel.

Goldwährungsmechanismus → internationaler Goldstandard.

Golf-Kooperationsrat – auch GCC (engl. für *Gulf Cooperation Council*). 1981 in Abu Dhabi gegründete Organisation mit dem Ziel der Kooperation in den Bereichen Sicherheitspolitik, Wirtschaft und Außenpolitik. 1982 wurde der Warenverkehr liberalisiert und das Ziel einer Währungsunion formuliert. Die Währungsunion soll ab 2010 realisiert werden, jedoch lassen organisatorische Streitigkeiten und Konvergenzprobleme einiger Mitgliedsländer an einer vollen Umsetzung zweifeln. Seit 2003 besteht eine Zollunion. – *Sitz:* Riad (Saudia Arabien). – *Mitglieder:* Bahrain, Katar, Kuweit, Oman, Saudi Arabien, Vereinigte Arabische Emirate. – Mitgliedsantrag von Jemen.

Good Governance – im Rahmen der entwicklungspolitischen Debatte der 1990er-Jahre entwickelter Sammelbegriff für Best Practices im Bereich des Regierungshandelns entwickelt. Darunter versteht man u.a. die effiziente Gestaltung der öffentlichen Verwaltung und die Einbeziehung wichtiger gesellschaftlicher Gruppen und Minderheiten in die demokratische Entscheidungsfindung. Zunehmend wird darunter auch die Eindämmung von Korruption und Vetternwirtschaft verstanden, sowie die Errichtung rechtsstaatlicher und transparenter Beziehungen zwischen öffentlichem und privatem Sektor. Der Begriff hat nicht nur Effizienzaspekte, vielmehr erhält er zunehmend auch eine ethische Dimension. – Vgl. auch → Global Governance.

Governance – Regierungshandeln im weitesten Sinn. – Vgl. auch → Good Governance, → Global Governance.

Graduiertenförderung – Stipendium vornehmlich zur Förderung des Hochschullehrernachwuchses, bes. nach dem Abschluss eines Hochschulstudiums zur Vorbereitung auf die → Promotion oder zum Weiterstudium mit verstärkter Beteiligung an der Forschung. – Vgl. auch → Ausbildungsförderung.

Grandfathering → Umweltzertifikat.

Grenzen des Wachstums → Wachstumsgrenze.

Grenzkosten der Schadstoffvermeidung – Kostenerhöhung durch eine marginale Verminderung des Schadstoffausstoßes.

Grenznutzentheorem → Arbeitsmarkttheorien.

Grenzproduktivitätstheorem → Arbeitsmarkttheorien.

Grenzproduktivitätstheorie der Verteilung – 1. *Begriff:* Die lange Zeit in der Verteilungstheorie vorherrschende Grenzproduktivitätstheorie der Verteilung (genauer: Neoklassische Produktions- und Verteilungstheorie) beschreibt wichtige Zusammenhänge zwischen der Produktions- und Preisbestimmung einerseits und der Einkommensverteilung andererseits. – 2. *Mikroökonomische Version:* a) *Annahmen:* Die mikroökonomische Version der Grenzproduktivitätstheorie geht von einem Partialmodell aus: Güter- und Faktorpreise werden zunächst als fix angenommen. Gefragt wird dann nach dem Faktornachfrageverhalten einer Unternehmung bei vollkommener Konkurrenz unter der Gewinnmaximierungshypothese. – b) *Modellbeschreibung:* Sind x_i =

Produktionsmenge einer Einproduktunternehmung i, p_i = Produktpreis, v_{ji} = Faktoreinsatzmengen und r_j = Faktorpreise, wobei i = 1, ..., n und j = 1, ..., m, dann gilt die Gewinndefinition:

$$G_i = x_i p_i - \sum_{j=1}^{m} r_j v_{ji}.$$

Der Gewinn wird nun unter der Nebenbedingung einer Produktionsfunktion $x_i = x_i(v_{1i}, v_{2i}, ..., v_{mi})$ maximiert. Man erhält die Grenzproduktivitätsregeln:

$$p_i \frac{\partial x_i}{\partial v_{ij}} = r_j,$$

die zusammen mit der Produktionsfunktion n · m Faktoreinsatzmengen und n Gütermengen bestimmen, wenn alle Güter- und Faktorpreise gegeben sind. Damit ist auch das Faktoreinkommen des Faktors j in der Unternehmung i und das gesamte Einkommen aller Faktoren dieser Unternehmung bestimmt. Nimmt man zusätzlich an, dass die Produktionsfunktion homogen vom ersten Grade, also linear-homogen ist, dann wird der gesamte Erlös der Unternehmung auf die Produktionsfaktoren aufgeteilt (Ausschöpfungstheorem). Summiert man über alle i Unternehmen und unterstellt, dass alle im Partialmodell angenommenen Preise gerade die gleichgewichtigen des Totalmodells bei Vollbeschäftigung sind, dann sind auch die Anteile der einzelnen Faktoren am Volkseinkommen bestimmt. Dabei ist unter den getroffenen Annahmen die → Lohnquote in allen i Unternehmen gleich der Produktionselastizität der Arbeit:

$$\frac{W_i}{X_i} = \frac{r_j}{x_i} * \frac{l_i}{p_i} = \frac{p_i * \partial x_i}{\partial v_{ij} * x_i} * \frac{l_i}{p_i} = \frac{\partial x_i}{\partial l_i} * \frac{l_i}{x_i},$$

wobei W_i = Lohnsumme, X_i = Nominaleinkommen, l_i = Einsatzmenge des Faktors Arbeit. Diese Lohnquote scheint zumindest unter der Annahme gegebener Preise nur noch von den technischen Bedingungen der Produktion abzuhängen. Diese Aussage ist nur sehr eingeschränkt für den Gleichgewichtsfall gültig. – 3. *Makroökonomische Version:* Wird die mikroökonomische Analyse auf die makroökonomische Ebene übertragen, spricht man von der aggregierten Grenzproduktivitätstheorie der Verteilung. Dazu nimmt man eine gesamtwirtschaftliche Produktionsfunktion an, die stetig differenzierbar ist: $Y_r = Y_r(L, K)$, wobei: Y_r = reales Volkseinkommen, L = Arbeitsmenge, K = Realkapitalmenge, und maximiert analog zur mikroökonomischen Version für gegebene Faktor- und Güterpreise (P = Preisniveau, w = Lohnsatz und i = Kapitalzins) den volkswirtschaftlichen Gewinn. Für die Lohnquote (α) folgt:

$$\alpha = \frac{w}{P} \frac{L}{Y_r} = \frac{\partial Y_r}{\partial L}(L, K) * \frac{L}{Y_r(L, K)}.$$

Nimmt man außerhalb des üblichen neoklassischen Rahmens an, dass der Kapitalstock in der kurzen Frist konstant ist und Arbeitslosigkeit herrscht, wird die Höhe der Lohnquote auch von der Höhe der Beschäftigung beeinflusst. Die Höhe der Lohnquote hängt in diesem Fall nicht nur von der Produktionstechnik ab, sondern von allen die Beschäftigung bestimmenden Faktoren. In der neoklassischen Theorie wird die gleichgewichtige Beschäftigung im Wesentlichen auf dem Arbeitsmarkt bestimmt. Insofern spielen die Arbeitsmarktverhältnisse auch bei der Festlegung der Verteilung eine entscheidende Rolle. Nach Keynesscher Lehre wird die Beschäftigung dagegen letztlich auf dem Gütermarkt bestimmt. Insofern sind die Gütermarktverhältnisse auch für die Höhe der Verteilung entscheidend. – Wie die sog. Kapitaltheoretische Kontroverse über die logische Konsistenz zentraler Bausteine der neoklassischen Kapital-, Produktions- und Verteilungstheorie gezeigt hat, kann die makroökonomische Version der Grenzproduktivitätstheorie der Verteilung nur unter sehr speziellen Voraussetzungen Gültigkeit beanspruchen (Ein-Gut-Ökonomie). Kritisiert wurde, dass aus partialanalytischen (mikroökonomischen) Überlegungen abgeleitete Beziehungen auf aggregierte Größen der Makroökonomie übertragen werden. Die Annahme der Existenz einer gesamtwirtschaftlichen Produktionsfunktion und die Vorgabe einer definierten „Menge an Kapital", die unabhängig von den Preisen der verschiedenen Kapitalgüter und damit der Profitrate bestimmt werden könnte, ist aus logischen Gründen unhaltbar. Obwohl sich gezeigt hat, dass das theoretische Fundament der makroökonomischen Version der Grenzproduktivitätstheorie auf einem Zirkelschluss basiert, wird diese nach wie vor auch für verteilungs- und beschäftigungspolitische Empfehlungen verwendet.

Grenzwert – Höchstwert für die mengenmäßige Emission von Schadstoffen, Lärm etc. in die Umweltmedien Luft, Wasser und Boden. Die Festlegung eines Grenzwertes kann unterschiedlich normiert werden, bspw. als Anteil der Produktion oder der Abluft. Sie folgt naturwissenschaftlichen und ökonomischen Kriterien, unterliegt aber auch politischen Prozessen und damit dem Lobbyismus. – Vgl. auch → kritische Belastungsrate.

Größenkostenersparnisse – Economies of Scale, steigende Skalenerträge. – *Gegenteil:* abnehmende Skalenerträge.

Großforschungseinrichtungen → Technologiepolitik.

Group of Eight → G 8.

Group of Five → G 5.

Group of Seven → G 7.

Group of Ten → G 10.

Group of Twenty-Four → G 24.

Groves-Mechanismus – Der Zahlungemechanismus ist so konstruiert, dass die wahrheitsgemäße

Äußerung der Präferenzen eine schwach dominante Strategie ist. Grundidee ist, dass jeder Beteiligte genau die mit seinem Verhalten verbundenen Opportunitätskosten trägt, die gerade in der Differenz der Gesamtkosten und dem Nutzen der anderen bestehen. Der Groves Mechanismus kann als Verallgemeinerung der second price auction gesehen werden. Die insgesamt von allen Beteiligten erhobene Summe liegt unter den Kosten der Maßnahme, sodass zusätzliche Mittel zur Verfügung gestellt werden müssen.

Gründerzentren → kommunale Wirtschaftsförderung.

Grundrente – sozialpolitischer Begriff in der Diskussion um die geplante Reform der gesetzlichen Rentenversicherung. Grundrente meint im Wesentlichen die Einführung einer beitragsunabhängigen, aus allg. Steuermitteln zu finanzierenden Altersrente für alle Bürger mit einem festen Betrag als Grundsicherung der Bevölkerung; im Einzelnen stark umstritten. Im derzeitigen Alterssicherungssystem der Bundesrepublik Deutschland unbekannt, existiert aber in unterschiedlicher Ausprägung z.T. in anderen Ländern. – Synonyme oder verwandte Begriffe: *Staatsbürgerrente, Volksrente, Mindestrente, Grundversorgung.*

Grundsicherung für Arbeitsuchende → Arbeitslosengeld II.

Grundstoffe – unbearbeitete oder nur wenig bearbeitete Waren, die als Materialgrundlage für die Weiterverarbeitung und den Verbrauch einer Volkswirtschaft dienen. – *Arten:* (1) Die im Produktionsvorgang der Landwirtschaft, Forstwirtschaft und der Plantagenwirtschaft der Natur abgewonnenen Stoffe; – (2) die im Arbeitsvorgang des Bergbaus gewonnenen Abbauprodukte, einschließlich Gewinnung von Sand. Fertigung von Zement, Kalk, Ziegeln, Glas etc. aus mineralischen Abbauerzeugnissen. – Für die Grundstoffe wird ein bes. Preisindex berechnet.

Gründungszuschuss – 1. *Begriff:* Leistung der Arbeitsförderung zur Aufnahme einer selbstständigen Tätigkeit aus der Arbeitslosigkeit. – 2. *Entwicklung:* Mitte 2006 wurde der durch die → Hartz-Gesetze eingeführte Existenzgründungszuschuss (→ Ich-AG) mit dem bereits seit Mitte der 1980er-Jahre bestehenden Überbrückungsgeld zu einem neuen, einheitlichen Förderinstrument in Form des Gründungszuschusses zusammengelegt (→ Gründungszuschuss). Dessen Teilnehmerstruktur wurde stärker auf diejenige des vormaligen Überbrückungsgeldes ausgerichtet bzw. in der Breite begrenzt. Trotz erfolgreichen Einsatzes (beachtliche Verbleibsquoten, geringe Mitnahmeeffekte) wurde schließlich auch der Leistungsumfang durch das Gesetz zur Verbesserung der Eingliederungschancen am Arbeitsmarkt vom 20.12.2011 (BGBl. I 2854) mit Wirkung vom 1.4.2012 reduziert (Arbeitsmarktpolitik). – 3. *Aktuelle Regelung:* Arbeitnehmer, die durch Aufnahme einer selbstständigen, hauptberuflichen Tätigkeit die Arbeitslosigkeit beenden, haben Anspruch auf Gründungszuschuss (§ 93 I SGB III). – 4. *Dauer und Höhe:* Die Förderung erfolgt für die Dauer von sechs Monaten in Höhe des Betrages, den der Arbeitnehmer zuletzt als → Arbeitslosengeld bezogen hat, zuzüglich 300 Euro monatlich (§ 94 I SGB III). Unter bestimmten Voraussetzungen kann der Gründungszuschuss für weitere neun Monate in Höhe von monatlich 300 Euro geleistet werden (§ 94 II SGB III).

Gruppenmachtkonzept → Macht.

Gruppenpräferenz → kollektive Präferenzrelation.

GSP – Abk. für *Generalized System of Preferences;* → APS.

GTZ – GIZ.

Gut – 1. *Begriff:* materielles oder immaterielles Mittel zur Befriedigung von menschlichen Bedürfnissen; insofern vermag es Nutzen zu stiften. – 2. *Arten:* Im Gegensatz zu freien Gütern unterliegen ökonomische bzw. wirtschaftliche Güter der Knappheit (→ knappes Gut). Nur letztere sind Gegenstand des wirtschaftenden Handelns von Menschen, wie es die Mikroökonomik untersucht. Unterliegt ein Gut nicht dem Ausschlussprinzip und zudem der Nichttrivialität des Konsums, so wird auch von einem (geborenen) öffentlichen Gut gesprochen. Im Gegensatz dazu sind bei den privaten Gütern die Eigentumsrechte einem Besitzer genau zugeordnet. Bei den meritorischen Gütern handelt es sich grundsätzlich um private Güter, bei denen aber auf eine Anwendung des Ausschlussprinzips aus gesellschaftlichen Gründen verzichtet wird, z.B. wegen sozialer Aspekte oder beim Vorliegen externer Effekte nach R. Musgrave. Zur direkten Bedürfnisbefriedigung sind nur Konsumgüter in der Lage, während die Gütereigenschaft der Kapitalgüter bzw. Produktionsgüter über den Produktionsprozess abgeleitet ist. Kurzlebige Konsumgüter sind Gebrauchsgüter wie z.B. Nahrungsmittel. Liegen kurzfristige Produktionsgüter vor, dann handelt es sich um Werkstoffe (Rohstoffe, Hilfsstoffe und Betriebsstoffe). Langlebige Konsumgüter, wie privat genutzte Pkw, sind ebenso wie langlebige Produktionsgüter (Betriebsmittel) über einen längeren Zeitraum nutzbar. Der wirtschaftliche Wert eines knappen Gutes ist eine Größe, die von den subjektiven Bedürfnissen der wirtschaftenden Menschen bestimmt wird. Neben dieser subjektiven Wertlehre (Neoklassik; Grenznutzenschule) gibt es die objektive Arbeitswertlehre. Letztgenannte bemisst den Wert eines Gutes in Abhängigkeit der zur Produktion notwendigen Arbeitskraft. – Vgl. auch → Erfahrungsgut, → Vertrauensgut, → Suchgut, Individualgut, inferiores Gut, superiores Gut, heterogene Güter, homogene Güter, arbeitsintensives Gut, kapitalintensives Gut, → Dienstleistungen, meritorisches Gut, Produktivgut.

Güterfernverkehr – in Deutschland der Güterverkehr außerhalb des Bereichs der Nahzone (bis 50 km)

(→ Güternahverkehr) oder der Regionalzone (51 bis 150 km); wobei die institutionelle Abgrenzung zwischen diesen Bereichen 1994 aufgehoben wurde und heute die Unterscheidung nur noch für Zwecke der Verkehrsstatistik relevant ist.

Güterklassifikation – Klassifikationen zur einheitlichen Einordnung produzierter Güter. – 1. *Wichtige Systematiken* sind die Zentrale Güterklassifikation der Vereinten Nationen (CPC), die Classification of Products by Activity der EU (CPA) und das dt. Systematische Güterverzeichnis für Produktionsstatistiken (GP 2002). – 2. Daneben existieren *Güterklassifikationen für spezielle Bereiche:* (1) Warenklassifikationen des Außenhandels; (2) Verzeichnis für den Material- und Wareneingang im Produzierenden Gewerbe; (3) Warenverzeichnis für die Binnenhandelsstatistik; (4) Güterverzeichnis für die Verkehrsstatistik; (5) Systematik der Bauwerke. – 3. Im Zuge der *Harmonisierung* der europäischen Gliederungsstrukturen werden die Klassifikationen einer Überarbeitung unterzogen.

Güterkraftverkehr – die geschäftsmäßige oder entgeltliche Beförderung von Gütern mit Kraftfahrzeugen, die einschließlich Anhänger ein höheres zulässiges Gesamtgewicht als 3,5 t haben. Dabei wird zwischen dem gewerblichen Güterkraftverkehr und dem Werkverkehr unterschieden, bei dem es sich um Güterkraftverkehr für eigene Zwecke eines Unternehmens handelt. Einzelheiten u.a. hinsichtlich der Erlaubnispflicht, der Mitführungs- und Aushändigungspflichten im gewerblichen Güterkraftverkehr und der Aufgaben und Befugnisse des Bundesamtes für Güterkraftverkehr regelt das Güterkraftverkehrsgesetz vom 22.6.1998 (BGBl. I 1485) m.spät.Änd. nebst der hierzu ergangenen Rechtsverordnung (Berufszugangsverordnung für den Güterkraftverkehr [GBZugV] vom 21.12.2011 [BGBl. I 3120]). – Vgl. auch → Genehmigung, Verkehrspolitik.

Güternahverkehr – in der Bundesrepublik Deutschland der Güterkraftverkehr innerhalb der Grenzen der Nahzone (Gebiete aller Gemeinden mit festgelegten Ortsmittelpunkten im 75-km-Umkreis um den Ortsmittelpunkt der Gemeinde des Fahrzeugstandortes). – *Gegensatz:* → Güterfernverkehr.

Güterverkehrszentrum (GVZ) – Modellkonzeption eines zentralen Güterverteilungssystems, bei dem Logistik- und Verkehrsbetriebe an einem verkehrsgünstigen Standort mit Anschluss möglichst vieler Verkehrsträger kooperieren. Die Flächen und Räume der Gemeinschaftsanlage werden auf Mietbasis vergeben, sodass im Gegensatz zur Modellkonzeption *Güterverteilzentren,* die i.d.R. von *einem* Logistikdienstleister betrieben werden, die Selbstständigkeit der Unternehmen erhalten bleibt. Neben der Umschlags- und Kommissionierfunktion werden durch diese auch Verpackungs-, Lager- und Servicefunktionen wahrgenommen. Zielsetzung bei der Einrichtung von Güterverkehrszentren ist die Nutzung der Systemstärken der verschiedenen Verkehrsträger, eine bessere Nutzung der Verkehrsinfrastruktur und eine Zusammenfassung zersplitterter Transporte. – Bes. *Bedeutung* von Güterverkehrszentren in drei Bereichen zu: a) Als *Schnittstelle zwischen Nah- und Fernverkehr* dienen Güterverkehrszentren dazu, Teilladungen zu größeren Ladungen zusammenzufassen. – b) Als *Umschlag-Terminals im kombinierten Verkehr,* die zu Logistikunternehmen mit einer breiten Leistungspalette ausgebaut wurden, bewirken Güterverkehrszentren eine Stärkung der Kooperation zwischen Schiene, Wasserstraße und Straße. – c) Als *Teil einer City-Logistik* fassen Güterverkehrszentren am Rande der Stadt Transporte zur Versorgung von Unternehmen im Innenstadtbereich zusammen. Diesem Konzept kommt durch die Forderung nach bestandsarmer Distribution und der damit verbundenen erhöhten Lieferfrequenz bei verringertem Liefervolumen und gleichzeitig hoher Verkehrsdichte im Stadtverkehr eine bes. Bedeutung zu. Trotz sind kommunalpolitisch häufig gewünscht, setzen sich aber in der Praxis wegen der oft fehlenden Kooperationsbereitschaft der zu beteiligenden Partner nur schwer durch.

Güterverteilzentrum → Güterverkehrszentrum (GVZ).

GVP – Abk. für → Generalverkehrsplan oder → Güterverkehrszentrum.

GWB – Abk. für G*esetz gegen Wettbewerbsbeschränkungen,* → Deutsches Kartellrecht.

Gymnasium → Wirtschaftsgymnasium, → Fachgymnasium.

Habilitation – Erwerb der Lehrberechtigung an einer Hochschule. Erforderlich sind außer dem Promotionsverfahren (s. → Promotion) zum Doktor eine weitere wissenschaftliche Arbeit (Habilitationsschrift), ein Probevortrag innerhalb der Fakultät und u. U. eine öffentliche Antrittsvorlesung.

Haftung – Verfügungsrechte.

Haftungsregeln → Gefährdungshaftung, → Verschuldenshaftung.

Hamiltonfunktion – Funktion zur Lösung intertemporaler Optimierungsprobleme unter Nebenbedingungen, die man als intertemporales Gegenstück zur Lagrange-Funktion auffassen kann. – Vgl. auch → Kontrolltheorie.

Handelsflotte – zusammenfassende Bezeichnung für alle Seeschiffe einer nationalen Flagge, die in das Seeschiffsregister des betreffenden Staates eingetragen sind. Nur rechtlicher Begriff, der über wirtschaftliche Zusammenhänge nichts aussagt. Z.B. sind die Handelsflotten von Panama, Honduras und Liberia („Panhonlib-Flotten") wesentlich größer, als es dem Verkehrsaufkommen oder der Wirtschaftskraft dieser Länder entsprechen würde: steuerliche Vorteile, niedrigere Gebühren und Schiffssicherheitsbestimmungen, geringere Sozialverpflichtungen, Möglichkeit zur Umgehung von Verpflichtungen aus internationalen Verträgen veranlassen die → Reeder, ihre Schiffe in die Register dieser Länder einzutragen (→ billige Flaggen).

Handelshilfe – Maßnahmen im Rahmen der → Entwicklungshilfe mit dem Ziel der Förderung der Exporte der Entwicklungsländer in die Industrieländer. Zur Handelshilfe zählen Zollpräferenzen, die Finanzierung von Marktausgleichslagern (→ Buffer Stocks) sowie → Rohstoffabkommen.

Handelsschule – jetzt: → Berufsfachschule.

Handels- und Entwicklungskonferenz der Vereinten Nationen → UNCTAD.

Handlungsfreiheit Freiheit, Wettbewerbstheorie.

Hanns-Seidel-Stiftung e.V. – gegründet 1967 mit Sitz in München. – *Aufgaben:* Politische Bildung; Förderung der internationalen Verständigung und europäischen Einigung; Begabtenförderung; Entwicklungshilfe; Ausrichtung von Seminaren etc. – *Finanzierung* aus öffentlichen Mitteln.

Hans-Böckler-Stiftung – Mitbestimmungs-, Forschungs- und Studienförderungswerk des Deutschen Gewerkschaftsbundes (DGB); gegründet 1977 durch den Zusammenschluss der Hans-Böckler-Gesellschaft und der Stiftung Mitbestimmung. – *Aufgaben:* Förderung des Studiums von begabten Arbeitnehmern und Arbeitnehmerkindern; Förderung von Forschung und Erfahrungsaustausch. – *Zwei Forschungsinstitute seit 2005:* das Wirtschafts- und Sozialwissenschaftliche Institut (WSI) und das Institut für Makroökonomie und Konjunkturforschung (IMK).

Harassment → Arbeitsmarkttheorien.

Hare-Verfahren → Abstimmungsverfahren mit mehreren Wahlgängen, bei dem jeder Wähler eine Stimme hat. Erhält keine Alternative die absolute Mehrheit, so scheidet die Alternative mit der geringsten Stimmenzahl aus. Das Verfahren wird so lange wiederholt, bis eine Alternative die absolute Stimmenmehrheit erhält.

Harmonisiertes System zur Bezeichnung und Codierung von Waren (HS) – Abk. *HS, Harmonized Commodity Description and Coding System*; das harmonisierte System (HS) ist eine aus ca. 5.000 Codenummern bestehende Klassifikation der Vereinten Nationen zur Einteilung von Waren (Dienstleistungen nicht eingeschlossen) für zolltarifliche Zwecke und zur Klassifizierung von Außenhandelsdaten. Die Nomenklatur des HS ist Basis des Zolltarifs der Europäischen Union (→ EU), der Grundlage für die Erhebung der Ein- und Ausfuhrabgaben ist und die Aufgabe hat, alle Waren systematisch zu erfassen und die jeweilige Position für eine Abgabenerhebung festzulegen. Das HS wurde unter der Leitung der Weltzollorganisation erarbeitet; es wird weltweit in mehr als 200 Verwaltungen angewendet und fungiert zunehmend als Definitions- und Beschreibungsklassifikation für verschiedene Wirtschaftsklassifikationen, z.B. → Güterklassifikationen (Klassifikationen, Warenklassifikationen des Außenhandels). Es ist in Europa seit 1988 in Kraft, momentan in der revidierten Fassung von 2012 (HS 2012), die die Version von 2007 ablöste. Eine Revision erfolgt ungefähr im Abstand von fünf Jahren. Nach dem HS-Übereinkommen kann die sechsstellige HS-Nomenklatur nach eigenen Notwendigkeiten weiter gefächert werden. So hat die EU, um zolltariflichen und statistischen Belangen gerecht zu werden, eine zusätzliche Untergliederung vorgenommen, was zur Kombinierten Nomenklatur (KN) geführt hat. Ebenfalls abgeleitet wurde der integrierte Zolltarif der EU, TARIC. Die Mitgliedsstaaten bauen auf diesem Grundwerk ihre Gebrauchs-Zolltarife auf, so auch den dt. Elektronischen Zolltarif (EZT).)

Harris-Todaro-Modell → Todaro-Modell.

Hartmannbund → Ärztekammer.

Hartwick-Regel – Leitsatz aus der Umwelt- und Ressourcenökonomik, nach dem ein konstantes

Konsumniveau für alle Generationen aufrechterhalten werden kann, obwohl im Produktionsbereich essenzielle Ressourcen nur in begrenztem Umfang zur Verfügung stehen.

Hartz-Gesetze – Gesetze zur Umsetzung des Berichts der Kommission „Moderne Dienstleistungen am Arbeitsmarkt" (→ Hartz-Kommission). – *Erstes Hartz-Gesetz (Hartz I)*: in Kraft getreten am 1.1.2003; Regelungen und Maßnahmen zur Erschließung von Beschäftigungsmöglichkeiten und Schaffung neuer Arbeitsplätze, v.a. Einführung sog. Personal-Service-Agenturen (→ Personal-Service-Agentur), Liberalisierung der → Arbeitnehmerüberlassung und Förderung Älterer. – *Zweites Hartz-Gesetz (Hartz II)*: ebenfalls in Kraft getreten am 1.1.2003; Regelung von Existenzgründungszuschüssen („Ich-AGs") (→ Gründungszuschuss) und → Mini-Jobs sowie Nennung wichtiger Voraussetzungen für die Errichtung von Jobcentern. – *Drittes Hartz-Gesetz (Hartz III)*: in Kraft getreten am 1.1.2004; regelt den Umbau der Bundesanstalt für Arbeit in einen stärker kundenorientierten und leistungsfähigen Dienstleister (→ Bundesagentur für Arbeit); Vereinfachung des Leistungs- und Förderungsrechts der Arbeitslosenversicherung; Vereinfachung des Einsatzes arbeitsmarktpolitischer Instrumente (u.a. Arbeitsbeschaffungsmaßnahmen, Zusammenfassung von Eingliederungszuschüssen). – *Viertes Hartz-Gesetz (Hartz IV)*: in Kraft getreten am 1.7.2004; regelt die Zusammenlegung von Arbeitslosen- und Sozialhilfe (→ Arbeitslosengeld II) zum 1.1.2005.

Hartz-Kommission – 1. *Begriff*: von der Bundesregierung eingesetzte Expertenkommission für moderne Dienstleistungen am Arbeitsmarkt unter der Leitung des ehemaligen Personalvorstands der Volkswagen AG, Peter Hartz. – 2. Der *Bericht* der Hartz-Kommission wurde im August 2002 vorgelegt und enthielt Vorschläge zum Abbau der Arbeitslosigkeit und zur Umstrukturierung der Bundesanstalt für Arbeit (→ Bundesagentur für Arbeit), die Grundlage für die Arbeitsmarktreformen der Bundesregierung bildeten (Gesetze für moderne Dienstleistungen am Arbeitsmarkt, auch als → Hartz-Gesetze bezeichnet).

Häufigkeitsverteilung → personelle Einkommensverteilung.

Hauptrefinanzierungsgeschäfte – Wöchentlich durchgeführte → Wertpapierpensionsgeschäfte mit einer Laufzeit von einer Woche. Die Abwicklung erfolgt nach dem Standardtenderverfahren (spezielles → Tenderverfahren), entweder als → Mengentender oder als → Zinstender. Bei diesem Verfahren liegen zwischen Ankündigung des Tenders und der Zuteilung (Repartierung) der Liquidität 24 Stunden. – Vgl. auch Europäisches System der Zentralbanken (ESZB), Geldpolitik.

Hauptsätze der Wohlfahrtsökonomik – Lehrsätze der → Wohlfahrtsökonomik, die Angaben über gesellschaftlich optimale Situationen formulieren. – 1. *Erster Hauptsatz der Wohlfahrtsökonomik*: Ein walrasianisches Totalgleichgewicht (nach Walras 1834 – 1919) stellt immer eine pareto-optimale Allokation des gesamtwirtschaftlichen Gütervolumens dar (→ Pareto-Optimum). Diese einseitige Konzentration auf die Allokation zulasten von Verteilungsfragen hat Kritik hervorgerufen und zur Entwicklung des zweiten Hauptsatzes der Wohlfahrtsökonomik geführt. – 2. *Zweiter Hauptsatz der Wohlfahrtsökonomik*: Geeignete Kompensationszahlungen (→ Kompensationsprinzip) sind die notwendige Voraussetzung dafür, dass unter der Annahme konvexer, stetiger und streng monoton wachsender Präferenzordnungen die Ausgangsverteilung so modifiziert wird, dass möglichst viele Gesellschaftsmitglieder an einer pareto-optimalen Allokation über den Marktmechanismus, d.h. an dem pareto-optimalen Gleichgewicht des Ersten Hauptsatzes der Wohlfahrtsökonomik partizipieren.

Hauptspediteur – im Recht des Speditionsgeschäfts der erste Spediteur, den den Speditionsauftrag unmittelbar von dem Versender erhält. – Der Hauptspediteur haftet beschränkt für nicht mit der Sorgfalt eines ordentlichen Kaufmanns ausgewählte → Zwischenspediteure im Rahmen der Allgemeinen Spediteurbedingungen (ADSp).

Häuserpreismethode → hedonischer Ansatz.

Havanna-Charta → Bretton-Woods-System, → ITO, → World Trade Organization (WTO), → GATT.

hedonischer Ansatz – *Häuserpreismethode, Marktpreismethode;* Verfahren, bei dem der Marktpreis in Regionen mit verschiedenen Umweltqualitäten verglichen wird, um die Kosten von Umweltbelastungen zu ermitteln.

Heilbehandlung – *Heilverfahren*. 1. *Gesetzliche Rentenversicherung*: Leistung, deren Gewährung nach dem Ermessen des Versicherungsträgers möglich ist. Die Heilbehandlung umfasst alle erforderlichen medizinischen Maßnahmen zur Erhaltung, Besserung und Wiederherstellung der Erwerbsfähigkeit, v.a. Behandlung in Kur- und Badeorten und in Spezialanstalten. – 2. *Gesetzliche Unfallversicherung*: Leistung zur Beseitigung der durch Arbeitsunfall verursachten Körperverletzung, Gesundheitsstörung, Minderung der Erwerbsfähigkeit oder Verhütung der Verschlimmerung von Unfallfolgen sowie zur Wiederherstellung der Gesundheit und Leistungsfähigkeit bei → Berufskrankheiten. Heilbehandlung umfasst ärztliche Behandlung, Versorgung mit Arznei, Heilmitteln, Körperersatzstücken etc., Gewährung von Pflege; vgl. §§ 27 ff. SGB VII. – Vgl. auch medizinische Rehabilitation. – 3. *Rehabilitation und Teilhabe*: Maßnahme im Rahmen der medizinischen Rehabilitation; Leistungen die u.a in § 6 SGB IX benannten Träger, die behinderten Menschen nach pflichtgemäßem Ermessen z.B. stationär in bes. Rehabilitationseinrichtungen gewährt werden (vgl. §§ 26 ff. SGB IX).

Heimfall (von Nutzungsrechten) – dem Lizenznehmer vom Urheber oder Inhaber eines gewerblichen Schutzrechts eingeräumte → Nutzungsrechte (Lizenzen) sind Abspaltungen des Stammrechts und fallen daher an den Rechtsinhaber zurück (Heimfall), wenn der Nutzungsberechtigte auf sein Nutzungsrecht verzichtet oder die Nutzungsrechtseinräumung aus sonstigen Gründen endet.

Heimfallstock → Heimfallunternehmung.

Heimfallunternehmung – private oder gemischtwirtschaftliche Unternehmung, die als Konzessionsnehmer vom Staat bzw. von der Gemeinde einen Betrieb mit der Auflage führt, dass das Unternehmen mit allen Aktiva und Passiva nach Ablauf der Konzession ohne Gegenwert an den Konzessionsgeber (zurück) fällt, so etwa aufgrund staatlicher Genehmigung errichteten Schienenbahnen, Drahtseilbahnen u.Ä. Heimfall wird in die Erbbauverträge (meist 30 – 90 Jahre) aufgenommen.

Hermeneutik – Hauptmerkmal ist ein methodischer Autonomieanspruch der Geistes- bzw. Kulturwissenschaften in Form des Verstehens (verstehende Methode): Einer äußeren, durch Beobachtung vermittelten Erfahrung innerhalb der Naturwissenschaften wird die innere Erfahrung (etwa von Sinnzusammenhängen) im geisteswissenschaftlichen Bereich gegenübergestellt. Verbindet sich mit einer Absage an die Suche nach raum-zeitlich invarianten Tatbeständen (Gesetzesaussage) und die damit verbundene Zielvorstellung von der Erklärung der Wirklichkeit. – Vgl. auch → Konstruktivismus, → Methodologie.

Hetertrophie → Biozönose.

Hidden Action → Informationsasymmetrie, → Moral Hazard, Prinzipal-Agent-Theorie.

Hidden Characteristics → Informationsasymmetrie, → Adverse Selection, Prinzipal-Agent-Theorie.

Hidden Information → Informationsasymmetrie, → Moral Hazard, Prinzipal-Agent-Theorie.

Hierarchienachteile – Nachteile, die durch falsche Anreize oder Bürokratieversagen, die sich bei unternehmensinterner Koordination entwickeln können, entstehen. – 1. *Falsche Anreize:* Eine Integration von → Transaktionen in die Unternehmung hat i.d.R. zur Konsequenz, dass auf die Transaktionspartner nicht mehr die hochwirksamen → punktuellen Anreize des Marktes einwirken, sondern → Sammelanreize, die das durchschnittliche Verhalten im Laufe einer längeren Kette von Transaktionen und damit eine im Zeitablauf verlässliche Leistung honorieren. Solche Sammelanreize innerhalb von Hierarchien können sich nachteilig auswirken, wenn es bei einem Transaktionspartner darauf ankommt, sich bietende Gelegenheiten schnell wahrzunehmen und innovationsfreudig zu sein. In solchen Fällen sollte von einer vertikalen Integration der betreffenden Transaktionen abgesehen werden. – 2. *Bürokratieversagen:* In hierarchischen Organisationen besteht die Gefahr, dass Bürokraten Nebenziele (z.b. die Steigerung des Mitarbeiterstabes, des Einkommens und der Verfügungsgewalt) verfolgen und das eigentliche Ziel einer effizienten Bereitstellung der politisch bestimmten Menge und Art an öffentlichen Gütern vernachlässigen. Zudem streben Bürokraten danach, dass auch unproduktiv gewordene Mitarbeiter langfristig in der Organisation verbleiben. Das sog. → Senioritätsprinzip in Verwaltungen sieht z.b. eine Aufstiegs- und Beförderungsmöglichkeit allein in Abhängigkeit der Zugehörigkeit vor. Hierzu kommt es v.a. dann, wenn sich überflüssige Abteilungen oder Mitarbeiter gegenseitig unterstützen (→ Logrolling).

Hilfe in anderen Lebenslagen → Sozialhilfe.

Hilfe zum Aufbau der Lebensgrundlage → Sozialhilfe.

Hilfe zum Lebensunterhalt → Sozialhilfe.

Hilfe zur Sicherung der Lebensgrundlage → Sozialhilfe.

Hinterland – 1. *I.e.S.:* wirtschaftliches Einzugsgebiet von See- und Binnenhäfen. – 2. *I.w.S.:* Häufig allgemeiner gebraucht für Einflussgebiete von Siedlungen, so werden z.b. die Marktgebiete zentraler Orte auch als städtisches Hinterland bezeichnet.

HIPC – Abk. für *Highly Indebted Poor Country,* → HIPC-Initiative.

HIPC-Initiative – Aktionsprogramm zur Reduzierung der Auslandsschulden der ärmsten und am meisten verschuldeten Entwicklungsländer. Das Ziel der Initiative ist es, den in Frage kommenden Entwicklungsländern einen nachhaltigen Schuldenerlass zu gewähren, sofern sie sich einem Anpassungsprogramm unter Aufsicht des → IWF und der Weltbank (→ IBRD) unterziehen und ihre Wirtschaft nachhaltig reformieren (die Kriterien dazu sind im Rahmen des Programms vorgegeben; → PRSP). Grundsätzlich kann jedes Land an diesem Programm teilnehmen, sofern es (1) nachweisbaren Bedarf nach Unterstützung durch den IWF und die Weltbank hat, (2) eine überhöhte, nicht nachhaltig finanzierbare Auslandsverschuldung aufweist, (3) über längere Zeit eine stabilitätsorientierte Wirtschaftspolitik verfolgt hat und nachhaltige Reformanstrengungen unternommen hat.

historischer Materialismus – 1. *Charakterisierung:* Von → Marx und Engels auf der Basis des → dialektischen Materialismus konzipierte Lehre über die allg. Entwicklungsgesetze der Gesellschaft. Als Ursache des zwangsläufigen Geschichtsprozesses wird im → Marxismus die dialektische Spannung zwischen den Produktionsverhältnissen und den Produktivkräften angesehen: Letztere entwickeln sich durch den technischen Fortschritt immer weiter und geraten dabei in zunehmende Widersprüche zu den augenblicklich vorherrschenden Produktions-, d.h. Eigentumsverhältnissen. Folgen dieses „Grundwiderspruchs" sind eine Hemmung des technischen

Fortschritts, immer heftigere ökonomische Krisen und gesellschaftliche Spannungen. Die sozialen Konflikte weiten sich aufgrund des zunehmenden Klassenkampfes zwischen den Produktionsmitteleigentümern und -nichteigentümern (→ Klassentheorie) so lange aus, bis in einem dialektischen Sprung die Produktionsverhältnisse revolutionär so umgestaltet werden, dass sie dem erreichten Stand der Produktivkräfte entsprechen. Irgendwann geraten die Eigentumsverhältnisse wieder in Widerspruch zu den sich fortentwickelnden Produktivkräften; die Folge ist eine neuerliche revolutionäre Umwälzung. – 2. Die dialektische Einheit von Produktivkräften und Produktionsverhältnissen wird als *Produktionsweise* bezeichnet. Marx leitet fünf verschiedene, seiner Meinung nach gesetzmäßig aufeinander folgende Produktionsweisen ab: (1) *Urgesellschaft:* Gemeinschaftseigentum an den Produktionsmitteln; (2) *Sklavenhaltergesellschaft:* Privateigentum an den Produktionsmitteln und an den Sklaven; (3) *Feudalismus:* Privateigentum an den Produktionsmitteln bei Leibeigenschaft und Grundhörigkeit der Bauern; (4) → *Kapitalismus:* Privateigentum an den Produktionsmitteln; (5) → Kommunismus (bzw. → Sozialismus): Gesellschaftseigentum an den Produktionsmitteln. Der jeweiligen Produktionsweise als „Basis" entspricht eine spezifische Ausprägung des gesellschaftlichen „Überbaus", d.h. der realisierten Form der Staatsordnung, der Religion, der Kunst, der Ideologie etc. – *Grundwiderspruch der kapitalistischen Produktionsweise* ist Marx zufolge der erreichte hohe Stand der gesamtgesellschaftlichen Arbeitsteilung bei gleichzeitiger individueller Aneignung der Wertschöpfung durch die Kapitalisten als Produktionsmitteleigentümer (→ Mehrwerttheorie, → Ausbeutung). Marx leitet hieraus die zunehmende Krisenanfälligkeit des Kapitalismus und seinen notwendigen Untergang ab (→ tendenzieller Fall der Profitrate, → Krisentheorie). – Die angenommene Entwicklungsgesetzmäßigkeit findet ihren *Abschluss im Sozialismus bzw. Kommunismus*, da es dort wegen des Gesellschaftseigentums keine unterschiedlichen, sich bekämpfenden Klassen mehr gibt. – 3. *Kritisiert* wird dieser Ansatz u.a. deswegen, weil er nicht in der Lage ist, die geschichtlichen Entwicklungen in allen Ländern zu erklären. Zudem übersehe das Denken in Entwicklungen v.a. die Gestaltbarkeit der gesellschaftlichen Ordnung durch den Menschen und könne nicht zur Lösung der in jeder Wirtschaftsordnung bestehenden Probleme herangezogen werden.

historische Schule – 1. *Begriff:* Bezeichnung für eine in Deutschland im 19. Jh. entstandene Forschungsrichtung, deren Grundthese es ist, dass alle wirtschaftlichen Erscheinungen raum- und zeitabhängig sind und deshalb keine allg. gültigen, abstrakten Theorien aufgestellt werden können. Unterschieden werden: (1) Ältere historische Schule (Vorläufer List, daneben Roscher, Hildebrand, Knies), (2) jüngere historische Schule (Schmoller als Hauptvertreter, daneben Bücher, Brentano, Knapp) und (3) „dritte" historische Schule (Weber, Sombart, Spiethoff). Zu der Strömung, die sich v.a. mit sozialpolitischen Fragen auseinandersetzte, vgl. Kathedersozialisten. – 2. *Charakterisierung:* Innerhalb der historischen Schule herrschte die Vorstellung, dass die einzelnen Volkswirtschaften unterschiedliche Stufen der wirtschaftlichen Entwicklung mit eigenen Besonderheiten durchlaufen. Mithilfe der historischen Methode sollen durch umfassende Detailstudien historischer Quellen und durch statistisch-empirische Forschung die Besonderheit der jeweiligen Stufe erfasst werden (induktive Methode, d.h. die Ableitung theoretischer Aussagen aus Beobachtungen). – 3. *Beurteilung:* Der Vorwurf der Theoriefeindlichkeit ist zwar gegenüber den Vertretern der historischen Schule insgesamt unzutreffend, jedoch scheiterte die historische Methode v.a. an ihrem Verzicht auf A-priori-Hypothesen und daraus abgeleiteten, die Forschung lenkende Fragestellungen. Durch ausgedehnte Informationssammlung lassen sich zwar wirtschaftliche Entwicklungsstufen illustrieren, nicht jedoch ihre Zwangsläufigkeit oder Gesetzmäßigkeiten beweisen.

Hochbegabtenförderung → Ausbildungsförderung.

Hochkapitalismus → Kapitalismus.

Hochschule – Stätte für wissenschaftliche Forschung und Lehre, d.h. Weitergabe praktischer und theoretischer Kenntnisse in wissenschaftlicher Form an die Studierenden, an die bei Nachweis der erworbenen Kenntnisse und Fähigkeiten durch die vorgesehene Abschlussprüfung akademische Würden erteilt werden können. Laut Hochschulrahmen-Gesetz (HRG) obliegen der Hochschule die Aufgaben: Pflege der Wissenschaften und der Kunst; Grundlagenforschung; wissenschaftsbezogene Lehre zur Vorbereitung auf entsprechende Berufe; Dienstleistungen auf wissenschaftlicher Grundlage. Hochschulen werden i.d.R. in der Rechtsform Körperschaft des öffentlichen Rechts betrieben und sind zugleich staatliche Einrichtungen (§58 HRG).

I. *Aufbau:* 1. *Leitung* der Hochschule liegt in den Händen eines Rektors bzw. Präsidenten, dem der Prorektor bzw. Vizepräsident/en, die Dekane (Leiter der Fakultäten) bzw. Vorsitzende (der Fachschaften) und der Senat bzw. Fachbereichsrat sowie Ausbildungskommission und Forschungskommission zur Seite stehen. Alle Posten und Gremien werden für eine bestimmte Amtszeit durch Wahl besetzt. – 2. Die *Lehrer* (Dozenten) gliedern sich in ordentliche und außerordentliche Professoren, außerplanmäßige Professoren, Honorarprofessoren, Privatdozenten und Lehrbeauftragte. – 3. *Gliederung* der Hochschule entsprechend der Sachgebiete in Fakultäten bzw. Fachbereiche. – 4. *Voraussetzung* für den Besuch der meisten Hochschulen ist die Reifeprüfung; daneben möglich allg. Hochschulreife (zu erlangen an Abendgymnasien und Kollegs), fachgebundene Hochschulreife,

Sonderreifeprüfung. – Wegen der ungenügenden Zahl an Arbeitsplätzen bestehen an einigen Fakultäten bzw. Abteilungen der Hochschule Zulassungsbeschränkungen (Numerus clausus). – 5. *Einteilung des Studiums an den dt. Hochschulen in Semester* (Halbjahre). Sommersemester vom 1. April bis 30. September (Vorlesungen vom 15. April bis 15. Juli), Wintersemester vom 1. Oktober bis 31. März (Vorlesungen vom 15. Oktober bis 15. Februar). – 6. *Lehrformen* an den Hochschulen sind Vorlesungen (Kollegien), praktische Übungen, Seminare und Besprechungen (Kolloquien).

II. **Arten:** 1. *Wissenschaftliche Hochschule:* Hochschule mit Promotions- und Habilitationsrecht. Dazu zählen → Universitäten, → Technische Universitäten (TU), Gesamthochschulen-Universitäten (auch Bundeswehruniversitäten), Pädagogische Hochschulen, Fernuniversität Hagen sowie Hochschulen mit begrenzter Fächerauswahl. – 2. *Theologische und kirchliche Hochschulen:* Hochschule mit wissenschaftlichem Charakter in Trägerschaft einer anerkannten Glaubensgemeinschaft. – 3. *Kunst- und Musik-Hochschulen.* – 4. → *Fachhochschulen (FH).*

III. **Ausbau und Neubau von wissenschaftlichen Hochschulen:** Gemeinschaftsaufgabe von Bund und Ländern, geregelt durch das Hochschulbauförderungsgesetz vom 1.9.1969 (BGBl. I 1556) m.spät.Änd.

Hochschulpolitik – Hochschulpolitik als Teil der Gesamtpolitik des Staates oder einer anderen Organisation beschäftigt sich mit der allg. Zielsetzungen und vollzieht sich auf Bundes-, Landes- und Hochschulebene. Derzeit ist sie durch erhebliche Reformen und Umbrüche geprägt. – Vgl. → Bologna-Prozess.

Hochschulrektorenkonferenz (HRK) – *1949-1990 Westdeutsche Rektorenkonferenz (WRK)*; Zusammenschluss der staatlichen und staatlich anerkannten Universitäten und Hochschulen der Bundesrepublik Deutschland, aktuell 258 Mitgliedshochschulen, befasst sich mit den Themen Forschung, Lehre und Studium. Verwaltungssitz in Bonn.

Hohe Behörde – Exekutivorgan der seit dem 23.7.2002 wegen Vertragsbeendigung (Art. 97 EG-KSV) nicht mehr bestehenden Montanunion (→ EGKS); Art. 7 ff. EGKSV. Zu den Aufgaben der Hohen Behörden gehörte es, über die Einhaltung der vertraglichen Bestimmungen durch die Mitgliedsstaaten zu wachen.

Höhere Handelsschule – jetzt: → Berufsfachschule.

holländisches Verfahren – 1. *Begriff:* Verfahren zur Liquiditätszuteilung bei Zinstendern, welches von der Europäischen Zentralbank – Europäisches System der Zentralbanken (ESZB) – u.a. angewendet wird. – 2. *Funktionsweise:* Zuteilung von Liquidität zu einem einheitlichen Zinssatz, und zwar zu dem als niedrigsten Gebots, das noch im Rahmen des von der Zentralbank vorgesehenen Gesamtvolumens liegt (marginaler Zuteilungssatz). – Vgl. auch → Tenderverfahren.

horizontale Unternehmenskonzentration – Unternehmen derselben Produktion (Wertschöpfungskette) auf derselben Produktionsstufe schließen sich zusammen. – Vgl. auch → Unternehmenskonzentration.

horizontale Wettbewerbsbeschränkung → Wettbewerbsbeschränkung auf einer Produktionsstufe. – *Beispiele:* Behinderung der Konkurrenten beim Zugang zu Netzen oder bei Beziehungen zu den Lieferanten. – *Gegensatz:* → vertikale Wettbewerbsbeschränkung.

Hotelling – Harold, 1895–1973, amerikanischer Mathematiker, theoretischer Statistiker und Ökonom. Er lehrte an der Columbia University, New York, USA und an der University of North Carolina, USA. Hotelling gilt sowohl im Bereich der mathematischen Statistik als auch der Ökonomik als bahnbrechender Innovator. Für die moderne Volkswirtschaftslehre sind seine Arbeiten zur Preistheorie (bes. Dyopoltheorie), Standorttheorie, Kapitaltheorie und Haushaltstheorie sowie zur Anwendung der Spieltheorie prägend. Hotelling wird heute bes. als Begründer der modernen Theorie erschöpflicher Ressourcen (→ Hotelling-Regel) gewürdigt. – *Hauptwerke:* „A General Mathematical Theory of Depreciation", 1925; „Stability in Competition", 1929; „The Economics of Exhaustible Resources", 1931; „Demand Functions with Limited Budgets", 1935.

Hotelling-Regel – 1. *Normative Interpretation:* Der pareto-optimale Abbaupfad einer erschöpflichen Ressource ist dadurch charakterisiert, dass der „Nettogrenznutzen" (die Differenz zwischen marginaler Zahlungsbereitschaft und Abbaugrenzkosten) im Zeitablauf mit einer Rate wächst, die der sozialen Diskontrate entspricht. Der Nettogrenznutzen gleicht dabei den Nutzungsgrenzkosten. – 2. *Positive Interpretation:* Der gleichgewichtige Abbau ist bei vollständiger Konkurrenz dadurch gekennzeichnet, dass der Grenzgewinn (die marginale Knappheitsrente) aus der Ressource mit einer Rate wächst, die dem Zinssatz entspricht. Die Fördermenge richtet sich im Gleichgewicht nach der Nachfrage. – 3. *Vergleich:* Unter bestimmten Bedingungen ist der gleichgewichtige Abbaupfad mit dem pareto-optimalen identisch. Das Marktsystem ist in diesem Fall ein pareto-befriedigender Mechanismus zur Allokation der erschöpflichen Ressourcen.

Hot Spot – Bei der Ausgestaltung umweltpolitischer Instrumente kommt es nicht nur darauf an, den Gesamtausstoß von Schadstoffen in einer Volkswirtschaft zu senken, sondern auch darauf, die Entstehung von Hot Spots zu verhindern. Dies kann bspw. bei Zertifikatelösungen zusätzliche Regelungen erfordern, die den Verkauf von Zertifikaten in bereits stark belastete Regionen verhindern.

HRK – Abk. für → Hochschulrektorenkonferenz.

Human Development Index – Index über die menschliche Entwicklung; von dem Entwicklungsprogramm der Vereinten Nationen (→ UNDP) verwendeter Index folgender gleichgewichteter *Basisvariablen*: Lebenserwartung, Alphabetisierungsrate Erwachsener, Durchschnittsdauer des Schulbesuchs, Pro-Kopf-Einkommen (PKE). Human Development Index wird in der Entwicklungspolitik als zusätzlicher Indikator zum PKE für die Bewertung des sozioökonomischen Entwicklungsstandes verwendet. – Vgl. auch → Human Development Report.

Human Development Report – Bericht über die menschliche Entwicklung; seit 1990 vom Entwicklungsprogramm der Vereinten Nationen (→ UNDP) herausgegeben, will die Entwicklungspolitik auf den Menschen und nicht auf das Wirtschaftswachstum ausrichten. Enthält umfangreiches Datenmaterial zur menschlichen Entwicklung.

Humankapital – *Human Capital*. 1. *Allgemein:* Das auf Ausbildung und Erziehung beruhende Leistungspotenzial der Arbeitskräfte (Arbeitsvermögen). Der Begriff Humankapital erklärt sich aus der zur Ausbildung dieser Fähigkeiten hohen finanziellen Aufwendungen und der damit geschaffenen Ertragskraft. – 2. *Wachstumstheorie:* (1) An Personen gebundenes Wissen bzw. als an Personen gebundene Fähigkeiten; (2) Wissenspool einer Volkswirtschaft in Form von dokumentiertem Wissen. – 3. *Grundlegende Ansätze zur Entstehung:* (1) Es wird davon ausgegangen, dass Humankapital bewusst durch den Einsatz von Ressourcen (Lernen, Trainieren) produziert wird; (2) es werden (Learning-by-Doing-)Prozesse unterstellt. Humankapital entsteht in diesem Fall als Nebenprodukt im Produktionsprozess. Die jeweiligen Varianten bei Definition und Entstehung haben weit reichende Konsequenzen für die wachstumstheoretische Bedeutung des Humankapitals – 4. In der *Volkswirtschaftlichen Gesamtrechnung* wird Humankapital nicht als Vermögen ausgewiesen. – Vgl. auch → Verteilungstheorie, neue Wachstumstheorie, → Humankapitaltheorien, → Humanvermögen.

Humankapitaltheorien – 1. *Begriff:* Theorien, die besagen, dass der ökonomische und gesellschaftliche Erfolg einer Person in hohem Maße durch Eigenschaften und Fähigkeiten bestimmt ist, der durch Bildung (mit-)erzeugt werden. Den Humankapitaltheorien liegt die Investitionshypothese zugrunde, wonach Bildungsaktivitäten Investitionen sind, die einerseits gegenwärtig Kosten (→ Bildungskosten) verursachen, andererseits zukünftig Erträge bzw. Nutzen (→ Bildungserträge und -nutzen) abwerfen. Die Humankapitaltheorien lassen sich jedoch nicht auf Bildungsinvestitionen einschränken, sondern schließen alle Aktivitäten ein, welche die Qualität und die Leistungsfähigkeit der → Erwerbspersonen erhöhen und das Niveau des wirtschaftlichen und gesellschaftlichen Erfolges zu steigern in Aussicht stellen (z.B. → Mobilität, Verbesserungen der Ernährung und des Gesundheitszustandes der Erwerbsbevölkerung). – 2. *Thesen:* Die in Erweiterung neoklassischer Annahmen entstandenen Humankapitaltheorien fußen auf der These, dass Bildungsaktivitäten das Arbeitspotenzial von Erwerbspersonen so verändern, dass deren Arbeitsqualität und -leistung steigt (Produktivitätsthese). Damit steigt ihre Leistung pro Zeiteinheit, d.h. ihre (Arbeits-)Produktivität. Die bildungsbedingt höhere Produktivität wird der Grenzproduktivitätstheorie zufolge am → Arbeitsmarkt durch höheren Verdienst (Lohn, Gehalt) entgolten. Damit behaupten Humankapitaltheorien (1) eine kausale Wirkungskette, die sich von Bildungsaktivitäten über gestiegene Produktivität zu höherem Einkommen erstreckt. (2) Sie bieten (zumindest partiell) Erklärungen für die Funktionsweise des Arbeitsmarktes (Arbeitsmarkttheorien) im Fall heterogener Arbeit, die Höhe des individuellen Verdienstes, die Verteilung der persönlichen Einkommen, Niveau und Tempo des Wirtschaftswachstums, Bildungsfinanzierungsstrukturen und Wohlstandsabstände zwischen Gesellschaften. (3) Zugleich halten Humankapitaltheorien eine im Prinzip einfache Lösung bereit, wenn unbefriedigende Zustände wie Ungleichheit der Einkommensverteilung, zu niedriges Wirtschaftswachstum oder zu starker Wohlstandsabstand auftreten: Steigerung der Investitionen in Bildung und Verringerung ihrer Streuung. – 3. *Kritik und Weiterentwicklung:* (1) → Filtertheorie; (2) → Arbeitsplatzwettbewerbsmodell; (3) Segmentationstheorien (Arbeitsmarkttheorien); (4) → Diskriminierungstheorien.

Humanressourcen → Bildungsökonomie.

Humanvermögen – alternativer Begriff zum in der Öffentlichkeit umstrittenen Konzept des „→ Humankapitals". Als Humanvermögen wird dabei nicht nur die Erwerbskapazität von Individuen (etwa als Barwert ihrer durch Erwerbsarbeit erzielbaren Einkommen) bezeichnet, sondern ein breiteres Spektrum menschlicher Fähigkeiten und Potenziale.

Hurwicz-Kriterium – 1. *Begriff:* Nach diesem Kriterium ist ein System informational effizient, wenn kein anderes weniger Informationen benötigt, um zu verifizieren, dass ein gegebener Produktionsplan effizient ist. Den Hintergrund dieser Aussage bietet ein Modell, in dem ein System der Ressourcenallokation daraufhin überprüft wird, ob alle Produzenten bzw. Konsumenten das jeweils effiziente Input-Output-Niveau erreichen. Da diese → Informationen nur dezentral oder lokal vorliegen, gilt es einen Mechanismus zu finden, mithilfe dessen die Ressourcenallokation möglichst kostengünstig koordiniert werden kann. – 2. *Erläuterung:* Ein Produktionsplan enthält (u.a.) die Input- und Outputmengen jedes → Gutes für jeden Produzenten und die Mengen aller erhaltenen oder zur Verfügung gestellten Güter der Konsumenten. Die Idee ist, dass per „Durchsage" ein Plan vorgeschlagen wird, dem jeder Akteur zustimmen oder nicht zustimmen kann. Stimmen alle zu, so ist der Plan effizient. Solange nicht alle Akteure zustimmen, werden iterativ neue Pläne durchgesagt. Praktisch vorstellbar ist z.B. ein System, in dem eine Zentrale solange Preise und Mengen nennt, bis alle Akteure zustimmen. Mit dieser Idee lässt sich z.B. die Effizienz eines Preissystems oder auch eines organisationsinternen Koordinationssystems beurteilen.

hybride Organisationsformen – Kooperationen bzw. Zwitter zwischen Markt und Hierarchie. Sie entstehen immer dann, wenn wegen transaktionsspezifischer Abhängigkeiten einerseits die Integration von → Transaktionen in die Unternehmenshierarchie angezeigt ist, während jedoch andererseits Effizienzvorteile (Vorteile der Wahrnehmung → punktueller Anreize) für eine marktliche Koordination sprechen. – *Beispiele:* Beim Franchising werden marktliche, punktuelle Anreize genutzt, da die Franchisenehmer selbstständige Unternehmer sind, die ihre Erträge (i.d.R. bis auf eine 3-prozentige Gebühr vom Umsatz) vollständig einbehalten. Auf der anderen Seite werden durch das straffe Kontroll- und Weisungssystem des Franchisegebers, das dem Schutz der Reputation und der → Quasirenten aller Systembeteiligten dient, hierarchische Koordinationselemente in die Organisationsstruktur integriert. – *Beispiele:* Arten der Kooperationen, wie Gemeinschaftsunternehmen oder länderübergreifende Joint Ventures, aber auch Genossenschaften und strategische Allianzen. – Vgl. auch → effiziente Firmengrenze.

Hysterese-Effekt – Fortdauer einer Wirkung bei Wegfall der Ursache. Ursprünglich aus dem Konzept der Trägheit aus der klassischen Physik entlehnt, wurde das Konzept zunächst zur Erklärung des Entstehens struktureller aus konjunktureller Arbeitslosigkeit verwendet. Übertragen wurde es dann auf die Außenwirtschaftstheorie, um dauerhafte Änderungen in der Außenhandelsstruktur infolge vorübergehender Wechselkursänderungen zu erklären, und auf die Wachstumstheorie, um den Einfluss historisch gewachsener Wirtschaftsstrukturen auf die langfristige Wachstumsrate einer Volkswirtschaft zu analysieren. Insofern haben Hysterese-Effekte auch Bedeutung im Rahmen der → Industriepolitik.

IAA – Abk. für → Internationales Arbeitsamt.

IAEA – Abk. für *International Atomic Energy Agency*, Internationale Atomenergie-Agentur, Internationale Atomenergieorganisation. 1. *Begriff:* 1957 gegründete Organisation mit Sitz in Wien. Autonome Organisation im Rahmen der UN, bildet zusammen mit den Sonderorganisationen der United Nations (UN) die Gruppe der den UN angeschlossenen Organisationen. Sie ist Kontrollorgan des Atomwaffensperrvertrages. – 2. *Organe:* Konferenz aus Vertretern aller Mitgliedsstaaten (Generalkonferenz); Rat der Gouverneure; Sekretariat mit sechs Abteilungen. – 3. *Ziele:* Weltweite Förderung und Beschleunigung des Beitrages der Kernenergie zu Frieden, Gesundheit und Wohlstand; Sicherung – soweit möglich – gegen militärische Ausnutzung der von der IAEA geleisteten Forschungsarbeit, Förderung von Forschung und technischer Ausbildung. 2005 wurde die IAEA mit ihrem damaligen Generaldirektor Mohammed el-Baradei für den Einsatz für diese Ziele mit dem Friedensnobelpreis ausgezeichnet. – 4. *Schwerpunkte der Arbeit:* (1) Überwachung von Nuklearanlagen auch in Hinblick auf den Atomwaffensperrvertrag, (2) technische Unterstützung, (3) enge Zusammenarbeit mit FAO bei der Erforschung von Anwendungsmöglichkeiten der Radioaktivität in Ernährungs- und Landwirtschaft, (4) im medizinischen Bereich Zusammenarbeit mit WHO, (5) bei Kernenergie: Förderung des Erfahrungsaustausches und der technischen Zusammenarbeit, (6) Entwicklung und Überwachung der Sicherheit von Nuklearanlagen, hierzu wurde das computergestützte Internationale Nukleare Informationssystem (INIS) entwickelt, (7) enge Zusammenarbeit mit der Europäischen Atomgemeinschaft (EAG, EURATOM) und Nuclear Energy Agency (NEA) bei der OECD.

IAO – Abk. für *Internationale Arbeitsorganisation*, → ILO.

IBRD – Abk. für *International Bank for Reconstruction and Development, Internationale Bank für Wiederaufbau und Entwicklung*, Weltbank. Auf der Weltwährungskonferenz in Bretton Woods im Juli 1944 von 44 Teilnehmerstaaten erarbeitet, nach der Ratifizierung von 28 Nationen am 27.12.1945 gegründet, nahm sie am 25.6.1946 die Geschäftstätigkeit auf. – *Sitz:* Washington, D.C. - Die Bundesrepublik Deutschland ist seit 1952 Mitglied. Voraussetzung für die Mitgliedschaft (derzeit 187) ist die Mitgliedschaft beim → IWF. – *Ziele:* Ursprünglich für den großen Bedarf an langfristigem Kapital für die Nachkriegszeit gegründet, heute: Wirtschaftliche Entwicklung weniger entwickelter Staaten durch finanzielle und andere Hilfen. – *Organisation:* Alle Verfügungsgewalt liegt beim *Board of Governors*, in das jeder Mitgliedsstaat einen Vertreter entsendet und das i.d.R. einmal jährlich tagt. Die meisten Befugnisse sind an das *Direktorium* abgetreten, das aus mehreren Executive Directors besteht. Die Geschäftsführung obliegt dem vom Direktorium zum Vorsitzenden gewählten *Präsidenten*. – *Aktivitäten:* Hauptaufgabenfeld ist die Vergabe von Darlehen und Krediten mit Laufzeiten von einigen Jahrzehnten, die überwiegend aus internationalen Kapitalmarktanleihen finanziert werden sowie aus Darlehensrückzahlungen und den Einzahlungen der Mitglieder auf ihr Grundkapital und Reinerträgen.

ICA – Abk. für *International Cooperative Alliance, Internationaler Genossenschaftsbund;* → Non-Governmental Organization (NGO); am 19.8.1895 in London gegründet. 1902 wurde die Möglichkeit der Einzelmitgliedschaft gestrichen. – *Sitz/Hauptsitz:* Genf. – *Ziel:* Förderung des Genossenschaftsgedankens in aller Welt, Gedankenaustausch mit anderen Genossenschaftsbewegungen, Förderung des wirtschaftlichen und sozialen Fortschritts in einzelnen Staaten. – *Aufbau:* Generalversammlung (im zweijährigen Rhythmus) wählt den ICA Board, das Auditing und Control Committee und den Präsidenten. Regionale Generalversammlungen bestehen für Europa, Amerika, Afrika und Asien/Pazifik. – *Mitglieder* (2008): 225 Genossenschaftsorganisationen in 87 Ländern mit ca. 800 Mio. Genossenschaftsmitgliedern. Konsultativer Status bei ECOSOC (→ UN), → UNESCO, → ILO, → FAO, u.a. – *Aktivitäten:* Zusammenarbeit mit UN-Organisationen, Gedankenaustausch und Hilfsprogramme für die Genossenschaftsbewegungen in der Dritten Welt.

ICAO – Abk. für *International Civil Aviation Organization, Internationale Zivilluftfahrtorganisation;* Sitz in Montreal (Kanada). Gegründet am 4.4.1947. – *Mitglieder:* 190 Staaten (2009). – *Organe:* (1) Versammlung aus Vertretern der Mitgliedsstaaten als oberstes Organ, tritt in dreijährigen Abständen zusammen; (2) Rat, von der Versammlung gewählte Vertreter (für jeweils drei Jahre gewählt) von 36 Mitgliedsstaaten als ständiges Exekutivorgan; dem Rat wird assistiert von verschiedenen Ausschüssen u.a. Luftfahrtkommission, Luftverkehr-, Finanz-, Rechtsausschuss; (3) Generalsekretariat. – *Aufgaben:* a) Aufbauend auf dem Luftverkehrsabkommen von Paris (1919) und dem Abkommen über die Handelsluftfahrt von Havanna (1928) ist das 1944 abgeschlossene Abkommen über den Luftverkehr, das gleichzeitig die ICAO begründet, entwickelt worden. Durch Ausarbeitung allg. anerkannter Grundsätze und Richtlinien technischer, wirtschaftlicher und rechtlicher Art soll die ICAO die größtmögliche Sicherheit und

Wirtschaftlichkeit im Luftverkehr herbeiführen. – b) Im Einzelnen umfassen ihre Aufgaben u.a. Sorgen für sicheres und geordnetes Wachsen der internationalen Zivilluftfahrt; Förderung des Flugzeugbaus zu friedlichen Zwecken, der Entwicklung von Luftstraßen, Flughäfen und Luftfahrteinrichtungen, Sicherung eines regelmäßigen, leistungsfähigen und wirtschaftlichen Luftverkehrs, Verhinderung „übermäßigen Wettbewerbs"; Förderung der Flugsicherheit. – *Bisherige Leistungen:* (1) Internationale Vorschriften und Normen für die zivile Luftfahrt, Bestimmungen über die Einrichtung und Sicherung der Flughäfen, Förderung des Gebrauchs neuer technischer Geräte und Methoden, Entwicklung eines vorbildlichen Systems für Wetterdienst, Verkehrskontrollen, Nachrichtenverbindung, Such- und Rettungsdienst, Vereinfachung der Zoll- und Einwanderungsformalitäten; (2) Finanzielle oder technische Hilfe für die Erhaltung der Luftverkehrseinrichtungen in den Mitgliedsstaaten oder in Gebieten, in denen die Erhaltung aus eigener Kraft unmöglich ist; (3) Konvention über die internationale Anerkennung der Eigentums-Rechte an Flugzeugen; (4) technische Hilfe durch Entsendung von Fachleuten für die Ausbildung im Flugwesen, Vergebung von Auslandsstudienstipendien; (5) Veröffentlichung technischer Schriften auf dem Gebiet der Luftfahrt; (6) Studien über umweltrelevante Anpassungen der Lärm- und Abgasemissionen der Antriebaggregate und Aufstellung internationaler Standards und Richtlinien für zulässige Geräuschzertifikationen in der Luftfahrt; (7) Ausbau der Sicherheit vor terroristischen Anschlägen (beschlossen auf Sonderkonferenzen nach 11.9.2001).

ICC – Abk. für *International Chamber of Commerce*, *Chambre de Commerce International (CCI)*, *Internationale Handelskammer*; im Juni 1920 in Paris auf Initiative der Internationalen Handelskonferenz 1919 in Atlantic City gegründet; Zusammenschluss von Unternehmern und Verbänden aus Industrie- und Entwicklungsländern in mehr als 130 Ländern; nationale Komitees in mehr als 60 Staaten mit mehr als 1.500 Wirtschaftsorganisationen und über 5.000 Unternehmen. Deutsche Vertretung in Berlin. – *Aufgaben:* Förderung und Verbesserung des Welthandels sowie Harmonisierung und Liberalisierung von internationalen Handelsverfahren und Geschäftspraktiken mit dem Ziel eines freien und fairen internationalen Wettbewerbs für Güter- und Kapitalverkehr. Unter Mitwirkung nationaler Komitees beschäftigt sie sich mit allen wichtigen Fragen der Weltwirtschaft. – *Organe:* Der *ICC-Rat* (Council), der sich zweimal jährlich trifft, ist das höchste leitende Organ, in welchem die nationalen Komitees zwischen einem und drei Mitglieder in Abhängigkeit von ihrem relativen Beitrag zum Gesamtbudget entsenden. Die Geschäfte werden vom *Executive Board* (Verwaltungsrat), der aus mind. 15 Mitgliedern besteht, die vom Rat ernannt werden, geführt (Drei-Jahreszyklus, wobei jährlich ein Drittel der Mitglieder zurücktritt). Alle zwei Jahre tritt der *ICC-Kongress* zusammen, der unter einem Generalthema abgehalten wird. Zwischen dem Kongress findet eine Konferenz statt. *Weitere Organe* sind das Internationale Sekretariat mit Sitz in Paris, nationale Ausschüsse und Beiräte. – ICC besitzt *Konsultativ-Status* beim Wirtschafts- und Sozialrat der Vereinten Nationen (→ EU), der → World Trade Organization (WTO) und der → WIPO. – *Bewertung:* ICC hat sich Verdienste um das Schiedsgerichtswesen erworben (ein ständiger Gerichtshof befasst sich mit Handelsstreitigkeiten) und wichtige Beiträge zu den GATT-Runden geleistet; Einsatz für den Verbraucherschutz und den Schutz des wirtschaftlichen Eigentums und im Kampf gegen kommerzielle Kriminalität.

Ich-AG – Im Rahmen der → Hartz-Gesetze wurde 2003 ein Existenzgründungszuschuss, die Ich-AG, sowie als deren Ergänzung die Familien-AG, als weitere Form „neuer Selbstständigkeit" eingeführt. Mitte 2006 wurde die Ich-AG mit dem schon seit Mitte der 1980er-Jahre bestehenden Überbrückungsgeld (Arbeitslosenversicherung) zu einem neuen, einheitlichen Instrument der Gründungsförderung zusammengelegt (→ Gründungszuschuss).

ICLS – Abk. für *International Conference of Labour Statisticians,* → Internationales Arbeitsamt (IAA).

ICSID – Abk. für *International Centre for Settlement of Investment Disputes, Internationales Zentrum zur Beilegung von Investitionsstreitigkeiten.* – *Sitz:* Washington, D.C., gegründet am 14.10.1966 als Institution der → Weltbankgruppe. ICSID-Konvention bis Juni 2009 von 155 Staaten unterzeichnet, die Mitglieder der → IBRD sind. – *Hauptziel:* Beilegung von Investitionsstreitigkeiten zwischen Staaten und Staatsbürgern von Ländern, die das ICSID zur Regelung von Streitigkeiten anrufen, für die die Vertragsparteien keine Regelungen vereinbart haben. Dazu Schiedsregeln zur Beilegung von Streitigkeiten; Schiedsgerichte, die von den streitenden Parteien angerufen werden können; Informationen für die Abfassung von Schiedsgerichtsklauseln. – *Organe:* Verwaltungsrat (Vorsitz in Personalunion mit IBRD-Präsident), Sekretariat unter Leitung eines Generalsekretärs. – *Tätigkeit:* Schwerpunkt ist die Einsetzung und Unterhaltung von Schiedsgerichten zur Beilegung von Investitionsstreitigkeiten.

IDA – Abk. für *International Development Association, Internationale Entwicklungsorganisation.* – *Sitz:* Washington, D.C., 1960 gegründet als Tochtergesellschaft der → IBRD; Sonderorganisation der → UN. – *Zielsetzung:* Identisch mit denen der → IBRD; sie gewährt Kredite jedoch an ärmere Länder zu Vorzugskonditionen. Sie unterstützt derzeit mehr als 900 Projekte. – *Organe:* Identisch mit denen der IBRD (Personalunion). – *Aktivitäten:* Finanzierung von Entwicklungsprojekten unter wesentlich günstigeren Bedingungen: Laufzeit i.d.R. 50 Jahre, Beginn der Tilgung nach zehn Jahren, Rückzahlung auch in eigener

Währung möglich. Zinslose Kredite (Bearbeitungsgebühr 0,75 Prozent der Kreditsumme). IDA-Kredite werden an Länder vergeben, die folgenden drei Bedingungen genügen: (1) BNE pro Kopf unter 1095 US-Dollar; (2) kein Zugang zu internationalen Kreditmärkten; (3) Umsetzung angemessener und stabilitäts- und wachstumsorientierter Politikmaßnahmen. – *Finanzierung:* IDA finanziert sich nicht auf den Kapitalmärkten, sondern aus Mitgliedsbeiträgen und Gewinnüberweisungen der IBRD sowie Kreditrückzahlungen. Die letzte Wiederauffüllung von IDA (Dezember 2007) erbrachte 16,5 Mrd. → Sonderziehungsrechte (SZR). Nach Großbritannien, den USA und Japan ist die Bundesrepublik Deutschland der viertgrößte Beitragszahler. – Vgl. auch → Weltbankgruppe.

IDB – Abk. für *Inter-American Development Bank, Interamerikanische Entwicklungsbank*; am 8.4.1959 in Washington von der Organization of American States (OAS) gegründet. – *Mitglieder* (2013): 48, davon 26 lateinamerikanische Staaten. – *Ziele:* Förderung der wirtschaftlichen Entwicklung lateinamerikanischer Länder durch die Finanzierung von Entwicklungsprojekten sowie beratende und finanztechnische Hilfe; Förderung von Privatinvestitionen. IDB finanziert höchstens 50 Prozent der Projektkosten, i.d.R. nur 25 Prozent; wichtige Quelle auswärtiger öffentlicher Finanzierung für Lateinamerika. Bisher kumulierte Investitionen von 375 Mrd. US-Dollar. Zur Förderung der Integration Lateinamerikas wurde 1964 im Rahmen des IDB das *Institut für lateinamerikanische Integration* (INTAL, Instituto para la Integración de América Latina) gegründet.

IEA – Die Internationale Energieagentur (engl. International Energy Agency) ist eine autonome Organisation, bestehend aus 28 OECD-Ländern, die eine unterstützende Rolle in der internationalen → Energiepolitik innerhalb und außerhalb ihrer Mitgliedsländer spielt. Die IEA wurde als Antwort auf die Ölpreisspitzen in den 1970er-Jahren gegründet und hatte ursprünglich das Ziel, ausreichende Liquidität im Ölmarkt herzustellen. Diese Aufgabe hat die Agentur heutzutage nach wie vor, das Aufgabenspektrum wurde in der Zwischenzeit aber deutlich umfangreicher. Sie fördert einen internationalen Dialog über Energiethemen, führt (direkt und indirekt) Forschung durch und stellt Statistiken, Analysen und Empfehlungen bereit. Ihr Augenmerk ist im Wesentlichen auf Energiesicherheit, ökonomische Entwicklung, Umweltbewusstsein und internationales Engagement gerichtet.

IF → Integrated Framework.

IfA – Abk. für → Institut für Auslandsbeziehungen.

IFAD – Abk. für *International Fund for Agricultural Development, Internationaler Agrar-Entwicklungsfonds, Internationaler Fonds für landwirtschaftliche Entwicklung;* 1977 als Sonderorganisation der → UN mit Sitz in Rom auf Initiative der Welternährungskonferenz 1977 gegründet. – *Mitglieder* (2013): 168 Länder. – *Ziel:* Steigerung der Agrarproduktion und Verbesserung des Ernährungsstandes der ländlichen Armen in Entwicklungsländern. – *Organe: Gouverneursrat* und ihm verantwortlich ein *Verwaltungsrat* mit 18 Mitgliedern und 18 Stellvertretern. – *Aktivitäten:* Seit Gründung wurden 805 Projekte mit einem Investitionsvolumen von mehr als 10 Mrd. US-Dollar durchgeführt.

IFC – Abk. für *International Finance Corporation, Internationale Finanz-Korporation.* – *Sitz:* Washington, D.C.; am 25.7.1956 gegründete Sonderorganisation der → UN. – *Mitglieder* (2013): 181. – *Ziel:* Unterstützung der Entwicklungsländer über die Förderung des privaten Sektors durch die Mobilisierung von Privatinvestitionen (Kredite und Beteiligungen an Privatunternehmen in Entwicklungsländern). – *Organe:* Identisch mit denen der → IBRD (Personalunion). – *Aktivitäten:* Die IFC bewilligt zum einen Projektfinanzierung durch langfristige Kredite oder Eigenkapitalbeteiligungen. Dabei werden keine staatlichen Kreditgarantien verlangt, aber marktübliche Zinssätze erhoben. Um adäquate Kofinanzierung durch private Investoren zu gewährleisten, bemüht sich die IFC um Mindestbeteiligungen. Die IFC gibt bei privaten Investitionsprojekten außerdem Consulting und technische Hilfe. Außerdem hilft sie bei der Mobilisierung von privatem Kapital. – Seit 1993 hat IFC ein Verbindungsbüro in Frankfurt a.M.

IIP – Abk. für → International Investment Position.

ILO – Abk. für *International Labour Organization, Internationale Arbeitsorganisation (IAO);* durch den Friedensvertrag von Versailles 1919 mit Sitz in Genf ins Leben gerufen, in enger Verbindung zum Völkerbund. 1946 Abkommen zwischen den → UN und der ILO, durch das die ILO den Status einer Sonderorganisation der UN erhielt (Musterverträge für die Schaffung der übrigen UN-Sonderorganisationen). – *Mitglieder* (2013): 185 Mitgliedsstaaten. – *Hauptorgane: Internationale Arbeitskonferenz* (Vollversammlung aller Mitgliedsstaaten), die jährlich einmal zur Annahme von Übereinkommen (Konventionen) zusammenkommt; *Verwaltungsrat,* der aus 56 Mitgliedern (28 von Regierungen, je 14 von Arbeitgebern und Arbeitnehmern) besteht, wobei die wirtschaftlich wichtigsten Mitgliedsstaaten über zehn Sitze verfügen, die restlichen werden gewählt; *Internationales Arbeitsamt* (IAA) in Genf, das die Funktion eines Sekretariats ausübt. – *Ziele:* Generelle Verbesserungen der Arbeitsbedingungen im weltweiten Rahmen. Als wichtigste *Instrumente* dienen die Aufstellung internationaler Konventionen und Empfehlungen, deren Annahme durch die Internationale Arbeitskonferenz, das Weltbeschäftigungsprogramm und ILO-Programm für technische Entwicklungshilfe. Auf der Weltbeschäftigungskonferenz 1976 wurde das sog. Grundbedürfniskonzept vorgestellt, welches die

→ Entwicklungshilfe beeinflusste. - Die *Finanzierung* erfolgt durch Umlagen auf die einzelnen Mitgliedsstaaten. - *Wichtige Publikationen:* International Labour Review; World of Work; Bulletin of Labour Statistics; Yearbook of Labour Statistics.

IMF - Abk. für *International Monetary Fund*, → IWF.

IMFC - Abk. für *International Monetary and Finance Committee;* Gremium, bestehend aus den IWF-Gouverneuren derjenigen Länder, die einen Sitz im Exekutivrat des → IWF haben. Entspricht in der Zusammensetzung dem früheren Interims-Ausschuss des IWF (→ IWF-Interimsausschuss), dessen Funktion es seit der ersten Sitzung im April 2000 in Washington, D.C., übernommen hat. IMFC trifft sich zweimal im Jahr. Allerdings soll das IMFC eine hervorgehobenere Rolle spielen, u.a. sollen die wichtigsten Mitgliedsländer des IWF durch das IMFC politische Verantwortung für IWF-Kreditprogramme übernehmen. Dies steht in Zusammenhang mit der laufenden Debatte über eine Reform des IWF und die Schaffung einer → Neuen Weltfinanzarchitektur.

Imitatio-Prinzip - nicht systematisiertes Lernen in der → Berufsausbildung, das v.a. im Handwerk traditionell begründet und verbreitet ist. Charakteristisch ist z.B. das Stufungsmodell der TWI-Methode (Training Within Industry): Vorbereitung - Vormachen - Nachmachen - Üben. Problematisch ist der rezeptive Charakter des Imitatio-Prinzips, die fehlende theoretische Durchdringung und daraus resultierend die geringe Übertragungsmöglichkeit des Gelernten.

immaterielle Güter → Dienstleistungen.

Immission - Immissionen resultieren aus → Emissionen und können demnach nur durch Maßnahmen gegen Emissionsquellen bekämpft werden. Allerdings sind Emissionen und Immissionen bei diffundierenden → Schadstoffen unterschiedlich, sodass zusätzlich zur Bekämpfung an der Quelle auch darauf geachtet werden muss, wie sich die Emissionen im Raum verteilen. Das *Bundes-Immissionsschutzgesetz* umfasst allg. Grundlagen und Regelungen zum Schutz von Menschen sowie Tieren, Pflanzen und Sachen vor Luftverunreinigungen, Geräuschen, Erschütterungen, Licht, Wärme, Strahlen und ähnliche Umwelteinwirkungen.

Imperialismus - 1. Nach der *Imperialismustheorie des* → Marxismus teilen die nationalen Großunternehmen in der Phase des → Monopolkapitalismus die weniger entwickelten Länder mit militärischer Gewalt als Kolonien unter sich auf, um den Untergang des → Kapitalismus zeitweilig aufzuhalten. Durch zusätzliche Nachfrage in den Kolonien könnten die Unterkonsumptionskrisen (→ Krisentheorie) verhindert werden, durch → Ausbeutung der dortigen Arbeiter und billige Rohstoffimporte könne daneben der → tendenzielle Fall der Profitrate abgewendet werden (R. Luxemburg). - 2. Nach der *Imperialismustheorie von Lenin* (→ Marxismus-Leninismus) bewirkt der Kapitalexport in die Kolonien, dass für die in den kapitalistischen Staaten verbleibende Kapital die → Profitrate deshalb nicht falle, weil so die negativen Auswirkungen der Akkumulation neutralisiert würden. Ausbeutung und Verelendung träfen nun nicht die Arbeiter in den kapitalistischen Staaten, sondern diejenigen in den Kolonien. Die in den Kolonien erzielten Gewinne könnten von den Monopolen zur Bestechung der Arbeiterführer und damit ebenfalls zur Systemstabilisierung verwendet werden. Nachdem jedoch alle Länder zwischen den Monopolen aufgeteilt wären, wirkten diese Mechanismen nicht mehr, und das Ende des Kapitalismus ließe sich nicht mehr aufhalten. - 3. *Modifizierung der Imperialismustheorie* durch Einführung einer weiteren *neoimperialistischen Entwicklungsphase*, da sich die Leninsche Vorhersage auch nach Beendigung der Kolonialära nicht erfüllte: Zwar seien die ehemaligen Kolonien formell unabhängig, der Einfluss der Monopole sei jedoch durch ihr dortiges wirtschaftliches Engagement weiterhin dominierend, die Zwänge der internationalen Arbeitsteilung hielten die weniger entwickelten Staaten in einem Zustand permanenter Abhängigkeit. - 4. *Bedeutung/Beurteilung:* a) *Marxsche bzw. Leninsche Imperialismustheorie:* Bei ihr handelt es sich um eine Ad-hoc-Hypothese, mit deren nachträglichem Einfügen in das Entwicklungsschema des → historischen Materialismus die Marxsche Vorhersage vor der Widerlegung durch die geschichtliche Realität immunisiert werden soll (→ Monopolkapitalismus, → Staatsmonopolkapitalismus, → Spätkapitalismus).-b) Die *Theorie des Neoimperialismus* lässt unberücksichtigt, dass die internationale Wettbewerbsfähigkeit und damit auch wirtschaftliche Selbstständigkeit der ehemaligen Kolonien von den dort vorhandenen Ressourcen und deren internationalen Knappheiten sowie v.a. von der nationalen → Wirtschaftsordnung abhängt. Von einer naturgesetzlichen Unterordnung dieser Staaten unter den Willen supranationaler Großunternehmen kann daher nicht gesprochen werden.

importierte Inflation - Zum Inflationsimport kommt es häufig im Zuge einer Abwertung der inländischen Währung, die einerseits die Preise der Importgüter in inländischer Währung (→ Kostendruckinflation) erhöht und die andererseits die Nachfrage nach inländischen Gütern steigert (Nachfragesoginflation). - Vgl. auch → Inflationstheorien.

Impôt Unique - *einzige Steuer;* 1. *Charakterisierung:* Da der Wirtschaftstheorie der → Physiokratie zufolge ausschließlich die Landwirtschaft eine Nettowertschöpfung (Produit Net) hervorbringen kann, würden alle Steuern, unabhängig vom Steueranknüpfungspunkt, durch Überwälzung letztendlich aus diesem Überschuss finanziert. Daher wird gefordert, anstelle der verwaltungs- und daher kostenintensiven Besteuerung des Einkommens, Umsatzes, Vermögens u.a. in den anderen Wirtschaftsbereichen (Handwerk, Handel und sonstiges Gewerbe) eine erhebungstechnisch einfache und billige Steuer alleine auf den Boden einzuführen, die von den Grundeigentümern aus ihren Pachteinnahmen (Wertschöpfung der Landwirtschaft) zu zahlen sein soll. – 2. *Kritik:* Aufgrund der zwischenzeitlich widerlegten Wertschöpfungstheorie der Physiokraten und nicht zuletzt wegen unsozialer Folgewirkungen ist dieser Vorschlag überholt. Während ein wohlhabender Gewerbetreibender keinerlei Steuer zahlen müsste, wäre die Steuerbelastung eines Grundeigentümers mit minimalen Pachteinnahmen ggf. unerträglich hoch. Die in der Bundesrepublik Deutschland vom Markgrafen von Baden-Durlach durchgeführten physiokratischen Experimente zeigten daneben, dass diese Steuern von den Grundeigentümern auf die Pächter weitergewälzt wurden. Die Folgen waren Verarmung der Landbevölkerung, Landflucht und Niedergang der Landwirtschaft.

Income Terms of Trade – 1. *Begriff:* Index der Importkapazität bzw. der Kaufkraft der Exporterlöse; eines der Konzepte der Terms of Trade, das zu den → Commodity Terms of Trade auch noch die Veränderung der Exportmenge berücksichtigt. Die Income Terms of Trade ermittelt man durch Division der Exporterlöse mit den Importpreisen. – 2. *Beurteilung:* Die Income Terms of Trade sind für Wohlfahrt und Wettbewerbsfähigkeit eines Landes aussagefähiger als die Commodity Terms of Trade, da hiermit Angaben gemacht werden können über das Importvolumen, das mit den erzielten Exporterlösen finanziert werden kann.

Index der Importkapazität → Income Terms of Trade.

Indexwährung – *Kaufkraftwährung;* → Währungssystem, bei dem der → Geldwert, losgelöst von Bindungen an ein Währungsmetall, durch Regulierung der gesamten umlaufenden Geld- und Kreditmenge begründet wird. Es wird Bindung an einen bestimmten Preisindex erstrebt, um möglichst wertstabiles Geld, das ist Geld mit gleichbleibender → Kaufkraft, zu erhalten. Dabei hat die Notenbank die Geld- und Kreditmenge innerhalb der Wirtschaft ständig so zu regulieren, dass Umlaufgeschwindigkeit (→ Geldumlaufgeschwindigkeit) und → Geldmenge nicht vom Index abweichen. Theoretische Begründung durch I. Fisher, der die Kaufkraft des Geldes (Recheneinheit) gegenüber der Warenwelt im ganzen stabilisieren wollte: Durch genaue Beobachtung des Preises einer bestimmten Warengruppe soll danach der Dollar durch jeweilige Veränderung des Goldgehaltes in seiner Kaufkraft gegenüber den Waren stabil gehalten werden.

Indirekte Demokratie – *repräsentative Demokratie.* 1. *Begriff:* Staatsform, bei der öffentliche Angelegenheiten durch Abstimmungen in Parlamenten entschieden werden und die Bürger des Gemeinwesens nur indirekt durch die periodische Wahl der Parlamentsabgeordneten Einfluss nehmen können. – 2. *Theorie der indirekten Demokratie:* Neue Politische Ökonomie, → Parteienwettbewerb.

Individualismus – Mit Individualismus werden sozialtheoretische Konzeptionen bezeichnet, in denen das Individuum eine zentrale Stellung einnimmt. Verschiedene Spielarten des Begriffs sind zu unterscheiden. – 1. *Methodologischer Individualismus* bezeichnet eine Konzeption von positiver Sozialwissenschaft, die aggregierte gesellschaftliche Phänomene erst dann als „erklärt" ansieht, wenn sie auf das Handeln von Individuen zurückgeführt bzw. aus individuellen Entscheidungen abgeleitet sind. – 2. *Normativer methodologischer Individualismus* sieht Regeln, Institutionen, Verfassungen erst dann als „legitimiert" an, wenn sie auf die – expliziten oder impliziten – Willensentscheidungen der bzw. aller Betroffenen zurückgeführt werden (können). – Vgl. auch Konsensethik. – 3. *Ethischer Individualismus:* Unter ethischem Individualismus versteht man eine Position, die dem Individuum in Fragen der Moral Vorrang vor den Forderungen und Interessen der Allgemeinheit gibt. – 4. *Aufgabe von Wirtschaftsethik:* In diesem Kontext hat Wirtschaftsethik zum einen die Bedeutung, Regeln für die Individuen deutlich zu machen. Sie hat darüber hinaus die Frage zu diskutieren, ob mit dem beobachteten Trend zur Individualisierung ein autonomer Wertewandel stattgefunden hat, dem durch Bewusstmachen moralischer Werte und Erziehung zu mehr Gemeinsinn zu begegnen ist, oder ob dieser Trend, wenn er empirisch bestätigt ist, durch eine Veränderung der relativen Kosten induziert ist und letztlich einen sekundären Wertewandel darstellt, dem dann durch institutionelle Reformen, zu begegnen wäre, die die Kosten für die Praktizierung des Gemeinsinns senken.

Individualprinzip → Sozialpolitik, Gestaltungsprinzipien.

Individualverkehr – 1. *Begriff:* Verkehrsart, bei der die Verkehrsmittel nur von einem einzelnen oder einem beschränkten Personenkreis eingesetzt werden und bei dem der oder die Benutzer völlig frei sind in der Bestimmung der Zeit, des Fahrweges und des Zieles der Fahrt. Der Pkw als das wichtigste Verkehrsmittel des Individualverkehrs vereinigt Komfort mit zeitlicher und örtlicher Ungebundenheit, hat aber im Vergleich zu öffentlichen Verkehrsmitteln den Nachteil des hohen Flächenbedarfs und hoher spezifischer negativer → externer Effekte. – *Gegensatz:* → Öffentlicher Verkehr. – 2. *Bedeutung und künftige Entwicklung:* Nach dem Zweiten Weltkrieg hat sich der Individualverkehr bes. stark ausgeweitet und den → öffentlichen Verkehr stark zurückgedrängt. Entfielen 1950 lediglich ein Drittel der Verkehrsleistung auf den Individualverkehr und der Rest auf den → öffentlichen Personenverkehr, so entfallen zz. auf den Individualverkehr über 80 Prozent. Die jüngsten Prognosen gehen davon aus, dass sich an diesem → Modal Split bis zum Jahr 2010 nichts geändert haben wird.

Fahrtzwecke, an denen der Individualverkehr bes. hohe Marktanteile hat, werden weiterhin der Berufsverkehr und der Freizeitverkehr sein. – 3. *Probleme:* Die starke Zunahme des Individualverkehrs und der mit ihm zusammenhängenden Belastungen (Staus, Lärm, Abgase) haben bereits in den 1970er-Jahren – auch unter dem Eindruck der Entwicklungen auf den Energiemärkten – zu Überlegungen geführt, wie eine Veränderung des Modal Split erreicht werden könnte. Erhöhung der Mineralölsteuer und Kraftfahrzeugsteuer, Ausbau und Attraktivitätssteigerung des öffentlichen Personenverkehrs haben jedoch bisher keine spürbare Entlastung gebracht. Bestrebungen, durch Road Pricing die negativen externen Effekte des Individualverkehrs zu internalisieren und so über pretiale Anreize zu einer Verlagerung zu kommen, scheitern bisher an technischen Schwierigkeiten, v.a. aber an politischen Rücksichtnahmen.

Industrialisierung – I. **Begriff:** Volkswirtschaftlicher Prozess, der gekennzeichnet ist durch eine signifikante Zunahme der gewerblichen Gütererzeugung (sekundärer Sektor) auf Kosten des Agrarbereichs (primärer Sektor). Diese Erzeugung von gewerblichen Massengütern erfolgt mit wachsendem Maschineneinsatz in großgewerblicher, arbeitsteiliger Produktionsorganisation.

II. **Industrialisierungskonzepte:** Die Grundstrukturen von in verschiedenen Volkswirtschaften zu verschiedenen Zeiten in unterschiedlicher Weise ablaufenden Industrialisierungsprozesse können anhand ausgewählter Indikatoren erfasst und zu Industrialisierungskonzepte verdichtet werden, anhand derer u.U. Anregungen für die Industrialisierung von heute nicht oder wenig industrialisierten Ländern gewonnen werden können. – Drei wichtige Industrialisierungskonzepte: 1. Nach *A. Gerschenkron* wird der Verlauf der Industrialisierung einer Volkswirtschaft maßgeblich von ihrer wirtschaftlichen Rückständigkeit zu Beginn dieses Prozesses bestimmt. Mit dem Grad der Rückständigkeit nehmen v.a. die Schnelligkeit und Intensität der Industrialisierung und damit u.a. auch die von der Bevölkerung während des Prozesses zu tragenden Lasten (Einschränkung des Konsumniveaus) zu. Bes. Bedeutung kommt der Regelung der Kapitalbereitstellung zu: Während in einem wirtschaftlich fortgeschrittenen Land (z.B. England) die Kapitalbeschaffung überwiegend durch Selbstfinanzierung der Unternehmen erfolgen kann, bedarf es dazu bei einem rückständigen Land der Institution „Kreditinstitut" (z.B. in Deutschland) oder sogar des direkten Eingriffs des Staates (z.B. in Russland). Mit fortschreitender Industrialisierung kann die Kapitalbereitstellung sukzessive auf die Unternehmen selbst verlagert werden. – 2. *Hoffmann* unterscheidet im Industrialisierungsprozess anhand der Nachfragestruktur grundsätzlich vier Perioden: a) Vorherrschen der Konsumgüterindustrie, b) allmähliches Wachstum der Kapitalgüterindustrie, c) Gleichgewicht zwischen Konsum- und Kapitalgüterindustrie, d) Übergewicht der Kapitalgüterindustrie. – Den ersten Ansatzpunkt für die Industrialisierung einer Volkswirtschaft bildet der Massenbedarf der Bevölkerung an lebensnotwendigen Gütern, sodass bei der Konsumgüterproduktion industrielle Verfahren eingesetzt werden können. Durch zunehmende soziale Differenzierung und wachsende Beschäftigtenzahl verschiebt sich im Zusammenhang mit steigenden Haushaltseinkommen die Nachfrage- und Produktionsstruktur. Lohnsteigerungen wiederum begünstigen den Substitutionsprozess zugunsten von Wirtschaftsbereichen mit höherer Wertschöpfung. Diese Differenzierung in der Produktion geht mit wachsender Qualifikation des Produktionsfaktors Arbeit (Ausbildung) und institutioneller Bereitstellung des Produktionsfaktors Kapital (Kreditinstitute) einher. So entsteht allmählich neben der Nachfrage auch die Möglichkeit zur Herstellung von Kapitalgütern. Aufgrund der aufgezeigten Interdependenzen erlangen die Kapitalgüterindustrien immer größere Bedeutung. – 3. *Rostow* findet ausgehend von einer traditionellen Gesellschaft mit vorindustriellen Wirtschafts- und Herrschaftsstrukturen im Industrialisierungsprozess vier typische Wachstumsphasen: a) *Anlaufperiode*, in der die Vorbedingungen für zukünftiges, industrielles Wachstum gelegt werden; b) *Aufschwungperiode (Take off)*, in der ein sich selbst tragender wirtschaftlicher Aufschwung einsetzt; c) *Reifeperiode*, in der die Entwicklung konsolidiert wird; d) *Massenkonsumperiode*, in der erste Marktsättigungen auftreten. – Entscheidend für den Erfolg und den konkreten Ablauf der Industrialisierung ist die Aufschwungperiode, in der nach Überwindung von entwicklungshemmenden Faktoren wirtschaftliches Wachstum zu einer normalen Bedingung des Wirtschaftens wird. Die Aufschwungperiode ist dadurch gekennzeichnet, dass geeignete Rahmenbedingungen im sozio-ökonomischen und institutionellen Bereich vorliegen, die Quote produktiver Investitionen mind. zehn Prozent beträgt und einer oder mehrere industrielle Bereiche als Führungsbereiche (Leading Sector) mit sehr hohen Wachstumsraten und umfangreichen Vorwärts- und Rückwärtskoppelungseffekten fungieren.

Industriekonzept → relevanter Markt.

Industrieländer – Staaten mit folgenden Merkmalen: relativ hoher Anteil der verarbeitenden Industrie am Bruttonationaleinkommen (BNE); relativ lange Tradition der industriellen Produktion; relativ hohes technologisches Niveau und Pro-Kopf-Einkommen; relativ hohe Funktionsfähigkeit bzw. Effizienz des Wirtschaftssystems. Trotz des stetig steigende Wertschöpfungsanteils des Dienstleistungssektors in vielen der klassischen Industrieländer werden diese auch weiterhin als Industrieländer bezeichnet, auch wenn hierdurch die Bedeutung der industriellen Wertschöpfung stark an Bedeutung verloren hat. – *Gegensatz:* → Entwicklungsländer.

industrielle Reservearmee – Begriff der Wirtschaftstheorie des → Marxismus für das Überschussangebot auf dem Arbeitsmarkt. Der → technische Fortschritt wirkt Marx zufolge allein arbeitskräftesparend, wodurch die Nachfrage der Unternehmer nach Arbeitskräften stetig sinkt. Die Konkurrenz auf dem Arbeitsmarkt führe dazu, dass die Löhne dem Existenzminimum (d.h. dem „Reproduktionsaufwand"; → Arbeitswertlehre, → Existenzminimum-Theorie des Lohns, → Mehrwerttheorie) entsprächen und hierdurch die → Ausbeutung der Arbeiter ermöglicht würde. Im konjunkturellen Aufschwung führe zwar die verstärkte Nachfrage nach Arbeitskräften zu einem kurzfristigen Anstieg der Löhne, jedoch bewirke der hierdurch verursachte Fall der → Profitrate wieder ein Absinken der Löhne auf das Existenzminimum.

industrieller Sektor → sekundärer Sektor.

industrielles Ökosystem – Leitbild für die Gestaltung der industriellen Zivilisation, gemäß dem sich der Umgang mit Energie, Stoffen und natürlichen Ressourcen am Vorbild biologischer → Ökosysteme orientieren soll. *Voraussetzungen sind:* → integrierter Umweltschutz, → ökologische Kompatibilität, → präventiver Umweltschutz, → Systemmanagement. – Vgl. auch → Entropie.

Industriepolitik – 1. *Begriff:* Industriepolitik ist die gezielte Beeinflussung der sektoralen Produktionsstruktur einer Volkswirtschaft durch den Staat. Sie ist damit Teil der → Strukturpolitik. – *Abgrenzung:* Zielobjekt der Industriepolitik sind stets Teilbereiche (i.d.R. Branchen), nicht die Volkswirtschaft als Ganzes. Makroökonomische Politiken zählen nicht dazu, auch wenn sie mittelbar die Branchenstruktur beeinflussen mögen. Ebenfalls ausgeklammert bleibt die Ordnungspolitik, z.B. Wettbewerbspolitik, gewerblicher Rechtsschutz oder staatliche → Regulierung bestimmter Wirtschaftszweige. Auch hier sind die Rückwirkungen auf die Branchenstruktur nur mittelbare Folge der wirtschaftspolitischen Eingriffe, nicht ihr erklärtes Ziel. Im Unterschied zu dem heute üblichen Begriffsabgrenzung wurde im älteren dt. Sprachgebrauch unter Industriepolitik diejenige Politik verstanden, die sich auf den industriellen Sektor richtet. – 2. *Bereiche:* Die wirtschaftspolitische Praxis wird i.d.R. nicht von in sich geschlossenen industriepolitischen Konzeptionen (→ Industriepolitik, Konzeptionen) geprägt, sondern von einem Bündel mehr oder weniger koordinierter Maßnahmen mit unterschiedlichen Zielsetzungen und Zuständigkeiten. Von der Intention des staatlichen Lenkungseingriffs her lassen sich drei Bereiche unterscheiden: a) In bestimmten Wirtschaftszweigen soll ein Mindestmaß an inländischer Produktion aufrechterhalten werden. Dabei geht es zumeist um Aspekte der Versorgungssicherheit oder der militärischen Sicherheit (→ Strukturerhaltungspolitik). – b) Strukturelle Anpassungsprozesse sollen zeitlich gestreckt und in ihren sozialpolitischen Auswirkungen abgefedert werden. Auch hier stehen schrumpfende Branchen im Mittelpunkt, wobei es in erster Linie um den Erhalt bedrohter Arbeitsplätze geht (→ Strukturanpassungspolitik). – c) Zukunftsträchtige Produktionsbereiche sollen gestärkt werden. Hier geht es um die gezielte Unterstützung von Branchen, deren Anteil an der Gesamtproduktion erhöht werden soll (→ strategische Industriepolitik). – Die beiden erstgenannten Bereiche bilden den Kern der traditionellen Industriepolitik, während die strategische Industriepolitik erst in jüngerer Zeit an Bedeutung gewonnen hat und auch als *„neue Industriepolitik"* bezeichnet wird. – 3. *Instrumente:* Eine eindeutige Zuordnung von Politikinstrumenten zu Politikbereichen ist nicht immer möglich, d.h. manche Instrumente, die für industriepolitische Ziele eingesetzt werden, dienen in gleicher oder ähnlicher Form auch den Zielen anderer Politikbereiche. Grundsätzlich setzen industriepolitische Instrumente jedoch entweder bei den Produktionsbedingungen für Unternehmen im Inland (→ Binnenprotektion) oder den Absatzbedingungen gegenüber Konkurrenten aus dem Ausland (Außenprotektion) an. – 4. *Wirkungen industriepolitischer Maßnahmen:* Generell gilt, dass die Begünstigung einzelner Wirtschaftsbereiche stets eine (relative) Benachteiligung für alle anderen darstellt. Bei der *Binnenprotektion* sind es die höheren Staatsausgaben, mit denen die Subventionen finanziert werden und die letztlich in den nicht subventionierten Wirtschaftsbereichen erwirtschaftet werden müssen. Bei der *Außenprotektion* sind es die Rückwirkungen auf den Wechselkurs; denn die Reduzierung der Importe durch tarifäre oder nicht-tarifäre Maßnahmen wirkt einer Aufwertung der heimischen Währung vergleichbar und erschwert den Export. Darüber hinaus werden die Konsumenten bei Außenprotektion mit einem „Excess Burden" belastet, da sie ihre Kaufentscheidungen nicht mehr an den Weltmarktpreisen, sondern an den durch Protektion verzerrten Inlandspreisen ausrichten. – 5. *Beurteilung:* In der Beurteilung industriepolitischer Maßnahmen klafft eine erhebliche Lücke zwischen Theorie und Praxis. Von der Wirtschaftswissenschaft ist immer wieder darauf verwiesen worden, dass industriepolitische Eingriffe des Staates nur selten theoretisch zu rechtfertigen sind und dass ein weltweiter Abbau der Binnen- und Außenprotektion letztlich die Wohlfahrt aller beteiligten Länder erhöhen würde. Trotz dieser Kritik hat das Ausmaß der industriepolitischen Interventionen im Zeitverlauf jedoch nicht abgenommen, sondern eher noch zugenommen. Vor diesem Hintergrund verfolgt die wirtschaftswissenschaftliche Forschung derzeit v.a. zwei Strategien: a) Im Rahmen der *neueren Außenhandels- und Wachstumstheorie* wird analysiert, inwieweit der Einsatz industriepolitischer Instrumente unter bestimmten Bedingungen doch wohlfahrtssteigernde Wirkungen haben könnte, zumindest für das intervenierende Land selbst. Dabei wird v.a. versucht, traditionelle Außenhandels- und Wachstumsmodelle durch die Einbeziehung industrieökonomischer Ansätze realitätsnäher zu gestalten. – b) Im Rahmen der *Public-Choice-Theorie* wird versucht, die Abweichungen zwischen ökonomischer Theorie und politischer Realität aus den Gesetzmäßigkeiten politischer und bürokratischer Entscheidungsprozesse heraus zu erklären. Ins Blickfeld geraten dabei auch die Auswirkungen der Industriepolitik auf die Entscheidungsprozesse innerhalb von Unternehmen. Wenn der Staat selektiv Protektion gewährt, kann es für die Unternehmen lohnend sein, einen Teil ihrer Ressourcen in gesamtwirtschaftlich unproduktive Verwendungsrichtungen zu investieren, um in den Kreis der Protektionierten hineinzugelangen (→ Rent Seeking).

Industriepolitik, Konzeptionen – 1. Die Vertreter einer *vorausschauenden Strukturplanung (positive Strukturanpassung, Picking the Winners)* weisen dem Staat die Aufgabe zu, den Strukturwandel (→ struktureller Wandel) so zu beeinflussen, dass zukunftsträchtige Branchen rascher wachsen können und strukturschwache Branchen dementsprechend schneller schrumpfen. So sei es möglich, das Wachstum einer Volkswirtschaft insgesamt zu erhöhen sowie mehr Arbeitsplätze und Einkommen zu schaffen. – 2. Vertreter einer *ordnungspolitisch orientierten Industriepolitik* wenden dagegen ein, dass eine erfolgreiche Strukturplanung nur möglich sei, wenn staatliche Instanzen bessere Informationen über die künftige Wirtschaftsentwicklung hätten als private Wirtschaftssubjekte. Sie verweisen darauf, dass die sektorale Produktionsstruktur im Rahmen einer Marktwirtschaft das Ergebnis zahlreicher dezentraler Entscheidungsprozesse ist, die sich an der Veränderung der relativen Güter- und Faktorpreise orientieren. Da das System der relativen Preise das effizienteste aller denkbaren Informationssysteme sei, würden staatliche Planungseingriffe zwangsläufig zu verzerrten Produktionsstrukturen und gesamtwirtschaftlichen Effizienzverlusten führen. Aus dieser Sicht ist es gar nicht möglich, die gesamtwirtschaftlich optimale Produktionsstruktur vom Staat vorzugeben, da die dazu nötigen Informationen nicht verfügbar seien. Die sektorale Struktur einer Volkswirtschaft sei „zwar das Ergebnis menschlichen Handelns, aber nicht menschlichen Entwurfs" (Hayek). Der Industriepolitik komme demnach primär die Aufgabe zu, Hindernisse für den Strukturwandel aus dem Weg zu räumen, anstatt den Strukturwandel unmittelbar zu lenken. – 3. *Vergleich der beiden Konzeptionen:* Welche dieser beiden Grundkonzeptionen gesamtwirtschaftlich vorteilhafter ist, hängt aus theoretischer Sicht entscheidend davon ab, welche Rolle Pfadabhängigkeiten oder → Hysterese-Effekten im Prozess der wirtschaftlichen Entwicklung zukommt. Diese Effekte werden bes. im Rahmen der neuen Wachstumstheorie analysiert. Wenn damit gerechnet werden kann, dass sich die sektorale Struktur einer Volkswirtschaft ohne größeren Friktionen flexibel an die jeweiligen komparativen Vor- und Nachteile gegenüber anderen Volkswirtschaften anpasst, führen staatliche Markteingriffe in die Sektorstruktur zwangsläufig zu gesamtwirtschaftlichen Wohlfahrtsverlusten, da das Ausnutzen der international unterschiedlichen komparativen Kosten (komparative Vorteile) behindert wird. Wenn die Industriestruktur jedoch historische Beharrungstendenzen aufweist und nur unvollkommen auf Änderungen nationaler komparativer Vorteile reagiert, dann kann es gesamtwirtschaftlich sinnvoll sein, den Strukturwandel gezielt in eine Richtung zu lenken, die ein besseres Ausnutzen heutiger oder künftiger komparativer Vorteile erlaubt. Die Frage nach dem „richtigen" industriepolitischen Konzept lässt sich damit nicht rein theoretisch lösen, sondern bedarf der empirischen Analyse der Determinanten des sektoralen Strukturwandels. – a) Weitgehend unstrittig ist die *empirische Beobachtung,* dass die sektorale Produktionsstruktur von Ländern im Zeitablauf recht stabil ist. Daraus kann aber noch nicht geschlossen werden, dass die Sektorstruktur durch Hystereseeffekte geprägt ist, denn die Persistenz von Sektorstrukturen könnte auch das Ergebnis einer Persistenz der jeweiligen komparativen Vor- und Nachteile sein. Entscheidend ist vielmehr, ob die historisch gewachsene sektorale Struktur eines Landes auch dann bestehen bleibt, wenn sie aufgrund eines veränderten volkswirtschaftlichen Umfeldes in Widerspruch gerät zu den komparativen Vorteilen des betreffenden Landes. Gegen die These einer derart verstandenen *strukturellen Hysterese* sprechen die ausgeprägten Schrumpfungsprozesse arbeitsintensiver Industrien in hoch entwickelten Ländern, die sich in den vergangenen Jahrzehnten infolge der verschärften Weltmarktkonkurrenz aus Niedriglohnländern ergeben haben. Gleichwohl kann die Frage der Struktur-Hysterese nicht als eindeutig empirisch geklärt angesehen werden. Der Streit zwischen den Verfechtern einer ordnungspolitisch orientierten Industriepolitik und einer Politik der positiven Strukturanpassung wird also wohl auch künftig anhalten. – b) Die *in den westlichen Industrieländern praktizierte Industriepolitik* bewegt sich zwischen diesen beiden Polen. In den Grundsatzerklärungen der Regierungen wird zumeist die Verbesserung der allg. Rahmenbedingungen für unternehmerisches Handeln als oberstes Ziel genannt, während in der Praxis immer wieder einzelne Branchen oder auch Unternehmen gezielt gefördert werden. Dabei geben rein ökonomische Argumente nur selten den Ausschlag; oftmals wird „politischen Zwängen" der Vorrang eingeräumt. Von allen Bereichen der Wirtschaftspolitik steht die Industriepolitik wohl am stärksten unter dem Druck von → Interessengruppen. – Vgl. auch → Industriepolitik.

Inflation – 1. *Begriff:* Prozess anhaltender Preisniveausteigerungen, die über eine gewisse Marge hinausgehen. Inflation ist nur als dynamischer Vorgang denkbar, bei dem Inflation aus einem bestimmten Ursachenkomplex im ökonomischen System entsteht und wieder auf dieses zurückwirkt. Zur Inflation zählen nur Steigerungen des → Preisniveaus. Jene sind von Steigerungen der Einzelpreise zu unterscheiden, die zu den für eine Marktwirtschaft normalen Vorgängen zählen. Die Flexibilität der Einzelpreise hat für den Marktmechanismus die wichtige Funktion, die Produktionsfaktoren so zu lenken bzw. umzulenken, dass das Güterangebot dem Bedarf angepasst wird. Einzelpreissteigerungen (-senkungen) signalisieren den Anbietern ceteris paribus einen höheren (geringeren) Bedarf, spiegeln also die relativen Knappheitsverhältnisse wider. Bei Preisniveaustabilität sind diese anhand der absoluten Preisänderungen unschwer zu erkennen. Bei Inflation ist dies schwieriger, zumindest aufwendiger. Steigerungen des Preisniveaus entstehen durch ein Übergewicht der Anstiege von Einzelpreisen über gleichzeitig vorkommende Preissenkungen. Das Preisniveau wird dabei als ein in geeigneter Weise gewichteter Durchschnitt aller Güterpreise verstanden. Im Fall eines anhaltenden Preisniveauanstiegs kann beobachtet werden, dass sich bei den Wirtschaftssubjekten Erwartungen auf weitergehende Kaufkrafteinbußen herausbilden, was zu Beeinträchtigungen der Geldfunktionen, verbunden mit einem Verlust an Vertrauen in das Kreditgeldsystem (keine stoffliche Deckung) führt. Von Inflation wird i.Allg. nur gesprochen, wenn der Kaufkraftverlust eine gewisse Marge überschreitet, deren Höhe umstritten ist, jedoch meist mit etwa 1 bis 2 Prozent pro Jahr angegeben wird. – Inflation bei freier Preisbildung wird als offene Inflation bezeichnet. Von zurückgestauter Inflation spricht man, wenn inflationäre Tendenzen durch Maßnahmen staatlicher Preis- und Einkommenspolitik (v.a. Preisstopps) unterdrückt und so ein Ansteigen des Preisniveaus verhindert werden soll. – 2. *Messung:* a) *Verfahren:* Zur Messung des Preisniveauanstiegs bedient man sich (unter bewusstem Verzicht auf Einzelinformationen) bestimmter Kennziffern, die über die durchschnittlichen Veränderungen der Einzelpreise informieren (Preisindex): (1) Ein *Preisindex für das Bruttonationalprodukt* misst die Preisentwicklung aller Waren und Dienstleistungen, die in das Nationaleinkommen eingehen. (2) In den *Verbraucherpreisindex für Deutschland (VPI)* (früher Preisindex für die Lebenshaltung) hingegen fließen nur Waren und Dienstleistungen des täglichen Bedarfs ein, die als repräsentativ für den „durchschnittlichen privaten Haushalt" angesehen werden. In der Bundesrepublik Deutschland wird vom Statistischen Bundesamt (StBA) der → Laspeyres-Index verwendet, der die Preisniveauentwicklung eher überzeichnet. – b) *Probleme* der Inflationsmessung ergeben sich aus der Auswahl geeigneter Indizes, aus der Auswahl der den Indizes zugrunde liegenden Warenkörbe, der Isolierung der Preisbewegungen von überlagernden Effekten (Veränderungen der Güter- und Verbrauchsstruktur, Substitutionsvorgänge, Qualitätssteigerungen), der Auswahl der relevanten Güterpreise (Listen- und Sonderpreise, Brutto- oder Nettopreise, Einbeziehung von Steuern etc.) sowie bei Effekten, bei denen es angeraten ist, sie nicht als inflationäre Tendenzen zu werten, obgleich sie zu einem Ansteigen des Preisindex führen, wie etwa steigende Umweltkosten. – 3. *Ursachen:* Die Ursachen von Inflationen sind in der politischen Diskussion wie in der wissenschaftlichen Analyse umstritten. Es besteht jedoch weit gehender Konsens, dass es zur Erklärung einer konkreten Inflation meist nicht ausreicht, sich auf eine Ursache zu konzentrieren oder bei der Ursachenanalyse allein auf die augenscheinlichsten Ursachen abzustellen. Eine profunde Ursachendiagnose ist von entscheidender Bedeutung für die Ausgestaltung einer angemessenen Inflationsbekämpfungspolitik. Zur Erklärung der Ursachen von Inflation ist eine Vielzahl von Theorien entwickelt worden (→ Inflationstheorien). – 4. *Wirkungen:* Inflation hat überwiegend ökonomisch und sozial nachteilige Allokations- und Verteilungseffekte. Behauptete positive Wachstums- und Beschäftigungseffekte der Inflation sind hingegen theoretisch nicht eindeutig und bislang empirisch kaum nachweisbar. Das Ausmaß der Wirkungen von Inflationen hängt v.a. davon ab, inwieweit sie seitens der Wirtschaftssubjekte antizipiert wird bzw. werden kann. Nicht antizipierbare Inflation erhöht die Unsicherheit, unter der wirtschaftliche Entscheidungen zu treffen sind. – a) *Allokationswirkungen:* Inflation macht es für die Wirtschaftssubjekte schwieriger, zumindest aufwendiger, die Knappheitsrelationen und deren Veränderungen richtig zu erfassen, was mit einzel- und gesamtwirtschaftlichen Zusatzkosten und demzufolge mit Wohlfahrtsverlusten verbunden ist. Beruhen ökonomische Entscheidungen wegen Inflation auf Fehleinschätzungen, so führt dies zu einer ineffizienten Verwendung von Produktionsfaktoren (Fehlallokation). Wesentlich für die Allokationswirkungen der Inflation ist die bei den Wirtschaftssubjekten bestehende Unsicherheit bez. der weiteren Entwicklung des Geldwertes, die zu einer Verkürzung der Laufzeit von Verträgen auf eine Vertragsdauer unterhalb des optimalen Planungshorizonts sowie zu einer Verschiebung der Struktur der Nachfrage hin zu (vermeintlich) inflationssicheren Aktiva führt – eine Ressourcenfehlleitung in künstlich sich aufblähende Produktionsbereiche (z.B. Flucht ins „Betongold"), in denen Überkapazitäten gebildet werden. Bildet sich in der Folgezeit die Inflation zurück, werden die inflationsbedingten Fehlallokationen sichtbar z.B. der Preisverfall der in Kaufeuphorie erworbenen Sachgüter, Unternehmenszusammenbrüche und strukturelle Arbeitslosigkeit. Die inflationsbedingte Einschränkung der Signalfunktion der Preise führt dazu, dass es den Wirtschaftssubjekten weniger gut gelingt, ihre kreativen Energien frühzeitig in lohnende Bereiche zu investieren. Dies bedeutet letztlich eine Beeinträchtigung des volkswirtschaftlichen Innovationsverhaltens. Bei starker und anhaltender Inflation verlieren die Wirtschaftssubjekte zunehmend das Vertrauen in die Geldwertstabilität, und es kommt zur Ausbreitung einer Inflationsmentalität mit negativen Folgen für das Geld als Tausch- und Wertaufbewahrungsmittel. Damit entsteht die Gefahr einer zunehmenden Beschleunigung der Inflation, was im Grenzfall einer vollständigen Beseitigung der Geldfunktionen führen kann. Insgesamt kann vermutet werden, dass die negativen Allokationswirkungen der Inflation im Wesentlichen hemmende Impulse für die wirtschaftliche Entwicklung auslösen, wenngleich bisweilen behauptet wird, dass ein gewisses Ausmaß von Inflation etwa als Beschäftigungsstimulanz (Phillips-Kurve) geeignet sei. – b) *Verteilungswirkungen:* Diese zeigen sich in einer im Vergleich zu einer inflationsfreien Entwicklung veränderten oder verzerrten Einkommens- und Vermögensverteilung. Zu inflationsbedingten Veränderungen der Verteilungsstruktur kommt es allg. immer dann, wenn sich verschiedene Einkommensarten und Vermögensstrukturen der Preissteigerungsentwicklung in unterschiedlichem Ausmaß und in unterschiedlicher Geschwindigkeit anpassen (lassen). Diese Unterschiede liegen in der verschiedenen Fähigkeit der Wirtschaftssubjekte, die Inflation richtig zu antizipieren und Anpassungshandlungen autonom und zeitnah vorzunehmen, sowie in einer verzögerten Anpassung der Zinssätze begründet. Hierzu existieren unterschiedliche Argumente und Hypothesen: (1) *Gläubiger-Schuldner-Argument:* Die Inflation führt dazu, dass sich der Realwert aller auf Geld lautenden Forderungen verringert. Die Gläubiger erleiden damit einen realen Verlust, dem ein realer Gewinn auf der Schuldnerseite gegenübersteht. – (2) *Lohn-Lag-Hypothese:* Bei einem Zurückbleiben der Lohnsteigerungen gegenüber den Preissteigerungen, z.B. aufgrund der Laufzeiten von Tarifverträgen, kommt es zu einer Umverteilung zugunsten der Gewinne und damit der Bezieher von Unternehmenseinkommen. – (3) *Transfereinkommens-Lag-Hypothese:* Institutionelle Regelungen führen dazu, dass Transfereinkommen wie Renten, Kindergeld etc. verspätet angepasst werden, während die marktbestimmten Faktoreinkommen schneller auf den Preisniveauanstieg reagieren. Damit verschlechtert sich die Verteilungssituation der Transfereinkommensbezieher. – (4) *Steuerbelastungsargument:* Inflation führt zu einer Veränderung der effektiven Steuerbelastung. V.a. bei einer progressiven Besteuerung des Einkommens, bei der die Steuer mit wachsendem Nominaleinkommen (im Fall inflationsorientierter Lohn- und Gehaltserhöhungen) überproportional zunimmt, kommt es zu einer inflationsbedingten Umverteilung zugunsten des Staates. – c) *Wachstums- und Beschäftigungswirkungen:* Die Auswirkungen der Inflation auf Wachstum und Beschäftigung sind empirisch nicht eindeutig zu belegen. Weit gehende Übereinstimmung herrscht lediglich dahingehend, dass extreme Inflationsraten eine Beeinträchtigung von Wachstum und Beschäftigung bewirken, wenn sie die Preisrelationen derartig stark verzerren, dass erhebliche Fehlallokationen ausgelöst werden, denen hinsichtlich der positiven Wachstums- und Beschäftigungswirkungen nur relativ geringe zwischenzeitlich ausgelöste Akzelerator- und Multiplikatorwirkungen (Akzelerator, Multiplikator) entgegenstehen. Für den Zusammenhang zwischen schleichender Inflation und Wirtschaftswachstum finden sich unterschiedliche, z.T. widersprüchliche Argumente. Jene Argumente, die hier einen positiven Zusammenhang behaupten, basieren wiederum auf der Annahme unterschiedlicher Anpassungen der jeweiligen Preise und Einkommen an den Inflationsprozess mit der Folge der inflationsbedingten Verbesserung der Verteilungssituation des Unternehmenssektors. – (1) Die sog. *Nachfragedruckhypothese* geht davon aus, dass eine (inflationstreibende) permanente Übernachfrage die Vollbeschäftigung sichert und die Unternehmen zu Investitionen stimuliert. Ein weiteres, an der Nachfrageseite ansetzendes Argument lautet, dass durch die inflationsbedingte „Flucht in die Sachwerte" die Güternachfrage angeregt werde, was in der Folge auch zu einer Erhöhung der Investitionstätigkeit mit entsprechenden Multiplikatoreffekten führe. – (2) Aus der *Lohn-Lag-Hypothese* wird die Schlussfolgerung abgeleitet, dass eine Steigerung des Anteils der Unternehmereinkommen eine Verbesserung der Gewinnsituation und damit des Investitionsklimas bewirke. – (3) Das sog. *Realzinsargument* behauptet, dass ein Zurückbleiben der (nominellen) Zinsanstiegs hinter dem Preisanstieg zu einer Senkung der realen Zinsbelastung kreditfinanzierter Investitionsprojekte führt und somit auch hier (schleichende) Inflation investitionsstimulierend wirkt. – (4) Aus der *Gläubiger-Schuldner-Hypothese* können die gleichen Schlussfolgerungen gezogen werden. – Gegen den auf diese Weise zu behauptenden positiven Zusammenhang von schleichender Inflation und Wachstum bzw. Beschäftigung lässt sich zunächst einwenden, dass die angeführten Argumente auf den Fall der Nachfrageinflation beschränkt bleiben. Die genannten positiven Effekte werden zudem teilweise durch die erwähnte inflationsbedingte Beeinträchtigung der allokativen Effizienz und der damit verbundenen möglichen Senkung der Faktorproduktivität kompensiert. Im Übrigen erscheint die Annahme der aus inflationsbedingt entstehenden Verteilungswirkungen resultierenden wachstumsfördernden Impulse allenfalls im Fall einmaliger, unerwarteter inflationärer Schubes und bei Vorliegen von Geldillusion plausibel; im Fall einer andauernden Inflation ist dagegen damit zu rechnen, dass die Wirtschaftssubjekte in ihren Dispositionen den allg. inflationären Trend berücksichtigen (Inflationsausgleichskomponenten in Tarifverträgen, Einführung von Gleitklauseln bei Kreditvereinbarungen etc.) und somit auch den Unterschied in der Anpassungsgeschwindigkeit von Löhnen und Zinsen gegenüber den Preisen einebnen. Zudem kann aus dem Wettbewerbseffekt der Inflation die Argumentation abgeleitet werden, dass bei einem im Verhältnis zum Ausland stärkeren Anstieg des inländischen Preisniveaus sich eine tendenzielle Verschlechterung der Leistungsbilanz ergibt, was sich ceteris paribus über den Exportmultiplikator verstärkt negativ auf das Nationaleinkommen und die Beschäftigung auswirkt.

Inflationsbekämpfung → Inflation, Geldpolitik.

Inflationsmessung – Man unterscheidet zwischen der Methode nach Laspeyres (s. → Laspeyres-Index) und der nach Paasche (s. Paasche-Index). Während Laspeyres die Mengenstruktur des Basisjahres zugrunde legt, berechnet man nach Paasche die Inflationsrate mithilfe der aktuellen Mengenstruktur. – Vgl. auch → Inflation.

Inflationsrate – Prozentsatz, mit der das Preisniveau der Verbraucher, der Hersteller, des Großhandels oder anderer Wirtschafteinheiten in einer Periode ansteigt bzw. das Geld an Kaufkraft verliert (→ Inflation).

Inflationstheorien – 1. *Monetäre Inflationstheorien:* Die monetär orientierten Erklärungsansätze des Inflationsphänomens (→ Inflation) sehen in einer starken Ausdehnung der Geldmenge im Verhältnis zur realen Produktion von Gütern und Leistungen die Voraussetzung und Ursache von Inflation. – a) *Quantitätstheorie:* Nach der Quantitätstheorie wird der Wert des Geldes (Kaufkraft, ausgedrückt in Gütereinheiten) maßgeblich durch die Geldmenge bestimmt. (1) *Ältere („einfache") Quantitätstheorie:* Nach diesem Ansatz besteht zwischen Geldmenge und Höhe des Preisniveaus ein proportionaler Zusammenhang, sodass ein Anstieg der Geldmenge ceteris paribus zu einem Anstieg des Preisniveaus führt. Andere Inflationsursachen sind dieser Auffassung nach letztlich nicht wirksam, da bei hinreichend knapper Geldmenge eine Inflation nicht „finanzierbar" ist, andere potenzielle Ursachen führen dann lediglich zu einer Änderung der Preisstruktur, nicht jedoch einem Anstieg des Preisniveaus. Nach dem Ansatz der älteren Quantitätstheorie hat eine Geldmengenerhöhung keine Auswirkungen auf die Güterproduktion. In dieser Trennung von monetärem und güterwirtschaftlichem Bereich („klassische Dichotomie") ist eine wesentliche Schwäche dieses Ansatzes zu sehen. (2) *Neuere Quantitätstheorie:* Die These von der Unbeeinflussbarkeit des realen Sektors durch eine Veränderung der Wachstumsrate des Geldangebots wird bei diesem Ansatz fallen gelassen. Vielmehr wird zugestanden, dass von Geldmengenerhöhungen zum einen aufgrund falscher Inflationserwartungen seitens der Wirtschaftssubjekte (Geldillusion) und wegen Reallohn- und Realzinssenkungen auch positive Impulse auf Wachstum und Beschäftigung ausgehen können. Der Grund hierfür können tendenzielle Erhöhungen der Gewinne bei den Unternehmungen mit verstärktem Anreiz zu Investitionen sein. Langfristig verschwindet dieser Effekt, und es kommt lediglich zu einer Anhebung der Inflationsrate. Die Vertreter der Schule der rationalen Erwartungen unterscheiden demgegenüber nicht zwischen kurz- und langfristigen Wirkungen von Variationen der Geldmenge. Sie gehen davon aus, dass die Wirtschaftssubjekte die inflationären Entwicklungen, die sich in der Folge einer über das reale Wirtschaftswachstum hinausgehenden Ausweitung des Geldangebots einstellen, vollständig antizipieren (also frei von Geldillusion sind) und unverzüglich Anpassungsreaktionen bei Preisen, Löhnen und Zinsen auslösen, sodass von einer Geldmengenausweitung auch hier keine realwirtschaftlichen, sondern lediglich inflationäre Impulse ausgehen. Insofern erlangt die ältere Quantitätstheorie bei Existenz rationaler Erwartungen wieder Gültigkeit. Die Bedingungen zur Bildung rationaler Erwartungen dürften jedoch realiter kaum erfüllt sein. – b) *Monetärer Erklärungsansatz der keynesianischen Theorie:* Nach diesem Ansatz bewirkt eine Geldmengenausweitung zunächst eine Zinssenkung, die zu einer Anregung der Investitionstätigkeit führt, was über den Einkommensmultiplikator dazu führt, dass die Gesamtnachfrage um ein Vielfaches ansteigt. Inflation entsteht dann, wenn in der Ausgangslage Vollbeschäftigung herrschte. Die mit der Ausweitung der Investitionstätigkeit verbundene Ausweitung der Produktionskapazitäten führt jedoch v.a. über Rationalisierungsinvestitionen ceteris paribus zu einer ständigen Außenverschiebung der Kapazitätsgrenzen und damit zu einen dem Preisauftrieb gegenläufigen Effekt, was bei diesem Erklärungsansatz vielfach außer Acht gelassen wird. – 2. *Nicht monetäre Inflationstheorien:* Diese liegen vor, wenn die Inflation in güterwirtschaftlichen oder politischen Bereich ausgelöst wird. – a) *Nachfrageinduzierte Inflation* (Nachfrageinflation; Demand Pull Inflation): Gemäß diesem Ansatz kommt Inflation dann zustande, wenn die gesamtwirtschaftliche Nachfrage über das mit den bestehenden Produktionskapazitäten zu erstellende gesamtwirtschaftliche Angebot hinausgeht. Aufgrund der Marktkonstellationen (Angebotslücke bzw. Nachfrageüberhang) kommt es dabei zu einem Anstieg der Güterpreise. Die Theorie der nachfrageinduzierten Inflation geht davon aus, dass jede autonome Erhöhung einer Komponente der gesamtwirtschaftlichen Endnachfrage (Staatsnachfrage, Konsum- und Investitionsgüternachfrage, Auslandsnachfrage) zu einem Anstieg des Preisniveaus führen kann. Inflatorische Impulse können jedoch auch aus dem Zusammenspiel mehrerer Nachfragekomponenten resultieren, wobei die konkrete Bedeutung der jeweiligen Komponente nicht immer klar diagnostiziert werden kann. Der nachfrageinduzierten Inflation liegen primär realwirtschaftliche Vorgänge zugrunde, wie etwa eine Verringerung der Sparquote, eine boombedingte Ausweitung der Investitionstätigkeit oder eine durch günstige Auslandskonjunktur verursachte erhöhte Exportnachfrage. – Ein Sonderfall der nachfrageinduzierten Inflation ist die *Nachfrageverschiebungsinflation* (Demand Shift Inflation), bei der es im Zuge einer Nachfrageverschiebung zu Lohn- und Preissteigerungen nur in jenen Bereichen kommt, in denen nun die Nachfrage verstärkt entfaltet wird, während in schrumpfenden Wirtschaftsbereichen kompensierende Preissenkungen ausbleiben. Dabei verstärkt der sektorale Kostendruck in den schrumpfenden

Bereichen (z.B. aufgrund von Kapazitätsunterauslastung mit steigenden Stückkosten) noch die inflationären Impulse. Bei mangelnder sektoraler und räumlicher Mobilität der Arbeitnehmer von den rückläufigen zu den wachsenden Bereichen geht Nachfrageverschiebungsinflation häufig mit struktureller Arbeitslosigkeit einher. Seit Mitte der 1950er-Jahre kam es in vielen Ländern zu Konstellationen, in denen inflationäre Entwicklungen und ein gesamtwirtschaftliches Überangebot (Leerkapazitäten, hohe Lagerbestände und Arbeitslosigkeit) gleichzeitig auftraten (Stagflation). – b) Dieses komplexe Phänomen ist mit der Theorie der nachfrageinduzierten Inflation kaum zu erklären und lenkte das Augenmerk wieder stärker auf die Theorie der *angebotsinduzierten Inflation (Angebotsinflation):* Diesen Ansätzen ist gemeinsam, dass sie die Inflationstheorien aus dem Verhalten von Unternehmen und Gewerkschaften erklären, die ihre oligopol- oder monopolbedingte Marktmacht ausnutzen. (1) *Kostendruckinflation (Cost Push Inflation):* Dieser Erklärungsansatz sieht eine Ursache der Inflationstheorien darin, dass Kosten (Löhne, Steuern, Kreditkosten, Vorleistungsimporte und andere) stärker als die Produktivitätszuwächse der Anbieter steigen. (2) Der Erklärungsansatz der *Gewinndruckinflation (Profit Push Inflation)* geht davon aus, dass die Unternehmen aufgrund ihrer Marktmacht in der Lage sind, den Gewinn zum Bestimmungsgrund der Preise werden zu lassen. Können die Unternehmen ihre Gewinne ausdehnen und so ihren Anteil am Volkseinkommen erhöhen, entsteht Inflation. Wirken die genannten Faktoren nach- und miteinander, so kann es geschehen, dass auf jede Welle von Preiserhöhungen eine Welle von Lohnerhöhungen folgt und umgekehrt (Preis-Lohn-Preis-Spirale). Demnach sind die Gewerkschaften aufgrund ihrer Marktmacht in der Lage, Lohnsteigerungen durchzusetzen, die seitens der Unternehmen weder durch Gewinnkompressionen noch durch Produktivitätssteigerungen aufgefangen werden können. Der wachsende Kostendruck führt seitens der Unternehmen zu Preissteigerungen, die aufgrund vermachteter Marktstrukturen auch durchgesetzt werden können. Der einsetzende Verteilungskampf zwischen Gewerkschaften und Unternehmen verursacht eine fortschreitende Anspruchsinflation. – c) *Importierte Inflation:* Hierbei handelt es sich um die Übertragung ausländischer Inflation auf das Inland. Ein direkter Preiszusammenhang zwischen In- und Ausland ist dann gegeben, wenn z.B. Preissteigerungen importierter Vorprodukte zu Kostensteigerungen bei Importeuren führen, diese wiederum auf die inländischen Abnehmer überwälzen. Denkbar ist auch ein indirekter Inflationszusammenhang, der durch international divergierende Inflationsraten verursacht wird. Steigen die Inlandspreise im Verhältnis zu den Preisen im Ausland in geringerem Maße, so wird dies tendenziell zu Exporterhöhungen führen, was ceteris paribus eine Verringerung des realen inländischen Güterangebots bei gleichzeitig evtl. steigender Inlandsnachfrage (Multiplikatorwirkung der zusätzlichen Exporte) mit sich bringt. Dies führt zu einem Anstieg der Preise im Inland. Infolge der Exporterhöhungen kommt es v.a. bei festen Wechselkursen zu einer Erhöhung der inländischen Geldmenge, von der zusätzliche inflationäre Impulse ausgehen. Ein derartiger Inflationsimport könnte zwar durch eine entsprechende Aufwertung der Inlandswährung vermieden werden, doch kommt es selbst bei flexiblen Wechselkursen häufig nicht zu den gemäß der → Kaufkraftparitätentheorie zu erwartenden kompensierenden Wechselkursänderungen, weil andere Bestimmungsgrößen häufig dominieren, z.B. Wechselkurserwartungen mit Spekulationen, Zins- und Konjunkturentwicklungen, politische Ereignisse etc. – d) *Politisch verursachte Inflation:* Gemäß der Auffassung der politischen Inflationstheorien ist Inflation ein Problem von Macht und politischen Opportunitäten oder Folge einer kontraproduktiven Anti-Inflationspolitik der Zentralbank. Der Staat und die Zentralbank spielen hierbei eine wesentliche Rolle. Zum einen stellt der Staat Ansprüche an das Nationaleinkommen, die grundsätzlich inflationstreibend wirken. Zum anderen kann es für ihn rational sein, den Inflationsprozess (Preis-Lohn-Preis-Spirale) im Interesse des politischen und sozialen Friedens monetär zu alimentieren oder aufgrund von im staatlichen Sektor anfallenden Inflationsgewinnen sogar zu fördern. Dies gelingt ihm bes. dann, wenn die Zentralbank nicht autonom ist. Für die Bundesrepublik Deutschland wurde zudem von Kritikern der autonomen Bundesbank behauptet, dass sie vielfach verspätet mit restriktiven Maßnahmen auf inflationsgeneigte Boomphasen reagiert und damit zu lange in den bereits einsetzenden Abschwung „hineingebremst" habe. Die gewünschte dämpfende Wirkung von Zinserhöhungen auf die Investitionsnachfrage sei im Boom verpufft, weil sich in dieser Phase die Grenzleistungsfähigkeit des Kapitals erhöhte, der Fremdfinanzierungsanteil (bei schneller Amortisierung kurzfristiger Erweiterungsinvestitionen) sank und Zinserhöhungen problemlos auf die Preise überwälzt werden konnten. Führte die Zentralbank eine restriktive Politik bis in die Abschwungsphase hinein fort, bleibt den Unternehmen, die sich ohnehin einer Unterauslastung der Kapazitäten und damit einhergehenden steigenden Stückkosten gegenübersahen, häufig keine andere Möglichkeit, als den restriktionsbedingt noch erhöhten Schuldendienst zusätzlich an die Verbraucher weiterzugeben. Dies kennzeichnet die grundsätzliche Gefahr, dass die Zentralbank durch faktisch prozyklisch wirkende Maßnahmen die Inflation verstärkt, die sie eigentlich bekämpfen will.

Inflation Targeting – von der Zentralbank veröffentlichter Zielwert oder Zielkorridor einer Inflationsrate, die noch mit dem Ziel der Geldwertstabilität vereinbar scheint. Da die Inflationsrate nicht direkt ansteuerbar ist, sind Inflationsprognosen und verlässliche Transmissionsmodelle (Geldtheorie) wesentlich, um das geldpolitische Instrumentarium adäquat einsetzen zu können. Den Inflationserwartungen kommt dabei eine zentrale Rolle im Preisbildungsprozess zu. Bei einer erwarteten Rate über dem Zielwert würde die Zentralbank einen restriktiven Kurs einschlagen. Neben der Abgrenzung der relevanten Inflationsrate und den Wirkungsverzögerungen geldpolitischer Maßnahmen ist problematisch, dass die Inflationsrate ein sog. Spätindikator ist, der geldpolitische Mitteleinsatz somit prozyklisch wirken kann. – Teil der geldpolitischen Strategie der EZB, neben der → Geldmengensteuerung im Rahmen der sog. Zwei-Säulen-Strategie. Die EZB vergleicht die Inflationsprognose mit der avisierten Inflationsrate von maximal 2 Prozent.

Information – 1. *Begriff*: Derjenige Anteil einer Nachricht, der für den Empfänger einen Wert besitzt. Durch Informationen werden beim Wirtschaftssubjekt bestehende Wahrscheinlichkeitsurteile bez. entscheidungsrelevanter Daten oder Ereignisse (z.B. Tauschmöglichkeiten oder technische Innovationen) verändert. – 2. *Merkmale*: a) Eine Information kann als immaterielles Gut charakterisiert werden, das i.d.R. auch bei mehrfacher Nutzung nicht verbraucht wird. Informationskäufer erhalten eine, meist zu geringen Grenzkosten herstellbare, Kopie der Information, können aber die Rechte der Informationsnutzung in vollem Umfang erwerben. Als wirtschaftliches Tauschobjekt i.e.S. ist deshalb nicht die Information selbst, sondern das Recht, sie zu nutzen, zu betrachten (Verfügungsrechte).–b) Informationen zeichnen sich des Weiteren dadurch aus, dass sie (v.a. angesichts neuerer Informations- und Kommunikationstechniken) extrem schnell und preiswert transportierbar sind.–c) Wegen der erwähnten Eigenschaften treten bei der Produktion und Distribution von Informationsprodukten erhebliche Economies of Scale auf.

informationale Effizienz – I. *Allokationstheorie*: Ein Koordinationssystem zur Abwicklung einer effizienten Ressourcenallokation ist informational effizient, wenn es kein anderes mögliches System gibt, das ebenfalls zu einer effizienten Allokation führt, aber gleichzeitig weniger Informationsaustausch erfordert (→ Hurwicz-Kriterium). Die Systemeffizienz setzt die effiziente Verarbeitung und Auswertung der Informationen voraus.

II. *Informationseffizienz der Märkte*: Die Preise verarbeiten die Informationen in unterschiedlichem Ausmaß: (1) die schwache Form der Effizienz liegt vor, wenn keine Renditen mehr erzielbar sind durch Nutzung historischer Kurs- und Preisreihen; (2) bei der mittelstarken Effizienz der Märkte sind alle öffentlichen Informationen in den Preisen berücksichtigt; (3) die starke Effizienz der Märkte erfordert neben der mittelstarken Effizienz, dass auch Insiderinformationen eingepreist sind. Es lassen sich keine übermäßigen Renditen durch Nutzung dieser Informationen erzielen.

Informationsasymmetrie – 1. *Unterscheidung*: a) Bei *Ex-Ante-Informationsasymmetrie (Hidden Characteristics; versteckte Eigenschaft)* fehlen einem Akteur → Informationen über die Eigenschaften potenzieller Transaktionspartner bzw. das von diesen angebotene Gut. - b) *Ex-Post-Informationsasymmetrie (nachvertragliche Informationsasymmetrie)* können in Hidden Action und Hidden Information unterteilt werden: (1) Im Fall von *Hidden Action (versteckte Handlung)* fehlen dem Akteur Informationen über das Verhalten seines Transaktionspartners, z.B. einem Unternehmer über das Verhalten eines Mitarbeiters. (2) Im Fall von *Hidden Information (versteckte Information)* fehlen dem schlechter informierten Vertragspartner Informationen über Umweltzustände, die zur Beurteilung der Leistung des Partners notwendig sind. – 2. *Beispiel*: Ein Investor kennt zwar das Ergebnis des von ihm beauftragten Vermögensverwalters, nicht aber die Entwicklung des Gesamtmarktes. Dadurch kann er die Leistung seines Vermögensverwalters letztlich nicht beurteilen. – 3. In *ökonomischen Vertragsmodellen* sind Informationsasymmetrien deshalb zu beachten, weil sie zu opportunistisch ausbeutbaren Verhaltensspielräumen von Transaktionspartnern führen. Eventuelle negative Folgen dieser Verhaltensspielräume durch geeignete Mechanismen der Anreiz- und Risikoallokation zu begrenzen, ist Anliegen der normativen ökonomischen Vertragstheorie. Die dort betrachteten Informationsasymmetrien ergeben sich weniger aus der i.d.R. relativ einfach verifizierbaren Variable Preis, sondern häufiger aus schwer verifizierbaren Qualitätseigenschaften des Transaktionsgegenstandes.

Informationsbedarf – 1. Der *objektive Informationsbedarf* leitet sich aus den zu erfüllenden Aufgaben ab und gibt an, welche Informationen ein Entscheidungsträger verwenden sollte. – 2. Der *subjektive Informationsbedarf* geht von der Sichtweise des Bedarfsträgers aus und umfasst jene Informationen, die diesem zur Erfassung und Handhabung von Problemen relevant erscheinen. – 3. *Bedeutung*: Im Rahmen der Entscheidungstheorie und der entscheidungsorientierten Betriebswirtschaftslehre geht es um die Bildung eines Zielsystems sowie um die Suche nach Alternativen und deren Bewertung. Informationen spielen dabei eine wichtige Rolle. – Vgl. auch → kritische Erfolgsfaktoren.

Informationsbewertung → Informationswert.

Informationsbroker – Spezialist, der unter Zuhilfenahme der elektronischen Datenverarbeitung bzw. Datenfernübertragung Informationen aus nationalen und internationalen Datenbanken zum Zwecke der Marketingforschung bzw. Marktforschung zusammensucht. – Vgl. auch → Informationsmärkte.

Informationsdienste → Informationsproduktion.

Informationseffizienz – *informationale Effizienz*, → Hurwicz-Kriterium.

Informationsgesellschaft – Begriff zur Kennzeichnung eines fortgeschrittenen Entwicklungsstadiums von Wirtschaft und Gesellschaft, in dem die Informations- und Kommunikationsdienstleistungen im Vergleich zur industriellen Warenproduktion, aber auch zu den traditionellen Dienstleistungen (v.a. Handel und Verkehr) zentrale Bedeutung gewonnen haben. – Vgl. auch → Dienstleistungsgesellschaft.

Informationskrise → Finanzkrisen.

Informationsmanagement – Betrachtet man → Information als unternehmerische → Ressource, so muss sie dem Management und damit der Planung, Organisation und Kontrolle zugänglich gemacht werden. Aufgabe des Informationsmanagements ist es, dafür zu sorgen, dass Informationen effektiv (zielgerichtet) und effizient (wirtschaftlich) eingesetzt werden. Informationsmanagement ist somit ein integraler Bestandteil und eine Querschnittsfunktion der Unternehmensführung.

Informationsmanipulation → Influence Activities.

Informationsmärkte – Informationen im Sinne einzelner Beobachtungen können nicht gehandelt werden. Auf Märkten handelbar sind Informationsdienste wie Gutachten, Nachrichten- oder Wetterdienste, welche Informationen produzieren. Die Beobachtung einzelner Informationen erfolgt erst nach dem Kauf. Die Nachfrage nach Informationsdiensten hängt dabei wesentlich vom Informationsgehalt ab, d.h. wie stark die Beobachtung eines Signals zur Reduzierung der zugrunde liegenden Unsicherheit beiträgt. Die formale Charakterisierung dieses Informationsgehalts ist technisch anspruchsvoll und ein aktives Forschungsfeld der Wirtschaftstheorie.

Informationsnutzung → Rechte an Informationen.

Informationsökonomik – Gegenstand der Informationsökonomik ist die Analyse ökonomischer Systeme unter besonderer Berücksichtigung der Tatsache, dass die Wirtschaftssubjekte unter unvollständiger Information bezüglich Gegenwart und Zukunft entscheiden und handeln. Die Unvollständigkeit der Information erwächst aus Unsicherheit über zukünftige Ereignisse und begrenzter Rationalität von Akteuren sowie aus einer, in interaktiven Austauschbeziehungen potenziell existenten, asymmetrischen Informationsverteilung zwischen Akteuren. Informationsökonomik im weiteren Sinn bezeichnet alle Untersuchungen, die sich mit den Auswirkungen unterschiedlicher Informationsbedingungen auf die Funktionsweise ökonomischer Systeme (wie Unternehmen, Kooperationsformen, Märkte, Gesamtwirtschaft) beschäftigen. Informationsökonomik im engeren Sinn kann als die ökonomische Analyse der Informationsbeschaffung (Screening) und Informationsverschaffung bezeichnet werden (Signalling). Die Wichtigkeit der Informationsökonomik wurde durch die Verleihung des Nobelpreises für Ökonomik im Jahr 2001 an die Forscher Akerlof, Spence und Stiglitz unterstrichen. Ihre Analysen von durch asymmetrische Informationsverteilungen gekennzeichneten Märkten stellen den Kern moderner Informationsökonomik. Die Informationsökonomik schließt nahtlos an die Neue Institutionenökonomik an, indem neben eigenständigen Modellen auch bewährte theoretische Instrumente insbesondere aus dem Bereich der Agency-Theorie und dem Bereich der Transaktionskostenökonomik zur Unterstützung informationsökonomischer Fragestellungen herangezogen werden.

Informationspathologie – Man spricht von einer Informationspathologie, wenn in einer Organisation Faktoren vorliegen, die die Qualität der Informationsversorgung von Entscheidungsträgern systematisch negativ beeinflussen. Grundsätzlich lassen sich *strukturbedingte Informationspathologien* (z.B. aufgrund übermäßiger Hierarchie oder Zentralisierung) und *doktrinbedingte Informationspathologien* (aufgrund vorherrschender Ideologie oder Kultur) unterscheiden.

Informationsproduktion – Betrachtet man → Information als handelbare → Ressource, so ist ihre Produktion nicht nur für den Nutzer selbst, sondern auch für spezialisierte Informationsproduzenten attraktiv. Als Konsequenz der Aufgabenteilung zwischen Informationsproduzent und Informationsnutzer entstehen neue Märkte für Informationsleistungen, sog. → Informationsmärkte.

Informationsprozess – aus den selbstständigen, gleichzeitigen und sich gegenseitig bedingenden Teilprozessen der Informationsgewinnung, Informationsübermittlung und Informationsverarbeitung bestehend. Er unterlagert den betrieblichen Entscheidungs- und Managementprozess (Entscheidungsprozess). Die zurücklaufenden Kontrollinformationen stellen einen erneuten Informationsbeschaffungsprozess dar.

Informationsschutz → Rechte an Informationen.

Informations- und Kommunikationssysteme (I.u.K.) – vereinigen personelle (Qualifikation, Motivation), organisatorische (Aufbau- und Ablauforganisation) und technische (Hardware, Software) Komponenten zum Zwecke der Informationsversorgung von Akteuren. Die Kombination dieser Komponenten bestimmt die Struktur von Informations- und Kommunikationssystemen.

Informationsverarbeitungskapazität – Informationsüberlastung.

Informationswert – Differenz des *Erwartungswertes* des Handlungsnutzens mit der → Information abzüglich des Erwartungswertes des Handlungsnutzens ohne die Information. Davon zu subtrahieren sind die Kosten der Informationsbeschaffung. – Der Wert einer Information für ihren Benutzer hängt davon ab, inwieweit durch sie das Ergebnis einer anstehenden Entscheidung bzw. Handlung verbessert werden kann. Da sich der Wert einer Information aus ihrem Nutzen für ein bestimmtes Wirtschaftssubjekt ergibt, also aus der mit der Information verfolgten jeweils subjektiven Zielsetzung, ist es aus ökonomisch-theoretischer Sicht schwierig, einen „objektiven" Maßstab für die Bewertung von Informationen anzugeben.

informelle Institution → Institution.

informeller Sektor – 1. *Begriff:* der informeller Sektor ist die Folge des Beschäftigungsproblems der Entwicklungsländer. Er umfasst die ökonomischen Aktivitäten der Menschen außerhalb formell geregelter Sektoren und ist gekennzeichnet durch arbeitsintensive Produktion, geringe Eintrittsschranken (wie z.B. Ausbildungsnachweis), Verwendung einheimischer Ressourcen, angepasste und einfache Technologien, kleine Betriebsgrößen (meist Einzel- oder Familienunternehmen), schlechte Bezahlung und geringem gewerkschaftlichen Organisationsgrad, niedrige Qualifikationsanforderungen, die außerhalb des formalen Schulsystems erworben werden sowie unregulierte, dem freien Wettbewerb unterworfene Märkte. – 2. *Entwicklungspolitische Bedeutung:* a) Als Folge der Vernachlässigung der Landwirtschaft führte die Landflucht zur Urbanisierung. Da industrielle Arbeitsplätze im urbanen, → formellen Sektor nicht vorhanden waren, mussten die Menschen als „Selbstständige" ihren Lebensunterhalt verdienen. Lange Zeit wurde der informelle Sektor als *Hinterhofökonomie* abgewertet. – b) Die tatsächliche entwicklungspolitische Bedeutung ist nicht eindeutig. Einige Autoren sehen in informellen Sektoren das *Ergebnis des Arbeitskräfteüberschusses:* zugewanderte und schlecht ausgebildete Personen sind von den Beschäftigungsmöglichkeiten des modernen Sektors ausgeschlossen. Der informelle Sektor schafft zwar temporär Beschäftigungsmöglichkeiten. Das gesellschaftspolitische Ziel besteht in seiner Abschaffung, welche durch langfristige Beschäftigungsmöglichkeiten im industriellen Sektor erfolgen kann. – c) Andererseits ist der informelle Sektor das *Ergebnis staatlicher Interventionen* in die Wirtschaft. Entwicklungsmöglichkeiten entstehen häufig erst durch Deregulierung und Privatisierung. Strukturalisten sprechen sich daher für eine Abnahme staatlicher Interventionen aus, woraus eine weit reichende Flexibilisierung folgt; sie betonen gleichzeitig die Notwendigkeit von Schutzbestimmungen von Systemen sozialer Sicherung. Subsistenzaktivitäten müssen in dynamische Betriebe verwandelt werden. – d) *Beschäftigungseffekte:* Der informelle Sektor erreicht bei geringem Kapitaleinsatz einen hohen Beschäftigungseffekt (arbeitsintensive Produktion). Seine Förderung wird nur schwache Migrationsanreize auslösen. Der informelle Sektor hat eine heterogene Struktur, in ihm können sich dynamische Unternehmer schnell entwickeln. Informelle Kleinbetriebe bilden de facto mehr Lehrlinge und Arbeitskräfte aus als das formale Bildungssystem.

Er produziert Güter und Dienstleistungen für die Bedürfnisse von Niedrigeinkommen-Haushalten. Wegen der geringen Absorptionskapazität des formellen Sektors von überschüssigen Arbeitskräften gewinnt er zunehmend an Bedeutung, wobei die Abgrenzung zum formellen Sektor fließend ist (v.a. im Finanzbereich).

Infrastruktur – *Infrastrukturkapital.* 1. *Begriff:* Grundausstattung einer Volkswirtschaft (eines Landes, einer Region) mit Einrichtungen, die zum volkswirtschaftlichen Kapitalstock gerechnet werden können, die aber für die private Wirtschaftstätigkeit den Charakter von Vorleistungen haben. – *Klassische Beispiele* sind Verkehrsnetze (Straßen, Schienen- und Wasserwege) sowie Ver- und Entsorgungseinrichtungen (Energie, Wasser, Kommunikationsnetze), ohne deren Existenz eine privatwirtschaftliche Güterproduktion oder Leistungserstellung nicht oder zumindest nur mit geringerer Effizienz möglich wäre (*wirtschaftsnahe Infrastruktur*). – 2. *Arten:* a) *Materielle Infrastruktur* (Infrastruktur i.e.S.; Social Overhead Capital): Ausstattung einer Volkswirtschaft mit derartigen materiellen Gütern. – b) *Immaterielle Infrastruktur* (Infrastruktur i.w.S.; personale Infrastruktur): Man zählt auch den Aufbau oder die Verbesserung des → Humankapitals hinzu, z.B. durch das Bildungswesen, Forschungseinrichtungen, aber auch Gesundheits- und andere soziale Dienstleistungen. – c) *Institutionelle Infrastruktur:* Diese schließt auch den institutionellen Rahmen (v.a. die Rechts-, Wirtschafts- und Sozialordnung) mit ein. – 3. *Merkmale:* Einrichtungen der Infrastruktur weisen i.d.R. einige oder alle der folgenden ökonomischen Merkmale auf: a) *Investitionscharakter:* Dies ist offensichtlich für die Bestandteile der materiellen Infrastruktur (Verkehrswegebau, leitungsgebundene Energieversorgung, Telekommunikationsnetze). Weithin unstrittig ist aber auch der Investitionscharakter von Ausgaben für das Bildungswesen oder für Forschung und Entwicklung (F&E) (Investitionen in das Humankapital). Der institutionellen Infrastruktur (z.B. allg. Verwaltung, Rechtsprechung) fehlen dagegen Merkmale von Investitionsgütern. – b) *Lange Nutzungsdauer* mit entsprechend *langer Kapitalbindung.* – c) Es handelt sich häufig um große Investitionsprojekte mit *hohem Kapitalbedarf.* – d) Die Projekte sind typischerweise *nicht beliebig teilbar.* Aus technischen Gründen ist i.d.R. eine Mindestgröße oder -leistung erforderlich. Die Angebotsmenge kann sich zudem nicht an der marginalen Nachfrageeinheit orientieren, sondern muss auf eine durchschnittliche Inanspruchnahme hin konzipiert werden. Es wird also ein bestimmtes Leistungsangebot vorgehalten, unabhängig davon, ob es zu jeder Zeit eine entsprechende Nachfrage gibt (z.B. das fahrplanmäßige Transportangebot öffentlicher Verkehrsmittel). – e) Ebenfalls typisch sind externe Effekte. Eine verbesserte Verkehrsanbindung kann die Attraktivität einer Region insgesamt steigern und z.B. zu höheren Grundstückswerten führen (positive externe Effekte). Andererseits kann das größere Verkehrsaufkommen aber auch zu Beeinträchtigungen der Lebensqualität führen (negative externe Effekte). – f) Die Nutzung der Infrastruktur kann *unentgeltlich* sein (in Deutschland z.B. der Besuch allgemeinbildender Schulen) oder auch die *Entrichtung eines Entgelts* erfordern (z.B. Gebühren für öffentliche Ver- und Entsorgungsleistungen). Da die Kosten je zusätzlicher Leistungseinheit i.Allg. sinken (fallende Durchschnittskosten), sind spezielle Preisbildungsregeln erforderlich (Peak Load Pricing). Anbieterseitig liegen zudem häufig Bedingungen eines *natürlichen Monopols* vor, die normalerweise eine staatliche Regulierung hinsichtlich Preis und Qualität der Leistungen, aber auch der Versorgungssicherheit erforderlich machen. – g) Aus diesen Merkmalen leitet sich die traditionelle Auffassung von Infrastruktur als einem überwiegend *öffentliches Gut* (Kollektivgut) im Sinn der Finanzwissenschaft ab. Eine privatwirtschaftliche Leistungserstellung ist deshalb nicht prinzipiell ausgeschlossen, in der Praxis ist sie bislang aber eher die Ausnahme (Privatschulen, -universitäten, privat betriebene Autobahnen). Die Frage der Privatisierung öffentlicher Leistungen ist heute aber ein wichtiges Thema der → Infrastrukturpolitik. – Vgl. auch → Infrastrukturausstattung, statistische Messung.

Infrastrukturausstattung, statistische Messung – 1. *Messung des Bestands an Infrastrukturkapital:* Den Bestand an materieller Infrastrukturausstattung misst man üblicherweise in physikalischen Größen (z.B. Kilometerlänge des Schienen- oder Straßennetzes, Zahl der Telefonanschlüsse oder Zahl der Krankenhausbetten je 1.000 Einwohner). Den Bestand an immaterieller Infrastrukturausstattung kann man nur ansatzweise messen. Als Indikator für das allg. Bildungsniveau könnte z.B. der Anteil der Wohnbevölkerung eines Landes, der einen Hochschulabschluss besitzt, herangezogen werden. Hinsichtlich der institutionellen Infrastrukturausstattung gibt eine Bestandsrechnung kaum Sinn (Zahl der Gesetzesvorschriften). – Eine zusammenfassende Quantifizierung des Infrastrukturkapitals einer Volkswirtschaft würde eine einheitliche monetäre Bewertung der verschiedenen Komponenten voraussetzen. Dies lässt sich in der Praxis nicht realisieren. – 2. *Messung der Infrastrukturinvestitionen:* Die Strömungsgröße der Infrastrukturinvestitionen kann im Fall von Sachanlagen relativ problemlos gemessen werden (z.B. Herstellungskosten eines Straßenneubaus). Aufwendungen für die immaterielle Infrastrukturausstattung werden dagegen wirtschaftsstatistisch und auch im System der → Kameralistik überwiegend als laufende Ausgaben erfasst (z.B. Gehälter von Lehrkräften). Ähnliches gilt für den Bereich der institutionellen Infrastrukturausstattung. Die Kosten eines Universitäts- oder eines Gerichtsneubaus können allerdings als Investitionsaufwendungen identifiziert werden. – Abgesehen von diesen Zuordnungsproblemen, die sich aus der herkömmlichen statistischen Praxis ergeben, ist zu beachten, dass die öffentlichen Leistungen im Rahmen der Nationaleinkommensrechnung zu Herstellungskosten erfasst werden, Volkswirtschaftliche Gesamtrechnung (VGR). Es liegt also kein Wertansatz entsprechend Marktpreisen vor. – 3. *Messung der Infrastrukturleistungen:* Wichtiger als reine Bestandsmessungen oder eine Erfassung der quantitativen Zuwächse an Infrastrukturausstattung ist die Effizienzmessung. Diese Betrachtungsweise ist output- oder ertragsorientiert. – *Beispiele:* Transportleistungen eines Verkehrssystems (Jahrestonnen, Personenkilometer); Jahreserzeugung an elektrischem Strom. Hierbei handelt es sich um quantifizierbare, wenn auch nicht in einem einheitlichen Maßstab darstellbare Sachverhalte, die häufig einer ergänzenden qualitativen Bewertung bedürfen, um Leistungsvergleiche zu ermöglichen.

Infrastrukturkapital → Infrastruktur, → Infrastrukturausstattung, statistische Messung.

Infrastrukturpolitik – 1. *Charakterisierung:* Gesamtheit aller politischen Maßnahmen, die auf die angemessene Versorgung einer Volkswirtschaft mit Einrichtungen der → Infrastruktur abzielt. Entsprechend dem Vorleistungscharakter der Infrastruktur ist am Beginn eines Wachstumsprozesses (typisch für Entwicklungsländer) der Bedarf an Basisausstattung (Verkehr, Energieversorgung) am größten. Mit fortschreitender Industrialisierung, i.Allg. in Verbindung mit einem starken Wachstum des privaten Kapitalstocks, verlagert sich der Infrastrukturbedarf u.a. mehr in Richtung → Humankapital. Auf einem hohen Entwicklungsniveau in späteren Stadien des Strukturwandels (→ Dienstleistungsgesellschaft) wird der weitere Ausbau und die Verbesserung der Infrastruktur schließlich vermehrt von sozioökonomischen Zielen bestimmt, z.B. das Angebot an Kultur- oder Freizeiteinrichtungen. – 2. *Träger:* Zuständigkeiten für bestimmte Bereiche der Infrastrukturpolitik können sich über alle staatlichen Ebenen erstrecken (Bau und Unterhaltung von Verkehrsstraßen, transeuropäische Netze), ausschließlich auf einer der Ebenen angesiedelt sein (Kulturhoheit der Länder) oder auch konkurrierend auftreten (Wissenschaft und Forschung sind sowohl Länder- als auch Bundesaufgaben). Innerhalb der Regierungen ist die politische Verantwortung häufig eigenen Ressorts übertragen (Verkehrs-, Bildungs-, Forschungsministerien). Die Vielzahl von Trägern mit jeweils eigenständigen Kompetenzen erfordert eine enge Kooperation und Koordination zwischen den einzelnen staatlichen Ebenen und den verschiedenen Fachressorts. – 3. *Finanzierung:* Finanzierungsseitig ist die Infrastrukturpolitik bei öffentlicher Trägerschaft in das allg. Einnahmen- und Ausgabensystem des Staates eingebunden. Abweichend von der ökonomischen Charakterisierung der meisten Infrastruktureinrichtungen als Investitionsgüter werden Infrastrukturausgaben des Staates nicht nur als Veränderung des Finanzvermögens (Finanzwissenschaft) behandelt, sondern häufig als laufende Verwaltungsausgaben, d.h. als Staatskonsum. – 4. Nach traditioneller Auffassung ist Infrastrukturpolitik eine *Aufgabe der öffentlichen Hand*. Begründet wird dies damit, dass Infrastruktureinrichtungen typischerweise Merkmale öffentlicher Güter aufweisen, dass es sich häufig um hoheitliche Aufgaben handelt oder dass Gesichtspunkte der Versorgungssicherheit sehr hoch zu bewerten sind und eine an erwerbswirtschaftlichen Prinzipien orientierte Leistungserbringung deshalb zu Konflikten führen kann. Vor dem Hintergrund der allg. schon hohen Belastungen der öffentlichen Haushalte werden aber seit einigen Jahren Möglichkeiten einer (teilweise) privaten Erbringung von Infrastrukturleistungen diskutiert. – Nach dem *Umfang der Privatisierung* kann danach unterschieden werden, ob bestimmte Infrastrukturbereiche vollständig in private Trägerschaft übergehen (z.B. Flugsicherung, Deutsche Post) oder ob nur einzelne Leistungskategorien von Privaten erbracht werden (Teilprivatisierungen, z.B. Nebeneinander von öffentlichem und privatem Personennahverkehr). Wesentlich ist ferner, ob die privatwirtschaftliche Trägerschaft ausschließlich oder überwiegend formaler oder aber materieller (inhaltlicher) Natur ist. Eine formal private Trägerschaft liegt vor, wenn die Leistung zwar von einem Unternehmen in privater Rechtsform erbracht wird, dieses Unternehmen aber der öffentlichen Hand gehört, von ihr kontrolliert und ggf. auch subventioniert wird. Materiellen Gehalt gewinnt eine Privatisierung dagegen, wenn der Leistungsträger nach erwerbswirtschaftlichen Prinzipien handelt und v.a. das unternehmerische Risiko trägt. Für die *Praxis* sind v.a. das Betreibermodell sowie verschiedene Leasingmodelle (Leasing) interessant. Beim Leasingmodell werden Infrastrukturprojekte durch Private finanziert und gebaut und anschließend dem Staat vermietet. Der Betrieb der Einrichtung kann dem Staat oder auch einer privaten oder gemischt privat/öffentlichen Betriebsgesellschaft (→ Public Private Partnership) obliegen. – Auch bei privatwirtschaftlicher Erfüllung von Infrastrukturaufgaben bleibt i.d.R. ein *öffentliches Interesse* erhalten. Neben der Versorgungssicherheit richtet sich dieses Interesse bes. auf die Qualität und den Preis der angebotenen Leistungen. Die Auftragsvergabe wird normalerweise über eine Ausschreibung des Projekts erfolgen, in der Leistungsumfang und -merkmale beschrieben sind. Der Anbieter, der den Zuschlag erhält, muss die geforderten Leistungen während der Laufzeit des Projekts garantieren. Der öffentliche Auftraggeber wird sich ein Kontrollrecht vorbehalten und das Recht zur Vertragsauflösung bei ungenügender Leistung.

Inländerkonvertibilität → Konvertibilität. – *Gegenteil:* → Ausländerkonvertibilität.

Innovationsförderung – 1. *Begriff:* Maßnahmen der → Wirtschaftsförderung, die den Unternehmen die Durchführung von Innovationen erleichtern sollen. – 2. *Ziele:* Stärkung der Fähigkeit und Bereitschaft der Unternehmen, ihre Position im Wettbewerb (v.a. auch im internationalen Wettbewerb) durch innovatorische Bemühungen zu verbessern. Beschleunigung der Realisierung technischen Fortschritts auf Unternehmensebene, bezogen auf die Entwicklung neuer Produktionsverfahren *(Verfahrensinnovationen)* und/oder neuer Produkte *(Produktinnovationen).* – 3. *Formen:* a) Unterstützung der Unternehmen bei eigenen Forschungs- und Entwicklungsaktivitäten. Die Unterstützung kann *projektbezogen* sein, d.h. für bestimmte Projekte, die als förderungswürdig definiert sind, können finanzielle Hilfen in Anspruch genommen werden *(Projektförderung, direkte Forschungsförderung)*. Sie kann aber auch allg. auf die Stärkung der Forschungs- und Entwicklungsressourcen abzielen, z.B. durch Förderung des Personaleinsatzes *(Personalförderung)*. – b) Förderung der *Forschungskooperation* oder der *Auftragsforschung*. Diese Formen der Innovationsförderung wenden sich v.a. an kleine und mittlere Unternehmen, die keine oder keine ausreichend dimensionierten eigenen Forschungsabteilungen besitzen. – c) Erleichterung des Zugangs zu neuem Wissen durch Beratung und Vermittlung technologischer Informationen (→ Technologietransferförderung). Damit wird v.a. darauf gezielt, die Verbreitung (Diffusion) technischer Neuerungen zu beschleunigen. – d) Unterstützung bei der *Markteinführung* neuer Produkte. – 4. *Instrumente und Träger:* a) In der Bundesrepublik Deutschland erfolgt die *direkte Projektförderung* überwiegend durch *zweckgebundene Finanzzuwendungen.* – *Beispiele:* Fachprogramme des Bundesministeriums für Wirtschaft und Technologie (BMWi) für Bereiche wie Energieforschung, Multimedia, innovative Netzwerke u.a. (Zuwendungen in Höhe eines bestimmten Prozentsatzes der zuwendungsfähigen Kosten). Vergleichbare Fördermaßnahmen gibt es auch auf Ebene der Bundesländer sowie der EU. – b) *Indirekte Instrumente der Innovationsförderung* zielen auf die Beseitigung von (vermuteten) Innovationsengpässen ohne nähere Spezifizierung der Innovationsziele. Hierzu gehören (1) *Zuwendungen zu den Personalkosten* (in Deutschland derzeit nur für die neuen Bundesländer); (2) *Zuwendungen zu den Investitionskosten* (Investitionszuschüsse) oder langfristige und zinsgünstige Investitionskredite. (3) Förderung *technologieorientierter Unternehmensgründungen* oder von Unternehmensbeteiligungen. (4) Steuerliche Erleichterungen wie *Sonderabschreibungsmöglichkeiten* für Wirtschaftsgüter des Anlagevermögens, die der Forschung und Entwicklung (F&E) dienen. (5) Staatliche *Bürgschaften* oder *Garantien* an Unternehmen, um den Zugang zu bankmäßiger Fremdfinanzierung zu erleichtern. – c) *Förderung der Informationsbeschaffung* durch staatlich finanzierte Beratung oder kostenlose Inanspruchnahme von Technologie-Transfer-Agenturen. Kooperationsförderung bes. im europäischen Raum durch Programme wie EUREKA.

Innovationspolitik → Technologiepolitik, Wachstumspolitik.

Insider-Outsider-Theorien → Arbeitsmarkttheorien.

Insolvenzgeld – 1. *Begriff:* Leistung der → Bundesagentur für Arbeit für im Inland beschäftigte Arbeitnehmer, die aus den letzten drei Monaten vor Eintritt des Insolvenzfalls ihres Arbeitgebers oder gleichgestellten Ereignissen noch Ansprüche auf Arbeitsentgelt haben (§ 3 IV Nr. 5 SGB III, §§ 165 ff. SGB III). – 2. *Umfang:* Die Höhe entspricht dem Nettoarbeitsentgelt und wird für maximal drei Monate gewährt. – Vgl. auch Arbeitslosenversicherung, → Sozialversicherung.

Institute of International Finance (IIF) – *Institute of International Finance, Inc.;* 1983 von 35 Großbanken aus Europa, den USA, Japan und Südamerika als Reaktion auf die internationale Schuldenkrise gegründet. Das IIF hat heute über 450 Mitglieder aus 70 verschiedenen Ländern (Stand Ende 2012). Zu seinen Mitgliedern zählen die größten Commercial Banks und Investment Banks sowie zunehmend auch Versicherungsunternehmen. – *Sitz:* Washington, D.C. – *Ursprüngliche Ziele:* Verbesserung der Verfügbarkeit und Qualität der finanziellen und wirtschaftlichen Informationen über Schuldnerländer, um in Zusammenarbeit mit dem Internationalen Währungsfonds und der Weltbank Informationen über finanzielle Lage, Entwicklungspläne, wirtschaftspolitische Zielsetzungen und Verschuldungssituation der potenziellen Kreditnehmer zusammentragen und den Mitgliedsbanken zur Verfügung stellen zu können. – *Heutige Aufgaben und Ziele:* fachliche Unterstützung der Mitglieder bspw. durch Länderanalysen zu Schwellenländern, politische Interessenvertretung, Öffentlichkeitsarbeit, Entwicklung von Maßnahmen zur Sicherung der Finanzmarktstabilität (Industriestandards, Best-Practice-Methoden); Schaffung von Netzwerken zum gegenseitigen Erfahrungsaustausch.

Institut für Auslandsbeziehungen (IfA) – 1951 als Nachfolgerin des Deutschen Auslands-Instituts wiedergegründet. – *Aufgabe:* Förderung des Kulturaustausches zwischen den Völkern. – Der Erfüllung dieser Aufgabe dienen die *Einrichtungen* des Instituts: Fachbibliothek; Photothek; Buch- und Zeitschriftenversand; Ausstellungsabteilung (Veranstaltung von dt. Ausstellungen im Ausland und ausländischen Ausstellungen im Inland); Auswandererberatung durch „gemeinnützige Auswandererberatungsstelle"; Öffentlichkeitsarbeit auf internationalen Messen; Vorbereitungsseminare für dt. Wirtschaftskräfte; dt. Sprachkurse für Ausländer; Regionalreferate: Nordamerika, Lateinamerika, Südosteuropa, Afrika, Nah-Mittelost und Asien. – *Veröffentlichungen:* Zeitschrift für KulturAustausch (vierteljährlich), Ländermonographien, Dokumentationen zur auswärtigen Kulturpolitik.

Institution – 1. *Begriff:* Eine allgemein anerkannte Definition des Begriffs fehlt bis dato. Institutionen beeinflussen, entsprechend dem ökonomischen Ansatz zur Erklärung menschlichen Verhaltens (G.S. Becker), als Restriktionen die Handlungen von Menschen. Zu den Institutionen zählen so unterschiedliche Dinge wie Märkte, Gesetze, Bräuche, Zahlungsmittel oder Standardverträge. Die Analyse der Entstehung, Wirkung und Gestaltung von Institutionen ist Gegenstand der Neuen Institutionenökonomik. Schotter (1986) definiert Institutionen als „Set von Regeln, die individuelles Verhalten beschränken und das soziale Ergebnis individuellen Handelns definieren." Im dt. Sprachraum definieren Erlei, Leschke und Sauerland (2007) Institutionen als Verträge oder Vertragssysteme sowie Regeln oder Regelsysteme „jeweils inklusive ihrer Durchsetzungsmechanismen durch [...] die das Verhalten von Individuen kanalisiert wird. – 2. *Merkmale:* Institutionen sind als soziale Phänomene relevant für die Interaktion einer Gruppe von Menschen (Kollektiv). Institutionen senken (oder erhöhen) die Kosten der Interaktion von Individuen (Transaktionskosten). Sie erleichtern (oder erschweren) die Realisierung von Kooperationsvorteilen, da sie die Erwartungssicherheit in Bezug auf das Verhalten der potentiellen Kooperationspartner erhöhen. Institutionen entstehen häufig evolutorisch, d.h. sie bilden sich in Interaktionen heraus. Die beteiligten Individuen lernen, welche Verhaltensmuster sich in Interaktionen als erfolgreich (mit Blick auf die eigenen Ziele) erweisen. Solche informellen Institutionen werden oftmals auch formalisiert und als Regel oder Regelsystem offiziell in einem Kollektiv (z.B. Staat oder Unternehmen) eingeführt (formelle Institutionen). Verstöße gegen Regeln müssen mit glaubhaften Sanktionen bedroht werden. Dies können gesetzliche (rechtliche) Sanktionen oder auch soziale Sanktionen (z.B. Ausschluss aus dem Kollektiv) sein. Ohne glaubhafte Sanktionsmechanismen verlieren Institutionen als kollektives Kapital ihren Wert und erodieren. Werden Institutionen nicht von einer Mehrheit der Kollektivmitglieder akzeptiert, sind hohe Kontroll- und Sanktionskosten (Zwang) notwendig, um sie zu erhalten. Dies ist i.d.R. nicht produktiv. – 3. *Abgrenzung:* a) *Institution und Organisationen:* Organisationen sind Personenkollektive, deren Mitglieder sich organisiert haben, um ihre individuellen Ziele besser erreichen zu können (Kooperationsvorteile). D.C. → North definiert Organisationen als Institutionen zzgl. der beteiligten Personen, z.B. Unternehmen, Verbände oder Entscheidungsgremien in Gebietskörperschaften. In einer Unternehmung verkörpert das Vertragsgeflecht die institutionelle, die beteiligten Personen „die persönliche Seite der Unternehmung".–b) *Institution, Werte und Normen:* Unter einem Wert versteht man in der Soziologie eine grundlegende, zentrale, allg. Zielvorstellung und Orientierungsleitlinie für menschliches Handeln und soziales Zusammenleben innerhalb einer Subkultur, Kultur oder sogar im Rahmen der Menschheit (Hillmann). Werte sollen nicht zu den Institutionen gezählt werden, weil ihre Nichtbeachtung nicht sozial sanktionierbar ist und sie auch nicht zu gleichen und stabilen Verhaltenserwartungen führen. Normen sind solche Regeln, die sich aus Werten ableiten. Normen sind informelle Regeln (informelle Institutionen). – Vgl. auch Verfügungsrechte, Wirtschaftsethik. – 4. *Klassifikation:* a) *Formelle vs. informelle Institutionen:* Diese Klassifikation setzt an der Formalität der Regelkomponente einer Institution an. Zumeist (aber nicht immer) sind Verfassungsregeln, Gesetz und Verordnungen dazu zu rechnen. Informelle Institutionen sind Regeln, die i.d.R. nicht schriftlich fixiert sind und deren Bestandteile bisweilen gar nicht vollständig genannt werden können, wie etwa die Regeln des Fairplay. Diese Unterscheidung geht auf North zurück. – b) *Externe vs. interne Institution:* Diese Klassifikation fragt nach der Art der Sanktionierung einer Institution. Regelverstösse können von den Mitgliedern einer Gesellschaft selbst sanktioniert werden, ohne auf den Staat zurückzugreifen. – *Beispiele:* Gewohnheiten, Sitten und Traditionen, deren Einhaltung durch Sanktionen gesichert wird, die von den Mitgliedern einer Gesellschaft selbst vorgenommen werden. Bei externen Institutionen erfolgt die Sanktionierung durch Vertreter des Staates, also extern von der Gesellschaft. Externe Institutionen sind also z.B. Gesetze. Diese Unterscheidung geht auf Kiwit und Voigt zurück.

Institutionalismus – Anfang des 20. Jh. an Bedeutung gewinnende Richtung amerikanischer Nationalökonomen, u.a. Veblen, Commons und Mitchell. Anknüpfend an die → historische Schule betont der Institutionalismus die historische Interpretation ökonomischer Wirklichkeit. Kennzeichnend für den Institutionalismus sind: (1) Betonung der Dynamik des Wirtschaftsablaufs gegenüber der Statik des Gleichgewichts; (2) Darstellung soziologischer, psychologischer und rechtlicher Phänomene und deren Einfluss auf Wirtschaftsordnung, wirtschaftliches Verhalten; (3) Bestimmung des Wirtschaftsablaufs nicht durch das Marktgeschehen, sondern durch die das Marktgeschehen bestimmenden Institutionen. (4) Vorläufer der Neuen Institutionenökonomik.

institutionelle Einkommensverteilung – *institutionelle Verteilung;* Verteilung der Einkommen (Einkommensverteilung) auf die Klassen der unselbstständig Beschäftigten (Arbeitnehmer) und Selbstständigen. Berücksichtigt man, dass z.B. einzelne Haushalte Einkommen aus verschiedenen ökonomischen Funktionen beziehen können, erweitert die institutionelle Einkommensverteilung die → funktionale Einkommensverteilung um die → Querverteilung. – Vgl. auch → Verteilungstheorie, → Pasinetti-Ansatz.

institutioneller Wandel – Neue Institutionenökonomik; Wirtschaftssoziologie.

institutionelle Verteilung → institutionelle Einkommensverteilung.

Institut zur Erlangung der Hochschulreife – *Kolleg;* staatliche Bildungseinrichtung, die berufstätig gewesenen jungen Erwachsenen die Möglichkeit bietet, in 2,5 bis 3 Jahren die allgemeine Hochschulreife im Rahmen des → zweiten Bildungsweges zu erlangen. – *Aufnahmebedingungen:* (1) Abgeschlossene Berufsausbildung, (2) mittlerer Bildungsabschluss, (3) Alter zwischen 19 und 28 Jahren, (4) Aufnahmeprüfung. – Die *Inhalte* des Instituts zur Erlangung der Hochschulreife decken sich weitgehend mit denen der gymnasialen Oberstufe; berufliche Inhalte finden kaum Berücksichtigung.

Integrated Framework (IF) – 1997 durch WTO, Weltbank (→ IBRD), → IWF, das International Trade Center (→ ITC), → UNCTAD und → UNDP gegründet. Vorrangiges Ziel des IF ist es, das Thema Handel in den nationalen Entwicklungsstrategien zu verankern. Ein Organ des IF ist das Integrated Framework Steering Committee (IFSC), das den Prozess des IF überwacht, lenkt und Richtlinien vorgibt. Mitglieder dieses Organs sind die sechs Kernorganisationen, die beteiligten Entwicklungsländer und die Geberländer. Ein zweites Organ, die IF Working Group, betreibt das kurzfristige Management; es wird von der WTO geleitet. Der IF Trust Fund (IFTF) schließlich ist für das Sammeln und Verwalten von Ressourcen verantwortlich, die für die verschiedenen Projekte benötigt werden.

Integration – Herstellung einer Einheit oder Eingliederung in ein größeres Ganzes.

integrierter Umweltschutz – 1. *Begriff:* Umweltpolitischer Ansatz der Unternehmensführung mit dem Ziel, Emissionen und Abfälle gar nicht erst entstehen zu lassen. Statt Reparatur erfolgt Vermeidung oder zumindest Verwertung (Präventivkonzept). – 2. *Möglichkeiten:* Emissionsarme Produktionsverfahren, Aufbereitung und Rückführung von Materialströmen, Abfallvermeidungs-/Abfallverwertungsmaßnahmen, Produktgestaltung. – 3. *Ebenen:* a) Produktebene (z.B. Produktrecycling, Öko-Design); b) Produktions- bzw. Prozessebene. – *Formen:* Statt Denken und Handeln in Kategorien von Einzelproblemen (z.B. Abwasserbehandlung) bzw. einzelner Umweltmedien (Luft, Wasser, Boden) Gesamtüberblick über alle umweltrelevanten Tatbestände des Betriebes und der Umwelt als Ganzes. – 4. *Voraussetzung:* GanzheitlicheKonzepte (umweltbezogene Strategien, Managementsysteme, Informationen, Organisationsstrukturen, Dokumentationssysteme und Controllingsysteme etc.). – *Gegensatz:* → additiver Umweltschutz. – Vgl. auch → präventiver Umweltschutz, → Vorsorgeprinzip.

Intensität – technische Leistung eines Aggregates, definiert durch:

$$\frac{\text{Anzahl der Produktionseinheiten}}{\text{Zeit}}.$$

Intensitätsrente → Grundrente.

Inter-American Development Bank → IDB.

Interamerikanische Entwicklungsbank → IDB.

Interbankengelder → Nostroguthaben.

Interdependenz der Ordnungen – 1. *Begriff:* Verschiedene Teilordnungen der Gesellschaft (etwa Wirtschaft, Recht, Politik, Kultur) befinden und entwickeln sich in wechselseitiger Abhängigkeit. – 2. *Theoriebildungen:* Diese in abstrakter Form leicht einsichtige Aussage findet sich in unterschiedlichen Konkretisierungen in verschiedenen Bereichen der Sozialwissenschaften. In den modernen Sozialwissenschaften erscheint die Vorstellung einer Interdependenz der Ordnungen auch als Theorie der Wechselbeziehungen teilautonomer gesellschaftlicher Subsysteme (z.B. Luhmann) oder institutionell geprägter sozialer Handlungssysteme (z.B. Coleman). Analysen einer Wechselbeziehung zwischen wirtschaftlichen und politischen Institutionen und Abläufen finden sich auch bei Ökonomen wie Schumpeter (1950) und Olson (1985) sowie in den Werken von Hayek.

Interdependenzkosten – Summe aus den → externen Kosten des Überstimmtwerdens (der im → Abstimmungsverfahren überstimmten Bürger) und den Konsensfindungskosten (der überstimmenden Bürger). – Vgl. auch ökonomische Theorie der Verfassung (→ Konstitutionenökonomik).

Interdisziplinarität – Verfahren der Suche nach Problemlösungen durch Einbeziehung von Erkenntnissen möglichst aller durch ein Problem tangierten Fachdisziplinen.

Interessengruppen – *Pressure Groups.* 1. *Begriff:* Organisierte Gruppen (z.B. Verbände), die nicht demokratisch legitimiert sind, jedoch versuchen, am Willensbildungsprozess der staatlichen Entscheidungsträger zu beeinflussen, um spezifische Interessen durchzusetzen, z.B. gruppenspezifische Privilegien zu erwirken (→ Rent Seeking). Im Deutschen ursprünglich Interessentengruppen. Für die Politiker sind Interessengruppen deshalb von Vorteil, weil diese die Wählerpräferenzen zu relativ niedrigen Kosten artikulieren. – 2. *Arten der Einflussnahme:* a) Durch die Beeinflussung der öffentlichen Meinung (z.B. Nichtregierungs-Organisationen und Verbände) können Interessengruppen auf den demokratischen Willensbildungsprozess einwirken. – b) Zu politischen Entscheidungsträgern haben Interessengruppen in einer pluralistischen Gesellschaft vielfältige formalen und informalen Zugang: Legislative und Exekutive greifen bei Gesetzgebungsverfahren auf das Sachwissen der Interessengruppen in Anhörungs- und Konsultationsverfahren zurück. Verbandsvertreter pflegen Kontakte zu Parteien, Parlamentariern, Regierung und Beamten (→ Lobbyismus). Sie besetzen auch Partei- und Staatsämter. – c) Interessengruppen können selbst am Willensbildungsprozess teilnehmen, wenn sie korporatistisch in staatliches Handeln eingebunden sind. Viele Verbände in Deutschland sind keine typischen Pressure Groups, z.B. Gewerkschaften, Kammern usw. Diesem Phänomen hat sich weniger die Neue Politische Ökonomie als vielmehr die sozialwissenschaftliche Verbändeforschung gewidmet. – 3. *Probleme der Einflussnahme:* Interessen, die sich in Gruppen schlecht organisieren lassen, können sich nur schwer Geltung verschaffen (z.B. ist die Organisation der Interessen auf Seiten der Einkommensentstehung weniger schwierig als auf der Seite der Einkommensverwendung) und damit nicht zum Ausgleich der Partikularinteressen beitragen. Die verteilungswirksamen Privilegien behindern das marktmäßige Ausleseverfahren, verzerren die Allokation und sind schwer abzubauen, da die Aufhebung von Vergünstigungen politisch unattraktiv ist (→ politischer Unternehmer). Aus dem Wettbewerb zwischen Pressure Groups können nach G. Becker (1983) allerdings Gemeinwohlvorteile erwachsen.

intergenerationelle Verteilung – Verteilung von Einkommen, Vermögen und Ressourcen zwischen den Generationen. Die Forderung nach intergenerationeller Gerechtigkeit ist ein Hauptanliegen des Nachhaltigkeitspostulats.

Interimsabkommen – *Zwischenabkommen,* völkerrechtliches Vertragswerk, das nicht endgültig in Kraft getreten ist. – *Beispiele:* → Europa-Abkommen, regionale Integration.

Internalisierung externer Effekte – 1. *Begriff:* Durch die Internalisierung externer Effekte soll die volkswirtschaftliche relevante Fehlallokation (→ Marktversagen) beseitigt werden. Die Internalisierung externer Effekte führt zur Übereinstimmung zwischen privater und gesamtwirtschaftlicher Rentabilitätsrechnung und somit zum → Pareto-Optimum. – 2. *Bedeutung:* In der → Umweltpolitik ist eine vollständige Internalisierung externer Effekte wegen der Probleme einer ökonomischen Bewertung der Umweltschäden sowie der Verursacher nicht möglich. Das Verursacherprinzip kann jedoch als Leitbild der Umweltpolitik (→ umweltpolitische Leitbilder) dienen, welches durch das Gemeinlastprinzip und durch das Vorsorgeprinzip ergänzt wird. – 3. *Beispiele:* Eine Internalisierung externer Effekte kann durch unterschiedliche Instrumente erfolgen. Bei einer geringen Anzahl Beteiligter und einem guten Informationsstand der Beteiligten sind Verhandlungslösungen möglich (→ Coase-Theorem). Nimmt die Anzahl der Beteiligten zu, so bieten sich → Ökosteuern und Zertifikate an.

International Association of Mutual Insurance Companies → AISAM.

International Association of Public Transport → UITP.

International Atomic Energy Agency → IAEA.

International Bank for Reconstruction and Development → IBRD.

International Centre for Settlement of Investment Disputes → ICSID.

International Chamber of Commerce → ICC.

International Civil Aviation Organization → ICAO.

International Co-Operative Alliance → ICA.

International Development Association → IDA.

internationale Agrarpolitik – 1. *Begriff:* Als Teilgebiet der → Agrarpolitik umfasst die internationale Agrarpolitik die Besonderheiten und speziellen Probleme der Agrarpolitik auf internationaler Ebene. – 2. *Aufgaben:* (1) Grundlegend geht es um die *Gestaltung des internationalen Agrarhandels* und die Frage, wie einzelne Agrarstandorte sich in die internationale Agrarwirtschaft integrieren sollten. (2) Als spezieller Problembereich gehört in diesen Zusammenhang auch die *Kritik* an den internationalen Konsequenzen der Agrarpolitik der EU wie generell am Agrarprotektionismus in Industrieländern, der in der Tendenz zu einem Druck auf den Weltmarktpreis und damit zu einer unfairen Konkurrenz für Agrarproduzenten in Drittländern sowie zu einer Destabilisierung von Weltagrarmärkten führt. Deshalb wird der Abbau des Agrarprotektionismus seit der Uruguay-Runde 1984 im Rahmen der WTO-Verhandlungen (→ Welthandelsorganisation) intensiv diskutiert. (3) Zur internationalen Agrarpolitik gehören auch internationale Bemühungen zur *Förderung der Agrarentwicklung in Entwicklungsländern*. Das geschieht etwa durch finanzielle und → technische Zusammenarbeit und durch Institutionen der internationalen Agrarforschung. (4) Zur internationalen Agrarpolitik gehört schließlich die Beschäftigung mit globalen *Umweltfragen* der Agrarwirtschaft (Abholzung des Regenwaldes, Treibhauseffekt).

Internationale Arbeitskonferenz (IAK) → ILO.

Internationale Arbeitsorganisation (IAO) → ILO.

Internationale Atomenergie-Organisation → IAEA.

Internationale Bank für Wiederaufbau und Entwicklung → IBRD.

internationale Einkommensverteilung – 1. *Begriff:* Die internationale Einkommensverteilung befasst sich mit der Verteilung von Einkommen über Ländergrenzen hinweg. – 2. Messung: Die Analyse der internationalen Einkommensverteilung kann auf Basis verschiedener Konzepte erfolgen, die häufig parallel angewendet werden.–a) *Unterschiede in den Pro-Kopf-Einkommen:* Die Ausprägung der internationalen Einkommensverteilung kann durch einen Vergleich der durchschnittlichen Pro-Kopf-Einkommen zwischen verschiedenen Ländern untersucht werden. Die empirischen Entwicklungen der vergangenen Jahre lassen auf einen Rückgang der so ermittelten internationalen Einkommensungleichheit schließen. – b) *Unterschiede in den intranationalen Einkommensverteilungen:* Das Ausmaß der internationalen Einkommensverteilung kann durch einen Vergleich der innerhalb verschiedener Länder vorzufindenden Einkommensverteilungen bestimmt werden. Hierzu können bspw. die → Gini-Koeffizienten verschiedener Länder miteinander verglichen werden. Die empirischen Entwicklungen der vergangenen Jahre lassen auf eine Erhöhung der so ermittelten Einkommensungleichheit in zahlreichen Ländern schließen. Der Grad der Ungleichverteilung ist dabei in Entwicklungsländern wesentlich höher als in den Industrienationen.–c) *Globale Messgröße:* Zur Analyse der internationalen Einkommensverteilung kann eine länderübergreifende Kennzahl ermittelt werden, um so eine Fülle von Informationen in einer einzigen Messgröße abzubilden. Hierzu kann bspw. ein

World Inequality
(global Gini index where 0 represents exact equality and 1 represents total inequality)

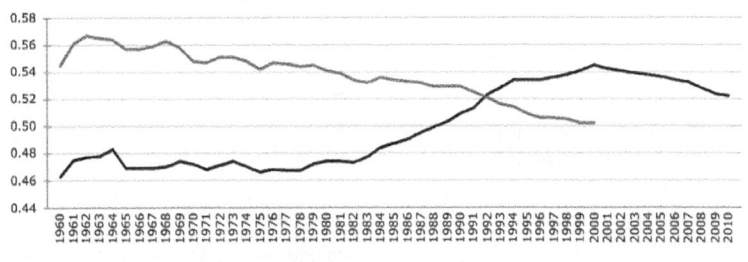

● Population weighted ● Population unweighted

einziger Gini-Koeffizient für ausgewählte Länder der Welt berechnet werden. Die entsprechenden empirischen Entwicklungen der vergangenen Jahre unterscheiden sich je nach genauer Vorgehensweise. Der Gini-Koeffizient für rund 170 Länder lässt auf eine starke Erhöhung der internationalen Einkommensungleichheit ab Anfang der 1980er-Jahre schließen, wobei jedoch seit Beginn des 21. Jh. wieder ein leicht rückläufiger Trend festzustellen ist. Gewichtet man diesen Gini-Koeffizienten hingegen mit der Bevölkerungsanzahl der betrachteten Länder, so ist seit den 1960er-Jahren eine Verringerung der so gemessenen internationalen Einkommensungleichheit zu verzeichnen (vgl. Abbildung „World Inequality"). Eliminiert man aus diesem gewichteten Gini-Koeffizienten die Länder China und Indien, so ist wiederum ein Anstieg der internationalen Einkommensungleichheit ab Anfang der 1980er-Jahre festzustellen. – 3. *Ursachen der Ungleichheit in der Einkommensverteilung:* Gelegentlich wird vermutet, dass die Ungleichheit in der Einkommensverteilung mit voranschreitender Entwicklung zunächst zu- und danach abnimmt (→ Kuznets-Kurve). Neben dem wirtschaftlichen Entwicklungsniveau spielt jedoch auch eine Vielzahl soziodemographischer und politischer Faktoren eine wichtige Rolle. So nahm etwa der Anteil der von weniger als 1,25 Dollar am Tag lebenden Bevölkerung (→ Armutsindikatoren) im Laufe der vergangenen Jahrzehnte in Südostasien und Lateinamerika deutlich ab, während er bspw. in Subsahara-Afrika nur wenig zurückging. – 4. *Konsequenzen:* Die internationale Ungleichverteilung der Einkommen hat einige schwerwiegende Folgen. Gerade in den armen Ländern ist das Bevölkerungswachstum hoch und behindert deren Entwicklung (sog. Armutsfalle). Die weltweite Ungleichverteilung der Einkommen führt zu sich verstärkenden Wanderungsbewegungen von Süden nach Norden und von Osten nach Westen, die zu erheblichen sozialen Spannungen führen (Bevölkerungspolitik, Bevölkerungsökonomik). Die internationale Ungleichverteilung der Einkommen verschärft auch die globalen Umweltprobleme und erschwert eine durchgreifende Neuorientierung der Wirtschafts- und Umweltpolitik, weil die armen Länder auf die Notwendigkeit ihrer ökonomischen Entwicklung verweisen und die reichen Länder auf hohem Wachstum bestehen, weil sie nur dann den armen Ländern helfen können. – Vgl. auch Einkommensverteilung.

Internationale Energieagentur → IEA.

Internationale Entwicklungsorganisation → IDA.

Internationale Finanz-Korporation → IFC.

Internationale Handelskammer → ICC.

Internationale Handelsorganisation → ITO.

International Energy Agency → IEA.

internationale Ordnungsökonomik – 1. *Charakterisierung:* Die internationale Dimension der → Ordnungsökonomik ergibt sich daraus, dass zwischen den Volkswirtschaften ein Austausch von Gütern und Diensten sowie die Wanderung von → Produktionsfaktoren möglich ist und dass diese Austausch- und Wanderungsbeziehungen durch politische Maßnahmen einzelner Staaten, aber auch von Staatengruppen (z.B. der EU) beeinflusst werden können. Sowohl die grenzüberschreitenden Transaktionen, die mit Tausch und Wanderung verbunden sind, als auch die politischen Maßnahmen sind institutionell geprägt und beeinflussen Struktur sowie Dynamik der betroffenen Volkswirtschaften. Die internationale Ordnungsökonomik betrachtet daher (1) die Spielregeln grenzüberschreitender Transaktionen sowie (2) die internationale Zusammenarbeit von Staaten (und Unternehmen). – *Grenzüberschreitende Transaktionen* beinhalten notwendig den Austausch zwischen verschiedenen Privatrechtssystemen. Aus Sicht der internationalen Ordnungsökonomik unterscheiden sich grenzüberschreitende Transaktionen von binnenwirtschaftlichen Transaktionen aufgrund der Territorialität des Privatrechts. Es sind Transaktionen zwischen Rechtsordnungsfremden (Schmidtchen, 1995). – *Probleme der Rechtsdurchsetzung:* Transaktionen zwischen Rechtsordnungsfremden sind in spezifischer Weise riskant, weil es kein staatsübergreifendes Gewaltmonopol gibt. Ansprüche gegenüber einem Rechtsordnungsfremden lassen sich nur durch *Rechtshilfe* des anderen Gewaltmonopols absichern. Die Rechtshilfe erfordert ihrerseits → Verträge zwischen den betroffenen souveränen Staaten, für die es aber keine Durchsetzungsinstanz gibt. Wird die Rechtshilfe gewährt, können dennoch – etwa aufgrund der Unterschiedlichkeit der Privatrechtstraditionen – bes. Rechtsdurchsetzungsprobleme auftreten. – *Transaktionskosten und Institutionen:* Das Rechtsdurchsetzungsproblem beim grenzüberschreitenden Tausch verursacht → Transaktionskosten. Sie sind umso größer, je mehr Rechtsterritorien in ein Transaktionsgeflecht einbezogen sind. Die Tatsache, dass dennoch eine Expansion grenzüberschreitender Transaktionen beobachtet werden kann, ist erklärungsbedürftig. Eine zentrale Vermutung lautet, dass die umfangreichen internationalen Wirtschaftsbeziehungen primär die Folge institutioneller Arrangements sind, welche von den unmittelbar an grenzüberschreitenden Transaktionen Interessierten entwickelt wurden. Eine Erklärung wird mit der Figur des „redlichen Kaufmanns" geliefert; es ist die der *Reputation.* Auf sie legt Wert, wer sich auf Handel zwischen Rechtsordnungsfremden spezialisiert und damit auch an wiederholten Transaktionen mit den gleichen Rechtssubjekten interessiert ist (z.B. Großhandelsfirmen im Außenhandel, internationale Handelsmakler und Kommissionäre). Die *Glaubhaftigkeit* von vertraglichen Zusagen kann ferner durch spezifische institutionelle Sicherungen unterstützt werden. – 2. *Internationale Ordnungspolitik:* Souveräne Staaten können auf unterschiedliche Weise Einkommen und Einkommenserzielungschancen von Rechtsordnungsfremden beeinflussen und damit internationale Konflikte verursachen. – a) *Interessenkonflikte:* Beispiele für solche konflikträchtigen Handlungen sind Handels- und Konvertibilitätsbeschränkungen sowie Wechselkursmanipulationen. Das ordnungspolitische Problem beruht darin, dass es – anders als zwischen Nationalstaaten und den ihrem Rechtssystem unterworfenen Rechtssubjekten – an einer von allen Nationalstaaten akzeptierten Organisation fehlt, welche Regeln für internationales Wohlverhalten durchsetzen könnte. Trotz Abwesenheit einer solchen Organisation interagieren auch Regierungen weltweit in einer Art und Weise, in der Erwartungen über Handlungen anderer relativ große Aussicht haben, bestätigt zu werden. Insofern ist es auch in diesem Fall gerechtfertigt, von einer internationalen Handelnsordnung zu sprechen. – b) *Kollektivgutprobleme:* Werden etwa Regeln für internationalen Handel gesetzt, sind die Regelsetzer nicht nur die Nationalstaaten sondern auch → internationale Organisationen und Gremien. Als Regelsystem hat die internationale Ordnung die Besonderheit, eine Ordnung ohne hierarchische Spitze zu sein. Zu diesem Regelsystem gehört u.a. die → World Trade Organization (WTO). Sie dient der Vorbeugung bzw. Beilegung von Konflikten, die sich aus international relevanten wirtschaftspolitischen Maßnahmen ergeben könnten. Wie die nationalstaatlichen Regelsysteme hat auch die internationale Wirtschaftsordnung Eigenschaften eines öffentlichen Kapitalgutes. Als *Kollektivgut* zeichnet sich die Ordnung durch Nichttrivialität (Nichtrivialitätsaxiom) aus. Ausschluss ist zwar grundsätzlich möglich, aber nicht wünschenswert, wenn die Vorteile einer internationalen Arbeitsteilung und die – generell – friedensstiftende Wirkung von Handel gewährleistet werden soll. Als *Kapitalgut* gibt die Ordnung einen Strom von Leistungen in der Form von Koordinations- und Konfliktbehandlungshilfen ab. Je mehr sich diese Leistungsabgabe bewährt, desto größer ist der Wert dieses spezifischen Kapitalgutes. – c) *Erklärungsansätze:* Ordnungsökonomisch ist zu fragen, wie es überhaupt zu einer solchen internationalen Wirtschaftsordnung ohne hierarchische Spitze kommt und was ihren Bestand garantiert. Zwei Erklärungsansätze können unterschieden werden: Die Vorstellung von einem stabilisierenden Hegemon einerseits und andererseits die Vorstellung, dass Regierungen sich an internationale Abkommen freiwillig (aus Reputationsgründen) halten, auch wenn sie formell von keiner Organisation zur Einhaltung gezwungen werden können. – d) *Normative Implikate:* Nicht jedes beliebige Regelsystem ist geeignet, Ordnung durch Erwartungsstabilisierung herbeizuführen. Deshalb ist zu fragen, welcher Art die Regeln sein sollten, mit deren Hilfe – unter Berücksichtigung der Besonderheiten der internationalen Ebene – ein möglichst hohes Maß an Ordnung herbeigeführt werden kann. Grundsätzlich gilt, dass *universalisierbare Regeln* geeignet sind, die Koordination zwischen Individuen zu erleichtern und Konflikten vorzubeugen. Bei den zur Universalisierbarkeit gehörenden Eigenschaften der Allgemeinheit und der Gewissheit ergeben sich auch für eine internationale Wirtschaftsordnung keine Probleme. Hingegen kann die Eigenschaft der Offenheit nicht erwünscht sein. Würden z.B. spezifische Handelsbeschränkungen als Abweichungen vom allg. Freihandelsprinzip untersagt, würde Offenheit einer Einladung an die Mitgliedsstaaten einer internationalen Wirtschaftsordnung gleichkommen, neue Formen der Handelsbeschränkung aufzuspüren und diese einzusetzen. Es geht um eine möglichst wirksame Beschränkung der Handlungsfreiheit von Regierungen. Deshalb müsste dieses Regelsystem, abweichend von der Universalisierbarkeit, geschlossen werden, d.h., alle Handlungen wären grundsätzlich zu untersagen, die nicht ausdrücklich erlaubt sind.

internationale Ordnungspolitik → internationale Ordnungsökonomik.

internationale Organisationen – 1. *Begriff:* Auf Dauer angelegte funktionale Zweckverbindungen von Staaten mit eigenen Organen, deren Einrichtung auf völkerrechtliche Verträge zwischen Staaten oder privatrechtliche Vereinbarungen zurückgeht, wobei (in weiter Auslegung) auch die Rechtsform von nationalen Vereinen mit internationaler Mitgliedschaft möglich ist. – Eine allg. anerkannte *Definition* der internationalen Organisationen gibt es bisher nicht. Nationale Organisationen, die auch ausländische Mitglieder aufnehmen, zählen nicht als internationale Organisationen. Stimmrechte müssen so verteilt sein, dass keine nationale Gruppe die Organisation kontrolliert, andernfalls zählt sie nicht als internationale Organisation. Ihre Aufgaben, Befugnisse und Organe werden allein durch den Willen der Mitglieder in *Satzungen bzw. Statuten* festgelegt. – Die *Union of International Associations* in Brüssel nimmt nur solche Organisationen als internationale Organisationen auf, wenn sie mind. aus drei Staaten bestehen oder ein internationales Aufgabengebiet und Mitglieder aus drei Staaten haben bzw. in mind. drei Ländern tätig sind. – Oftmals werden auch *supranationale Organisationen* als internationale Organisationen bezeichnet, die unmittelbar Rechtsvorschriften für die Bürger der Mitgliedsstaaten erlassen können, wobei supranationale internationale Organisationen einen höheren Organisationsgrad aufweisen (z.B. EU). – 2. *Arten:* Traditionell werden die internationalen Organisationen nach Trägerschaft in internationale staatliche Organisationen (Intergovernmental Organizations (IGOs)) und intergouvernementale privatrechtliche Vereinigungen (→ Non-Governmental International Organizations (NGOs)) untergliedert. – *Zielsetzungen: IGOs* zielen auf die Zusammenarbeit in unterschiedlichen Bereichen ab. Sie können allg., universell *politische Ziele* verfolgen (z.B. → UN), auf spezielle, *regional begrenzte Ziele* abstellen (z.B. → ASEAN, → OPEC) sowie *wirtschaftspolitische Ziele* verfolgen (z.B. → IWF, → Weltbankgruppe, WTO). *IGOs* sind v.a. in den Bereichen Verteidigung, Wirtschafts- und

Währungspolitik, Kultur- und Gesundheitspolitik sowie Technologie konzentriert. *NGOs* dienen vornehmlich der internationalen *Interessenvertretung* (Internationaler Gewerkschaftsbund), *humanitären Zielen* (z.B. Internationales Rotes Kreuz), *ökologischen Zielen* (z.B. World Wide Fund for Nature), *kulturellen Zielen* (z.B. PEN), *weltgesellschaftspolitischen Zielen* (z.B. Club of Rome (COR)) oder religiösen Anliegen. Obgleich NGOs i.d.R. unpolitische Einrichtungen darstellen, haben sich einige auch politisch engagiert (etwa das Internationale Olympische Komitee). – 3. *Organstruktur:* Bei IGOs besteht meist eine Organtrias: Ein Sekretariat und zwei Repräsentativorgane. Das weitere Repräsentativorgan (Generalversammlung o.Ä.) ist für die Beschlussfassung der grundlegenden Fragen zuständig und tritt seltener zusammen als das engere (meist als Rat bezeichnet), das die Ausführungsbeschlüsse fasst und die Arbeit des Sekretariats überwacht, das für die täglichen Geschäfte zuständig ist und von einem Generalsekretär bzw. Generaldirektor geleitet wird.

Internationale Organisation für Normung → ISO.

Internationaler Agrar-Entwicklungsfonds → IFAD.

Internationaler Demonstrationseffekt – Einfluss, den → Informationen über soziale und wirtschaftliche Gegebenheiten in Industrieländern auf das soziale und ökonomische Verhalten in Entwicklungsländern haben, bes. auf das Konsumverhalten. Er kann entwicklungshemmende sowie entwicklungsfördernde Wirkungen aufweisen. – 1. *Negative Entwicklungswirkungen* werden u.a. damit begründet, dass bes. die oberen Einkommensgruppen die Konsumgewohnheiten der Industrieländer als Vorbild nehmen und nachahmen, wodurch über erhöhte Nachfrage nach Importgütern die Sparneigung und damit Investitionen sowie die Zahlungsbilanz beeinträchtigt werden. – 2. *Positive Entwicklungswirkungen* werden u.a. darin gesehen, dass die zusätzlich geweckten Bedürfnisse der Leistungsbereitschaft steigern, da nur über sie die Erzielung eines höheren Einkommens realisiert werden kann. Vermehrte Auslandskontakte können die Einstellung zur Arbeit (Arbeitsmoral und -disziplin) positiv beeinflussen und die Adaption technischer Neuerungen und organisatorischer Verbesserungen erleichtern.

Internationaler Fonds für landwirtschaftliche Entwicklung → IFAD.

Internationaler Gerichtshof → UN.

internationaler Goldstandard – 1. *Begriff:* Bis zum Ende des Ersten Weltkrieges und kurz in der Zwischenkriegszeit geltende, auf Golddeckung basierende → Währungsordnung, charakterisiert durch feste Wechselkurse und freie Beweglichkeit des Goldes über die Landesgrenzen hinweg. – 2. *Funktionsweise:* Die Zentralbanken der Länder waren im Rahmen dieses Systems verpflichtet, Gold zu einem festen Preis zu kaufen und zu verkaufen; dadurch standen auch alle Währungen untereinander in einem festen Wertverhältnis (→ Goldparität) entsprechend dem Verhältnis zwischen dem Goldgehalt der nationalen Währungseinheiten. Durch Goldströme – und damit Geldströme – im Falle internationaler Zahlungsungleichgewichte sind die Preisniveaus der Länder verändert worden und haben somit den Ausgleich der Zahlungsbilanz restauriert. – Vgl. auch Zahlungsbilanzausgleich.

Internationaler Verband für öffentliches Verkehrswesen → UITP.

Internationaler Währungsfonds → IWF.

Internationales Arbeitsamt (IAA) – ständiges Sekretariat der Internationalen Arbeitsorganisation (→ ILO). – *Sitz:* Genf. – *Aufgaben:* Funktionen des Sekretariats für alle Dienststellen der ILO. Überwachung der Anwendung und Durchführung der von der ILO verabschiedeten internationalen Konventionen, Empfehlungen und Programme. Bereitstellung der technischen Hilfe der UN innerhalb des Zuständigkeitsbereichs der ILO in den Entwicklungsländern. Wichtige Voraussetzung für die Tätigkeit der ILO sind die von dem IAA auf allen Zuständigkeitsbereichen durchgeführten Untersuchungen und internationalen statistischen Erhebungen. – Als *Ergebnis* seiner Arbeiten auf dem Gebiet der Statistik hat das IAA ein umfassendes Programm von Standardempfehlungen der internationalen Arbeitsstatistiken entwickelt, das laufend aktualisiert wird und die Grundlage für international vergleichbare Erwerbstätigen-, Lohn-, Arbeitszeit- und Sozialstatistiken etc. bildet. – *Organisation:* An der Spitze des IAA steht der Generaldirektor, der gleichzeitig Generalsekretär der ILO ist. Bei seinen Arbeiten wird das Amt von Zweigämtern und Korrespondenten in ca. 40 Mitgliedsstaaten unterstützt. – *Veröffentlichungen:* Veröffentlichungsprogramm der → ILO.

Internationales Handelszentrum → ITC.

internationale Sozialpolitik – 1. *Begriff:* Über eine nationalstaatliche → Sozialpolitik (→ Theorie der Sozialpolitik) hinaus war die internationale Sozialpolitik bis in die Gegenwart in erster Linie durch bilaterale und multilaterale Abkommen in Bezug auf Maßnahmen der nationalen Sozialpolitik gekennzeichnet. Die internationale Sozialpolitik konnte einen Einfluss auf die Verbesserung der → Lebenslagen in den einzelnen Ländern nur über die Ratifizierung der zwischenstaatlichen Abkommen durch die nationalen Organe erlangen. Dabei orientieren sich internationale Vereinbarungen eher an den Schlusslichtern als an den Vorreitern der sozialpolitischen Entwicklung. – 2. *Sozialpolitik in der EU:* a) Mit der → EU ist ein selbstständiger übernationaler *Träger* von Politik in Europa entstanden. Der → Europäische Rat kann auf Initiative der Kommission sowie unter Mitwirkung des → Europäischen Parlaments und des Wirtschafts- und Sozialausschusses im Rahmen der Verträge durch Verordnungen auch unmittelbar als Träger von Sozialpolitik in den Mitgliedsstaaten tätig werden. Dies galt nach dem EWG-Vertrag von Rom (1957) zunächst nur in einem eng begrenzten Bereich (der Freizügigkeit und der sozialen Sicherheit der Wanderarbeiter), der jedoch in der Einheitlichen Europäischen Akte (→ EEA) 1986 und im Vertrag von Maastricht (u.a. mit dem Protokoll zur Sozialpolitik) erweitert wurde. - b) Abgesehen von der Reichweite der Beiträge der EU zur sozialpolitischen Willensbildung in den Mitgliedsstaaten bleibt die *Kompetenz der EU* zur Setzung sozialpolitischer Normen mit unmittelbarer Geltung für die Bürger zwar im Wesentlichen auf den Bereich der für die Freizügigkeit und das Wirken des → Wettbewerbs im → einheitlichen Binnenmarkt bedeutsamen Regelungen begrenzt. Angesichts einer auch durch das Subsidiaritätsprinzip nicht eingeschränkten, extensiven Auslegung dieser Kompetenz ist aber mind. mit einer Einflussnahme von EU-Organen und mit einer zunehmenden Einschränkung des nationalen sozialpolitischen Handlungsspielraumes durch die EU zu rechnen. - c) *Anforderungen, Probleme, Ausblick:* Bei der Wahrnehmung sozialpolitischer Kompetenzen der EU geht es weniger um die ursprüngliche Idee einer Harmonisierung der Sozialstandards, um keine Verzerrungen des Wettbewerbs im Binnenmarkt durch „Sozialdumping" zuzulassen. Dabei würde sich - von einer Fülle technischer Probleme abgesehen - v.a. die Frage des *Niveaus* vereinheitlichter Standards stellen. Den sozialpolitisch hoch entwickelten Ländern würde nur eine Harmonisierung auf hohem Niveau die Furcht vor Konkurrenz durch die Niedriglohnländer mit geringen Sozialstandards nehmen können. Dadurch würden letztere aber komparative Handelsvorteile (komparative Vorteile) verlieren, die sie nur bei einer Harmonisierung auf niedrigem Niveau besitzen. Diese Problematik ist auch für die Umsetzung der EU-Charta der Arbeitnehmerrechte von Bedeutung, weil bei der Konkretisierung und Verwirklichung der Arbeitnehmerrechte auf einem einheitlichen „Mindeststandard" in erster Linie sozialpolitische Handlungsverpflichtungen für die Länder mit bes. niedrigem Sozialniveau begründet würden. Eine Harmonisierung der Sozialpolitik konnte seit der Süderweiterung der EG kaum mehr als realisierbar erscheinen. Ebenso geht es nicht in erster Linie um die Umsetzung der *Gemeinschaftscharta der sozialen Grundrechte* („Sozialcharta"), der die Mitgliedsstaaten (außer Großbritannien) zugestimmt und die sie zu einem Bestandteil des Vertrages von Maastricht gemacht haben. Die entscheidende Bedeutung der → EU als Träger von Sozialpolitik dürfte in Zukunft aus dem Wirken des Binnenmarktes und aus ihrer indirekten Gestaltung der nationalstaatlichen sozialpolitischen Handlungsspielräume resultieren, die ihr vertragsgemäß und auf der Grundlage einer rechtsbildenden Rechtsprechung des → EuGH aufgrund von Nicht-Diskriminierungs- und Wettbewerbsregeln offen stehen. - 3. *Weltsozialpolitik:* a) Bislang gibt es keinen *Träger* für eine Weltsozialpolitik. Weltweite internationale Zusammenarbeit der Nationalstaaten vollzieht sich seit der Gründung der Vereinten Nationen (→ UN) am 26.6.1945 in deren Rahmen und v.a. in deren Sonderorganisation, der Internationalen Arbeitsorganisation (→ ILO). Von bes. sozialpolitischer Bedeutung sind auch die entwicklungspolitischen UN-Organisationen sowie die Food and Agriculture Organization (→ FAO), die Weltgesundheitsorganisation (→ WHO) und das Weltkinderhilfswerk (→ UNICEF). Unmittelbar zur Lösung sozialer Probleme in der Welt tragen auch die Nichtregierungsorganisationen (NGO) bei, die weltweit für die Einhaltung der Menschenrechte eintreten, so z.B. das Internationale Rote Kreuz, die Entwicklungsorganisationen der Kirchen, amnesty international und viele andere private Initiativen.-b) *Bedeutung:* Wenn die Vereinten Nationen - von den Möglichkeiten des Weltsicherheitsrates abgesehen - auch noch keine letztlich auf legitime Gewalt gegründete Weltinnenpolitik betreiben können, so haben sie doch entscheidend zur *Entwicklung eines Problembewusstseins* für die sozialen Probleme in der Welt beigetragen. Weltweite soziale Probleme ergeben sich aus der Beurteilung der Lage und Entwicklung von Regionen oder Gruppen im Verhältnis zu universalen menschlichen Grundrechten wie dem Schutz von Leben und Gesundheit, dem Arbeitsschutz und der sozialen Sicherheit. Die Problemlösungsdringlichkeit und -bereitschaft könnte sich angesichts der Vorstellung entfalten, dass der Weltfriede auf Dauer nur auf der Grundlage sozialer Gerechtigkeit (gleicher Menschenrechte) für alle Menschen gesichert werden kann. Der *Weltsozialgipfel* des Jahres 1995 und die Entdeckung der sozialen Dimension des Welthandels in den Beratungen der Welthandelsorganisation (→ World Trade Organization (WTO)) könnten den Beginn einer Weltsozialpolitik markieren, die sich (wie die nationalstaatliche Sozialpolitik) zunächst bei einer Lösung des Weltsozialproblems der *Kinderarbeit* in vielen Entwicklungsländern und → Schwellenländern entfalten und bewähren könnte.

Internationales Statistisches Institut (ISI) – *International Statistical Institute;* gegründet 1885. – *Sitz:* Voorburg (Niederlande). – *Mitglieder:* Auf dem Gebiet der Statistik tätige Wissenschaftler aus allen Ländern. Ex-Officio-Mitglieder sind i.d.R. die Leiter der nationalen Statistischen Zentralämter. Als *eigenständige wissenschaftliche Sektionen* gehören dem ISI die Internationale Vereinigung der Erhebungsstatistiker (International Association of Survey Statisticians (IASS)), die Bernoulli-Gesellschaft für mathematische Statistik (Bernoulli Society for Mathematical Statistics and Probability (BSMSP)), die Internationale Vereinigung für Regional- und Städtestatistik (International Association for Regional and Urban Statistics (IARUS)), die Internationale Vereinigung für automatisierte Datenverarbeitung (International Association for Statistical Computing (IASC)) und die 1985 gegründete Internationale Vereinigung für amtliche Statistik (International Association for Official Statistics (IAOS)) an. – *Ziel:* Gemeinsam mit den UN und ihren Sonderorganisationen die Statistiken auf allen Gebieten zu fördern und zu vereinheitlichen. Breiten Raum nehmen Probleme der Wirtschaftsstatistik ein. Konsultativstatus → ECOSOC, → UNESCO, → UNIDO.

Internationales Zentrum zur Beilegung von Investitionsstreitigkeiten → ICSID.

Internationale Weiterbildung und Entwicklung gemeinnützige GmbH (InWEnt) – entstanden 2002 aus der Fusion der Carl-Duisberg-Gesellschaft (CDG) und der → Deutschen Stiftung für internationale Entwicklung (DSE); Sitz in Bonn. – *Aufgaben:* Förderung einer sozialen, wirtschaftlichen und ökologischen Entwicklung mittels Fortbildung von Fach- und Führungskräften aus Entwicklungsländern, Vorbereitung deutscher Fachkräfte auf den Einsatz in Entwicklungsländern und Förderung eines Politikdialoges mit anderen Ländern und internationalen Organisationen.

internationale Wettbewerbsfähigkeit – 1. *Begriff:* Internationale Wettbewerbsfähigkeit ist dann gegeben, wenn Unternehmen ihre Produkte auf ausländischen Märkten zu Preisen absetzen können, die die entstandenen Kosten decken und zudem noch eine angemessene Rendite erbringen (*Preis-Wettbewerbsfähigkeit*). Da auch nicht-preisliche Aktionsparameter – wie Produktqualität, Zeitpunkt und Zuverlässigkeit der Lieferung sowie Finanzierungsbedingungen – für den Absatzerfolg maßgeblich sind, muss der Begriff der Preis-Wettbewerbsfähigkeit um den der *Nicht-Preis-Wettbewerbsfähigkeit* erweitert werden. Der Begriff der internationalen Wettbewerbsfähigkeit ist dabei unternehmensbezogen zu interpretieren. Die internationale Wettbewerbsfähigkeit eines Landes ergibt sich demnach aus der Aggregation der Wettbewerbsfähigkeit der Unternehmen des betreffenden Landes. – 2. Die *Einflussgrößen der internationalen Wettbewerbsfähigkeit* sind teils unternehmensgrößenabhängig, teils unternehmensgrößenunabhängig. – a) Als der *Unternehmensgröße abhängige Einflussgrößen* sind die Strategievariablen eines Unternehmens im Wettbewerb (Preis- und Nicht-Preis-Aktionsparameter) zu betrachten. Dementsprechend unterscheidet Porter in seiner internationalen Studie (The Competitive Advantage of Nations, London 1990) idealtypisch zwischen zwei Strategien, mit denen ein Unternehmen im *dynamischen Wettbewerbsprozess* Vorteile erringen kann. Ein Unternehmen kann entweder versuchen, bekannte Produkte durch Ausnutzen von Massenproduktionsvorteilen effizienter zu produzieren (Economies of Scale) oder durch neue Produkte sowie durch die *Differenzierung* schon am Markt eingeführter Produkte die heterogenen Nachfragerpräferenzen besser zu befriedigen und auf diesem Wege höhere Preise durchzusetzen. Dabei ist es nach Porter v.a. die zweite Strategie, die einem Unternehmen langfristige *Wettbewerbsvorteile* sichert, da Kostenvorteile in der Produktion von der Konkurrenz schnell aufgeholt werden; zudem ist die Existenz von Economies of Scale im Ausmaß begrenzt. – b) Zu den von der *Unternehmensgröße unabhängigen Einflussgrößen* gehören alle Maßnahmen, mit denen die Wirtschaftspolitik auf die Attraktivität eines Industriestandortes Einfluss nimmt, wenn diese Entscheidungen sich auf die Kosten- und Erlösseite eines international tätigen Unternehmens auswirken. Folgende *Politikmaßnahmen* sind dabei von bes. Relevanz: die Geld- und Währungspolitik sowie ihre Orientierung an dem Ziel der Preisniveaustabilität, die Wettbewerbs- und Handelspolitik, die Sozial-, Tarif-, Umweltschutz-, Energie-, Bildungs-, Industrie- und Steuerpolitik sowie der Ausbau und Zustand der Verkehrs- und Kommunikationswege (Infrastruktur). – Von diesen wirtschaftspolitischen Maßnahmen sind alle Unternehmen – unternehmensgrößenunabhängig – gleichermaßen betroffen. – c) M. Porter hat in seiner empirischen Studie im Rahmen eines internationalen Vergleiches *vier Determinanten internationaler Wettbewerbsvorteile* herausgearbeitet: die *örtlichen Standortbedingungen* wie Infrastruktur, Lohnniveau, Ausbildungs- und Technologiestandard sowie Charaktereigenschaften der Mitarbeiter (Fleiß, Präzision, Intuition); die *Nachfragebedingungen* auf dem Heimatmarkt, d.h. die Preis- und Qualitätsansprüche der heimischen Kunden als Antriebsmotor, um im Ausland notwendige Wettbewerbsvorsprünge zu erzielen; die *Intensität des heimischen Wettbewerbs*, der die Innovationskraft der Unternehmen ständig anregt und Anstrengungen im internationalen Wettbewerb fördert; die Existenz von *international wettbewerbsfähigen Zulieferindustrien* und artverwandten Industriezweigen, aus denen wichtige Kuppelressourcen wie Mitarbeiter, Patente und Materialien abgeschöpft werden können. – d) *Folgerung:* Die internationalen Wettbewerbsvorteile eines Unternehmens resultieren aus mehreren der empirisch ermittelten Determinanten. Damit hängt die internationale Wettbewerbsfähigkeit neben der Leistungsfähigkeit eines Unternehmens – gemessen an der Produktivität – von Einflussfaktoren ab, die primär mit seiner relativen oder absoluten Größe nichts zu tun haben. Die Frage eines evtl. Zielkonfliktes zwischen der Sicherung wirksamen Wettbewerbs in der Bundesrepublik Deutschland und einer Verbesserung der internationalen Wettbewerbsfähigkeit deutscher Unternehmen hat sich daher bei der Fusionskontrolle im Rahmen sog. Ministerfusionen (Ministererlaubnis) im Sinne von § 42 GWB nur selten gestellt.

Internationale Zivilluftfahrtorganisation → ICAO.

International Finance Corporation → IFC.

International Fund for Agricultural Development → IFAD.

International Investment Position (IIP) – Bestandsstatistik, welche die Vermögenslage eines Landes durch Abbildung seiner Auslandsforderungen und Auslandsverbindlichkeiten widerspiegelt. – Vgl. auch → Net International Investment Position (NIIP).

International Labour Organization → ILO.

International Monetary and Finance Committee → IMFC.

International Monetary Fund (IMF) → IWF.

International Public Sector Accounting Standards (IPSAS) – Internationales Regelwerk zur Rechnungslegung im öffentlichen Sektor, dessen Ziel die Vermittlung eines wahren und gerechten Bildes des finanziellen Zustandes („true and fair view") einer öffentlichen Gebietskörperschaft ist; sie erleichtern die internationale Vergleichbarkeit und sind weitgehend übereinstimmend mit den doppischen Regeln der Finanzstatistik; sie werden von einem unabhängigen Gremium, dem IPSAS-Board, gesetzt und lehnen sich dort, wo die Transaktionen mit denjenigen in der Privatwirtschaft vergleichbar sind, an die IFRS an; eine rechtliche Bindung besitzen die IPSAS nicht; Anwendung finden die IPSAS z.B. in der OECD, NATO, UNO, EU-Kommission.

International Road Transport Union → IRU.

International Standards Organization → ISO.

International Statistical Institute → Internationales Statistisches Institut (ISI).

International Trade Center → ITC.

International Trade Organization → ITO.

interner Arbeitsmarkt → Arbeitsmarkttheorien.

interne Subventionierung – 1. *Begriff/Merkmale:* Ausgleich der Defizite einzelner Unternehmens- oder Verwaltungsbereiche aus den Überschüssen anderer Teilbereiche der gleichen Organisation. Auch (kalkulatorischer bzw. preispolitischer) Ausgleich der Defizite eines Erzeugnisses durch Erlöse anderer Erzeugnisse; Letzteres trägt die Kosten, die ihm nicht zurechenbar sind (Mischkalkulation). Problem ist die Tendenz zur allokativen Fehlsteuerung sowie im Verstoß gegen das → Äquivalenzprinzip. – 2. *Bedeutung:* Im Rahmen der Wettbewerbspolitik wird unter interner Subventionierung (Quersubventionierung) das Verhalten eines Unternehmens verstanden, durch gezieltes Dumping bei einigen Produkten die Konkurrenz zu behindern (s. hierzu auch Antidumping-Verordnung). Die Kostendeckung kann durch überhöhte Preise bei anderen Produkten für das gesamte Unternehmen gesichert werden.

interpersoneller Nutzenvergleich – 1. *Begriff/Merkmale:* In der Wohlfahrtsökonomik für die Ableitung von → Wohlfahrtsfunktionen vorgenommener Vergleich individueller Nutzen. Die nicht paretianische kardinale Wohlfahrtsökonomik leitet auf der Basis interpersoneller Nutzenvergleiche eindeutig Wohlfahrtsaussagen mithilfe von Wohlfahrtsfunktionen ab. Die Frage eines interpersonellen Nutzenvergleichs ist in der neueren Wohlfahrtsökonomik dagegen umstritten. V. Pareto lehnt eine solche Möglichkeit ab und entwickelt als Kriterium das → Pareto-Optimum, um die „Wünschbarkeit" einer Wohlfahrtssteigerung beurteilen zu können. Die Messung des Nutzens erfolgt bei V. Pareto ordinal. Die Wirtschaftssubjekte sollen dabei jeweils angeben, welches Güterbündel sie einem anderen gegenüber vorziehen oder als äquivalent erachten. – 2. *Kritik:* Ein interpersoneller Nutzenvergleich ist nicht möglich, da der Nutzen nicht kardinal messbar ist (Ausnahme: Ansätze der sog. Fühlbarkeitsschwellen). Es gibt keinen natürlichen Nullpunkt des Nutzens und die Skalierung ist arbiträr. Der Nutzen ist ein subjektives Gefühl der Zufriedenheit bzw. des Glücks.

Intervention – staatlicher Eingriff in das Wirtschaftsgeschehen (→ Interventionismus).

Interventionismus – eine ordnungsinkonforme staatliche Wirtschaftspolitik, die nicht nach einem allg. und in sich schlüssigen wirtschafts- oder ordnungspolitischen Leitbild ausgerichtet ist, sondern sich aus einem Bündel punktueller, nachträglich fallweise korrigierender, relativ unzusammenhängender und wenig vorausschauender Maßnahmen zusammensetzt. – *Anders:* → Dirigismus, diskretionäre Wirtschaftspolitik.

Interventionspflicht – Verpflichtung der → Zentralbank im System fixer Wechselkurse, durch Devisenkäufe bzw. -verkäufe am Devisenmarkt einzugreifen (zu intervenieren), wenn der Wechselkurs am Markt von dem administrativ festgelegten Festkurs abweicht (s. auch Kaufkraftparität) bzw. die Grenzen der Bandbreite um die Parität (→ Interventionspunkte) erreicht. Im Falle einer drohenden Abwertung (Aufwertung) der heimischen Währung wird die Notenbank Devisen verkaufen (kaufen), um den festen Wechselkurs zu verteidigen. – Im System frei flexibler Wechselkurse besteht keine Interventionspflicht der Zentralbank.

Interventionspunkte – in einem System fixer Wechselkurse die fixierten Grenzen der Bandbreite um den → Leitkurs, bei deren Erreichen die → Zentralbank verpflichtet ist, durch Devisenkäufe bzw. -verkäufe den Wechselkurs innerhalb der Bandbreite zu halten (→ Interventionspflicht).

Intransparenz → Komplexität.

intrasektoraler Strukturwandel – In begrifflicher Abgrenzung zum → sektoralen Strukturwandel bezeichnet man als intrasektoralen Strukturwandel Veränderungen in der Arbeitsteilung innerhalb einzelner → Sektoren der Volkswirtschaft. Ein wichtiger Aspekt dabei betrifft *Verschiebungen* zwischen Produktions- und Dienstleistungstätigkeiten. Zur Analyse derartiger Verschiebungen kann man die → Beschäftigungsstruktur nach den funktionalen Merkmalen des ausgeübten Berufs oder der ausgeübten Tätigkeit untersuchen. - In der Bundesrepublik Deutschland waren Anfang der 1960er-Jahre etwa gleich viele Erwerbstätige in Fertigungs- wie in Dienstleistungsberufen beschäftigt. Der Wandel der Wirtschaftsstrukturen, v.a. die Erhöhung der Dienstleistungsintensität der Produktion, ist Folge des allg. technischen Fortschritts, neuer Produktions- und Fertigungsverfahren sowie veränderter wirtschaftlicher und gesellschaftlicher Rahmenbedingungen.

Invalidität – I. *Sozialversicherung:* gesetzliche Rente wegen Erwerbsminderung.

II. *Betriebliche Altersversorgung (bAV):* In der betrieblichen Altersversorgung (bAV) liegt Invalidität vor, wenn der Arbeitnehmer aufgrund von körperlichen, geistigen oder seelischen Gebrechen voraussichtlich auf Dauer nicht in der Lage ist, seine Arbeitsleistung für das Unternehmen in vertragsmäßiger Weise zu erbringen. Die näheren Voraussetzungen können in der Versorgungsordnung definiert werden. Häufig wird insbesondere bei Direktzusagen auf die Voraussetzungen der gesetzlichen Erwerbsminderung abgestellt. Hat ein Arbeitgeber eine Invaliditätsrente zugesagt, so bezieht der Arbeitnehmer, wenn er zum Zeitpunkt des Eintritts des Versorgungsfalls die Invaliditätsvoraussetzungen erfüllt, die betriebliche Invaliditätsleistung.

III. *Private Unfallversicherung:* 1. *Begriff:* Eine Invalidität im Sinne der privaten Unfallversicherung liegt vor, wenn die körperliche oder geistige Leistungsfähigkeit der versicherten Person durch einen Unfall dauerhaft beeinträchtigt wird. Eine Beeinträchtigung ist dauerhaft, wenn sie voraussichtlich länger als drei Jahre bestehen wird und eine Änderung des Zustands nicht erwartet werden kann. - 2. *Merkmale:* Die Invaliditätsleistung gilt als die Kernleistung der privaten Unfallversicherung. Innerhalb eines Jahres nach dem Unfall muss die Invalidität eingetreten, innerhalb von 15 Monaten nach dem Unfall von einem Arzt schriftlich festgestellt und beim Unfallversicherer geltend gemacht worden sein. Die Invaliditätsleistung wird i.d.R. in einem Kapitalbetrag ausgezahlt (deshalb auch: „Invaliditätskapital"). Die Höhe der Invaliditätsleistung richtet sich nach dem Invaliditätsgrad unter Berücksichtigung der Gliedertaxe. Die Versicherungssumme (Grundsumme) für die Invaliditätsleistung wird bei Vertragsabschluss festgelegt. Bei evtl. vereinbarter Progression kann sich diese Summe noch erhöhen. Durch Sondervereinbarungen mit dem Versicherer können die Anspruchsfristen auch z.B. auf 18 Monate heraufgesetzt werden.

Investitionsförderung – *Investitionshilfen;* staatliche finanzielle Förderung gewerblicher Investitionen; Bestandteil der → *Wirtschaftsförderung.* – 1. Investitionsförderung i.d.R. als eine *spezifische Förderung* betreiben: a) *Sektorale Investitionsförderung* ist die Begünstigung der Investitionen von Unternehmen in bestimmten Wirtschaftszweigen. – b) *Regionale Investitionsförderung* begünstigt Investitionen in bestimmten Regionen (→ Regionalpolitik). – c) Investitionsförderung für *bestimmte Unternehmensgruppen,* bes. kleine und mittlere Unternehmen (→ Mittelstandsförderung). – d) Begünstigung *bestimmter Investitionstatbestände,* z.B. Umweltschutzinvestitionen, Investitionen für Forschung und Entwicklung (F&E). – 2. Instrumente: a) *Steuerliche Anreize:* (1) *Sonderabschreibungen* (in der Bundesrepublik Deutschland für bestimmte Investitionskategorien wie Forschung und Entwicklung, zeitweilig auch für Umweltschutzinvestitionen; in den neuen Bundesländern zeitlich befristet für alle Investitionen); (2) *Investitionsfreibeträge* (Minderung der Steuer-Bemessungsgrundlage) und *Investitionsprämien* (Abzug von der Steuerschuld) sind vergleichbare Instrumente, in der Bundesrepublik Deutschland aber nicht praktiziert. – b) *Direkte Finanzhilfen* in Form von *Investitionszulagen* (in den neuen Bundesländern, zeitlich befristet bis Ende 2004) oder *Investitionszuschüssen* (in den alten Bundesländern im Rahmen der Gemeinschaftsaufgabe „Verbesserung der regionalen Wirtschaftsstruktur"; vereinzelt auf der Ebene der Bundesländer; für bestimmte Investitionen aus Förderprogrammen der EU). Investitionszulagen sind für das begünstigte Unternehmen steuerfrei, Investitionszuschüsse sind dagegen zu versteuern. – c) *Zinsgünstige, langfristige Investitionskredite* der → Kreditanstalt für Wiederaufbau (KfW) oder auch landeseigenen → Wirtschaftsförderinstituten. Derartige Investitionskredite weisen gegenüber normalen kommerziellen Bankkrediten i.d.R. längere Laufzeiten (zehn Jahre und mehr), günstige Festzinskonditionen und meistens das Recht auf (kostenfreie) vorzeitige Tilgung auf. – d) *Öffentliche Bürgschaften,* die den Unternehmen eine bankmäßige Fremdfinanzierung ermöglichen, wenn bankübliche Kreditsicherheiten nicht ausreichend gestellt werden können oder das Investitionsvorhaben mit erhöhten Risiken behaftet ist (erfolgt i.d.R. durch → Bürgschaftsbanken).

Investitionshilfen → Investitionsförderung.

Investitionsstruktur – 1. Aufgliederung der gesamtwirtschaftlichen Bruttoinvestitionen nach → Wirtschaftszweigen *(sektorale Investitionsstruktur).* – 2. Aufgliederung nach *Investitionskategorien,* z.B. Bau-, Ausrüstungsinvestitionen; Erweiterungs-, Rationalisierungsinvestitionen o.Ä.

Investitionszuschüsse → Investitionsförderung.

Investivlohn → Vermögensumverteilungspolitik.

InWEnt – Abk. für → Internationale Weiterbildung und Entwicklung.

IPSAS – Abk. für → International Public Sector Accounting Standards.

Irreversibilität – Nicht-Umkehrbarkeit, bes. in Bezug auf die Beschaffenheit natürlicher Ressourcen. – *Beispiele:* Ausrottung von Arten, Zerstörung von Landschaften, Abbau erschöpflicher Ressourcen.

IRU – Abk. für *International Road Transport Union*; 1948 gegründete internationale Vereinigung der nationalen Straßentransportverbände. – *Sitz:* Genf. – *Ziel:* Verwirklichung der Interessenlage des Straßentransports (gewerblicher Personen-, gewerblicher Güter- und Werkverkehr). – *Aufgaben:* Vereinheitlichung der Frachtbriefe (IRU-Frachtbrief), der Zollabfertigung und Ausstellung der Carnets TIR.

ISI – Abk. für → Internationales Statistisches Institut.

ISO – Abk. für *International Standards Organization, International Organization for Standardization, Internationale Organisation für Normung*. – *Sitz:* Genf. Gegründet Februar 1947. – *Organe:* Vollversammlung (in dreijährigen Abständen), Rat (fünf persönliche Ex-Officio-Mitglieder und gewählten Mitgliedsorganisationen), Fachausschüsse, Zentralsekretariat mit angeschlossenen technischen Sekretariaten. – *Ziele:* Entwicklung internationaler Standardnormen in weltweitem Rahmen zwecks Erleichterung des Austausches von internationalen Waren- und Dienstleistungen und zur Förderung der gegenseitigen Zusammenarbeit im Bereich der wissenschaftlichen, technologischen und wirtschaftlichen Aktivitäten. – *Aufgaben und Arbeitsergebnisse:* Arbeitsgremien befassen sich mit der Entwicklung internationaler Standardnormen (internationale Normen), vornehmlich im Bereich der Technologie. Der Beitrag der ISO zur technischen Hilfe besteht in der Schaffung eines speziellen Hilfsorgans, das in enger Zusammenarbeit mit UNIDO, UNCTAD und UNESCO Normungsprogramme in Entwicklungsländern fördert. Die als nichtamtliche Organisation gegründete ISO hat durch die intensive Mitarbeit von Vertretern der Regierungen in zahlreichen Normungsausschüssen den Charakter einer halbamtlichen internationalen Organisation angenommen. Konsultativstatus in vielen UN-Organisationen, z.B. → ECOSOC, → FAO, → ILO, → WHO, → UNESCO, → WIPO. – *Wichtige Veröffentlichungen:* ISO-Bulletin (monatlich); ISO-Memento (jährlich); ISO International Standards; Annual Review; ISO Standards Handbooks.

ITC – Abk. für *International Trade Center, Internationales Handelszentrum;* im März 1964 mit *Sitz* in Genf gemeinsam von → World Trade Organization (WTO) und → UNCTAD betriebene Organisation zur Förderung des Exports in Entwicklungsländern. – *Mitglieder:* Alle Mitglieder von UNCTAD und WTO. Die politischen Initiativen zur Gestaltung der ITC-Arbeit gehen von der Joint Advisory Group (JAG) aus, die sich jährlich treffen und WTO und UNCTAD Empfehlungen zur Arbeit des ITC aussprich. – *Aufgaben:* ITC führt Marktstudien durch und hilft beim Aufbau institutioneller Infrastruktur zur Handelsförderung (Gründung von Handelsförderungsorganisationen, Trade Promotion Organisations). Handelsinformationen werden durch technische Kooperation und Training in Seminaren vermittelt. Zur Verbreitung von Marktinformationen dient ein Nachrichtendienst für Entwicklungsländer. Neben Ausbildungsprogrammen widmet sich ITC der Transparenz von Importregelungen der Industriestaaten. Seit 1987 wird auch Unternehmen technische Hilfe zur Exportförderung angeboten. Hilfestellung umfasst Marketing, Produktion und Finanzierung von Exportprodukten. – *Veröffentlichungen:* International Trade Forum (vierteljährlich), Handbooks on Trade Promotion Techniques, Marktstudien.

ITO – Abk. für *International Trade Organization, Internationale Handelsorganisation, Organisation Internationale du Commerce;* gemäß Art. I der Havana-Charta vorgesehene Handelsorganisation der → UN zur Verwirklichung der in der Charta niedergelegten Ziele des Wiederaufbaus und der → Integration der Weltwirtschaft auf handelspolitischem Gebiet. Die Nichtratifizierung der Charta durch die USA führte dazu, dass die ITO nicht institutionalisiert wurde. Die handelspolitischen Abschnitte der Havana-Charta traten am 1.1.1948 als *General Agreement on Tariffs and Trade* (→ GATT) in Kraft. Durch die Schlussakte der achten Welthandelsrunde (→ Uruguay-Runde) wurde im April 1994 in Marrakesch die → World Trade Organization (WTO) gegründet, die seit 1995 die ursprünglichen Aufgaben der *ITO* und des *GATT* wahrnimmt.

IWF – Abk. für *Internationaler Währungsfonds, International Monetary Fund (IMF);* internationale Organisation zur Schaffung geordneter Währungsbeziehungen zwischen den Mitgliedsländern mit Sitz in Washington, D.C. – **1.** *Entstehung:* Errichtet am 27.12.1945 zusammen mit der Weltbank (→ IBRD) auf der Grundlage des am 22.7.1944 vereinbarten Bretton-Woods-Abkommen (→ Bretton-Woods-System); seit 1947 Sonderorganisation der UNO; Änderungen 1969 und 1978, um den geänderten Weltwährungsbedingungen Rechnung zu tragen; 2009: 186 Mitglieder. – **2.** *Organe:* (1) *Gouverneursrat* (Board of Governors): oberste Behörde, in die jedes Mitglied einen Vertreter entsendet; tritt i.d.R. einmal jährlich zusammen und ist für grundlegende Fragen zuständig; (2) *Direktorium* (Board of Executive Directors): 24 Exekutivdirektoren, wobei fünf von den Mitgliedern mit den größten Quoten (USA, Bundesrepublik Deutschland, Japan, Frankreich, Großbritannien) ernannt, die anderen aus Mitgliedergruppen gewählt werden, wobei Saudi-Arabien, China und Russland als eigenständige Gruppe auftreten; (3) *Geschäftsführender Direktor:* Präsident des IWF und Vorsitzender des Gouverneursrats; (4) *Beratende Gremien:* International Monetary and Finance Committee (→ IMFC) sowie der gemeinsam von IBRD und IWF eingesetzte Entwicklungsausschuss (→ Development Assistance Committee (DAC)). – **3.** *Ziele:* Erleichterung eines ausgeglichenen Wachstums des Welthandels. Zu diesem Zweck: Förderung der Zusammenarbeit auf dem Gebiet der internationalen Währungspolitik, mit der Herstellung der → Konvertibilität der Währung und

Errichtung eines multilateralen Zahlungssystems mit Beseitigung von Devisenverkehrsbeschränkungen, Errichtung eines finanziellen Beistandsystems für Länder zur Behebung von Zahlungsbilanzungleichgewichten. – 4. *Kapital:* Jedem IWF-Mitglied wird eine Quote zugewiesen, die sich nach der Höhe des Volkseinkommens, den Währungsreserven und dem Umfang des Außenhandels richtet. Nach ihr bemisst sich das Stimmrecht in den IWF-Organen, die Subskriptionsverpflichtung sowie die Zuteilung neu geschaffener → Sonderziehungsrechte (SZR). Ursprünglich war ein Viertel der Subskription in Gold einzuzahlen, der Rest in Landeswährung. Seit der zweiten Änderung des IWF-Abkommens ist an die Stelle des Goldes das SZR getreten. Bisher wurden die Quoten mehrmals angehoben und betragen 217,4 Mrd. SZR (2009); US-Quote: 17,1 Prozent; Japan: 6,1 Prozent; Deutschland: 6 Prozent. – 5. *Aktivitäten:* a) IWF gewährt *bei Zahlungsbilanzproblemen finanzielle Hilfen,* deren Umfang sich an der Quote des betreffenden Landes orientiert. Ein automatisches Ziehungsrecht hat ein Land im Rahmen der sog. *Reservetranche.* Im Rahmen von sog. Bereitschaftskrediten (Stand-by Arrangement) werden weitere Kreditansprüche unter wirtschaftspolitischen *Auflagen* vergeben (Konditionalität), die mit zunehmender Inanspruchnahme strenger werden. Die Bereitschaftskredite stellen die zentrale Kreditfazilität des IWF dar. Zusätzlich gibt es *Sonderfazilitäten.* Der maximale Kreditrahmen beläuft sich zwischen 400–500 Prozent seiner Quote. Zu den Sonderfazilitäten gehört z.B. seit 1988 die erweiterte Strukturanpassungsfazilität für Entwicklungsländer mit niedrigem Pro-Kopf-Einkommen (PKE). – b) Ursprünglich galten fixe Wechselkurse, die nach *Goldparität oder Dollarparität* festgelegt waren. Nur bei fundamentalen Ungleichgewicht der Zahlungsbilanz konnten Paritäten nach Konsultation mit dem IWF verändert werden. Die Wechselkurse sollten innerhalb einer Bandbreite von 1 Prozent der festgelegten Parität, seit Dezember 1971 von 2,25 Prozent gehalten werden. Seit der zweiten Änderung des IWF-Abkommens vom April 1978 sind die Mitglieder in der Wahl ihres Wechselkurssystems frei. Verboten sind Wechselkursmanipulationen, gefordert ist eine auf Stabilität ausgerichtete binnenwirtschaftliche Finanz- und Wirtschaftspolitik mit dem Ziel der Dämpfung von Wechselkursschwankungen. Der IWF überwacht die Wechselkurspolitik der Mitgliedsländer. Seit 1986 ist der IWF verstärkt auch im Bereich der Förderung der Entwicklungsländer tätig. Dazu wurden Sonderfazilitäten (Strukturanpassungsfazilität (SAF) und erweiterte Strukturanpassungsfazilitäten (ESAF) unter bes. Konditionalität eingerichtet. Seit 1999 wird die ESAF unter der neuen Bezeichnung Poverty Reduction and Growth Facility (→ PRGF) weitergeführt. Zu den Zielen gehört nun auch die Beseitigung der Armut, in Abstimmung mit dem veränderten Zielkatalog der Weltbank. 1993 wurde eine System-Transformationsfazilität (STF) für jene Mitgliedsstaaten eingerichtet, die in einem Systemübergang stehen und ernsthafte Zahlungsbilanzprobleme haben. Die Konditionalität lag hierbei unterhalb der normalen IWF-Programmkonditionalität und enthielt Maßnahmen, die den Anpassungsprozess beschleunigen sollten. Diese Fazilität wurde allerdings nicht weitergeführt. – 6. *Bewertung:* Der IWF hat zur Linderung von *Währungskrisen* beigetragen. Mit der → Weltbank hat der IWF zur Überwindung des Problems der → Auslandsverschuldung der Entwicklungsländer beigetragen. Eigentlich konzipiert für kurzfristige Hilfen bei Zahlungsbilanzschwierigkeiten, verschob sich sein Aufgabenbereich in Richtung längerfristiger Finanzierung, bes. durch mittelfristige Kredite zum Zwecke der Strukturanpassung in Entwicklungsländern (→ HIPC-Initiative, → SDRM). Nach den Währungs- und Finanzkrisen in Asien, Russland und Lateinamerika gegen Ende der 1990er-Jahre kam der IWF zunehmend in die Kritik. Im Rahmen der Diskussion um eine → Neue Weltfinanzarchitektur wurde auch die Forderung nach einer grundlegenden Reform des IWF laut. Seit der Finanzkrise 2008 wird eine bedeutende Rolle des IWF in einem neuen internationalen Finanzsystem, bes. als Kontrollorgan, diskutiert. – 7. *Publikationen:* Umfangreiche Publikationstätigkeit, u.a. IWF-Survey (23 Ausgaben im Jahr) in englisch, französisch und spanisch; Finance and Development (vierteljährlich) zusammen mit der Weltbank in englisch, französisch, spanisch, deutsch, portugiesisch, arabisch und chinesisch; IWF-Staff-Papers (vierteljährlich): wissenschaftliche Publikation in englisch; World-Economic-Outlook (halbjährlich) etc.

IWF-Interimsausschuss – 1974 vom Gouverneursrat des Internationalen Währungsfonds (→ IWF) eingesetzter Beratungsausschuss zur Überwachung und Weiterentwicklung der internationalen Währungsordnung. Seine zuletzt 24 Mitglieder setzten sich aus den IWF-Gouverneuren derjenigen Mitgliedsländer zusammen, die auch Exekutivdirektoren des IWF stellen. – *Tätigkeiten:* Der IWF-Interimsausschuss löste im Herbst 1974 den Zwanzigerausschuss auf, der beauftragt wurde, grundlegende Reformen des Weltwährungssystems vorzubereiten. Scheitern der Reformvorschläge führten zum IWF-Interimsausschuss, der keine formellen Entscheidungsbefugnisse hat. Trotz Beraterfunktion hat er im Laufe der Zeit ein solches politisches Gewicht erhalten, dass er praktisch die Rolle eines Leitungsgremiums im IWF übernahm. Der IWF-Interimsausschuss kann in einen Rat auf Ministerebene umgewandelt werden, der dann Beschlussvollmachten hätte, wenn der Gouverneursrat mit 85 Prozent aller Stimmen dies beschließt. Der IWF-Interimsausschuss hat verantwortlich an der zweiten Änderung des IWF-Abkommens mitgewirkt, die zur Anpassung nach dem Zusammenbruch des → Bretton-Woods-Systems notwendig wurde. – Seit April 2000 setzt der Interimsausschuss seine Arbeit unter der neuen Bezeichnung International Monetary and Finance Committee (→ IMFC) fort.

J

Jahrhundertvertrag – Vereinbarung zwischen der Vereinigung Deutscher Elektrizitätswerke (VDEW) und dem Gesamtverband des dt. Steinkohlebergbaus (GVSt) über den Einsatz von deutscher Steinkohle bei der Stromerzeugung. Ein erster, 1977 abgeschlossener Vertrag sicherte, zusammen mit ergänzenden Vereinbarungen zwischen VDEW und industrieller Kraftwirtschaft sowie der Deutschen Bahn, einen jahresdurchschnittlichen Absatz von 33 Mio. t SKE (Steinkohleeinheit) bis 1987. Eine 1980 zwischen VDEW und GVSt abgeschlossene Zusatzvereinbarung verlängerte die Geltungsdauer bis 1995 und legte eine schrittweise Ausdehnung der Mengen auf zuletzt 47,5 Mio. t SKE pro Jahr (diese Mengen wurden später reduziert) fest; bis zu diesem Zeitpunkt hatte die EG-Kommission den Jahrhundertvertrag vom Kartellverbot des europäischen Rechts (Art. 85 EWGV) freigestellt. Der Jahrhundertvertrag lief im Jahre 1995 aus. – Vgl. auch → Kohlepolitik.

Jaunde-Abkommen – *Yaoundé-Abkommen*; → Assoziierungsabkommen nach Art. 198 AEUV. Das erste Jaunde-Abkommen (1964–1969) wurde nach Erlangung ihrer staatlichen Souveränität von 18 Staaten des frankophonen Afrikas (→ AASM) mit der → EWG abgeschlossen. – *Laufzeit des zweiten Jaunde-Abkommens:* 1970–1975. Beide Abkommen gewährten den AASM-Staaten neben einem weitgehend zollfreien Zutritt zum EWG-Markt außerdem Mittel für die finanzielle und technische Zusammenarbeit. – Vgl. auch → Lomé-Abkommen.

Job-AQTIV-Gesetz – Das Gesetz zur Reform der arbeitsmarktpolitischen Instrumente vom 10.12.2001 (BGBl. I 3443) trat am 1.1.2002 in Kraft und hatte als *Leitmotiv* „Aktivieren, Qualifizieren, Trainieren, Investieren, Vermitteln" (AQTIV). Es stellte einen unmittelbaren Vorläufer der → Hartz-Gesetze dar. Das Job-AQTIV-Gesetz führte im Interesse einer Effektivierung der Vermittlungsprozesse spätestens bei der Arbeitslosmeldung die Durchführung einer Chancenprognose aufgrund des Bewerberprofils ein (→ Profiling). Die Schritte der Reintegration wurden in einer *Eingliederungsvereinbarung* zwischen der → Agentur für Arbeit und dem Arbeitslosen festgehalten. Dem Arbeitslosen oblag die Pflicht zur Mitwirkung und aktiven Teilnahme an den Reintegrationsbemühungen. Betriebe, deren Beschäftigte eine → berufliche Weiterbildung absolvieren, konnten Arbeitslose als Stellvertreter einstellen und von der Agentur für Arbeit einen Zuschuss zu deren Arbeitsentgelt erhalten. Die → Arbeitnehmerüberlassung wurde erleichtert, indem die maximale Überlassungsdauer eines Leiharbeitnehmers an einen Entleiher von zwölf auf 24 Monate verlängert wurde. Eine Förderung durch Arbeitsbeschaffungsmaßnahmen war ohne Wartezeit möglich, wenn diese notwendig und andere Formen der Förderung nicht erfolgversprechend waren. – Einige dieser Maßnahmen wurden inzwischen modifiziert, andere abgeschafft sowie neue generiert. – Vgl. zu den (aktuellen) arbeitsmarktpolitischen Instrumenten ausführlich Arbeitsmarktpolitik, Arbeitslosenversicherung.

Jobcenter – 1. *Begriff ursprünglich:* gemäß dem Vierten Gesetz für moderne Dienstleistungen am Arbeitsmarkt (→ Hartz-Gesetze) von den Agenturen für Arbeit (→ Agentur für Arbeit) zum 1.1.2005 eingerichtete, einheitliche (Erst-)Anlaufstellen und Weiterleitungsstellen für diejenigen, die einen Arbeitsplatz oder Ausbildungsplatz suchen sowie für Unternehmen, die entsprechende vakante Stellen haben. Sie sollten umfassende Leistungen ganzheitlich anbieten (One-Stop-Shop), zudem nicht nur Angebot und Nachfrage auf lokalen und regionalen Arbeitsmärkten koordinieren, sondern auch weitere Aufgaben übernehmen, u.a. Zuständigkeiten der Sozialämter. – 2. *Begriff heute:* Die gemeinsamen Einrichtungen nach § 44b SGB II und die zugelassenen kommunalen Träger nach § 6a SGB II führen als Träger der Grundsicherung für Arbeitsuchende nach dem Zweiten Buch des Sozialgesetzbuches (SGB II) vom 24.12.2003 (BGBl. I S. 2954) die Bezeichnung Jobcenter (§ 6d SGB II). – 3. *Aufgaben heute:* Die Jobcenter betreuen erwerbsfähige Leistungsberechtigte, also die Bezieher von → Arbeitslosengeld II umfassend. Hierzu zählen nicht nur die Leistungsgewährung zur Sicherung des Lebensunterhalts (passives Leistungsrecht) (§§ 19 ff. SGB II), sondern auch die Vermittlung bzw. Eingliederung in Arbeit (aktives Leistungsrecht) (§§ 14 ff. SGB II).

Job-Search-Theorien → Arbeitsmarkttheorien.

Joint Implementation – Abk. *JI*; Methode zur Internationalen Verminderung von Schadstoffen der gemeinsamen Umsetzung zwischen Industriestaaten, bei denen sich im Land A Vermeidungsmaßnahmen im Land B unter bestimmten Umständen anrechnen lassen kann, um seine Verpflichtungen zu erfüllen. Gemäß Art. 6 des → Kyoto-Protokolls (Artikel-6-Projekte) bieten sie als flexible Kyoto-Mechanismen den zu Reduktionsmaßnahmen verpflichteten Ländern, die in Anhang B (Annex B-Staaten) des Kyoto-Protokolls aufgelistet sind, die Möglichkeit zur Reduktion von Treibhausgasen in anderen Ländern, die ebenfalls im Anhang B des Kyoto-Protokolls aufgelistet sind. Auf Projektebene soll die gemeinsame Umsetzung unter Beteiligung privater Körperschaften (insbesondere Unternehmen) erfolgen (→ Clean Development Mechanism). Für die Durchführung von JI-Projekten muss das investierende Land gemäß den Übereinkommen von Marrakesch der Vertragsstaaten folgende Kriterien erfüllen: 1. Ratifikation des Kyoto-Protokolls, 2. Vorliegende Berechnung der Ausstattung mit zugeteilten Emissionsrechten (Assigned Amount Units), 3. Etablierung eines nationalen Systems zur Abschätzung seines Treibhausgasemissionen bzw. Speicherung durch Senken (→ Senkenprojekte), 4. Etablierung eines nationalen Treibhausgasregisters, 5. Rechtzeitiges jährliches Einreichen seines Treibhausgasinventars, 6. Einreichung zusätzlicher Informationen über seine Ausstattung mit zugeteilten Emissionsrechten. – Das gastgebende Land muss mind. die Kriterien 1, 2 und 4 erfüllen.

Jugendarbeit → Jugendhilfe, → Sicherung der Familie und von Kindern.

Jugendhilfe – Bezeichnung für die Gesamtheit der Leistungen, die Jugendlichen zur Erziehung, Bildung und Entwicklung gewährt werden. – 1. *Gesetzliche Grundlage:* Jugendhilfe ist geregelt im Sozialgesetzbuch Achtes Buch (SGB VIII) – Kinder- und Jugendhilfe – i.d.F. vom 14.12.2006 (BGBl. I 3134) m.spät. Änd. Mit diesem Gesetz sind die früheren Vorschriften des Jugendwohlfahrtsgesetzes aufgehoben worden. – 2. *Aufgaben:* Die Jugendhilfe geht davon aus, dass jeder junge Mensch ein Recht auf Förderung seiner Entwicklung und auf Erziehung zu einer eigenverantwortlichen und gemeinschaftsfähigen Persönlichkeit hat. Zwar ist Pflege und Erziehung der Kinder das natürliche Recht der Eltern und zuerst die ihnen obliegende Pflicht, die Jugendhilfe soll aber zur Verwirklichung des Rechts auf Förderung der Entwicklung und Erziehung beitragen. – Die Jugendhilfe umfasst im Wesentlichen folgende *Leistungen:* Angebote der Jugendarbeit, Jugendsozialarbeit, zur Förderung der Erziehung in der Familie, zur Förderung von Kindern in Tageseinrichtungen und Tagespflege, Hilfe zur Erziehung, Hilfe für seelisch behinderte Kinder und Jugendliche, Hilfe für junge Volljährige und Nachbetreuung (§ 2 II SGB VIII). Hervorzuheben ist dabei, dass das Angebot an Einrichtungen zur Tagesbetreuung von Kindern seit einigen Jahren (u.a. auf der Basis des Gesetzes zur Förderung von Kindern unter drei Jahren in Tageseinrichtungen und in Kindertagespflege, KiFöG, vom 10.12.2008, BGBl. I 2403) unter finanzieller Beteiligung des Bundes gezielt ausgebaut und zu einem wichtigen Instrument der Familienpolitik geworden ist. Andere Aufgaben sind die Inobhutnahme von Kindern und Jugendlichen ohne Zustimmung des Personensorgeberechtigten, die Erteilung bzw. Rücknahme der Pflegeerlaubnis, die Mitwirkung in Verfahren vor dem Vormundschafts- und Familiengericht und nach dem Jugendgerichtsgesetz, die Amtspflegschaft und Amtsvormundschaft etc. (§ 2 III SGB VIII). – 3. *Träger* der öffentlichen Jugendhilfe sind in erster Linie die Jugendämter und Landesjugendämter, die auch die Kosten zu tragen haben für die Erziehungshilfen, soweit dem Jugendlichen und seinen Eltern die Aufbringung der Mittel aus ihrem Einkommen und Vermögen nicht zuzumuten ist (§ 92 SGB VIII). – Vgl. auch → Sicherung der Familie und von Kindern.

Juniorfirma → Lernort zur Ergänzung der betrieblichen Ausbildung, an dem kaufmännische Auszubildende weitgehend selbstständig und in eigener wirtschaftlicher Verantwortung, jedoch im rechtlichen Rahmen des Ausbildungsbetriebes, einen Miniaturbetrieb führen, der i.d.R. Gegenstände vertreibt, die in der gewerblichen Ausbildung gefertigt werden. – *Ziel:* Förderung der beruflichen Handlungs- und Problemlösefähigkeit durch die kooperative Bewältigung realer, ganzheitlicher Arbeitsaufgaben im Rahmen einer überschaubaren, aber komplexen Organisationseinheit.

Kabotage – Beförderungen innerhalb eines Staates sind nationalen Verkehrsunternehmen vorbehalten. Durch bilaterale und übernationale Vereinbarungen und im Rahmen der Globalisierung verliert diese Regelung an Bedeutung. So dürfen z.B. Verkehrsunternehmen des Straßengüterverkehrs und der Binnenschifffahrt der EU-Mitgliedsstaaten auch nationalen Verkehr in anderen Mitgliedsstaaten durchführen.

Kabotagevorbehalt – Recht, das sich i.d.R. ein Staat vorbehält. Er schließt den zwischen zwei Orten des gleichen Staatsgebiets (Binnenverkehr) von ausländischen, also nicht in diesem Staat ansässigen Verkehrsunternehmern durchgeführten Verkehr aus. Innerhalb der EU ist der Kabotagevorbehalt für Unternehmen aus Mitgliedsstaaten weitgehend aufgehoben. – Vgl. auch → Kabotage.

Kaiserliche Botschaft → Bismarcksche Sozialversicherungspolitik.

Kaldor-Hicks-Kriterium – 1. *Begriff:* Das Kaldor-Hicks-Kriterium erweitert die Anwendbarkeit des → Pareto-Optimums im Rahmen der → paretianischen Wohlfahrtsökonomik durch die Berücksichtigung des → Kompensationsprinzips. – Das Kaldor-Hicks-Kriterium besagt, dass das → Wohlfahrtsoptimum noch nicht erreicht ist, wenn durch eine nachträgliche allokationsneutrale Umverteilung in Form einer Kompensationszahlung Wohlfahrtsgewinne realisiert werden können. Wenn die potenziellen Gewinner der Umverteilung in der Lage sind, die potenziellen Verlierer durch Kompensationszahlungen zu entschädigen, wirkt die kompensationsbegleitete Umverteilung wohlfahrtssteigernd. Mit anderen Worten: Die gesamten Wohlfahrtsgewinne müssen so groß sein, dass auch nach der vollständigen Entschädigung der Umverteilungsverlierer mind. ein marginaler positiver Nettogewinn übrig bleibt, d.h., eine pareto-superiore Situation erreicht wird. – 2. *Beurteilung:* Die Kritik am Kaldor-Hicks-Kriterium entzündet sich an der impliziten Annahme kostenloser Umverteilungsaktivitäten. Außerdem verlangt das Kaldor-Hicks-Kriterium nicht, dass die Kompensationszahlungen auch tatsächlich geleistet werden. Sie müssen lediglich möglich sein. Schließlich hat Scitovsky nachgewiesen, dass mit dem Kaldor-Hicks-Kriterium nicht eindeutig das → Wohlfahrtsoptimum bestimmt werden kann und aus diesem Grund ergänzend den → Scitovsky-Doppeltest entwickelt.

Kaldor-Modell – Modell der Konjunkturtheorie, von Kaldor (1940) entwickelt. Wichtigste Konsequenz des Kaldor-Modells ist das Zustandekommen endogener Konjunkturzyklen, die im Zeitverlauf nicht verschwinden; wurde im Chang-Smyth-Modell formalisiert.

Kaldor-Verteilung → Keynes-Kaldor-Verteilungstheorie.

Kalecki-Verteilung → Keynes-Kaldor-Verteilungstheorie.

Kameralismus – dt. Ausprägung des → Merkantilismus, die bes. mit ihren Verwaltungsgrundsätzen bleibenden Einfluss auf die dt. Finanzwissenschaft gewonnen hat.

Kameralistik – *kameralistische Buchführung;* klassische Buchführungsmethode der öffentlichen Verwaltung, die zunehmend von der Doppik abgelöst wird. In einem ersten Schritt werden auf einem der Budgetstruktur folgenden Kontensystem (Haushaltssoll) die Ansätze des Haushaltsplans und deren eventuellen Änderungen im laufenden Haushaltsjahr erfasst. Sodann werden die im Rahmen der Haushaltsansätze erfolgten Aufträge, die Zahlungsanordnungen und die tatsächlich erfolgten Zahlungen verbucht. Darauf folgend werden im Rahmen der Haushaltsüberwachung Soll-Ist-Vergleiche vorgenommen und abschließend die Jahresabschlüsse ermittelt. Wichtigstes Rechnungsziel ist der Nachweis der Einhaltung des Haushaltsrechts und -plans sowie der tatsächlich erreichten Deckung der wirklichen Ausgaben (Überschuss- und Fehlbetragsermittlung). – Da die Kameralistik in ihrer heute üblichen Form grundsätzlich nur fällige Ansprüche auf Zahlungen und erfolgte Einzahlungen sowie fällige

Kaldor-Hicks-Kriterium

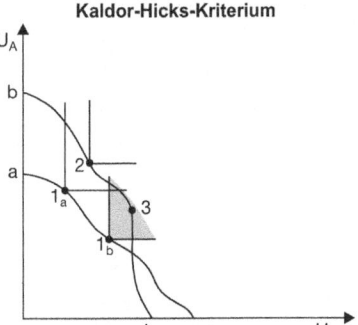

U_A = (ordinaler) Nutzen des A
U_B = (ordinaler) Nutzen des B
aa = Nutzenmöglichkeitskurve des A
bb = Nutzenmöglichkeitskurve des B
\\ = Pareto-Feld

Verpflichtungen zu Zahlungen und erfolgte Auszahlungen erfasst (Geldverbrauchskonzept), bestehen systematische Schwierigkeiten bei der vollständigen Erfassung des Ressourcenverbrauchs. Eine fehlende vollständige Vermögensrechnung sowie Schwierigkeiten bei der Konsolidierung von Kernhaushalten mit ausgegliederten rechtlich selbstständigen, privatrechtlichen Organisationsformen sind zwei weitere wesentliche Argumente, die von den Befürwortern einer Abschaffung der Kameralistik angeführt werden. (Ressourcenverbrauchskonzept, → Speyerer Verfahren). – Vgl. auch Finanzwissenschaft, → Merkantilismus, → Kameralismus, → Colbertismus.

kameralistische Buchführung → Kameralistik.

Kapazitätsmechanismen – Mechanismen, die zum Ziel haben, Investitionsanreize im Elektrizitätssektor zu erhöhen. In Energy-Only-Märkten, also Märkten, in denen nur gelieferte Elektrizität vergütet wird, besteht oftmals die Befürchtung, dass nicht ausreichend hohe Investitionsanreize für den Bau neuer Kraftwerke bestehen. Es gibt vielfältige Mechanismen, die in der Diskussion stehen. Der Kerngedanke der Mechanismen ist eine zusätzliche Vergütung von installierter und bereitgehaltener Kapazität. Mögliche Mechanismen sind bspw. strategische Reserve, Kapazitätsmarkt, Kapazitätszahlungen und Kapazitätsoptionen. Obwohl die Versorgungssicherheit grundsätzlich positiv von der Einführung von Kapazitätsmechanismen beeinflusst wird, werden auch Regulierungsrisiken, falsche Anreize und generell Marktverzerrungen als Kritikpunkte genannt.

Kapitalausfuhr – internationale Kapitalbewegungen, Kapitalverkehr, → Kapitalflucht, Kapitalexport.

Kapitalbeteiligungsgesellschaft – Gesellschaft, die bes. kleinen und mittleren Unternehmen (nichtemissionsfähige) Kapitalbeteiligungen anbietet; diesen wird dadurch mittelbar der Kapitalmarkt zugängig. – 1. Häufig als *Selbsthilfeeinrichtungen der Wirtschaft* organisiert (ohne Gewinnausschüttung), die überwiegend im gemeinschaftlichen Besitz von Kreditinstituten sind und Aufgaben der → Wirtschaftsförderung erfüllen. In diesem Fall können sie sich aus öffentlichen Mitteln günstig refinanzieren (→ ERP-Programme). Üblich sind Laufzeiten der Kapitalbeteiligungen (stille Beteiligung) zwischen zehn und 15 Jahren. Es wird ein Beteiligungsentgelt erhoben, die Beteiligung wird nach Ablauf der zum Nennwert an das Unternehmen verkauft. – 2. Rein *kommerzielle Kapitalbeteiligungsgesellschaften* sind überwiegend Tochterunternehmen großer Banken und kaufen und verkaufen Unternehmensbeteiligungen in Gewinnabsicht. – Vgl. Venture-Capital-Gesellschaft, Venture-Capital.

Kapitaldeckungsverfahren – *Kapitaldeckung.* – 1. *Begriff:* grundlegendes Finanzierungsverfahren in der Privatversicherung, namentlich in der privaten Personenversicherung. Im Gegensatz zum → Umlageverfahren wird gem. dem Kapitaldeckungsverfahren für künftige Versicherungsleistungen ein Kapitalstock aufgebaut, aus dem später die Ansprüche der Versicherten bedient werden. Statt aus laufenden Beiträgen werden Leistungen aus den Erträgen sowie durch Aufzehren des Kapitalstocks finanziert. Anwendung findet das Kapitaldeckungsverfahren insbesondere in der Privatversicherung, konkret in der Lebensversicherung, der privaten Rentenversicherung, der privaten Krankenversicherung (PKV) und der privaten Pflegeversicherung, bei denen eine besondere Form des Kapitaldeckungsverfahrens eingesetzt wird (das sog. → Anwartschaftsdeckungsverfahren, das dem individuellen versicherungstechnischen → Äquivalenzprinzip folgt), und bei kollektiven Systemen (z.B. Staatsfonds). – 2. *Kapitaldeckungsverfahren in der PKV:* Das Kapitaldeckungsverfahren gehört zu den Grundmerkmalen der PKV. Gem. § 12 VAG – in Verbindung mit der Kalkulationsverordnung (KalV) – muss die substitutive PKV nach Art der Lebensversicherung kalkuliert werden. Demnach hat die Beitragskalkulation nach dem Äquivalenzprinzip sowie unter Bildung von Alterungsrückstellungen zu erfolgen (§ 12 I und II VAG). Die Alterungsrückstellungen sollen gewährleisten, dass die Beiträge unter ansonsten gleichen Voraussetzungen (u.a. Gültigkeit der aktuellen rechnerischen Sterbe- und Stornotafel; Fortbestand der aktuellen Inanspruchnahme von Gesundheitsleistungen; unbegrenzter Fortbestand des aktuellen Preisniveaus für Leistungen im Gesundheitswesen) grundsätzlich über die gesamte Vertragslaufzeit konstant bleiben. D.h.: Der Versicherte erwirbt in jüngeren Jahren eine Anwartschaft darauf, dass sein Beitrag im Grundsatz über die gesamte Vertragslaufzeit unverändert bleibt. – 3. *Details:* Um dies sicherzustellen, wird in den Anfangsjahren der Laufzeit eines Krankenversicherungsvertrags ein tatsächlicher Beitrag erhoben, der höher als der augenblickliche Bedarfsbeitrag der betreffenden Person vor dem Hintergrund des aktuellen Krankheitsrisikos ist. Die Differenz, der sog. Sparbeitrag (Sparprämie), wird in der Alterungsrückstellung verzinslich angesammelt. Später, wenn der zu entrichtende Beitrag aufgrund des gestiegenen Lebensalters – und damit i.d.R. auch einer verstärkten Inanspruchnahme von Gesundheitsleistungen – nicht mehr für die benötigten Versicherungsleistungen ausreicht, werden die in der Alterungsrückstellung angesammelten Mittel für den Versicherten unbemerkt zur Abdeckung dieser Finanzierungslücke eingesetzt. Damit werden Beitragssteigerungen allein aufgrund des Älterwerdens grundsätzlich ausgeschlossen. – 4. *Hintergrund:* Mit dem demografischen Wandel, der einen immer höheren Anteil alter Menschen in der Bevölkerung mit sich bringt, und damit verbunden einer steigenden Inanspruchnahme von Gesundheitsleistungen erhöhen sich auch die Ausgaben im Gesundheitswesen. Weil jedem PKV-Versicherten im Versicherungskollektiv die später fälligen Leistungen anspart und somit jeder Versicherte im Prinzip für sich selbst vorsorgt, ist die PKV auf diese Entwicklung mit dem

Kapitaldeckungsverfahren und der Bildung von Alterungsrückstellungen relativ gut vorbereitet. Dabei gibt es allerdings Einschränkungen: Auch das Kapitaldeckungsverfahren kann unvorhersehbare Entwicklungen, wie z.B. überdurchschnittliche Kostensteigerungen im Gesundheitswesen oder einen Anstieg der Lebenserwartung, nicht auffangen. – 5. *Abgrenzung zur* → gesetzlichen Krankenversicherung (GKV): In der GKV gilt statt des Kapitaldeckungsverfahrens das Umlageverfahren als finanzielles Strukturprinzip der Krankenkassen, bei dem keine Rückstellungen gebildet werden. Die von der Gesamtheit der Versicherten (und der Arbeitgeber) eingezahlten Versicherungsbeiträge werden sofort wieder an die Leistungsbezieher ausgegeben. Alle laufenden Beitragseinnahmen werden somit in vollem Umfang für die laufenden Ausgaben verwendet.

Kapitalflucht – Transfer (s. Realtransfer) von liquiden Mitteln ins Ausland, ohne Rücktransfer in absehbarer Zeit. Nicht zur Kapitalflucht zählen normale internationale Kapitalbewegungen, wie z.B. Direktinvestitionen. Motive für die *Kapitalflucht* sind häufig eine hohe Abgabenlast, Vermeidung und Hinterziehung von Steuern, eine inländische Niedrigzinspolitik, die Verweigerung staatsbürgerlicher Solidarität, oder krimineller Art wie Geldwäsche etc. Die Kapitalflucht wird durch die → Globalisierung und immer intensivere Verflechtung der verschiedenen Volkswirtschaften begünstigt.

Kapitalhilfe – Beitrag zur Finanzierung von Entwicklungsmaßnahmen durch günstige Kredite bzw. nicht rückzahlbare Zuschüsse im Rahmen der → Entwicklungshilfe. Finanziert werden Sachgüter, Anlageinvestitionen sowie die dazu gehörenden Dienstleistungen (Evaluierung, Beratung). Sie kann multilateral (→ IWF, → IBRD, → Lomé-Abkommen) sowie bilateral (→ finanzielle Zusammenarbeit) geleistet werden.

Kapitalismus – 1. *Begriff*: Historisierende und, v.a. durch die Vertreter des → Marxismus, wertende Bezeichnung für die neuzeitlichen → kapitalistischen Marktwirtschaften mit dominierendem Privateigentum an den Produktionsmitteln und dezentraler Planung des Wirtschaftsprozesses. Entstanden im deutschsprachigen Raum zu der Zeit, als angenommen wurde, dass die einzelnen Volkswirtschaften je nach Entwicklungsstufe eine nicht wiederholbare Spezifik aufwiesen und die einzelnen Stufen mit einer gewissen oder mit zwingender Gesetzmäßigkeit aufeinander folgten (→ historischer Materialismus, → historische Schule). Der Kapitalismus wird unterschiedlich charakterisiert; er sei bestimmt: (1) Durch das Privateigentum an den Produktionsmitteln, verstanden als gesellschaftliches Verhältnis, das den Kapitalisten die unentgeltliche Aneignung der durch die arbeitenden Nichteigentümer hervorgebrachten Wertschöpfung ermögliche (→ Marxismus); (2) durch das Vorherrschen der „kapitalistischen" Gesinnung, d.h. Erwerbsprinzip, Rationalität und Individualismus (Sombart), bzw. durch die rationale Arbeitsorganisation zur Gewinnerzielung auf Basis eines formalisierten Rechnungskalküls (Weber); (3) durch das Vorherrschen von Großbetrieben (Knapp); (4) durch die Dominanz des freien und dynamischen Unternehmertums (Schumpeter). – 2. Auch die Ableitung unterschiedlicher *Phasen des Kapitalismus* selbst geschieht nicht einheitlich: (1) Sombart unterscheidet z.B. Früh-, Hoch- und Spät-Kapitalismus; (2) die marxistische Theorie unterscheidet Früh-, → Konkurrenzkapitalismus, → Monopolkapitalismus, → Imperialismus und → Staatsmonopolkapitalismus bzw. → Spätkapitalismus. – 3. *Wirkungen*: Der Kapitalismus sei, so die prinzipiell übereinstimmende Auffassung in den einzelnen Theorien, eine Übergangserscheinung und zerstöre sich mit systemimmanenter Zwangsläufigkeit selbst: a) Die *marxistische Theorie* leitet aus dem Entwicklungsschema des historischen Materialismus den Übergangscharakter des Kapitalismus ab. – b) Für *Schumpeter* führen die zunehmende Bürokratisierung des Wirtschaftsprozesses und die „Automatisierung" des technischen Fortschritts in immer größer werdenden Unternehmen sowie die zunehmende Zurückdrängung der Vertragsfreiheit durch kollektive Absprachen zu einem Funktionsverlust des unternehmerischen Privateigentums und zu seiner zunehmenden Sozialisierung. – c) *Sombart* sieht in der anwachsenden Marktvermachtung, in der Ersetzung des Individualdurch das Kollektivprinzip sowie in den zunehmenden Staatseingriffen in den Wirtschaftsprozess Indizien für die zukünftige zwangsläufige Vorherrschaft des → Sozialismus. – 4. *Beurteilung*: Die den zahlreichen Abgrenzungs- und Periodisierungsversuchen zugrunde liegenden Klassifikationsmerkmale sind nicht logisch zwingend und beruhen auf der individuellen Wertung des einzelnen Wissenschaftler. Bei den Versuchen zur Periodisierung der Wirtschaftsgeschichte wird nicht beachtet, dass es Grundsachverhalte und -probleme des Wirtschaftens gibt, die in jeder → Wirtschaftsordnung existieren bzw. gelöst werden müssen. Die marxistischen Kapitalismus-Definitionen und -Analysen sind durch die Falsifizierung der geschichtsphilosophischen und wirtschaftstheoretischen Grundannahmen ebenfalls widerlegt. Da schließlich wissenschaftslogisch keine zwingenden Aussagen über die zukünftige geschichtliche Entwicklung abgeleitet werden können, ist die im Kapitalismus-Begriff implizierte Annahme des Übergangscharakters nicht zu beweisen. Eine wissenschaftliche Betrachtung ist leichter möglich, wenn die wertenden Begriffe Kapitalismus und Sozialismus ersetzt werden durch wertfreie Bezeichnung wie → Marktwirtschaft und *zentralgeleitete Wirtschaft*. An die Stelle der Ableitung vermeintlich zwangsläufiger Entwicklungsstufen kann dann eine ordnungstheoretische Analyse der Gestaltbarkeit des Wirtschaftsprozesses treten. Um die Frage, welche dieser beiden Wirtschaftsformen besser in der Lage ist das

Wohl der Bevölkerung sicherzustellen, geht es auch in der sog. Kapitalismus-Sozialismus-Debatte.

Kapitalistische Marktwirtschaft – Wirtschaftsordnung, in dem die folgenden zwei Kriterien erfüllt sind: 1. *Eigentumsform:* Das Eigentum an den Produktionsmitteln ist grundsätzlich privat (Kapitalismus) (s. hierzu auch → Neue Weltwirtschaftsordnung); 2. *Koordinationsmechanismus:* Die dezentral aufgestellten Pläne werden mithilfe des Preismechanismus auf dem Markt koordiniert. – *Anders:* kapitalistische Vertragswirtschaft.

Kapitalmarkt – 1. *Charakterisierung:* Markt für mittel- und langfristige Kapitalanlage und -aufnahme (Laufzeit von mehr als einem Jahr). Der Unterschied zwischen Kapitalmarkt und dem Bankenkredit-/Einlagenmarkt, auf dem ebenfalls langfristige Mittel gehandelt werden, besteht darin, dass die am Kapitalmarkt entstehenden Forderungen bes. fungibel sind. – 2. *Arten:* a) *Organisierter Kapitalmarkt,* dessen ausgeprägteste Form die Börse ist: I.d.R. alle längerfristigen Transaktionen unter Einschaltung von Kreditinstituten und Kapitalsammelstellen. Der organisierte Kapitalmarkt unterliegt der staatlichen Aufsicht. – b) *Nicht organisierter Kapitalmarkt:* Dazu zählen v.a. Kreditbeziehungen zwischen Unternehmen (z.B. langfristiger Lieferantenkredit) und zwischen privaten Haushalten sowie zwischen Unternehmen und Haushalten.

Kapitalmarktzins – Zins für langfristige Kredite (Kapitalmarktzins i.w.S.) oder für langfristige Wertpapiere (Kapitalmarktzins i.e.S.), häufig gemessen an der → Umlaufrendite festverzinslicher Wertpapiere. Der Kapitalmarktzins ist abhängig von Angebot und Nachfrage, seine Obergrenze wird von den erwarteten Renditen der Investitionen bestimmt. – Vgl. auch → Zins.

Kapitalsammelstellen – Sammelbegriff für Institutionen, bei denen in erheblichem Umfang Einlagen erfolgen bzw. deren Geschäftstätigkeit damit verbunden ist, mit diesem Kapital als Anbieter auf dem Geld-, vorwiegend aber auf dem → Kapitalmarkt aufzutreten. Zu den Kapitalsammelstellen zählen v.a. Kreditinstitute, Versicherungen, Sozialversicherungsanstalten, Bausparkassen und Investmentgesellschaften. – Vgl. auch → paramonetäre Finanzierungsinstitute.

Kartellgesetz → Europäisches Kartellrecht, → Deutsches Kartellrecht.

Kassenärztliche Vereinigung (KV) – 1. *Überblick:* eine der beiden zentralen Organisationen zur Aufgabenwahrnehmung der Selbstverwaltung der niedergelassenen Ärzte und der psychologischen Psychotherapeuten; neben der → Ärztekammer ein Teil der → sozialen Sicherung in Form einer Körperschaft des öffentlichen Rechts. – In Deutschland sind aus dem Kreis der niedergelassenen Ärzte etwa 97 Prozent zur vertragsärztlichen Versorgung im Rahmen der gesetzlichen Krankenversicherung zugelassen. Diese Ärzte müssen Mitglieder der KV sein. In der Bundesrepublik Deutschland gibt es 23 KV. Deren Spitzenorganisation ist die Kassenärztliche Bundesvereinigung (KBV) mit Sitz in Berlin. Die KBV ist die Interessenvertretung der Vertragsärzte auf Bundesebene. – 2. *Aufgabenbereiche:* a) *Sicherstellungsauftrag:* Er besagt, dass die kassenärztliche Versorgung im Rahmen der sozialen Sicherung durch schriftliche Verträge zwischen KV und gesetzlichen Krankenkassen so zu regeln ist, dass eine ausreichende, zweckmäßige und wirtschaftliche Versorgung der Versicherten unter Berücksichtigung des anerkannten Standes der medizinischen Erkenntnis gewährleistet ist. Der Sicherstellungsauftrag umfasst auch einen ausreichenden Notfalldienst. – Eine Unter- wie auch Überversorgung der Bevölkerung ist zu vermeiden. Diesem Zweck dient die Bedarfsplanung, die seit einigen Jahren nur noch in eingeschränktem Umfang den Zugang zur vertragsärztlichen Tätigkeit ermöglicht. – Zur Sicherstellung der Versorgung verfügen die KV über eine Reihe von Instrumenten. Dazu gehört auch die Möglichkeit der Ermächtigung von Krankenhausärzten zur Teilnahme an der ambulanten Versorgung. – b) *Gewährleistungsauftrag:* Er überträgt im Rahmen der sozialen Sicherung der KV die Gewährleistung der ordnungsgemäßen Durchführung der kassenärztlichen Tätigkeit. Diese Aufgabe umfasst, bes. die Honorarverteilung gegenüber den Vertragsärzten auf der Grundlage der mit den Verbänden der Krankenkassen abgeschlossenen Gesamtverträge und der Abrechnungsprüfung. Die Abrechnung des einzelnen Arztes gegenüber der KV erfolgt auf der Grundlage eines Leistungsverzeichnisses (Einheitlicher Bewertungsmaßstab für ärztliche Leistungen [BMÄ] und Ersatzkassen-Gebührenordnung [E-GO]), das im Zuge des medizinisch-technischen Fortschritts ständig überarbeitet wird. In diesem Leistungsverzeichnis sind alle abrechenbaren Leistungen aufgeführt und die Bewertungsrelationen zwischen ihnen festgelegt. – c) *Vertragshoheit:* Im Rahmen der sozialen Sicherung besagt sie, dass die KV für den Abschluss von Verträgen mit den Verbänden der gesetzlichen Krankenkassen zur Gestaltung der kassenärztlichen Versorgung zuständig ist. In diesen Verträgen werden die Rechte und Pflichten der Vertragsärzte im Rahmen der gesetzlichen Vorgaben im Einzelnen festgelegt. Neben der Regelung von Honorarfragen werden in solchen Verträgen auch inhaltliche Anforderungen an die vertragsärztliche Tätigkeit definiert. Kommt eine Einigung nicht zustande, kann jeder Vertragspartner das Schiedsamt anrufen.

Kassenobligation – festverzinsliche → Schatzanweisung mittlerer Laufzeit (maximal vier Jahre), die von der Deutschen Bundesbank im Auftrag der öffentlichen Hand per Ausschreibung (→ Tenderverfahren) verkauft wird.

Kaufkraft – Geldsumme, die einem Wirtschaftssubjekt real zur Verfügung steht. – Vgl. auch → Geldwertstabilität; → Inflation.

Kaufkraft der Exporterlöse → Income Terms of Trade.

Kaufkraft des Geldes → Geldwert.

Kaufkraftparitätentheorie – Versuch, den Wechselkurs bei freien Währungen durch die Kaufkraftverhältnisse in den entsprechenden Ländern zu erklären. – 1. *Naive Kaufkraftparitätentheorie:* Entwicklung der Wechselkurse zwischen zwei Ländern wird durch die Entwicklung des Verhältnisses des Inlandspreisniveaus zum Auslandspreisniveau determiniert. Die Schwäche dieses Ansatzes liegt z.B.: (1) In der Vernachlässigung nationaler Güter (unbebaute Grundstücke, Immobilien, Wohnungsmieten, → Dienstleistungen), die sehr wohl das Preisniveau, aber nicht den Wechselkurs beeinflussen können; (2) in der Ausblendung anderer Faktoren neben Exporten und Importen, die Devisenangebot und -nachfrage beeinflussen. (3) Abweichungen vom Modell der → vollkommenen Konkurrenz, wie Präferenzen, → Monopole, → Transaktionskosten und Informationskosten. – 2. *Modifizierte Kaufkraftparitätentheorie:* Veränderung des Wechselkurses pro Zeiteinheit entspricht längerfristig der Veränderung der Preisniveaurelation der betrachteten Länder, ohne dass der Wechselkurs in jedem Zeitpunkt unbedingt mit dem Verhältnis des Preisniveaus übereinstimmen muss. Steigt z.B. das Inlandspreisniveau, so wertet die Inlandwährung ab (d.h., der Preis für eine ausländische Währungseinheit, ausgedrückt in heimischen Währungseinheiten, steigt). Dies wird mit sinkender Nachfrage nach relativ teurer gewordenen Inlandsgütern und damit entsprechend geringer Nachfrage nach der inländischen Währung auf dem Devisenmarkt erklärt. – Vgl. auch Wechselkurstheorie. – 3. *Kritik:* Der grundlegende Einwand gegen die Kaufkraftparitätentheorie stellt darauf ab, dass Devisenangebot und -nachfrage und der Wechselkurs zwischen zwei Währungen nicht nur von Preisentwicklungen und Güterströmen bestimmt wird, sondern wesentlich auch von Spekulationen, Zinsdifferenzen, Konjunkturentwicklungen im In- und Ausland sowie von politischen Faktoren (Streiks, Skandale, Wahlergebnisse etc.).

Kaufkraftstabilität → Inflation.

Kaufkraftüberhang → Geldüberhang.

Kaufkraftwährung → Indexwährung.

Kausalprinzip – I. Kostenrechnung: (Kosten-)Verursachungsprinzip, das Kosten einer bestimmten Bezugsgröße dann zurechnet, wenn diese Ursache für den Kostenanfall ist.

II. Sozialpolitik: Prinzip zur organisatorischen Grundlegung sozialpolitischer Maßnahmen. Im Gegensatz zum → Finalprinzip nimmt das Kausalprinzip die Ursache zum Anhaltspunkt und gründet auf diesen Tatbestand (z.B. Unfall) einen Anspruch auf Transferleistungen als Ausgleich für einen Einkommensausfall oder eine Schädigung. Zwischen dem Kausalprinzip und dem Finalprinzip bestehen Rivalitätsbeziehungen.

Kernenergieagentur → NEA.

Kernkraftwerk – Dampfkraftwerk zur Gewinnung elektrischer Energie aus Kernenergie durch kontrollierte Kernspaltung (Fission). Wesentlicher Bestandteil des Kraftwerks ist der Kernreaktor. Er entspricht dem Kessel in einem Kohlekraftwerk. In seinem zentralen Teil befinden sich die Brennelemente, in denen Kernenergie durch kontrollierte Kernspaltung und radioaktiven Zerfall freigesetzt und in Wärme umgewandelt wird. Die entstehende Wärme wird auf einen Wärmeträger – zumeist Wasser – übertragen. Dadurch wird dieses erwärmt. Direkt im Reaktor oder indirekt in einem Dampferzeuger entsteht Wasserdampf. Der unter Druck stehende Wasserdampf wird einer meist mehrstufigen Dampfturbine zugeführt, d.h. die Umwandlung in elektrische Energie erfolgt wie in konventionellen thermischen Kraftwerken indirekt. – Die in Kernkraftwerken eingesetzten Reaktortypen unterscheiden sich im Wesentlichen durch die verwendeten Kernbrennstoffe, Kühlkreisläufe und Moderatoren. Geeignete spaltbare Kernbrennstoffe sind (auf 4-4,5 Prozent Anteil U_{235}) angereichertes Uran oder Thorium. Das ebenfalls spaltbare Plutonium entsteht als Nebenprodukt aus dem reichlich vorhandenen, aber nicht spaltbaren U_{238} in Kernspaltungsprozessen. – Es gibt zahlreiche technische Lösungen für die Auslegung von Kernkraftwerken: In Mitteleuropa und in den USA sind am häufigsten die sog. Leichtwasserreaktoren in Betrieb, welche normales Wasser als Kühlmittel und Moderator für den Neutronenfluss benutzen. Diese gibt es wiederum in zwei Bauausführungen, nämlich als Druckwasserreaktor und Siedewasserreaktor, die sich durch die Art der Dampfzuführung auf die Turbine unterscheiden. Eine Weiterentwicklung des Druckwasserreaktors ist der European Pressurized Water Reactor (EPR). Eine russische Variante ist der WWER-Reaktor. Leichtwasserreaktoren benötigen angereichertes Uran, Plutonium oder Mischoxide (MOX) als Brennstoff. – Mit schwerem Wasser moderierte Schwerwasserreaktoren erfordern eine große Menge des teuren schweren Wassers, können aber mit natürlichem, nicht angereichertem Uran betrieben werden. Der bekannteste Vertreter dieses Typs ist der in Kanada entwickelte Candu-Reaktor. Gasgekühlte, graphitmoderierte Reaktoren wurden bereits in den 1950er-Jahren entwickelt und sind daher die ältesten kommerziell genutzten Kernreaktoren; das Kühlmittel ist in diesem Fall Kohlendioxid. In Großbritannien sind noch eine Reihe dieser Brennelemente wegen des aus einer Magnesiumlegierung hergestellten Hüllrohrmateriales als Magnox-Reaktoren bezeichneten Anlagen in Betrieb. – Andere Bauweisen und Auslegungen, v.a. der sog. „Brutreaktor", der gezielt aus U_{238} neues spaltbares Pu_{239} erzeugen sollte, scheitern bisher an technischen Problemen und damit der Wirtschaftlichkeit.--Kernkraftwerke weisen hohe spezifische Kapitalausgaben (pro installierter kW Leistung) auf, haben aber andererseits sehr niedrige Brennstoffkosten. Einmal erbaute Kernkraftwerke werden deshalb und auch wegen ihrer technischen Auslegung in der Grundlast gefahren, d.h. sie erzeugen möglichst rund um die Uhr Strom. Zu Revision und Brennelementewechsel werden sie i.d.R. einmal jährlich abgeschaltet.--Die Entsorgung der „abgebrannten" Brennelemente, d.h. mit einer nach etwa drei Jahren für den weiteren Einsatz ungünstigen Isotopenmischung, ist eine derzeit noch nicht endgültig geklärte Frage.--In Deutschland soll gem. Atomgesetz (AtG) in der Fassung der Bekanntmachung vom 15.7.1985 (BGBl. I S. 1565), das zuletzt durch Art. 5 Absatz 6 des Gesetzes vom 24.2.2012 (BGBl. I S. 212) geändert worden ist, die Nutzung der Kernenergie zur gewerblichen Erzeugung von Elektrizität schrittweise und geordnet beendet werden (vgl. Energiewende).

Kettenoligopol → relevanter Markt.

keynesianische Inflationstheorien → Inflationstheorien.

Keynes-Kaldor-Verteilungstheorie - *Kreislauftheorie der Verteilung, Nachfragetheorie der Verteilung.* 1. Die nachfrageorientierte Kaldor-Theorie wurde explizit von N.Kaldor entwickelt. Ähnliche Gedankengänge findet man bereits bei Keynes. Im Übrigen basieren der Kaldor-Ansatz und die vielfältigen Erweiterungen und Modifikationen auf der keynesschen Analyse, werden insofern folgerichtig als keynesianische Verteilungstheorie bezeichnet. N. Kaldor verknüpft explizit die Einkommensverteilung (gemessen an der → Lohnquote) mit der Investitionsquote, wobei die Investitionsquote durch die autonomen Investitionsentscheidungen der Investoren/Produzenten festgelegt wird. - 2. *Aussagen:* Aufgrund des reinen Kreislaufzusammenhangs muss die Lohnquote sinken, wenn die Investitionsquote steigt bzw. steigen soll. Wird die Investitionsquote quasi autonom durch das Investorenverhalten festgelegt, so sorgt die Variation der Lohnquote für die Aufrechterhaltung des Kreislaufgleichgewichts. Bei kurzfristiger Analyse, d.h. Konstanz von Realeinkommen, Beschäftigung und Lohnniveau, kann diese Anpassung über Preisbewegungen erklärt werden (Umverteilungswirkung von inflationären Multiplikatorprozessen). Verlässt man die kurzfristige Analyse und unterstellt, dass in einer Expansionsphase die Arbeitsproduktivität steigt, und nimmt man weiter an, dass das Lohnniveau verzögert an die Entwicklung von Arbeitsproduktivität und Preisniveau angepasst wird, sinkt die Lohnquote in dieser Phase. Für eine analog aufgebaute Kontraktionsphase gilt das Umgekehrte. Diese Umverteilungswirkungen von Lohn-Lags sind mit heranzuziehen, wenn die in der Realität zu beobachtenden zyklischen Schwankungen der Lohnquote erklärt werden sollen. Für eine langfristige Analyse stellt die Kaldor-Theorie einen Zusammenhang zwischen Verteilung und Wachstum dar. - Vgl. auch → Verteilungstheorie.

Keynessche Wirtschaftstheorie - Keynesianismus.

KfW Bankengruppe → Kreditanstalt für Wiederaufbau (KfW).

KfW IPEX-Bank → Kreditanstalt für Wiederaufbau (KfW).

KfW Mittelstandsbank - Bestandteil der KfW Bankengruppe (→ Kreditanstalt für Wiederaufbau (KfW)); Förderbank für Existenzgründer, kleine und mittlere Unternehmen (KMU), Freiberufler und Start-ups. Entstanden ist die KfW Mittelstandsbank im Zuge der Fusion von Deutscher Ausgleichsbank (DtA) und KfW im Juli 2003. - *Förderungsangebote:* langfristige Kredite; Mezzanine-Finanzierung; Unterstützung bei der Aufnahme von Beteiligungskapital und Risikokapital.

Kinderbetreuung → Sicherung der Familie und von Kindern.

Kindergartenplatzgarantie → Sicherung der Familie und von Kindern.

Kindergeld - 1. *Begriff:* aus öffentlichen Mitteln für jedes Kind an Erziehungsberechtigte gewährte Leistung. - 2. *Grundlage:* Aufgrund der Rechtsprechung des Bundesverfassungsgerichts erfolgte 1995 eine grundlegende Neuregelung des sog. → Familienlastenausgleichs bzw. (seither) Familienleistungsausgleichs. Unterschiedliche finanzielle Vergünstigungen für Kinder (Steuerermäßigungen, Kindergeld nach früherem Recht) werden im Regelfall durch ein für alle Familien gleiches und vom ersten Kind an zu zahlendes Kindergeld ersetzt. Seit dem Jahressteuergesetz 1996 wird für das Kind eines unbeschränkt Steuerpflichtigen während des laufenden Kalenderjahres nur noch das Kindergeld (teilweise als Steuervergütung) gezahlt. Nach Ende des Kalenderjahres bei der Veranlagung zur Einkommensteuer zieht das Finanzamt den Kinderfreibetrag vom zu versteuernden Einkommen ab, falls dies für den Steuerpflichtigen günstiger als die Kindergeldzahlung ist, und verrechnet zuvor gezahltes Kindergeld. - 3. *Voraussetzungen:* a) *Anspruch auf Kindergeld:* Kindergeld erhält, wer im Inland einen Wohnsitz oder seinen gewöhnlichen Aufenthalt hat oder ohne Wohnsitz oder gewöhnlichen Aufenthalt unbeschränkt einkommensteuerpflichtig ist oder so behandelt wird (§ 62 EStG). Ein Ausländer erhält Kindergeld nur, wenn er im Besitz einer Aufenthaltserlaubnis ist. - b) Das Kindergeld *wird gezahlt* u.a. für eheliche und für ehelich erklärte Kinder, nicht eheliche Kinder, adoptierte Kinder, Pflegekinder. Näheres vgl. §§ 32, 63 EStG. - c) Kindergeld wird grundsätzlich *bis zur Vollendung des 18. Lebensjahres* eines Kindes gezahlt. Bis zum vollendeten 25. Lebensjahr kann Kindergeld beansprucht werden für Kinder, die sich in Schul- oder

Berufsausbildung befinden oder ein freiwilliges soziales Jahr leisten oder sich wegen eines Gebrechens nicht selbst unterhalten können. Näheres in den §§ 32, 63 EStG. Seit 2012 wird Kindergeld bei Erfüllung der sonstigen Voraussetzungen ohne Überprüfung der Einkünfte und Bezüge des Kindes gezahlt (vorher: entfallen bei Überschreiten einer Einkommensgrenze, 2010/11: 8.004 Euro jährlich). – 4. *Höhe:* a) Das Kindergeld beträgt ab 2010 für das erste und zweite Kind jeweils 184 Euro, für das dritte Kind 190 Euro und für jedes weitere Kind je 215 Euro monatlich. – b) Bezieher von Versichertenrenten aus den gesetzlichen Rentenversicherungen und von Schwerbeschädigtenrenten aus der Unfallversicherung erhalten die Leistungen des Familienlastenausgleichs aus der Rentenversicherung; die zu den Renten gezahlten Kinderzuschüsse und Kinderzulagen sind meist höher, mind. aber ebenso hoch wie das Kindergeld. – c) Bei Zahlung bzw. bestehendem Anspruch auf die Leistung von Kinderzulagen aus der gesetzlichen Unfallversicherung oder Kinderzuschüssen aus den gesetzlichen Rentenversicherungen sowie bei vergleichbaren Leistungen für Kinder von ausländischen, zwischen- oder überstaatlichen Einrichtungen wird das Kindergeld nicht gewährt. – d) Die Zahlung des Kindergeldes erfolgt auf Antrag; bei verspäteter Antragstellung wird rückwirkend höchstens für die letzten sechs Monate Kindergeld gezahlt. – 5. *Kinderzuschlag:* bes. Sozialleistung, die dem Bezug von Leistungen der Grundsicherung für Arbeitssuchende oder Sozialhilfe vermeiden soll, wenn sich eine Bedürftigkeit allein aufgrund des Bedarfes von Kindern ergibt (§ 6a BKGG). – 6. *Aufbringung der Mittel/ Durchführung:* Die Aufwendungen für das Kindergeld einschließlich der Verwaltungskosten trägt der Bund. Die Durchführung des Bundeskindergeldgesetzes obliegt der Bundesagentur für Arbeit nach den fachlichen Weisungen des Bundesministers für Wirtschaft und Technologie (BMWi). Sie führt zur Durchführung des Gesetzes die Bezeichnung „Familienkasse". Über die Anträge auf Kindergeld entscheiden die Agenturen für Arbeit. Zuständig ist die Agentur, in deren Bezirk der Berechtigte seinen Wohnsitz hat. – 7. Der *Anwendungsbereich* des Bundeskindergeldgesetzes (BKGG) i.d.F. vom 28.1.2009 (BGBl. I S. 143) m.spät.Änd. beschränkt sich auf Fälle von Personen, die nicht unbeschränkt steuerpflichtig sind und nicht als unbeschränkt steuerpflichtig behandelt werden und die weiteren in § 1 I BKKG genannten Voraussetzungen erfüllen, sowie in Deutschland lebende Vollwaisen und Kinder, bei denen der Aufenthalt der Eltern unbekannt ist, und die nicht bei einer anderen Person als Kind berücksichtigt werden.

Kinderzuschlag – Zuschlag von bis zu 140 Euro monatlich an gering verdienende Eltern, die mit ihrem Einkommen den eigenen Lebensunterhalt sichern können, nicht aber den ihrer Kinder. Wurde zum 1.1.2005 gemäß dem Vierten Gesetz für moderne Dienstleistungen am Arbeitsmarkt vom 24.12.2003 (BGBl. I 2954) eingeführt. – *Regelungen:* Berechtigte sind die Eltern bzw. Elternteile, in deren Haushalt die Kinder leben. Für den Anspruch auf Kinderzuschlag werden die unter 18-jährigen Kinder berücksichtigt, für die der berechtigte Person auch → Kindergeld erhält. Kinder des Berechtigten, die bei dem anderen Elternteil leben, sind nur bei diesem zu berücksichtigen. Die Eltern sollen mind. über Einkommen oder Vermögen verfügen, das es ihnen ermöglicht, ihren eigenen Mindestbedarf zu decken; um die Bedarfsprüfung zu erleichtern, gelten für ihre Berechtigung seit dem 1.10.2008 feste Einkommensuntergrenzen. Der Anspruch auf Kinderzuschlag entfällt, wenn das Elterneinkommen den gesamten Mindestbedarf der Familie nach dem Sozialgesetzbuch II (→ Arbeitslosengeld II) deckt. Der Anspruch auf Kinderzuschlag entfällt ebenfalls, wenn auch bei seiner Zahlung Hilfebedürftigkeit nach dem Sozialgesetzbuch II nicht vermieden werden kann und entsprechende Leistungen gewährt werden. Der betroffene Personenkreis hat insofern ein Wahlrecht zwischen der Inanspruchnahme des Kinderzuschlags und der Leistungen der Grundsicherung. Seit 1.1.2011 erhalten Familien zusätzlich zum monatlichen Kinderzuschlag ein sog. „Bildungs- und Teilhabepaket" entsprechend den Bestimmungen in § 28 SGB II. Kinderzuschlag wird von den Familienkassen ausgezahlt.

Klassenkampf – in der Theorie des → Marxismus das bewegende Moment der geschichtlichen Entwicklung (→ Klassentheorie, → historischer Materialismus).

klassenlose Gesellschaft – ein nahezu allen sozialistischen Richtungen gemeinsamer Begriff für ein anzustrebendes Ziel: eine (als substanzielle Entität aufgefasste) Gesellschaft, in der es keine sozialen Gruppen gibt, zwischen denen ein → Klassenkampf besteht. – Vgl. auch → Bolschewismus, → Kommunismus, → Marxismus, → Diktatur des Proletariats.

Klassentheorie – 1. *Charakterisierung:* Die ökonomischen Theorien der → Physiokratie, der → Klassiker und des → Marxismus unterteilen die Gesellschaftsmitglieder nach unterschiedlichen Klassifikationsmerkmalen in einzelne *Klassen (soziale Gruppen)* und (v.a. der Marxismus) analysieren die ökonomischen Beziehungen zwischen diesen. – 2. *Theorien:* a) *Physiokratischer Ansatz:* Ausgehend von der Rolle der einzelnen Gesellschaftsmitglieder im Prozess der gesellschaftlichen Wertschöpfung und deren Verteilung wird zwischen → Classe Productive, → Classe Stérile und → Classe Distributive unterschieden. Dieser Ansatz teilt die Schwächen der zugrunde liegenden physiokratischen Wertschöpfungstheorie. – b) *Klassische Theorie:* Die einzelnen Klassen werden nach der Art der Einkommenserzielung voneinander unterschieden; die Klassen ergeben sich aus Lohn-, Gewinn- und Bodenrentenempfänger. – c) *Marxistische Klassentheorie:* Die Klassen werden nach deren eigentumsrechtlichen Stellung in Bezug auf die

Produktionsmittel unterteilt, und zwar in die der *Eigentümer* und *Nichteigentümer*. Im → Kapitalismus sind dies die *Arbeiterklasse (Proletariat)* und die *Kapitalistenklasse (Bourgeoisie)*. Entsprechend der Lehre über die → Ausbeutung führte das Privateigentum an den Produktionsmitteln dazu, dass die Kapitalisten den Arbeitern die von ihnen geschaffene Wertschöpfung vorenthalten (→ Mehrwerttheorie). Hieraus folgten widersprüchliche Klasseninteressen, die sich im Klassenkampf zwischen Ausbeutern und Ausgebeuteten manifestierten. Dieser Kampf beziehe sich auf die Macht im Staat, der hier als Instrument der Unterdrückung der ausgebeuteten durch die ausbeutende Klasse aufgefasst wird. Die Klassenauseinandersetzung wird als der bewegende *Motor der geschichtlichen Entwicklung* angesehen (→ historischer Materialismus). Im Endzustand des Kommunismus könne es per definitionem keine unterschiedlichen Klassen und damit auch keine Ausbeutung mehr geben. Auch könne der Staat dann „absterben", d.h. an die Stelle der „Herrschaft über Menschen" trete dann die „Verwaltung von Sachen" (Produktions- und Konsumgüter). In einer Übergangsphase müsse die Arbeiterklasse nach der sozialistischen Revolution jedoch eine → Diktatur des Proletariats errichten, um die widerstrebende Kapitalistenklasse umzuerziehen bzw. zu „zerschlagen" und die Produktionsverhältnisse (in nicht-marxistischer Terminologie: → Wirtschaftsordnung) rechtlich-organisatorisch umzugestalten. – Die marxistische Klassentheorie teilt die Schwächen der zugrunde liegenden geschichtsphilosophischen und ökonomischen Lehren des Marxismus. – Vgl. auch → dialektischer Materialismus, → Arbeitswertlehre, → Krisentheorie.

Klassiker – 1. *Begriff*: Gruppe vorwiegend angelsächsischer Ökonomen, die mit ihren Forschungen und Erkenntnissen etwa von 1750 bis 1850 die Grundlagen der modernen Nationalökonomie geschaffen haben. Die bekanntesten Klassiker sind Smith, Ricardo, Malthus und Mill. Ihr wichtigster Vorläufer ist Hume. Bedeutende nicht-angelsächsische Klassiker sind der Franzose Say und der Deutsche Thünen. – 2. *Lehre der Klassiker*: klassische Lehre.

klassischer Liberalismus – Denkrichtung des → Liberalismus. Kennzeichnend ist die Forderung nach Meinungsfreiheit, Gleichheit vor dem Gesetz („Herrschaft des Gesetzes") und Individualeigentum an den Produktionsmitteln (einschließlich der Selbstverantwortung für einen effizienten Einsatz). Die gesellschaftlichen Institutionen und Regeln werden als das Produkt eines kulturellen Entwicklungs- und Ausleseprozesses aufgefasst: Institutionelle Neuerungen entstehen angesichts aktueller Problemlagen durch das spontane Handeln der Menschen und treten in Konkurrenz zu bisherigen Lösungen, wobei sich diejenigen durchsetzen, die am zweckdienlichsten sind. Das so aus dem selbstinteressierten und autonomen Handeln der Menschen entstehende Ordnungsgefüge konstituiert eine für alle Gesellschaftsmitglieder akzeptable Ordnung und gewährleistet die individuelle (politische und ökonomische) Freiheit. Um diesen Ausleseprozess zu ermöglichen, soll der Staat eine für alle Menschen unterschiedslos verbindliche Rechtsordnung errichten, die Verteidigung gegenüber Angriffen von außen sicherstellen und eine Reihe für die gesellschaftliche und ökonomische Entwicklung relevanter öffentlicher Güter (Adam Smith: Sicherheit, Rechtsprechung, Verteidigung, Infrastruktur) bereitstellen. Dass Tendenzen zur Beschränkung des marktwirtschaftlichen Wettbewerbs bestehen, wird zwar erkannt, jedoch wird angenommen, dass die Ursachen hierfür primär der staatlichen Aktivitäten sind, deren Beschränkung auf das mögliche Mindestmaß gefordert wird. – Vgl. auch → Neoliberalismus, → Laissez-Faire-Liberalismus.

kleine und mittlere Unternehmen → Mittelstand.

Klubtheorie → ökonomische Theorie des Clubs.

KMU – Abk. für *kleinere und mittlere Unternehmen*. Vgl. → Mittelstand.

knappes Gut – *wirtschaftliches Gut, Wirtschaftsgut*; ≡ Gut, das nicht zu jeder Zeit und an jedem gewünschten Ort in der gewünschten Qualität und Menge zur Verfügung steht (verfügbare Gütermenge < Bedarfsmenge). – *Gegenteil*: freies Gut.

Kodezisionsverfahren – EU-Gesetzgebung, → Europäisches Parlament.

Koevolution – 1. *Begriff*: Gemeinsame, aufeinander abgestimmte Entwicklungen, z.B. verschiedener Arten, Prozesse oder Systeme. Die Entwicklung des kognitiven Apparates (→ Kognition), der Sprache, Kultur, Technik etc. hat zu einer Abkopplung des sozioökonomischen Systems von biologischen Selektionsdruck geführt und diesen durch immer differenziertere Selbststeuerungsprozesse abgelöst. Evolutionär erworbene und an die relativ einfach strukturierte Lebenswelt des Menschen früherer Evolutionsstadien angepasste Verhaltensweisen, kognitive Muster und Denkgewohnheiten erweisen sich im Umgang mit den damit verbundenen komplexen Problemen (→ Komplexität) als inadäquat und gefährlich (→ evolutionäre Erkenntnistheorie, → Konstruktivismus). – 2. Während die kulturelle und technisch-ökonomische Entwicklung eine rasante Dynamik entfaltet, dabei den *Koevolutionszusammenhang* mit der → Biosphäre durchbricht und so einen komplexen Problemdruck schafft, entwickelt sich die kognitive Problemlösungsfähigkeiten in weitaus geringerem Maße. Die → ökologische Krise kann als ein Resultat dieser evolutionären Scherenentwicklung, als evolutionäre Anpassungskrise sowohl unserer Erkenntnis- und Verhaltensstrukturen, als auch der technischen Produkte und ökonomischen Institutionen verstanden werden. Der evolutionäre Ansatz ist umfassender als die der traditionellen Umweltpolitik zugrunde liegenden

Theorien des Markt- und Staatsversagens. – Vgl. auch → industrielles Ökosystem, → Systemmanagement.

Kofinanzierung – Darlehen der Weltbank (→ IBRD), gewährt in Zusammenarbeit mit anderen Institutionen: V.a. Regierungen und Regierungsstellen, Exportkreditorganisationen sowie privaten Finanzinstitutionen (bes. Geschäftsbanken). Die vertragliche Ausgestaltung ist unterschiedlich. In Zusammenhang mit der Verschuldungskrise hat die Kofinanzierung an Bedeutung gewonnen.

Kognition – *Kenntnis, Erkenntnis*; in konstruktivistischer Perspektive (→ Konstruktivismus) ein biologisches Phänomen der Lebensbewältigung. Demnach verfügt ein Lebewesen über Kognition, wenn es in der Lage ist, seine Fortexistenz unter dem Einfluss von (störenden) Außenreizen zu erhalten. Die Zuschreibung von Kognition geschieht durch einen Beobachter des Lebewesens, wenn er bei diesem erfolgreiche Störungsbewältigung feststellt. Kognition kann also auch mit überlebensverträglichem Handeln umschrieben werden. In Bezug auf die Möglichkeit des neuzeitlichen Menschen, Erkenntnisse über seine überlebensrelevante Umwelt zu generieren, werden zunehmend Kognitionsbarrieren (Virtualisierung und Entsinnlichung der Welt, Problematik der Begrenzung des Zeithorizonts menschlicher Wahrnehmung, Komplexitätszuwachs der überlebensrelevanten Umwelt) diskutiert. Derartige neuzeitliche Tendenzen scheinen die evolutionäre Passung des Menschen und damit seine Überlebensfähigkeit zu gefährden (→ Koevolution). – Innerhalb des psychischen Systems werden kognitive Vorgänge, die als gedankliche oder rationale Prozesse verstanden werden, den aktivierenden Konzepten Emotion, Motivation und Einstellung gegenübergestellt. Die kognitiven Prozesse beziehen sich auf die Informationsaufnahme des Menschen durch die Wahrnehmung, die Beurteilung des Wahrgenommenen, die Speicherung des Wahrgenommenen im Gedächtnis sowie die Verknüpfung dieser Gedächtnisinhalte zu einem System des Wissens.

Kohäsion – Wirtschaftlicher und sozialer Zusammenhalt (Art. 174 AEUV). Eine der Hauptaufgaben der → EU besteht heute in der Förderung des Kohäsion zwischen den Mitgliedsstaaten. Bereits in der Präambel der zum 1.1.1958 errichteten → EWG wurde bestimmt, dass mit der Gemeinschaftsgründung dazu beigetragen werden soll, die zwischen den einzelnen Teilräumen des Gemeinsamen Marktes bestehenden Divergenzen bez. ihrer wirtschaftlichen und sozialpolitischen Leistungskraft abzubauen und dadurch den Zusammenhalt der Gemeinschaft zu festigen. Mit der Einheitlichen Europäischen Akte (→ EEA) wurde dem Kohäsionsziel in Gestalt der Aufnahme eines eigenen Titels „Wirtschaftlicher und Sozialer Zusammenhalt" (Titel XVIII, Art. 174-178 AEUV) ein deutlich erhöhter Stellenwert zugewiesen. Um einen möglichst effektiven Einsatz der Mittel zu gewährleisten, wurde in Art. 174 AEUV der Grundsatz der vorrangigen Konzentration auf eine Verringerung des „Rückstands der am stärksten benachteiligten Gebiete" festgeschrieben. Zentrale Bedeutung erlangte die Kohäsionsförderung schließlich dadurch, dass mit dem Vertrag über die EU die „Stärkung des wirtschaftlichen und sozialen Zusammenhalts" in den Katalog der integrationspolitischen Hauptziele (Art. 4 II lit. c AEUV) aufgenommen wurde. Mit dem Vertrag von Lissabon wird eine dritte Dimension hinzu kommen, und zwar die des territorialen Zusammenhalts, d.h. einer ausgewogenen, nachhaltigen Raumentwicklung. – Im Förderzeitraum 2007-2013 stehen der Kohäsionspolitik 35,7 Prozent des gesamten → EU-Haushalts zur Verfügung, das sind 347,41 Mrd. Euro. Deutschland erhält aus diesen Mitteln 26,34 Mrd. Euro. Mithilfe der drei Strukturfonds werden die folgenden drei Ziele gefördert: a) Konvergenz (→ EFRE, ESF, → Kohäsionsfonds), insgesamt ca. 82 Prozent der Strukturmittel), b) regionale Wettbewerbsfähigkeit und Beschäftigung (→ EFRE, ESF), insgesamt ca. 16 Prozent der Strukturmittel, c) europäische territoriale Zusammenarbeit (EFRE), insgesamt ca. 2,5 Prozent der Strukturmittel. Die Bedeutung des Kohäsionsziels kommt ferner darin zum Ausdruck, dass im Förderzeitraum 2007-2013 die Strukturfonds weitgehend an die Prioritäten der → Lissabon-Strategie für Wachstum und Beschäftigung gebunden sind: 60 Prozent aller Ausgaben unter dem Ziel „Konvergenz" und 75 Prozent unter dem Ziel „Regionale Wettbewerbsfähigkeit und Beschäftigung" sollen diesen Prioritäten zu Gute kommen. – In Ergänzung der bereits bestehenden Strukturfonds im Jahre 2002 sind der Europäische Solidaritätsfonds zur Unterstützung bei Naturkatastrophen und im Jahre 2006 der Europäische Globalisierungsanpassungsfonds zur Unterstützung von Arbeitnehmern, die aufgrund des Globalisierungsdrucks entlassen worden sind, eingerichtet worden. – IPA: Das Kohäsions-Instrument für Heranführungshilfe IPA (Instrument for Pre-Accession Assistance) hat seit Januar 2007 die bestehenden Programme und Instrumente für die Beitrittskandidaten PHARE, PHARE CBC (Cross-Border-Co-operation), ISPA (Instrument for Structural Policies for Pre-Accession, Strukturpolitisches Instrument zur Vorbereitung auf den Beitritt), SAPARD (Special Accession Programme for Agriculture and Rural Development, Beitrittsprogramm für Landwirtschaft und ländliche Entwicklung), CARDS (Community Assistance for Reconstruction, Development and Stabilisation; Gemeinschaftsunterstützung für Wiederaufbau, Entwicklung und Stabilisierung) und das Finanzierungsinstrument für die Türkei ersetzt. IPA bereitet die Beitrittskandidaten auf die Europäischen Fonds vor, die dieselben Bereiche abdecken. – Der Kohäsionspolitik kommt in der derzeitigen Wirtschaftskrise eine große Bedeutung zu, da sie einerseits eine wichtige Finanzquelle darstellt, mit deren Hilfe die Auswirkungen der Krise abgemildert werden können und

Investitionen zur wirtschaftlichen Wiederbelebung und zum Schutz und zur Fortbildung der Arbeitnehmer getätigt werden können. Die Kommission hat zusätzlich beim EFRE und dem ESF eine erleichterte, flexiblere und vorgezogene Mittelverwendung in der Krise ermöglicht.

Kohäsionsfonds – 1. *Gegenstand:* Art. 177 AEUV bestimmt, dass in Ergänzung zu den herkömmlichen Strukturfonds der Europäischen Union (→ EU) ein spezieller Kohäsionsfonds zu errichten ist, durch den zu Vorhaben in den Bereichen Umwelt und transeuropäische Netze finanziell beigetragen wird. Der Kohäsionsfonds wurde am 30.3.1993 provisorisch und am 25.5.1994 definitiv errichtet (Verordnung (EG) Nr. 1164/94; inzwischen ersetzt durch die Verordnung (EG) Nr. Nr. 1084/2006). Auch die am Europäischen Wirtschaftsraum (→ EWR) teilnehmenden EFTA-Staaten (→ EFTA) (ohne Schweiz) leisten Beiträge zur Finanzierung des Kohäsionsfonds. – 2. Der *Kern der Zielsetzung* des Kohäsionsfonds besteht darin, dass eine Verbesserung infrastruktureller Gegebenheiten einer effektiveren Erschließung potenzieller Integrationsvorteile (Senkung von Transaktionskosten) zu dienen vermag. Speziell geht es darum, das wirtschaftliche Gefälle zwischen den EU-Mitgliedstaaten sowie die strukturellen Nachteile einzelner Mitgliedstaaten zu reduzieren. Umwelt- bzw. Verkehrsinfrastruktur-Vorhaben, die in den Genuss von Fondsmitteln kommen sollen, müssen zwischen der → Europäischen Kommission und dem betreffenden Mitgliedstaat vereinbart sein. – 3. *Mittelausstattung:* Für den Siebenjahreszeitraum 2007-2013 beträgt die Mittelausstattung 70 Mrd. Euro. – 4. *Förderfähige Länder:* Der Kohäsionsfonds hilft den Mitgliedstaaten, deren BIP pro Einwohner unter 90 Prozent des EU-Durchschnitts liegt. Zwischen 2007-2013 werden folgende Mitgliedstaaten gefördert: Bulgarien, Rumänien, Zypern, Estland, Griechenland, Ungarn, Lettland, Litauen, Malta, Polen, Portugal, die Tschechische Republik, die Slowakei und Slowenien. Spanien erhält eine Übergangsförderung. Bis Ende 2013 wird die Wirksamkeit der Maßnahmen überprüft. – Vgl. auch → Kohäsion.

Kohlepolitik – *Begriff:* Maßnahmen zur Sicherung und Erhaltung des Steinkohlenbergbaus (Kernanteil) sowie Schaffung von wettbewerbsfähigen Rahmenbedingungen für den subventionsfreien Braunkohlebergbau mit dem Ziel, die Versorgungssicherheit in Deutschland zu gewährleisten. – *Beihilfen:* Staatliche Beihilfen für den Steinkohlenbergbau waren nach dem 2002 ausgelaufenen Vertrag über die Gründung der Europäischen Gemeinschaft für Kohle und Stahl (EGKSV) genehmigungspflichtig. Staatliche Zuschüsse waren danach nur zulässig, um einen Ausgleich zwischen den Produktionskosten und den erzielten Erlösen pro Tonne zu erreichen (nur in den Absatzbereichen Strom- und Stahlerzeugung). – Die durch das Dritte Verstromungsgesetz vom 13.12.1974 eingeführte → Ausgleichsabgabe (sog. Kohlepfennig) als Finanzierungsinstrument wurde 1994 vom Bundesverfassungsgericht als nicht verfassungskonform erklärt; diese Regelung lief Ende 1995 aus. – Das Gesetz über Hilfen für den dt. Steinkohlebergbau bis zum Jahr 2005 (Steinkohlebeihilfengesetz) vom 17.12.1997 sieht jährlich abnehmende Zuschüsse durch den Bund und das Land Nordrhein-Westfalen vor, was zu einem Rückgang der Förderkapazitäten bei den Bergbauunternehmen führt. Erhielt der Bergbau 1998 ca. 4,76 Mrd. Euro Beihilfen, so waren für das Jahr 2005 nur noch 2,71 Mrd. Euro vorgesehen. Im Rahmen des für den Zeitraum 2006 – 2010 genehmigten Umstrukturierungsplans für den dt. Bergbau, der weitere Bergwerkstilllegungen einschließt, hatte die EU-Kommission für 2009 weitere Beihilfen für außergewöhnliche Kosten und Belastungen als auch zur laufenden Förderung genehmigt. Ein weiterer Abbau der Produktionsmengen wird vorausgesetzt. – Von allen Wirtschaftszweigen erhält der Bergbau nach der → Landwirtschaft die meisten Subventionen.

Kolleg → Institut zur Erlangung der Hochschulreife.

Kollegschule – seit Änderung des Schulverwaltungsgesetzes (Berufskolleggesetz) vom 25.11.1997 in Nordrhein-Westfalen im → Berufskolleg aufgegangen.

Kollektiventscheidung – *kollektive Entscheidung*; Entscheidung einer Personenmehrheit als Entscheidungsträger. Die Beziehungen zwischen den beteiligten Personen sind zu berücksichtigen (interpersonale Prozesse), die sich in Konflikten, Koalitionsbildungen, Machtbeziehungen u.Ä. äußern. Beschreibung und Erklärung der Kollektiventscheidung erfolgen meist mithilfe sozialpsychologischer Ansätze. Schwerpunkte bei der Gestaltung der Kollektiventscheidung liegen v.a. bei der Koordination, Zielbildung und Information. – *Erklärungsansätze und Analysen:* Teamtheorie, → Abstimmungsverfahren, Neue Politische Ökonomie. – *Gegensatz:* Individualentscheidung.

kollektive Präferenz(relation) – Zusammenfassung individueller Präferenzordnungen von Mitgliedern einer Gruppe zu einer kollektiven Präferenzordnung der Gruppe. – Vgl. auch → Theorie der Kollektiventscheidungen, → Arrow-Unmöglichkeitstheorem, → Condorcet-Paradoxon.

Kollektivismus – dem → Individualismus entgegengesetztes gesellschaftspolitisches Gestaltungsprinzip. Es beruht auf der Annahme, dass die Menschen sich bei selbstinteressiertem Handeln nicht freiwillig so verhalten, wie dies dem Wohl der Gesamtgruppe (des Staates) entspricht. Anstelle der Selbstbezogenheit muss daher, ggf. durch Erziehungs- und Zwangsmaßnahmen, das gruppenbezogene Handeln treten; das Individuum ist der Gruppe (Kollektiv) unterzuordnen. Die dabei implizierte These, eine Gruppe sei mehr als die Summe ihrer Mitglieder und sie habe ein eigenständiges, übergeordnetes Interesse, das gegen die

Kollektivmitglieder (jedoch in deren eigenem, von ihnen nicht erkannten Interesse) durchzusetzen sei, wird von den Vertretern des → Liberalismus bestritten. Wie groß die Gefahr ist, dass politische Führer ihre eigenen Ziele in den Rang von Gemeinwohlinteressen stellen und unter Berufung hierauf die anderen Menschen unterjochen, zeigen die Erfahrungen mit den totalitären Herrschaftsformen (Diktaturen) des 20. und 21. Jh.

Kollektivmonopol – Bildung eines → Monopols durch ein marktbeherrschendes Kartell.

Kombilohn-Modelle – 1. *Idee:* Sie sollen bestimmten Arbeitnehmern, v.a. solchen mit geringer oder fehlender Qualifikation und daher niedriger Produktivität, oder bestimmten Gruppen, v.a. Langzeitarbeitslosen (Arbeitslosigkeit), die Integration in den Arbeitsmarkt erleichtern oder ermöglichen, indem ihre Entgelte durch staatliche Transferzahlungen aufgestockt werden. Die Leistung erfolgt an Arbeitnehmer, nicht an Arbeitgeber (Arbeitsmarktpolitik). – 2. *Hoffnungen und Befürchtungen:* Erwartet werden u.a. zusätzliche Anreize zur Aufnahme niedrig entlohnter Tätigkeiten, etwa für Bezieher von → Arbeitslosengeld II, sowie Sekundäreffekte, etwa durch Steuermehrnahmen, Abnahme der Schwarzarbeit sowie Erschließung neuer Tätigkeitsfelder, v.a. im Bereich einfacher Dienstleistungen. Befürchtet werden u.a. Marktverzerrungen, Mitnahme- und Verdrängungseffekte, hohe Kosten, v.a. bei flächendeckender Einführung, sowie eine Aufweichung tarifvertraglich vereinbarter Standards. – 3. *Alternativen:* Diskutiert werden u.a. eine negative Einkommmensteuer, ein gesetzlicher Mindestlohn, der die Einkommen im wachsenden Niedriglohnsektor auf ein Subsistenz sicherndes Niveau anheben würde sowie ein (bedingungsloses, garantiertes) Grundeinkommen bzw. Bürgergeld.

kombinierter Verkehr – Bezeichnung für den Transport von Gütern mit zwei oder mehr Verkehrsträgern ohne Wechsel des Transportgefäßes. Das Vorliegen eines einheitlichen Beförderungsvertrages ist dabei nicht zwingende Voraussetzung. Ziel des kombinierten Verkehrs ist es, durch Verknüpfung verschiedener Transportmittel durchgängige Transportketten vom Versender zum Empfänger (Haus-zu-Haus-Verkehr) zu bilden und dabei die spezifischen Vorteile der einzelnen Verkehrsträger zu nutzen.

Kommission – 1. *Organisation:* zeitlich befristetes Kollegium. – 2. *Kommission der Europäischen Union:* → Europäische Kommission.

Kommission der Vereinten Nationen für internationales Handelsrecht → UNCITRAL.

Kommission für Anlagensicherheit – früher: Störfall-Kommission. Beim Bundesministerium für Umwelt, Naturschutz und Reaktorsicherheit (BMU) zur Beratung der Bundesregierung zu bildende Kommission, die gutachtlich Möglichkeiten zur Verbesserung der Anlagensicherheit aufzeigen soll. In die Kommission für Anlagensicherheit sind neben Vertretern der zuständigen Bundesbehörden, der Wissenschaft, der Umweltverbände, der Gewerkschaften, der beteiligten Wirtschaft und der für den Immissions- und Arbeitsschutz zuständigen Landesbehörden zu berufen (§ 51a III BImSchG).

Kommunalbetrieb – gewerbliche Unternehmen der Gemeinden und der Kreise. Kommunalbetriebe befriedigen allg. Bedürfnisse der Bevölkerung wie z.B. Wasser- und Energieversorgung, Unterhaltung und Einrichtung von Nahverkehrsmitteln (→ Versorgungsbetriebe). Kommunalbetriebe sollen keine Aufgaben übernehmen, die von der Privatwirtschaft besser gelöst werden könnten. Sie können als → Eigenbetrieb geführt werden und sind als solche rechtlich zwar Teil der Kommunalverwaltung, aber organisatorisch gegenüber der übrigen Verwaltung verselbstständigt. Im Unterschied dazu sind die Eigengesellschaften der Kommunen auch rechtlich verselbstständigt, regelmäßig in der Rechtsform der GmbH. – Vgl. auch → Kommunale Unternehmen

Kommunaler Spitzenverband – freiwilliger Zusammenschluss von kommunalen Gebietskörperschaften (Landkreise, Städte, Gemeinden). Zu den kommunalen Spitzenverbänden zählen Deutscher Städtetag, Deutscher Landkreistag (Zusammenschluss der Landkreise) und Deutscher Städte- und Gemeindebund. Ziel ist es, die kommunale Selbstverwaltung zu fördern und den Erfahrungsaustausch zu stärken. Zudem vertreten sie die Interessen der Landkreise, Städte und Gemeinden in politischen Verhandlungs- und Entscheidungsprozessen. – Der Deutsche Städtetag, der Deutsche Landkreistag und der Deutsche Städte- und Gemeindebund haben sich in der Bundesvereinigung der kommunalen Spitzenverbände zusammengeschlossen, um ihre Arbeit zu koordinieren, zu übergreifenden kommunalpolitischen Themen gemeinsam Stellung zu nehmen und sich zu wichtigen Gesetzentwürfen des Bundes zu äußern, die gemeinsame Interessen berühren.

kommunale Selbstverwaltung – bezeichnet gemäß Art. 28 Abs. 2 GG das Recht der Gemeinden als Träger der kommunalen Selbstverwaltung, alle Angelegenheiten der örtlichen Gemeinschaft im Rahmen der Gesetze in eigener Verantwortung zu regeln. Für diese institutionelle Selbstverwaltungsgarantie müssen nach Art. 28 Abs. 2 S. 3 GG die Grundlagen der finanziellen Eigenverantwortung gewährleistet sein. Die Selbstverwaltungsgarantie umfasst insbesondere Fragen der Finanz- und Kommunalabgabenhoheit, Personalhoheit, Organisationshoheit, Planungshoheit und Satzungshoheit. – Bei freiwilligen Selbstverwaltungsaufgaben kann die Gemeinde entscheiden, ob und wie eine Aufgabe erledigt wird. Pflichtige Selbstverwaltungsaufgaben muss die Gemeinde entsprechend gesetzlicher Bestimmungen zwingend wahrnehmen, sie kann jedoch selbst entscheiden, wie sie diese Verpflichtung gewährleistet.

Die Entscheidung über das „Ob" besitzt die Gemeinde bei den Pflichtaufgaben nicht mehr, allein über das „Wie" der Aufgabenwahrnehmung besteht noch Entscheidungsfreiraum.

kommunale Unternehmen – *öffentliche Unternehmen der Kommunen;* → öffentliche Unternehmen auf Gemeinde- bzw. Kreisebene. Schwerpunkte liegen im Bereich der Verkehrs-, Versorgungs- und Wohnungswirtschaft sowie bei den Sparkassen. – Kommunale Unternehmen sind im Gegensatz zu öffentlichen Unternehmen des Bundes oder der Länder (→ Öffentliche Unternehmen des Bundes; → Öffentliche Unternehmen der Länder) dadurch gekennzeichnet, dass mehrheitlicher oder alleiniger Träger des Unternehmens die jeweilige Gebietskörperschaft ist. Diese übt die erforderliche *Direktionsgewalt* aus. *Kommunen* (→ Gemeinde) sind nach den Gesetzgebungen der Länder dazu verpflichtet, einen Beteiligungsbericht vorzulegen, durch den interessierte Bürger und der *Gemeinderat* über den Bestand an kommunalen Unternehmen informiert werden. Ebenso gehen viele Gebietskörperschaften dazu über, freiwillige Corporate Governance Kodizes (Corporate Governance Kodex) und Grundsätze guter Unternehmensführung mit ihren Beteiligungen zu vereinbaren. – *Tätigkeitsbereiche:* a) Kommunale Unternehmen werden zumeist im Bereich der *freiwilligen* und *pflichtigen Selbstverwaltungsaufgaben* genutzt. *Freiwillige Selbstverwaltungsaufgaben*, für die keine inhaltlichen Vorgaben des wie und ob einer Betätigung bestehen, unterliegen den Kompetenzgrenzen der *Gebietskörperschaften*. Bspw. zählt aus der Unterhaltung von öffentlichen Einrichtungen der Daseinsvorsorge durch → Versorgungsbetriebe und Verkehrsbetriebe, sowie die Unterhaltung von Sportplätzen, Schwimmbädern oder im kulturellen Bereich der Betrieb von Museen, Konzerthallen, Theatern, Bibliotheken und Museen in diesen Tätigkeitsbereich. Ebenso kann man die Gründung und Errichtung von Sparkassen hinzuzählen. b) Bei *pflichtigen Selbstverwaltungsaufgaben* ist landes- und bundesrechtlich bestimmt, dass Kommunen die Aufgaben erfüllen müssen. Die Art und Weise der Aufgabenerfüllung obliegt der jeweiligen Gebietskörperschaft. Zu den pflichtigen Selbstverwaltungsaufgaben, die zumeist von kommunalen Unternehmen erbracht werden, zählen u.a. die Wohnungsbauförderung, die Abfall- und Abwasserbeseitigung, Straßenbau, Städtebau und -sanierung sowie besondere Aufgaben im Bereich der Jugend- und Sozialhilfe. c) Wirtschaftliche Betätigung: Wirtschaftliche Betätigungen sind Tätigkeiten der Kommune, die von Privatunternehmern mit der Absicht der *Gewinnerzielung* vorgenommen werden dürfen. Der so gezogene Vergleich stellt vornehmlich auf die *Art und Weise der Tätigkeit* ab und nicht auf eine bestehende oder nicht bestehende *Konkurrenzsituation*. Die Entgeltlichkeit der Leistung sowie eine tatsächliche Gewinnerzielung weisen als Indizien auf eine *kommunale Wirtschaftstätigkeit* hin. Die Abgrenzung zu einer *nicht-wirtschaftlichen Tätigkeit* ist allerdings nicht immer eindeutig. Einige Autoren schlagen vor, dass es sich bei *nichtwirtschaftlichen* Unternehmen um solche Unternehmen handelt, „deren Betrieb den Gemeinden ausdrücklich aufgegeben ist und die nach den bisherigen Erfahrungen nicht gewinnbringend betrieben werden können" (Hoppe et al 2012: 49). Keine wirtschaftlichen Betriebe sind solche kommunalen Unternehmen, die unter den Bereich der kommunalen Pflichtaufgaben fallen, Hilfsbetriebe, die zur Deckung des Eigenbedarfs der Gemeinde dienen sowie Einrichtungen des Bildungs-, Gesundheits- und Sozialwesens, der Kultur, des Sports, der Erholung, der Abfall- und Abwasserbeseitigung, der Straßenreinigung sowie Einrichtungen ähnlicher Art. – Als Wirtschaftseinheiten der Kommunen, die auch von Privaten Rechtsträgern betrieben werden dürfen, wurden bereits in der ersten Eigenbetriebsverordnung von 1838 aufgeführt: a) → Versorgungsbetriebe (Wasserwerke, Gaswerke, Elektrizitäts- und Fernheizwerke (auch Verteilungsbetriebe), b) *Verkehrsbetriebe* (Straßenbahnen, Kleinbahnen, Kraftverkehrsbetriebe, Industriebahnen, Anschlussbahnen, Gleisbetriebe, Hafenbetriebe, Speicher, Lagerhäuser, Häfen, Flughäfen und Fähren), c) Betriebe der Urproduktion/*Verarbeitungsbetriebe* (Güter, Molkereien, Milchhöfe, Sägewerke, Salinen, Brunnenbetriebe, Kies- und Kalkbetriebe, Braunkohlebergwerke, Ziegeleien, Mühlen), d) *Sonstige Betriebe* (Selbstständige Gaswerkproduktionen, Selbstständige Installationsbetriebe, Eisfabriken, Milchkühl- und Kühlanlagen, Wein- und Ratskellereien, Stadthallen, Reklamebetriebe) – Für die wirtschaftlichen Unternehmen der Gemeinden gelten die besonderen Anforderungen des Gemeindewirtschaftsrechts. – Besondere Betätigungsgrenzen: Die Gemeinden dürfen wirtschaftliche Unternehmen ungeachtet ihrer Rechtsform nur errichten, übernehmen, wesentlich erweitern oder sich daran beteiligen, wenn bestimmte Zulässigkeitsvoraussetzungen erfüllt sind (sogenannte Schrankentrias): den öffentlichen Zweck, die Leistungsfähigkeit der Gemeinde und die Subsidiarität. Ebenso unzulässig ist der Betrieb eines Bankunternehmens, soweit es sich nicht um eine Sparkasse handelt. – Der *öffentliche Zweck* entfällt, wenn die Gewinnerzielungsabsicht den einzigen Zweck der wirtschaftlichen Betätigung darstellt. Die Leistungsfähigkeit bezieht sich v.a. auf die *Verhältnismäßigkeit* von Art und Umfang der Betätigung zur Leistungsfähigkeit der Gemeinde. Die Subsidiaritätsklausel verlangt, dass wirtschaftliche Betätigungen von Gemeinden nur dann zulässig sind, wenn diese nicht besser oder wirtschaftlicher durch Private erfüllt werden. – *Rechtsformen:* Die kommunalen Unternehmen werden je nach Aufgabenbereich als öffentlich-rechtliche oder privatrechtliche Betriebe geführt. Zu nennen seien unter den *öffentlich-rechtlichen Organisationsformen:* a) → Regiebetrieb (als Teil der unmittelbaren Kommunalverwaltung), b) → Eigenbetrieb, c) Anstalt des öffentlichen Rechts (Anstalt), d) Stiftungen des öffentlichen

Rechts (Stiftung), e) Zweckverbände (→ Zweckverband). – Zu möglichen privatrechtlichen Organisationsformen zählen: a) GmbH (Gesellschaft mit beschränkter Haftung (GmbH)), b) Aktiengesellschaft (AG), c) GmbH & Co. KG (Gesellschaft mit beschränkter Haftung (GmbH)), d) Genossenschaft, e) Stiftung des privaten Rechts (Stiftung), f) Rechtsfähiger Verein (Verein).

kommunale Wirtschaftsförderung – 1. *Begriff:* Maßnahmen der → Wirtschaftsförderung, die auf kommunaler Ebene selbstständig und eigenverantwortlich, auch im Rahmen der kommunalen Finanzhoheit, durchgeführt werden. – 2. *Ziele* sind die Erhaltung oder Stärkung der kommunalen Wirtschaftskraft, die Verbesserung des Arbeitsplatzangebots, ggf. auch die Verbesserung der örtlichen Versorgung mit Gütern und Dienstleistungen. – 3. Die für die Praxis wichtigsten *Formen* können als *Bestandspflege* sowie als *Ansiedlungspolitik (Standortmarketing)* bezeichnet werden. – 4. *Instrumente* der kommunalen Wirtschaftsförderung sind in erster Linie im Bereich der Infrastruktur zu sehen: Verbesserung örtlicher Verkehrswege, Bauleitplanung und Bebauungsordnung sowie die Ausweisung von Gewerbeflächen. V.a. zur Ansiedlung neuer Gewerbe können günstige Standortvoraussetzungen durch Unterstützung der Einrichtung von *Gewerbeparks* oder *Gründerzentren* geschaffen werden. Hierbei stellt eine Kommune Gewerbeflächen zur Verfügung, ggf. auch Immobilien, die ansiedlungswilligen Unternehmen zum Kauf oder zur Miete angeboten werden. In gewissen Grenzen (Prinzip sparsamer Haushaltswirtschaft) können durch die Gestaltung der Mietkonditionen sowie der Kaufpreise zusätzliche Anreize gesetzt werden. Die Möglichkeiten zur *finanziellen Förderung* von Unternehmen sind auf kommunaler Ebene allerdings durch die Grundsätze der kommunalen Finanzverfassung und des Haushaltsrechts beschränkt. Diese schließen z.B. eine direkte Subventionierung normalerweise aus. Auch die Gewährung von Bürgschaften, ein auf Bundes- oder Landesebene verbreitetes Instrument der Wirtschaftsförderung, ist für die kommunale Wirtschaftsförderung nur begrenzt einsetzbar (nur für Unternehmen, die Leistungen im öffentlichen Auftrag erbringen). Die Abgabenpolitik (bes. die Gewerbesteuer) kann unternehmerische Standortentscheidungen ebenfalls beeinflussen.

Kommunalverfassung → Gemeinde.

Kommunalwirtschaft – *Gemeindewirtschaft;* Sammelbegriff für diejenigen kommunalen Einrichtungen, die Entgelte (Gebühren oder Beiträge) für die von ihnen erbrachte Versorgungs- oder Entsorgungsleistung erheben, v.a. Stadtwerke, → kostenrechnende Einrichtungen der Gemeinde (z.B. Straßenreinigung, Entwässerung, Müllabfuhr) sowie wirtschaftliche Unternehmen mit eigener Rechtspersönlichkeit (Eigengesellschaften). Das Recht der Kommunen auf wirtschaftliche Betätigung zur Erfüllung öffentlicher Aufgaben ist Teil der kommunalen Selbstverwaltung im Sinn der *Selbstverwaltungsgarantie* (Art. 28 II GG). Grenzen ergeben sich aus dem *öffentlichen Zweck* (Gewinnerzielung allein stellt keinen ausreichenden öffentlichen Zweck dar), der *kommunalen Leistungsfähigkeit* (Betätigung soll nach Art und Umfang in einem angemessenen Verhältnis zur Leistungsfähigkeit und zum voraussichtlichen Bedarf der Kommune stehen) und der *Subsidiarität.* – Mit Bezug auf den *öffentlichen Zweck* unterliegt die Betätigung über das Gemeindegebiet hinaus in vielen Fällen besonderen Voraussetzungen (sog. *Örtlichkeitsprinzip*). Die expliziten Erläuterungen und Anforderungen an die wirtschaftliche Betätigung der Gemeinden sind in den *Kommunalverfassungen* der Bundesländer gesetzt. – In den Kommunalverfassungen einiger ostdeutscher Bundesländer ist der Vorrang der privaten Wirtschaftstätigkeit ausdrücklich statuiert *(strenges Subsidiaritätsprinzip)*. Die Gemeinde hat dann im Interesse einer sparsamen Haushaltsführung dafür zu sorgen, dass Leistungen, die von privaten Anbietern genauso gut oder wirtschaftlicher erbracht werden können, diesen Anbietern übertragen werden. Hierfür müssen im Einzelfall Vergleichsrechnungen vorgenommen werden.

Kommunismus – 1. *Begriff:* Kommunismus steht zumeist für umfassende Gütergemeinschaft und Gleichheit der Lebensbedingungen aller Gesellschaftsmitglieder. Derartige Ideen finden sich zwar bereits bei Platon („Politeia"), T. Campanella („Der Sonnenstaat") und T. Morus „Utopia") und wurden auch z.B. von den urchristlichen Gemeinden, religiösen Sekten des Mittelalters oder im Jesuitenstaat in Paraguay (1609–1769) praktiziert, jedoch entstehen sie als ein ausdrücklicher Gegenentwurf zur bestehenden Gesellschaftsordnung erst mit und in der Folge der Französischen Revolution. Diese Ideen zielen im 19. und beginnenden 20. Jh. auf die Abschaffung der durch → Laissez-Faire-Liberalismus (→ Liberalismus) und die damit einhergehenden sozialen Missstände geprägten kapitalistischen → Wirtschaftsordnung. In diesem Zusammenhang werden *Kommunismus* und → *Sozialismus* oft synonym verwandt. – 2. Eine *Abgrenzung zwischen Kommunismus und Sozialismus* erfolgt gelegentlich dahingehend, dass der Kommunismus die radikale Form der Ziele und der Mittel zu deren Erreichung beschreibt. Kommunisten nennen sich auch diejenigen Vertreter des → Marxismus, die die angestrebte neue Ordnung nicht durch evolutionäre Reformen, sondern durch einen revolutionären Umsturz errichten wollen (→ Bolschewismus, → Marxismus-Leninismus). – Im Marxismus selbst werden Kommunismus und Sozialismus *geschichtsphilosophisch voneinander abgegrenzt* (→ historischer Materialismus): Der Kommunismus bildet dabei den Endzustand der zwangsläufigen geschichtlichen Entwicklung. Er wird beschrieben als eine Überflussgesellschaft mit Gemeinschaftseigentum an den Produktionsmitteln, in der Arbeitsteilung,

Leistungsdruck und der Gegensatz von geistiger und körperlicher Arbeit aufgehoben sind, die Arbeit keine Fron, sondern ein Bedürfnis ist, in der die gesellschaftliche Produktion aufgrund unmittelbarer gesellschaftlicher Absprachen in und zwischen den Produktionsassoziationen in Übereinstimmung mit den gesellschaftlichen Bedürfnissen erfolgt und in der die Konsumgüter entsprechend den individuellen Bedürfnissen verteilt werden („Jeder nach seinen Fähigkeiten, jedem nach seinen Bedürfnissen", Marx). Der Sozialismus wird dagegen als eine den Kommunismus vorbereitende Übergangsphase („niedere Form des Kommunismus") nach der revolutionären Beseitigung des → Kapitalismus aufgefasst. – 3. *Kritik:* Der Kommunismus als Gesellschaftskonzeption enthält ausgesprochen menschenfreundliche Ideale (Überfluss, Abwesenheit von Zwang etc.). Wie er jedoch entstehen soll, wie die → Koordination des Wirtschaftsprozesses unter kommunistischen Bedingungen konkret zu erfolgen hat und unter welchen Ordnungsbedingungen dieser Zustand erhalten werden kann, wurde bis heute nicht schlüssig abgeleitet. V.a. das Koordinationsproblem wurde, abgesehen von einigen vagen Hinweisen, von Marx und Engels nicht analysiert. Auch die bisherigen empirischen Erfahrungen mit kommunistischen und sozialistischen Wirtschafts- und Gesellschaftsordnungen deuten darauf hin, dass solche Systeme langfristig nicht funktionsfähig sind. Das liegt auch daran, dass das Menschenbild des nicht selbstinteressierten, sondern ausschließlich gruppenbezogenen und gesellschaftlich bewussten Individuums allen bisherigen Erfahrungen über die Natur des Menschen widerspricht. Die notwendige Umerziehung, mit deren Hilfe auch ggf. andere konzeptionelle Mängel einer kommunistischen Ordnung kompensiert werden sollen, birgt die große Gefahr, dass sich der humane Charakter des Kommunismus in sein Gegenteil verkehrt.

Kompensationskriterien → Kompensationsprinzip.

Kompensationsprinzip – gilt für gesamtwirtschaftliche Situationen, in denen durch die Möglichkeit der Zahlung von Kompensationsleistungen ein → Wohlfahrtsoptimum erreicht werden kann. Mithilfe des Kompensationsprinzips wird im Rahmen der Wohlfahrtsökonomik das → Pareto-Optimum durch das → Kaldor-Hicks-Kriterium erweitert. – Vgl. auch → Scitovsky-Doppeltest, → Little-Kriterium.

Kompensationszahlungen bei Exporterlösausfällen – seit 1963 unter genau festgelegten Bedingungen gewährte Sonderkredite des → IWF, um sinkende Ausfuhrerlöse eines Landes zu kompensieren.

kompensatorische Finanzierung – Budgethilfen für Entwicklungsländer bei Exporterlösausfällen. – Vgl. auch → STABEX.

Kompetenzkompetenz – Recht, Entscheidungskompetenzen zu verteilen; liegt in → Demokratien beim Verfassungsgeber.

Komplexität – 1. *Begriff:* Gesamtheit aller voneinander abhängigen Merkmale und Elemente, die in einem vielfältigen aber ganzheitlichen Beziehungsgefüge (→ System) stehen. Unter Komplexität wird die Vielfalt der Verhaltensmöglichkeiten der Elemente und die Veränderlichkeit der Wirkungsverläufe verstanden. – 2. *Merkmale:* Komplexität ist durch Anzahl und Art der Elemente und deren Beziehungen untereinander bestimmbar. Komplexe Prozesse weisen eine *Eigendynamik* auf und sind meist irreversibel, sodass Handlungen nicht rückgängig gemacht werden können. Wichtigstes Merkmal komplexer Situationen ist die *Intransparenz* für den Entscheider: Er hat keine Möglichkeit, das Netzwerk zirkulärer Kausalität intuitiv zu erfassen, keine Möglichkeit exakter Modellierung und exakter Prognosen, er muss mit Überraschungen und Nebenwirkungen rechnen. Der Umgang mit komplexen Systemen erfordert ein hohes Maß an Wissen über die kausalen Zusammenhänge der Systemelemente (Art der → Vernetzung) und die Fähigkeit, Komplexität auf wenige Merkmale und Muster zu reduzieren (Komplexitätsreduktion). – Vgl. auch → Systemmanagement.

Konditionalität – *Conditionality;* Bezeichnung für die Bedingungen und wirtschaftspolitischen Auflagen, zu denen der → IWF Kredite an seine Mitglieder vergibt. Traditionell sind die wirtschaftspolitischen Auflagen auf die makroökonomische Politik gerichtet. Üblich sind Obergrenzen für den staatlichen Finanzierungssaldo und für den Zuwachs der Geldmenge. Seit dem Anlaufen der → Strukturanpassungsprogramme (SAP) in den 1980er-Jahren macht der IWF auch Auflagen über Strukturreformen (Deregulierung und Liberalisierung), dabei stimmt er sich mit der Weltbank (→ IBRD) ab. Konditionalität ist die umstrittenste Seite der Politik des IWF, sie wird v.a. in den Empfängerländern als Hauptproblem der IWF-Politik empfunden. Als rechtliche Basis der Konditionalität kann Art. V, Abschn. 3, der Statuten des IWF angesehen werden, in dem der IWF ermächtigt wird, Mitgliedsländern mit Zahlungsbilanzproblemen bei der Gestaltung ihrer Politik zu unterstützen und für die gewährten Kredite geeignete Schutzmaßnahmen (Safeguards) zu treffen. Seit 1955 ist es üblich, dass ein Land, das IWF-Mitteln über seine Reservetranche hinaus in Anspruch nimmt, seine Wirtschaftspolitik an Auflagen des IWF orientiert. In der Theorie entwirft das Land ein wirtschaftliches Reformprogramm, das der IWF in Form von quantifizierbaren Vorgaben als Bedingung in seine Kreditverträge aufnimmt. Bei Verfehlen der Vorgaben, werden die vierteljährlich fälligen Auszahlungen des Kredites gestoppt. Zahlreiche Kritiker haben jedoch darauf hingewiesen, dass der IWF in der Praxis die wirtschaftlichen Reformen als „Conditiones sine qua non" vorgibt und dass die Mitsprache- und Mitgestaltungsrechte gerade der kleinen Länder eher gering sind. Seit der → Asienkrise unternimmt der IWF deshalb Anstrengungen, um die Partizipation der

Empfängerländer bei der Gestaltung der Konditionalität zu verstärken.

Konglomerat – Mischkonzern.

konjunkturelle Arbeitslosigkeit Arbeitslosigkeit.

Konkurrenz → Wettbewerb zwischen Nachfragern oder Anbietern. Dabei ist zu unterscheiden zwischen tatsächlicher Konkurrenz als Preis- oder Nicht-Preiswettbewerb und → potenziellem Wettbewerb.

Konkurrenzkapitalismus – 1. *Begriff* des → Marxismus für die privatwirtschaftlichen Marktwirtschaften während der Industriellen Revolution bis etwa 1870. – 2. *Charakterisierung:* Im Gegensatz zur Harmoniethese des → Liberalismus, der auf die „Invisible Hand" des freien Marktwettbewerbs als bestmöglicher Koordinationsform des Wirtschaftsprozesses vertraut, analysieren Marx und Engels den Wettbewerb vor dem Hintergrund einer Konflikttheorie: Er erscheint dabei als ein „anarchischer", d.h. gesamtgesellschaftlich ungeplanter *Kampf der Unternehmer gegeneinander*, die alleine um des Profits willen und nicht zur gesellschaftlichen Knappheitsminderung produzieren. Dabei komme es zu einer fortwährenden Vermachtung der Märkte (Zentralisation des Kapitals), sich periodisch verschärfenden Wirtschaftskrisen (→ Krisentheorie) und zugleich zu einer andauernden Verschwendung von Ressourcen sowie zu Arbeitslosigkeit und Verelendung der Lohnabhängigen. – 3. *Beurteilung:* Diese These wurde unter dem Eindruck des → Laissez-Faire-Liberalismus formuliert. Zwar kann die der Analyse zugrunde liegende marxistische Wirtschaftstheorie als widerlegt gelten; unabhängig davon zeigen jedoch die Erfahrungen aus dieser Epoche, in der der Wirtschaftsprozess durch keine staatliche Ordnungskonzeption beeinflusst wurde, wie wichtig die staatliche Setzung einer Rahmenordnung ist, innerhalb derer der → Wettbewerb erst seine gesamtgesellschaftlich wohlfahrtsfördernde Wirkung entfalten kann.

Konkurrenzsozialismus – 1. *Begriff:* Konzeptionen einer Wirtschaftsordnung, in denen (bei Staatseigentum an den Produktionsmitteln) die staatliche Planung der gesamtwirtschaftlichen Entwicklung (Wachstumsrate, Branchenstruktur, Investitionsquote etc.) mit der Koordination der einzelwirtschaftlichen Aktivitäten der Unternehmer und privaten Haushalte über Märkte verbunden werden soll; als *realisiertes Modell* gilt der → staatssozialistische Marktwirtschaft in Ungarn. – 2. *Theoretische Modelle:* Die u.a. von Taylor, Lerner und v.a. von Lange formulierten Modelle des Konkurrenzsozialismus sollen das theoretische → Unmöglichkeitstheorem von Mises widerlegen und den Nachweis erbringen, dass trotz fehlender Wettbewerbsmärkte bei Staatseigentum an den Produktionsmitteln eine rationale Güterallokation möglich ist. Die Notwendigkeit der Wirtschaftsrechnung auf der Basis von Güter- und Faktorpreisen wird dabei prinzipiell anerkannt. Diese Preise sollen jedoch durch staatliche Instanzen ermittelt werden:

Sie sollen von letzteren jeweils so lange variiert werden, bis von den nach dem Gewinnprinzip arbeitenden Staatsunternehmen bei Befolgung der Gewinnmaximierungsregeln das optimale Güterbündel produziert wird. – 3. *Beurteilung:* Die theoretischen Modelle sind demjenigen der vollständigen Konkurrenz nachgebildet und teilen dessen Schwächen. Sie basieren auf den unrealistischen Annahmen, dass sowohl die Staatsbürokratie (die jeweiligen Branchenbürokratien) als auch die Betriebsleiter keine eigenen Interessen verfolgen, die Staatsbürokratie über vollkommene Informationen verfügt und die Staatsunternehmen reine Reaktionsautomaten sind.

Konkurrenzwährung – *entnationalisiertes Geld, Parallelwährung*. 1. *Charakterisierung:* Ein von Hayek stammender Begriff mit dem Vorschlag, die internationale → Währungssystem zu reformieren. Durch Beseitigung des gesetzlichen Annahmezwangs der jeweiligen Währungen sollen die nationalen Geldschöpfungsmonopole überwunden werden. Die privaten Kreditbanken dürfen ihre eigenen Zahlungsmittel ausgeben, deren Tauschwert sich über die freie Preisbildung als Kurswert fortlaufend nach Angebot und Nachfrage bestimmt. Eine expansive Kreditvergabe durch einzelne Privatbanken würde wegen der dann eintretenden Kursverluste automatisch nach oben begrenzt sein. Auch die Zentralbanken und die nachgelagerten Institute, die durchaus weiterhin bestehen können, müssten dann dem Wunsch des Publikums nach wertstabilen Zahlungsmitteln nachkommen, da sie andernfalls mit einem Verlust an Marktanteilen zu rechnen hätten. – 2. *Begründung:* Die Notwendigkeit einer Konkurrenzwährung wird mit der These begründet, dass das Geldschöpfungsmonopol durch die Regierungen bzw. Zentralbanken unter dem politischen Druck marktmächtiger Gruppen fortwährend missbraucht wird.

Konnossement – *Bill of Lading*. 1. *Begriff:* im → Seefrachtgeschäft eine auf Verlangen dem Ablader (auch in mehreren Originalen) vom Verfrachter ausgestellte Urkunde, in der er den Empfang der Güter bescheinigt und ihre Auslieferung an den Berechtigten verspricht (§§ 642 ff. HGB).–a) Das *Bord-Konnossement* (An-Bord-*Konnossement*) wird erst nach Abladung der Güter an Bord ausgestellt.–b) Das *Übernahme-Konnossement* bestätigt nur die Übernahme zur Beförderung, ohne dass eine Abladung an Bord stattgefunden hat. – 2. *Funktionen:* Das *Konnossement* ist ein Wertpapier, durch die Orderklausel (Ausstellung „an Order") wird es zum Orderpapier, dessen Rechte durch Indossament und Übergabe übertragbar sind. Ohne diese Orderklausel ist es ein Rektapapier, dessen Rechte nur durch Zession und Übergabe übertragbar sind. – 3. Das *Konnossement* bestimmt die *Rechtsstellung des Empfängers:* Es ist nicht wie der Frachtbrief Begleitpapier der Ware, sondern Empfangspapier und zugleich Traditionspapier (seine Übergabe ersetzt i.Allg. Übergabe des Gutes). – 4. Solange das Schiff *unterwegs* ist, kann der Befrachter

(Ablader) nur Anweisungen an den Schiffer wegen Rückgabe oder Auslieferung des Gutes erteilen, wenn er ihm sämtliche Originale des *Konnossements* zurückgibt; dasselbe gilt, wenn ein Konnossementsinhaber die Auslieferung der Güter verlangt, bevor das Schiff den Bestimmungshafen erreicht. – 5. Mit *Ankunft* des Schiffs in dem Bestimmungshafen können die Güter an den legitimierten Konnossementsinhaber eines Originals des *Konnossements* ausgeliefert werden (§ 648 II HGB).

Konrad-Adenauer-Stiftung e.V. – gegründet 1964. – *Aufgaben:* Politische Bildung; Förderung der wissenschaftlichen Aus- und Fortbildung junger Menschen; Förderung internationaler Zusammenarbeit und europäischer Einigung.

konservierende Strukturpolitik → sektorale Strukturpolitik.

konstantes Kapital – Bezeichnung der Wirtschaftstheorie des → Marxismus für die im Produktionsprozess eingesetzten Kapitalgüter (Anlage- und Umlaufgüter), die dieser Theorie zufolge keine zusätzlichen Werte schaffen, sondern nur ihren eigenen Wert auf die neuen Produkte übertragen. – *Gegensatz:* → variables Kapital. – Vgl. auch → organische Zusammensetzung des Kapitals.

Konstitutionenökonomik – 1. *Gegenstand:* Im Vordergrund der Konstitutionenökonomik steht die Analyse der Wahl von Regeln („Choice of Rules", konstitutionelle Ebene) im Gegensatz zur Analyse von Wahlhandlungen bei gegebenen Regeln („Choice within Rules", post-konstitutionelle Ebene). Eine Verfassung ist dabei das fundamentale Regelsystem für die Akteure im politischen Bereich. Bisher wurden Institutionen und Verfassungen in der Ökonomik häufig nicht explizit berücksichtigt – und ihre Funktionsfähigkeit damit implizit unterstellt. Konstitutionenökonomen geben diese Annahme auf und machen die Wahl des Regelrahmens selbst einer ökonomischen Analyse zugänglich. Es kann dann einerseits nach den Legitimationsmöglichkeiten von Staat und Verfassung gefragt werden (normative Konstitutionenökonomik) und andererseits danach, wie Verfassungsregeln tatsächlich gewählt und durchgesetzt werden und wie sie sich im Zeitablauf ändern (positive Konstitutionenökonomik). – 2. *Normative Konstitutionenökonomik:* Die normative Konstitutionenökonomik ist an der Beantwortung folgender Fragen interessiert: Wie sollten Gesellschaften vorgehen, um eine „gerechte" oder „faire" Verfassung zu generieren? Welche Fragen sollten auf der konstitutionellen Ebene geklärt werden – und welche auf der post-konstitutionellen? Welchen Inhalt sollten Verfassungsregeln haben? Welchen Eigenschaften sollten Verfassungsregeln genügen? Diese Fragen werden von Vertretern der NKÖ nicht direkt beantwortet. Stattdessen wird ein auf der Gesellschaftsvertragstheorie in der Tradition von Hobbes beruhender Analyserahmen bereitgestellt. Verfassungsregeln gelten als legitimiert, wenn ihnen – unter bestimmten Bedingungen – alle Mitglieder einer Gesellschaft hätten zustimmen können. Dies ist die Anwendung des Pareto-Kriteriums auf ganze Gesellschaften wie es bereits von Wicksell (1896) vorgeschlagen wurde. Die einstimmige Zustimmung zu einer Regel bedeutet, dass sie pareto-superior ist, weil jeder, der sich durch eine Regel zu verschlechtern erwartet, gegen die Regel stimmen würde und die Zustimmung mithin nicht mehr einstimmig erfolgte. Dieser heuristische Gedanke kann unterschiedlich konkretisiert werden: So können die Bedingungen, unter denen rationale Individuen eine Entscheidung über eine Regel treffen, ganz unterschiedliche sein: Sie können unter allgemeiner Unsicherheit über die Zukunft getroffen werden, aber auch unter Abstraktion von den konkreten Eigenschaften der regelwählenden Personen (ob sie arm oder reich, jung oder alt sind etwa). Diese Vorstellungen werden auch als Schleier der Unsicherheit bzw. des Nichtwissens bezeichnet. Ein anderer Aspekt ist die Konkretisierung dessen, was unter Einstimmigkeit verstanden werden soll: Soll diese tatsächlich, empirisch vorliegen oder reicht es aus, wenn Wissenschaftler argumentieren, dass rationale Individuen keinen Anlass hätten, diese oder jene Regel abzulehnen (hypothetischer Konsens)? Der lediglich hypothetische Konsens kann kritisiert werden, weil mit ihm eine Vielzahl sehr verschiedener Regeln „legitimiert" werden kann abhängig davon, welche Annahmen der Wissenschaftler über die Präferenzen der Individuen trifft (z.B. in Bezug auf deren Risikoneigung, ihre Gegenwartspräferenz etc.). Individuen müssen sich überlegen, über welche Fragen sie allein entscheiden wollen (Farbe der Badezimmerfliesen) und welche Gegenstand einer kollektiven Entscheidung (Straßen, Brücken etc.) werden sollen. Falls sie sich für eine kollektive Entscheidung aussprechen, müssen sie die jeweils erforderliche Mehrheit klären. Nur bei einer Entscheidungsregel, die Einstimmigkeit vorsieht (→ Einstimmigkeitsregel), können sie sicher sein, nie überstimmt zu werden. Allerdings ist diese Regel auch mit hohen Entscheidungskosten verbunden. Je höher das erforderliche Quorum, desto höher dürften sie sein. Die Kosten, die dadurch entstehen, bei einer kollektiven Entscheidung überstimmt zu werden, können externe Kosten genannt werden. Je höher das erforderliche Quorum, desto niedriger dürften sie sein. Buchanan und Tullock (1962) haben die Summe aus beiden Kostenarten Inerdependenzkosten genannt und argumentiert, dass es rational sei, die Interdependenzkosten zu minimieren. Das bedeutet, dass nicht alle Entscheidungen einstimmig getroffen werden müssen, dass jedoch die Regeln, welche das Treffen von Entscheidungen mit einem niedrigeren Quorum ermöglichen, einstimmig verabschiedet worden sein sollen, um als legitimiert gelten zu können. – 3. *Positive Konstitutionenökonomik:* Vertreter der positiven Konstitutionenökonomik sind daran interessiert, die Entstehung und Entwicklung von Verfassungsregeln über die Zeit und unter

Rückgriff auf ökonomisches Instrumentarium zu erklären. Sie unterscheiden dabei zwischen explizitem Verfassungswandel, bei dem auch der Text der Verfassung geändert wird und implizitem Verfassungswandel, bei dem es zu einer Re-Interpretation des unveränderten Verfassungstexts kommt. – a) *Expliziter Verfassungswandel:* Dieser kann als das Ergebnis einer Verschiebung der relativen Verhandlungsmacht organisierter Gruppen rekonzeptualisiert werden. Sie kann Konsequenz verschiedener Faktoren wie technischem Fortschritt, aber auch der effektiveren Organisationsstruktur von Interessengruppen sein. Auf welche Regeln sich die Verhandlungspartner schließlich einigen werden, hängt wiederum von einer Vielzahl von Faktoren ab. Als Beispiel dafür, dass auch das Abstimmungsverhalten von Delegierten an Verfassungsversammlungen mithilfe des ökonomischen Modells erklärt werden kann, sei auf die verschiedenen Studien von McGuire und Ohsfeldt verwiesen. Sie erklären das Abstimmungsverhalten der Delegierten, die an der Verabschiedung der US-Verfassung 1787 beteiligt waren, unter Rückgriff auf die individuellen ökonomischen Interessen der Delegierten sowohl in Philadelphia einerseits und in den 13 Staaten andererseits. – b) *Impliziter Verfassungswandel:* Man könnte annehmen, dass in Staaten mit einer unabhängigen Justiz ein bes. hohes Maß an implizitem Verfassungswandel zu beobachten sein müsste. Geht man davon aus, dass (Verfassungs-)Richter daran interessiert sind, dass ihre Entscheidungen von den anderen Regierungsorganen Exekutive und Legislative nicht ignoriert oder überstimmt, sondern umgesetzt werden, dann kann zunächst gezeigt werden, dass die Präferenzen der derzeitigen Mitglieder von Exekutive und Legislative eine wichtige Restriktion im Entscheidungsverhalten der Richter sind, ihre Unabhängigkeit tatsächlich also beschränkt ist. Weiter ist es möglich, Prognosen über den Umfang des zu erwartenden impliziten Verfassungswandels in Abhängigkeit von der jeweils gültigen institutionellen Struktur zu generieren: Je größer die Zahl der Kammern, die einer Gesetzgebung zustimmen müssten, mit der die (Verfassungs-)Rechtsprechung aufgehoben werden kann, desto schwieriger ist es, die Rechtsprechung zu korrigieren. Daraus ergibt sich: Je höher die Zahl der Kammern, desto höher den Umfang zu erwartender impliziter Verfassungsänderung. Der Umfang ist auch korreliert mit dem Parteiensystem (bei Mehrheitswahlrecht kommt es tendenziell zu einem Zweiparteiensystem und Einparteienregierungen; parlamentarische Mehrheiten sind dort leichter zu organisieren, folglich wird der Umfang impliziten Verfassungswandels in Systemen mit Verhältniswahlrecht c.p. höher sein als in Systemen mit Mehrheitswahlrecht). – c) *Angrenzende Forschungsprogramme:* Von Buchanan werden sechs aktuelle Forschungsrichtungen genannt, die eng mit der Konstitutionenökonomik verwandt sind: (1) Ökonomische Theorie der Politik (Public Choice), (2) Theorie der Eigentumsrechte, (3) ökonomische Theorie des Rechts, (4) politische Ökonomie der Regulierung, (5) Neue Institutionenökonomik und (6) ökonomische Theorie der Geschichte (New Economic History). Die ökonomische Theorie der Politik ist primär an der Prognose von Politikerverhalten innerhalb eines gegebenen Regelsystems interessiert, während die Konstitutionenökonomik ja gerade die Änderungsmöglichkeiten als zentralen Fokus hat. Buchanan weist darauf hin, dass die Theorie der Eigentumsrechte, die ökonomische Theorie des Rechts und die politische Ökonomie der Regulierung sehr viel stärker als die Konstitutionenökonomik innerhalb des orthodoxen Analyserahmens der Neoklassik verbleiben. Das wird z.B. an der Nutzung der Pareto-Optimalität als orthodoxem Effizienzkriterium der Neoklassik deutlich. In Bezug auf die Neue Institutionenökonomik könnte man argumentieren, dass diese einen breiteren Erkenntnisgegenstand hat als die Konstitutionenökonomik. Werden Institutionen als sanktionsbewährte Regeln definiert, dann sind Verfassungsregeln → Institutionen. Das Erkenntnisobjekt der Neuen Institutionenökonomik ist jedoch breiter, weil auch Institutionen der post-konstitutionellen Ebene wie z.B. ordentliche Gesetze analysiert werden, aber auch Institutionen, deren Durchsetzung nicht durch den Staat, sondern durch Private erfolgt, wie z.B. Sitten oder Konventionen.

Konstruktivismus – Erkenntnistheorie, die sich mit der Frage beschäftigt, wie wir zu unseren Erkenntnissen bzw. zu unserem Wissen kommen. Der Konstruktivismus geht davon aus, dass gewisse Zweifel an dem Glauben angebracht sind, dass Wissen und Wirklichkeit übereinstimmen. Der Konstruktivismus postuliert, dass Wissen nicht das Ergebnis eines Abbildes im Sinn eines Entdeckens der objektiv vorliegenden Wirklichkeit ist, sondern das Ergebnis eines Erfindens der Wirklichkeit. Das menschliche Gehirn erzeugt kein topografisches Abbild von Wirklichkeit, sondern es schafft mithilfe von Sinneswahrnehmungen ein eigenes Bild der Welt. Wahr ist, was wahr-genommen wird. Der Konstruktivismus verleugnet die Wirklichkeit selbst nicht. Er behauptet nur, dass die Aussagen über die Wirklichkeit dem eigenen Erleben, der eigenen Geschichte, der eigenen Entwicklung und den eigenen (beschränkten) physischen Möglichkeiten der Wahrnehmung entspringen. Aufgabe des Konstruktivismus ist es deshalb zu zeigen, wie Wirklichkeitskonstruktionen gemacht werden. Mit anderen Worten: Der Konstruktivismus nimmt Abschied von der absoluten Wahrheit. Die Aussagen des Konstruktivismus haben weitreichende Konsequenzen für die Betriebswirtschaftslehre und für das Management. Sie zeigen, dass Management nicht in erster Linie bedeutet, die Wirklichkeit richtig zu sehen und zu erkennen und daraus die richtigen Schlussfolgerungen für die Führung von Mitarbeitenden und Unternehmen zu ziehen, sondern dass bereits in der Betrachtung der unternehmerischen Wirklichkeit diese konstruiert bzw. erfunden wird. Dies heißt letztlich, dass Führungskräfte viele Möglichkeiten haben, Unternehmen zu entwickeln und zu gestalten, da Management letztlich die Konstruktion bzw. Erfindung von Führung ist.

Konsumentenrente – *Consumer Surplus*; Differenz zwischen dem Geldbetrag, den die Konsumenten für ein → Gut äußerstenfalls zu bezahlen bereit wären (maximale Zahlungsbereitschaft) und dem Marktpreis. Die Konsumentenrente ist im Schaubild „Konsumentenrente" die Fläche des Dreiecks, das durch die Nachfragekurve, die Ordinate (y-Achse) und die Marktpreisgerade gebildet wird. Alfred Marshall verwendet im Rahmen seiner Aussagen zur → Wohlfahrtsökonomik die Konsumentenrente als Wohlfahrtsmaß. Sie ist volkswirtschaftlich am größten, wenn die Bedingungen der → vollkommene Konkurrenz auf allen Märkten gegeben sind und die Preise gleich den Grenzkosten der Produzenten sind. – *Gegenteil*: → Produzentenrente.

Konsumentenrente

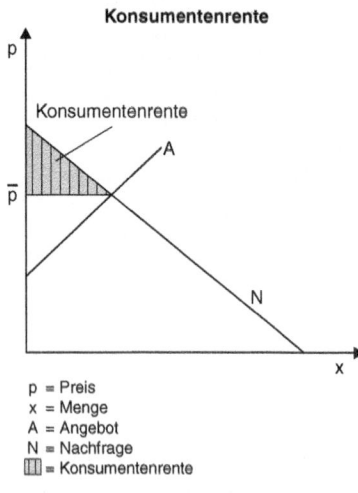

p = Preis
x = Menge
A = Angebot
N = Nachfrage
▥ = Konsumentenrente

Konsumentensouveränität – Leitbild der Wettbewerbspolitik. Konsumentensouveränität versteht den Konsumenten als vollständig informiertes und rational handelndes Wirtschaftssubjekt. Ziel der Wettbewerbspolitik ist demnach, die Informationen zu verbessern und die Bedingungen der → vollkommenen Konkurrenz herzustellen. – Das Leitbild Produzentensouveränität geht davon aus, dass Produzenten ihre Souveränität durch manipulierende Werbung und Beschränkungen des Wettbewerbs bestimmen. Die Wettbewerbspolitik sollte konsequent durch Missbrauchsaufsicht über → marktbeherrschende Unternehmen vorgehen. – Die sog. freie Konsumwahl ist eine zwischen der Konsumentensouveränität und der Produzentensouveränität liegende Vorstellung.

Konsumstruktur – Zusammensetzung des Konsums der privaten Haushalte. Anteile einzelner Ausgaben (Nahrung, Kleidung, Wohnungsmiete etc.) an den Gesamtausgaben. Die Konsumstruktur eines Haushalts hängt u.a. von der Haushaltsgröße (Personenzahl), dem Alter und dem verfügbaren Einkommen der Haushaltsangehörigen ab. – Statistische Basis für die Ermittlung typischer Konsumstrukturen sind Einkommens- und Verbrauchsstichproben. Veränderungen der Konsumstruktur im Zeitablauf sind eine wichtige Determinante im → sektoralen Strukturwandel. – Vgl. auch → Drei-Sektoren-Hypothese.

Kontereffekt – *Backwash-Effekt*. 1. *Begriff*: Auf Myrdal zurückgehende negative Folgewirkung der → Integration unterentwickelter Gebiete mit fortgeschritteneren Regionen beim Spiel freier Marktkräfte. – 2. *Erklärung* der Kontereffekte: a) Arbeitskräfte aus Entwicklungsländern wandern in entwickelte Länder aufgrund der dort höheren Löhne, besseren Arbeitsbedingungen und günstigeren Sozialleistungen aus. Die Abwanderung junger und qualifizierter Arbeitskräfte senkt das → Humankapital in unterentwickelten Regionen (→ Braindrain, → Todaro-Modell). – b) Kapital fließt wegen besserer Renditen in Industrieländer ab. – c) Freier Handel verdrängt entwicklungswirksame Industrieproduktion wegen (temporärer) Unterlegenheit im → Wettbewerb zulasten des Aufbaus eigener Industriestrukturen. – 3. *Schlussfolgerungen*: Interventionistische Außenwirtschaftspolitiken sollen die Abwanderung von Produktionsfaktoren behindern. Kurzfristige Förderungen (Erziehungszoll) sollen Industrien zur Wettbewerbsreife verhelfen.

kontingenter Bewertungsansatz → Contingent Valuation.

Kontrakteinkommen – zusammenfassende Bezeichnung der Wirtschaftstheorie für diejenigen Einkommen, deren Höhe von vornherein durch Vertragsabschluss (Kontrakt) festgelegt wird, unabhängig vom Ergebnis der Produktion. Dazu gehören bspw. Lohn, Gehalt, Fremdkapitalzins, Pacht. – Es wird unterschieden zwischen Kontrakteinkommen im Sinne eines → statischen Einkommens einerseits und Residualeinkommens i.S.d. → dynamischen Einkommens andererseits. – *Gegensatz*: → Überschusseinkommen.

Kontraktkurve – *Verhandlungskurve*. Die Kontraktkurve stellt eine Aneinanderreihung pareto-optimaler Punkte dar. Die in der Wohlfahrtsökonomik verwendete Kontraktkurve entsteht innerhalb der → Edgeworth-Box dadurch, dass sich die Indifferenzkurven der Tauschpartner tangieren. Der sich ergebende geometrische Ort aller Tangentialpunkte der beiden Indifferenzkurvensysteme wird als Kontraktkurve bezeichnet. Gemäß der Besitzverteilung in der Ausgangssituation kann sich jeweils ein anderer Punkt auf der Kontraktkurve ergeben. Sobald ein Punkt auf der Kontraktkurve durch Verhandlungen der Tauschpartner erreicht ist (hier wird für die konkrete Tauschlösung das Verhandlungsgeschick

Kontraktkurve

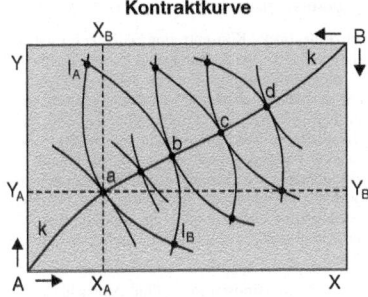

kk = Kontraktkurve
I_A = Indifferenzkurven des A
I_B = Indifferenzkurven des B
x = Gut x, y = Gut y

der Marktpartner ausschlaggebend sein), muss dieser unter pareto-optimalen Bedingungen eingehalten werden (Allokationsoptimum). In den pareto-optimalen Tangentialpunkten (a, b, c etc.) stimmen die Grenzraten der Substitution beider Tauschpartner überein und sind gleich den relativen Güterpreisen. Die Grenzraten der Substitution werden berechnet als Verhältnis der Grenznutzen der betrachteten Güter. Ob der erreichte Tangentialpunkt volkswirtschaftlich betrachtet „besser" ist als ein anderer auf der Kontraktkurve, kann aufgrund der beschränkten Aussagefähigkeit des → Pareto-Optimums nicht abgeleitet werden. Zur Lösung dieses Problems ist die → Bergsonsche Wohlfahrtsfunktion entwickelt worden.

Kontraktmanagement – *Managementvertrag, Management Contracting, Performance Contracting*. Kontraktmanagement ist ein Element der Verwaltungsreform, v.a. auf kommunaler Ebene, für eine ergebnisorientierte Steuerung des Verwaltungshandelns. Kontraktmanagement beinhaltet eine vertragliche Vereinbarung über die zu erbringenden Leistungen in Form von Zielen und mit definierten Indikatoren über die hierfür bereitgestellten Ressourcen (nach der konzeptionellen Idee des New Public Management sollen die Ressourcen beim Kontraktmanagement in Form von Globalbudgets (→ Globalbudgetierung) bereitgestellt werden) und über die Art der Berichterstattung hinsichtlich Ergebnissen und eventuellen Abweichungen.

Kontrakttheorien → Arbeitsmarkttheorien.

kontrollierter Emissionshandel – pragmatische Variante der → Umweltzertifikate unter Einbeziehung von Elementen der Auflagenpolitik (→ Umweltauflage). Seine wesentlichsten Elemente sind die → Ausgleichspolitik, → Glockenpolitik und das → Emissionsbanking. – *Realisierung eines Emissionsrechtshandels auf EU-Ebene bzw. in Deutschland:* → Umweltzertifikat.

Kontrolltheorie – Methode zur Lösung intertemporaler Optimierungsprobleme mit Nebenbedingungen.

Konvergenzkriterien – Im Protokoll Nr. 21 zum *Vertrag über die EU* (→ EUV) wurden als Voraussetzung für die Teilnahme an der Dritten Stufe (Endstufe) der *Europäischen Währungsunion* (EWU) folgende rechtsverbindlichen makro-ökonomische Konvergenzkriterien festgelegt: (1) Die *jährliche Neuverschuldung* der öffentlichen Haushalte eines zur Teilnahme qualifizierten Mitgliedslands darf maximal 3 Prozent und (2) die *öffentliche Gesamtverschuldung* maximal 60 Prozent seines Brutto-Inlandsprodukts betragen; (3) die nationale, mithilfe eines speziell zu diesem Zweck geschaffenen Verbraucherpreisindex (Harmonisierter Verbraucherpreisindex (HVPI)) ermittelte → *Inflationsrate* darf diejenige der drei preisstabilsten EU-Mitgliedsstaaten um nicht mehr als 1,5 Prozentpunkte überschreiten; (4) die jeweilige *Währung* muss in den zwei Jahren, die der Prüfung vorangehen, die im → EWS vorgesehenen normalen Bandbreiten ohne starke Spannungen eingehalten haben; insbesondere darf der betroffene Staat den bilateralen Leitkurs seiner Währung innerhalb des gleichen Zeitraums nicht gegenüber der Währung eines Mitgliedstaats von sich aus abgewertet haben; (5) das Niveau der *langfristigen Zinsen* der betreffenden nationalen Währung muss mind. ein Jahr vor der Prüfung nicht mehr als zwei Prozentpunkte über dem entsprechenden Niveau der drei preisstabilsten EU-Mitgliedsstaaten gelegen haben.

Konvergenzprogramm – Maßnahmen, die bei einem übermäßigen Haushaltsdefizit einzuleiten sind. Als übermäßig wird das Defizit dann eingestuft, wenn die Neuverschuldung dauerhaft, ohne Grund, wie z.B. die Deutsche Einheit, höher als 3 Prozent des Bruttoinlandsproduktes (BIP) ist bzw. wenn der gesamtstaatliche Schuldenstand die Quote von 60 Prozent des BIP übersteigt. – Vgl. auch → Stabilitäts- und Wachstumspakt.

Konvergenztheorie – 1. *Charakterisierung:* Der Konvergenztheorie zufolge sind die → Wirtschaftsordnungen industrialisierter Länder, die anfänglich unterschiedlich strukturiert sind, gleichen technischen und wirtschaftlichen Sachzwängen ausgesetzt und müssen daher ähnliche Lösungswege einschlagen: Die Wirtschaftsordnungen werden sich daher immer ähnlicher. (1) Für *privatwirtschaftliche* → Marktwirtschaften wird ein wachsender staatlicher Einfluss auf den Wirtschaftsprozess und ein Funktionsverlust des Privateigentums bei sich ausweitender Managerherrschaft unterstellt. (2) Für → staatssozialistische Zentralplanwirtschaften wird eine Entideologisierung der Wirtschaftslenkung, die Dezentralisierung der Planungsrechte und ebenfalls ein Machtzuwachs der Manager abgeleitet. Dies führe zu einer Annäherung der institutionellen, politischen und ökonomischen Strukturen und Strategien. – 2. *Ansätze:* In welcher

Richtung dieser Angleichungsprozess erfolgt und in welchem Umfang er die unterschiedlichen wirtschaftlichen Teilordnungen (Morphologie) erfasst, wird unterschiedlich gesehen: (1) Eine Position geht davon aus, dass die privatwirtschaftliche Marktwirtschaft den „*Marsch in den Sozialismus*" antreten muss (Schumpeter, → Kapitalismus). (2) Dagegen wird einem anderen Ansatz zufolge angenommen, dass die sozialistischen Zentralplanwirtschaften sich den privatwirtschaftlichen Marktwirtschaften annähern müssen (Rostow, Boettcher). (3) Bei der „*umfassenden*" *Konvergenztheorien* wird unterstellt, dass beide Wirtschaftsordnungen sich gleichzeitig auf ein einheitliches, gemischtes System hinbewegen und dass dessen Ordnung die optimale Mischung der einzelnen Teile der ursprünglichen Wirtschaftsordnungen ist (Tinbergen, Galbraith). (4) Die „*partielle*" *Konvergenztheorie* beinhaltet, dass nur einzelne Teilordnungen sich angleichen, während die anderen weiterhin systemspezifisch unterschiedlich bleiben (Wiles, Küng). – 3. *Kritik:* Gegen diese Annahmen wird eingewendet, dass es sich hierbei um ein nur oberflächliches Verständnis unterschiedlich organisierter Wirtschafts- und Gesellschaftssysteme handelt und die Diagnose und Erklärung institutionellen Wandels methodologische Schwächen beinhaltet. Die v.a. von den Ansätzen (3) und (4) hervorgehobene Annäherung der Planungstechniken sage nichts darüber aus, wie und von wem diese jeweils angewendet werden. Einer fundierten ordnungstheoretischen Analyse könnten sie so insgesamt nicht standhalten. – Vgl. auch → gemischte Wirtschaftsordnung.

Konvertibilität – *Konvertierbarkeit*. 1. *Begriff:* Element liberaler Außenwirtschaftspolitik, bei der das Recht besteht, Währungsguthaben in andere Währungen umzutauschen und zu transferieren. Realisierung der Konvertibilität ist eines der Ziele des → IWF. – 2. *Arten:* a) *Volle Konvertibilität:* Konvertibilität ohne jede Einschränkung, d.h. für in- und ausländische natürliche und juristische Personen, für laufende Zahlungen und Kapitaltransaktionen sowie sämtliche Währungen. – b) *Beschränkte Konvertibilität:* (1) bezogen auf Person bzw. Institution: Das Recht zum Umtausch inländischer in fremde Währung kann auf Ausländer bzw. ausländische Zentralbanken (bzw. Inländer bzw. inländische Zentralbanken) beschränkt werden (*Ausländerkonvertibilität bzw. Inländerkonvertibilität*). (2) Bezogen auf Verwendungszweck: Die Konvertibilität gilt lediglich für Zahlungen aus laufenden Transaktionen (Waren- und Dienstleistungsverkehr) sowie Schuldendienste; Kapitaltransaktionen unterliegen dagegen Beschränkungen. (3) Bezogen auf Währungen: Nur bestimmte Währungen können gegen einheimische Währung eingetauscht werden. – 3. *Wirtschaftliche Bedeutung:* Förderung der internationalen Arbeitsteilung durch Verzicht auf Beeinträchtigung des Waren- und Dienstleistungsaustausches sowie Ermöglichung internationaler Kapitalbewegungen.

Konvertierbarkeit → Konvertibilität.

Konzentration – Konzentration bedeutet im statistischen Sinne die Vereinigung eines hohen Anteils der Merkmalsausprägungen auf eine relativ geringe Anzahl der Merkmalsträger; wirtschaftspolitisch wird darunter die Ballung ökonomischer Größen, einschließlich der Verfügungsmacht verstanden. – *Beispiele* für Ballungen ökonomischer Größen sind: die *Einkommens- oder Vermögenskonzentration* bei den Haushalten (Verteilung), die *Betriebs- bzw.* → *Unternehmenskonzentration* oder die *Konzentration der Verfügungsmacht* in den Händen von Entscheidungsträgern.

Konzentrationsmessung – Eine Möglichkeit der Konzentrationsmessung ist der → Gini-Koeffizient. Dieser wird verstanden als Ausmaß der Abweichung von der Gleichverteilung, bei der x Prozent der Merkmalsträger über x Prozent der Merkmalsausprägungen verfügen. Ein weiteres Konzentrationsmaß ist der Herfindal-Hirshman-Index (HHI), den die Generaldirektion Wettbewerb der Europäischen Kommission neben der herkömmlichen Marktanteilsbetrachtung bei ihrer wettbewerblichen Analyse von Zusammenschlussvorhaben heranzieht. Der HHI beschreibt die Summe der quadrierten Marktanteile der verschiedenen Anbieter auf dem → relevanten Markt.

Konzentrationstheorie – 1. *Begriff:* Bestandteil des wissenschaftlichen → Sozialismus. Im System von Marx die Konzentration des neuzubildenden und bereits vorhandenen Kapitals zunächst in Unternehmen durch Reininvestitionen der Gewinne und dann über Exporation der schwachen Unternehmen in wenigen übergroßen → Monopolen (→ Zentralisation des Kapitals), die die gesamte Güterversorgung für die Volkswirtschaft übernehmen. Zusammen mit anderen Faktoren führt dies schließlich zum Zusammenbruch des → Kapitalismus. – 2. *Beurteilung:* a) Die Aussagefähigkeit einer Theorie kann nur nach gezielten Falsifizierungsversuchen beurteilt werden. Als Theorie der zukünftigen Entwicklung entzieht sich die Marxsche Theorie weitgehend solchen Falsifizierungsversuchen, da Marx in keinem Fall der Zeitpunkt des Eintretens seiner Prognosen fixiert hat. – b) Empirisch lässt sich für viele Bereiche der Wirtschaft eine zunehmende Konzentration nachweisen, v.a. in Produktion, Handel sowie im Banken- und Versicherungswesen; daneben bestehen jedoch sehr viele kleine und mittlere Unternehmen in diesen Branchen, sodass eine Konzentration im Sinn der Marxschen Prognosen nicht entstanden ist.

Konzeption → wirtschaftspolitische Konzeption.

Konzeptionskonformität – Kriterium zur Überprüfung, ob ein wirtschaftspolitischer Mitteleinsatz (→ wirtschaftspolitische Mittel) mit den gesellschaftlichen Grundwerten und den wirtschaftspolitischen Grundsätzen (→ wirtschaftspolitische Konzeption) übereinstimmt. – Vgl. auch → Marktkonformität,

→ Systemkonformität. – *Gegenteil:* Konzeptionsinkonformität.

Konzession – 1. *befristete behördliche Genehmigung* zur Ausübung eines konzessionspflichtigen Gewerbes oder Handels, z.B. im Verkehrsbereich (Verkehrspolitik). – 2. *Verleihung eines bes. Rechts an einer öffentlichen Sache,* z.B. an einer Straße, einem Wasserlauf, am Betrieb einer Eisenbahn, Straßenbahn oder einer Fähre.

Konzessionsabgabe – Entgelt, das ein Versorgungsunternehmen an eine Gebietskörperschaft, typischerweise eine Gemeinde oder Zweckverband, für die Nutzung der im Gemeindebesitz befindlichen Verkehrsräume für die dort verlegten Leitungen entrichten muss. Faktisch wirkt sich die Konzessionsabgabe als eine kommunale Steuer auf leitungsgebundene Energieträger aus. Sie basiert auf der Verordnung über Konzessionsabgaben für Strom und Gas von 1992, m.spät.Änd.

Konzessionsvertrag – Vertrag, durch den eine Gebietskörperschaft einem Versorgungs- oder Verkehrsunternehmen das ausschließliche Recht einräumt, die Einwohner mit Strom, Gas, Wasser oder Verkehrsleistungen zu versorgen und dabei erlaubt, öffentliche Straßen, Plätze etc. für die Verlegung der Verkehrswege bzw. Versorgungsleitungen zu benutzen. Im Zuge der Deregulierung bzw. Liberalisierung der Strom- und Gasversorgung wurde das durch den Konzessionsvertrag bisher gewährte Exklusivrecht der Versorgung aufgehoben und durch ein einfaches Wegerecht ersetzt.

Kooperationsverfahren – EU-Gesetzgebung, → Europäisches Parlament.

Koordination – 1. *Begriff:* Abstimmung von Wirtschaftsplänen in einer arbeitsteiligen Wirtschaft. Realgüterwirtschaftlich betrachtet besteht ein Koordinationsbedarf hinsichtlich (1) der Konsumpläne der Haushalte und der Produktionspläne der Unternehmen sowie (2) der Produktionspläne der Unternehmen, die untereinander in Zulieferbeziehungen stehen. – 2. *Arten:* a) *Marktmäßige Koordination (Ex-Post-Koordination):* Die bei juristischer (Vertragsfreiheit, *Privatautonomie,* § 311 BGB) und planerischer Selbstständigkeit gefassten Wirtschaftspläne werden schrittweise einander angepasst, wobei divergierende Wirtschaftspläne Preisbewegungen auslösen und auf die Wirtschaftspläne korrigierend zurückwirken. Eine Koordination ergibt sich allmählich nach Ablauf einiger Perioden. Überwiegendes Koordinationsprinzip in der → Marktwirtschaft. – b) *Zentralplanmäßige Koordination (Ex-Ante-Koordination):* Die Abstimmung der Wirtschaftspläne erfolgt vor ihrer späteren Durchführung. Eine Koordinationsinstanz erarbeitet, ausgehend von einer wirtschaftlichen Zielsetzung, die Leistungsbeiträge der beteiligten Wirtschaftseinheiten und weist sie als verbindliche Planvorgaben zu. Die Koordination ist bei der Planausführung ohne spätere Korrekturnotwendigkeiten somit gewährleistet. Überwiegendes Koordinationsprinzip in der → Zentralverwaltungswirtschaft und in der Organisation.

Kopenhagen-Prozess – Auf dem Rat der EU-Bildungsminister in Kopenhagen am 30.11.2002 beschlossener Prozess im Rahmen der Lissabon-Strategie der Europäischen Union. Grundlagen des Prozesses sind freiwillige Zusammenarbeit, Dezentralität und aktive Einbeziehung der Sozialpartner. In der Kopenhagener Erklärung vereinbarten EU-Kommission und Bildungsminister Leitlinien für die verstärkte europäische Zusammenarbeit in der beruflichen Aus- und Weiterbildung. Die Vorhaben im Einzelnen waren: (1) Stärkung der europäischen Dimension der beruflichen Bildung, (2) verbesserte Transparenz der nationalen Bildungssysteme und berufsqualifizierender Abschlüsse, (3) Einführung gemeinsamer Instrumente zur Qualitätssicherung, (4) Entwicklung von Grundsätzen zur Anerkennung von informell und non-formal erworbenen Qualifikationen und Kompetenzen und (5) eine verstärkte internationale Zusammenarbeit in einzelnen Wirtschaftssektoren. – Auf den zweijährig stattfindenden Folgekonferenzen (Maastricht 2004; Helsinki 2006; Bordeaux 2008; Brügge 2010) wurden Ziele weiter differenziert und Fortschritte diskutiert. Dabei kam es durch die Einbeziehung weiterer Staaten (z.B. Kroatien, Norwegen, Türkei), die Beteiligung der europäischen Sozialpartner und die Ausweitung auf Bildungsbereiche jenseits der beruflichen Bildung zu einer mehrfachen Öffnung des Prozesses. – Zu den wichtigsten konkreten Ergebnissen zählen: (1) der europäische Bildungspass (EUROPASS) als einheitliches Dokumentationsinstrument für Qualifikationen und Kompetenzen (2004); (2) der Europäische Qualifikationsrahmen (EQR, 2008): In zahlreichen Ländern wurden seither darauf bezogene nationale Qualifikationsrahmen (NQR) entwickelt und eingeführt, sodass inzwischen ein System der einheitlichen Beschreibung von Qualifikationen anhand einer achtstufigen Matrix existiert; (3) ein gemeinsamer europäischer Bezugsrahmen zur Qualitätssicherung von Berufsbildungsergebnissen (EQAVET, 2010). – In anderen Themenbereichen stehen konkrete Ergebnisse noch aus, hier wurden bisher lediglich gemeinsame Prinzipien vereinbart. Dies gilt für das Modell eines Leistungspunktesystems für die Berufliche Bildung (ECVET) und die Anerkennung non-formal und informell erworbener Lernergebnisse.

Kopfpauschale – 1. *Begriff:* Auf das Individuum bezogene, pauschalisierte Vergütungs- oder Finanzierungsform. Vorteile sind die Praktikabilität, der Anreiz zum effizienten Umgang mit den gewährten Mitteln bzw. die Abwesenheit negativer Erwerbsanreize durch in dieser Form erhobene Finanzierungsbeiträge. – 2. *Vorschlag zur Reform der Finanzierung der gesetzlichen* → *Krankenversicherung:* Anders als im bisherigen System sollen einkommensunabhängige, pauschale Beiträge oder Beitragsbestandteile festgesetzt werden. Je nach Ausgestaltung ist eine beitragsfreie Mitversicherung von Ehepartnern dabei zumeist nicht mehr vorgesehen, für Kinder können reduzierte Sätze gelten. Soziale Härten sollen über das Steuer-Transfer-System abgefedert werden. Der jetzige Arbeitgeberbeitrag soll entfallen und einkommenserhöhend an die Arbeitnehmer ausgezahlt werden. – Vgl. auch → Rürup-Kommission. – 3. *Praktische Bedeutung*: Mit den seit 2009 möglichen Zusatzbeiträgen der Mitglieder gesetzlicher Krankenkassen und zum 1.1.2011 geänderten Regelungen zur Höhe dieser Zusatzbeiträge und zu einem darauf bezogenen Sozialausgleich werden Schritte in Richtung einer Finanzierung der gesetzlichen Krankenversicherung durch Kopfpauschalen unternommen (→ Gesundheitsreform).

Koppelungsthese – These, die besagt, dass das Beschäftigungssystem gegenüber dem Bildungssystem dominant sei (Subordinationsthese), und dass sich das Bildungssystem einseitig veränderten Anforderungen des Beschäftigungssystems anpasst. – *Anders:* → Entkoppelungsthese.

Kostendruckinflation – Inflation, die auf einen Anstieg der Produktionskosten oder der Steuern zurückzuführen ist. – Vgl. auch → produktivitätsorientierte Lohnpolitik, → Inflationstheorien.

Kosteneffizienz – Die Bedingung für Kosteneffizienz ist, dass die Grenzkosten der Schadstoffverminderung für alle beteiligten Emittenten gleich hoch sind. Dies wird dadurch erreicht, dass Unternehmen mit hohen Kosten wenig Schadstoffe und Unternehmen mit niedrigen Kosten viel Schadstoffe vermeiden. → Ökosteuern und Zertifikate erfüllen die Kosteneffizienz bei nicht-diffundierenden Schadstoffen automatisch, weil jedes Unternehmen seine Vermeidung am Ausgleich von Grenzkosten und Preis orientiert. Nicht berücksichtigt wird in der Kosteneffizienz die → dynamische Anreizwirkung von Instrumenten.

Kostenexplosion – 1. *Begriff*: populärer Begriff, der die Kostenentwicklung im → Gesundheitswesen beschreiben soll. Mit Kostenexplosion ist gemeint, dass die Kosten des Gesundheitswesens seit langem schneller steigen, als es der Wachstumsrate des Nationaleinkommens oder der Wachstumsrate der beitragspflichtigen Einnahmen der Mitglieder entspricht. Dies wird bes. am Beitragssatz zur gesetzlichen → Krankenversicherung deutlich. – 2. *Ursachen*: a) Ein Teil des Anstiegs des Beitragssatzes ist damit zu erklären, dass die Bemessungsgrundlage für die Beitragszahlung durch im Betrachtungszeitraum *gestiegene Arbeitslosigkeit* schmaler geworden ist. Ferner ist, u.a. aufgrund des laufenden → sektoralen Strukturwandels, die → Lohnquote längerfristig gesunken. – b) Steigende Beitragssätze resultieren außerdem aus der *demografischen Alterung*, da die Gesundheitsausgaben für einzelne Versicherte i.d.R. mit deren Lebensalter zunehmen. – c) Ein Teil des Kostenanstiegs im Gesundheitswesen wird dem *medizin-technischen Fortschritt* zugeschrieben, der zwar zu einer qualitativ besseren Versorgung der Patienten führt, in der Vergangenheit aber i.d.R. mit überproportional steigenden Ausgaben je Leistungsfall einher ging. – d) *Ineffizienzen*: Neben historisch gewachsenen Ineffizienzen, z.B. mangelndem Wettbewerb zwischen gesetzlichen oder privaten Krankenversicherungen, gibt es im Gesundheitswesen Ineffizienzen, die aufgrund von → Marktversagen entstehen und schwer in den Griff zu bekommen sind. Zu nennen sind v.a.: unzureichende Konsumentensouveränität (asymmetrische Arzt-Patienten-Beziehung, Minderschätzung künftiger Bedürfnisse), Informationsasymmetrien auf Krankenversicherungsmärkten (→ Adverse Selection, → Moral Hazard, Ungewissheit über die langfristige Erfüllbarkeit von Versicherungsverträgen) und steigende Skalenerträge bei Krankenversicherungen. – 3. *Beurteilung*: Da Sozialversicherungsbeiträge → Lohnnebenkosten darstellen, wird die Entwicklung der Beitragssätze sowohl von Arbeitnehmern wie Arbeitgebern bes. kritisch betrachtet und kommentiert.

kostenniveauneutrale Lohnpolitik – *preisneutrale Lohnpolitik*. – 1. *Begriff*: Die kostenniveauneutrale Lohnpolitik ist ein vom Sachverständigenrat zur Begutachtung der gesamtwirtschaftlichen Entwicklung (SVR) in seinem Jahresgutachten 1964/65 vorgeschlagenes lohnpolitisches Konzept, das die Lohnanpassung nach der Produktivitätsregel um die Änderungsrate der sonstigen Produktionskosten, insbes. der Kapitalkosten, des Terms-of-Trade-Effekts und der Arbeitgeberbeiträge zur Sozialversicherung, ergänzt. Die → produktivitätsorientierte Lohnpolitik kann als Sonderfall der kostenniveauneutralen Lohnpolitik aufgefasst werden. – 2. *Modifikation der Produktivitätsregel*: Die Gesamtkosten eines Produktes setzen sich neben den Lohnkosten aus einer Vielzahl anderer Kostenfaktoren zusammen (bspw. Kapitalkosten). Bei an der Produktivitätsregel orientierten Lohnanpassungen können sich damit die gesamten Stückkosten eines Produktes dennoch verändern. Zur Sicherung von Preisniveaustabilität ist es daher nicht ausreichend, die Lohnpolitik einzig an der Produktivitätsregel auszurichten. Vielmehr ist es bei Preisniveaustabilität anstrebende Lohnanpassungen notwendig, das gesamte Kostenniveau je Produkteinheit der Unternehmen zu berücksichtigen und entsprechend konstant zu halten. – Der Spielraum für Lohnerhöhungen ergibt sich damit nicht ausschließlich auf Basis des Produktivitätsfortschritts, sondern auf Basis eines durch Zu- oder Abschläge modifizierten Produktivitätsfortschritts. Sinken bspw. die Kapitalkosten der Unternehmen, so sind die Löhne entsprechend stärker zu erhöhen als die Produktivität. Die Produktivitätsfortschrittsrate ist in diesem Fall mit einem Zuschlag zu versehen. Umgekehrt dürfen die Löhne bei steigenden Kapitalkosten der Unternehmen nur in geringerem Umfang wie die Produktivität erhöht werden, um das Kosten- und Preisniveau entsprechend konstant zu halten. Die Produktivitätsfortschrittsrate ist in diesem Fall mit einem Abschlag zu versehen. – 3. *Kritik:* Das Konzept ist wie der Ansatz der → produktivitätsorientierten Lohnpolitik rein angebotsorientiert und vernachlässigt die mit der daraus abgeleiteten lohnpolitischen Empfehlung (→ Lohnleitlinie) zu erwartende Änderung der gesamtwirtschaftlichen Nachfrage. Des Weiteren können die sonstigen Kostenfaktoren, die der Ansatz der kostenniveauneutralen Lohnpolitik berücksichtigt, nicht durch die Lohnpolitik beeinflusst und auch nur sehr schwer prognostiziert werden. Die Lohnpolitik nimmt damit die Rolle eines „Lückenbüßers" ein.

kostenrechnende Einrichtungen – öffentliche Einrichtungen auf kommunaler Ebene (→ Kommunalwirtschaft), die ganz oder teilweise aus Entgelten finanziert werden. Sie entsprechen den klassischen → Gebührenhaushalten wie Stadtentwässerung, Straßenreinigung, Friedhöfe, kommunale Einrichtungen, die heute zunehmend als Eigenbetriebe oder Eigengesellschaften geführt werden. Für die Gebührenkalkulation der kostenrechnenden Einrichtungen tritt an die Stelle der finanzwirtschaftlichen Rechnung (→ Kameralistik) eine betriebswirtschaftliche Kostenrechnung.

Kostenstruktur – Gliederung der Produktionskosten in verschiedenen → Wirtschaftszweigen nach Kostenarten, z.B. Personal-, Material-, Energiekosten u.Ä.

Kraft-Wärme-Kopplung – 1. *Allgemein:* Kraft-Wärme-Kopplung (KWK) ist ein Sammelbegriff für die gekoppelte Erzeugung von Strom und Wärme in einer Anlage. Im Vergleich zu konventionellen Kraftwerken für die reine Stromerzeugung, in denen die anfallende Wärme nicht ausgenutzt wird, bietet die KWK erhebliche Effizienzverbesserungen. Es bestehen diverse Techniken zur gekoppelten Erzeugung mit diversen Anwendungsbereichen, die sich u.a. nach Temperatur und Anlagengröße unterscheiden. Zentralisierte KWK-Anlagen werden in Verbindung mit Fern- oder Nahwärmenetzen zur Wärmeversorgung (bspw. von größeren Siedlungsgebieten) eingesetzt, wohingegen kleinere Mini- oder Mikro-KWK-Anlagen für einzelne Gebäude geeignet sind. – 2. *Gesetzliche Grundlagen:* Nach dem Gesetz für die Erhaltung, die Modernisierung und den Ausbau der Kraft-Wärme-Kopplung (Kraft-Wärme-Kopplungs-Gesetz – KWKG) vom 19.3.2002, zuletzt geänd. durch Gesetz vom 12.7.2012 (BGBl. I S. 1494) ist es Zweck des Gesetzes, im Interesse der Energieeinsparung, des Umweltschutzes und der Erreichung der Klimaschutzziele der Bundesregierung einen Beitrag zur Erhöhung der Stromerzeugung aus Kraft-Wärme-Kopplung in der Bundesrepublik Deutschland auf 25 Prozent bis zum Jahr 2020 durch die Förderung der Modernisierung und des Neubaus von Kraft-Wärme-Kopplungsanlagen (KWK-Anlagen), die Unterstützung der Markteinführung der Brennstoffzelle und die Förderung des Neu- und Ausbaus von Wärme- und Kältenetzen sowie des Neu- und Ausbaus von Wärme- und Kältespeichern, in die Wärme oder Kälte aus KWK-Anlagen eingespeist wird, zu leisten (§ 1KWKG). – 3. *Begriff:* Kraft-Wärme-Kopplung ist die gleichzeitige Umwandlung von eingesetzter Energie in elektrische Energie und in Nutzwärme in einer ortsfesten technischen Anlage. Als ortsfest gilt auch eine Anlage, die zur Erzielung einer höheren Auslastung für eine abwechselnde Nutzung an zwei Standorten errichtet worden ist. Kraft-Wärme-Kälte-Kopplung (KWKK) im Sinne dieses Gesetzes ist die Umwandlung von Nutzwärme aus KWK in Nutzkälte durch thermisch angetriebene Kältemaschinen. Bei thermisch angetriebenen Kältemaschinen wird Wärme auf einem hohen Temperaturniveau (z.B. Wasserdampf, Heißwasser, Warmwasser) gezielt zum Antrieb eines Prozesses oder mehrerer Prozesse zur Kälteerzeugung eingesetzt. – 4. *KWK-Anlagen i.S.d. Kraft-Wärme-Kopplungs-Gesetzes* sind Feuerungsanlagen mit Dampfturbinen-Anlagen (Gegendruckanlagen, Entnahme- und Anzapfkondensationsanlagen) oder Dampfmotoren, Gasturbinen-Anlagen (mit Abhitzekessel oder mit Abhitzekessel und Dampfturbinen-Anlage), Verbrennungsmotoren-Anlagen, Stirling-Motoren, ORC (Organic Rankine Cycle)-Anlagen sowie Brennstoffzellen-Anlagen, in denen Strom und Nutzwärme erzeugt werden. Bei KWKK-Anlagen werden die KWK-Anlagen durch eine thermisch angetriebene Kältemaschine ergänzt (§ 2 KWKG).

Kraft-Wärme-Kopplungsgesetz – Das Gesetz für die Erhaltung, die Modernisierung und den Ausbau der → Kraft-Wärme-Kopplung – Kraft-Wärme-Kopplungsgesetz (KWKG) – vom 19.3.2002 (BGBl. I S. 1092) m.spät. Änd. legt die energiepolitischen Rahmenbedingungen für die Förderung von Strom aus KWK-Anlagen in Deutschland fest. Es ist die nationale Umsetzung der Europäischen Richtlinie 2004/8/EC zur Förderung von gekoppelter Strom- und Wärmeerzeugung. Es hat seinen Vorgänger, das Gesetz zum Schutz der Stromerzeugung aus KWK, ersetzt und wurde 2009 und 2012 novelliert. Wichtige Bestandteile des KWKG sind die Vergütung des in KWK-Anlagen erzeugten Stroms sowie die Förderung von (dem Ausbau von) Nah- und Fernwärmenetzen.

Krankenhaus – 1. *Begriff:* Einrichtung, in der durch jederzeit verfügbare ärztliche und pflegerische Hilfeleistungen Krankheiten, Leiden oder Verletzungen durch Unfallschäden festgestellt, geheilt oder gelindert werden sollen oder Geburtshilfe geleistet wird und in der die zu versorgenden Patienten untergebracht und verpflegt werden. Die medizinisch-technische Ausstattung ist an den Bedarf der Patienten anzupassen. Krankenhäuser sind Leistungserbringer der → sozialen Sicherung und des → Gesundheitswesens. – 2. *Aufgaben:* In Krankenhäusern werden überwiegend stationäre Behandlungen durchgeführt.

In Zukunft werden Krankenhäuser als Folge des Gesundheitsstrukturgesetzes (von 1992) vermehrt auch Leistungen im teil-, vor- und nachstationären Bereich sowie ambulante Leistungen erbringen. – 3. Die *Krankenhausträger* sind in Deutschland schwerpunktmäßig öffentlich-rechtliche und freigemeinnützige Institutionen. Relativ unbedeutend sind private Krankenhausträger, wobei freigemeinnützige und öffentlich-rechtliche Träger sich z.T. auch einer privatwirtschaftlichen Rechtsform zur Betreibung von Krankenhäusern bedienen. – 4. Die Krankenhausträger betreiben ihre Krankenhäuser nach Maßgabe der *Vorgaben der staatlichen Krankenhausplanung*. Diese erfolgt in den einzelnen Bundesländern. Für die einzelnen Krankenhäuser werden *Versorgungsaufträge* festgeschrieben, die bes. die Zahl der Fachabteilungen und die jeweilige Bettenzahl bestimmen. Die *Höhe der Entgelte* für Krankenhausbehandlung sowie eine Vielzahl weiterer Regelungen zur konkreten Krankenhausbehandlung werden darüber hinaus zwischen den Krankenhausträgern und den Krankenkassen ausgehandelt. – 5. Die *Finanzierung der Krankenhäuser* erfolgt in Deutschland nach dem *dualen Prinzip*, bei dem Investitions- und Betriebskosten unterschieden werden. Die *Investitionskosten* werden durch öffentliche Fördermittel finanziert. Die laufenden *Betriebskosten*, d.h. die Personalkosten und der Sachmitteleinsatz werden von den Krankenversicherungen gezahlt. Die Abrechnung basierte bis 2003 i.d.R. auf *tagesgleichen Pflegesätzen*, die seit 2004 nur noch für psychiatrische Einrichtungen u.ä. gelten. Für die übrigen Einrichtungen erfolgte zunächst eine budgetneutrale Umstellung auf *diagnose-spezifische Fallpauschalen* (Diagnosis-related groups, DRG), die langfristig in landeseinheitliche *Basisfallwerte* münden sollen. – 6. Das Gesundheitsstrukturgesetz strebte eine *Budgetierung* an, die für die Entwicklung der Gesamtkosten, die mit der gesetzlichen → Krankenversicherung (GKV) abgerechnet werden können, Obergrenzen vorgibt.

Krankenkasse – 1. *Begriff und Merkmale:* Träger der → gesetzlichen Krankenversicherung (GKV), in Deutschland in der Form von öffentlich-rechtlichen Körperschaften geführt, die aufgrund des → SGB V tätig werden und Leistungen der GKV über Verträge mit Leistungserbringern organisieren und finanzieren. Die Krankenkassen sind organisatorisch und finanziell unabhängig und unterstehen der Aufsicht von Bund oder Ländern. – 2. *Gliederung:* Die GKV ist in Deutschland durch eine Vielzahl von einzelnen Krankenkassen gekennzeichnet. Daher lassen sich die Krankenkassen verschiedenen Kassenarten zuordnen, das sind insbesondere Allgemeine Ortskrankenkassen (AOK), Betriebskrankenkassen (BKK), Innungskrankenkassen (IKK), landwirtschaftliche Krankenkassen (LKK) und Ersatzkassen (EK); außerdem gibt es die Deutsche Rentenversicherung Knappschaft-Bahn-See (KBS). Dieses „gegliederte System" der Krankenversicherung ist historisch gewachsen und hat sich bereits gegen Ende des 19. Jahrhunderts herausgebildet, wobei die Gliederung ein politisch befürwortetes Grundprinzip der GKV darstellt. Die traditionelle Zuweisung der Mitglieder zu den einzelnen Krankenkassen wurde mit dem Gesundheitsstrukturgesetz von 1992 zugunsten weitgehender Kassenwahlmöglichkeiten abgeschafft. Unter dem Wettbewerb verlieren die kassenartenspezifischen Merkmale an Bedeutung. – 3. *Organe:* Organe der Krankenkassen sind der (ehrenamtliche) Verwaltungsrat und der von ihm für sechs Jahre gewählte (hauptberufliche) Vorstand. Der Verwaltungsrat wird im Rahmen der Sozialwahlen ebenfalls für sechs Jahre gewählt. Bei AOK, BKK und IKK ist er paritätisch von Arbeitgeber- und Versichertenvertretern besetzt, bei EK nur aus Versichertenvertretern; der Verwaltungsrat der LKK besteht aus Vertretern der selbstständigen Landwirte. Bei der KBS sind die Organe – (ehrenamtliche) Vertreterversammlung und Vorstand sowie eine hauptamtliche Geschäftsführung – auch für die Rentenversicherung zuständig. – 4. *Leistungen:* Die Krankenkassen stellen den Versicherten Leistungen zur Verfügung, soweit diese nicht der Eigenverantwortung der Versicherten obliegen. Dabei haben Qualität und Wirksamkeit der Leistungen dem allgemein anerkannten Stand der medizinischen Erkenntnisse zu entsprechen und den medizinischen Fortschritt zu berücksichtigen. Die Versicherten erhalten die Leistungen als Sach- und Dienstleistungen (Sachleistungsprinzip), soweit gesetzlich nichts anderes vorgesehen ist. Dies bedeutet, dass die Leistungen, anders als in der privaten Krankenversicherung (PKV), nicht zunächst vom Versicherten bezahlt und dann vom Versicherungsunternehmen erstattet werden (Kostenerstattungsprinzip). Regelmäßig können die Leistungen nach Vorlage der Krankenversichertenkarte in Anspruch genommen werden. Über die Erbringung der Sach- und Dienstleistungen schließen die Krankenkassen Verträge mit den Leistungserbringern ab. Krankenkassen, Leistungserbringer und Versicherte haben darauf zu achten, dass die Leistungen wirksam und wirtschaftlich erbracht und nur im notwendigen Umfang in Anspruch genommen werden. Leistungen, die nicht notwendig oder unwirtschaftlich sind, können Versicherte nicht beanspruchen, dürfen die Leistungserbringer (in der Hauptsache Ärzte und Zahnärzte) nicht bewirken und Krankenkassen nicht bewilligen. Lange Zeit waren die Leistungen allein auf das Vorliegen einer Krankheit ausgerichtet. In heutiger Zeit hingegen können bestimmte Leistungen im Rahmen der Prävention bereits dann in Anspruch genommen werden, wenn Risiken zum Erkranken erkennbar werden. Daneben werden Leistungen nicht nur im Zusammenhang mit einer Erkrankung, sondern auch bei Vorliegen einer Schwangerschaft oder Mutterschaft erbracht. Die Leistungen der gesetzlichen Krankenversicherung sind zum größten Teil (ca. 95 %) im SGB V festgeschrieben. Sind die spezifischen Leistungsvoraussetzungen erfüllt, besteht auf die Leistungen regelmäßig ein Rechtsanspruch. Die

Leistungen lassen sich im Wesentlichen unterteilen in: – a) *Leistungen zur Verhütung von Krankheiten und ihrer Verschlimmerung sowie zur Empfängnisverhütung, bei Sterilisation und bei Schwangerschaftsabbruch.* Dazu zählen Prävention und Selbsthilfe, betriebliche Gesundheitsförderung, Prävention arbeitsbedingter Gesundheitsgefahren, Förderung der Selbsthilfe, primäre Prävention durch Schutzimpfungen, Gruppen- und Individualprophylaxe zur Verhütung von Zahnerkrankungen, medizinische Vorsorgeleistungen, Empfängnisverhütung, Sterilisation und Schwangerschaftsabbruch. – b) *Leistungen zur Früherkennung von Krankheiten.* Dazu zählen Gesundheitsuntersuchungen und Kinderuntersuchungen. – c) *Leistungen zur Behandlung einer Krankheit.* Dazu gehört sowohl die Krankenbehandlung als auch das Krankengeld. Ein Anspruch auf Krankenbehandlung besteht, wenn sie notwendig ist, um eine Krankheit zu erkennen, zu heilen, ihre Verschlimmerung zu verhüten oder Krankheitsbeschwerden zu lindern. Die Leistungen der Krankenbehandlung umfassen: Ärztliche Behandlung einschließlich Psychotherapie, zahnärztliche Behandlung, Versorgung mit Zahnersatz einschließlich Zahnkronen und Suprakonstruktionen, Versorgung mit Arznei-, Verband-, Heil- und Hilfsmitteln, häusliche Krankenpflege und Haushaltshilfe, Krankenhausbehandlung, Leistungen zur medizinischen Rehabilitation und ergänzende Leistungen. Zur Krankenbehandlung gehören auch Leistungen zur Herstellung der Zeugungs- oder Empfängnisfähigkeit, wenn diese Fähigkeit nicht vorhanden war oder durch Krankheit oder wegen einer durch Krankheit erforderlichen Sterilisation verloren gegangen war. Neben den Leistungen der Krankenbehandlung kann zur Sicherung der wirtschaftlichen Existenzgrundlage Krankengeld gezahlt werden. Unabhängig von einer vorliegenden oder drohenden Erkrankung werden Leistungen auch bei Schwangerschaft und Mutterschaft erbracht. Diese finden ihre Grundlage jedoch nicht im SGB V, sondern in der Reichsversicherungsordnung (RVO). Die Leistungen umfassen ärztliche Betreuung und Hebammenhilfe, Versorgung mit Arznei-, Verband- und Heilmitteln, stationäre Entbindung, häusliche Pflege, Haushaltshilfe und Mutterschaftsgeld. – 5. *Entwicklungen:* a) Die Zahl der Krankenkassen hat sich von 1.200 Anfang der 1990er-Jahre auf nunmehr 144 (Stand: Oktober 2012) reduziert, insbesondere aufgrund von Fusionen unter dem Druck des Wettbewerbs – Tendenz weiter abnehmend. Seit April 2007 sind kassenartenübergreifende Fusionen zulässig. – b) Rund 90 % der Bundesbürger sind bei einer Krankenkasse versichert, davon 50 Mio. als beitragszahlende Mitglieder und 20 Mio. als familienversicherte Personen. – c) Auf die AOK und die EK entfallen jeweils mehr als ein Drittel der Versicherten. Der „Marktanteil" der BKK liegt derzeit bei rund 20 %, der der IKK bei 7 %. Daneben weist die GKV noch einige Sondersysteme für Seeleute, Landwirte und Bergleute auf, deren Versicherungsträger die LKK und die KBS sind. – d) Grundsätzlich ist jede Krankenkasse von jedem Versicherten frei wählbar, und es besteht ein sog. Kontrahierungszwang, d.h. die Krankenkasse muss den Versicherten unabhängig von dessen Gesundheitszustand aufnehmen. – e) Mit dem GKV-Wettbewerbsstärkungsgesetz 2007 wurde die Beschränkung, dass Krankenkassen nur innerhalb ihrer Kassenart fusionieren dürfen, mit Wirkung ab dem 1.4.2007 aufgehoben. Gleichzeitig wurde ein Spitzenverband Bund der Krankenkassen geschaffen, der seit dem 1.7.2008 die Aufgaben der bisherigen Spitzenverbände übernimmt. – f) Auch greift der Gesetzgeber in die Finanzautonomie der Krankenkassen ein, da er mit Einführung des Gesundheitsfonds seit dem 1.1.2009 den Beitragssatz gesetzlich fixiert. – 6. *Abgrenzungen:* Private Krankenversicherungsunternehmen als die Träger der PKV werden als Aktiengesellschaften (AG) oder Versicherungsvereine auf Gegenseitigkeit (VVaG) tätig. Im Rahmen der Zusatzversicherung für gesetzlich Krankenversicherte bestehen seit 2004 (Inkrafttreten von § 194 Ia SGB V) zahlreiche Kooperationen zwischen Krankenkassen und privaten Krankenversicherungsunternehmen.

Krankenversicherung – I. Allgemein: Teil des Systems der sozialen Sicherung. Dazu gehören: 1. *Gesetzliche Krankenversicherung (GKV)*, die entweder als Pflichtversicherung unter den Voraussetzungen der §§ 5 ff. SGB V besteht oder unter im Einzelnen geregelten Voraussetzungen als freiwillige Versicherung (Versicherungsberechtigung, vgl. §§ 9 ff. SGB V) geführt werden kann. Träger der gesetzlichen Krankenversicherung sind die Krankenkassen. – 2. *Private Krankenversicherung (PKV)*, die für die Krankenvollversicherung nur dem Personenkreis offen steht, der nicht versicherungspflichtig ist oder unter den Voraussetzungen des § 8 SGB V auf Antrag von der Versicherungspflicht befreit ist. Die private Krankenversicherung kommt durch Abschluss eines privatrechtlichen Versicherungsvertrags zwischen dem Versicherungsnehmer und einem privaten Versicherungsunternehmen zustande. Die Versicherungsunternehmen, die Versicherungsverträge zur Absicherung des Krankheitsrisikos abschließen, unterliegen der Aufsicht durch die Bundesanstalt für Finanzdienstleistungsaufsicht (BaFin).

II. Gesetzliche Krankenversicherung: 1. *Begriff*: Die gesetzliche Krankenversicherung (GKV) ist der älteste Zweig der → Sozialversicherung. Sie ist die durch das Sozialgesetzbuch V normierte Pflichtversicherung gegen das Krankheitsrisiko. Als Geburtsstunde der GKV gilt die Einführung des Krankenversicherungsgesetzes durch Bismarck im Jahr 1883. Die GKV gilt als erste Säule der dt. Sozialversicherung neben der gesetzlichen Rentenversicherung, der gesetzlichen Unfallversicherung, gesetzlichen Arbeitslosenversicherung und sozialen Pflegeversicherung. In der GKV sind knapp 90 Prozent der dt. Bevölkerung versichert. – 2. *Versichertenkreis und*

Trägerschaft: Gemäß § 1 SGB V hat die Krankenversicherung als Solidargemeinschaft die Aufgabe, die Gesundheit der Versicherten zu erhalten, wiederherzustellen oder den Gesundheitszustand zu verbessern. In der GKV sind alle sozialversicherungspflichtigen Beschäftigen, deren sozialversicherungspflichtiges Einkommen unter der Versicherungspflichtgrenze liegt, sowie Bezieher von Leistungen der gesetzlichen Rentenversicherung und von Arbeitslosengeld I und II pflichtversichert. Darüber hinaus sind Ehegatten ohne eigenes Einkommen und Kinder bis zu einer gewissen Altersgrenze beitragsfrei mitversichert. Sozialversicherungspflichtige Arbeitnehmer mit einem Entgelt über der Versicherungspflichtgrenze sowie Beamte und Selbstständige sind von der Versicherungspflicht in der GKV freigestellt, können sich jedoch unter gewissen Bedingungen freiwillig in der GKV versichern. Diese drei Gruppen können sich auch in der privaten Krankenversicherung (PKV) vollversichern, sozialversicherungspflichtige abhängig Beschäftigte müssen dazu ein Jahr (von 1.1.2007 bis 31.12.2010: drei aufeinander folgende Jahre) lang über der Versicherungspflichtgrenze verdient haben. Die Versicherungspflichtgrenze entspricht 75 Prozent der Beitragsbemessungsgrenze der gesetzlichen Rentenversicherung. Die Träger der GKV sind die gesetzlichen Krankenkassen, die als Körperschaften des öffentlichen Rechts organisiert sind. – 3. *Leistungen:* Grundprinzip der GKV ist das Sachleistungsprinzip. So umfasst der Leistungskatalog ärztliche und zahnärztliche Behandlungen, Krankenhausaufenthalte, Arznei-, Heil- und Hilfsmittel, gewisse haushaltsnahe Dienstleistungen sowie Präventionsmaßnahmen, Kranken- und Mutterschaftsgeld. Der einzelne Leistungskatalog ist in den Satzungen der jeweiligen Krankenkasse geregelt und weist lediglich geringe Schwankungsbreiten auf. Die Abrechnung der Leistungen vonseiten der Leistungserbringer erfolgt im ambulanten und stationären Bereich direkt mit der Krankenkasse. Bei Medikamenten, Krankenhausaufenthalten sowie ambulanten Leistungen kann es zu Zuzahlungen der Versicherten kommen. – 4. *Finanzierung:* Im Gegensatz zur gesetzlichen Rentenversicherung und gesetzlichen Arbeitslosenversicherung ist die GKV seit dem 1.7.2005 nicht mehr paritätisch von Arbeitnehmern und Arbeitgebern bzw. Rentnern und gesetzlicher Rentenversicherung finanziert. Zzgl. zu den allg. Beiträgen, die paritätisch finanziert werden, müssen die Versicherten einen Sonderbeitrag in Höhe von 0,9 Prozent ihres Einkommens zur Finanzierung des Krankengelds und des Zahnersatzes leisten. Die Beiträge werden auf beitragspflichtige Einnahmen bis zu einer Beitragsbemessungsgrenze erhoben, die unter der Versicherungspflichtgrenze liegt. Neben den Beiträgen, die den Hauptteil der Finanzierung aufbringen, gibt es noch Zuzahlungen der Versicherten zu bestimmten Leistungen sowie einen Bundeszuschuss zur Finanzierung sog. versicherungsfremder Leistungen, wie etwa das Mutterschaftsgeld. Darüber hinaus wurde zum 1.1.2009 der Gesundheitsfonds eingeführt. Die Beiträge fließen gemeinsam mit allgemeinen Haushaltsmitteln (→ Bundeszuschuss) in den Gesundheitsfonds. Die Krankenkassen erhalten eine einheitliche Grundpauschale pro Versichertem aus dem Gesundheitsfonds. Hinzu kommen alters-, geschlechts- und risikoadjustierte Zuschläge, um die unterschiedliche Risikostruktur der Versicherten der einzelnen Krankenkassen zu berücksichtigen und gegenüber anderen Kassen auszugleichen (morbiditätsorientierter Risikostrukturausgleich). Ein zusätzlicher Finanzbedarf, der über die Zuweisungen des Gesundheitsfonds hinausgehend, soll von den gesetzlichen Krankenkassen über Einsparungen oder die Erhebung von Zusatzbeiträgen (→ Gesundheitsreform) gedeckt werden. Seit 1.1.2011 gilt bundesweit ein einheitlicher Beitragssatz von 15,5 Prozent. Einschließlich des mitgliederbezogenen Sonderbeitrags von 0,9 Prozent trägt der Arbeitnehmer davon 8,2 Prozentpunkte und der Arbeitgeber 7,3 Prozentpunkte. Zukünftige Ausgabensteigerungen sollen nicht mehr über weitere Erhöhungen des Beitragssatzes, sondern über die Erhebung von Zusatzbeiträgen finanziert werden. Ein Sozialausgleich soll sicherstellen, dass kein Mitglied durch die einkommensunabhängigen Zusatzbeiträge über Gebühr belastet wird. Eine sog. „Überforderungsklausel" greift dann, wenn der durchschnittliche Zusatzbeitrag die Grenze von zwei Prozent der beitragspflichtigen Einnahmen eines Mitglieds übersteigt. Die Prüfung erfolgt bei der Beitragsabführung durch den Arbeitgeber bzw. durch die Rentenversicherung. – 5. *Reformen:* → *Gesundheitsreform.*

III. Private Krankenversicherung: 1. *Begriff:* Private Krankenversicherung (PKV) bezeichnet die Gesamtheit der privatrechtlich organisierten Versicherungswirtschaft (Versicherungen oder Versicherungen auf Gegenseitigkeit), die eine Absicherung gegen Kosten für medizinisch notwendige Heilbehandlungen oder Unfallrisiken und für sonstige vereinbarte Leistungen bei einem privaten Versicherungsunternehmen anbietet. Die privaten Krankenversicherungsunternehmen sind im Verband der privaten Krankenversicherung organisiert und unterliegen der Aufsicht durch die Bundesanstalt für Finanzdienstleistungsaufsicht. Gut 10 Prozent der Bürger in Deutschland sind in der PKV vollversichert. – 2. *Rechtliche Grundlagen:* PKV-Unternehmen können in der Rechtsform des VVaG oder der AG betrieben werden. Zum Geschäftsbetrieb bedarf es der Erlaubnis der Aufsichtsbehörde. Neben den allg. Regelungen des Versicherungsvertrags- und -aufsichtsrechts gelten insbesondere die einschlägigen Rechtsvorschriften zur PKV (insbes.: §§ 192 ff. VVG, §§ 12 ff. VAG). Der Verband der privaten Krankenversicherung e. V. hat Musterbedingungen für die einzelnen Produktarten beschlossen. – 3. *Produkte:* Über 70 Prozent des Umsatzes der PKV-Unternehmen werden mit der Krankheitskostenvollversicherung für Personen erzielt, die nicht gesetzlich krankenversichert sind. Diese Personen sind auch verpflichtet, bei den PKV-Unternehmen eine Pflegepflichtversicherung (Private Pflegepflichtversicherung) abzuschließen. In der Krankheitskostenzusatzversicherung werden gesetzlich Versicherten Leistungen angeboten, die über den Leistungskatalog der Krankenkassen hinausgehen (z.B. privatärztliche Behandlung im Krankenhaus). Die Krankentagegeldversicherung leistet Einkommensersatz bei Arbeitsunfähigkeit. Die Krankheitskostenvollversicherung muss nach Art der Lebensversicherung betrieben werden (Bildung von Alterungsrückstellungen). Seit 2009 sind die PKV-Unternehmen verpflichtet, einen brancheneinheitlich kalkulierten Basistarif anzubieten, für den Kontrahierungszwang herrscht und in dem keine Risikozuschläge erhoben werden dürfen. – 4. *Versicherte:* Im Gegensatz zur gesetzlichen Krankenversicherung sind in der PKV nur Arbeitnehmer versichert, deren Bruttojahreseinkommen oberhalb der gesetzlich festgelegten Versicherungspflichtgrenze liegt. Darüber hinaus können sich auch Selbstständige, Beamte (einkommensunabhängig) und Freiberufler vollversichern. Private Zusatzversicherungen sind dagegen für jeden Bürger möglich. Eine beitragsfreie Mitversicherung für Familienmitglieder wie in der GKV gibt es bei privaten Krankenversicherungsunternehmen nicht. Seit dem 1.1.2007 unterliegen Personen, die systematisch der PKV zuzuordnen sind, ebenfalls einer Versicherungspflicht. – 5. *Leistungen und Finanzierung:* Private Krankenversicherungsunternehmen bieten in Deutschland sowohl Vollversicherungen als auch ergänzenden Versicherungsschutz über Zusatzversicherungen an. In der PKV sind die Versicherten selbst Vertragspartner des Arztes oder des Krankenhauses. Dabei gilt das Kostenerstattungsprinzip, wonach die Versicherten zunächst finanziell in Vorleistungen gehen und die entstandenen Kosten anschließend mit der Krankenkasse abrechnen. Art und Umfang des Versicherungsschutzes sind i.Allg. grundsätzlich nicht gesetzlich geregelt, sondern richten sich nach den Versicherungsbedingungen und den vereinbarten Tarifen, die zwischen den Vertragsparteien ausgehandelt werden. Die → Prämien zur PKV werden individuell und risikoäquivalent kalkuliert. Sie richten sich nach den Risikofaktoren Gesundheitszustand/Vorerkrankungen, Lebensalter bei Eintritt in die Versicherung sowie nach dem Umfang der abzusichernden Leistungen. Seit dem Urteil des EuGH vom 1.3.2011 müssen spätestens ab dem Jahr 2012 aus Gleichbehandlungsgründen Unisex-Tarife angeboten werden. Für die im Alter steigende Inanspruchnahme von Gesundheitsleistungen wird eine Alterungsrückstellung gebildet. – 6. *Abgrenzungen:* Während gut 10 Prozent der Bevölkerung bei einem PKV-Unternehmen krankheitskostenvollversichert sind, sind knapp 90 Prozent bei einer Krankenkasse der gesetzlichen Krankenversicherung versichert. Rund die Hälfte der PKV-Vollversicherten ist zugleich als Beamte beihilfeberechtigt gegenüber ihrem Dienstherrn (Beihilfe). – 7.

Reformen: Mit dem GKV-Wettbewerbsstärkungsgesetz 2007 ergaben sich auch Veränderungen für den Bereich der PKV. Das Gesetz schreibt vor, dass es seit 1.1.2009 einen bezahlbaren und umfassenden Krankenversicherungsschutz für alle Bürger geben muss. Aus diesem Grund müssen die privaten Krankenversicherungen, neben ihren bestehenden Tarifen, einen Basistarif anbieten, der den Standardtarif ersetzt. Der Leistungsumfang dieses Tarifs muss in Art, Umfang und Höhe mit den Leistungen der GKV vergleichbar sein. Der Basistarif, zu dem Kontrahierungszwang besteht, ist zunächst für alle Neu-Privatversicherten und die Personen ohne Versicherungsschutz, die ehemals PKV-versichert waren oder systematisch der PKV zuzuordnen sind, zugänglich. Die Prämie für diesen Tarif richtet sich nach dem Eintrittsalter des Versicherten, nicht nach seinem Gesundheitszustand. Risikozuschläge, wie in anderen PKV-Tarifen, gibt es hierbei nicht. Der Höchstbeitrag darf zudem den durchschnittlichen Höchstbeitrag in der GKV nicht überschreiten. Neben der Einführung eines Basistarifs schreibt das Gesetz auch die Übertragbarkeit von Alterungsrückstellungen bei einem Tarif- oder Versicherungswechsel unter festgelegten Bedingungen vor. – 8. *Wirtschaftliche Bedeutung:* Die Beitragseinnahmen der PKV-Unternehmen beliefen sich in 2008 auf 30,3 Mrd. Euro. Die Alterungsrückstellungen beliefen sich auf rund 130 Mrd. Euro.

Krankenversicherung der Rentner → Rentnerkrankenversicherung.

Kreditanstalt für Wiederaufbau (KfW) – 1. *Charakterisierung:* Wirtschaftsförderinstitut, das im Einklang mit strukturpolitischen Zielsetzungen der Bundesregierung, teils auch im Regierungsauftrag, aber in eigener Verantwortung nach bankwirtschaftlichen Grundsätzen handelt. Dies gilt bes. hinsichtlich der bankmäßigen Vertretbarkeit von Kreditrisiken. Im Bereich der inländischen Wirtschaftsförderung werden die Kredite vorwiegend im Rahmen von Kreditprogrammen vergeben, die für alle Kreditnehmer (und die durchleitenden Geschäftsbanken) einheitliche Konditionen vorsehen. Die Kreditanstalt für Wiederaufbau beschränkt sich aufgrund ihres gesetzlichen Auftrags auf solche Kreditgeschäfte, bei denen sie nicht in Konkurrenz zu den Geschäftsbanken tritt (Prinzip der Subsidiarität). Anteilseigner sind der Bund (80 Prozent) und die Bundesländer (20 Prozent). Die KfW Bankengruppe gilt nicht als → Kreditinstitut im Sinn von § 1 KWG (§ 2 I Nr. 2 KWG); sie unterliegt aber der → Bankenaufsicht mit Bezug auf Millionenkredite nach § 14 KWG und das Refinanzierungsregister (§§ 22a-22f KWG). Dem Vorstand obliegt die Geschäftsführung und die Vermögensverwaltung. Der Verwaltungsrat setzt sich zusammen aus Vertretern der Politik und der Kreditwirtschaft sowie aus verschiedenen Bereichen der Wirtschaft und Vertretern der Gewerkschaften. – *Niederlassungen* befinden sich neben dem Hauptsitz in Frankfurt a.M. auch in Berlin und Bonn. Vertreter der KfW Bankengruppe arbeiten in mehr als 70 Städten weltweit. – Die Kreditanstalt für Wiederaufbau wurde 1948 als Körperschaft des öffentlichen Rechts mit Sitz in Frankfurt a.M. gegründet, um den Wiederaufbau der dt. Wirtschaft zu finanzieren. Dabei entwickelte die Förderbank der Bundesrepublik Deutschland v.a. Programme für den Mittelstand und für Existenzgründer sowie für die Exportfinanzierung. Nach der Wiedervereinigung Deutschlands flossen beträchtliche Mittel in mittelständische Wirtschaftsstrukturen der neuen Bundesländer. – Im Juli 2003 *übernahm die Kreditanstalt für Wiederaufbau die Deutsche Ausgleichsbank (DtA)* mit dem Ziel einer transparenten und effizienten Förderung von Mittelstand und Existenzgründern (→ KfW Mittelstandsbank). Das Inlandsfördervolumen der KfW Bankengruppe betrug im Jahre 2010 66,6 Mrd. Euro. An die gewerbliche Wirtschaft hat die KfW in 2010 28,5 Mrd. Euro ausgereicht. Im weit überwiegenden Teil profitierten hiervon kleine und mittelständische Unternehmen. Im internationalen Geschäft wurden Zusagen in Höhe von weiteren 15 Mrd. Euro erteilt. Das gesamte Neugeschäftsvolumen lag im Jahr 2010 mit 81,4 Mrd. Euro deutlich über dem des Vorjahres (+27 Prozent). – 2. *Hauptaufgaben/Hauptgeschäftsfelder*: Die KfW Bankengruppe profilierte sich in den letzten Jahren auch als Förderbank der europäischen Wirtschaft. Sie ist in den Geschäftsfeldern Investitionsfinanzierung, Export- und Projektfinanzierung, Mezzanine-Finanzierungen, Eigenkapitalprodukte, der finanziellen Zusammenarbeit mit Entwicklungsländern sowie in Beratungsangeboten und weiteren Dienstleistungen tätig. – 3. *Weitere Aufgaben/Geschäftsfelder* sind die Förderung von Umwelt, Wohnen, Infrastruktur und Bildung. Bildungsförderung wird geleistet für Privatpersonen (Bildungskredit, Meister-BAföG, BAföG-Bankdarlehen). Investitionsfinanzierungen dt. Unternehmen im Ausland werden unterstützt (z.B. Neugründungen, Akquisitionen, Joint Ventures). Diese Art von Finanzierung kann sehr flexibel ausgestaltet werden, z.B. durch beteiligungsähnliche Darlehen, bei denen die Kreditanstalt für Wiederaufbau einen Teil des wirtschaftlichen Unternehmensrisikos trägt. Bei Investitionen im Ausland können sog. politische Risiken durch eine Investitionsgarantie des Bundes abgedeckt werden. Strukturierte Finanzierungen bestehen aus der Kombination verschiedener Kapitalmarktinstrumente. Die Kreditanstalt für Wiederaufbau refinanziert ihre Kredite überwiegend auf dem nationalen und internationalen Kapitalmarkt durch die Ausgabe von Schuldverschreibungen (Anleihen) und die Aufnahme von Darlehen. Im Jahr 2010 hat die KfW an den internationalen Kapitalmärkten Mittel in Höhe von 76,4 Mrd. Euro aufgenommen. Für einzelne Kreditprogramme werden auch Mittel des ERP-Sondervermögens eingesetzt (→ ERP-Kredite). In den Jahren 2000/2001 begann die Kreditanstalt für Wiederaufbau Verbriefungsprogramme für Bankkredite (sog. Promotional Mittelstand Loan Securitisation und Provide-Residential Mortgage Securitisation).

Dies soll die weitere Vergabe von Mittelstands- Wohnungsbaukrediten ermöglichen. Das „KfW Sonderprogramm 2009" wurde seitens der Bundesregierung als Reaktion auf die Finanzmarktkrise eingeführt, um insbesondere die mittelständische Kreditversorgung sicherzustellen. – Zur *lokalen Finanzierung im Ausland* gewährt die Kreditanstalt für Wiederaufbau Globaldarlehen an Partnerbanken in Europa. Hiermit sollen kleine und mittlere Unternehmen sowie Infrastrukturvorhaben und → Wohnungsbau unterstützt werden. Die im Rahmen der finanziellen Zusammenarbeit mit Entwicklungsländern vergebenen Kredite und Zuschüsse werden aus dem Bundeshaushalt finanziert. – 4. *Tochtergesellschaften und wichtige Beteiligungen:* (1) KfW IPEX-Bank GmbH: für Projekt- und Unternehmensfinanzierung sowie für Handels- und Exportfinanzierung zuständig; (2) Deutsche Investitions- und Entwicklungsgesellschaft mbH (DEG): Förderung des Engagements privater Unternehmen in Entwicklungs- und Transformationsländern; (3) Technologie-Beteiligungs-Gesellschaft mbH (tbg): Betreuung von Altengagements. Neugeschäfte in der Beteiligungsfinanzierung erfolgen durch die KfW Mittelstandsbank; (4) Finanzierungs- und Beratungsgesellschaft (FuB): Abwicklung von Sonderaufgaben der Währungsumstellung und die Geschäftsbesorgung für die Bundesanstalt für vereinigungsbedingte Sonderaufgaben; (5) Deutsche Energie-Agentur GmbH (dena): Förderung rationeller und umweltschonender Energieerzeugung und -nutzung (einschließlich erneuerbarer Energien).

Kreditgarantiegemeinschaften → Bürgschaftsbanken.

Kreditinstitute – Unternehmen, die Bankgeschäfte gewerbsmäßig oder in einem Umfang betreiben, der einen in kaufmännischer Weise eingerichteten Geschäftsbetrieb erfordert. Gemäß § 1 I 1 KWG müssen für ein Kreditinstitut i.S.d. KWG drei Merkmale gegeben sein: (1) Ein Unternehmen, also nicht eine einzelne natürliche Person, auch wenn es sich um einen Kaufmann handelt; (2) das Betreiben mind. eines der Bankgeschäfte i.S.d. KWG, im Unterschied zur Definition des EU-Bankrechts; (3) ein gewisser Umfang der Geschäfte, wofür seit der Sechsten KWG-Novelle in erster Linie eine gewerbsmäßige Tätigkeit maßgeblich ist (Gewerbe). Welche Geschäfte als Bankgeschäfte i.S.d. KWG gelten, ist in § 1 I Nr. 1 – 12 KWG abschließend aufgezählt. Im EU-Bankrecht bezieht sich der Begriff Kreditinstitut dagegen nur auf Unternehmen, die sowohl das Einlagengeschäft als auch das Kreditgeschäft betreiben. – In Deutschland kommt den Kreditinstituten aufgrund ihres weit gespannten Tätigkeitsfeldes (Universalbanken) eine dominierende Rolle als finanzielle Mittler zu. – Vgl. auch Bank.

Kreditplafondierung – kreditpolitisches Instrument (→ Kreditpolitik); Verfahren der Kreditrationierung, bei dem die Zentralbank oder die Regierung den

Kreditgebern (Banken) Vorschriften über die maximale Höhe zusätzlicher Kredite macht, die diese vergeben dürfen. – In der Bundesrepublik Deutschland wird dieses kreditpolitische Instrument nicht angewendet.

Kreditpolitik – Gesamtheit aller Maßnahmen einer Zentralbank bzw. einer nationalen Bankenaufsichtsbehörde zur Regulierung des (1) volkswirtschaftlichen Kreditvolumens und der Kreditkonditionen, (2) der Kreditschöpfung und des Kreditangebots bzw. (3) der Refinanzierungs- und Liquiditätsstrukturen zur Solvenzsicherung. Ziel der Notenbank ist die Beeinflussung der Ausgabentätigkeit der Wirtschaftssubjekte, um damit auf Beschäftigung, Wachstum und Preisentwicklung einzuwirken (Geldpolitik; geldpolitische Transmission). Die Strukturrichtlinien dienen der Stärkung des Vertrauens in das Bankensystem.

Kreditrationierung – Form des → Marktversagens am → Kapitalmarkt, bei dem v.a. kleinere Unternehmen mit geringen Kreditsicherheiten von der Kreditvergabe ausgeschlossen bleiben, obwohl sie in der Lage und gewillt sind, den Kapitalmarktzins inkl. Risikoprämie zu zahlen.

Kreditrestriktion – währungspolitische Maßnahme (Geldpolitik) zur Einschränkung des volkswirtschaftlichen Kreditvolumens mit Maßnahmen zur Erhöhung der Kreditkosten. Ziel ist eine Einschränkung der gemeinschaftlichen (bes. der kreditfinanzierten) Nachfrage zur Bekämpfung einer → Inflation.

Kreditverfügbarkeitstheorie → Availability Doctrine.

Kreditwirtschaft → Geldwirtschaft.

Kreislauftheorie der Verteilung → Verteilungstheorie, → Keynes-Kaldor-Verteilungstheorie.

Kriegswirtschaft – Wirtschaftsordnung, in der für militärische Zwecke bei formaler Gewährleistung der individuellen Gewerbefreiheit und des Privateigentums an den Produktionsmitteln der Markt-Preis-Mechanismus bei ausgedehntem staatlichem → Dirigismus größtenteils außer Kraft gesetzt und durch ein administrativ-bürokratisches Allokations- und Verteilungssystem auf der Basis von Ge- und Verboten ersetzt wird. Wegen der faktischen Dominanz der staatlichen Planung handelt es sich bei der Kriegswirtschaft um eine Spezialform der → Zentralverwaltungswirtschaft.

Krisentheorie – I. Konjunkturtheorie: Der Begriff Krise beschreibt eine lang anhaltende Phase des konjunkturellen Niedergangs (auch Depression).

II. Marxismus: Die Krisentheorie behauptet, dass die wirtschaftliche Entwicklung des → Kapitalismus notwendigerweise durch immer heftigere Konjunkturkrisen und Disproportionen gekennzeichnet sei. Als generelle Ursache hierfür wird der durch den technischen Fortschritt und durch anwachsende → Akkumulation bedingte → tendenzielle Fall der Profitrate angesehen. – Marx argumentiert wie folgt: Da die Unternehmer dem Profitratenfall durch verstärkte Akkumulation und damit Produktion entgegenzuwirken versuchten, um die geringere Kapitalrentabilität durch vergrößerten Mehrwert (→ Mehrwerttheorie) zu kompensieren, steige der gesamtwirtschaftliche Produktionsumfang zwangsläufig an. Gleichzeitige bewirkt jedoch → Ausbeutung und Verelendung der Arbeiter sowie die Vergrößerung der industriellen Reservearmee, dass die kaufkräftige Nachfrage hinter dem wachsenden Güterangebot zurückbleibe. Dies führe zu periodisch wiederkehrenden konjunkturellen Absatzkrisen. Mittelfristig falle die Kapitalrentabilität durch den technischen Fortschritt und die fortgesetzte Akkumulation immer weiter. Durch die sich häufenden Insolvenzen komme es zu einer fortgesetzten → Zentralisation des Kapitals. Kritisiert wird dieser Ansatz kreislauftheoretisch, weil ungeklärt bleibt, warum die Gewinne bei zunehmender Akkumulation nicht ebenfalls nachfragewirksam werden (Investitionsgüterbedarf) und die Unternehmer keine Konsumgüternachfrage entfalten. – Die marxistische Krisenerklärung ist derjenigen Gruppe von Theorien zuzurechnen, die eine *prinzipielle Instabilität des privatwirtschaftlichen Sektors* unterstellen.

III. Keynesianismus: Auch Keynes geht von einer inhärenten Instabilität marktwirtschaftlicher Systeme aus. Diese beruht auf der fundmanentaler Unsicherheit marktwirtschaftlicher Entscheidungen v.a. auf dem Finanzmaärkten bei den Investitionen. Breitet sich Unsicherheit aus, flüchten Kapitalanleger und Investoren in Liquidität, reduzieren also ihre Ausgaben, was Produktion und Beschäftigung schrumpfen läßt. Höhere Arbeitslosigkeit überträgt die Unsicherheit auf die Konsumenten, was auch sie ihre Ausgaben einschränken und damit die Krise verschärfen läßt. Gegen die Ausbreitung der Unsicherheit hilft nach Keynes nur eine Nachfrageausweitung seitens des Staates, der damit als Gegenpol gegen die inhärente Instabilität des Märktesystem wirkt. Er dient also als Stabilisator eines an sich unsicheren Marktsystems.

IV. Neuklassische Theorien: Entgegengesetzter Auffassung sind z.B. die Vertreter des Monetarismus, der allgemeinen Gleichgewichtstheorie sowie der Neuen Klassischen Makroökonomie, die annehmen, dass der Wettbewerbsprozess zu einer inhärenten Stabilität des privaten Sektors führe, sodass ein störungsfreier Wirtschaftsablauf gewährleistet sei. Krisen können demnach nur durch Eingriffe von „außen", v.a. durch den Staat, im Marktsystem erzeugt werden.

kritische Belastungswerte – vom → Sachverständigenrat für Umweltfragen (SRU) empfohlenes Instrument der → Umweltpolitik zur Kartierung von Ökosystemen, um ökotoxikologische Wirkungsschwellen zu ermitteln. Solange bestimmte Schwellenwerte bei Schadstoff-Frachten in Ökosystemen nicht überschritten werden, treten nach gegenwärtigem

Wissensstand keine Systemschäden auf (Critical-Loads-Konzept). Analog werden kritische Konzentrationen (Critical-Levels-Konzept) ermittelt. Die Umweltbelastungen durch Produktionsproezsse oder Produkte können miteinander verglichen werden, indem bspw. berechnet wird, welche Wassermengen mit verschiedenen Schadstoffen bis zur kritischen Grenze belastet werden. Probleme des Konzepts sind das Auftreten von Akkumulations-, Synergie- und Umkippeffekten sowie bes. die zeitliche Variabilität kritischer Werte. – Vgl. auch → Bioindikatoren, → Grenzwert, → Ökosystem, → Umweltziele.

kritische Erfolgsfaktoren – Faktoren und Schlüsselgrößen, die für die Erreichung der Gesamtziele einer Unternehmung von zentraler Bedeutung sind. Stimmen diese Faktoren, so wird die Unternehmung als Ganzes erfolgreich sein, zeigen sich dagegen hier Defizite, so beeinträchtigt dies unmittelbar den Gesamterfolg der Unternehmung. – Vgl. auch Informationsbeschaffung, → Informationsbedarf.

Kritischer Rationalismus – Die Wissenschaftstheorie des Kritischen Rationalismus geht von einer Asymmetrie zwischen der → Falsifikation und der → Verifikation aus. Während beide Theorien durch eine einzige sie widerlegende Beobachtung falsiziert werden, ist eine endgültige Verifikation auch bei noch so vielen bestätigenden Beobachtungen unmöglich. Nach dem von Popper (Popper-Kriterium) aus dem logischen Positivismus heraus entwickelten philosophisch-erkenntnistheoretischen Programm sind alle vorliegenden Theorien als vorläufig anzusehen und permanenten kritischen Prüfungen zu unterziehen *(methodischer Rationalismus)*, innerhalb der Realwissenschaften durch die Konfrontation mit Erfahrungstatsachen (Versuch der → Falsifikation) oder Alternativtheorien (Pluralismus). – Vgl. auch → Methodologie.

Kultusministerkonferenz (KMK) – Die Ständige Konferenz der Kultusminister der Länder in der Bundesrepublik Deutschland (Kurzform: Kultusministerkonferenz) ist ein Zusammenschluss der für Bildung und Erziehung, Hochschulen und Forschung sowie kulturellen Angelegenheiten zuständigen Minister bzw. Senatoren der Länder. Eine wesentliche Aufgabe der Kultusministerkonferenz besteht darin, durch Konsens und Kooperation in ganz Deutschland Transparenz und Mobilität zu sichern, Gleichwertigkeit der Lebensverhältnisse sicherzustellen und die gemeinsamen Interessen der Länder im Bereich Kultur zu vertreten und zu fördern.

kumulative Verursachung → Kontereffekt.

Künstlersozialkasse – zuständige Stelle zur Durchführung der Künstlersozialversicherung, durch das Künstlersozialversicherungsgesetz vom 27.7.1981 (BGBl. I 705) m.spät.Änd. eingerichtet und seit 2003 übertragen auf die Unfallkasse des Bundes. Die Künstlersozialkasse erhebt von den Versicherten deren Beitragsanteile, zieht von den Verwertern von Kunst und Publizistik die Künstlersozialabgabe ein und nimmt den Bundeszuschuss entgegen; diese Mittel werden von der Künstlersozialkasse an die jeweiligen Versicherungsträger (Rentenversicherung: BfA; Kranken- und Pflegeversicherung: Krankenkassen) abgeführt. Die Künstlersozialkasse stellt bes. auch das Bestehen der Versicherungspflicht fest und entscheidet über die Anträge auf Befreiung mit Wirkung für die BfA bzw. die Krankenkassen. Der Künstlersozialkasse gehören zum 31.12.2011 über 173.000 selbstständige Künstler und Publizisten als Versicherte an.

Kurantmünzen – zum gesetzlichen Zahlungsmittel erklärtes Hartgeld (Münzen), dessen Metallwert dem aufgeprägten Nennwert entspricht, und das in voller Höhe in Zahlung genommen werden muss (obligatorisches Geld). – *Gegensatz:* → Scheidemünzen.

Kuratorium der deutschen Wirtschaft für Berufsbildung – nicht rechtsfähiger Verein; Sitz in Bonn, gegründet 1970. – *Aufgaben:* Unterstützung und Koordination der Arbeit der Mitglieder im Bereich der → Berufsbildung einschließl. der beruflichen Weiterbildung; Zusammenarbeit mit wissenschaftlichen Instituten der Wirtschaft; Stellungnahmen zu grundsätzlichen Problemen der Berufsbildungspolitik.

Kurzarbeitergeld – 1. *Begriff:* Leistung der Arbeitslosenversicherung an Arbeitnehmer (§§ 95 ff. SGB III), die noch in beitragspflichtiger Beschäftigung stehen, deren Arbeitszeit aber infolge eines auf wirtschaftlichen Ursachen beruhenden, unvermeidbaren Arbeitsausfalles um mehr als zehn Prozent bei mind. einem Drittel der in dem Betrieb beschäftigten Arbeitnehmer in einem Zeitraum von vier Wochen gekürzt ist (§ 96 SGB III). – 2. *Ziel:* Kurzarbeitergeld soll die bestehenden Arbeitsverhältnisse während der Zeit des Ausfalls erhalten. Kurzarbeitergeld wird auch gezahlt bei einem zur Stilllegung führenden unabwendbaren Ereignis, wenn der Arbeitsausfall durch behördliche oder behördlich anerkannte Maßnahmen verursacht ist, die der Arbeitgeber nicht zu vertreten hat. – 3. *Umfang:* Die Höhe richtet sich i.d.R. nach dem ohne Arbeitsausfall zu erzielenden Arbeitsentgelt. Kurzarbeitergeld beträgt für Arbeitnehmer mit mind. einem Kind 67 Prozent, für alle anderen 60 Prozent des um die gesetzlichen Abzüge verminderten Arbeitseinkommens für die Dauer der Kurzarbeit (§ 105 SGB III). – 4. *Bezugsdauer:* Ausrichtung für eine Dauer von längstens sechs Monaten (§ 104 I SGB III). Nach Ablauf der Bezugsfrist ist eine erneute Zahlung erst nach Ablauf von drei Monaten möglich (§ 104 III SGB III). Die Bezugsdauer kann bis zu zwölf bzw. 24 Monate verlängert werden, wenn in bestimmten Wirtschaftszweigen oder Bezirken bzw. auf dem gesamten Arbeitsmarkt außergewöhnliche Verhältnisse vorliegen (s. dazu die Verordnungsermächtigung in § 109 SGB III). – Vgl. auch → Saison-Kurzarbeitergeld, Kurzarbeit.

Küstenschifffahrt – Schifffahrt im Bereich der Küstengewässer bzw. innerhalb des Seegebietes nationaler

Souveränitätszonen. Von der Küstenschifffahrt zu unterscheiden ist die Seeschifffahrt. I.d.R. bestehen in der Küstenschifffahrt keine eigenen Niederlassungen an Land, da der Unternehmer meist gleichzeitig Kapitän ist und die Ladungen vorwiegend von Maklern vermittelt werden, künftig sollen verstärkt Verlagerungen von den Landverkehrsträgern auf die Küstenschifffahrt erfolgen. – *Rechtliche Regelungen:* Nach der Verordnung über die Küstenschifffahrt vom 5.7.2002 (BGBl. I 2555) m.spät.Änd. betreibt Küstenschifffahrt, wer Fahrgäste oder Güter in einem Ort im Geltungsbereich dieses Gesetzes an Bord nimmt und sie unter Benutzung des Seeweges gegen Entgelt an einen Bestimmungsort in diesem Bereich befördert. Küstenschifffahrt darf nur betrieben werden mit (1) Seeschiffen, die nach dem Flaggenrecht die Bundesflagge führen, (2) Binnenschiffen, die in einem Schiffsregister im Geltungsbereich dieses Gesetzes eingetragen sind und eine Fahrtauglichkeitsbescheinigung nach der Binnenschiffs-Untersuchungsordnung vom 6.12.2008 (BGBl. I 2450) m.spät.Änd. besitzen und (3) Schiffen, die in einem Mitgliedsstaat der EU registriert sind und unter Flagge eines solchen Staates fahren.

Kuznets-Kurve – 1. *Begriff:* Die Kuznets-Kurve beschreibt eine auf Simon Smith Kuznets zurückgehende Relation zwischen der wirtschaftlichen Entwicklung eines Landes und der → personellen Einkommensverteilung. Der in der Kuznets-Kurve zum Ausdruck kommende Zusammenhang ist empirisch ableitbar und unterliegt historischen und länderspezifischen Einflüssen. – 2. *Erläuterung:* In der Abbildung „Kuznets-Kurve" wird die wirtschaftliche Entwicklung auf der Ordinate durch das Nationaleinkommen pro Kopf im logarithmischen Maßstab abgebildet. Das Ausmaß der Ungleichverteilung der Einkommen wird auf der Abszisse beispielhaft durch den Einkommensanteil abgebildet, der auf die 40 Prozent der Einkommensbezieher mit den niedrigsten Einkommen entfällt. Die Kuznets-Kurve besagt, dass die Ungleichheit der Einkommensverteilung mit steigendem Nationaleinkommen pro Kopf zunächst zunimmt, dann wieder abnimmt. Eine solche Entwicklung kann sich vor dem Hintergrund des Strukturwandels von der Landwirtschaft zur Industriegesellschaft vollziehen. Wenn höher bezahlte Arbeitsplätze in der Industrie entstehen und Arbeitskräfte dorthin abwandern, wird die Einkommensverteilung zunächst ungleicher. Im Laufe der Entwicklung arbeitet der überwiegende Anteil der Arbeitskräfte in der Industrie und das Arbeitsangebot in der Landwirtschaft verknappt sich. Wenn sich jetzt die Löhne in der Landwirtschaft an die der Industrie angleichen, bildet sich die Ungleichheit tendenziell wieder zurück.

KV – Abk. für → Kassenärztliche Vereinigung.

Kybernetik – vom griech. Wortstamm kybernetes = Steuermann; eine Theorie aller dynamischen Systeme. Sie beschäftigt sich bes. mit der Informationsverarbeitung in dynamischen Systemen und mit deren Regelung und Steuerung. Die Kybernetik erforscht die wesentlichen Eigenschaften von dynamischen Systemen, damit diese die relevanten Informationen verarbeiten können und die Systeme zielgerecht gelenkt werden bzw. sich selbst entsprechend lenken. – Für die Bildung kybernetischer Modelle werden die *Struktur* und das *Verhalten der dynamischen Systeme* erforscht. Die Struktur eines dynamischen → Systems ist durch die Systemgrenzen, die Teilsysteme und die Elemente der Teilsysteme gekennzeichnet. Die Beziehungen zwischen den Strukturelementen, d.h. zwischen dem System und seiner Umwelt, zwischen den Teilsystemen und zwischen allen einzelnen Systemelementen, werden durch den Fluss von Materie, Energie und/oder Informationen hergestellt. Sie werden im kybernetischen Modell in Relationen überführt. Das Verhalten eines Systems wird durch die Art dieser Beziehungen bzw. Relationen charakterisiert. Hierbei interessieren u.a. folgende Fragen: Ist das System stabil? D.h., strebt es einem Gleichgewichtszustand (trotz Störungen) zu? Bei welcher Größenordnung einer Störung ist das weitere Bestehen des Systems gefährdet? Welche Zeit benötigt ein System, um eine Störung zu bewältigen? Treten bleibende Regelabweichungen auf, d.h., bleibt das System auch nach langer Zeit noch vom Gleichgewichtszustand entfernt? Ist das System beobachtbar und steuerbar? – Vgl. auch → Wirtschafts- und Sozialkybernetik.

kybernetische Planung – Planungsmethoden mit den Grundschritten: (1) Problem- bzw. Zieldefinition; (2) Analyse der Bedingungen, unter denen das Problem nicht mehr auftritt bzw. unter denen das Ziel erreicht wird; (3) Operationalisierung, Maßnahmenplanung und Maßnahmeneinsatz. Die Voraussetzungen zur Zielerreichung werden rückwärts gehend (d.h. vom Ziel zum Start) ermittelt. Durch diese Vorgehensweise kann die Zielerreichung als vorprogrammiert angesehen werden. – Vgl. auch → biokybernetische Grundregeln, → Systemmanagement.

Kyoto-Protokoll – internationales Abkommen, das 1997 im japanischen Kyoto im Rahmen der Dritten Conference of the Parties (COP3) der UNFCCC unterzeichnet wurde. Es hat eine Begrenzung von Treibhausgas-Emissionen für die sechs derzeit als für das Klima am schädlichsten eingestuften Gase für die Jahre 2008 bis 2012 zum Inhalt. Die Klimapolitik erfordert internationale Kooperation, um langfristig Erfolg zu haben. Das Abkommen trat mit der Unterzeichnung von Russland 2005 in Kraft. Ein Folgeabkommen für die Periode 2012 bis 2020 ist noch nicht

LAES – Abk. für *Latin American Economic System*, → SELA.

LAFTA – Abk. für *Latin American Free Trade Association; Associación Latino-Americano de Libre Comercio (ALALC), Lateinamerikanische Freihandelsvereinigung;* 1960 gegründete Freihandelszone. 1980 durch → ALADI (Lateinamerikanische Integrationsvereinigung) ersetzt.

Lagerente – zentraler Begriff des Thünen-Modells (Thünenschen Ringe); Form der → Differenzialrente, die auf einem Ertragsvorteil von marktnäheren Böden bzw. Standorten im Verhältnis zu marktferneren beruht. Bei räumlich als homogen angenommenen Produktionskosten resultiert die Lagerente aus den unterschiedlichen Transportkosten zum Markt. – Vgl. auch → Grundrente.

LAIA – Abk. für *Latin American Integration Association,* → ALADI.

Laissez-Faire-Liberalismus – *Manchester-Liberalismus;* 1. *Denkrichtung* im → Liberalismus; eine im 19. Jh. praktizierte Wirtschaftspolitik, die durch eine ausgesprochen starke Zurückhaltung des Staates gekennzeichnet ist. Unter einseitiger Verkürzung der Argumentationen des → klassischen Liberalismus wird auf die Beeinflussung des Wirtschaftsprozesses entsprechend einer staatlichen Ordnungskonzeption verzichtet. – 2. *Kritik:* Der → Nachtwächterstaat (Ferdinand Lassalle) korrigiert weder die monopolistische Marktvermachtung noch die sozialen Missstände. → Marktversagen, wie z.B. die minroökonomischen Probleme der öffentlichen Güter oder externen Effekte oder die makroökonomischen Stabilisierungsprobleme, wird nicht berücksichtigt. Im Falle einer Ablehnung der Marktergebnisse aus sozialpolitischen Gründen spricht man von einer Marktablehnung.

Laissez-Faire-Regel – eigentumsrechtliche Regelung als Rahmenbedingung für Verhandlungen zwischen dem Verursacher eines → externen Effekts und dem Betroffenen (→ Coase-Theorem). Bei der Laissez-Faire-Regel besitzt der Verursacher des externen Effekts das Recht an der Ressource (z.B. Umweltressource), um deren Nutzung er mit dem Geschädigten konkurriert. Unter der Laissez-Faire-Regel kompensiert der Geschädigte den Verursacher dafür, dass dieser das Niveau der schädigenden Aktivität senkt.

Länderklassifizierung – I. Internationale Wirtschaftsbeziehungen: 1. *Begriff:* Einteilung von Ländern in verschiedene Gruppen anhand objektivierbarer Kriterien. Dieser Vorgang ist für die Arbeit vieler internationaler Organisationen von großer Bedeutung. – 2. *Länderklassifizierung der Weltbank:* Eine wichtige Rolle bei der Länderklassifizierung spielt die Weltbank (→ IBRD), deren Klassifizierungen von anderen wichtigen Organisationen (z.B. IWF, OECD) und Institutionen (z.B. HIPC) übernommen wird. Die Weltbank kennt drei Ansätze zur Länderklassifizierung: (1) Geografisch, (2) nach Einkommen und (3) nach Verschuldungsgrad. – a) Die *Einteilung nach dem Einkommen* erfolgt auf der Basis des jährlichen Bruttonationaleinkommens (BNE) in US-Dollar, wobei für die Währungskonversion nicht aktuelle Devisenkurse, sondern geschätzte Kaufkraftkurse verwendet werden (sog. Atlas-Methode). Die Länder werden in vier Einkommenskategorien eingeteilt (Basis 2007): (1) geringes Einkommen (Low Income): 935 US-Dollar oder weniger; (2) mittleres Einkommen, unterer Teil (Lower Middle Income): 936 bis 3.705 US-Dollar; (3) mittleres Einkommen, oberer Teil (Upper Middle Income): 3.706 bis 11.455 US-Dollar; (4) hohes Einkommen (High Income): mehr als 11.456 US-Dollar. – b) Die *Einteilung nach dem Verschuldungsgrad* ergänzt die Einteilung nach dem Einkommen. Sie erfolgt im Regelfall auf der Basis zweier Indikatoren. Länder werden als stark verschuldet (Severely Indebted) klassifiziert, wenn der Barwert ihres Schuldendienstes 80 Prozent des BNE oder 220 Prozent der Exporte überschreitet. Bei mittel verschuldeten Ländern bewegen sich diese Indikatoren unterhalb dieser Schwellen, überschreiten jedoch die Werte von 60 Prozent des BNE bzw. der Exporte. Bei Ländern, bei denen Barwertberechnungen aufgrund mangelhafter statistischer Berichtslage nicht möglich sind, werden statt Barwerten Schuldenstände verwendet. Außerdem werden dann ergänzend die Quoten des laufenden Schuldendienstes bzw. der Zinszahlungen zu den Exporten herangezogen. Alle anderen Länder mit geringem oder mittlerem Einkommen werden als gering verschuldet (Less Indebted) klassifiziert.

II. Exportkreditgarantien des Bundes: Einteilung der Exportmärkte in Risikokategorien, mit denen die spezifischen Länderrisiken erfasst werden, zur Berechnung des Entgelts. Seit 1.1.1999 gilt ein OECD-einheitliches siebenstufiges System: Länder mit sehr geringen Risiken werden der Kategorie 1 (geringstes Entgelt) zugeordnet, Länder mit sehr hohem Risiko der Kategorie 7 (höchstes Entgelt).

Landesaufbaubanken → Wirtschaftsförderinstitute.

Landesbetrieb – rechtlich unselbstständiger, organisatorisch ausgegliederter Teil der Landesverwaltung (vgl. § 26 Hess LHO). – Im Haushaltsplan des Landes sind nur die Zuführungen und Ablieferungen zu veranschlagen (Nettobetrieb). – *Beispiele:* Hafenbetriebe, Landeskrankenhäuser, → Domänen. – *Pflichten:*

Ein Wirtschaftsplan ist aufzustellen; kaufmännisches Rechnungswesen ist anzuwenden; ein Jahresabschluss ist aufzustellen sowie eine Kosten- und Leistungsrechnung durchzuführen. Unberührt gelten die Haushaltsgrundsätze. – Auf *Bundesebene* entspricht dem Landesbetrieb der → Bundesbetrieb nach § 26 BHO, auf der *Kommunalebene* der Eigenbetrieb.

Landesentwicklungsgesellschaften
→ Wirtschaftsförderinstitute.

Landflucht → Binnenwanderung.

Landlocked Developing Countries – Abk. *LLDC*; Entwicklungsländer ohne Meereszugang. Von der UN verwendete Bezeichnung für Entwicklungsländer, welche aufgrund ihrer Binnenlage und den damit verbundenen hohen Transportkosten nur marginal am Welthandel partizipieren können. 2008 klassifizierte die UN 31 Länder als LLDCs, darunter Afghanistan, Armenien oder Tschad.

Land- und Forstwirtschaft – alle (selbstständigen und Nebenerwerbs-)Betriebe, die sich mit der Nutzung des Bodens (Erdoberfläche) befassen, v.a. Ackerbau, Viehzucht (→ Landwirtschaft) und Waldwirtschaft (→ Forstwirtschaft). Die Land- und Forstwirtschaft ist neben Fischerei und Bergbau ein Zweig der Urproduktion.

Landwirtschaft – I. Allgemein: Teil der → Urproduktion, bei der Boden und Nutztiere neben Arbeit, Kapital und Know-how als Produktionsfaktoren beteiligt sind; Teil der → Land- und Forstwirtschaft. Wird vorwiegend Holz produziert, handelt es sich um → Forstwirtschaft; der Waldbau kann jedoch auch ein landwirtschaftlicher Nebenbetriebszweig sein. Die Einordnung reiner *Tierzucht- und Tiermastbetriebe* in die Landwirtschaft ist unter dem Kriterium der Bodengebundenheit landwirtschaftlicher Produktion nicht ganz unproblematisch; marktordnungsmäßig gehören die Erzeugnisse jedoch zur landwirtschaftlichen Produktion. Auch gartenbauliche Erzeugnisse werden weitgehend durch die landwirtschaftlichen Marktordnungen erfasst; der *Gartenbau* ist jedoch i.d.R. arbeits- und kapitalintensiver sowie stärker spezialisiert. Die Grenzen zwischen Gartenbau, landwirtschaftlicher Obstproduktion und Feldgemüseanbau sind fließend.

Landwirtschaftliche Produktionsgenossenschaft (LPG) – Die Kollektivierung der → Landwirtschaft in der DDR erfolgte seit 1952 in zwei Phasen. Die noch bestehenden mittleren Betriebe und die Kleinbauern wurden bis 1961 und bis 1972 durch Ablieferungsvorschriften, ruinöse Besteuerung und unzulängliche Zuteilung von Saatgut, Maschinen und Krediten gezwungen, sich zu formell gemeinschaftlich organisierten LPG zusammenzuschließen. In den Produktionsgenossenschaften blieben die Genossen zwar formalrechtlich Eigentümer, doch waren ihre Verfügungs- und Nutzungsrechte kaum größer als bei Staatsbetrieben. Der Anteil der sozialisierten Fläche stieg von unter 3 Prozent 1950 auf 45 Prozent 1959, allein im Jahr 1960 auf 85 Prozent. 1970 waren es 93 Prozent und 1988 96 Prozent. Diese landwirtschaftliche Nutzfläche bewirtschafteten 3.855 Produktionsgenossenschaften und 465 Volkseigene Güter mit einer durchschnittlichen Betriebsgröße von 1.385 bzw. 960 Hektar.

Landwirtschaftskammer – berufsständische Organisation der → Landwirtschaft mit in den einzelnen Ländern unterschiedlicher Rechtsstellung und Bezeichnung. Die Landwirtschaftskammer wurde in einzelnen Ländern aufgelöst und in staatliche Behörden überführt (z.B. in Hessen: Landesamt für Landwirtschaft). – *Aufgaben:* Berufsausbildung; Durchführung öffentlicher Aufgaben in den Bereichen Tier- und Pflanzenzucht und -schutz sowie Agrar-, Umwelt- und Pachtrecht; Förderung der Vermarktung landwirtschaftlicher Produkte; Qualitätssicherung. – In der Bundesrepublik Deutschland gibt es neun Landwirtschaftskammern; mit der dt. Landwirtschaftsgesellschaft und dem Landesverband Gartenbau und Landwirtschaft Berlin e. V. zusammengeschlossen im Verband der Landwirtschaftskammern e. V., Berlin.

Landwirtschaftssektor → primärer Sektor.

Langzeitarbeitslose – 1. *Definition:* Personen, die ein Jahr und länger als arbeitslos gemeldet sind. – 2. *Konsequenz:* Mit der Dauer der Arbeitslosigkeit sinkt die Wahrscheinlichkeit der Reintegration in den sog. ersten Arbeitsmarkt

Laspeyres-Index – Indexzahl, bei der die Gewichte g_i (Gewichtung) die relativen Wertgrößen (Umsätze) der Basisperiode

$$\frac{p_0^i q_0^i}{\sum p_0^i q_0^i}$$

sind. Zu unterscheiden sind: (1) *Laspeyres-Preisindex*

$$L_{0,1}^P = \sum \frac{p_1^i}{p_0^i} g_i = \frac{\sum p_1^i q_0^i}{\sum p_0^i q_0^i}$$

und (2) *Laspeyres-Mengenindex*

$$L_{0,1}^Q = \sum \frac{q_1^i}{q_0^i} g_i = \frac{\sum q_1^i p_0^i}{\sum q_0^i p_0^i}.$$

Dabei ist 1 die Berichtsperiode, 0 die Basisperiode, p^i sind die Preise und q^i die Mengen der Güter i. Vorteilhaft in Bezug auf die Erhebungspraxis ist beim Laspeyres-Index, dass die Gewichte über mehrere Perioden hinweg beibehalten werden, deshalb wird der Laspeyres-Index gegenüber dem Paasche-Index in der Praxis bevorzugt. Da sich die Zusammensetzung des Warenkorbes (Güterqualitäten und -mengen) beim Preisindex bzw. das Preisgefüge beim Mengenindex im Laufe der Zeit verändert, müssen nach einem gewissen Zeitraum (z.B. nach fünf Jahren) neue Gewichte festgelegt werden. Die Vergleichbarkeit der Indexzahlen über längere Zeiträume hinweg wird dadurch erschwert. – Vgl. auch → Inflation.

Lastenausgleich – 1. *Begriff/Aufgaben:* Neben der Wiedergutmachung nationalsozialistischen Unrechts sowie der Versorgung von Kriegsopfern und Kriegshinterbliebenen stellt der Lastenausgleich ein zentrales Element der zur Bewältigung der Kriegsfolgen dienenden Sozialgesetzgebung dar. Aufgabe des Lastenausgleichs ist es, die Eingliederung der durch Kriegs- und Kriegsfolgeereignisse materiell geschädigten Flüchtlinge und Vertriebenen, Kriegssachgeschädigten, Währungsgeschädigten und Sowjetzonenabwanderer zu unterstützen und Entschädigung für erlittene Vermögensverluste zu gewähren. – 2. *Mittelaufkommen:* Das nach dem Krieg vorhandene Sachvermögen wurde systematisch erfasst und steuerlich belastet; die aufkommenden Mittel wurden einem speziell gebildeten Ausgleichsfonds zugeführt. Die Abgabeschuld wurde auf 50 Prozent des Einheitswerts des am Währungsstichtag vorhandenen abgabepflichtigen Vermögens festgesetzt und war über einen Zeitraum von 30 Jahren zu bedienen. Diese Vermögensabgabe wurde ergänzt durch zwei Abgaben auf im Rahmen der Währungsreform durch die Umstellung von dinglich gesicherten Verbindlichkeiten (Hypothekengewinnabgabe) sowie von Verbindlichkeiten bilanzierender Unternehmen (Kreditgewinnabgabe) entstandene Währungsgewinne. Diese Abgaben wurden durch im Zeitablauf relativ steigende Zuschüsse von Bund und Ländern an den Ausgleichsfonds ergänzt. – 3. *Leistungen:* Der Lastenausgleich verbindet Entschädigung und Eingliederungshilfe, indem neben Entschädigungsleistungen für den Verlust von Sach- und Geldvermögen auch auf die Eingliederung zielende Leistungen gewährt werden, v.a. Darlehen für den Wohnungsbau, für die gewerbliche Wirtschaft und die Landwirtschaft, Rentenzahlungen, Mittel für den Erwerb von Hausrat sowie Ausbildungshilfen. – 4. *Ausblick:* Auch wenn der Lastenausgleich im Wesentlichen als abgeschlossen gelten kann, werden auch noch in den nächsten Jahren Zahlungen v.a. für die Bezieher von Rentenleistungen erbracht werden.

Lastenzuschuss → Wohngeld.

Lateinamerikanische Freihandelsvereinigung → LAFTA.

Lateinamerikanische Integrationsvereinigung → ALADI.

Lateinamerikanische Wirtschaftsorganisation → SELA.

Latin American Economic System (LAES) → SELA.

Latin American Free Trade Association (LAFTA) → LAFTA.

Latin American Integration Association (LAIA) → ALADI.

Law and Economics – Neue Institutionenökonomik, Rechtsökonomik.

LDC – Abk. für *Less Developed Country* (→ Developing Country) oder → *Least Developed Country*.

Learning by Doing Economies – *Lernkurveneffekte;* können als dynamisierte Effekte von Economies of Scale interpretiert werden, da die Stückkosten eines Unternehmens nicht nur von der aktuellen Produktionsmenge, sondern auch von der in der Vergangenheit produzierten Menge abhängen. Das Potenzial zur Kostensenkung wird in der Erfahrungskurve do-

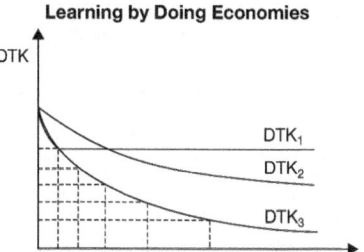

DTK = durchschnittliche totale Kosten

kumentiert, die angibt, um welchen Prozentsatz die Stückkosten bei einer Verdopplung der Produktionsmenge jeweils fallen. Gründe für diese Ersparnis können Lerneffekte sein, aber auch eine effizientere Produktion, wie z.B. eine Reduktion der Ausschussquoten. Die Erfahrungskurve gibt darüber hinaus mögliche Wettbewerbsstrategien und ist als Instrument für die strategischen Planungen anzusehen. Dieser als *Learning by Doing* bezeichnete Prozess kann zu Wettbewerbsvorteilen eines Unternehmens gegenüber Newcomern führen. Das Phänomen ist seit langem in Unternehmen und Haushalten bekannt, wurde aber zuerst beobachtet und als ökonomisches Konzept formuliert bei der Massenproduktion von Flugzeugen während des Zweiten Weltkrieges. Die Abbildung „Learning by Doing Economies" verdeutlicht alternative *Lernkostenkurven* (DTK_1, DTK_2 bzw. DTK_3) bei kumuliertem Output im Zeitablauf. Wenn Learning by Doing Economies eine große Rolle spielen würde (wie im Fall DTK_3), könnte dadurch eine *Monopolisierungstendenz* ausgelöst werden, die jedoch durch verschiedene Faktoren gemildert wird: (1) Das Potenzial für Kostenersparnisse durch Learning by Doing sinkt im Zeitablauf, da die ständige Wiederholung der Produktionsabläufe immer weniger neue Erfahrungen mit sich bringt. (2) Im Zeitablauf werden sich die Produktionserfahrungen eines Unternehmens durch den Wechsel von Mitarbeitern, das Auslaufen von Patenten und das Publikwerden von Produktionstechniken nicht geheim halten lassen

(→ Spillover-Effekt), sodass die Kostennachteile der Konkurrenten geringer sein werden als im Fall vollkommen unternehmensspezifischer Lernkurven. (3) Im Fall eines raschen technologisch bedingten Wechsels des Produktdesigns gehen die Vorteile der Lernkurve verloren; ein Newcomer kann sehr rasch eine neue überlegene Lernkurve realisieren. – Lernkosten-Ersparnisse können bei der Produktion von Gütern eine Rolle spielen; falls diese Kostenersparnisse wesentlich sind, wird die Konzentrationstendenz auf den entsprechenden Produktmärkten verstärkt (→ Unternehmenskonzentration).

Least Cost Planning – Die Nachfrage nach → Energieträgern ist eine aus der Nachfrage nach → Energiedienstleistungen (Wärme, Kraft, Licht, Kälte etc.) abgeleitete Nachfrage. Das in den USA entwickelte Konzept des Least Cost Planning zielt darauf ab, die Kosten der Energiedienstleistung zu minimieren, indem die Energieversorgungsunternehmen Energiesparmaßnahmen initiieren und unterstützen (Wandel vom Energieversorgungs- zum Energiedienstleistungsunternehmen). Least Cost Planning beinhaltet die systematische Integration von Einsparmöglichkeiten, v.a. durch Elektrizitäts- aber auch durch Gasversorgungsunternehmen, in die Bedarfsplanung. Nachfrageseitige Maßnahmen wie Förderung der Stromeinsparung und Lastmanagement (→ Demand Side Management) sollen neben angebotsseitigen Maßnahmen wie Ersatz und Erweiterung von Kraftwerkskapazität (Supply Side Management) in die Unternehmensplanung integriert werden. Energiesparen soll neben Energiebereitstellung als gleichwertige Quelle zur Deckung der Nachfrage nach Energiedienstleistungen treten (Energieeinsparung). Instrumente des Demand Side Management sind v.a. Einsparprogramme (in einfacher Form z.B. durch Zahlung von Zuschüssen beim Kauf bes. energiesparender Geräte). Dauerhaft erfolgversprechender als umlagefinanzierte Subventionierung von Einsparmaßnahmen dürften Contracting-Modelle sein. Je nach wirtschaftspolitischer Grundausrichtung werden unterschiedliche Least Cost Planning-Konzepte verfochten (z.B. markt- vs. regulierungsorientiertes Least Cost Planning).

Least Developed Country (LDC) – Von den Vereinten Nationen 1971 geprägte Bezeichnung für die am wenigsten entwickelten Länder (früher auch als LLDC bezeichnet). – *Bis 1990* erfolgte die *Klassifikation* nach drei Indikatoren: (1) Bruttoinlandsprodukt (BIP) pro Kopf der Bevölkerung in US-Dollar; (2) dem *Economic Vulnerability Index* (→ EVI); (3) dem *Human Assets Index* (HAI), welcher die Kalorienzufuhr und Kindersterblichkeit sowie die Einschulungsrate in Sekundarschulen und die Alphabetisierungsrate hinwegnehme misst. Des Weiteren darf die Gesamtbevölkerung nicht größer als 75 Mio. sein. – Im Jahr 2009 haben insgesamt 50 Länder den LDC-Status; dies entspricht ca. 10,5 Prozent der Weltbevölkerung. – Vgl. auch → Developing Country (DC).

Lebenslage – Konzept der → Theorie der Sozialpolitik, dessen Bedeutung für die sozialpolitische Forschung v.a. von G. Weisser herausgestellt wurde. Angesichts des unzureichenden Wissens über die Lebenslage sozialpolitischer Zielgruppen lassen sich in der Wissenschaft der Sozialpolitik zwei unterschiedliche Wege der Erfassung der → gesellschaftlichen Schwäche der jeweiligen Lebenslage ausmachen, die beide gleichermaßen als wenig befriedigend erscheinen. (1) Der eine Weg besteht in der Beschränkung auf den formalen Aspekt der *abhängigen Stellung im Arbeitsleben* oder in der Konzentration auf nur ganz wenige und statistisch gut erfassbare Merkmale der Lebenslage, z.B. das Einkommen, v.a. bei ökonomischen Analysen. (2) Auf den anderen Weg wird versucht, der Vielfalt menschlicher Interessen und Ziele Rechnung zu tragen; dabei wird für eine *umfassende Berücksichtigung von Lebenslagenmerkmalen* jedoch oft eine mangelnde Konkretisierbarkeit und eine nur eingeschränkte empirisch-statistische Erfassbarkeit in Kauf genommen.

Lebensstandardsicherung – grundlegendes Ziel der → Alterssicherung in Deutschland. Lebensstandardsicherung soll die relative Einkommensposition, die eine abgesicherte Person während der Zeit vor dem Ruhestand innerhalb ihrer Generation hat, auch im Ruhestand erhalten. Wurde die Lebensstandardsicherung für sozialversicherungspflichtig Beschäftigte in der Vergangenheit vorrangig von Leistungen der → gesetzlichen Rentenversicherung (GRV) erwartet, soll sie nach einer Reihe von → Rentenreformen (Rentenreform 2004 und Rentenreform 2007) auf der Basis aller Leistungen der Alterssicherung nach dem „Drei-Säulen-Konzept" erreicht werden. Auch in den anderen Bereichen der → sozialen Sicherung werden Lohnersatzleistungen an diesem Ziel ausgerichtet.

Lehrplan – systematische Zusammenfassung von Lerninhalten, die über die Realisierung von Lernzielen innerhalb eines vom Plan vorgegebenen Zeitraums im Rahmen eines schulischen Bildungsganges vom Lernenden erarbeitet und angeeignet werden sollen. Auf der Grundlage der Kulturhoheit der Länder werden die Lerninhalte und Lernziele von Lehrplan-Kommissionen der Länder entworfen und auf dem Verordnungsweg von den einzelnen Kultusministern verbindlich vorgeschrieben. – Vgl. auch → Curriculum, → wirtschaftsberufliche Curriculumentwicklung.

Lehrwerkstatt – Sammelbezeichnung für alle schulischen, betrieblichen und überbetrieblichen Ausbildungsstätten wie Laboratorien, Simulationseinrichtungen, Übungswerkstätten in der gewerblich-technischen der Ausbildungs- und Übungsbüros (→ Übungsfirma) in der kaufmännisch-verwaltenden Berufsausbildung. – *Ziel*: Vermittlung von Einsichten in ganzheitlich-komplexe praktische Zusammenhänge; diese sind weder mit traditionellen schulischen Lernformen noch durch die Mitarbeit im Produktionsprozess zu gewinnen. – *Kennzeichnend* für den → Lernort Lehrwerkstatt ist die Vermittlung berufspraktischer Fähigkeiten und Fertigkeiten durch systematische (lehrgangsmäßige) und produktionsunabhängige Lernprozesse unter Anleitung bes. qualifizierter Ausbilder.

Leibenstein → Unternehmenskonzentration, → X-Ineffizienz.

Leihzins → Zinsen.

Leistungen zur Eingliederung in Arbeit nach SGB II – I. Rechtsgrundlage: §§ 14 ff. des Zweiten Buches des Sozialgesetzbuches (SGB II) zur Regelung der Grundsicherung für Arbeitsuchende vom 24.12.2003 (BGBl. I 2954) in der Fassung der Bekanntmachung vom 13.5.2011 (BGBl. I 850 [2094]) m.spät. Änd. – II. Begriff und Ziel: Die Träger der Leistungen (§§ 6 ff. SGB II) unterstützen erwerbsfähige Hilfebedürftige und Leistungsberechtigte umfassend mit dem Ziel der Eingliederung in Arbeit (*Grundsatz des Förderns*) (§ 14 SGB II). – III. Wichtigste Instrumente: – 1. *Eingliederungsvereinbarung (§ 15 SGB II):* Die → Agentur für Arbeit soll im Einvernehmen mit dem kommunalen Träger mit jeder erwerbsfähigen leistungsberechtigten Person die für ihre Eingliederung in Arbeit erforderlichen Leistungen vereinbaren. Hierin ist insbes. zu bestimmen, welche Leistungen der Erwerbsfähige erhält, welche Bemühungen er in welcher Häufigkeit zur Eingliederung in Arbeit mindestens unternehmen muss und in welcher Form diese Bemühungen nachzuweisen sind, welche Leistungen Dritter, insbes. Träger anderer Sozialleistungen, er zu beantragen hat. Die Eingliederungsvereinbarung soll zunächst für sechs Monate abgeschlossen werden. Sie kann danach erneuert werden. – 2. *Sofortangebot (§ 15a SGB II):* Erwerbsfähigen, die innerhalb der letzten zwei Jahre laufende Geldleistungen, die der Sicherung des Lebensunterhalts dienen, weder nach dem SGB II noch nach dem Dritten Buch des Sozialgesetzbuches (SGB II) zur Arbeitsförderung vom 24.3.1997 (BGBl. I S. 594) SGB III bezogen haben, sollen bei der Beantragung von Leistungen nach dem SGB II unverzüglich Leistungen zur Eingliederung in Arbeit angeboten werden. – 3. *Leistungen zur Eingliederung (§ 16 SGB II):* Zur Eingliederung in Arbeit erbringt die Agentur für Arbeit Leistungen nach § 35 SGB III. Sie kann für erwerbsfähige Hilfebedürftige u.a. folgende Leistungen der aktiven Arbeitsförderung (§§ 29 ff. SGB III) erbringen: Beratung und Vermittlung, Leistungen zur Aktivierung und beruflichen Eingliederung, Leistungen zur Berufsausbildung, Leistungen zur beruflichen Weiterbildung, Leistungen zur Aufnahme einer sozialversicherungspflichtigen Beschäftigung. – 4. *Kommunale Eingliederungsleistungen (§ 16a SGB II):* Zur Verwirklichung einer ganzheitlichen und umfassenden Betreuung und Unterstützung bei der Eingliederung des erwerbsfähigen Leistungsberechtigten in das Erwerbsleben können die folgenden Leistungen erbracht werden: Betreuung minderjähriger oder behinderter Kinder, häusliche Pflege von Angehörigen, Schuldnerberatung, psychosoziale Betreuung, Suchtberatung. – 5. *Einstiegsgeld (§ 16b SGB II):* Dieses kann bei Aufnahme einer sozialversicherungspflichtigen oder selbstständigen Erwerbstätigkeit erbracht werden, wenn es zur Eingliederung in den allgemeinen Arbeitsmarkt erforderlich ist. Das Einstiegsgeld wird, soweit für diesen Zeitraum eine Erwerbstätigkeit besteht, für höchstens 24 Monate gezahlt. Bei der Bemessung der Höhe sollen die vorherige Dauer der Arbeitslosigkeit sowie die Größe der Bedarfsgemeinschaft berücksichtigt werden, in welcher die erwerbsfähige Leistungsberechtigte lebt. – 6. *Leistungen zur Eingliederung von Selbstständigen (§ 16c SGB II):* Personen, die eine selbstständige, hauptberufliche Tätigkeit aufnehmen oder ausüben, können Darlehen und Zuschüsse für die Beschaffung von Sachgütern erhalten. Die Zuschüsse dürfen einen Betrag von 5.000 Euro nicht übersteigen. Ferner können Personen, die eine selbstständige, hauptberufliche Tätigkeit ausüben, durch geeignete Dritte via Beratung oder Vermittlung von Kenntnissen und Fertigkeiten gefördert werden, wenn dies für die weitere Ausübung der selbstständigen Tätigkeit erforderlich ist. Die Vermittlung von beruflichen Kenntnissen ist jedoch ausgeschlossen. Sämtliche Leistungen werden nur gewährt, wenn zu erwarten ist, dass die selbstständige Tätigkeit wirtschaftlich tragfähig ist und die Hilfebedürftigkeit durch die selbstständige Tätigkeit innerhalb eines angemessenen Zeitraums dauerhaft überwunden oder verringert wird. Zur Beurteilung der Tragfähigkeit soll die Agentur für Arbeit die Stellungnahme einer fachkundigen Stelle verlangen. – 7. *Arbeitsgelegenheiten (§ 16d SGB II):* Erwerbsfähigen Leistungsberechtigten können zur Erhaltung oder Wiedererlangung ihrer → Beschäftigungsfähigkeit, die für eine Eingliederung in Arbeit erforderlich ist, Arbeitsgelegenheiten zugewiesen werden, wenn die verrichteten Arbeiten zusätzlich sind, im öffentlichen Interesse liegen und wettbewerbsneutral sind. Hierbei haben Leistungen zur Eingliederung in Arbeit, mit denen die Aufnahme einer Erwerbstätigkeit auf dem allgemeinen Arbeitsmarkt unmittelbar unterstützt werden kann, Vorrang gegenüber der Zuweisung in Arbeitsgelegenheiten. Diese darf sich zudem innerhalb eines Zeitraums von fünf Jahren nur maximal auf 24 Monate belaufen. Den erwerbsfähigen Leistungsberechtigten ist während einer Arbeitsgelegenheit zuzüglich zum → Arbeitslosengeld II von der Agentur für Arbeit eine angemessene Entschädigung für Mehraufwendungen zu zahlen. – 8. *Förderung von Arbeitsverhältnissen (§ 16e SGB II):* Arbeitgeber können auf Antrag für die Beschäftigung von zugewiesenen erwerbsfähigen Leistungsberechtigten durch Zuschüsse zum Arbeitsentgelt gefördert werden, wenn zwischen dem Arbeitgeber und der zu beschäftigenden Person ein Arbeitsverhältnis begründet wird.

Dieser Zuschuss richtet sich nach der Leistungsfähigkeit des Arbeitnehmers und beträgt bis zu 75 Prozent des berücksichtigungsfähigen Arbeitsentgelts. – 9. *Freie Förderung (§ 16f SGB II):* Die Agentur für Arbeit kann die Möglichkeiten der gesetzlich geregelten Eingliederungsleistungen durch freie Leistungen zur Eingliederung in Arbeit erweitern. Bei dieser Ermessensleistung ist auch eine Kombination oder Modularisierung von Förderinhalten zulässig. – IV. Finanzierung: Der Bund trägt die Aufwendungen der Grundsicherung für Arbeitsuchende einschließlich der Verwaltungskosten, soweit die Leistungen von der Bundesagentur erbracht werden (§ 46 I SGB II). Der Bund kann festlegen, nach welchen Maßstäben die Mittel auf die Agenturen für Arbeit zu verteilen sind. Bei der Zuweisung wird die Zahl der erwerbsfähigen Leistungsberechtigten zugrunde gelegt (§ 46 II SGB II). Die Bundesagentur für Arbeit leistet an den Bund einen Eingliederungsbeitrag in Höhe der Hälfte der jährlichen, vom Bund zu tragenden Aufwendungen für Leistungen zur Eingliederung in Arbeit und Verwaltungskosten (§ 46 III SGB II). – Vgl. zur Abgrenzung der Leistungen zur Eingliederung in Arbeit nach SGB II von der (aktiven) Arbeitsförderung nach SGB III ebenfalls Arbeitsmarktpolitik, Sozialhilfe und → Sozialpolitik.

Leistungsgerechtigkeit → Verteilungsgerechtigkeit, Sozialpolitik in der Marktwirtschaft.

Leistungsgesellschaft → Verteilungsgerechtigkeit.

Leistungsprinzip → Verteilungspolitik, Verteilungstheorie.

Leitbild – 1. *Wettbewerbspolitik:* → wettbewerbspolitische Leitbilder. – 2. *Umweltpolitik:* → umweltpolitische Leitbilder. – 3. *Werbung:* Schlüsselbild.

Leitkurs – meist vertraglich im Rahmen eines → Währungssystems vereinbarter fixer Orientierungskurs, von dem die Devisenkassakurse (Marktkurse) nach oben und unten innerhalb einer bestimmten Bandbreite abweichen dürfen. – Vgl. auch → EWS II (seit Einführung des *Euro*), Währungsintegration.

Leittextmethode – bisher überwiegend in der gewerblich-technischen → Berufsausbildung eingesetzte Methode, bei der mithilfe von visuellen, auditiven und audiovisuellen Medien (Leittexte, z.B. schriftliche Übungsanleitungen, Videofilme, technische Zeichnungen etc.) Auszubildende in einem relativ selbst gesteuerten Lernprozess komplexe Aufgaben und Probleme bearbeiten und lösen sollen.

Leitzinsen – Die Zentralbank entscheidet aufgrund geldpolitischer Erfordernisse, zu welchen Zinssätzen sie den Kreditinstituten → Zentralbankgeld bereitstellt. Sie nimmt damit Einfluss auf die kurzfristigen Soll- und Habenzinsen der Kreditinstitute. Den Zentralbankzinsen kommt die Rolle von Leitzinsen zu, da andere kurzfristige Zinsen an sie angekoppelt sind (Zinsführerschaft). Bis zur Einrichtung des Europäischen Systems der Zentralbanken (ESZB) legte die Deutsche Bundesbank mit dem → Diskontsatz als untere und dem → Lombardsatz als obere Begrenzung einen Zinskorridor am Geldmarkt fest. Als Refinanzierungskonditionen bilden nun im Euroraum die Sätze der Spitzenrefinanzierungsfazilität die obere Begrenzung und die Einlagenfazilität die untere Begrenzung des Zinskorridors (Geldpolitik). Der Hauptrefinanzierungssatz sowie die Verzinsung des Mindestreservesolls mit dem Hauptrefinanzierungssatz sorgen dafür, dass der Hauptrefinanzierungssatz der Leitzins für den → Geldmarkt ist.

Lenkungsfehler – Fehler, die v.a. bei der willentlichen Beeinflussung komplexer Systeme (→ Komplexität) entstehen. – Vgl. auch → Systemmanagement.

Lenkungsprinzip – Prinzipal-Agent-Theorie.

Leontief-Lerner-Wohlfahrtsfunktion – lautet für n Gütermengen: $U = f(x_1, x_2, ... x_n)$. Die im Rahmen der Außenwirtschaftstheorie entwickelte Leontief-Lerner-Wohlfahrtsfunktion wird auch in der Wohlfahrtsökonomik verwendet. Die gesellschaftliche Wohlfahrt wird direkt durch die zur Verfügung stehenden Gütermengen bestimmt, nicht durch die individuellen, aufaddierten Nutzenfunktionen.

Lernkosteneffekte → Learning by Doing Economies.

Lernort – Ort, an dem der Lernprozess stattfindet. – *Arten:* Primäre Lernorte dienen ausschließlich der Wissensvermittlung (z.B. Schulen), sekundär vorrangig anderen Aufgaben (z.B. betriebliche Leistungserstellung). Integrierte Lernorte bedürfen keiner Ergänzung durch andere Institutionen. Nach Standort wird zwischen betrieblichem und außerbetrieblichem Lernort unterschieden. Derzeit sind zum einen eine Pluralisierung der Lernorte und zum anderen eine Wiederbelebung des ertragsintensiven Lernorts Arbeitsplatz zu beobachten.

Less Developed Country (LDC) → Developing Country (DC).

Leviathan – ursprünglich vom engl. Staatsphilosophen Hobbes, 1588–1679, eingeführte Bezeichnung für den allmächtigen Staat. Die im Anschluss an Hobbes etablierte kontrakttheoretische Begründung des Staates nimmt zunächst einen anarchischen Urzustand der Gesellschaft an, der im Extrem durch einen Krieg aller gegen alle gekennzeichnet ist. Zur Herstellung einer dauerhaften Friedensordnung etabliert sich auf naturrechtlichen Grundlagen durch einen Gesellschaftsvertrag der Staat als Repräsentant der Gesellschaftsmitglieder. Diese übertragen zugleich ihre ursprünglichen Rechte, nach eigenem Ermessen völlig frei zu handeln, an den Staat. Dadurch werde der Staat zum unanfechtbaren Leviathan einem „sterblichen Gott" unter dem „unsterblichen Gott", dem es zufällt die Menschen notfalls mit Gewalt gegenüber sich selbst und gegenüber anderen Völkern zu beschützen. – In den *Ansätzen der*

Finanzwissenschaft oder *Public-Choice-Theorie* wird der Leviathan, im Gegensatz zu Hobbes, als freiheits- und wohlstandsvernichtender bürokratischer Apparat verstanden. Der interventionistische Wohlfahrtsstaat dient als Prototyp einer Entwicklung zum Leviathan, die „Zähmung des Leviathan" als programmatische Formel für verschiedenste Reformansätze (s. → Konstitutionenökonomik).

Liability Rulet → Verfügungsrechte.

liberales Paradoxon – 1. *Begriff:* von Sen entwickeltes Theorem der → Wohlfahrtsökonomik, welches das → Arrow-Paradoxon um das Axiom der individuellen Freiheit erweitert. Sen geht davon aus, dass jeder Mensch einen autonomen Entscheidungsspielraum haben sollte, innerhalb dessen er unabhängig von anderen verbindliche Entscheidungen treffen kann. Ausgehend von dieser Zusatzbedingung zeigt Sen, dass es Situationen gibt, in denen es Konflikte zwischen Gesellschaftsmitgliedern geben kann, die es unmöglich machen, zwischen privaten und gesellschaftlichen Entscheidungen zu trennen. In solchen Situationen fehlt die Basis für die Aggregation von Präferenzen und die Ableitung von gesellschaftlichen → Wohlfahrtsfunktionen. Sen fordert deshalb, nicht nur Nutzeninformationen sondern auch Restriktionen für individuelles Handeln (z.B. Rechtsvorschriften) in die Wohlfahrtsökonomik miteinzubeziehen. Das → Pareto-Optimum sollte nur noch auf solche Entscheidungen angewandt werden, die keine Auswirkung auf die autonome Entscheidung eines anderen haben. Denn ansonsten gerät man in die paradoxe Situation, dass das eigentlich liberale Pareto-Optimum zu illiberalen Ergebnissen führt. – 2. *Bewertung:* Sens liberales Paradoxon löst das Arrow-Problem nicht. Sen führt jedoch die Wohlfahrtsökonomik aus der Sackgasse der reinen Nutzenbetrachtung heraus, indem es ihm mit dem liberalen Paradoxon gelingt, institutionelle Gesichtsichtspunkte in die Theorie zu integrieren.

Liberalismus – 1. *Charakterisierung:* Individuelle Freiheit und Selbstverantwortung betonende Gesellschaftskonzeption; geistige Wurzeln liegen in der durch die Aufklärung beeinflussten englischen und schottischen Moralphilosophie des 18. Jh. (u.a. Locke, Hume, Stewart, Smith). Zunächst als politische Bewegung gegen den Absolutismus entstanden, wurde der Liberalismus bald auch als Gestaltungsprinzip für die → Wirtschaftsordnung aufgegriffen. Die Vertreter des Liberalismus betonen, dass politische Freiheit nur dann realisiert werden kann, wenn auch die Freiheit der wirtschaftlichen Betätigung gewährleistet ist. Demzufolge fordert der Liberalismus eine reale Marktwirtschaft einschließlich des Freihandels. – 2. *Denkrichtungen:* (1) → Klassischer Liberalismus; (2) → Laissez-Faire-Liberalismus; (3) → Neoliberalismus.

Lieferbindung – *gebundene Hilfe, Tied Aid;* Vergabe von → Kapitalhilfe unter der Auflage, sie für Beschaffungsaufträge im Geberland zu verwenden. Als Begründung wird eine Zahlungsbilanzentlastung des Geberlandes und die Sicherung von Arbeitsplätzen angegeben. Oft werden Mischfinanzierungen praktiziert. Eine Lieferbindung ist i.d.R. nur notwendig, wenn andere Länder zu günstigeren Konditionen liefern können. Daher ergibt sich für das Nehmerland ein finanzieller Nachteil, wodurch der reale Wert der Hilfe sinkt. Der mit der Lieferbindung verbundene Eingriff in die Vertragsfreiheit steht im Widerspruch zu der von den westlichen Geberländern geforderten Liberalisierung der Weltwirtschaft. Wegen des verhältnismäßig geringen Volumens der Lieferbindung werden kaum Beschäftigungseffekte im Geberland bewirkt. Sie schadet dem Ruf der Exportwirtschaft, da sie eine mangelnde Wettbewerbsfähigkeit signalisiert.

Linienschifffahrt → Seeschifffahrt.

Liquidität – 1. *Allgemein:* Liquidität stellt die durch Geld oder andere Tauschmittel repräsentierte Verfügungsmacht über Bedarfsgüter dar. Mittels Aufrechterhaltung der Liquidität bei einzelnen Wirtschaftssubjekten wird gesamtwirtschaftlich der Kreislauf von Gütern und Nutzleistungen ermöglicht; die Liquidität verschafft die Verfügungsmacht über knappe Güter und bestimmt wirtschaftliche Entscheidungs- und Handlungsfreiheit. – Die volkswirtschaftliche Liquidität ist abhängig von der *optimalen Versorgung der Wirtschaft mit Zahlungsmitteln bzw. Geld.* Aufgabe der Notenbank ist es, die Liquidität der Volkswirtschaft den Erfordernissen der Konjunktur zur Sicherung der Stabilität anzupassen (Geldpolitik). – 2. *Liquidität der Kreditinstitute (Bankenliquidität):* a) Kreditinstitute müssen ihre Mittel so anlegen, dass eine ausreichende Zahlungsbereitschaft jederzeit gewährleistet ist. Für die Beurteilung sind die von der Bundesanstalt für Finanzdienstleistungsaufsicht (BaFin) aufgestellten Grundsätze maßgebend (§ 11 KWG). – b) Falls erforderlich, kann die staatliche Aufsichtsbehörde zur Sicherung der Liquidität Entnahmen durch die Inhaber oder Gesellschafter, Gewinnausschüttung und Kreditgewährung untersagen oder beschränken (§ 45 KWG). – c) *Messung/Beurteilungskriterien:* Die Liquidität der Kreditinstitute wird gemäß der Verordnung über die Liquidität der Institute (LiqV) gemessen. Die LiqV konkretisiert die Anforderungen des § 11 I KWG, wonach Kreditinstitute jederzeit ausreichend zahlungsfähig sein müssen. – 3. *Internationale Liquidität:* Die i.d.R. nicht vom Inland zu schaffenden Zahlungsmittel, mit denen Zahlungen an das Ausland geleistet werden können. Hierzu gehören in erster Linie die → Währungsreserven des betreffenden Landes (Gold, → Sonderziehungsrechte (SZR), Reservetranche, Devisen und Sorten), aber auch z.B. der nicht genutzte Teil der Kreditlinien bei internationalen Organisationen (außerhalb des → IWF) oder Banken. Lediglich die sog. „Hartwährungsländer" können internationale Liquidität selbst schaffen, da ihre Währungen als internationales Zahlungsmittel akzeptiert werden.

Liquiditätspapiere → Schatzwechsel und → unverzinsliche Schatzanweisungen, die der Bund der → Deutschen Bundesbank auf Verlangen zur Verfügung stellen musste, wenn die → Mobilisierungspapiere bis zum vollen Wert der Ausgleichsforderung in Umlauf gebracht waren. Die Liquiditätspapiere existieren nicht mehr.

Liquiditätspolitik – 1. *Begriff:* Maßnahmen, die zur Steuerung der Bankenliquidität eingesetzt werden. Hierbei dient der → Liquiditätssaldo als Indikator für die Geldpolitik. – 2. *Aufgaben:* Verhinderung der Illiquidität und Zahlungsunfähigkeit durch die termingerechte Zuverfügungstellung von Bargeld bzw. liquidisierbaren Vermögensgegenständen; Vermeidung zu hoher Kassenbestände und ähnlicher Liquiditätsreserven über längere Zeit (Überliquidität, da diese zu sinkender Rentabilität führt).

Liquiditätspolitik über den Devisenmarkt – Um von Devisenmärkten ausgehende Störungen ihrer Geldpolitik zu beschränken, entwickelte die → Deutsche Bundesbank in der Zeit fester Wechselkurse devisenpolitische Instrumente, mit denen sie die internationalen Geldströme beeinflussen konnte. Es handelte sich zunächst vorwiegend um Devisenswapgeschäfte (→ Swapgeschäfte), später dann auch um → Devisenpensionsgeschäfte.

Liquiditätssaldo – Indikator der Geldpolitik. Der Liquiditätssaldo umfasst Bestände an aktuellem und potenziellem Zentralbankgeld im Besitz der Kreditinstitute, d.h. die Summe aus → Mindestreserven und freien Liquiditätsreserven der Banken. In der konsolidierten Bilanz aller Kreditinstitute entspricht der Liquiditätssaldo der Differenz zwischen allen Einlagen von Nichtbanken und allen an Nichtbanken gewährten Krediten. – Das *Liquiditätssaldo-Konzept*, nach dem der Liquiditätssaldo eine zentrale Steuergröße für die Zentralbankpolitik ist, wurde v.a. von dem Liquiditätstheoretiker C. Köhler geprägt und ist seit Übergang zur Steuerung der Zentralbankgeldmenge in der aktuellen Diskussion in den Hintergrund getreten, obwohl sich prinzipiell nichts geändert hat. Nach wie vor bedeutet Steuerung der Zentralbankgeldmenge Steuerung der Bankliquidität und damit des Liquiditätssaldos.

Liquiditätssteuerungt → Geldpolitik.

Lissabon-Strategie – für Wachstum und Beschäftigung wurde im März 2000 vom → Europäischen Rat beschlossen. Sie zielte ursprünglich darauf ab, die EU bis zum Jahre 2010 zum weltweit dynamischsten und wettbewerbsfähigsten Wirtschaftsraum zu machen. Da die Erfolge der Strategie ausblieben, wurde im Rahmen der Halbzeitbewertung im Jahre 2005 eine Vereinfachung und Neuausrichtung vorgenommen. Die Lissabon-Strategie hat ihre Ziel gleichwohl nur unzureichend erfüllt. Dies lag v.a. am geringen Produktivitätszuwachs von Teilen der europäischen Wirtschaft. Sie ist im Jahre 2010 abgelöst worden von der Strategie „Europa 2020".

Little-Kriterium – berücksichtigt neben den Anforderungen des → Kaldor-Hicks-Kriteriums sowie des → Scitovsky-Doppeltests die Frage, ob die den Übergang vom Ausgangs- zum Zielzustand bewirkende Umverteilung aus verteilungspolitischer Sicht wünschenswert ist oder nicht. Little wendet sich mit seiner normativen Formulierung des → Wohlfahrtskriteriums ausdrücklich gegen die Möglichkeit der → Wertfreiheit in der Wohlfahrtsökonomik. – Vgl. auch → Pareto-Optimum.

LLDC – *früher:* → Least Developed Country, *heute:* → Landlocked Developing Countries.

Lobbyismus – Einflussnahme organisierter → Interessengruppen (z.B. Verbände, Vereine, Nichtregierungsorganisationen) auf Exekutive und Legislative, bspw. in der Form von Anschreiben, Telefonaten, Anhörungen, Vorlagen, Berichten, Studien usw. Gegenleistungen der Interessengruppen an die Politiker können spezifische Informationen, Spenden etc. sein. Lobbyismus kann sich auch in der Androhung von politischem Druck (Streik, Lieferboykott, Abbau von Arbeitsplätzen) äußern.

Locking-in-Effekt → Availability Doctrine.

Logrolling – *Politischer Stimmentausch.* Logrolling ist die gegenseitige Verabredung, in Angelegenheiten von jeweils geringerer Bedeutung abweichend von den eigenen Präferenzen mit dem Tauschpartner zu stimmen, um eine erforderliche Mehrheit oder sogar Einstimmigkeit zu erreichen. Logrolling kann auftreten, wenn in einem Gremium gleichzeitig oder in kurzer Folge zwei (oder mehr) Angelegenheiten entschieden werden. Voraussetzung ist, dass die beteiligten Gruppen (1) einzeln Minderheiten sind, zusammen jedoch eine Mehrheit bilden, (2) in zwei Angelegenheiten entgegengesetzte Präferenzen haben, (3) jeweils in der Angelegenheit intensivere Präferenzen haben, in der sie bei einer Abstimmung ohne Stimmentausch in der unterlegenen Minderheit sind. Logrolling impliziert eine Situation des → Gefangenendilemmas und kann bei Bündelung der Alternativen zum → Condorcet-Paradoxon führen. – Aus Public-Choice-Sicht wird Logrolling kritisiert, da das Ergebnis der → Kollektiventscheidung beeinflusst, sodass dieses die Präferenzen der Wähler nicht mehr korrekt wiedergibt.

Lohn – Arbeitsentgelt, → Lohneinkommen, Löhne und Gehälter.

Lohn-Drift → Lohn-Gap.

Lohneinkommen – 1. *Begriff:* In der Volkswirtschaftlichen Gesamtrechnung umfassen die Arbeitnehmerentgelte die Bruttolöhne und -gehälter (einschließlich aller Zuschläge, Prämien, Gratifikationen und Naturalleistungen) sowie die Sozialbeiträge der Arbeitgeber. Zu den Sozialbeiträgen der Arbeitgeber gehören einerseits die tatsächlichen Sozialbeiträge (gesetzliche und freiwillige Beiträge zur Renten-, Kranken-, Pflege-, Unfall- und Arbeitslosenversicherung) und andererseits die unterstellten

Sozialbeiträge (für Beamtenversorgung, für betriebliche Ruhegeldverpflichtungen und für Aufwendungen der Arbeitgeber im Fall von Krankheit, Unfall und bes. Notlagen). – 2. *Abgrenzungsprobleme:* Unter Verteilungsaspekten umstritten ist die Zurechnung der Unfallversicherung und der betrieblichen Rückstellungen für Altersversorgung zu den Bruttoeinkommen aus unselbstständiger Arbeit. Beiträge zur Sicherung gegen Risiken des Produktionsprozesses (Unfallversicherung) sollten nicht als Bestandteil des Lohneinkommens angesehen werden. Die Nettozuführungen zu Rückstellungen für betriebliche Altersversorgung stellen eine Finanzierungsquelle für die Unternehmen dar und könnten insofern auch den → Gewinneinkommen zugerechnet werden, obwohl es sich nicht um frei disponible Gewinne handelt.. – 3. *Begriff in der Theorie:* In der ökonomischen Klassik existiert eine eindeutige Zuordnung von Einkommensarten zu den sozialen Klassen. Einkommen aus Lohn ist die einzige Quelle, aus der die Arbeiter ihr Einkommen beziehen. In der Neoklassik geht es um die Einkommen der Produktionsfaktoren, die gemäß ihrer Funktion im Produktionsprozess definiert werden. Der Produktionsfaktor Arbeit bezieht Lohneinkommen. Eine Verbindung zwischen dem Lohneinkommen einer sozialen Klasse besteht nicht. – Vgl. → Verteilungstheorie.

Lohnelastizität der Arbeitsintensität →Arbeitsmarkttheorien.

Lohnempfehlungen → einkommenspolitische Empfehlungen, produktivitätsorientierte Lohnpolitik, kostenniveauneutrale Lohnpolitik, vollbeschäftigungskonforme Lohnpolitik.

Lohnersatz → Lebensstandardsicherung, → Lohnersatzfunktion, → Lohnersatzquote.

Lohnersatzanspruch → Lohnersatzfunktion.

Lohnersatzfunktion – gilt für Arbeitslosengeld, Krankengeld und Renten der gesetzlichen Rentenversicherung. Aufgrund der Lohnersatzfunktion orientieren sich diese Sozialleistungen am zuvor erzielten Lohn. – Vgl. auch → Lebensstandardsicherung.

Lohnersatzquote – Begriff der Sozialversicherung. Lohnersatzquote bezeichnet das Verhältnis zum letzten Netto-Arbeitsentgelt bei Transfers mit Lohnersatzfunktion durch eine → Krankenversicherung, die Arbeitslosenversicherung, die → gesetzliche Rentenversicherung (GRV) oder die gesetzliche → Unfallversicherung. – *Beispiele:* Die Lohnersatzquote beträgt für die Entgeltfortzahlung im Krankheitsfall 100 Prozent, für das *Krankengeld*, das nach sechswöchiger Entgeltfortzahlung gezahlt wird, 70 Prozent und für das *Arbeitslosengeld* 67 Prozent (für kindererziehende Arbeitslose) bzw. 60 Prozent (für Kinderlose). Für die *Unfall- und Rentenversicherung* gibt es eine große Spannweite. Die Lohnersatzquote eines → Eckrentners beträgt nach 45 Beitragsjahren derzeit gut 60 Prozent (netto vor Steuern: 50,1 Prozent). – Vgl. auch → Lebensstandardsicherung.

Lohnfonds – Konzept der ökonomischen Klasssik zur Erklärung der Lohnhöhe. Der Lohnfonds besteht aus allen den Lohngütern (Nahrungsmittel, Kleidung usw.), die bereits in der Vorperiode produziert worden sind und die den Arbeitern während der aktuellen Produktionsperiode zur Verfügung gestellt werden können. Der Lohnfonds ist demnach dem Produktionsprozess vorgeschossenes Kapital. Im einfachen Kornmodell der Klassiker lässt sich die gesamte Kornmenge gedanklich in Korn als Saatgut (variables Kapital) und Korn als Konsumgut bzw. für den Lohnfonds (fixes Kapital) aufteilen. Aus der Höhe des Lohnfonds resultiert bei kurzfristig gegebener Anzahl der Arbeiter die Höhe des Arbeitslohnes (=Lohnfonds/Anzahl der Arbeiter). – Vgl. auch → Lohnfondstheorien.

Lohnfondstheorien – 1. *Klassische Lohnfondstheorie:* Von MacCulloch, Mill, Ricardo u.a. vertreten. – 2. *Begriff:* Theorie über die Bestimmung der Lohnhöhe. Gemäß der Lohnfondstheorie bestimmt sich der durchschnittliche Lohnsatz in jeder Periode aus dem Verhältnis von Lohnfonds und der Arbeitsbevölkerung. – 3. *Merkmale:* Da Produktion Zeit benötigt, ist es nach dieser Auffassung notwendig, am Ende eines jeden Produktionsprozesses einen bestimmten Teil der Produktion zur Seite zu legen, um die Arbeitskräfte während des laufenden Produktionsprozesses alimentieren zu können. Dieser Teil des Kapitals ist damit für die laufende Produktionsperiode fix vorgegeben. Langfristig kann das Kapital, das den → Lohnfonds bildet, sich verändern; dies hängt von den jeweiligen Sparentscheidungen der Kapitalbesitzer in der Vorperiode ab. Zu einem gegebenen Zeitpunkt ist der Lohnfonds aber fest vorgegeben und damit ebenso die Lohnhöhe, denn der durchschnittliche Lohnsatz ergibt sich aus der Division des Lohnfonds durch die Anzahl der insgesamt beschäftigten Arbeiter. Mögliche Veränderungen im Lohnsatz von Periode zu Periode entstehen durch unterschiedliches Wachstum von Lohnfonds relativ zum Arbeitskräfteangebot. Steigen, z.B. aufgrund der Kapitalakkumulation, der Lohnfonds und damit der Arbeitslohn über einige Zeit an, kommt es nachfolgend zu einem raschen Bevölkerungswachstum (Malthus) und einer Erhöhung des Arbeitskräfteangebots. Durch das Überangebot von Arbeitskräften sinkt der Arbeitslohn wieder auf die Höhe des Subsistenzniveaus zurück. – 4. *Folgerungen:* Bedeutsam für spätere Debatten (→ ehernes Lohngesetz) war die aus den Lohnfondstheorien abgeleitete Schlussfolgerung, dass die Lohnhöhe langfristig nicht durch Arbeiterkoalitionen beeinflusst werden kann. In der Auseinandersetzung über den Lohnfonds wurde jedoch später deutlich, dass die Zusammenhänge zwischen Kapital und Löhnen komplexer sind, als in den ursprünglichen Lohnfondstheorien angenommen. – 5. *Weiterenwicklungen:* a) Hermann und Brentano modifizierten die Lohnfondstheorie der Klassiker. Sie betonten, dass der Lohn nicht von den Kapitalisten aus einem Fonds bezahlt wird, sondern letztlich von den Konsumenten, die die Produkte kaufen; daher wird der Lohnfonds in Wahrheit von den Konsumenten geschaffen, zu denen auch die Arbeiter gehören. – b) Irrelevant wird das Konzept des Lohnfonds sobald man die Annahme aufgibt, dass die Löhne vor dem Produktionsprozess ausbezahlt werden. – 6. *Moderne Lohnfondstheorie:* Von Böhm-Bawerk, Eucken, Strigl, Stackelberg u.a. vertreten. Der Lohnfondsgedanke wird mit dem Gesetz der Mehrergiebigkeit längerer Produktionsumwege in Verbindung gebracht (Agiotheorie). – Vgl. auch → Lohnfonds.

Lohn-Gap – Differenz zwischen dem tatsächlichen Verdienst (Effektivlohn) und dem Tariflohn *(absolute Niveauspanne)* bzw. die Differenz zwischen Effektivlohn und Tariflohn bezogen auf das Effektivlohnniveau *(relative Niveauspanne)*. Die Veränderungsrate des Lohn-Gap bezeichnet man als Lohn-Drift. – Vgl. auch Gap, → Effektivlohn.

Lohngesetz → ehernes Lohngesetz.

Lohnkontrollen – staatliche Maßnahmen zur Begrenzung der Lohnsteigerungsraten, i.d.R. zur Bekämpfung von → Inflation. Lohnkontrollen waren Gegenstand einer der vier Notverordnungen, mit denen Reichkanzler Brüning in 1931 eine massive Spar- und → Deflationspolitik betrieb.

Lohn-Lag – Bezeichnung für den Tatbestand, dass die Entwicklung der → Effektivlöhne (realen Löhne) zu Beginn der konjunkturellen Aufschwungphase der Entwicklung der Gewinne nachhinkt. Gerade bei unerwarteter Inflation geht die → Kaufkraft der Löhne zumindest temporär für die Dauer der Gültigkeit der Tarifverträge zurück, sodass die Lohnempfänger die Verlierer der Inflation sind. – Vgl. auch → Inflation.

Lohnleitlinien – einkommenspolitische Empfehlungen, produktivitätsorientierte Lohnpolitik, kostenniveauneutrale Lohnpolitik, vollbeschäftigungskonforme Lohnpolitik.

Lohnnebenkosten – 1. *Begriff:* Zu den Lohnnebenkosten gehören in Deutschland die gesetzlichen Arbeitgeberbeiträge zur Sozialversicherung. – 2. *Beitragssätze:* Die Beitragssätze des Arbeitgebers belaufen sich auf 9,45 Prozent für die Rentenversicherung, 7,3 Prozent für die Krankenversicherung, 1,6 Prozent für die Unfallversicherung, 1,5 Prozent für die Arbeitslosenversicherung, 1,025 Prozent für die Pflegeversicherung und 0,04 Prozent für eine Umlage für das Insolvenzgeld. – 3. *Ausmaß:* Der gesetzliche Arbeitgeberbeitrag zur Sozialversicherung liegt damit bei über 21 Prozent des Bruttolohns des Arbeitnehmers, diese Regelung gilt bis zur Höhe von zwei jährlich neu bestimmten Beitragsbemessungsgrenzen. Lohn- und Gehaltsanteile oberhalb der Beitragsbemessungsgrenze sind beitragsfrei.

Lohnpolitik – 1. *Begriff:* Gesamtheit der Maßnahmen des Staates (staatliche Lohnpolitik) und der an der Lohnbildung beteiligten Parteien (Lohnpolitik der Tarifpartner) zur Beeinflussung von Lohnbildung, -höhe und -struktur. – 2. *Einteilung nach den Trägern:* a) *Staatliche Lohnpolitik:* Teil der → Einkommenspolitik des Staates, welche (1) unter Gewährleistung der Tarifautonomie durch indikative Maßnahmen, z.B. durch Appelle zur Lohndisziplin, unverbindliche einkommenspolitische Empfehlungen und Kooperationen, oder (2) durch die Tarifautonomie mehr oder weniger aufhebende Zwangsmaßnahmen, z.B. durch Indexierung der Tariflöhne, Lohnkontrollen oder Lohnstopps, versucht, den Lohnbildungsprozess so zu beeinflussen, dass unter Berücksichtigung verteilungspolitischer Auswirkungen (→ Verteilungspolitik) die gesamtwirtschaftlichen Ziele der Stabilisierungspolitik erreicht werden können. – b) *Lohnpolitik der Tarifpartner* (geprägt durch gegensätzliche Verteilungsziele): Die Gewerkschaften versuchen über ihre Tariflohnforderungen, die Arbeitgeberverbände durch Abwehr von Tariflohnsteigerungen, die reale Verteilungsposition ihrer Mitglieder zu verbessern oder zumindest zu halten. Im Rahmen der Tarifautonomie führen Verhandlungen zwischen den Tarifparteien, ggf. nach Arbeitskämpfen oder Einschaltung von Schlichtern, zu Tarifverträgen, in denen u.a. die Tariflöhne mit einer vereinbarten Laufzeit festgelegt werden. – c) *Betriebliche Lohnpolitik:* unternehmensinterne Ergänzungen zu tarifvertraglichen Vereinbarungen bez. übertariflicher Lohnzuschläge (→ Effektivlohn) und zusätzlicher Lohndifferenzierungen. – 3. *Konzepte:* (1) → produktivitätsorientierte Lohnpolitik; (2) → kostenniveauneutrale Lohnpolitik; (3) → expansive Lohnpolitik; (4) vollbeschäftigungskonforme Lohnpolitik.

Lohn-Preis-Spirale – 1. *Begriff:* bezeichnet einen Aufschaukelungseffekt zwischen Lohnerhöhungen auf der einen und Preiserhöhungen auf der anderen Seite aufgrund dauernder Anpassungsreaktionen von Haushalten und Unternehmen auf eine inflationäre Entwicklung (→ Inflation). Diese stabilitätswidrige Entwicklung findet v.a. im Konjunkturaufschwung statt, bei der über den Produktivitätsfortschritt hinausgehende Lohnerhöhungen infolge der steigenden Lohnstückkosten zu steigenden (Konsumgüter-) Preisen führen, welche wiederum für kompensierende Lohnforderungen seitens der Gewerkschaften verwendet werden etc. – 2. *Folge:* Dient in der wirtschaftspolitischen Diskussion häufig als Argument gegen gewerkschaftliche Lohnforderungen, v.a. gegen eine → expansive Lohnpolitik.

Lohnquote – Die Lohnquote stellt den Anteil des Arbeitnehmerentgeltes am Volkseinkommen dar und ist ein wichtiger Indikator für die → funktionale Einkommensverteilung. Um Änderungen in der Beschäftigtenstruktur Rechnung zu tragen, wird eine bereinigte Lohnquote ausgewiesen. Gelegentlich finden sich auch Definitionen der Lohnquote, bei denen das Arbeitnehmerentgelt auf andere Sozialproduktsgrößen (z.B. das Bruttoinlandsprodukt) bezogen werden – Vgl. auch → Arbeitseinkommensquote.

Lohnregeln → einkommenspolitische Empfehlungen.

Lohnrigiditäten → Arbeitsmarkttheorien.

Lohnsatz – in der Volkswirtschaftslehre die Vergütung für die menschliche Arbeitsleistung. – Vgl. → Lohntheorien.

Lohnsenkungsthese – umstrittene These, wonach Nominallohnsenkungen über Preissenkungen und damit im Idealfall bei Lohnquotenkonstanz (Verteilungskonstanz) Realeinkommenserhöhungen und eine Zunahme der Beschäftigung induzieren sollen; Spezialfall, dessen Gültigkeit von einer Vielzahl von Annahmen abhängig ist. Vgl. zum Zusammenhang von Nominallohnsenkungen und Beschäftigungserhöhungen auch den Keynes-Effekt.

Lohnstopp – staatliches Verbot, Arbeitsentgelte über die an einem bestimmten Stichtag geltenden hinaus zu erhöhen. Ein Lohnstopp gilt in der Praxis als letztes Mittel, um eine → Lohn-Preis-Spirale zu brechen, die außer Kontrolle zu geraten droht.

Lohnstruktur – Die Betrachtung der Lohnstruktur konzentriert sich auf die Lohndifferenzen, die durch interpersonelle Leistungs- und Qualifikationsunterschiede und durch die Unterschiedlichkeit der Berufe bedingt sind. Neben diesen „erlaubten" Lohndifferenzen sind aber auch interregionale, interbetriebliche und interindustrielle Unterschiede von Interesse.

Lohnstrukturpolitik → Einkommenspolitik.

Lohnstrukturtheorie – 1. *Begriff*: Theorie, die individuelle und gruppenbezogene Verdienstunterschiede und deren Veränderungen durch die Existenz bestimmter Merkmale, wie Ausbildung, Qualifikation, Beruf, Sektorzugehörigkeit, Region, Betriebsgröße, Geschlecht und Alter, erklärt. – 2. *Folge*: Im Rahmen der Analyse der intersektoralen Lohnstruktur werden die Durchschnittsverdienste zwischen verschiedenen Wirtschaftszweigen, bei der intrasektoralen Lohnstruktur die Lohndifferenziale innerhalb eines Wirtschaftszweiges verglichen. In der Sichtweise der → Humankapitaltheorien (Arbeitsmarkttheorien) verursachen Ausbildungs- und Qualifikationsunterschiede über Produktivitätsunterschiede Differenzen in den individuellen Einkommen: Die Hierarchie der Einkommen bestimmt sich in diesem Fall nach der Höhe der getätigten Investitionen in Humankapital.

Lohntheorien – 1. *Begriff*: Theorien über Höhe, Bestimmungsgründe und Entwicklung des Lohnes. – 2. *Formen*: a) *Klassische Lohntheorie* (Smith, Ricardo): Im Mittelpunkt steht der langfristige → natürliche Lohn. Dieser wird im Wesentlichen vom Subsistenzniveau bestimmt, das nicht nur biologisch, sondern auch sozial determiniert und damit historisch veränderlich ist. Die Eigenschaft der Löhne, in Richtung des Subsistenzniveaus zu tendieren, wurde über ein starkes Bevölkerungswachstum (Thomas Malthus) begründet, das einsetzt, sobald sich die soziale Lage der Arbeiter deutlich verbessert. Dadurch wird der Lohn wieder auf sein früheres Niveau reduziert. Der kurzfristige Marktlohn ergibt sich aus Arbeitsangebot und -nachfrage und pendelt teilweise erratisch um den natürlichen Lohn (→ Subsistenzmittelfondstheorie des Lohnes). – b) *Marxsche Lohntheorie*: → Marx sah einen anderen Grund für die Tendenz der Löhne, langfristig auf dem Subsistenzniveau zu verharren: Die Kapitalakkumulation und der arbeitssparende Charakter des technischen Fortschritts lassen eine industrielle Reservearmee entstehen, die bewirkt, dass die Löhne das Subsistenzniveau langfristig nicht verlassen können. – c) → Lohnfondstheorien. – d) *Kollektive Verhandlungstheorien des Lohnes*: Durch Berücksichtigung der institutionellen Gegebenheiten auf dem Arbeitsmarkt sollen die Erwartungen und Handlungsweisen der Tarifpartner in den Katalog der Bestimmungsfaktoren des Lohnes einbezogen werden. – e) *Grenzproduktivitätstheorie* (→ Grenzproduktivitätstheorie der Verteilung). – f) → Machttheorie. – Für einen Überblick der Lohntheorien in den ökonomischen Denkschulen vgl. Verteilungstheorie.

Lombardkredit – von der Zentralbank gegen Verpfändung von Wertpapieren und Schuldbuchforderungen gewährter kurzfristiger Kredit. Die Deutsche Bundesbank hatte nach § 19 BBankG das Recht, aber nicht die Pflicht, Kreditinstituten Darlehen gegen Hinterlegung von im Verzeichnis der bei der Bundesbank beleihbaren Wertpapiere (Lombardverzeichnis) einen naher bestimmten Schuldtitel zu geben. Die EZB bietet die Spitzenrefinanzierungsfazilität zum Satz von derzeit 1,5 Prozent (Januar 2013) gegen Sicherheiten an. – Vgl. auch → Lombardsatz.

Lombardsatz – Zinssatz, den Kreditinstitute für → Lombardkredite bei der Deutschen Bundesbank entrichteten. Dieser lag grundsätzlich über dem → Diskontsatz, weil die Kreditinstitute vor Inanspruchnahme von Lombardkrediten erst Rediskontkredite aufnehmen sollten (→ Leitzinsen). Die EZB nimmt den Satz für die Spitzenrefinanzierungsfazilität als Obergrenze für den Geldmarktzinssatz.

Lomé-Abkommen – 1. *Begriff/Charakterisierung*: Formale Basis der bes. Wirtschaftsbeziehungen zwischen der → EU und den sog. → AKP-Staaten. – 2. *Rechtsgrundlagen*: Seit ihrer Gründung (1958) ist die EU (zuvor → EWG bzw. EG) verpflichtet, solche außereuropäischen Länder zu assoziieren und wirtschaftlich zu fördern, die zu einem der EU-Staaten langandauernde bes. Beziehungen unterhalten (Art. 198-203 AEUV). Dieser Vorschrift liegen in erster Linie politische Motive zugrunde; die genannte Verpflichtung kann im Übrigen als eine spezielle Form von Kompensation für die von der Gemeinschaftsgründung zulasten von Nicht-Mitgliedsländern

Lomé-Abkommen

ausgehenden integrationsbedingten Diskriminierungswirkungen (Handelsverzerrung) angesehen werden. – *Weitere Rechtsgrundlage:* Art. 207 AEUV, d.h. die Verpflichtung der Mitgliedsstaaten der EU zu einer gemeinsamen Handelspolitik. – 3. *Entwicklung:* a) Den Art. 198 ff. AEUV wurde nach Inkrafttreten der Römischen Verträge zunächst durch die unverzügliche Errichtung des ersten → EEF *(Europäischer Entwicklungsfonds).* Dieser Fonds finanziert v.a. die Entwicklungshilfezusammenarbeit der EU mit den AKP-Staaten sowie mit den überseeischen Ländern und Gebieten (ÜLG). Während die Hilfe für die ÜLG ab 2008 in den Haushaltsplan der EU einbezogen worden ist, werden die Mittel für die AKP-Staaten von 2008 bis 2013 weiterhin aus den EEF finanziert. Die Instrumente des EEF sind nichtrückzahlbare Hilfe, Risikokapital und Darlehen an die Privaten. – b) Nachdem diese Staaten die Unabhängigkeit erlangten, kam es zur Vereinbarung des Ersten → Jaunde-Abkommens (1964–1969) zwischen der sechs EWG-Staaten und 18 AASM-Staaten (→ AASM). Das Erste Jaunde-Abkommen nahm bereits einige Elemente des späteren Lomé-Merkmale vorweg: Handelspräferenzen, finanzielle und technische Hilfe, gemeinsame Institutionen auf Ministerebene. Nach Auslauf des Ersten → Jaunde-Abkommens trat bis zum 31.1.1975 das Zweite Jaunde-Abkommen in Kraft. Parallel dazu (1971–1975): → Arusha-Abkommen zugunsten der Commonwealthländer Kenia, Tansania und Uganda. – c) Durch den EG-Beitritt Großbritanniens (1.1.1973) vergrößerte sich die Zahl potenzieller Anwärter für eine Assoziierung gemäß Art. 131 ff. EWGV (Art. 206 ff. AEUV) ganz beträchtlich. 1975 kam es zum Abschluss des in Lomé (Hauptstadt von Togo) unterzeichneten Ersten Lomé-Abkommens (1975–1980) zwischen neun EG-Ländern und 46 AKP-Staaten. Der durch die Lomé-I-Konvention begründete bes. Charakter der Wirtschaftsbeziehungen zwischen der EG und den AKP-Staaten ist im Laufe der Zeit fortgeführt und kontinuierlich ausgebaut worden: Lomé-II (1980–1985; zehn EG- und 57 AKP-Staaten); Lomé-III (1985–1990; 12 EG- und 66 AKP-Staaten); Lomé-IV (1990–2000; 12 bzw. 15 EU- und 71 AKP-Staaten); *Cotonou-Abkommen* (2000–2007; in 2003: 15 EU- und 79 AKP-Staaten). – 4. *Hauptmerkmale:* a) Der schon im Zuge von Lomé-II und Lomé-III eingeschlagene Weg, vermehrt marktwirtschaftliche Anreize für eine stärkere *Entfaltung der Eigeninitiative* zu etablieren sowie die Effizienz der Gemeinschaftshilfen zu verbessern, wurde mit Lomé-IV durch die Etablierung einer Strukturanpassungsfazilität fortgesetzt. Um einen höheren Selbstversorgungsgrad der AKP-Staaten bei Nahrungsmitteln zu erreichen, wird seit Lomé-II bes. Gewicht auf Maßnahmen zur Erhaltung der natürlichen Lebensgrundlagen sowie zum Ausbau der Landwirtschaft gelegt. Außerdem wird seit Lomé-III die Notwendigkeit betont, dass die lokalen sozialen und kulturellen Gegebenheiten in die entwicklungspolitischen Überlegungen einbezogen werden müssen. – b) *AKP-EU-Handelsbeziehungen:* Seit Anfang an wird das Ziel verfolgt, sowohl den AKP-EU-Handel als auch den Handel zwischen den AKP-Ländern auszuweiten. Fast alle (ca. 99 Prozent) Erzeugnisse mit Ursprung aus den AKP-Staaten haben einen von Zöllen und Kontingenten freien Zutritt zum EU-Raum. Ausgenommen von dieser Vergünstigung sind lediglich solche Erzeugnisse, für die im Rahmen internationaler Warenabkommen spezielle Regelungen bestehen; das Gleiche gilt auch für landwirtschaftliche Produkte, die Gegenstand einer EU-Agrarmarktordnung sind, wobei allerdings die AKP-Staaten eine Präferenzstellung gegenüber sonstigen Drittländern genießen. – Eine *Besonderheit* der handelspolitischen Beziehungen zwischen den beiden Blöcken besteht darin, dass die EU seit Lomé-I auf die *reziproke Gewährung der Handelsvergünstigungen* für ihre eigenen Exporte nach den AKP-Ländern verzichtet. Im Übrigen weist das Abkommen eine bisher nie angewendete *Schutzklausel* auf, nach welcher EU-Importe aus den AKP-Ländern bei beiderseitiger Konsultation partiell und vorübergehend eingeschränkt werden können, falls diese Lieferungen gravierende Störungen einer Branche oder Region innerhalb der EU auslösen sollten. – c) *Versteigung der Devisenerlöse der AKP-Staaten:* Bereits mit Lomé-I erfolgte die Etablierung des sog. → STABEX-Systems zur Versteigung der Deviseneinnahmen, welche die AKP-Staaten aus ihrem Export von tropischen und subtropischen Agrargütern in die EU erzielen. Im Rahmen von Lomé-II kam es zur Einrichtung eines an relativ restriktive Bedingungen gebundenen Sonderfonds für die Förderung der Modernisierung und Ausweitung des Bergbaupotenzials der AKP-Staaten (→ SYSMIN). Sowohl STABEX als auch SYSMIN wurden nach und nach abgebaut und zum 1.1.2008 durch andere Formen der Zusammenarbeit (neue Abkommen) im Rohstoffsektor abgelöst. – d) *Industrielle Kooperation:* Bereits im Zuge der Umsetzung des Lomé-I-Abkommens wurde Mitte der 1970er-Jahre ein *AKP-EG-Zentrum für industrielle Entwicklung* gewerblicher bzw. industrieller Vorhaben (Sitz: Brüssel) eschaffen. – e) Im Zuge der Durchführung des Lomé-II-Abkommens wurde ein beiderseits verwaltetes *Technisches Zentrum für die Zusammenarbeit in der Landwirtschaft und im ländlichen Bereich* errichtet. Außerdem erfolgte seit Lomé-II eine Abkehr von der vorrangigen Förderung von Großprojekten. – f) *Strukturanpassungshilfen:* Weil während der 1980-er Jahre die Auslandsverschuldung vieler AKP-Staaten beträchtlich zugenommen hat, wurde die Gewährung von Strukturanpassungshilfen in das Vierte Lomé-Abkommen aufgenommen. Seit dem Siebten → EEF (1990–1995) werden für diesen Zweck in Form einer Sonderfazilität Mittel ausgewiesen. Deren Einsatz erfolgt in Kooperation mit Strukturanpassungsprogrammen von → IWF und Weltbank. Die gewährten Finanzhilfen dienen zur wirtschaftlichen und sozialen Abfederung von Wirtschaftsreformen. – g) *Finanzielle*

Zusammenarbeit: Für die Gewährung von Finanzhilfen gilt der Grundsatz der vorrangigen Förderung derjenigen AKP-Staaten, deren wirtschaftliches Entwicklungsniveau bes. niedrig ist, die entweder sog. Binnenstaaten oder sog. Inselstaaten sind. Seit dem Dritten Lomé-Abkommen wird verstärkt darauf abgestellt, die Finanzmittel so einzusetzen, dass die Eigeninitiative der einheimischen Bevölkerung angeregt wird. – Das vonseiten der EU für die einzelnen Aufgabenbereiche des Abkommens zur Verfügung gestellte *Mittelvolumen* ist in einem Finanzprotokoll, das Bestandteil des Vertragswerks ist, festgelegt und besteht aus dem jeweiligen EEF und Leistungen der Europäischen Investitionsbank (→ EIB). Schon seit dem Ersten Lomé-Abkommen hat der überwiegende Teil der vom EEF gewährten Mittel den Charakter von *Zuschüssen* getragen. Dieser Anteil ist von Abkommen zu Abkommen erhöht worden. Von den für die Laufzeit der Vierten Lomé-Konvention bereitgestellten Mitteln entfallen rund 90 Prozent auf nicht rückzahlbare *Finanzhilfen.* – 5. *Gemeinsame Organe:* Die schon im Zuge des Ersten Jaunde-Abkommens errichteten gemeinsamen Institutionen zur Förderung der Vertragsziele und des wechselseitigen Meinungsaustauschs sind durch die vier Lomé-Konventionen sowie das nachfolgende Cotonou-Abkommen fortgeführt und kontinuierlich ausgebaut worden. Insgesamt sind im Abkommen drei paritätisch besetzte Kontroll- und Entscheidungsorgane verankert: der gemeinsame AKP-EG-Ministerrat (richtungweisende Funktion), der Ausschuss der ständigen Vertreter und die sog. paritätische Versammlung (Initiativrecht). Die Beschlussfassung über die Bereitstellung von Finanzmitteln unterliegt allerdings de facto dem üblichen EU-internen Entscheidungsverfahren (d.h. dem Rat der Europäischen Union unter Mitwirkung des Europäischen Parlaments). – 6. *Bedeutung:* Die AKP-EU-Kooperation bildet den Schwerpunkt der Entwicklungspolitik der EU. – 7. *Perspektiven:* Im Abkommen von Cotonou, das im Jahre 2000 abgeschlossen worden ist, wird die Kooperation zwischen der EU und den AKP-Staaten auf die folgenden fünf Elemente gestützt: (1) politischer Dialog (Forderung nach sog. good governance), (2) Armutsbekämpfung durch Integration in den Welthandel, (3) Reform der wirtschaftlichen Kooperation, (4) Einbeziehung nicht staatlicher Akteure (NGO), (5) Reform der finanziellen Zusammenarbeit. Die einseitigen Handelspräferenzen zugunsten der AKP-Staaten sind teilweise bereits abgebaut worden bzw. sollen in absehbarer Zeit eliminiert werden.

Londoner Club – Umschuldungsverhandlungen mit überschuldeten Staaten vollziehen sich auf zwei Ebenen: Sofern es sich bei den Gläubigern um staatliche Institutionen handelt, werden Umschuldungen im → Pariser Club in Zusammenarbeit mit dem Internationalen Währungsfonds (→ IWF) verhandelt. Private Gläubiger, vorrangig Banken, arbeiten dagegen im Londoner Club zusammen, bilden aber auch spezielle Konsortien.

Lorenz-Halbordnung – Begriff der → personellen Einkommensverteilung. Betrachtet man zwei Einkommensverteilungen anhand ihrer → Lorenzkurven, so kann man nur dann davon sprechen, dass eine Einkommensverteilung „ungleicher" ist als die andere, wenn die entsprechende Lorenzkurve im ganzen Bereich außerhalb der anderen Lorenzkurve verläuft. Schneiden sich die beiden Lorenzkurven, ist ein Vergleich der beiden Verteilungen nicht möglich. Um eine vollständige Rangordnung zu erzielen und damit eine zusammenfassende Aussage hinsichtlich der Ausprägungen der Einkommensverteilungen in einer einzigen Messgröße zu erhalten, können aus den Lorenzkurven z.B. die zugehörigen → Gini-Koeffizienten ermittelt werden.

Lorenzkurve – Verteilungstheorie: Die Lorenzkurve ist die gebräuchlichste Form der Veranschaulichung der → personellen Einkommensverteilung. Man erhält die Lorenzkurve, indem man die Einkommensbezieher nach der Höhe ihres Einkommens anordnet und sie dann, beginnend mit den unteren und fortschreitend zu den oberen Einkommensbeziehern, zu Gruppen von jeweils x Prozent der Bevölkerung zusammenfasst. Anschließend wird ermittelt, wie viel x Prozent des Volkseinkommens auf jede Gruppe entfallen. In der Lorenzkurve sind die kumulierten Anteile erfasst, sodass man für jeden Prozentsatz der Bevölkerung den auf sie entfallenden Anteil am Volkseinkommen angeben kann. Die Einkommensverteilung ist umso gleichmäßiger, je mehr sich die Lorenzkurve der 45°-Linie nähert. Die 45°-Linie entspricht der Gleichverteilung, da dann x Prozent der Bevölkerung auch einen Anteil am Nationaleinkommen von x Prozent erhalten. – Vgl. auch → personelle

Lorenzkurve – Wertebeispiel

Größenklasse der Merkmalsträger	Anteil der Merkmalsträger		Anteil am Gesamtmerkmalsbetrag	
	der Klasse	kumuliert	der Klasse	kumuliert
I	30%	30%	5%	5%
II	30%	60%	15%	20%
III	30%	90%	20%	40%
IV	10%	100%	60%	100%

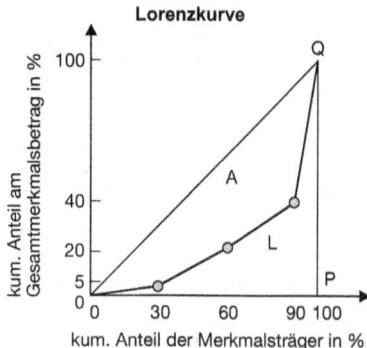

Lorenzkurve

kum. Anteil der Merkmalsträger in %

Einkommensverteilung, → Gini-Koeffizient, → Lorenz-Halbordnung.

Lorenz-Verteilungsfunktion → Lorenzkurve, → personelle Einkommensverteilung, → Gini-Koeffizient.

Louvre-Abkommen – Abkommen der Finanzminister der sieben größten westlichen Industriestaaten (→ G 7, Group of Seven) zur Wechselkursstabilisierung des US-Dollar vom 22.2.1987. Die Vereinbarungen wurden nicht veröffentlicht. Vermutet wird, dass Zielzonen in unbekannter Größenordnung oder aber lediglich eine Abschwächung eines Kursverfalls („sanfte Landung") vereinbart wurden.

Loyalität der Wähler → Wählerloyalität.

LPG – Abk. für → Landwirtschaftliche Produktionsgenossenschaft.

Luftfahrtstatistik → Verkehrsstatistik.

Luftfrachtbrief – *Air Waybill, Air Consignement Note;* Frachtbrief des → Luftfrachtgeschäfts, *fälschlich* bisweilen als Luft-Konnossement bezeichnet. Der Luftfrachtbrief ist Frachtbrief, kein → Konnossement; er kann nicht an Order ausgestellt oder begeben werden. Die ersten drei Ausfertigungen gelten als gleichwertige Originale.

Luftfrachtgeschäft – gewerbsmäßige Beförderung von Gütern im Luftverkehr. Die Abwicklung des Luftfrachtgeschäfts erfolgt durch die Luftfahrtgesellschaften (als Beförderer), die Ver- bzw. Ablader (die den Umschlag durchführen) und die Luftfrachtagenten der International Air Transport Association (IATA). – Vgl. auch Luftrecht.

Luftverkehr – Beförderung von Personen, Post und Fracht mit Luftfahrzeugen (Flugzeugen, Hubschrauber, Luftschiffen, Ballonen etc.) sowie die Benutzung des Luftraums mit Flugmodellen (§ 1 II LuftVG). Der gewerbliche Luftverkehr unterteilt sich in *Linienverkehr* (regelmäßiger flugplanmäßiger, zu öffentlich bekannt gegebenen Abflugzeiten stattfindender Verkehr auf festgelegten Routen zu veröffentlichten Tarifen mit → Betriebspflicht und → Beförderungspflicht) und *Gelegenheitsverkehr,* auch *Bedarfsflug-, Anforderungs-* oder *Charterverkehr* (gewerbsmäßige Verkehre insbesondere ohne explizite Linienbindung, Betriebs- und Beförderungspflicht) genannt. Seit 1993 wird innerhalb des europäischen Wirtschaftsraumes keine rechtliche Trennung zwischen diesen Verkehrsformen vorgenommen, sodass bspw. der touristische Linienverkehr, der früher zumeist als Charterverkehr durchgeführt wurde, heute dem Linienverkehr zugerechnet wird. Zudem unterscheidet

M1 → Geldmenge.

M2 → Geldmenge.

M3 → Geldmenge.

Maastrichter Vertrag – *Vertrag über die EU* (→ EUV); *Vertrag zur Änderung der* → EWG (→ EWGV) *in die EG* (→ EGV); von den Staats- und Regierungschefs der EWG-Mitgliedsstaaten am 9. und 10.12.1991 in Maastricht vereinbarter und am 7.2.1992 unterzeichneter Vertrag über die EU(in Kraft seit 1.11.1993) mit dem Ziel, die → EWG mit erweiterten und verbesserten Aktionsmöglichkeiten auszustatten – die EWG wurde gleichzeitig umbenannt in → Europäische Gemeinschaft (EG). Der EUV war seinerzeit (bis 1.12.2009) als Mantelvertrag angelegt, der die einzelnen Elemente der Union (z.B. die zunächst drei Europäischen Gemeinschaften, der GASP und der justiziellen und polizeilichen Zusammenarbeit in der dritten Säule) über gemeinsame Bestimmungen zusammenführte. Strukturell stellte der EUV die Union auf drei Säulen: Die (seit 1958 schrittweise ausgebaute) „ökonomische" Säule der zunächst drei Gemeinschaften (→ EGKS aufgehoben, → EWG, → EAG) sowie die beiden neuen „außenpolitischen" und „strafrechtlichen" Säulen der *Gemeinsamen Außen- und Sicherheitspolitik* (→ GASP) und der Zusammenarbeit in den Bereichen Justiz und Inneres, heute *polizeiliche und justizielle Zusammenarbeit in Strafsachen* genannt. Eine weitere EG-/EU-Reform erfolgte mit dem Vertrag von Nizza 2002. Mit dem Vertrag von Lissabon wurde das Drei-Säulen-Modell am 1.12.2009 abgeschafft. An seine Stelle tritt das Gemeinsame-Haus-Modell. – Vgl. auch → EU.

Macht – Nach Weber die Chance, „innerhalb einer sozialen Beziehung den eigenen Willen auch gegen Widerstreben durchzusetzen, gleichviel worauf diese Chance beruht". Diese sehr allg. Definition von Macht ist von Arndt im Hinblick auf *wirtschaftliche* Macht weiterentwickelt worden. Danach ist wirtschaftliche Macht Ausdruck von wirtschaftlicher Überlegenheit: „Wer über wirtschaftliche Macht verfügt, ist in der Lage, die Handlungsfähigkeit anderer Wirtschafter auszunutzen und ggf. sogar die Willensentscheidungen anderer Wirtschafter im eigenen Interesse zu beeinflussen. Im Grenzfall entscheidet der Mächtige für den Schwachen".

Machttheorie – I. Volkswirtschaftstheorie: Richtung der Volkswirtschaftstheorie, mit der die Eigengesetzlichkeit des Wirtschaftslebens verneint wird, in Auseinandersetzung mit Böhm-Bawerk u.a. durch Zwiedineck-Südenhorst, Eucken und Seraphim. Nach dieser Lehre schließt die Gesamtheit wirtschaftlicher Handlungen, v.a. im Hinblick auf die Preisbildung und sonstige marktwirtschaftliche Erscheinungen, notwendigerweise Machtausübung in sich. – Als *wirtschaftliche Macht* gilt das mit spezifischen ökonomischen Mitteln durchgesetzte Bestreben, andere zur Nachgiebigkeit gegenüber dem eigenen Willen zu veranlassen. Als Marktmacht ist danach die Fähigkeit zu bezeichnen, durch Vorzugspositionen auf dem Markt anderen den eigenen Willen bei einem bestimmten Tauschakt aufzuzwingen (Seraphim).

II. Lohntheorie: Anhänger der sozialrechtlichen Schule, der Fabian Society und v.a. Tugan-Baranowsky vertraten eine → Lohntheorie, der zufolge die Lohnhöhe im Wesentlichen durch Machtkämpfe zwischen den Klassen bestimmt wird. Dagegen steht die verbreitete Sichtweise, nach der man bei der Bestimmung der Höhe der Löhne über keinerlei Spielraum verfüge, da sie durch ein ökonomisches Gesetz eng vorgegeben seien. Seit Beginn der Bildung von ökonomischen Denkschulen wird dies von verschiedenen Theorien postuliert. Dies beginnt mit dem Lohnfondsgedanken der Klassiker, findet sich in der These vom ehernen Lohngesetz Lassalles wieder und wird unmittelbar adressiert in dem Aufsatz von Böhm-Bawerk aus dem Jahr 1914 in seiner Auseinandersetzung mit Rudolf Stolzmann über „Macht oder ökonomisches Gesetz?". Demnach sind jegliche Versuche der Arbeitnehmer und ihrer Organisationen, den Anteil der Lohneinkommen am Sozialprodukt dauerhaft zu ihren Gunsten auszuweiten, von vornherein zum Scheitern verurteilt. Mit der → Grenzproduktivitätstheorie der Verteilung erhielt die Auffassung von der Gerechtigkeit der konkurrenzmäßig bestimmten Löhne ein theoretisch fundiert geschlossenes Korsett. Moderne Verteilungstheorien, die versuchen, Macht und Verteilungskonflikte zu berücksichtigen, stehen häufig in der Tradition der Arbeiten von Michal Kalecki. Dieser entwickelte mit seiner → Monopolgradtheorie der Verteilung einen Theorieansatz, in dem Machtverhältnisse auf den Güter- und auf den Arbeitsmärkten eine zentrale Rolle bei der Bestimmung der (quotalen) Einkommensverteilung spielen.

III. Abgrenzung: Machttheorien sind nicht mit der Marxschen *Ausbeutungstheorie* gleichzusetzen, da bei Marx das allg. Wertgesetz auch für die Lohnbildung gilt (Äquivalententausch); ebenso nicht zu verwechseln mit der Lohnbestimmung mithilfe der *Theorie des zweiseitigen* → *Monopols*, obwohl auch bei dieser die Lohnhöhe innerhalb eines bestimmten Bereichs unbestimmt bleibt.

Mackenroth-These → Generationenvertrag.

MAI – Abk. für *Multilateral Agreement on Investment*; im Rahmen der → OPEC 1995 erstmalig diskutierter

Versuch, einheitliche Regeln auf dem Gebiet der ausländischen Direktinvestitionen festzulegen. Kernpunkte sind Investitionsschutz, Liberalisierung und Streitschlichtung. Ziel ist die Abschaffung von Verzerrungen der Kapitalflüsse und Gewährleistung einer effizienten Allokation der Ressourcen durch Schaffung von Rahmenbedingungen für den Marktzutritt sowie Rechtssicherheit.

makroökonomische Verteilungstheorien – Im Mittelpunkt makroökonomischer Verteilungstheoriensteht die Verteilung des gesamtwirtschaftlichen Einkommens auf Arbeits- und Kapitaleinkommen (→ Lohn- oder → Arbeitseinkommensquote einerseits und Gewinn- bzw. → Profitquote andererseits). Bei den ökonomischen Klassikern waren darüber hinaus noch die → Bodenrente und ihr Anteil am Gesamteinkommen von großer Bedeutung. Die Makroökonomie betrachtet gesamtwirtschaftliche Größen wie die Beschäftigungshöhe, die Produktion, das Einkommen und deren wechselseitigen Zusammenhänge. Eine fundierte makroökonomische Theorie der Verteilung hat daher die Interdependenzen zwischen diesen Größen, insbes. zwischen Wachstum und Verteilung zu berücksichtigen. Dies betrifft die Tatsache, dass sowohl die Einkommensverteilung das Wachstum als auch umgekehrt das Wachstum die Einkommensverteilung beeinflussen kann. Diese Zusammenhänge treten in der ökonomischen Analyse der Klassiker der Politischen Ökonomie (Smith, Ricardo, Mill, Marx u.a.) deutlich hervor. Auch in den meisten → postkeynesianischen Modellen von Wachstum und Verteilung wird diese Wechselwirkung abgebildet. In der makroökonomischen Version der → Grenzproduktivitätstheorie der Verteilung werden die auf der mikroökonomischen Ebene gewonnenen Gesetzmäßigkeiten von Produktion und Einkommensverteilung auf die Gesamtwirtschaft übertragen. Im Rahmen der → neoklassischen Verteilungstheorie wird die funktionale Verteilung aus den technischen Bedingungen der Produktion bestimmt. Dies gilt sowohl im stationären Zustand wie auch in einem dynamischen Prozess. Im neoklassischen Wachstumsmodell von Solow spielt die quotale Einkommensverteilung eine rein passive Rolle, eine Rückwirkung der Einkommensverteilung auf den Wachstumsprozess ergibt sich nicht. – Vgl. auch Verteilungstheorie, → postkeynesianische Verteilungstheorie, → neoklassische Verteilungsmodelle, Grenzproduktivitätstheorie der Verteilung, Monopolgradtheorie der Verteilung, Keynes-Kaldor-Verteilungstheorie.

Managementschulen – Fort- und Weiterbildungsinstitutionen für Manager mit abgeschlossener Berufsausbildung und Praxiserfahrung.

Managementvertrag → Kontraktmanagement.

Manchester-Liberalismus → Laissez-Faire-Liberalismus.

manipulierte Währungen → Währungssystem.

Manufaktur – großbetriebliche Warenproduktionsorganisation vor der Industrialisierung. Häufig bereits seit dem Mittelalter existierende produktionstechnisch bedingte großbetriebliche Organisationsformen, die als „primäre" Manufakturen bezeichnet werden, v.a. Bergbaubetriebe, Salinen, Hütten- und Hammerwerke sowie Münzstätten. Die „sekundären" Manufakturen ergänzten v.a. in der Phase des → Merkantilismus die traditionelle Produktionsorganisation von Handwerk und Verlag, wobei sie sich überwiegend deren Produktionsweisen bedienten. Hierbei spielte die Arbeitsteilung im Sinn der Zerlegung des Produktionsprozesses eine signifikant größere Rolle als in Handwerk und Verlag. Von diesen traditionellen Produktionsformen lässt sich die Manufaktur v.a. durch die Zahl der (ständig) Beschäftigten und die Produktionsmengen abgrenzen. – Zumindest in Deutschland können Manufakturen darüber hinaus aufgrund ihrer juristischen Eigenschaften als staatlich privilegierte Produktionsstätten charakterisiert werden. Diese für die Einrichtung und den Betrieb einer Manufaktur erforderliche Privilegierung (Zulassung) befreite sie zugleich von den vielfältigen zünftlerischen Beschränkungen hinsichtlich Produktionsweise, Produktionsumfang, Beschäftigtenzahl und Absatz (Zunft). – In den Manufakturen wurden überwiegend Massenprodukte für den Bedarf der Konsumenten oder des Staates hergestellt (Textilien, Glas, Draht- und Metallwaren). Zwar war die gesamtwirtschaftliche Bedeutung der Manufakturen auch in ihrer Blütezeit (zwischen 1780 und 1820) sehr gering, jedoch wurde technischer und organisatorischer Fortschritt fast ausschließlich in dieser neuen Produktionsform realisiert. Als Produktionsform wurde die Manufaktur von der Fabrik abgelöst, die sich außer durch die Beschäftigtenzahl v.a. durch den erheblich umfangreicheren Einsatz von Maschinen unterscheidet. Direkte Übergänge von Manufakturen in Fabriken sind allerdings sehr selten.

Margentarif – Tarifform, bei der kein bestimmter Tarif zur Anwendung vorgeschrieben wird, sondern den Marktteilnehmern ein Spielraum im Bereich der Marge (Bandbreite mit Ober- und Untergrenze) verbleibt, innerhalb dessen der anzuwendende Tarif frei ausgehandelt werden kann. Margentarife können als ± -Werte von einer Margenmitte oder als +Werte von einer Margenuntergrenze bzw. als –Werte von einer Obergrenze definiert werden.

Marginalbedingungen → Pareto-Optimum.

marginaler Zuteilungssatz – der Satz beim Zinstender, zu dem gerade noch Liquidität durch die EZB an die Finanzinstitute überlassen wird. – Vgl. auch → amerikanisches Verfahren, → holländisches Verfahren, → Zuteilungssatz.

Markt – 1. *Begriff*: Markt nennt man in *funktioneller* Hinsicht das Zusammentreffen von Angebot und Nachfrage, durch das sich im Falle eines

Tausches Preise bilden. Mindestvoraussetzung für das Entstehen eines Marktes ist eine potenzielle Tauschbeziehung, d.h. abgesehen vom Tauschmittel (i.d.R. Geld) mind. ein Tauschobjekt (knappes Gut), mind. ein Anbieter und mind. ein Nachfrager. – 2. *Arten:* a) Ein Markt kann *organisiert* oder *nicht-organisiert* sein. Im zuerst genannten Fall liegt ein Markt im institutionellen Sinn vor, auf dem bestimmte festgelegte Regeln gelten; z.B. Wochenmärkte, Jahrmärkte, Auktionen, Ausschreibungen, Börsen. Angebot und Nachfrage werden auch durch Messen und Ausstellungen zusammengeführt. – b) Nach dem *Marktzutritt* kann in offene, beschränkte und geschlossene Märkte unterschieden werden. Wenn der Zugang zum Markt und der Marktaustritt jederzeit für alle Anbieter offen stehen, herrscht freie Konkurrenz, sonst liegt ein *geschlossener* Markt vor. Letzterer kann durch staatliche Verfügung entstehen (z.B. früher durch das Postregal, Konzessionen), auf rechtlichen Gründen beruhen (Patent) oder lediglich faktisch (temporär) gegeben sein. Die resultierenden Wirkungen sind jeweils unterschiedlich. – c) Ein Markt ist *frei*, wenn die Marktpartner ihre Aktionsparameter, bes. den Preis, frei aushandeln bzw. setzen können. Unterliegt der Aktionsparameter behördlichen Eingriffen (z.B. in Form von Fest-, Höchst- oder Mindestpreisen – Preisfunktionen) so liegt ein *regulierter* Markt vor. – d) Nach *Präferenzen* wird folgendermaßen unterschieden: Man nennt einen Markt *homogen*, wenn das Gut technisch homogen ist und als solches auch von den Nachfragern perzipiert wird. Letzteres bedingt, dass *persönliche Präferenzen* zwischen Anbietern und Nachfragern fehlen, Transportkosten nicht auftreten, also ein *räumlicher Punktmarkt* vorliegt, außerdem Angebot und Nachfrage sich auf den gleichen Zeitpunkt beziehen *(zeitlicher Punktmarkt)*. Fehlt eine dieser Voraussetzungen, liegt ein *heterogener* Markt vor. – Herrscht auf einem homogenen Markt vollständige Markttransparenz und reagieren die Beteiligten auf Marktsignale mit unendlicher Reaktionsgeschwindigkeit, spricht man vom *vollkommenen* Markt. In allen anderen Fällen handelt es sich um einen *unvollkommenen* Markt. Auf einem vollkommenen Markt gibt es einen einheitlichen Preis („Gesetz der Unterschiedslosigkeit der Preise" nach Jevons). „Vollkommenheit" ist als Begriff rein analytisch zu verstehen, wird also im normativen Sinn nicht als überlegen bewertet. – 3. *Marktabgrenzung:* Soll ein Markt bestimmt werden, ist eine Marktabgrenzung in sachlicher, persönlicher, räumlicher und zeitlicher Hinsicht vorzunehmen, d.h. es ist festzulegen, wer unter diesen Kriterien zu den Anbietern und Nachfragern der zum Markt gehörenden Güter zählen soll. Eine allgemeingültige → Marktabgrenzung gibt es nicht, sondern nur im Hinblick auf eine bestimmte Fragestellung bzw. Zwecksetzung. Außerdem ist ein gewisser Grad an „Willkür" nicht vermeidbar.

Marktabgrenzung – Bestimmung des → relevanten Marktes. Einerseits kann dieses auf der Nachfrageseite geschehen, indem man sich die Substitutionsbeziehungen zwischen den Gütern ansieht (→ Substitutionslücke), andererseits kann es eine technisch-funktionelle Verbundenheit auf der Angebotsseite geben. Problem bei der Bestimmung des → Marktanteils bzw. Marktvolumens und Marktpotenzials. Nach Zweckmäßigkeitsüberlegungen wird ein Markt nach sachlichen, räumlichen und zeitlichen Kriterien eingeengt. – Vgl. auch → Markt, Marktsegmentierung.

Marktanteil – I. Marktforschung: Begriff der Marktforschung zur Kennzeichnung der Bedeutung des Unternehmens am Markt und somit dessen Konkurrenzstärke. Der Marktanteil kann sowohl für den Beschaffungsmarkt als auch für den Absatzmarkt bestimmt werden. I.d.R. dominiert die Bedeutung des Absatzmarktanteils. – *Berechnung:*

$$\frac{\text{eigener Absatz (Umsatz)}}{\text{Gesamtabsatz (-umsatz) aller Anbieter}} \cdot 100.$$

Er kann sowohl mengen- als auch wertmäßig definiert werden und sich auf den Gesamt- oder auch auf einen Teilmarkt beziehen. Schwierigkeiten bei der Bestimmung des Marktanteils liegen in der Bestimmung des räumlich, sachlich und zeitlich → relevanten Marktes sowie in der Beschaffung der Zahlen über den Gesamtabsatz (Marktvolumen). Anhaltspunkte geben Absatzstatistiken von Verbänden, Daten statistischer Ämter oder der Einkauf spezieller Daten bei Marktforschungsinstituten (z.B. Handelspanels der Firma Nielsen und der GfK, die eine Berechnung der Marktanteile einzelner Artikel sowohl für den Gesamt- als auch für einen Teilmarkt zulassen). Aus den Daten der Haushaltspanels lassen sich ebenfalls Zahlen für den Gesamtmarkt ableiten. – Ungleich schwieriger kann die Feststellung des Marktanteils in industriellen Märkten sein. – Vgl. auch Marktbeherrschung, → Marktmacht.

II. Wettbewerbstheorie: prozentualer Anteil eines Unternehmens am Gesamtumsatz aller Anbieter (oder Nachfrager) auf einem relevanten Markt. *anders:* Verhältnis zwischen der Höhe des eigenen Umsatzes und dem Umsatz des (der) stärksten Konkurrenten.

Marktaustrittsschranken – Faktoren, die den Rückzug eines Unternehmens aus einem Markt erschweren (z.B. arbeitsrechtliche Hemmnisse, hohe Stilllegungskosten, die häufig den Charakter von → Sunk Costs haben, und staatliche Regulierungsmaßnahmen), obwohl (dauerhafte) Nachfrageschwäche und/oder Überkapazitäten den Markt kennzeichnen. Folgen sind Beeinträchtigung des Marktmechanismus und Fehlallokation. – Vgl. auch → potenzieller Wettbewerb.

marktbeherrschendes Unternehmen – 1. *Einzelmarktbeherrschung*: Unternehmen, das die Marktbeherrschungsvermutung des § 18 IV GWB erfüllt (Marktanteil von mind. 40 Prozent) und darüber hinaus gemäß § 18 I GWB a) ohne Wettbewerber ist oder keinem wesentlichen Wettbewerb ausgesetzt ist oder b) eine im Verhältnis zu seinen Wettbewerbern überragende Marktstellung hat. – 2. *Kollektive Marktbeherrschung*: liegt gemäß § 18 VI GWB vor, wenn a) drei oder weniger Unternehmen über einen Marktanteil von 50 Prozent verfügen oder b) fünf oder weniger Unternehmen einen Marktanteil von zwei Drittel erreichen, es sei denn, diese Unternehmen weisen gemäß § 18 VII GWB jeweils nach, dass zwischen ihnen wesentlicher Wettbewerb herrscht (funktionierender Binnenwettbewerb) und/oder dass sie im Verhältnis zu den übrigen Wettbewerbern keine überragende Marktstellung haben (funktionierender Außenwettbewerb).

Marktergebnis – *Market Result, Market Performance*; dient als Maßstab, anhand dessen beurteilt werden kann, inwieweit auf dem betrachteten → relevanten Markt das Ziel bestmöglicher Versorgung erreicht wird. Die Höhe des Preises und der Gewinne, die Qualitäten, der Output oder der technische Fortschritt sind Beispiele für Marktergebnisdimensionen. – Marktergebnis wird zur Beschreibung des formalen Aufbaus des Konzepts eines wirksamen Wettbewerbs verwendet.

marktinkonform – Als marktinkonform werden wirtschaftspolitische Maßnahmen bezeichnet, die der marktwirtschaftlichen Rahmenordnung zuwider laufen, weil der Staat mittels Kontrollen Mengen und Preise für bestimmte Güter festsetzt und damit den Markt-Preis-Mechanismus außer Kraft setzt. – Die Hintergründe solcher marktinkonformen Eingriffe sind hauptsächlich sozialpolitisch motiviert. Bspw. sollen dadurch das Einkommen oder die Versorgung bestimmter Bevölkerungsgruppen gesichert werden. Die Durchsetzung von Mindestlöhnen in verschiedenen Berufsgruppen ist ein Beispiel für eine marktinkonforme Maßnahme. – Vgl. auch → Dirigismus, → Marktkonformität.

Marktkonformität – 1. *Allgemein*: Marktkonformität muss innerhalb marktwirtschaftlicher Systeme vorliegen, um nicht die → Systemkonformität zu verletzen. Insbes. darf nicht der Markt-Preis-Mechanismus beeinträchtigt werden. Dabei ist die Abgrenzung des Marktes zu beachten. – *Beispiel*: Zölle tasten den inländischen Preismechanismus nicht an, bedeuten jedoch eine marktwidrige Diskriminierung ausländischer Anbieter. – 2. *Beispiele*: Vertreter des *Ordoliberalismus* und des *Konzepts der Sozialen Marktwirtschaft* fordern die strikte Beachtung der Marktkonformität. Wohlfahrtsstaatliche Eingriffe werden deshalb rigoros abgelehnt. – 3. *Abstufungen*: Der wirtschaftspolitischen Instrumenteneinsatz hat unterschiedliche Folgen für den Markt, für das System bzw. für das Konzept: (a) Systemnotwendig sind Maßnahmen, wie die Sicherung des Privateigentums oder des Wettbewerbs in einer Marktwirtschaft. (b) Systemerhaltend sind z.B. Instrumente, die die Funktionsweise des Preismechanismus auf den Märkten unterstützen. (c) Systemkonform sind Maßnahmen, die mit den Grundsätzen des Systems übereinstimmen. (d) Systeminkonforme Maßnahmen sind nicht mit den Leitgedanken des Systems vereinbar, gefährden aber das System nicht notwendigerweise. (e) Systemgefährdende oder gar systemzerstörende Maßnahmen werden z.B. in der Vergesellschaftung der Produktionsmittel und in der staatlichen Zwangswirtschaft mit Preis- und Lohnkontrollen versehen. – Vgl. auch → Ordnungsökonomik, → Systemkonformität, → Konzeptionskonformität.

Marktlagengewinn – *Q-Gewinn*; nach E. Preiser eine Form des dynamischen Einkommens. Marktlagengewinne existieren vorübergehend und entstehen, wenn Investitionen durch Kredite und Geldschöpfung finanziert werden.

Marktlohn – nach der Lohntheorie der klassischen Nationalökonomie der sich aus Arbeitsangebot und -nachfrage in der kurzen Frist ergebende → Lohn. Im Mittelpunkt stand bei den Klassikern allerdings der → natürliche Lohn, der langfristig vorherrscht und vom Subsistenzniveau bestimmt wird. – Vgl. auch → Lohntheorien, → Verteilungstheorie.

Marktmacht – Kriterium der Wettbewerbstheorie zur Kennzeichnung des Wettbewerbsgrades auf einem Markt. Marktmacht wird dabei im Sinn von Marktbeherrschung interpretiert, die tendenziell zur Ausschaltung des Wettbewerbs führt. – Die *Bekämpfung von Marktmacht* durch Verhinderung von Kartellen, Fusionskontrolle und Entflechtung von Konzernen ist die vordringlichste Aufgabe der Wettbewerbspolitik. Die Vermutungstatbestände des Gesetzes gegen Wettbewerbsbeschränkungen (GWB) unterscheiden zwischen den Markt beherrschenden (Teil-) → Monopolen und → Oligopolen. – Vgl. auch → Macht.

marktorientierte (umweltpolitische) Instrumente → Umweltpolitik.

Marktphase – Entwicklungsstadium eines → Marktes. Nach *E. Heuß* durchläuft ein Markt von seiner Entstehung bis zu seinem Endzustand verschiedene Marktphasen mit jeweils unterschiedlichen Angebots- und Nachfragebedingungen, die Heuß in *Experimentier-, Expansions-, Ausreifungs- und Stagnations- oder Rückbildungsphase* einteilt. Diesen vier Marktphasen entsprechen der Pionierunternehmer, der spontan imitierende, der nur unter Druck reagierende Unternehmer sowie der immobile Unternehmer. Als mögliches Einteilungskriterium für die Marktphasen dient die Einkommenselastizität der Nachfrage. – Die von Heuß vorgenommene *Typisierung von Marktphasen und Unternehmertypus* erlaubt Rückschlüsse für die Wettbewerbspolitik, da die Marktphasen nicht nur mit dem Unternehmertypus, sondern auch mit der Marktform und den Marktzutrittsschranken sowie den im Wettbewerb eingesetzten Aktionsparametern und Gewinnraten korrelieren.

Marktpreismethode → hedonischer Ansatz.

Marktprozesstheoriet → Informationsökonomik.

Marktstruktur – *Market Structure*; 1. alle Merkmale, die die Zusammensetzung und das Gefüge eines → Marktes beschreiben. – 2. Die Marktstruktur wird bestimmt durch die Zahl der Anbieter und Nachfrager sowie ihrer → Marktanteile, Art der Güter, Markttransparenz, Markteintrittsschranken und → Marktaustrittsschranken, → Marktphase und ggf. weitere Einflussfaktoren. – 3. Der Ökonom von Stackelberg unterscheidet in Abhängigkeit der Anzahl und Größe auf der Anbieter- und auf der Nachfragerseite die folgenden Marktformen: – a) Ein Markt mit einem großen Anbieter und vielen atomistischen Nachfragern wird als → Monopol bezeichnet. Ein Monopson (Nachfragemonopol) liegt vor, wenn einem Nachfrager viele atomistische Anbieter gegenüber stehen. Ein bilaterales Monopol ist eine Marktstruktur mit jeweils einem Anbieter und einem Nachfrager. – b) Steht dem einzigen Anbieter eine überschaubare Anzahl an Nachfragern gegenüber, dann liegt ein beschränktes Monopol vor. Ein beschränktes Monopson ist andererseits eine Marktstruktur mit wenigen Anbietern und einem Nachfrager. – c) Ein → Oligopol liegt nach von Stackelberg vor, wenn es wenige Anbieter (Unterscheidung zwischen dem engen und dem weiten Oligopol) mit einer hohen Anzahl an gemessen am Marktanteil kleinen Nachfragern zu tun haben. Ein Oligopson, auch als Nachfrageoligopol bekannt, ist eine Marktstruktur mit wenigen Nachfragern und vielen Anbietern. Bei einem bilateralen Oligopol handelt es sich um eine Marktstruktur mit jeweils einigen Anbietern und Nachfragern. – d) Die für das Modell der vollständigen Konkurrenz wichtige Marktstruktur des → Polypols liegt vor, wenn sowohl auf der Anbieter- als auch auf der Nachfragerseite viele unbedeutende Marktteilnehmer vorhanden sind. – 4. Marktstruktur dient neben dem Marktverhalten und dem Marktergebnis zur Beschreibung des formalen Aufbaus des Konzepts eines wirksamen Wettbewerbs.

Marktstrukturtest → Europäisches Kartellrecht.

Markttheorie → Informationsökonomik.

Marktverhalten – *Market Behaviour, Market Conduct;* umfasst alle Aspekte, die Ausdruck von unternehmerischen Entscheidungen und damit – im Gegensatz zur → Marktstruktur – kurzfristig veränderbar sind. – *Beispiele:* Häufigkeit und Zeitpunkt von Preis-, Mengen- oder Qualitätsänderungen im Kampf um Marktanteile im Zeitablauf. Wichtig zur *Abgrenzung* von → Wettbewerb und Marktbeherrschung ist, ob das Verhalten Ausdruck von *Spirit of Competition* oder von Neigung zu wettbewerbsbeschränkenden Strategien ist. – Marktverhalten dient neben der Marktstruktur und dem Marktergebnis zur Beschreibung des formalen Aufbaus des Konzepts eines wirksamen Wettbewerbs.

Marktverhaltenstest – wirksamer Wettbewerb.

Marktversagen – 1. *Begriff:* Abweichungen des Ergebnisses marktmäßiger Koordination von der volkswirtschaftlich optimalen Allokation von Gütern und Ressourcen im Modell der → vollkommenen Konkurrenz. Die Abweichungen zeigen einen potenziellen wirtschaftspolitischen Handlungsbedarf an. – 2. *Ursachen:* (1) Abweichungen der tatsächlichen von den in der Wirtschaftsökonomik unterstellten Bedingungen (Substitutionshemmnisse); (2) mangelnde Marktfähigkeit von Gütern (öffentliche Güter, → externe Effekte, meritorische Güter, Verfügungsrechte; (3) wettbewerbsbeschränkende Strategien auf einem Markt oder wettbewerbsbeschränkendes Verhalten von Marktteilnehmern; (4) Marktform des Monopols oder monopolähnlicher Strukturen; (5) Makroökonomische Probleme der Instabilität (Konjunktur-, Wachstums- und Strukturprobleme); (6) Marktablehnung bei verteilungs- und sozialpolitischen Schwierigkeiten; (7) → Staatsversagen. – 3. *Problem der Wahl des Referenzmodells:* Als Referenzmodell wird i.d.R. das Modell der → vollkommenen Konkurrenz verwendet (→ Pareto-Optimum). – *Kritikpunkte* der Eignung dieses Modells für die Ableitung wirtschaftspolitischen Handlungsbedarfs: (1) Realitätsferne der Modellannahmen (→ Nirwana-Vorwurf); (2) Vernachlässigung dynamisch evolutorischer Funktionen von Marktprozessen im Modell (→ Wettbewerbsfunktionen, evolutorische Wirtschaft); (3) Vernachlässigung weiterer wirtschaftspolitischer Ziele neben dem Allokationsziel. – Alternative Ansätze gehen von einer Vorstellung des funktionsfähigen Wettbewerbs bzw. workable competition (z.B. → Chicago School) aus. Unvollkommenheiten, wie z.B. unvollständige Informationen oder verzögerte Anpassungen, sind Voraussetzungen für den dynamischen Wettbewerbsprozess. – 4. *Marktversagen und rationale Wirtschaftspolitik:* Ob die Wirtschaftspolitik tätig werden sollte, ist abhängig von: (1) Korrekturmöglichkeiten wirtschaftspolitischer Handlungsträger (gesamtwirtschaftliche Planung), (2) direkten Kosten wirtschaftspolitischer Maßnahmen, (3) Auswirkungen der Maßnahmen auf andere wirtschaftspolitische Ziele.

Marktverteilung – Verteilungstheorie, → Wohlstandsverteilung.

Marktwirtschaft – *Verkehrswirtschaft; Vertragswirtschaft.* 1. *Begriff:* → Wirtschaftsordnung mit dezentraler Planung und Lenkung der wirtschaftlichen Prozesse, die über Märkte mittels des Preismechanismus koordiniert werden. Staatliche Mindestaufgaben sind Setzung der Rahmenbedingungen, innerhalb derer die wettbewerbliche Koordination wirkungsvoll erfolgen kann, sowie Bereitstellung öffentlicher Güter (→ Liberalismus). Neben der → Ordnungspolitik (Wettbewerbspolitik; Umweltpolitik), die den Rahmen für die wirtschaftlichen Aktivitäten absteckt, gibt es direkte Eingriffe des Staates in den Wirtschaftsablauf. Diese werden als Instrumente der → Prozesspolitik bezeichnet und werden z.B. im Stabilitäts- und Wachstumsgesetz (STWG) legislativ verankert. – 2. In der Realität gibt es unterschiedliche *Formen* der Marktwirtschaft. Neben der Marktwirtschaft mit Dominanz des Privateigentums an Produktionsmitteln (privatwirtschaftliche Marktwirtschaft) gibt es die – allerdings instabile – Marktwirtschaft mit Dominanz des Staatseigentums (sozialistische Marktwirtschaft in der Volksrepublik China) sowie die Marktwirtschaft mit Gruppeneigentum (→ Arbeiterselbstverwaltung im früheren Jugoslawien; → selbstverwaltete sozialistische Marktwirtschaft). – 3. *Koordinationsformen*: Die einzelwirtschaftlichen Planträger (Unternehmer und Haushalte) treffen ihre Entscheidungen über Produktion, Konsum, Sparen und Investieren und damit über Angebot und Nachfrage auf den einzelnen Märkten nach eigenen Zielvorstellungen im Streben nach Gewinn- bzw. Nutzenmaximierung. Dabei richten sie sich nach den für sie relevanten Marktpreisen, die bei freier Preisbildung die gesamtwirtschaftlichen Knappheitsrelationen der Güter und Leistungen ausdrücken und die wiederum durch die Reaktionen der Wirtschaftssubjekte selbst beeinflusst werden. Dieser permanente Rückkopplungsprozess bewirkt die Abstimmung der Einzelpläne und lenkt das selbstinteressierte Handeln in gesamtwirtschaftlich wohlfahrtsfördernde Bahnen (unsichtbare Hand des Marktes, A. Smith): Sich frei bildende Preise informieren die Planträger über die jeweils zweckmäßigste Handeln, zwingen sie ggf. zu Planänderungen und motivieren sie durch Aussicht auf Gewinn- bzw. Nutzensteigerung. Der Wettbewerb kontrolliert gleichzeitig das individuelle Selbstinteresse, da durch Reaktionen der Marktneben- und -gegenseite und hierdurch induzierte Preisänderungen die permanente Gefahr der Gewinnerodierung sowie bei unsachgemäßen Entscheidungen die Gefahr von Vermögensverlusten besteht. – 4. *Staatsfunktionen*: a) *Voraussetzungen* für eine, auf dem Konzept des → Liberalismus beruhende Ordnung sind: (1) Staatliche Gewährleistung der individuellen Wirtschafts- und Vertragsfreiheit und (2) Etablierung individuell zugeordneter und übertragbarer Eigentumsrechte (Property Rights bzw. Verfügungsrechte) an den wirtschaftlichen Gütern. Auch hat der Staat eine aktive und vorbeugende Politik zum Schutz der Wettbewerbsfreiheit zu betreiben, um das Entstehen wettbewerbshemmender Marktmacht zu verhindern (vgl. zu den konstitutiven und regulierenden Prinzipien einer Wettbewerbsordnung → Freiburger Schule). – b) Die Frage nach *Notwendigkeit und Umfang sonstiger staatlicher Aktivitäten* (z.B. Bereitstellung öffentlicher und meritorischer Güter, Sozial-, Vermögens-, Konjunktur-, Strukturpolitik etc.) wird je nach wirtschaftspolitischem Leitbild (neben Ordoliberalismus z.B. → soziale Marktwirtschaft, → Planification, → Wohlfahrtsstaat) und wirtschaftstheoretischer Konzeption (Neoklassik, Monetarismus, Keynesianismus etc.) unterschiedlich beantwortet.

Marktzins → Zins, der sich auf den Geld- und Kapitalmärkten einer Volkswirtschaft im Durchschnitt einer Periode einstellt.

Marshall-Plan → ERP.

Marx – Heinrich Karl, 1818–1883, deutscher Nationalökonom und Vertreter des wissenschaftlichen Sozialismus (→ Marxismus). Die Bedeutung von Marx liegt in seinem geschichtsphilosophisch-soziologischen System und in seiner darauf aufbauenden nationalökonomischen Lehre. Beide zusammen werden als Marxismus bezeichnet. In seiner Geschichtslehre ging Marx von der „dialektischen Methode" Hegels aus, setzte aber an die Stelle der Idee den dialektischen Materialismus. Viele der Voraussagen von Marx – etwa die zunehmende „Verelendung der Massen" oder der „Zusammenbruch der kapitalistischen Wirtschaft" – sind nicht eingetroffen. Nationalökonomisch fußt Marx auf den Klassikern, übernimmt aber z.B. nicht das von ihm kritisierte Bevölkerungsgesetz von Malthus. In der Wertlehre verlässt Marx die Arbeitswerttheorie Ricardos (Theorie der relativen Preise); die Arbeit wird bei Marx zur Substanz des Wertes. Neben dem Einfluss von Marx auf die Arbeiterbewegung und die rein sozialistische Literatur blieb seine Wirkung auf die Nationalökonomie gering. Kritische Auseinandersetzungen mit Marx finden sich bei Böhm-Bawerk, Spann, Schumpeter, Oppenheimer, Preiser und Peter. – *Hauptwerke*: „Manifest der kommunistischen Partei" (1848, zusammen mit Engels), „Kritik der politischen Ökonomie" (1859), „Das Kapital", Band I (1867), Band II und III von Engels posthum herausgegeben 1885 bis 1894.

Marxismus – 1. *Begriff*: Gesamtheit der Lehren von → Marx und Engels; auch die Theorien, die sich auf Marx berufen und ihrem Selbstverständnis nach marxistisch sind. – 2. *Formen*: a) *Wissenschaftlicher Sozialismus* (Marx und Engels) im Wesentlichen bestehend aus: (1) → dialektischer Materialismus; (2) → historischer Materialismus; (3) marxistische Wirtschaftstheorie, durch die die unterstellte geschichtliche Entwicklungsgesetzmäßigkeit (Zusammenbruch des → Kapitalismus und seine revolutionäre Umwandlung in den → Sozialismus bzw. → Kommunismus) bewiesen werden soll (→ tendenzieller Fall der Profitrate, → Krisentheorie). – b) → Marxismus-Leninismus bzw. → Bolschewismus: Entsprechend den praktisch-politischen Erfordernissen der sozialistischen Revolution sowie des Aufbaus des Sozialismus/Kommunismus modifizierte Form des Marxismus. – c) → Neomarxismus. – Vgl. auch → Sozialismus.

Marxismus-Leninismus – 1. *Charakterisierung*: Offizielle Staatsphilosophie in der ehemaligen Sowjetunion und in den ehemaligen RGW-Staaten; bis Mitte/Ende der 1980er-Jahre. – Vgl. auch → Bolschewismus. Sie basiert auf dem → Marxismus, der jedoch, zunächst von Lenin und später v.a. von Stalin, den praktischen Erfordernissen der russischen Revolution und des Aufbaus und der Stabilisierung angepasst wurden. – 2. *Denkrichtungen:* a) Auf *Lenin* geht die These vom → Sozialismus als einer eigenständigen Entwicklungsphase zwischen → Kapitalismus und → Kommunismus zurück (→ historischer Materialismus). – *Kennzeichen:* → Diktatur des Proletariats unter Führung der kommunistischen Partei; Verstaatlichung der Produktionsmittel und zentrale Planung und Lenkung des Wirtschaftsprozesses; Verteilung nach dem Leistungsprinzip (im Kommunismus nach dem Bedarfsprinzip). – Zwischenzeitlich wurde die Phase des Sozialismus weiter unterteilt: Etappe des Übergangs vom Kapitalismus zum Sozialismus (für die UdSSR bis Ende der 1930er-Jahre); Etappe der Vollendung des Aufbaus des Sozialismus (bis Ende der 1960er-Jahre); Etappe des entwickelten Sozialismus. In der letzten Phase werde die Basis für den Kommunismus geschaffen, ohne dass dabei jedoch eindeutig geklärt wird, wann und unter welchen Bedingungen letzterer realisiert sein wird. – Auf Lenin gehen auch das *Konzept der elitären Kaderpartei* und das innerparteiliche *Organisationsprinzip des* → demokratischen Zentralismus (zentralistischer, straff hierarchisch gegliederter Parteiaufbau) zurück. Auch die Thesen über den → Staatsmonopolkapitalismus gehen auf Lenin zurück. – b) Während Lenin noch von einer baldigen Weltrevolution ausging (so auch L. Trotzkij mit seiner These der „permanenten Revolution"), für die die russische Revolution lediglich die Initialzündung bedeutete, postulierte *Stalin* nach Lenins Tod (1924) den *„Aufbau des Sozialismus in einem Land".* Als dafür einzuschlagenden Weg setzte er das Prinzip der vorrangigen Förderung der Schwerindustrie bei Vernachlässigung der Konsumgüterindustrie durch, verbunden mit einer Zwangskollektivierung der Landwirtschaft (Ende der 1920er-Jahre). Das auch die Wirtschaftsordnung der ehemaligen Sowjetunion kennzeichnende Modell einer *staatssozialistischen Zentralplanwirtschaft* wurde ebenfalls von Stalin mit dem ersten sowjetischen Fünfjahresplan (1928–1932) konzipiert und verwirklicht. – 3. *Bedeutung/Beurteilung:* Zu beachten ist, dass Marx und Engels, abgesehen von einigen allg. Hinweisen, nichts über die Ausgestaltung der neuen Gesellschafts- bzw. → Wirtschaftsordnung ausführen, sodass unterschiedliche Modelle wie staatssozialistische Zentralplanwirtschaft, staatssozialistische Marktwirtschaft, selbstverwaltete sozialistische Marktwirtschaft oder → Rätedemokratie aus den knappen Hinweisen abgeleitet werden können. Die leninistisch-stalinistische Interpretation des Sozialismus wurde später auf die anderen Staaten des Ostblocks übertragen und auch von zahlreichen Entwicklungsländern übernommen, obwohl bei diesen Staaten z.T. gänzlich andere Ausgangsbedingungen gegeben waren. Der Bolschewismus steht bei seinen Kritikern (Neo- wie Nicht-Marxisten) für ein starres, zentralistisches und bürokratisches System unter dem Herrschaftsmonopol einer autoritär-diktatorischen Partei. Mit den gesellschafts- und wirtschaftspolitischen Umwälzungen der 1980er- und 1990er-Jahre hat der Marxismus-Leninismus in den meisten Staaten des Ostblocks seine Rolle als Staatsdoktrin verloren.

Maßhalteappelle – *gütliches Zureden, Seelenmassage, Moral Suasion;* wirtschaftspolitisches Instrument in Form von politischen Appellen, die das wirtschaftliche Verhalten der gesamten Öffentlichkeit (z.B. Sparen) oder bestimmter Gruppen oder Institutionen (z.b. bei geldpolitischen Zielen an Kreditinstitute) beeinflussen sollen. – *Beispiele:* Maßvolle Lohnabschlüsse und Preisforderungen; konzertierte Aktion im Rahmen desmStabilitäts- und Wachstumsgesetzes (1967).

Maßnahmen zur Arbeitsbeschaffung → Arbeitsbeschaffungsmaßnahmen.

Master – 1. *Begriff:* Der Master als akademischer Abschluss (graduate) kommt dem bisherigen dt. Diplomabschluss gleich. Dieser Studienabschluss wird aufgrund der im → Bologna-Prozess getroffenen Vereinbarungen in Deutschland und andern europäischen Staaten sukzessive eingeführt. In englischsprachigen Ländern bisher hauptsächlich verbreitet. – 2. *Merkmale:* Masterstudiengänge setzen den → Bachelor oder einen vergleichbaren Abschluss voraus und können das vorangegangene Studium vertiefen; entweder direkt im Anschluss oder auch nach einer Unterbrechung. Die Studiendauer beträgt i.d.R. zwei Jahre, der Masterabschluss ermöglicht eine anschließende → Promotion. Je nach Angebot der Universität können Ein- oder Mehr-Fach-Studiengänge gewählt werden. – 3. *Mögliche Masterabschlüsse:* Master of Advanced Studies (MAS), Master of Business Administration (MBA), Master of Business Law (M.B.L.), Master of Education (M.Ed.), Master of Engineering (M. Eng.), Master of/in European Studies (M.E.S.), Master of International Business (MIB), Master of Laws (LL.M.), Master in Psychoanalytical Observational Studies (MPOS), Master of Public Health (MPH), Master of Arts (M.A.), Master of Science (M.Sc.).

Materialismus → dialektischer Materialismus, → historischer Materialismus.

Maut – Mit dem Autobahnmautgesetz für schwere Nutzfahrzeuge i.d.F. vom 2.12.2004 (BGBl. I 3122) m.spät.Änd. vom 29.5.2009 (BGBl. I 1170) und den ergänzenden Verordnungen ist gesetzlich verankert, dass alle in- und ausländischen Fahrzeuge und Fahrzeugkombinationen, die ausschließlich für den Güterkraftverkehr bestimmt sind oder eingesetzt werden und deren zulässiges Gesamtgewicht mindestens 12 t beträgt, für die Benutzung dt. Autobahnen eine streckenbezogene Autobahnmaut zu entrichten haben. Das Bundesministerium für Verkehr, Bau und Stadtentwicklung (BMVBS) ist ermächtigt, durch Rechtsverordnung die Mautpflicht auf genau bezeichnete Abschnitte von Bundesstraßen auszudehnen zur Vermeidung von Ausweichverkehr und aus Gründen der

Verkehrssicherheit. Die Höhe der Maut ist gestaffelt nach Achszahl und Schadstoffklassen. Mit der Maut-Erhebung und -Abrechnung ist die Toll Collect GmbH beauftragt.

maximale nachhaltige Ernte → Maximum Sustainable Yield.

maximale Umverteilungsrate – entwicklungspolitische Interpretation des → Gini-Koeffizienten. Sie gibt an, welcher Anteil des Volkseinkommens umverteilt werden muss, damit vollständige Gleichheit erzielt wird. Das Maß leidet gegenüber der Lorenz-Kurve an interpretativer Mehrdeutigkeit. Ob z.B. 50 Prozent des Volkseinkommens an die ärmsten 20 Prozent der Bevölkerung oder an 60 Prozent der Bevölkerung umverteilt werden muss, wird aus der Maßzahl nicht deutlich.

Maximum Sustainable Yield – maximale Menge, die von einer → erneuerbaren Ressource dauerhaft geerntet werden kann. Dies bedeutet, dass der Ressourcenbestand konstant bleibt.

Max-Planck-Gesellschaft zur Förderung der Wissenschaften e.V. (MPG) – gegründet 1948; Sitz in München. – *Aufgaben:* Sie unterhält 80 Forschungsinstitute, Forschungsstellen und Projektgruppen, deren Aktivität sich überwiegend auf Grundlagenforschung in den Natur-, Geistes- und Sozialwissenschaften erstreckt.

Max-Weber-These – Weber erklärt das Leistungsgefälle zwischen protestantischen und katholischen Ländern durch die ökonomischen Folgen religiöser Vorstellungen. Größere Verantwortungsbereitschaft, Risikoübernahme und Sparsamkeit, eine größere Freiheit sowie die Bereitschaft, traditionellen Boden zu verlassen, wurden als entscheidend für die Entwicklung eines leistungsstarken und entwicklungsorientierten Menschenschlags angesehen. Reichtum wurde religiös legitimiert, da er zur Ehre Gottes erwirtschaftet, aber nicht zum Konsum genutzt werden durfte (Gedanke der Haushalterschaft). – Länder, die Protestanten und Juden vertrieben, wie Spanien und Frankreich, fielen in ihrer wirtschaftlichen Entwicklung zurück. Durch Luther bekam der Beruf eine säkulare Bedeutung, was Leistungsanreize ermöglichte. Die unbeabsichtigten ökonomischen Konsequenzen calvinistisch geprägter religiöser Überlegungen führten zur starken Kapitalakkumulation. – Die Max-Weber-These gab Anlass zu einer immer noch währenden Debatte über die religiösen Voraussetzungen der Entwicklung. Empirische Studien haben den Ansatz sowohl widerlegt bzw. differenziert als auch bestätigt.

McKelvey Box – Darstellung der Ressourcenvorräte in Matrixform. Die Vorräte werden nach dem Grad der Gewissheit über ihre Existenz und nach dem Grad ihrer wirtschaftlichen Abbaubarkeit geordnet.

Medianwähler-Konzept – zentrales Konzept der Neuen Politischen Ökonomie; Wähler, der bei einer eindimensionalen Alternativenmenge (d.h. alle Alternativen können auf einer ordinalen oder metrischen Skala geordnet werden) seinen Optimalpunkt im Median der Verteilung der Optimalpunkte aller Wähler hat. Bei ungerader Wähleranzahl und eingipfligen Präferenzen (→ Eingipfligkeit) stellt sein Optimalpunkt ein politisches Gleichgewicht im Zwei-Parteien-System dar, da es bei paarweiser Abstimmung die Mehrheit der Stimmen auf sich vereinigen kann (→ Parteienwettbewerb). – Vgl.auch → Hotelling-Regel, mit der beschriebenen Folge einer Angleichung der Parteienprogramme mit der Zielsetzung, die Vorstellungen des Medianwählers zu erfüllen.

Medien-Substitution – Ersetzung eines bestimmten Umweltbereiches (z.B. Luft) als Aufnahmemedium für Schadstoffe durch einen anderen Umweltbereich (z.B. Wasser).

Medienverbund – Kombination verschiedener Kommunikationsmittel. – Vgl. auch → Studium im Medienverbund, → Fernstudium im Medienverbund.

Mehraufgaben-Prinzipal-Agent-Theorie – Prinzipal-Agent-Theorie.

Mehraufwands-Wintergeld → Wintergeld.

Mehrheitsregel → absolute Mehrheitsregel, → einfache Mehrheitsregel, → qualifizierte Mehrheitsregel.

Mehrleistungen – im Sinn der Sozialversicherung Leistungen, die die Versicherungsträger neben den gesetzlichen Mindestleistungen (→ Regelleistungen) gewähren können, sofern eine entsprechende Bestimmung in der Satzung enthalten ist. Das Höchstmaß, bis zu dem Mehrleistungen eingeführt werden dürfen, ist - mit Ausnahme für die Krankenversicherungsleistungen der Knappschaften - durch Gesetz festgelegt. – Vgl. auch → soziale Sicherung.

Mehrwert → Mehrwerttheorie.

Mehrwertrate → Mehrwerttheorie.

Mehrwerttheorie – 1. *Charakterisierung:* Von → Marx entwickelte Lehre, mit der er den Ursprung des Unternehmergewinns (Profit) aus der Ausbeutung der lohnabhängigen Arbeiter nachzuweisen versucht. Das der → Arbeitswertlehre zugrunde liegende Preisbestimmungsprinzip wird hierfür auf den Lohn der Arbeitskraft übertragen: Der Preis (Tauschwert) der Arbeit entspricht demjenigen Aufwand, der zu ihrer Wiederherstellung (Reproduktion) gesellschaftlich durchschnittlich notwendig ist. Entlohnt der Unternehmer die Arbeiter so, dass diese ihre notwendigen Ausgaben (u.a. für Ernährung, Kleidung, Miete, für Erziehung und Ausbildung der Kinder) bestreiten können, bezahlt er sie definitionsgemäß zum Wert der Arbeitskraft. Sie müssen jedoch während ihres Arbeitstags länger arbeiten und damit entsprechend der Arbeitszeit mehr Tauschwerte produzieren, als ihrem eigenen Wert und damit Lohn entspricht. Die Differenz zwischen Tauschwert der Arbeit und Tauschwert der von den Arbeitern produzierten

Güter wird als *Mehrwert* bezeichnet. Ihn kann sich der Unternehmer als Eigentümer der Produktionsmittel aneignen. Das Verhältnis von Mehrwert zu Lohnkosten (→ variables Kapital) wird als *Mehrwertrate* bezeichnet (→ Ausbeutung). – Als Reaktion auf den → tendenziellen Fall der Profitrate versucht der Unternehmer, Marx zufolge, den *Mehrwert zu erhöhen:* (1) Er lässt die Arbeiter bei gleichem Lohn länger arbeiten und so mehr Tauschwerte produzieren *(absoluter Mehrwert)* oder (2) er steigert die Arbeitsproduktivität, sodass in der gleichen Arbeitszeit mehr Produkte bei gleichzeitig sinkendem Wert der Arbeitskraft – durch die gesteigerte Produktivität nimmt der „Reproduktionsaufwand", berechnet in Arbeitsstunden, ab – hergestellt werden *(relativer Mehrwert).* – 2. *Beurteilung:* Die Mehrwerttheorie wird deswegen kritisiert, weil die einzelnen Elemente des „Reproduktionsaufwands" der Arbeitskraft nicht eindeutig bestimmt sind; dies bewirkt jedoch eine Unbestimmtheit ihres Wertes und damit des Mehrwerts als Differenzbetrag. Zudem hat sie sich, wie ein Blick auf die Lohn- und Arbeitszeitenentwicklung der industrialisierten Welt zeigt, empirisch nicht bestätigt.

Meistbegünstigung – 1. *Begriff:* Meistbegünstigung verpflichtet einen Staat, alle handelspolitischen Vergünstigungen, v.a. Zollvorteile, die einem anderen Staat eingeräumt wurden, allen anderen Staaten einzuräumen, mit denen Meistbegünstigung vereinbart ist. – 2. *Arten:* a) *unbedingte und unbeschränkte Meistbegünstigung:* Das Verbot der Diskriminierung erstreckt sich auf alle Einfuhrwaren, alle Länder und alle Arten der Handelserschwerung. – b) *Beschränkte Meistbegünstigung:* Nur vertraglich vereinbarte Waren sind betroffen oder ausdrücklich ausgenommen. – c) *Bedingte Meistbegünstigung:* Gewährung eines Vorteils verlangt eine entsprechende Gegenleistung (Reziprozität). – 3. *Rechtliche Grundlagen:* Meistbegünstigung wurde erstmals 1860 zwischen England und Frankreich vertraglich fixiert. Meistbegünstigung-Verpflichtung kann aus bilateralen Abkommen mit dem Prinzip der Reziprozität beruhen oder auf multilateralen Verträgen. Meistbegünstigung gehört zu den Grundpfeilern der → World Trade Organization (WTO) und gilt auch in den Teilabkommen → GATT, → GATS und TRIPS (s. → TRIPS Abkommen). Bilaterale Liberalisierungsfortschritte gelten automatisch multilateral. – Ausdrücklich ausgenommen von der Verpflichtung zur Meistbegünstigung sind in der WTO → Zollunionen, → Freihandelszonen und Commonwealth-Präferenz, letztere als Altpräferenz. Auf der → UNCTAD-Konferenz in Neu-Delhi (1968) wurden ab 1971 sog. Allgemeine Zollpräferenzen der Industrieländer zugunsten der Entwicklungsländer vereinbart. – 4. *Bedeutung:* Meistbegünstigung verhindert wirtschaftliche Diskriminierung im internationalen Handel und trägt somit zur Verbesserung der internationalen Arbeitsteilung bei. Allerdings unterliegen immer noch große Teile des Welthandels nicht dem Prinzip der Meistbegünstigung (Ausnahmebereiche). Meistbegünstigung wird durch nicht tarifäre Handelshemmnisse unterlaufen wie z.b. durch Kontingentierungen der Wareneinfuhr, Differenzierung von Frachttarifen und bürokratischen Maßnahmen der Zollbehörden.

Mengentender – 1. *Begriff:* → Tenderverfahren einer Zentralbank, bei dem diese im Voraus den Zinssatz festlegt und die teilnehmenden Geschäftspartner den Geldbetrag bieten, für den sie zum vorgegebenen Zinssatz abschließen wollen. – *Anders:* → Zinstender. – 2. *Zuteilungsverfahren:* Die Zentralbank teilt den Kreditinstituten einen Zinssatz mit, zu dem sie flüssige Mittel zu verleihen bereit ist. Die Gesamtsumme dieses → Offenmarktgeschäftes wird nicht bekannt gegeben. Die interessierten Kreditinstitute melden nun der Zentralbank zurück, welche Beträge sie zu der genannten Kondition aufnehmen wollen. Wird der Angebotsrahmen der Zentralbank durch die Kreditsumme der Interessenten gesprengt, erfolgt eine anteilsmäßige Zuteilung (Basis: Prozentualer Anteil des Kreditwunsches der Kreditinstitute zur Summe des Mengentenders). – Vgl. auch → amerikanisches Verfahren, → holländisches Verfahren, Rediskont(ierung).

Mengersche Güterordnung – 1. *Charakterisierung:* Auf den österreichischen Nationalökonomen Menger zurückgehende Einteilung der wirtschaftlichen Güter nach Maßgabe ihrer Konsumnähe: (1) Konsumgüter sind Güter erster Ordnung; sie werden erstellt aus Vorprodukten und Produktionsmitteln; (2) Produktionsmittel sind Güter zweiter Ordnung, die wiederum aus Vorprodukten und Produktionsmitteln höherer Ordnung hergestellt werden. Die Güter höchster Ordnung sind die beiden originären Produktionsfaktoren Arbeit und Boden, die, im Gegensatz zu den Kapitalgütern, nicht durch den Einsatz nächsthöherer Güterarten gebildet werden können. – 2. Unter *Rückversetzung eines Gutes innerhalb der Mengerschen Güterordnung* (Einschlagen eines Produktionsumweges) wird sein produktiver Einsatz in einer höheren (konsumferneren) Ordnung als zuvor bzw. die Produktion nicht von Konsum-, sondern von Produktionsmitteln verstanden. Sie soll bei Konsumverzicht in der Gegenwart durch Produktivitätssteigerung größere Konsummöglichkeiten in der Zukunft schaffen. Rückversetzung bedeutet somit durch Konsumverzicht (Sparen) finanzierte Bildung von Produktivkapital (Investition).

MERCOSUR – Abk. für *Mercado Común del Cono Sur;* → gemeinsamer Markt im südlichen Lateinamerika. – 1. *Errichtung und Ziele:* Grundlage ist das am 26.3.1991 von Argentinien, Brasilien, Paraguay und Uruguay unterzeichnete → Asunción-Abkommen (29.11.1991). Seit 4.7.2006 ist Venezuela fünftes Vollmitglied des MERCOSUR. Durch dieses Vertragswerk, das für den Beitritt weiterer Länder aus der Region offen steht (assoziiert sind Bolivien, Chile, Ecuador, Kolumbien und Peru, über eine

Assoziierung mit Mexiko wird seit 2004 verhandelt), verpflichten sich die Mitgliedsstaaten zur schrittweisen Schaffung eines Gemeinsamen Marktes (bis 2011 nicht geschehen), zum Ausbau der wirtschaftspolitischen Koordination, zur Angleichung von Rechtsvorschriften mit Auswirkung auf den innergemeinschaftlichen Handel sowie zum Schutz der Umwelt. Das Abkommen fügt sich in den Rahmen von → ALADI ein und vertieft die dort vereinbarten Abmachungen (die lediglich auf die Integration einzelner Sektoren abzielen). Kernelement des MERCOSUR ist eine weit reichende Handelsliberalisierung; es existieren einige Schutzklauseln sowie spezifische Ausnahmebereiche, die einer verzögerten Liberalisierung unterworfen sind. Die Mitgliedsländer haben bis Ende 1994 (Paraguay bis Ende 1995; Venezuela noch nicht) untereinander alle Zölle und nicht tarifären Handelshemmnisse nach einem vertraglichen Stufenplan abgebaut. Gleichzeitig wurde die Handelspolitik gegenüber Drittländern weitgehend angeglichen und die interne Freizügigkeit von Personen und Kapital hergestellt, sowie ein einheitlicher Außenzolltarif wurde aufgebaut. Damit entspricht das MERCOSUR-Konzept dem einer → Zollunion. Obwohl die Ziele ergeizig waren, sind zwanzig Jahre nach Gründung des MERCOSUR viele Ziele nicht erreicht worden, da zwischen den Mitgliedsstaaten Streitigkeiten bestehen. So hat Brasilien erst 2009 dem Beitritt Venezuelas zugestimmt, Paraguay hat bis 2011 dem Beitritt nicht zugestimmt. Der „Entwicklungsprozess" des MERCOSUR ist noch nicht abgeschlossen. – 2. *Organe:* Die institutionelle Struktur besteht bisher nur aus zwei Organen, dem sog. Rat (Entscheidungsorgan; Einstimmigkeitsprinzip) und der sog. Gemeinsamer-Markt-Gruppe (Initiativrecht, Überwachungsfunktionen, exekutive Aufgaben, kein supranationaler Charakter). Sitz des Sekretariats der „Gruppe" ist Montevideo. Anstelle eines gemeinsamen Gerichtshofs fungiert lediglich ein Schiedsgericht. Außerhalb des Abkommens von Asunción ist auch eine sog. Gemeinsame Parlamentarische Kommission etabliert; außerdem finden regelmäßig informelle Treffen der Wirtschaftsminister mit den Zentralbank-Präsidenten statt. – 3. *Entwicklung:* Der Handel mit den jeweils übrigen Mitgliedsländern spielte in der Vergangenheit nur für die beiden kleinen Teilnehmerstaaten eine größere Rolle. Seit Beginn des schrittweisen Abbaus der Handelsschranken (30.6.1991) hat der Intra-Block-Handel aller vier Integrationspartner jedoch signifikant zugenommen. Seit Anfang 1996 ist Bolivien, seit Mitte 1998 Chile, seit Mitte 2003 Peru und seit Oktober 2004 Kolumbien und Ecuador dem MERCOSUR assoziiert. – 4. *Beziehungen zur EU:* Seit dem 1.7.1999 ist zwischen den EU- und den vier MERCOSUR-Staaten ein Rahmenabkommen zur wirtschaftlichen, politischen und kulturellen Kooperation in Kraft. Kernelement des Vertragswerks bildet die Verpflichtung zu einer zügigen beiderseitigen Verringerung der Handelshemmnisse; bei Vertragsunterzeichnung wurde außerdem die Absicht bekräftigt, im Laufe des ersten Jahrzehnts des 21. Jh. das Ziel einer umfassenden gemeinsamen → Freihandelszone anzustreben. Das EU-MERCOSUR-Abkommen beinhaltet neben den handelspolitischen Vereinbarungen auch Bestimmungen zur Förderung von Investitionen sowie zur Zusammenarbeit in der Forschungs- und Technologiepolitik, sowie zur Kooperation in den Bereichen Wissenschaft und Umweltpolitik.

Merit-Order Effekt – Die Merit-Order ist die Einsatzreihenfolge der Kraftwerke, die durch die variablen Kosten der Stromerzeugung bestimmt wird. Dabei werden zuerst die günstigsten Kraftwerke zur Deckung der Nachfrage aufgeschaltet, das letzte Kraftwerk mit den höchsten Grenzkosten, das zur Deckung der Nachfrage benötigt wird, bestimmt den Preis. – Der Merit-Order Effekt ist die Verdrängung teuer produzierender Kraftwerke durch den Markteintritt eines Kraftwerks mit geringeren variablen Kosten. Dieser Effekt ist v.a. bei Erneuerbaren Energien mit Grenzkosten nahe null zu beobachten. Bspw. sind die Großhandelsstrompreise in Zeiten hoher Wind- oder PV-Einspeisung (auch empirisch) niedriger als in Zeiten geringer Einspeisung. Die Höhe des Effektes hängt neben der Höhe der Einspeisung auch von der Stromnachfrage und der Steigung der Merit-Order-Kurve ab, die von den Technologien und Brennstoffpreisen beeinflusst wird.

Merkantilismus – 1. *Begriff:* Sammelbegriff für die vom 16. bis 18. Jh. durch → Interventionismus und → Dirigismus gekennzeichneten wirtschaftspolitischen Eingriffe des Staates in den Wirtschaftsprozess. Diese praktisch-politischen Ansätze mit dem Ziel der Steigerung der nationalen Wirtschafts- und Handelskraft basieren auf keiner (da zu dieser Zeit noch nicht ausformulierten) in sich geschlossenen wirtschaftstheoretischen und -politischen Konzeption. Die merkantilistische Literatur erscheint daher als Sammlung punktueller, jeweils problembezogener Ideen und Rezepte. – 2. *Ziele/Mittel:* Merkantilistische Wirtschaftspolitik unterscheidet sich von Land zu Land. a) *Französischer Merkantilismus* (u.a. Sully, v.a. Colbert; → Colbertismus): Gekennzeichnet durch intensive Förderung der gewerblichen Wirtschaft unter Vernachlässigung der Landwirtschaft; Mittel sind u.a. Schaffung eines einheitlichen Zoll- und Marktgebiets, straffe Zentralisierung der politischen und wirtschaftlichen Entscheidungskompetenzen, Steuerreform zur Sanierung der Staatsfinanzen unter Ludwig XIV., Schaffung einer gewerbefördernden Infrastruktur und staatlicher Manufakturen, Anwendung von Preistaxen und Produktionsvorschriften und Ausfuhrverbot für Nahrungsgüter (das inländische Angebot soll hierdurch steigen mit der Folge fallender Preise und dadurch sinkender Löhne, um die Lohnkosten der Güterproduktion zu verringern). – b) *Englischer Merkantilismus* („Bullionismus", Bullion = Goldbarren; Vertreter: U.a. Malynes, Misselden, Hales): Schwerpunktmäßige Förderung des Außenhandels mit dem Ziel einer permanent aktiven

Handelsbilanz. Zugrunde liegt die Annahme, dass die durch Außenhandelsüberschüsse anwachsenden Edelmetallreserven gleichbedeutend mit nationalem Wohlstand sind. Das wirtschaftspolitische Mittel ist ein ausgeprägter *Handelsprotektionismus* u.a. durch die Beschränkung des Imports auf Rohprodukte, Förderung des Exports von Fertigwaren, Exportverbote für Edelmetalle, Devisenbewirtschaftung und Importzölle. Zur Erreichung einer aktiven Dienstleistungsbilanz und aus Kontrollzwecken wird vorgeschrieben, dass der Transport aller im- bzw. exportierten Waren durch engl. Schiffe zu erfolgen hat (Navigationsakte von 1651). – c) *Deutscher Merkantilismus* („Kameralismus"; Vertreter: U.a. Klock, Becher, Seckendorf, Sonnenfels, Justi): Ziel ist die Mehrung des fürstlichen Schatzes („camera principi") und das Wiederanwachsen der Bevölkerung nach dem 30-jährigen Krieg („Peuplierung"), da angenommen wird, dass der Reichtum eines Landes von der Bevölkerungszahl und der Größe des Staatsschatzes abhängt. Während die praktische Wirtschaftspolitik des Kameralismus der des französischen Merkantilismus gleicht, werden daneben verwaltungstechnische Verfahrensgrundsätze (kameralistische Rechnungsführung) aufgestellt und systematisiert, die einen bleibenden Einfluss auf die dt. Finanzwirtschaft erlangt haben. – Vgl. auch → Neomerkantilismus; – *Gegenteil:* → Liberalismus; → Laissez-Faire-Liberalismus; → Klassischer Liberalismus.

Messbarkeit → Operationalisierbarkeit.

Messegesellschaft → öffentliches Unternehmen zur Organisation und Durchführung von Messen. Rechtsform i.d.R. GmbH. – *Ziele:* Die Messegesellschaften verfolgen gesamt-, regionalwirtschaftliche und kommunale Ziele; betriebliche Ziele der Messegesellschaften beinhalten Leistungsziele (Aussteller- und Besucherzahlen), finanzielle Ziele (Gewinnerzielung, Umsatzvergrößerung) oder Wettbewerbsziele (Erhöhung der Auslandsbeteiligung).

Metalldeckung – Deckung der umlaufenden Banknoten (→ Deckung) durch Edelmetall seitens der Notenbank. Der Nennwert der Noten kann voll oder teilweise gedeckt sein.

Metallgeld – Münzen.

Metallwährung → Währungssystem.

Metatheorie → Methodologie.

Methodologie – *Wissenschaftstheorie, Metatheorie.* 1. *Aufgabe:* Jede Theorie beruht in ihrer Entstehung auf der Anwendung einer bestimmten Methode der Erkenntnisgewinnung. Dabei existieren unterschiedliche Methoden der Theoriegewinnung. Die Methodologie als Wissenschaft der Wissenschaft systematisiert die Methodenvielfalt und versucht, eine allgemeingültige und verbindliche Methode zu entwickeln. – 2. *Systematische Gliederung:* a) Die *rationalistische Methodologie* stützt sich auf die Vernunft (Ratio) als Quelle der Erkenntnis. Rationalistische Theorien müssen widerspruchsfrei, präzise, berechenbar und beweisbar sein. Dementsprechend können sie nur durch logische Deduktion aus vorgegebenen Definitionen und Ableitungsregeln (Axiome) gebildet und nur durch den Nachweis des Verstoßes gegen eine der logischen Ableitungsregeln widerlegt werden. – b) Die *empiristische Methodologie* reduziert alle theoretischen Aussagen auf empirisch erfassbare Tatbestände. Empirische Theorien werden auf induktivem Wege (Induktion) gewonnen, indem durch Schlussfolgerungen aus Einzelbeobachtungen auf die Gesamtheit der Realität allgemeingültige Sätze gebildet werden. Diese Theoriensätze können, wenn sie objektiv überprüfbar sind, durch widersprechende Beobachtungen widerlegt werden. Bei subjektiven empiristischen Methodologien kann nur der Beobachter selbst seine Erkenntnisse revidieren (Phänomenologie) oder ihre Gültigkeit durch einen historischen Wandel aufgehoben werden (→ Hermeneutik). Im Rahmen der Deduktion geht es darum, aus Theorien und Hypothesen empirisch überprüfbare Aussagen zu bilden. Die Deduktion kann als Umkehrung der Induktion angesehen werden, was im Rahmen verschiedener Methodenstreits in den Wirtschaftswissenschaften kontrovers erläutert worden ist. – c) Zu *synthetischen Methodologie* zählt z.B. die Hegelsche Methode der Dialektik. Die bedeutsamste synthetische Methodologie ist die Methode des → Kritischen Rationalismus, die eine Vereinigung von rational entwickelter Hypothese und empirischen Beobachtungssätzen anstrebt. – d) Eine Ergänzung der genannten Methodologien stellt die *pluralistische Methodologie* dar. Sie akzeptiert die Schwächen und Widersprüche aller Methodologien und propagiert deshalb die freie Wahl einer beliebigen Methode der Theoriegewinnung, ohne einer bestimmten Methodologie einen Anspruch auf Dominanz und alleinige Richtigkeit einzuräumen. – e) In neuerer Zeit werden verstärkt *konstruktivistische Methodologien* diskutiert. Danach werden Theorien nicht als (semantische) „Abbildungen" vorgegebener realer Strukturen verstanden, sondern als „erfundene" Konstrukte, die reale Phänomene beschreiben sollen. Ausgangspunkt jeder Theoriebildung ist nicht die Wirklichkeit, sondern das die jeweilige Theorie konstituierende *Problem* wie etwa das Problem der sozialen Ordnung. – 3. *Bedeutung:* Da es keine alleingültige Methodologie zur Theoriengewinnung gibt, kann mit beliebiger Wahl der Methodologien auch eine entsprechende Zahl von (teilweise sich widersprechenden) Theorien entwickelt werden. Damit wird die Möglichkeit der Dogmatik und Schulenbildung im Wissenschaftsbetrieb eröffnet und die Grenze zwischen Theorie und Ideologie verwischt. Daraus folgt das *Problem der Akzeptanz* von Theorien, in Verbindung mit dem Problem der Abgrenzung derjenigen, deren Theorienakzeptanz bedeutsam ist. – Bei der *wirtschaftspolitischen Verwendung wissenschaftlicher Theorien* (allgemeine Wirtschaftspolitik) entsteht dadurch eine Verbindung zwischen dem Träger der Wirtschaftspolitik, der die

Anwendung einer bestimmten Theorie akzeptiert, seiner Legitimierung zur Entscheidung darüber und der methodologischen Grundlage der Theorie, die sich letztlich auf das Problem der Auswahl einer bestimmten Ideologie reduziert. Damit wird zum großen Teil erklärbar, warum kommunistisch-totalitäre Staaten die subjektivistisch entwickelte Marxistische Theorie als Grundlage ihrer Wirtschaftspolitik nehmen, während demokratische Staaten zur Anwendung von Theorien neigen, die aufgrund kritisch-rationaler Analysen gewonnen wurden. – Vgl. auch → methodologischer Individualismus, methodologischer Kollektivismus, → Wissenschaftstheorie.

methodologischer Individualismus – Das Verhalten von Gruppen leitet sich aus dem Zusammenwirken des jeweils selbstinteressierten Handelns der einzelnen Gruppenmitglieder ab. Die Gruppe (der Staat) wird also nicht als eine die Summe der Gruppenmitglieder übersteigende Größe mit eigenen Interessen und Handlungen (→ Kollektivismus) aufgefasst.

Midi-Job – 1. *Begriff:* Zwischen dem Segment der → Mini-Jobs und regulärer Teilzeitbeschäftigung führten die → Hartz-Gesetze im Jahr 2003 eine neue „Gleitzone" der sog. Midi-Jobs ein (für monatliche Einkommen oberhalb von 450 bis maximal 850 Euro). Während Mini- wie Midi-Jobber bis zur *Geringfügigkeitsgrenze* steuer- und sozialabgabenfrei verdienen durften, unterliegen die Einkommen bis 450 Euro seit dem 1.1.2013 standardmäßig der Rentenversicherungspflicht (→ gesetzliche Rentenversicherung (GRV)). Damit werden die Arbeitgeberbeiträge zur gesetzlichen Rentenversicherung (15 Prozent vom Lohn) durch die Arbeitnehmer mittels eines reduzierten Beitragssatzes von 3,9 Prozent auf den vollen Beitragssatz (18,9 Prozent) aufgestockt. Allerdings können die Mini-Jobber auch künftig auf ausdrücklichen Wunsch rentenversicherungsfrei bleiben („Opting-out-Klausel"). – In der *Gleitzone* zahlen die Arbeitnehmer ebenfalls vergleichsweise niedrige, allmählich aber auf das reguläre Niveau linear ansteigende Sozialversicherungsbeiträge; die Arbeitgeber hingegen entrichten die normalen Beiträge. – 2. *Ziele:* Die Ziele dieser Form der Lohnsubvention (→ Kombilohn-Modelle) bestehen in der Setzung von Anreizen zur Aufnahme bzw. Ausweitung einer Erwerbstätigkeit, in der Entschärfung der Problematik der Erwerbsarmut (Working Poor) sowie in der Vermeidung der sog. Niedriglohnfalle, die sich ergibt, wenn eine zusätzliche Erwerbstätigkeit infolge steigender Grenzsteuer- bzw. Grenzbeitragssätze nicht attraktiv ist. – 3. *Wirkungen:* Die quantitative Bedeutung der in Öffentlichkeit und Wissenschaft kaum beachteten Midi-Jobs bleibt zwar deutlich hinter der von Mini-Jobs zurück; sie verzeichnen aber sichtbare Steigerungen, d.h. konkret eine Verdopplung innerhalb weniger Jahre (2003: ca. 600.000, 2010: ca. 1.3 Mio.). Attraktiv sind Midi-Jobs als „Hinzuverdienst", nicht als alleinige Einkommensquelle.

Mietzuschuss → Wohngeld.

MIGA – Abk. für *Multilateral Investment Guarantee Agency, Multilaterale Investitions-Garantie-Agentur;* Weltbanktochter, die am 12.4.1988 gegründet wurde mit Sitz in Washington, D.C. – *Mitgliedsländer:* 173 (2009). – *Grundkapital:* Ca. 1 Mrd. US-Dollar, woran Deutschland mit 5 Prozent beteiligt ist. – *Ziel:* Förderung der privatwirtschaftlichen Investitionstätigkeit in Entwicklungsländern durch Übernahme von Garantien gegen politische Risiken sowie Beratung der Entwicklungsländer bei ihrer Politik gegenüber → Direktinvestitionen. – *Organe:* Direktorium mit 18 Mitgliedern, von denen 14 zugleich Direktoren der → IBRD und → IDA sind.

Migration – Wanderungsbewegungen von Menschen (Arbeitskräften) zwischen Staaten oder administrativen Untereinheiten eines Staates (→ Binnenwanderung), die zu einem längerfristigen oder dauernden Wechsel des ständigen Aufenthaltsortes der daran beteiligten Personen führen. Häufig durch politische, soziale oder wirtschaftliche Not der sog. *Migranten* hervorgerufen.

mikroökonomische Verteilungstheorien → Verteilungstheorie, → Grenzproduktivitätstheorie der Verteilung, → Monopolgradtheorie der Verteilung.

Mindestbedarfsgerechtigkeit → Theorie der Sozialpolitik, Sozialpolitik in der Marktwirtschaft.

Mindestreserve – Guthaben, das die Kreditinstitute bei der nationalen Zentralbank aufgrund der gesetzlichen Verpflichtung zur Haltung von Liquiditätsreserven hinterlegen müssen. Grundlage ist Art. 19 des Statuts der ESZB/EZB. Die Kreditinstitute müssen demgemäß ihr Mindestreserve-Soll erfüllen. Das Mindestreserve-Soll ist der Prozentsatz (→ Mindestreservesatz) der Verbindlichkeiten aus reservepflichtigen Einlagen. In die Mindestreserve-Basis werden mit einem Reservesatz von derzeit (2009) einem Prozent täglich fällige Einlagen (Übernachtlagen), Einlagen mit vereinbarter Laufzeit von bis zu zwei Jahren, Einlagen mit vereinbarter Kündigungsfrist von bis zu zwei Jahren, Schuldverschreibungen mit vereinbarter Laufzeit von bis zu zwei Jahren sowie → Geldmarktpapiere einbezogen. Einlagen mit vereinbarter Laufzeit von über zwei Jahren, Einlagen mit vereinbarter Kündigungsfrist von über zwei Jahren, Repogeschäfte und Schuldverschreibungen mit vereinbarter Laufzeit von über zwei Jahren sind grundsätzlich mindestreservepflichtig, unterliegen aber derzeit (2009) einem Reservesatz von null Prozent. Verbindlichkeiten gegenüber Instituten, die selbst den Mindestreserve-Vorschriften unterliegen, sowie Verbindlichkeiten gegenüber der Europäischen Zentralbank (EZB) und den nationalen Zentralbanken werden generell nicht in die Mindestreserve-Basis einbezogen. Um kleinere Institute nicht zu benachteiligen berücksichtigt die Europäische Zentralbank einheitlich einen pauschalen Freibetrag von 100.000 Euro, der vorab vom Mindestreserve-Soll abgezogen wird. Bei Unterschreitungen des Mindestreserve-Solls muss das Kreditinstitut einen Strafzins zahlen. – Die Meldung des Mindestreserve-Solls erfolgt im Rahmen der Monatlichen Bilanzstatistik (Monatsbilanz).

Mindestreservepolitik – 1. *Begriff:* Ausgestaltung von Regelungen, nach denen Kreditinstitute einen bestimmten Mindestumfang von Sichtguthaben bei der Zentralbank zu halten haben (→ Mindestreserve). Die Mindestreservepolitik äußert sich im Erlass von entsprechenden Vorschriften durch die Notenbank. Im Rahmen der Mindestreservepolitik des Europäischen Systems der Zentralbanken (ESZB) werden die Mindestreserven mit einem Zinssatz, der dem Durchschnittszinssatz für die Hauptrefinanzierungsgeschäfte in der Erfüllungsperiode entspricht, verzinst (Geldpolitik). Der Mindestreservesatz beträgt derzeit 1 Prozent auf alle relativ liquiden Verbindlichkeiten der Geschäftspartner. – Die Mindestreservewirkungen hängen im Wesentlichen von der Höhe der → Mindestreservesätze ab. Das Mindestreserve-Soll für einen bestimmten Monat ergibt sich durch Multiplikation der von der Zentralbank geforderten Reservesätze mit dem Durchschnittsstand reservepflichtiger Verbindlichkeiten. Diesem Reserve-Soll wird die Ist-Reserve gegenüber gestellt. – 2. *Bedeutung:* Bei der Mindestreserve handelt es sich um ein geldpolitisches Instrument, das traditionell zur Grobsteuerung des Geldmarktes eingesetzt wurde. Die Mindestreserve hat inzwischen einen ordnungspolitischen Charakter bekommen, indem sie stabile Rahmenbedingungen für den effizienten Einsatz der übrigen geldpolitischen Instrumente schafft. Die Nachfrage nach Zentralbankgeld seitens der Kreditinstitute wird stabilisiert, die Kreditinstitute sind angebunden an die EZB und monetäre Schocks, wie z.B. des Geld- und Kreditschöpfungsmultiplikators, werden durch die Mindestreserve abgemildert.

Mindestreservesatz – Ein Mindestreservesatz von derzeit 1 Prozent nach Abzug eines Freibetrags auf die Einlagen, Termingelder und Schuldverschreibungen mit einer Laufzeit von bis zu zwei Jahren bedeutet, dass das Verhältnis zwischen dem Mindestreservesoll, das die monetären Finanzinstitute auf ihren Girokonten bei den nationalen Zentralbanken zu unterhalten haben, und o.g. Positionen der Bilanzen der → monetäre Finanzinstitute (MFI) gleich 1 Prozent ist.

Mindestreserve-Soll → Mindestreserve.

Mini-Job – 1. *Begriff:* 2003 wurde im Rahmen der → Hartz-Gesetze die geringfügige Beschäftigung zu Mini-Jobs ausgeweitet; dabei wurden die Entgeltgrenzen (von monatlich 325 auf 400 Euro) erhöht und die Arbeitszeitschwelle (von 15 Wochenstunden) abgeschafft. Seit dem 1.1.2013 ist die Geringfügigkeitsgrenze auf 450 Euro angehoben. – 2. *Abgabenbelastung; a) Arbeitnehmer:* Waren die Einkommen für Arbeitnehmer bis Ende 2012 weder steuer- noch sozialversicherungspflichtig, unterliegen die Löhne bis 450 Euro seit dem 1.1.2013 standardmäßig der Rentenversicherungspflicht (→ gesetzliche Rentenversicherung (GRV)). Damit leisten die Arbeitnehmer mittels eines reduzierten Satzes (3,9 Prozent vom Lohn) ihren eigenen Beitrag zur Erzielung des vollen Beitragssatzes (18,9 Prozent) in der gesetzlichen Rentenversicherung. Allerdings können die Mini-Jobber auch künftig auf ausdrücklichen Wunsch rentenversicherungsfrei bleiben („Opting-out-Klausel"). – *b) Arbeitgeber:* Die Arbeitgeber zahlen 30,88 Prozent pauschale Abgaben (15 Prozent gesetzliche Rentenversicherung, 13 Prozent gesetzliche Krankenversicherung, 2 Prozent Steuern, 0,88 Prozent an Umlagen). Im Bereich „haushaltsnaher Dienstleistungen" (Privathaushalte) gilt eine niedrigere Abgabenquote von 14,44 Prozent (je 5 Prozent Renten- und Krankenversicherungsbeiträge, 1,6 Prozent zur gesetzlichen Unfallversicherung, 2 Prozent Steuern, 0,21 Prozent an Umlagen); Privathaushalte können jährlich bis zu 510 Euro (2012) von ihrem steuerpflichtigen Einkommen absetzen. Dadurch soll die Schwarzarbeit in diesem Bereich reduziert werden. – 3. *Entwicklung:* Der Umfang geringfügiger Beschäftigung hat infolge der rechtlich-institutionellen Änderungen zunächst deutlich (von weniger als 13 auf über 20 Prozent an abhängig Erwerbstätigen) zugenommen und stagniert seitdem auf hohem Niveau (von rund 7 Mio.). In neuerer Zeit ist die Tendenz wieder leicht steigend. Mini-Jobs sind neben regulärer Teilzeitbeschäftigung die quantitativ wichtigste Form atypischer Beschäftigung. – 4. *Folgen:* Explizit zu unterscheiden ist zwischen Mini-Jobs als Neben- und als Haupttätigkeit; letztere stellen (mit ca. zwei Dritteln) die weitaus größere Gruppe dar. Erstere sind aufgrund ihrer Abgabenprivilegierung attraktiv für anderweitig sozialversicherungspflichtig Beschäftigte als Hinzuverdienst. Letztere erzielen kein existenzsicherndes Einkommen (→ Existenzminimum) bzw. verbleiben im Niedriglohnsektor, bieten wenig Optionen auf Sicherung der individuellen → Beschäftigungsfähigkeit und sind kaum in die Systeme der sozialen Sicherung integriert. – 5. *Strukturmerkmale:* Der Frauenanteil ist wie bei der Mehrzahl der atypischen Beschäftigungsformen überproportional hoch; überrepräsentiert sind Jüngere (15-24 Jahre) und Ältere (55 Jahre und älter); bei den Tätigkeitsbereichen bzw. Wirtschaftszweigen dominieren die Dienstleistungsbranchen. Die bei der Einführung erhofften Übergänge in sozialversicherungspflichtige Beschäftigung finden nur selten statt (*Lock in-Effekte*), die kurz-, mittel- und langfristigen Prekaritätsrisiken sind hingegen hoch. Um Letztere zu mildern, wurde ab dem Jahr 2013 auch für Arbeitnehmer die Rentenversicherungspflicht eingeführt. In Anbetracht der niedrigen Verdienste werden aber schätzungsweise 90 Prozent der Betroffenen die Opting-Out-Klausel in Anspruch nehmen. – Vgl. auch → Midi-Job.

Ministererlaubnis bei Fusionen → Ministererlaubnis.

Ministerkartell – *Gemeinwohlkartell.* Mit der Siebten GWB-Novelle abgeschaffte Möglichkeit nach § 8 GWB a.F. zur Freistellung vom Verbot des § 1 GWB für solche Vereinbarungen und Beschlüsse, die zwar aufgrund der Verfolgung außerwettbewerblicher Ziele ansonsten nicht legalisierungsfähig waren, deren Zustandekommen jedoch nach Ansicht des Bundeswirtschaftsministers aus Gründen der Gesamtwirtschaft und des Gemeinwohls dennoch wünschenswert erschien.

Ministerrat der Europäischen Union – wurde umbenannt in → Rat der Europäischen Union, einem Organ der → EU.

Minsky-Effekt – Auch wenn man die Ursachen von → Finanzkrisen im Nachgang gut identifizieren und begründen kann, bleibt die Frage, warum insbesondere professionelle Marktteilnehmer wie Kreditinstitute nicht rechtzeitig aussteuern. Im Zuge der Subprime-Krise finden die Ideen des bislang relativ unbeachteten US-Ökonomen *Hyman Minsky* (1919-1996) Eingang in die Diskussion. Im Gegensatz zur Mainstream-Ökonomie vertritt Minsky die Auffassung, dass Volkswirtschaften nicht immer einem Gleichgewichtszustand zustreben. Aus seiner Sicht wird ein Finanzsystem im Laufe eines Aufschwungs automatisch instabil, d.h. Krisensituationen sind ein inhärentes Element des „Kapitalismus". Im Mittelpunkt seiner Überlegungen steht die Finanzierung von Unternehmen, Haushalten und Banken. Dabei lassen sich drei Finanzierungsarten differenzieren. – (1) *Sichere Finanzierungen* bei denen die Kreditnehmer sowohl die Zinsen als auch die Rückzahlungen gewährleisten können. – (2) Bei *spekulativen Finanzierungen* reichen die Einnahmen der Kreditnehmer aus, um die Zinszahlungen nicht aber die Rückzahlungen sicherzustellen. Insbesondere Banken und andere Finanzinstitutionen finanzieren sich auf diese Art und Weise und sind somit auf liquide Finanzmärkte angewiesen, die eine laufende Refinanzierung sicherstellen. – (3) Schließlich gibt es die *Ponzi-Finanzierung*; hier sind die Kreditnehmer weder in der Lage die Kredite zurückzuzahlen noch die Zinszahlungen vollständig zu gewährleisten. Die Kreditnehmer spekulieren darauf, dass die Preise der kreditfinanzierten Assets (im Fall der Subprime-Krise die Immobilienpreise) ansteigen, um somit die Schulden zu tilgen. In einer Aufschwungphase nimmt die Zahl der Ponzi-Finanzierungen zu, da die Gewinnerwartungen sukzessive ansteigen und steigende Vermögenspreise diese Einschätzung der Marktteilnehmer zunächst bestätigen. Im Laufe der Zeit steigt die Risikobereitschaft der Marktteilnehmer immer weiter an, sie unterschätzen die Risiken und überschätzen die Renditeaussichten. Im Ergebnis steigt die Verschuldung und immer mehr Kreditnehmer wechseln zur spekulativen oder Ponzi-Finanzierung. Kommt es nun zu Erschütterungen des Systems, bspw. durch einen restriktiveren Kurs der Geldpolitik, bleiben die Gewinnaussichten plötzlich hinter den Erwartungen zurück; die Vermögenspreise fallen und die Ponzi-Finanzierer können die Kredite nicht mehr bedienen. Sukzessive werden Verwerfungen auf einzelnen Teilmärkten wie dem US-Hypothekenmarkt auch auf andere Finanzmarktsegmente übertragen (sog. *Minsky-Moment*). Im Ergebnis kommt es zu einem Verfall der Vermögenspreise auf breiter Front und zu erheblichen Auswirkungen auf die reale Sphäre der Volkswirtschaft. Aus Sicht von Minsky lassen sich solche Krisen durch den Aufbau starker öffentlicher Institutionen vermeiden. Die Notenbanken sollen das immer komplexer werdende Finanzsystem überwachen und die Entwicklung neuer Finanzstrukturen steuern. Im Krisenfall können sie die Funktion des „lender of last resort" einnehmen, der durch eine ausreichende Liquiditätsversorgung die Krisenerscheinungen begrenzt. Der Staat soll die Auswirkungen auf die reale Sphäre aufgrund einer sinkenden Investitionsbereitschaft durch eine anti-zyklische Fiskalpolitik keynesianischer Provenienz begrenzen. Durch die Finanzierung der Zusatzausgaben mithilfe zusätzlicher, ausfallsicherer Staatsanleihen wird zugleich das Finanzsystem stabilisiert. Angesichts der Regulierungsdebatten im Nachgang der Subprime-Krise werden die Argumente von Minsky bei den Befürwortern einer stärkeren Finanzmarktregulierung sicherlich auf fruchtbaren Boden fallen. Widerspruch finden seine Thesen allerdings bei jenen Ökonomen, die Regulierungen und die damit quasi automatisch verbundenen Ausweichversuche der Marktteilnehmer (Regulierungsarbitrage) als eine wesentliche Ursache für Finanzkrisen identifizieren bzw. krisenhafte Erscheinungen nicht generell vermeiden wollen, weil sie Fehlentwicklungen auf den Finanzmärkten beseitigen und zugleich Wegbereiter für eine effizientere Struktur der Finanzmärkte darstellen.

Mirrlees – James Alexander, geb. 1936, engl. Nationalökonom, der in Cambridge lehrt; Nobelpreis für Wirtschaftswissenschaften 1996 (zusammen mit Vickrey). Mirrlees entwickelte ein mathematisches Modell für eine optimale Einkommensteuer, die trotz eines progressiven Tarifs Anreize zur Einkommenserzielung bieten soll. Er analysierte Entscheidungssituationen mit unvollständiger oder asymmetrischer Information nach einer Methode, die zum Standard für die Untersuchung solcher Fälle wurde.

Mismatch → Beveridge-Kurve, Arbeitslosigkeit.

Missbrauch – Tatbestandsmerkmal der kartellrechtlichen → Missbrauchsaufsicht.

Missbrauchsaufsicht – Die gesetzlichen Regelungen zur Missbrauchsaufsicht unterwerfen marktbeherrschende und marktstarke Unternehmen einer Verhaltenskontrolle durch die Kartellbehörde. Es handelt sich dabei um eine wichtige Ergänzung zur Zusammenschlusskontrolle. Während Letztere als präventive Strukturkontrolle die Entstehung oder Verstärkung marktbeherrschender Stellungen durch externes Unternehmenswachstum verhindern soll, ermöglicht die Missbrauchsaufsicht ex post die Intervention gegen das Verhalten solcher Unternehmen, die ihre marktbeherrschende Stellung aufgrund internen Unternehmenswachstums erlangt haben. Die wichtigsten Normen der Missbrauchsaufsicht sind die §§ 19, 20 GWB und Art. 102 AEUV. Missbräuchlich ist demnach insbesondere – a) die unmittelbare oder mittelbare unbillige Behinderung anderer Unternehmen; – b) die unmittelbare oder mittelbare Diskriminierung anderer Unternehmen ohne sachlich gerechtfertigten Grund; – c) die Forderung von Entgelten oder sonstigen Geschäftsbedingungen, die von denjenigen abweichen, die sich bei wirksamem Wettbewerb mit hoher Wahrscheinlichkeit ergeben würden; – d) die Forderung ungünstigerer Entgelte oder sonstiger Geschäftsbedingungen, als sie das marktbeherrschende Unternehmen selbst auf vergleichbaren Märkten von gleichartigen Abnehmern fordert; – e) die Verweigerung des Zugangs zu Netzen oder anderen Infrastruktureinrichtungen, soweit es hierzu keine Alternative gibt; – f) der Verkauf von Lebensmitteln und anderen Waren oder gewerblichen Leistungen dauerhaft unter Einstandspreis.

Mitbestimmung – Teilhabe aller in einer Organisation vertretenen Gruppen am Willensbildungs- und Entscheidungsprozess. – Im Besonderen *wirtschaftliche Mitbestimmung*, also die institutionelle Teilhabe der Arbeitnehmer(-vertreter) am Willensbildungs- und Entscheidungsprozess in Unternehmen und Betrieb (Unternehmensverfassung).

Mittelstand – *gewerblicher Mittelstand, mittelständische Unternehmen, kleine und mittlere Unternehmen*. Für die Abgrenzung des Mittelstands gegenüber großen Unternehmen wird auf die Höhe des Umsatzes und/oder die Beschäftigtenzahl der Unternehmen, teils auch die Bilanzsumme Bezug genommen. Neben diesen *quantitativen* Merkmalen werden aber auch *qualitative* Aspekte wie die Einheit von Eigentum und unternehmerischer Verantwortung als charakteristisch für den Mittelstand angesehen (Eigentümer-Unternehmer). Allg. akzeptierte statistische Kriterien zur Abgrenzung existieren nicht. Nach einer häufig verwendeten Klassifizierung (→ Unternehmensgrößenstruktur) gelten Unternehmen mit einem Jahresumsatz von mehr als 1 Mio. Euro bzw. weniger als 50 Mio. Euro oder mit zehn bis 499 Beschäftigte als mittelständisch. In der Praxis ist die Frage der Abgrenzung bes. für Maßnahmen der → Mittelstandsförderung relevant.

Mittelstandsförderung – 1. *Begriff:* Maßnahmen im Rahmen der → Wirtschaftsförderung zugunsten von Unternehmen des gewerblichen → Mittelstandes. I.e.S. versteht man darunter Fördermaßnahmen ausschließlich für mittelständische Unternehmen; in der Praxis werden aber auch allg. Fördermaßnahmen (z.B. in der regionalen Wirtschaftsförderung; → Regionalförderung) häufig durch eine Zusatzbestimmung qualifiziert, wonach sich die Förderung vorrangig an den Mittelstand richtet. – 2. *Ziele:* Weithin übereinstimmend werden die Ziele der Mittelstandsförderung darin gesehen, bestimmte Nachteile in der Wettbewerbsposition mittelständischer gegenüber großen Unternehmen auszugleichen, die sich aus der geringeren Unternehmensgröße und einer schwächeren Marktmacht ableiten lassen. Die Mittelstandsförderung in der Bundesrepublik Deutschland zielt v.a. auf eine Verbesserung der Markttransparenz durch Unterstützung bei der Gewinnung und Verarbeitung entscheidungsrelevanter Informationen sowie auf Verbesserungen der Finanzierungssituation, hier in erster Linie mit Bezug auf die Investitionsfinanzierung. – 3. *Träger:* Mittelstandsförderung wird auf Bundes- und Landesebene betrieben, zuständig sind überwiegend die Wirtschaftsministerien. Häufig sind, v.a. bei Beratungsleistungen, auch Organisationen der Wirtschaft (z.B. Verbände, Kammern) eingeschaltet. Maßnahmen zur finanziellen Förderung werden in erheblichem Umfang von öffentlichen Kreditinstituten mit Sonderaufgaben wahrgenommen (→ KfW Mittelstandsbank). Auch auf der Ebene der EU hat die Mittelstandsförderung an Bedeutung gewonnen. – 4. *Instrumente:* Mittelstandsförderung wird in erster Linie als → Investitionsförderung betrieben und hier überwiegend mit dem Instrument zinsgünstiger, langfristiger Investitionskredite aus öffentlichen Mitteln oder aus Eigenmitteln öffentlicher Kreditinstitute mit Sonderaufgaben. Daneben spielen Bürgschaftsprogramme sowie die → Beratungsförderung eine Rolle, z.B. in Form von Zuschüssen für die Kosten der Inanspruchnahme von Beratungsleistungen. – Vgl. auch → Technologietransfer.

Mittelstandspolitik – 1. *Begriff:* (Wirtschafts-) Politische Maßnahmen zugunsten mittelständischer Unternehmen verwandt (Unterstützung des → Mittelstands). – 2. *Ziele:* a) *Bestandspflege:* Erhaltung mittelständischer Strukturen z.B. durch Schutz vor Verdrängungskonkurrenz der Großunternehmen. – b) *Ausgleich unternehmensgrößenbedingter Wettbewerbsnachteile:* Die Marktposition kleiner und mittlerer Unternehmen als Anbieter oder Nachfrager ist aufgrund ihres geringen wirtschaftlichen Gewichts schwach im Vergleich zur Marktposition großer Unternehmen. – c) *Schaffung günstiger Bedingungen* für ein kontinuierliches Nachwachsen kleiner Unternehmen (Erneuerung des Unternehmensbestandes). – 3. *Instrumente:* a) *Wettbewerbs- und ordnungspolitische I.*, die den *Rahmenbedingungen* für mittelständische Unternehmen verbessern: Die Instrumente der Wettbewerbspolitik, v.a. Missbrauchsaufsicht, Fusionskontrollen und Schutz vor unlauterem Wettbewerb, können auch für Ziele der Mittelstandspolitik eingesetzt werden. Differenzierte Systeme der Unternehmensbesteuerung zur systematischen steuerlichen Entlastung kleiner und mittlerer Unternehmen (in der Bundesrepublik Deutschland nur ansatzweise im Rahmen der Gewerbesteuer). Ausnahmebestimmungen oder vereinfachte Verfahren bei Regulierungstatbeständen (z.B. Vorschriften der Gewerbeordnung, Erleichterungen beim Vollzug von Umweltschutzauflagen). – b) *Spezifische Fördermaßnahmen* zur Erleichterung unternehmerischer Entscheidungs- und Anpassungsprozesse: → Mittelstandsförderung. – c) *Fördermaßnahmen zugunsten des unternehmerischen Nachwuchses:* → Existenzgründungsförderung.

Mixed Economy → gemischte Wirtschaftsordnung.

Mobilisierungspapiere → Schatzwechsel und → unverzinsliche Schatzanweisungen, die der Bund der → Deutschen Bundesbank auf Verlangen zur Geldmarktsteuerung zur Verfügung stellen musste. Mobilisierungspapiere entstanden, indem die aus der Währungsreform von 1948 bestehenden Ausgleichsforderungen der Bundesbank gegen den Bund in Höhe von 8,1 Mrd. DM teilweise oder ganz „mobilisiert" wurden. – Wegen der gleichartigen kreditpolitischen Funktionen von Mobilisierungspapieren und → Liquiditätspapieren wurde die historisch bedingte Unterscheidung zwischen beiden Papieren bei der Novellierung des Bundesbankgesetzes 1992 aufgegeben.

Mobilität – 1. *Räumliche Mobilität:* Wanderung. – Vgl. auch → Arbeitskräftemobilität. – 2. *Soziale Mobilität:* Veränderungen der Schichtzugehörigkeit von Personen oder Personengruppen im Lebenslauf oder in der Abfolge der Generationen (Generation).

Modal Split – *Verkehrsteilung;* Verkehrsträger- bzw. Verkehrsmittelanteile an der Befriedigung der Gesamtnachfrage nach bestimmten Verkehrsdiensten; Aufteilung der Transportleistung auf die verschiedenen Verkehrsträger bzw. -mittel.

moderner Sektor → formeller Sektor.

Monatsgeld – Zentralbankguthaben, die unter Banken zur Standardlaufzeit von einem Monat verliehen werden.

monetäre Finanzinstitute (MFI) – dazu zählen: (1) Banken (einschließlich Bausparkassen), (2) Geldmarktfonds, (3) Europäische Zentralbank und (4) Zentralnotenbanken des Eurosystems (Europäisches System der Zentralbanken (ESZB)). Die MFI sind in die geldpolitischen Operationen des ESZB (Geldpolitik) eingebunden.

monetäre Inflationstheorie – Inflation entsteht demnach nur, wenn die nachfragewirksame Geldmenge schneller wächst als die realen Produktionsmöglichkeiten einer Volkswirtschaft. – Vgl. auch → Inflationstheorien, → Quantitätstheorie.

monetäre Märkte – Man unterscheidet zwischen nationalen und internationalen monetären Märkten. 1. *Nationale monetäre Märkte:* Ihre Einteilung geschieht nach verschiedenen Kriterien, so z.B. nach der Fristigkeit oder nach den jeweils beteiligten Finanzinstitutionen. Eine in der Literatur häufig anzutreffende Gliederung in fünf Teilmärkte hat sich unter verschiedenen analytischen Gesichtspunkten als zweckmäßig erwiesen: (1) → Geldmarkt, (2) → Kapitalmarkt, (3) Bankeneinlagenmarkt, (4) Bankenkreditmarkt und (5) Markt → paramonetäre Finanzierungsinstitute. Zwischen diesen Märkten besteht eine Abhängigkeit hinsichtlich Substituierbarkeit und Zinsbildung (→ Paralleleffekt). – 2. *Internationale monetäre Märkte:* Sie unterscheiden sich von den nationalen monetären Märkten v.a. dadurch, dass sie keiner nationalen Kontrolle unterliegen. Die Geschäfte auf diesen Märkten werden aus Sicht sowohl des Anbieters wie des Nachfragers nach Geld in fremder Währung durchgeführt. Ebenso wie auf nationaler Ebene gerinnt man international von Geld-, Kredit- und Kapitalmärkten. – *Wichtige monetäre Märkte* sind z.B. Eurodollarmarkt bzw. Euromärkte. Die internationalen Finanzmärkte haben sich in den letzten zwei Jahrzehnten so schnell entwickelt, dass über sie ein Großteil der internationalen wirtschaftlichen Aktivitäten abgewickelt wird. Ihre mangelnde Kontrolle sowie ihr erhebliches Kreditschöpfungspotenzial stellt das internationale Finanzsystem ebenso vor Probleme wie nationale Geldpolitiken, für die diese Märkte ein erhebliches Störpotenzial darstellen. – Vgl. auch → Finanzinnovationen.

monetäre Politik – Geldpolitik.

monetärer Transmissionsprozess – Geldtheorie.

Monetarisierung von Umweltschäden → ökonomische Bewertung von Umweltschäden.

monetaristische Geldmengenregel → Geldmengenregel.

Money Market Deposit Account → Finanzinnovationen.

Money Market Mutual Fund → Finanzinnovationen.

Monitoring – alle Aktivitäten, deren Ziel es ist festzustellen, ob ein Vertragspartner seine Verpflichtungen erfüllt. Monitoring ist im Rahmen der → Agency-Theorie ein Instrument zur Verringerung von → Informationsasymmetrien. – Vgl. auch strategische Frühaufklärung.

Monokultur – 1. Bezeichnung für die regionale Konzentration der Markterzeugung in der Landwirtschaft auf ein Produkt, etwa Baumwollproduktion, Kaffeeanbau oder Rinderzucht. – 2. Im übertragenen Sinn auch für Teilgebiete oder Städte mit einseitig entwickelter, dabei jedoch krisenanfälliger Industrie, etwa Schiffbau, Schmuckindustrie.

Monopol – 1. *Begriff:* Marktform, bei der auf der Seite des Angebots nur ein aktueller Verkäufer vorhanden ist (Angebotsmonopol), während die Nachfrageseite viele kleine Nachfrager aufweist. Bei geschlossenem Markt spricht man auch von einem *absoluten Monopol*, während das Monopol bei offenem Markt als *prozessuales Monopol* bezeichnet wird. – Der Monopolist steht einer Preisabsatzfunktion gegenüber, die gleichzeitig die Gesamtnachfragefunktion des Marktes ist; sein Aktionsparameter ist entweder der Preis oder die Menge. Die notwendige *Gewinnmaximierungsbedingung* lautet: Grenzkosten = Grenzerlös (monopolistische Preisbildung). – 2. *Arten:* a) *natürliches Monopol;* b) *rechtliches Monopol* durch den Staat (z.B. Branntwein-Monopol) oder durch Gesetze (z.B. Patentrecht); c) *wirtschaftliches Monopol* durch Vertrag (sog. Kollektiv-Monopol) oder originär (z.B. Kunstwerke oder schöne Seegrundstücke). – 3. *Beurteilung:* a) Bei einem Vergleich der Marktversorgung zwischen dem Monopol und → vollkommener Konkurrenz wird oft behauptet, der Monopolpreis liege über dem bei vollständiger Konkurrenz. Diese Aussage ist aber nur unter der Prämisse gleicher Kostenfunktionen richtig. Ein *natürliches Monopol* kann demgegenüber Kostenvorteile aufweisen. b) Temporäre Monopolstellungen sind als Incentive in einer dynamischen Wirtschaft notwendig und erwünscht. Jedoch besteht die Gefahr, dass Unternehmen versuchen, aus der temporären eine dauerhafte Monopolstellung zu machen.

Monopolgewinn – Überschuss des Gesamterlöses über die Gesamtkosten, den ein Monopolist aufgrund seiner Marktposition zu erzielen vermag. Nach Preiser zählt der Monopolgewinn zu den → statischen Einkommen.

Monopolgrad – Maß zur Ermittlung der Abweichung der tatsächlichen Wettbewerbsintensität vom Zustand der vollkommenen Konkurrenz. Der Begriff geht auf Lerner zurück. Bei Kalecki u.a. wird der Monopolgrad außer von der Wettbewerbsintensität auch noch durch die relative Stärke der Konfliktparteien (Unternehmen und Gewerkschaften) beeinflusst, die entscheidend von der Lage auf dem Arbeitsmarkt abhängt. – Vgl. auch → Monopolgradtheorie der Verteilung.

Monopolgradtheorie der Verteilung – mit den Namen Lerner, Kalecki, Preiser und Mitra verbundene Theorie (Verteilungstheorie). Die Monopolgradtheorie argumentiert wie die → Grenzproduktivitätstheorie der Verteilung von der Angebotsseite aus, macht aber ganz andere Annahme über das preispolitische Verhalten der Unternehmen und berücksichtigt auch Verteilungsauseinandersetzungen. – Ein wichtiger Vertreter der Monopolgradtheorie der Verteilung ist Michal Kalecki. Dieser ging davon aus, dass auf den Märkten für Industriegüter keine vollkommene Konkurrenz herrscht. Außerdem wies er weitere zentrale Annahmen der neoklassischen Theorie (Vollbeschäftigung der Arbeit, Vollauslastung der Kapazitäten) zurück. Unter diesen Voraussetzungen können die Unternehmen ihre Preise durch Zuschlagskalkulation auf die Stückkosten festlegen (Mark-up Preissetzung). – Ein einfacher Prototyp: Geht man davon aus, dass die Wirtschaft ganz überwiegend monopolistische bzw. oligopolistische Marktformen aufweist, kann man unterstellen, dass die Angebotspreise mithilfe einer Zuschlagskalkulation festgelegt werden. Im einfachsten Fall der Zuschlagskalkulation auf die Lohnstückkosten gilt:

$$P = (1+m)\frac{w_n L}{Y_r}$$

wobei: m = Aufschlagsatz (Monopolgrad), P = Angebotspreis, w_n = Nominallohnsatz, L = Beschäftigung, Y_r = Realeinkommen. Die Höhe die Aufschlagssatzes (degree of monopoly) m wird durch die Intensität des Wettbewerbs auf den Gütermärkten bestimmt, aber auch durch die relative Stärke von Unternehmen und Gewerkschaften, die sich in einem Verteilungskonflikt befinden. In den Ansätzen der Monopolgradtheorie der Verteilung wird die funktionale Einkommensverteilung daher wie schon bei Adam Smith zu einem wesentlichen Teil auch von Verteilungsauseinandersetzungen und von den relativen Kräfteverhältnissen der Konfliktparteien bestimmt. Diese Kräfteverhältnisse, die entscheidend von der Situation auf dem Arbeitsmarkt (Höhe der Arbeitslosigkeit) beeinflusst werden, finden bei Kalecki ihren Ausdruck im sogenannten Monopolgrad, ein Begriff, der bereits von Abba Lerner verwendet wurde, und der als „die Übersetzung historischer Machtverhältnisse in ökonomische Kategorien" (E. Preiser) bezeichnet werden kann. – Bei Kalecki wird die Lohnquote von zwei Faktoren determiniert: zum einen durch den Monopolgrad, zum anderen durch das Verhältnis der Kosten der (importierten) Rohstoffe zu den Lohnkosten. Während der Anteil der Löhne (bzw. Profite) am gesamten Einkommen aus diesen mikroökonomischen Überlegungen heraus bestimmt wird, werden Lohn- und Profitsumme bei Kalecki unter Bezugnahme auf die → Kreislauftheorie ermittelt. – Vgl. → Verteilungstheorie, → Zuschlagskalkulation.

monopolistische Konkurrenz – 1. *Modell:* von Chamberlin entwickelte Theorie, die Monopolelemente in der Marktform des heterogenen → Polypols berücksichtigt. Im Gegensatz zum homogenen Polypol sind die Anbieter hier in der Lage, den Preis zu variieren. Dadurch verläuft die individuelle Preisabsatzkurve nicht mehr waagrecht, wie im homogenen Polypol, sondern ist nach rechts unten geneigt, wie beim Monopolisten. Die gewinnmaximale Preis-Mengen-Kombination liegt jeweils für jeden Anbieter in dessen Cournotschen Punkt. – 2. In der Literatur finden sich *zwei Lösungsvorschläge für diese Marktform:* a) *Chamberlinsche Tangentenlösung:* Das Konkurrenzelement dieser Marktform führt durch den möglichen Marktzutritt anderer Anbieter dazu, dass sich die individuellen Preisabsatzfunktionen der einzelnen Anbieter so weit nach links verschieben, bis die Stückkostenkurve die Preisabsatzkurve nicht mehr schneidet, sondern nur noch berührt. In dieser Tangentialsituation sind die Gewinne zwar gleich Null, die Stückkostenkurve berührt die Preisgerade jedoch nicht in ihrem Minimum, sondern

Monopolistische Konkurrenz – Chamberlinsche Tangentenlösung

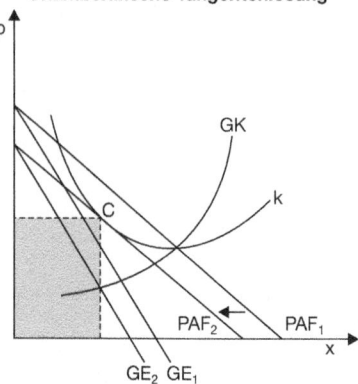

PAF = Preis-Absatz-Funktion
GK = Grenzkostenkurve
k = Stückkostenkurve
GE = Grenzerlösfunktion
C = Cournotscher Punkt

links davon; es herrscht Gewinn- und Verlustlosigkeit (vgl. Abbildung „Monopolistische Konkurrenz – Chamberlinsche Tangentenlösung"). – b) In der *Gutenbergschen Lösung* wird davon ausgegangen, dass infolge Präferenzen und Intransparenz die individuelle *Preisabsatzfunktion doppelt geknickt* ist. Gutenberg spricht vom *monopolistischen Bereich* bei der polypolistischen Preisabsatzfunktion (vgl. Abbildung „Monopolistische Konkurrenz – Gutenbergsche Lösung"), innerhalb dessen ein Unternehmen seine Aktionsparameter festsetzen kann, ohne Reaktionen der Konkurrenten befürchten zu müssen. – 3. *Wohlfahrtsökonomische Implikationen:* Im heterogenen

Monopolistische Konkurrenz – Gutenbergsche Lösung

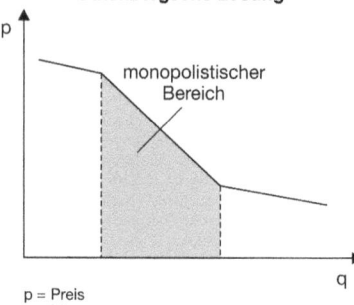

p = Preis
q = Menge

Polypol produzieren die Marktanbieter im Gleichgewicht Überkapazitäten. Die Produktion erfolgt nicht zu den niedrigsten Kosten und damit der Absatz nicht zu den niedrigsten Preisen. Ein gesamtwirtschaftliches Wohlfahrtsoptimum wird nicht erreicht. Als Maßnahmen zur Korrektur dieses → Marktversagens können die Erhöhung der Markttransparenz (*Verbraucherorganisationen*) oder auch ein potenzieller Marktzutritt und eine konsequente Wettbewerbspolitik mit einer Missbrauchsaufsicht dienen.

Monopolkapitalismus – 1. *Charakterisierung:* Im → Marxismus-Leninismus Phase des → Kapitalismus, die seit etwa 1870 dem → Konkurrenzkapitalismus folgen sollte. Beschrieben wird sie durch eine ausgeprägte → Zentralisation des Kapitals und durch die Verschmelzung des Bank- mit dem Industriekapitals durch gegenseitige Beteiligung, zumeist in der Rechtsform der AG („Finanzoligarchie"). Innerhalb dieser Unternehmen erlangten die angestellten Manager eine wachsende Selbstständigkeit, wodurch die Eigentümer (Kapitalisten) zu funktionslosen und ökonomisch überflüssigen „Geldkapitalisten" degradiert würden. Dieser Funktionsverlust des privaten Kapitaleigentums sowie die durch die Zentralisation verursachte umfassende „Vergesellschaftung" der Produktion, d.h. der hohe Grad der gesamtwirtschaftlichen Arbeitsteilung, wird als unmittelbare Vorstufe zum → Sozialismus angesehen. – 2. *Beurteilung:* Die nachträgliche Einführung der Monopolkapitalismustheorie in das Marxsche Entwicklungsschema (→ historischen Materialismus) ist als Ad-hoc-Hypothese zu werten, durch die es trotz zuwiderlaufender Erfahrungen gestützt werden soll (→ Imperialismus, → Staatsmonopolkapitalismus, → Spätkapitalismus). – Die zu der fraglichen Zeit, z.B. in Deutschland, tatsächlich beobachtbare Vermachtung der Märkte durch Monopole und Kartelle hatte ihre Ursache nicht in einer unvermeidbaren Zwangsläufigkeit, sondern in einer falschen staatlichen Ordnungspolitik: Diese förderte, unter dem Einfluss der → historischen Schule der Nationalökonomie als der damals vorherrschenden wirtschaftstheoretischen Denkrichtung im deutschsprachigen Raum, die zunehmende Monopolisierung und Kartellierung als entwicklungsgesetzmäßig unvermeidbar sowie als Beitrag zu Konjunkturdämpfung und Produktivitätssteigerung. Dass jedoch durch entsprechende ordnungspolitische Maßnahmen der Marktvermachtung entgegengetreten werden kann, zeigt z.B. die erfolgreiche Wettbewerbspolitik der USA seit 1890 (Sherman-Act); zunehmende Monopolisierung und Kartellierung sind also keine geschichtliche Zwangsläufigkeit.

Monopolkommission – durch das Zweite Gesetz zur Änderung des Gesetzes gegen Wettbewerbsbeschränkungen vom 3.8.1973 nach dem Vorbild der dt. Sachverständigenrates zur Begutachtung der gesamtwirtschaftlichen Entwicklung (SVR) und der britischen Monopolkommission gebildetes Sachverständigengremium (§§ 44 ff. GWB). – 1. *Mitglieder:* Die fünf Mitglieder werden auf Vorschlag der Bundesregierung durch den Bundespräsidenten auf die Dauer von vier Jahren berufen. Sie sind in ihrer Tätigkeit unabhängig und nur an ihren gesetzlichen Auftrag gebunden, dürfen weder der Regierung noch einer gesetzgebenden Körperschaft des Bundes oder eines Landes oder dem öffentlichen Dienst angehören; sie dürfen auch nicht Repräsentant eines Wirtschaftsverbandes oder einer Arbeitgeber- bzw. Arbeitnehmerorganisation sein. – 2. *Aufgaben:* Gesetzlicher Auftrag der Monopolkommission ist die Beurteilung des jeweiligen Stands der → Unternehmenskonzentration in der Bundesrepublik Deutschland sowie deren absehbarer Entwicklung unter wirtschafts-, bes. wettbewerbspolitischen Gesichtspunkten und die Würdigung der Kartellrechtspraxis der Kartellbehörden und der Gerichte zur → Missbrauchsaufsicht und zur Fusions- bzw. Zusammenschlusskontrolle. Darüber hinaus ist die Kommission aufgefordert, nach ihrer Auffassung notwendige Änderungen der einschlägigen Bestimmungen des Gesetzes gegen Wettbewerbsbeschränkungen (GWB) aufzuzeigen. In Durchführung dieses gesetzlichen Auftrags hat die Monopolkommission alle zwei Jahre zum 30. Juni ein Gutachten zu erstellen („*Hauptgutachten*" oder „Zweijahresgutachten"), das der Bundesregierung zugeleitet wird, die es den gesetzgebenden Körperschaften vorlegt und in angemessener Frist dazu Stellung nimmt. Die Untersuchungsergebnisse und Empfehlungen der Kommission werden damit zum Gegenstand parlamentarischer Diskussion und durch die vorgeschriebene Veröffentlichung darüber hinaus einer breiteren Öffentlichkeit bekannt. – Über die regelmäßige Beurteilung der Konzentrationsentwicklung hinaus erstattet die Monopolkommission zusätzliche Gutachten (sog. *Sondergutachten*), sowohl im Auftrag der Bundesregierung als auch nach eigenem Ermessen. Darüber hinaus hat der Bundesminister für Wirtschaft und Technologie (BMWi) seit der Vierten GWB-Novelle 1980 in allen Zusammenschlussfällen, in denen er im Rahmen eines sog. Ministererlaubnisverfahrens (Ministererlaubnis) zu entscheiden hat, die gutachtliche Stellungnahme der Monopolkommission einzuholen. – Die Monopolkommission verfügt über eine Geschäftsstelle in Bonn.

Monopolmissbrauch – 1. *Begriff:* sittenwidrige Ausnutzung eines → Monopols durch Vorschreiben unbilliger und unangemessener Bedingungen (vgl. § 826 BGB). – 2. *Wettbewerbs- und Kartellrecht:* Im deutschen (→ Deutsches Kartellrecht) und → Europäischen Kartellrecht wird der Monopolmissbrauch über die Missbrauchsaufsicht über marktbeherrschende Unternehmen nach den §§ 19, 20, 29 GWB und Art. 102 AEUV erfasst. Monopolmissbrauch kann Unterlassungs- und Schadensersatzklage nach der Generalklausel des unlauteren Wettbewerbs (§ 3 UWG) oder nach den Schutzvorschriften des deutschen und europäischen Kartellrechts rechtfertigen (Boykott, Kontrahierungszwang).

Monopolrente → Grundrente.

Montanindustrie – Gesamtheit der auf dem Bergbau aufbauenden Kohlen-, Eisenhütten- und Stahlindustrie. In der Montanindustrie Deutschlands bildeten Zechen und Hütten seit jeher eine eng verbundene wirtschaftliche Einheit. Diese wurde im Bundesgebiet durch die Entflechtung der Besatzungsmächte vorübergehend zerstört, indem reine Zechen- und Hüttenbetriebe aus den Unternehmungen ausgegliedert und zu eigenen Wirtschaftseinheiten zusammengefasst wurden.

Montanunion → EGKS.

Moral Hazard – *moralisches Wagnis.* 1. *Begriff:* a) *I.w.S.:* Ex-post bzw. nachvertraglicher Opportunismus zwischen Transaktionspartnern führt zum Moral Hazard. Ursache für dieses Risiko ist eine Kollision der Interessen der Vertragspartner sowie Hidden Information (versteckte Information) und/oder Hidden Action (versteckte Handlung). Das Problem besteht darin, dass das Verhalten des besser informierten Partners die Pay-offs (Auszahlungen) des schlechter Informierten beeinflusst. Der schlechter Informierte kann sich nur unvollständig über das Verhalten des Transaktionspartners informieren bzw. dieses evaluieren. – b) *I.e.S.:* Von der Versicherungswirtschaft geprägter Begriff, der ursprünglich im Zusammenhang mit Feuerversicherungen verwendet wurde. Moral Hazard bezeichnet den Anreiz eines feuerversicherten Gebäudeeigentümers, weniger Sorgfalt bei der Schadensvermeidung bzw. -begrenzung aufzuwenden als ein Hausbesitzer ohne Versicherung. Über ähnlich gelagerte Anreize von Krankenversicherten gibt eine umfangreiche Literatur Auskunft. Hier äußert sich Moral Hazard vornehmlich im Verhalten als Trittbrettfahrer bzw. im → Free-Rider-Verhalten in Form einer exzessiven Inanspruchnahme medizinischer Leistungen durch den Versicherungsnehmer. – 2. Als *Instrumente zur Verringerung dieses Wagnisses* bieten sich neben versicherungsvertraglich fixierten Sorgfaltspflichten in Verbindung mit einer Kontrolle der Einhaltung dieser Pflichten im Schadenfall oder einer Selbstbeteiligung des Versicherten alle Instrumente an, die zu einer Interessenangleichung der Vertragspartner führen, wie z.B. Gewinn- oder Kapitalbeteiligungen, Prämiensysteme, Akkordlöhne oder Bonussysteme. Diese Instrumente führen zu einer erfolgsabhängigen Entlohnung des besser informierten Akteurs. Er hat deshalb einen Anreiz, seine Informationen so einzusetzen, dass der Gesamterfolg maximiert wird. Ein Handeln gegen die Interessen seines Vertragspartner wird durch die Erfolgsbeteiligung unattraktiv. Die Informationsasymmetrie zu beseitigen (z.B. durch Überwachung) ist meist ineffizient, weil die notwendigen Informationsbeschaffungskosten des schlechter informierten Partners teurer sind als die Implementierung eines Anreizsystems. – Vgl. auch Prinzipal-Agent-Theorie, → moralisches Wagnis in Teams.

moralisches Wagnis → Moral Hazard.

moralisches Wagnis in Teams – 1. *Begriff:* Betrachtet sei ein Problem der Teamproduktion, bei dem lediglich die Gesamtausbringung eines Teams von mehreren Akteuren von dritter Seite beobachtet wird, nicht jedoch die Ausbringung der einzelnen Teammitglieder. Teamproduktion ist verbunden mit den aus Arbeitsteilung und Spezialisierung folgenden Produktivitätsgewinnen. Allerdings steht der Nachteil gegenüber, dass die Teammitglieder in einem Verhältnis der Abhängigkeit zueinander stehen und dass eine Kontrolle notwendig ist, um die moralische Versuchung des Trittbrettfahrers zu vermeiden. Da der einzelne Beitrag nicht mehr zweifelsfrei zugeordnet werden kann, fließen die Erträge aus dem Einsatz des einzelnen Teammitglieds an das Team als Einheit. Weil erst der vollständige Teamgewinn unter allen Teammitgliedern aufgeteilt werden kann, erhält jedes einzelne Mitglied nur einen Teil der von ihm erbrachten Leistung, während er die Kosten seiner Tätigkeit im Team (Mühe, Arbeitseinsatz) allein tragen muss. Dies erzeugt einen Anreiz, das eigene Engagement einseitig abzusenken, um verstärkt vom Einsatz der anderen Teammitglieder zu profitieren. Da alle Teammitglieder diesem Anreizproblem ausgesetzt sind, sinkt die Teamleistung insgesamt auf ein unerwünscht niedriges Niveau: Alle Teammitglieder schaden sich wechselseitig. Dieses „unmoralische Verhalten" wird in der → Agency-Theorie als moralisches Wagnis in Teams bezeichnet. – Vgl. auch → Moral Hazard. – 2. *Lösungen:* Moralisches Wagnis in Teams kann unter gewissen Bedingungen vermieden werden, wenn sich ein Teamchef (Prinzipal) findet, der die Entlohnung der einzelnen Teammitglieder verbindlich festlegt und den darüber hinausgehenden Teamgewinn als sein Einkommen für sich beansprucht. Interpretiert man den Prinzipal als Eigentümer und Manager einer kapitalistischen Unternehmung, dann ist ein Nachweis erbracht, dass in einer kapitalistischen Unternehmung das Problem des moralischen Wagnisses in Teams einer effizienten Lösung zugeführt werden kann. Alchian und Demsetz (1972) haben dagegen argumentiert, eine Überwindung des Problems erfordere die Überwachung der einzelnen Teammitglieder durch einen Dritten. Eine Überwachung des Überwachers sei nicht notwendig, sofern die Kontrollfunktion durch den Residual Claimant (den kapitalistischen Unternehmer) wahrgenommen werde.

Moral Suasion → Maßhalteappelle.

MPG – Abk. für → Max-Planck-Gesellschaft zur Förderung der Wissenschaften e. V.

Multifaserabkommen (MFA) – *Multi Fibre Arrangement, Multifibre Agreement, Welttextilabkommen, (1974-1994).* Das Multifaserabkommen regelte den internationalen Handel mit Textilien zwischen Industrieländern und Entwicklungsländern. Es ersetzte 1974 das Baumwolltextilabkommen aus dem Jahre 1962, das mehrfach verlängert wurde und durch die → Uruguay-Runde (→ GATT) in die → World Trade Organization (WTO) integriert wurde. – *Ziele:* Fortschreitende Liberalisierung und Expansion des Welthandels, Vermeidung von Störungen in Export- und Importländern, Sicherung eines zunehmenden Anteils der Entwicklungsländer am Welttextilhandel durch stetige Zunahmen von Textilexporterlösen. – *Bewertung:* De facto stellte das Multifaserabkommen eine protektionistische Beschränkung des Freihandels zulasten der Entwicklungsländer dar. Der verschärfte Wettbewerb aus lieferstarken Schwellenländern führte zu erheblichen strukturellen Anpassungsproblemen in der Textilbranche der Industrieländer, die mit einem Beschäftigungsrückgang von über 40 Prozent innerhalb eines Jahrzehnts mündete. Daher wurde das MFA zum Schutz für nicht (mehr) wettbewerbsfähige Unternehmen des Textilsektors in Industrieländern genutzt.

Multifibre Agreement → Multifaserabkommen (MFA).

Multifunktionalität der Landwirtschaft – Multifunktionalität umschreibt allg. die Tatsache, dass ein wirtschaftliches Handeln vielfältige Güter und Dienstleistungen sowie andere positive und negative Wirkungen als Koppelprodukte hervorbringt, wobei einige dieser Güter und Dienstleistungen marktfähig sind, während andere sich den Marktmechanismen entziehen. In der → Agrarpolitik wird das Konzept der Multifunktionalität bes. in Industrieländern hinsichtlich der Rechtfertigung von zukünftigen Subventionszahlungen an die Landwirtschaft aufgrund ihrer Koppelproduktion öffentlicher Güter im Bereich der Umwelt einschließlich der Landschaftsgestaltung, der Beschäftigung in ländlichen Regionen, der Ernährungssicherung sowie des Tierschutzes diskutiert und zunehmend umgesetzt.

Multilateral Agreement on Investment → MAI.

Multilaterale Investitions-Garantie-Agentur → MIGA.

multilaterale Zusammenarbeit → Entwicklungshilfe, die von internationalen Organisationen oder mehreren Staaten an ein oder mehrere Entwicklungsländer geleistet wird.

Multilateral Investment Guarantee Agency → MIGA.

Münzgesetz → Münzhoheit und i.d.R. auch Stückelung der Münzen eines Landes, vielfach auch die Einlösbarkeit der → Scheidemünzen regelndes Gesetz.

Münzgewicht – Gewichtseinheit, die bei der gesetzlichen Fixierung des Metallgehalts der Währungseinheit zugrunde gelegt wird, i.Allg. das Kilogramm.

Münzhoheit – *Münzregal;* Recht des Staates, das Münzwesen zu regeln. Die Münzhoheit umfasst folgendes Rechtebündel im Zusammenhang mit der Prägung von Münzen: (1) Recht der Währung: Recht zur Festlegung von Form und Deckung des gesetzlichen Zahlungsmittels; (2) Recht des Münzfußes: Recht zur Festlegung von Größe und Einteilung des Wertmaßstabes (Nennwert); (3) Recht des Gepräges: Recht zur Festlegung der äußeren Kennzeichen des Zahlungsmittels; (4) Münzrecht (→ Münzumlauf): Recht zur Festlegung von Münzorganisation und Recht auf den Münzgewinn. – *Bundesrepublik Deutschland:* Gemäß dem „Gesetz über die Ausprägung von Scheidemünzen" vom 8.7.1950 hat die Bundesregierung die Münzhoheit inne, die zuvor bei der Bank deutscher Länder lag. Die Prägung der als gesetzliche Zahlungsmittel fungierenden Münzen erfolgt im Auftrag und auf Rechnung des Bundes. Die geprägten Münzen dürfen jedoch nur von der Deutschen Bundesbank, die dem Bund den Münzgewinn gutschreibt, in Umlauf gebracht werden. Auch in der Europäischen Währungsunion verbleibt das Recht zur Ausgabe von (Euro- und Cent-) Münzen in Deutschland bei der bisherigen Regelung – also grundsätzlich bei den Mietgliedstaaten, wobei allerdings der Emissionsumfang der Genehmigungspflicht durch die Europäische Zentralbank unterliegt.

Münzregal → Münzhoheit.

Münzstückelung → Scheidemünzen.

Münzumlauf – Umlauf von Münzen in einem Land, die als gesetzliches Zahlungsmittel dienen. – Vgl. auch → Notenumlauf.

N

NAB – Abk. für *New Arrangements to Borrow*; Verträge zwischen dem → IWF und mehreren Mitgliedsländern bzw. deren Zentralbanken, unter denen diese dem IWF Kreditlinien zum Einsatz im Rahmen seiner Kreditprogramme mit Mitgliedsländern zur Verfügung stellen. Die NAB wurden im Januar 1997 durch den Exekutivrat des IWF beschlossen und selten aktiviert. Die NAB ergänzen die → GAB (General Arrangements to Borrow).

nachfragebeschränktes Gleichgewicht – Begriff der Makroökonomik. Ist die gesamtwirtschaftliche Güternachfrage nicht groß genug, um die gewinnmaximale Produktion der Unternehmen aufzunehmen, ist das Nationaleinkommen durch die Höhe der Nachfrage determiniert. – *Gegensatz:* → Angebotsbeschränktes Gleichgewicht.

nachfrageinduzierte Inflation → Inflationstheorien.

Nachfrageinflation → Inflationstheorien, → Demand Pull Inflation.

Nachfrageoligopol – *Oligopson*; eine Marktform, bei der wenige relativ große Nachfrager zahlreichen relativ kleinen Anbietern gegenüberstehen. Hierbei spüren die Nachfrageoligopolisten wegen der Größe ihrer → Marktanteile jeweils die einkaufspolitischen Maßnahmen ihrer Konkurrenten, während die Anbieter für sich allein betrachtet keinen spürbaren Einfluss auf den Preisbildungsprozess ausüben können. – Konkurrieren nur zwei Nachfrager miteinander, so liegt ein *Nachfragedyopol* vor. – Vgl. auch → Oligopol.

Nachfragetheorie der Verteilung → Keynes-Kaldor-Verteilungstheorie.

Nachfrageverschiebungsinflation → Inflationstheorien.

nachhaltige Entwicklung – *Sustainable Development*. Begriff aus der Umwelt- und Ressourcenökonomik der Wachstumstheorie. Entwicklungspolitisches Paradigma der 1990er-Jahre, das als Konsensformel für den Interessenausgleich zwischen Nord und Süd galt. Im politischen Raum hat dieser Begriff weite Akzeptanz gefunden, wobei die Operationalisierung Schwierigkeiten bereitet. Der → Brundtland-Bericht stellt dabei die vordringlich zu befriedigenden Bedürfnisse der Armen in den Vordergrund, wobei ökologische Grenzen berücksichtigt werden. → Wachstum soll so erfolgen, dass auch zukünftige Generationen ihre Bedürfnisse noch befriedigen können. – *Ansatzpunkte für wirtschaftspolitische Maßnahmen* werden in der Eindämmung des Bevölkerungswachstums und in der Verbesserung von Ausbildung, Gesundheit und Ernährung (Bildung von → Humankapital) gesehen.

Nachhaltigkeitsindikatoren – Kenngrößen für die Trendbeschreibung zentraler Problemfelder einer → nachhaltigen Entwicklung in der ökologischen, ökonomischen, sozialen und partizipatorischen Dimension. Sie dienen als Monitoring für die Umsetzung der → Agenda 21 der → OECD. – Die im Rahmen der Rio-Konferenz 1992 von der UN ins Leben gerufene → Commission on Sustainable Development (CSD) übernahm zunächst den methodischen Ansatz der OECD (→ Umweltindikatoren), der jedoch wesentlich erweitert und auch auf soziale, wirtschaftliche und institutionelle Bereiche ausgedehnt wurde. 1997 übergab die CSD einen umfassenden Satz von 134 Einzelindikatoren an 22 Staaten (u.a. an Deutschland) zur Erprobung. Basierend auf den Erfahrungen wurde 2001 ein überarbeiteter Satz von 58 Indikatoren (davon 19 umweltrelevante Indikatoren) erstellt, der 2006 durch einen verbesserten Satz von 96 Indikatoren, einschließlich 50 Schlüsselindikatoren ersetzt wurde.

Nachrichtenverkehr – Beförderung von Nachrichten (Informationen) mittels interner und externer Informationsverbindungen (Informationssystemen). Zur Beförderung bzw. Übermittlung der Nachrichten werden unterschiedliche Nachrichten-Techniken eingesetzt.

Nachtwächterstaat – auf Lassalle zurückgehende polemische Bezeichnung für die Rolle des Staates zu Zeiten des → Laissez-Faire-Liberalismus, als der Wirtschaftsprozess durch keinerlei wirtschaftspolitische Eingriffe beeinträchtigt wurde und der Staat sich auf den Schutz des Eigentums beschränkte.

NAFTA – Abk. für *North American Free Trade Agreement*, Nordamerikanische Freihandelszone; am 17.12.1992 unterzeichnete, zum 1.1.1994 in Kraft getretene Freihandelszone zwischen Kanada, Mexiko und den USA. Die NAFTA verfügt über einen Streitschlichtungsmechanismus, der etwa dem der WTO entspricht, aber nur bei internen Handelsstreitigkeiten in Aktion tritt.

Nahrungsmittelhilfe – Nahrungsmittellieferungen zu Vorzugsbedingungen an Entwicklungsländer. Sie wird oft als Sofort- oder Katastrophenhilfe geleistet. Gelegentlich wird versucht, sie entwicklungswirksam einzusetzen, z.B. als Teil des Arbeitsentgeltes für Beschäftigte in Entwicklungsprojekten (Food for Work). Oft dient sie als Budgethilfe, wenn durch ihren Verkauf Staatseinnahmen (meist auf sog. Gegenkonten) geschaffen werden. – Mit Ausnahme der Katastrophenhilfe ist sie jedoch umstritten, da damit strukturelle Agrarüberschüsse der Industrieländer an den Weltmarkt abgegeben werden und somit die Entwicklungsanstrengungen im Agrarbereich der Entwicklungsländer behindert werden. Soweit es sich um Lieferungen aus Industriestaaten handelt, ist Nahrungsmittelhilfe als doppelt gebundene Hilfe (→ Lieferbindung) ökonomisch inferior.

Nationaler Allokationsplan (NAP) – Gemäß der Emissionshandelsrichtlinie vom 3.10.2003 sind die EU-Mitgliedsstaaten verpflichtet, nationale Allokationspläne zur Umsetzung des klimapolitischen Instrumentes zu verabschieden. Sie bestimmen die Gesamtmenge der zu vergebenen Zertifikate (Makroplan) als auch deren Verteilung auf Ebene der Tätigkeitsbereiche sowie auf Ebene der Anlagen (Mikroplan). 2005-2007 erfasste der Emissionshandel in Deutschland rund 1.850 Anlagen, die für rund 55 Prozent der CO_2 Emissionen in Deutschland verantwortlich sind. Der Nationale Allokationsplan 2008-2012 für die Bundesrepublik Deutschland (NAPII) gilt für die zweite Handelsperiode und behandelt auch Sektoren, die nicht zum Emissionshandel verpflichtet sind. Gegenüber der ersten Handelsperiode wurde die Gesamtmenge vergebener Zertifikate um 57 Mio. Tonnen CO_2 gekürzt und rund 90 Prozent statt zuvor 100 Prozent der Zertifikate den Unternehmen kostenlos zugeteilt.

Naturalgeld – Form des Geldes; Gegenstände, die allg. hohe Wertschätzung genießen werden als allg. Tauschmittel verwandt, z.B. Vieh, Getreide, kostbare Muscheln, Waffen. Als brauchbarstes Tauschmittel erwiesen sich Metalle, die später als genormte Barren und schließlich als Münzen in Verkehr kamen. – Vgl. auch → Warengeld.

natürliche Ressource → Ressourcenökonomik.

natürlicher Lohn – von den Klassikern (v.a. Ricardo) vertretene → Lohntheorie, nach der der langfristige (natürliche) Lohn sich durch die zur Erhaltung des Arbeiters und seiner Klasse notwendigen Kosten (→ Existenzminimum, → Subsistenzlohn) bestimmt. Der kurzfristige, durch Arbeitsangebot und -nachfrage bestimmte Marktlohn pendelt um den natürlichen Lohn, der als Gravitationszentrum für die teilweise zufälligen Schwankungen des Marktpreises angesehen wird.

NEA – Abk. für *Nuclear Energy Agency*. 1. *Begriff:* Kernenergie-Agentur der → OECD, gegründet am 20.12.1957 von den Mitgliedern der → OEEC, ihre Satzung trat am 1.2.1958 in Kraft, Sitz Paris. – 2. *Mitglieder:* Sämtliche OECD-Mitgliedsstaaten mit Ausnahme von Neuseeland. – 3. *Struktur:* Lenkungsausschuss (Steering Committee) und Sekretariat bei der OECD. Die NEA arbeitet eng mit der IAEA (International Atomic Energy Agency) sowie mit der Europäischen Kommission zusammen. – 4. *Ziele:* Förderung und Entwicklung der Kernenergie zu friedlichen Zwecken durch Errichtung gemeinsamer technischer und industrieller Anlagen, Harmonisierung und Rationalisierung nationaler Forschungs- und Investitionsprogramme, wissenschaftlich-technischer Erfahrungsaustausch; Zusammenarbeit auf dem Gebiet der technischen Ausbildung, Liberalisierung des internationalen Handels mit Kernbrennstoffen. Ferner erarbeitet die NEA Sicherheits- und Gesundheitsvorschriften und entwarf u.a. Konventionen über nukleare Haftpflicht (1968) und Sicherheitskontrolle (1957).

Nebenleistungen – Die Deregulierung des Verkehrssektors hat für den Frachtverkehr die Regelung der Nebenleistungen gegenstandslos werden lassen, da die Verkehrsunternehmen individuelle Preise mit den Verladern aushandeln können. Für den Personenverkehr sind z.B. die öffentlichen Eisenbahnen verpflichtet, „Tarife aufzustellen, die alle Angaben, die zur Berechnung eines Entgeltes für die Beförderung von Personen und für Nebenleistungen im Personenverkehr notwendig sind ... enthalten" (§ 12 II AEG).

Negentropie → Syntropie.

Neokeynesianismus – Neuer Keynesianismus, Neue Keynesianische Makroökonomik, Keynesianismus, → Keynes-Kaldor-Verteilungstheorie.

neoklassische Arbeitsmarkttheorie → Arbeitsmarkttheorien.

neoklassische Verteilungsmodelle – Modelle, die mit vollständigen neoklassischen Wachstumsmodellen unter Einbeziehung der Grenzproduktivitätstheorie (→ Grenzproduktivitätstheorie der Verteilung) identisch sind. Variationen ergeben sich durch alternative Ausgestaltungen der Nachfrage-, Produktions- und Arbeitsangebotsfunktion. Dadurch, dass durchgängig die Grenzproduktivitätsregel beibehalten wird, wird die → Lohnquote im Gleichgewicht wesentlich durch die Art und Form der → Produktionsfunktion sowie die Art des → technischen Fortschritts (Neutralitätskonzepte) bestimmt. Bei Abwesenheit von technischem Fortschritt und bei Annahme einer linear-homogenen Produktionsfunktion hängt die Höhe der Lohnquote nur von der Höhe der Kapitalintensität ab. Im neoklassischen Wachstumsgleichgewicht ist die Kapitalintensität konstant, insofern auch die Lohnquote. Bei Anpassungsprozessen zum Gleichgewicht variiert die Lohnquote je nach Größe der Substitutionselastizität. Die Konstanz der Lohnquote im Gleichgewicht kann nur mit größter Vorsicht als Verteilungsgesetz interpretiert werden. Das wird deutlich, wenn man die einfache Grenzproduktivitätsregel für Fälle unvollkommenen Wettbewerbs (Oligopol, Monopol) formuliert. Je nach Wettbewerbsintensität ergeben sich alternative Gleichgewichte. Anders als in den Verteilungstheorien der ökonomischen Klassiker oder in den → Monopolgradtheorien der Verteilung wird in neoklassischen Verteilungsmodellen die funktionale Verteilung allein aus den „technischen Bedingungen" bzw. aus rein ökonomischen Gesetzmäßigkeiten abgeleitet. Im neoklassischen Standardansatz der Verteilung gibt es keinen Platz für Marktmacht, für soziale Einflussfaktoren oder die Berücksichtigung von Verteilungskonflikten. Erweiterungen der neoklassischen Gleichgewichtsanalyse durch Einbeziehung eines autonomen technischen Fortschritts, der Vermögensverteilung (Pasinetti-Ansatz) oder des Falls eines reallohnabhängigen Arbeitsangebots ändern die Modellstruktur und die Modellergebnisse nicht grundsätzlich. Als grundlegendes Problem der neoklassischen Verteilungsmodelle bleiben die produktionstheoretischen Grundlagen. Die kapitaltheoretische Kontroverse hat deutlich werden lassen, dass die Annahme der Existenz einer gesamtwirtschaftlichen Produktionsfunktion und die damit zusammenhängende Vorgabe einer definierten „Menge an Kapital" unabhängig von den Preisen der verschiedenen Kapitalgüter und damit der Profitrate logisch unhaltbar ist. Wie im Rahmen der → Debattedeutlich wurde, basieren die neoklassischen Wachstums- und Verteilungsmodelle auf einem gedanklichen Zirkelschluss, durch den ihr theoretisches Fundament infrage gestellt wird.

Neokolonialismus – direkte Beherrschung der Länder der Dritten Welt über Spielregeln des kapitalistischen Weltmarktes. Die vom Kolonialismus befreiten Entwicklungsländer konnten allenfalls eine De-Jure-Unabhängigkeit erreichen; die direkte Beherrschung wurde durch eine indirekte abgelöst. Militärische, politische, kulturelle, technologische, finanzielle und wirtschaftliche Abhängigkeiten stellen Mechanismen des Neokolonialismus dar. Der Begriff wurde von K. Nkrumah thematisiert und als „letztes Stadium des → Imperialismus" bezeichnet.

Neoliberalismus – Denkrichtung des → Liberalismus. Forderungen des → klassischen Liberalismus werden aufgegriffen, das Konzept jedoch aufgrund der Erfahrungen mit dem → Laissez-Faire-Liberalismus, sozialistischen → Zentralverwaltungswirtschaften und dem konzeptionslosen → Interventionismus, der spätestens seit Beginn des 20. Jh. die Wirtschaftspolitik der meisten marktwirtschaftlichen Ordnungen kennzeichnet, korrigiert. Betont wird wieder die Ordnungsabhängigkeit der Wirtschaftens und die Bedeutung privatwirtschaftlicher Initiative. Stärker als im klassischen Liberalismus, wird berücksichtigt, dass der Wettbewerb durch privatwirtschaftliche Aktivitäten bedroht ist, da sich ihm die Marktteilnehmer durch die Erlangung von Marktmacht zu entziehen versuchen. Daher soll der Staat den freien Wettbewerb aktiv vor dem Entstehen privatwirtschaftlicher Marktmacht wie auch vor staatlich verursachter Marktvermachtung schützen (s. → Interdependenz der Ordnungen). – Die in der Bundesrepublik Deutschland vertretene Ausgestaltung des neoliberalen Konzeptes wird als *Ordoliberalismus* bezeichnet, der auf die in den 1930er-Jahren begründete → Freiburger Schule zurückgeht.

Neomarxismus – entstanden v.a. in Westeuropa während der 1960er-Jahre; Entwürfe einer sozialistischen Gesellschaft aufgrund der Ablehnung der sowjetisch-bolschewistischen Marx-Interpretation (→ Bolschewismus). Daneben ist man bestrebt, die Basistheoreme von Marx den zwischenzeitlich eingetretenen sozioökonomischen Veränderungen anzupassen. – Vgl. auch → Marxismus.

Neomerkantilismus – Bezeichnung für die sich seit dem Ende des 19. Jh. abzeichnende interventionistische Wirtschaftspolitik (→ Interventionismus) mancher Staaten, die durch ihre administrative Lenkung des Wirtschaftsprozesses, durch ihre einseitig auf Exportförderung ausgerichtete Handelspolitik bzw. sogar ihre Bestrebungen nach Autarkie an den → Merkantilismus erinnert.

Neo-Schumpeter-Hypothesen – behaupten einen Zusammenhang zwischen der absoluten Unternehmensgröße (sog. Neo-Schumpeter-Hypothese I (NSH I)) bzw. der relativen Unternehmensgröße (sog. Neo-Schumpeter-Hypothese II (NSH II)) und dem technischen Fortschritt: (1) Die *NSH I* geht davon aus, dass die Effektivität von *Forschung und Entwicklung* (F&E) mit der absoluten Unternehmensgröße steigt, da Großunternehmen über die notwendigen finanziellen Ressourcen für risikoreiche Innovationen verfügten. Zudem könnten Großunternehmen mehrere F&E-Projekte gleichzeitig betreiben, was das Risiko mindere. Außerdem könnten Forschungsanlagen besser genutzt werden, sodass Economies of Scale bzw. → Economies of Scope bei der Produktion von Innovationen realisiert werden würden. – *Empirische Untersuchungen* zeigen jedoch, dass die Bürokratie in Großunternehmen auf Forschungsaktivitäten demotivierend wirkt und schneller zu Diseconomies führt als bei der Produktion, d.h. die mindestoptimale Unternehmensgröße wird im F&E-Bereich viel früher erreicht als im Produktionsbereich. (2) Die *NSH II* geht von einem Zusammenhang zwischen Innovationsaktivitäten und der relativen Unternehmensgröße im Vergleich zum Marktvolumen aus. Danach müssen Unternehmen ex ante über Marktmacht und die Aussicht auf ein zeitlich begrenztes → Monopol mit Pioniergewinnen verfügen, um die für F&E-Investitionen notwendigen Mittel anzusammeln und sich vor raschen Markzutritten Dritter schützen zu können. (3) Neuere *empirische Forschungen* in den 1980er-Jahren haben jedoch gezeigt, dass eine allg. kausale Verknüpfung von technischem Fortschritt und absoluter bzw. relativer Unternehmensgröße im Sinne der NSH I und II empirisch nicht haltbar ist. Einen wesentlich höheren Erklärungswert haben dagegen Industriecharakteristika wie unterschiedliche Produktionstechnologien, Patentierfähigkeit der Produkte und Wachstum der Märkte; sie bestimmen den Entwicklungsprozess einer Branche, der sowohl die absolute und die relative Unternehmensgröße als auch den technischen Fortschritt simultan determiniert. Häufig ist darauf verwiesen worden, dass die

F&E-Aktivitäten aufgrund der übermäßigen Bürokratie, des mangelnden Wettbewerbsdrucks sowie aufgrund der Tendenz zu Doppel- bzw. Parallelarbeit ineffizient sind.

NEPAD – Abk. für *Neue Partnerschaft für Afrikas Entwicklung;* initiiert im Juli 2001, umfasst es ein Konzept der afrikanischen Staats- und Regierungschefs mit starker Eigenverantwortung der afrikanischen Länder bei der Armutsbekämpfung. Weitere Grundsätze sind Achtung von Menschenrechten und Rechtsstaatlichkeit sowie gute Regierungsführung. Diese Schlüsselelemente sollen u.a. dem Ziel dienen, das Vertrauen im In- und Ausland gegenüber den afrikanischen Regierungen zu erhöhen, um zukünftig mehr Direktinvestitionen anzuziehen und somit die eigene Entwicklung nachhaltig forcieren zu können. – *Mitgliedsstaaten:* Neben Südafrika, Nigeria, Senegal, Algerien und Ägypten (Steuerungskomitee) auch Botsuana, Kamerun, Äthiopien, Gabun, Kenia, Mauritius, Libyen, Angola, Ruanda, Kongo, Tunesien, Ghana, Mosambik und Mali. – Ein wichtiges neues Element ist der → Peer Review.

Net Barter Terms of Trade – Kehrwert der → Commodity Terms of Trade.

Net International Investment Position (NIIP) – Bestandsstatistik, welche durch Saldierung der Auslandsforderungen und Auslandsverbindlichkeiten die Vermögenssituation eines Landes wiederspiegelt (auch Nettoauslandsverschuldung). Die jährliche Veränderungen dieser Statistik resultiert v.a. aus der Leistungsbilanz, jedoch führen auch Wertberichtigungen aufgrund veränderter Wechselkurse, Abschreibungen oder Vermögensübertragungen zu einer nicht unwesentlichen Veränderung. – Vgl. auch → International Investment Position (IIP).

Nettoanpassung – Instrument der gesetzlichen Rentenversicherung zur Sicherung der dynamischen Rente und des → Generationenvertrags. Die Nettoanpassung passt die gesetzlichen Renten an die Veränderung des Nettoeinkommens der jeweils aktiven Versicherten an. Die Rente wächst demnach grundsätzlich mit den laufenden Arbeitsentgelten. Steigt aber die Abgabenlast der aktiven Versicherten (z.B. weil die Zahl der Rentner steigt), so vermindert sich die Anpassungsrate der Renten.

Nettoeinkommen – ergibt sich, wenn vom Bruttoeinkommen einer Person bzw. eines Haushaltes die direkten Steuern (Einkommensteuer, Kirchensteuer und Solidaritätszuschlag) sowie die Pflichtbeiträge zur Sozialversicherung (Arbeitslosenversicherung, gesetzliche Rentenversicherung, gesetzliche Kranken- und Pflegeversicherung) abgezogen werden.

Nettoeinkommen aus unselbstständiger Arbeit – Bruttoeinkommen aus unselbstständiger Arbeit abzüglich Lohnsteuer und Sozialbeiträgen der Arbeitnehmer.

Nettoeinkommen aus Unternehmertätigkeit und Vermögen – Bruttoeinkommen aus Unternehmertätigkeit und Vermögen abzüglich öffentlicher Abgaben auf Einkommen aus Unternehmertätigkeit und Vermögen (direkte Steuern, Lohnausgleichsabgaben, Pflichtbeiträge der Selbstständigen) und zzgl. sonstige Zu- und Abrechnungen.

Netto-Etatisierung – Ausweis des Jahresergebnisses (saldierter Ausweis, abzuführender Gewinn oder abzudeckender Verlust) öffentlicher Betriebe (z.B. Eigenbetrieb) im Trägerhaushalt. – *Gegensatz:* → Brutto-Etatisierung, → Globalbudgetierung.

Nettoverteilung – untersucht die Verteilung des Nettoeinkommens auf die an seiner Erstellung beteiligten Produktionsfaktoren (→ Nettoeinkommen aus unselbstständiger Arbeit, → Nettoeinkommen aus Unternehmertätigkeit und Vermögen). Die Betrachtung ist unter verteilungspolitischen Gesichtspunkten interessant, da sie die tatsächlich zur Verfügung stehenden Einkommen berücksichtigt, die letztlich Grundlage der Konsum- und Investitionsentscheidungen sind.

Nettoverteilungsquoten → Gewinnquote, → Lohnquote, → bereinigte Lohnquote, → Arbeitseinkommensquote. Im Gegensatz zu diesen werden jedoch bei der Betrachtung der Nettorelationen die Nettoeinkommen aus unselbstständiger Arbeit und aus Unternehmertätigkeit und Vermögen bzw. das gesamtwirtschaftliche Nettoeinkommen zur Quotenbildung verwandt. – Vgl. auch → Nettoverteilung.

Netzbildungsfähigkeit – 1. *Begriff:* Eignung eines Verkehrssystems zur direkten Durchführung von Transporten zwischen allen relevanten Raumpunkten. – 2. *Verkehrswertigkeit:* Netzbildungsfähigkeit ist abhängig von der räumlichen Dichte und dem Vernetzungsgrad der Infrastruktur sowie dem Grad der Raumerschließung durch die Verkehrsbetriebe. Bei geringer Netzbildungsfähigkeit entstehen häufig gebrochene Verkehre mit Umlade-/Umsteigevorgängen, die Kosten und Zeitbedarf des Transports ansteigen lassen oder die Bequemlichkeit vermindern. Netzbildungsfähigkeit ist bes. hoch im → Straßenverkehr, mit weitem Abstand folgen Eisenbahn und → Binnenschifffahrt. → Seeschifffahrt und → Luftverkehr sind stets an bestimmte Raumpunkte (Seehäfen, Flughäfen) gebunden; auch der Rohrleitungsverkehr verbindet nur eine geringe Zahl von Raumpunkten miteinander. Erhöhung einer gegebenen Netzbildungsfähigkeit v.a. durch infrastrukturelle Maßnahmen mit gleichzeitigen Auswirkungen auf die gesamte Verkehrswertigkeit des Verkehrssystems. – 3. *Verkehrsaffinität:* In einer stark arbeitsteiligen Wirtschaft, in der Personen-, Güter- und Nachrichtenverkehrsströme zwischen nahezu allen Raumpunkten von Bedeutung sind, spielt die Netzbildungsfähigkeit eine große Rolle zur Beurteilung des Verkehrsangebots aus der Sicht der Verkehrsnachfrager. Geringe Netzbildungsfähigkeit reduziert den Integrationsgrad einer Volkswirtschaft und hat Wohlstandseinbußen zur Folge. Geringere Rolle spielt Netzbildungsfähigkeit v. a. in Industrien, die sich räumlich sehr stark konzentriert haben und deren Absatz- und Bezugsbeziehungen sich auf nur wenige Raumpunkte verteilen (z. B. Schwerindustrie); für die Mehrzahl der Wirtschaftszweige mit deutlicher räumlicher Streuung der Standorte und/oder einer signifikanten räumlichen Verteilung der Absatz- und Bezugsorte gelten jedoch hohe Anforderungen an die Netzbildungsfähigkeit eines Verkehrssystems, denen in bes. Maße der Straßenverkehr gerecht wird und dessen stürmisches Wachstum hierauf beruht. Möglichkeiten zum Ausgleich geringerer Netzbildungsfähigkeit bietet im Güterverkehr z. B. der → kombinierte Verkehr.

Neue Linke → Sozialismus.

Neue Partnerschaft für Afrikas Entwicklung → NEPAD.

Neues Kommunales Rechnungswesen – beschreibt ein auf Basis der Doppik (in Abgrenzung zur → Kameralistik) konzipiertes Rechnungssystem für öffentliche Haushalte. Merkmal des Neuen Kommunalen Rechnungswesen ist, dass es verschiedene Teilmodule des Rechnungswesens in einem Gesamtsystem integriert. Die ursprüngliche konzeptionelle Ausgestaltung erfolgt in der so genannten 3-Komponenten Rechnung. Die drei Komponenten sind namentlich die Vermögens-, Finanz- und Ergebnisrechnung: – a) Die Vermögensrechnung ist dabei vergleichbar mit der Bilanz im kaufmännischen Kontext und gibt Auskunft über die Vermögenslage und die Kapitalherkunft. – b) Die Finanzrechnung stellt die Ein- und Ausgabenrechnung dar und entspricht vereinfacht gesagt dem Informationsgehalt der klassisch einfach kameralen Rechnung oder im kaufmännischen Sinne der Kapitalflussrechnung. Sie gibt Auskunft über die Veränderung der liquiden Mittel. – c) Die Ergebnisrechnung erfasst mit den Aufwendungen und Erträgen den Ressourcenverbrauch und kann als Pendant zur Gewinn- und Verlustrechnung angesehen werden. Die Ergebnisrechnung weist ein Jahresergebnis in Form eines Gewinnes oder Verlusts aus, der die Veränderung des Eigenkapitals in der Periode widerspiegelt. – Die 3-Komponenten Rechnung des Neuen Kommunalen Rechnungswesens liefert im Vergleich zu den traditionellen kameralen Haushalten vor allem die Zusatzinformation zur Vermögens- und Ertragslage des Gemeinwesens. Kernanliegen ist dabei die Verschiebung vom Geld- zum Resourcenverbrauchskonzept, d. h. es werden in einer Periode alle mit einem Geschäftsvorfall verbundenen Verbindlichkeiten und Forderungen erfasst und nicht nur jene, die in der aktuellen Periode auch zu einem Geldabfluss führen. Klassische Beispiele hierfür sind Abschreibungen, Pensionsverpflichtungen, Rückstellungen. – Als jüngeres Konzept hat die Integrierte Verbundrechnung (IVR) die 3-Komponenten-Rechnung abgelöst oder zumindest ergänzt. Wohingegen bei der 3-Komponenten-Rechnung die Rechnung, also die ex-post-Perspektive, dominiert und abgebildet wird, umfasst die IVR nun auch die Planungsebene. Neben den bekannten drei Komponenten beinhalten die IVR daher noch den Finanzhaushalt und den Ergebnishaushalt (die Vermögensplanrechnung ist von nachrangiger Bedeutung) als Planrechnungen. – *Praktische Bedeutung*: Die Mehrheit der Bundesländer hat für die kommunale Ebene inzwischen den Übergang auf neue kommunale Rechnungsssysteme, die auf Doppik basieren, vorgesehen und vorgenommen. Lediglich eine Minderheit der Länder gewährt ihren Kommunen ein Wahlrecht zwischen kameralen und doppischen Rechnungssystemen. Auf Länderebene präsentiert sich die Lage umgekehrt, hier haben lediglich vier Bundesländer ihre Haushalte auf doppische Systeme umgesetllt, wohingegen die Mehrheit der Länder an kameralen Systemen festhält und diese gegebenenfalls durch so genannten Modelle der Erweiterten Kameralistik modernisieren. Die Praxis auf Länderebene ist dabei wohl maßgeblich durch die Praxis des Bundes beeinflusst, der für sich selbst am kameralen System festhält, da die Länderrechnungen vielfältige Schnittpunkte zur Bundesebene haben. – Die Potentiale des Neuen Kommunalen Rechnungswesens werden immer noch sehr kontrovers und emotional diskutiert. – a) *Gegner*: Die Orientierung an Gewinn oder Verlust ist für Gemeinwesen nicht das „richtige" und massgebliche Entscheidungskriterium, ja sogar ein gefährliches. Die Umstellung sei sehr kostspielig, ohne einen direkten Mehrwert und Nutzen daraus zu bekommen. Letztendlich würden ja „nur" andersartige Führungsinformationen bereitgestellt, die eine faktisch sehr hohe Investition kaum rechtfertigen. Die hilfreichen und sinnvollen Informationen aus einem doppischen System, wie z. B. Pensionsverpflichtungen, Abschreibungen, können auch in einem System der erweiterten Kameralistik, aber deutlich kostengünstiger integriert werden. – b) *Befürworter*: Orientierung an Ein- und Ausgaben setzt Anreize zu ineffizientem Handeln. Mit erweiterter Kameralistik bleibt grundsätzliche Orientierung an Ein- und Ausgaben als Hauptsteuerungsgrößen erhalten und es entstehen vielfältige Schnittttstellenprobleme bei der Integration der Teilrechnungen. Die Einführung und Etablierung des Ressourcenverbrauchskonzepts ist notwendige Voraussetzung für einen Kultur- und Wertewandel in der Verwaltung hin zu mehr Kostenbewusstsein.

Neues Ökonomisches System der Planung und Leitung der Volkswirtschaft (NÖS) – 1963 in der DDR eingeführtes Wirtschaftssystem, das den Betrieben mehr Eigenverantwortung geben sollte. Anreize (ökonomische Hebel) sollten der materiellen Interessiertheit der Beschäftigten Rechnung tragen: Die Betriebe erhielten Gestaltungsspielraum bei Einkauf, Finanzierung, Preis- und Absatzgestaltung, und es wurden Arbeitermitverwaltungen eingerichtet. Dadurch sollte die Wirtschaft effizienter und flexibler werden. Das NÖS scheiterte am strukturellen Gegensatz zwischen den dezentralen Elementen und der weiter bestehenden Planungs- und Leitungshoheit der zentralen Instanzen. Seit 1966 wurde das NÖS schrittweise aufgegeben und 1968 durch das Ökomische System des Sozialismus (ÖSS) ersetzt.

Neues Steuerungsmodell (NSM) – 1. *Begriff*: von der Kommunalen Gemeinschaftsstelle für Verwaltungsvereinfachung (KGSt) Anfang der 1990er-Jahre entwickeltes Konzept für die kommunale → Verwaltungsreform in der Bundesrepublik Deutschland. Das Neue Steuerungsmodell (NSM) gilt als die deutsche Ausprägung des New Public Managements. Das NSM ist dabei zu einem zentralen Leitbild der Reform(debatte) geworden, das inzwischen zwar klar an Prominenz verloren hat aber durch kein neues Leitbild abgelöst wurde. Lange – und mitunter immer noch – wird NSM dabei als Synonym für (eine managementorientierte) Verwaltungsmodernisierung verwendet. – 2. *Inhalt*: Das NSM skizzierte ein Konzept einer neuen Verwaltungsführung und -steuerung, das auf dem Zusammenwirken bzw. der Anpassung verschiedenster Steuerungsmechanismen in der Verwaltung beruht. Ziel war eine aktiv (strategisch) geführte, kundenorientierte Verwaltung, die sich neben Legalität und Legitimität auch über Effektivität und Effizienz ausweist. Das Konzept basiert auf drei wesentlichen, eng miteinander verknüpften Kernelementen: Einer dezentralen Führungs- und Organisationssturktur (Dezentralisierung), der Outputsteuerung, d.h. der direkten Steuerung der Verwaltung über die Leistungsseite, sowie der Wettbewerbs- und Kundenorientierung. Unter diesen drei Oberthemen reihen sich eine Reihe von Ansätzen und Instrumenten, wie bspw. die Dezentralisierung von Fach- und Ressourcenkompetenz, die → Globalbudgetierung, die Einführung von Kosten und Leistungsrechnungen sowie ein kommunales Controlling, → Kontraktmanagement und Ansätze einer systematischen Personalentwicklung – um nur ein paar wichtige zu nennen. – 3. *Praktische Anwendung*: Das NSM ist nach wie vor primär ein Thema auf kommunaler Ebene. Auf Landesebene gibt es inzwischen auch nennenswerte Projekte, die sich am Gedankengut des NSM orientieren. Die kommunale Praxis zum NSM wurde im Jahr 2007 umfassend evaluiert. Als zentrale Ergebnisse können genannt werden: Das umfassende Konzept des NSM, welches als umfassende Reform zur Veränderung der Steuerung konzipiert wurde, wird in dieser Breite kaum angewendet. Stattdessen haben die Kommunen sich einzelne Instrumente herausgepickt, die sie versucht haben umzusetzen und anzuwenden. Auf der Ergebnisseite lässt sich festellen, dass mehr Kostenbewusstsein, Effizienzdenken, und Kundenorientierung anzutreffen sind. Von einer geänderten Steuerungslogik kann aber in der Fläche nicht gesprochen werden. – 4. *Perspektiven*: Ausgehend von der NSM-Welle hat sich die Diskussion und Praxis um Management und -instrumente in der Praxis heute funktional spezialisiert. So werden die Reformen und Modernisierungsansätze heute eher unter dem Titel Rechnungswesen, Personalmanagement, etc. addressiert und als funktionale Ansätze ausdifferenziert. Die Abkehr vom NSM besteht daher v.a. darin, dass die „große Paketlösung" als nicht umsetzbar und unrealistisch gilt. Gleichermaßen erinnert die inhaltliche Stoßrichtung und Ausgestaltung der funktionalen Reformen stark an NSM. So ist bspw. das Neue kommunale Rechnungswesen inhaltlich und von der Zielsetzung her komplet „NSM-kompatibel".

Neue Weltfinanzarchitektur – Bezeichnung für die Neugestaltung der internationalen Finanzsystems, also der internationalen Finanzmärkte und der internationalen Finanzinstitutionen. Die Debatte über die neue Weltfinanzarchitektur wurde durch die Wirtschafts- und Währungskrise in Asien (1997) angestoßen und erlebt durch die Finanzkrise seit 2008 weitere Anregungen. Gefordert wurde u.a. eine Neudefinition der „Spielregeln" an den internationalen Finanzmärkten und eine grundlegende Reform des → IWF und der Weltbank (→ IBRD). Die Vorschläge reichen von einer völligen Neugestaltung des internationalen Finanzsystems (z.B. Schaffung einer Weltzentralbank), über eine Rückkehr zum Goldstandard bis hin zu detaillierten Vorschlägen der Umgestaltung einer Vielzahl einzelner Bausteine des internationalen Finanzsystems. Seit Anfang 2000 hat sich die Debatte in diesem letzteren Sinn konkretisiert. Sie konzentriert sich auf fünf Bereiche: Erhöhung der Transparenz nationaler Wirtschaftspolitik durch systematische Informationspolitik, Einführung international akzeptierter Standards für Regierungsarbeit (→ Good Governance), Stärkung der nationalen Finanzsektoren (z.B. durch Bankenregulierung), Einbeziehung privater Kreditgeber in die Bereinigung von Finanzkrisen und schließlich die Umgestaltung der Arbeit des IWF und der Weltbank. – Als Teil dieser letzten Teilaufgabe hat der IWF die neue Fazilität der *Contingent Credit Lines (CCL)* eingeführt, womit Ländern geholfen werden soll, die trotz angemessener Wirtschaftspolitik von Währungskrisen bedroht sind. Des Weiteren wird gefordert, das die Finanzmärkte internationalen Spielregeln unterworfen werden sollen. Dem IWF soll hierbei eine wichtige Rolle als Forum der Finanzstabilität und als Kontrollorgan erwachsen. – Radikale Vorschläge wie z.B. die Abschaffung des IWF oder der Weltbank stellen aktuell Minderheitspositionen dar.

Neue Weltwirtschaftsordnung – seit Anfang der 1970er-Jahre von Entwicklungsländern auf internationaler Ebene (→ UN, → UNCTAD) geforderte Änderung der Weltwirtschaftsordnung mit dem Ziel einer Reduzierung der Benachteiligung der Entwicklungsländer bei der → Integration in die Weltwirtschaft. – In jüngster Zeit wurde die Forderung nach einer Neue Weltwirtschaftsordnung von den Globalisierungskritikern (z.B. ATTAC) aufgegriffen. Die Forderungen richten sich im Wesentlichen auf folgende

Bereiche: (1) *Internationaler Handel:* Stabilisierung der Rohstoffpreise durch ein integriertes Rohstoffprogramm (→ Buffer Stock), Ankoppelung der Rohstoffpreis- an Industriegüterpreisveränderungen, Beseitigung von Importbeschränkungen in Industrieländern; (2) *Entwicklungsfinanzierung und Ressourcentransfer:* Erhöhung der → Entwicklungshilfe, Koppelung von → Sonderziehungsrechten (SZR) und Entwicklungshilfe sowie Erweiterung und Liberalisierung der Kreditfazilitäten des → IWF, Verstärkung des privaten Kapitalzuflusses in Form von Direktinvestitionen, Schuldenerlass für die ärmsten Länder und Festlegung günstigerer, allg. verbindlicher Umschuldungsrichtlinien; (3) *Technologietransfer und Reduzierung von technologischer Abhängigkeit:* Revision des internationalen Patentrechts im Sinn einer Begünstigung der Entwicklungsländer, Einführung eines Verhaltenskodexes für den → Technologietransfer, Förderung der Entwicklung angepasster Technologien und Ausbau der Forschungs- und Entwicklungskapazitäten in Entwicklungsländern; (4) *Industrialisierung:* Förderung der Weiterverarbeitung von Rohstoffen in Entwicklungsländern; (5) *stärkere Mitbestimmung der Entwicklungsländer* in den internationalen Organisationen, die von Industrieländern wegen befürchteten Funktionsverlusts abgelehnt wird.

neutrale Institution → Institution.

Newcomer → potenzieller Wettbewerb.

New Economic History − Neue Institutionenökonomik.

Newly Industrializing Countries (NIC) → Schwellenländer, Tigerstaaten.

New Public Management (NPM) – I. Begriff und inhaltliche Kennzeichnung: NPM steht in der internationalen Diskussion als Leitbegriff für die Reform und Modernisierung von Staat und Verwaltung seit Beginn der 1990er-Jahre. Teilweise wird NPM als neues Paradigma in den Verwaltungswissenschaften angesehen. Gegenstand von NPM ist die Ablösung einer nach Normen geprägten Steuerung durch ein Verwaltungsmanagement. Allerdings handelt es sich nicht wie beim Bürokratiemodell um ein neues einheitliches Modell. Vielmehr steht NPM als Sammelbegriff für eine weltweite Reformbewegung von Staat und Verwaltung und der damit verbundenen Vielzahl von Reformelementen und Reformtrends. Gleiches gilt im Grunde genommen auch für den deutschen Begriff → Neues Steuerungsmodell (NSM). Die NPM-Bewegung lässt sich einheitlich charakterisieren durch folgende Merkmale: (a) eine stärkere Markt- und Wettbewerbsorientierung, (b) eine ziel- und ergebnisorientierte Steuerung (Outcome- und Outputorientierung), (c) dezentrale Grundstrukturen und (d) eine instrumentelle und verfahrensmäßige Orientierung am Unternehmensmodell und Wandel von der Binnenorientierung öffentlicher Verwaltungen hin zu Kunden- bzw. Bürgerorientierung. – Diese einheitlichen Merkmale der Reform schlagen sich in unterschiedlichem Umfang und unterschiedlicher Intensität in länder- und kulturspezifischen Reformelementen und unterschiedlich ausformulierten programmatischen Reformansätzen nieder. Dabei stehen für NPM nicht selten länderspezifische Begriffe wie in Deutschland „Neues Steuerungsmodell" oder in der Schweiz und in Österreich „Wirkungsorientierte Verwaltungsführung". Auslöser dieses Reformprozesses waren die Dysfunktionalitäten bürokratischer Grundstrukturen bei zunehmend komplexer werdenden dynamischen Umfeldentwicklungen sowie die anhaltenden Finanzkrisen von Industriestaaten und deren Gebietskörperschaften.

II. Theoretische Grundlagen: NPM entstand zunächst in der Praxis und ist von daher nach wie vor pragmatisch geprägt. Die wissenschaftliche Diskussion des Reformprozesses orientiert sich bes. an den Erkenntnissen der Betriebswirtschaftslehre, der Volkswirtschaftslehre und der Informatik. Dabei stützt sich NPM auf die Public-Choice-Theorie und die Neue Institutionenökonomik. So erklärt etwa die Theorie der Verfügungsrechte (Property Rights) die Zweckmäßigkeit der Einheit von Fach- und Ressourcenkompetenz. Die Transaktionskostentheorie eignet sich zur Analyse geeigneter Organisations- und Koordinationsformen sowie zur Handhabung des Problems Make or Buy in Verwaltungen. Die Prinzipal-Agenten-Theorie eignet sich bes. zur Analyse und Gestaltung dezentraler Grundstrukturen mit Auftraggeber-/Auftragnehmer-Beziehungen, eng verbunden mit dem Kontraktmanagement. Schließlich spielt die Organisations-Theorie – etwa mit ihrem Kontingenzansatz – für die Diskussion eine wichtige Rolle.

III. Reformebenen: Die charakterisierenden Merkmale von NPM schlagen sich in den folgenden interdependenten Reformebenen nieder: –(a) gewandeltes Funktions- und Rollenverständnis von Staat und Verwaltungen, (b) externe Strukturreform, (c) Binnenmodernisierung, – wobei diese drei Ebenen insgesamt ausgerichtet sind auf eine stärkere Bürgerorientierung. Bei dem gewandelten Funktions- und Rollenverständnis von Staat und Verwaltungen ist zu differenzieren zwischen politisch-programmatischen Ansätzen wie „schlanker Staat", „aktivierender Staat" oder auch „Good Governance" und den sich in der Praxis konkret abzeichnenden Gestaltungs- und Organisationsprinzipien. Letztere sind geprägt durch den Wandel vom produzierenden zum gewährleistenden Staat. Staat und Verwaltungen ziehen sich auf Kernaufgaben zurück und damit aus unmittelbaren Produktionsprozessen zurück. Sie tendieren nur noch dazu, zu gewährleisten, dass bisher öffentliche Aufgaben überhaupt wahrgenommen werden, unabhängig von der Zuordnung zu einem bestimmten Aufgabenträger. Hiermit verbunden ist der sich für die Zukunft abzeichnende Umbau von Staat und Verwaltungen zu einer schwerpunktmäßigen Beschränkung auf staatliche Agenturen und Kontrollbehörden. Diesen obliegt es primär, Märkte zu schaffen und für die Aufgabenwahrnehmung deren Funktionsfähigkeit zu gewährleisten. Der Gewährleistungsstaat hängt somit unmittelbar mit Privatisierung, Deregulierung, aber auch Regulierung zusammen. Es geht dabei aber nicht nur um Marktorientierung und Wettbewerb, sondern als gleichwertiges Instrument auch um Kooperationen. Die Diskussion konzentriert sich hierbei bisher überwiegend auf die Aufhebung der klassischen ordnungspolitisch geprägten Dichotomie von Staat und Markt. Im Mittelpunkt stehen Kooperationen und strategische Allianzen zwischen öffentlichen und privaten Einheiten in Form von Public Private Partnership (PPP). Zwecks besserer kapazitätsmäßiger Auslastung und Nutzung öffentlich verfügbarer Ressourcen sind aber in gleichem Maße auch Kooperationsstrategien zwischen öffentlichen Einrichtungen bzw. Gebietskörperschaften geboten. Im Rahmen der Verknüpfung von Staatstätigkeit und Bürgerorientierung gewinnt auch der Kommunitarismus in unterschiedlicher Ausprägung an Einfluss. Bei der externen Strukturreform stehen die konkrete Schaffung von Wettbewerbsbedingungen sowie nutzerorientierte Finanzierungsansätze im Vordergrund. Die Einbeziehung bisher öffentlich wahrgenommener Aufgaben in den Wettbewerb wird v.a. durch die EU-Wettbewerbskonzeption forciert. Die nutzerorientierte Finanzierung zielt darauf ab, Dysfunktionalitäten kollektiver Finanzierungssysteme abzubauen und zu vermeiden. In die externe Strukturreform ist als Schnittstelle zur Binnenmodernisierung auch eine grundlegende Neuorientierung des öffentlichen Personalwesens einzubeziehen. – Bei der Binnenmodernisierung geht es um dezentrale Grundstrukturen, bei denen die einzelnen Einheiten die erstellten Leistungen und der hierdurch tatsächlich verursachte Ressourcenverbrauch zugeordnet werden können. Ein weiterer Schwerpunkt wird in dem Instrumentarium der globalen Budgetierung und der Reform des öffentlichen Rechnungswesens und Informationssystems gesehen. Dabei setzt sich immer stärker das von K. Lüder entwickelte → Speyerer Verfahren durch, das unter Verknüpfung mit der Reform des Haushaltswesens auch als integrierte Verbundrechnung bezeichnet werden kann. Dies gilt nicht nur für die kommunale Ebene, sondern inzwischen auch in ersten Ansätzen auf staatlicher Ebene, etwa für das Land Hessen, die Stadtstaaten Bremen und Hamburg und in ersten Konzepten auch für Nordrhein-Westfalen. Die integrierte Verbundrechnung verdrängt die sog. erweiterte Kameralistik, bei der die bisherige kamerale Rechnung additiv um eine Kosten-/Leistungsrechnung erweitert wird. Zusätzlich gewinnt die internationale Entwicklung wachsenden Einfluss auf die Reform des öffentlichen Rechnungswesens. Es geht dabei darum, dass an die Stelle des HGB als Referenzmodell für Ansatz und Bewertung die International Public Sector Accounting Standards (IPSAS) an Bedeutung gewinnen. Hieraus ergibt sich dann die Konsequenz, dass die im privatwirtschaftlichen Bereich vorherrschende Trennung zwischen internem und externem Rechnungswesen ganz bes. für den öffentlichen Sektor an Bedeutung verliert. In den Vordergrund treten die integrierte Verbundrechnung, deren Konsolidierung über die dezentralen öffentlichen Einheiten des Konzerns Gebietskörperschaft und daraus abgeleitet die Segmentberichte mit entsprechendem Berichtswesen. Kosteninformationen werden nur noch ergänzend zur Konzernrechnungslegung und den Informationen aus den Segmentberichten erforderlich. – Eine über die integrierte Verbundrechnung hinaus gehende Weiterentwicklung des öffentlichen Informationssystems zielt in Anlehnung an die Balanced Scorecard auf ein öffentliches Managementinformationssystem ab. Eng verbunden mit dem Haushalts- und Rechnungswesen sind Ansätze des Controllings als wesentliches Element der Binnenmodernisierung.

NGO – Abk. für → Non-Governmental Organisation (Nichtregierungsorganisation – NRO); vgl. auch Nonprofit-Organisation (NPO).

NIC – Abk. für *Newly Industrializing Countries*, → Schwellenländer.

Nichtlinearität – 1. *Definition:* Dynamische Systeme, also Differenzengleichungssysteme der Form

$$x_{t+1} = f(x_t, \lambda, t),$$

oder Differenzialgleichungssysteme der Form

$$dx / dt = f(x(t), \lambda, t),$$

sind dann nicht linear, wenn die Funktionen $f = f_1, f_2, ..., f_n$ nicht linear bez. der Zustandsvariablen $x = (x_1, x_2, ..., x_n)$ sind. – 2. *Ökonomische Bedeutung:* Die Nichtlinearität ist konstitutiv für synergetische (→ Synergetik), deterministisch-chaotische (→ Chaos) oder katastrophale Prozesse. Sind wirtschaftliche Beziehungen durch nicht lineare Strukturen gekennzeichnet, kann die Antizipation künftiger Ereignisse auch bei annähernd genauer Kenntnis von Startwerten und funktionalen Zusammenhängen praktisch unmöglich werden. Das Problem nicht linearer Zusammenhänge stellt sich in bes. Weise bei politischen Maßnahmen, die Auswirkungen auf komplexe ökologische Zusammenhänge haben. – Vgl. auch → Komplexität.

nicht negative Reaktion – Anforderung an → Abstimmungsverfahren, das sicherstellt, dass ein Wähler, der sein Wahlverhalten zugunsten einer Alternative ändert, den Wahlausgang damit nicht zu deren Nachteil verschiebt. Nicht negative Reaktion ist eine notwendige Bedingung zur Ausschaltung von → strategischem Abstimmungsverhalten und damit zur Aufdeckung der wahren Präferenzen bei Abstimmungen. – *Gegensatz:* → positive Reaktion.

Nichtregierungsorganisation (NRO) → Non-Governmental Organization (NGO).

NIIP – Abk. für → Net International Investment Position.

Nirwana-Trugschluss → Konstitutionenökonomik.

Nirwana-Vorwurf – Vorwurf der Realitätsferne bestimmter Modelle (Modell der vollständigen Konkurrenz; Gleichgewichtsmodell der Wohlfahrtsökonomik). Diese Modelle werden als Referenzmodelle verwandt, an denen man die Konsequenzen von Abweichungen in der Realität ablesen kann. – Vgl. auch Modellplatonismus; empirisch-induktive Methode, mathematisch-deduktive Methode.

Nivellierungstheorie – eine v.a. von Cantillon, Hume und Ricardo entwickelte Lehre, nach der die Regulierung von Handelsbilanz und Geldumlaufsmenge durch einen Währungsmechanismus besorgt wird, wenn die Einlösungspflicht der Banknoten aufrechterhalten bleibt. Danach bewirken viel Geld und Edelmetalle in einem Lande hohe Preise und größere Einfuhren, die mit Geld und Edelmetall zu bezahlen sind. Umgekehrt würde wenig Geld und das damit verbundene niedrige Preisniveau zu erhöhten Ausfuhren führen, die Geld und Edelmetall ins Land bringen.

Nominaleinkommen – in Geld bewertetes Einkommen eines Wirtschaftssubjektes (auch einer Volkswirtschaft) ohne Berücksichtigung der realen → Kaufkraft dieses Einkommens. – *Gegensatz:* Realeinkommen.

Nominalgut – auf Kosiol zurückgehende Bezeichnung für Bar- und Buchgeld sowie Geldforderungen. – Vgl. auch Bargeld, → Sichteinlagen.

Nominallohnpolitik – 1. *Begriff:* Die Verteilungspolitik der Gewerkschaften richtet sich zum einen auf die Erhöhung der Arbeitnehmereinkommen mithilfe einer expansiven (Nominal-)Lohnpolitik (→ expansive Lohnpolitik) und zum anderen auf den Abbau von Lohndifferenzialen durch die Lohnstrukturpolitik (z.B. Sockelbeträge, Streichung von Niedriglohngruppen). Sollen Tarifverhandlungen gegen den Widerstand der Unternehmerverbände auf Dauer eine Verteilungsverbesserung bewirken, dürfen die Nominallohnerhöhungen nicht durch entsprechende Preisanhebungen kompensiert werden. Um die Überwälzungsmöglichkeiten der Unternehmen zu beschränken, fordern die Gewerkschaften ordnungspolitische Maßnahmen in Form von Wettbewerbsverschärfungen (vorbeugende Fusionskontrolle, Verbot von Preisabstimmungen), Verbraucherschutz, Preiskontrollen für marktmächtige Unternehmen, Erweiterung der Publizität und Mobilisierung des Wettbewerbs durch gemeinwirtschaftliche Unternehmen. Die so durch Nominallohnerhöhungen, bei gleichzeitiger Verschärfung des Preiswettbewerbs beabsichtigten Reallohnerhöhungen, müssen weiterhin gegen Abwehrmaßnahmen in Form von Produktions-, Beschäftigungs- und Investitionseinschränkungen abgesichert werden. Dazu werden u.a. folgende Forderungen erhoben: Konsequente Vollbeschäftigungspolitik im Rahmen staatlicher Konjunkturpolitik, aktive arbeitsmarktpolitische Maßnahmen als strukturpolitische Maßnahmen. – 2. Der Position der verteilungsaktiven Lohnpolitik der Gewerkschaften steht die neoklassische Marktposition entgegen. Nach dieser gibt es eine sich langfristig sowieso einstellende Marktverteilung, die jede autonome Verteilungspolitik sinnlos macht. Der Lohnpolitik kann dann sinnvollerweise nur die Aufgabe zugewiesen werden, die sich wegen bestimmter Marktunvollkommenheiten verzögert einstellende Marktverteilung zu reproduzieren, um damit die Anpassungsprozesse zu beschleunigen und die wirtschaftliche Entwicklung zu stabilisieren. Hinzu kommt, dass der Verteilungskonflikt, wie er etwa zwischen den Tarifparteien zum Ausdruck kommt, danach im Wesentlichen auf Fehleinschätzungen der Tarifparteien über das Erreichbare (sprich: Marktverteilung) und auf mangelnder Information beruht. Trotz der Existenz heftig rivalisierender Gruppen ist das System nach dieser Position bei entsprechender Aufklärung und Information in der Lage, im Rahmen der ökonomischen Sach- und Wirkungszusammenhänge zum Interessenausgleich zu führen. – Vgl. auch → Lohnpolitik.

Nominalzins – 1. *Geldpolitik/-theorie:* → Geldzins. – 2. *Kreditwesen:* Zins für den Kredit in Prozent auf den Nennwert. – *Anders:* Effektivzins. – 3. *Effekten:* Zins für eine Anleihe in Prozent auf den Nennwert (Kupon).

Non-Governmental Organization (NGO) – 1. *Begriff:* a) im alltäglichen Sprachgebrauch gebräuchliche Bedeutung für jene Nonprofit-Organisationen (NPO) in privater Trägerschaft, die bspw. im (Leistungs-)Auftrag des Staates bestimmte Aufgaben wahrnehmen (z.B. Hilfswerke) oder dominant eigenständig Lobbying und Öffentlichkeitsarbeit im Bereich gesellschaftlicher Politik betreiben (z.B. Umweltschützverbände). – b) Organisationen, die auf der Basis privater Initiative transnationale politische und gesellschaftliche, aber auch soziale oder ökonomische Ziele vertreten, indem sie Funktionen im politischen Willensbildungsprozess übernehmen (Artikulation, Aggregation sowie Implementierung von Interessen). – 2. *Merkmale:* NGOs engagieren sich v.a. auf den Politikfeldern Entwicklungspolitik, Menschenrechte, Humanitäre Hilfe sowie Ökologie. – 3. *Abgrenzung:* Die Wissenschaft bevorzugt den Terminus NPO, da NGO ein noch unschärferer Begriff ist.

Nonprofit Treatment – 1. *Charakterisierung:* von Tugan-Baranowsky aufgestellte These, nach der die Arbeiterschaft mit organisierter Macht auch auf Dauer höhere Löhne erzielen könnte (→ Machttheorie). Der Lohn ist danach eine soziale und keine ökonomische Kategorie, d.h. nicht durch Angebot und Nachfrage bestimmt. Veränderungen in der Lohnhöhe haben keinen Einfluss auf die Beschäftigung; die Unternehmer sind gezwungen, Lohnerhöhungen durch verringerten Gewinn selbst zu tragen. Damit hängt die Verteilung unmittelbar von der Lohnhöhe ab, wobei die Obergrenze durch die volkswirtschaftliche Produktivität, die Untergrenze durch das → Existenzminimum gebildet wird. – 2. *Kritik:* In ihrer ursprünglichen Form hat sich die These als unhaltbar erwiesen. Nach Böhm-Bawerk wirken die Machtverhältnisse nicht außerhalb, sondern innerhalb ökonomischer Gesetze: Kurzfristig können zwar durch massive Streikandrohungen Lohnerhöhungen erzwungen werden, die dem Unternehmen gerade so viel Verluste bringen, wie die Stillstandskosten des Betriebes betragen; langfristig sind derartige Löhne jedoch nicht zu halten. Durch Kostenüberwälzung auf die Nachfrager sowie durch Substitution der Arbeit durch Kapital und Abwanderungen des Kapitals wird sich wieder ein realer Gleichgewichtslohn einstellen. – Innerhalb der ökonomischen Gesetze vom Standpunkt der *modernen Preistheorie* aus wird man allerdings den Markteinflüssen auch langfristig einen Einfluss zubilligen können. Die Theorie des Oligopols und des bilateralen Monopols lässt Unbestimmtheitsbereiche der Preise und Produktionsmengen und damit auch der Faktornachfrage entstehen, innerhalb derer sich Machteinflüsse auswirken können.

Nordamerikanische Freihandelsvereinbarung → NAFTA.

North – Douglass Cecil, geb. 1920, amerik. Nationalökonom und Wirtschaftshistoriker. North erhielt 1993 gemeinsam mit Fogel den Nobelpreis für Wirtschaftswissenschaften. Die Auszeichnung wurde ihm für seine Arbeiten über Wirtschaftsgeschichte, institutionellen Wandel und wirtschaftliche Entwicklung zuerkannt. Laut North ist es die Interaktion zwischen den formellen und informellen Regeln menschlichen Zusammenwirkens und den im Rahmen dieser Regeln handelnden Individuen und Organisationen, die institutionelle Evolution herbeiführt und gestaltet. North hat in seinem Werk dargelegt, dass der Prozess institutionellen Wandels neben technologischen Innovationen eine bedeutende Determinante des Wirtschaftswachstums in der westlichen Welt war. – *Hauptwerke:* Mit Thomas, The Rise of the Western World: A New Economic History (1973); Theorie des institutionellen Wandels (1988); Institutionen, institutioneller Wandel und Wirtschaftsleistung (1992).

North American Free Trade Agreement → NAFTA.

NÖS → Neues Ökonomisches System der Planung und Verwaltung der Volkswirtschaft.

Nostroguthaben – *Interbankengelder.* 1. *Charakterisierung:* → Sichteinlagen, die ein Kreditinstitut bei einem anderen unterhält. Die Banken halten Nostroguthaben, um (1) den Überweisungsverkehr ihrer Kunden über Korrespondenzbanken möglichst rasch abzuwickeln und (2) → Überschussreserven verzinslich anzulegen. Die Nostroguthaben bedeuten meist eine Liquiditätsübertragung von liquiden auf liquiditätsknappe Banken. – 2. *Bedeutung:* In Restriktionsphasen war häufig eine starke Zunahme der Interbankkreditgewährung zu beobachten, mit geldpolitischen Konsequenzen. Die Kreditinstitute stellten bei der Kreditgewährung an Nichtbanken auf ihre einzelwirtschaftliche → Liquidität ab. Die Bundesbank war vor das Problem gestellt, den kreditgewährenden Banken Zentralbankgeld zufließen zu lassen oder Liquiditätskrisen zu riskieren. – *Gegensatz:* → aufgenommene Gelder (Nostroverpflichtungen).

Nostrokonto – Bezeichnung für das Konto eines Kreditinstituts, das bei einer in- oder heute meist ausländischen Korrespondenzbank für das Kreditinstitut geführt wird, in der eigenen Buchführung des Kreditinstituts. – *Gegensatz:* Lorokonto.

Nostroverbindlichkeiten → aufgenommene Gelder.

Notenbank – anderer Name für → Zentralbank, der darauf hindeutet, dass diese Bank das → Notenmonopol in einem Land hat.

Notenbankautonomie → Unabhängigkeit der Zentralbank, Autonomie.

Notenbankmonopol → Emissionsmonopol, → Notenmonopol.

Notenbankpolitik → Geldpolitik, Europäisches System der Zentralbanken (ESZB).

Notendeckung → Deckung.

Notenmonopol – *Notenprivileg;* alleiniges Recht, die Währung eines Landes auszugeben. – Die Deutsche Bundesbank hat das ausschließliche Recht zur Ausgabe von Euro-Banknoten in Deutschland.

Notenprivileg → Notenmonopol.

Notenumlauf – Umlauf von Banknoten, die in einem Land bzw. in einem Währungsraum unbeschränktes gesetzliches Zahlungsmittel sind. Im Euroraum gibt die Europäische Zentralbank Noten mit folgenden Werten heraus: 5, 10, 20, 50, 100, 200, 500 Euro.

Notgeld – in wirtschaftlichen Krisen beim Versagen der Währungspolitik ausgegebenes Geld, v.a. das Geld, das während der Inflation von 1922 bis 1923 von Städten, Kreisen, öffentlichen Verbänden u.a. ausgegeben wurde, um den ständigen Mangel an Geldzeichen zu beheben.

NRO – Abk. für Nichtregierungsorganisation, → Non-Governmental Organization (NGO). – Vgl. auch Nonprofit-Organisation (NPO).

Nuclear Energy Agency → NEA.

Nutzenmaximierungsmodelle – Im Rahmen der Verkehrsplanung disaggregierte → Verkehrsmodelle, die auf der Nutzenmaximierungs- bzw. Kostenminimierungsstrategie individuellen Wahlverhaltens beruhen, z.B. Logit-Modell, Probit-Modell, Nested-Logit-Modell, Dogit-Modell (ökonometrische Modelle).

Nutzenmöglichkeitskurve – gibt, bezogen auf ein gegebenes Güterbündel, den maximalen Nutzen des Haushalts A bei gegebenem Nutzen eines Haushalts B an. Aus der Gesamtheit der pareto-optimalen

Nutzenmöglichkeitskurve – Ermittlung

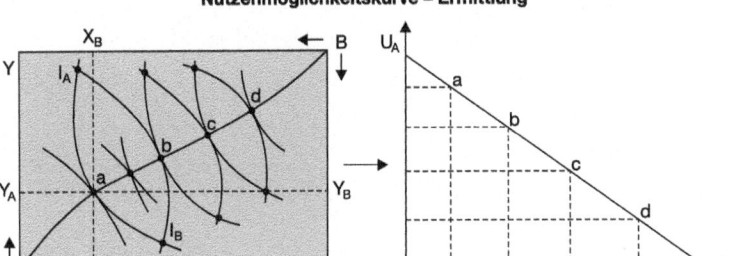

- I_A = Indifferenzkurven des A
- I_B = Indifferenzkurven des B
- U_A = (ordinaler) Nutzen des A
- U_B = (ordinaler) Nutzen des B
- x = Gut x
- y = Gut y

Punkte (vgl. in Abbildung „Nutzenmöglichkeitskurve – Ermittlung" die Punkte a, b, c, d etc.), die die → Kontraktkurve verkörpern, wird im Rahmen der → Wohlfahrtsökonomik die Nutzenmöglichkeitskurve abgeleitet. Dazu ist ein Diagramm zu entwerfen, an dessen Achsen die ordinal gemessenen Nutzen von zwei Haushalten auf einer unabhängig ausgewählten Skala abgetragen werden.

Nutzenvergleich → interpersoneller Nutzenvergleich.

Nutzungskosten – Wird eine Einheit einer erschöpflichen Ressource abgebaut, so steht sie in der Zukunft nicht mehr zur Verfügung, was zu einem späteren Nutzenentgang führt. Die Nutzungskosten geben den abdiskontierten Wert der damit verbundenen Nutzeneinbuße an. Die Existenz der Nutzungskosten weist Probleme der erschöpflichen Ressourcen als intertemporale Allokationsprobleme aus. – Ein pareto-optimaler Abbaupfad einer erschöpflichen Ressource ist dadurch gekennzeichnet, dass die Nutzungskosten im Zeitablauf mit einer Rate wachsen, die der sozialen Diskontrate entspricht (→ Hotelling-Regel). Der Marktpreis einer erschöpflichen Ressource muss aus wohlfahrtstheoretischer Sicht neben den Abbaugrenzkosten auch ihre marginalen Nutzungskosten widerspiegeln. Grundsätzlich kann der Begriff der Nutzungskosten jenseits der ressourcenökonomischen Theorie bei allen intertemporalen Allokationsproblemen verwendet werden. – In empirischen Studien werden Schätzungen von Nutzungskosten als → Verfügbarkeitsindikatoren für erschöpfliche Ressourcen benutzt.

Nutzungsrecht – Verfügungsrechte.

OAPEC – Abk. für *Organization of Arab Petroleum Exporting Countries, Organisation der arabischen Erdöl exportierenden Staaten*; gegründet 1968 mit Sitz in Kuweit-Stadt. Zusammenschluss von 11 afrikanischen und arabischen Erdölausfuhrländern. – *Ziele:* Wie im größeren Rahmen die → OPEC, durch gemeinsame Politik den Erdölmarkt zu kontrollieren und Einfluss auf die Preisbildung zu nehmen. Ferner Zusammenarbeit in der Erdölindustrie. Die OAPEC verfügt über eine Reihe gemeinsamer Unternehmen auf dem Erdölsektor. *Bewertung:* Spielte mit seinem Lieferboykott gegen den Westen als Reaktion auf den Jom-Kippur-Krieg eine bedeutende Rolle während der 1. Ölkrise von 1973, Mitgliedsländer kontrollieren 50 Prozent der bekannten Welterdölreserven.

OAS – Abk. für *Organisation Amerikanischer Staaten, Organization of American States, Organizatión de los Estados Americanos*. – *Sitz:* Washington, D.C.; am 30.4.1948 (Konferenz von Bogotà) gegründet, löste die am 14.4.1890 gegründete International Union of American Republics ab. – *Ziele:* interamerikanische Solidarität, Gleichberechtigung und Nichteinmischung; Förderung von Frieden, Sicherheit und Demokratie; kulturelle, soziale und wirtschaftliche Zusammenarbeit; internationaler Gerichtshof für Menschenrechte.

OAU – Abk. für *Organization of African Unity, Organisation für Afrikanische Einheit*; größte Regionalorganisation der Welt mit Sitz in Addis Abeba, gegründet im Mai 1963 als Nachfolgeorganisation der Union of African States. – *Ziele laut Charta:* Förderung der Einheit und Solidarität zwischen den afrikanischen Staaten; Verbesserung des Lebensstandards in Afrika; gemeinsame Verteidigung der Souveränität (kein Verteidigungsbündnis); territoriale Integrität und Unabhängigkeit; Beseitigung aller Formen des Kolonialismus (einschließlich des Neo-Kolonialismus); Förderung der internationalen Zusammenarbeit auf der Grundlage der UN-Charta. – *Organe:* jährliche *Gipfelkonferenz* der Staats- und Regierungschefs; zweimal jährlich Treffen des *(Fach-)Ministerrats*; Generalsekretariat mit Sitz in Addis Abeba; Schiedskommission; sieben Spezialkommissionen für Wirtschaft und Soziales, Erziehung und Kultur, Gesundheit, Hygiene und Ernährung, Verteidigung, Verkehrs- und Fernmeldewesen, Wissenschaft und Technologie sowie Rechtswesen.

Objektförderung – Bezeichnung für die staatlichen Förderungsmaßnahmen im Rahmen der → sozialen Wohnraumförderung, die sich ausschließlich auf die Subventionierung des Wohnraumes beziehen. Objektförderung erfolgt über Vergabe von zinsverbilligten Darlehen und/oder durch Zinsbeihilfen an Bauherrn. Bezug geförderter Wohnungen nur durch Personen mit Jahreseinkommen unter einer bestimmten Grenze, die sich mit der Zahl der zur Familie gehörenden Personen (deren Einkommen einen Höchstbetrag nicht überschreitet) erhöht. – Vgl. auch → Subjektförderung.

Objektivität – eines der Gütekriterien für empirische Tests und Untersuchungen. Eine Aussage (v.a. Messaussagen) ist dann objektiv, wenn sie vom Untersuchungsleiter unabhängig ist. Man unterscheidet die Durchführungsobjektivität (keine Beeinflussung der Untersuchungsergebnisse durch das äußere Erscheinungsbild, das Ziel- und Wertsystem des Durchführenden bzw. Interviewers), die Auswertungsobjektivität (v.a. gegeben bei standardisierten Frage-Items) und die Interpretationsobjektivität (wenig Spielraum für die subjektive Interpretation durch den Untersuchungsleiter). – Vgl. auch → Operationalisierbarkeit, Testgütekriterien, Reliabilität, Validität.

ODA – Abk. für *Official Development Assistance* (öffentliche Entwicklungshilfe); Mittelzuflüsse staatlicher Stellen an Entwicklungsländer und multilaterale Institutionen zur wirtschaftlichen Entwicklung und Verbesserung der Lebensbedingungen in der Dritten Welt, die nach der → Development Assistance Committee (DAC)-Definition ein Zuschusselement von mind. 25 Prozent enthalten müssen.

OECD – Abk. für *Organization for Economic Co-Operation and Development, Organisation für wirtschaftliche Zusammenarbeit und Entwicklung*; seit 30.9.1961 Nachfolgeorganisation der → OEEC mit Sitz in Paris. – *Mitglieder:* 30 Länder. – *Ziele:* Schwerpunkt bei der Koordinierung der Wirtschaftspolitik, v.a. der Konjunktur- und Währungspolitik der freien Welt; Koordinierung und Intensivierung der Entwicklungshilfe der Mitgliedsstaaten mit dem Ziel, ein angemessenes Wirtschaftswachstum in den Entwicklungsländern zu verwirklichen; Förderung und Ausweitung des Welthandels, ein stetiges Wachstum und steigende wirtschaftliche Produktivität. Auf der Grundlage eigener Studien und Forschungsaktivitäten entwickelt sie Leitlinien und Modelle für die Lösung zukunftsweisender Problemstellungen. Schwerpunkte der Analyse liegen bei der Wirtschafts- und Konjunkturpolitik durch die Erarbeitung jährlicher Länderberichte über die Wirtschaftslage der einzelnen Mitgliedsstaaten. – *Aufbau:* Fortsetzung der Rechtspersönlichkeit der OEEC. Oberstes Organ ist der *Rat*, in dem alle Mitgliedsländer durch die Leiter von ständigen Delegationen (Botschafter) vertreten sind. Unterstützt wird der Rat durch einen *Exekutivausschuss*. *Generalsekretär* führt den Vorsitz im Ständigen Rat. Mehr als Hundert *Fachausschüsse und*

Arbeitsgruppen auf wirtschafts-, umwelt-, wissenschafts- und sozialpolitischen Gebieten. Als oberstes Beschlussorgan erfolgen Beschlüsse einstimmig. Bei Enthaltungen gelten Vereinbarungen nur für die zustimmenden Mitglieder. → EU und → EFTA nehmen an der Arbeit der OECD teil. Von bes. Bedeutung sind der wirtschaftspolitische Ausschuss, der mehrmals jährlich die Wirtschaftslage der Mitglieder erörtert, der Ausschuss für Kapitalverkehr und unsichtbare Transaktionen, der die Liberalisierungsverpflichtungen der Mitglieder im internationalen Kapital- und Dienstleistungsverkehr überwacht, der Ausschuss für Finanzmärkte, der die Wirkungsweise der Kreditmärkte und internationalen Finanzmärkte verbessern will, und der Ausschuss für Entwicklungshilfe (→ Development Assistance Committee (DAC)). Für den Energiebereich hat die OECD eine internationale Energieagentur (→ IEA) gegründet sowie die MEA. – *Bedeutung:* Die OECD stellt das Forum für eine permanente internationale Regierungskonferenz dar, auf der ein intensiver Informations- und Meinungsaustausch über aktuelle gemeinsame wirtschafts- und währungspolitische Probleme erfolgt und zu einer besseren Abstimmung nationaler wirtschaftspolitischer Maßnahmen beiträgt. Wirtschaftspolitische Dokumentationen und Analysen ermöglichen es Mitgliedsstaaten, flexibel und schnell auf neue wirtschaftspolitische Fragen zu reagieren. Wertvolle Pilotarbeiten zur Entwicklung von Statistiken und Indikatoren waren richtungsweisend für weltweite internationale Konzepte und Datensammlungen.

OECD-Konsensus – Übereinkommen zwischen den Mitgliedsstaaten der OECD, bestimmte Mindeststandards bei → öffentlich unterstützten Exportkrediten (mit Laufzeiten über zwei Jahren) einzuhalten. Dazu zählen auch die Exportkreditgarantien des Bundes. Zweck dieses Übereinkommens ist die Eindämmung eines internationalen → Subventionswettlaufs, bei dem einzelne Staaten ihrer jeweiligen Exportwirtschaft Wettbewerbsvorteile durch die Gewährung von Exportkrediten verschaffen, die aus öffentlichen Mitteln subventioniert werden. Im Einzelnen regelt der OECD-Konsensus, dass ein öffentlich unterstützter Exportkredit maximal 85 Prozent des Ausfuhrwertes betragen darf, d.h. dass der Käufer eine entsprechende Anzahlung leisten muss, bestimmte Kreditlaufzeiten nicht überschritten werden und die Zinssätze eine Mindesthöhe nicht unterschreiten dürfen. Die jeweils aktuellen Parameter des OECD-Konsensus sind im Internet zugänglich.

OEEC – Abk. für *Organization for European Economic Co-Operation, Organisation für europäische wirtschaftliche Zusammenarbeit, Europäischer Wirtschaftsrat;* am 16.4.1948 als Nachfolgerin des CEEC (Committee for European Economic Cooperation) von den am Marshall-Plan (→ ERP) teilnehmenden 16 europäischen Staaten und den Oberbefehlshabern der amerikanischen, britischen und französischen Besatzungszone Deutschlands mit Sitz in Paris gegründet; seit 1.10.1961 in die → OECD überführt. – *Aufgaben und Ziele:* Aufstellung von koordinierten europäischen Wiederaufbauplänen, die von den USA bei der Gewährung der Marshall-Plan-Hilfe gefordert wurden; Aufbau einer gesunden europäischen Wirtschaft durch wirtschaftliche Zusammenarbeit: Förderung von Produktion, Rationalisierung, → Vollbeschäftigung, Ausweitung und Erleichterung des europäischen Handels- und Zahlungsverkehrs, Abbau von Handelshemmnissen, Förderung von → Zollunionen und → Freihandelszonen, Aufrechterhaltung der Währungsstabilität, Verminderung von Zöllen. Am 18.8.1950 wurde ein Liberalisierungskodex beschlossen und am 19.9.1950 die Europäische Zahlungsunion (EZU) gegründet. – Die OEEC hatte keine supranationalen Befugnisse, die Beschlüsse mussten i.d.R. einstimmig gefasst werden, wobei die Durchführung den Mitgliedsstaaten oblag. – *Würdigung:* Die Konvention der OEEC erlaubte ihren Mitgliedern einen großen Freiraum. Als Koordinierungsorganisation war sie erfolgreich, da aus ihr wichtige Impulse einer → Wirtschaftsunion hervorgingen, die zu einem engeren Zusammenschluss in → EGKS und → EWG sowie → EFTA führten. Ihre wesentlichen Ziele, den Wiederaufbau zu fördern, eine stärkere Liberalisierung anzustreben und eine Multinationalisierung des innereuropäischen Zahlungsverkehrs zu fördern, wurde erreicht. Nach Erfüllung ihrer Aufgaben wurde durch Vertrag vom 14.12.1960 die OECD als Atlantische Organisation zur Förderung wirtschaftspolitischer Zusammenarbeit gegründet.

offene Inflation → Inflation. – *Gegenteil:* verdeckte Inflation; versteckte Inflation.

Offenmarktgeschäft – 1. *I.w.S.:* Alle am offenen Markt getätigten Wertpapierkauf und -verkäufe. – 2. *I.e.S.:* Von der Deutschen Bundesbank und der Europäischen Zentralbank im Rahmen der → Offenmarktpolitik durchgeführte Wertpapiertransaktionen, Europäisches System der Zentralbanken (ESZB), Geldpolitik → geldpolitische Instrumente.

Offenmarktgeschäfte mit Rückkaufsvereinbarung → Wertpapierpensionsgeschäfte, Pensionsgeschäfte.

Offenmarktpapiere → Geldmarktpapiere.

Offenmarktpolitik – Gestaltung des Kaufs oder Verkaufs von Wertpapieren durch die → Zentralbank am sog. offenen Markt. Zu den auf die Initiative der Zentralbank durchgeführten Transaktionen gehören (1) definitiver An- oder Verkauf von Vermögenswerten; (2) Kauf oder Verkauf von Vermögenswerten mit einer Rückkaufsvereinbarung; (3) Kreditgewährungs- oder Kreditaufnahme gegen Sicherheiten; (4) Emission von Zentralbankschuldverschreibungen; (5) Hereinnahme von Einlagen; (6) Devisenswaps zwischen in- und ausländischer Währung. – *Offenmarktpolitik des Europäischen Systems der Zentralbanken (ESZB):* Geldpolitik.

öffentliche Banken → öffentliche Kreditinstitute.

öffentliche Bausparkassen → öffentliche Kreditinstitute.

öffentliche Betriebswirtschaftslehre – *Betriebswirtschaftslehre öffentlicher Unternehmen und Verwaltungen.* 1. *Charakterisierung:* Betriebswirtschaftliche Fachrichtung, die sich mit betriebswirtschaftlichen Entscheidungs- und Managementproblemen in → öffentlichen Unternehmen und Verwaltungen beschäftigt. Ergänzend zur rechtlichen Steuerung tritt das Erkenntnisobjekt der öffentlichen Betriebswirtschaftslehre in Form der wirtschaftlichen Erfüllung öffentlicher Aufgaben. Wirtschaftliche Aufgabenerfüllung ist dabei keine Alternative zur Rechtmäßigkeit und Sozialstaatlichkeit öffentlicher Aufgabenwahrnehmung, sondern vollzieht sich im Rahmen dieser. Der öffentlichen Betriebswirtschaftslehre liegt in ihrer neueren Entwicklung ein prozessorientierter Ansatz zur Steuerung von dezentralisierten öffentlichen Unternehmen, Betriebs- und Verwaltungseinheiten zugrunde (→ New Public Management

Öffentliche Betriebswirtschaftslehre – Inhaltliche Ebenen

Ebene / Funktionen	1. Ebene Betriebswirtschaftslehre als Managementlehre	2. Ebene Öffentliche BWL als Managementlehre zur wirtschaftlichen Erfüllung öffentlicher Aufgaben	3. Ebene Öffentliche BWL als Managementlehre zur wirtschaftlichen Erfüllung öffentlicher Aufgaben in ausgewählten Institutionen
Führungsfunktionen	– Planung – Organisation – Personalführung – Kontrolle	– Aufgaben und Programmplanung – Verfahren zur Planung und Beurteilung von Einzelprojekten – Haushaltsplanung und Mittelbewirtschaftung – Verwaltungsaufbau und Ablauforganisation – Personalführung – Controlling in der öffentl. Verwaltung und in öffentl. Unternehmen – öffentl. Aufgabenerfüllung	– Zielbildung und Planung in öffentl. Unternehmen und spezifischen Verwaltungen – Organisationsverfahren öffentl. Verwaltungen und Unternehmen – Personalplanung und -führung in öffentl. Unternehmen und ausgewählten Verwaltungen – Controlling in einzelnen Verwaltungseinheiten
Sachfunktionen	– Beschaffung – Leistungserstellung – Leistungsabgabe – Finanzierung	– Produktions- und Kostentheorie öffentl. Dienstleistungen – öffentl. Marketing – administrative Preispolitik – Finanzierung öffentl. Leistungsprozesse	– Sachfunktionen einzelner Verwaltungen und öffentl. Unternehmen (z. B. Sozialverwaltung, Krankenhaus, Entsorgungsunternehmen)
Verknüpfung von Führungs- und Sachfunktionen	– Rechnungswesen – Informationssysteme – Informationswesen	– Weiterentwicklung der traditionellen Kameralistik zur optimierten Kameralistik – Verbundrechnungssysteme zur Integration von Liquiditätsrechnung, Vermögensrechnung, Aufwands- und Ertragsrechnung und Kosten- und Leistungsrechnung – Leistungserfassung und Leistungsdokumentation	– Informationssysteme und Rechnungswesen einzelner Verwaltungen und öffentl. Unternehmen

(NPM)). - 2. *Schwerpunkte:* Unter Berücksichtigung der spezifischen Bedingungen und Zielsetzungen des öffentlichen Sektors geht es um die Analyse und Gestaltung einer wirtschaftlichen Erfüllung öffentlicher Aufgaben. - 3. *Ebenen* (inhaltlich): Vgl. Abbildung „Öffentliche Betriebswirtschaftslehre - Inhaltliche Ebenen".

öffentliche Einheit – *öffentliche Einrichtung;* eine sehr allg., organisatorisch und rechtsformmäßig undefinierte Umschreibung einer öffentlichen Organisation. Im weitesten Sinne definiert als: „jede organisatorische Zusammenfassung von Personen oder Sachen, die von einer Kommune oder einem öffentlichen Träger im Rahmen ihrer/seiner Zuständigkeiten geschaffen wird und die dem vom Widmungszweck erfassten Personenkreis nach allgemeiner und gleicher Regelung zur Benutzung offen steht. Öffentliche Einrichtungen sind damit wesentliche organisatorische Mittel einer Kommune zur Erfüllung der Aufgaben der Daseinsvorsorge." (Fabry und Augsten 2011: 36). – Beispiele: Freizeit- und Begegnungsstätten, Büchereien, Messen, Abwasserbeseitigung, Versorgungsbetriebe usw. - Vgl. auch → öffentliche Unternehmen.

öffentliche Einrichtung → öffentliche Einheit.

öffentliche Hand – Bezeichnung für Körperschaften des öffentlichen Rechts, v.a. im Zusammenhang mit ihrer Tätigkeit als Unternehmer (→ öffentliche Unternehmen) oder im Hinblick auf ihr Vermögen (Fiskus). - Die Bezeichnung wird üblicherweise eingesetzt, um die Beteiligung der Gebietskörperschaften (→ Gemeinde, Gemeindebund, Bund und Länder) oder ihrer Unternehmen (→ Öffentliche Unternehmen) am Wirtschaftsleben zu kennzeichnen. Dabei können im weiteren Sinne sowohl privatrechtlich organisierte Tätigkeiten, wie auch öffentlich-rechtlich organisierte Tätigkeiten der öffentlichen Hand zugerechnet werden.

öffentliche Kreditinstitute – *öffentliche Banken.* 1. *Begriff:* → Öffentliche Unternehmen, die Bankgeschäfte betreiben, wobei der Umfang dieser Geschäfte einen in kaufmännischer Weise eingerichteten Geschäftsbetrieb erfordert (§ 1 I KWG); vgl. Banken. Die öffentlichen Kreditinstitute nehmen im öffentlichen Interesse vielfältige Aufgaben wahr. - 2. *Arten:* (1) Öffentliche Sparkassen, (2) Landesbanken/ Girozentralen, (3) öffentliche Grundkreditanstalten, (4) öffentliche Bausparkassen, (5) öffentliche Banken mit Sonderaufgaben (→ Kreditanstalt für Wiederaufbau (KfW), Landwirtschaftliche Rentenbank etc.). – Keine öffentlichen Kreditinstitute sind hierbei die → Deutsche Bundesbank, Sozialversicherungsträger oder die → Bundesagentur für Arbeit.

öffentlicher Personennahverkehr (öPNV) – 1. *Begriff:* i.w.S. der → öffentliche Verkehr; i.e.S. der räumliche Bereich zur Beförderung von Personen im Berufs-, Ausbildungs-, Einkaufs- und sonstigen alltäglichen Verkehr mit Fahrzeugen des Straßen-, Schienen- und Schiffsverkehrs (Fähren) im Linienverkehr. - 2. *Verkehrsarten* (i.Allg.): öffentlicher Verkehr mit Straßenbahnen, Hochbahnen, U-Bahnen und ähnlichen Bahnen sowie Obussen und Eisenbahnen im Nahverkehr (Berufs- und Schülerverkehr, S-Bahn-Verkehr), Kraftfahrzeugen im Linienverkehr (§ 42 PBefG) und den Sonderformen des Linienverkehrs (§ 43 PBefG), bei denen die Mehrzahl der Beförderungen eine Strecke von 50 km nicht übersteigt sowie mit Wasserfahrzeugen im Linien-, Fähr- und Übersetzverkehr von Personen im Orts- und Nachbarschaftsbereich. Umstritten ist die Zurechnung des Freigestellten Schülerverkehrs gemäß § 1 Nr. 4 Freistellungs-Verordnung vom 30.8.1962, des Taxiverkehrs innerhalb der Gemeinde oder eines 50 km-Bereiches sowie des Verkehrs mit Bergbahnen zum öffentlichen Personennahverkehr. Nicht eingeschlossen im Begriff öffentlicher Personennahverkehr sind nach der Amtlichen Statistik der Kraftfahrzeug-Gelegenheitsverkehr im Nahbereich sowie der Fährverkehr über Binnengewässer. - 3. *Träger:* Der Öffentliche Personennahverkehr wird durchgeführt von kommunalen und gemischtwirtschaftlichen Unternehmen, der → Deutschen Bahn AG (DB), den Regionaleisenbahngesellschaften und privaten Unternehmen. - 4. *Pflichten:* Für die im öffentlichen Personennahverkehr angebotenen Verkehrsleistungen gelten die → Beförderungspflicht sowie die → Tarifpflicht. - 5. *Förderung:* Der öffentliche Personennahverkehr gilt als öffentliche Aufgabe und wird dementsprechend durch Bund, Länder und Gemeinden bes. gefördert. Zum Bau von Nahverkehrsanlagen und zur besseren Verknüpfung des öffentlichen Personennahverkehrs (z.B. P+R-Plätze) sieht das Gemeindeverkehrsfinanzierungsgesetz (GVFG) bes. Investitionshilfen vor. Die im öffentlichen Personennahverkehr tätigen Unternehmen erhalten Betriebszuschüsse als Abgeltungen von Mindereinnahmen in bestimmten Verkehren (Ausbildungsverkehr, unentgeltliche Beförderung von schwerbehinderten Menschen) und erfahren auf verschiedenen Gebieten steuerliche Entlastungen (z.B. Ermäßigung der Umsatzsteuer für Leistungen im öffentlichen Personennahverkehr, Wegfall der Kfz-Steuer für im öffentlichen Personennahverkehr eingesetzte Obusse und Kraftomnibusse, in bestimmten Fällen Zurückerstattung der entrichteten Mineralölsteuer). – Vgl. auch → öffentlicher Verkehr, Bahntourismus.

öffentlicher Personenverkehr – Beförderung von Personen durch Unternehmen des → öffentlichen Verkehrs. Der öffentliche Personenverkehr wird nach Entfernungsstufen in öffentlichen Personenfernverkehr und → öffentlichen Personennahverkehr (öPNV) unterschieden. Der Regionalverkehr in der Fläche wird teilweise dem öffentlichen Personennahverkehr zugeordnet, weil er zumeist der Verbindung zwischen Umland und den Unter-, Mittel- und Oberzentren dient. Je nach benutztem Verkehrsweg wird weiter unterschieden zwischen Schienenverkehr, öffentlichen Straßenpersonenverkehr und Luftverkehr. Taxi- und Mietwagenverkehr haben sowohl öffentlichen als auch individuellen Charakter, weil sie zwar den Bestimmungen des Personenbeförderungsgesetzes unterliegen und hier als öffentliches Verkehrsmittel aufgefasst werden, aber individuell genutzt werden können.

öffentlicher Verkehr – liegt vor, wenn wirtschaftlich betriebene Unternehmen von jedermann entsprechend der Zwecksetzung des Unternehmens zur Beförderung von Personen, Gütern und Nachrichten benutzt werden können. Dem Wesen nach handelt es sich um gewerblichen Verkehr, weil regelmäßig Beförderungen für Dritte durchgeführt werden. Dienen die Beförderungen nur eigenen Zwecken des die Beförderung durchführenden Unternehmens, so spricht man von Werkverkehr. I.e.S. wird der Begriff auf den → öffentlichen Personenverkehr bezogen und steht damit in Konkurrenz zum → Individualverkehr.

öffentliche Unternehmen – *öffentliche Betriebe, Staatsunternehmen, Wirtschaftsbetriebe der öffentlichen Hand*. 1. *Begriff:* Organisatorisch abgrenzbarer Leistungsbereich im Sinn einer *Wirtschaftseinheit*, deren Träger vollständig – bei Kapitalgesellschaften mehrheitlich – die öffentliche Hand ist, mit folgenden Merkmalen: (1) Eine vom Verwaltungsvermögen abgrenzbare Vermögens- und Kapitalausstattung und damit verbunden eine vermögensmäßige, finanzwirtschaftliche und rechnungsmäßige Trennung vom Haushalt der Muttergebietskörperschaft, (2) eine leistungs- und kostenmäßig abgrenzbare Aufgabenwahrnehmung und (3) ein eigenständiger Entscheidungs- und Handlungsspielraum, d.h. eine organisatorische Sonderstellung gegenüber der Trägerverwaltung. – Zu den *öffentlichen Unternehmen* gehören gemäß § 2 Abs. 3 Finanzstatistikgesetz alle Unternehmen, an deren Nennkapital oder Stimmrechte die öffentliche Hand mit mehr als 50 Prozent beteiligt ist. Einen Hinweis, wann Unternehmen im juristischen Sinne als öffentliche Unternehmen bezeichnet werden, gibt § 130 Abs. 1 GWB. Der Geltungsbereich betrifft Unternehmen die „ganz oder teilweise im Eigentum der öffentlichen Hand stehen oder die von ihr verwaltet und betrieben werden". – Europarechtlich ist der Begriff im Rahmen der Transparenzrichtlinie zum EWG (Art. 2 Absatz 1b) geregelt. In dieser ist definiert, dass jedes Unternehmen, auf das „die öffentliche Hand aufgrund Eigentums, finanzieller Beteiligung, Satzung oder sonstiger Bestimmungen, die Tätigkeit des Unternehmens regeln, unmittelbar oder mittelbar einen beherrschenden Einfluss ausüben kann" als öffentliches Unternehmen zu bezeichnen ist. „Es wird vermutet, dass ein beherrschender Einfluss ausgeübt wird, wenn die öffentliche Hand unmittelbar oder mittelbar die Mehrheit des gezeichneten Kapitals des Unternehmens besitzt oder über die Mehrheit der mit den Anteilen des Unternehmens verbundenen Stimmrechte verfügt oder mehr als die Hälfte der Mitglieder des Verwaltungs-, Leistungs- oder Aufsichtsorgans des Unternehmens bestellen kann." – Im juristischen Sinne ist der Begriff des öffentlichen Unternehmens damit unabhängig von der konkreten Organisationsform angesiedelt. Das öffentliche Unternehmen kann öffentlich-rechtlich oder privatrechtlich organisiert, rechtsfähig oder nicht rechtsfähig sein. Je nach Unternehmensgegenstand kann es nach Abgrenzung einiger Kommunalverfassungen wirtschaftliche und nichtwirtschaftliche Unternehmen der öffentlichen Hand geben. – 2. Öffentliche Unternehmen weisen sehr *unterschiedliche Formen und Grade der Verselbstständigung* gegenüber der Trägerverwaltung aus: a) Der als → Bruttobetrieb geführte → Regiebetrieb besitzt den rechnerisch und organisatorisch geringsten Grad an Eigenständigkeit. Er wird zwar von der Verwaltung getrennt geführt, alle Ausgaben und Einnahmen sind jedoch Teil des Haushalts (→ Brutto-Etatisierung) der Muttergebietskörperschaft. Im Rahmen der → Verwaltungsreform und dabei der → Globalbudgetierung verliert der Bruttobetrieb zunehmend an praktischer Bedeutung. – b) Die Eigengesellschaft in Form der GmbH (Gesellschaft mit beschränkter Haftung (GmbH)) oder AG weist formal den höchsten Grad an Selbstständigkeit auf mit einer vom Haushalt vollständig losgelösten, durch das Handelsrecht geprägten Rechnungslegung. – 3. *„Öffentlich"* zielt zunächst auf die Trägerschaft (Eigentumsverhältnisse) ab, verbunden mit der traditionellen Vorstellung, dass über das Eigentum eine Instrumentalisierung (Instrumentalfunktion öffentlicher Unternehmen) im Sinn einer öffentlichen Aufgabenwahrnehmung erfolgt. Von daher können öffentliche Unternehmen als spezifische Organisationsformen der öffentlichen Hand angesehen werden. Sie stellen dezentralisierte Träger öffentlicher Aufgaben dar, die sich im Eigentum von Gebietskörperschaften befinden. – 4. *Abgrenzungsprobleme* ergeben sich gegenüber den Industriebeteiligungen des Bundes und gegenüber jenen Unternehmen, die durch private und öffentliche Eigentumsverhältnisse geprägt sind. – Vgl. auch → gemischtwirtschaftliche Unternehmen; → Kommunale Unternehmen.

öffentliche Unternehmen der Gemeinden → kommunale Unternehmen.

öffentliche Unternehmen der Länder → öffentliche Unternehmen auf Länderebene. Bei diesen handelt es sich z.B. um → öffentliche Kreditinstitute, Rundfunkanstalten (zusammengeschlossen in der ARD) und um das ZDF in Mainz. Daneben besitzen die Länder vollständig oder anteilig zahlreiche Unternehmen in privater Rechtsform, u.a. im Bergbau, in der Energiewirtschaft, in der industriellen Verarbeitung und in der Verkehrs- und Wohnungswirtschaft. Außerdem finden sich auf Landesebene öffentliche Unternehmen in privater Rechtsform als Forschungs-, Entwicklungs- und Wirtschaftsförderungsgesellschaften, als Staatsbäder, Brauereien, Studentenwerke etc. Die Publizitätsbereitschaft der

Länder über ihre öffentlichen Unternehmen in privater Rechtsform ist – im Vergleich zum Bund – nach wie vor eher zurückhaltend. Für das Jahr 2009 waren 1261 öffentliche Fonds, Einrichtungen und Unternehmen auf Länderebene mit einem eigenen Jahresabschluss beim statistischen Bundesamt gemeldet.

öffentliche Unternehmen des Bundes → öffentliche Unternehmen auf Bundesebene, bes. → Deutsche Bahn AG (DB) und → Deutsche Post AG, die → Kreditanstalt für Wiederaufbau (KfW). Die Wahrnehmung von Hilfstätigkeiten erfolgt durch → Bundesbetrieb nach § 26 BHO oder zunehmend durch Eigengesellschaften in Form der GmbH. Für die Verwaltung der Bundesbeteiligungen sind die einzelnen Fachressorts zuständig. Daneben nimmt der Bundesminister der Finanzen als Etat- und Vermögensminister allg. Aufgaben der Beteiligungsverwaltung wahr. Er veröffentlicht regelmäßig eine Übersicht über die Beteiligungen des Bundes (Beteiligungsbericht). – Vgl. auch → Bundesbeteiligung.

öffentliche Verkehrsmittel – Begriff des Verkehrsrechts für Einrichtungen zur Beförderung von Personen und Gütern, die nach ihrer Zweckbestimmung von jedermann und zu gleichen Bedingungen benutzt werden können. – Bei entgeltlicher Beförderung durch öffentliche Verkehrsmittel tritt die *bes.* → Gefährdungshaftung des Halters eines Kraftfahrzeuges auch gegenüber den beförderten Personen ein, gemäß § 7 StVG Schadensersatz zu leisten; diese kann weder ausgeschlossen noch beschränkt werden (§ 8 StVG); Sondervorschriften u.a. für Eisenbahn-Haftpflicht (Haftpflichtgesetz). – Das Verhalten an *Haltestellen* öffentlicher Verkehrsmittel regelt § 20 StVO.

öffentlich unterstützte Exportkredite – Kreditfinanzierung von Ausfuhrgeschäften, bei denen die Finanzierungskonditionen (Zinssätze, Laufzeiten) aufgrund einer aus Mitteln öffentlicher Haushalte gewährten Unterstützung günstiger sind als bei einer rein kommerziellen Exportfinanzierung. Öffentlich unterstützte Exportkredite sind ein Instrument der → Exportförderung. Die Unterstützung kann darin bestehen, dass aus öffentlichen Haushalten Zinszuschüsse zu kommerziell refinanzierten Exportkrediten gewährt werden (in Deutschland für Exporte von Seeschiffen und zivilen Flugzeugen) oder dass aus öffentlichen Mitteln Kredite zu vorteilhaften Konditionen angeboten werden (→ ERP-Programme). Art und Umfang zulässiger öffentlich unterstützter Exportkredite sind im → OECD-Konsensus geregelt.

Offer Curve → Tauschkurve.

Official Development Assistance → ODA.

Ökobilanz – *Ökologiebilanz, Umweltbilanz.* 1. *Begriff:* Zusammenfassung und Bewertung der ökologisch relevanten Aktivitäten eines Unternehmens in Form einer Bilanz. Die Ökobilanz ist Teil eines ökologischen Management-Informationssystems, welches eine controllinggerechte Planung, Kontrolle und Steuerung von ökologischen Zielsetzungen unterstützt. Voraussetzung ist eine ökologische Buchhaltung, die alle ökologisch relevanten Aktivitäten erfasst und bewertet. Auch zur Kommunikation nach außen (Kunden, Lieferanten etc.) kann das Unternehmen die Ökobilanz einsetzen. – 2. *Zielsetzungen:* Die Ökobilanz ist eine strukturierte Bestandsaufnahme auf Basis einer Mengenerhebung der Input-/ Outputströme an Materialien, Stoffen, Energie, Produkten und Emissionen und somit aller Umwelteinwirkungen, die innerhalb und außerhalb des Unternehmens anfallen. Betrachtet wird der gesamte Produktlebenszyklus (einschließlich Entsorgung des Produktes). – 3. *Bilanzebenen:* a) *Input-/Output-Bilanz* (auch Betriebsbilanz genannt): In Form einer Bilanz wird der (ökologisch relevante) Input des Unternehmens (Roh-, Hilfs-, Betriebsstoffe, Fremdleistungen, Energie, Luft etc.) dem Output (Produkte oder Leistungen, stoffliche Emissionen in Form von Abfall, Abgase etc.) während der betrachteten Periode gegenübergestellt. Dadurch erhält die Unternehmensleitung einen Gesamtüberblick; ökologische Ziele können formuliert, kontrolliert und gesteuert werden (Ökocontrolling). – b) *Prozessbilanz:* Diese strukturiert die betriebsspezifischen Abläufe und Produktionsprozesse. Der Aufbau ist vergleichbar der Input-Output-Bilanz. – c) *Produktbilanz:* Diese dient der Bewertung der Umweltwirkungen, die von dem Produkt über den gesamten Lebenszyklus hinweg ausgehen. – d) *Substanzbilanz:* Diese konzentriert sich auf die ökologische Optimierung der Substanzgrößen der Unternehmung wie Boden, Wasserflächen etc. – 4. Eine allgemeingültige anerkannte *Methode* zur Erfassung, Bewertung und Darstellung umweltrelevanter Daten in einer Ökobilanz gibt es nicht; verwendet werden unternehmensindividuelle Konzepte. – 5. *Methoden und Konzepte* zur Ökobilanzierung: Kumulierter Energieaufwand (KEA), CO_2-Fußabdruck, Virtual Water, Umweltbelastungspunkte (ökologische Knappheit), MIPS (Material-Intensität pro Serviceeinheit), Eco-Indicator 99, → Vermeidungskostenansatz, Schadenskostenansatz, UBA Wirkungsindikatoren, CML-Methode, Kritische Volumina, ABC-Analyse.

Ökodumping – Die ökonomische Theorie hat gezeigt, dass Ökodumping durchaus geeignet sein kann, die inländische Wohlfahrt (auf Kosten der ausländischen) zu erhöhen, sofern es sich um Märkte mit unvollständiger Konkurrenz handelt. Daher besteht internationaler Koordinationsbedarf, um Ökodumping zu verhindern. Praktisch ist es allerdings schwierig, bestimmte Umweltstandards als Ökodumping zu klassifizieren, weil sich die optimalen Umweltstandards, die als Maßstab herangezogen werden müssten, international wegen der verschiedenen Ausgangsbedingungen stark unterscheiden.

Ökoinlandsprodukt – In der Volkswirtschaftlichen Gesamtrechnung (VGR) wird die Berechnung eines Inlandsprodukts als Wertgröße vorgenommen, die den Produktionswert bei Erhaltung des reproduzierbaren Sachvermögens wiedergibt. In Analogie dazu wird gefordert, auch die Wertminderung des nichtproduzierten Naturvermögens entsprechend in Rechnung zu stellen, die sich aufgrund des Abbaus von nichtregenerierbaren Ressourcen, der Übernutzung der regenerierbaren Ressourcen sowie der Verwendung der Umwelt als Auffangbecken für die Abfallstoffe der Wirtschaftstätigkeit ergibt. Die hieraus resultierende Größe ist je nach Berechnungsansatz für die genannte Wertminderung des Naturvermögens unterschiedlich. So vermag ein Schadenskostenansatz gegenüber einem Vermeidungskostenansatz zu stark abweichendem Ergebnis zu führen. Hieraus sowie aus Berechnungsschwierigkeiten resultierende Fehlverwendungen und Missverständnisse in der Öffentlichkeit lassen gegenüber der unmittelbaren Publikation einer derartigen pauschalen Ziffer zur Vorsicht mahnen.

Ökologiebilanz → Ökobilanz.

ökologische Effizienz → ökologische Treffsicherheit.

ökologische Folgekosten → externe Kosten.

ökologische Innovation – umweltfreundliche und/oder ressourcensparende produkt- bzw. prozessbezogene Neuerung.

ökologische Knappheit – Ökologische Knappheit entsteht, wenn es durch anthropogene Handlungen zu einem schnelleren und umfangreicheren Aufbau von → Entropie kommt, als durch biologischen Abbau kompensiert werden kann (*Nettoentropieüberschuss*). In diesem Sinn ist der Begriff der ökologischen Knappheit absolut. Daneben existiert die qualitative ökologische Knappheit, die trotz insgesamt ausreichend verfügbarer Materie temporär oder lokal (z.B. lokale Bodenverunreinigungen, Grundwasserverschmutzungen, Tankerkatastrophen) auftreten kann.

ökologische Kompatibilität – Vereinbarkeit menschlicher Lebens- und Wirtschaftsweisen mit der dauerhaften Erhaltung der natürlichen Umwelt. – Vgl. auch → nachhaltige Entwicklung, → biokybernetische Grundregeln.

ökologische Krise – Situation, in der die Gefahr nachhaltiger und irreversibler Gefährdungen der natürlichen Umwelt besteht.

ökologische Ökonomik – Die ökologische Ökonomik ist der Umwelt- und Ressourcenökonomik einerseits eng verbunden, definiert sich andererseits aber auch in Abgrenzung zu dieser. Insbesondere kritisiert sie den neoklassischen (und allgemeiner: auf der Entscheidungstheorie aufbauenden) Rahmen ökonomischer Theoriebildung.

ökologische Reproduktionsdynamik – Fähigkeit der → Biosphäre, lebensnotwendige Funktionen wie Assimilation, Nährstoffaufnahme und Abbau von Ausscheidungen durch miteinander verzahnte Stoff-, Wasser-, Energie- und Nährstoffkreisläufe aufrechtzuerhalten. – Vgl. auch → Fließgleichgewichte, → Biozönose, → Entropie.

ökologische Steuerreform – In Deutschland wurde mit einer ökologischen Steuerreform 1999 in Form einer → Energiesteuer begonnen. Auch in anderen europäischen Ländern stehen Energiesteuern im Mittelpunkt einer ansatzweisen Einführung ökologischer Steuerreformen, wobei bes. betroffene Branchen oft ausgenommen sind. In Deutschland werden Steuern auf Kraftstoffe, leichtes und schweres Heizöl, Erdgas und Flüssiggas zum Verheizen erhoben. Ausnahmeregelungen betreffen bspw. ermäßigte Steuersätze für Unternehmen des produzierenden Gewerbes und Niedrigsteuersätze für Erdgas im Verkehr. Die mit einer ökologischen Steuerreform verbundene Hoffnung einer → dreifachen Dividende wird in der Theorie kontrovers beurteilt.

ökologisches Wohlstandsmodell – Vorstellung einer Gesellschaft die sich am Leitbild der → nachhaltigen Entwicklung orientiert und alle Lebensbereiche, v.a. das Bildungssystem (→ umweltbewusstes Verhalten), das Konsumverhalten, Innovationen und Technologien sowie die internationalen Wirtschaftsbeziehungen betrifft. – Vgl. auch → ökologische Kompatibilität.

ökologische Treffsicherheit – Genauigkeit, mit der ein umweltpolitisches Ziel (→ Umweltziele), z.B. ein bestimmter regionaler Emissionswert, mit einem umweltpolitischen Instrument (→ Umweltpolitik) erreicht werden kann. Die ökologische Treffsicherheit ist neben der → Kosteneffizienz und der → dynamischen Anreizwirkung ein wichtiges Kriterium bei der ökonomischen Beurteilung umweltpolitischer Instrumente.

ökologische Wirksamkeit – Bewertungskriterium, um die Zielkonformität eines umweltpolitischen Instrumentes (→ Umweltpolitik) zu beurteilen. Ökologische Wirksamkeit liegt vor, wenn der Mitteleinsatz den gewünschten Umwelteffekt auch faktisch aufweist. – Vgl. auch → ökologische Treffsicherheit.

Ökonomik der Entwicklungsländer → Entwicklungstheorie.

ökonomische Bewertung von Umweltschäden – *Monetarisierung von Umweltschäden.* 1. *Begriff/Bedeutung:* Versuch, das Ausmaß von Umweltschäden (oder Umweltqualitätsverbesserungen) in Geldeinheiten zu erfassen. Die ökonomische Bewertung von Umweltschäden ist Voraussetzung für eine → Internalisierung externer Effekte, Entscheidungshilfe bei der Findung umweltpolitischer Ziele und dient zur Integration von Umwelteffekten in die Volkswirtschaftliche Gesamtrechnung (VGR). – 2. *Bewertungskonzept/-methoden:* Da der (positive oder negative) Nutzen einer Umweltqualitätsveränderung wegen der Ordinalität des in der Wirtschaftstheorie verwendeten Nutzenbegriffs nicht unmittelbar gemessen werden kann, behilft sich die ökonomische Bewertung mit einer Näherungsgröße. Als Nutzenmaß gilt die aggregierte Zahlungsbereitschaft der betroffenen Individuen für eine Umweltqualitätsveränderung. Analog wird auch die aggregierte Kompensationsforderung verwendet. Für die Erfassung und Quantifizierung von Zahlungsbereitschaften stehen folgende Methoden zur Verfügung: (1) Analyse individuellen Anpassungsverhaltens (die Ausgaben, die von Individuen getätigt werden, um Schäden abzuwenden, bieten Aufschluss über den Wert, den diese Individuen der Schadenssenkung beimessen); (2) Analyse von Preisänderungen (→ hedonischer Ansatz); (3) Befragungstechniken (→ Contingent Valuation). – Vgl. auch → Umweltökonomik.

ökonomische Effizienz – Entscheidungskriterium, das von mehreren ökologisch gleich wirksamen Maßnahmen (→ ökologische Treffsicherheit) diejenige auswählt, die mit den geringsten volkswirtschaftlichen Kosten verbunden ist (auch Kosteneffizienz genannte). Kosteneffizienz verlangt, dass die Grenzvermeidungskosten aller Unternehmen identisch sind, was durch unterschiedliche Vermeidungsmengen erreicht wird.

ökonomische Theorie der Bürokratie – Ansatz zur Erklärung des Verhaltens bürokratischer Instanzen (→ Behörde); ökonomische Bürokratiemodelle stammen von Tullock (1965), Downs (1967), Niskanen (1971) und anderen. Das bekannteste formal-theoretische Bürokratiemodell geht auf W.A. Niskanen (1971) zurück. – 1. *Charakterisierung:* Der Ansatz konstruiert analog zum Modell des bilateralen Monopols eine Tauschbeziehung zwischen der budgetbewilligenden Instanz (Wahlbeamte) und den sog. Büros, die die eigentlichen Produzenten der öffentlichen Dienstleistungen sind. In dieser Tauschbeziehung haben die Büros aufgrund ihres Informationsstandes und ihrer Fähigkeit, den Informationsfluss zu beeinflussen, eine starke Stellung. Tauschobjekte sind die von den Büros angebotenen Dienstleistungen und die Budgetmittel. – 2. *Annahmen:* (1) Die budgetbewilligende Instanz hat Vorstellungen über die Höhe des Gesamtbudgets sowie über die Art und Menge der zu erstellenden Dienstleistungen, aber sie hat weder Anreiz noch Gelegenheit, sich Informationen über Budgetminimierungsmöglichkeiten bei gleichem Leistungsoutput zu beschaffen. (2) Die in den Büros beschäftigten Beamten suchen entsprechend dem Rationalprinzip ihren Nutzen zu maximieren. Dieser wird durch Einkommen, Karrierechancen und Macht determiniert. (3) Die diesen Nutzen bestimmenden Faktoren sind zumeist positiv mit der Höhe des Bürobudgets korreliert. – 3. *Ergebnis:* Aus den Annahmen abgeleitet ergibt sich als Verhaltenshypothese für die Bürokratie in den Büros eine Strategie der Budgetmaximierung über eine Erhöhung des Dienstleistungsangebots. Die Budgetmaximierungsstrategie findet ihre Grenzen dort, wo Diskrepanzen zwischen angebotenen und tatsächlich realisierten Dienstleistungen zu Budgetkürzungen führen könnten.

ökonomische Theorie der Demokratie → Neue Politische Ökonomie.

ökonomische Theorie der Politik – Neue Politische Ökonomie.

ökonomische Theorie der Umwelt → umweltökonomische Theorie.

ökonomische Theorie des Clubs – *Clubtheorie, Klubtheorie.* 1. *Charakterisierung:* Ansatz zur Bestimmung der aus der Sicht des Individuums optimalen Mitgliederzahl eines Kollektivs, v.a. von Buchanan und Olson entwickelt. Bestandteil der ökonomischen Theorie der Politik (Neue Politische Ökonomie). Die ökonomische Theorie des Clubs setzt bei der Überlegung an, dass aus der Sicht des rational handelnden Individuums der Zweck eines Zusammenschlusses in der für das Individuum möglichst kostengünstigen Versorgung mit solchen Gütern liegt, für die das Ausschlussprinzip nicht gilt (gruppenspezifische öffentliche Güter). Das Individuum hat solange ein Interesse an der Ausdehnung der Kollektivgröße, wie sich daraus eine Verbesserung der Nettonutzensituation des Individuums ergibt. Demnach ist die optimale Größe des Clubs erreicht, wenn die Grenzkosten dem Grenznutzen eines weiteren Mitglieds entsprechen. – 2. *Anwendung:* Die ökonomische Theorie des Clubs wurde bes. im Rahmen der ökonomischen Föderalismusdiskussion angewandt (ökonomische Theorie des Föderalismus). Zudem ergibt sich hier eine ökonomische Erklärung für parafiskalische Gebilde.

Ökoschäden – Schäden in den Bereichen der Natur für die keine Eigentumsrechte existieren.

Ökosteuer – 1. *Allgemein:* Die Bezeichnung für eine Form einer Abgabe, die dazu dienen soll, über den Preis als marktkonformes Regulativ die Verringerung der Umweltbelastungen zu erreichen. Durch Internalisierung → externer Kosten (bewusste Veränderung der heutigen Preise) entsteht ein Lenkungseffekt beim Verbraucher. Die Ökosteuer ist Anreiz für Unternehmen, durch „höheren Preis" ihre Kosten durch Einsatz des technischen Fortschritts zu senken. Durch „künstliche" Anhebung der Preise soll das Verhalten der Produzenten/Konsumenten indirekt so beeinflusst werden, dass Umweltbelastungen vermieden werden. – 2. *In Deutschland:* Abk. für „ökologische Steuerreform", ein Steuerreformprojekt, mit dem von 1999-2003 schrittweise die Regelungen insbesondere über die Verbrauchsteuern so umgebaut wurden, dass sie stärkere Lenkungsanreize zu einem ökologisch sinnvollen Verhalten geben. Eine eigenständige Steuer namens „Ökosteuer" gibt es also, anders als selbst offizielle Verlautbarungen es manchmal nahelegen, in Deutschland nicht. – Vgl. auch → ökologische Steuerreform, → Umweltabgabe.

Ökosystem – komplexes Wirkungsgefüge verschiedener Lebewesen und deren anorganischer Umwelt.

Die trophischen Ebenen (Nahrungsebenen) garantieren den Energietransfer durch Auf- und Abbau von Stoffen und damit den ökologischen Kreislauf (→ Fließgleichgewicht).

ökozentrischer Ansatz – Begriff aus der Umweltdiskussion, nach dem der Mensch gegenüber anderen Arten keine vorrangigen Rechte an der Natur genießt. – *Gegensatz:* → anthropozentrischer Ansatz.

Ölflecktheorie → Dirigismus.

Oligopol – 1. *Begriff:* Marktform, bei der auf der Seite des Angebots und/oder der Nachfrage nur wenige relativ große Verkäufer bzw. Käufer auftreten (Angebotsoligopol, Nachfrageoligopol bzw. bilaterales Oligopol). Im Fall von nur zwei Verkäufern spricht man von *Dyopol (Duopol)*. Da eine Abgrenzung zwischen vielen und wenigen Anbietern nicht möglich ist, wird das Vorliegen einer oligopolistischen Interdependenz bzw. Reaktionsverbundenheit als Abgrenzungskriterium verwendet. Insofern gehen in die Gewinnfunktion des einzelnen Oligopolisten Größen ein, auf die er selbst keinen Einfluss ausüben kann. D.h. er muss seinen Gewinn unter Berücksichtigung der Aktionsparameter und der Reaktionen seiner Konkurrenten maximieren. – 2. *Modelle:* Oligopol-Modelle unterscheiden sich allein durch die zugrunde gelegten Hypothesen über Verhaltens- und Reaktionsweisen der Konkurrenten.

Oligopson → Nachfrageoligopol.

OPEC – Abk. für *Organization of the Petroleum Exporting Countries, Organisation der Erdöl exportierenden Länder;* im September 1960 im Bagdad gegründeter Zusammenschluss Erdöl exportierender Länder (Irak, Iran, Kuwait, Saudi-Arabien, Venezuela) mit Sitz in Wien. – *Mitglieder:* Neben den fünf Gründungsländern noch Algerien (1969), Katar (1961), Libyen (1962), Nigeria (1971), die Vereinigten Arabischen Emirate (1967), Ecuador (war von 1973-1992 und seit 2007 wieder Mitglied) und Angola (2007) – Gabun und Indonesien sind ehemalige Mitgliedsstaaten; OPEC steht für Netto-Ölexportländer mit ähnlichen politischen Interessen offen. – *Organisation:* Oberstes Organ ist die *Konferenz der Ölminister*. Die Leitung obliegt einem *Gouverneursrat*, in dem alle Mitglieder vertreten sind, unterstützt von einem *Sekretariat*. Als Sonderorgan fungiert mit eigenem Staat die *Wirtschaftskommission*, deren Aktivititäten auf einer Förderung der Aktivität der internationalen Erdölpreise abzielen. – *Ziel:* Gemeinsame Preis- und Mengenpolitik gegenüber den multinationalen Erdölgesellschaften zur Steigerung der Exporterlöse. – *Bedeutung:* Die Bedingungen für den Erfolg der OPEC als Rohstoffkartell waren anfänglich günstig. Es gelang, den Ölpreis von knapp 2 US-Dollar pro Barrel (159 l) zu Beginn der 1970er-Jahre innerhalb von zehn Jahren auf über 30 US-Dollar zu steigern. Die arabischen OPEC-Länder legten einen großen Teil ihrer Erlöse in den Industriestaaten an *(Recycling der Petro-Dollars)*. Seit Anfang der 1980er-Jahre hat der Einfluss der OPEC auf den Ölpreis stark abgenommen, da die Industriestaaten ihre Ölabhängigkeit erheblich vermindern konnten und das Angebot aus Nicht-OPEC-Staaten beträchtlich zunahm. Interessenheterogenität führte zum Überschreiten vereinbarter Förderquoten. Eine drastische Produktionsausweitung Saudi Arabiens Anfang 1986 führte zu einem Sturz der Weltmarktpreise auf zeitweilig unter 10 US-Dollar. Zu Beginn 2003 war der Ölpreis stark vom Irak-Krieg geprägt. So schwankte er zwischen 34 und 24 US-Dollar pro Barrel. Bis 2008 stieg in verschiedenen Schüben der Ölpreis bis zu seinem bisherigen Höchstpreis von rund 147 US-Dollar. Im Zuge der durch die Finanzkrise ausgelösten Weltwirtschaftskrise sank der Ölpreis 2009 zeitweise deutlich unter 50 US-Dollar je Barrel.

Operationalisierbarkeit – 1. *Begriff:* Die Operationalisierbarkeit dient in der allg. Wirtschaftspolitik der Charakterisierung wirtschaftspolitischer Ziele und Mittel hinsichtlich ihrer Verwendbarkeit für gezielte wirtschaftspolitische Maßnahmen (→ wirtschaftspolitisches Ziel, → wirtschaftspolitische Mittel). Die Operationalisierbarkeit muss zeitlich (in welchem Zeitraum soll das Vorliegen des Sachverhaltes überprüft werden?), sachlich (welcher Sachverhalt soll erfasst werden?), sowie räumlich (innerhalb welchen Gebiets soll die Gegebenheit des Sachverhalts überprüft werden?) vorgenommen werden. – 2. *Repräsentationskonflikt:* Die Operationalisierbarkeit steht i.d.R. im Konflikt mit dem Repräsentationsgehalt einer wirtschaftspolitischen Zielvariablen. Je genauer eine Zieldefinition der Zielvorstellung entspricht, um so geringer ist ihre Operationalisierbarkeit, und umgekehrt, je besser die Operationalisierbarkeit einer Zieldefinition entspricht, um so geringer entspricht sie der Zielvorstellung. Z.B. lässt sich eine erwünschte Vollbeschäftigung als Beschäftigung von 95 Prozent aller Erwerbssuchenden definieren, aber nicht als solche messen. Dagegen lässt sich eine Beschäftigungsvermittlung von 95 Prozent aller bei den Agenturen für Arbeit (Arbeitsämtern) gemeldeten Erwerbslosen genau feststellen, diese Definition der Vollbeschäftigung entspricht jedoch nicht der zuvor genannten. Auch bei Mittelvariablen können Konflikte zwischen dem Repräsentationsgehalt der Variablendefinition und ihrer Operationalisierbarkeit auftreten. – 3. *(Stufenweise) Klassifikationen:* a) Zunächst ist die *Quantifizierbarkeit* einer wirtschaftspolitischen Größe festzustellen. Quantifizierbar ist eine Größe, wenn empirisch belegte, numerische Werte existieren, die ihrer Definition entsprechen. – b) Bei gegebener Quantifizierbarkeit ist als Nächstes die *Messbarkeit* zu prüfen. Eine quantifizierbare Größe gilt als messbar, wenn die numerischen Werte nicht nur existieren, sondern auch feststellbar sind. Hinsichtlich der Feststellbarkeit müssen drei Kriterien erfüllt sein: Objektivität (intersubjektive Messungen führen zum gleichen Ergebnis), Reliabilität (wiederholte Messungen unter gleichen Bedingungen führen zum selben

Ergebnis) und Validität (der gemessene Wert entspricht sicher dem nach der Definition zu messenden Wert). - Die Variablen lassen sich weiterhin nach ihrer *Skalierung* typisieren: (1) Die Nominalskala kann lediglich unterschiedliche Ausprägungen der Merkmale feststellen, der Modalwert (Modus) ist ein geeigneter Lageparameter. (2) Die *Ordinalskala* legt allein eine Rangfolge der Messwerte fest. Sowohl der Nullpunkt als auch die Abstände zwischen den Merkmalsausprägungen sind willkürlich. (3) Kardinalskalierte Werte werden in intervallskalierte und rationalskalierte Messwerte unterteilt: Bei der *intervallskalierten Messung* werden nur die Differenzen zwischen zwei Messwerten erfasst (z.B. erfasst das Investitionsvolumen einer bestimmten Periode die Änderung des Kapitalbestands, nicht jedoch seine absolute Höhe), während bei der *rationalskalierten Messung* die Absolutwerte ermittelt werden (z.B. Warenmengen aufgrund einer Inventur). Die rationalskalierte Messbarkeit einer wirtschaftspolitischen Größe stellt die höchste Form der Operationalisierbarkeit dar, da diese Form den höchsten Informationswert besitzt und eine präzise Verwendbarkeit in wirtschaftspolitischen → Ziel-Mittel-Zusammenhängen bietet.

Operationalisierung – Präzisierung und Standardisierung von → wirtschaftspolitischen Zielen, → wirtschaftspolitischen Mitteln und → Ziel-Mittel-Zusammenhängen, die für eine praktische Verwendung geeignet sind. – Vgl. → Operationalisierbarkeit.

Opportunismus – Menschenbild, das häufig in der ökonomischen Theorie (bes. in der Neuen Institutionenökonomik) zugrunde gelegt wird. Menschen sind eigennützig und opportunistisch. Sie sind nicht zuverlässig, sondern ändern das Verhalten und die Einstellungen bei sich ändernden Zielvorstellungen und Restriktionen. Der Opportunismus geht über den bloßen Eigennutz hinaus, da Eigeninteresse nach dieser Vorstellung auch z.B. durch verschiedenste Formen der Arglist und des Betruges, konkreter dem Nichteinhalten von Versprechen, dem Vorenthalten von Informationen usw. verfolgt werden kann.

optimale Faktorallokation – Allokationsfunktion des Preises; → Wettbewerbsfunktionen. Effiziente Produktion und optimale Faktorallokation liegen dann vor, wenn die Grenzrate der (technischen) Substitution zwischen zwei Faktoren gleich deren Grenzproduktivitätsverhältnis ist, welches wiederum der Faktorpreisrelation entsprechen muss.

Opt-outs – Vetorecht einzelner Mitgliedsstaaten (Dänemark, Irland) verschiedene Integrationsschritte im Anschluss an ein Referendum nicht zu vollziehen. – Vgl. auch Europäische Währungsunion (EWU).

Ordinalskala – *Rangskala*; Skala, auf der alternative Ausprägungen neben Verschiedenheit auch eine Rangordnung zum Ausdruck bringen, z.B. Schulnote oder Intelligenzquotient. – Vgl. auch Skalenniveau, → Operationalisierbarkeit. – *Gegenteil:* Nominalskala, Kardinalskala.

Ordnung – Voraussetzung für die Wahrnehmung und Beschreibung eines Systems, dessen Struktur oder Hierarchie. Ordnung ist immer von der Wahrnehmung der ein System beobachtenden Person abhängig. Sie zeigt sich in belebten Systemen in einer wahrnehmbar koordinierten Funktionsweise der Systemelemente. Aus systemtheoretischer und ökologischer Sichtweise sind bes. Prozesse der Ordnungsentstehung relevant, die sich in einem System ohne eine von außen kommende Ordnungsfestlegung vollziehen (→ Selbstorganisationstheorie). Ordnung in sozialen Systemen ist nach Hayek zwar Resultat menschlicher Handlungen, aber nicht menschlicher Absichten. – Vgl. auch → Ordnungsökonomik, Organisation, → spontane Ordnung, → Synergetik, → Systemmanagement.

Ordnungskonformität → Systemkonformität.

Ordnungsökonomik – 1. *Begriff:* Die Begriffe Ordnungstheorie und → Ordnungspolitik sind im dt. Sprachraum eng mit der → Freiburger Schule um Eucken, Böhm u.a. verbunden. Die Trennung der Begriffe Ordnungstheorie und -politik geht auf die im dt. Sprachraum übliche Trennung der gesamten Volkswirtschaftslehre in Theorie, Politik und Finanzwissenschaft zurück, die sich im angelsächsischen Sprachraum nie durchgesetzt hat. Unter Ordnungsökonomik wird dagegen eine auf die traditionelle Ordnungstheorie und -politik zurückgehende Teildisziplin verstanden, die neuere Erkenntnisse angrenzender Forschungsprogramme wie der Neuen Politischen Ökonomie, der Neuen Institutionenökonomik oder der → Konstitutionenökonomik produktiv integriert. Wie andere Teildisziplinen auch, wird die Ordnungsökonomik nicht primär über den Erkenntnisgegenstand, sondern über die genutzte Methode abgegrenzt. – 2. *Fragestellung:* Unter Ordnung wird mit Hayek (1981) ein Sachverhalt beschrieben, „in dem eine Vielzahl von Elementen verschiedener Arten in solcher Beziehung zueinander stehen, dass wir aus unserer Bekanntschaft mit einem räumlichen oder zeitlichen Teil des Ganzen lernen können, richtige Erwartungen bez. des Restes zu bilden, die doch zumindest Erwartungen, die sich sehr wahrscheinlich als richtig erweisen werden." Die Grundfrage der Ordnungsökonomik lautet, wie die Regeln beschaffen sein müssen, welche die Herausbildung und Aufrechterhaltung einer wohlfahrtssteigernden Ordnung ermöglichen. Zentraler Ansatzpunkt der Ordnungsökonomik sind also nicht die konkreten Ergebnisse von Tauschhandlungen, sondern die Regeln, innerhalb derer Tauschhandlungen erfolgen. – An der *Art* ihrer Entstehung anknüpfend können zwei Arten von Ordnungen unterschieden werden: (1) Spontan entstandene Ordnungen (auch → spontane Ordnung) genannt. – *Beispiele:* Sprache, Moral, Geld, Schrift, aber auch Märkte. (2) Gesetzte bzw. geplante Ordnungen (auch als Organisation bezeichnet). – *Beispiele:* Armeen, Betriebe und Regierungen. Obwohl Ordnungen spontan entstehen können, unterliegen die Handlungen der betroffenen Subjekte doch bestimmten Regeln. Die Eigenschaften der Regeln, die hinter spontanen bzw. gemachten Ordnungen stehen, sind jedoch grundverschieden: Spontane Ordnungen (v.a. → Märkte) werden durch „universalisierbare" Regeln ermöglicht. Darunter werden Verhaltensregeln verstanden, die für eine Vielzahl von Fällen gültig sind, die negativ formuliert sind – also kein bestimmtes Handeln vorschreiben, aber bestimmte Handlungen untersagen – und die bestimmt sind, bei denen ein Individuum also wissen kann, ob es regelkonform handelt oder nicht. In der spontanen Ordnung Markt finden sich universalisierbare Regeln im Privat- und im Strafrecht. Davon zu unterscheiden sind „Organisationsregeln", die ein Subordinationsverhältnis begründen und dem jeweils höher Gestellten das Recht geben, dem jeweils niedriger gestellten Befehle zu erteilen. Sie sind nicht allgemeingültig, sondern nur für spezifische Fälle. Sie sind nicht negativ, sondern positiv formuliert. Eine Konkretisierung in der Staatsordnung ist das öffentliche Recht. Hayek folgend ist es unzweckmäßig, die Wirkungsweise der spontanen Ordnung durch Beimengung von Organisationselementen verbessern zu wollen. Diese Überlegungen können relevant sein für wirtschaftspolitisches Handeln, wenn die Voraussetzungen geschaffen werden können, die zur Herausbildung einer spontanen Ordnung führen. – 3. *Zur Funktion von Institutionen:* Unter → Institutionen werden in der Ordnungsökonomik gemeinhin bekannte Regeln verstanden, die von einer Gruppe von Teilnehmern genutzt werden, um wiederholt auftretende Interaktionen zu ordnen. Ein Regelverstoß wird mit einer Sanktionsdrohung belegt. Eine Institution besteht also aus zwei Elementen, nämlich Regel und Sanktion. Verschiedene Sanktionsmechanismen können unterschieden werden: Bei externen Institutionen erfolgt die Sanktion unter Rückgriff auf das staatliche Gewaltmonopol, während sie bei internen Institutionen nicht unter Rückgriff auf das staatliche Gewaltmonopol erfolgt. Hier ist zu denken an die informelle Sanktion durch Dritte (böser Blick, Reputationsverlust, Ausschluss aus einer Gruppe), aber auch die formelle Sanktion durch Dritte, die allerdings nicht auf den Staat zurückgreifen wie z.B. private Schiedsgerichte, wie sie v.a. im internationalen Handel genutzt werden. Allg. besteht die Funktion von Institutionen darin, Unsicherheit über das Verhalten anderer zu reduzieren, also strategische Unsicherheit zu mindern. Allerdings ist es keineswegs so, dass Institutionen Transaktionen in jedem Fall erleichtern sollen. Durch Institutionen können bestimmte Formen der Kooperation ausdrücklich verhindert werden (etwa Kartelle); in diesen Fällen erhöhen die gewählten Institutionen (z.B. das Kartellrecht) die Transaktionskosten der Beteiligten. – 4. *Abgrenzung von der* → Wohlfahrtsökonomik:

Ordnungsökonomen halten den Versuch, eine optimale Allokation im Sinn von Endzuständen herbeizuführen, für grundsätzlich verfehlt. Für sie ist Wirtschaft kein zu organisierendes Ganzes, mit einer irgendwie zu maximierenden Zielgröße. Stattdessen steht die Frage im Vordergrund, wie eine Vielzahl von Individuen mit einer Vielzahl von Zielen ihr Handeln so koordinieren können, dass Ordnung zum Wohl aller Betroffenen resultiert. Wenn die Wohlfahrtsökonomik als Allokationslogik bezeichnet werden kann, dann könnte die Ordnungsökonomik als Koordinationslogik bezeichnet werden. Die Koordination individueller Handlungen wird hier nicht über wünschenswerte Ergebnisse herbeigeführt, sondern über Regeln. Ordnungsökonomen interessieren sich also nicht primär für Handlungen, die innerhalb gegebener Regeln stattfinden, sondern dafür, wie diese Regeln selbst gewählt werden (s. → Konstitutionenökonomik). Sie wählen somit eine andere Analyse-Ebene als Wohlfahrtsökonomen. Da hier nur Regeln von Interesse sind, die für eine Vielzahl von Individuen für eine Vielzahl von Interaktionssituationen Gültigkeit haben, kann die Wahl dieser Regeln kaum als individuelle Wahlhandlung modelliert werden, sondern muss als kollektive Wahlhandlung analysiert werden. Sie ist den individuellen Wahlhandlungen auf der Marktebene vorgelagert. – 5. *Ausblick:* Defizite hat die Ordnungsökonomik noch bei der Erklärung der Veränderungen von Institutionen unter Rückgriff auf ökonomisches Instrumentarium. Bes. gravierend ist der Forschungsbedarf hier in Bezug auf interne bzw. informelle → Institutionen.

Ordnungspolitik – 1. *Begriff:* Im Gegensatz zur Prozesspolitik greift der Staat (allgemeiner: die Träger der Wirtschaftspolitik) im Rahmen der Ordnungspolitik nicht unmittelbar in die Wirtschaftsäufe ein. Vielmehr setzt er die Rahmenregeln (→ Wirtschaftsverfassung) für die → Wirtschaftsordnung so, dass der Wirtschaftsprozess innerhalb dieser Rahmenregeln zur Erreichung der wirtschaftspolitischen bzw. gesellschaftlichen Ziele (z.B. einer präferenzgemäßen Versorgung mit Gütern und Dienstleistungen) beiträgt. – 2. *Funktionen/Ziele:* Die Logik der Ordnungspolitik besagt, dass der Staat die Spielregeln (Rahmenregeln), die privaten Akteure die Spielzüge (Wirtschaftsprozess) innerhalb dieser Spielregeln gestalten soll(en) (s. → Konstitutionenökonomik, choice among rules vs. choice within rules). Durch die gegenseitige Abgrenzung und inhaltliche Bestimmung der Entscheidungs- und Handlungsspielräume der Akteure ist die ordnungskonforme und in sich abgestimmte Ausgestaltung der wirtschaftlichen Teilordnungen wie Eigentums-, Planungs-, Unternehmens- oder Geldordnung (Morphologie, Eucken) zu gewährleisten. Hierdurch wird zugleich die Auswahl der möglichen wirtschaftspolitischen Instrumente beeinflusst. Die Bedingung der Ordnungskonformität erfordert, dass die konkreten wirtschaftspolitischen Maßnahmen, d.h. die eingesetzten Instrumente der

Logik der bestehenden Wirtschaftsordnung (zentrale oder dezentrale Planung und Koordination des Wirtschaftsprozesses) entsprechen (z.B. → Marktkonformität, s. auch → Systemkonformität). Die Grundsatzentscheidung hinsichtlich der Wirtschaftsordnung determiniert den Inhalt der ergänzenden ordnungspolitischen Maßnahmen. – 3. Die konkrete *Ausgestaltung der* Ordnungspolitik wird u.a. durch das jeweils vorherrschende wirtschaftsordnungspolitische Leitbild (z.B. Ordoliberalismus, → Soziale Marktwirtschaft, → Planification, → Marxismus-Leninismus) beeinflusst, in das auch (gesellschafts-)politische und kulturelle Wertvorstellungen einfließen. – 4. *Beispiele*: Wettbewerbspolitik zur Sicherung eines funktionsfähigen Wettbewerbs; Grundgesetz mit Sicherung der Eigentumsrechte (Verfügungsrechte); → Umweltpolitik mit dem Verursacherprinzip als Grundsatz zur Internalisierung negativer externe Effekte. – Vgl. auch → Wirtschaftspolitik, → Ordnungsökonomik, Wirtschaftsethik.

Ordnungstheorie → Ordnungsökonomik, → Wirtschaftsordnung, → Wirtschaftssystem.

Ordoliberalismus → Freiburger Schule, → Neoliberalismus, Wettbewerbstheorie.

Organisation der arabischen Erdöl exportierenden Staaten → OAPEC.

Organisation der Erdöl exportierenden Länder → OPEC.

Organisation der Vereinten Nationen für Erziehung, Wissenschaft und Kultur → UNESCO.

Organisation der Vereinten Nationen für industrielle Entwicklung → UNIDO.

Organisation für afrikanische Einheit → OAU.

Organisation für europäische wirtschaftliche Zusammenarbeit → OEEC.

Organisation für wirtschaftliche Zusammenarbeit und Entwicklung → OECD.

Organisation Internationale du Commerce (OIC) → ITO.

organische Zusammensetzung des Kapitals – in der Wirtschaftstheorie des → Marxismus das Verhältnis von → konstantem Kapital (Werteverzehr von Anlage- und Umlaufgütern) zu → variablem Kapital für Lohnzahlungen in der Produktion (→ Arbeitswertlehre). Diese Relation drückt damit die Kapital- bzw. Arbeitsintensität der Güterestellung aus. Marx nimmt an, dass durch den technischen Fortschritt, der sich lediglich auf Arbeitskräfte sparend auswirke, die organische Zusammensetzung des Kapitals zwangsläufig steigt. Hieraus leitet er das Gesetz des → tendenziellen Falls der Profitrate ab, das für ihn Basisargument seiner Lehre über den unvermeidlichen Zusammenbruch des → Kapitalismus ist.

Organization for Economic Co-Operation and Development → OECD.

Organization for European Economic Co-Operation → OEEC.

Organization of African Unity → OAU.

Organization of Arabian Petroleum Exporting Countries → OAPEC.

Organization of the Petroleum Exporting Countries → OPEC.

Osteuropabank → EBRD.

Otto Benecke Stiftung e. V. – gegründet 1965. – *Aufgaben*: Unterstützung der internationalen Zusammenarbeit; Ausbildungs- und Stipendienprogramme für Aussiedler, asylberechtigte Flüchtlinge und Ausbildungsbewerber aus der Dritten Welt.

Outright-Offenmarktgeschäfte – Käufe und Verkäufe von langfristigen Wertpapieren durch die → Zentralbank mit geldpolitischem Ziel. Die Deutsche Bundesbank hat Outright-Offenmarktgeschäfte sporadisch und in begrenztem Umfang bis zur Einführung von → Wertpapierpensionsgeschäften getätigt. Dabei hat sie sich auf Käufe und Verkäufe von öffentlichen Anleihen beschränkt.

Papiergeld – aus Papier hergestellte Geldzeichen, die als Banknoten heute gesetzliche Zahlungsmittel sind.

Papierwährungen – 1. *I.w.S.:* Alle Währungen, in denen → Papiergeld gesetzliches Zahlungsmittel ist. – 2. *I.e.S.:* Freie Währungen (→ Währungssystem), bei denen durch Loslösung vom Metall die Anpassung der Kreditschöpfung an wirtschaftliche Erfordernisse als bestimmend für die Notenausgabe angesehen wird. – Vgl. auch → Warengeld; → Kurantmünzen.

Paradigma – Zu Paradigmen zählen sowohl methodologische Konzepte als auch intuitive Grundeinstellungen zu Phänomenen. Ein Paradigma regelt, was als untersuchenswerter Gegenstand wissenschaftlicher Betrachtung zu gelten hat, die Art und Weise, wie dieser Gegenstand zu beobachten ist und was als befriedigende Lösung eines wissenschaftlichen Problems anzusehen ist. – Die *Wirtschaftswissenschaft* wurde bislang wesentlich durch das mechanistisch geprägte naturwissenschaftliche Paradigma des 19. Jh. beeinflusst. Seine Angemessenheit wird jedoch zunehmend in Frage gestellt, da moderne Volkswirtschaften als hochvernetzte, komplexe Systeme behandelt werden müssen (→ Systemmanagement). Vor diesem Hintergrund wird seit einiger Zeit eine Diskussion über einen erforderlichen bzw. bevorstehenden Paradigmawechsel in der Wirtschaftswissenschaft geführt. – Vgl. auch → evolutorische Ökonomik.

Paralleleffekt – gleichgerichteter enger Zusammenhang zwischen den → monetären Märkten, bes. der Zinsbildung auf den Teilmärkten. Da auf allen Märkten letztlich Geld bzw. Kredite erforderlich sind, um die für sie finanziellen Transaktionen durchzuführen, hängt auch die Entwicklung der einzelnen Märkte und aller monetären Märkte zusammengenommen vom Geld- und Kreditangebot ab. Nehmen z. B. die liquiden Mittel der Banken zu, so werden tendenziell auf allen Märkten die Zinsen sinken.

Parallelwährung → Konkurrenzwährung.

paramonetäre Finanzierungsinstitute – *sekundäre Finanzierungsinstitute*. → Kapitalsammelstellen, die keine Geldschöpfung betreiben bzw. deren typisches Passivgeschäft nicht in der Einräumung von Sichteinlagen gegenüber Nichtbanken besteht. Danach zählen Individual- und Sozialversicherungen, Kapitalanlagegesellschaften, Finanzmakler und Kreditkartenunternehmen zu den paramonetären Finanzierungsinstituten. Häufig werden auch jene Institute noch hinzugerechnet, die zwar grundsätzlich berechtigt sind, Sichteinlagen von Nichtbanken entgegenzunehmen, wobei der Umfang dieser als Zahlungsmittel fungierenden Verbindlichkeiten aber äußerst gering ist, v.a. Realkredit-, Teilzahlungs- und Kreditinstitute mit Sonderaufgaben.

paretianische Wohlfahrtsökonomik – von V. Pareto entworfenes und weiterentwickeltes Theoriegebiet der → Wohlfahrtsökonomik. Kennzeichen sind die Verwendung des ordinalen Nutzenkonzepts (Nutzentheorie) sowie der Verwendung des → Pareto-Optimums als Wohlfahrtskriterium

Pareto-Kriterium → Pareto-Optimum.

Pareto-Optimum – 1. *Begriff:* Gesellschaftliche Situation, in der es nicht möglich ist, die Wohlfahrt eines Individuums durch eine Re-Allokation der Ressourcen zu erhöhen, ohne gleichzeitig die eines anderen Individuums zu verringern (Punkt P im Schaubild). Anders formuliert: Eine Situation in der A besser gestellt werden kann und B nicht gleichzeitig schlechter gestellt werden muss (vgl. Abbildung „Pareto-Optimum"), zeigt, dass sich das System noch nicht im Optimum befindet.

Pareto-Optimum

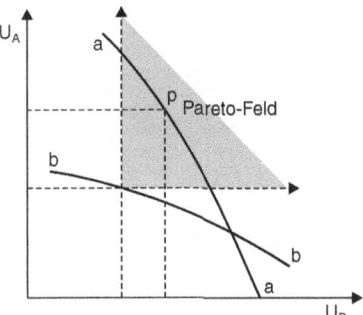

U_A = (ordinaler) Nutzen des A
U_B = (ordinaler) Nutzen des B
aa = Nutzenmöglichkeitskurve des A
bb = Nutzenmöglichkeitskurve des B
▨ = Pareto-Feld

Das Pareto-Optimum stellt im Rahmen der → paretianischen Wohlfahrtsökonomik das Kriterium für das → Wohlfahrtsoptimum dar. Dabei wird unterstellt, dass die Individuen in ihren Nutzenvorstellungen voneinander unabhängig sind (Nachfrageinterdependenzen in Form von Demonstrativkonsum, Mitläufereffekte u.a. werden ausgeschlossen) und der Nutzen mit steigendem Güter- und Faktormengenbesitz zunimmt. – 2. *Bedingungen für die Existenz eines Pareto-Optimums:* a) *Totalbedingungen:* Die Totalbedingungen schließen aus, dass die Wohlfahrt durch die Berücksichtigung von neuen Produkten, die mit einer überlegenen Technik von neu auf den → Markt drängenden Unternehmen produziert werden, erhöht werden kann. Technischer Fortschritt muss schon stattgefunden haben, bevor das Pareto-Optimum unter Totalbedingungen abgeleitet wird. – b) *Stabilitätsbedingungen:* Stabilitätsbedingungen sind nach Hicks die vollkommene Teilbarkeit der von allen Gesellschaftsmitgliedern verwendeten Güter und Faktoren, sowie die zum Ursprung hin konvexen Indifferenzkurven und eine konkave Transformationskurve (Ertragsgesetz). Dadurch wird die Möglichkeit von → externen Effekten im Konsum und in der Produktion ausgeschlossen. – c) *Marginalbedingungen:* Drei Marginalbedingungen müssen erfüllt sein, damit nach einer technisch möglichen Transformation ökonomischer Variablen ein Pareto-Optimum vorliegt: (1) Das Haushaltsgleichgewicht ist für alle Haushalte gemäß des zweiten Gossenschen Gesetzes erfüllt. Die Grenzrate der Substitution zwischen jeweils zwei Gütern sind für alle Haushalte aufgrund der gleichen Güterpreise auf den homogenen Märkten identisch *(Haushaltsoptimum)*. Die Grenzrate der Substitution zwischen zwei Gütern entspricht dem Kehrwert der entsprechenden Grenznutzenverhältnisse. (2) Das Produktionsoptimum wird von allen Unternehmen erreicht, d.h., sie produzieren gemäß der Minimalkostenkombination. Die Grenzrate der (technischen) Substitution zwische zwei Produktionsfaktoren sind wegen der Unterschiedslosigkeit der Faktorpreise identisch für alle Unternehmen *(Unternehmensoptimum)*. Die Grenzrate der technischen Substitution wird abgeleitet als Kehrwert der jeweiligen Grenzproduktivitätsverhältnisse dieser Faktoren. (3) Die äquivalenten Grenzraten technischer und indifferenter Substitution sind gleich. – Ein *gesellschaftliches Pareto-Optimum* liegt demnach vor, wenn sich Konsum und Produktion im Optimum der statischen Effizienz befinden, d.h. die → Scitovsky-Indifferenzkurve die gesellschaftliche Transformationskurve tangiert. Hinreichend für eine optimale Allokation im Sinn der Pareto-Optimums ist z.B. die Marktform der → vollkommene Konkurrenz (→ Hauptsätze der Wohlfahrtsökonomik). – 3. *Beurteilung:* Die *Leistungsfähigkeit* des Pareto-Optimum besteht darin, dass auf einen problematischen → interpersonellen Nutzenvergleich ebenso verzichtet wird wie auf die schwierige Aufstellung einer gesellschaftlichen → Wohlfahrtsfunktion. Mithilfe der verwendeten ordinalen Präferenzfunktion wird darüber hinaus dem Nutzenmessungs- und Nutzenaggregationsproblem der kardinalen Nutzentheorie umgangen. – Der *Nachteil* der Verwendung des Pareto-Optimum als → Wohlfahrtskriterium liegt darin, dass ein Pareto-Optimum ohne ein zusätzliches Wohlfahrtskriterium nicht vergleichbar ist, das optimum optimorum also nicht hergeleitet werden kann. Auf der → Kontraktkurve als (gesellschaftliche) Verhandlungskurve stellen alle Punkte jeweils ein Pareto-Optimum dar. – Der Verwendung des Pareto-Optimum als umfassendes Wohlfahrtskriterium sind außerdem *Grenzen* gesetzt, da es auf der Basis gegebener Einkommens- und Vermögensverteilungen abgeleitet wird. Die Lösung des Allokationsproblems durch das Pareto-Optimum lässt somit das Verteilungsproblem letztendlich ungelöst.

Pareto-Prinzip → schwaches Pareto-Prinzip.

Pareto-Regel → erweiterte Pareto-Regel.

Pareto-Verteilungsfunktion → personelle Einkommensverteilung.

Pariser Club – informeller Zusammenschluss von Regierungen westlicher Länder zur Abstimmung der Vorgehensweise bei Insolvenzkrisen verschuldeter Staaten der Dritten Welt (→ Auslandsverschuldung der Entwicklungsländer). Vereinbart werden oft Umschuldungen: neue Darlehen zu günstigeren Konditionen und Verlängerung der Rückzahlungsfristen oder Umwandlungen (Darlehen werden in rückzahlungsfreie Zuschüsse (Geschenke) umgewandelt). – Vgl. auch → Londoner Club.

Parteienwettbewerb – 1. *Begriff:* Wettbewerb mehrerer Parteien um Wählerstimmen vor einer Parlamentswahl. – 2. *Neue Politische Ökonomie:* Der Parteienwettbewerb ist der einzige Mechanismus, der sicherstellt, dass die Politiker die Interessen der Bürger wenigstens in einem bestimmten Ausmaß vertreten (→ indirekte Demokratie). – a) *Räumliche Modelle des Parteienwettbewerbs:* Auf H. Hotellings Analyse der Wahl des Standorts von Firmen in einem Modell des homogenen → Oligopols zurückgehende Modelle. – Im Fall zweier Parteien werden die folgenden *Annahmen* getroffen: (1) Der Raum möglicher Parteiprogramme lässt sich durch ein endliches Intervall darstellen. Die Präferenzen der Wähler sind eindimensional, d.h. es gibt nur ein einziges öffentliches Gut, und die Wähler haben unterschiedliche Präferenzen hinsichtlich des Umfangs der Bereitstellung. Die Parteien werden nach der angebotenen Menge des Gutes von rechts nach links auf dem Intervall angeordnet. Einzige Finanzierungsquelle ist eine proportionale Einkommensteuer. (2) Zu Beginn der Periode findet eine Wahl statt, bei der beide Parteien gleichzeitig ihre Programme vorlegen, d.h. Menge des Kollektivguts und Steuersatz nennen. Bei Einhaltung der staatlichen Budgetrestriktion entspricht jedes Programm einem Punkt des Politik-Intervalls. (3) Der Akt des Wählens ist ebenso wie die Information über die angebotenen Wahlprogramme kostenlos, und jeder Wahlberechtigte beteiligt sich an der Wahl. (4) Jeder Wähler i (i = 1, ..., n) besitzt einen Optimalpunkt im Politik-Intervall. Seine Nutzenkurve ist eingipflig, sodass er von zwei Programmen, die in derselben Richtung von seinem Optimum abweichen, das näher liegende vorzieht. Die Parteien sind vollständig über die Wählerpräferenzen informiert. (5) Über die Ziele der Parteien kann man unterschiedliche Annahmen treffen: Maximierung der Stimmenzahl, Maximierung der Steuermittel, die nicht zum Kauf des Kollektivguts verwendet werden, sondern privat angeeignet werden und ideologische Ziele, z.B. Maximierung bzw. Minimierung der Kollektivgutversorgung unter der Nebenbedingung, die Wahl zu gewinnen. – Ein *politisches Gleichgewicht* (im Sinn von Cournot und Nash) ist eine Situation, in der keine der beiden Parteien – bei gegebenem Programm der anderen Partei – durch Abänderung ihres Programms ihre Ziele noch besser erreichen könnte. Unabhängig von den in Annahme (5) aufgeführten Zielen der Parteien liegt das Gleichgewicht im Zwei-Parteien-System bei einer völligen Übereinstimmung beider Wahlprogramme im Optimum des Medianwählers. Beide Parteien werden deshalb um dessen Stimme kämpfen. – Empirisch wurde dies für die USA belegt, wo sich der Parteienwettbewerb zumeist als Wettbewerb von zwei konkurrierenden Personen darstellt. Dagegen unterschieden sich die Parteiprogramme z.b. zur Regierungszeit Thatchers in Großbritannien erheblich. Für dieses Phänomen liefert die Neue Politische Ökonomik verschiedene Erklärungen: (1) Den Parteiführungen wird durch ideologisch kompromisslose Mitglieder oder Geldgeber verwehrt, mit dem Wahlprogramm zu weit von den Parteizielen abzurücken. (2) Die Wahrung der ideologischen Identität ist ein Ziel an sich, das gegen das eines Wahlsiegs abgewogen wird. (3) Der drohende Eintritt einer dritten Partei in den Wettbewerb zwingt die beiden etablierten Parteien, die Ränder des Wählerspektrums mit abzudecken. (4) Das Gleiche wird dadurch erzwungen, dass Wähler mit extremen Präferenzen der Wahl fernbleiben, wenn ihre Ziele in den Wahlprogrammen der Parteien zu stark vernachlässigt werden. – b) *Wahlparadoxon:* Die Annahme rationalen Wählerverhaltens sollte sich nicht nur auf die Stimmabgabe für eine bestimmte Partei, sondern auch auf die Wahlbeteiligung als solche erstrecken und führt dort zu einem offensichtlichen → Wahlparadoxon. – c) *Einflüsse von Interessengruppen und Behörden:* Wird die Annahme der vollständigen Information der Parteien über die Wählerpräferenzen und der Wähler über die Parteiprogramme aufgegeben, so bieten sich zusätzliche Einflussmöglichkeiten für → Interessengruppen und staatliche Ausführorgane (→ Behörde).

Pasinetti-Ansatz – von L.L. Pasinetti (1961/1962) erweiterter Kaldor-Ansatz der Verteilung (→ Keynes-Kaldor-Verteilungstheorie), in dem davon ausgegangen wird, dass die Arbeitnehmer wegen ihres Sparens auch Kapitaleinkommen beziehen. Das gesamte Gewinneinkommen besteht aus Kapitaleinkommen der „Kapitalisten" und der Arbeitnehmer. Damit ist Pasinetti in der Lage, die Verbindung zwischen → funktionaler Einkommensverteilung und → institutioneller Einkommensverteilung zu formalisieren. Die institutionelle Verteilung wird durch den traditionellen Kaldor-Mechanismus festgelegt, ist insofern bei vorgegebener Investitionsquote determiniert. Die funktionale Verteilung hängt zusätzlich noch von der Vermögensverteilung ab. Wird diese ebenfalls konstant gesetzt, dann ist auch die funktionale Verteilung determiniert. – Vgl. → Verteilungstheorie.

Pauperismus →Armut.

Peak Load Pricing – Preisbildungsregel für die Inanspruchnahme von Leistungen der → Infrastruktur, die die Nachfrage auf das (meist) wenig flexible Angebot abstimmen soll. Bei zeitlich fluktuierender Nachfrage (z.b. öffentlicher Nahverkehr) werden in Spitzenzeiten höhere Preise erhoben als in Talzeiten. Die Preise sollen demnach die Knappheitsverhältnisse signalisieren, wobei nach Möglichkeit die direkten Kosten der Leistungserstellung jeweils gedeckt sind.

Pearson-Bericht – im Jahr 1969 von einer Expertenkommission der Weltbank unter Leitung des ehemaligen kanadischen Premierministers Pearson vorgelegte Bestandsaufnahme zur → Entwicklungshilfe.

Peer Review – Element der NEPAD-Initiative (→ NEPAD) zur gegenseitigen Bewertung der afrikanischen Staaten; wird in diesem Fall von der UN-Wirtschaftskommission für Afrika in Addis Abeba durchgeführt. Peer Reviews werden auch in anderen Bereichen als Evaluierungsprinzip verwendet. Im Grundsatz geht es dabei stets um die Bewertung eines Projekts, einer Unternehmung oder einer Organisation durch Gleichrangige bzw. Gleichgestellte.

Perroux – François, 1903–1987, franz. Ökonom, Kritiker des Gleichgewichtsdenkens der Neoklassik, der den Machtfaktor in die ökonomische Analyse einbezieht und damit eine dynamische Ungleichgewichtstheorie entwickelt. Während die Neoklassik die Tauschpartner als gleich stark ansieht, nimmt er in die Analyse Begriffe wie → Macht, Herrschaft und Zwang auf.

Personal-Service-Agentur – 1. *Begriff:* vermittlungsorientierte Form der → Arbeitnehmerüberlassung, die im Rahmen der → Hartz-Gesetze als neues Instrument zum Abbau von Arbeitslosigkeit eingeführt , Ende 2008 nach verschiedenen zwischenzeitlichen Änderungen wieder abgeschafft wurde. Diese spezielle Form der Arbeitsförderung ging am 1.1.2009 allgemein in den Maßnahmen zur Aktivierung und beruflichen Eingliederung (§ 45 SGB III) auf. – 2. *Organisation:* Die Personal-Service-Agenturen (PSA) waren staatlich finanzierte, eigenständige Einheiten der Agenturen für Arbeit (→ Agentur für Arbeit), die staatlich-privat (→ Public Private Partnership) oder rein privat organisiert wurden. Die Vergütung der Überlassungsfirmen, die in Konkurrenz zu kommerziellen Zeitarbeitsfirmen traten, erfolgte durch Fallpauschalen und Prämien; die Arbeitnehmer befanden sich in einem sozialversicherungspflichtigen Beschäftigungsverhältnis. – 3. *Ziel* war, die sog. unechte Arbeitnehmerüberlassung, bei welcher die Arbeitnehmer für eine längere Zeit an denselben Arbeitgeber ausgeliehen werden, zu Zwecken der

→ Arbeitsvermittlung einzusetzen. Im Unterschied zur konventionellen Arbeitnehmerüberlassung strebte die PSA an, dass der Arbeitnehmer dauerhaft in den ersten Arbeitsmarkt, aber nicht bei ihr, sondern im Entleihbetrieb integriert werden sollte. Neben der Erzielung dieses „Klebeeffekts" sollte die PSA individuelle Vermittlungshemmnisse überwinden; verleihfreie Zeiten sollten durch Weiterbildungs- und Qualifizierungsmaßnahmen überbrückt werden. Für Unternehmen sollte sich die Möglichkeit bieten, Personalengpässe und Auftragsspitzen zu überbrücken und ohne arbeitsvertragliche Konsequenzen einen Arbeitnehmer längere Zeit zu testen (*Try and Hire*). V.a. konnte damit der Kündigungsschutz neutralisiert bzw. umgangen werden. Die Entlohnung der Zeitarbeitnehmer wurde durch Tarifverträge für Arbeitnehmerüberlassung geregelt und sollte derjenigen von Festangestellten entsprechen. Ein Einstiegslohn unterhalb der üblichen Lohnhöhe war lediglich für Langzeitarbeitslose und andere schwer Vermittelbare und nur für eine begrenzte Einarbeitungszeit vorgesehen. – 4. *Wirkungen*. Die Verbreitung der PSA nahm im Zeitverlauf stark ab; die Nutzungsintensität blieb gering und hinter den hoch gesteckten Erwartungen zurück. Die Vermittlungsaussichten von PSA-Beschäftigten waren nicht günstiger als die vergleichbarer Gruppen von Arbeitslosen; der erhoffte „Klebeeffekt" im Sinne eines Übergangs in reguläre Beschäftigungsverhältnisse trat nur selten ein.

personelle Einkommensverteilung – *personelle Verteilung*; 1. *Begriff*: Im Gegensatz zur funktionalen Einkommensverteilung, welche die Verteilung des gesamtwirtschaftlichen Einkommens (Einkommensverteilung) auf funktionale Einkommensarten (Lohn, Profit, Zins und Rente) oder auf die Produktionsfaktoren (Arbeit, Kapital, Boden), die zur Erwirtschaftung des Sozialprodukts beigetragen haben, untersucht, betrachtet die personelle Einkommensverteilung die Verteilung der im Wirtschaftsprozess entstandenen Einkommen auf Personen oder Haushalte unabhängig davon, aus welchen Einkommensquellen es stammt. Damit hängt die personelle (Brutto-)Verteilung von der Verteilung der Einkommen auf die Produktionsfaktoren sowie von der Verteilung der Produktionsfaktoren auf die Personen bzw. Haushalte ab. Die personelle Einkommensverteilung kann das Phänomen der → Querverteilung abbilden, womit die Tatsache gemeint ist, dass den Haushalten Einkünfte aus unterschiedlichen Einkommensarten (Lohn-, Kapitaleinkommen) zufließen können. Zum anderen soll sie die Unterschiede zwischen den einzelnen in ökonomischen Einkommensaggregaten zusammengefassten Einheiten erkennen lassen. Die bestehende Ungleichheit der personellen Bruttoeinkommensverteilung (→ Primärverteilung) wird in gewissem Umfang durch das Steuersystem und das System der Sozialversicherung korrigiert (vgl. → Sekundärverteilung). – 2. *Erfassung*: a) *Grundlagen*: Die Multidimensionalität des Verteilungsproblems erfordert vorab stets eine nähere Präzisierung der Fragestellung. Dabei ist v.a. zu unterscheiden, ob der Gesichtspunkt der Leistungsgerechtigkeit oder jener der Bedarfsgerechtigkeit im Vordergrund stehen soll, was Konsequenzen sowohl für den adäquaten Einkommensbegriff als auch für die geeignete personelle Bezugsgröße hat. Bei der Frage der Leistungsangemessenheit geht es um die Entlohnung im Produktionsprozess, weshalb das Individuum hier die adäquate Bezugseinheit und die (marktmäßigen) Faktoreinkommen eine angemessene Einkommenskategorie sind. Für eine Analyse der Bedarfsdeckungsmöglichkeiten erscheint es demgegenüber sinnvoll, auf die Bezugsgröße Haushalte abzustellen, da hier die wesentlichsten Entscheidungen bez. der Einkommenserzielung und Einkommensverwendung getroffen werden, wobei die äquivalenzgewichteten Haushaltsnettoeinkommen wohl als der angemessene Einkommensbegriff anzusehen sind.–b) *Statistische Erhebungen*: Ein weiteres Problem stellt sich mit der Frage nach der geeigneten Datenbasis, denn die offizielle Statistik liefert nur ein unzureichendes Bild über die personelle Einkommensverteilung. Das sich aus der Volkswirtschaftlichen Gesamtrechnung (VGR) ergebende Bild bleibt unzureichend; geeigneter erscheint die sog. Einkommens- und Verbrauchsstichprobe (EVS), welche in regelmäßigen mehrjährigen Abständen durchgeführt wird. Eine ergiebige Datenquelle für personelle Einkommensanalysen stellt seit einiger Zeit auch das Sozioökonomische Panel (SOEP) des DIW Berlin dar.–c) *Indikatoren*: (1) Eine geläufige Darstellung der personellen Einkommensverteilung erfolgt in Form einer *Häufigkeitsverteilung*, bei welcher bestimmten Einkommensklassen auf der Abszisse die entsprechenden Häufigkeiten als Ordinatenwerte zugeordnet werden, wobei allerdings bei variierenden Klassenbreiten das Prinzip der Flächentreue zu beachten ist (d.h. die Säulenhöhe muss proportional zur Besetzungsdichte sein, die sich als Quotient aus Besetzungszahl und Klassenbreite ergibt). Die Vorgabe von Einkommensgrenzen führt bei einem allg. Einkommensanstieg jedoch zwangsläufig zu einer größeren Besetzungshäufigkeit der höheren Einkommensklassen und suggeriert somit eine Verteilungsänderung, die eigentlich gar nicht stattgefunden hat. (2) Besser geeignet für zeitliche Vergleiche erscheint demgegenüber eine Darstellung anhand von *Vielfachen des Durchschnittseinkommens*. Auch derartige Untersuchungen zeigen die für die personelle Einkommensverteilung charakteristischen linkssteilen (rechtsschiefen) Kurven. Eine aussagekräftige Charakterisierung dieser Häufigkeitsverteilungen kann bereits anhand einfachster statistischer Messzahlen erfolgen. Zu nennen sind die sog. Durchschnittslage (Anteil der privaten Haushalte, die weniger als das Durchschnittseinkommen beziehen), der Median und der Modalwert (häufigstes Einkommen). (3) *Gini-Koeffizient*: Ein oft verwendetes Konzentrationsmaß zur Charakterisierung von Einkommensverteilungen ist der sog.

→ Gini-Koeffizient. (4) *Sonstige:* Da sich das Konzentrationsverhältnis nur global auf die gesamte Verteilung bezieht, sind bes. Zusatzinformationen über die Situation der sozial relevanten Gruppen mit sehr niedrigen und sehr hohen Einkommen von Interesse. Dazu eignen sich z.B. die folgenden Maßzahlen: (1) Unterer Randgruppenanteil (R_u): Anteil am Gesamteinkommen, den die 20 Prozent der Bezugseinheiten mit den niedrigsten Einkommen haben; (2) oberer Randgruppenanteil (R_o): Anteil am Gesamteinkommen, den die 5 Prozent mit den höchsten Einkommen haben; (3) Randgruppenverhältnis (RV = $4R_o/R_u$), wobei allerdings diese Art der Berechnung den Grad der Disparität überhöht ausweist; (4) Randgruppenrelation: Verhältnis der Durchschnittseinkommens der obersten Randgruppe (5 Prozent) zu dem der untersten Randgruppe (20 Prozent). – 3. *Erklärungsansätze:* Theorien der personellen Einkommensverteilung versuchen die Rechtsschiefe der personellen Einkommensverteilung zu erklären. Solche Ansätze greifen die verschiedensten Faktoren auf, z.B. Verteilung von angeborenen Fähigkeiten, die unterschiedliche Ausstattung mit Vermögen, die Altersstruktur, unvollkommene Arbeitsmärkte und institutionelle Einflüsse. Die Modelle selbst beschränken sich i.d.R. auf die einzelnen Faktoren und sind insofern nur begrenzt aussagefähig. Ein befriedigender Ansatz zur Theorie der personellen Einkommensverteilung müsste in einer Verknüpfung der makroökonomischen Theorie der funktionalen Verteilung mit der personellen Verteilung liegen. Querverteilungsansätze, Vermögensbildungs- und Vererbungsprozesse müssten integriert werden. Diese Ansprüche und die wichtige Rolle, die die Einkommensverteilung für das Wirtschaftswachstum spielt, machen deutlich, warum sich Verteilungstheorien häufig auf die makroökonomische Ebene beziehen. – Vgl. auch → Verteilungstheorie.

personelle Hilfe → personelle Zusammenarbeit.

personelle Verteilung → personelle Einkommensverteilung.

personelle Zusammenarbeit – *personelle Hilfe;* Entsendung von Fachkräften (Entwicklungsexperten) in Entwicklungsländer und Aus- und Fortbildung von Fachkräften aus Entwicklungsländern. Ziel ist die Vermittlung von Know-how in den verschiedensten Bereichen (Landwirtschaft, Bildung etc.).

Personenbeförderung – Beförderung von Personen v.a. durch Kraftfahrzeuge, Eisenbahn, Schiffe, Verkehrsflugzeuge. – 1. *Personenbeförderung zu Lande:* a) *Privatrechtlich* ist die Personenbeförderung Werkvertrag im Sinn des BGB. – b) *Öffentlich-rechtliche Vorschriften* enthält das Personenbeförderungsgesetz (PBefG), das für die gewerbsmäßige Personenbeförderung auf Straßenbahnen, im Linien- und Gelegenheitsverkehr Genehmigungspflicht (höhere Verwaltungsbehörde) vorschreibt. Die Beförderungspreise sind tariflich bestimmt. – c) Für die Fahrer besteht bes. Ausweispflicht nach der *VO* über den Betrieb von Kraftfahrunternehmen im Personenverkehr (Straßenverkehrsrecht). – d) *Sondervorschriften* für den Bahnverkehr: → Eisenbahn-Verkehrsordnung (EVO). – e) *Verboten* ist die Beförderung von Personen auf Krafträdern ohne bes. Sitz, auf Zugmaschinen ohne Sitzgelegenheit, in Wohnwagen hinter Kraftfahrzeugen, auf der Ladefläche von Lastkraftwagen und von Anhängern. Auf Fahrrädern dürfen nur Kinder unter sieben Jahren von mind. 16 Jahre alten Personen mitgenommen werden (§ 21 StVO). – 2. *Personenbeförderung auf Binnengewässern:* Die Bestimmungen des Werkvertrages gelten auch für diese. – 3. *Personenbeförderung zur See:* Nur das Werkvertragsrecht ergänzende Sondervorschriften enthalten die §§ 664–678 HGB meist abschließende und eingehende Sonderregelung in „Allgemeinen Beförderungsbedingungen der Schifffahrtsunternehmen". – 4. *Personenbeförderung zur Luft:* bes. Haftungsbestimmungen im Luftverkehrsgesetz (Luftrecht). – 5. *Statistik der Personenbeförderung:* Verkehrsstatistik und Gesetz zur Durchführung einer Statistik über die Personenbeförderung im Straßenverkehr i.d.F. vom 24.6.1980 (BGBl. I 865).

persönliche Entgeltpunkte → Rentenformel.

Petroeuro – Dollareinnahmen aus dem Verkauf von Erdöl (Rohöl) in Euro. Einige Staaten versuchen den Petrodollar (die Fixierung auf den US-Dollar für Rohöl) durch Fakturierungen in → Euro entgegenzuwirken (v.a. China, Iran, Syrien, Venezuela).

Pfandpoolverfahren – Verfahren zur Verwaltung von Sicherheiten seitens der Zentralbanken. Als Sicherheit für ihre Geschäfte mit der Zentralbank bringen Geschäftspartner Aktiva in einen Pool ein. Diese Aktiva dienen der allg. Sicherung und nicht – wie beim Kennzeichnungsverfahren – der Deckung nur bestimmter Geschäfte.

Pflegebedürftigkeit – Voraussetzung für Leistungen aus der sozialen und privaten Pflegeversicherung nach dem SGB XI. – 1. *Begriff:* Pflegebedürftige sind Personen, die wegen einer körperlichen, geistigen oder seelischen Krankheit oder Behinderung für die gewöhnlichen und regelmäßig wiederkehrenden Verrichtungen im Ablauf des täglichen Lebens auf Dauer, voraussichtlich für mind. sechs Monate, in erheblichem oder höherem Maße der Hilfe bedürfen (§ 14 I SGB XI). – Krankheiten und Behinderungen im Sinn dieser Vorschrift sind Verluste, Lähmungen oder andere Funktionsstörungen am Stütz- und Bewegungsapparat; Funktionsstörungen der inneren Organe oder der Sinnesorgane; Störungen des Zentralnervensystems wie Antriebs-, Gedächtnis- oder Orientierungsstörungen sowie endogene Psychosen, Neurosen oder geistige Behinderungen. – Gewöhnliche und regelmäßig wiederkehrende Verrichtungen im Sinn der Vorschrift sind: (1) im Bereich der Körperpflege das Waschen, Duschen, Baden, die Zahnpflege, das Kämmen, Rasieren, die Darm- oder

Blasenentleerung; (2) im Bereich der Ernährung das mundgerechte Zubereiten oder die Aufnahme der Nahrung; (3) im Bereich der Mobilität das selbstständige Aufstehen und Zubettgehen, An- und Auskleiden, Gehen, Sehen, Treppensteigen oder das Verlassen und Wiederaufsuchen der Wohnung; (4) im Bereich der hauswirtschaftlichen Versorgung das Einkaufen, Kochen, Reinigen der Wohnung, Spülen, Wechseln und Waschen der Wäsche und Kleidung oder das Beheizen (§ 14 IV SGB XI). – Die Hilfe durch Dritte (→ Pflegeperson) besteht in der Unterstützung, der teilweisen oder vollständigen Übernahme der Verrichtungen im Ablauf des täglichen Lebens oder in Beaufsichtigung oder Anleitung mit dem Ziel der eigenständigen Übernahme dieser Verrichtungen. – 2. *Art und Umfang der Leistungen* hängen ab von der Zuordnung der pflegebedürftigen Personen zu einer von *drei Pflegestufen*: (1) Pflegebedürftige der Pflegestufe I (*erheblich Pflegebedürftige*) sind Personen, die bei der Körperpflege, der Ernährung oder der Mobilität für wenigstens zwei Verrichtungen aus einem oder mehreren Bereichen mind. einmal täglich der Hilfe bedürfen und zusätzlich mehrfach in der Woche Hilfe bei der hauswirtschaftlichen Versorgung benötigen. (2) Der Pflegestufe II (*Schwerpflegebedürftige*) werden Personen zugeordnet, die mind. dreimal täglich zu verschiedenen Tageszeiten der Hilfe bedürfen und zusätzlich mehrfach in der Woche Hilfe bei der hauswirtschaftlichen Versorgung benötigen. (3) Der Pflegestufe III (*Schwerstpflegebedürftige*) werden Personen zugeordnet, die täglich rund um die Uhr, auch nachts, der Hilfe bedürfen und zusätzlich mehrfach in der Woche bei der hauswirtschaftlichen Versorgung benötigen (§ 15 SGB XI). – 3. *Verfahren zur Feststellung der Pflegebedürftigkeit*: Die Pflegebedürftigkeit wird von den Pflegekassen durch den Medizinischen Dienst der Krankenversicherung (MDK) geprüft. Der MDK hat den Versicherten in seinem Wohnbereich aufzusuchen. Erteilt der Versicherte diese Erlaubnis nicht, so können die Leistungen verweigert werden. Steht das Ergebnis der Begutachtung nach Aktenlage fest, kann auf die Untersuchung im Wohnbereich verzichtet werden. Der MDK teilt der Pflegekasse das Ergebnis der Prüfung mit und nimmt auch dazu Stellung, ob die häusliche Pflege in geeigneter Weise sichergestellt ist. Die Pflege- und Krankenkassen sowie die Leistungserbringer sind verpflichtet, dem MDK die für die Begutachtung erforderlichen Unterlagen vorzulegen und Auskünfte zu erteilen. Zur Gewährleistung einheitlicher Kriterien bei der Beurteilung der Pflegebedürftigkeit haben die Spitzenverbände der Pflegekassen nach § 17 II SGB XI am 21.3.1997 Begutachtungsrichtlinien in letzten m.spät.Änd. – Die privaten Pflegeversicherungsunternehmen bedienen sich zur Feststellung der Pflegebedürftigkeit eigener privatrechtlich organisierter medizinischer Dienste. – Vgl. auch → Pflegeversicherung.

Pflegegeld – 1. *Leistung* der im SGB XI geregelten sozialen → Pflegeversicherung für selbst beschaffte Pflegehilfen (§ 37 SGB XI) anstelle der ansonsten bei Eintritt eines Pflegefalls als sog. Pflegesachleistung zu gewährenden häuslichen Pflege durch zugelassene ambulante Pflegeeinrichtungen. Bei den im Gesetz genannten „selbst beschafften Pflegehilfen" wird es sich häufig um Familienangehörige handeln, die die Pflege übernehmen und die im SGB XI als → Pflegeperson bezeichnet werden. Die Höhe des Pflegegeldes richtet sich nach der Pflegestufe des zu Pflegenden. Seit 1.1.2012 beträgt das Pflegegeld in Pflegestufe I 235 Euro, in Pflegestufe II 440 Euro und in Pflegestufe III 700 Euro. Wird Pflegegeld gewährt, muss durch zugelassene ambulante Pflegedienste in Pflegestufe I und II mind. einmal halbjährlich und in Pflegestufe III mind. einmal vierteljährlich zur Sicherung der Qualität der Pflege ein Einsatz durch zugelassene Pflegeeinrichtungen stattfinden, dessen Kosten durch den Pflegebedürftigen zu tragen sind. – 2. Gesetzliche → Unfallversicherung (§§ 44 ff. SGB VII): Pflegegeld kann einem Verletzten, der hilflos ist, anstelle von Hauspflege oder Hilfe durch Krankenpfleger gewährt werden. Es beträgt je nach Art und Schwere der unfallbedingten Beeinträchtigung beginnend mit dem 1.7.2008 zwischen 300 Euro und 1.199 Euro (bzw. 260 Euro und 1.040 Euro im Beitrittsgebiet) monatlich und wird jährlich angepasst. Es ist dazu bestimmt, dass der Verletzten so zu stellen, dass er sich die erforderliche Wartung und Pflege beschaffen kann. Das Pflegegeld wird jährlich wie die sonstigen Geldleistungen der Unfallversicherung durch das jeweilige Rentenanpassungsgesetz an die Veränderungen der Einkommensverhältnisse angepasst. Übersteigen die Aufwendungen für fremde Wartung und Pflege den Betrag des Pflegegeldes, so kann es angemessen erhöht werden. – 3. *Steuerrecht*: a) Beim *Pflegebedürftigen* sind die bezogenen Gelder steuerfrei; der Bezug des Pflegegeldes führt nicht zum Wegfall des Pflegepauschbetrages (§ 33b VI EStG, seit 2004). – b) Bei der *pflegenden Person* bleiben die Beträge, die ihr der Pflegebedürftige bezahlt, bis zur Höhe der nach § 37 SGB XI bezogenen Beträge steuerfrei, wenn die Pflege durch einen Angehörigen oder eine andere Person handelt, die zur Pflege sittlich verpflichtet ist (§ 3 Nr. 36 EStG).

Pflegeleistung – wird in häusliche, teilstationäre und vollstationäre Pflegeleistung unterschieden. – Vgl. auch → Pflegeversicherung.

Pflegeperson – Person, die nach § 19 SGB XI einen Pflegebedürftigen (→ Pflegebedürftigkeit) nicht erwerbsmäßig wenigstens 14 Stunden wöchentlich in seiner häuslichen Umgebung pflegt. – Zur sozialen Absicherung der Pflegeperson werden von der Pflegekasse oder den Pflegeversicherungsunternehmen Beiträge an den zuständigen Träger der Rentenversicherung entrichtet, wenn die Pflegeperson nicht mehr als 30 Stunden wöchentlich erwerbstätig ist. Außerdem genießt die Pflegeperson Unfallversicherungsschutz in der gesetzlichen Unfallversicherung. Pflegepersonen, die nach der Pflegetätigkeit in das Erwerbsleben zurückkehren wollen, können an Maßnahmen der beruflichen Weiterbildung nach Maßgabe des SGB III teilnehmen (§ 44 I Satz 7 SGB XI). – Um das Engagement im Bereich der Pflege zu fördern und zu stärken, Pflege und Betreuung zu erleichtern und zu verbessern, sollen die Pflegekassen Schulungskurse unentgeltlich anbieten. Die Kurse sollen Fertigkeiten für eine eigenständige Durchführung der Pflege vermitteln (§ 45 SGB XI).

Pflegesachleistung → Pflegeversicherung.

Pflegesatz → Krankenhaus.

Pflegeversicherung – selbstständiger Zweig der → Sozialversicherung zur Absicherung des Risikos der → Pflegebedürftigkeit (Pflegefall). Eingeführt mit dem Pflegeversicherungsgesetz vom 26.5.1994 (BGBl. I 1014) m.spät.Änd. – eingegliedert als Elftes Buch Sozialgesetzbuch (SGB XI) – soziale Pflegeversicherung – in das Sozialgesetzbuch.

I. Gesetzliche/Soziale Pflegeversicherung: 1. *Versicherter Personenkreis:* a) Entsprechend dem Grundsatz „Die Pflegeversicherung folgt der Krankenversicherung" ist jedes Pflichtmitglied der gesetzlichen Krankenversicherung pflichtversichert in der sozialen Pflegeversicherung. – b) Entsprechend diesem Grundsatz werden in der gesetzlichen Krankenversicherung freiwillig Versicherte in der sozialen Pflegeversicherung pflichtversichert, jedoch mit der Möglichkeit, zur privaten Pflegeversicherung überzuwechseln (§ 20 III SGB XI), wenn sie sich privat versichert haben. – c) Außerdem werden bestimmte Personenkreise pflichtversichert, die weder bei einer gesetzlichen Krankenkasse noch bei einem privaten Krankenversicherungsunternehmen versichert sind (Personen mit Anspruch auf Heil- oder Krankenbehandlung nach dem BVG; Bezieher einer Kriegsschadensrente oder vergleichbarer Leistungen nach dem Lastenausgleichsgesetz, dem Reparationsschädengesetz oder dem Flüchtlingshilfegesetz sowie Bezieher von ergänzender Hilfe zum Lebensunterhalt im Rahmen der Kriegsopferfürsorge; Bezieher laufender Leistungen zum Unterhalt und von Leistungen der Krankenhilfe nach SGB VIII; Krankenversorgungsberechtigte nach dem Bundesentschädigungsgesetz; Soldaten auf Zeit, die nicht privat krankenversichert sind (§ 21 SGB XI)). – d) Für Ehegatten und Kinder von Mitgliedern der sozialen Pflegeversicherung besteht ein Anspruch auf – beitragsfreie – Familienversicherung entsprechend den Voraussetzungen der Familienversicherung (Familienhilfe) in der gesetzlichen Krankenversicherung (§ 25 SGB XI). – 2. *Befreiung von der Versicherungspflicht:* Von der Versicherungspflicht kann sich befreien lassen, wer in der gesetzlichen Krankenversicherung freiwillig versichert ist. Die Befreiung muss bei der zuständigen Pflegekasse beantragt werden und setzt den Nachweis eines privaten Pflegeversicherungsschutzes, der den Leistungen der sozialen Pflegeversicherung gleichwertig ist, voraus. Der Befreiungsantrag kann nur innerhalb von drei Monaten nach Beginn der Versicherungspflicht gestellt werden. Die Befreiung kann nur einheitlich für das Mitglied und die versicherten Familienangehörigen erfolgen (§ 22 SGB XI). – 3. *Leistung:* a) Bei häuslicher Pflege werden gewährt: (1) häusliche Pflegehilfe als Pflegesachleistung (§ 36 SGB XI), d.h. Betreuung durch zugelassene ambulante Pflegeeinrichtungen. Der Umfang der Sachleistung für häusliche Pflegehilfe richtet sich nach dem Grad der Pflegebedürftigkeit bzw. der Pflegestufe. In Pflegestufe I werden ab 1.1.2012 monatliche Leistungen bis zum Wert von 450 Euro, in der Pflegestufe II bis zum Wert von 1.100 Euro und in der Pflegestufe III bis zum Wert von 1.550 Euro gewährt. In Härtefällen kann bei einem Fall von bes. schwerer Pflege mit außergewöhnlich hohem und intensivem Pflegeaufwand eine Leistung bis zum Wert von monatlich 1.918 Euro erbracht werden (§ 36 SGB XI). Medizinische Behandlung zählt jedoch nicht zur Pflegesachleistung, sondern zur häuslichen Krankenpflege, für die die Krankenversicherung zuständig ist. (2) Pflegegeld für selbst beschaffte Pflegehilfen (§ 37 SGB XI) wird gewährt, wenn der Pflegebedürftige die Grundpflege und hauswirtschaftliche Versorgung z.B. durch Angehörige, Nachbarn, Freunde selbst sicherstellen kann. Das Pflegegeld beträgt ab 1.1.2012 monatlich in Pflegestufe I: 235 Euro, in Pflegestufe II: 440 Euro und in Pflegestufe III: 700 Euro. Es zählt bei der Gewährung anderer einkommensabhängiger Sozialleistungen nicht als Einkommen. Bei ausschließlichem Bezug von Pflegegeld besteht die Verpflichtung, einmal pro Halbjahr (Pflegestufe I und II) bzw. pro Vierteljahr (Pflegestufe III) einen Pflegeeinsatz durch die Pflegeeinrichtung abzurufen. Der Pflegeeinsatz wird auf das Pflegegeld angerechnet. Bei fehlendem Nachweis des Pflegeeinsatzes erfolgt eine Kürzung des Pflegegeldes. (3) Sachleistung und Pflegegeld können in Kombination in Anspruch genommen werden (§ 38 SGB XI). Generell besteht dann eine Bindung an diese Entscheidung für sechs Monate. Sachleistung und Pflegegeld werden entsprechend dem Verhältnis der Inanspruchnahme gewidmet. (4) Bei Urlaub oder Verhinderung der Pflegeperson besteht Anspruch auf eine Ersatzkraft für die Dauer von bis zu vier Wochen und bis zu einem Gesamtwert von 1.432 Euro pro Jahr (§ 39 SGB XI). (5) Pflegebedürftige haben Anspruch auf teilstationäre Pflege in Einrichtungen der Tages- oder Nachtpflege, wenn häusliche Pflege nicht in ausreichendem Umfang sichergestellt ist (§ 41 SGB XI). Die Kosten für teilstationäre Pflege werden ab 1.1.2012 in der Pflegestufe I bis zum Wert von 450 Euro, in der Pflegestufe II bis zum Wert von 1.100 Euro und in der Pflegestufe III bis zum Wert von 1.550 Euro übernommen. Wird der jeweilige Höchstwert nicht ausgeschöpft, wird zusätzlich ein anteiliges Pflegegeld gezahlt. (6) Für eine Übergangszeit oder in Krisensituationen besteht Anspruch auf Kurzzeitpflege (§ 42 SGB XI) in einer vollstationären Einrichtung, wenn teilstationäre Pflege nicht ausreicht. Der Anspruch ist auf vier Wochen pro Jahr und 1.550 Euro beschränkt. (7) Pflegebedürftige haben Anspruch auf Pflegehilfsmittel und technische Hilfen, die zur Erleichterung der Pflege oder zur Linderung der Beschwerden beitragen oder eine selbstständigere Lebensführung ermöglichen, wenn nicht andere Leistungsträger, bes. die Krankenkassen, zuständig sind (§ 40 SGB XI). Pflegehilfsmittel sind z.B. Desinfektionsmittel oder Unterlagen, technische Hilfsmittel sind z.B. Pflegebetten, Hebegeräte etc. Die Kostenübernahme durch die Pflegekassen ist auf 31 Euro monatlich begrenzt, wenn es sich um zum Verbrauch bestimmte Hilfsmittel handelt. Bei anderen Hilfsmitteln haben Versicherte, die das 18. Lebensjahr vollendet haben, eine Zuzahlung von 10 Prozent, höchstens jedoch von 25 Euro zu leisten. In Härtefällen kann eine Befreiung von der Zuzahlung entsprechend der §§ 61, 62 SGB V erfolgen. Zur Verbesserung des Wohnumfeldes der Pflegebedürftigen können Zuschüsse bis zu einem Betrag von 2.557 Euro gewährt werden (§ 40 IV SGB XI). (8) Die Pflegekasse erbringt außerdem Leistungen für die → Pflegeperson (Pflegekurse, soziale Absicherung). – b) Anspruch auf vollstationäre Pflege besteht, wenn häusliche oder teilstationäre Pflege nicht möglich ist oder im Einzelfall nicht in Betracht kommt (§ 43 SGB XI). Die Pflegekasse übernimmt ab 1.1.2012 die pflegebedingten Aufwendungen bis zu 1.550 Euro monatlich, in bes. Ausnahmefällen zur Vermeidung von Härten bis zu 1.918 Euro monatlich, wenn ein außergewöhnlich hoher und intensiver Pflegeaufwand erforderlich ist, der das übliche Maß der Pflegestufe III weit übersteigt. Im Übrigen hat der Pflegebedürftige Kosten selbst zu tragen; reichen dessen Einkünfte hierzu nicht aus, können ggf. Ansprüche auf → Sozialhilfe in Betracht kommen. Wählt der Pflegebedürftige die vollstationäre Pflege, obwohl diese nach der Feststellung der Pflegekasse nicht erforderlich ist, so erhält er die bei häuslicher Pflege zu gewährende Sachleistung in dem Gesamtwert der Pflegestufe, der er zugeordnet ist. – c) Die Leistungsansprüche setzen grundsätzlich eine Vorversicherungszeit voraus (§ 33 II SGB XI). Danach muss der Pflegebedürftige, der einen Antrag auf Gewährung von Pflegeleistungen stellt, in den letzten zehn Jahren vor der Antragstellung mind. fünf Jahre als Mitglied versichert oder familienversichert gewesen sein. – d) Leistungsansprüche ruhen bei Auslandsaufenthalt, wenn nicht über- oder zwischenstaatliche Regelungen greifen (§ 34 I SGB XI). Zu weiteren Ruhenstatbeständen vgl. § 34 I–II SGB XI. – 4. *Organisation der sozialen Pflegeversicherung:* Träger der Pflegeversicherung sind die Pflegekassen. – 5. *Finanzierung der sozialen Pflegeversicherung:* Durch Beiträge und sonstige Einnahmen (§ 54 I SGB XI). Finanzierung erfolgt im Umlageverfahren. Der Beitragssatz beträgt seit dem 1.7.2008 1,95 Prozent der beitragspflichtigen Einnahmen des Versicherten (§ 55 I SGB XI) und wird von Arbeitgebern und Arbeitnehmern je zur Hälfte aufgebracht. Kinderlose Versicherte zahlen ab dem 23. Lebensjahr (ohne Beteiligung des Arbeitgebers) einen Zuschlag von 0,25 Prozent der beitragspflichtigen Einnahmen (§ 55 III SGB XI). Beihilfeberechtigte Versicherte erhalten die Hälfte der Leistungen von der Pflegeversicherung und zahlen deshalb nur den halben Beitrag. Als Beitragsbemessungsgrenze gilt diejenige der gesetzlichen → Krankenversicherung (§ 55 II SGB XI). Hinsichtlich der Bemessungsgrundlage besteht weitgehende Übereinstimmung mit der gesetzlichen Krankenversicherung. Der Beitrag wird mit dem Gesamtsozialversicherungsbeitrag vom Arbeitgeber an die zuständige Krankenkasse als Einzugsstelle gezahlt. Bei Arbeitslosen entrichtet die Bundesagentur für Arbeit die Hälfte der Beiträge, bei Beziehern von Krankengeld die Krankenkasse. Für die nicht in der gesetzlichen Krankenversicherung versicherten Personen, die gemäß § 21 SGB XI pflegeversichert sind, tragen die jeweiligen Leistungsträger die Beiträge. Freiwillig Versicherte der gesetzlichen Krankenversicherung zahlen den gesamten Beitrag zur Pflegeversicherung, erhalten jedoch einen Beitragszuschuss. Bei Rentnern ist der Rentenversicherungsträger seit 2004 nicht mehr an der Finanzierung der Beiträge beteiligt. Auch nach Eintritt des Pflegefalls sind weiter Beiträge zur Pflegeversicherung zu entrichten. – 6. *Reformvorschläge:* → Rürup-Kommission.

II. Private Pflege-Pflichtversicherung: 1. *Versicherter Personenkreis:* a) Versicherungspflichtig sind alle privaten Krankenversicherten mit Anspruch auf allg. Krankenhausleistungen, nicht aber diejenigen, die nur eine private Zusatz- oder Reisekrankenversicherung haben (§ 23 I SGB XI). Außerdem Beamte und Personen, die Anspruch auf Beihilfe haben und privat krankenversichert sind oder keine Krankenversicherung haben (§ 23 I SGB XI) und Heilfürsorgeberechtigte, die weder privat noch gesetzlich krankenversichert sind (z.B. Berufssoldaten, Polizeibeamte etc.), Mitglieder der Postbeamtenkrankenkassen und der Krankenversorgung der Deutschen Bahn und Abgeordnete, die privat oder gar nicht krankenversichert sind. Zur privaten Pflegeversicherung pflichtversichert sind auch die freiwillig in der gesetzlichen Krankenversicherung Versicherten, wenn sie von dem Recht auf Befreiung von der Versicherungspflicht in der sozialen Pflegeversicherung Gebrauch gemacht haben. – b) Kinder sind beitragsfrei mitversichert wie Kinder in der sozialen Pflegeversicherung (Familienversicherung). Ehegatten sind nicht beitragsfrei in der privaten Pflege-Pflichtversicherung mitversichert, doch erhalten sie eine Prämienvergünstigung. – c) Befreiungsmöglichkeiten sind grundsätzlich nicht vorgesehen. – d) Zur Kontrolle der Einhaltung der Versicherungspflicht bestehen Meldepflichten der privaten Versicherungsunternehmen an das Bundesversicherungsamt (BVA), wenn Pflegeversicherungsverträge bei Neuabschlüssen von Krankenversicherungsverträgen nicht geschlossen werden oder Pflegeversicherungsträger ohne Nachweis eines neuen Vertrages gekündigt werden. Die Nichterfüllung der Verpflichtung zum Abschluss einer privaten Pflegeversicherung kann mit einer Geldbuße bis zu 2.500 Euro durch das Bundesversicherungsamt geahndet werden (§ 121 SGB XI). – 2. *Leistungen:* Die privaten Pflegeversicherungsunternehmen müssen gleichartige Leistungen vorsehen, wie sie nach dem SGB XI in der sozialen Pflegeversicherung gewährt werden. Hierbei gelten hinsichtlich der Leistungsvoraussetzungen → Pflegebedürftigkeit und Pflegestufen und Vorversicherungszeiten dieselben Grundsätze (§ 23 VI SGB XI). – 3. *Organisation:* Grundsätzlich ist der private Pflegeversicherungsvertrag bei dem Unternehmen abzuschließen, bei dem der Betreffende krankenversichert ist. Die privaten Krankenversicherungsunternehmen führen daher auch die private Pflegeversicherung durch. Allerdings kann der Versicherte auch bei einem anderen Unternehmen den Pflegeversicherungsvertrag abschließen. Hierbei besteht ein Kontrahierungszwang für die Unternehmen (§ 110 SGB XI). Ein Ausschluss von Vorerkrankungen und Risikozuschläge ist nicht zulässig. Auch mit bereits pflegebedürftigen Personen müssen Verträge geschlossen werden. – 4. *Finanzierung:* grundsätzlich nach dem Kapitaldeckungsprinzip durch Prämien. Aufgrund der vom Gesetz vorgesehenen Rahmenbedingungen erfolgt Prämiengestaltung nicht allein nach dem zu versichernden Risiko. Die monatlichen Prämien dürfen den Höchstbeitrag der sozialen Pflegeversicherung nicht übersteigen (§ 110 SGB XI). Der Teilkostentarif für Beihilfeberechtigte darf 50 Prozent des Höchstbeitrages nicht übersteigen. Die familienversicherten Kinder sind beitragsfrei, für die nicht erwerbstätigen Ehegatten muss eine Prämienvergünstigung erfolgen. Beide Ehegatten zahlen zusammen höchstens 150 Prozent des Höchstbeitrages der sozialen Pflegeversicherung, wenn das Einkommen eines Ehegatten unter der Geringfügigkeitsgrenze von einem Siebtel der monatlichen Bezugsgröße nach § 18 SGB IV (§ 110 Nr. 2g SGB XI) liegt. Arbeitnehmer erhalten Beitragszuschüsse ihres Arbeitgebers in der Höhe, der dem Arbeitgeberanteil in der sozialen Pflegeversicherung entspräche, höchstens jedoch die Hälfte der zu zahlenden Prämie.

Phänomenologie → Methodologie.

Physical Quality of Life Index (PQLI) – Gesamtindikator zur Abbildung der physischen Lebensqualität in Entwicklungsländern. Gleichgewichteter, normativer Index aus Säuglingssterblichkeitsziffer, Lebenserwartung und Erwachsenenalphabetisierungsquote. – *Augmented PQLI:* Der ursprünglich von D.M. Morris entwickelte und vom Overseas Development Council der USA eingeführte Indikator wird häufig um zwei weitere Maßgrößen ergänzt: die Kalorienversorgung pro Kopf sowie die Einschulungsrate. Durch diesen Index sollte die Validität der Messung verbessert werden. – Die typischen Gesamtindikatorenprobleme (Auswahl und Gewichtung der Teilindikatoren) blieben jedoch ungelöst.

Physiokratie – 1. *Charakterisierung:* In der zweiten Hälfte des 18. Jh. in Frankreich entstandene gesellschafts- und wirtschaftstheoretische Schule, die maßgeblich von ihrem Begründer Quesnay, 1694-1774, geprägt wurde (weitere Vertreter: Cantillon, Gournay, Mercier de la Revière, Mirabeau, Turgot).–a) *Gesellschaftstheoretische Konzeption:* Diese beruht auf der Annahme, dass sich aus den Prinzipien des Naturrechts eine unabhängige und objektiv gegebene Norm ableiten lässt, deren Beachtung die größtmögliche Wohlfahrt für alle Menschen bewirkt *(Ordre Naturel).* Anders als im → klassischen Liberalismus wird davon ausgegangen, dass spontane und selbstinteressierte Handeln der Gesellschaftsmitglieder keine dieser natürlichen Ordnung entsprechende Gesellschaftsverfassung hervorbringt. Daher wird gefordert, dass durch einen aufgeklärten Herrscher eine Ordnung zu konstituieren und zu gewährleisten ist *(Ordre Positif),* die weitestgehend der natürlichen Ordnung entspricht. – b) *Wirtschaftspolitische Konzeption:* Im wirtschaftlichen Bereich wird gefordert, dass der Staat Eingriffe in den Wirtschaftsprozess auf ein Mindestmaß begrenzt (Reaktion auf den → Merkantilismus mit umfangreichem und zumeist konzeptionslosem → Dirigismus) sowie Privateigentum an den Produktionsmitteln und eine freie wirtschaftliche Betätigung der Menschen gewährleistet. – 2. *Klassen:* Der physiokratische Ansatz ist die erste sich geschlossene volkswirtschaftliche Konzeption: Der Grundgedanke ist, dass nur die Landwirtschaft wertschöpfend ist (ebenfalls eine Reaktion auf den Merkantilismus mit seiner einseitigen Förderung der gewerblichen Wirtschaft). Den produktiven Pächtern als *Classe Productive* stellt Quesnay die Grundeigentümer gegenüber, die von ersteren die Wertschöpfung *(Produit Net)* als Pacht erhalten und durch Kauf von Nahrungsmitteln und gewerblichen Gütern weiterverteilen *(Classe Distributive).* Die dritte Gruppe bilden die Handwerker und Händler, die im Wirtschaftsprozess den Gütern nur ihre eigene Arbeit hinzufügen, ohne neue Werte zu schöpfen *(Classe Stérile).* In seinem → Tableau Économique leitet Quesnay die Bedingungen für ein stationäres Gleichgewicht der Geld- und Güterströme zwischen diesen drei Klassen ab. – 3. Aus der Annahme, dass alleine die Landwirtschaft wertschöpfend ist, zieht die Physiokratie die *wirtschaftspolitische Folgerung,* dass primär diese zu fördern ist: Die kleinen Bauernhöfe sind durch leistungsfähige Großbetriebe zu ersetzen, eine Steuerreform soll die Eigenkapitalbildung in der Landwirtschaft forcieren, und die Reglementierungen des Getreidehandels sollen aufgehoben werden. Aus Billigkeitsgründen wird, der Theorie entsprechend, eine *Einheitsteuer aufgrund und Boden* (→ Impôt Unique) gefordert, die von den Grundeigentümern aus den Pachteinnahmen zu begleichen ist. – 4. *Entwicklung:* Die physiokratische Schule ist sehr bald, nicht zuletzt wegen ihrer unrealistischen Wertschöpfungstheorie und der daraus gezogenen wirtschafts- und steuerpolitischen Konsequenzen, in ihrem Einfluss von den sich rasch ausbreitenden Theorien der Klassiker (klassische Lehre) zurückgedrängt worden.

Pigou-Effekt – einer der → Vermögenseffekte des Geldes. Nach Pigou werden die Wirtschaftssubjekte bei sinkendem (steigendem) Preisniveau zur Wiederherstellung ihres Portfoliogleichgewichtes (Portfolio-Selection) bes. ihre Konsumnachfrage erweitern (vermindern), wodurch Auswirkungen auf die gesamtwirtschaftliche Nachfrage, Produktion und Beschäftigung sowie ggf. das Preisniveau ausgelöst werden. Der Pigou-Effekt ist insofern ein Teilaspekt des Realkassenhaltungseffekts. Theoretisch erklärt der Pigou-Effekt, dass eine expansive Geldpolitik oder Fiskalpolitik auch in den keynesianischen Situationen der Investitionsfalle und der Liquiditätsfalle zum Rückgang der Arbeitslosigkeit beitragen können.

Pigou-Steuer – Nach Pigou (1920) sollen die einzelwirtschaftlichen Kosten mit den volkswirtschaftlichen Kosten dadurch zur Deckung gebracht werden, dass die Verursacher negativer → externer Effekte besteuert werden. Der Pigou-Steuersatz liegt bei dem im pareto-optimalen Zustand veranschlagten marginalen externen Kosten und somit im Schnittpunkt von Grenzkosten und Grenznutzen. Eine vollkommene Umsetzung der Pigou-Steuer ist bes. wegen der bei der ökonomischen Bewertung der externen Effekte auftretenden Informationsprobleme kaum möglich. Die Idee der Pigou-Steuer bildet jedoch die Grundlage bei der Entwicklung praxisnäherer Besteuerungsvarianten, bes. der Emissionssteuer im Sinn des → Preis-Standard-Ansatzes. Außerdem dient sie in der Ökosteuer-Diskussion als Leitbild.

Pioniergewinne – Wettbewerbstheorie, → Unternehmergewinn.

PISA-Studie – PISA ist eine internationale Schulleistungsstudie, die von der Organisation für wirtschaftliche Zusammenarbeit und Zusammenarbeit (→ OECD) durchgeführt wird. An PISA nehmen die OECD-Mitgliedsstaaten sowie eine Reihe weiterer Partnerländer teil. PISA untersucht mithilfe von standardisierten Schulleistungstests in einem dreijährigen Turnus die Kompetenzen von 15jährigen in Lesen, Mathematik und Naturwissenschaften. – Die Ergebnisse der PISA-Studie haben in vielen Ländern zu bildungspolitischen Weichenstellungen geführt. Eine besonders starke Wirkung hat PISA in der Bundesrepublik Deutschland entfaltet, wo die Studie einen „PISA-Schock" auslöste und wo „PISA" für die mannigfaltigen Defizite des Bildungssystems steht. Als Gründe für die große Wirkung der Studie in Deutschland sind zu nennen: (1) der für viele überraschende Befund, dass die Schülerleistungen in Deutschland international nur im Mittelfeld liegen, (2) der Befund, wonach sich die soziale Herkunft in Deutschland besonders stark in den erzielten Schulleistungen niederschlägt, (3) die großen Unterschiede in den mittleren Schulleistungen zwischen einzelnen Bundesländern, die in einer nationalen Erweiterung der internationalen Studie dokumentiert werden konnten.

Planerfüllungsprinzip – unternehmerisches Formalziel in → staatssozialistischen Zentralplanwirtschaften, bei dem der Erfolg der volkseigenen Betriebe und Vereinigungen (VEB und VVB) an dem Erfüllungsgrad bestimmter vorgegebener Zielgrößen (Kennziffern) gemessen wird. – *Gegenteil*: erwerbswirtschaftliches Prinzip; Gewinnmaximierung als Ziel der privaten Unternehmen in einer → kapitalistischen Marktwirtschaft.

Planification – Prinzip der Raumordnungspolitik und Methode indikativer Wirtschaftsplanung im zentralistischen Frankreich (→ Zentralismus) seit 1945/1946. Der als grundlegender Koordinationsmechanismus anerkannte Wettbewerb und Preismechanismus auf Märkten soll dort, wo er als nicht funktionsfähig erscheint, durch gesamtwirtschaftliche Planung ergänzt oder ersetzt werden. Die gesamtwirtschaftliche Planung bezieht sich auf die angestrebte Entwicklung makroökonomischer Größen (Wachstumsrate des Nationaleinkommens, Preisniveauänderungsrate, Beschäftigungsstand, Investititonsquote, Branchenstruktur etc.). Der von der Regierung unter der Beteiligung der Tarifparteien, Wirtschaftsverbände und anderer sozialen Organisationen ausgearbeitete indikative Plan (Planungshorizont fünf Jahre) soll den Unternehmen Orientierungsgrößen für eigene Entscheidungen an die Hand geben und enthält für sie keine verbindlichen Planauflagen. Der Abstimmungsprozess zwischen den einzelnen beteiligten Gruppen bei der Aufstellung des Plans soll die für seine Realisierung notwendige Ausrichtung der Unternehmensaktivitäten auf die Planziele bewirken helfen. Die Planrealisierung wird darüber hinaus durch indirekt wirkende selektive Instrumente wie steuer- und zinspolitische Maßnahmen oder gezielte Investitionsaufträge an die Privatunternehmer unterstützt. Zugleich wurde die in Frankreich relativ hohe Anzahl staatlicher Unternehmen durch direkte Lenkungsmethoden beeinflusst. Nach den Parlamentswahlen 1986 waren verstärkte Privatisierungsanstrengungen und ein zunehmender Verzicht auf die Planification zu verzeichnen.

Planwirtschaft – 1. *Begriff*: in Literatur und Publizistik oft anzutreffende Bezeichnung für eine → Wirtschaftsordnung, in der der Wirtschaftsprozess von einer zentralen Instanz auf der Grundlage ihres Plans koordiniert wird. Eine solche Kennzeichnung impliziert jedoch, dass das Wirtschaften in anders gearteten Wirtschaftsordnungen nicht auf Plänen beruht, was logisch falsch ist. Daher sind diesem Begriff zur Beschreibung der gemeinten Wirtschaftsordnungen Bezeichnungen wie z.B. → Zentralverwaltungswirtschaft (Eucken) vorzuziehen. - 2. *Planversagen:* a) Informations- und Kontrollprobleme der zentralen Planung, die angesichts der Planung für eine gesamte Volkswirtschaft überfordert ist. - b) Motivationsprobleme der ausführenden Einheiten, die nach dem Prinzip der → Planerfüllung von nicht-materiellen Anreizen angeregt worden sind. - c) Fehlende Märkte und → Institutionen. - *Gegenteil:* → Marktversagen. - *Anders:* → Staatsversagen.

plastische Produktionsfaktoren → Produktionsfaktoren, die für qualitativ gute Ergebnisse einen breiten Ermessensspielraum benötigen, der nicht zu formalisieren und quantifizieren und durch Außenstehende schlecht zu kontrollieren ist. Der effiziente Einsatz eines plastischen Produktionsfaktoren kann wegen der fehlenden Formalisierbarkeit nicht vertraglich erzwungen werden. Bei plastischen Produktionsfaktoren kommt es in bes. Maße auf ihre Positionierung im Verhältnis zur Unternehmung an: Je nachdem, ob sie zentral oder peripher positioniert sind, sollte man sie vertikal integrieren oder mit ihnen am Markt kontrahieren (→ Transaktionskostenökonomik).

Pluralitätsregel → einfache Mehrheitsregel.

Political Economy → Allgemeine Wirtschaftspolitik.

Politik - *Auf wirtschaftlichem Gebiet* allgemeine Wirtschaftspolitik. Man unterscheidet zwischen der → Ordnungspolitik zur Setzung der Rahmenbedingungen (z.B. Wettbewerb und Eigentum) und der → Prozesspolitik (Ablaufspolitik), z.B. zur Stabilisierung der Ökonomie i.S.d. Stabilitäts- und Wachstumsgesetzes (StWG). - Der Begriff Politik ist auch in *nicht staatliche Bereiche* übernommen worden, z.B. Unternehmenspolitik.

Politikberatung → wirtschaftswissenschaftliche Politikberatung.

Politik des billigen Geldes - expansive Geldpolitik, die zu Verminderung der Zinssätze auf den Geld- und auf den Kreditmärkten führt. - Vgl. auch → billiges Geld.

Politik des individuellen Schornsteins → Stand der Technik.

Politikversagen → Staatsversagen. - *Gegenteil:* → Marktversagen.

politische Durchsetzbarkeit - Kriterium zur Beurteilung wirtschafts- und umweltpolitischer Instrumente. Determinanten der politischen Durchsetzbarkeit sind Konsensfähigkeit, Imagewirkung, Operationalität, politische Rationalität, Verbandsinteressen und Werteverträglichkeit. - Vgl. auch Neue Institutionenökonomik, Neue Politische Ökonomie.

politische Effizienz - *politische Durchsetzbarkeit;* Kriterium für die Durchsetzbarkeit eines (umwelt-)politischen Instruments im politischen Raum. Determinanten der politischen Effizienz sind Konsensfähigkeit, Imagewirkung, Operationalität, politische Rationalität, Verbandsinteressen und Werteverträglichkeit.

Politische Ökonomie der Umwelt - Grundgedanke ist die Erklärung von Charakteristika der Umweltpolitik, etwa der Auswahl umweltpolitischer Instrumente oder der Festlegung von Umweltqualitätsstandards, aus dem Zusammenspiel der Interessen der am politischen Prozess beteiligten Gruppen. Hierbei treten Produzenten und Konsumenten (Wähler) als Nachfrager umweltpolitischer Maßnahmen, Politiker und Angehörige der Bürokratie als deren Anbieter auf. Die Besonderheit der Politischen Ökonomie der Umwelt besteht im Vergleich zur traditionellen Umwelt- und Ressourcenökonomik darin, dass sie davon ausgeht, Politiker und leitende Angehörige der Verwaltung verfolgten nicht das Ziel der Maximierung des „Gemeinwohls". Vielmehr wird ein Streben nach Wählerstimmen- bzw. Budgetmaximierung unterstellt. Da sich Interessengruppen und ihre Verbände in sehr unterschiedlichem Maße bei der politischen Willensbildung artikulieren können, ergeben sich Unterschiede zu einer dem Gemeinwohl verpflichteten Umweltpolitik.

politischer Konjunkturzyklus - W.D. Nordhaus (1975) hat die Ansätze der Neuen Politischen Ökonomie weiterentwickelt und einen politischen Konjunkturzyklus modelliert. Es wird unterstellt, dass Politiker zwischen → Inflationsrate und Unterbeschäftigung abwägen könnten (Konzept der Phillips-Kurve). Vor einem Wahltermin wird die Regierung durch verstärkte öffentliche Nachfrage für mehr Beschäftigung sorgen und dafür eine höhere Inflationsrate in Kauf nehmen. Die Kosten der Disinflation sowie der Konsolidierung der Staatsverschuldung fallen erst nach der Wahl an. Es hat sich jedoch gezeigt, dass die Wähler dies bei rationalen Erwartungen und hinreichenden Informationen durchschauen und entsprechend höhere Löhne fordern (Lucas-Kritik), sodass die Beschäftigung nicht dauerhaft höher wird, sondern lediglich die Inflationsrate steigt. Wenn auch Politiker unter diesen Rahmenbedingungen über rationale Erwartungen verfügen, ist ein politischer Konjunkturzyklus irrational. - *Anders:* wirtschaftlicher Konjunkturzyklus.

politischer Stimmentausch → Logrolling.

politischer Unternehmer - in der Neuen Politischen Ökonomie das Bild eines Politikers (bzw. einer Partei), der seine Chancen gewählt zu werden dadurch zu erhöhen versucht, dass er Unzufriedenheit unter vernachlässigten Wählergruppen aufspürt und ihre Interessen in sein Programm aufnimmt. Der politische Unternehmer spielt eine wichtige Rolle im Hinblick auf die Frage, ob der politische Wettbewerb zu einer angemessenen Vertretung der Interessen aller Bürger führt. Im Unterschied zum am Markt tätigen Unternehmer verfolgt der politische Unternehmer nicht die Zielsetzung der Gewinnmaximierung, sondern die der Stimmenmaximierung (→ Ökonomische Theorie der Politik). Zudem ersetzt der Wahlmechanismus beim politischen Unternehmer den Marktmechanismus. – Vgl. auch → Staatsversagen.

politisches Gleichgewicht → Parteienwettbewerb, → Medianwähler-Konzept, → Hotelling-Regel.

Polluter Pays Principle → Verursacherprinzip.

Polypol – 1. *Begriff*: Marktform, die durch viele Anbieter und/oder Nachfrager charakterisiert ist (Anbieterpolypol, Nachfragerpolypol oder bilaterales Polypol). Das Polypol ist durch das Fehlen einer Interdependenz bzw. Reaktionsverbundenheit zwischen den Anbietern und/oder Nachfragern charakterisiert. – 2. *Unterscheidung*: a) Auf einem *vollkommenen Markt* können Anbieter oder Nachfrager aufgrund ihres geringen Marktanteils durch ihr Verhalten den Preis nicht beeinflussen; sie verhalten sich daher als *Mengenanpasser* (Preis = Datum, Menge = Aktionsparameter) (→ vollkommene Konkurrenz). – b) Auf → *unvollkommenen Märkten* herrscht → monopolistische Konkurrenz.

Population Trap → Bevölkerungsfalle.

Portfolio-Investition – Form der → Auslandsinvestition. Portfolio-Investitionen sind Übertragungen inländischen Kapitals ins Ausland zum Zweck des Erwerbs von Forderungen, die keine direkten Eigentumsrechte begründen, z.B. von Anteilen an Immobilienfonds, von Obligationen sowie von Anteilen an Unternehmen, sofern damit nicht ein wesentlicher Einfluss auf die Unternehmenspolitik verbunden ist. – Für *Entscheidungen über* Portfolio-Investitionen wird i.d.R. ein Rendite- und Risikokalkül unterstellt, in das sowohl die feste oder variable Verzinsung des Wertpapiers als auch Gewinnmöglichkeiten als erwarteten Kursbewegungen am Wertpapiermarkt als auch Überlegungen zur Risikodiversifikation eingehen. – *Gegensatz*: → Direktinvestition.

positive Agency-Theorie → Agency-Theorie.

positive Anpassungspolitik – *Positive Adjustment Policy*; von der OECD entwickeltes Konzept der → sektoralen Strukturpolitik (1983). – *Ziele*: (1) Die positive Anpassungspolitik zielt auf eine *Beschleunigung des* → sektoralen Strukturwandels durch Beseitigung von *Anpassungshemmnissen*. Ausgehend von dem empirischen Befund, dass strukturelle Anpassungsprozesse in einer wachsenden Volkswirtschaft und bei stabilen makroökonomischen Rahmenbedingungen leichter zu bewältigen sind, wird der Stabilitäts- und Wachstumspolitik auch eine strukturpolitische Verantwortung auferlegt. (2) Zudem wird eine Erhöhung der *mikroökonomischen Flexibilität* gefordert. Die Faktormobilität hängt entscheidend davon ab, dass der Lenkungsmechanismus der Preise und Löhne voll funktioniert. In diesem Kontext wird bes. eine stärkere Lohndifferenzierung für wünschenswert gehalten, um den Arbeitskräften Anreize für die Suche nach besseren und zukunftssicheren Beschäftigungsmöglichkeiten zu bieten. Hinsichtlich der Mobilität des Faktors Kapital ist auf die Schaffung eines günstigen Investitionsklimas hinzuwirken. (3) Weiterer Ansatzpunkt ist die *Wettbewerbspolitik*, die sich darauf ausrichten soll, die Märkte für potenzielle Konkurrenz offen zu halten. Wettbewerbspolitisches Leitbild ist hierbei nicht die vollständige Konkurrenz, sondern eher das Modell des *funktionsfähigen Wettbewerbs* (Wettbewerbspolitik). (4) Auch hat die → Innovationsförderung eine wichtige Rolle zu spielen. Sie zielt im Konzept der positiven Anpassungspolitik aber überwiegend auf die Herstellung allg. innovationsfreundlicher Rahmenbedingungen. (5) Für *Erhaltungs- oder Stützungsmaßnahmen* zugunsten solcher Wirtschaftszweige, die im Strukturwandel bedroht sind, sieht die positive Anpassungspolitik nur einen engen Spielraum. Sie werden als zulässig erachtet, um den zeitlichen Ablauf notwendiger Anpassungsprozesse zu strecken, bes. um den Unternehmen Gelegenheit zu geben, ihre Produktion zu restrukturieren, bzw. durch Innovationsbemühungen ihre Marktposition wieder zu festigen. – *Zusammenfassend* kann das Konzept der positiven Anpassungspolitik als ein strukturpolitischer Ansatz bezeichnet werden, der den Unternehmen Hilfe zur Selbsthilfe vermittelt.

positive Reaktion – Anforderung an → Abstimmungsverfahren, die sicherstellt, dass ein Wähler, der im Fall eines Stimmen-Gleichstands sein Wahlverhalten zugunsten einer Alternative ändert, dieser damit zum Sieg verhilft. – *Gegensatz*: → negative Reaktion.

Post → Deutsche Post AG, → Deutsche Postbank AG.

Postbank → Deutsche Postbank AG.

Post Graduated – nach dem Erwerb eines akademischen Grades erfolgend. – *Post-Graduated-Ausbildung*: → Managementschulen.

postindustrielle Gesellschaft → Dienstleistungsgesellschaft.

postkeynesianische Geldtheorie – Weiterentwicklung der keynesianischen Geldtheorie sowohl zur Transmission monetärer Impulse als auch zum Kausalzusammenhang zwischen der wirtschaftlichen Aktivität und der in einer Volkswirtschaft umlaufenden → Geldmenge. Den Ausgangspunkt der meisten Modelle bilden dabei portfoliotheoretische (Portfolio Selection) und kreditmarkttheoretische Überlegungen, mit denen die Keynesianische Theorie (Keynesianismus) um weitere Übertragungsmechanismen geldpolitischer Impulse auf den realen Sektor ergänzt wird. Darüber hinaus wurden im Rahmen der postkeynesianischen Geldtheorie Überlegungen angestellt, die herkömmliche Vorstellungen von einer durch die → Zentralbank kontrollierbaren Geldmengenentwicklung in Frage stellen und die Analyse der Wirkungen der Geldmenge auf die wirtschaftliche Aktivität durch eine Berücksichtigung der umgekehrten Kausalität von der wirtschaftlichen Aktivität auf die Geldmenge ergänzen (Endogenisierung der Geldmenge). Kennzeichnend für die Ansätze ist ferner, dass sie eine mikroökonomische Fundierung der Geldtheorie anstreben und deshalb auch den Banken- und Finanzsektor einer Volkswirtschaft explizit in die Analyse einbeziehen.

postkeynesianische Verteilungstheorie – 1. *Grundgedanke:* Postkeynesianer halten die traditionelle → Grenzproduktivitätstheorie der Verteilung zur allgemeingültigen Erklärung von Verteilungsgesetzen für fehlkonstruiert, da diese auf einem unhaltbaren Kapitalbegriff basiert (Kapitaltheoretische Kontroverse). Das gilt für die Partialanalyse, deren Vorgehensweise im Rahmen des neoklassischen Paradigmas häufig umstandslos auf die Gesamtwirtschaft übertragen werden, aber auch für die Ableitung der Einkommensverteilung im generellen mikroökonomischen Totalmodell. – 2. *Theoretische Basis der postkeynesianischen Verteilungstheorien:* Im Rahmen der postkeynesianischen Wirtschaftstheorie sind verschiedenartige Beiträge zur Verteilungstheorie entstanden, die zentrale Elemente der Theorie von John Maynard Keynes aufnehmen. Dazu gehören v.a. die Mechanismen, die in der von Keynes aufgeführten Metapher vom „Krug der Witwe" zum Ausdruck kommen. Dies ist zum einen die Auffassung, dass die Ausgaben, die von den Unternehmen als Investitionen getätigt werden, ihnen wieder als Einnahmen zurückfließen. Dies bedeutet, dass die Unternehmerschaft als Ganzes es selbst in der Hand hat, durch Festlegung ihrer Ausgaben über ihre Einkommen zu entscheiden („Capitalists earn what they spend, and workers spend what they earn"). Zum anderen verbindet sie der Bezug auf den zentralen Kern der keynesianischen Theorie, nämlich die Feststellung, dass die Investitionen unabhängig von der geplanten Ersparnis sind und sich letztere über den Multiplikatorprozess an erstere anpassen. – 3. → *Kreislauftheorie der Verteilung:* Als Prototyp der postkeynesianischen Verteilungstheorie gilt das Verteilungsmodell von Nicholas Kaldor aus den 1950er-Jahren, das als Kreislauftheorie der Verteilung bezeichnet wird. Kaldor behandelt die Einkommensverteilung im Zusammenhang mit seiner Wachstumstheorie. Zentraler Baustein ist dabei die Annahme von unterschiedlich hohen einkommensspezifischen Sparquoten, wobei die Sparquote aus Profit- größer ist als die aus Lohneinkommen. Unter dieser und weiteren Voraussetzungen wird die quotale Einkommensverteilung gemäß der bekannt gewordenen Kaldor-Formel der Einkommensverteilung bestimmt. – 4. → *Monopolgradtheorie der Verteilung:* Auch die von Michal Kalecki entwickelte Version einer Monopolgradtheorie der Verteilung kann zur postkeynesianischen Verteilungstheorie gezählt werden. Kalecki berücksichtigt in seinem Ansatz, dass es Auseinandersetzungen zwischen verschiedenen am Produktionsprozess beteiligten Gruppierungen um die Verteilung des Einkommens gibt. Die Einkommensverteilung wird in diesem Ansatz durch die relativen Kräfteverhältnisse der Konfliktparteien mit beeinflusst. – 5. *Ergebnis:* a) Die Verteilung ist in postkeynesianischen Verteilungstheorien, soweit sie auf Kalecki aufbauen, in Grenzen beeinflussbar, bevor ökonomische Gegenkräfte auftreten. Einkommensunterschiede sind weder naturgegeben noch ökonomische Fakten. Sie sind vielmehr sowohl das Ergebnis sozialer und politischer Bedingungen und Entscheidungen als auch der Dynamik des Marktes. – b) Da der Markt allein nicht in der Lage ist, Verteilungsfragen zu lösen und da Wechselwirkungen zwischen Verteilung, Beschäftigung, Investitionen und Wachstum bestehen, ist für Postkeynesianer eine Einkommenspolitik von essenzieller Bedeutung. Dabei ist Einkommenspolitik umfassend (in keinem Fall also zu verwechseln mit den bekannten preisstabilisierenden → Lohnregeln) und allg. zu verstehen. Sie erfasst alle Einkommen, nicht nur die Lohneinkommen, und lässt sich nicht unabhängig von der Investitionspolitik rechtfertigen. Voraussetzung für eine Erfolg versprechende Einkommenspolitik ist ein Konsens der Gruppen über die Verteilung. Die so charakterisierte Einkommenspolitik ist integraler Bestandteil einer allg. Konjunktur- und Wachstumspolitik. – c) Postkeynesianische Verteilungstheorien zeichnet aus, dass der Modellrahmen der postkeynesianischen Analyse für die Entwicklung einer Verteilungstheorie geeignet ist, die über den engen Marktrahmen hinausgeht und die Einflüsse von institutionellen, soziologischen und politischen Aspekten mitberücksichtigt. Dies unterscheidet sie vom in dieser Hinsicht geschlossenen neoklassischen Paradigma. Die postkeynesianischen makroökonomischen Modelle besitzen prinzipiell einen Freiheitsgrad, der wie bei den Klassikern durch die Verteilung geschlossen werden kann. – 6. *Schlussfolgerungen:* Verteilungsfragen sind auf allen Ebenen notwendigerweise im konjunktur- und wachstumspolitischen Zusammenhang zu stellen. Vielfältige Aspekte (bezüglich der Zielsetzungen, Zielkonflikte und Wirkungszusammenhänge) erschweren die Analyse. Hinzu kommt angesichts des Standes der weltwirtschaftlichen Integration die Notwendigkeit, außenwirtschaftliche Zusammenhänge in die Analyse mit einzubeziehen. – Vgl. → Verteilungstheorie, → Keynes-Kaldor-Verteilungstheorie.

Postkeynesianismus → Keynesianismus.

Postumwandlungsgesetz (PostUmwG) – rechtliche Grundlage für die Errichtung der drei Unternehmen → Deutsche Post AG, → Deutsche Postbank AG und → Deutsche Telekom AG zum 1.1.1995.

Potenzialerwerbsquote – 1. *Begriff* der Arbeitsmarktforschung für das Verhältnis des → Erwerbspersonenpotenzials (1) zur gesamten Bevölkerung *(allg. Potenzialerwerbsquote)* oder (2) zur Bevölkerung im Alter von 15 bis 64 Jahren *(spezifische Potenzialerwerbsquote)*. – 2. *Abgrenzung zur Erwerbsquote:* Im Unterschied zu der von der amtlichen

Bevölkerungs- und Erwerbstätigkeitsstatistik ermittelten Erwerbsquote umfasst die Potenzialerwerbsquote im Zähler nicht nur die Zahl der → Erwerbspersonen, sondern zusätzlich die geschätzte Zahl versteckter Arbeitsloser (→ Stille Reserve) und damit die Gesamtzahl potenzieller Erwerbspersonen; sie wird nach dem Beschäftigungsorts-und nicht nach dem Wohnsitzkonzept ermittelt. – 3. *Bedeutung:* Die Potenzialerwerbsquote wird unter Berücksichtigung des festgestellten Entwicklungstrends der alters- und geschlechtsspezifischen Erwerbsquoten sowie der Alters- und Geschlechtsstruktur der Bevölkerung als eine nur in der Hochkonjunktur tatsächlich erreichbare Erwerbsquote geschätzt.

potenzialorientierte Geldpolitik – potenzialorientierte Kreditpolitik; geldpolitische Konzeption mit dem Ziel, die Geld- und Kreditversorgung mittelfristig mit der Wachstumsrate des Produktionspotenzials ansteigen zu lassen. Die Wachstumsrate z.B. der Geldmenge M3 ist gleich der Veränderungsrate des Produktionspotenzials, erweitert um die unvermeidbare Inflation sowie um den trendmäßigen Rückgang der Umlaufgeschwindigkeit des Geldes. Damit soll erreicht werden, dass sich die Gesamtnachfrage gleichmäßig mit dem Produktionspotenzial entwickelt. Im Gegensatz zur (monetaristischen) → Geldmengenregel lässt die potenzialorientierte Geldpolitik zu, dass bei Abweichungen zwischen Produktionspotenzial- und Nachfrageentwicklung diskretionäre Maßnahmen ergriffen werden.

potenzialorientierte Kreditpolitik → potenzialorientierte Geldpolitik.

potenzialorientierte Wirtschaftspolitik – 1. *Beispiele:* (a) Potenzialorientierte Geldpolitik, bei der die Wachstumsrate des weit gefassten Geldmengenaggregates M3 sich an der Entwicklung der Produktionsmöglichkeiten ausrichtet, korrigiert um die trendmäßige Veränderung der Umlaufsgeschwindigkeit sowie um die nicht-vermeidbare Inflation. (b) Konjunkturneutrale Fiskalpolitik, bei der sich die Ausgaben

Potenzieller Wettbewerb – Synopsis der verschiedenen Marktschranken

	Private Marktschranken	**Staatliche Marktschranken**
Marktzutrittsschranken:		
– strukturelle	Betriebsgrößenvorteile, absolute Kostenvorteile, Produktdifferenzierungsvorteile	Industriepolitik, z.B.: – Handels- und Gesellschaftsrecht – Patent- und Lizenzsystem – Fusionskontrolle (z.B. Verbot des Marktzutrittes für ein den Markt beherrschendes Unternehmen)
– strategische	z.B. Limit Pricing, Überkapazitätsstrategie, Produktdifferenzierungsstrategie, Gesamtumsatzrabatte, vertikale Bindungen	spezielle Industriepolitiken, z.B.: – Subventionen für einzelne Unternehmen – Regulierung des Marktzutritts (im Verkehr) – Verbot unerwünschter Fusionen im Einzelfall (z.B. zwecks Abwehr ausländischer Unternehmen)
Marktaustrittsschranken:		
– strukturelle	z.B. Sunk Costs im Falle dauerhafter und hoch spezialisierter Anlagenwerte oder von Vertragsstrafen bei Produktionseinstellung	z.B. Vorschriften über Sozialpläne für die Beschäftigten eines Unternehmens im Falle des Konkurses
– strategische	Verbleiben am Markt z.B. aus Gründen der Imagepflege, der Vermarktungsmöglichkeiten oder des Zugangs zu Finanzmärkten	z.B. Moral Suasion im Falle eines drohenden Konkurses und daraus resultierender Entlassung von Arbeitnehmern

und Einnahmen des Staates nicht nach der Konjunkturlage richten, sondern sich am Wachstumspfad der Wirtschaft orientieren. – 2. *Vorteile*: (a) Stetige und verlässliche Wirtschaftspolitik führt zur Reduktion der Unsicherheit. Die Investitionen steigen. (b) Keine Problematik der Zeitverzögerung, da kein diskretionärer Instrumenteneinsatz. (c) Kein strategisches Verhalten der Politiker, die Wahlen gewinnen wollen. – Vgl. auch Angebotspolitik, regelgebundene Wirtschaftspolitik.

potenzieller Wettbewerb – 1. *Begriff:* Der potenzielle Wettbewerb stellt darauf ab, dass das wettbewerbliche Verhalten von Unternehmen nicht nur durch die Existenz tatsächlicher Konkurrenten auf dem → relevanten Markt beeinflusst wird, sondern auch durch einen möglichen Markteintritt potenzieller Konkurrenten. Ein solcher Markteintritt kann erfolgen durch: räumliche Erweiterung *(Market Extension)*; produktmäßige Erweiterung *(Product Extension)* durch etablierte Unternehmen in Form externer bzw. interner Diversifikation in einen anderen Markt oder Neugründung eines Unternehmens. – Von Neugründungen dürfte dabei der geringste Wettbewerbsdruck auf etablierte Unternehmen ausgehen. Der Markteintritt potenzieller Konkurrenten hängt von deren Gewinnerwartungen nach erfolgtem Marktzutritt ab, die bes. von der Höhe der Marktschranken bestimmt werden. – 2. *Marktaustritts- (MAS) und Marktzutrittsschranken (MZS):* a) MZS stellen aus der Sicht der potenziellen Konkurrenten (von den etablierten Unternehmen bereits investierte) *Kosten* dar, die ihre Gewinnerwartungen im Hinblick auf einen möglichen Marktzutritt schmälern (→ Chicago School; Stigler). – b) *Unterscheidung:* MZS können teils extern vorgegebene Größe oder als verhaltensbedingte Komponente gesehen werden; dementsprechend unterscheidet man *strukturelle und strategische MZS*. Darüber hinaus muss unterschieden werden, ob die strukturellen oder strategischen Marktschranken *privat oder vom Staat* veranlasst worden sind. (1) Bei den *privaten MZS* kann zwischen strukturellen und strategischen Schranken unterschieden werden: (a) Bain unterscheidet drei *strukturelle MZS*: Produktdifferenzierungsvorteile (Product Differentiation Advantages of Established over Potential Entrant Firms), *Betriebsgrößenvorteile* (Economies of Scale Production) und *absolute Kostenvorteile* (Absolute Cost Advantages of Established over Potential Entrant Firms). – Auch einzelne → *Marktphasen* können strukturelle Marktzutrittsschranken darstellen. Die Aufnahmefähigkeit des Marktes ist in der Experimentier- und Expansionsphase höher als in der Ausreifungs- und Stagnationsphase. –(b) *Strategische MZS* können nach der Art der eingesetzten Aktionsparameter unterschieden werden: Unternehmen, die eine *Limitpreisstrategie* betreiben, setzen den Preis so niedrig, dass es sich für den Newcomer nicht lohnt, in den Markt einzutreten; mithilfe einer *Überkapazitätsstrategie* können etablierte Unternehmen zusätzliche Nachfrage schneller und möglicherweise kostengünstiger befriedigen als Newcomer, die dadurch vom Marktzutritt abgehalten werden; durch eine *Produktdifferenzierungsstrategie* kann potenziellen Konkurrenten der Marktzutritt dadurch erschwert werden, dass die etablierten Unternehmen möglichst viele Produktvarianten anbieten und damit die Marktchancen für neue Produktvarianten einschränken (Schließen der Marktnischen); durch *vertikale Bindungen* kann potenziellen Konkurrenten der Zugang zu Zuliefer- oder Absatzmärkten erschwert werden. – Potenzielle Konkurrenten können schließlich durch *MAS (Barriers to Exit)* vom Marktzutritt abgehalten werden. (c) *Strukturelle MAS* bestehen dann für ein nach Gewinnmaximierung strebendes Unternehmen, wenn sich die für einen speziellen Markt benötigten Kapitalgüter im Produktionsprozess nicht amortisieren und wenn der Liquidationserlös bzw. der Alternativertrag (Opportunitätskosten) der Kapitalgüter bei Marktaustritt zu einem Wert führen würde, der geringer ist als die beim Marktaustritt zugrunde gelegten Kosten der in dieser bestimmten Verwendung gebundenen Ressourcen (sog. → Sunk Costs). Sunk Costs wirken insofern als MZS, als sie Kosten darstellen, die zwar ein Newcomer beim Markteintritt zu beachten hat, nicht aber das etablierte Unternehmen, welches diese Ausgaben bereits in der Vergangenheit unwiederbringlich getätigt hat (Irreversibilität der Kosten). (d) *Strategische MAS* können für ein etabliertes Unternehmen auch darin bestehen, dass es z.B. aus Gründen der Imagepflege, der Vermarktungsmöglichkeiten oder des Zugangs zu den Finanzmärkten dem Verbleib im Markt eine höhere strategische Bedeutung zumisst als der Profitrate, die es in diesem Markt erzielt. Die Kenntnis dieser Austrittsbarrieren kann potenzielle Konkurrenten trotz niedriger struktureller und strategischer MZS vom Markt fernhalten. (2) Neben den Markteintritts- bzw. Marktaustrittsschranken, die direkt aus den Entscheidungen der Wirtschaftssubjekte resultieren, gibt es auch *Marktschranken*, die ihre Ursache in den *vom Staat* gesetzten rechtlichen Rahmenbedingungen des Wirtschaftens bzw. in konkreten Maßnahmen staatlicher Wirtschaftspolitik haben. (a) Staatliche *Marktschranken struktureller Art* sind z.B. das Patentrecht oder im Hinblick auf den Marktaustritt Vorschriften über Sozialpläne für die Beschäftigten eines Unternehmens im Insolvenzfall. (b) Staatliche *Marktschranken strategischer Art* sind z.B. die Regulierung des Marktzutritts im Verkehrswesen oder die Moral-Suasion-Politik im Fall drohender Entlassungen von Arbeitnehmern (bei Großunternehmen mit einer hohen Zahl an Arbeitsplätzen). – Die verschiedenen Formen der privaten und staatlichen Marktzutritts- bzw. Marktaustrittsschranken lassen sich systematisch darstellen (vgl. Abbildung „Potenzieller Wettbewerb – Synopsis der verschiedenen Marktschranken"). (3) Die *Bedeutung des potenziellen Wettbewerbs* wird in dem von Baumol, Panzar und Willig entwickelten Konzept der *Contestable Markets* hervorgehoben. Danach zwingt die potenzielle Konkurrenz die etablierten Unternehmen zu einem Marktverhalten, das unabhängig von der Marktstruktur Pareto-optimale Marktergebnisse erwarten lässt. Dies setzt allerdings voraus, dass Marktzutritt und Marktaustritt frei und damit kostenlos sind und dass die Nachfrager auf einen Markteintritt schneller reagieren als die etablierten Unternehmen mit Abwehrstrategien. Diese Annahmen ermöglichen es potenziellen Konkurrenten, die über profitable Preisunterbietungsmöglichkeiten verfügen, jederzeit auf den Markt zu drängen und kurzfristig hohe Gewinne zu erzielen, um dann nach erfolgter Reaktion der etablierten Unternehmen den Markt wieder kostenlos zu verlassen *(Hit-and-Run-Strategie)*. – Die Contestability von Märkten hängt allerdings entscheidend von dem Fehlen von Marktzutritts- und Marktaustrittsschranken ab, weshalb Shepherd das Konzept der Contestable Markets als ein bloßes „Gedankenexperiment" charakterisiert hat. Das Konzept ist von der Chicago School of Antitrust Analysis dazu benutzt worden, um die Konzentration als in erster Linie produktiv und nur in Ausnahmefällen wettbewerbsbeschränkend zu charakterisieren, da auch bei Fehlen von tatsächlichen Wettbewerbern infolge eines völlig freien Marktzu- und Marktaustritts ausreichender potenzieller Wettbewerbsdruck herrsche.

Poverty Reduction and Growth Facility → PRGF.

Poverty Reduction Strategy Paper → PRSP.

PQLI – Abk. für → Physical Quality of Life Index.

Präferenzrelation – I. Wohlfahrtsökonomik: → kollektive Präferenzrelation.

II. Mikroökonomik: Haushaltstheorie; ordinale Nutzentheorie.

Prägerecht → Münzhoheit.

Prämie – I. Versicherungswesen: Entgelt des Versicherungsnehmers für den Versicherungsschutz. Zusammen mit der Prämie sind Versicherungsteuer und Nebengebühren zu entrichten. Die Prämie ist i.Allg. für ein Jahr bemessen und wird i.d.R. im Voraus bezahlt; bei Zahlung einer tariflichen Jahresprämie in unterjährigen Raten ist für den Zinsausfall und die Verwaltungskosten des Versicherten ein Zuschlag zu entrichten. – Zu unterscheiden sind *Erstprämie* und *Folgeprämie*. – *Nicht rechtzeitige Zahlung* der Erst- oder Einmalprämie führt zum Verlust des Versicherungsschutzes (§ 38 I VVG); der Versicherer kann den Vertrag kündigen (§ 38 I VVG). Bei Folgeprämienverzug (Mahnung erforderlich) hat der Versicherer ebenfalls ein Kündigungsrecht (§ 39 VVG).

II. Agrarpolitik: in der EU als Anreiz zur Unterstützung gewünschter Entwicklungen (z.B. Qualitäts-, Abschlachtungsprämien, Prämie für die Nichtvermarktung von Milch) angewandt. Mit der Agrarreform von 1992 erfolgte die Subventionierung der Landwirtschaft verstärkt über *tier- bzw. flächengebundene Prämienzahlungen* und seit 2003 stellen *entkoppelte Betriebsprämien* ein zentrales Instrument der EU-Agrarpolitik (→ Agrarpolitik) dar. Im Gegensatz zu faktorgebundenen Prämienzahlungen haben entkoppelte Betriebsprämien keine bzw. sehr geringe Effekte auf die innerbetriebliche Produktionsstruktur und implizieren somit eine höhere Allokationseffizienz. Aufgrund der geringen Produktionseffekte wurde die EU im Rahmen der WTO-Verhandlungen von den großen Agrarexporteuren aufgefordert, sämtliche Subventionszahlungen zu entkoppeln. In der EU-Agrarpolitik wird ab dem Jahr 2014 über das sogenannte *Greening* der Prämienzahlungen nachgedacht, d.h. die Bindung der Direktzahlungen an ökologische Standards (→ Agrarumweltpolitik).

präventiver Umweltschutz – Umweltschutzmaßnahmen, die zukünftige Anforderungen an die → ökologische Kompatibilität ökonomischer Aktivitäten in die aktuelle Entscheidungsfindung einbeziehen und damit kosten- und zeitintensive nachträgliche Anpassungen vermeiden (z.B. integrierter Umweltschutz). – Vgl. auch → additiver Umweltschutz, → Umweltpolitik, → Umwelttechnologie.

Prebisch-Singer-These – 1. *Aussage:* Die → Commodity Terms of Trade entwickeln sich zuungunsten der Entwicklungsländer, wodurch sich ein Realtransfer in die Industrieländer ergibt. – 2. *Analytische Begründung und Annahmen:* a) Die Einkommenselastizität der Nachfrage nach Primärgütern (Exporte der Entwicklungsländer) ist vergleichsweise niedrig. – b) Die Einkommenselastizität der Nachfrage nach Industrieprodukten (Exporte der Industrieländer) ist vergleichsweise hoch, d.h. bei wachsendem Einkommen nimmt der Anteil des Einkommens zu, der für Importe aus Industrieländern aufgewendet wird. – c) Auf den Märkten für Güter der Entwicklungsländer herrscht ein intensiverer → Wettbewerb als für Produkte der Industrieländer (wegen des hohen Homogenitätsgrades der Rohstoffe). – d) Der Wettbewerbsgrad auf den Arbeitsmärkten der Entwicklungsländer ist höher als bei denen der Industrieländer (wegen des geringen gewerkschaftlichen Organisationsgrades und wegen der geringeren Qualifikations-Differenzierung). Die Wohlfahrtsgewinne der Produktivitätssteigerung der Arbeit werden durch niedrigere Preise an die Industrieländer weitergegeben, während der Produktivitätsfortschritt in den Industrieländern dort zu höheren Löhnen führt, der das Lohndifferenzial zwischen Industrieländern und Entwicklungsländern erhöht. Prebisch untermauerte seine These empirisch durch die stetige Verringerung der Net-Barter-Terms of Trade Englands (Commodity Terms of Trade) für den Zeitraum 1876 bis 1947. – 3. *Beurteilung:* Die unterschiedlichen Entwicklungen der Terms of Trade hängen v.a. vom Homogenitätsgrad der Güter und der Wirksamkeit des technischen Fortschritts ab. Der technische Fortschritt bewirkt bei Rohstoffen eine Quantitätserhöhung, bei Industrieprodukten eine qualitative Verbesserung. Folglich verschlechtern sich die relativen Preisverhältnisse zuungunsten von

Entwicklungsländern, deren Hauptprodukte (Primärgüter) hohe quantitative Produktivitätsfortschritte aufweisen. Maßgeblich für die Bewertung der Entwicklungsmöglichkeiten sollten die → Income Terms of Trade sein, die die Importkapazität festlegt. Eine Reduzierung von Güterpreisen aufgrund von Produktivitätsfortschritten kann nicht als Einkommenstransfer bezeichnet werden, da es sich um einen normalen Marktvorgang handelt. Auch der empirische Teil ist kritisiert worden, da Qualitätsverbesserungen bei Preisindices unberücksichtigt blieben und die britische Außenhandelsstruktur nicht als repräsentativ für die Außenhandelsstruktur der Entwicklungsländer angesehen wurde. – Die Prebisch-Singer-These sollte als Erklärungsansatz für die Unterentwicklung der Entwicklungsländer dienen. Wirtschaftspolitisch ist mit einer Differenzierung der Angebotspalette in Richtung Industrieprodukte zu antworten, um den Problemen sinkender Commodity Terms of Trade zu entgehen.

Preferential Trade Area for Eastern and Southern Africa → PTA.

Pre-Ins – Staaten der → EU, die nicht bereits zu Beginn an der Europäischen Wirtschafts- und Währungsunion, Europäische Währungsunion (EWU), teilnehmen wollten (Dänemark, Großbritannien, Schweden).

Preisinformations-System – *Open Price System;* System der internen Preis- und Marktinformation der Mitglieder eines Unternehmerverbandes. – 1. *Formen:* a) In der *lockeren Form* des Preisinformations-Systems senden die Verbände regelmäßig „Preisberichte", „Preisstatistiken", „Preisspiegel", „Marktinformationen" u.Ä., soweit ihnen die Preise, Zahlungs- und Lieferungsbedingungen bekannt werden, an ihre Mitglieder. – b) In der *straffen Form* des Preisinformations-Systems verpflichten sich die Mitglieder durch Preis- oder Marktinformationsverträge, einer Zentralstelle *(Preismeldestelle)* ihre jeweiligen Preise, Zahlungs- und Lieferbedingungen sowie alle Abweichungen von diesen Preisen zu melden. Jedes Mitglied erhält von der Stelle jede Auskunft aus dem gesammelten Material. Eine Bindung oder Empfehlung, sich an diese Preise zu halten, besteht nicht. – 2. *Rechtliche Beurteilung:* Nach der Rechtsprechung verstoßen sog. identifizierende Preisinformations-Systeme (d.h. das Mitglied wird namentlich genannt) gegen das Kartellverbot, da die erhöhte Reaktionsverbundenheit durch den Verzicht auf Geheimwettbewerb mit Preisen und Rabatten vorstoßende Wettbewerbshandlungen erschwert.

Preiskontrolle → Preisüberwachung.

Preis-Lohn-Preis-Spirale → Inflationstheorien.

Preismeldestellen → Preisinformations-System.

Preisniveau – Bezeichnung für den durch Indexzahlen gemessenen Durchschnittsstand aller wichtigen Preise in der Volkswirtschaft. Der reziproke Wert des Preisniveaus drückt die Kaufkraft des Geldes (→ Geldwert) aus.

Preisniveaustabilität → Inflation.

Preispolitik – alle Maßnahmen zur Beeinflussung von Preisen.

I. **Staatliche Preispolitik:** 1. *Ziele:* Kontrolle und Festsetzung von Preisen mit der Absicht: (1) Das → Preisniveau auf einigen Märkten oder auf sämtlichen Märkten zu bestimmen; (2) einem Preisauftrieb oder Preisverfall vorzubeugen und eine von dieser Seite her wirkende Geldentwertung oder Depression zu vermeiden. – 2. *Mittel:* Preisüberwachung, örtliche Preiskontrolle, staatliche Preisfestsetzung, Preisstopp, Vorschriften bzw. Überwachung des Rechnungswesens.

II. **Genossenschaftliche Preispolitik:** Muss auf die Erfüllung des Förderungsauftrages gegenüber den Mitgliedern ausgerichtet sein. (1) Bei einer direkten finanziellen Förderung der Mitglieder sind die Genossenschaftspreise auf den Absatz- und Beschaffungsmärkten des Geschäftsbetriebes so festzulegen, dass in den Mitgliederwirtschaften eine unmittelbare genossenschaftsverursachte Erlössteigerung bzw. Kostensenkung eintritt. (2) Die indirekte finanzielle Förderung der Mitglieder beinhaltet, dass durch marktorientierte Preise Gewinne erwirtschaftet werden, die entweder im Rahmen der Dividendenpolitik ausgeschüttet werden, oder über Rücklagen zu einer langfristigen Substanzerhaltung bzw. Leistungsverbesserung des genossenschaftlichen Geschäftsbetriebes beitragen. Der Genossenschaftsgewinn ist nicht Selbstzweck, sondern Mittel zum Zweck der Förderung der Mitglieder. Der Genossenschaftsbetrieb kann seine Beschaffungs- bzw. Absatzpreise so gestalten, dass im Geschäftsbetrieb kein Genossenschaftsgewinn entsteht, sondern lediglich eine Kostendeckung. Dies ist in der Praxis deswegen nicht üblich, weil Gewinne zur allg. Risikoabdeckung notwendig sind und über die Rücklagen außerdem das fluktuierende Beteiligungskapital durch Mitgliederaustritte ausgeglichen werden kann. Die Gleichbehandlung der Genossenschaftsmitglieder wird dann durch eine Preisdifferenzierung nicht beeinträchtigt, wenn diese nach Umsatzmengen, der Qualität der abgelieferten Produkte, Barzahlungsrabatte u.Ä. vorgenommen wird. Im Rahmen der → Rückvergütung wird gegenüber den Genossenschaftsmitgliedern eine sehr wirksame indirekte Preispolitik (bei Zinsen und Warenpreisen) vorgenommen.

III. **Erwerbswirtschaftliche Preispolitik:** Teil der Marketingpolitik, der marketingpolitischen Instrumente einer Unternehmung, gestützt auf die Ergebnisse der Marktforschung und der Kostenrechnung bzw. Kalkulation (Preisuntergrenze). – Beeinflussung des Marktpreises auf polypolistischen Märkten nur bei Vorliegen eines unvollkommenen Marktes möglich (Preisabsatzfunktion). Die Marktforschung zeigt

Möglichkeiten der Preisdifferenzierung. – Vgl. auch Preismanagement.

Preis-Standard-Ansatz – Form der → Emissionsabgabe, bei der ein vorgegebenes Umweltziel erreicht wird. Der Preis-Standard-Ansatz verfolgt ein aus wirtschaftstheoretischer Sicht weniger anspruchsvolles Ziel als die → Pigou-Steuer, die auf eine pareto-effiziente Internalisierung externer Effekte zielt.

Preisüberwachung – Form staatlicher → Preispolitik in Gestalt einer ständigen Preiskontrolle, angewandt bei nicht zu umgehenden Monopolformen oder sonstigen nicht im vollen Wettbewerb stehenden Formen des Marktes (Kriegswirtschaft und sonstige Mangelwirtschaft). – *Beispiel:* Regulierungsbehörden bei Netzwerkmonopolen. – Im Rahmen der → Missbrauchsaufsicht über marktbeherrschende Unternehmen ist eine Kontrolle u.a. von sehr stark überhöhten Preisen vorgesehen.

Pressure Group – Interessenverband, → Interessengruppen.

PRGF – Abk. für *Poverty Reduction and Growth Facility*; eine seit 1999 geschaffene Kreditfazilität des → IWF für seine ärmsten Mitgliedsländer; Nachfolger der ESAF (Enhanced Structural Adjustment Facility). Im August 2008 hatten 78 IWF-Mitgliedsländer die Möglichkeit, Kredite unter der PRGF in Anspruch zu nehmen (Bedingung: BNE pro Kopf unter 1095 US-Dollar). Um tatsächlich PRGF-Gelder zu erhalten, müssen Länder eine wirtschafts- und allgemeinpolitische Strategie zur Reduktion der Armut vorlegen (zusammengefasst in einem Poverty Reduction Strategy Paper (→ PRSP)). Zu den weiteren Bedingungen gehört, dass die Länder nach den Prinzipien der → Good Governance ihre Regierungs- und Verwaltungsarbeit verbessern und ggf. Schritte zur Eindämmung der Korruption unternehmen. PRGF wird inhaltlich mit der → HIPC-Initiative abgestimmt und auch gemeinsam mit dieser finanziert. Die Kosten des Spreads zwischen Soll- und Habenzins werden durch bilaterale Spenden und IWF-eigenen Mitteln getragen. PRGF-Kredite haben eine Laufzeit von zehn Jahren bei einem Jahreszins von 0,5 Prozent. Länder können bis zu 185 Prozent ihrer IWF-Quote beleihen.

primäre Einkommensverteilung – *Primärverteilung*; bezeichnet die unmittelbar durch den Marktprozess entstehende Verteilung des Einkommens. In einem marktwirtschaftlichen System resultiert das Einkommen der → Produktionsfaktoren aus ihrem Beitrag zur gesamtwirtschaftlichen Leistung (Arbeit: Lohneinkommen, Boden: Pachteinkommen, Kapital: Zinseinkommen, Unternehmerleistung: Einkommen aus Unternehmertätigkeit). Diese Verteilung erfolgt nach ökonomischen Funktionen der Produktionsfaktoren (→ funktionale Einkommensverteilung), einzelne Personen können jedoch aufgrund von Querverteilung wiederum Einkommen aus unterschiedlichen Produktionsfaktoren beziehen (→ personelle Einkommensverteilung). Die Primärverteilung hängt damit sowohl von der Verteilung der Einkommen auf die Produktionsfaktoren als auch von der Verteilung der Produktionsfaktoren auf die Personen ab. Durch korrigierende staatliche Maßnahmen wie etwa Steuern, Abgaben und Transfers ergibt sich aus der → primären Einkommensverteilung die sekundäre Einkommensverteilung.

Primäreffekt → Regionalpolitik.

Primäreinkommen – die in der Volkswirtschaftlichen Gesamtrechnung (VGR) den inländischen Sektoren zufließenden Arbeitnehmerentgelte, Unternehmens- und Vermögenseinkommen sowie die vom Staat empfangenen Produktions- und Importabgaben abzüglich der Subventionen. Die Summe der Primäreinkommen ergibt das Nettonationaleinkommen. – *Gegensatz:* → Sekundäreinkommen (abgeleitetes Einkommen).

Primärenergieträger – die in der Natur in ihrer ursprünglichen Form dargebotenen → Energieträger, z.B. Steinkohle, Rohbraunkohle, Erdöl, Erdgas, Holz, Kernbrennstoffe, Wasser, Sonne und Wind.

primärer Sektor – entsprechend des Sektorenschemas von Fourastié zusammenfassend für die Wirtschaftszweige Landwirtschaft, Forstwirtschaft und Fischerei. – Vgl. auch → Drei-Sektoren-Hypothese, → sektoraler Strukturwandel.

Primärverteilung → primäre Einkommensverteilung.

Principals of Political Economy – allgemeine Wirtschaftspolitik.

Prinzipal → Agency-Theorie, Prinzipal-Agent-Theorie.

Privatdozent – *Priv.-Doz., PD* (früher Dr. habil.); Bezeichnung für Doktoren, die aufgrund der → Habilitation die Lehrbefähigung an Hochschulen (Venia Legendi) erworben haben.

Privateigentum – Im → Kapitalismus besteht ein Privateigentum an den Produktionsmitteln. Ein Kollektiveigentum im → Sozialismus bedeutet, dass der Staat oder die Gesellschaft das Eigentum an den Produktionsmitteln besitzen.

private Kosten – Kosten wirtschaftlicher Aktivität, die vom Entscheidungsträger bei der Optimierung von Ausmaß und Qualität der Aktivität berücksichtigt werden. – *Gegensatz:* → externe Kosten.

Private Krankenversicherung → Krankenversicherung.

Privatisierung – 1. *Begriff:* Der Begriff Privatisierung wird heute als Oberbegriff für eine Reihe unterschiedlicher Formen der Übertragung ehemalig dem öffentlichen Bereich vorbehaltener Aufgaben auf den privaten Sektor (nicht zwingend den Markt) verwendet und bezeichnet u.a.: – a) Verlagerung bestimmter bisher staatlicher Aktivitäten in den privaten Sektor der Volkswirtschaft, um die Allokation der Ressourcen durch den (als effizienter eingestuften) Markt erfolgen zu lassen (→ Regulierung, → Deregulierung); – b) Anwendung privater Rechtsformen zur Erfüllung öffentlicher Aufgaben, um bestimmte Aufgabenfelder dem unmittelbaren Einfluss des Haushalts, des öffentlichen Dienstrechts und der Politik zu entziehen; – c) Anwendung privatwirtschaftlicher Finanzierungsmodelle zur Erschließung privaten Kapitals für öffentliche Aufgabenwahrnehmung; – d) Veräußerung öffentlichen Vermögens. Häufig sind die genannten Ebenen der Privatisierung nicht klar voneinander zu trennen. – 2. *Arten:* Unter dem Begriff Privatisierung werden nach allgemeiner Auffassung folgende Formen unterschieden: – a) *Formelle bzw. Organisationsprivatisierung:* Wahl einer spezifischen Organisation der öffentlichen Aufgabenwahrnehmung; der Verwaltungsträger entledigt sich nicht einer bestimmten Aufgabe, sondern wählt zu deren Wahrnehmung lediglich Formen des Privatrechts (GmbH, AG, Eigengesellschaft, → öffentliche Unternehmen). – b) *Vermögensprivatisierung:* Mit Vermögensprivatisierung wird der Verkauf von Unternehmen(sbeteiligungen), Grundstücken usw. bezeichnet. – c) *Finanzierungsprivatisierung:* Unter Finanzierungsprivatisierung versteht man die Beteiligung des privaten Sektors an der Finanzierung öffentlicher Aufgaben (z.B. Errichtung von Investitionsobjekten durch Private und anschließendes Leasing durch die Verwaltung, aber auch privates Haftungskapital in (halb)öffentlichen Unternehmen). – d) *Materielle Privatisierung:* Bei der materiellen Privatisierung (Privatisierung im engeren Sinne) findet eine echte Aufgabenverlagerung in den privaten Sektor statt. Die öffentliche Verwaltung nimmt die Aufgabe nicht mehr länger wahr und gewährleistet sie auch nicht mehr. Es findet eine Reduzierung des Aufgabenbestandes und eine Entlastung des Staates statt. – e) *Funktionale Privatisierung:* Als funktionale Privatisierung wird der Einbezug Privater im Rahmen der Gewährleistungsverwaltung verstanden. – 3. *Gründe:* – a) Fiskalischer Aspekt: Die Privatisierung wird aus Gründen der Konsolidierung des öffentlichen Haushaltes vorgenommen. Dabei ist zu beachten, dass der Verkauf bzw. der Börsengang nur zu einer einmaligen Einzahlung führt, aber kein dauerhafter Einzahlungsstrom begründet wird. – b) Wirtschaftspolitik: Die Angebotspolitiker fordern mehr Markt und weniger Staat. Der Markt ist effizient, der Wettbewerb sorgt für eine optimale Allokation der Ressourcen. – *Gegenteil:* Verstaatlichung, Vergesellschaftung.

privatwirtschaftliche Erbringung öffentlicher Leistungen → Infrastrukturpolitik.

Produit Net → Physiokratie.

Produktbilanz – Teilelement der Ökobilanzsystematik (→ Ökobilanz), das sich auf einzelne Produkte bezieht. Entspricht methodisch in weiten Bereichen der Produktlinienanalyse.

Produkthaushalt – Darstellung von Ergebnissen und Leistungen der einzelnen Verwaltungseinheiten im Haushaltsplan. Versuch zur Umsetzung einer outputorientierten Budgetierung. Probleme resultieren aus der Auffassung, sehr detailliert flächendeckend und standardisiert alle Leistungen öffentlicher Verwaltungen in Form von Produkten definieren und erfassen zu können. – Vgl. auch → Verwaltungsreform.

Produktinnovation – Förderung der Umsetzung eines technisch veränderten Produkts oder eines Produktionsverfahrens. Technische Veränderung liegt vor, wenn sich die Konstruktionsmerkmale eines Produkts so ändern, dass es den Konsumenten neue oder verbesserte Dienste leistet.

Produktionsauflage → Umweltauflage.

Produktionsfaktoren – 1. *Begriff:* Bezeichnung der zur Produktion verwendeten Güter materieller und immaterieller Art, deren Einsatz für das Hervorbringen anderer wirtschaftlicher → Güter aus technischen oder wirtschaftlichen Gründen notwendig ist. – a) *Klassik:* Arbeit, Boden und Kapital, denen die Einkommensarten Lohn, Bodenrente und Profit entsprechen. J.-B. Say (1767-1832) fügte als weiteren Faktor die unternehmerische Tätigkeit hinzu. – b) *Sozialistische Theorie:* Alleiniger Produktionsfaktor sei letztlich die Arbeitskraft. – c) *Böhm-Bawerk* und die sich an ihn anschließende Schule kannten zwei originäre Produktionsfaktoren (Arbeit und Boden) und den derivativen Produktionsfaktor Kapital. – d) *Moderne Theorie:* (1) Die Dreiteilung und Koordination der Produktionsfaktoren ist gegeben im *naturalwirtschaftlichen Bereich*, d.h. zur Produktion sind Arbeit, Boden und dem Kapital jeweils ein Ertragsanteil zuzurechnen. (2) Im *sozialwirtschaftlichen Bereich* gilt dies allein für den Arbeiter, weil die Arbeit nicht vom Arbeiter getrennt werden kann. Dass der naturalwirtschaftliche Ertragsanteil des Bodens wie der des Kapitals dem Boden- bzw. Kapitalbesitzer zufallen muss, ist dagegen nicht notwendig, da zwischen Boden und Bodenbesitzer (Kapital und Kapitalbesitzer) nicht der gleiche Zusammenhang wie zwischen Arbeit und Arbeiter besteht. Sozialwirtschaftlich ist deshalb die („sozialistische") Lehre von dem einen Produktionsfaktor, der Arbeit, richtig; Boden und Kapital sind Produktionsmittel (Preiser). – e) In einigen Ansätzen wird heute der Produktionsfaktor Boden durch den Produktionsfaktor „Umwelt" (natürliche Ressourcen) ersetzt. Dies wird damit begründet, dass Umweltleistungen in modernen Industriegesellschaften für die Produktion bedeutsamer seien als Boden. In neueren Ansätzen zur Wachstumstheorie (Neue Wachstumstheorie) wird v.a. auf den Produktionsfaktor → Humankapital abgestellt, der wiederum endogen über eine Humankapital-Produktionsfunktion erklärt wird. – 2. *Arten:* a) *Substitutive* Produktionsfaktoren können einander im Produktionsprozess ersetzen, sodass Isoquanten wie im Fall a oder b entstehen (vgl. Abbildung „Produktionsfaktoren (1)"). – Der

Produktionsfaktoren (1)

Fall a

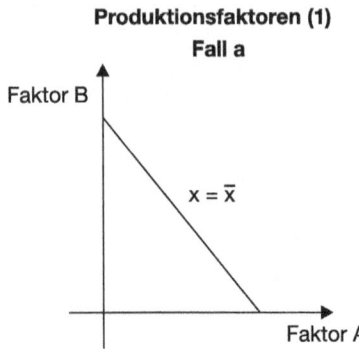

Fall b

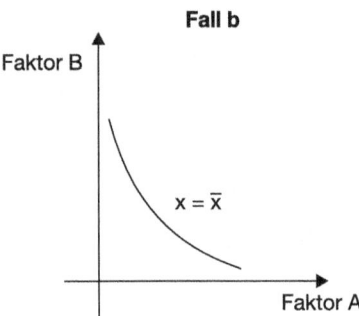

Fall c

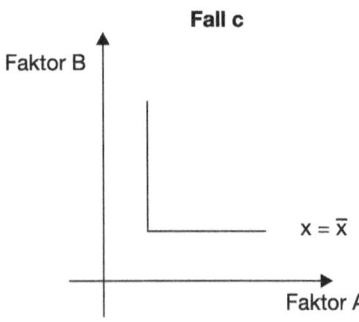

Schwierigkeitsgrad im Hinblick auf die Substituierbarkeit lässt sich durch den Begriff der *Grenzrate der Substitution* erfassen. Abbildung 2 zeigt, dass man bei gleicher Produktmenge $x = \overline{X}$ den Faktoreinsatz um ΔB reduzieren kann, wenn dafür ΔA Faktoreinheiten zusätzlich eingesetzt werden. Der Quotient $\Delta B/\Delta A$, in infinitesimaler Formulierung dB / dA, also die

Produktionsfaktoren (2)

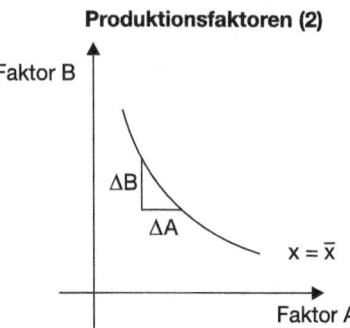

Steigung der Isoquante, wird als Grenzrate der Substitution (in der Produktion) bezeichnet. Man sieht, dass die Grenzrate (absolut) abnimmt, wenn B sinkt und A steigt. Das spiegelt die zunehmende Schwierigkeit wider, bei wachsendem Einsatzniveau von A eine zusätzliche Substitution in gleicher Richtung vorzunehmen. Im Fall a existiert diese Schwierigkeit nicht, da die Grenzrate der Substitution konstant ist. Der Faktor B kann dann aus der Produktion sogar vollkommen verdrängt werden (vollkommene Substituierbarkeit, z.B. wenn die lineare Produktionsfunktion $x = \alpha A + \beta B$ gilt). – b) Vollkommene Substituierbarkeit ist im Fall b nicht möglich, weil hier immer alle Faktoren, wenn auch in unterschiedlicher Zusammensetzung, benötigt werden (z.B. Wicksell-Cobb-Douglas-Produktionsfunktion, in der die Faktoren multiplikativ miteinander verknüpft werden). Es liegt somit eine gewisse *Komplementarität* der Faktoren vor. Im Fall c gibt es aus technischen Gründen keine Substitution der Produktionsfaktoren (Fall der strikten Komplementarität). Dies bedeutet, dass der jeweils knappere Faktor die Produktion begrenzt. Daher spricht man auch von *limitationalen* Produktionsfaktoren. Es liegt dann eine Leontief-Produktionsfunktion mit rechtwinklig verlaufenden Isoquanten vor (Substitutionselastizität).

Produktionsfunktion – I. Mikroökonomische Produktionsfunktion: 1. *Charakterisierung:* Funktionale Beschreibung des Zusammenhangs zwischen dem Einsatz an → Produktionsfaktoren und der damit realisierbaren maximalen Ausbringungsmenge bei gegebener Technologie. Bei dieser Beschreibung der Produktion interessiert in erster Linie die mengenmäßige Umwandlung von Produktionsmitteln bei gegebenem technischen Wissen, nicht aber die Organisation oder Art und Ablauf der Produktion. – 2. *Arten:* a) Substitutionale und limitationale Produktionsfunktion (Produktionstheorie). – b) (1) *Produktionsfunktion vom Typ A:* Funktionsverlauf gemäß Ertragsgesetz. (2) *Produktionsfunktion vom Typ B:* Gutenberg-Produktionsfunktion. (3) *Produktionsfunktion vom Typ C:* Von E. Heinen (1919-1996) entwickelt (entsprechend auch als *Heinen*-Produktionsfunktion bezeichnet). Die Produktionsfunktion vom Typ C stellt auf eine momentane Betrachtung der betrieblichen Teilprozesse der Leistungserstellung mit anschließender Zusammenfassung ab. Die Bestimmung der die Produktionsfunktion vom Typ C in ihrer Gesamtheit bestimmenden Produktionsfunktion der Teilprozesse erfolgt in *folgenden Schritten:* Zerlegung des Prozesses der Leistungserstellung in Teilvorgänge (Elementarkombinationen); Ermittlung der Bestimmungsfaktoren des Faktorverzehrs (technische und ökonomische Verbrauchsfunktionen sowie Belastungsfunktionen); Bestimmung der Elementarkombinationswiederholungen für einen bestimmten Output (Wiederholungsfunktionen). (4) *Produktionsfunktion vom Typ D:* Von J. Kloock entwickelt. Produktionsfunktion vom Typ D ist eine Weiterentwicklung der Produktionsfunktionen vom Typ B und C unter dynamischen Aspekten; es handelt sich um ein Betriebsmodell (Input-Output-Modell einer Unternehmung). (5) *Produktionsfunktion vom Typ E:* Von H.-U. Küpper entwickelt. Die Produktionsfunktion vom Typ E stellt eine Weiterentwicklung der Produktionsfunktion vom Typ D dar; es werden zusätzlich Kapazitäts-, Belegungs- und Umrüstbedingungen berücksichtigt. (6) *Produktionsfunktion vom Typ F:* Von W. Matthes entwickelt. Bei der Produktionsfunktion vom Typ F werden zusätzliche (Entscheidungs-)Ziele berücksichtigt. (7) *Produktionsfunktion vom Typ G:* Von W. Matthes entwickelt. Umfassende Beschreibung von Produktionsbeziehungen mithilfe von Entscheidungsnetzen. – c) Produktionsfunktionen werden weiterhin nach dem *Grade ihrer Homogenität* unterschieden (Produktionstheorie). – d) Neuere Entwicklungen im Bereich der Produktionstheorie sind die strukturalistische Produktionstheorie von S. Zelewski und die unscharfen Produktionsfunktionen.

II. Makroökonomische Produktionsfunktion: 1. *Charakterisierung:* Produktionsfunktionen, die für einzelne Industrien, Branchen und für die gesamte Volkswirtschaft aufgestellt werden. Der Output wird als homogenes Produkt (Wertschöpfung) aller Industrien oder als Produkt einzelner Industrien (oder Industriezweige) definiert, z.B. Investitions-, Konsumgüter, landwirtschaftliche Produkte. Inputfaktoren sind Arbeit, Realkapital (Kapital) und bei dynamischer Betrachtungsweise der → technische Fortschritt. – 2. *Algebraische Darstellung:* $Y = f(K, A, F)$, wobei: Y = Output, K = Kapitaleinsatz, A = Arbeitseinsatz, F = Wirkungsgrad des technischen Fortschritts. – 3. Das *Problem der Limitationalität bzw. Substitutionalität* stellt sich in der volkswirtschaftlichen Produktionstheorie anders als in der betriebswirtschaftlichen. Unter gesamtwirtschaftlichen Aspekten werden ständig neue Investitionsentscheidungen getroffen, die zu einer kontinuierlichen Veränderung der Produktionstechnik führen. – 4. *Kategorien:* a) *Substitutionale Produktionsfunktionen:* Sie sind vorwiegend hochaggregiert und untersuchen die Technologie der gesamten Volkswirtschaft. Die bekanntesten und am häufigsten verwendeten sind die CES-Funktion und die Cobb-Douglas-Funktion (Spezialfall der CES-Funktion). Die partiellen Ertragskurven dieser Funktionen weisen abnehmende Ertragszuwächse (Ertragsgesetz), die partiellen Grenzertragsfunktionen fallende Verläufe auf. Der technische Fortschritt kann in diesen Funktionen auf verschiedene Weise wirken; entsprechend kann sich die → funktionale Einkommensverteilung ändern, wenn die Entlohnung der Produktionsfaktoren nach der Grenzproduktivität erfolgt. – b) *Limitationale Produktionsfunktionen:* Sie finden in der postkeynesianischen Wachstumstheorie und v.a. in der Input-Output-Analyse, die als spezielle Produktionstheorie angesehen werden kann, Verwendung. Da die Input-Output-Analyse untrennbar mit W. Leontief verbunden ist, spricht man auch von Leontief-Produktionsfunktionen. Diese Funktionen können als Spezialfall der CES-Funktion mit einer Substitutionselastizität von null angesehen werden. In der Neuen Wachstumstheorie werden makroökonomische Produktionsfunktionen mit endogen erklärtem technischen Fortschritt sowie Humankapital als Produktionsfaktor verwendet.

Produktionsfunktion vom Typ D → Produktionsfunktion.

Produktionsfunktion vom Typ E → Produktionsfunktion.

Produktionsfunktion vom Typ F → Produktionsfunktion.

produktionsorientierte Dienstleistungen → Finanzdienstleistungen, → technische Dienstleistungen.

Produktionsumweg → Mengersche Güterordnung.

Produktionsverhältnisse – in der Wirtschaftstheorie des → Marxismus die Eigentumsordnung, durch deren spezifische Ausgestaltung die gesellschaftlichen Verhältnisse der Menschen zueinander bestimmt werden. – Vgl. auch → Krisentheorie, → historischer Materialismus.

Produktionsweise – in der Wirtschaftstheorie des → Marxismus die Gesamtheit von → Produktivkräften und → Produktionsverhältnissen eines Landes. Stehen die Produktionsverhältnisse im Widerspruch zu den Produktivkräften, werden Tendenzen zur Anpassung ersterer ausgelöst. – Vgl. auch → historischer Materialismus.

produktivitätsorientierte Lohnpolitik – 1. *Begriff:* Die produktivitätsorientierte Lohnpolitik ist ein lohnpolitisches Konzept (→ Lohnleitlinie), das den Tarifparteien empfiehlt, Lohnerhöhungen in Höhe des Produktivitätsfortschritts vorzunehmen. – 2. *Merkmale:* Zu unterscheiden sind die Ausrichtung der Nominallöhne oder der Reallöhne an die Produktivitätssteigerung. – 3. *Entwicklung des Begriffs:* Bei einer Orientierung von Nominallohnerhöhungen an der

Veränderung der Arbeitsproduktivität spricht man von einer einfachen Produktivitätsregel. Diese wurde in den ersten Jahren nach seiner Gründung zunächst auch vom Sachverständigenrat zur Begutachtung der gesamtwirtschaftlichen Entwicklung vertreten. Preissteigerungen gehen dann einseitig immer zulasten der Lohnbezieher. Von Meinhold wurde Anfang der 1960er-Jahre eine Doppelanpassung der Löhne an die Veränderung der gesamtwirtschaftlichen Arbeitsproduktivität und des gesamtwirtschaftlichen Preisniveaus vorgeschlagen (Meinhold-Formel). Wenn sich das Preisniveau z.B. aufgrund einer hohen Güternachfrage erhöht, wäre es demnach verfehlt, wenn die Löhne ausschließlich entsprechend dem Produktivitätsfortschritt zunehmen. In ihrer modifizierten Version, die Mitte der 1960er-Jahre auch Eingang in die Gutachten des Sachverständigenrats fand, ist die produktivitätsorientierte Lohnpolitik so zu verstehen, dass zur Steigerung der realen Arbeitsproduktivität noch die inflatorische Wirkung hinzugeschlagen wird, die durch andere Faktoren als die Lohnkosten verursacht wurde („unvermeidliche Teuerungsrate"). Demnach ergibt sich für die produktivitätsorientierte Lohnpolitik:

$$\dot{w}_n = \dot{\pi} + \dot{P}$$

Es bedeuten: w_n = Nominallohnsatz je Std., π = (reale) Arbeitsproduktivität, P = Preisniveau. (Die Punkte über den jeweiligen Größen weisen auf die entsprechende Wachstumsrate hin; die Wachstumsrate des Preisniveaus entspricht hier der unvermeidlichen Teuerungsrate). - 4. *Praktische Umsetzung*: Bei der heutigen Anwendung des Konzepts der produktivitätsorientierten Lohnpolitik wird die Preissteigerungsrate durch die Zielinflationsrate der → Zentralbank ersetzt. Für die Arbeitsproduktivität wird nicht die kurzfristig stark schwankende, sondern die trendmäßige Wachstumsrate verwendet:

$$\dot{w}_n = \dot{\pi}_{Trend} + \dot{P}_{Ziel}$$

In Deutschland beträgt die Zielinflationsrate der Zentralbank (Europäische Zentralbank) knapp 2 Prozent pro Jahr, der Trend der gesamtwirtschaftlichen Arbeitsproduktivität liegt in etwa bei einem Zuwachs von einem bis 1,5 Prozent jährlich. Daraus ergeben sich gesamtwirtschaftliche nominale Lohnsteigerungen im Rahmen einer produktivitätsorientierten Lohnpolitik von rund drei bis 3,5 Prozent pro Jahr. - 5. *Zusammenhang mit anderen Größen*: a) *Lohnstückkosten*: Unter Lohnstückkosten versteht man die Lohnkosten pro Produktionseinheit. Die Verfolgung einer produktivitätsorientierten Lohnpolitik sorgt für eine Konstanz der realen Lohnstückkosten. Definiert man die (gesamtwirtschaftlichen) realen Lohnstückkosten als Quotient aus Arbeitnehmerentgelt (nominale Lohnsumme) zu nominalem Bruttoinlandsprodukt, dann ergibt sich durch Umformung der Quotient aus Reallohn je Std. zu Arbeitsproduktivität je Std.:

$$LSK_r = \frac{W_n}{Y_n} = \frac{w_n \cdot E}{Y_r \cdot P} = \frac{w_n/P}{Y_r/E}$$

Es bedeuten: LSK_r = reale Lohnstückkosten, W_n = nominale Lohnsumme, Y_n = nominales Bruttoinlandsprodukt, Y_r = reales Bruttoinlandsprodukt, P = Preisniveau, E = Erwerbstätige (Einsatz in Std.), w_n = Nominallohnsatz je Std., w_n/P = Reallohnsatz je Std., Y_r/E = reale Arbeitsproduktivität je Std. Die realen Lohnstückkosten bleiben (näherungsweise) konstant, wenn der Nominallohnsatz mit der gleichen Rate wächst wie die Summe aus der Veränderungsrate der Arbeitsproduktivität und der allgemeinen Preissteigerungsrate. (Die Punkte über den jeweiligen Größen weisen auf die entsprechende Wachstumsrate hin).

$$L\dot{S}K_r \approx \dot{w}_n - [(\frac{\dot{Y}_r}{E}) + \dot{P}]$$

b) *Lohnquote*: Aus der Definition der gesamtwirtschaftlichen realen Lohnstückkosten geht hervor, dass sie dem Anteil der Löhne am Bruttoinlandsprodukt entsprechen. Diese Größe kann näherungsweise als gesamtwirtschaftliche → Lohnquote bezeichnet werden. Unterstellt man weiterhin, dass der Arbeitnehmeranteil (Anteil der abhängig Erwerbstätigen an allen Erwerbstätigen) sich nicht verändert, dann gilt, dass bei Konstanz der realen Lohnstückkosten auch die so definierte Lohnquote konstant bleibt. - 6. *Bedeutung für die keynesianische Makroökonomik*: Im Rahmen der keynesianischen Einkommenspolitik wird die modifizierte Produktivitätsregel v.a. aus stabilitätspolitischen Überlegungen heraus empfohlen, da eine an der Meinhold-Formel orientierte Lohnentwicklung zu einem Anker für Preisniveau und Konjunktur wird. Entscheidend ist dabei v.a., dass die Lohnsteigerungen nicht an der tatsächlichen oder der erwarteten Inflationsrate, sondern an der Zielinflationsrate der Zentralbank ausgerichtet werden, um einen Stabilitätsfaktor für die gesamtwirtschaftliche Entwicklung zu bilden. - 7. *Probleme*: a) *Einkommensverteilung*: Da der Zuwachs aus Produktivitäts- und Preisniveauanstieg auch als Verteilungsspielraum interpretiert werden kann, führt eine produktivitätsorientierte Lohnpolitik dazu, dass der Verteilungsspielraum gerade ausgeschöpft und die gegebene Einkommensverteilung damit zementiert wird. - b) *Stabilitäts- vs. Verteilungspolitik*: Wenn in der Lohnleitlinie die Zielinflationsrate zur Anwendung kommt und diese in der Realität von der tatsächlichen Preissteigerungsrate abweicht, kann es bei Verfolgung einer produktivitätsorientierten Lohnpolitik zu einer Änderung der realen Lohnstückkosten und der Einkommensverteilung kommen. Stabilitäts- und verteilungspolitische Ziele können daher in Konflikt geraten. - c) *Einfluss anderer Kostenfaktoren*: Neben den Lohnkosten spielen bei der Preisbildung noch andere Kostenbestandteile (z.B. die Kapitalkosten, Terms-of-Trade, etc.) eine Rolle, die zu einer Erhöhung des Kosten- und Preisniveaus führen können. – Vgl. auch → kostenniveauneutrale Lohnpolitik.

Produktivitätsregel → produktivitätsorientierte Lohnpolitik.

Produktivitätstheorien – 1. *Begriff*: Produktivitätstheorien sind die Lehren von der Einkommensverteilung, die die Existenz und/oder Höhe einer oder mehrerer Einkommensarten (z.B. Lohn, Zins) mithilfe der Grenzproduktivität der entsprechenden → Produktionsfaktoren zu erklären suchen. – Vgl. auch → Grenzproduktivitätstheorie der Verteilung, Verteilungstheorie. – 2. *Kategorien:* a) *Produktivitätstheorien des Zinses:* Zinstheorien; b) *Produktivitätstheorien des Lohnes:* → Lohntheorien.

Produktivkräfte – die natürlichen Ressourcen, die Arbeitskräfte sowie die Produktionsmittel und das technische Wissen eines Landes, über das die Produktionsfaktoren miteinander verbunden sind. – Vgl. auch → historischer Materialismus.

Produzentenrente – Differenz zwischen dem Preis, zu dem ein Anbieter aufgrund seiner Kostensituation noch bereit wäre, ein → Gut herzustellen und anzubieten, und dem Marktpreis. Im Gegensatz zu der psychologischen Größe der → Konsumentenrente ist die Produzentenrente im Rahmen der Mikroökonomik ein Ausdruck für die anfallenden Differenzialgewinne (polypolistische Preisbildung) der intramarginalen Marktanbieter. Die Produzentenrente ist im Schaubild die Fläche des Dreiecks, das durch die Angebotskurve, die Ordinate (y-Achse) und die Marktpreisgerade gebildet wird. – *Gegenteil:* Konsumentenrente, Consumer Surplus.

Profiling – 1. *Begriff*: Analyse der relevanten beruflichen und persönlichen Merkmale und Fähigkeiten der Arbeitslosen. – 2. *Entwicklung:* Das Profiling wurde als Instrument der aktiven Arbeitsmarktpolitik 1998 in das SGB III aufgenommen; ein Profiling hatte spätestens nach 6-monatiger Arbeitslosigkeit zu erfolgen. Mit dem Gesetz zur Reform der arbeitsmarktpolitischen Instrumente (→ Job-AQTIV-Gesetz) wurden die Agenturen für Arbeit (→ Agentur für Arbeit) verpflichtet, spätestens am Tag der Arbeitslosmeldung ein umfassendes Bewerberprofil zu erarbeiten. Zur Beschleunigung der Vermittlung sah der Bericht der → Hartz-Kommission vor, die Arbeitssuchenden in drei Gruppen einzuteilen, um ihnen – abhängig von ihrer Betreuungsbedürftigkeit – unterschiedlich viel Zeit für Beratungsgespräche zuordnen zu können: Informationskunden können ihre Suche über Selbstinformationseinrichtungen eigenständig abwickeln. Im sog. Eingangsprofiling werden die anderen Arbeitssuchenden dem Typ des Beratungs- oder Betreuungskunden zugeordnet. Ersterer bedarf der Beratung in Bezug auf die Vorgehensweise bei der Arbeitsplatzsuche, letzterer ist der schwer Vermittelbare. Dieser erhält einen sog. Fallmanager, der die Rolle eines persönlichen Vermittlers übernimmt. Seit dem Jahr 2009 ist das Profiling unter dem Begriff Potenzialanalyse zusammen mit der Eingliederungsvereinbarung in § 37 SGB III zu finden. – 3. *Aktuelle Ausgestaltung:* Die Agentur für Arbeit hat unverzüglich nach der Ausbildungsuchendmeldung oder Arbeitsuchendmeldung zusammen mit dem Ausbildungsuchenden oder dem Arbeitsuchenden die für die Vermittlung erforderlichen beruflichen und persönlichen Merkmale, beruflichen Fähigkeiten und die Eignung festzustellen (*Potenzialanalyse*). Die Potenzialanalyse erstreckt sich auch auf die Feststellung, ob und durch welche Umstände die berufliche Eingliederung voraussichtlich erschwert sein wird (§ 37 I SGB III). Die *Eingliederungsvereinbarung* ist sich ändernden Verhältnissen anzupassen; sie ist fortzuschreiben, wenn in dem Zeitraum, für den sie zunächst galt, die Ausbildungsstellensuche oder Arbeitsuche nicht beendet wurde. Sie ist spätestens nach 6-monatiger Arbeitslosigkeit, bei arbeitslosen und ausbildungsuchenden jungen Menschen spätestens nach drei Monaten, zu überprüfen (§ 37 III SGB III).

Profitcenterorganisation – 1. *Begriff und Merkmale:* Aufteilung einer Unternehmung in einzelne ergebnisverantwortliche Einheiten, die für bestimmte Produkte oder Produktgruppen zuständig sind. In der Profitcenterorganisation wird den Teileinheiten ein relativ hohes Maß an Selbstständigkeit zugewiesen, was die Motivation der leitenden Manager fördern und zum Abbau von → Hierarchienachteilen beitragen soll. – 2. *Organisationstheorie:* Im Rahmen der Aufbauorganisation werden verschiedene Kriterien diskutiert: – a) *Liniensysteme:* Man spricht vom Einliniensystem bzw. vom Mehrliniensystem, wenn es eindeutige bzw. mehrdeutige Instanzenwege oder Über- und Unterordnungsverhältnisse gibt. Werden den Entscheidungsträgern Berater zugefügt, dann redet man von einem Stabliniensystem. – b) *Prinzip:* Beim funktionalen Prinzip, das auch als Verrichtungsprinzip bekannt ist, werden die Abteilungen nach ihren Tätigkeiten in Beschaffung, Produktion

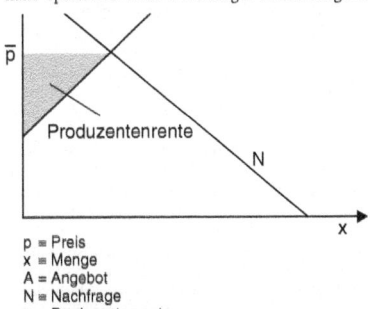

p = Preis
x = Menge
A = Angebot
N = Nachfrage
▨ = Produzentenrente

und Absatz gebildet. Im Gegensatz hierzu gibt es die Spartenorganisation, die auch als Aufbau nach dem Objektprinzip verstanden werden. Hierbei ist die Profitcenterorganisation ein relativ eigenständiger Unternehmensbereich, der für den Gewinn und für den Verlust eigenständig verantwortlich ist. – *Gegenteil:* Verrichtungsprinzip, Funktionalprinzip.

Profit Push Inflation → Inflationstheorien.

Profitquote → Gewinnquote.

Profitrate – zentraler Begriff der klassischen politischen Ökonomie. Die Profitrate entspricht der Verzinsung des eingesetzten Kapitals. Die Vertreter der ökonomischen Klassik gingen von einem Prozess des tendenziellen Ausgleichs der Profitraten zwischen den Sektoren hin zu einer einheitlichen gesamtwirtschaftlichen Profitrate aus, die sich durch Kapitalbewegungen von weniger rentablen in rentablere Wirtschaftssektoren ergibt. – Bei Karl Marx spielte die Profitrate eine besondere Rolle. Marx definierte die Profitrate als das Verhältnis von Profit zur Summe aus eingesetztem → konstanten Kapital und → variablen Kapital. Die durch den technischen Fortschritt bedingte Zunahme der → organischen Zusammensetzung des Kapitals führt nach Marx zu einem → tendenziellen Fall der Profitrate, woraus die zwangsläufige zeitliche Begrenztheit des → Kapitalismus abgeleitet wird (→ Krisentheorie). Während der Begriff „profit rate" im angelsächsischen Sprachraum weitgehend üblich ist, wird nicht zuletzt aus Gründen der Abgrenzung gegenüber der Marx'schen Theorie im deutschen Sprachgebrauch der Begriff Gewinnrate, Kapitalrentabilität oder -verzinsung bevorzugt. – Vgl. auch → Gewinnrate.

Programmhilfe – Ausrichtung der → Entwicklungshilfe auf die Durchführung umfassender Entwicklungsprogramme anstelle einzelner, selbstständiger Projekte (→ Projekthilfe). Oft wird darunter auch eine ungebundene Zahlungsbilanz- bzw. Budgethilfe verstanden.

Projektförderung → Innovationsförderung, → Kreditanstalt für Wiederaufbau (KfW).

Projekthilfe – Bindung der Vergabe von → Entwicklungshilfe an ein bestimmtes, zumeist vom Geberland in einem Prüfungsverfahren gebilligtes, Entwicklungsprojekt.

Proletariat – im → Marxismus die Arbeiterklasse (→ Klassentheorie).

Proletarität → Proletaritätsmerkmale.

Proletaritätsmerkmale – 1. Der Ausgangspunkt der neuzeitlichen staatlichen Sozialpolitik (→ Theorie der Sozialpolitik) kann in den *Lebensumständen der Industriearbeiterschaft im 19. Jh.* anhand der Merkmale der „Proletarität" gesehen werden, wie sie in der Zeit nach dem Zweiten Weltkrieg von Sozialpolitikwissenschaftlern (Achinger, Schreiber, Weddingen, Weisser u.a.) aus den Schriften von Herkner, Schmoller und Briefs über die Arbeiterfrage entnommen werden konnten. – 2. *Wesentliche Proletaritätsmerkmale* waren zum einen demnach die Probleme (1) extremer Gefährdung von Leben und Gesundheit am Arbeitsplatz, (2) extrem langer Arbeitszeit je Tag, Woche und Jahr (ohne Erholungsurlaub), (3) extremer Kurzfristigkeit und Unsicherheit des Arbeitsvertrages, (4) extrem niedriger Löhne, die selbst bei extrem langer Arbeitszeit, bei Frauen- und Kinderarbeit kaum das physische → Existenzminimum der Arbeiterfamilie sicherten, (5) extremer Unstetigkeit des Einkommensstromes infolge der normalen Lebensrisiken Krankheit, Unfall, Invalidität und Alter. – In der zweiten Hälfte des 20. Jh.konnten für die Arbeitnehmer in der Bundesrepublik Deutschland die oben genannten Probleme durch den Ausbau der Arbeitnehmerschutzrechte und der Sozialversicherung als überwunden gelten. Mind. als relative → gesellschaftliche Schwäche der Arbeitnehmer mussten zum anderen jedoch noch folgende Aspekte gelten: (6) die geringen Möglichkeiten zur Selbst- oder Mitbestimmung in Betrieb und Unternehmen, (7) die Vermögenslosigkeit bzw. die unbefriedigende Vermögensbildung in Arbeitnehmerhand sowie (8) die Situation in Bezug auf das Bildungsniveau der Arbeitnehmer und eine gewisse „Vererblichkeit des Arbeiterstatus", die sich in einem deutlich unterproportionalen Anteil von Arbeiterkindern an den höheren Schulen und Hochschulen äußerte. – 3. *Perspektiven:* Bis zum Ende des 20. Jh. hat der Sozialstaat Deutschland weiter zum Abbau der Reste an Proletarität der Lebenslage der Arbeitnehmer beigetragen, sodass mit der abhängigen Stellung im Arbeitsleben nur noch eingeschränkt eine gesellschaftliche Schwäche verbunden ist. – Vgl. auch → Soziale Frage, Sozialpolitik in der Marktwirtschaft.

Promotion – 1. *Begriff:* Verleihung der Doktorwürde (Doktor (Dr.)) durch den Fachbereich einer Hochschule aufgrund der von den einzelnen Fachbereichen erlassenen Promotionsordnungen. – 2. *Voraussetzungen:* a) *Allgemein:* In den meisten Fällen durch Examen (Diplom, Master oder Staatsexamen) abgeschlossenes oder ausnahmsweise nicht abgeschlossenes sechs- bis achtsemestriges Hochschulstudium. – b) Einreichung einer selbstständig verfassten wissenschaftlichen Arbeit *(Inaugural-Dissertation).* – c) Ablegung einer mündlichen Prüfung *(Rigorosum)* unter Vorsitz des Dekans des betreffenden Fachbereichs. Mind. drei Prüfungsfächer, und zwar ein Hauptfach (Gegenstand der Dissertation) und zwei Nebenfächer. – 3. *Speziell:* a) Dr. oec. oder Dr. rer. oec. (Doktor der Wirtschaftswissenschaften) bzw. Dr. rer. pol. oder Dr. scient. pol. oder Dr. oec. publ. (Doktor der Staatswissenschaften): Studium an dem wirtschafts-, staats- oder sozialwissenschaftlichen Fachbereich einer Universität, Technischen Hochschule (Universität) oder sonst. Hochschule, Abschluss mit Diplom- bzw Masterprüfung. – b) Dr. iur. (iuris): Nach Studium an dem rechts- und staatswissenschaftlichen Fachbereich einer Universität, Ablegung des sog. Staatsexamens (Referendarprüfung), von dessen Ergebnis u.U. die Zulassung zur Promotion abhängig ist.

Property Rights → Verfügungsrechte.

Property-Rights-Theorie → Verfügungsrechte.

Property Rule → Verfügungsrechte.

proportionales Wahlrecht – Hierbei ist die Anzahl der Parlamentssitze einer Partei proportional zum Anteil ihrer Stimmen an der insgesamt abgegebenen Stimmenzahl. Die Verteilung der Stimmen auf die Wahlkreise spielt keine Rolle.

Prozessbilanz – Teilelement der Ökobilanzthematik (→ Ökobilanz) zur Erfassung der Umweltbelastungen, die mit Produktionsprozessen verbunden sind. – *Inhalt:* Input-Output-Betrachtung einzelner Prozessschritte. – *Aufgaben:* (1) Teilschritte für Erarbeitung von Lösungsansätzen für Emissionsvermeidung; (2) Basis für Produktbilanzen.

Prozesspolitik – 1. *Begriff und Merkmale:* Wirtschaftspolitik, die vornehmlich der Stabilisierung des Wirtschaftsablaufs oder dem Wachstum der gesamtwirtschaftlichen Aktivitäten dient, z.B. durch den Einsatz geld-, währungs- und fiskalpolitischer Instrumente. – 2. *Arten:* a) Konjunkturpolitik: Die wirtschaftspolitischen Instrumente werden so eingesetzt, dass die Konjunkturausschläge minimiert werden. Dabei ist zwischen einer nachfrage- und einer angebotsorientierten Politik zu unterscheiden. – b) Wachstumspolitik: Diese ist eher langfristig ausgerichtet und setzt an den Grundlagen des Wachstums, z.B. der Investitionstätigkeit, dem Humankapital oder den Umweltressourcen an. – c) Strukturpolitik: Man versucht hierbei v.a. regionale Ungleichgewichte zu vermeiden und Krisen einzelner Branchen oder Sektoren der Wirtschaft mit hoher Arbeitslosigkeit zu unterbinden. – *Gegensatz:* → Ordnungspolitik.

Prozessstandards – umweltpolitische Vorgaben, mit denen Produktionsprozesse reglementiert werden. – Vgl. auch → Umweltauflage.

PRSP – Abk. für *Poverty Reduction Strategy Paper;* Strategiepapiere zur wirtschaftlichen Entwicklung, die Entwicklungsländer mithilfe des → IWF und der Weltbank (→ IBRD) verfassen. PRSP werden im Rahmen der → PRGF des IWF bzw. der Weltbank eingesetzt. Außerdem sind sie für Teilnehmer der → HIPC-Initiative Pflicht. Sie gelten für drei Jahre mit jährlichen Zwischenberichten.

PTA – Abk. für *Preferential Trade Area for Eastern and Southern Africa, Präferenzhandelszone für das östliche und südliche Afrika;* durch ein im Dezember 1981 in Lusaka (auch Sitz) unterzeichnetes, September 1982 in Kraft getretenes Abkommen geschaffene Präferenzzone, 23 Mitglieder. – *Ziele/Aufgaben:* Abbau von Zöllen und sonstigen Handelshemmnisse für die in der PTA produzierte Waren; Erleichterung der Finanzierungsmodalitäten zur Förderung des Handels innerhalb der PTA. 1994 ging die PTA in der → COMESA (Common Market for Eastern and Southern Africa) auf.

Public-Choice-Theorie → Neue Politische Ökonomie.

Public Management – bezeichnet das Fach, das sich mit der Steuerung und Führung von Organisationen im öffentlichen Sektor beschäftigt. Kernkriterien bei der Bewertung sind Effizienz und Effektivität. Public Management knüpft dabei an verschiedene andere Fächer und Schulen an, wie bspw. in Deutschland die → Öffentliche Betriebswirtschaftslehre, oder das Public Administration, das v.a. im angelsächsischen Bereich etabliert ist. Public Managemnet erhebt den Anspruch interdisziplinär zu sein, da Steuerungs- und Führungsthemen im öffentlichen Sektor unter diesem Begriff aus betriebswirtschaftlicher, sozialwissenschaftlicher und anderer Perspektive (z.B. psychologischer) unter Berücksichtigung der rechtlichen Rahmenbedingungen analysiert werden. – Als Fach hat Public Management seine Anfänge in den 1960er-Jahren. Der große Aufschwung kam in Zusammenhang mit den → New Public Management (NPM)-Reformen. Dies führte mitunter dazu, dass NPM und Public Management eine zeitlang oft auch als Synonym verwendet worden sind. Inzwischen hat sich Public Management von NPM – wie auch von den anderen Verwandten Fächern wie öffentliche BWL und Public Administration – abgegrenzt und weiterentwickelt.

Public Private Partnership – 1. *Allgemein:* Spezifische Form der Steuerung und Aufgabenerfüllung von Verwaltungen; Element der aktuellen Reform des öffentlichen Sektors in der Bundesrepublik Deutschland. Der ursprüngliche Public-Private-Partnership-Gedanke, wie er in den 1940er-Jahren in der Stadt Pittsburgh (USA) entwickelt wurde, besteht darin, dass sich private und öffentliche Partner auf formellem oder informellem Wege zusammenschließen, um gemeinsam die Entwicklung und Erneuerung städtischer Problemzonen zu betreiben. Das Motiv dieser Art von Partnerschaft liegt darin, dass Niedergang oder Aufstieg einer Region sowohl für die öffentliche Hand als auch für die lokale Geschäftswelt ein Problem darstellen. Projekte, bei denen öffentliche Hand und Private bei der Lösung von Problemen kooperiert haben, sind im Laufe der Zeit auf zahlreichen Handlungsfeldern entstanden. Im Verlauf dieser Entwicklung hat der Begriff Public Private Partnership an Schärfe verloren. Z.T. wird jede Zusammenarbeit zwischen Akteuren aus dem privaten oder dem öffentlichen Sektor als Public Private Partnership bezeichnet, aber auch das sog. Contracting-out bestimmter Leistungsbereiche der öffentlichen Hand an private Auftragnehmer (hierbei handelt es sich jedoch eigentlich um Auftragsvergabe an hochspezialisierte Dienstleister). – 2. *Merkmale:* (1) Zusammenarbeit zwischen mind. einem öffentlichen und einem privaten Partner, wobei die Austauschbeziehung zwischen den Partnern im Vorhinein nicht vollständig geregelt ist. (2) Die Zusammenarbeit bezieht sich auf ein abgegrenztes Aufgabenfeld. (3) Die Partner bringen in die Public Private Partnership eigene Ressourcen ein, die je nach Formalisierungsgrad der Public Private Partnership unterschiedlich verbindlich und mit unterschiedlicher Dauer auch für die Aufgabe der Public Private Partnership gebündelt werden. (4) Die Partner haben i.d.R. unterschiedliche Ziele, die aber komplementär sein müssen. (5) Die partnerspezifischen Ziele lassen sich durch eine gemeinsame Ressourceneinbringung der Partner besser erreichen als ohne eine entsprechende Kooperation. (6) Die Zusammenarbeit vollzieht sich auf einer informalen oder einer durch (relationale) Verträge geregelten formalen Grundlage. (7) Der von der Public Private Partnership erwirtschaftete Nutzen/Ertrag muss für den einzelnen Partner so hoch sein, dass für ihn ein Anreiz besteht, weiter in der Partnerschaft zu bleiben. – 3. *Arten:* Zwei grundlegende Kategorien von Public Private Partnership können unterschieden werden: a) Bei der *Organisations-Public Private Partnership* geht es um eine von einem öffentlichen und privaten Partner gegründete Kapitalgesellschaft (gemischtwirtschaftliches Unternehmen). Die Kooperation bezieht sich auf das Ressourcenmanagement und entsprechende strategische Ausrichtung der gemeinsamen Organisation. – b) Bei der *projektbezogenen Vertrags-Public Private Partnership* resultiert der Kooperationsbedarf daraus, dass bei Vertragsabschluss die von den Partnern zu erbringenden Leistungen und Kosten sowie die zu tragenden Risiken nicht klar definiert werden können (relationale Verträge). Im Vertragsverlauf ergibt sich ein kontinuierlicher Abstimmungs- und Koordinationsbedarf. Merkmal der Vertrags-Public Private Partnership ist von daher das Vertragsmanagement (→ Kontraktmanagement). – 4. *Entwicklung:* In Zukunft wird die Grenze zwischen öffentlichem und privatem Sektor weiter verschwimmen, es wird zu einer Zunahme von Public Private Partnership kommen und die Interdependenzen zwischen den Sektoren werden zunehmen. Damit verbunden ist, dass die klassische institutionell definierte Dichotomie zwischen öffentlichen und privaten Akteuren sich nicht nur verschiebt, sondern auch durchlässig wird und sich qualitativ verändert. In diesem Zusammenhang stehen Public Private Partnerships für die Entstehung einer neuen hybriden Ökonomik.

punktuelle Anreize – Selbstständige Transaktionspartner (z.B. Makler oder Kommissionäre) sind auf Märkten punktuellen Anreizen in Form von Preisen oder Umsatzprovisionen ausgesetzt, die vom Erfolg einer einzelnen → Transaktion abhängen. Punktuelle Anreize stimulieren aggressives Umsatz- und Marktverhalten. – *Gegensatz:* → Sammelanreize.

Q-Gewinn → Dynamische Einkommen, → Unternehmergewinn.

Qualifikation – 1. *Begriff:* Individuelles Arbeitsvermögen, d.h. die Gesamtheit der subjektiv-individuellen Fähigkeiten, Kenntnisse und Verhaltensmuster, die es dem einzelnen erlauben, die Anforderungen in bestimmten Arbeitsfunktionen auf Dauer zu erfüllen (Baethge). Umfasst funktionale, politisch-ökonomische und soziale Dimension von Arbeit. – 2. *Bedeutung in der Berufs- und Wirtschaftspädagogik:* Schlüsselbegriff im Zusammenhang mit der Begründung und Rechtfertigung von Lernzielen und -inhalten (→ Curriculum). Curriculumelemente sind im Hinblick auf den Erwerb von Qualifikation zur Bewältigung gegenwärtiger und zukünftiger Lebenssituationen auszuwählen und zu gewichten (S.B. Robinsohn). Der Qualifikationsbegriff hat den klassischen Bildungsbegriff (→ Berufsbildung) als Rechtfertigungshintergrund für Lehrplan- bzw. Curriculumentscheidungen verdrängt oder zumindest ergänzt (→ wirtschaftsberufliche Curriculumentwicklung). Die Berufs- und Qualifikationsforschung gilt entsprechend als wesentliche Bezugswissenschaft wirtschafts- und berufspädagogischer Curriculumforschung. – 3. *Kritik (aus erziehungswissenschaftlich-curricularer Perspektive):* (1) Ausblendung privater und politisch-gesellschaftlicher Handlungsfelder; (2) Schwierigkeit der Antizipation zukünftiger Qualifikationsanforderungen; (3) tautologischer Charakter herkömmlicher Qualifikationsbeschreibungen, d.h. die Praxis der bloßen Umformulierung sprachlich zu isolierender Tätigkeitselemente in Dispositionsbegriffe. Neuere kognitions- und handlungstheoretische Ansätze fordern deshalb die Realanalyse kognitiver Regulationsleistungen im Zuge des Arbeitshandelns und, darauf bezogen, der strukturellen kognitiven Grundlagen, die diese Regulationsleistungen ermöglichen. Derzeit erlebt einerseits der Bildungs- gegenüber dem Qualifikationsbegriff eine Renaissance, andererseits ist der Qualifikationsbegriff durch die Einführung der → Schlüsselqualifikationen erweitert worden.

Qualifikationsentwicklung – *Qualifikationsanforderungsentwicklung.* 1. *Begriff:* Veränderung des beruflichen Anforderungsprofils, d.h. der für die Ausübung einer beruflichen Tätigkeit erforderlichen Kenntnisse, Fähigkeiten und Fertigkeiten unter dem Einfluss technischer, wirtschaftlicher und organisatorischer Entwicklungen im Arbeitsleben. – 2. *Forschung zur Qualifikationsentwicklung (Qualifikationsforschung):* Nach Branchen und beruflichen Funktionsbereichen differenzierte Analysen und Prognosen der qualitativen und quantitativen Qualifikationsentwicklung erfolgen im Rahmen der Arbeitsmarkt- und Berufsforschung, der Industriesoziologie, der Arbeitspsychologie und der Curriculumforschung. – *Verfahren:* Arbeitsmarktstudien, Arbeitsplatzanalysen, Expertenbefragungen, bildungsökonomische Analysen. Forschungsergebnisse zur Qualifikationsentwicklung sind wichtige Bezugsdaten für die Arbeitsmarkt-, Tarif- und Sozialpolitik, für die Bildungs- und Berufsbildungsplanung und für die Curriculumentwicklung. – 3. *Positionen:* Kontroverse Thesen zu Trends der Qualifikationsentwicklung bes. unter dem Eindruck des Vordringens der Mikroelektronik, neuer Formen der Arbeitsorganisation, der wachsenden Bedeutung des Dienstleistungssektors sowie der demografischen Entwicklung: (1) Dequalifizierung durch weit gehende Vereinfachung und Formalisierung der Arbeitsprozesse; (2) Höherqualifizierung; (3) Veränderung der Qualifikationsschwerpunkte durch Abbau von Routinetätigkeiten, ganzheitliche Arbeitsgestaltung und anspruchsvolle Technik; (4) Polarisierung der Qualifikationen durch einerseits anspruchslose, routinegeprägte und andererseits komplexe, anspruchsvolle Tätigkeiten; (5) Reintegration von Qualifikationen (Verbreiterung, Vertiefung, Erhöhung) durch Zusammenlegung von Arbeitsaufgaben; (6) Geschäftsprozessorientierung (SOFi). – Vgl. auch → Qualifikation, → Schlüsselqualifikation.

qualifizierte Mehrheitsregel – *Quorumregel;* Abstimmungsregel (→ Abstimmungsverfahren), bei dem eine Alternative als beschlossen gilt, wenn sie mind. einen bestimmten Anteil aller abgegebenen Stimmen erhalten hat. Dieses Quorum muss immer größer sein als 50 Prozent.

qualitatives Wachstum → Wachstum der Wirtschaft unter Verzicht auf Ausbeutung und Zerstörung natürlicher Ressourcen. Der Begriff bezeichnet einen Gegenentwurf zum traditionellen wirtschaftspolitischen Ziel des durch die Veränderung des Sozialprodukts (s. Nationaleinkommen) gemessenen Wachstums.

Quantifizierbarkeit → Operationalisierbarkeit.

quantitative Wirtschaftspolitik – 1. *Begriff und Merkmale:* Die quantitative Wirtschaftspolitik geht davon aus, dass alle wirtschaftlichen Beziehungen durch ein System von Gleichungen erfasst werden können (→ Ziel-Mittel-Zusammenhang), deren Variablen operationalisierbar sind (→ Operationalisierbarkeit). Die endogenen Variablen (Variable, endogene) dieses Systems werden in Zielvariablen (→ wirtschaftspolitisches Ziel) und irrelevante Variablen, die für das zu lösende Wirtschaftsproblem ohne Bedeutung sind, unterteilt. Die exogenen Variablen

(Variable, exogene) werden in Daten, die vom Wirtschaftspolitiker nicht beeinflusst werden können, und Instrumentvariablen (→ wirtschaftspolitische Mittel) unterteilt. – 2. *Fragestellung:* Welche Werte müssen die Instrumentvariablen annehmen, damit bestimmte, fest vorgegebene Werte der Zielvariablen realisiert werden können? Das lineare Gleichungssystem wird dazu in mehreren Schritten so umgeformt, dass die Instrumentvariablen als Funktion der Zielvariablen und der Daten erscheinen (Entscheidungsmodell). Durch Einsetzen der Werte der Zielvariablen können die gesuchten Werte der Instrumentvariablen bestimmt werden. – 3. *Probleme:* Das aufgestellte Zielsystem ist unlösbar, nicht eindeutig lösbar oder es gibt einen unendlich großen Lösungsraum. Unter diesen Umständen kann nicht gesagt werden, ob z.B. die Geldpolitik ein effizientes Mittel zur Erreichung des Ziels der Preisniveaustabilität ist oder nicht.

Quantitätsgleichung – *Verkehrsgleichung;* Identität, die besagt, dass das Produkt aus → Geldmenge (G) und Umlaufgeschwindigkeit (U; → Geldumlaufgeschwindigkeit) gleich dem Produkt aus Handelsvolumen (H) und → Preisniveau (P) ist: $G \cdot U = H \cdot P$. Die Quantitätsgleichung ist eine Tautologie, denn sie beschreibt nur die Tatsache, dass alle Käufe zugleich Verkäufe sind.

Quantitätstheorie – Geldtheorie, → Inflationstheorien.

Quasigeld → Geldsurrogate.

Quasimonopolgewinn → Dynamische Einkommen, → Unternehmergewinn.

Quasirente – Differenz der Erträge einer → spezifischen Investition in der gegenwärtigen Verwendung gegenüber der nächstbesten Verwendung. Quasirenten fallen als Erträge beim Eigner spezifischen Kapitals an und sind vom Gewinn abzugrenzen. Die gesamten Erträge können den Charakter von Quasirenten haben, aber gleichwohl zur Deckung der Kosten benötigt werden. Quasirenten unterliegen der Gefahr der opportunistischen Aneignung durch die Transaktionspartner (→ Opportunismus). Dieser kann vom Eigner des spezifischen Kapitals mit der Auflösung der Transaktionsbeziehung drohen und sich auf diese Weise der Quasirente seines Partners bemächtigen, indem er etwa die ex ante vereinbarten Preise zu seinen Gunsten verändert. Der Besitzer des spezifischen Kapitals wird die Transaktionsbeziehung solange aufrechterhalten, wie er einen Mehrertrag im Vergleich zur nächstbesten Verwendung erzielen kann, obwohl die Transaktionsbeziehung insgesamt bereits verlustreich geworden sein mag. Er wird die Transaktionsbeziehung folglich nicht beenden, bevor seine Quasirente vollständig enteignet ist. Um die Gefahr der opportunistischen Ausbeutung der Quasirente zu reduzieren, muss diese institutionell abgesichert werden.

Querverbund – *Querverbundunternehmen.* 1. *Querverbund i.e.S.:* Zusammenfassung zweier oder mehrerer betrieblicher Organisationseinheiten der kommunalen leitungsgebundenen Energie- und Wasserversorgung, der Entsorgung (Abfall/ Abwasser), des kommunalen → öffentlichen Personennahverkehrs (öPNV) sowie anderer unternehmerisch geführter kommunaler Dienstleistungen in einem Wirtschaftsunternehmen in der Rechtsform eines Eigenbetriebes, eines Zweckverbandes oder einer kommunal beherrschten Kapitalgesellschaft (Eigengesellschaft). – 2. *Querverbund i.w.S.:* Zusammenfassung von zwei oder mehreren kommunalen Unternehmen der leitungsgebundenen Energie- und Wasserversorgung, der Entsorgung, des öPNV sowie anderer kommunaler Dienstleistungsunternehmen in einem kommunalen Konzern (Querverbundkonzern). Die einzelnen Konzerntöchter sind durch bes. organschaftliche Regelungen (Beherrschungsverträge) einer einheitlichen unternehmerischen Willensbildung unterworfen. Aus steuerlichen Gründen werden i.d.R. auch Gewinnabführungs- bzw. Verlustübernahmeverträge zwischen Mutter und Töchtern geschlossen. Die Holding übernimmt selbst einzelne Dienstleistungen wie juristische Dienste, Controlling und Konzernplanung. – Der Querverbund dient einerseits der Rationalisierung von Betriebsabläufen und der Ausschöpfung von Synergieeffekten (Synergie), andererseits auch der Generierung von steuerlichen Vorteilen. Querverbünde unterliegen im Einzelfall der Prüfung kommunalrechtlicher Zulässigkeit. Es ist steuerrechtlich zwischen der Zusammenfassung von Betrieben gewerblicher Art (BgA) und der Zusammenfassung von Hoheitsbetrieben mit Betrieben gewerblicher Art zu unterscheiden. Ein Betrieb gewerblicher Art kann nicht mit einem Hoheitsbetrieb zusammengefasst werden.

Querverteilung – Von Querverteilung (A. Stobbe) spricht man dann, wenn Lohnempfänger auch Kapitaleinkommen beziehen und/oder Gewinnempfänger auch Arbeitseinkommen haben. Die Interpretation der → funktionalen Einkommensverteilung als Maß der sozioökonomischen Verteilung muss bei Vorliegen von Querverteilung modifiziert werden. – Vgl. auch → institutionelle Einkommensverteilung, Verteilungstheorie.

Quorumregel → qualifizierte Mehrheitsregel.

Rae-Taylor-Theorem – Theorem, das Voraussetzungen angibt, unter denen die → einfache Mehrheitsregel die beste Regel aus der Sicht der Abstimmenden ist. V.a. muss die Frustration über eine Niederlage unabhängig davon sein, ob ein vom Wähler unterstützter Vorschlag abgelehnt oder ein von ihm bekämpfter angenommen wird.

Rangsummenregel → Borda-Regel.

Rank Order Tournament → Turnier.

Ratchet Effect – *Sperrklinkeneffekt;* 1. In der *Konsumforschung* beobachtetes Phänomen, nach dem bei Einkommenserhöhungen, die gewöhnlich dauerhafter Natur sind, eine proportionale Zunahme der Konsumausgaben eintritt, während bei Einkommensrückgängen, die typischerweise temporärer Natur sind, eine nur unterproportionale Einschränkung der Konsumausgaben erfolgt. Eine permanente Einkommenserhöhung lässt dann die durchschnittliche Konsumquote unverändert, während sie bei einem temporären Einkommensrückgang steigt. Erklärung des Ratchet Effect durch Duesenberry im Rahmen der relativen Einkommenshypothese des Konsums (Konsumfunktion). – 2. Analoge Erscheinung bei der *sektoralen und gesamtwirtschaftlichen Preisentwicklung:* Preissteigerungen bei Nachfrageerhöhungen, keine Preissenkung bei Nachfragerückgängen (→ Inflation). – 3. Auf dem Arbeitsmarkt liegt ein Sperrklinkeneffekt vor, wenn es im Falle eines Nachfrageüberhangs zu Lohnsteigerungen kommt, während bei einem Angebotsüberschuss auf diesem Markt keine Lohnsenkung eintritt. Ein einmal erreichtes Lohnniveau wirkt dann wie eine Sperrklinke. Die strukturelle Arbeitslosigkeit steigt unter diesen Umständen fortlaufend.

Rat der Europäischen Union – 1. *Begriff:* Gesetzgebendes Organ der → EU mit Sitz in Brüssel, das in den meisten Fällen gemeinsam mit dem → Europäischen Parlament EU-Rechtsakte beschließt. Nicht zu verwechseln mit dem → Europäischen Rat und dem → Europarat (einer eigenständigen supranationalen Organisation). – 2. *Merkmale:* Der Rat der EU tritt in verschiedenen Fachformationen zusammen (Allgemeine Angelegenheiten, Wirtschaft- und Finanzen (→ ECOFIN), Wettbewerbsfähigkeit, Umwelt, Justiz und Inneres etc.). Er setzt sich aus einem Vertreter auf Ministerebene pro Mitgliedsstaat zusammen. Bundesstaatlich organisierte Staaten können sich auch durch regionale Regierungsmitglieder vertreten lassen. – 3. *Aufgaben/Arbeitsweise:* Im Rat der EU bringen die Mitgliedstaaten ihr nationales Interesse mit europäischem Interesse in Einklang und beschließen Rechtsakte (EU-Gesetzgebung). Internationale Abkommen und Verträge mit Drittstaaten oder internationalen Organisationen werden ebenfalls vom Rat der EU geschlossen. Ebenfalls in den Außenbeziehungen kann der Rat der EU Wirtschaftssanktionen (z.B. ein Embargo) beschließen und über die Aufnahme neuer Mitgliedsstaaten entscheiden. Der Rat der EU kann die Zahl der Mitglieder der → Europäischen Kommission ändern und damit *primäres Gemeinschaftsrecht* ändern. Er kann außerdem Durchführungsvorschriften und Empfehlungen erlassen. Er sorgt für die Abstimmung der Wirtschaftspolitiken der Mitgliedstaaten. In Bereichen, in denen die EU die Politik der Mitgliedstaaten ergänzt (z.B. → Sozialpolitik, allg. und berufliche Bildung, Jugend) kommt die Europäische Methode der Offenen Koordinierung zur Anwendung. Der Rat der EU kontrolliert die Kommission mittels der Komitologie. Der Rat der EU ist gemeinsam mit dem → Europäischen Parlament *Haushaltsbehörde der EU*. Eine mehrstufige Vorbereitung der Beschlüsse erfolgt im Rahmen der über 200 Ratsarbeitsgruppen (Experten aus den nationalen Verwaltungen) und danach im Ausschuss der Ständigen Vertreter (Ständige Vertreter/Botschafter der Mitgliedstaaten der EU). Das Ratssekretariat wird vom Generalsekretär geleitet, der gleichzeitig *Hoher Vertreter* für die → GASP ist. Jeweils ein Mitgliedsstaat hat für ein halbes Jahr die Ratspräsidentschaft inne (den Vorsitz des Rates) und bestimmt auf allen Ebenen das Arbeitsprogramm, bereitet die Beschlüsse vor und vertritt die EU nach außen. – 4. *Abstimmungsverfahren:* Beschlüsse werden einstimmig oder mit qualifizierter Mehrheit gefasst. Für Verfahrensfragen reicht die einfache Mehrheit. Abstimmungen mit qualifizierter Mehrheit finden heute in einem Großteil aller Politikbereiche statt und ermöglichen effizientes, supranationales Handeln. Einstimmigkeit herrscht z.B. noch im Bereich Steuern, Sozialschutz für Wanderarbeitnehmer, Anerkennung von Diplomen und Anreizmaßnahmen im Kulturbereich). Einstimmigkeit bedeutet, dass hier jedes Land eine Veto-Möglichkeit hat. Enthaltungen stehen der Annahme eines Beschlusses mit Einstimmigkeit jedoch nicht im Wege. Bei qualifizierten Mehrheitsentscheidungen sind die Stimmen der Mitgliedstaaten unterschiedlich gewichtet. Ein Ratsmitglied kann sein Stimmrecht auf ein anderes übertragen. – 5. *Zusammensetzung:* Der Rat der EU besteht seit dem EU-Beitritt Bulgariens und Rumäniens im Jahre 2007 aus 27 Mitgliedern mit insgesamt 345 Stimmen. Zuvor betrug der Gesamtzahl der gewogenen Stimmen in der EU-25 321 Stimmen). Die vier großen Mitgliedstaaten Deutschland, Frankreich, Großbritannien und Italien verfügen über jeweils 29 Stimmen, gefolgt von Polen und Spanien mit jeweils 27 Stimmen. Eine qualifizierte Mehrheit kommt zu Stande, wenn mind.

Rate

Mitgliedsstaat	Stimmen im Rat 2000	Stimmenverhältnis 2000	Stimmen im Rat 2007	Stimmverhältnis 2007
Deutschland	10	11,5	29	8,4
Frankreich	10	11,5	29	8,4
Großbritannien	10	11,5	29	8,4
Italien	10	11,5	29	8,4
Spanien	8	9,2	27	7,8
Niederlande	5	5,7	13	3,8
Belgien	5	5,7	12	3,6
Griechenland	5	5,7	12	3,6
Portugal	5	5,7	12	3,6
Österreich	4	4,6	10	2,9
Schweden	5	5,7	10	2,9
Dänemark	3	3,4	7	2
Finnland	3	3,4	7	2
Irland	3	3,4	7	2
Luxemburg	2	2,3	4	1,2
EG-15 (gesamt)	**87**	**100**	**237**	-
Polen	-	-	27	7,8
Tschechien	-	-	12	3,6
Ungarn	-	-	12	3,6
Litauen	-	-	7	2
Slowakei	-	-	7	2
Estland	-	-	4	1,2
Lettland	-	-	4	1,2
Slowenien	-	-	4	1,2
Zypern	-	-	4	1,2
Malta	-	-	3	0,9
Rumänien	-	-	14	4
Bulgarien	-	-	10	2,9
EU-27 (gesamt)	-	-	**345**	**100**

255 von 345 Stimmen (73,91 Prozent). Zusätzlich muss die Mehrheit der Mitgliedstaaten (d.h. mind. 14) zugestimmt haben. Ein Mitgliedsstaat kann auf Antrag überprüfen lassen, ob die qualifizierte Mehrheit mind. 62 Prozent der Gesamtbevölkerung der EU umfasst. Wenn dies nicht der Fall ist, kommt der Beschluss nicht zu Stande. – Die Tabelle zeigt das Stimmenverhältnis der Mitgliedstaaten im Rat der EU im Jahr 2000 (EU-15), 2005 (EU-25) und 2007 (EU-27). Ab dem 1.11.2014 ändern sich die Quoren. Als qualifizierte Mehrheit gilt eine Mehrheit von mindestens 55 Prozent der Mitglieder des Rats, gebildet aus 15 Mitgliedern, so Unionsbevölkerung bilden. Als Sperrminorität sind mindestens 4 Mitglieder erforderlich. Weiteres in Art. 16 Abs. 4 und 5 EUV.

Rate – *Teilbetrag.* 1. *Allgemein:* Ratenzahlung. – 2. *Verkehr:* Bezeichnung für Beförderungspreise in der Seeschifffahrt (genauer: Frachtrate). – Vgl. auch → Frachtsatz.

Rätedemokratie – 1. *Charakterisierung:* Bisher nicht realisiertes Konzept einer Gesellschafts- und Wirtschaftsordnung mit Gesellschaftseigentum an den Produktionsmitteln und gesamtgesellschaftlicher Planung der Produktions- und Verteilungsprozesse. Vertreten bes. von neomarxistischer Seite (→ Sozialismus, → Marxismus) als ein Gegenentwurf zur → Marktwirtschaft bzw., unter dem Stichwort des „Dritten Weges", zu einer → staatssozialistischen Zentralplanwirtschaft. – 2. *Aufbau:* Die Gesellschaftsmitglieder sind dem Räteprinzip zufolge in den einzelnen Basiseinheiten (Betriebe, Wohngebiete, Universitäten etc.) als Urwahlgemeinschaften zusammengeschlossen. Aus ihrer Mitte wählen sie als ihre Vertretung Räte, deren Mitglieder an den Wählerwillen gebunden sind (imperatives Mandat) und zur Verhinderung elitärer Führungsstrukturen der Ämterrotation unterliegen. Aus der Mitte dieser Räte wiederum werden nach dem gleichen Prinzip übergeordnete (überregionale) Räte bis hinauf zum obersten Rat gewählt. Eine Übertragung von Handlungs- und Entscheidungskompetenzen an die nächsthöhere Ebene erfolgt nur soweit wie nötig (ähnlich wie vom → Subsidiaritätsprinzip gefordert), damit der übergeordnete Rat die ihm übertragenen Funktionen erfüllen, aber nicht eigenmächtig ausfüllen kann. – 3. *Koordination:* Die Handlungsrechte an den Produktionsmitteln sind den Betriebsangehörigen übertragen. Sie sind zu einem *Betriebsparlament* zusammengeschlossen, das die Mitglieder des betrieblichen *Selbstverwaltungsrats* wählt und ihm diejenigen Rechte überträgt, die zur Erfüllung seiner Aufgaben (organisatorische Umsetzung der Beschlüsse des Betriebsparlaments, Führung der laufenden Geschäfte, Vertretung des Betriebs nach außen) notwendig sind. Die einzelnen betrieblichen Räte wählen die Mitglieder übergeordneter Räte, denen daneben auch Nichtwerktätige (Rentner, Intellektuelle etc.) angehören. Aus der Mitte der überregionalen Räte wiederum werden Vertreter in den nächsthöheren Rat bis hinauf zum *Wirtschaftsgeneralrat* delegiert. Aufgabe des Wirtschaftsgeneralrats ist die *Aufstellung des Volkswirtschaftsplans:* Auf Basis der Bedarfsanmeldungen der untersten Gesellschaftseinheiten (individuelle und kollektive Bedürfnisse der dort organisierten Individuen) und zentral ermittelter Bedarfsgrößen (bes. Investitionsgüterbedarf) erstellt er mithilfe der → Bilanzierungsmethode einen *vorläufigen Planentwurf*, der veröffentlicht und auf allen gesellschaftlichen Strukturebenen diskutiert wird. Diejenigen, deren Interessen nicht ausreichend berücksichtigt wurden, können entweder über die Instanzen des Rätesystems oder durch plebiszitäre Korrekturkampagnen ihre Ziele durchzusetzen versuchen. Nach entsprechenden Korrekturen durch den Wirtschaftsgeneralrat wird der *endgültige Plan* den einzelnen Betrieben in Form differenzierter Produktions- und Finanzauflagen übermittelt. – 4. *Funktionsprobleme:* a) Die Ermittlung des notwendigen Produktionsumfangs auf Basis dezentraler Bedarfsanmeldung birgt die *Gefahr überhöhter Güteranforderungen.* – b) Die Ermittlung des zu erfüllenden Bedarfs und die Auswahl von Alternativen erfordert bei Weisungsgebundenheit der Entscheidungsberechtigten an den Willen ihrer Wähler *langwierige Abstimmungsprozesse bei hohen* → Transaktionskosten. – c) Das Fehlen von Prämierungs- und Sanktionsmechanismen zur Erzwingung plankonformen Verhaltens der Betriebe und Arbeiter begünstigt *individuelle Trittbrettfahrerstrategien.* – d) Erfüllt ein einzelner Betrieb seine Planauflagen nicht, führt dies aufgrund der Interdependenzen zwischen allen Betriebsplänen zu *lawinenartigen Folgestörungen* in anderen Unternehmen und damit zur Nichterfüllung des gesamtwirtschaftlichen Plans.

Rat für die Zusammenarbeit auf dem Gebiete des Zollwesens (RZZ) – *Customs Co-Operation Council (CCC);* gegründet aufgrund einer 1950 unterzeichneten Konvention, die 1952 in Kraft trat; 104 Mitgliedsstaaten. – *Ziele und Arbeitsergebnisse:* Die Arbeiten haben weltweite Bedeutung, daher wurde auch die frühere Bezeichnung *Brüsseler Zollrat* fallen gelassen. Hauptziel ist die Vereinfachung und Vereinheitlichung der Zollformalitäten. Arbeitsergebnisse sind bes. die auf Konventionen beruhende Nomenklatur des Rates für die Zusammenarbeit auf dem Gebiet des Zollwesens (NRZZ), früher: Brüsseler Zolltarifschema (BZT); und die Konvention über den Zollwert (seit 1.7.1980 ersetzt durch GATT-Zollwert-Kodex) und über Carnets ATA. Entwicklung eines Harmonisierten Systems zur Beschreibung und Codierung der Waren (HS), das inzwischen fertig gestellt ist und auf der Basis einer internationalen Konvention am 1.1.1988 in die internationalen Zoll- und Außenhandelsnomenklaturen eingeführt wurde. Die EU haben das HS vollständig in das Warenverzeichnis für die Statistik des Außenhandels zur Gemeinschaft und des Handels zwischen ihren Mitgliedsstaaten (NIMEXE) übernommen. – Seit 1995 *Weltzollorganisation (WZO).*

Rat für gegenseitige Wirtschaftshilfe (RGW) → COMECON.

Rat für industrielle Entwicklung – ausführendes Organ der → UNIDO. – *Aufgaben:* Festlegung von Grundsätzen und Richtlinien für die Tätigkeit der UNIDO, Billigung des Arbeitsprogramms. Überwachung und Förderung der Koordinierung auf dem Gebiet der Industrialisierung innerhalb der UN. Erstattung eines jährlichen Berichts an den Wirtschafts- und Sozialrat der UN.

rationalistische Methodologie → Methodologie.

Raumschiff-Ökonomik – Da die Wirtschaft mit den begrenzten Ressourcen der Erde auskommen muss (wichtige Ausnahme: Energiezufuhr durch die Sonne) ist es nach dem Konzept der Raumschiff-Ökonomik nötig, sie von einer „Durchflussökonomie" zur „Kreislaufökonomie" umzugestalten. Dazu müssen bes. alle Abfälle in den Produktionsprozess zurückgeführt werden. – Vgl. → ökologische Ökonomik, → Ressourcenökonomik, → Umweltökonomik.

Rawlsche Wohlfahrtsfunktion – formale Darstellung des Rawlsschen Maximin-Kriteriums, wonach der Nutzen des am schlechtesten gestellten Individuums unter Gerechtigkeitsaspekten maximiert werden soll. Die gesellschaftliche → Wohlfahrtsfunktion lautet demnach für n individuelle Nutzenfunktionen u_i:

$$U = \min(u_1, u_2, \ldots u_n).$$

Andere Wohlfahrtsfunktionen: → utilitaristische Wohlfahrtsfunktion, → Bergsonsche Wohlfahrtsfunktion.

Reagonomics – auch: *Reaganomics.* – Vgl. → Chicago School, Angebotsökonomik.

Reaktionsverbundenheit → Oligopol.

Realignment – Anpassung des im Rahmen eines internationalen Währungssystems angestrebten fixen Wechselkurses an veränderte Fundamentaldaten durch Aufwertung oder Abwertung. – Vgl. → Bretton-Woods-System.

Reallohn – Indikator für die reale → Kaufkraft des Nominallohns, also bereinigt um Preisniveausteigerungen. Ergibt sich als Verhältnis zwischen dem Nominallohn (in Geldeinheiten pro Stunde) und dem

Preisindex (Geldeinheiten für einen Warenkorb) und stellt somit den Warenkorb dar, der in einer Stunde Arbeit verdient worden ist.

Reallohnlücke – Indikator für die Differenz zwischen tatsächlichem und vollbeschäftigungskonformem Reallohnniveau. Eine Bestimmung des vollbeschäftigungskonformen Niveaus ist in der Praxis allerdings nicht möglich (→ Lohnpolitik).

Realzins – Ertrag aus der Nutzung investierten Kapitals, auch der tatsächliche Zinsertrag von Wertpapieren, errechnet aus dem jeweiligen Kurs und dem Zinssatz bzw. der Dividende (Rendite). Wird auch berechnet als Differenz zwischen dem Nominalzins und der erwarteten Inflationsrate. Liegt der → Geldzins unter dem Realzins, regt er Neuinvestitionen an; liegt er darüber, drosselt er sie (Wicksellscher Prozess).

Recht – 1. Gesamtheit der Rechtsnormen, die in der Rechtsgemeinschaft gelten, die Rechtsordnung. – 2. Das vom Recht gewährte, in einem subjektiven Recht verkörperte Machtbefugnis oder Berechtigung, der Anspruch. – Vgl. auch → Institution.

Rechte an Informationen – Nach der Theorie der Verfügungsrechte sind nicht die Informationen selbst, sondern die mit ihnen verbundenen Nutzungsrechte von wirtschaftlichem Interesse. Um diese Rechte zu schützen und handelbar zu machen, gibt es neben vertraglichen Sicherungsformen eine Anzahl von Rechtsinstitutionen, wie Patent- und Lizenzrecht. Darüber hinaus verlangen neue Informations- und Kommunikationstechniken neben neuen Rechtsinstitutionen auch noch technischen Sicherungen gegen den Missbrauch und die Manipulation von Informationen.

Rechtsstaatlichkeit – 1. *Begriff:* Als Rechtsstaat wird ein Staat bezeichnet, in dem politische Herrschaft nur aufgrund und im Rahmen des Rechts ausgeübt wird (Grimm). Hierbei werden an eine Anerkennung hoheitlichen Handelns als legitimes Recht formelle und inhaltliche Voraussetzungen geknüpft, die dazu dienen, den einzelnen vor Übergriffen des Staates in seine individuellen Freiheitsrechte zu schützen. Zwar kann der Gedanke eines rechtlich gebundenen Staates bis in den Beginn der Neuzeit zurückverfolgt werden, doch kennzeichnet Rechtsstaatlichkeit als anerkanntes Verfassungsprinzip erst die liberal-bürgerlichen Gesellschaften am Anfang des 19. Jh. Wenn auch der Begriff des Rechtsstaates eng mit spezifisch dt. Rechtstraditionen verbunden ist, so weist er doch einige deutliche Entsprechungen mit Grundelementen des angelsächsischen Verständnisses von „*Rule of Law*" bzw. „*Government under the Law*" auf. – 2. *Verfassungsrechtliche Bedeutung:* In der Staatsverfassung der Bundesrepublik Deutschland zählt das Rechtsstaatsprinzip zu den zentralen Leitideen. Hierzu gehören bes. die Art. 20 III und 1 III GG (Bindung der Staatsgewalten an Verfassung, Gesetz und Recht), Art. 20 II GG (Gewaltenteilung), Art. 19 IV GG (Rechtsschutz durch unabhängige Gerichte) und Art. 19 II GG (Wesensgehaltsgarantie der Grundrechte). Hiervon ausgehend haben sich in der Rechtsprechung des Bundesverfassungsgerichts und der vorherrschenden Lehrmeinung folgende *Wesensmerkmale* des Rechtsstaatsprinzips herausgebildet: a) *Achtung der Grundrechte:* Die Grundrechte des Grundgesetzes binden alle Organe der Staatsgewalt „als unmittelbar geltendes Recht" (Art. 1 III GG). V.a. sind sie in ihrem Wesensgehalt der Disposition des Gesetzgebers entzogen (Art. 19 II GG) und werden von unabhängigen Gerichten gewährleistet (Art. 19 IV GG). – b) → Gewaltenteilung: Die Ausübung der Staatsgewalt hat „durch besondere Organe der Gesetzgebung, der vollziehenden Gewalt und der Rechtsprechung" zu erfolgen (Art. 20 II GG). Damit sollen unterschiedliche hoheitliche Funktionen in ein System gegenseitiger Abhängigkeit und Kontrolle gebracht werden (im angelsächsischen Raum auch „Checks and Balances" genannt). V.a. hat das Parlament die Regierung zu kontrollieren, während unabhängige Gerichte die Akte der Verwaltung auf ihre Rechtmäßigkeit und die Akte der Gesetzgebung auf ihre Verfassungsmäßigkeit überprüfen. Die horizontale Gewaltenteilung wird in der Bundesrepublik Deutschland als föderal gegliedertem Staat ergänzt durch die vertikale Gewaltenteilung zwischen den unterschiedlichen Ebenen von Gebietskörperschaften (Gemeinden, Länder, Bund). – c) *Gleichbehandlung durch das Gesetz:* Grundsätzlich hat die Rechtsetzung in Form des allg. und den Gleichheitssatz (Art. 3 GG) respektierenden Gesetzes zu erfolgen (Gleichbehandlung). Damit soll vermieden werden, dass Einzelfallregelungen und Maßnahmegesetze allgemeingültige Gesetze derart verdrängen, dass dem Willkürverbot sowie der Trennung von Verwaltung und Gesetzgebung nicht mehr entsprochen werden kann. – d) *Vorbehalt des Gesetzes:* Nur auf der Grundlage eines förmlichen, vorher erlassenen Gesetzes dürfen staatliche Gewalten Eingriffe in Freiheit und Eigentum der Bürger vornehmen. Dies entspricht dem Prinzip der *Gesetzmäßigkeit der Verwaltung*, das den Erlass von Verwaltungsakten an eine Ermächtigung durch den Gesetzgeber bindet und somit der Verwaltung Ermessensentscheidungen verbietet, für die es keine gesetzliche Grundlage gibt. Dadurch, dass der Gesetzgeber wiederum den Wesensgehalt der Grundrechte, das Rückwirkungsverbot und das Klarheits- bzw. Bestimmtheitsgebot zu achten hat, soll dem Prinzip der Rechtssicherheit des Bürgers zusätzlich Geltung verschafft werden. – e) *Verhältnismäßigkeit:* Staatliche Eingriffe der öffentlichen Gewalt haben im Hinblick auf den verfolgten Zweck die Verhältnismäßigkeit der Mittel zu wahren. Für die ausführende Gewalt heißt dies, dass sie bei der Anwendung von Gesetzen diejenigen Mittel zu wählen hat, die geeignet sind, den erstrebten Erfolg zu erreichen, hierbei den geringstmöglichen Eingriff in die Freiheitssphäre der Bürger bewirken (Erforderlichkeit) und gleichzeitig in einem zumutbaren Verhältnis zum Gewicht der betroffenen subjektiven Rechte stehen (Übermaßverbot). – 3.

Bedeutung im Rahmen der → Ordnungsökonomik: Die Rechtsstaatlichkeit als zentrales Ordnungsprinzip marktwirtschaftlicher Systeme. Das Gebot der Rechtsstaatlichkeit richtet sich an die Träger hoheitlicher Staatsgewalt und dient dem Schutz dezentraler Selbstorganisation vor staatlichen Übergriffen. Die Ordnungsökonomik der Freiburger Schule räumt der Rechtsstaatlichkeit schon aufgrund ihres interdisziplinären Ansatzes und der Betonung einer durchgreifenden Interdependenz von Wirtschaftsordnung und Staatsverfassung (→ Interdependenz der Ordnungen) den Rang eines zentralen Ordnungsprinzips ein.

Rechtsstaatsprinzip → Rechtsstaatlichkeit.

Recycling – 1. *Begriff:* a) *Rückführung von Produktions- und Konsumabfällen* (auch: Abwärme) in den Wirtschaftskreislauf. Innerbetrieblich Aufgabe der Abfallwirtschaft. – b) *Materialkostenintensiver Wirtschaftsbereich*, der die Bereiche Recycling von Schrott und Recycling von nicht metallischen Altmaterialien und Reststoffen enthält. – 2. *Umweltwirkung:* → Umweltschutz durch Verzicht am Abbau natürlicher Ressourcen (Ressourcenschonung) mit Material- und Energiekostenminderung und Vermeiden der Rückstandsabgabe in die natürliche Umwelt mit Wegfall von Entsorgungskosten. – 3. *Voraussetzungen:* Zur Gewinnung von Sekundärstoffen aus Rückständen nach physischer Erfassung, Identifikation, Klassifikation, Kennzeichnung und Dokumentation (Stoffbilanz, → Energiebilanz, ökologische Buchhaltung) sind zumeist Aufbereitungsvorgänge erforderlich; Rückstandsvermittlung i.d.R. durch Recyclingbörsen und Aufkaufhandel. – Rückfluss von Sekundärstoffen ist bes. hoch bei Altmetallen, -papier, -glas, -kunststoffen, -reifen. – 4. *Arten:* a) *Wiederverwendung:* Wiederholter Einsatz eines Rückstandes für den ursprünglichen Verwendungszweck (z.B. Mehrwegflaschen). – b) *Weiterverwendung:* Rückstandseinsatz für andere Zwecke (z.B. Granulat aus Altreifen zur Produktion von Bodenbelägen). – c) *Weiterverwertung:* Herstellung von Sekundärstoffen zum Wiedereinsatz in den Produktionsprozess, dem sie entstammen (z.B. Altglas zur Herstellung von Behälterglas). – Recycling stofflicher Rückstände ist stets Rückführung von in Produktion oder Konsum eingesetzter Materie. Genutzte *Energie* lässt sich nicht nochmals nutzen; ungenutzt aus einem thermodynamischen System (z.B. Abhitze aus Industrieöfen) abfließende Energie kann dem System wieder zugeführt werden.

Redistribution – I. Betriebswirtschaftslehre: alle Prozesse, die sich im Zuge der Entwicklung von einer Abfall- hin zu einer Kreislaufwirtschaft nach dem Konsum eines Produktes ergeben. Dazu zählen die Wiedergewinnung von Abfällen, die Organisation von Absatz und Beschaffungsmärkten, das Recycling und die Entsorgung. – Vgl. Abbildung „Redistributionsfunktionen".

II. Volkswirtschaftslehre: Umverteilung von Einkommen und Vermögen aus der Primärverteilung, v.a. auf dem Wege staatlicher Umverteilungsmaßnahmen im Rahmen des Steuer-, Abgaben- und Transfersystems. – Vgl. auch → Verteilungspolitik, → primäre Einkommensverteilung, → sekundäre Einkommensverteilung.

Redistributionspolitik → Verteilungspolitik.

Reeder – Eigentümer eines ihm zum Erwerb durch Seefahrt dienenden Schiffes (§ 484 HGB), Istkaufmann gemäß § 1 HGB. – *Haftung:* Der Reeder ist für Schäden verantwortlich, den ein Mitglied der Schiffsbesatzung bei Ausführung der Dienstverrichtung schuldhaft einem Dritten zufügt (§ 485 HGB), haftet aber nur mit dem Schiffsvermögen (§§ 486 ff. HGB).

Reedereischifffahrt → Binnenschifffahrt, → Seeschifffahrt.

Refinanzierung – Kreditgewährung, die nicht aus eigenen Mitteln des Kreditgebers erfolgt; dieser muss sich die erforderlichen Mittel erst beschaffen. Häufigste Form der Refinanzierung ist die Inanspruchnahme des Notenbankkredits durch die kreditgebende Bank im Weg des Wertpapierverkaufs oder der Inanspruchnahme ständiger Fazilitäten.

regelgebundener Mitteleinsatz – *Regelmechanismus;* durch Formulierung verbindlicher Regeln bestimmte Mittelwahl und -dosierung im Rahmen der Wirtschaftspolitik (→ wirtschaftspolitische Mittel). Der regelgebundene Mitteleinsatz ermöglicht im Vergleich zum diskretionären Mitteleinsatz einen Automatismus der Mittelanwendung beim Auftreten

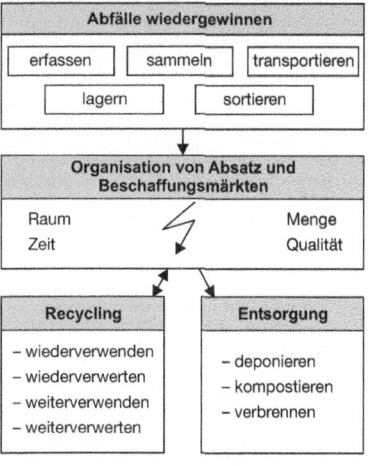

Quelle: Funck, Dirk/Schinnenburg, Heike, Umweltmanagement im Handel, Frankfurt 2000, S. 124

bestimmter Zielabweichungen, sodass größere Zeitverzögerungen vermieden werden. Weiterhin wird die Vorhersehbarkeit wirtschaftspolitischen Handelns (unter Inkaufnahme evtl. negativ wirkender Ankündigungseffekte) erhöht und die Wirtschaftspolitik damit verstetigt. – *Nachteil:* Fehlende Flexibilität bei der Handhabung veränderlicher Entscheidungsprobleme. Keine Anwendungsmöglichkeit bei neuartigen Maßnahmenotwendigkeiten. – *Gegensatz:* → diskretionärer Mitteleinsatz.

Regelleistungen – Mindestleistungen der Sozialversicherung, die vom Gesetz für alle Versicherungsträger zwingend vorgeschrieben sind. – *Änderung* von Höhe oder Umfang der Regelleistungen durch Satzungen der Versicherungsträger können nicht zuungunsten der Anspruchsberechtigten vorgenommen werden. – Wegen Änderung der Leistungen zugunsten der Anspruchsberechtigten vgl. auch → Mehrleistungen.

Regelmechanismus → regelgebundener Mitteleinsatz.

Regeln – 1. *Faustregeln:* Diese geben die Empfehlung, bestimmte typische Entscheidungen gemäß einfach strukturierter Regeln zu treffen; die Begründung liegt hier darin, dass diese erfahrungsbasierten Entscheidungshilfen i.d.R. zu besseren Ergebnissen führen als die (kostspielige) Einzelfallkalkulation oder die Zufallsentscheidung (wiewohl „Zufallsentscheidung" selbst eine brauchbare Faustregel sein kann). – 2. *Spielregeln:* Regeln, die ein Spiel, also eine gesellschaftliche Interaktion, konstituieren und definieren; sie sind zum einen die Voraussetzung für das Zustandekommen von gesellschaftlichen Interaktionen und zum anderen die Voraussetzung für die Ermöglichung von Kooperationsgewinnen (Dilemmastrukturen). Spielregeln schaffen hinreichend wechselseitige Verhaltenserwartungen, was aufgrund des damit einhergehenden Planungshorizonts produktive, wertschaffende Investitionen ermöglicht. In der modernen, demokratisch verfassten Gesellschaft gehen die Spielregeln gemäß der Konsensethik auf das Wollen der Bürger zurück; die Individuen legen den Rahmen für das gesellschaftliche Zusammenleben selbst fest. – Vgl. auch → Ordnungsökonomik, → Institution, Wirtschaftsethik, → Konstitutionenökonomik.

Regenerationsfähigkeit – Misst die Fähigkeit natürlicher Ressourcen zum autonomen Bestandswachstum sowie die Fähigkeit eines Umweltmediums nach externen Störungen (z.B. durch anthropogen bedingte Verschmutzungen) zum ökologischen Gleichgewicht zurückzufinden. – Vgl. auch → nachhaltige Entwicklung.

regenerative Energieträger – Erneuerbare Energieträger (oder Erneuerbare Energiequellen) sind im dem Sinne erneuerbar, dass sie in menschlichen Dimensionen unerschöpfbar sind. Dies bedeutet, dass sie überwiegend direkt von der Sonne stammen, die voraussichtlich erst in mehreren Milliarden von Jahren erlöschen wird. → Fossile Energieträger wie Kohle, Erdgas und Erdöl stammen indirekt von der Sonne, weil sie aus organischer Masse unter hohem Druck und hohen Temperaturen über einen sehr langen Zeithorizont von Milliarden von Jahren gebildet wurden. Fossile und nukleare Energieträger werden als „nicht-erneuerbar" bezeichnet, da sie in menschlichen Zeitdimensionen verbraucht werden können.

regenerierbare Ressource → erneuerbare Ressource.

Regiebetrieb – Verwaltungseinheit ohne jegliche institutionalisierte Selbstständigkeit, die aufgrund der Art der Aufgabe und ihrer wirtschaftlich, technisch und sozial abgrenzbaren Einheit von der übrigen Verwaltung getrennt ist (→ kostenrechnende Einrichtung, → Gebührenhaushalte). Für den Regiebetrieb werden alle Ein- und Ausgaben im Trägerhaushalt ausgewiesen. Der Regiebetrieb entspricht im Normalfall dem → Bruttobetrieb. (Im Land Niedersachsen besteht eine Ausnahmevorschrift, die einen Nettoregiebetrieb ermöglicht. Beim Netto-Regiebetrieb wird nur der Zahlungssaldo als Überschuss oder Zuschussbedarf im Haushalt festgehalten (Netto-Etatisierung). In anderen Bundesländern ist die Führung eines Nettoregiebetriebes ohne gesetzliche Ermächtigung nicht zulässig). – Der Regiebetrieb ist grundsätzlich eine Organisationsform kommunaler (wirtschaftlicher) Betätigung ohne eigene Rechts- und Parteifähigkeit. Im Unterschied zum Eigenbetrieb bleibt der Regiebetrieb Teil der unmittelbaren Verwaltung. Der Regiebetrieb ist damit strikt dem kommunalen Haushalts-, Rechnungs- und Prüfungswesen unterworfen. Einnahmen und Ausgaben sowie Kredite des Regiebetriebes sind vollständig in den Haushalt der jeweiligen Kommune einzubuchen. Damit gilt für Regiebetriebe auch das haushaltsrechtliche Gesamtdeckungsprinzip: erzielte Erlöse verbleiben nicht bei der konkreten Verwaltungsaufgabe, sondern können jedwedem Haushaltszweck zugeführt werden. In einigen Fällen wurden Regiebetriebe in sog. eigenbetriebsähnliche Einrichtungen überführt, um haushaltsrechtlichen Spielraum zu eröffnen. Dies stellt gerade im Falle einer nicht wirtschaftlichen Betätigung des Regiebetriebes eine interessante Option dar. – Im gemeindlichen Bereich kennt man den Regiebetrieb nur noch bei Versorgungsbetrieben kleiner Gemeinden und bei solchen Einrichtungen, die nicht in Eigenbetriebsform geführt werden (z.B. Schlachthöfe, Bäder) sowie Kleinbetriebe wie etwa Kantinen oder Reklamebetriebe. Faktisch ist der Regiebetrieb auf kommunaler Ebene durch den Eigenbetrieb (Nettobetrieb) verdrängt worden.

regionale Fördergebiete – 1. *Begriff:* Ausweisung bestimmter Regionen eines Landes als regionale Fördergebiete nach einheitlichen Kriterien der EU (strukturschwache Regionen oder Gebiete). – 2. *Hauptarten:* a) *Regionen mit Entwicklungsrückstand*, deren Bruttoinlandsprodukt pro Kopf der Bevölkerung unter 75 Prozent des EU-Durchschnitts liegt. – b) Regionen, die bes. schwer von *rückläufiger industrieller Entwicklung* betroffen sind (Hauptkriterien sind Struktur der Erwerbstätigkeit und Arbeitslosigkeit im Vergleich zu benachbarten Regionen). – c) Regionen mit *hoher landwirtschaftlicher Beschäftigung*, aber unterdurchschnittlicher Wertschöpfung. – d) In Deutschland erfolgt die Fördergebietsabgrenzung auf Gemeinde- oder Kreisebene *(Schwerpunktorte)*. Eine Liste aller regionalen Fördergebiete wird jährlich im Rahmenplan der Gemeinschaftsaufgabe „Verbesserung der regionalen Wirtschaftsstruktur" durch die Bundesregierung veröffentlicht.

regionaler Strukturwandel – im Zeitablauf auftretende Veränderungen in der → regionalen Wirtschaftsstruktur. Regionaler Strukturwandel ist Ausdruck unterschiedlich hohen Wirtschaftswachstums in einzelnen Regionen einer Volkswirtschaft. Ursachen solcher Wachstumsunterschiede können in der Ausschöpfung *natürlicher Standortvorteile* (z.B. Rohstoffvorkommen) liegen, häufig stellt sich regionaler Strukturwandel aber auch als Folge eines → sektoralen Strukturwandels ein, wenn einzelne Produktionszweige, die aufgrund geänderter Angebots- oder Nachfragebedingungen in ihrer Entwicklung stagnieren oder gar schrumpfen, in bestimmten Regionen konzentriert sind. So sind in Deutschland gravierende Strukturprobleme in den Bergbauregionen, landwirtschaftlich geprägten Regionen oder im Küstenraum, die sich bes. in regional sehr hoher Arbeitslosigkeit niedergeschlagen haben, kaum auf eine Verschlechterung natürlicher Standortfaktoren zurückzuführen, sie sind vielmehr infolge des Bedeutungsverlustes der jeweils dominierenden Produktionszweige entstanden. Es ist Aufgabe der regionalen Strukturpolitik, derartigen räumlichen Ungleichgewichtsentwicklungen entgegenzuwirken.

regionale Strukturpolitik → Regionalpolitik.

regionale Wirtschaftspolitik → Regionalpolitik.

regionale Wirtschaftsstruktur – regionale Verteilung der Wirtschaftskraft eines Landes, gemessen als Beitrag einzelner Regionen zum Bruttoinlandsprodukt *(regionale Produktionsstruktur)* oder anhand der Verteilung der Erwerbstätigkeit *(regionale Beschäftigungsstruktur)*. Eine differenziertere Analyse berücksichtigt zugleich die → sektorale Wirtschaftsstruktur in den Regionen, außerdem die Ausstattung mit Einrichtungen der → Infrastruktur. Die Diagnose der regionalen Ausgangslage setzt zunächst die Identifikation räumlicher Untersuchungseinheiten voraus. – Zudem ist ein Indikatorensystem festzulegen, anhand dessen Unterschiede der Wirtschaftskraft quantifiziert werden können. Das in Deutschland als Grundlage für Maßnahmen der regionalen Strukturpolitik entwickelte Analyseraster benutzt als unterste räumliche Einheit eine Abgrenzung nach *Schwerpunktorten* (Städte und Gemeinden).

Das Indikatorensystem besteht aus dem realen Bruttoinlandsprodukt je Einwohner, der Arbeitslosenquote, einer Prognose der Entwicklung der Arbeitskräftereserven, der Bruttolohn- und -gehaltssumme je beschäftigtem Arbeitnehmer sowie einem zusammenfassenden Infrastrukturindikator. – Vgl. auch → regionale Fördergebiete.

Regionalförderung – Maßnahmen der → Wirtschaftsförderung zugunsten der gewerblichen Wirtschaft, die im Rahmen der regionalen Strukturpolitik eingesetzt werden. In Deutschland v.a. Instrumente der → Investitionsförderung, von denen Unternehmen profitieren können, die in einem → regionalen Fördergebiet investieren wollen. – Vgl. auch → Regionalpolitik.

Regionalpolitik – I. Bundesrepublik Deutschland: Die Verbesserung der regionalen Wirtschaftsstruktur ist eine der Gemeinschaftsaufgaben von Bund und Ländern („Verbesserung der regionalen Wirtschaftsstruktur"). Die Förderung muss mit den Grundsätzen der allg. Wirtschaftspolitik und mit den Zielen und Erfordernissen der Raumordnung und Landesplanung übereinstimmen; sie hat auf gesamtdeutsche Belange und auf die Erfordernisse der europäischen Gemeinschaften (→ EU) Rücksicht zu nehmen. Sie soll sich auf räumliche und sachliche Schwerpunkte konzentrieren und ist mit anderen öffentlichen Entwicklungsvorhaben abzustimmen. – 1. *Förderungsmaßnahmen:* (1) Förderung der gewerblichen Wirtschaft bei Errichtung, Ausbau, Umstellung oder grundlegender Rationalisierung von Gewerbebetrieben (einschließlich Fremdenverkehr); (2) Förderung des Ausbaues der → Infrastruktur, soweit es für die Entwicklung der gewerblichen Wirtschaft erforderlich ist, durch Erschließung von Industriegelände, Ausbau von Verkehrsverbindungen, Energie- und Wasserversorgungsanlagen, Abwasser- und Abfallbeseitigungsanlagen sowie öffentlichen Fremdenverkehrseinrichtungen, und schließlich durch Errichtung und Ausbau von Ausbildungs-, Fortbildungs- und Umschulungsstätten, soweit ein unmittelbarer Zusammenhang mit dem Bedarf der regionalen Wirtschaft an geschulten Arbeitskräften besteht. – 2. Diese Förderungsmaßnahmen werden in Gebieten durchgeführt, deren Wirtschaftskraft deutlich *unter dem Bundesdurchschnitt* liegt oder erheblich darunter abzusinken droht oder in denen Wirtschaftszweige vorherrschen, die vom Strukturwandel in einer Weise betroffen oder bedroht sind, dass negative Rückwirkungen auf das Gebiet in erheblichem Umfang eingetreten oder absehbar sind. Einzelne Infrastrukturmaßnahmen werden auch außerhalb der vorstehend genannten Gebiete gefördert, wenn sie in einem unmittelbaren Zusammenhang mit geförderten Projekten innerhalb benachbarter Fördergebiete stehen. – 3. Für die Erfüllung der Aufgaben der Wirtschaft wird jährlich ein gemeinsamer *Rahmenplan* aufgestellt. Er ist für den Zeitraum der Finanzplanung aufzustellen (Finanzplan). In diesem Rahmenplan werden die

Förderungsgebiete abgegrenzt, die Ziele genannt, die in diesen Gebieten erreicht werden sollen, die Förderungsmaßnahmen im Einzelnen und die Voraussetzungen, Art und Intensität der Förderung. Die Durchführung des Rahmenplans ist Aufgabe der Länder. Der Bund erstattet grundsätzlich jedem Land die Hälfte der nach Maßgabe des Rahmenplans entstandenen Ausgaben. – 4. Für die Aufstellung des Rahmenplans bilden die Bundesregierung und die Landesregierungen einen *Planungsausschuss*. – 5. *Rechtsgrundlage*: Gesetz über die Gemeinschaftsaufgabe „Verbesserung der regionalen Wirtschaftsstruktur" vom 6.10.1969 (BGBl. I 1861) m.spät.Änd.

II. Europäische Union: 1. *Begriff*: Die europäische Regionalpolitik dient der Stärkung des wirtschaftlichen und sozialen Zusammenhalts in der → EU. Der Binnenmarkt bringt v.a. den wirtschaftlichen Gravitationszentren mit gut ausgebauter → Infrastruktur und leistungsfähigen Industrien Vorteile; weniger entwickelte Regionen können mit diesen nur schwer mithalten. Es besteht die Tendenz der wachsenden Konzentration ökonomischer Aktivitäten in den Verdichtungsräumen, die mit der Gefahr von starken Migrationsbewegungen zu den Arbeitsplätzen in den Zentren der EU und der Entleerung altindustrialisierter, agrarischer, peripherer und strukturschwacher Räume einhergeht (Altindustrieregion, Peripherie, strukturschwacher Raum). Die europäische Regionalpolitik soll einer solchen Entwicklung durch Verbesserung der Wirtschaftsstruktur in Randgebieten entgegensteuern und damit auch zum Erhalt des sozialen Friedens in der EU beitragen. Auch Regionen, die sich im sozialen und wirtschaftlichen Umbruch befinden oder Altlasten ehemaliger Planwirtschaften aufweisen, sind Gegenstand der Regionalpolitik. – 2. *Maßnahmen*: Zu den Förderinstrumenten zählen die drei Strukturfonds: Der Europäische Fonds für regionale Entwicklung (→ EFRE) zur Förderung allgemeiner → Infrastruktur, Innovationen und Investitionen, der Europäische Sozialfonds (ESF), der Projekte zur beruflichen Bildung und Programme zur Arbeitsberatung und -vermittlung enthält und der → Kohäsionsfonds. Letzterer fördert Projekte in den Bereichen Umwelt, → Verkehrsinfrastruktur und erneuerbare Energien. Die Mittel gehen an die 15 EU-Länder, deren Lebensstandard unter 90 Prozent des EU-Durchschnitts liegt (12 zuletzt beigetretene ostmitteleuropäische Länder, Portugal, Spanien, Griechenland). Im Zeitraum 2007 bis 2013 macht die Regionalpolitik mit ca. 350 Mrd. Euro rund ein Drittel des EU-Haushalts aus. – 3. *Beurteilung*: Die europäische Regionalpolitik ist in ihrer Motivation und Konzeption höchst umstritten. Die EU gibt rund ein Drittel ihres Haushalts für Regionalsubventionen aus und limitiert gleichzeitig korrespondierende Aktivitäten der Nationalregierungen. Zu hinterfragen ist daher, ob und unter welchen Bedingungen eine Regionalförderung durch die EU überhaupt sinnvoll ist. Möglicherweise ist sie nicht Ausdruck ökonomischer Effizienz, sondern als politisches Tauschgeschäft einzustufen. Durch ihre Verfahren und Abläufe beeinflusst sie zunehmend die regionale Entscheidungsebene der Mitgliedsstaaten. Angesichts der erheblichen finanziellen Belastung, des hohen Erwartungsdrucks ärmerer Regionen sowie des steigenden Problemdrucks im Hinblick auf künftige Erweiterungsrunden muss die Frage nach den bisherigen Erfolgen und den zukünftigen Maßnahmen dieses Politikbereichs gestellt werden.

regulierende Prinzipien → Freiburger Schule, Eucken. – *Anders*: konstituierende Prinzipien.

Regulierung – *staatliche Regulierung*.

I. Allgemein: Regulierung bezeichnet Verhaltensbeeinflussung von Unternehmen und Konsumenten durch gesetzgeberische, meist marktspezifische Maßnahmen mit dem Ziel der Korrektur bzw. Vermeidung von vermutetem → Marktversagen, z.B. zur Verhinderung monopolistischen Machtmissbrauchs und ruinöser Konkurrenz. Regulierung bezieht sich im Wesentlichen auf Marktzugang, Preise, Qualität und Konditionen sowie auf den Kontrahierungszwang. – *Typische Regulierungsmaßnahmen* sind Produktionsauflagen, Qualitätsstandards für Produkten und Dienstleistungen, Ausnahmen vom Wettbewerbsgesetz, Berufsordnungen sowie Vorschriften der Preis- und Tarifgestaltung. – In der *Bundesrepublik Deutschland* ist neben weiteren staatlichen Einrichtungen insbesondere die Bundesnetzagentur in den Bereichen Elektrizität, Gas, Post, Eisenbahn und Telekommunikation regulierend tätig. – *Gegensatz*: → Deregulierung.

II. Strukturpolitik: 1. *Begriff*: Einschränkungen der Gewerbefreiheit (Vertragsfreiheit), die für bestimmte Märkte oder für Gruppen von Unternehmen gelten. Regulierung ist insofern von allg. ordnungsrechtlichen Rahmensetzungen (z.B. Gewerbeordnung) abzugrenzen. Aus wettbewerbspolitischer Sicht handelt es sich um Ausnahmebereiche des Wettbewerbsrechts, da für die regulierten Sektoren oder Märkte Sonderordnungen geschaffen werden. – 2. *Begründungen*: Die Einrichtung von Sonderordnungen wird entweder damit begründet, dass auf einem bestimmten Markt oder in einem Wirtschaftsbereich Wettbewerb nicht funktionieren kann, weil Bedingungen eines natürlichen Monopols vorliegen, oder dass ein unbeschränkter Wettbewerb zu volkswirtschaftlich oder gesellschaftspolitisch unerwünschten Konsequenzen führen können. Im ersten Fall (z.B. leitungsgebundene Energieversorgung) dient die Regulierung dem Schutz vor missbräuchlicher Ausnutzung der monopolistischen Anbieterposition. Im zweiten Fall kann es z.B. darum gehen, ruinöse Konkurrenz zwischen Anbietern auf einem Markt mit beschränkter Nachfrage zu verhindern oder den Schutz der Verbraucher zu gewährleisten, wenn die Nachfrageseite gegenüber der Angebotsseite (praktisch) nicht behebbare Informationsdefizite aufweist. – 3. *Formen*: a) *Regulierung des Marktzutritts*, z.B. Konzessionsvergabe im Güterfernverkehr (Ziel ist hier die Vermeidung ruinöser Konkurrenz); Zulassung zum Geschäftsbetrieb bei Banken und Versicherungen (Ziel ist hier die Gewährleistung von Sachkunde und einer verantwortlichen Unternehmensleitung). – b) *Preisregulierungen*, z.B. Tarif- oder Gebührenordnungen, Höchstpreisverordnungen. – c) *Verhaltensregulierungen* zur Sicherung eines ordnungsgemäßen Geschäftsbetriebs, z.B. Vorschriften seitens der Banken- und Versicherungsaufsicht, die im Interesse des Verbraucherschutzes erlassen werden. – 4. *Träger der Regulierung:* Regulierung wird durch Fachbehörden auf Bundes- oder Landesebene ausgeübt (z.B. Bundesanstalt für Finanzdienstleistungsaufsicht, Bundesnetzagentur). – 5. *Umfang und Bedeutung:* Traditionell stark regulierte Wirtschaftsbereiche sind die Energie- und Verkehrswirtschaft, die Telekommunikation, die Finanzdienstleistungen und die Landwirtschaft. Maßnahmen der Regulierung können ein wichtiges Instrument der → sektoralen Strukturpolitik sein. Das heute erreichte Ausmaß der Regulierung wird aber zunehmend kritisch beurteilt und zumindest teilweise als effizienzmindernd angesehen. Die Praxis hat zudem gezeigt, dass die Aufhebung von Regulierung (→ Deregulierung), z.B. im Telekommunikationsbereich, zu Produktivitätssteigerungen führen kann, ohne die möglichen negativen Effekte auszulösen, deren Vermeidung der ursprüngliche Anlass für die Einführung einer Regulierung war.

Rehabilitation – Im Rahmen der → sozialen Sicherung unterschiedlich definierter Begriff. Im Wesentlichen soll eine Verschlimmerung von Krankheiten vermieden werden und/ oder ein Ausscheiden aus der Erwerbstätigkeit verhindert werden. – Rehabilitation gibt es in der → Alterssicherung, → Krankenversicherung, Arbeitsförderung, gesetzlichen → Unfallversicherung und im Rahmen der → Sozialhilfe bzw. des → Arbeitslosengeld II.

Reichsbank – Zentralnotenbank des Deutschen Reiches von 1875 bis 1945. Die Reichsbank war eine öffentlich-rechtliche Körperschaft, deren Grundkapital in Reichsbank-Anteile zerlegt war, die sich überwiegend in privaten Händen befanden. 1924 wurde die Reichsbank ein unabhängiges Institut. 1937 wurde sie direkt dem Kanzler unterstellt und 1939 verstaatlicht. Organe waren der Präsident und das Reichsbankdirektorium. Die Reichsbank unterhielt über 500 Zweiganstalten. Sie hatte das → Notenmonopol und regelte vornehmlich den nationalen und internationalen Zahlungsverkehr.

Reichsmark (RM) – dt. Währungseinheit, eingeteilt in 100 Reichspfennige; trat durch das Münzgesetz vom 30.8.1924 an die Stelle der Mark. Die Reichsmark war an das Gold gebunden.

Reichsschatzanweisung – kurz- und mittelfristige → Schatzanweisung des Deutschen Reichs, bes. zur Kriegsfinanzierung in großem Umfang in Verkehr gebracht als kurzfristige unverzinsliche Reichsschatzanweisung mit Laufzeit bis zu zwei Jahren, v.a. von den Kreditinstituten angekauft.

Reichsschatzwechsel – vom Deutschen Reich nach dem Ersten Weltkrieg und im Zweiten Weltkrieg als Finanzierungsinstrumente in Form von Orderpapieren (Solawechsel) mit drei Monaten Laufzeit ausgegebene Papiere.

Reichweite – Indikator für die Verfügbarkeit einer → erschöpflichen Ressource. Die Reichweite errechnet sich als Quotient aus vorhandenem Bestand und Jahresverbrauchsmenge. Als Bestand können die zum Bezugszeitpunkt bekannten und wirtschaftlich rentabel abbaubaren Rohstoffmengen (Reservenreichweite) oder die in Zukunft womöglich rentabel abbaubaren Rohstoffmengen (Ressourcenreichweite) angesehen werden. Die Jahresverbrauchsmenge kann aufgrund des aktuellen Verbrauchs (statische Reichweite) oder unter Berücksichtigung einer vermuteten Wachstumsrate des Verbrauchs (dynamische Reichweite) angesetzt werden.

reines Konnossement → Konnossement, das keine hinzugefügten Klauseln enthält, die ausdrücklich den Zustand der Ware oder die Verpackung als mangelhaft bezeichnen.

Reisekostenmethode → Transportkostenansatz.

relative Armut – 1. *Begriff:* Als relative Armut versteht man die Armut relativ zum jeweiligen Umfeld eines Menschen. Bestimmt wird die relative Armut gemessen am Durchschnitt oder Median des (nach Haushaltsgrößen gewichteten) Nettoäquivalenzeinkommens. – 2. *Kritik:* widersprüchliche Aussagen und Vermischung der Armutsdiskussion mit der Verteilungsfrage. – Vgl. auch Armut, → absolute Armut, → Armutsgrenze.

relative Konzentration → Unternehmenskonzentration, Messung.

relative Leistungsbeurteilung – liegt vor, wenn die Kompensation eines Agenten A neben einem Indikator G_A (der Leistung von A) auch von Indikatoren G_i (der Leistung zumindest eines weiteren Agenten i) abhängt (Prinzipal-Agent-Theorie). Es kann in diesem Zusammenhang gezeigt werden, dass eine relative Leistungsbeurteilung immer dann vorgenommen werden sollte, wenn die Indikatoren (Signale) G_i Informationen über das Verhalten von A bereitstellen, die nicht bereits in G_A enthalten sind. Davon ausgegangen werden kann, dass Indikatoren für die Leistungen zweier Agenten A und B aufgrund ähnlich gelagerter Aufgabenstellungen und eines ähnlichen Umfeldes einem gemeinsamen Zufallseinfluss unterliegen, so ist dies der Fall. – Dem Gesichtspunkt der optimalen Nutzung relevanter Information sind die *Probleme* gegenüberzustellen, die bei relativer Leistungsbeurteilung ergeben. Hier sind bes. die Schaffung von Anreizen für Sabotageaktivitäten oder kollusives Verhalten zu nennen. Schließlich wird eine vom Prinzipal erwünschte Kooperation der Agenten erschwert. – Vgl. auch → Turnier.

relatives Mehrheitswahlrecht – Verfahren der Wahl von Abgeordneten für ein Parlament, bei dem in jedem Wahlkreis der Kandidat gewählt ist, der die größte Stimmenzahl aller Kandidaten erhalten hat.

relevanter Markt – 1. *Begriff* der Wettbewerbstheorie zur Abgrenzung einer Gruppe von Anbietern bzw. Nachfragern derart, dass von den nicht zur Gruppe gehörenden Anbietern bzw. Nachfragern keine oder nur zu vernachlässigende Einflüsse auf das wettbewerbliche Verhalten innerhalb der Gruppe ausgehen. – 2. Methodisch sind verschiedene *Ansätze zur Abgrenzung* einer derartigen Tauschgruppe entwickelt worden: a) Das *Industriekonzept* von Marshall stellt auf die physikalisch-technische Homogenität (wie z.B. in Produktionsstatistiken) ab und vernachlässigt den für Preisbildungsprozesse maßgeblichen Gesichtspunkt der subjektiven Substituierbarkeit von Gütern. – b) Das *Substitutionskonzept* und seine verschiedenen Ausprägungen: Im Rahmen dieses Konzepts sind methodisch verschiedene Ansätze entwickelt worden, um die Grenzen einer Tauschgruppe zu bestimmen: (1) Die *Theorie der Substitutionslücke* (Robinson) sieht alle Güter in totaler Konkurrenz um die Kaufkraft der Konsumenten. Diese Kette von Substituten werde jedoch durch sog. Substitutionslücken unterbrochen, die zu eigenen relevanten Märkten führen. (2) Das *Bedarfsmarktkonzept* von Arndt und Abbott stellt auf Güter ab, die nach der subjektiven Auffassung der Nachfrager dazu geeignet sind, einen bestimmten gesellschaftlichen Bedarf zu decken. (3) Das *Konzept der externen Interdependenz* (Triffin) ordnet alle Unternehmen einem Markt zu, die durch gegenseitige Abhängigkeit beim Verkauf verbunden sind. Triffin will diese Beziehungen quantitativ mit einem Koeffizienten erfassen, der formal der Kreuzpreiselastizität des Angebots entspricht, jedoch die relative Veränderung der nachgefragten Menge bei *irgendeinem* Anbieter i und der sie bewirkenden relativen Veränderung des geforderten Preises *eines bestimmten* Anbieters j ausdrückt. – Die verschiedenen Substitutionskonzepte haben alle als gemeinsame Wurzel die Substitutionsbeziehung der von Unternehmen erzeugten Gütern, wobei die Abgrenzung teils aus der Sicht der Nachfrager, teils aus der Sicht der Anbieter vorgenommen wird. – c) Die *räumliche Marktabgrenzung* findet man bes. bei transportintensiven Gütern (z.B. Baustoffe) oder im Dienstleistungsgewerbe; dort entstehen sog. *Kettenoligopole*, d.h. jeder Anbieter steht unter Berücksichtigung der räumlichen Präferenzen mit *anderen* Anbietern in Konkurrenz. Der räumlich relevante Markt ist insofern z.T. sehr eng (Einzelhandel) abzugrenzen oder kann angesichts der geringen Bedeutung der Transportkosten den Weltmarkt umfassen (z.B. Schiffs- oder Flugzeugbau). – d) Die *zeitliche Marktabgrenzung* besagt, dass Anbieter und Nachfrager einem relevanten Markt angehören, wenn sie zum selben Zeitpunkt zum Leistungsaustausch bereit sind.

Rente – I. Mikroökonomik: → Grundrente (Bodenrente), → Konsumentenrente, → Produzentenrente.

II. Soziale Sicherung: 1. *Renten als Einkommensersatz:* regelmäßige Zahlung an Anspruchsberechtigte aus privater oder betrieblicher Altersvorsorge sowie im Rahmen der → sozialen Sicherung. – *Beispiel:* → Alterssicherung, Kriegsopferversorgung, → Lastenausgleich. – 2. *Renten als Produktionsfaktorentlohnung:* → Grundrente, Qualitätsrente. – *Anders:* → Produzentenrente.

III. Sozialversicherung/-recht: 1. *Begriff:* zu regelmäßig wiederkehrenden Zeitpunkten aufgrund von Rechtsansprüchen zu zahlende Geldbeträge. Beim Empfänger stellen Renten ein → Renteneinkommen dar. – 2. *Arten:* a) *allgemein:* (1) hinsichtlich der *Dauer* der Auszahlung: (a) Zeitrente; (b) Leibrente; (c) ewige Rente oder Dauerrente, (2) hinsichtlich der *Höhe* der Beträge: (a) konstante Renten; (b) nach bestimmten Richtlinien (arithmetisch oder geometrisch) steigende oder fallende Renten, (3) nach dem *Zeitraum*, für den gezahlt wird: (a) Nachschüssige (postnumerando) Renten werden jeweils am Ende des Zeitabschnitts gezahlt; (b) vorschüssige (pränumerando) Renten werden am Anfang des Zeitabschnitts gezahlt; (c) aufgeschobene Renten: die Zahlung beginnt erst nach einer Anzahl von Jahren; (d) abgebrochene Renten: die Zahlung hört zu einem bestimmten Zeitpunkt auf; (e) unterbrochene Renten: zwischen den Rentenzahlungen liegen Leerzeiten. – *Berechnung der Renten:* Rentenberechnung. – b) *Renten als Einkommen aufgrund von Rechtsansprüchen:* (1) Renten in Form von *Ruhegehalt:* Vergütung für frühere Dienstleistungen. (2) Renten aufgrund eines gesetzlichen *Versorgungsanspruches:* Kriegsbeschädigtenrenten (Beschädigtenrenten) oder Hinterbliebenenrenten. (3) Renten aus *sonstigen Versicherungsansprüchen:* (a) Unfallrenten seitens der → Berufsgenossenschaft, (b) Renten aus der Arbeiterrentenversicherung, Angestelltenversicherung, Knappschaftsversicherung aus Pensionskassen etc. (4) Renten aus *Vertrag:* betriebliche Altersversorgung (bAV), Lebensversicherung. (5)Mindestrente. – Teilweise werden diese Renten nur *auf Antrag* gewährt. Die Anträge sind sofort nach Eintritt des Versicherungsfalls zu stellen, ohne Rücksicht darauf, ob zu diesem Zeitpunkt schon alle Unterlagen beigefügt werden können.

Rentenanwartschaften – Begriff der → gesetzlichen Rentenversicherung (GRV). Im Wesentlichen aufgrund von Beitragszahlungen *(Beitragszeiten)*, Kindererziehungszeiten, Pflegezeiten *(Anrechnungszeiten)* entsteht eine Rentenanwartschaft auf eine spätere → Rente.

Rentenartfaktor – Bestandteil der seit 1.1.1992 mit dem Rentenreformgesetz 1992 (SGB VI) eingeführten Rentenformel, der für die Höhe gesetzlicher Renten von Bedeutung ist (§ 67 SGB VI). Der

Rentenartfaktor richtet sich nach der Rentenart (z.B. → Altersrente 1,0; Rente wegen voller Erwerbsminderung 1,0; wegen teilweiser Erwerbsminderung 0,5; große Witwen-/ Witwerrente 0,55; Vollwaisenrente 0,2). Der Rentenartfaktor bewirkt, dass Renten mit voller → Lohnersatzfunktion wie Altersrenten oder Renten wegen voller Erwerbsminderung höher sind als solche, die lediglich Lohnzuschuss- oder Unterhaltsersatzfunktion haben (Renten wegen teilweiser Erwerbsminderung bzw. Hinterbliebenenrenten). Der monatliche Wert der Rente ergibt sich aus dem Produkt von Rentenartfaktor und Zugangsfaktor, der Summe der Entgeltpunkte und dem → aktuellen Rentenwert (§ 64 SGB VI).

Renteneinkommen – I. Einkommens-/Verteilungstheorie: Sammelbezeichnung für alle → Besitzeinkommen; ursprünglich Einkommen des Bodenbesitzers (Bodenrente, Grundrente). In erweiterter Sichtweise auch Zinsen als Einkommen aus dem Besitz aus Staatsanleihen, Obligationen u. a. Rechtstiteln; bei Rodbertus mit dem Ausdruck „Herrenrente" als dem kapitalistischen System eigene Form unberechtigter → Ausbeutung gekennzeichnet.

II. **Sozialversicherung**: Einkommen, die im Rahmen der → Sozialversicherung zufließen, bzw. die an Kriegsversehrte, Kriegshinterbliebene und andere Berechtigte oder Bedürftige ausgezahlten Renten (Transfereinkommen, übertragene Einkommen). – *Arten:* → Renten.

Rentenmark – durch Gesetz vom 13.10.1923 geschaffene und von der Deutschen Rentenbank ausgegebene Hilfswährung in Form des → Papiergeldes.

Renten nach Mindesteinkommen – Begriff aus der gesetzlichen Rentenversicherung. Um vergangene Lohndiskriminierung (bes. von Frauen) auszugleichen, wurden Beitragszahlungen bis 1992 unter bestimmten Umständen so bewertet, als ob der Versicherte 75 Prozent des Durchschnittsentgelts aller Versicherten verdient hätte. Voraussetzung ist eine nachgewiesene Wartezeit von 35 Jahren (§ 262 SGB VI). Seit 1992 werden bei den Rentenzugängen keine Renten nach Mindesteinkommen mehr gewährt; sie finden sich aber noch im Rentenbestand.

Rentenniveau → Eckrentner.

Rentenreform – 1. *Begriff*: umfasst gesetzgeberische Maßnahmen zur Änderung der Rahmenbedingungen für die → gesetzliche Rentenversicherung (GRV) und andere Formen der → Alterssicherung. Das wichtigste Ziel der Rentenreformen in Deutschland war die Bewältigung der Folgen der demografischen Alterung für Finanzierung und Leistungen der Alterssicherung. – 2. *Die Rentenreform 1992*: Die Rentenreform von 1992 sollte den Anstieg des Beitragssatzes der gesetzlichen Rentenversicherung begrenzen und sie erstmalig auf die Folgen des demografischen Wandels einstellen.–a) Durch die Reform wurde von der seit 1957 praktizierten „bruttolohn-orientierten" Rentenanpassung auf am Nettolohn der aktiven Versicherten orientierte Anpassungen umgestellt, um zu verhindern, dass die Renten steigen, wenn die Nettolöhne, u.a. wegen steigender Rentenbeiträge, sinken. – b) Vorgezeichnet wurde in der Reform zudem der in nachfolgenden Jahren vollzogene Übergang zu einer einheitlichen Regelaltersgrenze für alle Arten von Altersrenten bei 65 Jahren. Gleichzeitig wurde die Altersgrenze flexibilisiert und es wurden Ab- und Zuschläge für den vorzeitigen bzw. aufgeschobenen Rentenbezug eingeführt (Zugangsfaktor). – c) Die 1986 erstmalig eingeführte Anrechnung von Kindererziehungszeiten in der gesetzlichen Rentenversicherung wurde in der Reform im Anschluss an eine Entscheidung des Bundesverfassungsgerichts, die einen weiteren Ausbau dieser Regelungen gefordert hatte, stark ausgeweitet. Für die Erziehung eines (ab 1992 geborenen) Kindes werden der Erziehungsperson (im Regelfall der Mutter) seither – auch neben Entgeltpunkten für sonstige rentenrechtliche Zeiten („additiv") – bis zu 1,0 Entgeltpunkte pro Jahr für insgesamt drei Jahre nach der Geburt rentensteigernd zugerechnet. – 3. *Die Rentenreform 2001*: Kern der Rentenreform von 2001 ist eine langfristig angelegte Senkung des Niveaus gesetzlicher Renten und die ergänzende Einführung einer staatlich geförderten, privaten Altersvorsorge mit Kapitaldeckung. – a) Durch das sog. Rentenreformgesetz wurde von der „nettobezogenen" Rentenanpassung auf eine „modifizierte Bruttoanpassung" umgestellt. Die Entwicklung des → aktuellen Rentenwerts folgt seither der Entwicklung der durchschnittlichen Bruttolöhne und -gehälter, korrigiert um Belastungsveränderungen bei den Beitragssätzen zur gesetzlichen Rentenversicherung sowie beim „Altersvorsorgeaufwand" (Riester-Faktor) für die gleichzeitig eingeführte, ergänzende Altersvorsorge; die gesetzlich vorgezeichnete, schrittweise Erhöhung der Einkommensanteile, die mit steuerlicher Förderung in private Altersvorsorgeverträge (Riester-Rente) eingezahlt werden, wird dabei wie eine Erhöhung der Beitragssätze der gesetzlichen Rentenversicherung behandelt. Ab 2011 sollten erforderliche Anpassungen insgesamt nur noch zu 90 Prozent erfolgen; diese Regelung wurde im Zuge der nachfolgenden Reformen jedoch wieder aufgehoben. – b) Um die auf Dauer angestrebte Senkung des Rentenniveaus zu kompensieren, wurde zeitgleich eine staatliche Förderung ergänzender, privater Altersvorsorgeverträge („→ Riester-Rente") eingeführt, die bestimmten Regulierungen entsprechen müssen und in die nach einem gesetzlich vorgezeichneten Stufenplan wachsende Einkommensanteile (max. 4 Prozent) eingezahlt werden sollen. Gleichzeitig wurde die betriebliche Altersversorgung (bAV) durch eine Liberalisierung attraktiver gemacht, z.B. wurden der Abschluss von Direktversicherungen ermöglicht und einige Formen der betrieblichen Altersversorgung in die staatliche Förderung als sog. Riester-Rente einbezogen. – c) Für die Anrechnung der Kindererziehung in der gesetzlichen Rentenversicherung gilt seit 2001 eine Regelung, die Müttern für die Kindererziehungszeit (erstes bis drittes Lebensjahr des Kindes) wie schon zuvor einen Entgeltpunkt pro Jahr anrechnet. Wenn die Mutter während der Kinderbetreuungszeit (drittes bis zehntes Lebensjahr) arbeitet und ein unterdurchschnittliches Einkommen erzielt, werden die erworbenen Entgeltpunkte um 50 Prozent auf max. einen Entgeltpunkt angehoben. Mehr als 0,3336 Entgeltpunkte können durch diese Anhebung somit nicht hinzuerworben werden. Eine Entgeltpunktgutschrift in Höhe dieser Höchstgrenze ist auch für Erziehende von zwei oder mehr Kindern vorgesehen, die nicht zugleich einer Erwerbstätigkeit nachgehen können. – 4. *Die Rentenreform 2004:* a) Durch das sog. Rentenversicherungsnachhaltigkeitsgesetz wurde die Formel zur Rentenanpassung um einen zusätzlichen Nachhaltigkeitsfaktor ergänzt, der die Entwicklung der Renten auch an die quantitative Entwicklung der Zahl der Rentner im Verhältnis zur Zahl der Erwerbstätigen bindet. Steigt die Zahl der Rentenbezieher pro Beitragszahler, wird die Rentenanpassung vermindert. – b) Durch die im selben Jahr gesetzlich geregelte Einführung der nachgelagerten Besteuerung werden Beiträge zur gesetzlichen Rentenversicherung mit einer Übergangszeit bis 2025 vollständig von der Einkommensteuer freigestellt, gesetzliche Renten hingegen mit einer Übergangszeit bis 2040 in voller Höhe der Einkommensteuer unterworfen. – 5. *Die Rentenreform 2007:* Durch das sog. Altersgrenzenanpassungsgesetz soll im Zeitraum von 2012 bis 2029 die Altersgrenze für die Regelaltersrente stufenweise von 65 auf 67 Lebensjahre verlängert werden. Neu eingeführt wurde eine Altersrente für bes. langjährig Versicherte (Wartezeit 45 Jahre), die weiterhin mit vollendetem 65. Lebensjahr abschlagsfrei in Anspruch genommen werden kann. Eine vorzeitige Inanspruchnahme dieser Rentenart ist auch mit Abschlägen nicht mehr möglich. – Vgl. auch → Rürup-Kommission.

Rentenversicherung – I. Gesetzliche Rentenversicherung: 1. *Begriff:* Zweig der dt. Sozialversicherung, durch den Versicherte v.a. im Alter versorgt werden und das Lebenserwartungs-Risiko abgesichert wird. Zentrale Aufgaben sind der Ersatz ausgefallener Arbeitseinkommen bei Eintritt ins Rentenalter oder im Falle einer Erwerbsminderung (→ Lebensstandardsicherung) sowie die Erhaltung, Besserung und Wiederherstellung der Erwerbsfähigkeit der Versicherten vor Eintritt ins Rentenalter (→ Rehabilitation). – 2. *Merkmale:* Die GRV finanziert sich aus Beiträgen der Versicherten (Arbeitnehmeranteil, → Arbeitgeberanteil), Bundeszuschüssen sowie Beiträgen der Träger von Lohnersatzleistungen (z.B. Kranken-, Unterhalts- oder Arbeitslosengeld I), die für die Empfänger von Lohnersatzleistungen die Rentenversicherungsbeiträge ganz oder zur Hälfte übernehmen. – Vgl. → Gesetzliche Rentenversicherung (GRV).

II. Private Rentenversicherung: Lebensversicherung, private Altersvorsorge.

Rente wegen teilweiser Erwerbsminderung → Rente wegen Erwerbsminderung.

Rente wegen Todes – Witwerrente, → Erziehungsrente, → Waisenrente.

Rente wegen verminderter Erwerbsfähigkeit → Berufsunfähigkeitsrente, → Erwerbsunfähigkeitsrente, Rente wegen Erwerbsminderung.

Rente wegen voller Erwerbsminderung – Rente wegen Erwerbsminderung.

Rentner-Hypothese → Verteilungswirkungen der Inflation.

Rentnerkrankenversicherung – 1. *Gesetzliche Grundlage:* § 5 I Nr. 11, 12 SGB V. – 2. *Begriff:* Krankenversicherung für Personen, die die Voraussetzungen für den Anspruch auf eine Rente aus der gesetzlichen Rentenversicherung erfüllen und diese beantragt haben. Voraussetzung ist weiter das Zurücklegen einer bestimmten Vorversicherungszeit. Der Versicherte oder bei einer Hinterbliebenenrente der verstorbene Versicherte oder der Rentenberechtigte selbst müssen seit der erstmaligen Aufnahme der Erwerbstätigkeit mind. neun Zehntel der zweiten Hälfte dieses Zeitraumes der gesetzlichen Krankenversicherung als Mitglied angehört haben oder aber familienversichert gewesen sein. Berechtigte Rentner oder Rentenantragsteller, die aufgrund des Fremdrentengesetzes (FRG) einen Anspruch haben, erfüllen die Voraussetzungen, wenn sie ihren Wohnsitz in den letzten zehn Jahren vor der Rentenantragstellung in das Inland verlegt haben (§ 5 I Nr. 11 und 12 SGB V). Für Bezieher von Hinterbliebenenrenten gilt die Vorversicherungszeit als erfüllt, wenn der Verstorbene bereits der Rentnerkrankenversicherung angehört hat. Eine Befreiung von der Versicherungspflicht ist möglich, ohne dass der Nachweis einer anderweitigen gleichwertigen Krankenversicherung erbracht werden muss. Die Befreiung muss spätestens innerhalb von drei Monaten nach Beginn der Versicherungspflicht beantragt werden. Die Erteilung der Befreiung ist unwiderruflich und für die gesamte Dauer des Rentenbezugs bindend. – 3. *Die Mitgliedschaft* beginnt mit dem Tag der Rentenantragstellung und endet mit dem Tod oder mit Ablauf des Monats, in dem der Rentenanspruch wegfällt, oder mit Ablauf des Tages, an dem der Ablehnungsbescheid über die Rente verbindlich geworden ist. – 4. Rentner haben Beiträge zur Krankenversicherung aus der Rente und aus der Rente vergleichbaren Einkommen (z.B. Betriebsrente, Zusatzversorgungsrente, Beamtenpensionen) sowie aus Arbeitseinkommen zu zahlen. Die Beiträge aus der gesetzlichen Rente werden von Rentnern und Rentenversicherungsträgern jeweils zur Hälfte gezahlt. Für die Beitragsbemessung gilt der Beitragssatz der zuständigen Krankenkasse. Beiträge sind höchstens bis zur Beitragsbemessungsgrenze zu entrichten. In der Rangfolge werden nacheinander die Rente, die Versorgungsbezüge und das Arbeitseinkommen berücksichtigt (§ 238 SGB V). – 5. *Zuständig* für die Rentnerkrankenversicherung ist grundsätzlich die Krankenkasse, bei der zuletzt die Mitgliedschaft bestand. Rentner bzw. Rentenantragsteller haben ein weitgehendes Wahlrecht (§ 173 SGB V). Das Wahlrecht ist spätestens zwei Wochen nach Eintritt der Versicherungspflicht auszuüben, ansonsten wird die Mitgliedschaft bei der Krankenkasse ergründet bzw. weitergeführt, bei der zuletzt eine Versicherung bestand (§ 175 III SGB V). An die Wahl der Krankenkasse ist der Versicherungspflichtige mind. 18 Monate gebunden. Kündigung ist nur möglich zum Ende des jeweils übernächsten Kalendermonats mit dreimonatiger Frist (§ 175 IV SGB V). – 6. *Leistungen:* In der Rentnerkrankenversicherung werden den Versicherten sowie deren anspruchsberechtigten Familienangehörigen die gleichen Leistungen außer Krankengeld gewährt, wie den übrigen Mitgliedern der jeweiligen Krankenkasse.

Rent Seeking – I. Neue Politische Ökonomie: 1. *Begriff:* Streben von Interessengruppen, Unternehmen und anderen Marktakteuren nach der Erschließung, Verteidigung oder Verbesserung von Einkommenserzielungschancen im Marktbereich mithilfe politisch erwirkter Privilegien. Der Begriff geht auf Anne O. Krueger (1974) zurück. Die Idee des Rent-Seeking hat ihren Ursprung in einem Aufsatz von Gordon Tullock (1967). – *Ziel:* Dauerhafte leistungslose Einkommen im Marktbereich. – *Beispiel:* Errichtung von Zollschranken auf Betreiben inländischer Produzenten. – 2. *Allokationspolitische Problematik:* a) Verstetigung von Marktrenten erfordert ein Abschotten der betroffenen Märkte gegen Konkurrenz; → Wettbewerbsfunktionen werden außer Kraft gesetzt. Als Folge fehlender Anreize, die Produktion veränderten Marktbedingungen anzupassen und Innovationen durchzuführen, sinkt die Wettbewerbsfähigkeit. – b) Erfolgreiches Rent Seeking bestärkt → Interessengruppen in ihrem Verhalten und setzt ein Signal zur Nachahmung, was zur Zunahme von ergebnisorientierten Eingriffen in Marktprozesse führt. Einmal errungene Privilegien werden energisch verteidigt. – c) Für Rent Seeking in Anspruch genommene Ressourcen stehen für produktive Verwendungen nicht mehr zur Verfügung.

II. Verteilungstheorie-/politik: versteht man als das Bestreben, ein Einkommen zu erzielen, dem keine entsprechende produktive Leistungsabgabe gegenübersteht und das zu Lasten der Allgemeinheit geht. Der Begriff leitet sich ab von der Grundrente aus dem Besitz von Boden, eines Produktionsfaktors, der nicht beliebig vermehrt werden kann. Einkommen aus Rent-Seeking entstehen i.d.R. durch Einflussnahme von Einzelnen oder Interessengruppen (Lobbies) auf politische Entscheidungsträger, wodurch den Begünstigten ein spezielles Recht zugewiesen werden soll, da den Wettbewerb einschränkt oder ganz unterbindet. Solche Renten können als direkte Zahlung, Steuervergünstigung, Regulierung, als Einkommen aus der Vergabe eines staatlichen Auftrags oder als Lizenzeinnahme auftreten. Sie führen zu einer Einkommensumverteilung und resultieren in einem Nettowohlfahrtsverlust.

Reparationen – 1. *Begriff:* Leistungen, die die Siegermacht nach einer bewaffneten Auseinandersetzung von dem Besiegten im Wesentlichen zum Schadensausgleich fordern. Der Begriff Reparationen wird erstmals im Versailler Vertrag von 1919 gebraucht. – 2. Der Begriff umfasst verschiedene *Kategorien von Begründungen* für die Forderung derartiger Leistungen: (1) Kontributionen zur Entschädigung für Kriegs- und Kriegsfolgekosten; (2) Restitutionen durch Rückerstattung beschlagnahmter und gestohlener Objekte; (3) Indemnitäten als Entschädigung für Schäden, die nicht exakt zugerechnet werden können; (4) Tribute zur Bereicherung des Siegers und zur Verminderung des Wirtschaftspotenzials des Besiegten. – 3. *Wirkungen:* Grundsätzlich können Reparationen als Sach- oder Geldleistungen erfolgen. In beiden Fällen ergeben sich mit der Überlassung von Vermögenswerten ohne Gegenleistung Ungleichgewichte in den betroffenen Volkswirtschaften und potenziell soziale Konflikte. Werden die Reparationen als Geldleistungen erbracht, kommt zum Aufbringungsproblem das Transferproblem (Beschaffung von Devisen, Auswirkung auf Wechselkurse) hinzu.

repräsentative Demokratie → indirekte Demokratie.

reservepflichtige Verbindlichkeiten
→ Mindestreserve.

Reserveposition im IWF – Betrag, der von einem Mitglied des Internationalen Währungsfonds (→ IWF) von diesem jederzeit als Kredit zur Finanzierung von Defiziten in der Zahlungsbilanz abgerufen werden kann, ohne dass der IWF berechtigt ist, eine Rechtfertigung des Kreditwunsches zu verlangen oder die Kreditvergabe an Auflagen (→ Konditionalität) zu binden. Die Reserveposition im IWF umfasst die Reservetranche und eventuelle Forderungen aus der Gewährung von Krediten an den IWF. Ein in Anspruch genommener Kredit ist zu verzinsen und in konvertierbarer Währung zurückzuzahlen. Die Reserveposition im IWF zählt zu den Währungsreserven eines Landes. Die Währungsreserven setzen sich zusammen aus den → Devisenreserven (Finanzaktiva in ausländischer Währung) und Gold- und Ziehungsrechten beim IWF. – Vgl. auch → Ziehungsrechte.

Residual Loss → Agency-Kosten.

Residualtheorie – 1. *Residualtheorie des Profits:* In der ökonomischen Klassik ist der Profit ist eine Residualgröße, die sich ergibt, wenn vom Produktionsergebnis die Löhne und die Grundrenten abgezogen werden. – Vgl. auch → Verteilungstheorie. – 2. *Residualtheorie des Lohnes:* Von Walker entwickelte → Lohntheorie; danach ist der Lohn eine Restgröße, die vom Ertrag einer Industrie nach Abzug der Kapitalkosten übrig bleibt. – 3. *Residualtheorie der*

Dividenden: Theorie über die optimale Gestaltung der Dividendenpolitik einer Aktiengesellschaft. Gewinne sollen nur dann thesauriert werden (Selbstfinanzierung), wenn die damit im Unternehmen erzielbare Rendite über derjenigen liegt, die die Aktionäre selbst durch Anlage des entsprechenden Betrags erhalten. Ansonsten werden die Gewinne ausgeschüttet. Die Gewinnverwendungsentscheidung ist der Investitionsentscheidung nachgeordnet.

Residualverlust → Agency-Kosten.

Resonanz – Begriff aus der Systemtheorie N. Luhmanns. Resonanz bezeichnet die Qualität der Fähigkeit eines → Systems, nach Maßgabe seiner Struktur auf Umweltereignisse reagieren zu können. Die Resonanzfähigkeit eines Systems in Bezug auf Umweltentwicklungen ist selektiv, d.h. es wird nicht von allen Umweltentwicklungen in Schwingungen versetzt. Die Selektivität der Resonanzfähigkeit nimmt mit dem Grad der Ausdifferenzierung des Systems zu. Ein nicht oder nur unzureichend resonanzfähiges System ist in einer dynamischen Umwelt existenziell gefährdet. – Vgl. auch → Rückbetroffenheit, → umweltbewusstes Verhalten.

Ressource – Bezeichnung für → Produktionsfaktoren (Arbeit, Kapital, Boden) bzw. natürlich vorkommende Rohstoffe und Boden(-schätze). – *Information als Ressource:* → Informationsproduktion, → Informationsmärkte, → Rechte an Informationen.

Ressourcenökonomik – 1. *Begriff:* Die Ressourcenökonomik untersucht den Abbau erschöpfbarer und → erneuerbarer Ressourcen im Zeitablauf. Bei → erschöpflichen Ressourcen wird davon ausgegangen, dass der Bestand für den betrachteten Zeitraum nicht durch Regeneration verändert werden kann. – *Beispiele:* Traditionelle Energieträger wie Öl, Kohle und Erdgas sowie mineralische Rohstoffe. – 2. *Pareto-Optimum:* Der pareto-optimale Abbau endlicher Ressourcen verlangt, dass die diskontierte Nettogrenznutzen in allen Perioden identisch ist (→ Hotelling-Regel). Im theoretischen Idealfall kann das Pareto-Optimum durch Marktprozesse herbeigeführt werden wenn alle Ressourcen im Privatbesitz sind. Dazu müssen allerdings restriktive Voraussetzungen wie vollständige Konkurrenz, Abwesenheit → externer Effekte und die Übereinstimmung von sozialer und privater Diskontrate erfüllt sein. Die Ressourcenökonomik untersucht, welche Abweichungen sich vom Pareto-Optimum ergeben, wenn eine oder mehrere dieser Bedingungen verletzt sind. – Im Unterschied zu erschöpfbaren wird bei *erneuerbaren Ressourcen* davon ausgegangen, dass sich diese im relevanten Zeitraum vermehren können. Die Wachstumsrate kann dabei von vielen Faktoren, bes. von der Größe des Bestandes abhängen. – *Beispiele:* Wald- und Fischbestände. Während bei erschöpfbaren Ressourcen der optimale Abbaupfad gesucht wird, geht es bei regenerierbaren Ressourcen um den optimalen Erntepfad. Wichtig sind dabei bio-ökonomische Gleichgewichte, bei denen in jedem Zeitpunkt eine dem Regenerationszuwachs des Bestandes entsprechende Menge geerntet wird.

Ressourcenproblem → Ressourcenverknappung.

Ressourcenverbrauchskonzept – bezeichnet die Grundlogik und -ausrichtung von Rechnungssystemen, die auf der Doppik basieren und wie es bspw. dem Neuen Kommunalen Rechnungswesen unterliegt. Merkmal ist, dass im Rechnungssystem alle Verbindlichkeiten und Forderungen erfasst werden, die aus Geschäftsvorfällen der Periode resultieren. Im öffentlichen Bereich steht der Ressourcenverbrauch dem Geldverbrauchskonzept gegenüber, wie es den kameralen Rechnungssystemen unterliegt, die lediglich geldwirksame Vorgänge, also Einnahmen und Ausgaben, umfassen. Typische Beispiele für Verbindlichkeiten, die im Ressourcenverbrauchskonzept erfasst werden, hingegen nicht im Geldverbrauchskonzept, sind Abschreibungen und Rückstellung. Während Rechnungen, die auf dem Geldverbrauchskonzept beruhen, im Ergebnis Auskunft über den Liquiditätsbedarf bzw. die Entwicklung der Liquidät geben, geben solche die auf dem Ressourcenverbrauchskonzept basieren Auskunft über die Veränderung des Eigenkapitals (Gewinn oder Verlust).

Ressourcenverknappung – *Ressourcenproblem;* schwindende Verfügbarkeit wirtschaftlich notwendiger natürlicher Ressourcen.

Restemission – Emissionsmenge, die nach der Durchführung einer umweltpolitischen Maßnahme bzw. nach Erreichen des umweltpolitischen Ziels noch verursacht wird.

Revisionismus – 1. Heute abqualifizierende *Bezeichnung* von Vertretern des → Marxismus-Leninismus für alle nicht mit der eigenen Doktrin übereinstimmenden sozialistischen Auffassungen. – 2. Ursprünglich Bezeichnung für die *Revision des* → Marxismus bes. durch Bernstein. Bernsteins Grundgedanke war, dass nicht die durch zunehmende Krisen (→ Krisentheorie) sowie → Ausbeutung und → Verelendung hervorgerufene sozialistische Revolution, sondern sukzessive Reformen des → Kapitalismus eine (evolutionäre) Besserstellung der Arbeiter bewirken können. Das Ausbleiben des von Marx erwarteten Zusammenbruchs des Kapitalismus wurde nicht mithilfe der Theorie über den → Imperialismus erklärt, sondern auf systemimmanente Stabilisatoren zurückgeführt (u.a. die Gewerkschaftsbewegung mit ihren zunehmenden Möglichkeiten der politischen Einflussnahme).

Reziprozitätsprinzip – Grundsatz im internationalen Handelsverkehr, nach dem eine vereinbarte → Meistbegünstigung nur bei entsprechender Gegenleistung des betreffenden Landes gilt. Bei Marktzugangsverhandlungen zwischen Industrie- und Entwicklungsländern soll er nicht zum Tragen kommen.

Rezyklierung → Recycling.

RGW – Abk. für *Rat für gegenseitige Wirtschaftshilfe*, → COMECON.

Riester-Rente – 1. *Begriff:* staatlich mittels Zulagen und einkommensteuerlichen Sonderausgabenabzugsmöglichkeiten geförderte, private, kapitalgedeckte Rente. Zählt mit Blick auf die Schichten der Altersvorsorge zur Zusatzversorgung. – 2. *Rechtsgrundlagen:* Die Förderung der Riester-Rente wurde durch das Altersvermögensgesetz (AVmG) eingeführt und erhielt mit den §§ 10a, 79 ff. AVmG Einzug in das Einkommensteuergesetz. – 3. *Förderberechtigte:* Förderberechtigt sind in der → gesetzlichen Rentenversicherung (GRV) pflichtversicherte Arbeitnehmer und Selbstständige, Beamte, geringfügig Beschäftigte, die auf die Versicherungsfreiheit verzichten, Bezieher von Arbeitslosengeld I und Arbeitslosengeld II sowie weitere Personengruppen. – 4. *Förderungsvoraussetzungen:* Die Förderung ist auf staatlich zertifizierte Altersvorsorgeprodukte beschränkt. Förderungsfähig sind Beiträge zur privaten Rentenversicherung bzw. zu Fonds- und Banksparplänen, Zahlungen an eine Pensionskasse oder an einen Pensionsfonds und Zahlungen an Direktversicherungen. Als Zertifizierungsvoraussetzungen für die Riester-Rente gelten folgende Bedingungen: a) Die Abschluss- und Vertriebskosten müssen auf mindestens fünf Jahre verteilt werden. – b) Zu Beginn der Auszahlungsphase muss vom Versicherer mindestens die Summe der eingezahlten Beiträge (bestehend aus den Eigenleistungen und den staatlichen Zulagen) garantiert werden. – c) Leistungen dürfen frühestens ab dem 60. Lebensjahr erbracht werden. – d) Mindestens 70 % des angesparten Kapitals müssen als lebenslange Rente ausgeschüttet werden, etwa in Form einer Leibrente oder eines Auszahlungsplans, der mit einer Leibrente ab dem 85. Lebensjahr verbunden ist. Es dürfen also nur maximal 30 % des eingesparten Kapitals als Einmalleistung ausgeschüttet werden. – e) Der Versicherer muss dem Versicherungsnehmern bestimmte Informationen (z.B. über die Verwendung der Vorsorgebeiträge und über die Höhe der Verwaltungskosten) bereitstellen. – f) Die Versicherungsnehmer müssen laufende Beitragszahlungen erbringen. – g) Zudem müssen die Versicherungsnehmer über eine vierteljährliche Kündigungs- oder Ruhestellungsmöglichkeit verfügen. – 5. *Arten und Umfang der Förderung:* Die Förderung erfolgt entweder in Form eines steuerlichen Sonderausgabenabzugs oder über jährliche Grundzulagen sowie Kinderzulagen. Seit dem Jahr 2002 wurde die Förderung in einzelnen Schritten eingeführt (siehe auch Förderstufen). Der Anspruch auf maximale Förderung besteht erst, wenn ein Mindesteigenbeitrag in Höhe von 4 % des Vorjahres-Bruttoeinkommens angelegt wird. Die Zulagen werden auf den Mindesteigenbeitrag angerechnet. Aktuelle Förderbeträge: Seit 2008 erfolgt bei einer jährlichen Mindestanlage von 4 % des sozialversicherungspflichtigen Vorjahreseinkommens (maximal 2.100 Euro) abzgl. der zu erhaltenden Zulage eine Förderung des Staats i.H.v. 154 Euro pro Versicherungsnehmer. Für jedes kindergeldberechtigte Kind werden dem Kundenvertrag nochmals 185 Euro jährlich gutgeschrieben, für nach 2008 geborene Kinder 300 Euro. Gleichzeitig kann der Vertrag steuerrechtlich voll geltend gemacht werden, wobei dann der bereits als Zulagen ausgeschüttete Teil von dem über die Steuer rückzuvergütenden Teil in Abzug gebracht wird. Die Bezüge aus der Riester-Rente sind durch den Empfänger zu 100 Prozent steuerpflichtig.

Risikostreuung → Unternehmenskonzentration.

Rohrleitungsverkehr – 1. *Allgemein:* Die Rohrleitung (Pipeline) besteht i.d.R. aus einem unterirdisch verlegten Rohrstrang, einem Pumpwerk (je nach Rohrreibungsverlust und geodätischen Höhenverhältnissen i.Allg. Abstände von 60–100 km) und Behältern zur Zwischenlagerung der zu befördernden Produkte am Anfang und Ende einer Rohrleitung. – 2. *Bes. Kennzeichen:* Transportweg und -gefäß sind identisch, der Rohrstrang ist gleichzeitig Weg und Transportgefäß. Zudem ist das Antriebsaggregat bzw. die Energiequelle stationär, da die Antriebskraft in Form von Druck genutzt wird, sodass lediglich das zu beförderende Produkt bewegt wird bzw. eine Ortsveränderung erfährt. – 3. *Zu unterscheiden:* (1) Rohölleitungen, die nur Rohöl befördern; (2) Produktenleitungen, die für die separate Beförderung verschiedener flüssiger, verflüssigter oder gasförmiger Produkte ausgelegt sind. – 4. Hohe Investitionskosten und wesentlich günstigere Transportkosten bei steigender Durchsatzmenge sprechen dafür, Pipelinebauten als *Gemeinschaftsprojekte* durchzuführen. Bau und Betrieb der Rohrfernleitungen werden daher überwiegend durch speziell zu diesem Zweck gegründete, privatwirtschaftlich arbeitende Betriebsgesellschaften unterschiedlicher Rechtsform mit starker Beteiligung von Mineralöl- oder Gasgesellschaften errichtet und betrieben. Einzelne Zweigleitungen befinden sich im Eigentum angeschlossener Raffinerien.

Rohstoffabkommen – internationale Abkommen zur Regulierung des Welthandels. – 1. *Ziele:* Sicherung der Versorgung mit Rohstoffen und Stabilisierung der Rohstoffmärkte bzw. -preise und damit der Exporterlöse der Entwicklungsländer. – 2. *Instrumente:* Marktausgleichslager (→ Buffer Stock), Abnahmegarantien sowie Quotenregelungen. Bisherige Abkommen scheiterten an der ablehnenden Haltung der Industrieländer, ausreichende Finanzmittel bereitzustellen.

Rohstoffkartell – 1. *Begriff:* Internationales Kartell, in dem sich Rohstoffanbieter zusammenschließen, um durch koordinierte Angebotspolitik Preissenkungen zu verhindern bzw. Preissteigerungen zu bewirken. Rohstoffkartelle wurden v.a. nach dem anfänglichen Erfolg der OPEC im Hinblick auf eine Exporterlössteigerung der → Entwicklungsländer diskutiert. Die

Erfolgsaussichten von Rohstoffkartellen sind wegen der erforderlichen Voraussetzungen gering. – 2. Die *Voraussetzungen* für eine erfolgreiche Funktion erstrecken sich auf verschiedenen Ebenen. – *Beispiele:* (1) Der betreffende Rohstoff muss bestimmte Eigenschaften erfüllen, wie Homogenität und Lagerfähigkeit. (2) Es müssen kartellbegünstigende Angebotsbedingungen vorliegen, wie hoher Anteil der betreffenden Rohstoffländer am Weltexport und -vorkommen (hoher Monopolisierungsgrad), niedrige Preiselastizität des Angebots von Nichtkartellmitgliedern, relativ geringe Zahl der sich zum Kartell zusammenschließenden Länder (Informations- und Marktregulierungskosten müssen niedriger sein als die Erlössteigerung) und relativ hohe Konvergenz der wirtschafts- bzw. allgemeinpolitischen Ziele der Mitglieder. (3) Ferner muss die Preiselastizität der Nachfrage nach dem betreffenden Rohstoff niedrig, bzw. die Möglichkeit, diesen zu substituieren oder durch technischen Fortschritt seinen Einsatz zu rationalisieren, relativ gering sein.

Rohstoffökonomik → Ressourcenökonomik.

rollende Landstraße → kombinierter Verkehr.

Roll-on/Roll-off-Verkehr – *RoRo-Verkehr;* → kombinierter Verkehr zum Transport von Straßenfahrzeugen und/oder Schienenfahrzeugen auf Schiffen (RoRo-Schiffe, Fähren).

Römische Verträge – 1957 in Rom unterzeichnete Verträge zur Gründung der drei Europäischen Gemeinschaften – → EG, → EWG, → EAG; vgl. Europäische Union (→ EU), und die 1952 gegründete erste Europäische Gemeinschaft für Kohle und Stahl, EGKS.

Roosa Doctrine → Availability Doctrine.

RoRo-Verkehr – Abk. für → Roll-on/Roll-off-Verkehr.

Rostowsche Stadientheorie – bekannteste Wirtschaftsstufentheorie, die mit historisch deskriptivem Ansatz eine regelhafte Aufeinanderfolge von Wirtschaftsstufen mit evolutionärer Höherentwicklung beschreibt. Der Stufenübergang erfolgt, ohne ökonomische Entwicklungsgesetze zu beachten. – Rostow unterscheidet fünf *Stadien*, die eine Gesellschaft auf dem Pfad von der traditionellen zur modernen Gesellschaft durchläuft: (1) *Traditionelle Gesellschaft,* die vornehmlich agrarisch-hierarchisch geprägt ist mit geringer vertikaler Mobilität; (2) *Übergangsgesellschaft,* in der die Voraussetzungen für Wirtschaftswachstum durch Verhaltensänderungen, bes. durch ansteigende Investitionstätigkeit gelegt wird; (3) *Take-off:* Bei einer Mindestinvestitionsquote von 10 Prozent, einer Entwicklung einiger führender Wirtschaftsbranchen mit hohem Wachstum und hinreichend entwickeltem politischem, sozialem und institutionellem Rahmen, als Voraussetzungen für dynamisches Unternehmertum, kommt es zu schnellem wirtschaftlichen Wachstum; (4) *Reifestadium:* Mithilfe moderner Technologien werden Ressourcen effizient genutzt; (5) Nach dem Reifestadium entwickelte sich die Gesellschaft entweder zum *Wohlfahrtsstaat* mit hohem Massenkonsumniveau dauerhafter Konsumgüter, zu einer *Freizeit-* und *Bildungsgesellschaft,* oder zum militärische Macht entwickelnden *Staat (Diktatur).* Wirtschaftspolitisch ist die Rostowsche Stadientheorie unbrauchbar, außerdem folgt sie der Wirtschaftsentwicklung Nordamerikas, die nicht Vorbild für alle Gesellschaften zu sein braucht.

Rowntree-Zyklus – 1. *Begriff:* Auf empirische Beobachtungen des britischen Soziologen Benjamin Seebohm Rowntree Anfang des 20. Jahrhunderts zurückgehende Gesetzmäßigkeit in Bezug auf Verbrauch und Einkommen bei der Lebenshaltung von Arbeitern. Der „reguläre Zyklus" hohen wirtschaftlichen Drucks hängt zusammen mit den von der Familiengröße abhängigen Ausgaben und den gegengerichteten Einnahmen aus der Erwerbstätigkeit. – 2. *Phasen:* a) Sinkende Lebenshaltung für die Kinder durch wachsende Familiengröße bei gleichem → Arbeitseinkommen der Eltern. b) Relativ hoher Lebensstandard junger Menschen nach Abschluss der Berufsausbildung, evtl. auch durch Mitarbeit der Ehefrau, bes. bei kinderloser Ehe. c) Beeinträchtigung der Lebenshaltungskosten der Kinder und später durch Minderung des Arbeitseinkommens bzw. noch später durch die niedrigere Rente. Der Rowntree-Zyklus beeinträchtigt die Sparfähigkeit und die Vermögensbildung der Arbeitnehmer.

Royalty – Rente der Anbieter von natürlichen Ressourcen.

RTA – Abk. für *Regional Trade Agreement*; regionales Handelsabkommen, Regionalismus, regionale Integration, Handelsabkommen.

Rückbetroffenheit – Bezeichnung für die Auswirkungen von systemverhaltensinduzierten Umweltentwicklungen auf das verursachende → System selbst. Ein wichtiges Beispiel sind die Auswirkungen von Umweltbeeinträchtigungen, die auf ihre Ursachen (menschliche Aktivitäten) zurückwirken. – Vgl. auch → ökologische Krise.

Rückkopplung – Verfahren der Selbststeuerung in bzw. durch den Aufbau von Regelkreisen. Der Zustand des Systems wird überprüft (Istgröße) und bei Abweichungen von einer Sollgröße wird gegengesteuert. Rückkopplung, die ein selbsttätiges Einpendeln eines Systems innerhalb von Grenzwerten sichern, werden als *negative* Rückkopplung bezeichnet; ein Überwiegen *positiver* Rückkopplung führt zum Explodieren oder zum Einfrieren des Systems (→ biokybernetische Grundregeln).

Rücknahmesätze – Marktsätze, zu denen bestimmte → Geldmarktpapiere von der Europäischen Zentralbank im Rahmen der → Offenmarktpolitik gekauft werden. – *Gegensatz:* → Abgabesätze.

Rückvergütung – I. Genossenschaften: typische Form der Überschussverteilung an die Genossenschaftsmitglieder auf der Basis der Mitgliederumsätze mit dem genossenschaftlichen Geschäftsbetrieb. Rückvergütung ist keine Gewinnausschüttung, sondern eine im Geschäftsverkehr mit den Mitgliedern erwirtschaftete Verteilung von Überschüssen. Gewissermaßen ist es eine Reduzierung der im Zweckgeschäft von den Mitgliedern berechneten Preise. Es handelt sich jedoch um keinen Rabatt, da Rückvergütungen keine Preissenkungen für einzelne Geschäftsabschlüsse sind. Nach § 22 KStG wird die genossenschaftliche Rückvergütung dann steuerlich akzeptiert, wenn sie im Mitgliedergeschäft – im Sinne einer wirtschaftlichen Förderung der Mitglieder – erwirtschaftet worden ist. In der Genossenschaftspraxis sind Rückvergütungen bei landwirtschaftlichen Waren-, Nutzungs- und Produktionsgenossenschaften und bei gewerblichen Handelsgenossenschaften verbreitet. Sie können jedoch auch bei Kreditgenossenschaften in Form von Zinsnachzahlungen und/oder Zinsrückvergütungen an die Mitglieder auftreten.

II. Bahnverkehr: tarifmäßig von den Eisenbahnen den Verfrachtern bei Auslieferung gewisser Mindestmengen von Gütern gewährte Vergütung unter Anwendung der Mindestmengenklausel.

III. Versicherungswesen: Rückgabe nicht verbrauchter Prämienanteile an den Versicherungsnehmer, z.B. wegen Schadenfreiheit in der Krankenversicherung.

Ruhestand → Alterssicherung.

Rule of Law → Rechtsstaatlichkeit.

Rürup-Kommission – 1. *Begriff:* Expertengremium unter Vorsitz von Bert Rürup (seinerzeit Professor an der TU Darmstadt), das im November 2002 von der Bundesregierung als „Kommission für die Nachhaltigkeit in der Finanzierung der Sozialen Sicherungssysteme" eingesetzt wurde und im August 2003 Lösungswege zur nachhaltigen finanziellen Stabilisierung der gesetzlichen Renten-, Kranken- und Pflegeversicherung unterbreitete. – 2. *Vorschläge zur* → gesetzlichen Rentenversicherung (GRV): a) *Anhebung der gesetzlichen Regelaltersgrenze* von 65 auf 67 Jahre ab 2011 in Schritten von einem Monat pro Jahr; der Anpassungsprozess sollte sich also über 24 Jahre erstrecken. – b) Außerdem soll die Rentenanpassungsformel um einen *Nachhaltigkeitsfaktor* ergänzt werden, der die jährliche Rentenanpassung reduziert und damit die Beitragszahler entlastet. – c) Daneben soll die *Schwankungsreserve* aufgestockt werden, sobald dies ohne Anhebung des Beitragssatzes möglich ist. – d) *Versicherungsfremde Leistungen* wie die Frühverrentung wegen Arbeitslosigkeit oder wegen Behinderung sollen aus der gesetzlichen Rentenversicherung entfernt und anderweitig abgedeckt werden. – Die ersten drei dieser Vorschläge wurden im Rahmen der Rentenreform 2004 und Rentenreform 2007 mit leichten Modifikationen umgesetzt (s. → Rentenreform). – 3. *Vorschläge zur* → Krankenversicherung: Aus der Überlegung, dass die Finanzierung der gesetzlichen Krankenversicherung fast ausschließlich über die Löhne beschäftigungssenkende Anreize setzt, ergaben sich in der Kommission zwei grundsätzliche Reformvorschläge: a) Die Einführung einer → Bürgerversicherung und b) die Einführung von pauschalen Gesundheitsprämien (→ Kopfpauschale). Die Konzepte schließen sich gegenseitig nicht aus. In der Folgezeit wurde keines der Konzepte umgesetzt. – 4. *Vorschläge zur* → Pflegeversicherung: Zur Stabilisierung des Beitragssatzes bei damals 1,7 Prozent sollten Altersrentner ab 2010 zusätzlich zum allg. Beitragssatz einen einkommensabhängigen Ausgleichsbeitrag in Höhe von 2 Prozent ihres versicherungspflichtigen Einkommens zahlen, um eine generationengerechte Finanzierung für mehr als 35 Jahre sicherzustellen. Auch dieser Vorschlag wurde in der Folgezeit nicht umgesetzt.

SAA – Stabilisierungs- und Assoziierungsabkommen der → EU.

SAARC – Abk. für *South Asian Association for Regional Cooperation*; im Dezember 1985 in Dacca im Rahmen der Süd-Süd-Beziehungen entstandener Regionalzusammenschluss asiatischer Staaten. – *Mitglieder:* Afghanistan, Bangladesh, Bhutan, Indien, Malediven, Nepal, Pakistan, Sri Lanka. – *Zielsetzung:* Beschleunigung der kulturellen, sozialen und wirtschaftlichen Beziehungen durch Förderung des Collective Self-Reliance. Die Dominanz Indiens, die Rivalität zu Pakistan sowie die politische und wirtschaftliche Heterogenität der Mitglieder erbrachten bisher geringe Fortschritte in der Zusammenarbeit.

Sachverständigenrat für Umweltfragen (SRU) – von der Bundesregierung am 28.12.1971 ins Leben gerufenes unabhängiges Expertengremium zur Begutachtung der Umweltsituation und der Umweltbedingungen in Deutschland. Der Sachverständigenrat für Umweltfragen erstellt alle zwei Jahre ein Gutachten, das der Bundesregierung zugeleitet und veröffentlicht wird. Zusätzliche Gutachten oder Stellungnahmen zu umweltbezogenen Themen können vom Sachverständigenrat für Umweltfragen in Eigeninitiative veröffentlicht werden. Der Tätigkeitsbereich des Sachverständigenrates ist recht weit gespannt: Die Gutachtertätigkeit schließt im ökologischen und umweltpolitischen Bereich sowohl die Reflexion methodischer Grundlagen als auch Stellungnahmen zur umweltrelevanten Gesetzgebung oder zu aktuellen Problemen ein.

SACU – Abk. für → Southern African Customs Union.

SADC – Abk. für *Southern African Development Community*. – *Sitz:* Gaborone (Botswana); am 17.8.1992 in Windhuk gegründete regionale Organisation zur Förderung der politischen und wirtschaftlichen Zusammenarbeit im südlichen Afrika; löste die SADCC (Southern African Development Coordination Conference) ab. – *Mitglieder:* Angola, Botswana, Demokratische Republik Kongo, Lesotho, Madagaskar, Malawi, Mauritius, Mosambik, Namibia, Seychellen, Südafrika, Swasiland, Tansania, Sambia, Simbabwe. Collective Self-Reliance und verstärkte Süd-Süd-Beziehungen standen im Vordergrund der gemeinsamen Bemühungen um wirtschaftlichen Fortschritt und Zusammenarbeit. Angestrebt wird eine Wirtschaftsunion nach dem Vorbild der EU. Ein Aktionsprogramm weist den einzelnen Ländern bes. Aufgabenbereiche zu, z.B. Tansania: Industrie und Handel; Swasiland: Human Resources; Angola: Energie.

SAG – Abk. für → Sowjetische Aktiengesellschaft.

saisonale Arbeitslosigkeit → Arbeitslosigkeit.

Saison-Kurzarbeitergeld – 1. *Begriff:* Lohnersatzleistung der → Bundesagentur für Arbeit für witterungsbedingte Ausfallstunden im Baugewerbe und anderen Wirtschaftszweigen (§§ 101 SGB III). – 2. *Vorgängerleistungen:* Schlechtwettergeld und Winterausfallgeld (Winterbauförderung). – 3. *Anspruch:* Arbeitnehmer bei witterungsbedingtem Arbeitsausfall in der Schlechtwetterzeit (1. Dezember bis 31. März). – 4. *Ziel:* Förderung der ganzjährigen Beschäftigung. – 5. *Höhe:* analog zum (konjunkturellen) → Kurzarbeitergeld. – 6. *Finanzierung:* aus Mitteln der Arbeitslosenversicherung. – 7. *Ergänzende Leistungen:* Mehraufwand-Wintergeld und Zuschuss-Wintergeld für Arbeitnehmer (→ Wintergeld) sowie für Arbeitgeber die Erstattung der von ihnen allein zu tragenden Beiträge zur Sozialversicherung für Bezieher von Saison-Kurzarbeitergeld (§ 102 SGB III).

Sammelanreize – übliche Entlohnung hierarchisch eingebundener Mitarbeiter in Form von Löhnen oder Gehältern, deren Höhe von den statistischen Merkmalen einer längeren Kette von → Transaktionen der jeweiligen Mitarbeiter in der Vergangenheit abhängig ist. Im Gegensatz zu → punktuellen Anreizen des Marktes, bei denen jede Transaktion isoliert honoriert wird, belohnen Sammelanreize eine verlässliche Qualität über einen längeren Zeitraum hinweg. Sammelanreize sind wenig geeignet, wenn es auf die Eigeninitiative und Innovationsfreude eines Mitarbeiters ankommt (→ Hierarchienachteile). – *Gegenteil:* → punktuelle Anreize.

Samuelson-Kriterium – Weiterentwicklung des auf dem → Kaldor-Hicks-Kriterium beruhenden

Samuelson-Kriterium

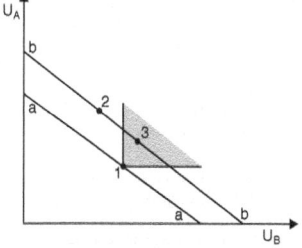

U_A = (ordinaler) Nutzen des A
U_B = (ordinaler) Nutzen des B
aa = Nutzenmöglichkeitskurve des A
bb = Nutzenmöglichkeitskurve des B
▓ = Pareto-Feld

→ Scitovsky-Doppeltests. Um innerhalb der → Wohlfahrtsökonomik zu einem eindeutigen → Wohlfahrtsoptimum zu gelangen, muss nach dem Samuelson-Kriterium jeder mögliche Ausgangspunkt für einen → Scitovsky-Doppeltest auf einer → Nutzenmöglichkeitskurve liegen, die keinen Schnittpunkt mit der → Nutzenmöglichkeitskurve aller potenziellen Zielpunkte besitzt und unterhalb dieser liegt. – In der Abbildung „Samuelson-Kriterium" erfüllt der Punkt 3 die Anforderungen des Samuelson-Kriteriums. Das → Wohlfahrtsoptimum des Punktes 3 kann ausgehend von dem nicht-pareto-optimalen Punkt 2 durch die Anwendung des → Kompensationsprinzips des → Kaldor-Hicks-Kriteriums erreicht werden.

Satellitensysteme – Datensyteme, die die Volkswirtschaftliche Gesamtrechnung (VGR) um gesellschaftlich wichtige Informationsbereiche ergänzen sollen. – Vgl. auch → Umweltsatellitensysteme.

Schadensbewertung – monetäre Quantifizierung eines Schadens bei externen Effekten (→ ökonomische Bewertung von Umweltschäden).

Schadensdiskontierung – Die Schadensdiskontierung ist eine Auswirkung der Unvollkommenheit von Instrumenten zur Internalisierung externer Effekte. Schließt z.B. das Umwelthaftungsrecht aus, dass die Geschädigten bestimmte Schadensarten, z.B. immaterielle Schäden, geltend machen, so liegt die von den Verursachern in die Rentabilitätsrechnung eingestellte Schadensersatzzahlung unter den tatsächlichen Schäden. Die Schadensdiskontierung führt dazu, dass die schädigende Aktivität volkswirtschaftlich auf einem zu hohen Niveau ausgeübt wird. Zu unterscheiden ist dieses Problem von der intertemporalen Diskontierung von Schäden, die in der Zukunft liegen. Letzteres ist eine Frage der intertemporalen Zeitpräferenzrate und Diskontierung, während es sich bei der hier besprochenen Schadensdiskontierung um eine nicht hinreichende Internalisierung externer Effekte handelt.

Schadenskosten → externe Kosten.

Schadstoff – in der natürlichen Umwelt vorkommende (natürliche und anthropogene) Stoffe, die unter bestimmten Voraussetzungen auf Menschen, andere Lebewesen, → Ökosysteme oder Sachen schädlich wirken können.

Schadstoffinteraktion – *Synergismus;* Zusammenwirken von → Emissionen bei der Verursachung von Umweltschäden.

Schadstoffsubstitution – Die umweltpolitische Bedeutung der Schadstoffsubstitution ergibt sich daraus, dass die Regulierung eines bestimmten Schadstoffs durch ein umweltpolitisches Instrument zu technisch-wirtschaftlichen Anpassungsprozessen führen kann, nach denen der Ausstoß eines nicht regulierten Schadstoffs steigt. Der ökologische Erfolg der → Umweltpolitik ist demnach zweifelhaft, wenn sie nicht einem schadstoffübergreifenden Konzept folgt.

Schattenwirtschaft – 1. *Arten* (von Wertschöpfung aus Straftaten abgesehen): (1) Transaktionen von Gütern und Dienstleistungen, die auf „schwarzen" Märkten gehandelt werden; (2) grundsätzlich marktfähige, d.h. bewertbare Wertschöpfung im Bereich der bedarfsorientierten Selbstversorgung oder Nachbarschaftshilfe privater Haushalte; (3) freiwillige soziale Leistungen ohne Erwerbsabsicht. – 2. *Umfang:* Das Ausmaß der Schattenwirtschaft hängt ab von: (1) der erfassungstechnischen Leistungsfähigkeit der Wirtschaftsstatistik, (2) dem Grad der Arbeitsteilung und (3) v.a. in den entwickelten Industriestaaten von den Opportunitätskosten der offiziellen Erwerbstätigkeit, d.h. vom Ausmaß staatlicher Reglementierung und Abgabenbelastung. – 3. *Gründe:* a) Viele Arbeitnehmer empfinden ein zunehmendes Missverhältnis zwischen ihrem durch Abgaben zur Sozialversicherung, direkte oder indirekte Steuern belasteten verfügbaren Einkommen und den Marktpreisen der dafür real eintauschbaren Güter und Dienstleistungen. – b) Änderung des Substitutionsverhältnisses (d.h. der Relativpreise) zwischen den über offizielle Märkte beziehbaren Gütern sowie Dienstleistungen und haushaltsinterner Produktion („Do it yourself") zugunsten der letztgenannten. – c) Im Nutzen-Kosten-Kalkül verliert der Einkommenserwerb im offiziellen Sektor im Vergleich zum Einkommenserwerb in der Schattenwirtschaft, aber auch zu Freizeitaktivitäten, zunehmend an Attraktivität. – 4. *Wirtschaftspolitische Problematik:* Abgesehen von erheblichen Einbußen an Steuereinnahmen entspricht aufgrund der Schattenwirtschaft das statistische Bild einer Volkswirtschaft nicht mehr den realen Verhältnissen, das damit als Informationsgrundlage der Wirtschaftspolitik fraglich wird. Das Ausmaß der Schattenwirtschaft kann auch als Indikator für die (Nicht-)Akzeptanz der formalen Spielregeln auf dem Arbeitsmarkt interpretiert werden (s. → Konstitutionenökonomik).

Schatzanweisungen – 1. *Begriff:* kurz- und mittelfristige Anleihen, die von öffentlichen Gebietskörperschaften, bes. Staatsregierungen, zur Finanzierung gegeben werden. – 2. *Arten:* (1) *Verzinsliche Schatzanweisungen:* Diese werden mit Laufzeiten von zwei Jahren vom Bund seit 1996 regelmäßig im vierteljährlichen Rhythmus emittiert. (2) *Unverzinsliche Schatzanweisungen (U-Schätze):* U-Schätze mit sechsmonatiger Laufzeit (Bubills) werden ebenfalls regelmäßig mit 2-3 Ausgaben pro Monat begeben. Die Laufzeit bei Ausgabe beträgt 3, 6, 9 oder 12 Monate. Die Verzinsung erfolgt auf dem Wege des Diskontabschlags. U-Schätze werden zum Nennwert abzüglich des vereinbarten Zinsabschlags verkauft, bei Fälligkeit zum Nennwert zurückgezahlt.

Schatzwechsel → Geldmarktpapiere, die vom Bund, den Sondervermögen des Bundes und den Bundesländern zu Finanzierungszwecken emittiert werden können. Schatzwechsel haben eine maximale Laufzeit von 90 Tagen und sind als Diskontpapiere ausgestaltet, d.h. der Zinsbetrag wird beim Verkauf vorweg abgezogen. – In Deutschland sind praktisch keine Schatzwechsel im Umlauf, da die öffentliche Hand ihren Kassenkreditbedarf über Buchkredite deckt.

Scheidemünzen – Hartgeld, dessen Metallwert unter dem aufgeprägten Nennwert liegt (unterwertige Münzen). Das in Deutschland verwendete Münzgeld besteht aus Scheidemünzen. Sie sind nur in einem begrenztem Umfang gesetzliches Zahlungsmittel. Die Annahmepflicht ist beschränkt. – *Gegensatz:* → Kurantmünzen.

Schlechtwettergeld – ersetzt durch → Wintergeld und → Saison-Kurzarbeitergeld.

Schleier der Unwissenheit – engl. *veil of ignorance* (J. Rawls); 1. *Begriff:* In einer hypothetischen Urvertragssituation stimmen die Gesellschaftsmitglieder über die Regeln ab, die künftig in ihrer Gemeinschaft gelten sollen (s. → Konstitutionenökonomik, konstitutionelle Ebene). Faire Regeln (Rawls) werden für die Gesellschaft dann gefunden, wenn unter einem Schleier der Unwissenheit oder des Nichtwissens abgestimmt wird. Die Gesellschaftsmitglieder abstrahieren dann von ihrer konkreten Situation im Status quo und einigen sich auf die Regeln, die den schwächsten Gesellschaftsmitgliedern die beste Situation ermöglich. Der Nutzen der gesamten Gesellschaft ist immer nur so hoch, wie der Nutzen des Mitglieds mit dem geringsten Nutzenwert. Alle wirtschaftspolitischen Maßnahmen sind daran zu messen, in welchem Ausmaß sie den Nutzen dieses Mitglieds erhöhen. – 2. *Alternative:* Die utilitaristische Konzeption von J. Bentham, nach der sich der gesellschaftliche Nutzen als Summe der Individualnutzen ergibt.

Schlüsselqualifikation – 1. *Begriff:* Kenntnisse, Fähigkeiten und Fertigkeiten, welche die Eignung für viele alternative Positionen und Funktionen gegenwärtig sowie für die Bewältigung von sich laufend verändernden Anforderungen während des zukünftigen Berufslebens erbringen. – 2. *Kategorien:* Man unterscheidet „harte" (Fach- und Methodenkompetenz) und „weiche" (Sozial-, Sprach- und Kulturkompetenz) Qualifikationen sowie persönliche Arbeitstugenden und Führungsqualitäten.

Schmalenbach-Gesellschaft für Betriebswirtschaft e.V. – hervorgegangen aus der Verschmelzung der Schmalenbach-Gesellschaft zur Förderung der betriebswirtschaftlichen Forschung und Praxis e.V. und der Deutschen Gesellschaft für Betriebswirtschaft e.V. – *Mitglieder:* Einzelpersönlichkeiten aus Wirtschaftspraxis und -wissenschaft sowie Unternehmen und sonstige Institutionen. – *Ziele:* Systematische Förderung und Institutionalisierung der Zusammenarbeit von Wissenschaftlern und Praktikern bei der betriebswirtschaftlichen Forschung, Erfahrungsaustausch über die Anwendung neuer betriebswirtschaftlicher Erkenntnisse und Methoden, Erarbeitung von Stellungnahmen zu aktuellen Fragen der Wirtschaftspraxis und -gesetzgebung, Verbreitung von Erkenntnissen der betriebswirtschaftlichen Forschung. – *Aktivitäten:* Kooperative Forschung in Arbeitskreisen (ca. 30 Arbeitskreise zu sämtlichen betriebswirtschaftlichen Funktionskreisen und Branchen), Veranstaltung von Kongressen (Der Deutsche Betriebswirtschafter-Tag), Fachtagungen (Schmalenbach-Tagung) und Fachgesprächen sowie Herausgabe von „Schmalenbachs Zeitschrift für betriebswirtschaftliche Forschung". – *Veröffentlichungen:* Zeitschrift für betriebswirtschaftliche Forschung (zfbf), monatlich; Berichte aus der Arbeit der Gesellschaft; vier der 12 Ausgaben erscheinen als Schmalenbach Business Review (sbr).

Schnelligkeit der Verkehrsleistung – 1. *Begriff:* Zeitbedarf für die Überwindung der Distanz zwischen zwei Raumpunkten in einem Verkehrsnetz. – 2. *Verkehrswertigkeit:* Als technisch-ökonomisches Qualitätsmerkmal des Verkehrsangebots wird die Schnelligkeit der Verkehrsleistung bei vorgegebener Entfernung zwischen Quelle und Ziel durch die bei der Raumüberwindung zu realisierende durchschnittliche Geschwindigkeit bestimmt; neben der eigentlichen Verkehrsgeschwindigkeit sind Zu- und Abgangszeiten sowie Wartezeiten zu berücksichtigen; bei gebrochenen Verkehrsströmen treten Übergangszeiten wie Umlade- und Umsteigezeiten hinzu. – 3. → Verkehrsaffinität: a) *Güterverkehr:* geringwertige Massengüter tendieren zu einem relativ langsamen, aber auch kostengünstigen Transport; hochwertige Stückgüter verlangen eine größere Schnelligkeit der Verkehrsleistung (niedrigere Kapitalbindungsdauer und Zinskosten); bes. hohe Anforderungen an die Schnelligkeit der Verkehrsleistung bei Zusammentreffen von Hochwertigkeit des Transportguts und Qualitätsminderung bei längerer Transportdauer; bes. Dringlichkeit des Bedarfs im Einzelfall kann zu erhöhten Anforderungen an die Schnelligkeit der Verkehrsleistung führen (z.B. wichtige Ersatzteile für Produktionsanlagen). – b) *Personenverkehr:* Differenzierung der Schnelligkeitsanforderungen nach Fahrtzwecken; regelmäßige und diskretionäre Ein-Tages-Reisen: hohe Anforderungen an die Schnelligkeit der Verkehrsleistung; längere Urlaubsreisen: geringere Schnelligkeitsanforderungen, es sei denn, dass die höhere Schnelligkeit nur mit geringen Kostenzuwächsen erkauft wird und gleichzeitig die Bequemlichkeit ansteigt. – c) → Nachrichtenverkehr: private bzw. geschäftliche Dringlichkeit der Nachrichtenübermittlung und mit steigender Schnelligkeit der Verkehrsleistung allg. ansteigende Kosten bestimmen das Entscheidungskalkül der Verkehrsnachfrager.

Scholastik – im wirtschaftswissenschaftlichen Bezug die v.a. auf Aristoteles aufbauende christliche Philosophie des Mittelalters (fortgeführt als Neuscholastik), die sich unter dem Aspekt der „göttlichen Weltordnung" auch mit den Grundfragen des Wirtschaftslebens befasst, so v.a. mit dem Eigentumsbegriff (privates Eigentum zu treuen Händen), der Arbeit, der harmonischen Ordnung der Wirtschaft (Rangordnung der Stände), der Verteilung des Nationaleinkommens (justitia distributiva = „standesgemäße Nahrung"), dem Tauschverkehr (aequalitas dat et accipit), dem Preis (justum pretium), dem Kredit und Wucher. – *Bedeutendster Vertreter:* Thomas von Aquin.

Schuldendienstquote – Relation zwischen der Höhe des Schuldendienstes und den Einnahmen des Staates. Kennziffer für das Maß der Belastung eines Staatshaushalts, das durch die Bedienung eines Schuldenstandes (Zinsen, Tilgung) entsteht. Die Schuldendienstquote drückt die Schuldendienstfähigkeit aus; deren logische Grenze ist erreicht, wenn der Schuldendienst schneller wächst als die laufenden Einnahmen. – *Entwicklungspolitischer Zusammenhang:* Anteil des Schuldendienstes der öffentlichen Verschuldung (Zinsen, Tilgung) in Prozent der Exporteinnahmen.

Schuldenerlass – Forderung der Entwicklungsländer nach einem Verzicht auf die Rückzahlung ihrer (öffentlichen) Auslandsschulden durch die Gläubiger. Ein genereller Schuldenerlass dürfte zu einer Reduzierung der zukünftigen Kapitalhilfe führen, sodass Entwicklungsländer weniger als erwartet davon profitieren. – Vgl. auch → Auslandsverschuldung der Entwicklungsländer, → HIPC-Initiative.

Schuldenkrise → Auslandsverschuldung der Entwicklungsländer.

Schutz von Informationen → Rechte an Informationen.

schwaches Pareto-Prinzip – Anforderung an → Abstimmungsverfahren, die sicherstellt, dass die von allen Mitgliedern der Gruppe strikt vorgezogene Alternative auch nach der Aggregation der individuellen Präferenzen zu einer kollektiven Präferenzrangfolge vorgezogen wird. – Vgl. auch → Arrow-Paradoxon, → Condorcet-Paradoxon.

Schweigekartell der Oberingenieure – Legt die Umweltpolitik eine Emissionsnorm nach Maßgabe des → Standes der Technik fest, so führt die Entwicklung leistungsfähigerer umwelttechnischer Verfahren zu einer Verschärfung der Auflage. Für die Verursacher von Emissionen ist die → dynamische Anreizwirkung dieser Politik daher gering. Mit dem Schlagwort des Schweigekartells der Oberingenieure wird unterstellt, die Firmen hielten umwelttechnisches Knowhow ihrer Fachleute („Oberingenieure") vor den gesetz- und normengebenden Institutionen fern, um die Erhöhung technischer Anforderungen zu verhindern. Theoretisch werden Schweigekartelle der Oberingenieure im Rahmen der Spieltheorie analysiert.

Schwellen – Begriff aus der Arbeitsmarkt- und Berufsforschung, die sich bes. mit den Übergängen zwischen Bildungs-, Berufsausbildungssystem und Arbeitsmarkt beschäftigt. Der Begriff der Schwellen soll andeuten, dass dieser Übergang nicht problemlos erfolgt. – *Schwellen I* steht für den Übergang aus dem allgemeinbildenden Schulsystem in das Berufsbildungs- und in das Hochschulsystem. *Schwellen II* steht für den Übergang aus dem Berufsausbildungsbzw. Hochschulsystem in den Arbeitsmarkt bzw. in das Beschäftigungssystem.

Schwellenländer – *Newly Industrializing Countries (NIC)*; nicht exakt definierte Bezeichnung von Ländern auf dem Wege zum → Industrieland. Durch hohes Wirtschaftswachstum werden große Industrialisierungsfortschritte beobachtet, jedoch halten viele soziale Indikatoren wie z.B. Alphabetisierungsrate, Lebenserwartung, Säuglingssterblichkeit mit der wirtschaftlichen Entwicklung nicht Schritt. – *Länder:* U.a. Brasilien, China, Indien, Malaysia, Mexiko, Russland, Thailand und Südafrika. – Vgl. auch → Emerging Markets.

Schwerpunktsatz – Zinssatz, zu dem die Masse der Zuteilungen bei → Zinstendern nach dem → amerikanischen Verfahren erfolgt. Der Schwerpunktsatz liegt i.Allg. geringfügig höher als der marginale → Zuteilungssatz, kann aber auch mit diesem übereinstimmen.

Schwundgeld – auf Gesell zurückgehender Vorschlag zur Reform des Geldwesens. Die Störungen wirtschaftlicher Aktivitäten durch Horten bzw. Enthorten von Geld sollten dadurch verhindert werden, dass die Banknoten in regelmäßigen Zeitabständen mit gebührenpflichtigen Marken beklebt werden. Der damit verbundene Geldwertschwund (→ Geldwert) sollte die Geldhaltung genauso wie die Lagerhaltung von Waren mit Kosten belegen. Ziel war eine Stabilisierung der Umlaufsgeschwindigkeit des Geldes.

Scitovsky-Doppeltest – simultane Anwendung des → Kaldor-Hicks-Kriteriums vom Ziel- wie vom Ausgangszustand. Scitovsky weist innerhalb der Wohlfahrtsökonomik auf das Phänomen hin, dass es bei der Anwendung des Kaldor-Hicks-Kriteriums Situationen geben kann, in denen die Durchführung sowie paradoxerweise auch das Rückgängigmachen von wirtschaftspolitischen Maßnahmen die Wohlfahrt steigern. – *Zur Vermeidung* dieses Paradoxons hat Scitovsky den nach ihm benannten Scitovsky-Doppeltest vorgeschlagen. Hiernach ist es nicht ausreichend, dass lediglich das Kaldor-Hicks-Kriterium erfüllt ist. Auch der Rückgang vom Zielzustand zum Ausgangszustand darf wohlfahrtssteigernd nicht möglich sein.

Scitovsky-Indifferenzkurve – stellt die gesellschaftliche Nutzenindifferenzkurve dar. Sie ist der geometrische Ort für die tauschoptimale Kombination des produzierten Güterbündels, bei dem alle Gesellschaftsmitglieder dasselbe Nutzenniveau realisieren. – Die Bedingungen des → Pareto-Optimums liegen in dem Punkt P vor, in dem die Scitovsky-Indifferenzkurve die gesellschaftliche

Scitovsky-Indifferenzkurve

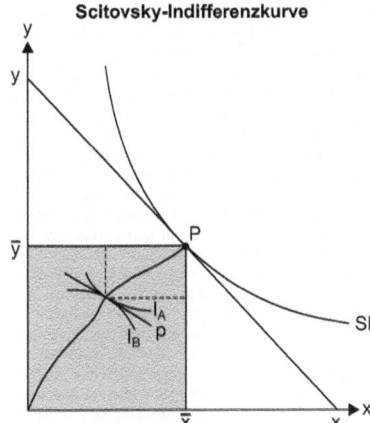

SI = Scitovsky-Indifferenzkurve
I_A = Indifferenzkurve des A
I_B = Indifferenzkurve des B
x = Gut x, y = Gut y, p = Preisniveau

Transformationskurve tangiert. Die Grenzrate der Substitution stimmt in diesem Punkt mit der Grenzrate der Transformation überein. – Vgl. Abbildung „Scitovsky-Indifferenzkurve".

Screening → Adverse Selection.

Screeningtheorie → Filtertheorie.

SDRM – Abk. für *Sovereign Debt Restructuring Mechanism, Umschuldungsmechanismus;* im April 2002 durch den IWF vorgeschlagenes Instrument zur langfristig nachhaltigen und wachstumsorientierten Umstrukturierung bestehender Schulden. Der IWF verfolgte dabei einen sog. Statutory Approach (ordnungspolitischen Ansatz), der die Entwicklung verbindlicher Spielregeln für die Teilnehmer an den internationalen Finanzmärkten vorsah, mit direkten Verhandlungen von Schuldnern und Gläubigern. Nach Widerstand v.a. seitens der Vereinigten Staaten wurde der Ansatz 2003 fallen gelassen. Stattdessen befürwortet der IWF nun die generelle Anwendung von Mehrheitsklauseln bei internationalen Kreditgeschäften.

Second Best → Theorie des Zweitbesten.

SEEA – Abk. für *System of Integrated Environmental and Economic Accounting*. 1. *Begriff:* Zur Weiterentwicklung des Standardized System of National Accounts (SNA) der Vereinten Nationen wurde im Rahmen der Bemühungen um die → umweltökonomische Gesamtrechnung (UGR) ein Konzept zur Erstellung eines Satellitensystems zur Volkswirtschaftlichen Gesamtrechnung (VGR; vgl. → Umweltsatellitensysteme) erarbeitet. Im Vordergrund steht die Beschreibung von ökonomischen Vorgängen und damit verbundenen Umweltnutzungen im Sinn einer periodenbezogenen Stromrechnung einerseits, eine gesamtwirtschaftliche Vermögensrechnung als Bestandsrechnung andererseits, die produziertes Sachvermögen und nichtproduziertes Naturvermögen umfasst. Ein vorrangiges Ziel des Rechenwerks ist die Ermittlung der Umweltnutzungskosten (→ Nutzungskosten), verbunden u.a. auch mit dem Ausweis eines → Ökoinlandsprodukts. – 2. Ein stufenweiser *Aufbau des Systems* bezieht sich zunächst auf eine umweltbezogene Disaggregation der in der VGR vorhandenen Informationen, sodann auf die Verknüpfung mit entsprechenden physischen Informationen über die Umweltnutzung und -belastung, im weiteren auf zusätzliche monetäre Bewertungen (nach Marktwerten oder Vermeidungskosten), sowie schließlich auf eine umweltbezogene Erweiterung des Produktionsbegriffs.

Seefrachtgeschäft – gewerbsmäßige Güterbeförderung zur See. – 1. *Rechtsgrundlagen:* §§ 556–663 HGB. – 2. *Begriff:* Dem Frachtführer des Land- und Flussfrachtgeschäfts entspricht hier der *Verfrachter* (der Reeder oder Ausrüster sein kann), dem Absender der *Befrachter*. Außerdem kennt das Seerecht noch den Begriff des *Abladers:* derjenige, der das Gut dem Verfrachter zur Beförderung übergibt. Regelmäßig sind Befrachter und Ablader personen- bzw. firmengleich. Ist der Ablader von dem Befrachter verschieden, so ist er Vertreter des Befrachters beim Abladungsakt mit gewissen eigenen Rechten (er erhält z.B. das → Konnossement). – 3. *Grundlage* ist entweder ein → Chartervertrag oder ein Stückgutvertrag.

Seekonossement – *Marine, Liner* oder *Ocean Bill of Lading (B/L);* Form des → Konnossement; klassisches Traditionspapier der → Seeschifffahrt.

Seeschifffahrt – 1. *Begriff:* → Beförderung von Personen, Post oder Gütern mit Seeschiffen. Zu *unterteilen* in die Bereiche: (1) *Linienschifffahrt:* routengebundener, fahrplanmäßiger Transport (im Güterverkehr zumeist in Containern) zu feststehenden Beförderungsbedingungen und -preisen; (2) *Trampschifffahrt:* routenungebundener Transport überwiegend von trockenen Massengütern; (3) *Tankschifffahrt:* Transport von Erdöl und Erdölprodukten sowohl in Form der Linien- bzw. Pendelschifffahrt als auch der Trampschifffahrt; (4) *Spezialschifffahrt:* Kühl-, Versorgungs-, Gastank-, Passagierschifffahrt. Die Seeschifffahrt wird ferner in die Bereiche „*Kleine Fahrt*" (z.B. zwischen einem Hafen in Großbritannien und einem in Kontinentaleuropa) und „*Große Fahrt*" (zwischen zwei Häfen in verschiedenen Kontinenten) unterteilt. – Von der Seeschifffahrt zu trennen ist die → Küstenschifffahrt; eine eindeutige Unterscheidung ist jedoch nicht immer möglich. – 2. *Problembereiche:* a) *Nationale Ebene:* Die Seeschifffahrtsbelange auf nationaler Ebene vertritt von staatlicher Seite der für den Verkehr zuständige Bundesminister, Abt.

Seeverkehr. – Das Gewerbe hat zur Interessenvertretung verschiedene Reedervereine und -verbände (u.a. Verband Deutscher Reeder e.V., Verband Deutscher Küstenschiffseigner, Verein Hamburger Reeder) gegründet. – b) *Internationale Ebene:* v.a. Internationaler Ständiger Verband für Schifffahrtskongresse (Association Internationale Permanente des Congrès de Navigation (A.I.P.C.N.)), Internationle Seerechts-Vereinigung (Comite Maritime International (C.M.I.)), Internationale Organisation für Seeschifffahrt (International Maritime Organization (IMO)), Internationale Schifffahrtskammer (International Chamber of Shipping (ICS)), The Baltic and International Maritime Council (BIMCO) und International Shipping Federation, Ltd. Die Beschäftigungssituation in der Seeschifffahrt ist häufigen Schwankungen unterworfen, was sich in Neubauwellen und Stilllegungen bzw. Abwrackungen widerspiegelt. Insbesondere für die Containerschifffahrt werden, wenn auch teilweise zulasten der konventionellen Stückgutfahrt, weiterhin gute Wachstumschancen erwartet. Die Wettbewerbsfähigkeit der dt. Handelsschifffahrt hat sich in den letzten Jahren verschlechtert, weil einerseits die Raten zumeist auf US-Dollar-Basis abgeschlossen werden und dieser in den vergangenen Jahren tendenziell gesunken ist, die Kosten aber andererseits zum großen Teil auf Euro-Basis anfallen. Um diesem Kostendruck zu entgehen, weichen die Reeder auf → billige Flaggen aus. Um diese Tendenz aufzuhalten wurden Zweitregister geschaffen, die einerseits nicht so strengen Regeln unterliegen wie die Erstregister, andererseits jedoch noch gewisse nationale Einflussmöglichkeiten gestatten. Auch im Bereich der Schiffsfinanzierung sind Erleichterungen in Kraft getreten.

Segmentationstheorien → Arbeitsmarkttheorien.

sektoraler Strukturwandel – 1. *Begriff:* Verschiebungen in der → sektoralen Wirtschaftsstruktur als Folge unterschiedlich starken Wachstums der einzelnen → Wirtschaftszweige. Sektoraler Strukturwandel vollzieht sich längerfristig und zeichnet sich durch weitgehend stabile Grundtendenzen aus. Strukturelle Verschiebungen sind deshalb überwiegend dauerhaft. – 2. *Messung:* Der sektorale Strukturwandel wird üblicherweise anhand der Veränderungen in den prozentualen Anteilen (Sektoranteilen) der Wirtschaftszweige am Nationaleinkommen oder an den Gesamtbeschäftigten beschrieben. – 3. *Ursachen des sektoralen Strukturwandels:* a) *Institutionelle Veränderungen:* Hierzu gehören v.a. Veränderungen im Rechtssystem, etwa der Steuergesetzgebung oder des Sozialversicherungssystems, des Wettbewerbsrechts sowie im Ausmaß von → Regulierung bzw. → Deregulierung. Zahlreiche Gesetzesänderungen, die das Verhalten der Produzenten und Konsumenten beeinflussen, sind z.B. im Zuge der Schaffung eines einheitlichen *Binnenmarktes* in der EU vorgenommen worden. Auch die *Umweltschutzgesetzgebung* hat zu deutlichen Verhaltensänderungen geführt und den sektoralen Strukturwandel beeinflusst. Im außenwirtschaftlichen Bereich können Richtungsänderungen der Handelspolitik (Liberalisierung, Zollabbau im Rahmen der WTO) oder die Wechselkurspolitik entscheidende Rahmendaten setzen. – b) *Angebotsseitige Faktoren* sind Änderungen in der Verfügbarkeit (Menge und Preis) von Produktionsfaktoren, z.B. eine Verknappung oder Verteuerung von Energie und Rohstoffen. Eine wichtige Rolle spielt das Angebot an menschlicher Arbeit. Neben dem physischen Angebot (Mangel oder Überschuss an Arbeitskräften) ist v.a. die Lohnentwicklung entscheidend. Bei hohem Lohnniveau sind arbeitsintensive Produktionszweige benachteiligt. Eine wesentliche Determinante ist schließlich der technische Fortschritt. Er beeinflusst das Verhältnis von Arbeits- und Kapitaleinsatz, führt aber auch zu Veränderungen in der Vorleistungsnachfrage der Unternehmen (z.B. Ersatz metallischer Werkstoffe durch Kunststoffe oder Keramik, energiesparender technischer Fortschritt) mit entsprechenden Auswirkungen auf betroffene Vorleistungssektoren. – c) *Nachfrageseitige Faktoren* sind zunächst Verschiebungen in der gesamtwirtschaftlichen Nachfragestruktur: Zu- oder Abnahme des privaten Konsums, Ausweitung oder Einschränkung des Staatsverbrauchs, Zugewinn oder Verlust von Absatzmärkten im Ausland, zu- oder abnehmende Importnachfrage (Importkonkurrenz). Wesentlichen Einfluss auf den sektoralen Strukturwandel haben aber auch Veränderungen in der → Konsumstruktur der privaten Haushalte, der Zusammensetzung der staatlichen Ausgaben sowie Veränderungen in der Exportstruktur und der Importstruktur. – 4. *Sektoraler Strukturwandel und Wirtschaftswachstum:* Der sektorale Strukturwandel zeigt sich in Phasen hohen gesamtwirtschaftlichen Wachstums am ausgeprägtesten, während er sich bei schwachem Wachstum typischerweise verlangsamt. Ein Wirtschaftswachstum ohne jegliche Verschiebung der Sektoranteile ist in der Realität unwahrscheinlich. Allerdings hat sich die neoklassische Wachstumstheorie sehr ausführlich mit diesem Spezialfall befasst (Modelle des „Steady-State-Growth" (Steady State)). Friktionen im sektoralen Strukturwandel, v.a. als Ausdruck einer nicht ausreichenden *Anpassungsbereitschaft oder -fähigkeit* der Unternehmen, können sich zu Wachstumshemmnissen auswirken und v.a. auch zu struktureller Arbeitslosigkeit führen. – Es ist Aufgabe der → sektoralen Strukturpolitik, den marktwirtschaftlichen Selbststeuerungsprozess zu unterstützen oder zu korrigieren, um gesamtwirtschaftlich oder gesellschaftlich unerwünschte Folgen struktureller Verschiebungen vermieden oder zumindest gemildert werden.

sektorale Strukturpolitik – *sektorale Wirtschaftspolitik, Sektorpolitik.* 1. *Begriff:* Sektorale Strukturpolitik bezeichnet die Gesamtheit aller wirtschaftspolitischen Maßnahmen, die auf die Entwicklung der → sektoralen Wirtschaftsstruktur Einfluss nehmen. – 2. *Ziele:* Allg. Ziel der sektoralen Strukturpolitik ist es, die *Richtung* und/oder das *Tempo* des → sektoralen Strukturwandels zu verändern. Im Unterschied zur Globalsteuerung zielt die sektorale Strukturpolitik somit auf die Wachstums- und Entwicklungsmöglichkeiten einzelner → Wirtschaftszweige. Dabei kann es darum gehen, den marktgesteuerten Strukturwandel aufzuhalten oder zumindest abzubremsen. Dieses Ziel kennzeichnet man als *Erhaltungspolitik* oder auch als *konservierende Strukturpolitik.* Geht es umgekehrt darum, den Strukturwandel voranzutreiben und den Unternehmen die Anpassung an veränderte Marktgegebenheiten zu erleichtern, so spricht man von *Anpassungspolitik.* Eine dritte mögliche Zielsetzung kann darin bestehen, den Strukturwandel, u.U. auch gegen die endogenen Kräfte des Marktes, in eine bestimmte Richtung zu lenken. Dies kann als *Gestaltungspolitik* umschrieben werden. In Deutschland sind Ziele und Aufgaben der sektoralen Strukturpolitik - anders als etwa bei der Wettbewerbspolitik oder der Konjunktur- und Wachstumspolitik - nicht gesetzlich geregelt. Im Jahr 1968 wurden allerdings von der damaligen Bundesregierung „Grundsätze der sektoralen Strukturpolitik" formuliert, die weitgehend mit dem später von der OECD entwickelten Leitbild einer → *positiven Anpassungspolitik* übereinstimmen. - 3. *Träger:* Auf Regierungsseite liegen die Kompetenzen für sektorale Strukturpolitik überwiegend bei den Wirtschaftsministerien, teilweise aber auch bei speziellen Ressorts wie Landwirtschaft, Verkehr, Technologie. Sektorale Strukturpolitik wird sowohl auf Bundes- wie auch Landesebene betrieben, daneben hat die Europäische Union (→ EU) zunehmend strukturpolitische Kompetenzen an sich gezogen. Die EU nimmt bes. Einfluss auf die sektorale Strukturpolitik über die → Agrarpolitik, die Handelspolitik sowie bei Maßnahmen zugunsten „sensibler" Wirtschaftsbereiche (Kohle, Eisen, Stahl, Textilien u.Ä.). Generell überwacht die EU nationale sektorale Strukturpolitik im Rahmen ihrer Beihilfenkontrolle. Andererseits beteiligt sich die EU an der nationalen sektoralen Strukturpolitik durch Bereitstellung finanzieller Mittel für Fördermaßnahmen aus verschiedenen *Strukturfonds* (Strukturpolitik der Europäischen Union). Hier kommen v.a. Teile des Agrarfonds (Europäische Ausrichtungs- und Garantiefonds für die Landwirtschaft) zur Förderung von Investitionen zur Umstrukturierung ländlicher Räume sowie Mittel des Europäischen Sozialfonds (ESF) für Umschulungsmaßnahmen bei Beschäftigten aus schrumpfenden Industrien in Frage. - 4. *Konzeptionstypen:* Umfang und Intensität staatlicher Maßnahmen im Rahmen der sektoralen Strukturpolitik, v.a. hinsichtlich der relativen Bedeutung von Erhaltungs- und Gestaltungspolitiken, können nach dem vorherrschenden Konzeptionstyp der sektoralen Strukturpolitik unterschieden werden. Eine stärker interventionistische Form der sektoralen Strukturpolitik, die deutliche Elemente der Strukturlenkung oder -gestaltung enthält, ist die → Industriepolitik. Das Konzept der → positiven Anpassungspolitik beschränkt sich dagegen vorwiegend auf die Verbesserung der marktwirtschaftlichen Rahmenbedingungen, um unternehmerische Anpassungsprozesse zu erleichtern. - 5. *Instrumente:* a) *Ordnungspolitische Instrumente:* (1) *Eingriffe in die Wettbewerbsordnung,* z.B. Schutz vor ausländischer Konkurrenz durch Importbeschränkungen, zeitlich befristete Tolerierung kartellartiger Absprachen zwischen Unternehmen eines unter Strukturproblemen leidenden Wirtschaftszweigs *(Strukturkrisenkartelle).* Schaffung von wettbewerblichen Ausnahmebereichen durch → Regulierung. (2) *Eingriffe in die Eigentumsordnung,* z.B. Verstaatlichung Not leidender, nicht mehr wettbewerbsfähiger Unternehmen. - b) *Prozesspolitische Instrumente:* (1) *Festlegung von Produktionsmengen, Preisen* oder auch *Beschränkung von Produktionskapazitäten.* Als *direkte Eingriffe in die unternehmerische Entscheidungsautonomie* mit marktwirtschaftlichen Prinzipien an sich unvereinbar, werden solche Instrumente im Zusammenhang mit anderen marktlenkenden Maßnahmen dennoch eingesetzt (z.B. garantierte Absatzmengen in der → Agrarpolitik, Gewährung staatlicher Beihilfen an die Stahlindustrie innerhalb der EU nur bei Einhaltung nationaler Produktionsquoten). (2) Begünstigung einzelner Sektoren durch *Verbesserung der Absatzbedingungen.* Dies kann, innerhalb enger Grenzen, durch die Nachfrage des Staates geschehen (z.B. Förderung der Bauwirtschaft durch staatliche Bauaufträge). Die volkswirtschaftliche Nachfragestruktur kann durch selektive steuerliche Maßnahmen (z.B. Reduzierung bestimmter Verbrauchsteuern) beeinflusst werden. Förderung des Absatzes inländischer Produzenten durch Schutz vor Importkonkurrenz über die Erhebung von Zöllen (innerhalb der EU nicht möglich, nach den Regeln des → GATT auch gegenüber sonstigen Staaten nur noch sehr begrenzt einsetzbar); Förderung des Auslandsabsatzes (→ Exportförderung). (3) *Verbesserung der Angebotsbedingungen,* v.a. durch Entlastung der Unternehmen bei den Produktions- und/oder Investitionskosten (→ Wirtschaftsförderung). Eine Verbesserung der Angebotsbedingungen kann auch durch die → Infrastrukturpolitik des Staates oder andere staatliche Vorleistungen, z.B. in den Bereichen Forschung und Entwicklung (F&E), bewirkt werden.

sektorale Wirtschaftspolitik → sektorale Strukturpolitik.

sektorale Wirtschaftsstruktur – Betrachtung volkswirtschaftlicher Merkmale in ihrer sektoralen Zusammensetzung. - 1. *Zusammensetzung der gesamtwirtschaftlichen Produktion* (Nationaleinkommen) aus den Bruttowertschöpfungsbeiträgen einzelner Sektoren: *sektorale Produktionsstruktur.* Auf hoher Aggregationsstufe werden drei Sektoren unterschieden (→ primärer Sektor, → sekundärer Sektor, tertiärer Sektor (→ Dienstleistungssektor)). Stärker disaggregierte Betrachtung (60 Sektoren) auf der Ebene der → Wirtschaftszweige. - 2. Verteilung der Erwerbstätigkeit auf die verschiedenen Sektoren: *sektorale*

Beschäftigungsstruktur. – 3. Verteilung der Investitionen auf die Sektoren: *sektorale Investitionsstruktur.*

SektorenKreislaufanalyse, → Sektoren der Volkswirtschaft.

Sektoren der Volkswirtschaft – 1. In der *Volkswirtschaftlichen Gesamtrechnung (VGR)* werden Sektoren durch *Zusammenfassung institutioneller Einheiten* gebildet. Es wird zwischen (a) nicht finanziellen Kapitalgesellschaften, (b) finanziellen Kapitalgesellschaften, (c) Staat, (d) privaten Haushalten und (e) privaten Organisationen ohne Erwerbszweck unterschieden. Der so abgegrenzten gesamten Volkswirtschaft steht die (f) übrige Welt gegenüber. – 2. Gliederung aus *entwicklungstheoretischer Sicht* (Clark, Fourastié), in einer zeitlichen und systematischen Reihenfolge: → primärer Sektor (Land- und Forstwirtschaft, Fischerei); → sekundärer Sektor (Waren produzierendes Gewerbe); tertiärer Sektor (Handel, Verkehr, Kreditgewerbe, Versicherungen, sonstige Dienstleistungsunternehmen, Staat, private Organisationen ohne Erwerbszweck etc.). – 3. Für die Abbildung der Produktionsstruktur ist in der VGR die Abgrenzung in Wirtschaftsbereiche maßgeblich, die zu drei großen Wirtschaftsbereichen zusammengefasst werden können.

sekundäre Einkommensverteilung – *Sekundärverteilung;* Verteilung der Einkommen, die insbes. aus staatlichen Umverteilungsmaßnahmen (→ Verteilungspolitik, → Sozialversicherung) folgt und die → primäre Einkommensverteilung modifiziert. – Vgl. auch Transfereinkommen, Einkommensverteilung, → Redistribution.

sekundäre Finanzierungsinstitute → paramonetäre Finanzierungsinstitute.

Sekundäreinkommen – *abgeleitetes Einkommen.* 1. *Begriff:* dasjenige Einkommen, das nicht wie die „primären" Einkommen (→ Primäreinkommen) durch produktive Beiträge zum Nationaleinkommen entsteht (produktiv im Sinn der Nationaleinkommensberechnung sind auch die Bezieher von Bodenrenten und Kapitalprofiten). – 2. *Entstehung:* a) Verringerung der primären Einkommen (i.Allg. durch Besteuerung) und Überweisung der Beträge an diejenigen Personen, die keinen oder einen nur geringen Beitrag zum Nationaleinkommen leisten können, deren Existenz aber trotzdem gesichert werden muss (z.B. Wohlfahrtsempfänger (Transfereinkommen, Transfers)). – b) private Transfers (z.B. Studentenwechsel). – c) Strittig sind z.B. Altersrenten von Arbeitnehmern, die als Sekundäreinkommen, aber auch als Nachzahlungen aus früher verdienten primären Einkommen aufgefasst werden können.

sekundärer Sektor – *industrieller Sektor;* entspricht in der institutionellen Abgrenzung der Statistik der → Wirtschaftszweige dem Produzierenden Gewerbe: Energie-, Wasserwirtschaft, Bergbau, Verarbeitendes Gewerbe, Baugewerbe. – Vgl. auch → sektoraler Strukturwandel, → Drei-Sektoren-Hypothese, → Sektoren der Volkswirtschaft.

Sekundärverteilung → sekundäre Einkommensverteilung.

SELA – Abk. für *Sistema Económico Latinoamericano, Latin American Economic System (LAES), Lateinamerikanische Wirtschaftsorganisation.* – *Sitz:* Caracas; 1975 von 25 Ländern aus dem lateinamerikanischen und karibischen Raum gebildet. – *Mitglieder* (2013): 26. – *Ziele:* Förderung der regionalen Zusammenarbeit; Koordinierung verschiedener Integrationsmaßnahmen in der Region; Interessenvertretung gegenüber anderen Gruppen, z.B. den USA, Schwerpunkt bei der Überwindung des Verschuldungsproblems und Förderung des Dienstleistungssektors; SELA dient allen lateinamerikanischen Ländern als Forum.

Selbstbeschränkungsabkommen → Branchenabkommen, freiwillige Exportbeschränkung.

Selbstbeteiligung – beschreibt den Anteil an den Behandlungskosten, welche durch den Patienten selbst getragen werden. Synonym können auch die Begriffe Selbstbehalt, Zuzahlung oder Copayment verwendet werden. Die Selbstbeteiligung wird in der gesetzlichen Krankenversicherung zusätzlich zu den regulären Versicherungsbeiträgen erhoben.

Selbstliquidationsprinzip – Prinzip, nach dem die → Zentralbank vorzugsweise kurzlaufende Aktiva beleiht, bei deren Fälligkeit sie die Konditionen für die revolvierende Zentralbankgeldbereitstellung neu festsetzen kann.

Selbstorganisationstheorie – Theorie irreversibler Prozesse in nicht linearen dynamischen Systemen, in denen das Zusammenwirken von Elementen oder Teilsystemen zu komplexeren Strukturen auf der Ebene des Gesamtsystems führt. Die Strukturen sind damit das Resultat innerer Wechselwirkungen, nicht einer externen ordnungschaffenden Leistung (→ Synergetik). In Bezug auf die System-Umwelt-Differenz betrachtet die Selbstorganisationstheorie Systeme, deren Prozesse darauf gerichtet sind, das System selbst ständig neu zu produzieren und je nach Umweltzustand zu reorganisieren.

selbstverwaltete sozialistische Marktwirtschaft – 1. *Charakterisierung:* → Wirtschaftsordnung mit dominierendem Gesellschaftseigentum an den Produktionsmitteln (Gruppeneigentum der Beschäftigten in den einzelnen Betrieben) sowie dezentraler Planung und Lenkung der Produktions- und Verteilungsprozesse durch die privaten Haushalte und Unternehmen über Wettbewerbsmärkte bei freier Preisbildung (→ Marktwirtschaft). Die selbstverwaltete sozialistische Marktwirtschaft war im ehemaligen Jugoslawien realisiert. – 2. *Organisation/Koordination:* a) Das *Gesellschaftseigentum* ist juristisch negativ definiert: Weder der Staat noch Private (mit Ausnahmen in Landwirtschaft und Kleingewerbe) dürfen Produktionsmitteleigentum erwerben. Diese

Definition bewirkt, dass das Gesellschafts- praktisch Gruppeneigentum der Beschäftigten der einzelnen Betriebe ist, über dessen Nutzung die Mitarbeiter im Rahmen der → Arbeiterselbstverwaltung entscheiden. – *Unternehmerisches Formalziel* ist die Einkommensmaximierung (→ Einkommensprinzip); über die *Reinvestition* des am Markt erzielten Unternehmensüberschusses bzw. seine *Ausschüttung* an die Mitarbeiter entscheiden die Selbstverwaltungsorgane in den Unternehmen. – Seine *Nutzungsrechte* und das *Recht auf Beteiligung am Unternehmensüberschuss* verliert der einzelne Beschäftigte beim Austritt aus dem Unternehmen. – b) Die *wirtschaftspolitischen Ziele, Entwicklungsstrategien und Instrumente* werden in sehr allg. gehaltenen und zwischen allen Beteiligten kooperativ ermittelten Gesellschafts- und Entwicklungsplänen fixiert und sollen durch ein System freiwilliger Absprachen zwischen den staatlichen Instanzen, Interessengruppen und Unternehmen durchgesetzt werden. – 3. *Funktionsprobleme* (bewirkt durch Gesellschaftseigentum, Einkommensprinzip und Arbeiterselbstverwaltung): a) Die Beschäftigten stimmen *nur zurückhaltend Neueinstellungen* zu, da jedes zusätzliche Gruppenmitglied das Pro-Kopf-Einkommen schmälert, ohne dass sicher ist, ob der zusätzliche Arbeitseinsatz dies ausgleicht. Folgen sind (1) eine *tendenziell hohe Arbeitslosigkeit* und (2) eine *relativ kapitalintensive Produktion*. – b) Der Reinvestition des Unternehmensüberschusses wird die *Ausschüttung als in der Gegenwart verfügbares Einkommen* vorgezogen; Folgen sind (1) vergleichsweise hohe Kreditfinanzierung der betrieblichen Investitionen und (2) durch die damit verbundene Kreditschöpfung (gleich Geldschöpfung) der Geschäftsbanken hohe Inflationsanfälligkeit. – c) Da das individuelle Einkommen vom jeweiligen Unternehmenserfolg abhängt, sind auch bei gleicher Qualifikation der Beschäftigten *große zwischenbetriebliche Einkommensunterschiede* zu beobachten. Die bestehende Tendenz, dass das persönliche Einkommen der Mitarbeiter erfolgreicher Unternehmen oft Maßstab der Selbstverwaltungsorgane in den weniger erfolgreichen Unternehmen für deren Ausschüttungsentscheidungen ist, verstärkt die oben erwähnten Probleme. – d) Das Gesellschaftseigentum *verhindert das Entstehen eines Kapitalmarkts* und fördert hierdurch die Fehlallokation des Produktivvermögens. – e) Die Dezentralisierung bzw. „Deetatisierung" durch gesellschaftliche Absprachen ist verbunden mit einer *Regionalisierung der Wirtschaftspolitik*: Sie fördert den *Lokalegoismus* der Beteiligten und verhindert hierdurch die Einheitlichkeit der Lebensverhältnisse innerhalb des Gesamtstaates.

Selbstverwaltung – I. Allgemein: 1. Verwaltung der eigenen Angelegenheiten gewisser *Körperschaften des öffentlichen Rechts* durch selbstständige und selbstverantwortliche eigene Organe und unabhängig von Weisungen übergeordneter staatlicher Behörden, aber unter Staatsaufsicht hinsichtlich Rechtmäßigkeit (nicht Zweckmäßigkeit) der verwaltenden Maßnahmen. – *Anders*: Auftragsverwaltung. Das Recht zur Selbstverwaltung ist grundlegend für die Gemeindeverfassung und in der Bundesrepublik Deutschland den → Gemeinden und Gemeindeverbänden durch

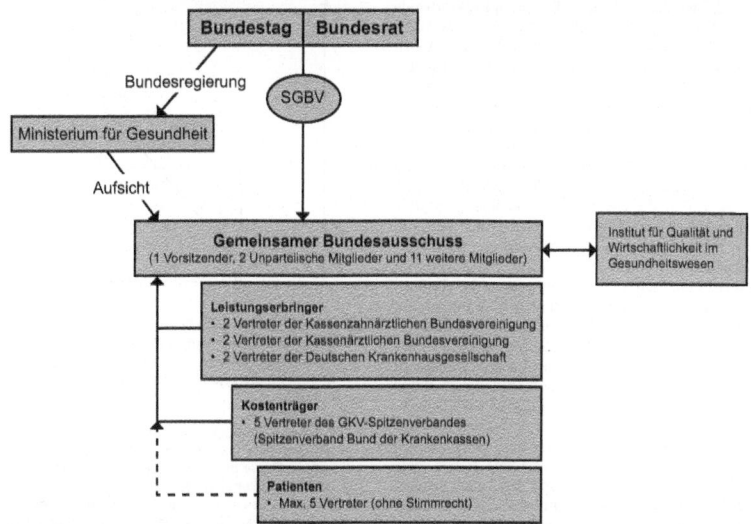

Art. 28 GG gewährleistet. Bei Verletzung des Rechts zur Selbstverwaltung ist eine Kommunal-Verfassungsbeschwerde möglich (Art. 93 I Nr. 4b GG). – 2. *Selbstverwaltung der Wirtschaft:* Verbände. – 3. *Selbstverwaltung (niedergelassener) Ärzte und Zahnärzte:* Die beiden zentralen Organisationen zur Wahrnehmung der Selbstverwaltungsaufgabe der niedergelassenen Ärzte und Zahnärzte sind die → Ärztekammern und die → Kassenärztliche Vereinigung (KV); sie sind auch wesentliche Bestandteile der → sozialen Sicherung in Deutschland. Es entspricht dem föderativen Staatsaufbau der Bundesrepublik Deutschland, dass es gesondert in jedem Bundesland eigenständige *Landesärztekammern* und – in ähnlicher Weise strukturiert – kassenärztliche Vereinigungen gibt.

II. Health Care Management: 1. *Begriff:* ist ein Grundprinzip der dt. → Sozialversicherung. Die Selbstverwaltung nimmt Aufgaben des öffentlichen Interesses wahr, die andernfalls durch den Staat direkt erfüllt werden müssten. Die Organe der Selbstverwaltung sind durch den Gesetzgeber mit der Sicherung der Versorgung im Bedarfsfall beauftragt. Grundzüge der Selbstverwaltung sind die Pflichtmitgliedschaft und die Aufsicht durch den Staat. Einrichtungen der Selbstverwaltung sind Körperschaften öffentlichen Rechts. – 2. *Umsetzung im dt. Gesundheitswesen:* Die Selbstverwaltung des Gesundheitswesens teilt sich in mehrere Teilbereiche auf. Die ärztliche und zahnärztliche Selbstverwaltung werden durch die zuständigen Kammern realisiert. Die Vertrags(zahn-)ärzte werden durch die jeweiligen Kassenärztlichen Vereinigungen und Bundesvereinigungen vertreten. Bisher wurden die Krankenkassen durch sieben Spitzenverbände verwaltet. Um ein wesentliches Ziel des GKV-Wettbewerbsstärkungsgesetzes (GKV-WSG), den Abbau der Bürokratie im Gesundheitswesen, zu realisieren, wurden die sieben Spitzenverbände der Krankenkassen zum Spitzenverband Bund der Krankenkassen (GKV-Spitzenverband) zusammengefasst. Dieser vertritt die GKV auf der Bundesebene und seine Entscheidungen gelten für alle Landesverbände und alle Versicherten. Die Mitglieder der Selbstverwaltungsstruktur der einzelnen Krankenkassen werden durch Sozialwahlen ermittelt. Dazu zählen Vertreter der Versicherten und der Arbeitgeber (Ausnahme: Ersatzkassen – ohne Arbeitgeber). Diese Vertreter bilden gemeinsam den Verwaltungsrat, der den Vorstand kontrolliert und grundsätzliche Entscheidungen (z.B. Erhebung eines Zusatzbeitrags) fällt. Ab dem 1.1.2011 wird der GKV-Spitzenverband an der Umsetzung einer bundeseinheitlichen Beitragseinzugspraxis aller Sozialversicherungsbeiträge, durch die Empfehlung der Weiterleitungsstellen, maßgeblich beteiligt sein. Die gemeinsame Selbstverwaltung der GKV wird führend durch den Gemeinsamen Bundesausschuss (G-BA) umgesetzt. Neben dem G-BA agieren Bewertungsausschüsse, Zulassungsausschüsse, Prüfungsausschüsse und Schiedsämter in der gemeinsamen Selbstverwaltung der GKV.

Self Enforcing Contract → Vertrag.

Self Sustained Growth – Wirtschaftswachstum (→ Wachstum), das ohne Hilfe von außen entsteht. Der Nutzen von Entwicklungsstrategien in weniger entwickelten Ländern (→ Entwicklungsländer) wird u.a. am Zustandekommen von Self Sustained Growth gemessen.

Senioritätsentlohnung – 1. *Begriff:* eine für den Unternehmer kostengünstigere Alternative zur Zahlung von Effizienzlöhnen (vgl. Arbeitsmarkttheorien). Gemäß dem Modell der Senioritätsentlohnung erhält der Arbeitnehmer zu Beginn seiner Betriebszugehörigkeit einen Lohnsatz unterhalb seines Wertgrenzproduktes; mit zunehmender Dauer nimmt der Lohnsatz jedoch stärker zu als das Wertgrenzprodukt und übersteigt dieses schließlich für den Zeitraum bis zum Ende des Erwerbsprozesses. Auf das gesamte Erwerbsleben bezogen gleichen sich Einkommen und Produktivität aus, d.h., dass sich die auf den Einstellungszeitpunkt abdiskontierten und über die Dauer des Beschäftigungsverhältnisses aufsummierten Lohnsätze und Produktivitäten exakt entsprechen (vgl. Abbildung „Senioritätsentlohnung – Alters-Einkommens-Profil und Wertgrenzproduktivität"). Diese Art der Entlohnung war u. a. im öffentlichen Dienst zahlreicher Länder lange Zeit von erheblicher Bedeutung. – 2. *Folgen:* Damit kann der Gegenwartswert aller Lohnzahlungen durchaus dem

Senioritätsentlohnung – Alters-Einkommens-Profil und Wertgrenzproduktivität

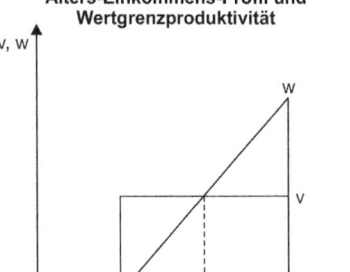

v = die über die gesamte Dauer der Betriebszugehörigkeit bzw. des Erwerbslebens zur Vereinfachung pro Periode als konstant angenommene (Wertgrenz-) Produktivität eines Arbeitnehmers
w = Lohnsatz
t = Zeitachse
t_0 = Einstellungszeitpunkt (Beginn der Betriebszugehörigkeit bzw. des Erwerbslebens)
t_1 = mittlere Dauer der Betriebszugehörigkeit bzw. des Erwerbslebens (($T-t_0$)/2)
T = Zeitpunkt des Ausscheidens aus dem Betrieb bzw. aus dem Erwerbsleben wegen Pensionierung

markträumenden Niveau entsprechen. Aufgrund dieser speziellen Konstruktion der Entlohnung im Zeitverlauf ergibt sich für den Arbeitnehmer ein Anreiz, seine Leistungsintensität mit zunehmender Dauer der Betriebszugehörigkeit nicht absinken zu lassen bzw. seine Fluktuationsneigung einzuschränken. Er würde im Fall seines Ausscheidens vor Erreichen der Altersgrenze zu jedem Zeitpunkt dem Unternehmer einen Teil des bereits erworbenen, aber noch nicht ausgezahlten Einkommensanspruchs schenken. Hier erfährt das → Senioritätsprinzip seine rationale Begründung auf der Arbeitsangebotsseite: Mit zunehmender Betriebszugehörigkeitsdauer steigt der bei einem Wechsel zu einem anderen Unternehmen in Kauf zu nehmende Einkommensverlust, da der Arbeitnehmer in der neuen Beschäftigung wiederum nur den niedrigeren Einstiegslohn erhält. Dies sichert die Leistungsabgabe, erhöht die Betriebstreue und verringert die Kündigungswahrscheinlichkeit der Arbeitnehmer. Probleme können auf beiden Seiten entstehen: Der Arbeitnehmer kann versuchen, seine Leistungsintensität einzuschränken (shirking), oder der Unternehmer kann Entlassungen vornehmen, um die Realisierung erworbener Einkommensansprüchen zu verhindern.

Senioritätsprinzip – I. *Umwelt- und Ressourcenökonomik:* → Umweltzertifikat.

II. *Arbeitsmarktökonomik:* 1. *Begriff:* mit zunehmender Beschäftigungsdauer steigende Anrechte bzw. Anwartschaften. – 2. Das Senioritätsprinzip besagt, dass Beschäftigten mit zunehmender Betriebszugehörigkeitsdauer – und damit i.d.R. mit zunehmendem Lebensalter – Privilegien und steigende Leistungen zuteil werden. Die Vergünstigungen können vielfältig sein: höhere Löhne, größere Arbeitsplatzsicherheit, Erwerb betrieblicher Zusatzleistungen (→ Fringe Benefits), bevorzugte Berücksichtigung bei Weiterbildungsmaßnahmen, Beförderungen und Aufstiegen etc. – Vgl. auch → Senioritätsentlohnung, Arbeitsmarkttheorien.

Senke – 1. *Logistik:* Begriff aus der Transportlogistik und der innerbetrieblichen Logistik. Bezeichnet den Verbrauchsort oder Zielort eines Güteraufkommens oder Materialflusses. – *Gegensatz:* Quelle. – 2. *Umweltökonomik: Kohlenstoffsenke;* → Senkenprojekte.

Senkenprojekte → Senken stellen ein Ökosystem dar, welches Kohlenstoff der Atmosphäre entzieht. Projekte in Acker- und Grünlandbewirtschaftung, Ödlandbegrünung, Aufforstung und Wiederaufforstung und Entwaldung zur Einbindung von Treibhausgasen können gemäß Art. 3 des Kyoto-Protokolls (ergänzt durch den Bonner-Beschluss der Vertragsstaatenkonferenz von 2001) geeignet sein, um die Emissionsverpflichtungen eines Landes zu reduzieren. Es werden die Nettoveränderungen von emittierten Treibhausgasen mit der Einbindung dieser Gase durch unmittelbar vom Menschen verursachten Landnutzungsänderungen und forstwirtschaftliche Maßnahmen begrenzt verrechnet. Senkenprojekte können auch als Grundlage von flexiblen Kyoto-Mechanismen gemäß Art. 6 und 12 des Kyoto-Protokolls zur internationalen Verminderung von Schadstoffen genutzt werden, indem einem Land A angerechnet werden kann, wenn es in einem Land B entsprechende Abbaumaßnahmen durchführt. – Vgl. → Joint Implementation; → Clean Development Mechanism.

Sicherheit – 1. *Begriff:* Eigenschaft eines Verkehrssystems, Transportvorgänge ohne Schaden an den Verkehrsobjekten und den Verkehrsmitteln durchführen zu können. In der Logistik spielt zudem der Aspekt der Zuverlässigkeit eine entscheidende Rolle (Berechenbarkeit). – 2. *Verkehrswertigkeit:* Der Sicherheitsgrad eines Verkehrssystems lässt sich nach Maßgabe der relativen Schadenshäufigkeit und der daraus entstehenden ökonomischen Folgen bestimmen. Relativ hohe Sicherheitsrisiken treten im Straßenverkehr auf; sie sind deutlich geringer sowohl bei der Binnen- und Seeschifffahrt als auch bei der Eisenbahn.

Sicherstellungsauftrag → Kassenärztliche Vereinigung (KV).

Sicherung der Familie und von Kindern – Nach dem Grundgesetz (Art. 6 GG) stehen Ehe und Familie unter dem bes. Schutz des Staates. Leistungen der → sozialen Sicherung sind deshalb so ausgestaltet, dass sie der bes. Lage von Familie und Kindern Rechnung tragen. Aus ökonomischer Sicht kann man dies im Hinblick auf die Kinder nicht nur verteilungspolitisch rechtfertigen (→ Verteilungsgerechtigkeit), sondern auch durch die Stabilisierung intergenerationeller Austauschbeziehungen und durch positive → externe Effekte auf die Gesellschaft, die von Kindern ausgehen (Sozialpolitik in der Marktwirtschaft). Von den Leistungen, die Kindererziehende erbringen, profitieren auch Kinderlose. Man unterscheidet: (1) → Familienlastenausgleich bzw. → Familienleistungsausgleich; dazu zählen Steuerermäßigungen und staatliche Transferleistungen (→ Kindergeld, Kinderfreibeträge, Erziehungsgeld und -urlaub bzw. neuerdings Elterngeld und Elternzeit, soziale Hilfen) und (2) → Ausbildungsförderung. In der aktuellen Diskussion stehen zudem verstärkte Maßnahmen zur Verbesserung der Vereinbarkeit von Familie und Beruf, u.a. durch einen Ausbau von Angeboten zur Kinderbetreuung, im Mittelpunkt.

Sichteinlagen – Bei der Berechnung mindestreservepflichtigen Einlagen rechnet die → Deutsche Bundesbank Einlagen mit einer Laufzeit oder Kündigungsfrist von weniger als einem Monat zu den Sichteinlagen.

Siebener-Gruppe → G 7, Group of Seven.

Signalisierung → Adverse Selection.

Signalling → Adverse Selection.

Sistema Económico Latinoamericano → SELA.

Smart Market – Im Gegensatz zu Smart Grid (intelligentes Stromnetz) bezeichnet Smart Market den Bereich außerhalb des Netzes, in dem Energiemengen oder damit verbundene Dienstleistungen zwischen verschiedenen Marktakteuren gehandelt werden. Dabei bildet die zur Verfügung stehende Netzkapazität des Smart Grid eine wesentliche Grundlage zur Erfüllung der im Smart Market gehandelten Dienstleistungen oder Energiemengen. Allerdings ist zu unterscheiden zwischen der Bereitstellung und Optimierung der Infrastruktur Smart Grid, also Aufgaben, die als Kerngeschäft der Netzbetreiber dem regulierten Bereich zugeordnet sind, und der Bereitstellung und Optimierung von Energiemengen bzw. Dienstleistungen, die die Infrastruktur nutzen, aber klar dem wettbewerblichen Bereich zugeordnet sind. Zur Abgrenzung der Begrifflichkeiten hat die Bundesnetzagentur im Dezember 2011 das Eckpunktepapier „Smart Grid und Smart Market" veröffentlicht.

Solidarbeitrag → Sozialpolitik, Gestaltungsprinzipien.

Solidaritätsfonds – durch Abkommen des → Pariser Clubs geschaffener Fonds mit einer Kapitalausstattung von 20 Mrd. → Sonderziehungsrechten (SZR); Nachfolger des → Europäischen Währungsabkommens (EWA). Nach Schaffung des → EWS und der Einführung der erweiterten Beistandskredite im Rahmen des → IWF verlor der Solidaritätsfonds seine Bedeutung.

Solidaritätsprinzip → Sozialpolitik, Gestaltungsprinzipien.

Solidarprinzip → Sozialpolitik, Gestaltungsprinzipien.

Sonderorganisationen der UN – *Specialized Agencies;* Organisationen mit einem ausgedehnten internationalen Zuständigkeitsbereich auf wirtschaftlichen, sozialen, kulturellen und weiteren Gebieten, den → UN angeschlossen. Gemäß Art. 57 UN-Charta wurden mit den nachstehenden, teils schon viele Jahre bestehenden teils neu errichteten autonomen internationalen Organisationen Abkommen abgeschlossen, die die Kompetenzen der zu dem System der UN gehörigen Organisationen festlegen. – *Im Einzelnen:* Internationale Arbeitsorganisationen (→ ILO); Ernährungs- und Landwirtschaftsorganisation der Vereinigten Nationen (→ FAO); Organisation der Vereinten Nationen für Erziehung, Wissenschaft und Kultur (→ UNESCO); Weltgesundheitsorganisation (→ WHO); Internationale Bank für Wiederaufbau und Entwicklung, Weltbank (→ IBRD); Internationale Finanz-Corporation (→ IFC); Internationale Entwicklungsorganisation (→ IDA); Internationaler Währungsfonds (→ IWF); Internationale Zivilluftfahrt-Organisation (→ ICAO); Weltpostverein (→ UPU); Internationaler Fernmeldeverein (ITU); Weltorganisation für Meteorologie (WMO); Internationale Organisation für Seeschifffahrtsfragen (IMO); Welthandelsorganisation (→ World Trade Organization (WTO)); Internationaler Fonds für landwirtschaftliche Entwicklung (→ IFAD); Weltorganisation für geistiges Eigentum (→ WIPO); Organisation der Vereinigten Nationen für industrielle Entwicklung (→ UNIDO). – Mit der Internationalen Atomenergie-Organisation (→ IAEA) bilden die vorstehend genannten Sonderorganisationen der UN die den Vereinten Nationen angeschlossenen zwischenstaatlichen Organisationen *(UN-Familie).*

Sondervermögen – 1. *Begriff:* Vermögensteil im Eigentum einer Gebietskörperschaft, der über keine Rechtsfähigkeit verfügt, aber organisatorisch und haushaltsmäßig einen wesentlich höheren Selbstständigkeitsgrad als Verwaltungseinheiten aufweist. – 2. *Regelungen bez. des Haushalts:* Sondervermögen werden haushaltsmäßig in Form einer *Sonderrechnung* behandelt, die entweder als getrennte Rechnung neben dem Haushaltsplan des Trägers (z.B. Wirtschaftsplan) oder als bes. Abschn. im Haushaltsplan des Trägers geführt wird. – Im *Haushaltsplan des Trägers* selbst sind die Sondervermögen nur noch mit ihrem Nettoergebnis (Nettobetrieb) ausgewiesen. – Es gilt das staatliche und kommunale Haushaltsrecht. – 3. *Arten:* a) *Sondervermögen des Bundes und der Bundesländer:* → Sondervermögen des Bundes. – b) *Sondervermögen der Kommunen:* U.a. das Vermögen der nicht rechtsfähigen Stiftungen, die wirtschaftlichen Unternehmen ohne eigene Rechtspersönlichkeit und öffentlichen Einrichtungen, für die aufgrund gesetzlicher Vorschriften Sonderrechnungen geführt werden (z.B. Eigenbetrieb) sowie die rechtlich unselbstständigen Versorgungs- und Versicherungseinrichtungen für Gemeindebedienstete (z.B. Eigenunfallversicherung). – Vgl. auch → öffentliche Unternehmen.

Sondervermögen der Kommunen → Sondervermögen.

Sondervermögen des Bundes – wirtschaftlich verselbstständigte, rechtlich unselbstständige Vermögensteile, die aus dem Bundesvermögen getrennt und mit eigenem Haushalt versehen sind, um Aufgaben zu erfüllen, die sonst das Budget hätte übernehmen müssen. Nach Art. 115 Absatz 1 GG neuer Fassung unterliegen die Kreditermächtigungen des Kernhaushalts der maximal zulässigen Nettokreditaufnahme. Am 31.12.2010 bestehende Kreditermächtigungen für bereits eingerichtete Sondervermögen bleiben davon unberührt. – *Beispiele:* Sonderfond Finanzmarktstabilisierung (SoFFin, Finanzmarktstabilisierungsfonds), ERP-Sondervermögen, Erblastentilgungsfonds, Entschädigungsfonds, Bundeseisenbahnvermögen, Bundes-Pensions-Service für Post und Telekommunikation e. V., Sondervermögen „Kinderbetreuungsausbau", Sondervermögen „Energie- und Klimafonds".

Sonderziehungsrechte (SZR) – *Special Drawing Rights (SDR);* von den Mitgliedsländern des → IWF 1969 durch Vereinbarung geschaffene und erstmals 1970 zugeteilte internationale → Währungsreserven.

SZR stellen einen Buchkredit dar, den der IWF den Mitgliedern im SZR-System entsprechend ihrer IWF-Quoten einräumt. – 1. *Handhabung:* Bei Finanzbedarf wendet sich ein Mitglied an den IWF, der ein anderes Mitglied mit starker Zahlungsbilanz auffordert, seine SZR in konvertierbare Währung umzutauschen. Anfänglich durften nur 70 Prozent, später 85 Prozent der Quote im Fünf-Jahres-Durchschnitt langfristig verwendet werden. SZR-annehmende Länder haben nur die Pflicht, bis 200 Prozent der eigenen Zuteilung anzunehmen. – SZR stellen *internationale Liquidität* dar, die nicht durch Exporte verdient werden müssen. Sie ermöglichen einen Kredit ohne Auflagen. Seit 1970 wurden in sechs jährlichen Raten insgesamt 21,4 Mrd. SZR ausgegeben, was ca. 2 Prozent aller Währungsreserven der Fonds-Mitglieder entspricht. Die letzte Zuteilung fand 1981 statt. – 2. *Bewertung:* Anfänglich entsprach das SZR 1 US-Dollar. Ab 1.7.1974 wurde nach einer Korbbewertung verfahren (16 wichtigste Währungen). Seit Januar 2001 enthält der Korb nur noch die vier Währungen US-Dollar, Euro, Pfund-Sterling, Yen. Der Wert des SZR wird täglich ermittelt. Ermittlung (Stand: 15.06.2009): 1 SZR = 0,6320 US-Dollar + 0,0903 Pfund Sterling + 18,4 Yen + 0,41 Euro. – 3. *Probleme und Bedeutung:* Um → Inflation zu vermeiden, blieb die Schaffung von SZR begrenzt, sodass sie als internationale Zahlungsmittel keine große Bedeutung haben. Entwicklungsländern verschafft SZR Kreditmöglichkeiten, daher setzen sie sich für eine Erhöhung der SZR-Zuteilung ein, wobei sie den Entwicklungsländern als Entwicklungshilfe zur Verfügung gestellt werden sollen. Eine Zuteilung von SZR bedarf der Zustimmung von 85 Prozent der Quoten des IWF. Im Oktober 1994 scheiterte der Versuch einer Neuzuteilung um 36 Mrd. SZR am Widerstand der Industrieländer, bes. Deutschlands. Im Gespräch ist allerdings eine einmalige Sonderzuteilung, die auch jenen 1/5 der IWF-Mitglieder zugute kommen würde, die noch nie an einer Zuteilung teilgenommen haben. Die Durchsetzung scheitert derzeit am Veto der USA.

sonstige Leistungserbringer – im → Gesundheitswesen die Erbringer von Heil- und Hilfsmitteln.

Sorte – In begrenzter Anzahl hergestellte Varianten einer Produktart. – *Ähnlich:* Serie.

Southern African Customs Union (SACU) – *Südafrikanische Zollunion;* gegründet Dezember 1969 durch Unterzeichnung eines Abkommens, das 1970 in Kraft getreten ist (anstelle des Abkommens von 1910), zur Begründung einer Zollunion. Heutige Mitglieder sind Botswana, Lesotho, Namibia, Südafrika und Swasiland. Sitz des Sekretariats: Windhuk. Einziges Organ ist die Kommission für Zollunion. – *Zielsetzung* ist die Sicherstellung des freien Warenverkehrs zwischen den Mitgliedsländern und die Anwendung einheitlicher Zolltarife und Handelsbestimmungen auf Importe aus Drittländern.

Sowjetische Aktiengesellschaft (SAG) – Gesellschaftsform, in der die UdSSR während der Zeit der Sowjetischen Besatzungszone 213 Betriebe mit rund 30 Prozent der großindustriellen Produktionskapazität zusammenfasste und im Rahmen der Reparationen in ihr Eigentum übernahm. Die Schwerpunkte der SAG waren die Mineralöl-, Gummi-, Elektro- und Chemische Industrie und der Bergbau. 1952/53 kaufte die DDR die SAG zurück.

Sozialbeiträge → Lohneinkommen.

Sozialbericht – 1. von einer Gesellschaft freiwillig oder aufgrund von Statut (Satzung) oder auf Beschluss der Gesellschafterversammlung vorgelegter *Teil eines Geschäftsberichts* mit Daten über die Entwicklung der Belegschaftszahlen nach Geschlecht, Alter, Krankheitstagen, Lohnsumme, Sozialleistungen sowie die aus der Belegschaft heraus unternommene Gemeinschafts- und Gruppentätigkeit (Sport, Werkzeitung, Schach etc.). – *Anders:* Sozialbilanz. – 2. *Von 1958 bis 1969* wurde als Sozialbericht jener Bericht bezeichnet, den die Bundesregierung alljährlich aufgrund der Rentenversicherungs-Neuregelungsgesetze im Zusammenhang mit der Rentenanpassung abzugeben hatte (seit 1970 Rentenanpassungsbericht). – *Seit 1970* jährlich von der Bundesregierung zu erstellende Übersicht über Maßnahmen und Pläne im Bereich der → Sozialpolitik. Im Teil A des Berichtes werden u.a. die wichtigsten renten-, arbeitsmarkt-, vermögens-, familien-, städtebau- und wohnungspolitischen Vorhaben der Bundesregierung angekündigt. Im Teil B wird das → Sozialbudget ausgewiesen. – *Seit 1973* sollen Sozialberichte jeweils im ersten (als Programmbericht) und letzten Jahr (als Rechenschaftsbericht) der Legislaturperiode vorgelegt werden, und zwar in Verbindung mit dem jährlich zu erstellenden Sozialbudget. Die Sozialberichte informieren über die sozialpolitische Situation und die sozialpolitischen Aktivitäten in den Legislaturperioden.

Sozialbudget – 1. *Begriff:* Zusammenfassung finanzieller Kennziffern zu den Sozialleistungen zur Erstellung eines zeitpunkt- und verlaufsbezogenen Gesamtbildes der sozialen Sicherung, bei dem Höhe, Struktur, Entwicklung und Finanzierung der Kosten des Systems erkennbar werden. Damit sollen Entscheidungen über die Finanzierung und Verteilung von Sozialleistungen besser vorbereitet werden können. Die Aufstellung des Sozialbudgets hat keine bindende Wirkung; Aufgaben und Ziele sind also Information, Entscheidungshilfe und Erfolgskontrolle für die Sozialpolitik. Trotz kritischer Positionen zur Aussagekraft des Sozialbudgets zeichnen sich bis heute keine Erfolg versprechenden Alternativkonzeptionen ab. Zur These von der Einheit des Sozialbudgets vgl. → Generationenvertrag. – 2. Die *Funktionen,* nach denen das Sozialbudget gegliedert wird, beziehen sich auf die Bereiche Familie, Gesundheit, Beschäftigung, Alter und Hinterbliebene, Wohnen, Sparförderung und allg. Lebenshilfen sowie auf die Folgen politischer

Ereignisse. Dabei bildet jede der genannten Gruppierungen eine Gesamtheit aus Funktionenbündeln, z.b. umfasst die Gruppe „Familie" die Funktionen „Kinder, Ehegatten, Mutterschaft". Sie sind Bezugspunkte für die Zuordnung von Leistungen infolge des Vorhandenseins von Kindern, von Leistungen bei Mutterschaft und von Maßnahmen und Zuschüssen zur Jugendhilfe. – 3. Bei der Gliederung nach sozialpolitischen *Institutionen* wird abgestellt auf Träger von unter einem Gesetz zusammengefassten Leistungen, die in Form von Selbstverwaltungskörperschaften, als Teile der öffentlichen Verwaltung oder der inneren Verwaltung oder als Gruppe von in sich ähnlichen Einrichtungen oder Tätigkeiten fungieren. Die Institutionen gelten als die Grundeinheit des Sozialbudgets. Aus ihren Rechnungsabschlüssen und Statistiken stammen die Daten, die in Teilquantitäten zerlegt die Leistungen der Institutionen in ihren unterschiedlichen Formen sichtbar machen. An den Tätigkeitsbereichen der Institutionen orientieren sich sozialplanerische und gesetzgeberische Maßnahmen. Die Institutionen sind als ausführende Instanzen Träger sozialpolitischer Aktivitäten.

Sozialdarwinismus – Bezeichnung für eine soziologische Erklärung gesellschaftlicher und wirtschaftlicher Entwicklung, nach der sich im gesellschaftlichen und wirtschaftlichen Wettbewerb nur derjenige durchsetzen kann, der mit den sich ändernden Umweltbedingungen durch seine biologischen Anlagen oder Ausstattung am besten fertig wird, während die Nicht-Anpassungsfähigen eliminiert werden (Selektion). Indem die Überlebenden als biologisch Tauglichste (Survival of the Fittest) bezeichnet werden, erfolgt eine Rechtfertigung der bestehenden gesellschaftlichen und ökonomischen Verhältnisse.

soziale Alterssicherung der freien Berufe – 1. *Berufsständische Versorgungswerke*: im Rahmen der → sozialen Sicherung Sondersysteme der Pflichtversorgung der Angehörigen kammerfähiger freier Berufe. – *Personenkreis*: Erfasst werden Ärzte (einschließlich Zahnärzte und Tierärzte), Apotheker, Architekten, Rechtsanwälte, Notare, Steuerberater und Steuerbevollmächtigte, Steuerprüfer und vereidigte Buchprüfer. Mitglieder sind Selbstständige und Angestellte gleichermaßen, bei denen die Versorgungswerke der Pflichtversicherung in der gesetzlichen Rentenversicherung ersetzen. – Die ca. 80 berufsständischen Versorgungswerke haben das *Ziel* der → Lebensstandardsicherung, die durch → Beitragsbezogenheit und eine dynamische Rente erreicht werden soll. Die Versorgungswerke gewähren Rente für das Alter, bei Berufsunfähigkeit und für Hinterbliebene. – 2. *Künstlersozialkasse:* Pflichtversicherung für Künstler und Publizisten; vgl. Künstlersozialkasse.

soziale Dimension der EU → Sozialpolitik der Europäischen Union.

soziale Erträge – positiver → externer Effekt im Konsum- oder im Produktionsbereich. – *Anders:* gesellschaftlicher Nutzen, gesellschaftliche Erträge. – *Gegenteil:* → soziale Kosten.

Soziale Frage – Frage nach ausgewogenen Verhältnissen zwischen verschiedenen Berufsgruppen (z.B. Agrarbeschäftigte, Handwerker, Industriearbeiter) innerhalb der Gesellschafts- und Wirtschaftordnung. Im 19. (und frühen 20.) Jh. galt als Soziale Frage die Integration der „neuzeitlich entstandenen" Arbeiterklasse („Arbeiterfrage") und die Bekämpfung der ökonomischen Verelendung breiter Bevölkerungsschichten; auch heute gilt dies z.T. noch als Anliegen der → Sozialpolitik (bes. Institution und Qualität des freien Arbeitsvertrages). Das Problem einer „sozial schwachen" Arbeiterklasse erscheint nach heutiger Meinung allerdings als nicht mehr gegeben (u.a. wegen der staatlich geschützten Entstehung von Interessenverbänden, Gewerkschaften und Parteien); andere soziale Schichten sind dagegen notleidend geworden oder gefährdet (z.B. allein stehende Mütter, alte Menschen, behinderte Menschen; sog. *neue Soziale Frage*). – Vgl. auch → Proletaritätsmerkmale.

soziale Kosten – *volkswirtschaftliche Kosten*. 1. Summe aus → privaten Kosten und → externen Kosten. – 2. Bisweilen wird der Begriff jedoch auch als Synonym für *externe Kosten* verwendet.

Soziale Marktwirtschaft – 1. *Charakterisierung:* Von Müller-Armack und Ludwig Erhard konzipiertes wirtschaftspolitisches Leitbild, das ab 1948 in der Bundesrepublik Deutschland verwirklicht worden ist. Es greift die Forderung des Ordoliberalismus (→ Freiburger Schule) nach staatlicher Gewährleistung einer *funktionsfähigen* Wettbewerbsordnung auf, ergänzt jedoch den Katalog wirtschaftspolitischer Staatsaufgaben unter Betonung *sozialpolitischer Ziele*. Mit diesem Leitbild wird versucht, Ziele und Lösungsvorschläge des → Liberalismus, der christlichen Soziallehre und des freiheitlichen Sozialismus (*Gegenteil:* → Kommunismus) miteinander zu verbinden. Sie ist kein streng in sich geschlossenes Konzept, wodurch der Gestaltungsauftrag an die Träger der Wirtschaftspolitik umfassender und elastischer als beim Ordoliberalismus ist. Die Soziale Marktwirtschaft ist eher eine Ordnungsidee, die offen ist auch für soziale und auch ökologische Erweiterungen bzw. Spezifizierungen. – 2. *Aufgaben/Instrumente:* Neben der Gewährleistung einer freiheitlichen Wettbewerbsordnung wird eine soziale Ausrichtung der Wirtschaftspolitik gefordert. Die Kennzeichnung als sozial erhält diese Konzeption vorrangig nicht durch eine staatliche Umverteilung von Vermögen oder Einkommenschancen, vielmehr wird eine *sozialpolitisch motivierte Verteilung der Einkommenszuwächse*, die durch eine sinnvolle Ordnungspolitik erst ermöglicht werden, sowie eine *sozialorientierte Beeinflussung der Marktprozesse* bei Gewährleistung der → Marktkonformität der Instrumente angestrebt. Sozial unerwünschte Marktergebnisse sollen durch Beschränkung oder indirekte Beeinflussung der privatwirtschaftlichen Initiative korrigiert werden, tief greifende strukturelle Umbrüche werden mittels *staatlicher Anpassungsinterventionen* in ihren sozialen Folgen gemildert. Die ordoliberale These der prinzipiellen Stabilität des privatwirtschaftlichen Sektors wird nicht vollkommen geteilt und hieraus die Notwendigkeit einer *maßvollen staatlichen Konjunkturpolitik* abgeleitet. In den sozialpolitisch relevanten Bereichen, in denen → Marktversagen zu befürchten ist (z.B. soziale Versicherungssysteme), hat der Staat unter Wahrung des Subsidiaritätsprinzips unterstützend einzugreifen oder die Bereitstellung entsprechender Güter und Dienstleistungen selbst zu organisieren. Weitere Aufgaben des Staates sind eine aktive Arbeitsmarkt-, Vermögens-, Wohnungsbau- und Bildungspolitik, Gewährleistung einer sozialen Gestaltung der Unternehmensverfassung sowie Bereitstellung der für die sozio-kulturell und wirtschaftliche Entwicklung notwendigen materiellen und immateriellen Infrastruktur. - 3. *Entwicklung:* a) Die 1. Phase der Sozialen Marktwirtschaft, zeitlich von 1948 bis 1966/7, ist geprägt von der Dominanz der Ordoliberalen. In diesem Zeitraum fallen u.a. das Gesetz gegen Wettbewerbsbeschränkungen, das Bundesbankgesetz sowie das Tarifvertragsgesetz; - b) Von 1966/7 (Stabilitäts- und Wachstumsgesetz) bis Anfang der 1980er-Jahre dominieren Vorstellungen des freiheitlichen Sozialismus, wie sie z.B. in der antizyklischen Fiskalpolitik sowie in den Mitbestimmungsgesetzen zum Ausdruck kommen;-c) Anfang der 1980er-Jahre erfolgte eine Wiederbelebung der neoliberalen Vorstellungen einer stabilen Marktwirtschaft (Angebotsökonomie). Die Geldpolitik wurde potenzialorientiert festgelegt, man strebte nach einem konjunkturneutralen Haushalt.-d) Seit der Wiedervereinigung Deutschlands und danach ist eine mehr auf Nachhaltigkeit und Finanzierbarkeit bedachte Fortentwicklung der Sozialen Marktwirtschaft zu verzeichnen.

soziale Nutzen → externer Effekt.

soziale Pflegeversicherung → Pflegeversicherung.

soziale Probleme → Theorie der Sozialpolitik, → gesellschaftliche Schwäche, → Lebenslage.

sozialer Wohnungsbau → soziale Wohnraumförderung, Wohnraumförderungsgesetz.

soziale Sicherung - 1. *Begriff:* Die soziale Sicherung stellt einen der zentralen Zweige der → Sozialpolitik dar. Sie dient der Überwindung bestimmter Fälle von → Marktversagen, speziell im Zusammenhang mit der Bildung und Verwertung von → Humankapital bzw. → Humanvermögen, sowie der Erreichung bestimmter verteilungspolitischer Ziele (Sozialpolitik in der Marktwirtschaft). - 2. *Organisation:* In Deutschland werden Leistungen der sozialen Sicherung im Rahmen eines gegliederten Systems erbracht. Die traditionelle Selbstverwaltung der sozialen Sicherung in Form von Körperschaften des öffentlichen Rechts gilt für die gesetzliche → Krankenversicherung, → Unfallversicherung, → Rentenversicherung und → Pflegeversicherung. Eine bes. Form der Selbstverwaltung gilt für die → Bundesagentur für Arbeit, die v.a. die Arbeitslosenversicherung administriert. Ergänzend erbringen allg. staatliche oder kommunale Verwaltungen Leistungen in den Bereichen → Sicherung der Familie und von Kindern, Grundsicherung Erwerbsfähiger (→ Arbeitslosengeld II), → Sozialhilfe, Wohnungspolitik (→ soziale Sicherung des Wohnens), → Eingliederung behinderter Menschen, → soziale Sicherung von Wehrpflichtigen und Zivildienstleistenden und Absicherung von Kriegsfolgen. - Im Gegensatz zu Deutschland wird in anderen entwickelten Ländern soziale Sicherung oft direkt vom Staat angeboten (→ Beveridge-Plan). Die Leistungen sind dadurch politisch besser steuerbar, aber auch relativ unsicher, wenn im Staatshaushalt Finanzierungsprobleme auftreten. Daneben spielen oftmals Privatversicherungen eine größere Rolle als in Deutschland. - 3. *Gesetzliche Regelungen:* Das → Sozialgesetzbuch (SGB) enthält wichtige gesetzliche Grundlagen der sozialen Sicherung in Deutschland. Die → *Sozialgerichtsbarkeit* dient der juristischen Kontrolle in einem eigenen Instanzenzug. - a) *Leistungen:* Die meisten Leistungen der sozialen Sicherung werden in Bundesgesetzen geregelt. Das gilt insbesondere auch für die Leistungen der Sozialversicherungen, da diese gesetzliche Zwangsversicherungen darstellen. Alle gleichartigen Träger eines Versicherungszweiges der Sozialversicherung müssen im Wesentlichen gleiche Leistungen (→ Regelleistungen) anbieten. Darüber hinaus können durch Regelung in der Satzung der einzelnen Träger jedoch auch → Mehrleistungen erbracht werden, die allerdings nur eine geringe Rolle spielen. - b) *Finanzierung:* Die Finanzierung der Sozialversicherungen erfolgt überwiegend aus (zweckgebundenen) Beiträgen, unmittelbar vom Staat angebotene Leistungen der sozialen Sicherung werden aus allg. Haushaltsmitteln (Steuern, öffentliche Kreditaufnahme) finanziert. Nennenswerte Zuschüsse aus allg. Haushaltsmitteln erhalten allerdings auch die Rentenversicherung und, in wachsendem Maße, die Krankenversicherung. - c) *Beitragshoheit:* Eine wesentliche Befugnis der Selbstverwaltung der sozialen Sicherung, die Beitragshoheit, gilt heute nur noch in der Unfallversicherung, bei der die einzelnen Träger ihre ausschließlich durch die Unternehmer zu erbringenden Beiträge mittels Satzung festlegen. Bis zur → Gesundheitsreform 2007 herrschte auch in der Krankenversicherung Beitragshoheit, mit regional und nach Kassen unterschiedlichen Beitragssätzen. Seither erfolgt die Beitragsfestsetzung, wie schon zuvor bei der Rentenversicherung, durch gesetzliche Regelung. - 4. *Aktuelle Herausforderungen:* Sozialpolitik in der Marktwirtschaft.

soziale Sicherung der Beamten - 1. *Begriff:* integraler Bestandteil der Versorgung von Beamten im Rahmen des auf Lebenszeit angelegten Dienst- und Treueverhältnisses der Beamten. Das *Alimentationsprinzip* fordert als hergebrachter Grundsatz des Berufsbeamtentums eine amtsangemessene *Versorgung* der Beamten bei Erreichen der Altersgrenze oder bei Dienstunfähigkeit bzw. der Hinterbliebenen bei seinem Tod. Der Dienstherr hat durch *Beihilfe* einzugreifen, wenn die den Beamten zustehende Besoldung aufgrund bes. Umstände, wie z.B. Krankheit, sich als nicht ausreichend erweist. – 2. *Leistungsarten:* Die Leistungen für die → Alterssicherung der Beamten und ihrer Hinterbliebenen sind höher als für vergleichbare Versicherte in der gesetzlichen Rentenversicherung, da die Beamtenversorgung gedanklich auch eine Betriebsrente mit enthält. Die *Leistungen der Beihilfe* entsprechen etwa der Hälfte der Leistungen der gesetzlichen → Krankenversicherung und der gesetzlichen → Pflegeversicherung. Für die *restlichen Leistungen* muss der Beamte selbst aufkommen, wofür er i.d.R. eine Versicherung bei einer privaten Krankenversicherung abschließt. – 3. *Beurteilung:* Das gesamte System der sozialen Sicherung der Beamten ist – wie das dt. Berufsbeamtentum selbst – nur schwer systematisch zu begründen und zu erklären, da es in Jahrhunderten historisch gewachsen ist. – Vgl. auch → soziale Sicherung.

soziale Sicherung des Wohnens – 1. *Überblick:* Wohnen ist ein gewöhnliches Konsumgut, da es zum lebensnotwendigen Bedarf gehört. Deswegen soll jedem Bürger ein angemessenes und ggf. familiengerechtes Wohnen wirtschaftlich möglich sein. – 2. *Arten:* a) → soziale Wohnraumförderung: Durch die staatliche Förderung von Mietwohnraum sowie selbst genutztem Wohneigentum (→ Objektförderung) soll einkommensschwächeren Bevölkerungskreisen mittelbar geholfen werden, eine angemessene Wohnung zu erhalten. – b) → Wohngeld: Teil des Systems der sozialen Sicherung. Als unmittelbare → *Subjektförderung* ergänzt es die Objektförderung im Rahmen der staatlichen Wohnungspolitik. Wohngeld wird nicht von Amts wegen, sondern nur auf Antrag gewährt.

soziale Sicherung von Wehrpflichtigen und Zivildienstleistenden – Wehrpflichtige und Zivildienstleistende sowie - falls der Bundesgrenzschutz zur Erfüllung seiner Aufgaben notwendige zahlenmäßige Stärke unterschreiten sollte – Wehrpflichtige, die zum Polizeivollzugsdienst im Bundesgrenzschutz verpflichtet werden, leisteten in der Vergangenheit Dienste aufgrund gesetzlicher Pflicht. Den Dienstleistenden durften dadurch keine Nachteile – auch nicht in ihrem späteren Berufsleben – entstehen. Dies bedeutet u.a., dass gemäß *Arbeitsschutzgesetz* während der Dienstzeit ein evtl. bestehendes Arbeitsverhältnis ruhte und Kündigungsschutz bestand. Durch das *Unterhaltssicherungsgesetz* war die Sicherung des Lebensbedarfs der Dienstleistenden und ihrer Familienangehörigen geregelt. – Die Kosten, die durch Leistungen des Arbeitsschutz-, Unterhaltssicherungsgesetzes und durch Beiträge zur Renten- und Krankenversicherung sowie zur Bundesagentur für Arbeit entstanden, trug im Rahmen der → sozialen Sicherung der Bund. – Die seit 1956 bestehende Wehrpflicht wurde allerdings zum 1.7.2011 ausgesetzt. Nach einem entsprechenden Beschluss des Bundestages wird auf eine Einberufung Wehrpflichtiger und Zivildienstleistender ab diesem Zeitpunkt bis auf Weiteres verzichtet.

soziales Sicherungssystem → soziale Sicherung.

soziale Wohnraumförderung – staatliche Maßnahmen zur Förderung des Wohnungsbaus und anderer Maßnahmen zur Unterstützung von Haushalten bei der Versorgung mit Mietwohnraum und bei der Bildung von selbst genutztem Wohneigentum. Unterstützt werden Haushalte, die sich am Markt nicht angemessen mit Wohnraum versorgen können und auf Unterstützung angewiesen sind. Dies sind: (1) im Fall der Förderung von Mietwohnraum bes. Haushalte mit geringem Einkommen sowie Familien und andere Haushalte mit Kindern, Alleinerziehende, Schwangere, ältere Menschen, behinderte Menschen, Wohnungslose und sonstige hilfebedürftige Personen; (2) im Fall der Förderung der Bildung selbst genutzten Wohneigentums bes. Familien und andere Haushalte mit Kindern sowie behinderte Menschen, die unter Berücksichtigung ihres Einkommens und der Eigenheimzulage die Belastungen des Baus oder Erwerbs von Wohnraum ohne soziale Wohnraumförderung nicht tragen können. – *Gesetzliche Regelungen im Einzelnen:* Wohnraumförderungsgesetz.

Sozialgeld → Arbeitslosengeld II.

Sozialgerichtsbarkeit – selbstständige Gerichtsbarkeit, die durch unabhängige, von den Verwaltungsbehörden getrennte, bes. Verwaltungsgerichte ausgeübt wird (§ 1 SGG). Die Sozialgerichtsbarkeit wurde in Art. 95 GG als den anderen Gerichtsbarkeiten gleichwertige Gerichtsbarkeit verankert und aufgrund des Sozialgerichtsgesetzes (SGG) i.d.F. vom 23.9.1975 (BGBl. I 2535) m.spät.Änd. begründet. Als Gerichte der Sozialgerichtsbarkeit wurden in den Ländern Sozialgerichte und Landessozialgerichte und im Bund das Bundessozialgericht (BSG) errichtet (§ 2 SGG). – Die Gerichte der Sozialgerichtsbarkeit sind *zuständig* für die ihnen in § 51 SGG und in den einzelnen Sozialgesetzen zugewiesenen Streitsachen (v.a. Angelegenheiten der Sozialversicherung, der Grundsicherung für Arbeitsuchende, der Arbeitsförderung, des Kassenarztrechtes, des sozialen Entschädigungsrechts, der Streitigkeiten um die Feststellung des Grades der Behinderung und der Ausstellung von Ausweisen für schwerbehinderte Menschen), ab 1.1.2005 auch in Angelegenheiten der Sozialhilfe. – *Rechtsschutz* wird auf Klage (Anfechtungs-, Verpflichtungs-, Leistungs-, Feststellungsklage) gewährt. Ein Widerspruchsverfahren ist bis auf wenige Ausnahmen (§ 78 I 2 SGG) obligatorisch. – Den Richtern der Sozialgerichtsbarkeit obliegt eine weit gehende *Aufklärungspflicht* einschließlich der Beseitigung von Formfehlern, der Erläuterung unklarer und der Stellung sachdienlicher Anträge, der Ergänzung ungenügender Angaben und der Abgabe wesentlicher

Erklärungen. Der Sachverhalt ist von Amts wegen zu ermitteln (§ 103 SGG). - Das Gerichtsverfahren ist für die in § 183 SGG genannten Personengruppen (u.a. Versicherte, Leistungsempfänger, Behinderte) *kostenfrei;* die anderen Verfahrensbeteiligten haben eine Pauschgebühr zu zahlen (§ 184 SGG). Kostenpflicht besteht nach dem Gerichtskostengesetz, wenn weder der Kläger noch der Beklagte zum Personenkreis der § 183 SGG gehören (§ 197a SGG). - Einzelheiten des *Verfahrens* sind im SGG geregelt.

Sozialgesetzbuch (SGB) - Gesetzestext (Kodifikation), in dem zentrale Sozialleistungsgesetze zusammengefasst sind. Das SGB wird, wenn die Arbeiten am Gesamtwerk abgeschlossen sind, alle auf Dauer angelegten Sozialleistungsbereiche umfassen: → Ausbildungsförderung, Arbeitsförderung bis hin zur Sicherung bei Arbeitslosigkeit und bei Zahlungsunfähigkeit des Arbeitgebers einschließlich der bes. Förderung Schwerbehinderter, gesetzliche Kranken-, Unfall-, Pflege- und Rentenversicherung, Kriegsopferversorgung u.a. Formen der sozialen Entschädigung bei Gesundheitsschäden, → Wohngeld, → Kinder- und Elterngeld, Grundsicherung für Arbeitsuchende, → Jugendhilfe und → Sozialhilfe. Derzeit sind das Sozialgesetzbuch I bis XII in Kraft. Dies sind: Erstes Buch - Allgemeiner Teil (SGB I), Zweites Buch - Grundsicherung für Arbeitsuchende (SGB II), Drittes Buch - Arbeitsförderung (SGB III), Viertes Buch - Gemeinsame Vorschriften für die Sozialversicherung (SGB IV), Fünftes Buch - Gesetzliche Krankenversicherung (SGB V), Sechstes Buch - Gesetzliche Rentenversicherung (SGB VI), Siebtes Buch - Gesetzliche Unfallversicherung (SGB VII), Achtes Buch - Kinder- und Jugendhilfe (SGB VIII), Neuntes Buch - Rehabilitation und Teilhabe behinderter Menschen (SGB IX), Zehntes Buch - Sozialverwaltungsverfahren und Sozialdatenschutz (SGB X), Elftes Buch - Soziale Pflegeversicherung (SGB XI), Zwölftes Buch - Sozialhilfe (SGB XII).

Sozialhilfe - Teil des Systems der sozialen Sicherung, der zur Sicherung der Existenz verschiedene staatliche Leistungen in Fällen individueller Notlage zur Verfügung stellt. - 1. *Rechtsgrundlage:* Das ursprünglich die Sozialhilfe regelnde Bundessozialhilfegesetz (BSHG) ist am 31.12.2004 außer Kraft getreten und durch das seit dem 1.1.2005 geltende zwölfte Buch Sozialgesetzbuch - Sozialhilfe (SGB XII) ersetzt worden (Art. 1, 68, 70 des Gesetzes zur Einordnung des Sozialhilferechts in das → Sozialgesetzbuch vom 27.12.2003 [BGBl. I 3022]). - 2. *Aufgabe:* Wer nicht in der Lage ist, aus eigenen Kräften seinen Lebensunterhalt zu bestreiten oder in bes. Lebenslagen sich selbst zu helfen und auch von anderer Seite keine ausreichende Hilfe erhält, hat ein Recht auf persönliche und wirtschaftliche Hilfe, die seinem bes. Bedarf entspricht, ihn zur Selbsthilfe befähigt, die Teilnahme am Leben in der Gemeinschaft ermöglicht und die Führung eines menschenwürdigen Lebens sichert. Hierbei müssen Leistungsberechtigte nach ihren Kräften mitwirken (§ 9 SGB I, § 1 SGB XII). - 3. *Leistungen:* Die Sozialhilfe umfasst a) Hilfe zum Lebensunterhalt, b) Grundsicherung im Alter und bei Erwerbsminderung, c) Hilfen zur Gesundheit, d) Eingliederungshilfe für behinderte Menschen, e) Hilfe zur Pflege, f) Hilfe zur Überwindung bes. sozialer Schwierigkeiten, g) Hilfe in anderen Lebenslagen. Die Leistungen richten sich nach der Besonderheit des Einzelfalls *(Grundsatz der Individualisierung).* Sozialhilfe erhält nicht, wer sich v.a. durch Einsatz seiner Arbeitskraft, seines Einkommens und Vermögens selbst helfen kann oder wer die erforderliche Leistung von anderen, bes. von Angehörigen oder von Trägern anderer Sozialleistungen, erhält. Verpflichtungen anderer, bes. Unterhaltspflichtiger oder Träger anderer Sozialleistungen bleiben unberührt *(Grundsatz des Nachrangs der Sozialhilfe).* Auf Sozialhilfe besteht ein Anspruch, soweit im Gesetz bestimmt wird, dass die Leistung zu erbringen ist. Der Anspruch kann nicht übertragen, verpfändet oder gepfändet werden. Über Art und Maß der Leistungserbringung ist nach pflichtgemäßem Ermessen zu entscheiden, soweit das Ermessen nicht ausgeschlossen ist. - 4. *Leistungsberechtigte:* a) *Sachliche Voraussetzungen: Hilfe zum Lebensunterhalt* ist Personen zu leisten, die ihren notwendigen Lebensunterhalt nicht oder nicht ausreichend aus eigenen Kräften und Mitteln, bes. aus ihrem Einkommen und Vermögen oder dem ihres nicht getrennt lebenden Ehegatten oder Lebenspartners, beschaffen können. *Grundsicherung im Alter und bei Erwerbsminderung* ist Personen zu leisten, die das 65. Lebensjahr vollendet haben oder das 18. Lebensjahr vollendet haben und dauerhaft voll erwerbsgemindert sind, sofern sie ihren notwendigen Lebensunterhalt nicht oder nicht ausreichend aus eigenen Kräften und Mitteln, bes. ihrem Einkommen und Vermögen oder dem ihres Ehegatten oder Lebenspartners, die deren notwendigen Lebensunterhalt übersteigen beschaffen können. Die übrigen Hilfen sind zu leisten, soweit den Leistungsberechtigten die Aufbringung der Mittel aus dem Einkommen und Vermögen nicht zuzumuten ist (vgl. § 19 SGB XII). - b) *Persönliche Voraussetzungen:* Sozialhilfe wird grundsätzlich nur an Deutsche mit Aufenthalt im Inland gewährt. Deutsche, die ihren gewöhnlichen Aufenthalt im Ausland haben, erhalten ausnahmsweise Leistungen, soweit dies wegen einer außergewöhnlichen Notlage unabweisbar ist und zugleich nachgewiesen wird, dass eine Rückkehr aus bestimmten schwerwiegenden, im Gesetz genannten Gründen nicht möglich ist (§ 24 SGB XII). Ausländern, die sich im Inland aufhalten, ist grundsätzlich Hilfe zum Lebensunterhalt, Hilfe bei Krankheit, Schwangerschaft und Mutterschaft sowie zur Pflege zu leisten; bei weiteren Leistungen können sich aber Einschränkungen ergeben. Diese eingeschränkte Sozialhilfe gilt nicht für Ausländer, die u.a. nur eine unbefristete Aufenthaltserlaubnis haben. Ausländer, die eingereist sind, um Sozialhilfe zu erlangen, haben keinen Anspruch auf Sozialhilfe; allerdings wird Hilfe zur Behebung eines akut lebensbedrohlichen

Zustands oder einer unaufschiebbar gebotenen Behandlung einer schweren oder ansteckenden Krankheit geleistet. Leistungsberechtigte nach dem Asylbewerberleistungsgesetz erhalten keine Leistungen der Sozialhilfe. – c) *Abgrenzung der Sozialhilfe für den Lebensunterhalt vom Arbeitslosengeld II:* Durch das Sozialgesetzbuch Zweites Buch – Grundsicherung für Arbeitssuchende (SGB II), das durch das Vierte Gesetz für moderne Dienstleistungen am Arbeitsmarkt vom 24.12.2003 (BGBl. I 2954) geschaffen und am 1.1.2005 in Kraft getreten ist (Art. 1, Art. 61), ist die → Arbeitslosenhilfe als Leistung der Arbeitsförderung ersetzt worden durch das → Arbeitslosengeld II (§§ 19 ff. SGB II). Erwerbsfähige Hilfebedürftige (Personen, die a) nicht wegen Krankheit oder Behinderung auf absehbare Zeit außerstande sind, unter den üblichen Bedingungen des allg. Arbeitsmarktes mind. drei Stunden täglich erwerbstätig zu sein und b) ihren Unterhalt, die Eingliederung in Arbeit und den Lebensunterhalt der mit ihnen in Bedarfsgemeinschaft lebenden Personen nicht oder nicht ausreichend aus eigenen Kräften, v.a. nicht durch Aufnahme einer zumutbaren Arbeit oder aus Einkommen und Vermögen sichern können und die erforderliche Hilfe bes. nicht von Angehörigen erhalten) erhalten keine Leistungen für den Lebensunterhalt nach dem Sozialhilferecht mit Ausnahme der Übernahme von Schulden v.a. Mietrückständen zur Vermeidung der Wohnungslosigkeit (§§ 21, 34 SGB XII). Stattdessen erhalten sie Arbeitslosengeld II als Leistung zur Sicherung des Lebensunterhalts einschließlich der angemessenen Kosten für Unterkunft und Heizung und ggf. einen befristeten Zuschlag (§ 19 SGB II).

Sozialismus – 1. *Begriff:* a) Sammelbezeichnung für zahlreiche *Gesellschaftsentwürfe* bzw. Lehren zu deren Verwirklichung, die seit Ende des 18. Jh. entstanden sind, mit dem Ziel, eine Gesellschaftsordnung, in der *Gleichheit, Solidarität* und *Gerechtigkeit* zwischen allen Menschen gewährleistet ist, anstelle der kritisierten individualistisch-liberalen → Marktwirtschaft zu errichten. Art und Umfang der angestrebten Umgestaltung sowie der Weg zu ihrer Realisierung unterscheiden sich je nach sozialistischer Schule z.T. erheblich. – Sozialismus und → Kommunismus werden oft synonym verwandt. – b) Bezeichnung für *Gesellschaftsordnungen*, die sich (unter Berufung auf die marxistische Geschichtsphilosophie) nach dem Verständnis der dort herrschenden Parteien auf der Entwicklungsstufe zwischen → Kapitalismus und Kommunismus befinden. – 2. *Konzeptionen:* a) *Frühsozialistische Konzepte* (nach Marx und Engels auch *utopischer Sozialismus*): Z.T. werden eine umfassende Vergesellschaftung der Produktionsmittel, eine egalitäre Gesellschaftsordnung und eine straffe, zentrale Organisation aller Lebensbereiche (Babeuf, Cabet), z.T. aber auch die Beibehaltung von Privateigentum und einer gewissen sozialen Differenzierung (Saint-Simon, Fourier) gefordert. In vielen Konzepten wird die Errichtung von Arbeits- und Wohngenossenschaften als Voraussetzung für den Sozialismus (u.a. Fourier, Owen, Buchez, Blanc) betrachtet. – b) *Wissenschaftlicher Sozialismus:* (1) Der → Marxismus übernimmt unterschiedliche Vorstellungen einzelner Frühsozialisten: Die Annahme, bewegendes Moment der Geschichte seien Klassenkämpfe (Babeuf) oder die geschichtliche Entwicklung sei vorbestimmt und münde in eine optimale, harmonische Gesellschaftsordnung, wobei den Weg dorthin durch bewusstes Handeln beschleunigt werden könne (Saint-Simon, Fourier). (2) *Rodbertus-Jagedzow,* der ebenfalls eine geschichtliche Zwangsläufigkeit unterstellt, hält den Kapitalismus für die Vorstufe zum Staatssozialismus, d.h. einer staatlich gelenkten Wirtschaft ohne privates Grund- und Kapitaleigentum. Dort erfolge keine Ausbeutung der Arbeiter mehr, da ihnen nicht die als unverdientes Einkommen angesehenen Zins- und Grundrenteneinkünfte vorenthalten würden. (3) *Lassalle* leitet aus der Hegelschen Geschichtsphilosophie ab, dass Endpunkt der gesellschaftlichen Entwicklung die staats- und klassenlose Gemeinschaft sei. Die Arbeiter müssten jedoch auf dem Weg dorthin versuchen, auf parlamentarischem Weg die Macht im Staat zu erlangen, um durch den Aufbau von Produktionsgenossenschaften den Sozialismus zu verwirklichen. – c) → Marxismus-Leninismus (→ Bolschewismus). – d) *Neomarxistische Strömungen („Neue Linke"):* → Neomarxismus. – e) → Revisionismus (freiheitlich-demokratischer Sozialismus): Abkehr von marxistischen Grundpositionen (u.a. Klassenkampftheorie und idealisierende Kommunismuskonzeption) insgesamt; die Vorstellung, dass die Arbeiterschaft auch in einer → Marktwirtschaft auf demokratisch-parlamentarischem Weg ihre Interessen zur Geltung bringen könne und der Kapitalismus ohne revolutionäre Diktatur des Proletariats zu einer dem Gemeinwohl verpflichteten Gesellschaftsordnung umgewandelt werden könne, herrscht vor. – *Beispiel:* SPD seit dem Godesberger Parteitag von 1959. – 3. *Kritik:* a) Die Frage nach der durch die einzelnen sozialistischen Programme zu verwirklichenden *konkreten Wirtschafts- und Gesellschaftsordnung* bleibt aufgrund der Vieldeutigkeit des Sozialismusbegriffs und der zumeist vagen Zukunftsentwürfe unbeantwortet. – b) Die realen marktwirtschaftlichen Ordnungen werden oft an *idealisierenden* Konzepten, ohne hinreichende Überprüfung deren tatsächlicher Realisierbarkeit, gemessen. – c) Von liberaler Seite aus wird eingewendet, dass die angestrebte Gleichheit, Gerechtigkeit und Solidarität nur mit einem (mehr oder weniger umfassenden) *Kontrollsystem* realisiert werden kann; dabei bestehe die Gefahr der *Entmündigung der Individuen* durch die staatlichen Entscheidungsträger, deren politische Vorstellungen und Aktivitäten nicht zwangsläufig gemeinwohlfördernd sein müssen (→ Kollektivismus). Die Erfahrungen mit den ehemaligen sozialistischen Systemen in Osteuropa zeigen, dass diese die von ihnen angestrebten Ziele nicht besser lösen können als die die Selbstverantwortung betonenden und dem → Individualismus verpflichteten Gesellschaftsordnungen.

Sozialistengesetz – ein von Bismarck in seinem Kampf gegen die Sozialdemokratie entworfenes und durchgesetztes Ausnahmegesetz (1878). – Es enthielt das Verbot sozialdemokratischer Zusammenschlüsse, wie auch ein Verbot der sozialistischen Gewerkschaften, des Allgemeinen Deutschen Arbeitervereins und der Internationalen Gewerkschaften und gab die Möglichkeit, sozialistische Zeitungen und Zeitschriften zu verbieten. Die alsbald eingeleitete Begründung der → Sozialversicherung sollte die propagandistischen Möglichkeiten der sozialistischen Stellungnahme gegen den Staat weiter beschneiden. – *Aufhebung* des Sozialistengesetzes 1890. – Vgl. auch → Bismarcksche Sozialversicherungspolitik.

sozialistische Marktwirtschaft – 1. *Begriff:* → Wirtschaftsordnung, in der bei Staats- bzw. Gesellschaftseigentum an den Produktionsmitteln (mit Ausnahmen in Landwirtschaft, Handwerk und Kleingewerbe) der Wirtschaftsprozess bei (indirekter) staatlicher Struktursteuerung dezentral über Märkte koordiniert wird. – 2. *Formen* (nach realisierter Eigentumsordnung und den daraus folgenden Konsequenzen bez. des Inhalts und Umfangs staatlicher Wirtschaftspolitik): (1) → Staatssozialistische Marktwirtschaft (Staatseigentum; z.B. Ungarn bis Ende der 1980er-Jahre, China in den 1980er-Jahren, Tschechoslowakei 1966–1968); (2) → selbstverwaltete sozialistische Marktwirtschaft (Gesellschaftseigentum; z.B. Jugoslawien bis Ende der 1980er-Jahre).

Sozialleistungen – soziale Leistungen des Staates bzw. öffentlich-rechtlicher Körperschaften. – Zu den Sozialleistungen *gehören:* die im Prinzip aus dem Sozialsystem des Deutschen Reiches übernommene öffentliche → Sozialversicherung (Kranken-, Pflege-, Unfall-, Renten- und Arbeitslosenversicherung); Kriegs- und Kriegsfolgeleistungen (Kriegsopferversorgung, Lastenausgleich); → Sozialhilfe, Grundsicherung für Arbeitsuchende, Fürsorgeerziehung und → Jugendhilfe; → Kindergeld; Unterhaltsvorschuss; → Erziehungsgeld bzw. Elterngeld etc. – Sozialleistungen sind Gegenstand der amtlichen Sozialstatistik. – Vgl. auch → soziale Sicherung.

Sozialordnungspolitik → Theorie der Sozialpolitik.

Sozialpolitik – 1. *Begriff:* Sozialpolitik bildet innerhalb der allgemeinen Wirtschaftspolitik einen Querschnittsbereich, der in grundlegenden Ordnungsregeln der Wirtschaft verankert ist und Berührungen zu zahlreichen Einzelfeldern aufweist. Sie umfasst eine Kernbestand an Arbeitsmarktregulierungen (Arbeitsmarktpolitik) und an Institutionen zur → sozialen Sicherung eines nennenswerten Teils der (Erwerbs-)Bevölkerung (→ Theorie der Sozialpolitik). – 2. *Begründung:* Im Rahmen marktwirtschaftlicher Systeme lässt sich das sozialpolitisches Handeln allg. durch bestimmte Fälle sozialpolitisch relevanten → Marktversagens sowie durch Verweis auf verteilungspolitische Zielsetzungen (→ Verteilungsgerechtigkeit) begründen (Sozialpolitik in der Marktwirtschaft). In der Bundesrepublik Deutschland kann zudem auf das Sozialstaatsgebot der Verfassung (Art. 20 und 28 GG) verwiesen werden. – 3. *Instrumente:* a) *Handlungsmöglichkeiten:* Die Sozialpolitik verfügt grundsätzlich über das gesamte Instrumentarium politischer Eingriffe in das gesellschaftliche und wirtschaftliche Geschehen. Der Katalog der Instrumente reicht von der reinen Information und Beratung, der politischen Überzeugung (Moral Suasion) und der sozialpädagogischen Betreuung (Sozialarbeit) über rechtliche Regulierungen privater Entscheidungen und Verträge bis hin zu fiskalischen Mitteln wie Zwangsabgaben (Steuern, Beiträge) einerseits und Transfers an Haushalte bzw. Subventionen an Unternehmen andererseits, einschließlich staatlich organisierter Güter- und Dienstleistungsangebote (Realtransfers). – b) *Wirkungen:* (1) Rechtliche Beschränkungen von Handlungs- und Vertragsfreiheiten (Regulierungen i.e.S.), die als staatliche Kontrolle zur Einhaltung sozialpolitischer Normen, z.B. beim Arbeitnehmer-, Mieter- und Verbraucherschutz, gedacht sind, können (legale) Ausweichreaktionen und Vorfeldwirkungen entfalten, die dem eigentlichen Schutzzweck zuwider laufen. Bei sozialpolitisch motivierten Transfers und Subventionen besteht, neben der Möglichkeit von Mitnahme- und Gewöhnungseffekten, wie bei Zwangsabgaben die Gefahr einer Überwälzung, sodass Zahlung (bzw. Zahlungsempfang) und materielle Inzidenz im Sinn der daraus resultierenden Belastungen oder Begünstigungen nicht übereinzustimmen brauchen. Die staatliche Bereitstellung von Gütern und Dienstleistungen kann mangels Ausrichtung an der Nachfrage und Preiskonkurrenz zu Ineffizienzen verschiedener Art führen. Aufgrund ökonomischer Wirkungsanalysen, die solche Probleme offen legen, lassen sich das sozialpolitische Instrumentarium und sein zielgerichteter Einsatz verbessern. (2) Die Anforderungen der → Marktkonformität und der → Systemkonformität können bei der Auswahl der sozialpolitischen Mittel im Rahmen der → sozialen Marktwirtschaft eine Präferenz für generelle gegenüber speziellen Regulierungen, indirekte gegenüber direkten Interventionen (Beeinflussung von Marktdaten und Anreizen statt Setzung von Mengen und Preise) sowie weniger intensive gegenüber intensiveren Mitteln (Information und Beratung statt Geboten, Verboten) bestimmen. Darüber hinaus verweist die Analyse der Systemkonformität auf die Gefahr von kumulativen Wirkungen und Wirkungsinterdependenzen von im Einzelnen vielleicht systemverträglichen politischen Interventionen. (3) Häufig werden mit der Sozialpolitik verbundene ökonomische Effizienzverluste jedoch mit einem abstrakten, theoretischen Ideal (→ Wohlfahrtsoptimum, vollständiger Wettbewerb) verglichen. Abweichungen von diesem Ideal werden oft schon als Nachweis angesehen, dass Sozialpolitik insgesamt eine Belastung für die Wettbewerbsfähigkeit der Volkswirtschaft darstelle. Demgegenüber kann aber auch auf den wirtschaftlichen und gesellschaftlichen Wert der Sozialpolitik, v.a. auf den Beitrag der Sozialpolitik zur Produktivität (bes. des Faktors Arbeit) und zur Verbesserung der Gesamtleistungsfähigkeit des gesellschaftlichen Systems hingewiesen werden. – 4. *Entwicklung:* Die moderne Sozialpolitik entfaltete sich als Reaktion des Staates auf die Arbeiterfrage des 19. Jh. (→ Soziale Frage, → Bismarcksche Sozialversicherungspolitik). Die weitere Expansion der Sozialpolitik über eine Schutzpolitik zur ausgleichs- und gesellschaftsgestaltenden Politik im (kontinentaleuropäischen) Sozialstaat wie in den (angelsächsischen vs. skandinavischen) → Wohlfahrtsstaaten folgt zum einen dem Wachstum des wirtschaftlichen Wohlstands, zum anderen einer Wechselwirkung von sozialem Problembewusstsein und wachsender Problemlösungsfähigkeit. Anhaltende und aktuelle Herausforderungen für die Umgestaltung der Sozialpolitik in entwickelten Volkswirtschaften ergeben sich bei der Bekämpfung von Arbeitslosigkeit, der Bewältigung des demografischen Wandels (demografische Alterung) und, vor dem Hintergrund wachsender internationaler Verflechtung des Wirtschaftsgeschehens (→ Globalisierung), durch zunehmende Systemwettbewerb (Sozialpolitik in der Marktwirtschaft).

Sozialpolitik, Gestaltungsprinzipien – 1. *Prinzip der Selbstverantwortlichkeit:* a) Im Rahmen einer freiheitlichen Sozialpolitik in der → Sozialen Marktwirtschaft (Sozialpolitik in der Marktwirtschaft) hat das Prinzip der Selbstverantwortlichkeit der einzelnen Person Vorrang vor anderen Gestaltungsprinzipien, die diese Freiheitlichkeit und Selbstverantwortung ergänzen oder einschränken. – b) Mit diesem Grundprinzip der Sozialpolitik steht eine Reihe von weiteren Gestaltungsprinzipien in einem engen Zusammenhang: (1) das *Individualprinzip,* nach dem Sozialpolitik auf den einzelnen Bürger oder die Familie bezogen ist und nicht auf Kollektive (z.B. Volk, Klasse); (2) das → Äquivalenzprinzip, durch das der Grundsatz des „do ut des" und die Gleichwertigkeit von Leistung und Gegenleistung im Tausch auch auf sozialpolitische Institutionen übertragen wird, indem eine (Grund-)Äquivalenz von *Beitrag und Leistung* sowie von *Beitrag und Risiko* bzw. Erwartungswert des Schadens *(Risikoäquivalenz)* eingehalten und eine ausgeprägte Beitragsfinanzierung von Sozialleistungen vorgenommen wird; (3) das → Versicherungsprinzip, bei dem das marktwirtschaftliche Prinzip der Versicherung eines Schadensrisikos nach dem Gesetz des Risikoausgleichs bei einer großen Zahl von Risikoträgern innerhalb eines Versichertenkollektivs *(Schadensgemeinschaft)* nach dem Grundsatz der Risikoäquivalenz von Beitrag und individuellem Risiko übernommen wird. – 2. *Solidaritätsprinzip:* a) *Begriff:* Dem Prinzip der Selbstverantwortlichkeit wird i.d.R. das Solidar- oder Solidaritätsprinzip gegenübergestellt. Geht man jedoch gemäß der Herkunft dieses Prinzips aus der *christlichen Soziallehre* davon aus, dass sich der Einzelne als Persönlichkeit nur in verschiedenen Formen der menschlichen Gemeinschaft entfalten kann, dann ergänzt das Solidarprinzip die Selbstverantwortlichkeit des Einzelnen (für sich und die Seinen) nur um die andere Seite der Personalität des Menschen mit der Verantwortung der Einzelperson für die Gemeinschaft. – Die in der Tradition der *Arbeiterbewegung* allen Arbeitnehmern zugeschriebene Solidarität wird in der *staatlichen Institution der Sozialversicherung* auch auf die Versichertengemeinschaft übertragen, die heute durch eine weitgehende Differenzierung, Pluralität und Anonymität gekennzeichnet ist. Im Rahmen eines *Gesellschaftsvertrags* (Sozialpolitik in der Marktwirtschaft) könnte das Solidarprinzip jedoch nur insoweit zur Anwendung kommen, als die Einstellung der Solidarität bei dem betroffenen Kollektiv auch tatsächlich relevant ist. – b) Als Gestaltungsprinzip *auf der instrumentellen Ebene* bezeichnet das Solidarprinzip die Inanspruchnahme Einzelner für Aufgaben der Gemeinschaft und das Eintreten der Gemeinschaft für die gesellschaftlich Schwachen. Mit dem Solidarprinzip sind also Abweichungen vom Äquivalenzprinzip und interpersonelle Umverteilung (→ Verteilungspolitik) verbunden, was sich meist auch in einer *Mischfinanzierung* aus Beiträgen und allg. Steuermitteln niederschlägt. Solidarische Leistungen kann die Gemeinschaft (1) nach dem *Versorgungsprinzip* für eine gesellschaftliche Leistung, z.B. für die Dienste als Beamter oder für den Kriegsdienst, die als *Vorleistung* die Gegenleistung begründet, oder (2) nach dem *Fürsorgeprinzip* gewähren, wenn ohne eine entsprechende Vorleistung für Mitglieder *in Notlagen* das soziokulturelle → Existenzminimum (nach dem *Finalprinzip* der Herstellung eines bestimmten Endzustandes) durch *Fremdhilfe* (seitens der Gemeinschaft) gewährleistet werden soll. – 3. *Subsidiaritätsprinzip:* Die Abwägung von Selbstverantwortlichkeit und solidarischer Hilfe durch die Gemeinschaft wird durch das in der christlichen Soziallehre entwickelte Subsidiaritätsprinzip (→ Subsidiarität) ermöglicht. Das Subsidiaritätsprinzip als *Kompetenzabgrenzungsregel* zwischen Bürger und den verschiedenen Ebenen des Staates kann auch als Grundregel der Sozialpolitik in einer freiheitlichen Gesellschaftsordnung verstanden werden. Nach der Darstellung dieses Prinzips bei *Nell-Breuning* beinhaltet das Subsidiaritätsprinzip zunächst die Verpflichtung des Staates zu einer Vorleistung für die Entwicklung der Selbstverantwortlichkeit und Selbsthilfefähigkeit *(Startchancen).* Das Subsidiaritätsprinzip verlangt dann die Nichteinmischung und Zurückhaltung gegenüber der Freiheit und Selbstverantwortlichkeit der Einzelnen bzw. der Familien. Schließlich beinhaltet das Subsidiaritätsprinzip die (im allg. Sprachgebrauch einseitig betonte) nachrangige Hilfe für den Einzelnen durch die Gemeinschaft (größere gesellschaftliche Gliederungen, Staat) *nach* Ausschöpfung der *Selbsthilfe.*

Sozialpolitik der Europäischen Union

Sozialpolitik der Europäischen Union – 1. *Rechtsgrundlagen:* Sozialpolitische Zielsetzungen enthielt bereits der 1952 in Kraft getretene Vertrag über die Gründung der Europäischen Gemeinschaft für Kohle und Stahl (→ EGKS). Der Vertrag über die Gründung der → EWG (Europäische Wirtschaftsgemeinschaft) – → EWGV – bezeichnete sowohl in seiner Präambel als auch in den Art. 2 und 3 die Verbesserung der Arbeits- und Lebensbedingungen der Arbeitnehmer in der Gemeinschaft als eines der Integrationsziele. Heute bilden v.a. die Art. 151-166 AEUV die Rechtsgrundlage für sozialpolitische Aktionen der EU. Mit dem → Amsterdamer Vertrag wurde ein eigenes Beschäftigungskapitel Art. 145-150 AEUV eingeführt. Durch eine koordinierte Beschäftigungsstrategie sollen demnach ein hohes Beschäftigungsniveau, Wettbewerbsfähigkeit und sozialer Zusammenhalt gefördert werden. – 2. Grundsätzlich liegt die *Zuständigkeit für die Sozialpolitik* jedoch vorläufig auch weiterhin bei den einzelnen Mitgliedsstaaten; die Rolle der Union im Bereich der Sozialpolitik besteht gegenwärtig primär darin, auf eine möglichst enge Zusammenarbeit der Mitgliedsstaaten in sozialen Fragen hinzuwirken sowie unter bestimmten Voraussetzungen ergänzende finanzielle Hilfestellungen zu gewähren. Zentrales sozialpolitisches *Finanzinstrument der Gemeinschaft* ist der Europäische Sozialfonds (ESF). – 3. *Entwicklung:* Den faktischen Beginn einer EU-Sozialpolitik stellt das vom Ministerrat (heute: → Rat der Europäischen Union) 1974 verabschiedete *erste Soziale Aktionsprogramm* dar. Durch das Inkrafttreten der → EEA *(Einheitliche Europäische Akte)* sind die sozialpolitischen Zuständigkeiten der Gemeinschaft nur sehr begrenzt ausgeweitet worden. Seitdem kann der Ministerrat auf Vorschlag der → Europäischen Kommission im ordentlichen Gesetzgebungsverfahren (EU-Gesetzgebung) zusammen mit dem → Europäischen Parlament Rechtsakte *zum Schutz der Sicherheit und der Gesundheit der Arbeitnehmer* erlassen (Art. 153 Abs. Buchst.a AEUV). Im Dezember 1989 wurde vom Europäischen Rat die sog. → EU-Sozialcharta beschlossen. Weil sich Großbritannien auch im Zuge der Aushandlung des Vertrags über die EU weigerte, die Etablierung einer echten gemeinsamen Sozialpolitik zu akzeptieren, beschloss der Europäische Rat vom Dezember 1991 (Maastricht), dass bereits im Gemeinschaftsrecht existierenden sozialpolitischen Bestimmungen fortbestehen zu lassen und dem EU-Vertrag ein *Protokoll über die Sozialpolitik* hinzuzufügen, das es den übrigen Mitgliedsstaaten erlaubt, die Institutionen und Verfahren der Union für eine gemeinschaftliche Sozialpolitik zunächst unter Ausklammerung Großbritanniens (seit 1998 akzeptiert auch Großbritannien die einschlägigen Sozialbestimmungen des EGV) zu nutzen. Fragen des Arbeitsentgelts, des Streik- und Aussperrungsrechts sowie weitere Bereiche des Arbeitsrechts sind weiterhin in der Kompetenz der Mitgliedsländer. – 4. *Bedeutung:* Beschlüsse nach Maßgabe der Bestimmungen des Sozialprotokolls bedürfen der Einstimmigkeit jener Mitgliedsstaaten, die diesem Protokoll zugestimmt haben. Insgesamt gesehen begründen das primäre Gemeinschaftsrecht sowie die Existenz der Sozialcharta und des Sozialprotokolls zum EU-Vertrag allenfalls ansatzweise das Bestehen einer echten gemeinschaftlichen Sozialpolitik. Denn auch die in Amsterdam im Hinblick auf die EWU vereinbarte Reform des Beschäftigungstitels (Art. 145-150 AEUV) ändert grundsätzlich nichts an den vorrangig nationalen Zuständigkeiten in der Sozial- und Beschäftigungspolitik; es verpflichtet die Mitgliedsstaaten lediglich „auf die Förderung der Qualifizierung, Ausbildung und Anpassung der Arbeitnehmer" (Art. 145 AEUV). – 5.*Instrumente:* Seit dem Beginn der europäischen Integration hatte die EU auch das Ziel durch Kooperation und ergänzende Maßnahmen auf europäischer Ebene, den sozio-ökonomischen Wandel zu begleiten und den sozialen und wirtschaftlichen Zusammenhalt zu stärken. Eine Reihe von Instrumenten und Mechanismen unterstützen diese Ziele: Wichtige europäische Gesetze wurden z.B. für die Bereiche Gesundheit und Schutz am Arbeitsplatz, Gleichberichtigung sowie Anti-Diskriminierung gebrochen. Der Europäische Sozialfonds (ESF) und der Europäische Globalisierungsanpassungsfonds (EGF) helfen dabei, dass Menschen in Arbeit bleiben oder neue Arbeit finden können. Der ESF unterstützt im Jahr ca. 9 Mio. Arbeitnehmer. Alleine im Jahr 2009 stehen 10,8 Mrd. Euro aus dem ESF zur Verfügung. Der ESF kann auf krisenbedingte Bedürfnisse reagieren. Weitere Vereinfachungen sowie vorgezogene Zahlungen in Höhe von 1,8 Mrd. Euro wurden beschlossen. Der EGF ist so angepasst worden, dass nun auch krisenbedingte Entlassungen abgefedert werden können und die Kofinanzierung durch die Gemeinschaft erhöht worden ist. Außerdem sind die auf EU-Ebene angenommenen Flexicurity-Prinzipien ein wichtiger Rahmen, der es u.a. erlaubt, interne Flexibilität und Sicherheit etwa durch Kurzarbeit bei gleichzeitiger Fortbildung zu erhalten, sodass die Arbeitgeber die Kosten von Entlassungen und Neueinstellungen sparen können. Das Europäische Beschäftigungsportal EURES hilft Arbeitssuchenden einen Job in einem anderen europäischen Land zu finden. Auch hilft die EU, die nationalen Anstrengungen für aktive Arbeitsmarktintegration, lebenslanges Lernen und die Bekämpfung von Armut sowie bei der Modernisierung der Sozialschutzsysteme zu koordinieren. Die sog. „New Skills for New Jobs"-Initiative zielt darauf ab, zukünftige Qualifikationserfordernisse rechtzeitig zu erkennen, die Bildungs- und Ausbildungssysteme darauf auszurichten und Angebot und Nachfrage auf dem europäischen Arbeitsmarkt besser zusammenzuführen. Dank des Binnenmarkts können Arbeitnehmer und Dienstleistungen – bei gleichzeitigem Schutz der Arbeitnehmerrechte – frei zirkulieren und qualitativ hochwertige, zugängliche und nachhaltige soziale Dienste angeboten werden. Mit der erneuerten Sozialagenda hat die Kommission im Juli 2008 die Bedeutung des sozialen Europa bestätigt und ihren

Anspruch ausgedrückt, die EU Politiken an veränderte soziale Wirklichkeiten und Trends im Rahmen einer europäischen sozialen Marktwirtschaft anzupassen. Vertrag von Lissabon, der explizit von der europäischen sozialen Marktwirtschaft spricht, sieht eine rechtsverbindliche Grundrechte-Charta vor, die eine Reihe von sozialen Rechten beinhaltet, z.B. das Recht der Arbeitnehmer auf Information und Konsultation, Schutz vor unbegründeter Entlassung, ein Recht auf faire und gerechte Arbeitsbedingungen und das Recht auf Sozialschutz.

Sozialrecht – Teilgebiet des öffentlichen Verwaltungsrechts. – 1. *Materieller Begriff:* Ein einheitlicher Begriff hat sich bis heute nicht durchgesetzt. Nach § 1 SGB I soll das Recht des Sozialgesetzbuches zur Verwirklichung sozialer Gerechtigkeit und sozialer Sicherheit dienen. Es soll v.a. dazu beitragen, ein menschenwürdiges Dasein zu sichern, gleiche Voraussetzungen für die freie Entfaltung der Persönlichkeit, v.a. auch für junge Menschen, zu schaffen, die Familie zu schützen und zu fördern, den Erwerb des Lebensunterhalts durch eine frei gewählte Tätigkeit zu ermöglichen und bes. Belastungen des Lebens, auch durch Hilfe zur Selbsthilfe, abzuwenden oder auszugleichen. – 2. *Formeller Begriff:* Danach umfasst Sozialrecht alle Rechtsgebiete, die nach dem Willen des Gesetzgebers so heißen. Teile des Sozialgesetzbuches (Art. II Sozialgesetzbuch (SGB) – Allgemeiner Teil – vom 11.12.1975, BGBl. I 3015) gelten und/oder nach denen Anspruch auf Sozialleistungen nach dem Sozialgesetzbuch besteht (§§ 18 ff. SGB I); v.a. also das Sozialversicherungsrecht, Recht der Arbeitsförderung, Recht der sozialen Entschädigung, Kassenarztrecht, das Kindergeld-, Jugendhilfe-, Sozialhilfe-, Wohngeldrecht. – Das Sozialrecht ist das Recht der öffentlichen Leistungsverwaltung und wird herkömmlich unterteilt in das Recht der *Sozialversicherung,* Recht der *sozialen Entschädigung* und *Sozialhilferecht.* Als vierte sog. Säule des Sozialrecht hat sich das Recht der *sozialen Förderung* herausgebildet. – Vgl. auch → Sozialgesetzbuch (SGB).

Sozialstaatlichkeit – Sozialstaatsprinzip; System der sozialen Sicherung und die Umverteilungspolitik (Redistribution) des Staates.

Sozialversicherung – eines der wichtigsten Instrumente staatlicher → Sozialpolitik.

I. Charakterisierung: Im Gegensatz zur Individualversicherung werden durch gesetzlich geregelte Einrichtungen weite Kreise der Bevölkerung gegen Schäden gesichert, die die Existenzgrundlage des Einzelnen und der Gemeinschaft zu beeinträchtigen drohen, wie Krankheit, Beeinträchtigung der Arbeitsfähigkeit und dadurch entstehender Verdienstausfall, sowie zum Ausgleich der durch Entbindung oder Tod entstehenden Kosten. Umfang, Leistungen und Verfahren der Sozialversicherung sind in den einzelnen Staaten verschieden geregelt. – Die dt. Sozialversicherung entstand aus der Idee der genossenschaftlichen Selbsthilfe, ist jedoch durch die Mitwirkung des Staates bei der Verwaltung und Aufbringung der Mittel (Versicherungszwang, gesetzlich geregelte Staffelung der Zwangsbeiträge, die sich weniger nach den Leistungen der Versicherung als nach der Leistungsfähigkeit der Versicherten richten) zu einem Teilgebiet staatlicher Sozialpolitik geworden, bes. auch durch die Umstellung der Leistungen bei der Währungsreform im Verhältnis 1:1.

II. Versicherungszweige: → Krankenversicherung, → Unfallversicherung, → Pflegeversicherung und → Rentenversicherung. Die *Zurechnung* der Arbeitslosenversicherung zur Sozialversicherung hängt von der Fragestellung ab; als Teilgebiet staatlicher Tätigkeit gehört sie zur Sozialversicherung bei der Erfassung der Güter- und Einkommensströme im Rahmen der Volkswirtschaftlichen Gesamtrechnungen (VGR).

III. Träger: ausschließlich Körperschaften oder Anstalten des öffentlichen Rechts (Versicherungsträger), Leistungen und Beiträge bzw. die Art der Beitragsberechnung sind gesetzlich festgelegt. Träger der Krankenversicherung (Krankenkassen) haben die Möglichkeit innerhalb gewisser vom Gesetzgeber vorgezeichneter Grenzen selbst über die Leistungen zu entscheiden; bis 2008 galt dies auch für die Beitragssätze.

Sozialvertrag → Gesellschaftsvertrag.

Sparförderung → Vermögensumverteilungspolitik.

Spätkapitalismus – 1. *Begriff* der → historischen Schule der Nationalökonomie und der neomarxistischen Theorie (→ Neomarxismus) zur Beschreibung des Endstadiums des → Kapitalismus: Für Sombart (Vertreter der Historischen Schule) ist der Spätkapitalismus durch zunehmende nationale Wettbewerbsbeschränkungen sowie anwachsende soziale Konflikte gekennzeichnet. Für *Neomarxismus* ist der Spätkapitalismus gekennzeichnet durch: (1) Zunahme der internationalen Konzentration und Zentralisation des Kapitals; (2) wachsende Monopolisierung und Kartellierung der Wirtschaft; (3) umfangreiche wirtschaftspolitische Eingriffe des Staates zur Beseitigung der immer heftiger werdenden Wirtschaftskrisen; (4) wachsende Bedeutung der Rüstungsindustrie, um Ersatzmärkte für das überschüssig akkumulierte Kapital zu schaffen und (5) die Verschärfung des Klassenkampfes (Mandel). – 2. Als *Ursache* hierfür wird, wie bei Marx, der Grundwiderspruch zwischen Produktivkräften und Produktionsverhältnissen des Kapitalismus angesehen (→ historischen Materialismus). Die Folgen des ökonomischen Grundwiderspruchs beschränken den Handlungs- und Entscheidungsspielraum der politischen Instanzen: Der Staat muss immer stärker die zunehmend heftigeren Krisen auffangen. Dies hat jedoch nur die Konsequenz zukünftig noch größerer Störungen. Die Regierung muss immer mehr der ihr zur Verfügung stehenden Ressourcen zur Krisenbewältigung aufwenden und kann daher immer weniger allg. Kollektivgüter bereitstellen; aufgrund der Instabilität des privatwirtschaftlichen Sektors wird für sie eine längerfristige konzeptionelle Planung immer schwieriger. Dies ruft eine Legitimationskrise der staatlichen Instanzen hervor, da sie von den Staatsbürgern (Wählern) für diese Entwicklung haftbar gemacht werden, ggf. durch Entzug der Wählerloyalität. – Der diesem Argumentationsmuster zufolge auf der ökonomischen Basis auf die Ebene des politischen Überbaus verlagerte Widerspruch bewirkt schließlich eine revolutionäre Umwälzung des gesamten Gesellschaftssystems. – 3. *Kritik:* Diese Theorie gilt als Ad-hoc-Hypothese, die nachträglich in das historisch-materialistische Entwicklungsschema von Marx eingeführt wurde, um dessen Grundidee der geschichtlichen Zwangsläufigkeit trotz der offenkundigen Stabilität der privatwirtschaftlichen Marktwirtschaft aufrechterhalten zu können.

Special Drawing Rights (SDR) → Sonderziehungsrechte (SZR).

Specialized Agencies → Sonderorganisationen der UN.

Spediteur-Konnossement – weder Traditionspapier noch → Konnossement laut HGB, da es nicht von einem Reeder gezeichnet, sondern von einem Spediteur ausgestellt wird. Das Spediteur-Konnossement ermöglicht dem Versender, über das Gut beim Empfangsspediteur zu verfügen und vereinfacht die Prüfung der Legitimation des Empfängers, der die Auslieferung des Gutes am Bestimmungsort fordert.

Speditionsgeschäft – ursprünglich ein Nebengewerbe des Handels, im 19. Jh. verselbstständigtes Gewerbe. Rechtlich ist das Speditionsgeschäft ein gegenseitiger, auf eine Geschäftsbesorgung im Sinn von § 675 BGB gerichteter → Vertrag, wirtschaftlich ein Hilfsgeschäft zum Frachtvertrag.

Spekulationskrise → Finanzkrisen.

Spekulationssteuer → Finanzkrisen.

Sperrklinkeneffekt → Ratchet Effect.

Speyerer Verfahren – ein von Univ.-Prof. Dr. Dr. h.c. Klaus Lüder an der Deutschen Hochschule für Verwaltungswissenschaften Speyer (seit 2012: Deutsche Universität für Verwaltungswissenschaften Speyer) unter Einbeziehung internationaler Erfahrungen entwickeltes und erstmalig in der baden-württembergischen Pilot-Stadt Wiesloch angewendetes Konzept (Projektbeginn 1994, Echtbetrieb seit 1999) eines „Neuen Kommunalen Rechnungswesens" (NKR) für die Bundesrepublik Deutschland. – Das Speyerer Verfahren ist insbesondere gekennzeichnet durch Basierung auf dem Ressourcenverbrauchskonzept, durch die finanzielle Verbundrechnung durch Einzel- und Konzernrechnungslegung, durch eine mit dem Rechnungswesen abgestimmte, ressourcenorientierte Haushaltsplanung und durch eine eigenständige konzeptionelle Grundlage und damit den Verzicht auf bloße Übertragung der Rechnungslegungsvorschriften des HGB und anderer Regelungen für das kaufmännische Rechnungswesen. – Das finanzielle Rechnungssystem des Neuen Öffentlichen Rechnungswesens nach dem Speyerer Verfahren besteht aus den drei Hauptrechnungen Ergebnisrechnung, Finanzrechnung und Vermögensrechnung (Drei-Komponenten-Rechnungssystem, vgl. Abbildung „Speyerer Verfahren"). Alle drei Rechnungen werden im Verbund, idealerweise im doppischen Verbund geführt (doppische finanzielle Verbundrechnung).

spezifische Investitionen – Investitionen sind für bestimmte → Transaktionen dann spezifisch, wenn sie die Bindung von Kapital erfordern, deren Ertrag von der Fortsetzung dieser Transaktionsbeziehungen abhängt. Spezifische Investitionen sind dadurch

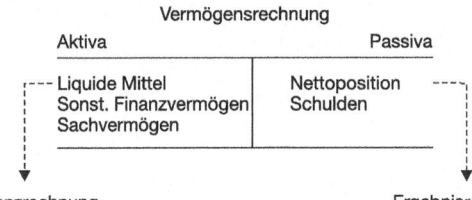

Speyerer Verfahren

gekennzeichnet, dass ihre Erträge in der nächstbesten Verwendung niedriger ausfallen als in der gegenwärtigen, sodass beim Investor eine → Quasirente anfällt. – Zu unterscheiden sind physische und räumliche Spezifität von Anlagen, die Spezifität von Humankapital und Widmungsspezifität. Letztere kommt aufgrund von spezifischen Investitionen eines Transaktionspartners zustande, der ohne diese den Anreiz hätte, sich die Quasirente seines Gegenübers anzueignen. Durch Widmungsspezifität soll die einseitige Abhängigkeit eines Partners durch eine wechselseitige Abhängigkeit der Beteiligten ersetzt werden, was zur Stabilisierung der Transaktionsbeziehung beiträgt. – Spezifische Investitionen können → glaubhafte Zusicherungen im Rahmen langfristiger → Verträge bestärken.

Spezifität – Governance-Structure-Theorie der Unternehmung, Team-Theorie der Unternehmung, → spezifische Investitionen.

Spillover-Effekt – 1. *Wirtschaftstheorie:* Räumlicher → externer Effekt. – 2. *Wirtschaftspolitik:* Beeinflussung der internationalen politischen Ebene, v.a. in Hinblick auf die europäische Integration, durch soziale und wirtschaftliche Entscheidungen und Entwicklungen auf nationaler Ebene.

Spitzenrefinanzierungsfazilitäten des ESZB – Fazilität, mit der sich die → monetären Finanzinstitute (MFI) gegen die Verpfändung von Sicherheiten (Kategorie 1 und Kategorie 2) über Nacht Liquidität bei den nationalen Zentralbanken als ausführende Organe der EZB beschaffen können. Der Spitzenrefinanzierungssatz ist die Verzinsung dieses Kredits.

Splitting – Einkommensteuer, Versorgungsausgleich, Rentensplitting unter Ehegatten.

spontane Ordnung – 1. *Begriff:* Die spontane Ordnung ist von der geplanten Ordnung, auch Organisation genannt, abzugrenzen. Der Begriff spontane Ordnung, den Hayek (1963) popularisiert hat, bezieht sich auf die Genese dieser Ordnungsart: Sie ist entstanden, ohne dass irgendjemand sie bewusst geplant hätte, sie hat sich spontan gebildet. – *Beispiele:* Markt, Sprache, Moral, Gesetz, Schrift und Geld. – 2. In spontaner Ordnung werden Informationen genutzt, die nur einzelnen Individuen bekannt sind und die sich nicht sinnvoll aggregieren lassen. Die geplante Organisation, die auf der bewussten Anordnung der Elemente durch einen Organisator beruht, sei der spontanen Ordnung in Bezug auf die Koordination großer und komplexer Gesellschaften unterlegen, weil sie viel weniger Wissen verarbeiten könne (nämlich nur das an der Hierarchiespitze vorhandene) und deswegen notwendigerweise nur einen geringen Komplexitätsgrad hervorzubringen in der Lage sei. Für die Wirtschaftspolitik bedeutet dies den weitgehenden Verzicht auf interventionistische und ergebnisorientierte Eingriffe. Sie sollte vielmehr die Rahmenregeln adäquat setzen (Ordnungspolitik), damit neues Wissen in der spontanen Ordnung Markt (bei Hayek auch: Katallaxie) durch den → Wettbewerb hervorgebracht wird. – 3. *Entstehungsbedingungen:* Spontane Ordnungen ergeben sich daraus, dass ihre Elemente bestimmten Verhaltensregeln folgen. Allerdings bringt nicht jede Regelmäßigkeit im Verhalten eine solche Ordnung hervor. Eine zentrale Aufgabe für Sozialwissenschaftler sieht Hayek deshalb darin, die Eigenschaften von Regeln herauszuarbeiten, die eine spontane Ordnung ermöglichen. Unter Rückgriff auf Kant fordert er die Universalisierbarkeit von Regeln (→ Wirtschaftsverfassung, → Rechtsstaatlichkeit): (Rechts-)Regeln sollten allg. sein, d.h. auf eine unbestimmte Zahl von Fällen und Personen anwendbar sein. Des Weiteren müssten sie abstrakt in dem Sinn sein, dass sie kein bestimmtes Verhalten positiv vorschreiben, sondern nur einige Verhaltensweisen verbieten würden und ein individueller Freiheitsspielraum so erhalten bleibe. Der Staat hat die Aufgabe, für die Einhaltung jenes Minimums an Regeln zu sorgen, das für die Bildung sowie Erhaltung einer spontanen Ordnung erforderlich ist. – 4. *Entstehung der Regeln:* Ordnungen können sich spontan bilden, solange die beteiligten Elemente gewissen Regelmäßigkeiten folgten. Nach Hayeks Ansicht haben sich auch die spontane Ordnung ermöglichenden Regelmäßigkeiten in einem spontanen Prozess herausgebildet. Die unsichtbare Hand-Erklärung bleibt somit nicht auf den Koordinationsprozess beschränkt, der sich innerhalb eines gegebenen Regelrahmens ergibt, sondern sie wird auf die Entstehung dieses Rahmens ausgedehnt. – 5. *Markt als spontane Ordnung:* → Markt.

Spread – Zinsaufschlag auf einen Referenzzinssatz (Zinssatz für die erste Adresse) zur Bestimmung des Zinssatzes eines Kredites; der Spread steigt v.a. mit sinkender Bonität des Schuldners und sinkendem Wettbewerb der Gläubiger (Banken); er bestimmt die Zinssatzdifferenzen zwischen den Krediten (→ Zinsstrukturkurve) bzw. die Streubreite.

SRU – Abk. für → Sachverständigenrat für Umweltfragen.

Staatenbund – völkerrechtliche Verbindung von Staaten, i.d.R. zu einem einheitlichen Völkerrechtssubjekt mit einer einheitlichen Verfassung. Anders als der Bundesstaat eine verhältnismäßig lose Form des Zusammenschlusses, mit viel Selbstständigkeit der Gliedstaaten (z.B. eigene Militärhoheit und Recht zur Errichtung eigener diplomatischer Vertretungen) und nur schwachen Ansätzen zur Bildung einer Zentralgewalt. – *Beispiele:* Deutscher Bund (1815-1867), Britisches Commonwealth.

staatliche Regulierung → Regulierung.

staatliche Sozialpolitik → Sozialpolitik.

Staatsanleihe – von Bund, Ländern oder fremden Staaten ausgegebene Schuldverschreibung (Anleihe). – *Sonderform:* Rentenanleihe.

Staatshandelsländer – Länder, in denen das staatliche Außenhandelsmonopol realisiert ist. Diese Regelung galt v.a. für → staatssozialistische Zentralplanwirtschaften.

Staatshilfe – Finanzielle Unterstützung die der Staat bspw. Unternehmen gewährt, die in eine wirtschaftlich schlechte Lage geraten sind. Staatshilfe kann als Kreditbürgschaft gestattet werden. Der Erhalt dieser staatlichen Zuschüsse wird umgangssprachlich als Rettung bezeichnet. Ein Beispiel für einen möglichen Empfänger von Staatshilfe ist der Automobilhersteller Opel.

Staatsmonopolkapitalismus – *Stamokap*. 1. *Begriff*: Von Lenin geprägte Bezeichnung (u.a. in „Staat und Revolution", 1917) für die von ihm beobachtete Verquickung von Staat und (Rüstungs-)Industrie in Deutschland während des Ersten Weltkriegs; der Begriff wurde seit den 1950er-Jahren von Vertretern des → Marxismus-Leninismus in der (ehemaligen) UdSSR und der (ehemaligen) DDR sowie von Teilen der westdeutschen Jungsozialisten wieder aufgegriffen. – 2. *Charakterisierung*: Die Theorie soll erklären, warum trotz der im Rahmen des → Marxismus abgeleiteten Thesen von der zwangsläufigen Verschlechterung der Kapitalverwertungsbedingungen (→ tendenzieller Fall der Profitrate, → Krisentheorie) der → Kapitalismus in den westlichen Industriestaaten nicht zusammenbricht. Der Annahme zufolge bemächtigen sich die Monopole (→ Monopolkapitalismus) des Staatsapparats und ordnen ihn ihren Interessen unter. Durch wirtschaftspolitische Maßnahmen (steuerpolitische Umverteilung zugunsten der Monopole, Übernahme nichtprofitabler Wirtschaftsbereiche durch den Staat, Minderung der durch den Strukturwandel auftretenden sozialen Probleme etc.) sichert er die weitere Existenz des Kapitalismus und dabei die Kapitalverwertungsmöglichkeiten der Monopole. – 3. *Kritik*: a) Das zugrunde liegende marxistische Denken in geschichtlichen Zwangsläufigkeiten verkennt die Variabilität und Offenheit gesellschaftlicher und wirtschaftlicher Entwicklung. Die Theorie des Staatsmonopolkapitalismus ist dabei als monokausale Ad-hoc-Hypothese zu werten, durch die das Versagen der Marxschen Voraussagen über den baldigen Untergang der kapitalistischen Ordnung verdeckt werden soll (→ Monopolkapitalismus, → Imperialismus, → Spätkapitalismus). – b) Der Begriff des Monopols ist nicht eindeutig definiert und steht oft allein für ein Großunternehmen, ohne dass dessen Marktmacht genau analysiert wird. – c) Es erfolgt keine systematische Analyse der Quantität und Qualität der unterstellten personellen und institutionell-organisatorischen Verflechtung zwischen Monopolen und Staatsapparat. – d) Die Theorie basiert darauf, dass der Staat ein einheitliches und von den Monopolen voll beherrschbares Gebilde ist. Damit verliert sie ihre Aussagekraft für eine föderale, pluralistische demokratische Ordnung mit ihren unterschiedlichen politischen Subsystemen und dem Wettstreit vieler verschiedener und voneinander unabhängiger Interessengruppen. – e) Die Theorie unterstellt, dass selbst sozialpolitische Maßnahmen, die die Großunternehmen („Monopole") durch Gewinnbesteuerung belasten, promonopolistisch sind: Sie dienten der Befriedung der Arbeiterklasse und der Armen und damit der Stabilisierung des kapitalistischen Systems. Damit wird die fundierte ökonomische Analyse jedoch durch „Verdachtsökonomie" (Peters) ersetzt.

Staatspapiere – vom Staat zum Zweck der Kreditaufnahme (öffentliche Kreditaufnahme) ausgegebene Schuldtitel. Staatspapiere werden nach ihrer Laufzeit unterteilt in kurzfristige (z.B. → unverzinsliche Schatzanweisungen), mittelfristige (z.B. Bundesschatzbriefe) und langfristige (z.B. Anleihen) Staatspapiere.

staatssozialistische Marktwirtschaft – Wirtschaftsordnung mit dem Nebeneinander von (juristischem) Staatseigentum an den Unternehmen und einzelwirtschaftlicher Planung und Koordination der Aktivitäten über Märkte. In der Realität tritt diese Wirtschaftsordnung nicht in reiner Form auf, sondern gemischt mit Merkmalen der staatssozialistischen Zentralplanwirtschaft, in der Planung und Koordination durch zumeist zentrale Staatsorgane erfolgt. – *Beispiele*: Ungarn Ende der 1960er-Jahre und China der 1980er-Jahre.

staatssozialistische Zentralplanwirtschaft – 1. *Begriff*: Vormals in osteuropäischen Ländern und der Sowjetunion realisierte → Wirtschaftsordnung mit dominierendem Staatseigentum an den Produktionsmitteln, zentraler Planung und Koordination der Produktions- und Verteilungsprozesse sowie staatlichem Außenhandelsmonopol. Ursprünglich in der Sowjetunion begründet. – 2. *Grundlegendes Organisationsprinzip* in Staat und Wirtschaft ist der → demokratische Zentralismus: Der Staatsapparat ist dabei Instrument der herrschenden kommunistischen Partei zur Durchsetzung ihrer Ziele in allen politischen, wirtschaftlichen und kulturellen Bereichen. – 3. *Wirtschaftskoordination*: Die Vorgaben der kommunistischen Partei werden durch das oberste wirtschaftsführende Staatsorgan in wirtschaftliche Zielgrößen umgerechnet, auf deren Basis erstellt das Planungsorgan (1) einen konzeptionellen Perspektivplan (Planungshorizont ca. 15 Jahre), (2) einen Fünfjahrplan sowie (3) den und für die Wirtschaftskoordination maßgeblichen Jahresplan. Mithilfe der → Bilanzierungsmethode erarbeitet das Planungsorgan zunächst einen vorläufigen Volkswirtschaftsplan, der sowohl reale als auch monetäre Bestands- und Stromgrößen umfasst. Zwar basiert die finanzielle Planung auf derjenigen der güterwirtschaftlichen Prozesse, jedoch werden beide Bereiche gleichzeitig (aufeinander) abgestimmt. Gegenstand der finanziellen Planung sind u.a. die Geldeinnahmen und -ausgaben der Betriebe, privaten Haushalte und des Staatshaushalts und das Volumen der Geldschöpfung bzw. -vernichtung. Auf der Basis des vorläufigen Planentwurfs übergibt das Planungsorgan den Ministerien die staatlichen Planaufgaben für die diesen unterstellten regionalen Leitungsorganen, die diese wiederum auf die einzelnen Betriebe aufschlüsseln; diese erarbeiten dann vorläufige Betriebspläne. Diese Betriebspläne werden über den umgekehrten Instanzenweg wieder zusammengefasst. Das Planungsorgan koordiniert die so aggregierten Teilpläne zum endgültigen Volkswirtschaftsplan, der als Gesetz verabschiedet wird und dessen Erfüllung allen untergeordneten Organen und Wirtschaftseinheiten verbindlich vorgeschrieben wird. Unternehmerisches Formalziel ist also die Planerfüllung (→ Planerfüllungsprinzip). – 4. *Koordinationsprobleme:* a) Die skizzierte Methode der Planaufstellung, durch die die Zentrale Informationen über die betrieblichen Produktionsmöglichkeiten zu erlangen versucht, sowie das Prinzip der Prämiierung in Abhängigkeit von der Erfüllung der auf diesen Informationen beruhenden Pläne, führt zu der betrieblich rationalen *Strategie der „weichen Pläne":* Produktionsmöglichkeiten werden von den Berieben möglichst gering, die notwendigen Inputs möglichst hoch angegeben, um so zum einen leicht erfüllbare Pläne zu erlangen und zum anderen betriebsinterne Reserven ansammeln zu können. – b) Die *staatlich festgesetzten Preise* entsprechen allenfalls zufällig den gesamtwirtschaftlichen Knappheiten und lassen sich aufgrund ihrer bürokratisch-administrativen Festsetzung nur sehr verzögert an Datenänderungen anpassen. – c) Das System der Kennziffern erfasst immer nur einen Teilaspekt des betrieblichen Entscheidungsfeldes; auch sind die Hebel und Kennziffern zumeist *nicht konsistent* aufeinander abgestimmt. Beide Aspekte führen dazu, dass die Betriebsangehörigen ihre eigenen Prämienziele erreichen können, ohne dass der gesamtwirtschaftliche Planzusammenhang gewährleistet wird. – d) Die Interdependenzen zwischen monetärer und güterwirtschaftlicher Planung und Leitung führen in staatssozialistischen Zentralplanwirtschaften bei realen Planstörungen zu *inflationär wirkender Geldschöpfung.* Da die Preise staatlich festgelegt sind, zeigt sich der Geldüberhang nicht in einer offenen Preisinflation, sondern führt zu einer Zunahme der betrieblichen und bes. individuellen Kassenhaltung *(Kassenhaltungsinflation).* – e) Die staatssozialistische Zentralplanwirtschaft ist durch eine *relativ geringe Innovationsdynamik* gekennzeichnet. Eine Ursache hierfür ist, dass Produkt- und Verfahrensinnovationen Risiken für die Planerfüllung bedeuten und daher den Prämiierungsinteressen der Beschäftigten zuwiderlaufen. – f) Die *Unternehmensstruktur* ist *ausgeprägt monopolistisch; Konkurrenzdruck* fehlt. – 5. *Reformen:* In der ehemaligen DDR und in anderen osteuropäischen Staaten wurde in der Vergangenheit – zumeist erfolglos – versucht, den Koordinationsproblemen durch fortwährende organisatorische Umgestaltungen des Lenkungsapparates und durch Neuformulierung der Vorschriften zur Planung und „Vervollkommnung" der → wirtschaftlichen Rechnungsführung zu begegnen. Seit Ende der 1980er-Jahre haben die ehemaligen staatssozialistischen Zentralplanwirtschaften den Weg einer umfassenden Transformation ihrer → Wirtschaftsordnungen zu → Marktwirtschaften gewählt.

Staatsunternehmen → öffentliche Unternehmen.

Staatsversagen – *Politikversagen.* 1. *Begriff:* Durch staatliches Handeln oder Unterlassen von Handlungen hervorgerufene Fehlallokationen. – 2. *Begründung* für die Vermutung von Staatsversagen: (1) Erkenntnismängel: Der → Kritische Rationalismus ist eine Wissenschaftsauffassung, die davon ausgeht, dass es keine endgültigen Wahrheiten z.B. über die Wirkungszusammenhänge beim Einsatz der wirtschaftspolitischen Instrumente gibt; (2) Mängel beim Entwurf und der Koordination wirtschaftspolitischer Entscheidungen; (3) im parlamentarischen Gesetzgebungsverfahren angelegte Anreize für → politische Unternehmer, korrigierend in Marktabläufe einzugreifen. Diese Politik sind gemäß der → ökonomischen Theorie der Politik (Public Choice, A. Downs) daran interessiert, durch Wahlsiege persönliche Interessen zu verfolgen; (4) Beeinflussungen wirtschaftspolitischer Entscheidungen durch Interessenvertreter (→ Interessengruppen, → Rent Seeking); (5) Ineffizienzen bei der Ausführung wirtschaftspolitischer Entscheidungen (→ ökonomische Theorie der Bürokratie). – *Anders:* → Marktversagen.

STABEX – Abk. für *Stabilisierung der Exporterlöse für Agrarerzeugnisse (franz.: Système de Stabilisation des Recettes d'Exportation).* 1. *Gegenstand:* Ehemaliges System zur Stabilisierung der Exporterlöse. Bereits im Ersten → Lomé-Abkommen war für die der → EU assoziierten → AKP-Staaten ein Mechanismus zur Verstetigung der Deviseneinnahmen, welche diese Länder aus dem Export von bestimmten tropischen und subtropischen Agrargütern sowie von Fischen erzielen, verankert worden. – 2. *Voraussetzungen:* Das STABEX-System fand, von wenigen Ausnahmen abgesehen, allein auf die AKP-Exporte in die EU und nur dann Anwendung, wenn die Ausfuhr des jeweiligen Produkts einen festgelegten Anteil (sog. Auslöseschwelle) der gesamten Devisenerlöse des betreffenden AKP-Landes überschreitet. Zudem darf der Erlösrückgang nicht selbstverschuldet sein bzw. auf eine gezielte Politik zurückzuführen sein. – 3. Das STABEX, wie auch → SYSMIN für mineralische Stoffe, wurden auf Druck der *Welthandelsorganisation* (→ World Trade Organization (WTO)) aufgehoben im Abkommen von *Cotonou* im Jahre 2000. – 4. *Leistungen:* a) Die STABEX-Bestimmungen gewährten den AKP-Staaten einen *automatischen Anspruch* auf die von der EU aufgebrachten Ausgleichsmittel, sobald die vertraglich fixierten Voraussetzungen gegeben sind. b) Das von der EU im Rahmen einer *Sonderfazilität des* → EEF (Europäischer Entwicklungsfonds) zur Verfügung gestellte Mittelvolumen des STABEX-Fonds ist schrittweise ausgeweitet worden. Die STABEX-Fazilität ist in Jahrestranchen aufgeteilt. c) Die *Höhe einer Ausgleichszahlung* errechnete sich aus dem Durchschnitt der Devisenerlöse, die ein AKP-Land in den zurückliegenden Jahren durch den Export des betreffenden Erzeugnisses in die EU erzielt hat. In bes. gelagerten Fällen kann es gestattet sein, auch die Exporte in andere AKP-Staaten oder auch sogar in sonstige Länder bei der Berechnung des Transferanspruchs mit zu berücksichtigen. d) Die sog. „am wenigsten entwickelten AKP-Staaten" (und das ist die Mehrheit dieser Länder) erhielten die ihnen übertragenen STABEX-Mittel von Anfang an in vollem Umfang *ohne jede spätere Rückerstattungspflicht* zur Verfügung gestellt. Mittlerweile braucht keines der AKP-Länder empfangene Zahlungen in Jahren mit überdurchschnittlich hohen Erlösen zurückzugewähren.–5. Die *Verwendung* der vom STABEX-Fonds ausgezahlten Mittel oblag beim Ersten Lomé-Abkommen ausschließlich dem Empfängerstaat. In der Folgezeit sind schrittweise *Verwendungsmodalitäten* eingeführt worden. Seit Inkrafttreten des Vierten Lomé-Abkommens erfolgen die STABEX-Zahlungen nur noch auf der Grundlage eines zwischen dem Empfängerland und der → Europäischen Kommission für jeden einzelnen Transferfall vereinbarten *Rahmenkonzepts für gegenseitige Verpflichtungen*. – Vgl. auch → SYSMIN.

Stabilisierung der Exporterlöse für Agrarerzeugnisse → STABEX.

Stabilisierung der mineralischen Exporterlöse → SYSMIN.

Stabilitätskultur – gesellschaftlich tief verankerte Akzeptanz des Ziels der Stabilität des Geldwertes (→ Geldwert, → Inflation).

Stabilitäts- und Wachstumspakt – 1. *Begriff und Ausgestaltung:* Anlässlich der Annahme des Vertrags von Amsterdam (1997) getroffene Entschließung der Mitgliedstaaten der Europäischen Union zur Einhaltung fiskalischer Diziplin. Der Stabilitäts- und Wachstumspakt verpflichtet die EU-Mitgliedstaaten, mittelfristig einen zumindest ausgeglichenen Haushalt anzustreben. Dabei soll – unabhängig von der konjunkturellen Lage (Ausnahme: eine tiefgreifende Rezession) – ein Haushaltsdefizit von 3 Prozent des BIP nicht überschritten werden. Gleichzeitig sind die Mitgliedstaaten der Währungsunion verpflichtet, mehrjährige Stabilitätsprogramme mit Zielsetzungen für die Haushaltspolitik zu erstellen, die jährlich vorzulegen sind und die durch die Europäische Kommission sowie durch den Ministerrat überwacht werden. Nicht an der Währungsunion teilnehmende Länder müssen sog. Konvergenzprogramme vorlegen. Zur Überwachung der fiskalischen Disziplin wurde weiterhin ein „Frühwarnsystem" installiert. Dieses sieht vor, dass der Ministerrat vor dem drohenden Entstehen eines „übermäßigen Defizits" in einem Mitgliedsstaat eine „frühzeitige Warnung" in Form einer Empfehlung an den betreffenden Staat richtet, sein Budget zu konsolidieren. Liegen ausreichende und belastbare Hinweise dafür vor, dass ein Mitgliedsstaat die Defizitobergrenze erreicht oder überschritten hat, so eröffnet die Europäische Kommission ein Defizitverfahren, wozu sie das Initiativrecht besitzt. Stellt der Rat der Wirtschafts- und Finanzminister (Ministerrat) mit qualifizierter Mehrheit (ohne die Stimmen des betroffenen Landes) nach Vorlage einer Bewertung durch die Europäische Kommission und den Wirtschafts- und Finanzausschuss sowie unter Würdigung der „Gesamtlage" und unter Berücksichtigung der Argumente des betroffenen Landes das Vorliegen eines übermäßigen Defizits fest, so kann das betroffene Land innerhalb einer gesetzten Frist (maximal vier Monate) Abhilfemaßnahmen einleiten. Weiterhin setzt der Rat dem betroffenen Land eine Frist zur Korrektur des übermäßigen Defizits. Die Korrektur sollte innerhalb des Jahres erzielt werden, das auf die Feststellung des übermäßigen Defizits folgt. Leistet das Land diesem Beschluss, auch nach Verstreichen einer weiteren Zweimonatsfrist zur Feststellung der Nichtbefolgung der Auflagen, weiterhin nicht Folge, so können Sanktionsmaßnahmen eingeleitet werden. So kann von dem betreffenden Mitgliedsstaat verlangt werden, eine unverzinsliche Einlage („Stabilitätseinlage") bis zur Korrektur des übermäßigen Defizits zu leisten, die allerdings 0,5 Prozent des BIP des Mitgliedsstaates nicht überschreiten darf. Die Stabilitätseinlage setzt sich aus einem Betrag in Höhe von 0,2 Prozent des BIP sowie einer variablen Komponente zusammen. Diese beläuft sich auf 10 Prozent des Betrags, um den das Defizit den Referenzwert von 3 Prozent überschreitet. Hat der betreffende Staat dem Beschluss des Rates nach zwei Jahren noch nicht Folge geleistet, so wandelt sich die Einlage in eine Geldbuße um. Die Einlagen werden zurückgezahlt, wenn der Referenzwert unterschritten wird oder das Land den Empfehlungen des Rates Folge leistet. Im Jahr 2005 wurde eine Überarbeitung des Stabilitäts- und Wachstumspakts veröffentlicht. Diese Überarbeitung ermöglicht, länderspezifische ökonomische Überlegungen stärker zu berücksichtigen. Infolgedessen muss der Bericht der Kommission bei einer Überschreitung des Haushaltsdefizits von 3 Prozent des BIP eine Gesamtbewertung der wirtschaftlichen und haushaltspolitischen Lage des betreffenden Mitgliedsstaates beinhalten. Hinzukommend soll bei der Einschätzung der einzelnen Mitgliedsstaaten der Entwicklung der Schuldenstände mehr Beachtung geschenkt werden. Diese Änderungen führen zu einer differenzierteren Festlegung der jeweiligen Haushaltsziele und sollen somit die Glaubwürdigkeit des finanzpolitischen Rahmens der EU erhöhen. Außerdem soll im Zusammenhang mit dieser Überarbeitung des Stabilitäts- und Wachstumspakts eine engere Zusammenarbeit zwischen der Kommission, dem Rat

Stabilitäts- und Wachstumspakt

und den Mitgliedsstaaten geschaffen werden. – 2. *Bewertung:* Der Stabilitäts- und Wachstumspakt wurde ins Leben gerufen, damit der europäischen Währungsgemeinschaft mit ihrer vereinheitlichten europäischen Geldpolitik ein Mindestmaß an Koordination der nationalen Haushaltspolitiken an die Seite gestellt werden konnte. Damit sollte sichergestellt werden, dass die Mitgliedsstaaten der Währungsunion keine nationalen Finanzpolitiken betreiben können, die sich zulasten anderer Mitgliedsstaaten oder zum Nachteil der Erreichung der Ziele der gemeinsamen Währungspolitik auswirken. Dies wird damit begründet, dass eine hohe Staatsverschuldung die Stabilität der Währung dadurch beeinträchtigen kann, dass sie in den betreffenden Staaten die Neigung wächst, sich über Inflation zu entschulden und einen entsprechenden Druck auf die Währungsbehörde auszuüben, ihre Geldpolitik zu lockern. Angesichts des hohen Grades an Unabhängigkeit, den die europäischen Notenbanken genießen (vgl. auch Europäisches System der Zentralbanken (ESZB)) sowie angesichts eines erhöhten Koordinationsaufwandes einer Vielzahl von Entscheidungsträgern aus sehr heterogenen Herkunftsländern dürfte diese Gefahr mit der Europäischen Währungsunion (EWU) jedoch eher ab- als zugenommen haben. Bedeutsamer ist das Argument, dass in einem gemeinsamen Währungsraum unsolides Haushaltsgebaren zu negativen externen Effekten zulasten der anderen Mitgliedsländer in der Währungsgemeinschaft führt, weil es zu Zinserhöhungen und Wechselkursveränderungen kommen kann, die sich auf die gesamte Gemeinschaft auswirken. Ein Land mit ausgeprägten Verschuldungsabsichten könnte sich in einem einheitlichen Währungsraum die Tatsache zunutze machen, dass keine wechselkursbedingten Risikoprämien mehr bestehen und daher der Kapitalmarkt durch eine hohe Substituierbarkeit der Kapitalanlagen gekennzeichnet ist. Infolge dessen kommt es zu Kapitalflüssen in das Land mit der hohen Neuverschuldung und damit zu einer Alimentierung seines Defizits zulasten der anderen Mitgliedsstaaten. Damit trägt in einer Währungsunion die Gemeinschaft der Mitgliedsstaaten einen Teil der zins- und wechselkursbedingten crowding outs der bes. verschuldeten Staaten, die auf diese Weise einen Anreiz haben, sich als Trittbrettfahrer zu betätigen. Wird keine Solidarhaftung (bail out) der Mitgliedsstaaten der Währungsunion erwartet, so kann diesem Effekt allerdings entgegenstehen, dass Schuldtitel verschuldungsfreudiger Regierungen mit Risikoaufschlägen belegt werden. Während über die Notwendigkeit des Stabilitäts- und Wachstumspakts weitgehend Einigkeit besteht, so gibt es doch Kritik an seiner Ausgestaltung. So bedeuten die Vorgaben des Stabilitäts- und Wachstumspakts erhebliche Eingriffe in die nationale fiskalische Souveränität, gegen die sich in zahlreichen Mitgliedsstaaten Widerstände bemerkbar machen. In diesem Zusammenhang wird auch gefordert, konjunkturelle Entwicklungen stärker zu berücksichtigen und die Möglichkeit des Ausgleiches des Budgets über den Konjunkturzyklus hinweg (in der Vorgabe des Stabilitäts- und Wachstumspakts wird von einem mittelfristig nahezu auszugleichenden Staatshaushalt ausgegangen, was Interpretationsspielräume eröffnet) zu präzisieren. Kritisch wird zudem angemerkt, dass der Ministerrat bei seiner Entscheidung über einen diskretionären Entscheidungsspielraum verfügt und insbesondere nicht an die Empfehlungen der Kommission gebunden ist; auch wenn dem durch die Überarbeitung des Stabilitäts- und Wachstumspakts 2005 entgegengewirkt werden sollte. Vielmehr trifft der Rat seine Entscheidungen eigenständig „nach Prüfung der Gesamtlage" auf einer bewusst nicht-rechtlichen, sondern politischen Grundlage. Damit kann er auch bei einer objektiven Verletzung des Defizitkriteriums zu der Feststellung gelangen, dass kein übermäßiges Defizit vorliegt. Dies, so Kritiker, reduziere die Rechtssicherheit und damit die Glaubwürdigkeit des Stabilitäts- und Wachstumspakts. Die Feststellung eines übermäßigen Defizits kann weiterhin durch strategisches Abstimmungsverhalten von Sperrminorität verschuldungsorientierter Länder verhindert werden. Angesichts der angespannten Haushaltslage in zahlreichen Mitgliedsländern erscheint damit eine faktische (und ggf. auch formale) Aufweichung der Defizitgrenze nicht als allzu unrealistisches Szenario. Weitere Kritik trifft die Sanktionierung übermäßiger Defizite, denn unter anderem muss die Feststellung eines übermäßigen Defizits nicht zwangsläufig Sanktionen nach sich ziehen, denn dies soll nur „in der Regel" geschehen, zum anderen kommt es zu einer Geldbuße faktisch nur bei einer mehrjährigen Überschreitung der Defizitgrenzen, während ansonsten lediglich Zinsverluste anfallen, was die Abschreckungswirkung der Sanktionen begrenzt. Auch die Überführung der Zwangseinlage in eine Geldbuße soll lediglich „in der Regel" geschehen. Damit unterliegt die Sanktionierung eines nach den Standards des Stabilitäts- und Wachstumspakts stabilitätswidrigen Verhaltens zahlreichen politischen Abstimmungsmechanismen, die Raum für diskretionäre Handlungsspielräume und strategisches Verhalten geben. Die Bedenken sind auch durch die Überarbeitung des Stabilitäts- und Wachstumspakts im Jahr 2005 nicht gemildert. So wird im Gegenteil befürchtet, dass der Pakt erheblich geschwächt wird, da die Anreize für eine solide Haushaltspolitik und die Bindungswirkung der Regeln durch zahlreiche Ausnahmen und Sonderregelungen vermindert werden. Überdies wird der Pakt durch Länderdifferenzierungen intransparenter, komplizierter und damit letztlich noch schwerer durchsetzbar. Erhebliche Zweifel bestehen gegenüber der Aufweichung der 3 Prozentgrenze durch Veränderungen im Defizitverfahren. In den Jahren seiner bisherigen Existenz hat der Stabilitäts- und Wachstumspakts keine nennenswerte durchschlagende Glaubwürdigkeit aufbauen können. Ob dies im Zuge der aus der Subprime-Krise resultierenden jüngsten Rezension, welche die nach

Expertenmeinung ohnehin nicht ausreichende haushaltspolitische Disziplin in vielen Mitgliedsstaaten in einem erheblichen Umfang erodiert hat, gelingen kann, muss abgewartet werden.

Stadientheorie → Rostowsche Stadientheorie.

Stadtverkehr – in der Verkehrswissenschaft und -politik gebräuchliche Bezeichnung für den in städtischen Verdichtungsräumen stattfindenden Verkehr. Sowohl hinsichtlich der darunter einzubeziehenden unterschiedlichen Verkehrssysteme wie in Bezug auf die räumliche Reichweite existieren allerdings unterschiedliche Abgrenzungen. Als Stadtverkehr bezeichnet wird z.B. der Verkehr innerhalb eines Stadtgebietes, der Verkehr innerhalb eines großstädtischen Bereichs (Metropolitan Area) und der im Gegensatz zum überregionalen Verkehr stattfindende Verkehr, → öffentlicher Personennahverkehr (öPNV). Belieferung des Einzelhandels in städtischen Verdichtungsräumen wird als City-Logistik bezeichnet.

Stamokap – Abk. für → Staatsmonopolkapitalismus.

Standardrente → Eckrentner.

Standardtender – spezielles → Tenderverfahren im Rahmen von → Wertpapierpensionsgeschäften, das vom Europäischen System der Zentralbanken (ESZB) innerhalb von 24 Stunden nach Bekanntmachung des Tenders durchgeführt wird. Die Bekanntgabe der Zuteilungsergebnisse erfolgt sehr kurzfristig (innerhalb von ca. zwei Stunden) nach Ablauf der Gebotsfrist. Ihre Abwicklung erfolgt regelmäßig am ersten Geschäftstag nach dem Abschlusstag. Die Ausschreibungen erfolgen normalerweise so, dass alle Geschäftspartner im Gebiet der Europäischen Währungsunion (EWU) die Möglichkeit erhalten, stets an den regelmäßigen Refinanzierungsgeschäften mit zweiwöchiger oder dreimonatiger Laufzeit teilzunehmen. – *Gegenteil:* Schnelltender (mit Ankündigung und Abwicklung innerhalb einer Stunde).

Stand der Technik – Begriff in der Umweltgesetzgebung. Der Stand der Technik umfasst fortschrittliche Verfahren, Einrichtungen oder Betriebsweisen, die in der Praxis geeignet erscheinen, die bestmögliche Begrenzung von Gefahren zum Schutz der Allgemeinheit zu sichern, ohne die Umwelt zu beeinträchtigen. Zur näheren Bestimmung sind mit Erfolg erprobte Maßnahmen heranzuziehen. Entscheidend dabei ist, dass die technische Erprobung in einem Fall genügt. – Vgl. auch → allgemein anerkannte Regeln der Technik, → Stand von Wissenschaft und Forschung, → Schweigekartell der Oberingenieure. – *Zur rechtlichen Bedeutung:* Neuheit, Erfindungshöhe, Patent, Gebrauchsmuster.

ständige Fazilitäten des ESZB – Europäisches System der Zentralbanken (ESZB), Geldpolitik, → Einlagenfazilitäten des ESZB, Spitzenrefinanzierungsfazilität.

Stand von Wissenschaft und Forschung – Wird bei einem Produktionsprozess der Stand von Wissenschaft und Forschung vorgeschrieben, so müssen die fortschrittlichsten Umweltschutz- und Sicherheitstechniken eingehalten werden. – Vgl. auch → allgemein anerkannte Regeln der Technik, → Stand der Technik.

Startkapital → Existenzgründungsförderung.

statische Einkommen – Einkommen, die im Zustand des stationären Gleichgewichts anfallen. Zum statischen Einkommen gehören: Lohn und Gehalt (→ Arbeitseinkommen), → Grundrente, → Kapitalzins, Unternehmerlohn sowie der → Monopolgewinn. – *Gegensatz:* → Dynamische Einkommen.

Statistisches Amt der Europäischen Union → EUROSTAT.

Steuerreform – Umgestaltung einer bestehenden Steuerordnung (Steuersystem).

I. **Allgemein:** Die Steuersysteme fast aller entwickelten Staaten werden von Zeit zu Zeit durch größere Steuerreformen den gesellschaftlichen Anschauungen, den Veränderungen der wirtschaftlichen und sozialen Verhältnisse und den Bedürfnissen des Staatshaushalts angepasst. Meist verfolgt eine Steuerreform auch das Ziel, das Steuersystem durch Verringerung der Zahl der Steuerarten, durch Verbesserung der Verständlichkeit der Steuernormen und durch Erhöhung der Transparenz der Verwaltungsvorgänge zu vereinfachen *(Vereinfachung des Steuerrechts)*. Der Realisierung solcher Zielvorstellungen sind jedoch einerseits durch die wachsenden Haushaltsbedürfnisse und die zunehmende Verwendung des Steuerrechts zur Durchsetzung wirtschafts- und sozialpolitischer Ziele und andererseits durch das Bestreben, die Gleichmäßigkeit und Gerechtigkeit der Besteuerung möglichst zu perfektionieren, sehr enge Grenzen gesetzt.

II. **Steuerreform in der Bundesrepublik Deutschland:** Die Diskussionen um eine *große Steuerreform* begannen mit dem im Jahre 1953 veröffentlichten Gutachten des wissenschaftlichen Beirats beim Bundesfinanzministerium zur organischen Steuerreform. – 1. Am 1.1.1968 wurde die nahezu 50 Jahre alte kumulative Allphasen-Bruttoumsatzsteuer durch die nichtkumulative *Allphasen-Nettoumsatzsteuer* (Mehrwertsteuer, Umsatzsteuer) ersetzt. – 2. Auf der Grundlage der Vorschläge der Kommission beim Bundesfinanzministerium (Steuerreformkommission) erfolgte die Ausarbeitung von *drei Gesetzentwürfen*, die in unterschiedlichem Maße realisiert wurden. – a) Das *Erste Steuerreformgesetz* hatte die Reichsabgabenordnung zum Inhalt. Die reformierte Abgabenordnung ist als AO 1977 am 1.1.1977 in Kraft getreten. Ziel war es u.a., die Systematik und Terminologie zu verbessern und den Charakter der AO als Mantelgesetz wiederherzustellen. – b) Im *Zweiten Steuerreformgesetz* sollten die einheitswertabhängigen Steuern, bes. die Vermögensteuer, Erbschaftsteuer, Grundsteuer und Gewerbekapitalsteuer reformiert werden. Die ursprüngliche Zielsetzung des Gesetzgebers, das Gesetz als Ganzes zu verabschieden, ließ sich nicht realisieren; dieser Reformentwurf wurde im Finanzausschuss in drei Gesetze aufgeteilt. Mit Wirkung vom 1.1.1974 sind das Gesetz zur Reform des Grundsteuerrechts vom 7.8.1973 (BGBl. I 965), das Gesetz zur Reform des Erbschaft- und Schenkungsteuerrechts vom 17.4.1974 (BGBl. I 933) sowie das Vermögensteuerreformgesetz (VStRG) vom 17.4.1974 (BGBl. I 949) in Kraft getreten. – c) Der Entwurf des *Dritten Steuerreformgesetzes* befasste sich mit der Neuregelung des Einkommensteuerrechts (Art. 1), des Körperschaftsteuerrechts (Art. 2) und des Sparprämienrechts (Art. 3). Bereits vor der Behandlung des Dritten Steuerreformgesetzes wurden einige zum Reformprogramm der Bundesregierung gehörende Maßnahmen vorgezogen und vorab verwirklicht. (1) Aus diesem Komplex ist bes. das *Außensteuerreformgesetz* von Bedeutung, das als Erstes Gesetz im Rahmen der Steuerreform am 13.9.1972 in Kraft trat (BGBl. I 1713). (2) Da das Dritte Steuerreformgesetz aus verschiedenen Gründen nicht als Ganzes verwirklicht werden konnte, entschloss man sich, die Körperschaftsteuerreform zunächst zurückzustellen und aus den Art. 1 und 3 einige Regelungen vorzuziehen, die als bes. Gesetzentwurf zusammengefasst wurden. Dieser *Entwurf eines Gesetzes zur Reform der Einkommensteuer und der Sparförderung* war heftig umstritten und wurde nach zweimaliger Anrufung des Vermittlungsausschusses in erheblich veränderter Form Gesetz, das erstmals für den Veranlagungszeitraum 1975 Gültigkeit besaß. – Der zunächst zurückgestellte Art. 2 des geplanten Zweiten Steuerreformgesetzes war die Grundlage für das *Körperschaftsteuerreformgesetz*, das sowohl das KStG 1977 umfasst als auch die erforderlichen Änderungen des EStG 1975. Daneben wurde auch ein *Einführungsgesetz* zum Körperschaftsteuerreformgesetz verabschiedet, das die notwendige Anpassung anderer Steuergesetze, bes. das Umwandlungsteuergesetz 1977 (Umwandlung) enthält. In den 1990er-Jahren waren die Vorhaben zur Steuerreform durch schrittweise Steuersenkungen unter Verbreiterung der Bemessungsgrundlage gekennzeichnet. Eine weitere inhaltliche größere Steuerreform erfolgte 2001 mit der Abschaffung des geschaffenen Anrechnungsverfahrens bei der Körperschaftsteuer und dem Übergang auf das Halbeinkünfteverfahren (Definitivsteuer mit niedrigerem Satz, zugleich Halbeinkünfteverfahren für Dividendeneinkünfte und zugleich ein Optionsrecht, nach dem Personengesellschaften für die Körperschaftsteuer – statt Einkommensteuer – ooptieren können sollen). (3) *Nicht verwirklicht* worden ist bisher v.a. eine grundlegende Reform der Gewinnermittlung im Einkommensteuerrecht, die zunächst im Rahmen des Dritten Steuerreformgesetzes vorgesehen war, auch wenn das Einkommensteuergesetz Ende der 1990er-Jahre durch Einzelbestimmungen zunehmend vom Handelsgesetzbuch (HGB) gelöst hat. – 3. *Weitere wesentliche Änderungen:* a) Durch das *Steueränderungsgesetz 1979* ist u.a. ab 1980 die *Lohnsummensteuer abgeschafft* worden. – b) Im Zuge der *Harmonisierung der Steuervorschriften* innerhalb der EU (Steuerharmonisierung in der EU) wurde das *Umsatzsteuergesetz* reformiert, das am 1.1.1968 in Kraft trat. – c) Weiter ist das *Grunderwerbsteuergesetz 1983* zu nennen, welches die landesrechtlichen Grunderwerbsteuergesetze ablöste, die Zahl der Steuerbefreiungen drastisch einschränkte und den Steuersatz von 7 Prozent auf 2 Prozent (später 3,5 Prozent) senkte. – d) *Steuerreformgesetz 1990:* Absenkung des Einkommensteuerspitzensatzes auf 53 Prozent sowie Einführung eines linear-progressiven Tarifverlaufs im Bereich der Progressionszone; unbeschränkter Verlustvortrag. – e) *Standortsicherungsgesetz 1994:* Begrenzung des ESt-Spitzensteuersatzes für gewerbliche Gewinne auf 47 Prozent; Senkung der KSt-Tarifbehandlung auf 45 Prozent, der Ausschüttungsbelastung auf 30 Prozent. – f) *Jahressteuergesetz 1997:* Abschaffung der Drohverlust-Rückstellung. – g) *Steuerentlastungsgesetz 1999/2000/2002:* Absenkung der Schwelle für „wesentliche" Beteiligungen auf 10 Prozent; Einführung eines Wertaufholungsgebots. – h) *Zahlreiche Gesetze 2002 und 2003* senkten die Beteiligungsschwelle weiter ab auf 1 Prozent, begrenzten den Umfang in dem sich Verlustvorträge steuermindernd auswirken können, regelten die Gesellschafter-Fremdfinanzierung neu und kürzten zahlreiche Subventionen trotz einem um 12 Prozent ihres bisherigen Volumens. – i) *Weitere Gesetze 2004-2008:* Z.B. ab Veranlagungszeitraum 2007 Senkung des Einkommensteuerspitzensatzes von 45 Prozent auf 42 Prozent und Erhöhung wiederum auf 45 Prozent („*Reichensteuer*") ab einem Einkommen von über 250.000 Euro bzw. 500.000 Euro, Erweiterung des Inlandsbegriffs, Berücksichtigung negativer Einkünfte im Rahmen des Progessionsvorbehalts, Teilwertabschreibung auf Gesellschafterdarlehen, Außensteuergesetz etc. – j) *Unternehmensteuerreform 2008* wurde am 25.5.2007 vom Bundestag verabschiedet. Der Bundesrat hat dem Gesetz am 6.7.2007 zugestimmt. Es trat zum 1.1.2008 bzw. im Fall der Abgeltungsteuer zum 1.1.2009 in Kraft: Senkung des Körperschaftsteuersatzes von 25 Prozent auf 15 Prozent, Einführung einer Zinsschranke, Reform der Gewerbesteuer etc. – k) *Erbschaftsteuerreform:* Neuregelung der Erbschaftsteuer bzw. Schenkungsteuer ab 2009 aufgrund von Vorgaben des Bundesverfassungsgerichts. Ab 2009 darf die Steuer nach dem bisherigen Recht nicht mehr erhoben werden, da sie gegen das Grundgesetz verstößt (Vorwurf: Begünstigungen von Grundvermögen und Betriebsvermögen). Maßgeblicher Inhalt der Neuregelung: bestehende Begünstigungen für Grundvermögen und Betriebvermögen werden lediglich durch neue, technisch jetzt anders gefasste Begünstigungen derselben Vermögensarten ersetzt; da sich aus diesem Rechtswidrigkeit das Verfassungsgericht aus technischen Gründen frühestens erst in mehreren Jahren äußern können wird (und dann die Neuregelungen wiederum aus fiskalischen Gründen vermutlich nicht rückwirkend verwerfen wird), ist im Endeffekt der bisherige Zustand nicht entscheidend verändert worden; darauf, ob dieses Vorgehen des Gesetzgebers letztlich als eine Umgehung der verfassungsrechtlichen Vorgaben gesehen werden muss, wird in der öffentlichen Diskussion jedoch kaum eingegangen.

Stichwahlverfahren → Abstimmungsverfahren, das im ersten Wahlgang die absolute Mehrheit erfordert. Für den Fall, dass kein Kandidat diese erreicht, ist ein zweiter Wahlgang mit den beiden Kandidaten mit den höchsten Stimmenzahlen vorgesehen, in dem die → einfache Mehrheitsregel angewendet wird.

Stifterverband für die Deutsche Wissenschaft (SV) – gemeinnütziger Verein, 1920 gegründete, 1949 wieder errichtete Gemeinschaftsaktion der Wirtschaft zur Förderung der Wissenschaft in Forschung und Lehre und zur Förderung des qualifizierten wissenschaftlichen Nachwuchses. – *Förderungsschwerpunkte:* Internationale wissenschaftliche Zusammenarbeit; Medizinische Forschung; Geisteswissenschaftliche Forschung; Struktur und Organisation der Wissenschaft u.a., Finanzierung von wissenschaftlichen Dienstleistungen und Hilfseinrichtungen. Förderung der Errichtung von Stiftungen mit eigener Vermögensausstattung im Dienst der Wissenschaft. – *Planung und Durchführung* des Förderungsprogramms in Zusammenarbeit mit: Deutsche Forschungsgemeinschaft, Max-Planck-Gesellschaft, Deutscher Akademischer Austauschdienst, Alexander-von-Humboldt-Stiftung, Studienstiftung des dt. Volkes. – *Veröffentlichungen:* Tätigkeitsbericht (jährlich), Forum Stifterverband (Zeitschrift für die Mitglieder, sechsmal jährlich), Einzelpublikationen.

Stille Reserve – 1. *Rechnungswesen:* stille Rücklagen. – 2. *Beschäftigungs-/Konjunktur-/Arbeitsmarktpolitik:* Teil des → Erwerbspersonenpotenzials; zur stillen Reserve v.a.: – (1) Personen, die beschäftigungslos sowie verfügbar sind und Arbeit suchen, ohne bei den Agenturen für Arbeit (→ Agentur für Arbeit) oder einem kommunalen Träger der Grundsicherung für Arbeitsuchende nach SGB II als Arbeitslose registriert zu sein, – (2) Personen, die wegen ungünstiger Arbeitsmarktlage die Arbeitssuche entmutigt aufgegeben haben, bei günstiger Arbeitsmarktlage aber Arbeitsplätze nachfragen würden, – (3) Personen in Warteschleifen des Bildungs- und Ausbildungssystems oder in arbeitsmarkt- und sozialpolitischen Maßnahmen (Arbeitsmarktpolitik) und – (4) Personen, die aus Arbeitsmarktgründen vorzeitig aus dem Erwerbsleben ausgeschieden sind (Frühverrentung). – (1) und (2) stellen die stille Reserve im engeren Sinne dar, (3) und (4) bilden die stille Reserve in arbeitsmarkt- und sozialpolitischen Maßnahmen. -Die gesamte stille Reserve wird auf 1,4 bis 1,8 Mio. Personen geschätzt, wobei zu beachten ist, dass aufgrund unterschiedlicher Messverfahren und der Abhängigkeit vom Konjunkturverlauf die Angabe valider Daten schwierig ist. Insbesondere nach der deutschen Wiedervereinigung lag der Umfang aufgrund der spezifischen arbeitsmarktpolitischen Maßnahmen in den neuen Bundesländern z.T. deutlich höher (vgl. auch Arbeitslosigkeit, → Arbeitslosenquote). Die offizielle Arbeitsmarktstatistik unterschätzt also systematisch den Gesamtumfang der Unterbeschäftigung. Auch unter fiskalpolitischen Gesichtspunkten ist zu beachten, dass mögliche Beiträge zur Produktion nicht geleistet und Arbeitseinkommen nicht erzielt werden.

Stimmenmaximierung – mögliche Zielsetzung von Parteien im Wettbewerb untereinander (→ Parteienwettbewerb). Der Wahlmechanismus im politischen Wettbewerb ersetzt den Marktmechanismus, mittels dessen die private Unternehmen die Zielsetzung der Gewinnmaximierung verfolgen.

Stockholmer Konvention – *Übereinkommen zur Errichtung der* → EFTA *(European Free Trade Association, Europäische Freihandelszone)*; am 4.1.1960 in Stockholm unterzeichnet und am 3.5.1960 in Kraft getreten.

Straßengüterverkehr → Straßenverkehr.

Straßenverkehr – 1. *Begriff:* Beförderung von Personen und Gütern auf der Straße, v.a. mittels Kraftfahrzeugen. – Im Personenverkehr unterscheidet man zwischen → Individualverkehr und → öffentlichen Verkehr, bes. → öffentlichem Personennahverkehr (öPNV). Der Straßengüterverkehr (→ Güterkraftverkehr) wird unterteilt nach *gewerblichem* und *Werkverkehr*. – 2. *Funktion:* Im Personenverkehr bietet der Straßenverkehr ein hohes Maß an Mobilität in Form des motorisierten Individualverkehrs und durch Busverkehr. Im Straßengüterverkehr bestehen Systemvorteile gegenüber anderen Verkehrsträgern durch eine hohe Netzdichte und eine relativ hohe Geschwindigkeit. Die große Auswahl an → Verkehrsmitteln und Transportbehältern bewirkt zudem eine hohe Affinität des Straßenverkehrs zu modernen logistischen Konzeptionen der → Verkehrswirtschaft. – 3. *Problembereich:* Der Straßenverkehr hat sich seit den 1950er-Jahren sowohl im Personen- als auch im Güterverkehr zum bedeutendsten Verkehrsträger entwickelt. Während dieses Wachstum in der Vergangenheit noch über den Ausbau der → Infrastruktur abgefangen werden konnte, hat sich der Widerstand gegen ein weiteres Anwachsen des Straßenverkehrs wegen der damit einhergehenden Umweltbelastungen seit Mitte der 1970er-Jahre verstärkt. Öffentlichkeit und Politik suchen deshalb nach Wegen, wie diese Entwicklung durch Förderung anderer, weniger stark mit negativen → externen Effekten belasteter Verkehrsträger gebremst bzw. die Mobilität insgesamt verringert werden kann. Bisher sind alle diese Bemühungen (Förderung des → kombinierten Verkehrs, Autobahngebühr, Erhöhung der Mineralölsteuer u.a.) wenig erfolgreich gewesen, denn für den Straßenverkehr werden auch weiterhin überproportionale

Wachstumsraten prognostiziert. Eine derartige restriktive Politik kann auch gegen die Wirtschaftsentwicklung gerichtet sein, wenn den Nachfragern keine gleichwertigen Substitutionsangebote der anderen Verkehrsträger vorliegen.

strategische Industriepolitik – neben der → Strukturerhaltungspolitik und der → Strukturanpassungspolitik Teilbereich der → Strukturpolitik bzw. → Industriepolitik. – *Ausgangspunkt* der strategischen Industriepolitik ist die Erwartung, dass in bestimmten Industriezweigen höhere Gewinne zu erzielen sind als in anderen. Diese Gewinne seien das Ergebnis einer Monopolisierung, die auf der Ausnutzung von statischen (Fixkosten) oder dynamischen Skalenerträgen (Learning-by-Doing) beruhen. Ein Land, das sich erfolgreich auf derartige „strategische" Industrien spezialisiert, könne im internationalen Wettbewerb höhere Einkommen erzielen als andere Länder. – *Aufgabe der strategischen Industriepolitik* ist es, diese Industrien gezielt zu fördern, um einen Wettbewerbsvorteil gegenüber dem Ausland zu erzielen. – Statische und dynamische Skalenerträge werden v.a. in forschungsintensiven Industriezweigen vermutet. Im Zentrum der strategischen Industriepolitik steht daher die *Forschungs- und Technologiepolitik* (→ Technologiepolitik). Als „strategische" Industriezweige werden am häufigsten die Mikroelektronik sowie die Luft- und Raumfahrtindustrie genannt. Tatsächlich ist die Forschungsförderung der Industrieländer stark auf diese beiden Bereiche konzentriert. – Voraussetzung dafür, dass die gezielte Förderung strategischer Industrien deren Position auf dem Weltmarkt verbessert, ist jedoch, dass vom Ausland keine Gegenmaßnahmen ergriffen werden. Wenn alle Länder auf die gleichen Industrien setzen, kann es zu einem internationalen → Subventionswettlauf kommen. Eine weitere Voraussetzung ist, dass der Staat tatsächlich unterscheiden kann zwischen „strategischen" und anderen Industriezweigen. Die strategische Industriepolitik wird daher mit ähnlichen Argumenten kritisiert wie die vorausschauende Strukturplanung (→ Industriepolitik, Konzeptionen).

strategisches Abstimmungsverhalten – Für den Teilnehmer an einer demokratischen Entscheidung lohnt es sich, seine Stimme nicht der von ihm am höchsten präferierten Alternative zu geben, sondern einer anderen, da er damit den Ausgang der Entscheidung für sich günstiger gestalten kann. Dies kann z.B. im → Stichwahlverfahren der Fall sein, wenn er glaubt, dass die für ihn beste Alternative keine Chance hat, die Stichwahl zu erreichen. Strategisches Abstimmungsverhalten bedeutet, dass es bei Abstimmungen nicht zur Aufdeckung der wahren Präferenzen kommt.

strategische Umweltpolitik – Untersucht wird, wie sich die unter nationalen Gesichtspunkten optimale Umweltpolitik ändert wenn unvollständiger Wettbewerb auf Weltmärkten einbezogen wird. Die Resultate sind uneindeutig und unterscheiden sich v.a. danach, ob Bertrand-Wettbewerb oder Cournot-Wettbewerb betrachtet wird. Insgesamt zeigt die Theorie, dass häufig nationale Anreize bestehen, Umweltstandards unter den pareto-optimalen Standards festzulegen (→ Ökodumping). Daher besteht internationaler Koordinationsbedarf in der Umweltpolitik selbst dann, wenn es sich nur um nationale (nicht grenzüberschreitende) Schadstoffe handelt.

Strombörse – Handelsplatz für Strom, ähnlich der Wertpapierbörse. Mit der Liberalisierung des Strommarktes und damit der Aufhebung des Strommonopols in der Bundesrepublik ergab sich die Anforderung, für die Ware Strom eine Börse zu schaffen. Es wird somit den Käufern und Verkäufern ermöglicht, Strom sowohl über den Kassahandel als auch über den Terminmarkt zu erwerben und sich so gegen Preisniveauschwankungen abzusichern. Im Jahr 2000 wurden in Deutschland die Leipzig Power Exchange (LPX) und die European Energy Exchange (EEX) in Frankfurt a.M. gegründet. Die beiden Börsen fusionierten zum 1.1.2002 zur (neuen) EEX (Leipzig). Neben Erdgas- und Kohlehandel wird dort auch → Emissionshandel betrieben. Durch den Zusammenschluss der Stromspotmarktaktivitäten der Energiebörsen Powernext SA aus Frankreich und der EEX AG in Deutschland entstand 2008 das Unternehmen EPEX SPOT mit Sitz in Paris und einer Zweigstelle in Leipzig.

Stromeinspeisungsvergütung → Einspeisevergütung.

Structural Adjustment Programme → Strukturanpassungsprogramm (SAP).

Strukturalismus – Die Ergebnisse der klassischen Außenwirtschaftstheorie unterstellen durch die internationale Arbeitsteilung eine Wohlfahrtsverbesserung aller. Nach dem Ansatz des Strukturalismus wird die Welt dagegen in Zentrum und Peripherie aufgeteilt, deren Produktionsstrukturen erheblich voneinander abweichen. Die Verteilung der Handelsgewinne begünstigt nur das Zentrum. – Gefordert wird eine strukturelle Transformation (Industrialisierung), die einkommenselastische Industriegüterimporte durch heimische Produktion ersetzt (Importsubstitution) und schließlich zu → internationaler Wettbewerbsfähigkeit führt. In der Übergangsphase werden protektionistische Maßnahmen, Devisenkontrollen, Subventionierung heimischer Investitionen und Attrahierung ausländischen Kapitals für die noch jungen Industriesektoren vorgeschlagen.

Strukturanpassungspolitik – Teilbereich der → Industriepolitik, → sektoralen Strukturpolitik oder → Regionalpolitik. – 1. *Begründung:* In erster Linie geht es darum, den Abbau von Arbeitsplätzen in strukturschwachen Branchen zu verlangsamen und für einen Ausgleich an Beschäftigungsmöglichkeiten in anderen Branchen zu sorgen. Dafür werden zeitlich befristete Subventionsprogramme aufgelegt und oftmals auch außenhandelspolitische Schutzmaßnahmen ergriffen. Daneben werden häufig staatlich geförderte Umschulungsprogramme angeboten, um die Wiedereingliederung freigesetzter Arbeitskräfte in anderen Wirtschaftszweigen zu erleichtern. - 2. In den Bereich der Strukturanpassung fallen auch jene *Maßnahmen*, mit denen die Wettbewerbsfähigkeit gefährdeter Branchen wiederhergestellt werden soll. Diese Unterstützung wird i.d.R. in Form von Investitionshilfen für Rationalisierungsmaßnahmen, für eine Neugestaltung der Produktpalette oder für eine Modernisierung der Produktionsanlagen gewährt. Oftmals sind derartige Beihilfen an Auflagen zum freiwilligen Kapazitätsabbau der geförderten Unternehmen geknüpft. Die strukturellen Anpassungserfordernisse werden vorrangig vom internationalen Wettbewerb bestimmt. In hoch entwickelten Industrieländern sind es v.a. arbeitsintensive Industrien und Industrien mit standardisierten, leicht imitierbaren Produkten, die unter den Druck der Konkurrenz aus weniger entwickelten Ländern geraten. - 3. Die *Unterscheidung* zwischen Maßnahmen zur Strukturerhaltung (→ Strukturerhaltungspolitik) und zur Strukturanpassung wird zusätzlich dadurch erschwert, dass viele Anpassungshilfen über sehr lange Zeiträume hinweg gewährt werden. Wenn die Anpassungsprobleme auch nach Ablauf eines Förderprogramms nicht gelöst sind, werden oftmals Folgeprogramme aufgelegt. Dadurch entwickeln sich industriepolitische Maßnahmen, die ursprünglich der Strukturanpassung dienen sollten, häufig im Nachhinein zu Maßnahmen einer Konservierungs- bzw. Strukturerhaltungspolitik. - Vgl. auch → strategische Industriepolitik.

Strukturanpassungsprogramm (SAP) - *Structural Adjustment Program;* durch den Internationalen Währungsfonds (→ IWF) und die → Weltbank gewährte Großkredite zu Sonderkonditionen für Entwicklungsländer. Voraussetzung war, dass das Empfängerland ein gemeinsam ausgearbeitetes Entwicklungsprogramm umsetzte, das bes. auf die Beseitigung struktureller Schwächen (Staatshaushalt, Außenhandel, Infrastruktur etc.) abstellte. Während die makroökonomische Rationalität der Strukturanpassungsprogramme weitgehend unumstritten war, richtete sich Kritik gegen die mikroökonomischen und bes. sozialen Auswirkungen dieser Sanierungsprogramme in den betroffenen Ländern. In verschiedenen Ländern kam es im Zusammenhang mit der Umsetzung von Strukturanpassungsprogrammen zu Unruhen („Brotaufstände"). 1999 wurden die Strukturanpassungsprogramme eingestellt und durch die → PRGF (Armutsfazilität) in veränderter Form weitergeführt.

Strukturberichterstattung - existierte von 1978 bis 2001. Sie wurde im Auftrag des Bundeswirtschaftsministeriums (heute: Bundesministerium für Wirtschaft und Technologie (BMWi)) von den Wirtschaftsforschungsinstituten Deutsches Institut für Wirtschaftsforschung (DIW), ifo Institut für Wirtschaftsforschung, Institut für Weltwirtschaft (IfW), Hamburgisches Welt-Wirtschafts-Archiv (HWWA), Rheinisch-Westfälisches Institut für Wirtschaftsforschung (RWI) und - seit 1992 - auch dem Institut für Wirtschaftsforschung Halle (IWH) durchgeführt. Die Strukturberichterstattung sollte die Ursachen und Entwicklungslinien des → sektoralen Strukturwandels in der dt. Volkswirtschaft und bes. auch die Wirkungen der → sektoralen Strukturpolitik untersuchen. Im Rahmen dieser Forschungsarbeiten sind umfangreiche empirische Analysen angestellt worden, u.a. über Richtung und Tempo des Strukturwandels in unterschiedlichen Wachstumsphasen der dt. Volkswirtschaft.

strukturelle Arbeitslosigkeit → Arbeitslosigkeit.

strukturelle Heterogenität → Dependencia-Theorien.

struktureller Wandel - *Strukturwandel*. Die Veränderung der → Wirtschaftsstruktur, d.h. der relativen Gewichte einzelner Sektoren während des Entwicklungsprozesses. Im Entwicklungsprozess nimmt die Bedeutung des → primären Sektors im Laufe der Zeit ab, der → sekundäre Sektor und tertiäre Sektor (→ Dienstleistungssektor) nehmen an Bedeutung zu, wobei schließlich der tertiäre Sektor den Industriebereich überflügelt (→ Drei-Sektoren-Hypothese). - Vgl. auch → sektoraler Strukturwandel, → regionaler Strukturwandel, Wachstumstheorie.

Strukturerhaltungspolitik - Teilbereich der → Industriepolitik, → sektoraler Strukturpolitik oder → Regionalpolitik. - 1. *Begründung:* Im Zentrum der Strukturerhaltungspolitik stehen in nahezu sämtlichen Industrieländern die Landwirtschaft, der Bergbau und die Eisen- und Stahlindustrie (strukturschwache Branchen). In diesen drei Branchen sei, so heißt es, ein gewisses Mindestmaß an Autarkie unverzichtbar, um in einem möglichen Krisenfall nicht völlig von Lieferungen des Auslandes abhängig zu sein. Die Landwirtschaft stelle die Ernährung der Bevölkerung sicher, der Bergbau bewahre die nationalen Energiereserven, und die Eisen- und Stahlindustrie sei u.a. aus militärstrategischen Gesichtspunkten unverzichtbar. - 2. *Probleme:* Ein gemeinsames Merkmal der Konservierungspolitiken ist ihre Beharrungstendenz. Die Landwirtschaft in der EU produziert mittlerweile weit mehr als zur Existenzsicherung der Bevölkerung nötig, die energiewirtschaftliche Bedeutung der Steinkohle ist stark geschrumpft, und für den militärischen Bereich ist die Stahlerzeugung längst kein Schlüsselbereich mehr. Dennoch wird die Unterstützung für Landwirtschaft, Kohle und Stahl weitgehend unvermindert fortgesetzt. Diese drei Branchen zählen weltweit zu den am höchsten subventionierten Bereichen der Wirtschaft. - Vgl. auch → Strukturanpassungspolitik, → strategische Industriepolitik.

Strukturfonds der Europäischen Union Strukturpolitik der Europäischen Union.

Strukturforschung → Strukturberichterstattung.

Strukturhilfe – im Rahmen der → finanziellen Zusammenarbeit seit 1987 zur Verfügung stehendes Instrument der dt. Bundesregierung, mit dessen Hilfe Strukturanpassungsmaßnahmen der Entwicklungsländer unterstützt werden können. Devisen für den Import von Waren und Dienstleistungen sollen im Zusammenhang mit Strukturanpassungsprogrammen der Weltbank zur Verfügung gestellt werden (→ Warenhilfe).

Strukturpolitik – zusammenfassend für verschiedene Aufgabenfelder der Wirtschaftspolitik, die auf Änderungen der → Wirtschaftsstruktur abzielen. – Vgl. auch → Industriepolitik, → Infrastrukturpolitik, → Regionalpolitik, → sektorale Strukturpolitik, → unternehmensgrößenbezogene Strukturpolitik.

Strukturwandel → struktureller Wandel.

Studienstiftung des deutschen Volkes – von Bund und Ländern der Bundesrepublik Deutschland, zahlreichen Städten und Landkreisen, dem → Stifterverband für die Deutsche Wissenschaft (SV), der → VolkswagenStiftung und privaten Spendern gemeinsam finanzierter, der Begabtenförderung dienender Verein; Sitz in Bad Godesberg, Bonn. – *Aufgabe:* Die Studienstiftung des deutschen Volkes soll die vollwertige Hochschulausbildung wissenschaftlich oder künstlerisch hoch begabter junger Menschen sicherstellen. – An den Hochschulen sind Hochschullehrer als Vertrauensdozenten tätig; die Hochschulen und die höheren Schulen schlagen geeignete Studenten vor.

Studium im Medienverbund – 1. *Begriff:* Ein integrativ-strukturiertes, einen turnusmäßigen Substitutionsprozess von Direkt- und → Fernstudium beinhaltendes, auf Medienverbundebene zu organisierendes einheitliches Studiensystem, in welchem die Studiengruppen wechselseitig im Direkt- und im Fernstudium studieren können. Keine Unterscheidung von Direkt- und Fernstudenten (Chancengleichheit). – 2. *Zweck:* Direktstudium mit Optimierungstendenzen der Organisationsstrukturen in den überregionalen Bereich der Bildungsinstitution (Kapazitätserweiterung). – 3. *Durchführung:* Die Vermittlung des Lehrinhalte erfolgt durch organisierten, nach Zweckmäßigkeitsgründen vorzunehmenden regionalen und überregionalen Medieneinsatz. – a) *Regionaler Medieneinsatz:* Bereicherung des direkten Lehrbetriebes durch technische (speichernde) Medien (Enrichment-Funktion) als Teil des Studiums im Medienverbund. – b) *Überregionaler Medieneinsatz:* Optimierung der Organisationsstruktur, Bereich des Fernstudiums als Teil des Studiums im Medienverbund. Es können zentrale und dezentrale Tutorials und Seminare veranstaltet wie auch Praktika (wegen der Zeit- und Ortsungebundenheit dieses Studienteils) in das Studium aufgenommen werden. – 4. *Vorteile:* Einteilung der Studiengänge nach Studieneinheiten, Komprimierung von unmittelbar zusammenhängenden Lehrinhalten zu einer Studieneinheit, Straffung des Studienstoffes, Konzentration des Studiums, Verkürzung der Studienzeit, Kostendegression. Studieneinheit und Lehrobjektivierung führen zur (äußeren) Standardisierung des Studiums. – Vgl. auch → Fernstudium im Medienverbund.

Stufenausbildung – Organisationsform der → Berufsausbildung. Einer Grundbildung auf breiter Basis folgt eine gestufte, spezieller werdende Ausbildung mit Abschlussmöglichkeiten nach jeder Stufe. Nach § 5 II BBiG besteht die gesetzliche Möglichkeit, die Berufsausbildung in diesem Sinn sachlich und zeitlich in bes. geordneten, aufeinander aufbauenden Stufen durchzuführen: Auf die erste Stufe der beruflichen Grundbildung auf Berufsfeldbreite sollen die Stufen der allg. beruflichen Fachbildung und der bes. beruflichen Fachbildung folgen. Nach der Anzahl der Auszubildenden sind bes. die Stufenausbildungsordnungen im Einzelhandel, in den elektrotechnischen Berufen und in den Bau- und Textilberufen von Bedeutung.

Subjektförderung – Subventionsmaßnahme im Rahmen der → sozialen Wohnraumförderung, die eine Personengruppe direkt begünstigt. Dazu zählt v.a. das → Wohngeld (Zuschuss zur Wohnungsmiete, gezahlt an die Beziehen von Einkommen, das eine bestimmte, von der Familiengröße abhängige Höhe nicht überschreitet).

Subsidiarität – 1. *Begriff:* Der katholischen Soziallehre entstammendes *gesellschaftsethisches Prinzip* (Ethik), das auf die Entfaltung der individuellen Fähigkeiten, der Selbstbestimmung und Selbstverantwortung abstellt. Nur dort, wo die Möglichkeiten des Einzelnen bzw. einer kleineren Gruppe (Familie, Gemeinde) nicht ausreichen, die Aufgaben der Daseinsgestaltung zu lösen, sollen staatliche Institutionen subsidiär eingreifen. Dabei ist der Hilfe zur Selbsthilfe der Vorrang vor einer unmittelbaren Aufgabenübernahme durch den Staat zu geben. Der individuelle Aspekt der Subsidiarität (Selbstverantwortung) und der gesellschaftliche Aspekt (Schaffung der materiellen Voraussetzungen hierfür durch den Staat) lassen sich nicht scharf voneinander abgrenzen; Je nach Akzentuierung entsprechen sowohl marktwirtschaftliche als auch wohlfahrtsstaatliche Konzepte (→ Wohlfahrtsstaat) dem Subsidiaritätsprinzip. Das Subsidiaritätsprinzip ist ein zentrales Element des ordnungspolitischen Konzepts der → Sozialen Marktwirtschaft. – 2. *Finanzwissenschaft:* Subsidiarität wird als Grundsatz für die Aufgabenverteilung zwischen Privaten und Staat sowie innerhalb des privaten und öffentlichen Sektors angewandt. Die Verantwortung für eine Aufgabe ist der jeweils kleinsten dafür geeigneten Einheit zu übertragen; die Abstufung der Einheiten reicht vom Individuum über den privaten Haushalt und andere private Gemeinschaften bis hin zu den öffentlichen Kollektiven unterschiedlicher Größe (Verbände, Gemeinden, Länder, Zentralstaat, supranationale Organisationen). Aus der Subsidiarität ergeben sich Empfehlungen für die Zuständigkeit des Staates (z.B. für die Empfangsberechtigung von Sozialhilfeleistungen) und für die Aufgabenverteilung zwischen den verschiedenen Ebenen. – *Zuständigkeiten der einzelnen Verwaltungsebenen:* Die übergeordnete Ebene greift erst dann ein, wenn die untergeordnete überfordert ist. – *Umfang der Wirtschaftstätigkeit öffentlicher Verwaltungen:* Eine negative Interpretation von Subsidiarität besagt, dass sich die öffentliche Hand nur dann wirtschaftlich betätigen darf, wenn die privaten Unternehmen nicht im Stande sind, die notwendigen Aufgaben zu erfüllen *(Lückenbüßerfunktion);* bei einer positiven Formulierung von Subsidiarität übernehmen die öffentlichen Unternehmen eine *Vorreiterfunktion,* durch die die Betätigung privater Unternehmen erst möglich wird. – 3. *Sozialpolitik:* Im Rahmen der *Sozialpolitik* bedeutet der Grundsatz der Subsidiarität, dass eine Wahrnehmung von (sozialen) Aufgaben durch den Staat nur dann erfolgen soll, wenn diese von nichtstaatlichen Einrichtungen (z.B. Wohlfahrtspflege, SozialKirchen) nicht erfüllt werden können. – 4. *Europarecht:* Mit dem am 1.11.1993 erfolgten Inkrafttreten des *Vertrags zur Gründung der Europäischen Union* (→ EUV) ist ein spezifisch gemeinschaftsrechtliches Subsidiaritätsprinzip formal etabliert worden.a) *Rechtsgrundlage:* Art. 5 EUV-Lissabon besagt, dass bei Angelegenheiten, die nicht in die ausschließliche Zuständigkeit der Gemeinschaft fallen, die Gemeinschaft nur tätig wird, „sofern und soweit die Ziele der in Betracht gezogenen Maßnahmen von den Mitgliedstaaten weder auf zentraler noch auf regionaler Ebene ausreichend verwirklicht werden können, sondern vielmehr wegen ihres Umfangs oder ihrer Wirkungen auf Unionsebene besser zu verwirklichen sind" (Art. 5 Abs. 3 EUV). Der Subsidiaritätsgrundsatz des Unionsrechts entspricht also dem *föderalen Prinzip* und dient dem *Zweck,* dass in der Union staatliche Entscheidungen möglichst bürgernah getroffen werden und die nationale Identität der Mitgliedstaaten gewahrt bleibt. – b) Das europarechtliche Subsidiaritätsprinzip bedeutet keine Zuweisung von Zuständigkeiten, sondern eine Anweisung für deren *praktische Ausübung.* Der → Europäische Rat von Edinburgh hat 1992 ein Gesamtkonzept zur Anwendung des Subsidiaritätsprinzips verabschiedet. Seither werden sämtliche Rechtsetzungsakte der EU einer Subsidiaritätsprüfung unterzogen. Mit dem Protokoll Nr. 30 präzisierte der → Amsterdamer Vertrag weiter die Anwendung des Subsidiaritätsprinzips. – 5. *Genossenschaftswesen:* im Gegensatz zum Zentralitätsprinzip im Konzern (genossenschaftlicher Finanzverbund). Übergeordnete Verbundunternehmen sind nur dienende Institutionen der vorgelagerten Stufen; sie besitzen keinen von der genossenschaftlichen Primärstufe zu isolierenden Selbstzweck, sondern erfüllen Aufgaben, die von vorgelagerten kleineren Einheiten nicht oder nur in unzureichendem Maße erbracht werden könnten. – 6. *Versicherungswesen:* Subsidiarität im Versicherungswesen bedeutet, dass ein Rangverhältnis zwischen zwei oder mehreren Versicherungen besteht. Die subsidiäre Versicherung kommt erst dann zum Tragen, wenn eine andere Versicherung nicht leisten muss.

Subsidiaritätsprinzip → Subsidiarität.

Subsistenzlandwirtschaft – landwirtschaftliche Produktion, die primär der Eigenversorgung dient und damit außerhalb des monetären Kreislaufs einer Volkswirtschaft bleibt.

Subsistenzmittelfondstheorie – 1. *Charakterisierung:* Bei den Klassikern der politischen Ökonomie existierte die Vorstellung eines vorgeschossenen gesamtwirtschaftlichen Lohnfonds, der aus den Gütern besteht, die die Arbeiter zum Leben brauchen (Subsistenzlohn). Die Lohnrate der Arbeiter ergibt sich aus der Division des → Lohnfonds durch die Anzahl der insgesamt beschäftigten Arbeiter. Das Subsistenzniveau, das die Höhe des Lohnfonds bestimmt, ist nicht in einem biologischen Sinne zu verstehen, sondern wird aus den jeweiligen sozialen Bedingungen heraus bestimmt. Die Eigenschaft der Lohnrate, in Richtung des Subsistenzniveaus zu tendieren, wurde entweder durch ein starkes Bevölkerungswachstum (Thomas Malthus) oder über die Tendenz des technischen Fortschritts, Arbeitskräfte freizusetzen und der Existenz einer daraus resultierenden „industriellen Reservearmee" (Karl Marx) begründet. – Von Böhm-Bawerk griff das Konzept des Lohnfonds wieder auf. Der Lohnfonds ist jene Größe, aus der die Arbeitslöhne bestritten werden; die Höhe des Lohnfonds bestimmt wesentlich die Länge der durchschnittlichen Produktionsperiode. Varianten der Subsistenzmitteltheorie finden sich auch in den von Stingler, Eucken und von Stackelberg vertretenen Lohn- und Zinstheorien (→ Lohntheorien, Zinstheorien). – Basis der Subsistenzmittelfondstheorie ist ein *Vier-Klassen-Modell* basierend auf Kapitalisten, Bodenbesitzern, (besitzlosen) Unternehmern und Arbeitern. Die Kapitalisten leihen den Unternehmern den *Subsistenzmittelfonds,* das ist eine Gütermenge (bes. Konsumgüter) bzw. deren monetäres Gegenwert. Die Überlassung dieses Subsistenzmittelfonds setzt die Unternehmer in den Stand, die Arbeiter zu beschäftigen, denn die Arbeiter müssen während der durchschnittlichen Produktionsperiode „alimentiert" werden. Die eingeschlagenen Produktionsumwege können nach dieser Lehrmeinung umso größer sein: (1) Je größer der Subsistenzmittelfonds, (2) je größer die Umschlagshäufigkeit des Kapitals (des Subsistenzmittelfonds), (3) je geringer der Lohnsatz und (4) je geringer die Zahl der zu beschäftigenden Arbeiter ist. – 2. *Bedeutung:* Die Subsistenzmittelfondstheorie ist Grundlage der monetären Überinvestitionstheorie in der Hayekschen Form. – 3. *Kritik:* Nach Preiser u.a.

wird bei der Subsistenzmittelfondstheorie die Synchronisierung der Produktion übersehen. Da aber in jedem Moment Produktionsprozesse beginnen und abgeschlossen werden, müsse niemand auf das Erscheinen irgendeines Produktes warten, niemand während einer Produktionsperiode „alimentiert" werden. Damit werde der Subsistenzmittelfondstheorie ihre eigentliche Basis entzogen.

Substitutionskonzept – 1. *Begriff*: Bei der Abgrenzung des → relevanten Marktes ist das Substitutionskonzept von Bedeutung. Es drückt aus, ob zwei Güter Substitute in der Nachfrage sind oder nicht (komplementäre, indifferente oder neutrale Güter). Sind zwei Güter vollständige Substitute, dann ist der Wert der indirekten Preiselastizität der Nachfrage bei diesen Werten positiv und endlich groß. – 2. *Kritik*: Andere Bedingungen, wie z.b. die Produktions- und Kostenbedingungen, werden bei der Bestimmung der Beziehungen zwischen den Gütern vernachlässigt. – 3. *Spezielle Ausprägung im Kartellrecht*: sog. Bedarfsmarktkonzept. Demnach gehören all jene Güter und Dienstleistungen dem gleichen sachlich relevanten Markt an, die ein verständiger Verbraucher unter funktionellen, preislichen und sonstigen Gesichtspunkten als gegenseitig austauschbar ansieht.

Substitutionslücke – 1. *Begriff*: Abgrenzung des → relevanten Marktes. – Im Falle einer Substitutionslücke in der Nachfrage zwischen zwei Gütern, die in einem niedrigen Wert für die Kreuzpreiselastizität dieser Güter zum Ausdruck kommt, sind die betreffenden Märkte getrennt. Deshalb werden z.B. nur die Umsatzzahlen für Markt A bei der Vermutung der Marktbeherrschung im Markt A zugrunde gelegt. – 2. *Kritik*: Verbindungen zwischen zwei Gütern, die auf technischen oder funktionellen Eigenschaften basieren, werden vernachlässigt.

Subventionierung – Subvention, → interne Subventionierung.

Subventionswert – monetärer Wert einer Subvention, üblicherweise als Prozentsatz des Subventionsbetrags vom betrieblichen Aufwand (z.B. Investitionsaufwand oder Personalkosten), der als Bemessungsgrundlage dient, berechnet. Der Subventionswert ist im Fall direkter Finanzhilfen (z.B. Investitionszulagen oder Investitionszuschüsse) relativ einfach zu ermitteln. Er liegt allerdings niedriger als der *Subventionssatz* (Fördersatz), wenn die Subvention zu versteuern ist. Bei steuerlichen Vergünstigungen (Sonderabschreibungen) kann der tatsächliche Subventionswert nur ex post berechnet werden. Im Fall einer Zinsbeihilfe ist der Subventionswert aus der Differenz zwischen effektiv gezahlten Zinsen und kalkulatorischen Vergleichszinsen (marktübliche Zinssätze) abzuleiten, wobei die „ersparten" Zahlungen auf einen Barwert abdiskontiert werden müssen.

Subventionswettlauf – gegenseitiges Überbieten der Regierungen verschiedener Länder bei der Subventionierung ihrer Exportindustrien (Exportsubvention).

Suchgut – im Rahmen der Haushaltstheorie ein → Gut, bei dem der Haushalt durch Informationssuche schon vor dem Kauf Kenntnisse über die Qualität erlangen kann. – Vgl. auch Informationseigenschaften von Gütern, → Vertrauensgut, → Erfahrungsgut.

Suchkosten → Informationsökonomik.

Suchtheorie → Informationsökonomik, Arbeitsmarkttheorien.

Süd-Süd-Kooperation – Intensivierung der außenwirtschaftlichen Beziehungen bzw. der wirtschaftlichen Zusammenarbeit zwischen → Entwicklungsländern. Begründung der Forderung nach verstärkter Süd-Süd-Kooperation u.a. mit Nachteilen für Entwicklungsländer durch außenwirtschaftliche Verflechtung mit den Industriestaaten (→ Dependencia-Theorien, → Kontereffekt). – *Beurteilung*: Die *Vorteile* für die beteiligten Länder würden aus verschiedenen Gründen abgeschwächt werden, z.B. durch: Beschränkung der Integrationsgewinne, weil die betreffenden Länder oft eine ausgeprägte Ähnlichkeit der Faktor- und Ressourcenausstattung bzw. relativ geringe Kostenunterschiede sowie eine unzureichende Funktionsfähigkeit der Güter- und Faktormärkte aufweisen; geringe Entfaltungsmöglichkeit dynamischer Integrationsgewinne (Handelsgewinn), nicht zuletzt aufgrund der relativen Enge der Märkte dieser Länder und ihres relativ niedrigen technologischen Niveaus. – In jedem Fall wäre die Süd-Süd-Kooperation nicht als Ersatz, sondern bestenfalls als *Ergänzung* bzw. *Erweiterung* der weltwirtschaftlichen Integration der Entwicklungsländer anzustreben. – *Beispiele*: West African Economic and Monetary Union (WEAMU), West African Monetary Zone (WAMZ), Economic Community of West African States (→ ECOWAS), → African Union (AU).

Sunk Costs – *versunkene Kosten*; → potenzieller Wettbewerb, monopolistische Preisbildung.

Super-Währung – *Supranational/Super-Souvereign currency*; Eine 2009 vom chinesischen Zentralbankchef vorgeschlagene, von einzelnen Ländern unabhängige und langfristig stabile Leitwährung, welche die inhärenten Schwächen von kreditbasierten nationalen Währungen beheben kann. Hintergrund war die Finanzkrise (Subprime-Krise) und die damit offenbarten Schwächen des US-Dollars.

Sustainable Development → nachhaltige Entwicklung.

SV – Abk. für → Stifterverband für die Deutsche Wissenschaft.

Swap – 1. *Begriff*: a) *Swap im traditionellen Sinn*: Devisen-Swap, d.h. gleichzeitige Durchführung eines Kassa- und eines Termingeschäfts (Kassageschäft, Termingeschäft) am Devisenmarkt zum „Preis" des Swapsatzes (Arbitrage). – b) *Swap als Finanzinnovation*: Gegenseitige Nutzung von komparativen Kostenvorteilen durch zwei Vertragspartner. Dabei treten Banken als Intermediäre auf und schließen mit jedem

Partner selbstständige Verträge ab. Für die übernommenen Risiken erhält die Bank Provision. – c) *Liquiditäts-Swap:* Ist im Fall von Liquiditätsvorteilen möglich. – 2. *Formen:* Innovative Swaps sind Währungsswap, Zinsswap, Zins- und Währungsswap. – 3. *Swap als geldpolitisches Instrument:* → Swappolitik.

Swapgeschäfte – Geschäfte, in denen das Europäische System der Zentralbanken (ESZB) (meist vertreten durch eine nationale Notenbank) von den Kreditinstituten Devisen per Kasse kauft (verkauft) und gleichzeitig per Termin verkauft (kauft). Das ESZB betreibt Devisenswapgeschäfte aufgrund der Tatsache, dass seine Geschäftspartner auf Devisenkassa- und -terminmärkten identisch sind, in einer Weise, dass sie faktisch → Devisenpensionsgeschäften entsprechen. Bei einem Ankauf von Devisen im Rahmen eines Swapgeschäftes stellt das ESZB dem Bankensystem für die Laufzeit des Geschäfts → Zentralbankgeld zur Verfügung. Die seit 1979 bei Bedarf von der Bundesbank abgeschlossenen Devisenswapgeschäfte, die ausschließlich auf US-Dollar lautet, dienen im Gegensatz zum anfänglichen Vorgehen nur der Feinsteuerung des Geldmarkts. Zu diesem Zweck können sie auch heute vom ESZB eingesetzt werden.

Swappolitik – *Devisenswappolitik.* 1. *Charakterisierung:* Kauf (Verkauf) von Devisen durch die Europäische Zentralbank (ESZB) von (an) Geschäftsbanken per Kasse bei gleichzeitigem Verkauf (Kauf) per Termin an diese (von dieser) zur Erhöhung (Reduktion) der → Liquidität bzw. Zentralbankgeldbestände der Geschäftsbanken; geldpolitisches Instrument (Geldpolitik, Europäisches System der Zentralbanken (ESZB)). Der Swapsatz wird jeweils zwischen ESZB und Geschäftsbanken vereinbart; er entspricht der Differenz zwischen Termin- und Kassakurs. – 2. *Wirkung:* Swappolitik beeinflusst → Währungsreserven sowie den in- und ausländischen → Geldmarkt. – 3. *Ziel:* Erhöhung des Geldexports der Banken (evtl. bei Bindung an Erwerb amerikanischer → Treasury Bills) bis ca. 1971; gegenwärtig Feinsteuerung der Liquidität und der Zinssätze am Markt. Darüber hinaus zur Steuerung des Wechselkurses bei (bes. spekulationsbedingten) Devisen- und Kapitalbewegungen geeignet.

Swaption – Recht, zu einem bestimmten Zeitpunkt oder innerhalb einer bestimmten Frist in einen hinsichtlich der Konditionen genau spezifizierten → Swap einzutreten. Für den Erwerb einer Swaption wird eine → Prämie gezahlt.

Symbiose → biokybernetische Grundregeln.

Synergetik – *Lehre vom Zusammenwirken;* von H. Haken Anfang der 1970er-Jahre begründeter Ansatz zu einer allg. Theorie der Selbstorganisation (→ Selbstorganisationstheorie). Gegenstand ist die Untersuchung von strukturellen raumzeitlichen Selbstorganisationsprozessen in wechselwirkenden Vielkomponentensystemen.

synergetische Effekte → Economies of Scope.

Synergismus → Schadstoffinteraktion.

Syntropie – *Negentropie;* thermodynamisches Maß für den Konzentrationsgrad von freier, nutzbarer Energie in einem physikalischen System oder in einem Energieträger. Die Syntropie ist der Kehrwert der → Entropie.

SYSMIN – Abk. für *Stabilisierung der mineralischen Exporterlöse.* 1. *Gegenstand:* SYSMIN ist eine im Rahmen der → Lomé-Abkommen vereinbarte Regelung gewesen, die in Ergänzung zu → STABEX zu einer langfristigen Verbesserung und Stabilisierung der Devisenerlöse der mit der EU assoziierten (→ Assoziierungsabkommen) → AKP-Staaten aus dem Export bestimmter Bergbauprodukte beitragen soll. – 2. *Zielsetzung:* Die im Rahmen des (mit dem Zweiten Lomé-Abkommen geschaffenen) SYSMIN gewährten Mittel sollen vorzugsweise einen Beitrag zum Auf- und Ausbau der Förderkapazität der AKP-Staaten bei solchen mineralischen Rohstoffen leisten, an deren langfristiger Versorgungssicherheit die EU-Staaten ein bes. Interesse haben (Bauxit, Aluminium, Eisenerz, Kobalt, Kupfer, Mangan, Phosphate, Zinn, Gold). Die während des Zweiten und Dritten Lomé-Abkommens im Rahmen von Sysmin zur Verfügung gestellten Mittel wurden als Darlehen zu Sonderkonditionen vergeben; seit Inkrafttreten des Vierten Lomé-Abkommens erfolgt die Mittelgewährung in Form nicht-rückzahlbarer Zuschüsse an die jeweiligen Regierungen, die diese als Kredite an die betreffenden Minengesellschaften weitergeben können. Daneben besteht im Rahmen des Lomé-Abkommens bei der → EIB (Europäische Investitionsbank) eine gesonderte, zinsgünstiger Kreditrahmen für den Ausbau des Bergbau- und Energiepotenzials der AKP-Staaten. Das Cotonou-Abkommen, mit dem die Entwicklungszusammenarbeit der EU mit den AKP-Staaten bis 2020 fortgesetzt wird, setzt die Kooperation im Bereich mineralischer Rohstoffe seit 2008 in veränderter Form fort.

System – I. *Begriff:* 1. Menge von geordneten Elementen mit Eigenschaften, die durch Relationen verknüpft sind. Die Menge der Relationen zwischen den Elementen eines Systems ist seine *Struktur*. Unter *Element* versteht man einen Bestandteil eines Systems, der innerhalb dieser Gesamtheit nicht weiter zerlegt werden kann. Die Ordnung bzw. die Struktur der Elemente eines Systems ist im Sinn der Systemtheorie seine *Organisation*. Die Begriffe der Organisation und der Struktur sind also identisch. – 2. Ganzheitlicher Zusammenhang von Einheiten (Elementen), deren Beziehungen untereinander sich quantitativ (höhere Anzahl von Interaktionen) und qualitativ (größerer Ergiebigkeit von Interaktionen) von ihren Beziehungen zu anderen Entitäten abheben. Diese Unterschiedlichkeit in den Beziehungen konstituiert eine *Systemgrenze*, durch die sich das System gegenüber seiner Umwelt abgrenzt. Die Systemgrenzen von Sozialsystemen oder psychischen Systemen sind nicht physikalisch-räumlich, sondern durch Symbol- und Sinnzusammenhänge bestimmt (→ Kognition, → Konstruktivismus). Komplexe Systeme sind selbstorganisatorisch (→ Selbstorganisationstheorie) und selbstreferenziell. Eingriffe in komplexe Systeme sind aus diesen Gründen problematisch und rufen häufig überraschende und unerwünschte Wirkungen hervor. – Vgl. auch → Komplexität.

II. Arten: 1. Nach ihrer *Entstehung:* a) *Natürliche Systeme:* (1) *Anorganische Systeme,* Planetensystem, Atomsystem etc.; (2) *organische Systeme:* Organismen der Pflanzen und Tiere sowie die biologischen Familien. – b) *Vom Menschen gestaltete Systeme (künstliche Systeme):* (1) *Logische Systeme:* Alphabet, Logiksymbole, Zahlensysteme, Kontenplan u.a.; (2) *mechanische Systeme:* Technische Maschinen, Automaten u.a.; (3) *soziale Systeme,* sog. „*Mensch-Mensch-Systeme*": Familiengemeinschaft, Staatsvolk, Religionsgemeinschaften u.a; (4) *kombinierte Systeme* aus sozialen und sachlichen Elementen, sog. „*Mensch-Maschine-Systeme*" oder *sozio-mechanische Systeme:* Haushaltung, Unternehmung, Staatsorganisation, Kirche u.a. Alle diese Systeme sind *dynamische Systeme,* mit Ausnahme der logischen Systeme, die *statisch* sind. – 2. *Gesamt- und Teilsysteme:* Jedes reale System ist Element eines anderen Systems, ein Teil-, Unter-, Sub- oder Insystem in einem Gesamtsystem, Über-, Super- oder Umsystem. Ein Teilsystem ist ein „*Randelement*" eines Gesamtsystems. – 3. *Offene und geschlossene Systeme:* Ein *offenes System* ist ein System, das mind. ein Element („Randelement") enthält, das zu Elementen anderer Systeme in Wechselwirkung steht. Alle realen Systeme sind offene Systeme. Ein *geschlossenes System* hat keine Randelemente. Doch können reale Systeme nur näherungsweise geschlossene Systeme sein. Es werden aber in der Systemtheorie geschlossene Formalsysteme entwickelt, um alle für einen bestimmten Zusammenhang wesentlichen Eigenschaften und Relationen zu erfassen. – 4. *Stabile und kybernetische Systeme: Stabile Systeme* sind dynamische Systeme, die, wenn sie durch eine Störung aus dem Gleichgewicht gebracht werden, wieder in den Zustand des Gleichgewichts zurückgehen. Das sind v.a. *kybernetische Systeme;* in ihnen wird die Rückkehr zum Gleichgewicht durch Rückkoppelung bewirkt. Stabile dynamische Systeme sind stets zweckstrebige (finale) Systeme, d.h., sie streben einem bestimmten Sollwert zu. Die Kybernetik hat in der Stabilitätstheorie Stabilitätsgesetze entwickelt, die nicht nur die Grundlage der Automatisierung bilden, sondern auch große Bedeutung für soziale, bes. wirtschaftliche Systeme haben. – 5. *Die betrieblichen Organisationen* sind stets sozio-mechanische Systeme (Mensch-Maschine-System), d.h., sie dienen mittels zwischenmenschlicher Kooperation und Koordination von Menschen und Sachen der Leistungserstellung. – Vgl. auch → Systemmanagement, Systemtheorie.

Systemkonformität – *Ordnungskonformität.* 1. *Begriff:* Beurteilungsmaßstab für mögliche wirtschaftspolitische Maßnahmen (→ wirtschaftspolitische Mittel). Gegeben, wenn eine Maßnahme mit der existierenden → Wirtschaftsordnung und/oder mit dem in der → wirtschaftspolitischen Konzeption gewählten wirtschaftlichen Koordinationsverfahren (→ Koordination) systemkonform ist. – 2. *Grade der Systemkonformität in Marktwirtschaften:* (1) Systemnotwendig (z.B. rechtliche Ausgestaltung der Privatautonomie); (2) systemfördernd (z.B. Allokationspolitik); (3) systemadäquat; (4) systemverschlechternd (z.B. wettbewerbshindernde Konzessionsvergabe); (5) systemzerstörend (z.B. Preis- und Lohnkontrollen). – *Anders:* → Marktkonformität, → Konzeptionskonformität. – *Gegenteil:* Systeminkonformität.

Systemmanagement – 1. *Begriff:* Methodik zur Erhaltung der Existenz und Entwicklungsfähigkeit von komplexen Systemen durch Lernen von der → Biosphäre und ihrer Evolution. Systemmanagement basiert auf der Grundidee, in Technik, Wirtschaft und Gesellschaft das als biologischen Vorbildern zu lernen und dehnt diese Idee auf die Erforschung und Umsetzung der evolutionär gefundenen Prinzipien im Umgang mit hochkomplexen Systemen aus. Ausgehend davon, dass das sozioökonomische System Teil der Biosphäre ist, dass es auf effiziente Formen der Selbstorganisation angewiesen ist und dazu von biologischen Mustern lernen kann, wird versucht, technische, soziale und ökonomische Strukturen so zu gestalten, dass sie überleben, sich entwickeln und weiter lernen, z.B. aus den zwischenartlichen Zusammenwirken von Organismen. – Vgl. Abbildung „Systemmanagement". – 2. *Bedeutung:* Für das Systemmanagement gilt es, daraus zu lernen, indem z.B. Kooperation zum gegenseitigen Nutzen angeregt bzw. gefördert und umweltpolitisch umgesetzt wird. Das Systemmanagement geht davon aus, dass ökologische Krisen auf eine mangelnde Kenntnis selbstorganisierender Systeme und einen nicht angepassten Umgang mit diesen zurückzuführen sind. Um diesen Zustand zu überwinden, müssen Gestaltungs- und Eingriffsregeln für komplexe Systeme gewonnen und kybernetische Planungsmethoden (→ kybernetische Planung) entwickelt werden.

System of Integrated Environmental and Economic Accounting → SEEA.

SZR – Abk. für → Sonderziehungsrechte.

Systemmanagement – Theoretische, strategische und operative Ebene

Denkansatz ⟶ Theoriebausteine

- Sozioökonomisches System als Teil der Biosphäre
- Ökonomik selbstorganisierender Systeme
- Lernen von den Mustern der Biosphäre

- Systemtheorie
- Selbstorganisation
- Chaos, Komplexität
- Kognitionstheorie

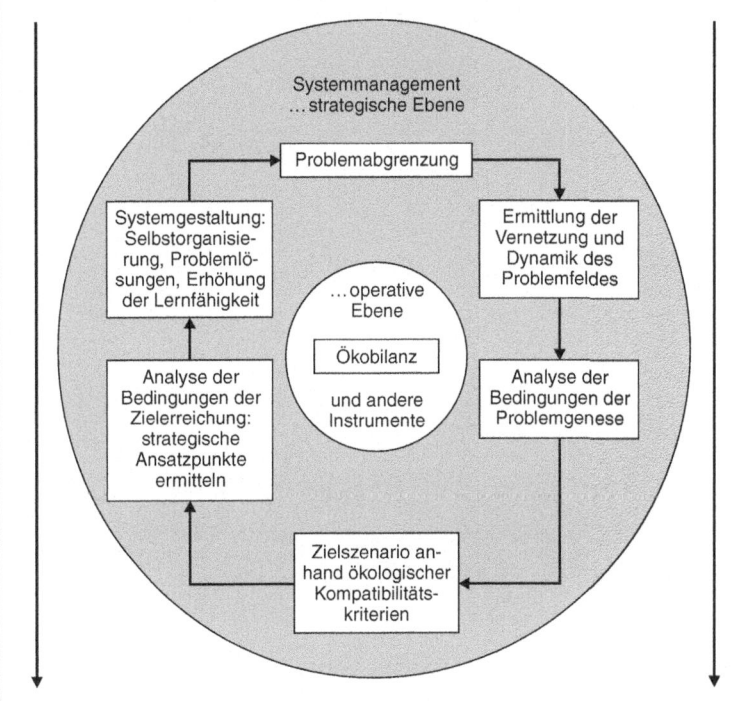

Systemmanagement ... strategische Ebene

- Problemabgrenzung
- Systemgestaltung: Selbstorganisierung, Problemlösungen, Erhöhung der Lernfähigkeit
- Ermittlung der Vernetzung und Dynamik des Problemfeldes
- Analyse der Bedingungen der Zielerreichung: strategische Ansatzpunkte ermitteln
- Analyse der Bedingungen der Problemgenese
- Zielszenario anhand ökologischer Kompatibilitätskriterien

... operative Ebene: Ökobilanz und andere Instrumente

Kriterien und Leitprinzipien ⟶ Systemmanagement

- Bionik, Biokybernetik
- Evolutionsstrategie
- Physische Kriterien der ökologischen Kompatibilität

- Ökologische Kompatibilität technischer, sozialer und ökonomischer Strukturen
- Erhöhung der Lernfähigkeit
- Management komplexer selbstorganisierender Systeme

T

Tableau Économique – in einer Schrift F. Quesnays („Tableau économique avec son explication ou extrait des économies royales de M. de Sully"; 1758) entwickeltes erstes makroökonomisches Kreislaufmodell einer Volkswirtschaft auf der Basis der produktivitätstheoretischen Überlegungen der → Physiokratie. Darin wird dargestellt, wie die landwirtschaftlichen Überschüsse (Produit Net) durch Pachtzahlungen und Käufe von Nahrungsgütern bzw. handwerklichen und gewerblichen Produkten so zwischen den drei Klassen des physiokratischen Systems verteilt werden, d.h. der für sie entsteht, die Einnahmen und Ausgaben innerhalb der drei Gesellschaftsgruppen jeweils übereinstimmen, die verbrauchten Produktionsmittel wieder ersetzt werden können und sich die einzelnen Gütermärkte im Gleichgewicht befinden.

Tagesgeld – 1. *Bankbetriebslehre:* übliche Kennzeichnung einer speziellen Form kurzfristiger Buchkredite, d.h. der verzinslichen Ausleihung von → Zentralbankgeld unter Banken. Das Tagesgeld wird dabei der geldnehmenden Bank bis zum nächsten Tag zur Verfügung gestellt und ist dann zur Rückzahlung fällig. Varianten der Handelsform des Tagesgeldes sind „Tagesgeld bis auf Weiteres" oder „tägliches Geld auf Abruf". Hier verlängert sich die Kreditlaufzeit automatisch um weitere 24 Stunden, wenn nicht eine Kündigung in den ersten Handelsstunden des Tages stattfindet. – 2. *Geldpolitik:* Mit Tagesgeld werden kurzfristige Bereitstellungen von Liquidität durch die Zentralbank an die Banken über deren Zentralbankguthaben charakterisiert. Über das Instrumentarium der Fazilitätenpolitik kann die Europäische Zentralbank (EZB) dabei die Obergrenze des Tagesgeldmarktsatzes (diese entspricht dem Satz der Spitzenfinanzierungsfazilität) und die Untergrenze (diese entspricht dem Satz der Einlagenfazilität) abstecken, und so die Verhältnisse am Geldmarkt beeinflussen. – Vgl. auch Geldpolitik, → Leitzinsen, Europäisches System der Zentralbanken (ESZB).

Tagesgeldmarkt – Teil des → Geldmarkts, auf dem → Tagesgeld gehandelt wird.

tägliches Geld – kurzfristiger Kredit von Banken untereinander zur Beschaffung von Liquidität, der täglich kündbar ist. – Im Handel am Euro-Geldmarkt wird Geld mit täglicher Kündigungsfrist als *Call Money* bezeichnet. – Vgl. auch → Geldmarktkredit.

Take-off → Rostowsche Stadientheorie.

Tangentenlösung → monopolistische Konkurrenz.

Tarif – listenmäßig, nach einem bestimmten Prinzip (degressiv, progressiv u.a.) aufgestellte Preise, Abgaben etc. je Einheit. – 1. *Bahnverkehr:* → Eisenbahn-Tarif. – 2. *Luftverkehr:* → Luftverkehr. – 3. *Zollrecht:* Zolltarif. – 4. *Arbeitsrecht:* die ausgerechneten Ecklöhne laut Tarifvertrag. – 5. die ausgerechneten *Steuertabellen:* Einkommensteuertarif.

Tarifbildung – Festsetzung von Tarifen gemäß bestimmter Kriterien, Grundsätze bzw. Prinzipien. – a) *Materielle Tarifbildung:* die Festlegung des inneren Tarifaufbaus, der Systematik. – b) *Formelle Tarifbildung:* die Festlegung der äußeren Darstellung der Tarife in Form verschiedener Abstufungen bzw. Differenzierungen (Tarifschema). – c) *Differenzielle Tarifbildung:* verschiedene Beförderungsentgelte für die gleiche Beförderungsmenge und -entfernung (eines Gutes). – Vgl. auch → Tarifsystem.

Tarifbindung – 1. *Arbeitsrecht:* Tarifgebundenheit. – 2. *Verkehrsrecht:* → Tarifpflicht.

Tarifgebiet – räumlicher Geltungsbereich eines → Tarifs oder Tarifvertrages.

Tarifgemeinschaft – Zusammenschluss von Unternehmen des → öffentlichen Personennahverkehrs (öPNV) zu einer Kooperationsgemeinschaft mit dem Ziel, der Nachfrage in einem → Tarifgebiet (Nahverkehrsbereich) ein einheitliches → Tarifsystem anzubieten und durch diese Vereinfachung des Tarifwesens eine Nachfragesteigerung zu bewirken.

Tarifkilometer – Einheit für die Berechnung der Beförderungsentgelte im Bahnverkehr. Es wird nicht die effektive Beförderungsstrecke zugrunde gelegt, sondern die in Entfernungstafeln abzulesenden bahnamtlich ermittelten (1) *Ortsentfernungen* (für die Strecke zwischen zwei an der gleichen Strecke liegenden Bahnhöfen), (2) *Knotenentfernungen* (für Tarifkilometer zwischen zwei im Bahnnetz als „Knoten" gekennzeichneten Tarifbahnhöfen) sowie (3) ggf. zusätzlich die *Anstoßentfernung* (eine im Bahnhofsverzeichnis ausgewiesene Entfernung von einem nicht unter (1) und (2) aufgeführten Bahnhof bis zum nächstgelegenen Knotenpunkt).

Tarifklassen – Abstufung des Tarifs nach bestimmten Klassen. – 1. *Personenverkehr:* Beförderungsklassen (erste und zweite Klasse bei der Eisenbahn; First-, Business- und Economy-Class im Luftverkehr; i.d.R. keine Klasseneinteilung im → öffentlichen Personennahverkehr (öPNV)). – 2. *Güterverkehr:* Klassen nach der Art, dem Wert, dem Gewicht oder der Beförderungsentfernung der Güter (Güter-, Wert-, Gewichts-, Entfernungsklassen). – Vgl. auch → Güterklassifikation. → Binnenschifffahrt: Klassen für Güter für die Nutzung der Wasserstraßen (außer Rhein, Donau, Elbe und Oder) und Häfen. → Seeschifffahrt: Tarife für die Linienfahrt (Container, Stückgut, Massengut), Trampschifffahrt und Tankerfahrt.

Tarifpflicht – *Tarifzwang, Tarifbindung;* Verpflichtung von Verkehrsunternehmen (neben → Betriebspflicht und → Beförderungspflicht), → Tarife aufzustellen, zu veröffentlichen und allg. anzuwenden; grundsätzlich impliziert die Tarifpflicht auch das Prinzip der Tarifgleichheit im Raum. Eine Tarifpflicht bestimmt z.B. der § 12 II Allgemeines Eisenbahngesetz (AEG).

Tarifpolitik → Nominallohnpolitik, Tarifvertrag.

Tarifsatz – der im Personenverkehr auf eine Entfernungseinheit (1 km) bezogene Beförderungspreis. – *Anders:* → Frachtsatz.

Tarifsystem – systematischer Aufbau von Fahrpreisabstufungen nach der Reiselänge. – 1. Im → *öffentlichen Personennahverkehr (öPNV)* werden Tarifsysteme i.d.R. gemäß folgender *Kriterien* konstruiert: Kilometer, Strecke zwischen zwei Haltestellen, Teilstrecken, Flächenzonen, Netz. – a) *Kilometertarif:* Fahrpreis richtet sich nach der Entfernung (in km) zwischen Quell- und Zielhaltestelle. – b) *Haltestellentarif:* Fahrpreis ermittelt sich nach der Anzahl der angefahrenen Haltestellen. Entfernung zwischen den einzelnen Haltestellen sollte in etwa gleich groß sein. – c) *Teilstreckentarif:* Fahrpreis errechnet sich aus der Anzahl der durchfahrenen Teilstrecken, die durch Aufteilung des Streckennetzes in gleich lange Teilstrecken festgelegt werden. Teilstrecken sind durch Teilstreckenpunkte (Zahlgrenzen) abgegrenzt. – d) *Flächenzonentarif:* Fahrpreis bestimmt sich nach der Anzahl der durchfahrenen Tarifzonen, in die das Streckennetz (→ Tarifgebiet) eingeteilt wird. Zonen weisen gleich große Flächen auf. – e) *Einheitstarif:* Für jede Fahrstrecke innerhalb des Tarifgebiets gilt der gleiche Fahrpreis, der allerdings für verschiedene Personengruppen unterschiedlich sein kann. – f) *Mischsysteme:* Für große Tarifgebiete häufig tarifliche Mischsysteme, die zwei oder mehrere der genannten Tarifsysteme kombinieren (z.B. Einheitstarif für Tagesfahrausweise und Flächenzonentarif für Einzelfahrausweise). – 2. *Kraftdroschkentarif:* Fahrpreis für Kraftdroschken (Taxis) setzt sich aus drei Elementen (Grundpreis, Arbeitspreis, Zuschläge) zusammen. Grundpreis ist – unabhängig von der Fahrleistung – ein fixer Betrag für die Inanspruchnahme eines Taxis; Arbeitspreis richtet sich nach der Länge und/oder der Dauer der Fahrt; Zuschläge werden für Wartezeiten, Beförderung von größerem Gepäck oder Tieren erhoben.

Tarifzwang → Tarifpflicht.

Tauschkurve – *Offer Curve;* geometrische Darstellung der Tauschwünsche (Exporte, Importe) eines Landes bei unterschiedlichen Terms of Trade. Diese Tauschwünsche unterliegen der gesamtwirtschaftlichen Budgetbeschränkung (Bilanzgerade), Importe und Exporte sind also bei den jeweils betrachteten Terms of Trade immer wertgleich (ausgeglichener Handel). – Vgl. auch → Kontraktkurve.

Tauschwert – I. Klassik/Neoklassik: 1. *Objektiver Tauschwert:* eine nach den Klassikern (u.a. Quesnay, Smith) vollzogene Identifizierung des *Tauschwerts* mit dem Preis. Der objektive *Tauschwert* führt zu dem *klassischen Wertparadoxon.* – Zu unterscheiden sind: (1) der spezifische Seltenheitswert (Monopolpreis); (2) der *Tauschwert* der (unter der Bedingung des Aufwands von Kosten und Zeit) beliebig vermehrbaren Güter; der objektive *Tauschwert* der beliebig vermehrbaren Güter macht eine Unterscheidung erforderlich zwischen (a) Marktpreis und (b) natürlichem Preis. – 2. *Subjektiver Tauschwert:* Die klassische Gleichsetzung von Tauschwert und Preis wird mit der Einführung der subjektiven Bewertung eines Gutes als Tauschobjekt für die bewertende Person durch die Grenznutzenschule (bes. Böhm-Bawerk) in Frage gestellt. Nach den Gossenschen Gesetzen ist der Tauschwert der Güter keine feststehende Größe, sondern je nach wirtschaftlicher Konstellation unterschiedlich groß. Der Wert wird objektiv bestimmt durch die anerkannte Brauchbarkeit eines Gutes zur Herbeiführung eines gewollten Erfolges (Heizwert der Kohle). Ein Tauschwert kommt jedoch nur zustande, wenn ein Wirtschaftssubjekt den Heizwert der Kohle für wertvoller hält als die Tauschgüter, die es dafür abgeben muss (Waren oder Geld). Demnach ergibt sich der Preis nicht durch die Kosten, die für den Anbieter mit der Herstellung der Güter verbunden waren, sondern durch die subjektive Bewertung des Nachfragers, also den subjektiven Tauschwert.

II. Wirtschaftstheorie des Marxismus: → Arbeitswertlehre.

technische Dienstleistungen – in institutioneller Abgrenzung Teil des → Dienstleistungssektors, der Tätigkeiten umfasst wie Forschung und Entwicklung, Datenverarbeitung, technische Planung und Beratung, Entsorgungsleistungen sowie Wartungs- und Inspektionsleistungen.

technische Hilfe → technische Zusammenarbeit.

Technische Hochschulen (TH) → Technische Universitäten (TU).

technischer Fortschritt – 1. *Begriff:* Herstellung neuartiger oder wesentlich verbesserter Produkte und Materialien sowie Anwendung neuer Verfahren, die eine rationellere Produktion der bekannten Produkte und Materialien erlaubt, d.h. es möglich macht, eine gegebene Produktmenge mit niedrigeren Kosten bzw. eine größere Menge des Produktes mit gleichbleibenden Kosten zu erstellen. – Der Begriff technischer Fortschritt ist wertend, weil von Fortschritt nur in Hinblick auf eine ganz bestimmte Zielsetzung gesprochen werden kann; die mit dem technischen Fortschritt einhergehenden Begleiterscheinungen (Substitutionen, Rationalisierungen und damit eventuelle Qualifikationsverluste durch die Einführung neuer Techniken, neue Belastungsverschiebungen am Arbeitsplatz, Arbeitsplatzverluste von Betroffenen) werden dabei nicht einbezogen. – 2. *Entstehung:* Technischer

Fortschritt entsteht durch Innovationen, bei denen drei Phasen unterschieden werden: (1) Phase der *Invention* (Erfindung): Erarbeitung naturwissenschaftlich-technischen Wissens, von Forschungs- und Entwicklungsergebnissen und Erfindungen. (2) Phase der *Innovation:* Die erstmalige kommerzielle Anwendung führt zur Erweiterung des technischen Könnens und zur Entstehung von Produkt-, Material- und/ oder Verfahrensinnovationen; Hauptaktivitäten sind u.a. Konstruieren, Experimentieren mit Prototypen, montagegerechte Anwendung und Verwertung in der Produktion und erste Marketingbestrebungen. (3) Phase der *Diffusion:* Die Innovationen werden mittels Marketingaktivitäten und Technologietransfer in Form von Materialien, Produkten, Verfahren (Investitionsgütern), Patenten und Lizenzen wirtschaftlich verwertet; ihre Anwendung breitet sich dadurch aus (diffundiert). – 3. *Arten:* a) *Potenzieller technischer Fortschritt:* technischer Fortschritt, der aufgrund des Standes der naturwissenschaftlich-technischen Forschung und Entwicklung augenblicklich oder in unmittelbarer Zukunft durchführbar ist (Forschung und Entwicklung (F&E)). – b) *Realisierter technischer Fortschritt:* Es wird nur ein Teil dessen, was technisch, betrieblich und gesellschaftlich möglich ist (Technologiefolgenabschätzung) tatsächlich realisiert, politische und v.a. wirtschaftliche Kriterien sind entscheidend (Technologiemanagement). – c) *Ungebundener technischer Fortschritt (unverkörperter technischer Fortschritt)* liegt vor, wenn er nicht an den Einsatz neuer Maschinen (bzw. Arbeitskräfte) gebunden ist *(Disembodied Technical Progress).* – d) *Gebundener technischer Fortschritt* dagegen kann nur verwirklicht werden, wenn neue Maschinen oder neu geschulte Arbeitskräfte eingesetzt werden *(Embodied Technical Progress).* – e) In den Anfängen der Wachstumstheorie betrachtete man nur den *autonomen technischen Fortschritt,* der wie „Manna vom Himmel" fällt. Technischer Fortschritt, der auf bestimmte Ursachen zurückgeführt wird, heißt dagegen *induzierter technischer Fortschritt.* – 4. *Wirkungen:* Der technische Fortschritt wird als *neutral* bezeichnet, wenn er die Einkommensverteilung nicht verändert, genauer: die Aufteilung des Faktoreinkommens auf Löhne (einschließlich Gehälter) und Zinsen, wenn die Produktionsfaktoren Arbeit und Kapital gemäß ihrem Grenzprodukt entlohnt werden (Grenzproduktivitätstheorie). – 5. *Aktuelle Diskussion:* In den Arbeiten der neuen Wachstumstheorie steht die Erklärung des technischen Fortschritts und damit die Erklärung der entscheidenden Determinante des Wirtschaftswachstums im Mittelpunkt. Dabei wird in diesen Ansätzen davon ausgegangen, dass technischer Fortschritt durch Forschung und Entwicklung (F&E) von rational handelnden Akteuren produziert wird. Nicht der vom Staat, oder von staatlichen Organisationen, durchgeführten Grundlagenforschung, sondern der von profitorientierten Unternehmen durchgeführten F&E kommt damit hinsichtlich der Wachstumsimpulse die wichtigere Rolle zu. Die Ansätze knüpfen damit an Schumpeters Theorie der profitorientierten Innovationsanstrengungen von dynamischen Unternehmern an.

Technische Universitäten (TU) – früher Technische Hochschulen (TH); Hochschulen zur Vermittlung von speziell technischen und sonstigen naturwissenschaftlichen Kenntnissen; anders als die → Universität nicht auf die Gesamtheit der Wissenschaften ausgerichtet. Verbindung von Forschung und Lehre durch Institute und die Professoren. – *Fakultäten/Fachbereiche:* Bauwesen, Maschinenbau, Elektrotechnik, Mathematik, Architektur, Bergbau, Chemie u.a. – *Aufnahmevoraussetzung:* Reifeprüfung, meist auch praktische Tätigkeit. – *Abschluss* des Studiums je nach Ausbildungszweig durch Master- oder Diplomprüfung; anschließend Möglichkeit zur Promotion zum Dr.-Ing.

technische Zusammenarbeit – *technische Hilfe;* Know-how-Transfer im Rahmen der → Entwicklungshilfe, der i.d.R. im Wege der unentgeltlichen Entsendung von Fachkräften und der für bestimmte Projekte und Programme benötigten Materialien erfolgt.

Technologieförderungspolitik → Innovationsförderung, → Technologiepolitik.

technologieorientierte Unternehmensgründungen – Unternehmensgründungen, deren Produkte oder Dienstleistungen auf einer neuen technologischen Idee oder neuen Forschungsergebnissen basieren. Produkt- und Prozessinnovationen als Ergebnis der zentralen Unternehmensfunktion Forschung und Entwicklung (F&E) stellen somit das wesentliche Unterscheidungsmerkmal dar. Typischerweise gehen dem Markteintritt umfangreiche technische Entwicklungsarbeiten voraus. – Vgl. → Innovationsförderung; → Technologietransfer.

Technologieplattformen → Technologiepolitik.

Technologiepolitik – 1. *Begriff:* Technologiepolitik ist die Gesamtheit der Maßnahmen, mit denen der Staat auf die Erhöhung des technischen Fortschritts in der Wirtschaft abzielt. Dazu zählen Subventionen und Steuervergünstigungen zur Förderung privater Forschungs- und Entwicklungsaktivitäten; die Bereitstellung wirtschaftlich verwertbaren technischen Wissens durch staatliche Forschungseinrichtungen; die Förderung des Absatzes und der Verwendung technologieintensiver Produkte; der gewerbliche Rechtsschutz, v.a. der Patentschutz; die Festsetzung von Normen und Standards, soweit damit eine raschere Verbreitung moderner Technologien bezweckt wird; die Bereitstellung einer innovationsfördernden Infrastruktur; die staatliche Beschaffungspolitik, soweit sie gezielt technologieintensive Güter nachfragt, um die Entwicklung und Verbreitung neuer Technologien zu fördern. Ausschlaggebend für die Zuordnung ist – wie bei anderen Politikdefinitionen auch

– nicht die Wahl der Instrumente, sondern die Zielsetzung staatlichen Handelns. – Die Technologiepolitik steht in enger Beziehung zur Wissenschaftspolitik, da Wissenschaft und Technologie in enger Wechselwirkung zueinander stehen. Enge Verbindungen bestehen auch zur → Industriepolitik, da industrie- und technologiepolitische Ziele zumindest insoweit koinzidieren, wie es um die Förderung technologieintensiver Wirtschaftszweige geht. – 2. *Instrumente und Institutionen*: Der gesamte Bereich der Technologiepolitik umfasst eine Vielzahl von Maßnahmen, bei denen recht unterschiedliche Instrumente eingesetzt werden und zahlreiche Institutionen beteiligt sind. Das Schwergewicht liegt jedoch bei der finanziellen Förderung von Forschung und Entwicklung in privaten Unternehmen sowie in staatlichen Forschungseinrichtungen: a) Forschungsförderung in der Bundesrepublik Deutschland: Diese Ausgaben werden zu einem Drittel vom Staat und zu zwei Dritteln von der Privatwirtschaft finanziert. (1) Die staatlichen Ausgaben werden zu rund zwei Dritteln vom Bund und rund einem Drittel von den Ländern finanziert. Die Ländermittel sind in starkem Maße auf die Hochschulforschung konzentriert, sodass ein Großteil dieser Ausgaben eher der Wissenschaftspolitik als der Technologiepolitik zuzuordnen sein dürfte. Bei den Bundesausgaben liegt der Schwerpunkt beim Bundesministerium für Bildung und Forschung (BMBF). Mit deutlichem Abstand folgen das Bundesministerium für Verteidigung (BMVg) sowie das Bundesministerium für Wirtschaft und Technologie (BMWi). Von den gesamten Forschungs- und Entwicklungsausgaben des Bundes fließt rund ein Viertel an die gewerbliche Wirtschaft und ist damit der Technologiepolitik i.e.S. zuzuordnen. Der weitaus größte Anteil entfällt auf die Organisationen ohne Erwerbszweck, zu denen u.a. die Deutsche Forschungsgemeinschaft sowie die staatlichen Großforschungseinrichtungen zählen. Die Zahlungen an das Ausland werden in erster Linie für internationale Organisationen geleistet, v.a. für die Europäische Union (EU) sowie die Europäische Weltraumorganisation (ESA). Die technologiepolitische Bedeutung dieser Institutionen hängt wesentlich davon ab, inwieweit die Ergebnisse ihrer Arbeiten wirtschaftlich nutzbar sind. (2) Die Förderung der Forschungs- und Entwicklungsarbeiten in staatlichen und halbstaatlichen Institutionen erfolgt überwiegend im Rahmen der institutionellen Grundfinanzierung, wobei v.a. die Großforschungseinrichtungen als Projektträger maßgeblich die BMBF-Projektförderung umsetzen. Dazu zählen u.a. das Deutsche Elektronen-Synchroton (DESY) in Hamburg, das Deutsche Zentrum für Luft- und Raumfahrt (DLR) in Köln, das Forschungszentrum Jülich (FZJ) sowie das Kernforschungszentrum Karlsruhe (KfK). (3) Eine ähnliche Größenordnung wie die institutionelle Förderung erreicht die Projektförderung, die zu rund zwei Dritteln an die gewerbliche Wirtschaft fließt. Dabei dominiert die direkte Projektförderung im Rahmen spezifischer Forschungsprogramme, deren Inhalte weitgehend vom Staat festgelegt werden. Diejenigen Unternehmen, deren Förderungsanträge zu diesen Programmen genehmigt werden, erhalten i.d.R. einen Kostenzuschuss von 50 Prozent. Bei marktfernen Projekten kann dieser Fördersatz überschritten werden. Daneben gibt es Programme zur indirekt-spezifischen Förderung, bei denen der Staat zwar den Technologiebereich, aber nicht die Inhalte der einzelnen Projekte beeinflusst. Sie hat allerdings ein deutlich geringeres Gewicht als die direkte Projektförderung. Schließlich werden privatwirtschaftliche Forschungs- und Entwicklungsarbeiten indirekt gefördert, etwa durch Personalkostenzuschüsse, Bürgschaften oder Kapitalbeteiligungen. Diese indirekten Maßnahmen richten sich in erster Linie an mittelständische Unternehmen. Die in anderen Ländern weit verbreitete indirekte Forschungsförderung über Steuererleichterungen und Sonderabschreibungen wird derzeit in Deutschland nicht praktiziert. – b) Forschungsförderung in der EU: (1) Gemeinschaftliche EU-Forschungs- und Technologiepolitik: Ziel ist es, die Forschungsarbeit in den einzelnen Mitgliedsstaaten zu organisieren und die jeweiligen einzelstaatlichen Strategien zu koordinieren. Mit der Erklärung von Lissabon wurde das Ziel verkündet, Europa zum „dynamischsten und wettbewerbsfähigsten wissensbasierten Wirtschaftsraum der Welt" zu machen. Europaweit sollen die Ausgaben auf 3 Prozent des Bruttoinlandsprodukts (BIP) gesteigert werden. – *Hauptinstrument* ist das (i.d.R. vierjährige) *Forschungsrahmenprogramm*, das Prioritäten, die wissenschaftlichen und technologischen Ziele sowie Grundzüge der Fördermaßnahmen festlegt. Es ist für alle öffentlichen und privaten Einrichtungen offen. Das 6. Forschungsrahmenprogramm (2002–2006) hatte ein Gesamtvolumen von 17,5 Mrd. Euro. Das 7. Forschungsrahmenprogramm (2007-2013) weist ein Gesamtvolumen von 53,3 Mrd. Euro auf. – *Weitere Instrumente*: integrierte Projekte (Förderung von Forschungstätigkeiten zur Erzeugung von neuem Wissen in bestimmten Forschungsbereichen) und spezifische gezielte Projekte (Erzielung konkreter Forschungsergebnisse oder Erfüllung bestimmter Bedürfnisse auf europäischer Ebene); Exzellenznetze (langfristige Verflechtung wichtiger Forschungseinrichtungen und -institute); EU-Beteiligung an gemeinsamen Forschungsprogrammen mehrerer Mitgliedsstaaten; Koordinierungsmaßnahmen; programmunterstützende Begleitmaßnahmen. – Für die Zukunft sind sog. Technologieplattformen für bestimmte Bereiche (z.B. nachhaltige Energiegewinnung aus erneuerbaren Energien) geplant, die eine langfristige Vision (bis 2020/2030) für die EU-Forschung erstellen sollen. Des Weiteren ist auch die Errichtung eines Europäischen Forschungsrates im Gespräch; dieser soll die Grundlagenforschung koordinieren und besser mit der angewandten Forschung abstimmen. (2) Seit dem Jahre 1985 wird die gemeinschaftliche Forschungs- und Technologiepolitik der EU ergänzt durch die Forschungsinitiative

EUREKA (EURECA, European Research Coordinating Agency), an der Unternehmen und Forschungseinrichtungen aus 33 Mitgliedsstaaten (eine Beteiligung aus EU-Nicht-Mitgliedstaaten ist möglich) sowie die Kommission der EU beteiligt sind. Im Rahmen von EUREKA werden marktnahe Projekte der Hochtechnologie durchgeführt, an denen Unternehmen oder Forschungsinstitute aus mind. zwei europäischen Ländern beteiligt sind. Eventuelle Fördermittel müssen bei den jeweiligen nationalen Regierungen beantragt werden; übergreifende Themenvorgaben oder Förderrichtlinien gibt es nicht. Die Koordinierung erfolgt durch jährlich stattfindende EUREKA-Ministerkonferenzen sowie durch das EUREKA-Sekretariat in Brüssel. – 3. *Bedeutung:* Die Technologiepolitik rückt zunehmend in den Brennpunkt wirtschaftspolitischer Diskussionen. Die Regierungen vieler Länder stehen unter dem Eindruck, dass sich der globale Wettbewerb auf den Weltmärkten verschärft und dass die Wachstums- und Einkommenschancen von Ländern immer stärker von ihrer technologischen Leistungsfähigkeit im internationalen Vergleich abhängen. Der Technologiepolitik wird eine Schlüsselrolle zugerechnet bei der Schaffung der Grundlagen, die zur Behauptung im internationalen Wettbewerb nötig sind. Auf welche Art und Weise dies geschehen soll, ist allerdings stark umstritten.

Technologietransfer – 1. *Charakterisierung:* Weitergabe von technischem Wissen von der Entstehung hin zur Verwendung im Produktionsprozess. Technologietransfer bedeutet institutionell den planvollen, zeitlich limitierten, privatwirtschaftlichen oder staatlich unterstützten Prozess der Diffusion oder Verbreitung von Technologie zur wirtschaftlichen Nutzbarmachung für Dritte. Die Übertragung erfolgt i.Allg. durch Rechtsakt (z.B. Lizenzvertrag). Der Technologietransfer kann zwischen Hochschulen, Forschungseinrichtungen, Erfindern und Unternehmen, innerhalb eines internationalen Unternehmens, zwischen verschiedenen Unternehmen oder zwischen Industrie- und Entwicklungsländern stattfinden. – 2. *Mögliche Bestandteile/Inhalte:* (1) freie Technologien (Patente, Lizenzen, Know-how); (2) gütergebundene Technologien (in Form von Spezialmaschinen, Ausrüstungen und sonstigen Gütern bis zur „schlüsselfertigen Fabrik"); – 3. *Bedeutung:* Technologietransfer reduziert die Diskrepanz von potenziellem und aktuellem Nutzungsgrad einer Technologie. Entwicklungsländer sind aufgrund technologischer Rückständigkeit in starkem Maße auf Technologietransfer angewiesen. – Vgl. auch Forschung und Entwicklung (F&E), Innovation, → technologieorientierte Unternehmensgründung, → Technologietransferförderung.

Technologietransferförderung – 1. *Begriff:* Maßnahmen zur Förderung des → Technologietransfers. Adressaten der Technologietransferförderung sind v.a. kleine und mittlere Unternehmen, denen auf diese Weise der Zugang zu neuem technischen Wissen erleichtert werden soll. – 2. *Instrumente* der Technologietransferförderung sind u.a. finanzielle Unterstützung bei der Inanspruchnahme von Innovations- und Technologieberatungen oder bei der Vergabe von Forschungs- und Entwicklungsaufträgen an externe Einrichtungen. Auch die öffentliche Unterstützung von → Technologiezentren ist als eine Form der Technologietransferförderung anzusehen.

Technologiezentren – *Technologie- und Innovationszentren;* als Standortgemeinschaft meist junger, technologieorientierter Unternehmen oder Betriebe verstanden. Das Ziel besteht darin, Unternehmen (auch Einzelpersonen), die sich auf verschiedenen, mehr oder weniger benachbarten, Gebieten der Forschung und Entwicklung betätigen, in räumlicher Nähe zueinander Produktionsstandorte zur Verfügung zu stellen, auch Zugang zu externen Forschungseinrichtungen (z.B. Universitäten) zu verschaffen, um nach Möglichkeit Synergieeffekte auszulösen. Vorbild der Technologiezentren war Silicon Valley. Technologiezentren dienen u.a. auch der regionalen Strukturpolitik, mit denen regionale Entwicklungsschwerpunkte in technologisch anspruchsvollen und zukunftsweisenden Produktionsbereichen entstehen sollen. Träger von Technologiezentren sind überwiegend Gesellschaften, an denen die öffentliche Hand (Kommunen), Industrie- und Handelskammern, Banken und Sparkassen beteiligt sind. Diese Gesellschaften verfolgen i.d.R. keinen Erwerbszweck.

technologischer Umweltschutz → Umwelttechnologie.

Teilarbeitslosengeld → Arbeitslosengeld.

Teilkonnossement – Sonderform des → Konnossements, das der nur ein Teil einer Gesamtlieferung als empfangen bescheinigt wird, weil z.B. bes. Transportbedingungen eine andere Verschiffung notwendig machten. – Teilkonnossemente stellen beim *Importhandel* eine Aufteilung des Original- bzw. Gesamtkonnossements dar, die im Rahmen der repräsentierten Teilmenge die gleichen Rechtsansprüche verbriefen. Auf diese Weise kann der Importeur die gekaufte Ware in kleineren Teilmengen an (kleinere) Nachfrager weiterverkaufen. Teilkonnossement ist in der Praxis weniger üblich als der Konnossement-Teilschein.

Telekom → Deutsche Telekom AG.

tendenzieller Fall der Profitrate – 1. *Charakterisierung:* Ricardo und → Marx zufolge verschlechtern sich die Gewinnerzielungsmöglichkeiten und damit die → Profitrate (Kapitalrentabilität) in einer privatwirtschaftlichen Marktwirtschaft im Zeitverlauf zwangsläufig. – 2. *Ursachen:* a) Für *Ricardo* ist Ursache der *Bevölkerungszuwachs* und der dadurch steigende Nahrungsgüterbedarf. Zu dessen Deckung müssen immer mehr und damit vermehrt Böden mit geringerem Ertrag bearbeitet werden. Hierdurch sinken die landwirtschaftlichen Durchschnittserträge und steigen die Lebensmittelpreise. Deswegen müssen die Arbeitslöhne, die dem → Existenzminimum entsprechen, angehoben werden. Unter der Annahme, dass die Löhne schneller steigen als die Arbeitsproduktivität, bewirkt dies eine Schmälerung der Unternehmergewinne und damit ein Sinken der Profitrate. – b) *Marx* sieht als Ursache den seiner Meinung nach ausschließlich Arbeitskräfte sparenden *technischen Fortschritt* an, der zu einer steigenden Kapitalintensität (bzw. Zunahme der → organischen Zusammensetzung des Kapitals) führt. Da der Marxschen → Arbeitswertlehre zufolge nur die menschliche Arbeit wertschöpfend ist (→ Mehrwerttheorie), sinkt bei zunehmender Kapitalintensität und (unterstellter) konstanter Mehrwertrate die Profitrate (definiert als das Verhältnis von Mehrwert (Profit) zu insgesamt eingesetztem → konstantem Kapital und → variablem Kapital). Der Profitratenfall zwingt die Unternehmer zu einer Erhöhung der → Ausbeutung (Anstieg der Mehrwertrate), zu verstärktem Kapitaleinsatz, um die geringere Kapitalrentabilität durch eine größere Gewinnsumme zu kompensieren sowie zur Anwendung der fortschrittlichsten (Arbeitskräfte sparenden) Technologie. Dadurch lässt sich der tendenzielle Fall der Profitrate jedoch nicht aufhalten, sondern verstärkt sich nur noch weiter. – 3. *Bedeutung:* Die Marxsche Theorie des tendenziellen Falls der Profitrate als tragendes Fundament seiner *These vom zwangsläufigen Zusammenbruch des* → *Kapitalismus* (→ Krisentheorie) steht im Widerspruch zu seiner Arbeitswertlehre als Basis der Ausbeutungstheorie: Ihr zufolge müssten die Unternehmer nur möglichst arbeitsintensiv produzieren, da sie dann entsprechend viel Mehrwert erzielen könnten. Darüber hinaus nennt Marx eine Reihe von *gegenläufigen Tendenzen*, die den Profitratenfall möglicherweise über- und damit verdecken (neben der erhöhten Ausbeutung u.a. Verbilligung der Kapitalgüter im Zuge des technischen Fortschritts, Sinken der Importpreise oder beschleunigter Kapitalumschlag). Derartige Gegentendenzen zeigen, dass Marx zum Nachweis der Gültigkeit des „Gesetzes" nur eine von vielen denkbaren Möglichkeiten herausgegriffen hat. Empirisch lässt sich das längerfristige Sinken der Kapitalrentabilität nicht nachweisen, vielmehr schwankt sie im Konjunkturverlauf.

Tenderverfahren – *Tender-Panel-Verfahren, Auktionsverfahren;* Verfahren zur Unterbringung einer Wertpapieremission im Rahmen einer Auktion. Nach Aufforderung des Emittenten bzw. der Führungsbank (Facility Agent) an die Mitglieder des Bankenkonsortiums (Tender Panel) werden Gebote, die über einem häufig vorgegebenen Mindestpreis liegen, von diesen abgegeben. Das Emissionsvolumen wird dann an die Meistbietenden, teilweise unter Bevorzugung großer institutioneller Bieter, nach Höhe des Gebots verteilt. Die von den Banken erworbenen Papiere werden meist am Markt weiter platziert. – In den USA und am Euromarkt zur Emission kurzfristiger Geldmarktpapiere gebräuchlich, in der Bundesrepublik Deutschland werden Kassenobligationen des Bundes und U-Schätze nach dem Tenderverfahren zugeteilt, wobei im Ausschreibungsverfahren der Nominalzins festgelegt ist und Kursgebote abgegeben werden. Bei Aktienemissionen in Deutschland nicht gebräuchlich und auch sonst selten. Der IPO von Google im Jahre 2004 fand im Auktionsverfahren statt. – Vgl. auch → Zinstender, → Mengentender, → amerikanisches Verfahren, → holländisches Verfahren, → Standardtender.

Termineinlage – *befristete Einlage.* 1. *Begriff:* Einlage bei Banken und Sparkassen mit vereinbartem oder gesetzlich festgelegtem Fälligkeitstag. Nicht dazu gehören Spareinlagen sowie sehr kurzfristige Termineinlagen (unter 30 Tage); letztere gehören zu den → Sichteinlagen. – 2. *Arten:* a) *Festgelder:* Die an festgelegten Terminen fälligen, also für einen bestimmten Zeitraum festgelegten, nicht kündbaren Einlagen (Dreimonatsgeld, Monatsgeld). – b) *Kündigungsgelder:* jederzeit mit einer bestimmten Kündigungsfrist rückzahlbar.

Termingeld → Zentralbankgeld, das unter Banken für einen bestimmten Zeitraum (i.d.R. ein bis drei Monate) verliehen wird. Der Zinssatz für Termingeld liegt höher als bei → Tagesgeld und → täglichem Geld.

tertiärer Sektor → Dienstleistungssektor, → Sektoren der Volkswirtschaft.

Teufelskreise der Armut → Entwicklungshilfe.

Theorie der direkten Demokratie → direkte Demokratie.

Theorie der Eigentumsrechte Verfügungsrechte.

Theorie der indirekten Demokratie → indirekte Demokratie.

Theorie der kapitalistischen Unternehmung → moralisches Wagnis in Teams.

Theorie der Kollektiventscheidungen – Zweig der Neuen Politischen Ökonomie, bei dem die logische Möglichkeit der Gewinnung von widerspruchsfreien Gruppenpräferenzen aus den individuellen Präferenzen der Gruppenmitglieder im Vordergrund steht. – Vgl. auch → Arrow-Paradoxon, → Condorcet-Paradox.

Theorie der Sozialpolitik – 1. *Begriff:* a) Eine allg. Theorie im Sinne eines konsistenten Systems bewährter Gesetzesaussagen existiert für den Gegenstandsbereich der → Sozialpolitik nicht und ist wohl auch nicht erreichbar. Der sozialwissenschaftliche Theoriebegriff bezieht systematisch aufbereitete historische Erfahrung und daraus begründbare Vermutungen, raum-zeitlich gebundene Quasigesetze und reine Modellanalysen ein. – b) Gegenstand der Theorie der Sozialpolitik sind zum einen „soziale Probleme" als mögliche Anlässe sozialpolitischen Handelns, zum anderen Maßnahmen und Instrumente der praktischen Sozialpolitik, einschließlich der darauf bezogenen politischen Willensbildung. – 2. *Entwicklung:* a) Die Wissenschaft von der Sozialpolitik entstand in Deutschland als *„Tochter der Nationalökonomie"* (v. Wiese). So führte die sozialpolitische Fragestellung nach Möglichkeiten der Überwindung der „Arbeiterfrage" zur Gründung des *Vereins für Sozialpolitik* (1873), der bis in die Gegenwart – heute unter dem Namen „Verein für Sozialpolitik-Gesellschaft für Wirtschafts- und Sozialwissenschaften" – die wichtigste Vereinigung von Wirtschaftswissenschaftlern im dt. Sprachraum geblieben ist.–b) Die ökonomische Theorie der Sozialpolitik bildet innerhalb der angewandten Volkswirtschaftslehre („Wirtschaftspolitik") eine Querschnittsdisziplin, mit Berührungen zu zahlreichen Einzelfeldern der Theorie der Wirtschaftspolitik. Entsprechend der Entwicklung des ökonomischen Denkens wurden die jeweils gängigen wirtschaftswissenschaftlichen Konzepte und Analysemethoden auch zur Erfassung sozialer Probleme und zur Beantwortung sozialpolitikwissenschaftlicher Fragestellungen herangezogen. Im Mittelpunkt standen dabei zunächst Fragen der Verteilung von Gütern, Einkommen und Vermögen und Probleme der Umverteilung. Später analysierte die ökonomische Sozialpolitiklehre die Sozialausgaben im volkswirtschaftlichen Kreislaufzusammenhang und die Belastungen und Begünstigungen durch Beiträge und Transfers (Inzidenz) auf einzelwirtschaftlicher Ebene. Gegenwärtig dominieren in der Theorie der Sozialpolitik mikroökonomische Analysen, bei denen das Modell des Homo oeconomicus auch auf die Lösung sozialpolitischer Probleme und darauf gerichteter politischer Entscheidungen angewandt wird. – 3. *Einzelfragen:* a) Für eine sozialwissenschaftliche Theorie der Sozialpolitik ist die *Werturteilsproblematik*, u.a. wegen der historischen Vermischung von wissenschaftlichen Aussagen und politischen Forderungen („Kathedersozialisten"), bis in die Gegenwart von hoher Bedeutung. Berücksichtigt man die prinzipielle Wertgebundenheit von Basisentscheidungen des Wissenschaftlers über Gegenstand und Methode seiner Forschung, ist eine werturteilsfreie Sozialpolitikwissenschaft, die die Ziele praktischer Sozialpolitik analysiert oder technologische (teleologische) Aussagen bezüglich der Erreichung dieser Ziele trifft, gleichwohl möglich. Die Unterscheidung deskriptiver vs. technologischer Fragestellungen der Wirtschaftswissenschaften wird, anknüpfend an angelsächsischen Sprachgebrauch, zusehends durch die leicht missverständliche Unterscheidung von „Positive and Normative Economics" abgelöst. – b) *Deskriptive („positive") Theorie der Sozialpolitik:* (1) Historische, raum-zeitlich gebundene Analysen der praktischen Sozialpolitik können strukturbildende Merkmale der jeweiligen Ausgestaltung der Sozialpolitik pointierend hervorheben (→ historische Schule), Entwicklungstendenzen aufzeigen und zur Formulierung abstrahierender und generalisierender Hypothesen anregen. – Als Grundmodelle konkreter Sozialpolitik-Systeme werden der (kontinentaleuropäische) Sozialstaat und der (angelsächsische vs. skandinavische) → Wohlfahrtsstaat angesehen (Sozialpolitik in der Marktwirtschaft). In Verbindung damit werden Systeme der → sozialen Sicherung auch anhand der Orientierung an der → Bismarckschen Sozialversicherungspolitik oder am → Beveridge-Plan charakterisiert.Aus der historischen Entwicklung der praktischen Sozialpolitik, von der staatlichen Reaktion auf die Arbeiterfrage des 19. Jh. bis zur Gegenwart, ergibt sich die Vermutung, dass diese Entwicklung von der des wirtschaftlichen Wohlstandes abhängt bzw. aus der Wechselwirkung von sozialem Problembewusstsein und wachsender Problemlösungsfähigkeit erklärt werden kann. Für Deutschland lassen sich diese Tendenzen als Wandel der Sozialpolitik von einer „Lazarettstation des Kapitalismus" zur „Schutzpolitik" und schließlich zur „Ausgleichs- und Gesellschaftspolitik" (Achinger) charakterisieren. (2) Eine rein deskriptive Theorie der Sozialpolitik kann sich mit der Erklärung des Zustandekommens sozialer Probleme (Diagnose) und der Voraussage zukünftiger Entwicklungen (Prognose) befassen, außerdem kann sie den Einsatz und die Wirkungen sozialpolitischer Maßnahmen (Mittel, Instrumente) untersuchen. Wachsende Bedeutung kommt in allen diesen Feldern der (Weiter-)Entwicklung von Methoden für empirische Analysen zu. – Die Identifikation sozialer Probleme, die Bestimmung eines etwaigen Handlungsbedarfs sowie Aussagen über geeignete Handlungsmöglichkeiten (Therapie) setzen dagegen mind. einen Bezug zu vorgegebenen oder unterstellten Zielsetzungen voraus und überschreiten somit die Grenze der technologischen Theorie. – Für Analysen sozialpolitischer Maßnahmen und Ziele sind auch Erkenntnisse über Gesetzmäßigkeiten politischer Willensbildungs- und Entscheidungsprozesse sowie über Handlungsbedingungen von Politik und öffentlicher Verwaltung relevant (Neue Politische Ökonomie, → ökonomische Theorie der Bürokratie). Beeinflusst werden diese auch durch die Funktionsbedingungen der Bildung öffentlichen Problembewusstseins über Massenmedien und unter Beteiligung von → Interessengruppen. – c) *Technologische („normative") Theorie der Sozialpolitik:* (1) Die Abgrenzung sozialer Probleme zur *Begründung sozialpolitischen Handelns* basiert in der dt. Sozialpolitiklehre traditionell auf dem Bezug zu einer → gesellschaftlichen Schwäche der Lebenslagen (Weisser) von Individuen und Personenmehrheiten (Gruppen, „Klassen" etc.) angesichts der gegebenen grundlegenden Ordnungsregeln und bestimmter gesellschaftlicher Ziele. – In der zeitgenössischen Theorie der Sozialpolitik werden Probleme und Handlungsbedarfe, analog zur generellen Begründung von Staatseingriffen in einer → Marktwirtschaft in der Theorie der Wirtschaftspolitik, aufgrund bestimmter Fälle von Marktversagen, v.a. im Zusammenhang mit der Bildung und Verwertung von → Humankapital oder → Humanvermögen, bestimmt (Sozialpolitik in der Marktwirtschaft). – Im Prozess der politischen

Willensbildung und bei der Umsetzung sozialpolitischer Maßnahmen kann die Problemlösungskapazität der praktischen Sozialpolitik jedoch auch überfordert werden (verfehlte Prioritäten, Verschärfung von Verteilungskonflikten, Bestrebungen zur Besitzstandswahrung, „Reformstau"), sodass ebenfalls die Gefahr eines Sozialstaatsversagens berücksichtigt werden muss. (2) Bei Aussagen über sozialpolitische Handlungsmöglichkeiten ist grundlegend zu unterscheiden zwischen Maßnahmen auf der Ebene einer Sozialordnungspolitik und auf der Ebene einer sozialpolitischen Prozesspolitik. Die *Sozialordnungspolitik* richtet sich auf die Schaffung sozialpolitischer Rahmenregelungen, die die grundlegenden Regeln der Gesellschafts- und Wirtschaftsordnung ergänzen, sowie auf die Schaffung, Aus- oder Umgestaltung sozialer und sozialpolitischer Institutionen. Sie kann sich auch auf die Beeinflussung gesellschaftlich verbreiteter Verhaltensnormen und -gewohnheiten (Sitten und Gebräuche) richten, wie z.B. der Solidarität in Familien oder unter Arbeitnehmern. Die *soziale Prozesspolitik* zielt auf die Beeinflussung der sozialen Lage von Individuen und Personengruppen bei gegebenen Ordnungsregeln, die für die Bewältigung konkreter sozialer Probleme, abgesehen vom utopischen Fall einer alle sozialen Probleme lösenden Sozialordnung, noch nicht ausreicht. Soziale Prozesspolitik kann aber auch Formen eines (konzeptionslosen, ad-hoc) Interventionismus annehmen, der den Vorrang ordnungspolitischer Maßnahmen zur Lösung sozialer Probleme und das Postulat der Konstanz der Politik in einer Marktwirtschaft (Eucken) nicht berücksichtigt. (3) Anwendungsorientierte, technologische Fragestellungen i.e.S., d.h. wissenschaftliche Aussagen über allg. Handlungsmöglichkeiten und konkrete Mittel zum Erreichen sozialpolitischer Ziele, nehmen den Großteil der Literatur zur Sozialpolitik ein. Neben allg. Aussagen über das Instrumentarium der Sozialpolitik können dabei Empfehlungen über den Einsatz konkreter Instrumente(-nbündel) entwickelt sowie Wirkungsanalysen und Erfolgskontrollen für bestimmte Instrumente mit dem Ziel eines verbesserten Mitteleinsatzes vorgenommen werden. Bei Erfolgskontrollen (Evaluationen) sozialpolitischer Maßnahmen wird zunächst ihre konkrete Umsetzung (Implementation), dann ihre Effektivität im Sinne der davon (kausal) ausgehenden Belastungen (Kosten) und Vorteile (Nutzen) für bestimmte Individuen und Personengruppen, möglichst auch unter Berücksichtigung nicht-intendierter (Neben-)Wirkungen und des Zusammenwirkens verschiedener Instrumente, und schließlich ihre Effizienz, mind. im Sinn eines angemessenen Verhältnisses von Mitteleinsatz und Zielerreichung, untersucht. – 4. *Herausforderungen:* Aus der gesellschaftlichen und wirtschaftlichen Entwicklung und ständigen Änderungen der praktischen Sozialpolitik ergibt sich laufend neuer Forschungsbedarf. Bes. Bedeutung haben dabei gegenwärtig die Anpassung der Sozialpolitik an die demografische Alterung der Bevölkerung und an die veränderten weltwirtschaftlichen Rahmenbedingungen (→ Globalisierung) und deren Folgen für die Wettbewerbsfähigkeit der Nationen, die jeweils zu grundlegenden Fragen nach Möglichkeiten zum Umbau des Sozialstaates führen. Qualitativ neue soziale Probleme könnten sich aus Versuchen ergeben, (1) in Anpassung an die Globalisierung der Wirtschaft auch für die Lösung sozialer Probleme in globalen Dimensionen zu denken und (2) Rahmenbedingungen für die Beziehungen aufeinander folgender Generationen zu schaffen, die im Sinn einer langfristig ausgerichteten Sozialpolitik auch die soziale Lage junger und zukünftiger Generationen sichern.

Theorie der Umweltpolitik – soll die Ursachen-Wirkungszusammenhänge ökonomisch-ökologischer Prozesse erklären und Ansatzpunkte für eine Ursachen- und (im Zweifel) symptomorientierte Therapie liefern. Dazu müssen v.a. die typischen und wesentlichen Merkmale von Umweltproblemen und deren Ursachen erkundet werden. Die Theorie der Umweltpolitik versucht, umweltpolitische Aktivitäten und die von ihnen induzierten Wirkungsgefüge mithilfe von Theoriebausteinen unterschiedlicher Disziplinen (Ökonomie, Ökologie, Politikwissenschaft, Systemtheorie etc.) begrifflich zu fassen und damit die Grundlage für rationales umweltpolitisches Handeln zu legen. Je umfassender die Theorie der Umweltpolitik die Umweltprobleme erfasst, desto mehr kann sie als wissenschaftliche Grundlage für eine staatliche → Umweltpolitik dienen. – Vgl. auch → Systemmanagement.

Theorie der Wirtschaftspolitik → Allgemeine Wirtschaftspolitik.

Theorie des Zweitbesten – I. Begriff: Die Theorie des Zweitbesten wird im Rahmen der → Wohlfahrtsökonomik relevant, wenn das „Erstbeste" in Form des → Pareto-Optimums nicht erreichbar ist. Das Optimierungsproblem des Zweitbesten bezieht sich auf eine gesellschaftliche Situation, in der von n Bedingungen für das gesamtwirtschaftliche → Wohlfahrtsoptimum mind. eine nicht erfüllt ist. Tritt diese Situation ein, ist es möglich, dass es bei Erfüllung von n-1 Optimalbedingungen nicht zu einer Annäherung an die optimale Situation, sondern zu einer weiteren Verschlechterung der Marktergebnisse kommt. Um dies zu verhindern wird die Theorie des Zweitbesten angewendet.

II. Wettbewerb: In Chamberlins Modell der → monopolistischen Konkurrenz führt die Heterogenität der Güter bei gleichzeitiger Offenheit der Märkte zu → Wohlfahrtsverlusten in Form von zunehmenden Überkapazitäten und einer Produktion zu höheren Stückkosten als beim homogenen → Polypol. Entsprechend der Theorie des Zweitbesten müssen in diesem Fall Marktschranken errichtet werden, damit wenigstens eine „zweitbeste" Situation erreicht wird. Einschränkend ist hierbei allerdings zu beachten, dass durch Marktschranken neue Probleme in dynamischer Hinsicht entstehen können. – Im Fall des natürlichen Monopols wird anstelle des → Pareto-Optimums der → vollkommenen Konkurrenz auf das Optimalitätskriterium des Ramsey-Preises abgestellt.

Third Party Access – Berechtigung eines Dritten (Nichteigentümer) zur Nutzung eines Leitungsweges/-netzes zum Zwecke des Transports (Übertragung oder Verteilung) leitungsgebundener Energieträger (Gas oder Strom) gegen ein Entgelt. Third Party Access entkoppelt den Handel mit Strom und Gas von der Verfügung über ein eigenes Netz und ermöglicht Wettbewerb in Erzeugung und Handel/Verkauf trotz bestehendem Netzmonopol.

Tied Aid → Lieferbindung.

Tietmeyer Report – Bericht des ehemaligen Präsidenten der Deutschen Bundesbank, H. Tietmeyer, zur Stabilität der internationalen Finanzmärkte. Der Bericht erschien im Februar 1999 und enthielt als zentrale Empfehlung die Schaffung des → Forums für Finanzmarktstabilität (FSF).

Todaro-Modell – *Harris-Todaro-Modell*. 1. *Modell*: H. Todaro will die andauernde Landflucht (→ Migration) trotz fortwährend hoher urbaner Arbeitslosigkeit erklären. Potenzielle Migranten vergleichen die Erträge, die sie im urbanen Bereich, unter Beachtung der Migrationskosten, und im ruralen Bereich zu erwarten haben. – Das Lohndifferenzial zwischen Stadt und Land gibt den *Anreiz zur Migration* (→ struktureller Wandel). Daneben muss die Arbeitslosenquote als entscheidender migrationshemmender Faktor angesehen werden, welcher Auskunft über die subjektive Wahrscheinlichkeit gibt, im modernen Sektor keinen Arbeitsplatz zu finden. Dynamische Migranten mit hoher Leistungsbereitschaft und hohem → Humankapital erhoffen sich, mittelfristig im urbanen Sektor einen Arbeitsplatz erobern zu können. Daher ist die Landflucht weitestgehend auf junge Menschen konzentriert, die noch ein längeres Erwerbsleben vor sich haben und eine überdurchschnittliche Bildung aufweisen. – 2. *Wirtschaftspolitische Schlussfolgerungen*: a) Die *Diskrepanz* urbaner-ruraler Beschäftigungsmöglichkeiten muss reduziert werden. Angleichung der Lohnsätze entschärft das Migrationsproblem. – b) *Schaffung* urbaner Arbeitsplätze im Rahmen keynesianischer Beschäftigungspolitik verschärft das urbane Arbeitslosenproblem. Es ergibt sich die paradoxe Situation, dass eine Verbesserung der urbanen Beschäftigungslage höhere Löhne ermöglicht, die kurzfristig positive Beschäftigungswirkungen durch Attrahierung von Migranten aus ruralen Bereichen mit höherer Arbeitslosigkeit konterkarieren. Jeder neue urbane Arbeitsplatz zieht zwei bis drei Migranten an. – c) *Verbesserung der Bildungsmöglichkeiten* erhöht die Arbeitslosigkeit Unausgebildeter, da der Bildungsstand als Auslesekriterium für die Einstellung von Arbeitskräften herangezogen wird, wodurch Personen mit höherer Schulausbildung eine höhere Beschäftigungschance erhalten. – d) *Lohnsubventionen* im städtischen formellen Sektor wirken kontraproduktiv, da die Attraktivität der Stadt erhöht wird. – e) *Programme* einer integrierten ländlichen Entwicklung können das Problem der Landflucht lösen, wenn die ökonomische Basis des ländlichen Raumes nachhaltig verbessert wird. Dazu gehört auch eine Verbesserung der ländlichen Infrastruktur (Gesundheitsversorgung, Bildungschancen, Ausbau des Wegenetzes und der Elektrizitäts- und Wasserversorgung sowie kultureller Einrichtungen). – f) *Arbeitsintensive Kleinindustrien* sollen in ruralen Gebieten gefördert werden. – g) Wenn *Mindestlöhne* den Gleichgewichtslohn überschreiten, führt die Faktorpreisverzerrung zu einer unteroptimalen Nutzung knapper Ressourcen. – h) *Arbeitsintensive Technologien* im ländlichen Raum können der Landflucht ebenfalls ursachenadäquat begegnen, sofern auch das Lohndifferenzial zwischen Stadt und Land reduziert wird.

Tournamententlohnung – 1. *Begriff*: Variante der Anreizentlohnung als Alternative zur Zahlung von Effizienzlöhnen; dient sowohl der Auswahl von Bewerbern als auch der Anreizgenerierung. Sie konzipiert das Erwerbsleben als Abfolge von Turnieren (im Sinn eines Wettkampfs oder Betriebsturniers) um die jeweils höheren Positionen in der Hierarchie. Die weiteren Aufstiegschancen hängen auf jeder Hierarchieebene von den bisher erzielten Turniererfolgen ab (Pfadabhängigkeitsthese). Die Beschäftigten konkurrieren miteinander und der Gewinner erhält den ersten Preis in Form einer Beförderung bzw. eines Aufstiegs, die mit einer höheren Entlohnung korrelieren. Dabei wird nicht die absolute, sondern die relative Leistung im Vergleich zu den Mitbewerbern bewertet (Rank-Order Tournaments). Die Arbeitsleistung ist ex post kontrollierbar. Insgesamt bietet das Unternehmen eine Lohnskala an, die im Durchschnitt dem Markträumungslohn entspricht. – 2. *Wirkung*: Das Unternehmen löst mithilfe dieses Verfahrens das Problem, dass die individuelle Leistung oft gar nicht oder nur zu prohibitiv hohen Kosten gemessen werden kann, was vor allem bei höheren Positionen der Fall ist (Prinzipal-Agent-Theorie). Außerdem stellt es sicher, dass alle Arbeitnehmer den maximalen Arbeitseinsatz erbringen. Ein bei den Arbeitsgruppen möglicherweise auftretende Moral-Hazard-Problem (→ Moral Hazard) (etwa in Form von Shirking) wird durch Selbstdisziplinierung innerhalb des Teams reduziert. Andererseits entsteht durch innerbetriebliche Rivalitäten der Nachteil, dass die Verlierer bzw. weniger Leistungsfähigen oder -willigen demotiviert werden und über Intrigen, Mobbing und Sabotage der Arbeitsleistung (auch der Mitbewerber) die Effizienz derartiger Verträge einschränken können. Ein möglicher Ausweg besteht in einer Kombination von Tournament- und → Senioritätsentlohnung: Wer im Turniermodell nicht zum Zuge kommt, kann zumindest an einer Karriere zweiter Ordnung teilhaben. Damit fungiert die Senioritätsentlohnung lediglich als Auffangnetz für die im Turnier Unterlegenen. – Vgl. auch Arbeitsmarkttheorien.

Trampschifffahrt → Seeschifffahrt.

Transaction Cost Economies – *Transaktionskostenersparnisse.* 1. *Begriff:* Transaction Cost Economies können entstehen, wenn bisher über Märkte abgewickelte → Transaktionen, d.h. gegenseitige Übertragungen von Verfügungsrechten, in ein Unternehmen verlagert werden. Dabei wird davon ausgegangen, dass der Institution Unternehmung als Produktionsstätte Faktormärkte *vor-* und Absatzmärkte *nach*gelagert sind, wobei *drei Arten der Koordination* unterschieden werden können: Koordination, die über den Markt abläuft; Koordination innerhalb eines Unternehmens und Koordination durch Kooperation. Alle drei Arten der Koordination von Faktoren bzw. Gütern sind für die Unternehmen mit Kosten verbunden. Diese Kosten können i.w.S. als → Transaktionskosten verstanden werden. Ist nun eine „hierarchische" Koordination innerhalb einer Unternehmung (transaktions-)kostengünstiger durchzuführen als über den Markt, wird das eine Verlagerung ökonomischer Aktivitäten in das Unternehmen zur Folge haben. Die Einsparmöglichkeit von (Transaktions-) Kosten wird zu einem wesentlichen Motiv für die vertikale Integration bzw. für → Unternehmenskonzentration, die damit organisationstheoretisch und nicht produktionstechnisch oder marktstrategisch erklärt wird. – 2. *Wettbewerb und Transaction Cost Economies:* Der Integrationsprozess führt jedoch wegen der zunehmenden unternehmensinternen *Organisationskosten* nicht zu einer völligen Vermachtung der Märkte. Zunehmende Organisationskosten entstehen in einem wachsenden Unternehmen z.B. infolge von Drückebergerei, zunehmender Fehlallokation von Faktoren innerhalb der Unternehmung und kostenverursachenden Kompetenzstreitigkeiten. Schließlich werden sich mit der Zahl der übernommenen Markttransaktionen die Organisationskosten überproportional erhöhen. Coase spricht hierbei von „Decreasing Returns to the Entrepreneur Function". – 3. Die *Grenzen einer Verlagerung von Transaktionen* und damit der vertikalen Integration können durch ein *Optimierungskalkül* abgesteckt werden. Danach werden Transaktionen über Märkte so lange durch Transaktionen innerhalb von Unternehmen substituiert, bis die Grenzkosten der Organisation innerhalb eines Unternehmens gleich den Grenzkosten der Transaktion über Märkte sind. – Ein solches Optimierungskalkül setzt allerdings voraus, dass die vertikale Integration nur zwecks Effizienzsteigerung erfolgt – und nicht, um z.B. tatsächlichen oder potenziellen Konkurrenten den Zugang zu vor- oder nachgelagerten Märkten zu erschweren. Angesichts der Tatsache, dass die vertikale Integration aufgrund verschiedener Motive erfolgt (z.B. Marktmacht, Effizienzsteigerung, Steuervermeidung oder Ausstieg aus der Mitbestimmung), kann sie nicht generell durch

den Hinweis auf Transaktionskostenersparnisse gerechtfertigt werden; vielmehr muss im Zweifel eine Abwägung zwischen Effizienzvorteilen und Wettbewerbsnachteilen vorgenommen werden. – 4. *Bedeutung:* Der Transaktionskostenansatz ermöglicht eine komparative Gegenüberstellung alternativer institutioneller Arrangements (vgl. → Alte Institutionenökonomik; Neue Institutionenökonomik). Dabei wird zunehmend versucht, Faktoren zu isolieren, die organisationsspezifische Bedeutung bei der Auswahl des Koordinationsmechanismus haben und damit eine Entscheidungshilfe für die Wahl des effizienteren Mechanismus geben. Williamson als Vertreter der sog. *Governance-Richtung* unterscheidet drei wesentliche Dimensionen von Transaktionen: Den Grad der Spezifität der transaktionsbedingten Investition, die Unsicherheit der Transaktion und die Häufigkeit einer bestimmten Transaktion. Aus der Kombination verschiedener Ausprägungen dieser Dimensionen von Transaktionen ergibt sich für ihn – einen gewissen Grad an Unsicherheit unterstellt – eine Überlegenheit der marktlichen Koordinationsform im Fall regelmäßiger oder auch nur gelegentlicher unspezifischer transaktionsbedingter Investitionen. Dagegen sieht er die vertikale Integration als überlegene Koordinationsform bei regelmäßig wiederkehrenden, vollkommen transaktionsbedingten → spezifischen Investitionen an. Das „Schema von Williamson" verdeutlicht die Zusammenhänge von *Investitionsspezifität, Transaktionshäufigkeit und Koordinationsstruktur.* Die vertikale Integration wird häufig mit der Existenz von Transaction Cost Economies gerechtfertigt. Die dt. Automobilindustrie hat allerdings in den 1990er-Jahren – unter dem Eindruck japanischer Erfahrungen – Zulieferbetriebe in erheblichem Umfang ausgegliedert und damit den Anteil der Eigenfertigung reduziert, um überhöhte Kosten abzubauen (sog. Outsourcing). Diese Erfahrungen relativieren die Bedeutung von Transaktionskostenersparnissen. – Vgl. auch → Transaktionskostenökonomik.

Transaktion – Eine Transaktion findet dann statt, wenn ein Gut oder eine Dienstleistung über eine technologisch separierbare Schnittstelle transferiert wird. Transaktionen laufen in der Realität nicht ohne Reibungsverluste ab, die als Transaktionskosten bezeichnet werden. Im Rahmen der → Transaktionskostenökonomik wird die effiziente institutionelle Einbettung von Transaktionen unter Berücksichtigung der jeweiligen Transaktionskosten analysiert. Eine andere Definition versteht unter einer Transaktion den vertraglich vereinbarten Austausch von Verfügungsrechten. Diese Definition ist jedoch sehr eng, da Transaktionen auch unfreiwillig erfolgen können (z.B. in Form von Diebstahl).

Transaktionskosten → Transaktion, → Transaktionskostenökonomik, Verfügungsrechte, → Ordnungsökonomik, → Agency-Kosten.

Transaktionskostenersparnisse → Transaction Cost Economies.

Transaktionskostenökonomik – 1. *Charakterisierung:* In der Transaktionskostenökonomik wird die Effizienz unterschiedlicher institutioneller Arrangements verglichen, in deren Rahmen wirtschaftliche → Transaktionen abzuwickeln sind. Dabei sind bestimmte Eigenschaften der betrachteten Transaktionen von Bedeutung (für Williamson, einem Begründer des Ansatzes, etwa ihre Häufigkeit und → Unsicherheit sowie die Spezifität der erforderlichen Investitionen). Vor Vertragsabschluss fallen Transaktionskosten bes. in Form von Verhandlungs- und Informationskosten an (Informationen etwa über potenzielle Vertragspartner, den Preis oder die Qualität von Gütern). Nach erfolgtem Vertragsabschluss entstehen Kosten für die Kontrolle der Vertragsbeziehung (z.B. für Qualitätskontrollen) und für die Anpassung an geänderte Konstellationen (z.B. bei einer Veränderung der Preise von Produktionsfaktoren). – *Ziel* der Transaktionskostenökonomik ist es, alternative Formen der institutionellen Einbettung von Transaktionen zu untersuchen und auf ihre relative Effizienz zu prüfen. – *Annahmen:* Es wird unterstellt, dass Individuen sich nur begrenzt rational verhalten, ihre intellektuelle Kapazität ist begrenzt, die erforderlichen Informationen sind nicht ohne weiteres verfügbar. Weil die Welt zu komplex ist, um vom menschlichen Verstand vollständig erfasst zu werden, und wegen der Existenz der Informationskosten kommt es zu unvollständiger Information und zu Unsicherheit. Es ist deshalb z.B. nicht möglich, bei Vertragsverhandlungen alle Eventualitäten bzw. Kontingenzen im Voraus zu berücksichtigen. Ferner wird opportunistisches Verhalten unterstellt, d.h. das Verfolgen des Eigeninteresses unter Ausschluss von Arglist sowie illegitimer und illegaler Methoden. – 2. *Praktisch* bedeuten diese Überlegungen z.B. Folgendes: Wenn für die Ausführung von Transaktionen spezifisches Kapital nicht oder nur in geringem Maße benötigt wird, so spricht das für die marktmäßige Abwicklung. Economies of Scale machen es dann sinnvoll, dass spezialisierte externe Anbieter durch Bündelung der Nachfrage die Kosten senken (Market Aggregation Economics, Williamson); weiterhin lassen sich mithilfe von Marktbeziehungen → Hierarchienachteile vermeiden, wie sie bei unternehmensinterner Koordination anfallen (Konzept der → effizienten Firmengrenze). – Fallen demgegenüber die spezifischen Investitionen ins Gewicht, so empfiehlt sich eine institutionelle Einbindung der Transaktionsbeziehung. Dies kann etwa durch langfristige → Verträge geschehen (z.B. durch Kooperationsverträge), die Schlichtungsvereinbarungen oder → glaubhafte Zusicherungen enthalten. Im Fall sehr hoher transaktionsspezifischer Investitionen reicht das jedoch nicht aus. Eine vertikale Integration der sensitiven Transaktionen in die Unternehmenshierarchie ist folglich angezeigt. Welche Form der institutionellen Einbettung von Transaktionen gewählt wird, hängt allerdings nicht alleine von der *Spezifität der Investitionen* ab, sondern auch vom *Ausmaß der Unsicherheit* und der Häufigkeit der entsprechenden Transaktionen (Williamson). Je ausgeprägter die Unsicherheit und je größer die Häufigkeit, desto eher spricht das für eine institutionelle Absicherung. Neben den Polen der marktlichen und der hierarchischen Koordination stehen die → hybriden Organisationsformen, die Elemente beider Koordinationstypen in sich vereinigen. In alternativer Betrachtung kann man → plastische Produktionsfaktoren, die mit ausgeprägtem Ermessensspielraum auszustatten und deshalb vertraglich schwer festzulegen sind, als im Verhältnis zum Transaktionspartner zentral oder peripher positioniert interpretieren. Zentral positionierte Faktoren müssen vertikal integriert werden, während solche in peripherer Position selbstständig bleiben sollten (Bonus). Die Qualität des eigenen Outputs kann von der eines zentral positionierten Faktorinputs nicht getrennt werden. Ein Beispiel ist die Tageszeitung, die ihre Funktion nur erfüllt, wenn sie zum Frühstück bereitliegt. Die Druckerei ist deshalb im Verhältnis zum Zeitungsverlag zentral positioniert und i.d.R. im Eigentum des Verlages. Demgegenüber ist die Qualität des eigenen Outputs von der eines peripher positionierten Inputs separabel. So kann ein Buchverlag mit verschiedenen Druckereien verhandeln und ein schlecht geratenes Ergebnis zurückweisen. Deshalb haben Buchverlage i.d.R. keine eigenen Druckereien, sondern kontrahieren über den Markt.

transaktionsspezifische Investitionen → spezifische Investitionen.

Transmissionsmechanismus – Geldtheorie.

Transportkostenansatz – *Reisekostenmethode, Clawson-Knetsch-Methode;* auf Clawson und Knetsch (1966) zurückgehende Methode der ökonomischen Bewertung von Umweltressourcen. Der Transportkostenansatz findet bes. bei der Quantifizierung des Freizeit- und Erholungsnutzens von öffentlichen Gütern Anwendung. Dabei werden die von den Nutzern eines Erholungsgebiets aufgewendeten Transportkosten als Zahlungsbereitschaften für den Erholungsnutzen interpretiert. Probleme des Transportkostenansatzes bestehen u.a. in der zweifelhaften Ausschließlichkeit, mit der die Transportkosten für die Nutzung einer bestimmten Ressource aufgewendet werden sowie in der Berücksichtigung von Erholungsmöglichkeiten, die alternativ zu dem bewerteten Gut zur Verfügung stehen.

Trassenpreise – Preissystem der Deutschen Bahn AG für die Benutzung sog. Fahrplantrassen, d.h. räumlich und zeitlich begrenzter Durchfahrtsrechte auf bestimmten Schienenstrecken.

Treasury Bill – dreimonatige → Schatzwechsel der britischen Regierung, die jeden Freitag im Submissionswege zugeteilt werden, und zwar nur an Bankiers oder Wechselmakler sowie an Regierungsstellen, Behörden, auch Kolonialregierungen.

Treibhauseffekt – Treibhausgase absorbieren einen Teil der Sonnenstrahlen und geben selbst Wärmestrahlung ab. Die Abgabe von Wärme der Treibhausgase überkompensiert die Reduktion der solaren Strahlung in Richtung Erdboden und verursacht dadurch eine erhöhte Energieeinstrahlung am Erdboden und damit auch eine Erwärmung des Bodens und der unteren Atmosphäre. Nach bisherigem Forschungsstand liegt eine Erwärmung des Erdbodens durch diesen natürlichen Treibhauseffekt von 33°C vor, was zu einer lebenserhaltenden Temperatur führt. Die mittlere Temperatur in Bodennähe läge ohne den natürlichen Treibhauseffekt bei rund -19°C. Den Hauptanteil der Treibhausgase an dem natürlichen Treibhauseffekt hat mit rund zwei Dritteln Wasserdampf. Der Teil des Treibhauseffektes, der auf menschlichem Einfluss beruht, wird als anthropogener Treibhauseffekt bezeichnet. Seit Beginn der Industrialisierung steigt das Vorkommen langlebiger Treibhausgase drastisch. Das Ausmaß des Treibhauseffektes hängt sowohl von der Konzentration der Treibhausgase als auch positiv oder negativ von der Reaktion des Wasserkreislaufes (Wasserdampf, Bewölkung, Niederschlag, Verdunstung, Schneebedeckung, Meeresausdehnung) ab. Eine erhöhte Erwärmung der Oberflächentemperatur kann nicht nur zu Veränderungen des Wasserkreislaufs und Wetterextrema führen, sondern auch eine globale Klimaveränderung zur Folge haben.

TRIPS-Abkommen – *Agreement on Trade-Related Aspects of Intellectual Property Rights*; Abk. für das im Rahmen der → Uruguay-Runde des GATT am 15.4.1994 geschlossene Übereinkommen über handelsbezogene Aspekte der Rechte des geistigen Eigentums (BGBl. II 1730), dem nicht nur die Mitgliedsstaaten der EU, sondern auch die EU selbst angehört. Seit 1.1.1995 in Kraft. Es ist Bestandteil des WTO-Abkommens und für alle WTO-Mitglieder verbindlich. Seine Bedeutung liegt v.a. darin, dass es das materielle Recht der Pariser Verbandsübereinkunft zum Schutz des gewerblichen Eigentums (PVÜ) auf WTO-Mitglieder erstreckt, die (noch) nicht Mitglieder der PVÜ sind (Art. 2 TRIPS). Für das GATT-Abkommen ist durch den Europäischen Gerichtshof entschieden, dass es im Rahmen der EU keine subjektiven Rechte der Gemeinschaftsbürger begründet, die Gemeinschaftsorgane aber beim Erlass sekundären Gemeinschaftsrechts bindet. Demgegenüber erkennt TRIPS die Immaterialgüterrechte ausdrücklich als private Rechte an und begründet für die Mitgliedsstaaten die Pflicht, im Bereich der gewerblichen Schutzrechte und Urheberrechte Mindeststandards in ihr Recht aufzunehmen und die in dem Abkommen festgelegte Behandlung den Angehörigen der anderen Mitgliedsstaaten zu gewähren (Art. 1); bestehende internationale Abkommen wie die PVÜ und die im Rahmen der → WIPO geschlossenen Abkommen werden nicht außer Kraft gesetzt und von den Verpflichtungen aus dem TRIPS-Abkommen nicht berührt. Das Abkommen schafft damit kein einheitliches internationales materielles Recht, sondern folgt dem Territorialitätsprinzip und dem Prinzip der Harmonisierung der nationalen Rechtsordnungen nach festgelegten Standards. Es enthält dazu Vorschriften über Urheberrechte und verwandte Schutzrechte (Art. 9 f.), Marken und geografische Angaben (Art. 15 f., 22 f.), gewerbliche Muster und Modelle (Art. 25 f.), Patente (Art. 27 f.), Topografien von integrierten Schaltkreisen (Art. 35 f.), über den Schutz des Know-how (Art. 39) und zur Kontrolle wettbewerbswidriger Praktiken in Lizenzverträgen (Art. 40). Daneben befinden sich Vorschriften zum Rechtsschutz (Art. 41 f.).

Trittbrettfahrerverhalten → Free-Rider-Verhalten.

Turnier – *Rank Order Tournament*; spezielle Form → relativer Leistungsbeurteilung. In einem Turnier hängt die Entlohnung eines Turnierteilnehmers (Agenten) lediglich von der Rangordnung seiner gemessenen Leistung im Vergleich zur Leistungsmessung anderer Turnierteilnehmer ab. Der Turnierveranstalter ist als Prinzipal interpretierbar. Ein System der Entlohnung durch Beförderung (mit festen Gehältern auf jeder Stufe) ist ein Beispiel für ein Turnier. Unter dem Aspekt der Informationsnutzung sind Turniere nur unter speziellen Bedingungen eine optimale Form relativer Leistungsbeurteilung. Im Vergleich zu einer kardinalen relativen Leistungsbeurteilung bieten Turniere jedoch zumeist den Vorteil geringerer Informationsforderung; im Übrigen sind Turniere weniger anfällig für moralisches Risiko (→ Moral Hazard) auf Seiten des Prinzipals. Die optimale Ausgestaltung von Turnieren, Vergleiche von Turnierergebnissen mit den Ergebnissen individueller Leistungsbeurteilung sowie die Anwendung von Turnieren auf offene Fragen in der Organisations- und Arbeitsmarkttheorie sind Gegenstand einer umfangreichen Literatur.

Two-Gap-Modell – auf kreislauftheoretischen Überlegungen aufbauendes Kapitalbedarfsmodell, das aufzeigt, in welchem Umfang einzelne Entwicklungsländer auf Auslandshilfe angewiesen sind, um bestimmte entwicklungspolitische Ziele zu realisieren. Zur → Ersparnislücke kommt eine handelsbilanzinduzierte Devisenlücke, die nur mithilfe von → Kapitalhilfe geschlossen werden kann.

UBA – Abk. für → Umweltbundesamt.

Überbeschäftigung – 1. *Begriff:* die → Vollbeschäftigung bzw. einen normalen Beschäftigungsgrad übersteigende Beschäftigungslage mit Tendenz zur reinen Preiskonjunktur (→ Inflation). – 2. *Gegensatz:* → Unterbeschäftigung.

Übereinkommen über den internationalen Eisenbahnverkehr – *Convention Relative aux Transports Internationaux Ferroviaires (COTIF)*; Abkommen vom 9.5.1980 zur Gründung einer Organisation für den internationalen Eisenbahnverkehr (OTIF), Sitz in Bern, und der Anpassung der beförderungsrechtlichen Bestimmungen an die wirtschaftlichen und technischen Bedürfnisse. – *Inhalt:* (1) Anhang A: einheitliche Rechtsvorschriften für den Vertrag über die *internationale Eisenbahnbeförderung von Personen und Gepäck* (Règles Uniformes Concernant le Contrat de Transport International Ferroviaire des Voyageurs et des Bagages (CIV)); (2) Anhang B: einheitliche Rechtsvorschriften für den Vertrag über die *internationale Eisenbahnbeförderung von Gütern* (Règles Uniformes Concernant le Contrat de Transport Internationale Ferroviaire des Marchandises (CIM)). Änderung des Übereinkommens am 3.5.1999; weitere Règlements bez. des Transports gefährlicher Güter (Anhang C), der Verwendung von Wagen (Anhang D), der Nutzung der Infrastruktur (Anhang E), technischer Normen und Vorschriften (Anhang F) sowie technischer Zulassung von Eisenbahnmaterial (Anhang G) im internationalen Eisenbahnverkehr.

Übergangsarbeitsmärkte – 1. *Begriff:* spezifische institutionelle Arrangements, die sämtliche unvermeidlichen Übergänge auf dem Arbeitsmarkt bzw. deren Risiken im Erwerbsverlauf absichern sollen, nicht nur die zwischen Beschäftigung und Nicht-Beschäftigung schaffen. – 2. *Charakteristika:* Sie verfolgen das Ziel flexibler Beschäftigungssicherheit und sind durch folgende Merkmale charakterisiert: Brücken zwischen Erwerbstätigkeit und anderen produktiven Tätigkeiten, Absicherung durch Tarifverträge und Recht oder Gesetz, Kombination niedriger und unsteter Lohneinkommen mit Transfer- oder Vermögenseinkommen, Finanzierung von Arbeit statt Arbeitslosigkeit. Sog. Beschäftigungsbrücken schaffen Übergänge zwischen Bildung und Beruf, Teilzeit- und Vollzeitbzw. selbstständiger und abhängiger Beschäftigung, Arbeitslosigkeit und Beschäftigung, Bildungs- und Beschäftigungssystem, privater Haushalts- und Erwerbstätigkeit, Erwerbstätigkeit und Rente. Bedeutsam ist das Konzept u. a. für atypische Beschäftigung.

Überkapazität – Ausstattung eines Unternehmens oder eines Wirtschaftszweiges mit Produktionsmitteln, v.a. Anlagen, für die nicht genügend Beschäftigungsmöglichkeiten bestehen.

Übernacht-Fazilitäten → Geldpolitik.

Übernahmekonnossement → Konnossement, das ausgestellt wird, wenn die Güter vom Verfrachter lediglich zur Beförderung übernommen, aber noch nicht verladen worden sind *(Received for Shipment)*. – *Anders:* → Bordkonnossement.

Übernahmesatz – durch Vereinbarung zwischen Spediteur und Versender (gemäß § 459 HGB) festgelegte Beförderungskosten: (1) für den gesamten Transport; (2) für Transportabschnitte (Teilübernahmen, „Spedition zu festen Spesen"). Gesonderte Berechnung einer Speditionsprovision entfällt, sofern nichts Gegenteiliges vereinbart ist. Bei vorherigem generellen Hinweis können die üblichen Sondergebühren erhoben werden. – *Geltungsbereich/-voraussetzungen:* Übernahmesätze gelten für die bezeichneten bzw. abgegrenzten Leistungen und nur unter der Voraussetzung, dass die zugrunde liegenden Verkehrs- und Tarifverhältnisse unverändert weiter in Kraft sind. – *Haftung:* Soweit die Übernahmesätze reichen, haftet der Spediteur gemäß HGB wie ein → Frachtführer. Diese Frachtführerhaftung wird insbesondere durch die Allgemeinen Deutschen Spediteurbedingungen (ADSp) wieder auf die Spediteurhaftung beschränkt, bes. keine Haftung für → Zwischenspediteure und Frachtführer.

Überschusseinkommen – Bezeichnung der Wirtschaftstheorie für Einkommen, die als Differenz zwischen Erlös und Aufwendungen anfallen, z.B. Einkommen der selbstständigen Landwirte und Gewerbetreibenden. – *Gegensatz:* → Kontrakteinkommen. Vgl. auch Residualeinkommen (→ Residualtheorie).

Überschussreserve – frei verfügbares → Zentralbankgeld in Händen von Geschäftsbanken, das über die → Mindestreserve hinaus gehalten wird.

überseeische Länder und Gebiete – Abk. *ÜLG*; 1. *Beschreibung:* außerhalb des europäischen Kontinents gelegene europäische Länder oder Hoheitsgebiete, die zum Staatsgebiet eines der Mitgliedsstaaten der → EU gehören oder einen ähnlichen Status haben und damit zur EU „besondere Beziehungen" unterhalten (d.h. ehemalige Kolonien, Treuhandgebiete oder Übersee-Departements). Die Überseeischen Länder und Gebiete sind gemäß Art. 198 AEUV und Anhang II AEUV der EU assoziiert (→ Assoziierungsabkommen); deren strukturbedingte soziale und wirtschaftliche Entwicklung ist durch die Herstellung enger Wirtschaftsbeziehungen untereinander sowie mit der gesamten EU zu fördern.

Wirtschaftliche Nachteile ergeben sich insbesondere aus deren Abgelegenheit, Insellage, geringe Größe, schwierige Klimabedingungen und wirtschaftliche Abhängigkeit von einigen wenigen Erzeugnissen. Es handelt sich um ÜLG der EU-Mitgliedsstaaten *Dänemark, Frankreich, Niederlande und Großbritannien.* Darüber hinaus gilt der AEUV direkt für bestimmte ÜLG nach Art. 349 AEUV. – 2. *Assoziierte ÜLG* (Art. 198 AEUV, Anhang II): Grönland (Dänemark, Art. 204 AEUV); Neukaledonien und Nebengebiete, Französisch-Polynesien, Französiche Süd- und Antarktis-Gebiete, Wallis und Futuna (Überseeische Gebiete der Republik Frankreich); Mayotte, Saint-Pierre-et-Miquelon (Collictivtiés terretoriales der Republik Frankreich), Saint-Barthélemy; Aruba, Niederländische Antillen – Bonaire, Curaçao, Saba, Sint Eustatius, Sint Maarten (Niederlande); Anguilla, Kaimaninseln, Falklandinseln, Südgeorgien und südliche Sandwich-Inseln, Montserrat; Pitcairn, St. Helena und Nebengebiete, Britisches-Antarktis-Territorium, Birtische Territorien im Indischen Ozean, Turks- und Caicos-Inseln (Britische Jungferninseln, Bermuda (Großbritannien). – 3. *ÜLG, in denen der AEUV direkt gilt (Art. 349 AEUV):* Åland Inseln (Finnland), Azoren (Portugal), Madeira (Portugal), Kanarische Inseln (Spanien), Französische überseeische Departements: Guadeloupe, Französisch-Guayana, Martinique, Réunion und Saint-Martin (Frankreich). – 4. *Keine ÜLG sind nach Art. 355 V AEUV:* Färöer (ehem. Dänemark), Kanalinseln Alderney, Guernsey, Insel Man (Großbritannien). – 5. *Zollabfertigung:* Für die ÜLG gelten bes. Bedingungen. I.d.R. gilt die 6. MWSt-RL nicht für die ÜLG, in denen der EUV und AEUV nach Art. 52 EUV direkt gilt. Alle anderen ÜLG, die nach Art. 198 AEUV assoziiert sind, gelten als Drittländer. Im letzteren Fall ist eine Ausfuhranmeldung abzugen, Einfuhrzoll bei der Einfuhr in die EU ist zu zahlen.

Überwachungskosten → Agency-Kosten.

Übungsfirma – 1. *Begriff/Charakterisierung:* → Lernort im Bereich der kaufmännischen Berufsbildung, der als Ergänzung oder Alternative zum Betrieb handlungsbezogene Lernprozesse im Rahmen simulierter und damit überschaubarer betrieblicher und gesamtwirtschaftlicher Funktionsmodelle ermöglichen soll. Übungsfirma ist ein Modell eines Wirtschaftsbetriebes, in dem der administrativ-verwaltende Bereich konkret-gegenständlich als Handlungsfeld der Lernenden ausgebaut ist, während die technisch-exekutiven Stellen und Prozesse (Produktion, Waren- und Geldverkehr) simuliert werden. – Durch die Zusammenarbeit der Übungsfirma im *Deutschen Übungsfirmenring* besteht ein volkswirtschaftliches Gesamtmodell, in dem die einzelnen Übungsfirmen ökonomisch sinnvoll und die geltenden Rechtsnormen und Verkehrsformen entsprechend agieren können. – 2. *Ziel:* entsprechend ihrer konkreten Ausprägung Training funktionaler Handlungsvollzüge im Praxisfeld, Verdeutlichung struktureller und funktionaler Zusammenhänge der Unternehmensorganisation und/oder Erwerb theoretischer Kompetenzen aus praktischen Problem- und Handlungsvollzügen heraus.

UCPTE – *Union for the Coordination of the Production and Transport of Electric Power, Union für die Koordinierung der Erzeugung und des Transports elektrischer Energie;* gegründet am 23.5.1951 in Paris auf Empfehlung des Ministerrats der → OEEC. Seit 1.7.1999 abgelöst durch die Nachfolgeorganisation → UCTE.

UCTE – *Union for the Coordination of the Transmission of Electricity, Union für die Koordinierung des Transportes elektrischer Energie;* Nachfolgeorganisation der → UCPTE (seit 1.7.1999). Koordiniert die Interessen der Übertragungsnetzbetreiber in verschiedenen europäischen Ländern. Gemeinsames Ziel ist die Gewährleistung des sicheren Betriebes des europäischen Verbundnetzes. Im Unterschied zu ihrer Vorgängerorganisation konzentriert sich die UCTE auf die Interessen der Übertragungsnetzbetreiber. Sie trägt außerdem den Erfordernissen der Binnenmarktrichtlinie zu den Elektrizitätsmärkten in der EU Rechnung. Die UCTE ist eines der Gründungsmitglieder von → ETSO.

UDEAC – Abk. für *Union Douanière et Economique de l'Afrique Central, Zentralafrikanische Zoll- und Wirtschaftsunion;* → CACEU.

UEAPME – *Union Européenne de l'Artisanat et des Petites et des Moyennes Entreprises, European Association of Craft, Small and Medium-sized Enterprises, Europäische Union des Handwerks und der Klein- und Mittelbetriebe;* wichtigster europäischer Verband zur Interessenvertretung des Handwerks sowie der kleinen und mittleren Unternehmen. Entstand 1979 als Zusammenschluss verschiedener europäischer Interessenverbände vornehmlich aus Mitgliedsländern der EU. Ziele sind Information der Mitglieder über europäische Politik, Koordinierung nationaler Aktivitäten, Lobbyarbeit bei der EU für die Interessen der Mitgliedsverbände. Aus Deutschland ist u.a. der Zentralverband des deutschen Handwerks (ZDH) Mitglied in der UEAPME.

UFI – Abk. für → Union des Foires Internationales.

UGR – Abk. für → umweltökonomische Gesamtrechnung.

UITP – *Union Internationale des Transports Publics, International Association of Public Transport, Internationaler Verband für öffentliches Verkehrswesen; internationale Organisation für öffentliches Verkehrswesen;* 1885 gegründet; Sitz in Brüssel. Ca. 3.100 Mitglieder aus 90 Ländern.

ÜLG-Staaten → Überseeische Länder und Gebiete.

Ultimogeld – Leihgeld, das am Geldmarkt zur festen Rückzahlung am Ultimo ohne vorherige Kündigung ausgeliehen wird.

Umlageverfahren – Verfahren zur Aufbringung von Mitteln durch einen jeweils materiell interessierten Personenkreis.

Umlaufgeschwindigkeit des Geldes → Geldumlaufgeschwindigkeit.

Umlaufrendite – Rendite festverzinslicher, im Umlauf befindlicher Wertpapiere. Die Umlaufrendite liegt meist geringfügig über der Rendite neu emittierter festverzinslicher Wertpapiere (Emissionsrendite).

UMPLIS – *Umweltplanungs- und Informationssystem;* Informations- und Dokumentationssystem, dessen Aufbau und Führung durch Errichtungsgesetz von 1974 dem → Umweltbundesamt (UBA) übertragen worden ist. – *Zweck:* Bereitstellung von Informationsdiensten und Planungshilfen im Umweltbereich; Erstellen von Informationshilfen für Koordinierung, Kooperation und Transparenz im Bereich umweltbezogener Forschung und Entwicklung; Anbieten benutzerfreundlicher, instrumenteller Hilfsmittel für Planung und Verwaltung.

Umsatzgrößenklassen → Unternehmensgrößenstruktur.

Umschulung → berufliche Fortbildung, Personalentwicklung.

Umverteilung → Redistribution, Verteilungstheorie, → Verteilungspolitik.

Umwelt – Umgebung eines → Systems oder einer Lebenseinheit, welche(s) mit dieser in wechselseitigen Beziehungen steht. Grundsätzliche Unterscheidung der Umwelt des Menschen in natürliche Umwelt (Ökosphäre) und „künstliche" Umwelt (Sozio- und Technosphäre). Umwelt z.B. für das System Unternehmung: wirtschaftliche, technische, gesellschaftliche, politische und natürliche Umwelt.

Umweltabgabe – *Umweltsteuer, Ökosteuer;* für die Nutzung der natürlichen Umwelt und Ressourcen an den Staat zu entrichtender Geldbetrag (Steuer, Gebühr oder Zoll). Umweltabgaben geben gemäß dem → Verursacherprinzip Anreize für umweltgerechtes Verhalten. – Vgl. auch → Emissionsabgabe, → ökologische Steuerreform, → Umweltbeitrag.

Umweltauflage – 1. *Begriff:* Gebot oder Verbot in Form einer direkten umweltbezogenen Verhaltensvorschrift. – 2. *Arten* (nach Anknüpfungspunkt): a) *Emissionsauflage:* als Emissionsnorm (Grenzwert des Schadstoffausstoßes), Reduzierungsverpflichtung oder Produktnorm (Grenzwert hinsichtlich der Menge an Schadstoffen im Produkt) festgelegte Auflage. – b) *Auflage für Produktionsprozesse:* Produktionsfaktoren (Gebote zur Verwendung bestimmter Rohstoffe, z.B. schwefelarmes Heizöl) oder Prozeßnormen bez. der anzuwendenden Technologie betreffende Auflage. Prozeßnormen orientieren sich i.d.R. am → Stand von Wissenschaft und Forschung oder am → Stand der Technik. – c) *Produktionsauflage:* Mengenlimitierung (z.B. Produktionsdrosselung bei Smog), Produktionseinstellung in Notfällen (z.B. bei Gewässerverseuchung) oder Ansiedlungsverbot. – 3. *Beurteilung:* Bei der Festlegung von Auflagen sind die Grenzkosten der Emissionsvermeidung bei den einzelnen emittierenden Anlagen nicht bekannt. Es ist daher kaum möglich, eine Verteilung der insgesamt beabsichtigten Emissionsvermeidungsmenge auf die einzelnen reduzierten Anlagen vorzunehmen, die einen Ausgleich der Grenzvermeidungskosten erreicht. – Die Auflagenpolitik ist nur in unzureichendem Maße in der Lage, → umwelttechnischen Fortschritt zu induzieren. Eine Innovation, die auf eine Übererfüllung der staatlichen Emissionsnormen abzielt, bringt dem innovierenden Unternehmen nur Kosten, aber keine Erträge; es ist für das Unternehmen unattraktiv, knappe Ressourcen in diese Verwendung zu lenken. – Der ökologische Erfolg der Auflagenpolitik ist durch eine mangelnde Verknüpfung zwischen umweltpolitischen Zielvariablen und umweltpolitischen Eingriffsobjekten gefährdet, da die Auflagen meist in Form von Beladungsgrößen (z.B. mg Schadstoff pro m^3 Abluft) formuliert sind. Die ökologische Treffsicherheit der Auflagenpolitik würde verbessert, wenn sie anstelle von Emissionskonzentrationen Emissionsfrachten regeln würde.

Umweltbeitrag – Form der → Umweltabgabe, durch die die Aufwendungen der öffentlichen Hand für Versorgungs- und Entsorgungsleistungen an die Benutzer weitergegeben werden.

Umweltbelastung – Umweltbelastungen sollen auf Grundlage des → Vorsorgeprinzips durch die → Internalisierung externer Effekte möglichst vermieden werden. Instrumente dafür sind insbes. → Auflagen, → Zertifikate und Abgaben. – *Formen:* Umweltverschmutzung. – Umweltbelastungen kann zur *Umweltschädigung* führen: Raubbau an der biologischen Produktivität (Wald-, Fischbestände); ersatzlose Entnahmen (Abbau von Rohstoffen); Störung und Zerstörung von Ökozyklen; Gefährdung menschlicher Gesundheit. Sie wiegen um so schwerer, je stärker sie irreversibel sind. – *Messung* durch → Umweltindikatoren, die Teilaspekte der Umweltbelastung erfassen.

Umweltbericht → Umweltprogramm.

umweltbewusstes Verhalten – Ausrichtung des wirtschaftlichen Verhaltens bzw. der Lebenseinstellung an den Kriterien → ökologische Kompatibilität und → Umweltschutz.

Umweltbewusstsein – Zum Umweltbewusstsein gehören: Kenntnis von Konfliktmöglichkeiten zwischen eigenem Handeln und → Umweltschutz; Einsicht in die Gefährdung durch Informationen bei Produzenten und Verbraucher und die damit u.U. verbundene Bereitschaft zur Abhilfe, evtl. über den Marktmechanismus (Entwicklung, Gebrauch, Kauf umweltfreundlicher Erzeugnisse und Verfahren); Ausgleich von Bequemlichkeits- und Zeitverlusten sowie ökonomischen Nachteilen gegenüber umweltschädlichem Tun (z.B. Ausbau des öffentlichen Nahverkehrs, Steuerbegünstigung schadstoffarmer Kraftfahrzeuge und Treibstoffe).

Umweltbilanz → Ökobilanz.

Umweltbundesamt (UBA) – Sitz des Umweltbundesamtes (UBA) ist Dessau. Errichtet wurde das UBA durch Gesetz vom 22.7.1974 (BGBl. I 1505) m.spät.Änd. – Zu den Aufgaben des UBA gehören u.a. die wissenschaftliche Unterstützung und Beratung des BMU und der Bundesregierung in Fragen des Immissionsschutzes (z.B. im Bereich Luft), der Wasser- und der Abfallwirtschaft. Dabei werden die umweltschädigenden Prozesse und ihre Folgen untersucht, Stoffe werden hinsichtlich ihrer ökologischen Schädlichkeit beurteilt und die Entwicklung neuer (umweltschonender) Technologien wird initiiert und unterstützt. Weitere Aufgaben des UBA sind der Vollzug von Umweltgesetzen (z.B. → Emissionshandel, Zulassung von Chemikalien, Arznei- und Pflanzenschutzmitteln) sowie die Sammlung und Speicherung von Umweltdaten, der Aufbau und die Pflege von Umweltplanungs- und Informationssystemen und die Aufklärung der Öffentlichkeit in Umweltfragen etc. – Zuständig für den Emissionshandel (ab 1.1.2005) ist in Deutschland die im UBA errichtete *Deutsche Emissionshandelsstelle (DEHSt)* gemäß Treibhausgas-Emissionshandelsgesetz (TEHG).

Umwelteffekte der Landwirtschaft → Agrarumweltpolitik, → Multifunktionalität der Landwirtschaft.

umweltgerechtes Handeln → umweltbewusstes Verhalten.

Umwelthaftpflichtversicherung – 1. *Begriff*: Sonderform der Betriebshaftpflichtversicherung für das Risiko, das insbesondere von bestimmten umweltgefährdenden Anlagen (Anlagenrisiko), aber auch vom Betrieb allg. (Basisrisiko) ausgeht. Auch das Produktrisiko für die Lieferung oder Planung umweltgefährdender Anlagen(-teile) kann versichert werden (Regressrisiko). – 2. *Merkmale:*Die Anlagen werden nach Typ und gesetzlich eingestufter Gefährlichkeit sog. Risikobausteinen zugeordnet. Der Vertrag folgt dem Manifestationsprinzip: Versicherungsfall ist die erste nachprüfbare Feststellung des Schadens. – 3. *Geschichte:*Nach dem Vorläufer der Gewässerschadenhaftpflichtversicherung für Gewässer gefährdende Anlagen und Einleitungen in Gewässer wurde das Bedingungswerk im Gefolge des Umwelthaftpflichtgesetzes 1992 im dt. Markt eingeführt.

Umwelthaftungsgesetz (UmweltHG) – Gesetz vom 10.12.1990 (BGBl. I 2634) m.spät.Änd., regelt → Gefährdungshaftung für Umweltschäden. – 1. *Voraussetzungen:* Nach § 1 Umwelthaftungsgesetz ist ein Schadensersatzanspruch gegeben, wenn durch eine Umwelteinwirkung, die von einer im Anhang 1 des Umwelthaftungsgesetz genannten Anlage ausgeht, jemand getötet, sein Körper oder seine Gesundheit verletzt oder eine Sache beschädigt wird und daraus ein Schaden entsteht. Rechtswidrigkeit und Verschulden sind nicht erforderlich. Zu den erfassten Anlagetypen gehören z.B. Kraftwerke, Abfallentsorgungsanlagen, Gießereien, Lackierereien, Geflügelzuchtbetriebe etc. Ein Schaden entsteht nach § 3 I durch eine Umwelteinwirkung, wenn er durch Stoffe, Erschütterung, Geräusche, Druck, Strahlen, Gase, Dämpfe, Wärme oder sonstige Erscheinungen verursacht wird, die sich in Boden, Luft oder Wasser ausgebreitet haben (z.B. Lackschäden an Kfz durch schädliche Emissionen). Eine Ersatzpflicht besteht nicht, soweit der Schaden durch höhere Gewalt verursacht wurde (§ 4). Tritt ein Schaden im Rahmen des Normalbetriebs ein, so ist die Ersatzpflicht für Sachschäden ausgeschlossen, wenn die Sache nur unwesentlich oder in einem Maße beeinträchtigt wird, das nach den örtlichen Verhältnissen zumutbar ist (§ 5). Der Kausalitätsnachweis zwischen Umwelteinwirkung, Rechtsgutverletzung und Schaden wird durch die Ursachenvermutung des § 6 erleichtert: Ist eine Anlage nach den Gegebenheiten des Einzelfalles geeignet, den entstandenen Schaden zu verursachen, so wird vermutet, dass der Schaden durch diese Anlage verursacht ist. Die Ursachenvermutung gilt jedoch nicht für den Normalbetrieb. Normalbetrieb liegt vor, wenn die bes. Betriebspflichten eingehalten worden sind und auch keine Störung des Betriebs stattfindet (§ 6 II). Ferner gilt die Vermutung der Verursachung dann nicht, wenn ein anderer Umstand nach den Gegebenheiten des Einzelfalles geeignet ist, den Schaden zu verursachen (§ 7 II). Da die Vermutung des § 6 erst dann gilt, wenn der Geschädigte nachgewiesen hat, dass die Anlage nach den Gegebenheiten des Einzelfalles geeignet war, den entstandenen Schaden zu verursachen und nach §§ 8-9 Auskunft vom Inhaber der Anlage und von Behörden verlangen, soweit dies zur Feststellung, dass ein Schadensersatzanspruch nach dem Umwelthaftungsgesetz besteht, erforderlich ist. Ebenso kann der Geschädigte nach § 9 Auskunft von bestimmten Behörden verlangen. Denselben Auskunftsanspruch hat der Inhaber einer Anlage, der von dem Geschädigten in Anspruch genommen wird (§ 10). Der Ersatzpflichtige haftet insgesamt bis zu einem Höchstbetrag von 85 Mio. Euro (§ 15). In § 16 wird in einem Grenzen ein Ausgleich sog. Öko-Schäden normiert. Stellt die Beschädigung einer Sache auch eine Beeinträchtigung der Natur oder der Landschaft dar, so kann der Geschädigte, sofern er den früheren Zustand wieder herstellt, die Herstellungskosten verlangen. Der Geschädigte kann auch einen Schmerzensgeldanspruch geltend machen (§ 8). Es gilt die dreijährige Verjährungsfrist. Die bes. gefährlich eingestuften Anlagentypen, die im Anhang 2 des Gesetzes aufgeführt sind, unterliegen der Pflicht zur Deckungsvorsorge, wozu bes. der Abschluss einer Haftpflichtversicherung (→ Umwelthaftpflichtversicherung) in Frage kommt (§ 19). Die Nichterfüllung der Deckungsvorsorge ist strafbewehrt (§ 21). – 2. *Ziel* des Gesetzes ist es, die durch Umweltschäden betroffenen Personen und Einrichtungen in ihrer Rechtsstellung zu schützen bzw. zu stärken. Außerdem werden vom Umwelthaftungsgesetz Anreize zur Schadensprävention erwartet.

Umweltindikatoren – 1. *Begriff*: An die Stelle einer Vielzahl von Einzelinformationen sollen Parameter oder Wertgrößen treten, die als leicht überschaubare Angaben dem Zustand der Umwelt bzw. ihre spezifischen Belastungen darstellen und Entwicklungstrends aufzeigen können. Eine derartige Beschreibung ist Voraussetzung für eine umweltbezogene Beurteilung der menschlichen Aktivitäten. Eine treffsichere Beurteilung aufgrund verdichteter Informationen ist Voraussetzung auch für die Wahl umweltpolitischer Strategien (→ Umweltpolitik). – 2. *Internationale Ansätze*: a) Die Entwicklung von Umweltindikatoren begann durch die → OECD. Sie entwickelte einen methodischen Ansatz, in dem drei Hauptkategorien von Umweltindikatoren unterschieden wurden: Belastungen der Umwelt (Pressures), Beschreibung von Umweltzustand und -qualität (State) und gesellschaftliche Reaktionen (Responses; sog. *PSR-Ansatz*). Der OECD-Ansatz stellt bis heute die Grundlage der internationalen Entwicklungen auf dem Gebiet der Indikatorensysteme dar. Die OECD hat mehrere Indikatorensätze für verschiedene Zwecke entwickelt: das Core Set mit zehn Schlüsselindikatoren für die Umwelt sowie spezielle sektorale Indikatoren (z.B. Transport, Energie, Landwirtschaft). – b) Die → Commission onSustainable Development (CSD) erweiterte den methodischen Ansatz der OECD und dehnte den Betrachtungsrahmen auch auf soziale, wirtschaftliche und institutionelle Bereiche aus (→ Nachhaltigkeitsindikatoren). Das Indikatorensystem der CDS umfasst nach der dritten Modifizierung im Jahr 2006 96 Einzelindikatoren (davon 50 Schlüsselindikatoren). – c) Die → Europäische Umweltagentur (EEA) ergänzte den PSR-Ansatz der OECD um die Kategorien verursachende Faktoren (Driving Forces) und Auswirkungen (Impact; sog. DPSIR-Ansatz). – d) Vom *Rat der Europäischen Union* werden seit 2001 umweltbezogene Strukturindikatoren in Kooperation mit der Europaeischen Kommission in einem kontinuierlichen Verbesserungsprozess erarbeitet. – 3. *Nationale Umsetzungen:* Basierend auf den CSD-Indikatoren präsentierte der Staatssekretärsausschuss für Nachhaltige Entwicklung („Green Cabinet") der Bundesregierung im Dezember 2001 einen Entwurf zur nationalen Nachhaltigkeitsstrategie, der 21 Indikatoren beinhaltet. 2004 erfolgte eine Bearbeitung durch das → Umweltbundesamt (UBA) als Grundlage für weitere Diskussionen im Kontext der nationalen Nachhaltigkeitsstrategie. Daneben liefert das Umweltbundesamt im Rahmen eines sog. Deutschen Umweltindex (DUX) Kennwerte zu den Themen Klima, Luft, Boden, Wasser, Energie und Rohstoffe. – Im Jahr 2001 wurde die Länderinitiative „Kernindikatoren" (LIKI) der Umweltämter und -anstalten der Bundesländer gegründet. Ziel war es, einen gemeinsamen geprüften Satz von Umweltindikatoren auszuweisen. Auf der Grundlage der Arbeiten des LIKI hat sich im Jahr 2004 die Umweltministerkonferenz auf einen Satz von 24 umweltbezogene Nachhaltigkeitsindikatoren verständigt. Aktualisierungen der Nachhaltigkeitsindikatoren erfolgt durch das 2008 gegründete Arbeitsgremium der Umweltministerkonferenz „Bund/Länder Arbeitsgemeinschaft Klima, Energie, Mobilität – Nachhaltigkeit (BLAG KliNa)".

Umweltinformationsgesetz – Gesetz i.d.F. vom 22.12.2004 (BGBl. I 3704), das die Vorgaben der Richtlinie 90/313/EWG des Rates vom 7.6.1990 über den freien Zugang zu Informationen über die Umwelt (ABl EG Nr. L 158, S. 56) in bundesdeutsches Recht umgesetzt hat. – 1. *Zweck*: Gewährleistung des freien Zugangs zu und der Verbreitung der bei den Behörden vorhandenen Informationen über die Umwelt sowie Festlegung der Voraussetzungen, unter denen derartige Informationen zugänglich gemacht werden sollen (§ 1). – 2. *Inhalt*: Nach dem Umweltinformationsgesetz hat jeder Anspruch auf freien Zugang zu Informationen über die Umwelt, die bei den in den Anwendungsbereich des Umweltinformationsgesetzes fallenden Behörden und Personen des Privatrechts (§ 2) vorhanden sind (§ 4). Es bedarf eines hinreichend bestimmten Antrages, der bes. erkennen lässt, auf welche Informationen er gerichtet ist (§ 4). Der Anspruch auf Informationen über die Umwelt ist unter bestimmten Voraussetzungen zum Schutz öffentlicher oder privater Belange ausgeschlossen oder beschränkt. Als anspruchsausschließende *öffentliche* Belange sieht das Umweltinformationsgesetz etwa die Berührung der Landesverteidigung oder internationaler Beziehungen, die mögliche Verursachung einer erheblichen Gefahr für die öffentliche Sicherheit oder eine erhebliche oder nachhaltige Beeinträchtigung von Umweltgütern an (§ 8). Als anspruchsausschließende *private* Belange gelten die Beeinträchtigung schutzwürdiger Interessen Betroffener durch die Offenbarung personenbezogener Daten, der Schutz geistigen Eigentums sowie Betriebs- und Geschäftsgeheimnisse (§ 9). – 3. *Kosten*: Für Amtshandlungen nach dem Umweltinformationsgesetz werden Gebühren und Auslagen erhoben (§ 12), Näheres ist in der Umweltinformationskostenverordnung (UIGKostV) vom 23.8.2001 (BGBl. I 247) m.spät.Änd. geregelt. – Vgl. auch → umweltbewusstes Verhalten.

Umweltkarte – Fahrkarte mit günstigem Tarif im → öffentlichen Personennahverkehr (ÖPNV) mit dem Ziel, Autofahrer zur Nichtbenutzung ihres Pkws zu bewegen, um so die Abgasemission zu mindern und damit einen Beitrag zum Umweltschutz zu leisten.

Umweltkonferenz – 1. *Begriff*: Form internationaler Zusammenkünfte auf politischer Ebene zur Erörterung grenzüberschreitender, bes. globaler Umweltprobleme. – 2. *UN-Umweltkonferenzen:* a) *Stockholm*

Umweltlizenz

1972: Auf der Stockholm-Konferenz wurde von den 113 teilnehmenden Nationen das Prinzip der „*Only One Earth*" angenommen und ein Aktionsplan verabschiedet, der 109 Empfehlungen zur Konkretisierung dieses Prinzips beinhaltete. Im Rahmen der Stockholm-Konferenz wurde das Umwelt-Programm der Vereinten Nationen geschaffen; vielerorts als zu kompromissorientiert und damit als in seiner Wirksamkeit begrenzt. – b) *Rio de Janeiro (1992) und Folgekonferenzen:* In der Deklaration von Rio und einem Aktionsplan (→ Agenda 21) wurden der Grundsatz der nachhaltigen Entwicklung und der Vorsorgegrundsatz als maßgebliche Konzepte künftigen Umweltschutzes in der ganzen Welt formuliert und Maßnahmen zu deren Implementation benannt. Die Grundsatzerklärung zur Bewirtschaftung, Erhaltung und dauerhaften Entwicklung der Wälder, die Rahmenkonvention zur globalen Klimaänderung und die Konvention zum Schutz der Artenvielfalt stellen Ansätze zu Konkretisierungen dieser Grundsätze dar, sind jedoch aufgrund auslegungsvariabler Formulierungen hinsichtlich ihrer Relevanz und Operationalität umstritten. Zur Beseitigung dieser Schwierigkeiten und zur Sicherung der langfristigen Umsetzung der Beschlüsse von Rio einigten sich die Teilnehmerstaaten deshalb auf regelmäßige Folgekonferenzen. So fand im März/April 1995 die *erste Vertragsstaatenkonferenz der UN-Klimarahmenkonvention (Berliner Klimagipfel)* statt, auf der sich die 117 teilnehmenden Staaten u.a. auf das „Berliner Mandat" zur Erarbeitung eines Reduktionsprotokolls einigten, das für die Treibhausgasemissionen der Industrieländer quantifizierte Begrenzungs- und Reduktionsziele innerhalb bestimmter Zeitrahmen festlegen soll. Im Anschluss an die Berliner Konferenz wurde ein Pilotprogramm zur → Joint Implementation gestartet, das Anreize zur technischen und wirtschaftlichen Zusammenarbeit und zur kostengünstigeren Verminderung des Treibhauseffektes liefert. Als weitere Vertragskonferenzen folgten Genf (1996), Kyoto (1997), Buenos Aires (1998), Bonn (1999), Den Haag (2000), Marrakesch (2001), Neu Delhi (2002), Mailand (2003), Buenos Aires (2004), Montreal (2005), Nairobi (2006), Bali (2007) und Posen (2008). In Kyoto verpflichteten sich Industriestaaten (Annex I-Parteien) dazu, die Emissionen von sechs Treibhausgasen bis zum Zeitraum zwischen 2008 und 2012 auf ein Niveau von 5,2 Prozent unterhalb des Niveaus von 1990 zu reduzieren. Auf der *Bonner Konferenz* wurde die Frage kontrovers diskutiert, wie viel Prozent der Verpflichtung eines Landes durch Verminderungen in anderen Ländern erbracht werden können (→ Joint Implementation, → Clean Development Mechanism, → Umweltzertifikat). Die USA erklärten 2001 den Ausstieg aus dem Kyoto-Protokoll. 2005 wurde der europäische Emissionshandel implementiert. Über die 2. Verpflichtungsperiode ab 2013 wurde in der 15. Vertragsstaatenkonferenz der Klimarahmenkonvention im Dezember 2009 in Kopenhagen verhandelt.

Umweltlizenz → Umweltzertifikat.

Umweltministerien – 1. Auf *Bundesebene:* 1986 (Tschernobyl) errichtete oberste Bundesbehörde *(Bundesministerium für Umwelt, Naturschutz und Reaktorsicherheit (BMU))*. – 2. Auf *Länderebene:* bereits länger existierende Landesbehörden. Zuständigkeit der Durchführung umweltpolitischer Gesetze liegt bei den Ländern.

Umweltökonomik – Unter *ökonomischen Gesichtspunkten* handelt es sich beim Umweltproblem primär um ein Problem → externer Effekte, das zu einem → Marktversagen führt. Da sich für Umweltschadstoffe wegen fehlender privater Eigentumsrechte keine Marktpreise bilden, verursachen die Emittenten von Schadstoffen bei Dritten (Opportunitäts-)Kosten, ohne diese in ihrem Optimierungskalkül über das Ausmaß und die Qualität ihrer wirtschaftlichen Aktivitäten zu berücksichtigen. Dadurch kommt es zu einer Fehlallokation der Ressourcen. Das Problem externer Effekte lässt sich ökonomisch gut als ein Problem ineffizienter Nash-Gleichgewichte interpretieren, weil es trotz Rationalverhalten aller Beteiligten zu Ergebnissen kommt, die gemessen an den Präferenzen der Beteiligten suboptimal sind. Eine pareto-effiziente Internalisierung externer Effekte setzt voraus, dass die mit Umweltschäden verbundenen Opportunitätskosten richtig erfasst werden können. Obwohl dies in der Praxis niemals vollständig möglich ist, ist die möglichst genaue *Bewertung* eine wichtige Aufgabe, da auch im Umweltschutz knappe Ressourcen auf unterschiedliche Verwendungsmöglichkeiten aufgeteilt werden (Kosten-Nutzen-Analyse). Dabei stellt sich erstens das Problem der naturwissenschaftlichen Beurteilung der Konsequenzen von Emissionen (z.B. Treibhauseffekt) und zweitens die Aufgabe der *Monetarisierung*, um verschiedene Schäden vergleichbar zu machen. Zur Monetarisierung müssen die Präferenzen der Betroffenen erfasst werden, wobei sich praktische und theoretische Schwierigkeiten stellen. Praktisch bestehen die Probleme in der Unkenntnis der Beteiligten über ökologische Zusammenhänge und der Berücksichtigung der Präferenzen zukünftiger Generationen. Theoretisch besteht die Schwierigkeit darin, dass die Beteiligten keinen Anreiz haben, ihre Zahlungsbereitschaften wahrheitsgemäß zu offenbaren. In der Spieltheorie wurden Mechanismen entwickelt, nach denen das wahrheitsgemäße Offenbaren der eigenen Präferenzen eine schwach dominante Strategie ist (→ Groves-Mechanismus). – Ein zunehmend wichtiges Teilgebiet der Umweltökonomik ist die *Untersuchung internationaler Aspekte* der Umweltproblematik. Dabei kann zwischen dem Problem grenzüberschreitender und globaler Schadstoffe einerseits und dem Problem der → strategischen Umweltpolitik andererseits unterschieden werden. Bei grenzüberschreitenden und globalen Schadstoffen kommt es ohne internationale Koordination zu überhöhten Umweltschäden, weil jedes Land im Nash-Gleichgewicht nur die im Inland anfallenden

Schäden berücksichtigt. Unter strategischer Umweltpolitik versteht man, dass auf international unvollständigen Märkten durch → Ökodumping versucht wird, Renten ins Inland umzulenken. Allerdings zeigt die genauere spieltheoretische Analyse, dass es bei unvollständiger Konkurrenz auf internationalen Märkten im Gleichgewicht auch zu überhöhten Umweltstandards kommen kann. – Ein zentrales Teilgebiet der Umweltökonomik ist die Analyse umweltpolitischer Instrumente (→ Umweltpolitik).

umweltökonomische Gesamtrechnung (UGR) – Ziel der UGR als zentraler Bestandteil der vom Statistischen Bundesamt (StBA) angestrebten umweltökonomischen Berichterstattung in der Bundesrepublik Deutschland ist ein umfassendes Rechenwerk mit der wesentlichen Aufgabe einer statistischen Darstellung der Wechselbeziehungen zwischen Wirtschaft und Umwelt sowie des Umweltzustandes selbst. Die Konzeption steht in engem Zusammenhang mit dem weiteren Ausbau der Umweltstatistik, der Ergänzung der Volkswirtschaftlichen Gesamtrechnung (VGR) sowie der Entwicklung eines Systems einer Integrierten Umwelt- und ökonomischen Gesamtrechnung (System of Integrated Environmental and Economic Accounting (→ SEEA). Im Vordergrund stehen die Ressourcenentnahmen, die Emissionen und deren Entsorgung und Verbleib, die Immissionsverhältnisse sowie Nutzungen der Umwelt als Standort; daneben werden die Ausgaben des Staates und der Wirtschaft für den Umweltschutz in entsprechender Untergliederung erfasst (→ Umweltsatellitensysteme). Das SEEA soll als wesentliches Element in die UGR integriert werden. Auf verschiedenen Ebenen einer statistischen Datenbank werden die verfügbaren Daten in unterschiedlicher Verarbeitung abgebildet: Als Basis die Ausgangsdaten des Primärmaterials, davon ableitbar die Auswertung und Verknüpfung der beobachtbaren statistischen Daten sowie schließlich zusätzlich monetäre Bewertungen oder die zweckentsprechende Gewichtung von physischen Indikatoren.

umweltökonomische Theorie – ökonomische Theorie der Umwelt. 1. *Diagnose des Umweltproblems:* Kernstück der überwiegend neoklassisch-wohlfahrtsökonomisch orientierten umweltökonomische Theorie ist die These, dass in einer Marktwirtschaft ohne umweltpolitisches Regulativ eine Fehlallokation von Ressourcen auftritt. – *Grund dieses Marktversagens:* Umweltmedien als frei nutzbare → Allmenderessourcen können von allen Emittenten als Aufnahmemedium für Emissionen kostenlos genutzt werden; sind die emittierten Abfälle keine → Schadstoffe, ist ein Emittieren zum Nullpreis individuell und gesellschaftlich rational; beim Emittieren von Schadstoffen, d.h. von „Ungütern" mit negativem Effizienzpreis (Schattenpreis) zum Nullpreis verursacht der Emittent negative → externe Effekte. In seinem Eigeninteresse liegt die Emittierung, bis seine Grenzkosten der Entsorgung oder Emissionsvermeidung gleich seiner Nutzeneinbußung aufgrund der durch ihn verursachten zusätzlichen Umweltbelastung sind. Ein unbeschränktes Nutzungsrecht der Umwelt als Aufnahmebecken für Emissionen hat zur Folge, dass individuell rationales Verhalten soziale Kosten verursacht. Nicht regulierte Allmenderessourcen machen nichtkooperatives Trittbrettfahrerverhalten individuell vorteilhaft. Das Auftreten ineffizienter Allokationen lässt sich spieltheoretisch mithilfe von Nash-Gleichgewichten erklären. Dies verdeutlicht, dass alle Beteiligten sich durch eine → Koordination verbessern können. – 2. *Intertemporale Allokationsproblematik:* Welche und wie viele Schadstoffemissionen langfristig möglich sind, ohne dass das ökologische System zusammenbricht, hängt von dessen Regenerierungsfähigkeit (Assimilationskapazität) ab, die von der Schadstoffart und den bereits in der Umwelt akkumulierten Schadstoffen bestimmt wird. Je kleiner diese Regenerierungsfähigkeit, umso größer die Gefahr irreversibler Umweltschäden bei fortgesetzter Emission.

Umweltoptimum – Das Umweltoptimum ist durch die Maximierung der Differenz zwischen dem Nutzen und den Kosten umweltqualitätsverbessernder Maßnahmen charakterisiert. Bei Wohlverhalten der Nutzen- und Kostenfunktionen ist das Umweltoptimum auch durch den Ausgleich von Grenznutzen und Grenzkosten gekennzeichnet. Die Bestimmung des Umweltoptimums setzt voraus, dass es möglich ist, alle relevanten Größen in ein und derselben Dimension zu erfassen. In der Umwelt- und Ressourcenökonomik wird dies durch den Einsatz von ökonomischen Bewertungsverfahren (Monetarisierung) angestrebt. Das Umweltoptimum ist ein Spezialfall des → Pareto-Optimums.

Umweltplanung – Umweltplanung versucht, den Einsatz einzelner Instrumente zu koordinieren sowie umweltpolitische Aspekte in Planungen anderer Politikbereiche zu integrieren. Dieses kann erfolgen durch: (1) Raumplanung, (2) Einzelplanungen (z.B. Raumordnungs-, Landesentwicklungs-, Luftreinhalte-, Verkehrs-, Abfallbeseitigungs- oder Landschaftspläne) und (3) → Umweltverträglichkeitsprüfungen.

Umweltplanungs- und Informationssystem → UMPLIS.

Umweltpolitik – 1. *Begriff:* Aus ökonomischer Sicht dient Umweltpolitik primär der → Internalisierung externer Effekte zur Verbesserung der Allokation der Ressourcen. – 2. Dazu stehen verschiedene Instrumente zur Verfügung, die nach *Kriterien* wie Pareto-Effizienz, → Kosteneffizienz, → ökologischer Treffsicherheit, → dynamischer Anreizwirkung und → politischer Durchsetzbarkeit verglichen werden. – 3. Die *Vor- und Nachteile* hängen dabei von der Art der Schadstoffe, der Anzahl der Beteiligten und dem Ausmaß an asymmetrischen Informationsverteilung zwischen der Umweltbehörde und den Verursachern ab. Das Ausmaß der bei einem Instrument erforderlichen Informationen zur Erreichung bestimmter Ziele (z.B. Kosteneffizienz) ist dabei entscheidend, weil sich bei vollständiger Information mit jedem Instrument eine pareto-effiziente Internalisierung externer Effekte herbeiführen lässt. – 4. *Instrumente:* Innerhalb der Instrumentenanalyse wird zwischen Auflagen (Geboten und Verboten; → Umweltauflage) und marktorientierten Instrumenten unterschieden. Marktorientierte Instrumente umfassen → Umweltabgaben und Ökosteuern (→ ökologische Steuerreform) sowie → Umweltzertifikate und Haftungsregeln. – 5. Ferner wird untersucht, unter welchen Umständen auf das Eingreifen öffentlicher Entscheidungsträger verzichtet werden kann, weil *freiwillige Verhandlungen* der Beteiligten bereits zu einem Optimum führen (→ Coase-Theorem). – Vgl. auch → europäische Umweltpolitik.

umweltpolitische Instrumente → Umweltpolitik.

umweltpolitische Leitbilder – oberste Ebene umweltpolitischer Zielvorstellungen und damit Rahmen für → Umweltziele. – *Beispiele:* nachhaltige Entwicklung, Risikominimierung, Wohlstandsmaximierung.

Umweltprämie → Abwrackprämie.

Umweltproblem – Als Formen von Umweltbelastungen lassen sich folgende unterscheiden: (1) Regionale Umweltprobleme (z.B. Grundwasserbelastung durch Gülle), (2) nationale Umweltprobleme, (3) grenzüberschreitende uni-, bi- oder multilaterale Umweltprobleme (z.B. Schadstoffbelastung grenzüberschreitender Wassersysteme, saurer Regen) und (4) globale Umweltprobleme (z.B. Fluorchlorkohlenwasserstoffe in der Ozonschicht der Atmosphäre, Treibhauseffekt, Bedrohung der Artenvielfalt). – Vgl. auch → Umweltökonomik.

Umweltprogramm der Vereinten Nationen → UNEP.

Umweltqualität – Die Erfassung der Umweltqualität erfolgt auf unterschiedlichen Aggregationsstufen. Auf unterer Ebene werden z.B. einzelne Wasserschadstoffe erfasst. Auf der nächst höheren Aggregationsebene wird versucht, die gesamte Wasserqualität zu beurteilen. Auf der höchsten Ebene wird versucht, Umweltqualitäten über verschiedene Umweltmedien hinweg zu vergleichen und (monetär) zu bewerten. – Kriterien für die Bewertung der Umweltqualität lassen sich auf unterschiedliche Weise gewinnen: Sie können aus umweltpolitischen Leitbildern, rechtlichen Normen (z.B. → Grenzwert) und politischen Willenserklärungen (z.B. → Umweltziele) abgeleitet werden. Daneben sollen u.a. → Umweltindikatoren (z.B. Bioindikatoren) oder das Ökosozialprodukt (→ Ökoindlandsprodukt) über die Umweltqualität Auskunft geben.

Umweltsatellitensysteme – 1. *Begriff:* → Satellitensysteme zu den Wechselbeziehungen zwischen Wirtschaft und natürlicher Umwelt. Anders als bei dem in der Bundesrepublik Deutschland übergeordneten System der → umweltökonomischen Gesamtrechnung (UGR) liegt der Akzent und der analytische Ausgangspunkt jedoch bei den wirtschaftlichen Aktivitäten, die mit ihren Konsequenzen für die verschiedenen Formen der Umweltnutzung zu verzeichnen sind. Damit ist allerdings eine vollständigere Darstellung auch der natürlichen Umwelt im Sinn etwa einer umweltökonomischen Berichterstattung nicht möglich und auch nicht beabsichtigt. – 2. *Spezielle Systeme:* Schwerpunktmäßig können sich Umweltsatellitensysteme auf folgende Teilaspekte des ökonomisch-ökologischen Wirkungszusammenhanges beziehen: a) Ausweisung und entsprechende Aggregierung der *staatlichen und privaten Ausgaben* zur Verhinderung von Umweltbelastung aufgrund wirtschaftlicher Aktivitäten. – b) Darstellung der Umweltbelastungen infolge tatsächlich eintretender *unerwünschter Begleitwirkungen* der wirtschaftlichen Aktivitäten (z.B. Ressourcenentnahme und Emissionen). – c) Erfassung der *Beeinträchtigungen des Umweltkapitalstocks* infolge einer Verschlechterung des Zustandes der Umwelt in den unterschiedlichen Bereichen. – d) Bewertung der Umweltverschlechterung über den Schadenskostenansatz oder den Schadensvermeidungskostenansatz. Vielfach wird gefordert, mithilfe derartiger Informationen eine Nationaleinkommensgröße zu berechnen, bei der spezifische Umweltwirkungen, etwa der nicht ersetzte Verschleiß des Naturkapitals, berücksichtigt werden (→ Ökoinlandsprodukt).

Umweltschutz – Sammelbegriff für alle Bestrebungen und Maßnahmen, die natürlichen Lebensgrundlagen des Menschen zu erhalten. – Vgl. auch → Umweltpolitik.

Umweltschutzmärkte – Branchenübergreifende Märkte für Waren und Dienstleistungen der → Umwelttechnologie.

Umweltstatistik – Bundesstatistik für Zwecke der → Umweltpolitik. Es erfolgen v.a. im Abfallbereich detaillierte Erhebungen bei den Betreibern von zulassungsbedürftigen Abfallentsorgungsanlagen sowie bei den zuständigen Entsorgungsträgern. Darüber hinaus erfolgt im Bereich der öffentlichen Wasserversorgung und der öffentlichen Abwasserbeseitigung ein umfassender Überblick über Qualität und Menge des gewonnenen Wassers und des zu entsorgenden Abwassers sowie über die vorhandenen Abwasserbeseitigungsanlagen, im Luftbereich die Aufnahme einer Statistik über Emissionen von ortsfesten luftverunreinigenden Anlagen im gewerblichen Bereich. Außerdem werden Erhebungen über bestimmte ozonschichtschädigende und klimawirksame Stoffe vorgenommen. Schließlich wird für den umweltökonomischen Bereich neben der Erfassung der Investitionen, die überwiegend dem Schutz der Umwelt dienen, eine Erhebung der laufenden Aufwendungen für den Umweltschutz aufgenommen, sodass jährlich ein Gesamtbild der Aufwendungen des produzierenden Gewerbes für Umweltschutzmaßnahmen erstellt werden kann. Die erzeugten Umweltschutzgüter und -dienstleistungen werden statistisch erhoben. Für die Erhebungen besteht Auskunftspflicht. – *Rechtliche Regelung:* Gesetz über Umweltstatistiken (Umweltstatistikgesetz (UStatG)) vom 16.8.2005 (BGBl. I 2446) m.spät.Änd.

Umweltsteuer → Umweltabgabe.

umwelttechnischer Fortschritt – Entwicklung und Einführung von umwelt- und ressourcenschonenderen Produktionsverfahren.

Umwelttechnologie – Auf der Basis mittelbar entlastender Informationstechnologien setzen direkte Problemlösungen präventiv (→ präventiver Umweltschutz), additiv (→ additiver Umweltschutz) oder integriert (→ integrierter Umweltschutz) unmittelbar an Emissionsquellen i.w.S. an. Zunehmend werden auch produktbedingte Belastungen in die Betrachtung einbezogen. Produkte der Umwelttechnologie bilden die Grundlage der → Umweltschutzmärkte. Empirische Untersuchungen zeigen, dass die herausragende Stellung der dt. Umwelttechnologie-Industrie auf dem Weltmarkt (auch) durch die strenge dt. Umweltpolitik begründet ist. Ob sich eine Vorreiterrolle in der Umwelttechnologie unter Wohlfahrtsgesichtspunkten lohnt ist theoretisch und empirisch umstritten.

Umwelt- und Entwicklungskonferenz der Vereinten Nationen → UNCED.

Umweltverträglichkeit → ökologische Kompatibilität, → Umweltverträglichkeitsprüfung.

Umweltverträglichkeitsprüfung – 1. *Allgemein:* Planungsprozess zur systematischen und vollständigen Ermittlung der ökologischen Folgen einer Maßnahme mit umweltbeeinflussenden Folgen (z.B. Bau und Betrieb einer Produktionsstätte). Für private Maßnahmen besteht keine Pflicht zur Umweltverträglichkeitsprüfung; Umweltwirkungen genehmigungsbedürftiger Vorhaben werden jedoch im Rahmen von Genehmigungsverfahren geprüft. Bestimmte Spezialgesetze (z.B. Bundesbau-, Bundesfernstraßen-, Flurbereinigungs-, Bundeswaldgesetz) enthalten die Pflicht zur Beachtung von Umweltwirkungen; für öffentliche Maßnahmen gibt es zahlreiche Rechts- und Verwaltungsvorschriften zur Umweltverträglichkeitsprüfung. – 2. *Gesetzliche Regelungen:* Gemäß Gesetz über die Umweltverträglichkeitsprüfung i.d.F. vom 24.2.2010 (BGBl. I 94) m.spät. Änd. umfasst die Umweltverträglichkeitsprüfung die Ermittlung, Beschreibung und Bewertung der Folgen eines Vorhabens, bei dem mit erheblichen Auswirkungen auf die Umwelt zu rechnen ist, auf Menschen, Tiere und Pflanzen, Boden, Wasser, Luft, Klima und Landschaft, einschließlich der jeweiligen Wechselwirkungen und auf Kultur- und sonstige Sachgüter. Der Umweltverträglichkeitsprüfung unterliegen nur solche Vorhaben, die in der Anlage zu dem Gesetz über die Umweltverträglichkeitsprüfung aufgeführt sind. Dazu gehören u.a. Errichtung und Betrieb von Anlagen, die der Genehmigung nach § 4 BImSchG bedürfen, Errichtung, Betrieb, Stilllegung und der sichere Einschluss oder der Abbau einer ortsfesten kerntechnischen Anlage, Errichtung und Betrieb einer Abfallentsorgungsanlage, einer zulassungsbedürftigen Abwasserbehandlungsanlage, Bau und Änderung einer Bundesfernstraße oder Bundesbahnlinie, einer Bundeswasserstraße, eines Flugplatzes, Errichtung von Feriendörfern, Hotelkomplexen oder sonstigen großen Einrichtungen für die Ferien- und Fremdenbeherbergung, Errichtung und Betrieb einer Rohrleitungsanlage für den Ferntransport von Öl oder Gas. Auf der Grundlage der eingeholten Unterlagen, Stellungnahmen und Informationen hat die zuständige Behörde eine zusammenfassende Darstellung der Umweltauswirkungen zu erarbeiten (§ 11 UVPG). Die ermittelten Umweltauswirkungen sind von der Behörde zu bewerten und bei der Entscheidung zu berücksichtigen (§ 12 UVPG). Vorbescheid und erste Teilgenehmigung oder entsprechende erste Teilzulassungen dürfen nur nach Durchführung einer Umweltverträglichkeitsprüfung erteilt werden (§ 13 UVPG). – 2005 wurde die Strategische Umweltprüfung eingeführt, §§ 3 Ia, 14a ff. Danach sind auch die einer konkreten Genehmigung vorgelagerten Planungen (Raumordnung, Wasserwirtschaft usw.) auf ihre Umweltauswirkungen zu überprüfen. – Gemäß § 24 UVPG hat die Bundesregierung die Allgemeine Verwaltungsvorschrift zur Ausführung des Gesetzes zur Umweltverträglichkeitsprüfung (UVPVwV) vom 18.9.1995 (GMBl 671) erlassen.

Umweltzertifikat – Bei Umweltzertifikaten wird eine umweltpolitisch gewünschte Emissionshöchstgrenze bzw. Emissionsnorm festgelegt. Entsprechend dieser Obergrenze werden Umweltzertifikate durch Versteigerung (*Auktionsverfahren*) oder Vergabe an jedes Unternehmen im Ausmaß der bisherigen Emissionen (*Grandfathering bzw. Senioritätsprinzip*) zugeteilt. Schadstoffe dürfen nur Besitzer von Umweltzertifikaten emittieren, d.h. sind weniger Zertifikate vorhanden als nachgefragt, bildet sich ein Preis und somit eine wirksame Verteilung des Umweltschutzes auf die am Markt beteiligten Unternehmen: Für Unternehmen ist es bei vorhandenen Umweltschutztechnologien günstiger, diese zu nutzen, sobald deren Preis unter dem der Umweltzertifikate liegt; überflüssige Umweltzertifikate können verkauft werden. Sind eigene Umweltschutzmaßnahmen teurer, müssen Umweltzertifikate gekauft werden. Bei rationalem (kostenminimierendem) Verhalten der Emittenten wird so der vorgegebene Umweltstandard zu minimalen volkswirtschaftlichen Kosten erreicht. – *Bedeutung:* Die praktisch wichtigsten Anwendungsfälle sind die 1990 eingeführte Schwefeldioxid (SO_2) Zertifikatlösung im Rahmen des US-amerikanischen → Clean Air Act und der 2005 eingeführte europäische

Emissionshandel zur internationalen Verminderung von Treibhausgasen, dessen Umsetzung durch Nationale Allokationspläne der Mitgliedsstaaten erfolgt. – Vgl. auch → Emissionshandel, → Umweltpolitik, nationaler Allokationsplan

Umweltziele – Umweltziele stellen die Basis für die Begründung notwendiger gesetzlicher Aktivitäten dar. Sie sind Kompromisse zwischen Umweltqualitätszielen und sozioökonomischen Zielen. Ihre Festlegung geschieht unter Beteiligung gesellschaftlicher Gruppen. Verbindliche und klare Umweltziele sind für die Wirtschaft wichtige Orientierungsdaten. Umweltziele können auf sehr unterschiedlichen Ebenen festgelegt werden und z.B. einzelne Schadstoffe oder die Luftqualität in Regionen betreffen. – Vgl. auch → ökologische Knappheit, → ökologische Kompatibilität.

UN – *United Nations, Vereinte Nationen.* 1. *Entstehung:* Die UN trat die Nachfolge des 1919 mit Sitz in Genf gegründeten Völkerbundes an, der 1946 formell aufgelöst wurde. – *Hauptsitz:* New York. Die Charta der UN wurde auf der Gründungskonferenz in San Francisco (25.4.– 26.6.1945) ausgearbeitet, am letzten Tag von 50 teilnehmenden Staaten unterzeichnet und trat mit der Ratifizierung durch die Mehrheit der Unterzeichnerstaaten am 24.10.1945 in Kraft. – 2. *Ziele:* Gemäß Art. 1 der Charta verfolgen die UN folgende Hauptziele: Wahrung des Weltfriedens und der internationalen Sicherheit, Entwicklung freundschaftlicher Beziehungen zwischen den Staaten, Zusammenarbeit bei der Lösung internationaler wirtschaftlicher, sozialer, kultureller und humanitärer Aufgaben und Probleme sowie Durchsetzung der Menschenrechte. Seit den 1970er-Jahren bemüht sie sich um einen Interessenausgleich zwischen Nord und Süd (Forderung auf Verwirklichung einer → Neuen Weltwirtschaftsordnung). – 3. *Struktur:* Die UN besteht aus sechs Hauptorganen sowie mehreren organisatorisch unabhängigen Sonderorganen. – a) *Vollversammlung, General Assembly of the United Nations (UNGA):* In ihr sind alle Mitglieder gleichberechtigt vertreten. UNGA tritt regelmäßig im September zu ordentlichen Jahrestagungen zusammen. Auf Antrag des Sicherheitsrates oder der Mehrheit der Mitglieder können Sondertagungen einberufen werden. – Während der UNGA wird die Arbeit in sieben *Hauptausschüssen* geleistet, in denen jeder Mitgliedsstaat Vertretungs- und Stimmrecht hat. (1) Hauptausschuss für politische und Sicherheitsfragen; (2) Politischer Sonderausschuss; (3) Hauptausschuss für Wirtschafts- und Finanzfragen; (4) Hauptausschuss für soziale, humanitäre und kulturelle Fragen; (5) Hauptausschuss für Verwaltungs- und Haushaltsfragen; (6) Hauptausschuss für Rechtsfragen. Dazu kommen noch zahlreiche *Sonderausschüsse.* – b) *Sicherheitsrat, Security Council of the United Nations (UNSC):* Dieser besteht aus den fünf ständigen Mitgliedern (Volksrepublik China, Frankreich, Großbritannien, Russland, USA) und weiteren zehn Mitgliedern, wovon jährlich jeweils fünf für zwei Jahre von der Vollversammlung mit Zwei-Drittel-Mehrheit gewählt werden. Zur Annahme eines Antrags sind neun Ja-Stimmen notwendig, wobei die ständigen Mitglieder ein Vetorecht haben. Zu seinen *Hauptaufgaben* gehören die Bemühungen zur Aufrechterhaltung des Weltfriedens und der internationalen Sicherheit, Untersuchungen von Konflikten und Empfehlungen über Beilegung von Streitfällen sowie Beschlüsse von Sanktionen und die Empfehlungen für die Aufnahme neuer Mitglieder. Er hat das Vorschlagsrecht für die Wahl des Generalsekretärs. – c) *Wirtschafts- und Sozialrat, Economic and Social Council (ECOSOC):* ECOSOC ist für die wirtschaftlichen und sozialen Tätigkeiten der UN verantwortlich. Die Mitglieder werden von der Generalversammlung jährlich zu je einem Drittel für drei Jahre gewählt. ECOSOC befasst sich mit internationalen Fragen auf dem Gebiet der Wirtschaft, der Sozialpolitik, der Kultur, des Erziehungs- und Gesundheitswesens, der Achtung und Wahrung der Menschenrechte. Er ist Koordinator und Verbindungsstelle zu den Sonderorganisationen der UN sowie internationalen nicht-staatlichen Organisationen. Seit 1998 werden auch humanitäre Fragen in die Diskussion einbezogen. Seine Tätigkeit übt es durch *Fachkommissionen* aus, z.B. Kommission für Menschenrechte, für soziale Entwicklung, für Bevölkerungsfragen, für die Rechtstellung der Frau, u.a. ECOSOC ist das Führungsorgan der fünf regionalen Hilfsbautonomen Wirtschaftskommissionen bzw. Wirtschafts- und Sozialkommissionen: für Europa (ECE), für Westasien (ESCWA), für Lateinamerika und die Karibik (ECLAC), für Afrika (ECA) und für Asien und den Pazifik (ESCAP). Weitere Hilfsorgane sind die *ständigen Ausschüsse* (z.B. Kommission für transnationale Unternehmen) und *Sachverständigengruppen.* Ebenfalls unterhält er enge Verbindungen zu den Organen mit speziellen Aufgaben und den Sonderorganisationen. – ECOSOC tagt jährlich, abwechselnd in New York und Genf, wobei Abstimmungen mit einfacher Mehrheit der anwesenden Mitglieder erfolgen. – d) *Treuhandrat, Trusteeship Council of the United Nations (UNIC):* Ihm obliegt gemeinsam mit der Vollversammlung die Aufsicht über die der UN unterstellten Treuhandgebiete (zz. nur noch pazifische Inseln). Mit der Unabhängigkeit von Palau am 1.10.1994 kann diese Aufgabe als erledigt betrachtet werden. – e) *Internationaler Gerichtshof, International Court of Justice (ICJ):* Hauptorgan der Rechtsprechung der UN mit Sitz in Den Haag. Ihm gehören 15 von der Vollversammlung und dem Sicherheitsrat auf neun Jahre gewählte Richter an. Ca. ein Drittel der UN-Mitglieder haben sich seinem Urteil unterworfen, was seine Möglichkeiten einschränkt. Er erstellt ebenso Rechtsgutachten. – f) *Generalsekretariat, Sekretariat:* Verwaltungsorgan der UN. An seiner Spitze steht der auf Vorschlag des Sicherheitsrats von der Generalversammlung ernannte Generalsekretär als oberster Verwaltungsbeamter der UN. – *Bisherige Generalsekretäre waren:* Lie (Norwegen) 1946–52, Hammarskjöld

(Schweden) 1953–61, Thant (Birma) 1961–71, Waldheim (Österreich) 1972–81, Pérez de Cuéllar (Peru) 1982–91, Boutros-Ghali (Ägypten) 1992–96, 1997–2006 Annan (Ghana), seit 2007 Ban Ki-moon (Südkorea). Neben Verwaltungs- und Vermittlungsaufgaben übt der Generalsekretär auch zahlreiche politische Funktionen aus. Im Jahr 2000 bspw. hat Annan die Initiative → Global Compact gegründet. Diese soll als Plattform für den Dialog von supranationalen Unternehmen und der internationalen Civil Society – Nichtregierungsorganisationen, → Non-Governmental Organization (NGO) etc. – verstanden werden. – g) *Spezielle Organe und Sonderkörperschaften:* Als autonome Organisationen der UN gelten die Internationale Atomenergieagentur → IAEA und die → World Trade Organization (WTO). Zusätzlich gehören rechtlich selbstständige Organisationen zu den *Sonderorganisationen* der UN, z.B. Internationale Arbeitsorganisation (→ ILO), Ernährungs- und Landwirtschaftsorganisation (→ FAO), Organisation für Erziehung, Wissenschaft und Kultur (UNESCO), Weltgesundheitsorganisation (→ WHO), Internationale Bank für Wiederaufbau und Entwicklung (→ IBRD), Internationale Finanzkooperation (→ IFC), Internationale Entwicklungsorganisation (→ IDA), Internationaler Währungsfonds (→ IWF), Weltorganisation für geistiges Eigentum (→ WIPO), Internationaler Fonds für landwirtschaftliche Entwicklung (→ IFAD), Organisation der Vereinten Nationen für industrielle Entwicklung (→ UNIDO), sowie der Weltpostverein (→ UPU), die Internationale Fernmeldeorganisation (ITU), die Weltorganisation für Meteorologie (→ WMO), die Internationale Schifffahrtsorganisation (IMCO) und Internationale Zivil- und Luftfahrtorganisation (→ ICAO). – Neben diesen Sonderorganisationen unterhält die UN halbautonome *Spezialorgane*. Die bekanntesten und bedeutendsten sind: Welthandelskonferenz (→ UNCTAD), Entwicklungsprogramm (→ UNDP), Weltkinderhilfswerk (→ UNICEF), Hoher Kommissar der Vereinten Nationen für Flüchtlinge (→ UNHCR) und das Umweltprogramm (→ UNEP). – 4. *Arbeitsergebnisse:* Die Tätigkeiten der UN erstrecken sich praktisch auf alle Gebiete des politischen, wirtschaftlichen, sozialen, kulturellen, wissenschaftlichen Lebens und sonstige Bereiche politischer Relevanz. – Die Ergebnisse dieser Aktivitäten sind in einem umfassenden System internationaler *Publikationen und Dokumente der UN* niedergelegt. Ein geschlossener Überblick über die Aktivitäten und Arbeitsergebnisse wird im Yearbook of the United Nations gegeben. Hilfreich sind statistische Daten wie Monthly Bulletin of Statistics oder das UN Statistical Yearbook.

Unabhängige Kommission für Internationale Entwicklungsfragen → Brandt-Kommission.

Unabhängigkeit der Zentralbank – 1. *Begriff:* Eine unabhängige Zentralbank betreibt ihre Geldpolitik unabhängig von Weisungen der Politik (Regierungen, Parlamente), wobei sie regelmäßig vorrangig auf das Ziel der Preisniveaustabilität verpflichtet ist. Dies wird häufig als notwendige institutionelle Voraussetzung für Geldwertstabilität betrachtet, da Politiker insbesondere aus drei Gründen in Versuchung geraten könnten, Inflation zuzulassen oder gezielt zu betreiben: – a) Eine Regierung kann eine abhängige Zentralbank zu einer erhöhten Geldemission veranlassen, um Staatsausgaben bzw. Staatsverschuldung zu finanzieren. Dies ist immer wieder zur Finanzierung von Kriegen oder Kriegslasten und -schulden (u.a. die Hyperinflation in der Weimarer Republik 1922-23) sowie zur vermeintlichen Überwindung von Krisen (bspw. in vielen Staaten Lateinamerikas in den 1970er-/80er-Jahren oder jüngst in verschiedenen Staaten im Rahmen der Finanzkrise) betrieben worden und hatte oftmals verheerende Inflationskrisen bis zur Vernichtung der jeweiligen Währung zur Folge. – b) Der Staat kann sich zulasten seiner Bürger gezielt entschulden, wenn die Staatsverschuldung vorrangig auf langläufigen und festverzinslichen Wertpapieren (Staatsanleihen, Schatzbriefe u.ä.) beruht, welche durch die Inflation real entwertet werden. – c) Der temporär belebende Effekt einer Inflation („Strohfeuereffekt") kann genutzt werden, um bspw. in Wahlkampfzeiten einen vorübergehenden Wirtschaftsaufschwung herbeizuführen (vgl. Philipps-Kurve). Dagegen wird kritisiert, dass regierungsunabhängige Zentralbanken keiner genügenden demokratischen Kontrolle unterliegen. Die ausschließliche Fixierung auf das Ziel der Preisniveaustabilität vernachlässigt u.U. andere wirtschaftspolitische Ziele und erschwert deren Verfolgung. – 2. *Dimensionen der Unabhängigkeit einer Zentralbank:* Neben der institutionellen Unabhängigkeit (Verbot einer politischen Einflussnahme) sind die personelle Unabhängigkeit der leitenden Zentralbankfunktionäre, die haushalterische Unabhängigkeit (Höhe, Gestaltung und Verwendung des Zentralbankbudgets), die instrumentelle Unabhängigkeit (Einsatz und Ausgestaltung geldpolitischer Instrumente) sowie die wechselkursbezogene Unabhängigkeit (Entscheidung über und Ausgestaltung von Wechselkurssystemen insbesondere eventuelle Festkursbindungen und Interventionspflichten) zu erwähnen. – 3. *Nationale Zentralbanken:* In verschiedenen Staaten sind derzeit die nationalen Zentralbanken in unterschiedlichem Ausmaß unabhängig. Während sowohl die Europäische Zentralbank als auch die nationalen Zentralbank der Mitgliedsstaaten der Europäischen Währungsunion (EWU) gemäß EU-Vertrag über eine vergleichsweise umfassende Unabhängigkeit verfügen (Europäisches System der Zentralbanken (ESZB)), gilt dies bspw. für das US-amerikanische Notenbanksystem in deutlich geringerer Weise. Viele Zentralbanken in Schwellen- und Entwicklungsländern können überhaupt nicht als unabhängig betrachtet werden.

Unabhängigkeit von irrelevanten Alternativen – Anforderung an Abstimmungsregeln (→ Abstimmungsverfahren), die sicherstellt, dass die kollektive Präferenz bez. zweier Alternativen nur von den individuellen Präferenzen bez. dieses Alternativenpaars abhängt. – Vgl. auch → Arrow-Paradoxon, → Condorcet-Paradoxon.

UN-Bevölkerungsfonds → UNFPA.

Unbundling – Trennung von Stufen der Wertschöpfungskette in vertikal integrierten Unternehmen. In der Energiewirtschaft: Trennung von Erzeugung, Übertragung, Verteilung und Verkauf innerhalb von Strom- und Gasversorgungsunternehmen, insb. Unterscheidung zw. Aktivitäten im wettbewerblichen und regulierten Bereich, d.h. Aufteilung der Organisation in getrennte, unabhängige Gesellschaften bzw. Geschäftseinheiten (Verantwortungsbereichen) mit Abrechnung über getrennte Konten und ggf. getrennte Rechnungslegung. Unbundling ist Teil der wettbewerblichen Öffnung in der Strom- und Gasversorgung. Es dient der Erleichterung der Kontrolle der verbleibenden (regulierten) Monopolbereiche (Übertragungs- und Verteilungsnetze) und der Verhinderung von Diskriminierung Dritter bei der Netznutzung (→ Third Party Access).

UNCED – *United Nations Conference on Environment and Development, Umwelt- und Entwicklungskonferenz der Vereinten Nationen;* 1972 in Stockholm abgehaltene Konferenz über das Verhältnis von Umwelt und Entwicklung, wobei bereits die Definition von Umwelt umstritten war; Entwicklungsländer bestanden auf einer Einbeziehung des Hungers und Elends in den Entwicklungsländern. Verabschiedet wurde eine Deklaration zur menschlichen Umwelt, gegründet wurde zur kontinuierlichen Befassung mit Umweltfragen das → UNEP. Nach einigen Vorkonferenzen fand 1992, 20 Jahre nach Stockholm, in Rio de Janeiro die *Zweite Umweltkonferenz* statt (auch als *Erdgipfel* bezeichnet), die bes. durch den → Brundtland-Bericht angeregt wurde. Betont wurde auf diesen Gipfel, der neue Maßstäbe im Hinblick auf die Beteiligung zivil-gesellschaftlicher Organisationen – → Non-Governmental Organization (NGO) – setzte, die Notwendigkeit einer → nachhaltigen Entwicklung. Verabschiedet wurden die Rio-Deklaration, mehrere Konventionen (Klimakonvention, Artenschutzvielfaltkonvention) sowie ein internationaler Aktionsplan für das nächste Jahrtausend (→ Agenda 21), der jedoch nur eine Absichtserklärung beinhaltet. Als Nachfolgekonferenzen fanden 1997 Rio+5 in New York und 2002 der Weltgipfel für nachhaltige Entwicklung in Johannesburg statt.

UNCITRAL – *United Nations Commission on International Trade Law, Kommission der Vereinten Nationen für internationales Handelsrecht;* am 17.12.1966 mit Sitz in Wien gegründete Unterorganisation der → UN. Ziel ist die Vereinheitlichung des internationalen Handelsrechts.

UNCTAD – *United Nations Conference on Trade and Development, Welthandels- und Entwicklungskonferenz der Vereinten Nationen;* durch Beschluss der UN-Vollversammlung vom 30.12.1964 als ständiges Organ der → UN institutionalisierte Weltwirtschaftskonferenz. – *Sitz:* Genf. – *Mitglieder* (2008): 193. – *Ziele:* Förderung der Umstrukturierung des Welthandels zugunsten der Entwicklungsländer und des Handels zwischen den Entwicklungsländern (Collective Self-Reliance). Wegen Überschneidung mit Aufgaben des GATT erfolgt Zusammenarbeit, bes. durch das → ITC. UNCTAD hat sich auf den Handel mit Rohstoffen spezialisiert. – *Organe:* Alle vier Jahre findet eine Konferenz aller Mitgliedsländer statt. Ständiges Organ zwischen den Konferenzen ist der *Rat für Handel und Entwicklung.* Dazu kommen *Hauptausschüsse* für verschiedene Fragestellungen (z.B. Rohstoffe, Schifffahrt, Technologietransfer u.a.). Das für die Verhandlungen bisher übliche Gruppensystem (A: Entwicklungsländer, B: Westliche Industrieländer, C: Volksrepublik China; D: Sozialistische Länder Osteuropas) existiert seit UNCTAD VIII nur noch fragmentarisch. UNCTAD-Resolutionen haben nur empfehlenden Charakter; Entwicklungsländer verfügen über die Stimmenmehrheit. – *Bisherige Aktivitäten: UNCTAD I* (Genf 1964) forderte Sonderbehandlung der Entwicklungsländer im → GATT. *UNCTAD II* (Neu-Delhi 1968) schlug ein allg. System der Abschaffung von Zollpräferenzen vor. *UNCTAD III* (Santiago de Chile 1972) forderte Sonderbehandlungen für Entwicklungsländer mit Strukturproblemen und eine bessere Vertretung im → IWF. *UNCTAD IV* (Nairobi 1976) verabschiedete das integrierte Rohstoffprogramm. *UNCTAD V* (Manila 1979) forderte einen Abbau nicht-tariflicher Handelshemmnisse. *UNCTAD VI* (Belgrad 1983) behandelte die Probleme der Entwicklungsländer während der weltwirtschaftlichen Rezession. *UNCTAD VII* (Genf 1987) betonte die Eigenanstrengungen der Entwicklungsländer und forderte die Unterstützung der Industrieländer und der multilateralen Organisationen. *UNCTAD VIII* (Cartagena/Kolumbien 1992) brachte wegen des Endes des Ost-West-Konfliktes eine offenere Diskussion mit zunehmender Konvergenz in Grundauffassungen zwischen Industrieländern und Entwicklungsländern im Hinblick auf eine stärkere marktwirtschaftliche Orientierung. *UNCTAD IX* fand 1996 in Midrand/Südafrika statt. Dort wurde eine Umstrukturierung beschlossen: Fünf der neun Abteilungen in Genf wurden aufgelöst; die Zahl der Ausschüsse von sieben auf drei verkleinert. Pragmatische Ansätze standen im Vordergrund. *UNCTAD X* wurde im Februar 2000 in Bangkok abgehalten; zentrales Thema waren Entwicklungsstrategien in einer interdependenten Welt. *UNCTAD XI* fand im Juni 2004 in Sao Paulo/Brasilien zum Thema Steigerung des Wirtschaftswachstums und wirtschaftlicher Entwicklung durch Zusammenwirken von nationaler Entwicklungsstrategie und Globalisierung statt. Während *UNCTAD XII* im April 2008 in Ghana wurden die Möglichkeiten und Herausforderungen der Globalisierung im Hinblick auf Enwicklungsfragen diskutiert.

UNDP - *United Nations Development Programme, Entwicklungsprogramm der Vereinten Nationen;* Zentralorgan für technische Hilfeleistung, hervorgegangen 1965 aus einer Fusion des erweiterten Programms der UN für technische Hilfeleistung und des UN-Sonderfonds für technische Hilfe. Sonderorgan der UN mit Sitz in New York. - *Länderbüros* in 166 Staaten. - *Ziele:* Seit 1970 generelle Zuständigkeit für die → technische Zusammenarbeit des UN-Systems, wobei es in erster Linie als Finanzierungs- und Koordinierungsstelle fungiert. Projekte werden durch andere Organisationen durchgeführt, z.B. → FAO, → ILO, → UNIDO, → UNESCO. - *Organe:* Der Verwaltungsrat wurde 1994 von 48 auf 36 Mitglieder reduziert. Jährlich wird ein Drittel von ECOSOC (→ UN) nach einem regionalen Schlüssel für drei Jahre neu gewählt. Geschäftsführung obliegt einem *Administrator,* der vom UN-Generalsekretär ernannt und von der UN-Vollversammlung bestätigt wird. Dem UNDP unterstehen verschiedene *Sonderfonds,* z.B. UN-Entwicklungsfonds für Frauen. - *Aktivitäten:* UNDP wird nur auf Ersuchen von Regierungen tätig und ist vornehmlich Finanzierungs- und Koordinierungsstelle. Seit 1970 werden vom Exekutivrat 5-Jahres-Länderprogramme genehmigt. Entsendung von Fachleuten, Ausbildung einheimischer Arbeitskräfte, Durchführung von Fallstudien sowie wissenschaftlichen Untersuchungen; Beratung von Entwicklungsländern bei Entwicklungsprojekten und Strukturanpassungsprogrammen.

UNECE - 1. *Begriff und Merkmale:* Abk. für *United Nations Economic Commission for Europe;* Wirtschaftskommission der → UN für Europa, im März 1947 vom ECOSOC (→ UN) als erste regionale Wirtschaftskommission gegründet. - 2. *Ziele:* zunächst Erleichterung des wirtschaftlichen Wiederaufbaus Europas, später Festigung der wirtschaftlichen Beziehungen der europäischen Länder untereinander und mit der übrigen Welt. - 3. *Struktur:* ECE-Kommission, Hauptorgane (Principal Subsidiary Bodies (PSB)): Fachausschüsse für Landwirtschaft, Holz, Kohle, elektrische Energie, Gas, Wohnungswesen, Bauwirtschaft und Stadtplanung, Wasserprobleme und Chemische Industrie; ferner Konferenz Europäischer Statistiker sowie ECE-Beratergruppen für Wirtschaftsfragen, Umweltfragen und Fragen der Wissenschaft, technischen Forschung und Energieprobleme; Hilfsorgane (Arbeitsgruppen); Sekretariat unter Leitung eines Executive Sekretärs.

UN-Entwicklungsprogramm → UNDP.

UNEP - *United Nations Environment Programme, Umweltprogramm der Vereinten Nationen;* am 15.12.1972 gegründet. - *Sitz:* Nairobi, mit Regionalbüros in Bangkok, Mexiko, Manama, Genf, Athen, New York und Washington; veranlasst durch die Welt- und Entwicklungskonferenz von Stockholm 1972. - *Aufgaben:* Koordinierung umweltrelevanter Tätigkeiten verschiedener UN-Organisationen (z.B. → FAO, → WHO, → ILO, → UNESCO, → UNDP). Bestimmt wird ihre Arbeit durch die Umsetzung der Forderungen des → Brundtland-Berichts.

UN-Erziehungs-, Wissenschafts- und Kulturorganisation → UNESCO.

UNESCO - *United Nations Educational, Scientific and Cultural Organization, Erziehungs-, Wissenschafts- und Kulturorganisation der Vereinten Nationen;* 16.11.1945 gegründet. - *Sitz:* Paris. - *Mitglieder* (2007): 193, sechs assoziierte. Im Dezember 1984 sind die USA u.a. aus Protest gegen das im Oktober 1980 von der Generalkonferenz angenommene Programm einer neuen Weltinformations- und Kommunikationsordnung ausgetreten; im Dezember 1985 folgten Großbritannien und Singapur im Protest gegen die Politisierung der UNESCO. Großbritannien ist seit 1997 wieder Mitglied. - *Organe: Generalkonferenz:* tagt alle zwei Jahre; *Exekutivrat:* 58 Mitglieder; Sekretariat mit dem von der Generalkonferenz gewählten *Generaldirektor, nationale Kommissionen* zur Durchführung des Programms in den einzelnen Mitgliedsstaaten (z.B. dt. UNESCO-Kommission, Bonn). - *Ziele:* Als universale Stätte der Kultur soll sie einen wesentlichen Beitrag zur Erhaltung des Friedens leisten, indem sie den freien Gedankenaustausch und ein besseres gegenseitiges Verständnis der Völker anregt, den Sinn für Gerechtigkeit und Respektierung der Menschenrechte und der Grundrechte im weltweiten Rahmen ungeachtet von Rasse, Geschlecht, Sprache oder Religion weckt und fördert, die soziologischen und naturwissenschaftlichen Forschungen durch Zusammenarbeit auf allen Gebieten der Kultur anregt, die Voraussetzungen für eine Verbreitung allgemeiner und wissenschaftlicher Informationen verbessert und Fragen der Erziehung sowie der Ausweitung und Verbesserung der Schul- und Erwachsenenbildung ihre bes. Aufmerksamkeit schenkt.

UNESCO-Coupons - Gutscheine, die auf US-Dollar ausgestellt sind und in allen Mitgliedsstaaten der → UNESCO beim Kauf von Publikationen, Filmen u.a. Materialien mit erzieherischem, wissenschaftlichem oder kulturellem Charakter als Zahlungsmittel verwendet werden können. Bevorzugt in Ländern verwendet, in denen der Transfer von Devisen schwer oder gar nicht möglich ist. Coupons in Werten von 1.000, 100, 30, 10, 3 und 1 US-Dollar, daneben Blanko-Coupons, die von der Verteilerstelle (für die Bundesrepublik Deutschland: UNESCO in Paris), zum Wert von 1 bis 99 US-Cents ausgestellt werden. Lieferfirmen und Institutionen, die UNESCO-Coupons als Zahlungsmittel akzeptieren, senden sie zum Rückkauf an die UNESCO, Coupon Office, Paris.

Unfallversicherung - I. *Gesetzliche Unfallversicherung:* bes. Zweig der → Sozialversicherung. 1. *Gesetzliche Grundlage:* SGB VII vom 7.8.1996 (BGBl. I 1254) m.spät.Änd. - 2. *Aufgaben:* mit allen geeigneten Mitteln Arbeitsunfälle und Berufskrankheiten sowie arbeitsbedingte Gesundheitsgefahren verhüten, außerdem nach Eintritt von Arbeitsunfällen oder Berufskrankheiten die Gesundheit und Leistungsfähigkeit der Versicherten mit allen geeigneten Mitteln wiederherstellen und sie oder ihre Hinterbliebenen durch Geldleistungen entschädigen (§ 1 SGB VII). – 3. *Kreis der Versicherten:* a) *Personen, die kraft Gesetzes versichert sind* (vgl. § 2 SGB VII). – b) *Versicherung kraft Satzung:* Der Träger der Unfallversicherung kann kraft seines Satzungsrechts bestimmte Sachverhalte dem Versicherungsschutz unterstellen, und zwar zugunsten von Unternehmern und im Unternehmen mitarbeitenden Ehegatten oder Lebenspartner von Personen, die sich auf der Unternehmensstätte aufhalten. Der Versicherungsschutz entspricht dem der kraft Gesetz Versicherten (§ 3 SGB VII). – c) *Freiwillige Versicherung (§ 6 SGB VII):* Unternehmer und ihre im Unternehmen mitarbeitenden Ehegatten oder Lebenspartner, Personen, die in Kapital- oder Personenhandelsgesellschaften regelmäßig wie Unternehmer selbstständig tätig sind (vgl. § 6 SGB VII). – d) *Versicherungsfreiheit (§ 4 SGB VII):* In der gesetzlichen Unfallversicherung versicherungsfrei sind u.a. Beamte und gleichgestellte Personen, soweit für sie beamtenrechtliche Unfallfürsorgevorschriften bestehen, Versorgungsberechtigte nach dem BVG, Mitglieder von gemeinnützigen Gemeinschaften, Ärzte, Heilpraktiker und Apotheker, soweit sie selbstständig tätig sind, außerdem grundsätzlich Personen, die in einem Haushalt als Verwandter oder Verschwägerter bis zum zweiten Grad oder als Pflegekind der Haushaltsführenden oder der Ehegatten unentgeltlich tätig sind. – 4. *Leistungen:* Heilbehandlung (§§ 26 ff. SGB VII) einschließlich medizinischer, berufsfördernder, sozialer und ergänzender Leistungen wie z.B. Kraftfahrzeughilfe, Wohnungshilfe, Haushaltshilfe; Leistungen bei Pflegebedürftigkeit (§ 44 SGB VII); Geldleistungen während der Heilbehandlung und der beruflichen Rehabilitation (§§ 45 ff. SGB VII); Renten an Versicherte (§§ 56 ff. SGB VII) und bei Tod Leistungen an Hinterbliebene (§§ 63 ff. SGB VII), ferner Abfindungen (§§ 75 ff. SGB VII). – 5. *Träger der gesetzlichen Unfallversicherungen* (§§ 114 ff. SGB VII): gewerbliche und landwirtschaftliche Berufsgenossenschaften, Unfallkassen des Bundes u.a. – 6. *Aufbringung der Mittel* (§ 150 SGB VII): Die gesetzliche Unfallversicherung wird durch allein vom Arbeitgeber zu tragende Beiträge und durch eine nachträgliche Umlage des tatsächlichen Bedarfs des Kalenderjahres finanziert. Staatliche Zuschüsse erhält die gesetzliche Unfallversicherung nicht. – 7. *Beschränkung der Haftung der Unternehmer* (§§ 104 ff. SGB VII): Hat ein Unternehmer durch betriebliches oder privates Verhalten einem Arbeitnehmer oder einem wie ein Versicherter Tätigem einen Arbeitsunfall oder eine Berufskrankheit zugefügt, ist er von der zivilrechtlichen Haftung befreit. Stattdessen tritt die Unfallversicherung ein. Dies gilt allerdings nicht, wenn der Unternehmer vorsätzlich gehandelt oder den Arbeitsunfall bzw. die Berufskrankheit auf einem nach § 8 II Nr.1-4 SGB VII versicherten Weg herbeigeführt hat.

II. Private Unfallversicherung: 1. *Begriff:* Versicherung zum Ausgleich wirtschaftlicher Nachteile bei Unfällen. Die Leistungen sollen v.a. dazu dienen, entgehendes Einkommen im Zusammenhang mit dem Verlust der Arbeitsfähigkeit auszugleichen und im Todesfall Renten- oder Kapitalzahlungen an Hinterbliebene zu gewährleisten. I.d.R. Versicherung für berufliche und außerberufliche Unfälle (24-Stunden-Deckung) mit Weltgeltung. – 2. *Rechtsgrundlage:* §§ 178–191 VVG sowie i.d.R. allgemeine Unfallversicherungsbedingungen (AUB 2010). – 3. *Leistungsarten:* Leistungen im Todes- oder Invaliditätsfall (dauernde Beeinträchtigung der Arbeitsfähigkeit, Invalidität und Berufsunfähigkeit); Tagegeld; Krankenhaustagegeld, ambulante Operationen; Genesungsgeld; Übergangsleistungen (bei mind. sechs Monaten anhaltender dauernder Beeinträchtigung der Arbeitsfähigkeit). – 4. *Formen:* a) *Einzel-Unfallversicherung:* Versicherungsschutz für eine einzelne Person, i.d.R. mit einer Staffelung der Prämien nach der Berufstätigkeit. b) *Familien-Unfallversicherung:* Versicherung von mind. zwei Personen einer Familie, oft mit günstigeren Prämien als bei einer Einzel-Unfallversicherung. c) *Kinder-Unfallversicherung:* kann i.d.R. für Kinder bis 14 Jahre neu abgeschlossen werden. Für Kinder gelten günstigere Prämien als für Erwachsene. Mitversicherung von Vergiftungen infolge versehentlicher Einnahme von schädlichen Stoffen (außer Nahrungsmittel) bis zum zehnten Lebensjahr. d) *Gruppen-Unfallversicherung:* Verträge, in denen durch einen Versicherungsnehmer und einen Versicherungsschein eine Mehrheit von Personen versichert wird. Der Abschluss erfolgt i.d.R. von Arbeitgebern zugunsten ihrer Mitarbeiter oder von Vereinen zugunsten ihrer Mitglieder. Evtl. Einschränkung des Versicherungsschutzes auf Berufs- oder Vereinstätigkeit. e) *Sport-Unfallversicherung:* Beschränkung des Versicherungsschutzes auf die i.w.S. mit der Sportausübung zusammenhängenden Unfallgefahren. Wird i.d.R. als Gruppen-Unfallversicherung von Sportvereinen für die Vereinsmitglieder abgeschlossen. f) *Luftfahrtunfallversicherung.* g) *Insassen-Unfallversicherung:* Kraftfahrtversicherung. h) *Strahlen-Unfallversicherung:* Versicherung für Personen, die beruflich mit strahlenerzeugenden Stoffen oder Geräten in Berührung kommen. i) *Unfallversicherung mit garantierter Beitragsrückzahlung (früher Unfallversicherung mit Prämienrückgewähr):* Sonderform, bei der die eingezahlten Prämien nach einer vereinbarten Frist an den Versicherungsnehmer zurückgewährt werden, gleichgültig, ob und welche Schäden während des Bestehens der Versicherung vergütet werden mussten. Der Versicherer deckt hier zusätzlich ein Zinsrisiko. Die Prämie beträgt ein Vielfaches der Normalprämie. Der Versicherungsnehmer kann seinen Anspruch auf Beitragsrückzahlung beleihen oder zurückkaufen, i.d.R. frühestens nach Zahlung der Prämie für mind.

drei Jahre. – 5. *Versicherungsfall:* a) *Im Sinne der Unfallversicherung gelten als Unfälle:* plötzlich (unerwartet) von außen auf den Körper des Versicherten wirkende Ereignisse, die eine unfreiwillige Gesundheitsschädigung zur Folge haben (§ 178 VVG), auch (1) durch plötzliche Kraftanstrengungen hervorgerufene Verrenkungen, Zerrungen und Zerreißungen sowie (2) Tollwut und Wundinfektionen (Blutvergiftungen), bei denen der Krankheitserreger durch eine Unfallverletzung in den Körper gelangt ist (bei Angehörigen ärztlicher Berufe, Chemikern, Desinfektoren und dergleichen Erweiterung durch „Infektionsklausel"); Unfälle (1) infolge von Schlag-, Krampf-, Ohnmachts- und Schwindelanfällen, von Geistes- oder Bewusstseinsstörungen (soweit nicht durch einen Versicherungsfall hervorgerufen); (2) bei Ausführung oder beim Versuch von Verbrechen oder Vergehen; (3) durch Kriegs- oder Bürgerkriegsereignisse; (4) bei Beteiligung des versicherten Personen als Fahrer, Beifahrer oder Insasse eines Kraftfahrzeugs an Fahrtveranstaltungen, bei denen es auf die Erzielung von Höchstgeschwindigkeiten ankommt; (5) sowie Unfälle, die unmittelbar oder mittelbar durch Kernenergie verursacht sind, sind ausgeschlossen. – b) *Ausgeschlossen sind außerdem folgende Beeinträchtigungen:* (1) Schäden an Bandscheiben sowie aus inneren Organen und Gehirnblutungen; (2) Gesundheitsschäden durch Strahlen; (3) Gesundheitsschäden durch Heilmaßnahmen oder Eingriffen am Körper des Versicherten (soweit nicht durch einen Versicherungsfall bedingt); (4) Infektionen; (5) Vergiftungen infolge Einnahme fester oder flüssiger Stoffe durch den Schlund; (6) Erkrankungen infolge psychischer Einwirkung; (7) Bauch- und Unterleibsbrüche (soweit nicht durch einen Versicherungsfall hervorgerufen).

UN-Familie → Sonderorganisationen der UN.

UN-Fonds für bevölkerungspolitische Aktivitäten → UNFPA.

UNFPA – *Bevölkerungsfonds der Vereinten Nationen, United Nations Population Fund;* 1967 gegründet, 1969 dem → UNDP unterstellt, 1972 umgewandelt in einen Fonds der UN-Vollversammlung, der für alle bevölkerungspolitischen Bemühungen der UN zuständig ist. Seit Dezember 1979 Hilfsorgan der UN-Vollversammlung. – *Sitz:* New York. Gemeinsamer Exekutivrat von UNDP und UNFPA. – *Ziele:* Unterstützung der Entwicklungsländer bei der Formulierung ihrer Bevölkerungspolitiken und Förderung von bevölkerungspolitischen Programmen; weltweite Bewusstseinsbildung für Bevölkerungsprobleme und Familienplanung; Analyse bevölkerungspolitischer Probleme. – *Bedeutung:* UNFPA ist in der → multilateralen Zusammenarbeit im Bereich der Bevölkerungspolitik und Familienplanung führend. Sie ist maßgeblich an der Erarbeitung des Aktionsprogrammes der Weltbevölkerungskonferenzen beteiligt, deren letzte 1994 in Kairo stattfand. – *Wichtige Veröffentlichung:* jährlicher Weltbevölkerungsbericht.

UNGA – Abk. für *United Nations General Assembly;* → UN.

UN-Generalsekretariat → UN.

UN-Handels- und Entwicklungskonferenz → UNCTAD.

UNHCR – *United Nations High Commissioner for Refugees, Hoher Flüchtlingskommissar der Vereinten Nationen, Hochkommissar der Vereinten Nationen für Flüchtlinge;* Büro 1951 als Nachfolger der UNRRA (UN Relief and Rehabilitation Administration 1944–47) und der IRO (International Refugee Organisation, 1947–51) gegründet. – *Sitz:* Genf. – *Aufgabe:* Betreuung und sinnvolle Ansiedlung politischer Flüchtlinge (Displaced Persons) und Ausgewiesener.

UN-Hochkommissar für Flüchtlinge → UNHCR.

UNICEF – *United Nations Children's Fund, Kinderhilfswerk der Vereinten Nationen, UN-Kinderhilfswerk, Weltkinderhilfswerk;* → Sonderorganisation der UN. – *Sitz:* New York und Genf. Gegründet 1946 durch die Vollversammlung der UN. – *Organe:* Exekutivrat aus 36 vom ECOSOC für drei Jahr gewählten Mitgliedern mit der Aufgabe der Aufstellung von Hilfsprogrammen und der Verwaltung der Hilfsfonds. Ausführendes Sekretariat in New York; unterhält ca. 190 Hilfsbüros (Field Offices) in den Ländern der Welt. – *Ziele:* ursprünglich Betreuung Not leidender Kinder im Nachkriegseuropa und in China; heute Verbesserung der Situation der Kinder in der Welt, v.a. in den Entwicklungsländern. – *Aktivitäten:* UNICEF fördert Hilfsprogramme in ca. 160 Entwicklungsländern durch Lieferung von technischen Einrichtungen für den Aufbau von Kinderhilfsdiensten und von Finanzierungsmitteln für die Ausbildung von Fachpersonal; Grundprinzip ist der sog. Basic Services Approach, Sicherstellung der Befriedigung der Grundbedürfnisse der Kinder in enger Zusammenarbeit mit öffentlich geförderten Hilfsdiensten in den betroffenen Ländern. Bereitstellung von Nothilfeprogrammen. Verbesserung der sanitären Verhältnisse. Das UNICEF-Budget wird aus freiwilligen Beiträgen von Regierungen, Organisationen und Personen finanziert.

UNIDO – *United Nations Industrial Development Organization, Organisation der Vereinten Nationen für industrielle Entwicklung;* rechtlich selbstständige Sonderorganisation der → UN; Sitz in Wien. Durch UN-Resolutionen vom 20.12.1965 und 17.11.1966 als unselbstständiges Sonderorgan der Vollversammlung der UN gegründet; am 31.12.1985 wurde die Tätigkeit eingestellt; durch Vertrag vom 17.12.1985 zwischen der (neuen) UNIDO (gegründet 21.6.1985) und den UN eine selbstständige UN-Sonderorganisation. – *Mitglieder* (2013): 174. – *Organe:* alle zwei Jahre tagende *Generalkonferenz* als oberstes Organ, legt die Leitlinien der Politik fest. *Rat für industrielle Entwicklung* (53 Mitgliedsländer, davon 33 aus Entwicklungsländern) fungiert als Leitungsgremium.

Programm- und Haushaltskomitee mit 27 Mitgliedsländern, davon 15 Entwicklungsländer. Beide Organe tagen jährlich. Sekretariat unter Leitung eines Generaldirektors, der vom Rat vorgeschlagen und von der Generalkonferenz auf die Dauer von vier Jahren ernannt wird. – *Aufgaben:* Förderung und Beschleunigung des industriellen Wachstums in Entwicklungsländern und Koordinierung der UN-Organisationen auf diesem Gebiet. UNIDO dient als internationales Forum für den industriepolitischen Dialog zwischen Entwicklungsländern und Industrieländern. – *Aktivitäten:* Beratung der Entwicklungsländer in industriepolitischen Fragen, Durchführung von Projekten der technischen Hilfe, → Technologietransfer, Veranstaltung von Expertentagungen. Die Siebte UNIDO-Konferenz (1997) nahm einen neuen Geschäftsplan für die künftige Rolle und Funkion der UNIDO an. Schwerpunkte sind u.a. Politikberatungsdienste, Förderung der Entwicklung kleiner und mittlerer Unternehmen, Einbeziehung von Transformationsländern.

Union des Foires Internationales (UFI) – *Union of International Fairs, Internationale Messe-Union;* Sitz in Paris. – *Aufgaben:* gegenseitige Terminabstimmung, Information der internationalen Messen bzw. Messestädte untereinander. – *In der Bundesrepublik Deutschland:* Komitee für nationale Beteiligung an internationalen Messen, München.

Union Douanière et Economique de l'Afrique Centrale → CACEU.

Union Européenne de l'Artisanat et des Petites et des Moyennes Entreprises → UEAPME.

Union for the Coordination of the Transmission of Electricity → UCTE.

Union für die Koordinierung des Transportes elektrischer Energie → UCTE.

Union Internationale des Transports Public → UITP.

United Nations → UN.

United Nations Children's Fund → UNICEF.

United Nations Commission on International Trade Law → UNCITRAL.

United Nations Conference on Environment and Development → UNCED.

United Nations Conference on Trade and Development → UNCTAD.

United Nations Development Programme → UNDP.

United Nations Educational, Scientific and Cultural Organization → UNESCO.

United Nations Environment Programme → UNEP.

United Nations Fund for Population Activities → UNFPA.

United Nations General Assembly (UNGA) → UN.

United Nations High Commissioner for Refugees → UNHCR.

United Nations Industrial Development Organization → UNIDO.

United Nations Population Fund → UNFPA.

United Nations Security Council (UNSC) → UN.

United Nations Trusteeship Council (UNTC) → UN.

universeller Median – Bei mehrdimensionalen Alternativenmengen (d.h. alle Alternativen unterscheiden sich in höchstens n messbaren Kriterien voneinander und sind daher als Punkte in einem n-dimensionalen Raum darstellbar) ein Punkt, der ein politisches Gleichgewicht im Zwei-Parteien-System darstellt (→ Parteienwettbewerb). Seine Existenz ist nur gesichert, wenn er selbst Optimalpunkt eines Wählers ist, und eine gerade Anzahl (auch null) von Optimalpunkten anderer Wähler auf jeder Geraden durch diesen Punkt liegt, davon je die Hälfte in jeder Richtung. – Vgl. auch → Hotelling-Regel, → Medianwähler-Konzept.

Universität – älteste Form der Hochschule, auf der die Gesamtheit der Wissenschaften, „universitas literarum", gelehrt wird. Verbindung von Forschung und Lehre in der Person der Professoren und durch Universitäts-Institute, -Kliniken, -Laboratorien etc. – *Älteste Universität* im (damals) deutschsprachigen Gebiet: Prag (1348), Wien (1365), Heidelberg (1386).

UN-Kinderhilfswerk → UNICEF.

UN-Kommission für Internationales Handelsrecht → UNCITRAL.

Unmöglichkeitstheorem → Arrow-Paradoxon, auch: → Condorcet-Paradoxon. Die Unmöglichkeit, individuelle Nutzenfunktionen bzw. Präferenzrelationen zu einer gesellschaftlichen Wohlfahrtsfunktion zu aggregieren, die bestimmten Konsistenzanforderungen genügt.

UN-Organisation für industrielle Entwicklung → UNIDO.

UNSC – Abk. für *United Nations Security Council;* → UN.

Unsicherheit – Oberbegriff für Risiko und Ungewissheit. Risiken lassen sich im Gegensatz zu Situationen, in denen Ungewissheit vorliegt, mit Eintrittswahrscheinlichkeiten belegen. – Williamson unterscheidet im Rahmen der → Transaktionskostenökonomik zwei Quellen von Unsicherheit: (1) *Statistische Unsicherheit* liegt vor, wenn man die objektiven Zustände der Welt nicht genau kennt. Durch empirische Untersuchungen lässt sich diese Form von Unsicherheit einschränken. (2) *Strategische Unsicherheit* entspringt aus der Möglichkeit des opportunistischen Verhaltens von Transaktionspartnern (→ Opportunismus).

Diese Form von Unsicherheit lässt sich durch die Gestaltung effizienter Institutionen wirkungsvoll einschränken (Neue Institutionenökonomik). – Vgl. auch Erwartung; Wirtschaftssoziologie.

UN-Sicherheitsrat → UN.

UNTC – Abk. für *United Nations Trusteeship Council*; → UN.

Unterbeschäftigung – 1. *Begriff*: durch konjunkturelle oder klassische Arbeitslosigkeit gekennzeichnetes Unterschreiten der → Vollbeschäftigung, dem durch → Beschäftigungspolitik entgegengewirkt werden soll. – 2. Um das *tatsächliche Ausmaß* der Unterbeschäftigung zu ermitteln, muss zur registrierten Arbeitslosigkeit (→ Arbeitslosenquote) die verdeckte bzw. versteckte addiert werden (→ stille Reserve). – *Gegensatz:* → Überbeschäftigung.

unterentwickelte Länder → Entwicklungsländer.

unternehmensgrößenbezogene Strukturpolitik – wirtschaftspolitische Einflussnahme auf die → Unternehmensgrößenstruktur einer Volkswirtschaft. Eine optimale Unternehmensgrößenstruktur lässt sich nicht normativ bestimmen. Auch aus betriebswirtschaftlicher Sicht ist die Frage der optimalen Unternehmens- oder Betriebsgröße nicht hinreichend allgemeingültig zu beantworten. In Deutschland wird das Ziel der unternehmensgrößenbezogenen Strukturpolitik überwiegend darin gesehen, eine ausgewogene Mischung aus klein-, mittel- und großbetrieblichen Strukturen herzustellen bzw. zu erhalten, wobei die Unterstützung kleiner und mittlerer Unternehmen im Vordergrund steht (→ Mittelstandspolitik, → Mittelstandsförderung).

Unternehmensgrößenstruktur – Gliederung der Unternehmen einer Volkswirtschaft in Größenklassen. Gliederungsmerkmale sind überwiegend der Umsatz oder die Beschäftigten. Folglich wird die Unternehmensgrößenstruktur anhand von *Umsatz-* oder *Beschäftigtengrößenklassen* abgebildet. Eine häufig verwendete Klassifizierung zieht die Obergrenze für *kleine Unternehmen* bei 9 Beschäftigten oder einem Jahresumsatz unter 1 Mio. Euro, für *mittlere Unternehmen* bei 10 bis 499 Beschäftigten oder weniger als 50 Mio. Euro und für *große Unternehmen* bei mehr als 500 Beschäftigten oder mehr als 50 Mio. Euro. – Vgl. Abbildung „Unternehmensgrößenstruktur – Beschäftigungsgrößenklassen der deutschen Volkswirtschaft (alle Unternehmen)".

Unternehmenskonzentration – 1. Nach der *Art des Wachstums* von Betrieben oder Unternehmen ist zwischen internem und externem Wachstum zu unterscheiden. Das *interne Wachstum* ist dadurch gekennzeichnet, dass ein Betrieb oder Unternehmen überproportional, d.h. schneller wächst als seine Mitbewerber. Das *externe Wachstum* erfolgt z.B. durch Beteiligungen (Konzernbildung) oder Fusionen (vgl. die Zusammenschlusstatbestände in § 37 GWB, entsprechend auch die Fusionskontrollverordnung der Europäischen Kommission). Während Betriebe nur intern wachsen können, kann das Wachstum von Unternehmen sowohl intern als auch extern vor sich gehen. – 2. Nach der *Richtung* bzw. der *Produktionsstufe* können drei Formen der Unternehmenskonzentration unterschieden werden: a) *horizontale Unternehmenskonzentration* als Vereinigung von Betrieben oder Unternehmen, die auf der gleichen Produktionsstufe und demselben sachlich → relevanten Markt tätig sind (z.B. zu marktbeherrschenden Unternehmen *(Marktbeherrschung)* oder Horizontalkonzernen). b) *vertikale Unternehmenskonzentration* als Vereinigung von Betrieben oder Unternehmen, die auf aufeinander folgenden Produktionsstufen tätig sind und in einem Käufer-/ Verkäuferverhältnis stehen (z.B. die Vereinigung der Rohstoffgewinnung mit der Erzeugung von Halbfabrikaten oder der Produktion mit dem Handel in einem Unternehmen oder Vertikalkonzern). Vertikale Unternehmenskonzentration wird auch als *Integration* bezeichnet. c) *diagonale Unternehmenskonzentration* als Vereinigung von Betrieben oder Unternehmen, deren Erzeugnisse sowohl produktions- als auch absatzmäßig nichts oder fast nichts miteinander zu tun haben. – 3. Nach dem *Wirtschaftsraum* wird zwischen drei Formen der Unternehmenskonzentration unterschieden: a) *regionale Unternehmenskonzentration*, wenn die Unternehmenskonzentration in einem bestimmten Teil eines Staates gemeint ist (z.B. Kohle, Stahl oder Werften); b) *nationale Unternehmenskonzentration*, wenn die Unternehmenskonzentration innerhalb eines Landes gemeint ist; c) *internationale Unternehmenskonzentration*, wenn auf die Ausdehnung von Unternehmensverflechtungen über mehrere Volkswirtschaften Bezug genommen wird (z.B. multinationale Unternehmen, strategische Allianzen, Globalisierung).

Unternehmenskonzentration, Messung – 1. *Ziel der* → Konzentrationsmessung → ist es, konzentrationsrelevante Tatbestände quantifizierend zu erfassen und in einem numerischen Ausdruck zu vereinigen

Unternehmensgrößenstruktur – Beschäftigungsgrößenklassen der deutschen Volkswirtschaft (alle Unternehmen)

Unternehmen mit … bis … Beschäftigten	Anteil Unternehmen in %	Anteil Beschäftigte in %
1– 9	87,2	24,8
10– 19	7,4	9,4
20–499	5,2	31,4
500 und mehr	0,2	34,3
Insgesamt	100	100

Nur früheres Bundesgebiet.
Quelle: Statistisches Jahrbuch für die Bundesrepublik Deutschland 1999, S. 130.

(Konzentrationsgrad). Die Messung der Unternehmenskonzentration ist dabei die Umkehrung des eigentlichen Zieles der (quantitativ nicht möglichen) Messung des → Wettbewerbs. – Die statistische Konzentrationsmessung beruht auf zwei grundlegenden *Annahmen:* (1) Der Wettbewerb wird um so schwächer, je geringer die Anzahl der Marktteilnehmer wird (absolute Unternehmenskonzentration). (2) Der Wettbewerb wird um so schwächer, je ungleichmäßiger die Verteilung des Gesamtmerkmalsbetrages auf die Marktteilnehmer wird (relative Konzentration oder Disparität). – 2. Im Einklang mit diesen beiden grundlegenden Annahmen wird zwischen relativen und absoluten *Konzentrationsmaßen* unterschieden. – Vgl. auch → Gini-Koeffizient zur Messung.

unternehmensorientierte Dienstleistungen → Dienstleistungen.

Unternehmereinkommen – Differenz zwischen dem am Markt erzielten Gesamterlös und den Vorleistungen sowie der Entlohnung der fremden Produktionsfaktoren. Durch Abzug des Unternehmerlohnes und der Eigenkapitalverzinsung vom Unternehmereinkommen erhält man den → Unternehmergewinn. – Im neoklassischen Grundmodell mit vollkommener Konkurrenz und bei Annahme einer linear-homogenen Produktionsfunktionexistiert kein Unternehmereinkommen, da das gesamte Einkommen vollständig auf die beteiligten Produktionsfaktoren (Arbeit, Kapital und Boden) aufgeteilt wird und der Unternehmer nicht als Produktionsfaktor gilt.

Unternehmergewinn – *Profit;* 1. *Begriff:* Der Unternehmergewinn ist ein Residualeinkommen, das sich aus der Differenz zwischen Gesamterlösen und Kosten errechnet. Zu den Kosten zählen dabei die Einkommen aller → Produktionsfaktoren, einschließlich des Unternehmerlohns (d.h. Einkommen aus dispositiver Arbeit) und der Eigenkapitalverzinsung. – 2. *Unternehmergewinn in der Neoklassik:* Im neoklassischen Paradigma werden unter den üblichen vereinfachenden Annahmen (bspw. die Annahme der vollkommenen Konkurrenz) im langfristigen Gleichgewicht die Einkommen vollständig auf die am Produktionsprozess beteiligten Produktionsfaktoren (Arbeit, Boden, Kapital) verteilt. Es existiert kein Residualeinkommen und damit auch kein Unternehmergewinn. – 3. *Unternehmergewinn bei Preiser:* Nach Preiser ist der Unternehmergewinn eine Form des → dynamischen Einkommens. Neben dem Marktlagengewinn gehört dazu auch der Gewinn des Schumpeterschen Unternehmers aus Innovationen (Pioniergewinn).

Unternehmerkapital – langfristiger Investitionskredit (Nachrangdarlehen) der → KfW Mittelstandsbank für Existenzgründer und junge Unternehmen bis zwei Jahre nach Geschäftsaufnahme, für junge Wachstumsunternehmen (Geschäftsaufnahme von mehr als zwei Jahren und höchstens fünf Jahren) oder für etablierte Mittelständler (Geschäftsaufnahme vor mehr als fünf Jahren). Bei Wachstumsunternehmen und etablierten Unternehmen gelten je nach Risikolage des geförderten Unternehmens unterschiedliche Zinssätze. Die Beantragung erfolgt bei Banken und Sparkassen. Das Kreditausfallrisiko trägt der Bund bzw. die KfW. Die Zinsen für Gründer und Wachstumsunternehmen sind durch Mittel aus dem ERP-Sondervermögen vergünstigt.

Unternehmerkredit – langfristiger Investitionskredit der → KfW Mittelstandbank für Existenzgründer (der gewerblichen Wirtschaft), Freiberuflern sowie in- und ausländischen gewerblichen Unternehmen. Möglich ist eine 100-Prozent-Finanzierung von Investitionen und Betriebsmitteln, sofern der beantragte Kreditbetrag unter 1 Mio. Euro liegt. – *Varianten:* (1) *Unternehmerkredit-Betriebsmittel:* Finanzierung von Betriebsmitteln und Ausgleich vorübergehender Liquiditätsengpässe. – (2) *Unternehmerkredit-Leasing:* Finanzierung von Immobilieninvestitionen. – (3) *Unternehmerkredit-Ausland:* Finanzierung von Investitionen und Gründungen im Ausland. – Die Beantragung erfolgt bei Banken und Sparkassen.

UN-Treuhandrat → UN.

UN-Umweltkonferenz → Umweltkonferenz.

UN-Umweltprogramm → UNEP.

unverzinsliche Schatzanweisung – *U-Schätze;* → Geldmarktpapiere, die vom Bund, den Bundesvermögen des Bundes und den Bundesländern regelmäßig emittiert werden. Unverzinsliche Schatzanweisungen haben eine Laufzeit von drei Monaten bis zu zwei Jahren. Mit der etwas irreführenden Kennzeichnung „unverzinslich" soll angedeutet werden, dass es sich bei unverzinslichen Schatzanweisungen um Diskontpapiere handelt, bei denen der Zinsbetrag vorweg abgezogen wird (und nicht während der Laufzeit ausgezahlt) wird. – Vgl. auch → Schatzanweisung.

unvollkommene Konkurrenz → monopolistische Konkurrenz.

unvollkommener Markt – im Gegensatz zum vollkommenen Markt (→ vollkommene Konkurrenz) dadurch gekennzeichnet, dass die Güter nicht homogen sind und/oder die Markttransparenz unvollkommen ist.

unvollständige Konkurrenz → monopolistische Konkurrenz.

UN-Vollversammlung → UN.

UN-Wirtschafts- und Sozialrat → UN.

UPU – *Universal Postal Union, Weltpostverein;* gegründet 1874 in Bern aufgrund eines allg. internationalen Abkommens „Allgemeiner Postvereinsvertrag", später *Weltpostvertrag* genannt. Seit 1948 → Sonderorganisation der UN mit Sitz in Bern. – *Mitglieder* (2008): 191 (Bundesrepublik Deutschland seit 1952). – *Gesetzliche Grundlage* ist der

Weltpostvertrag, der die Verfassung und die Aufgaben der UPU sowie die Verpflichtungen der Mitglieder verbindlich festlegt und periodisch revidiert wird. Die Verträge der UPU sind Rechtsgrundlage des weltweiten Postverkehrs. – *Grundsätze*: Schaffung eines einheitlichen internationalen Postgebiets, Regelung der Freiheit des Durchgangs von Postsendungen und der Gebührenfrage, bes. des Briefverkehrs. Förderung der Zusammenarbeit auf kulturellem, sozialem und wirtschaftlichem Gebiet. – *Aufgaben und Arbeitsergebnisse*: Durchführung und Vervollkommnung der internationalen Postdienste. Bei Unstimmigkeiten zwischen den Mitgliedsländern Schiedsgericht. Spezieller Ausschuss für die Vereinfachung der Zollformalitäten. Beitrag zur internationalen Entwicklungshilfe im Rahmen des → UNDP, bes. durch Entsendung von Expertenteams in Entwicklungsländer. – *Organe*: Weltpostkongress, tritt alle fünf Jahre zusammen, als oberste, legislative Behörde. Hauptaufgabe: Revision des Weltpostvertrages und seiner Einzelbestimmungen (Detailed Regulations); Exekutivrat, bestehend aus 40 Mitgliedern, tagt jährlich; Konsultativrat für Poststudien (CCPS) erarbeitet Empfehlungen zu technischen, organisatorischen und wirtschaftlichen Fragen im Zusammenhang mit dem Postdienst; Internationales Büro. – *Sitz*: Bern, erledigt die laufenden Verwaltungsarbeiten und dient als zentrale Auskunfts- und Beratungsstelle der nationalen Postverwaltungen.

Urproduktion – 1. *Begriff und Merkmale*: Volkswirtschaftliche Bezeichnung für die Nutzung des Bodens (1) durch die Nutzung der Erdoberfläche als organisch mitwirkendem Produktionsfaktor (Landwirtschaft, Forstwirtschaft, Gartenbau, Fischerei) und (2) durch den Abbau von Bodensubstanz (Bergbau, Erdölförderung). – 2. *Strukturpolitik*: Im Rahmen der → sektoralen Strukturpolitik wird differenziert zwischen dem primären Sektor der Urproduktion; dem sekundären Sektor der Industrie, des Handwerks und des Baugewerbes sowie dem tertiären Sektor der Dienstleistungen und des Staates. – Vgl. auch → primärer Sektor.

Ursprungsprinzip – Grundsatz der Ressourcen- und Umweltökonomik, nach der Umweltbeeinträchtigungen an der Stelle zu bekämpfen sind, an der sie auftreten. Das Ursprungsprinzip ist eines der Grundprinzipien der → europäischen Umweltpolitik. – Vgl. auch → Umweltpolitik; → Verursacherprinzip; → Vorsorgeprinzip; Gemeinlastprinzip.

Uruguay-Runde – 1. *Begriff*: Achte Verhandlungsrunde im Rahmen des → GATT. Die weit verbreitete Unzufriedenheit mit den Ergebnissen der 1979 abgeschlossenen Tokyo-Runde, die keine Lösungen für aufkommende neuartige nicht tarifäre und diskriminierende Formen des Protektionismus brachte, führten zu den Forderungen einer neuen GATT-Verhandlungsrunde. Im September 1986 wurde sie durch die Erklärung von Punta del Este (Uruguay) eröffnet und nach langjährigen Verhandlungen am 15.4.1994 in Marrakesch (Marokko) zum Abschluss gebracht. 117 Staaten verständigten sich auf eine 550-seitige Schlussakte (zusätzlich ca. 10.000 Seiten Anhänge), die gemeinsam mit dem GATT-Vertrag des Jahres 1947 die Grundlage einer neuen Welthandelsordnung bildet. – 2. *Inhalt*: a) *Globale Verhandlungsziele*: (1) Verbesserung des Marktzutritts; (2) Verbesserung der Spielregeln des Welthandels (Stärkung der Funktionsfähigkeit des GATT). – b) *Zentrale Elemente der Uruguay-Runde*: (1) Abkommen über die Errichtung einer Welthandelsorganisation [→ World Trade Organization (WTO)]; (2) Abkommen über den internationalen Dienstleistungshandel (→ GATS); (3) Abkommen über handelsrelevante Aspekte geistigen Eigentums (→ TRIPS-Abkommen); (4) Abkommen zur weiteren Liberalisierung und Regelbindung des internationalen Güterhandels. Im Rahmen der Uruguay-Runde wurde ein entscheidender Durchbruch in Richtung Liberalisierung des Welthandels erreicht: So wurden erstmals die Sektoren Landwirtschaft und Textilien in das Güterabkommen des GATT einbezogen; die Nichtdiskriminierung (Meistbegünstigung und Inländerprinzip) wurde bestätigt; das WTO erhält wirksame Durchsetzungsmechanismen bei Regelverletzungen gegen GATT-Abkommen, es gibt eine einheitliche Mitgliedschaft in der WTO *(Single-Package-Ansatz)*. – c) *Einzelheiten*: Neben Zollsenkungen wurde u.a. ein Antidumping-Abkommen, ein Subventionsabkommen, ein Abkommen über technische Handelshemmnisse und über Schutzmaßnahmen sowie eines über Investitionsmaßnahmen getroffen. Auch ein Abkommen über das öffentliche Beschaffungswesen wurde vereinbart. Das Abkommen über Textilien und Bekleidung sah z.B. einen Stufenplan zur Abschaffung der Restriktionen des → Multifaserabkommens (MFA) vor. Das Agrarabkommen sieht Verbesserungen des Marktzugangs der Mitgliedsländer vor sowie einen Abbau von produktgebundenen Stützungsmaßnahmen und von Exportsubventionen. Entwicklungsländer erfahren eine Sonderbehandlung. So brauchen sie z.B. produktgebundene interne Beihilfen nicht abzubauen, sofern sie 10 Prozent des Produktwertes der betreffenden landwirtschaftlichen Erzeugnisse nicht übersteigen (für Industriestaaten gelten 5 Prozent).

U-Schätze → unverzinsliche Schatzanweisungen.

User Costs → Nutzungskosten.

Utilitarismus – 1. *Begriff*: Konzeption, die ethische Urteile über Handlungen und/oder Regeln auf den Nutzen stützt, den sie stiften: Erwünschte nicht-moralische Güter (z.B. Glück, Reichtum) qualifizieren jene Handlungen bzw. Regeln, die diese Güter maximieren, als „moralisch gut". Es handelt sich beim Utilitarismus daher um eine teleologische Ethikauffassung (Ethik). – 2. *Bestimmungen des „Nutzens"*: Utilitaristische Konzeptionen unterscheiden sich u.a. darin, was sie als „Nutzen" ansehen. Das Spektrum

utilitaristische Ethik

reicht von pleasure, Glück bzw. Glückseligkeit (Bentham) über Lust, ferner Erkenntnis bzw. Liebe (Mill, Moore) bis zum offenen Nutzenbegriff der modernen Ökonomik. – 3. *Theoretische Probleme des Utilitarismus:* Die theoretischen Probleme des Utilitarismus liegen in der axiomatischen Grundlegung (v.a. Konsistenz- und Vollständigkeitspostulate) sowie in der Messbarkeit, den interpersonellen Nutzenvergleichen und der Verteilung. – 4. *Ökonomische Bedeutung:* Der Utilitarismus hat aufgrund der grundlegenden Kategorie „Nutzen" auf breiter Front Eingang in die moderne Ökonomik gefunden (Kosten-Nutzen-Analyse). Selbst Autoren wie Hare oder Mackie, die dem Utilitarismus durchaus kritisch gegenüberstehen, und sogar ausgesprochene Utilitarismus-Kritiker wie Sen und Williams heben hervor, dass zumindest in Teilbereichen auf Rationalisierungen nach utilitaristischem Argumentationsmuster nicht verzichtet werden kann. – 5. *Ethische Kritik am Utilitarismus:* Es bleibt aus der Sicht der Ethik ein grundlegender, konzeptionell bedingter Kritikpunkt bestehen: Dem Utilitarismus ist es bis heute nicht gelungen, die intuitiven Moralvorstellungen der meisten Menschen in Bezug auf die „Autonomie" der „Person" – auf ihre grundlegenden Rechte, auf die Verbindlichkeit moralischer Regeln – theoretisch zu rekonstruieren. Selbst Harsanyi, der mit der Tradition des Utilitarismus den Nutzen aller Individuen ein gleiches Gewicht beilegt und dies mit dem demokratischen Prinzip begründet, kommt nicht darum herum, die individuellen Nutzen zu aggregieren, bevor die Maximierung des Durchschnittsnutzens vorgenommen werden kann. Damit können Individuen bzw. ihre Nutzen mit den Nutzen anderer verrechnet werden – mit der Folge, dass Nutzeneinbußen einzelner von größeren Nutzengewinnen anderer aufgewogen werden können. Die Autonomie der Person und die Menschenrechte stehen damit prinzipiell zur Disposition. In der Sprache von Rawls, der seine „Theorie der Gerechtigkeit" als Gegenentwurf gegen den Utilitarismus versteht, bedeutet dies: „Der Utilitarismus nimmt die Verschiedenheit der einzelnen Menschen nicht ernst." – Innerhalb des Utilitarismus gibt es *Versuche, diesen Bedenken Rechnung zu tragen:* Die bes. starke Gewichtung von individueller Freiheit und Menschenrechten im Vergleich zu anderen Gütern, aber auch die Behauptung, dass langfristig Systeme mit individueller Freiheit und Menschenrechten immer erfolgreicher seien als Systeme ohne diese Rechte, gehen in diese Richtung. – 6. *Weiterentwicklung des Utilitarismus:* Solche Überlegungen haben bei einer Reihe von Autoren, die die theoretischen Leistungen des Utilitarismus anerkannt und erhalten wissen möchten, dazu geführt, den Utilitarismus zu ergänzen, v.a. durch das Prinzip der Gerechtigkeit: So Lyons, Trapp. Andere wie Brandt entwickeln den Regel-Utilitarismus in einer Weise weiter, dass er für Kritiker, z.B. für Rawls oder Williams, seinen utilitaristischen Charakter verliert. Wieder andere wie Mackie oder Hare schränken den Bereich der sinnvollen Verwendung utilitaristischer Argumentationen auf Teilbereiche oder bes. Fälle der Ethik ein. – Vgl. auch → Verteilungspolitik, → Verteilungsgerechtigkeit.

utilitaristische Ethik – propagiert die Bewertung gesellschaftlicher Zustände nach dem individuellen Nutzen der Gesellschaftsmitglieder. Die von Bentham u.a. entwickelte utilitaristische Ethik bildet die sozialphilosophische Basis der → Wohlfahrtsökonomik. Hiernach ist die Wohlfahrt einer Gesellschaft gleich der Summe der in Nutzeneinheiten ausgedrückten Wohlfahrten ihrer einzelnen Mitglieder. – *Voraussetzung:* Dies setzt die Annahme der Möglichkeit → interpersoneller Nutzenvergleiche sowie addierbarer Nutzengrößen voraus. – Die utilitaristische Wohlfahrtsökonomik basiert somit einerseits auf der normativen Festlegung, dass die Wertungen der einzelnen Gesellschaftsmitglieder letztlich für wirtschaftliche Entscheidungen ausschlaggebend sein sollen. Andererseits soll das gesellschaftliche Vermögen zur Maximierung der gesellschaftlichen Wohlfahrt zur Disposition stehen. Umverteilungsmaßnahmen sind erwünscht und durchzuführen, wenn die gesellschaftliche Wohlfahrt dadurch erhöht werden kann. Ergebnis ist ein Spannungsverhältnis zwischen individuellen Präferenzen und der gesellschaftlichen Wohlfahrt, das in der Wohlfahrtsökonomik mithilfe von → Wohlfahrtskriterien und → Wohlfahrtsfunktionen formal gelöst wird.

utilitaristische Wohlfahrtsfunktion – Aggregation individueller Nutzenfunktionen zu einer gesellschaftlichen → Wohlfahrtsfunktion. Die in der → Wohlfahrtsökonomik u.a. verwendete einfache utilitaristische Wohlfahrtsfunktion *(Benthamsche Nutzenfunktion)* lautet: $U = u_1 + u_2 + ... + u_n$. Die Addition der individuellen, kardinalen Nutzen setzt die Möglichkeit des → interpersonellen Nutzenvergleichs voraus. – Die allg. utilitaristische Wohlfahrtsfunktion ergibt sich aus der (je nach gesellschaftspolitischem Ziel) gewichteten Summe der n individuellen Nutzen, d.h. $U = g_1 \cdot u_1 + g_2 \cdot u_2 + ... + g_n \cdot u_n$. Nehmen alle Gewichte g_n den Wert 1 an, handelt es sich um die einfache utilitaristische Wohlfahrtsfunktion.

utopischer Sozialismus → Sozialismus.

V

variables Kapital – Bezeichnung der Wirtschaftstheorie des → Marxismus für die Lohnkosten der Produktion. Im Gegensatz zum → konstanten Kapital erbringe es eine zusätzliche Wertschöpfung (→ Mehrwerttheorie, → Ausbeutung). – Vgl. auch → organische Zusammensetzung des Kapitals.

VENRO – Abk. für *Verband Entwicklungspolitik deutscher Nichtregierungsorganisationen e. V.*; im Dezember 1995 gegründete Verband. VENRO ist ein freiwilliger Zusammenschluss von über 100 dt. Nichtregierungsorganisationen, → Non-Governmental Organization (NGO). Die Mitglieder sind private und kirchliche Träger der Entwicklungszusammenarbeit, der Nothilfe sowie der entwicklungspolitischen Bildungs-, Öffentlichkeits- und Lobbyarbeit.

Verband Entwicklungspolitik deutscher Nichtregierungsorganisationen e.V. → VENRO.

Verbändevereinbarung – Regelungswerk zur Gestaltung von Vergütungen, Zugangsbedingungen zu Netzen o.Ä. zwischen den Verbänden der Energieunternehmen und den Verbänden der Industrie. Damit sollte eine staatliche Regulierung durch eine Konsensregelung der bes. betroffenen Gruppen vermieden werden. Bes. aktuell sind die Verbändevereinbarungen zur Ausgestaltung der Netzzugangsbedingungen für Strom und Erdgas. Durch EU-Vorgaben wurden diese ab 2004 durch eine staatliche Regulierung ersetzt. 07/2005 erließ der Gesetzgeber das „Zweite Gesetz zur Neuregelung des Energiewirtschaftsrechts" und schuf die „Bundesnetzagentur für Elektrizität, Gas, Telekommunikation, Post und Eisenbahnen" (BNA), die weit reichende Kompetenzen bei der Netzaufsicht hat.

Verbundvorteile → Economies of Scope, → Unternehmenskonzentration.

Verdrängungsprozess – Phänomen, dass Arbeitskräfte unterschiedlicher Qualifikation einander im Beschäftigungssystem verdrängen. Der Verdrängungsprozess verläuft *vertikal*, wenn Personen mit höherem Bildungsniveau die Arbeitsplätze von Personen mit niedrigerem Bildungsniveau einnehmen. *Horizontale* Verdrängung findet statt, wenn sich Personen desselben Bildungsniveaus aber mit unterschiedlichem Beruf oder Studium gegenseitig die Arbeitsplätze streitig machen.

Vereinte Nationen → UN.

Verelendung – 1. *Begriff* der Wirtschaftstheorie des → Marxismus. Der Grundwiderspruch des → Kapitalismus (→ historischer Materialismus) manifestiert sich u.a. in einer fortgesetzten Verelendung der Arbeiterklasse, durch die sich die Klassenauseinandersetzungen stetig verschärfen (→ Klassentheorie). – 2. Diese These wurde von *Marx und Engels* unter dem Eindruck der Verarmung der Arbeiterfamilien während der Industriellen Revolution folgendermaßen begründet: Der → technische Fortschritt führe zum → tendenziellen Fall der Profitrate. Um dem entgegenzuwirken, investierten die Unternehmer in größtmöglichem Umfang unter Einsatz der augenblicklich modernsten Technologie (→ Akkumulation). Dies bewirke einen Produktivitätsfortschritt bei der Herstellung der Güter, die zur Existenzsicherung der Arbeiter notwendig sind. Hierdurch könne der Arbeitslohn entsprechend gesenkt werden, um die → Ausbeutung zu verstärken. Da der technische Fortschritt gleichzeitig Arbeitskräfte spare, bewirke dies ein stetiges Anwachsen der → industriellen Reservearmee, was zu einem zusätzlichen Druck auf die Löhne führe. – 3. *Bedeutung:* Marx und Engels haben sich widersprüchlich dazu geäußert, ob es sich bei der Verelendung um eine absolute (permanentes Sinken des Lebensstandards) oder eine relative (langsameres Wachstum der Löhne als das der Gewinneinkommen) handele. In den westlichen Industriestaaten ließ sich weder eine absolute noch eine relative Verelendung im Zeitverlauf empirisch belegen.

Verelendungswachstum – Außenhandelstheorie, → Entwicklungstheorie.

Verfahrensinnovation – Einführung neuer oder deutlich verbesserter Produktionsverfahren. Diese Verfahren können Änderungen in den Produktionsausrüstungen oder der Organisation der Produktionsprozesse oder beides umfassen. Die Verfahren können dazu dienen, neue und verbesserte Produkte zu produzieren, die nicht mit herkömmlichen Produktionsanlagen oder -verfahren hergestellt werden können, oder dazu, die Produktionseffizienz wesentlich zu verbessern.

Verfassungskonsens – *Constitutional Consent.* Wenn keine Einigung hinsichtlich der Ergebnisse möglich ist, kann ein Konsens gefunden werden, wenn sich die Personen auf ein Verfahren (→ Abstimmungsverfahren) einigen, auch wenn durch dieses letztlich individuelle Ziele verletzt werden können. – Vgl. auch → Konstitutionenökonomik.

Verfügbarkeitsindikatoren – Indikatoren der Verfügbarkeit → erschöpflicher Ressourcen. Die wichtigsten Indikatoren sind geologische Inventur, → Reichweite, → Abbaukosten, Preis des Extraktions-Outputs und → Nutzungskosten.

Vergleichsmarktkonzept – 1. *Begriff:* Methode zum Nachweis missbräuchlich hoher Preise eines marktbeherrschenden Anbieters bzw. missbräuchlich niedriger Preise eines marktbeherrschenden Nachfragers (vgl. allg. § 19 II Nr. 2 2. Halbsatz GWB sowie in Bezug auf Strom- und Gaspreise § 29 Satz 1 Nr. 1 GWB). – 2. *Arten:* a) *räumliches Vergleichsmarktkonzept:* Vergleich mit dem Preis auf einem anderen räumlichen Markt für dieselbe Ware oder Dienstleistung im In- oder Ausland. – b) *zeitliches Vergleichsmarktkonzept:* Vergleich mit dem Preis auf demselben sachlichen und räumlichen Markt, wie er sich früher bei noch wirksamem Wettbewerb herausgebildet hatte. – c) *sachliches Vergleichsmarktkonzept:* Vergleich mit dem Preis für andere, sehr ähnliche Waren oder Dienstleistungen (regelmäßig auf dem Inlandsmarkt). – 3. *Korrekturzuschläge/-abschläge:* Je nach den konkreten Marktverhältnissen und strukturellen Rahmenbedingungen des Vergleichsmarkts können Korrekturzuschläge (bei Angebotsmacht) oder Korrekturabschläge (bei Nachfragemacht) notwendig sein, z.B. wenn der Anbieter auf dem beherrschten Markt höhere Kosten ausgesetzt ist, die unternehmensindividuell nicht beeinflussbar sind. – 4. *Erheblichkeitszuschlag:* Nach der Rechtsprechung sollen nur erhebliche Abweichungen vom Wettbewerbspreis zu einer Missbrauchsverfügung führen. Die Höhe des anzusetzenden Erheblichkeitszuschlags kann nur einzelfallbezogen bemessen werden.

Verhandlungskurve → Kontraktkurve.

Verhulst-Dynamik – von Verhulst (1845) anhand einer Populationsdynamik aufgezeigtes Phänomen des komplexen Verhaltens einer einfachen nicht linearen Beziehung $f(x_t) = x_{t+1}$. x_t steht für die Größe einer Population zum Zeitpunkt t. Die Schreibweise der Verhulst-Dynamik lautet: $x_{t+1} = ax_t(1 - x_t)$. Das → System zeigt folgendes Verhalten: Für kleine Werte des Kontrollparameters a ($0 < a < 1$) konvergiert die Populationsgröße unabhängig vom Startwert gegen Null: Die Population stirbt aus. Wenn gilt: $1 \leq a \leq 3$ steuert das System unabhängig vom Startwert einen stabilen → Attraktor. Wenn a > 3 ändert sich das Systemverhalten (→ Bifurkation): Für $3 \leq a \leq a_c \approx 3,57$ ist die Systemdynamik durch stabile periodische Schwingungen gekennzeichnet, d.h. alle Phasenbahnen konvergieren gegen einen stabilen Grenzzyklus. Wenn gilt: $a_c < a \leq 4$ tritt das System in das *chaotische Regime* ein, in dem sowohl stabile Schwingungen mit unterschiedlicher Zyklenzahl als auch völlig aperiodische Schwankungen der Populationsgröße auftreten. In diesem Bereich ist das Systemverhalten extrem sensibel von den Anfangs- und Randbedingungen abhängig. Die Verhulst-Dynamik gilt als einfachster Zugang zum Phänomen der sog. deterministischen → Chaos. Es zeigt, dass chaotisches Verhalten nichts mit Zufall oder externen Störquellen zu tun haben muss.

Verifikation – Eine Verifikation liegt vor, wenn zu einer wissenschaftlichen Aussage (Hypothese) ein bestätigender Befund festgestellt wird, z.B. durch eine hypothesenkonforme Beobachtung (Empirismus). – *Gegensatz:* → Falsifikation. – Vgl. auch → Kritischer Rationalismus.

Verkehr – Verkehr umfasst die technischen, organisatorischen, informatorischen und ökonomischen Maßnahmen, um Personen, Güter und Nachrichten zu befördern.

Verkehrsaffinität – 1. *Begriff:* Anforderungsprofil der zu transportierenden Güter, Personen und Nachrichten im Hinblick auf die technisch-ökonomische Qualität des Verkehrsangebots. – 2. *Kriterien:* Die Anforderungsmerkmale der Verkehrsnachfrage korrespondieren mit den Kriterien der → Verkehrswertigkeit.

Verkehrsaufkommen – Verkehrsmenge, ausgedrückt als Zahl der beförderten Personen bzw. der beförderten Gütertonnen (→ Verkehrsleistung).

Verkehrsgemeinschaft – Zusammenschluss von Unternehmen des öffentlichen Personennahverkehrs, der über die → Tarifgemeinschaft hinausgeht und eine weitergehende verkehrliche Kooperation bez. Netz- und Fahrplangestaltung beinhaltet, jedoch ohne eine übergeordnete Organisation zu gründen wie beim → Verkehrsverbund.

Verkehrsgleichung → Quantitätsgleichung.

Verkehrsinfrastruktur – umfasst das Anlagevermögen im Bereich der Verkehrswege, Verkehrsstationen (z.B. Umschlagplätze) und der Verkehrsanlagen (Anlagen zur Sicherung und Lenkung des Verkehrs) (Verkehrspolitik).

Verkehrsinfrastrukturpolitik – 1. *Begriff:* Maßnahmen zur Gestaltung der → Verkehrsinfrastruktur. Ihre Bedeutung für eine Volkswirtschaft erlangt die Verkehrsinfrastrukturpolitik aus dem Umstand, dass die Leistungen der Verkehrsinfrastruktur überwiegend als Vorleistungen in die Investitions- und Konsumgüterproduktion und -verteilung einfließen. Sie bestimmen damit das Transaktionsniveau einer Volkswirtschaft wesentlich. – 2. *Gegenstand:* Die Verkehrsinfrastrukturpolitik umfasst Planung, Realisierung, Betrieb, Bereitstellung und Finanzierung der Infrastruktur. Während in der Vergangenheit alle Bereiche vielfach durch staatliches Handeln gekennzeichnet waren, zwingen Begrenzungen der öffentlichen Haushalte sowie die damit einhergehende Notwendigkeit von Effizienzsteigerungen, aber auch Kapazitätsengpässe der öffentlichen Verwaltung zu *alternativen Lösungsansätzen*. So können mit der Planung der Verkehrswege inzwischen auch private Planungsbüros beauftragt werden; Bau und Ausbau der Verkehrswege erfolgen weitgehend durch private Unternehmen. Selbst zur Finanzierung der Infrastruktur wird privates Kapital herangezogen, mit Betrieb und Bereitstellung sind private Unternehmen betraut. Diskutiert wird auch die Möglichkeit, vorhandene Infrastruktur an Private zu verkaufen und zurück zu leasen oder diesen die Bereitstellung überhaupt zu überlassen. Damit der Staat sich seiner hoheitlichen

Aufgabe, die Mobilität von Personen und Gütern zu sichern, nicht entzieht, kommt es hier auf die Ausgestaltung der Verträge mit den privaten Betreibern an; damit sich die Investition für die Privaten rechnet, gilt es, adäquate Modelle der Einnahmenerzielung zu entwickeln. Unter dem Begriff des Road Pricing sind verschiedene derartige Modelle entwickelt worden und bereits im Einsatz. Das System der → Trassenpreise der Deutschen Bahn AG ist ein Ansatz, auch für die Benutzung der Schiene marktgerechte, nicht -diskriminierende Entgelte zu entwickeln. – 3. *Zuständigkeiten in der Bundesrepublik Deutschland:* Für die Verkehrsinfrastruktur sind – entsprechend dem föderalistischen Staatsaufbau der Bundesrepublik Deutschland – die Gebietskörperschaften in unterschiedlichem Maße verantwortlich. Soweit es sich um die *Schieneninfrastruktur der Deutschen Bahn AG* handelt, fällt sie in den Zuständigkeitsbereich des Bundes, wobei sich das zuständige Eisenbahn-Bundesamt bei einer Verringerung der Kapazitäten allerdings mit den Ländern ins Benehmen zu setzen hat. Soweit es sich um nichtbundeseigene Eisenbahngesellschaften handelt, fällt die Zuständigkeit für die Schieneninfrastruktur auf die Länder. – Für Bau, Erhalt und Regelung der Nutzung der *Wasserstraßen* ist ebenfalls der Bund zuständig, soweit es sich um Bundeswasserstraßen handelt. Hierunter fallen die Seeschifffahrtsstraßen und die Binnenwasserstraßen, soweit sie dem allg. Verkehr dienen. „Bei der Verwaltung, dem Ausbau und dem Neubau von Bundeswasserstraßen sind die Bedürfnisse der Landeskultur und der Wasserwirtschaft im Einvernehmen mit den Ländern zu wahren" (§ 4 WaStrG). Hafenanlagen können sich im Eigentum von Bund, Ländern oder Kommunen befinden, wobei sowohl bei den See- als auch bei den Binnenhäfen der Einfluss der Länder und Kommunen dominiert; sie können an Private verpachtet oder im Besitz privater Akteure sein. Investitionsvorhaben in Bundeswasserstraßen werden regelmäßig vom Bund und den betroffenen Ländern anteilmäßig finanziert. – Im Bereich der *Straßen* ist der Bund für die Bundesfernstraßen zuständig. Hierunter fallen die Bundesautobahnen und die Bundesstraßen. Sie dienen dem internationalen, dem nationalen und dem überregionalen Verkehr. Auch wenn der Bund Eigentümer der Bundesfernstraßen ist, so wirken die Länder doch bei Planung, Bau, Verwaltung und Finanzierung dieser Straßen mit. In den vergangenen Jahren gibt es zudem zunehmende Tendenzen, auch private Akteure in die Bereitstellung von Bundesfernstraßen einzubeziehen. Entsprechend ihrer räumlich abgestuften Bedeutung fallen die Landstraßen in die Kompetenz der Länder, die Kreisstraßen in die der Kreise und die Gemeindestraßen in die der Kommunen. – Die Bereitstellung von *Flughafeninfrastruktur* ist in Deutschland nicht in einem zentralen Verantwortungsbereich erfasst. Die Luftverkehrsverwaltung, d.h. auch die Genehmigungskompetenz für den Ausbau und Betrieb deutscher Flughäfen, ist vielmehr in Form von Auftragsverwaltung durch das Luftverkehrsgesetz (LuftVG) an die Länder übertragen worden. So sind Flughäfen beispielsweise nicht Teil der Bundesverkehrswegeplanung. Im Jahr 2009 wurde in Deutschland dennoch ein Flughafenkonzept mit dem Ziel der Identifikation vordringlicher Investitionsprojekte erarbeitet. Zumindest formell sind die dt. Verkehrsflughäfen privatisiert. Für den größten Teil der dt. Flughäfen sind Kommunen und Länder sowie in einigen wenigen Fällen der Bund Anteilseigener, wobei eine Zunahme privater Anteilseigner zu verzeichnen ist. – 4. *Europäische Union:* Der Vertrag von Maastricht hat die Zuständigkeiten der EU für die Verkehrsinfrastruktur ausgeweitet. V.a. bei der Definition, Planung und Finanzierung der Transeuropäischen Netze wird sie zukünftig ein stärkeres Mitspracherecht einfordern.

Verkehrsleistung – für die Inanspruchnahme von Ressourcen wichtige Kennzahl des → Verkehrs. Es werden die beförderten Personen oder Güter mit der zurückgelegten Entfernung multipliziert. – Zur Entwicklung vgl. Tabelle „Verkehrsleistungen im Personen- und Güterverkehr".

Verkehrsmarkt – 1. *Begriff:* Der Verkehrsmarkt ist der ökonomische Ort, an dem sich das Angebot von und die Nachfrage nach → Verkehrsleistungen treffen. Problematisch – wie in der Wettbewerbspolitik auch – ist die Abgrenzung des die Wettbewerbsintensität bestimmenden relevanten Marktes in sachlicher, räumlicher und zeitlicher Sicht. Aus der Sicht der Nachfrage stehen jene Anbieter von Verkehrsleistungen miteinander in Konkurrenz, die die gewünschte Relation bedienen, das betreffende Gut in der gewünschten Menge, in den gewünschten Partien und unter den notwendigen technischen Bedingungen befördern können, deren Leistungsbündel zu einem Preis angeboten wird, den der Verlader zu zahlen bereit ist, und dieses Leistungsbündel zu einem bestimmten Zeitpunkt oder über eine gewünschte Zeitspanne bzw. innerhalb eines vorgegebenen Zeitraumes erbringen können. – 2. *Elastizitäten:* Die Angebotselastizität wird u.a. wegen der relativ hohen Fixkosten für Verkehrsleistungserstellung und der langen Lebensdauer der Verkehrsmittel als gering angesehen, sodass sich das Angebot den Preisänderungen nur langsam anpasst, teilweise liegt sogar inverses Anpassungsverhalten vor. Allerdings ist die Mobilität des Angebots vergleichsweise groß, weil die Verkehrsmittel zwischen sachlich und räumlich abgegrenzten Märkten wandern können. Die Preiselastizität der Nachfrage gilt als ebenfalls gering, weil sie abgeleitet ist und die reinen Transportkosten nur einen geringen Teil der Gesamtkosten der Verlader ausmachen. Saisonale und konjunkturelle Nachfrageschwankungen können die Verkehrsunternehmen deshalb kaum über Preisvariationen abfangen, zumal die Verkehrsleistungen selbst nicht stapelbar sind und Beförderungen kaum durch die Errichtung von Lägern für das Transportgut vorgezogen werden können. Diese Einschränkungen zwingen die Verkehrsunternehmen,

Verkehrsmittel

durch Ausweitung ihres Leistungsangebots (Logistik) ihre Stellung gegenüber den Konkurrenten und den Verladern zu stärken.

Verkehrsmittel – Fahrzeuge mit oder ohne eigenen Antrieb, die der Beförderung von Personen oder Gütern dienen. Je nach Verkehrsweg unterscheidet man Schienen-, Wasser-, Straßen- und Luftfahrzeuge. Weitere Differenzierungen ergeben sich durch die Art des Transportgefäßes, die Art des Antriebes u.a.

Verkehrsmodelle – 1. *Begriff*: Abbildung des Verhaltens der Verkehrsnachfrager, indem Wirtschafts-, Siedlungs-, Haushalts- und Verkehrsstrukturdaten einerseits und Informationen zum Verkehrsgeschehen andererseits mithilfe formalisierter Verhaltenshypothesen mathematisch miteinander verknüpft werden. Verkehrsmodelle sind Kern und Basis jeder Verkehrsplanung. Sie dienen der Analyse und Prognose des Verkehrsgeschehens. – 2. *Einteilung*: a) *Nach dem Entscheidungsablauf*: (1) *sequenzielle Modelle* mit einer Kette von Submodellen, mit deren Hilfe schrittweise die Verkehrserzeugung, Verkehrsverteilung, Verkehrsmittelwahl und Verkehrswegewahl analysiert und prognostiziert werden. (2) *Simultane Modelle* fassen mehrere dieser Submodelle zusammen. – b) *Nach der Aggregationsstufe der Datenbasis*: (1) *Aggregierte Modelle* gehen von verkehrsbestimmenden Strukturdaten der Verkehrszellen (statistische Raumeinheit) als verkehrsverhaltensbestimmenden Einflussgrößen aus; i.Allg. wird eine Differenzierung der Modelle nach Fahrtzwecken (z.B. Berufs-, Ausbildungs-, Einkaufs-, Freizeit- und Erholungsverkehr) oder nach Wirtschaftsbereichen/Gütergruppen vorgenommen. (2) *Disaggregierte Modelle* gehen von relativ homogenen Verkehrsteilnehmergruppen (z.B. Haushalte) als Datenbasiseinheiten aus; sie weisen demnach eine Differenzierung nach sozioökonomischen Gruppen innerhalb der Verkehrszellen auf. Die Gruppenbildung ist gegenwärtig noch durch theoretische, methodische und datenmäßige Probleme gekennzeichnet.

Verkehrsplanung → Verkehrsinfrastrukturpolitik, Verkehrspolitik.

Verkehrsteilungsmodelle – *Modal Split Modelle*; → Verkehrsmodelle, die im Rahmen der Verkehrsplanung den → Modal Split bestimmen. – *Arten*: Vier-Stufen-Algorithmus, Trip-End-Modelle, Trip-Interchange-Modelle, Kreuzklassifikationsmodelle, Diversionskurvenverfahren, → Entropie-Modelle, → Nutzenmaximierungsmodelle.

Verkehrsträger → Verkehrspolitik.

Verkehrsverbund – Zusammenschluss von Unternehmen des → öffentlichen Personennahverkehrs (öPNV); Verkehrsbetriebe, die durch gemeinsame Verkehrsforschung, Netzgestaltung und Linienführung, Fahrplan- und Tarifgestaltung, Einnahmeaufteilung sowie Verkehrswerbung die Attraktivität des öPNV steigern und die Kosten pro Leistungseinheit senken sollen.

Verkehrswertigkeit – 1. *Begriff*: technisch-ökonomische Qualität des Verkehrsangebots im Sinn der potenziellen Leistungsfähigkeit eines Verkehrssystems; bestimmt durch Merkmale der Verkehrswege, Verkehrsmittel sowie Organisation der Verkehrsleistungsproduktion. – 2. *Kriterien*: Qualitätsmerkmale eines Verkehrssystems sind Transportkosten, Schnelligkeit, Massenleistungsfähigkeit, → Netzbildungsfähigkeit, Berechenbarkeit, Häufigkeit, → Sicherheit und Bequemlichkeit. Zwischen diesen Teilverkehrswertigkeiten bestehen bei vorgegebenem Stand der Technik komplementäre, aber auch substitutive Beziehungen.

Verkehrswirtschaft – auf Eucken zurückgehende Bezeichnung für eine idealtypische → Wirtschaftsordnung mit dezentraler Planung und Koordination der einzelwirtschaftlichen Aktivitäten gleichberechtigter Planträger mittels des Markt-Preis-Mechanismus („pluralistisches Planen"; Preismechanismus) für eine → Marktwirtschaft. Dem verkehrswirtschaftlichen Idealtypus wird von Eucken derjenige der

Verkehrsleistungen im Personen- und Güterverkehr							
Verkehrsleistung im Personenverkehr							
Verkehrsleistung in Mrd. Pkm	1994	1997	1999	2001	2003	2005	2006
Eisenbahnen	65,2	72,4	73,8	75,8	71,3	76,8	79,0
Öffentlicher Straßenpersonenverkehr	77,5	76,2	76,2	77,0	75,8	82,5	81,8
Luftverkehr	30,0	35,8	39,9	41,9	43,3	52,6	55,6
Motorisierter Individualverkehr	821,4	833,4	866,7	872,0	875,6	875,7	882,6
Personenverkehrsleistung gesamt	*994,0*	*1017,9*	*1056,5*	*1066,7*	*1066,1*	*1087,6*	*1099,0*
Verkehrsleistung im Güterverkehr							
Verkehrsleistung in Mrd. tkm	1994	1997	1999	2001	2003	2005	2006
Eisenbahnen	70,7	73,9	76,8	81,0	85,1	95,4	107,0
Binnenschifffahrt	61,8	62,2	62,7	64,8	58,2	64,1	64,0
Luftverkehr	0,5	0,6	0,7	0,7	0,8	1,0	1,2
Straßengüterverkehr	272,5	301,8	341,7	353,0	381,9	402,7	439,1
Rohrfernleitungen	16,8	13,2	15,0	15,8	15,4	16,7	15,8
Binnenländischer Verkehr	*422,3*	*451,6*	*496,9*	*515,3*	*541,4*	*580,0*	*627,1*

zentralgeleiteten Wirtschaft bzw. der → Zentralverwaltungswirtschaft gegenübergestellt.

Verlader – 1. *Belader:* derjenige, für den Güter verfrachtet werden *(Befrachter).* – 2. *Ablader:* derjenige, der das Gut einem Frachtunternehmer zur Beförderung übergibt und ggf. das → Konnossement erhält.

Vermeidungskosten – Kosten, die der Verursacher eines negativen → externen Effekts zur Schadenssenkung aufwendet.

Vermeidungskostenansatz – Umweltqualitätsverschlechterungen lösen bei den betroffenen Individuen Anpassungsreaktionen aus. Mit diesen versuchen sie, den Schaden zu senken oder zu vermeiden. Die hierfür aufgewendeten Kosten liefern Anhaltspunkte für den (negativen) Wert, den die Umweltqualitätsverschlechterung aus der Sicht der Betroffenen hat. Der Vermeidungskostenansatz ist irreführend, wenn Vermeidungskostenbeträge ohne Rücksicht darauf, ob die Betroffenen bereit wären, diese zu zahlen, angesetzt werden. Die Verwendung derartiger hypothetischer Beträge steht im Widerspruch zum Prinzip des → methodologischen Individualismus und entbehrt daher der wirtschaftstheoretischen Grundlage. – Vgl. auch → Verursacherprinzip.

Vermögenseffekt des Geldes – Begriff der Geldtheorie und der Makroökonomik. Der Vermögenseffekt des Geldes beschreibt die Auswirkungen von Mengen- und/oder Wertveränderungen der Geldbestände der Wirtschaftssubjekte des privaten Sektors auf die gesamtwirtschaftlichen Größen Produktion, Beschäftigung, Zins und Preisniveau. – *Grundlage* der theoretischen Ansätze über den Vermögenseffekt des Geldes ist die Annahme, die Wirtschaftssubjekte ließen sich bei ihren Ausgabeentscheidungen vom Realwert ihrer Vermögensbestände leiten und damit auch vom Realwert ihrer Kassenbestände (Realplanung). Bei Preisniveausenkungen wird der Realwert einzelner Vermögensbestandteile, in jedem Fall aber der Realwert der Kassenhaltung steigen. Um wieder ein Gleichgewicht zwischen den Vermögenskomponenten herzustellen, werden die Wirtschaftssubjekte versuchen, ihre Kassenhaltung zugunsten der Nachfrage nach anderen Anlageformen und Gütern und Dienstleistungen zu vermindern (Portfolio Selection). Die Folge ist eine erhöhte Gesamtnachfrage am Gütermarkt und damit tendenziell erhöhte Produktion und/oder erhöhtes Preisniveau. – Am *bekanntesten:* → Pigou-Effekt, Keynes-Effekt (aggregierte Nachfragekurve) und Realkassenhaltungseffekt.

Vermögenspolitik – 1. *Begriff:* Gesamtheit der Maßnahmen des Staates, die darauf gerichtet sind, die Höhe und die Verteilung des Vermögens einer Volkswirtschaft langfristig zu beeinflussen oder die Vermögensbildung zu fördern. – 2. *Ansatzpunkte:* Schwerpunktmäßig werden dabei diskutiert: a) Sparförderungskonzepte: z.B. Arbeitnehmersparzulagen nach dem Vermögensbildungsgesetz, Wohnungsbauprämien, Steuervergünstigungen nach dem Einkommensteuergesetz. b) Investivlohnkonzepte: Dem Lohnempfänger wird ein bestimmter Prozentsatz seines Lohnes vom Unternehmen zusätzlich vermögenswirksam gutgeschrieben und für eine gewisse Zeit (meist fünf Jahre) gesperrt. Der gutzuschreibende Anteil ist dabei unabhängig vom Unternehmensgewinn. c) Gewinnbeteiligungskonzepte: Die Vermögensbildungsanteile bei den Beteiligungssystemen errechnen sich dagegen nach der Gewinnhöhe des Beschäftigungsbetriebs, des Branchengewinns oder des gesamtwirtschaftlichen Gewinns (Gewinnbeteiligung). d) Staatliche Förderung der privaten Vermögensbildung zur Altersvorsorge (z.B. Riester-Rente, Rürup-Rente). – Vgl. auch → Vermögensumverteilungspolitik, → Verteilungspolitik.

Vermögensumverteilungspolitik – 1. *Begriff:* Maßnahmen zur Umverteilung von Vermögen, in der Praxis insbes. zur Umverteilung von Vermögenszuwächsen. – 2. *Ansätze:* a) Staatliche Umverteilung von Vermögen durch Vermögens- und Erbschaftsteuern, – b) Reprivatisierung von öffentlichen Vermögenswerten (z.B. durch Volksaktien), – c) Überführung von Teilen des Privatvermögens in öffentliches Vermögen, – d) Umverteilung von Vermögenszuwächsen im privaten Bereich. – 3. *Vermögenspolitische Diskussion:* Bes. umstritten ist in Deutschland die (Wiedereinführung einer) Vermögensteuer bzw. -abgabe, da sie, wie ihre Kritiker betonen, eine sog. Substanzsteuer ist. – Vgl. auch → Vermögenspolitik, → Verteilungspolitik.

Vermögensverteilung – anteilige Zurechnung des Vermögens auf Personen, Haushalte oder Bevölkerungsgruppen einer Volkswirtschaft. Der Grad der Ungleichverteilung von Vermögen ist größer als der Grad der Ungleichverteilung der Einkommen. Zur theoretischen Analyse der Vermögensverteilung liegen nur wenige eigenständige Ansätze vor; i.d.R. steht die Analyse der Vermögensverteilung in direkter Verbindung mit einer Theorie der Einkommensverteilung. Einige Theorien der Erklärung der ungleichen Vermögensverteilung basieren auf Lebenszyklus-Hypothesen des Sparens, andere auf dem Vererbungssystem. Da zukünftig die Bedeutung von ererbten Vermögen stark zunehmen wird, ist die Analyse der Vermögensverteilung auch für die Untersuchung der Einkommensverteilung von wachsender Bedeutung – Vgl. auch → Verteilungstheorie.

Vermögensverteilungstheorien → Verteilungstheorie.

Vernetzung – Begriff zur Beschreibung der Verknüpfungen zwischen einzelnen Elementen und Variablen in komplexen → Systemen. – Vgl. auch → Systemmanagement.

Verschuldenshaftung – Schadensersatzpflicht, bei der Wirtschaftssubjekte aufgrund eines rechtswidrigen, *schuldhaften* Verhaltens haftbar gemacht werden. Verschulden existiert in den Formen Vorsatz und Fahrlässigkeit. – *Gegensatz:* → Gefährdungshaftung.

Verschuldung im Ausland – Auslandsverschuldung, → Auslandsverschuldung der Entwicklungsländer.

Versicherungsprinzip – Konzept der Privat- und Sozialversicherung. Versicherung bedeutet immer Risikoausgleich, bei bestimmten Arten der Versicherung verbunden mit einer Kapitalansammlung. Risikoausgleich durch Versicherung erfolgt durch Bildung von Gefahrengemeinschaften im Sinn eines Zusammenschlusses von Personen, die von gleichartigen Gefahren bedroht sind. Durch laufende Prämienzahlung seitens der Gesamtheit der Versicherten soll gewährleistet sein, dass bei Eintritt eines Schadens der für den Schadensausgleich notwendige Betrag bereitgestellt ist. Daraus folgt, dass die Höhe der von Einzelnen zu leistenden Prämienzahlung grundsätzlich von der Höhe des Risikos abhängt, mit dem sie die Versichertengemeinschaft belasten. Es dominiert somit hier die Idee der *gemeinsamen Selbsthilfe* nach Maßgabe des → Äquivalenzprinzips im Sinn eines Gegenseitigkeitsverhältnisses. – Das *System der sozialen Sicherung in der Bundesrepublik Deutschland* ist durch eine starke Verkopplung von Versicherungsprinzip, Versorgungsprinzip und Fürsorgeprinzip gekennzeichnet. – Vgl. auch → Sozialpolitik, Gestaltungsprinzipien.

Versorgungsbetriebe – *Versorgungsunternehmen*. 1. *Charakterisierung*: Betriebe, die die Infrastruktur zur öffentlichen Daseinsvorsorge und zur Aufrechterhaltung des Lebens in modernen Gesellschaften vorhalten und die damit verbundenen Dienstleistungen erbringen wie z.B. Betriebe der Wasser-, Elektrizitäts-, Fernwärme- und Gasversorgung. Häufig werden auch Einrichtungen der Gesundheitsversorgung wie Krankenhäuser in Versorgungsbetriebe einbezogen. Grundsätzlich können sich Versorgungsbetriebe in Privatbesitz oder in öffentlichem Besitz befinden. In Deutschland befindet sich die überwiegende Mehrzahl in öffentlicher, v.a. kommunaler Trägerschaft. – Es besteht Anschluss- und Versorgungspflicht. – Die kommunalen Versorgungsbetriebe werden als Eigenbetrieb oder Eigengesellschaft geführt. Häufig bilden sie mit den kommunalen Verkehrsbetrieben einen Querverbund und tragen die Bezeichnung „Stadtwerke". – 2. *Steuerliche Behandlung*: Versorgungsbetriebe unterliegen als Betriebe gewerblicher Art der Körperschaftsteuer und mit ihren Umsätzen der Umsatzsteuer; der Gewerbesteuer nur, sofern Gewinnerzielungsabsicht vorliegt. – 3. *Interessenvertretung der Versorgungsbetriebe*: Verband kommunaler Unternehmen e.V. (VKU) sowie Bundesverband der Energie- und Wasserwirtschaft (BDEW). – Es gibt in Deutschland vier überregionale Versorgungsunternehmen.

Versorgungsprinzip → Sozialpolitik, Gestaltungsprinzipien.

Versorgungssicherheit → Energiesicherung.

Versorgungsunternehmen → Versorgungsbetriebe.

Verstaatlichung – 1. *Begriff*: Formen der Vergesellschaftung von Unternehmungen, bei denen (1) das Eigentum (ganz oder teilweise) und (2) mit einem Teil des Eigentums die Dispositionsgewalt über Produktion und Vertrieb auf den Staat bzw. auf die öffentliche Hand übergeht. Unter Verstaatlichung wird sowohl die Sozialisierung von Privateigentum als auch eine Nationalisierung von Verkehrs- und Versorgungsbetrieben in allen denkbaren Rechtsformen (z.B. Eisenbahnen, Bergbau in England) verstanden. Gegensatz zu → Privatisierung. Forderungen nach Verstaatlichung werden bes. bez. der Grundstoffindustrie erhoben, aber auch aus staatspolitischen Gründen, z.B. um ausländischen Einfluss zu verdrängen. → Gemischtwirtschaftliche Unternehmungen gelten als Zwischenlösung (z.B. Schweiz, Schweden). – 2. *Formen*: a) *Beteiligung des Staates an Betrieben in privatrechtlicher Form*: Einflussnahme auf die Geschäftsführung erfolgt über die Gesellschafterversammlung, u.U. auch mittels Delegierung von Behördenvertretern in den Aufsichtsrat, Vorstand etc. – b) *Eigene Organisationsformen des öffentlichen Rechts*, z.B. Körperschaften, Anstalten, Stiftungen, die durch bes. Gesetz entstehen bzw. durch Genehmigung ihrer Satzung. Einflussnahme der öffentlichen Hand als Eigentümerin: (1) Durch Einwirkung auf die Gründung, (2) durch Mitbestimmung bei der Besetzung der Geschäftsführung. – c) *Regiebetriebe*: Rechtlich und verwaltungsmäßig ausgesonderte und verselbständigte öffentliche Unternehmen; seit Erlass der Eigenbetriebsverordnung (Eigenbetrieb) 1938 sind diese Betriebe aus der Verwaltung des Gemeindeverbands oder der Gemeinde auszugliedern, bleiben rechtlich unselbstständig, sind jedoch wirtschaftlich und organisatorisch selbstständiger als früher. Ein Teil der kommunalen Betriebe, wie Krankenhäuser, Institute des Unterrichts und Bildungswesens u.Ä., unterliegen der Eigenbetriebsverordnung nicht, bleiben also rechtlich und verwaltungsmäßig der behördlichen Apparatur eingegliedert.

versteckte Eigenschaft – Prinzipal-Agent-Theorie, → Informationsasymmetrie.

versteckte Handlung – Prinzipal-Agent-Theorie, → Informationsasymmetrie.

versteckte Information – Prinzipal-Agent-Theorie, → Informationsasymmetrie.

versunkene Kosten → Sunk Costs.

Verteilung → Distribution, Verteilungstheorie.

Verteilungsebenen – Ebenen, auf denen die Auseinandersetzung sozialer Gruppen um ihre relativen Anteile am Nationaleinkommen geführt wird. In privatkapitalistischen, dezentralisiert organisierten Volkswirtschaften sind v.a. zu nennen: (1) Gütermärkte, (2) Arbeitsmärkte, (kollektive) Tarifverhandlungen, (3) Festlegung der Höhe von Staatseinnahmen und deren Struktur (insbes. Steuer- und Sozialversicherungssystem), (4) Festlegung der

Höhe von Staatsausgaben und deren Struktur (insbes. Sozialsystem, Transferausgaben). – Vgl. auch Verteilungstheorie, → Verteilungspolitik.

Verteilungsgerechtigkeit – 1. *Begriff:* Das normative Ziel der Verteilungsgerechtigkeit ist höchst umstritten und deshalb auch nicht in den Katalog wirtschaftspolitischer Oberziele des Stabilitäts- und Wachstumsgesetzes (StWG) aufgenommen worden. Die kontroversen Leitbilder reichen von der Forderung nach dem unkorrigierten Leistungsprinzip bis zur Empfehlung der absoluten Gleichverteilung. – 2. *Konflikte:* a) Das *Ziel* Verteilungsgerechtigkeit ist in mehrfacher Hinsicht umstritten. Nach Meinung vieler Liberaler ist es aus dem Katalog der gesamtwirtschaftlichen Ziele zu streichen. Dagegen sehen viele Postkeynesianer gerade die Verletzung des Ziels Verteilungsgerechtigkeit als eine der Hauptursachen für anhaltende Instabilitäten an. Die ökonomische Analyse selbst liefert keine Verteilungsnorm. Wirtschafts- und Verteilungspolitik müssen sich demnach auf anderweitig gewonnene Leitbilder bzw. Normen berufen. Die Leitbilder der Wirtschaftspolitik, → Liberalismus (Leistungsgesellschaft) und Egalitarismus (Gleichheitsauffassung, → Gleichheitsprinzip), beinhalten gemeinsam die Grundwerte Freiheit, Gerechtigkeit und Solidarität. Unter diesen allg. anerkannten Grundwerten nimmt Freiheit den zentralen Platz ein, die in diesem Wert sind – bei angemessenem Verständnis des Menschen in seiner Gesellschaftlichkeit – die beiden anderen Grundwerte mitenthalten. Freiheit kann nicht einfach (und nur) Verzicht der staatlichen und gesellschaftlichen Organe auf Eingriffe ins wirtschaftliche Geschehen bedeuten, denn dann profitieren die einzelnen Wirtschaftssubjekte aufgrund unterschiedlicher ökonomischer und sozialer Ausgangsbedingungen höchst unterschiedlich von den so geschaffenen Verhältnissen. Diese Ungleichheit ist zugleich Ungerechtigkeit und eine Beeinträchtigung der konkreten materiellen Freiheit vieler. – b) *Aufgabe der Gesellschaft* (des Staates) ist es, solche sozialen, ökonomischen und politischen Verhältnisse zu schaffen, dass jeder Mensch seine persönlichen (unterschiedlichen) Anlagen frei entfalten kann. Ohne Gerechtigkeit im Sinn gleicher Freiheitschancen und Entfaltungsmöglichkeiten für alle und ohne Solidarität in Form zusätzlicher Hilfe für Benachteiligte ist die Freiheitsforderung fragwürdig: Die Freiheit der ungerechterweise Ungleichen könnte auf Kosten der Freiheit der anderen gehen. Die Gerechtigkeit der freien Entfaltung setzt (mind.) voraus: (1) Angemessene Bildungs- und Erziehungsmöglichkeiten für alle; (2) Abbau persönlicher Abhängigkeiten aufgrund unterschiedlicher ökonomischer und/oder politischer Macht oder zumindest deren demokratische Kontrolle. – Die Menschen sind aufgrund ihrer unterschiedlichen natürlichen Anlagen verschieden. Mit Ausnahmen geht die neuzeitliche politische Philosophie (etwa seit Hobbes, Locke, Smith, Rousseau, Kant) davon aus, dass aus diesen individuellen Unterschieden keine Legitimierung von politischer Macht der einen über die anderen abgeleitet werden kann. Diese Legitimierung erfolgt durch einen Vertrag (demokratische Verfassung), nach dem jeder Bürger die gleiche Chance und das gleiche Recht hat, auf jeden Platz innerhalb der politischen Ordnung zu gelangen. – Der Begriff der Gleichheit bleibt in der Praxis solange formal, solange die Chancengleichheit durch unzulängliche Bildung und Armut der einen nicht gewährleistet ist. Die Gleichheitsforderung hat nicht eine Nivellierung der Individuen zum Ziel, sondern will Chancengleichheit für alle, damit die unterschiedlichen Anlagen frei zur Entfaltung kommen. Die heute sichtbaren Unterschiede der Menschen an Intelligenz, Sensibilität, Kreativität etc. sind z.T. Folge der Umweltbedingungen und arbeitsteiligen Produktionsweise. Um die weitgehende Beseitigung dieser „erzeugten", nicht der „natürlichen" Unterschiede, geht es bei der Forderung nach „Gleichheit". – Vgl. auch → gerechte Einkommensverteilung, Sozialpolitik in der Marktwirtschaft.

Verteilungsgleichgewicht → Verteilungstheorie.

Verteilungsinflation – Inflation, die durch Auseinandersetzungen über die Verteilung der Einkommen entsteht. Inflationstreibend können dabei sowohl Nominallohnsteigerungen wirken, die über das Wachstum der Arbeitsproduktivität hinausgehen, als auch Preiserhöhungen der Unternehmen, die über die Erhöhung der Lohnstückkosten hinausgegen. Eine derartige Verteilungsauseinandersetzung kann in einer → Lohn-Preis-Spirale münden. Empirisch ist es schwer zu klären, wie viele Prozentpunkte der Inflation auf den Verteilungskonflikt zurückgehen, welche Seite (die Gewerkschaften und ihre Lohnpolitik oder die Unternehmen und ihre Preispolitik) sie hauptsächlich verursacht hat. Umstritten ist auch, wie der Zielkonflikt zwischen Preisstabilität und → Verteilungsgerechtigkeit (→ Verteilungspolitik) zu bewerten bzw. zu lösen ist. – Vgl. auch → Inflation.

Verteilungskonzepte → Verteilungstheorie.

Verteilungsnormen → Verteilungspolitik.

Verteilungspolitik – 1. *Begriff:* Gesamtheit der Maßnahmen des Staates, die darauf gerichtet sind, die Verteilung von Einkommen und Vermögen im Sinn bestimmter Verteilungsprinzipien systematisch zu korrigieren. Zielsetzungen, Prinzipien und Stellenwert einer solchen Verteilungspolitik sind in den meisten Ländern höchst umstritten, zumal verteilungspolitische Erfolge zulasten der Erreichung anderer wirtschaftspolitischer Ziele gehen können. – 2. *Instrumente:* Die Reduzierung bestehender sozialer und ökonomischer Ungleichheiten kann an sehr verschiedenen Punkten ansetzen, die in die verschiedensten Bereiche der Wirtschaftspolitik fallen und sich gegenseitig nicht ausschließen. a) *Finanzpolitik:* Viele finanzpolitische Maßnahmen setzen an der ungleichen → Primärverteilung an und versuchen, diese in eine gleichmäßigere → Sekundärverteilung zu

Verteilungsprinzipien

überführen, v.a. durch Steuern, Sozialversicherungsbeiträge, Sozialtransfers und Subventionen. Die Verteilungswirkungen der genannten Maßnahmen werden durch Überwälzungsprozesse stark modifiziert und sind insofern empirisch nur schwer messbar. b) *Ordnungs- und Wettbewerbspolitik:* Direkte Einflüsse auf die Primärverteilung übt der Staat durch die Ausgestaltung der ordnungspolitischen Rahmenbedingungen (→ Ordnungspolitik) und durch eine konsequente Politik gegen Wettbewerbsbeschränkungen aus. Hier sind die Verteilungswirkungen fast völlig unbekannt. Schließlich bietet auch die Bereitstellung öffentlicher Güter einen wichtigen Ansatzpunkt für verteilungspolitische Maßnahmen. Völlig ungelöste Zurechnungs- und Bewertungsprobleme ermöglichen allenfalls (sehr umstrittene) Tendenzaussagen bez. der Verteilungswirkungen. c) *Sozialpolitik:* Unbestritten zur Verteilungspolitik gehören die umfangreichen Maßnahmen der → Sozialpolitik. Im Mittelpunkt der Bemühungen um soziale Sicherheit stehen die in der Bundesrepublik Deutschland umfassend ausgebauten Sozialversicherungssysteme und zahlreiche weitere Maßnahmen der Sozialgesetzgebung (→ soziale Sicherung). d) *Bildungspolitik:* Unverkennbar ist auch die verteilungspolitische Relevanz von bildungspolitischen Maßnahmen (→ Bildungspolitik), bes. dann, wenn sie gezielt auf einzelne Bevölkerungsgruppen ausgerichtet sind. Dahinter steckt der Gedanke, dass eine gleichmäßigere Verteilung der Bildungschancen zu gleichmäßigeren Einkommensansprüchen unter den Arbeitnehmern führt. Erwähnt sei der ebenfalls verteilungsrelevante Aspekt der Beseitigung von diskriminierenden Einkommensnachteilen – für Deutschland bedeutsam ist v.a. die Forderung nach gleicher Entlohnung für Frauen und Männer. e) → Vermögenspolitik, → Vermögensumverteilungspolitik. f) → Nominallohnpolitik. g) → Einkommenspolitik. h) *Umverteilungspolitik.*

Verteilungsprinzipien – Leitbilder einer gerechten Einkommensverteilung (→ Verteilungspolitik). Zu nennen sind hier v.a.: Egalität (→ Gleichheitsprinzip), Leistungsprinzip, → Bedarfsprinzip, Nicht-Diskriminierung.

Verteilungsquoten – Maßzahlen zur Beurteilung der → funktionalen Einkommensverteilung bzw. deren zeitlicher Entwicklung. Zu den Verteilungsquoten gehören bspw. die → Lohnquote bzw. die → Arbeitseinkommensquote und die → Gewinnquote. – Vgl. auch → Verteilungstheorie.

Verteilungstheorie – Die Verteilungstheorie hat zum Ziel, die Ursachen der laufenden Einkommens bzw. des Vermögens systematisch zu analysieren. Die Analyse kann auf verschiedene Einkommens- bzw. Vermögensarten oder auf verschiedene Gruppen von Einkommensbeziehern bzw. Vermögensbesitzern ausgerichtet sein. Bei den Theorien der Einkommensverteilung wird zwischen der personellen Einkommensverteilung und der funktionalen Einkommensverteilung unterschieden. – Eine einheitliche Verteilungstheorie gibt es in den Wirtschaftswissenschaften nicht. Theorien der Einkommensverteilung müssen jeweils im Zusammenhang mit ihrem übergeordneten Paradigma betrachtet werden.

Verteilungswirkungen der Inflation – 1. *Charakterisierung:* Neben den nicht unbestrittenen negativen Inflationsfolgen für Wachstum und/oder optimale Faktorallokation werden bes. die Wirkungen der Inflation auf die Einkommens- und Vermögensverteilung analysiert. Nach gängiger Argumentation bewirkt die Inflation eine willkürliche Änderung der Einkommens- und Vermögensverteilung und zwar bes. wegen des (allerdings bestrittenen) Lohnlags zuungunsten der Lohn- und Gehaltsempfänger *(Lohn-Lag-Hypothese),* zuungunsten der Bezieher von staatlichen Transfereinkommen *(Rentner-Hypothese)* und zuungunsten der Gläubiger bzw. zugunsten der Schuldner, wenn die Preissteigerungen nicht bereits in den Zinsen berücksichtigt sind *(Gläubiger/Schuldner-Hypothese).* Diese Umverteilung trifft bes. Besitzer niedrig verzinslicher Wertpapiere und Sparkontenbesitzer. – 2. *Empirie:* Empirisch und theoretisch abgesicherte Ergebnisse zu den Verteilungswirkungen von Inflationen liegen nicht vor. Einerseits fehlt es an vollständigen statistischen Daten und andererseits an theoretisch-plausiblen Erklärungsansätzen. Zudem müssten für ein endgültiges Urteil den inflationsinduzierten Verteilungswirkungen die Kosten einer wirtschaftspolitischen Inflationsbekämpfung in Form von Arbeitslosigkeit und Produktionsausfällen gegenübergestellt werden. – Vgl. auch → Inflation.

Verteilungsziele → Verteilungspolitik.

vertikale Integration → Unternehmenskonzentration.

vertikale Unternehmenskonzentration → Unternehmenskonzentration.

vertikale Wettbewerbsbeschränkung → Wettbewerbsbeschränkung zwischen Produktionsstufen (vor- und/oder nachgelagert), die in einem Käufer-Verkäufer-Verhältnis stehen. – *Gegensatz:* → horizontale Wettbewerbsbeschränkung.

Vertrag – Zentrales Untersuchungsobjekt der → Transaktionskostenökonomik. Zu unterscheiden sind: a) *Klassischer Vertrag (Standardvertrag):* Dieser ist punktuell, d.h. er dient als Grundlage für den einmaligen Kauf. Der klassische Vertrag ist vollständig formuliert und deckt alle Eventualitäten ab. Wird er nicht eingehalten, so werden die Gerichte rasch und kostenlos einschreiten. Die Identität des Partners ist belanglos. – b) *Neoklassischer Vertrag:* Grundlage einer längerfristigen Transaktionsbeziehung. Insofern können sich Probleme aufgrund veränderter Rahmenbedingungen oder transaktionsspezifischer Abhängigkeiten ergeben, die im Rahmen des klassischen Standardvertrages nicht abzudecken sind.

Charakteristisches Merkmal des neoklassischen Vertrags ist, dass im Fall von Streitigkeiten eine unabhängige dritte Partei als Schlichter auftritt und den ursprünglichen Vertragstext unter Berücksichtigung der veränderten Rahmenbedingungen interpretiert. – c) *Relationaler Vertrag:* Dieser ist häufig von vorneherein unvollständig formuliert, da die später angemessenen Entscheidungen aufgrund unvorhersehbarer Konstellationen bei Vertragsschluss nicht festzuschreiben sind. Viele Vertragsnormen bleiben implizit. Prominentes Beispiel eines relationalen Vertrags ist der Arbeitsvertrag. Im Gegensatz zum neoklassischen Vertrag kann sich im Laufe der Zeit auch der Geist eines relationalen Vertrags ändern. Anknüpfungspunkt bei Streitigkeiten ist folglich nicht unbedingt der ursprüngliche Vertragstext. Vielmehr müssen sämtliche formellen wie informellen Regeln der entstandenen Beziehung herangezogen werden, unabhängig davon, ob sie anfangs vertraglich fixiert wurden oder nicht. Die Gerichte werden ungern bemüht, da ein Gerichtsverfahren das Klima und damit die Möglichkeit zur vertrauensvollen Zusammenarbeit zerstören würde. – 2. *Bedeutung:* Die Transaktionskostenökonomik untersucht in diesem Zusammenhang, welche der drei genannten Vertragsformen angesichts bestimmter Eigenschaften von Transaktionen (nach O.E. Williamson sind dies Häufigkeit, Unsicherheit und Spezifität der erforderlichen Investitionen) gewählt werden sollten. Im engl. Sprachraum haben sich noch weitere Begriffe für bestimmte Kontrakttypen durchgesetzt. So enthalten manche Verträge Sicherungsmechanismen wie z.B. → glaubhafte Zusicherungen, die automatisch zu einer Stabilisierung der Vertragsbeziehung beitragen. Man spricht dann von Self-Enforcing Contracts; z.T. wird auch der Ausdruck Market Mechanisms of Contract Enforcement verwendet.

Vertragshoheit → Kassenärztliche Vereinigung (KV).

Vertrauensgut – in der Haushaltstheorie ein → Gut, dessen Qualität selbst nach dem Kauf durch den Haushalt nicht sicher festgestellt werden kann (z.B. Medikamente, Therapien). – Vgl. auch Informationseigenschaften von Gütern, → Erfahrungsgut, → Suchgut.

Verursacherprinzip – Das Verursacherprinzip fordert eine Internalisierung sozialer Kosten: Im Fall einer mit sozialen Kosten verbundenen Nutzung ist das Nutzungsrecht von der Zahlung für den Umweltschaden abhängig (*Polluter-Pays-Principle*); die Zahlung muss nicht an den Geschädigten (Entschädigung) erfolgen. – 2. *Theoretische Begründung:* Aus allokations- und wohlfahrtstheoretischer Sicht ist eine → Internalisierung externer Effekte wirtschaftlicher Aktivitäten zur Realisierung des volkswirtschaftlichen Allokationsoptimums (Pareto-Effizienz) erforderlich. – 3. Das Verursacherprinzip ist nur *eingeschränkt realisierbar:* (1) Konzeptionelle und kontrolltechnische Schwierigkeiten, konkrete Umweltschäden einzelnen Verursachern zuzurechnen (synergetische und Schwelleneffekte); (2) Durchsetzungsprobleme des Anspruchs auf Nichtbeeinträchtigung Dritter gemäß Haftungsrecht; (3) Souveränität von Staaten (grenzüberschreitende Umweltbelastungen). – 4. Aufgrund der unter Punkt 3 angeführten Probleme erfolgte eine *pragmatische Umformulierung* des Verursacherprinzips, nach dem dem Verursacher von Umweltbeeinträchtigungen diejenigen Vermeidungs- und Beseitigungskosten angelastet werden, die bei der Realisierung eines staatlich fixierten Beeinträchtigungsniveaus anfallen (→ Vermeidungskostenansatz). – *Gegensatz:* Gemeinlastprinzip.

Verwaltungsakademie → Berufsakademie.

Verwaltungsmanagement – ist die Praxis und Lehre zur Steuerung und Führung in der öffentlichen Verwaltung oder in öffentlichen Organisation. Zur Bezeichnung des Fachbereich/Gebiets ist heutzutage die englische Bezeichnung Public Management gebräuchlicher. Verwaltungsmangement wird eher noch zur Bezeichnung von Tätigkeiten und Funktionen verwendet. Die Verwendung der Begrifflichkeit Management im öffentlichen Kontext hat insbesondere durch das → New Public Management (NPM) und das Neue Steuerungsmodell zugenommen.

Verwaltungsmarketing – bürgernahes und -orientiertes Verhalten der öffentlichen Verwaltung als eine Form des Non-Profit-Marketings (NPO-Management). Eine Besonderheit von Verwaltungsmarketing stellt eine Ausrichtung auf Kollektivbedürfnisse dar, die individuellen Bedürfnissen widersprechen können. Es geht in dieser Hinsicht beim Verwaltungsmarketing um eine wirkungsorientierte Verwaltungssteuerung auf Basis eines Policy-Marketings, in dem die gesellschaftsbezogene Problemlösungsfähigkeit durch Einstellungs- und Verhaltensänderungen erhöht wird. Damit besteht auch die Chance, die kollektiven und die individuellen Legitimationsgrundlagen öffentlichen Handelns zu stärken. – In diesem Zusammenhang erlangen folgende Prinzipien eine größere Bedeutung für öffentliche Verwaltungen: (1) Orientierung an der Nachfrage der Anspruchsgruppen (vgl. New Public Management) und Ausrichtung des Leistungsangebotes an den Bedürfnissen der jeweiligen Zielgruppe (Politik, Bürger, Mitarbeiter, externe Anspruchsgruppen), (2) Beeinflussung der Nachfrage im Hinblick auf einen effizienteren Ressourceneinsatz, (3) Marktsegmentierung bzgl. der Leistungserstellung und des Verwaltungsangebotes, (4) Suche nach Innovation und kreativen Produkten, (5) Ausbalancieren verschiedener Zielkategorien, (6) Leitbilderstellung, Verwaltungskultur und Verwaltungsphilosophie, (7) Image- und Vertrauensgewinn unter den Bürgern und (8) Personalmarketing und Employer Branding zur Gewinnung und Einbindung von neuen Mitarbeitern.

Verwaltungsrat – in Deutschland zumeist Organe zur Überwachung und Beratung einer Körperschaft des öffentlichen Rechts oder Anstalt des öffentlichen Rechts. Im Grundsatz bestehen Ähnlichkeiten zum Aufsichtsrat von Aktiengesellschaften oder Gesellschaften mit beschränkter Haftung mit eingerichtetem Aufsichtsrat. Zwischen einem Verwaltungsrat und einem Aufsichtsrat bestehen teils jedoch erhebliche Unterschiede, u.a. hinsichtlich Überwachungspflichten, Überwachungsinstrumentarien und Haftung. – *Aufgabe:* Der Verwaltungsrat überwacht und berät das geschäftsführende Organ und ist in Entscheidungen von grundlegender Bedeutung eingebunden.

Verwaltungsreform – 1. *Allgemein:* Sammelbegriff für organisatorische, personelle, verfahrensmäßige und instrumentelle Reformen und Anpassungsmaßnahmen öffentlicher Verwaltungen mit der Zielsetzung der Schaffung von leistungsfähigen Verwaltungseinheiten, der Institutionalisierung klarer verwaltungsmäßiger Zuständigkeiten, der Verwaltungsvereinfachung, des Abbaus von Verwaltungsaufgaben, eines effizienten Verwaltungsmanagements (→ New Public Management (NPM), → Neues Steuerungsmodell (NSM)) und der Bürgernähe der Verwaltung. – 2. *Verwaltungsreform als Gebietsreform:* Bezieht sich auf den Abbau der Diskrepanz zwischen öffentlicher Aufgabe und leistungsfähiger Aufgabenwahrnehmung einerseits und dem Gebietszuschnitt andererseits, bes. bei den kommunalen Selbstverwaltungskörperschaften. In den alten Bundesländern wurde auf kommunaler Ebene die Gebietsreform Ende der 1960er-Jahre mit mehr oder minder großem Erfolg durchgeführt, in den neuen Bundesländern wird seit der Wiedervereinigung die Zahl der Gemeinden reduziert. – 3. *Verwaltungsreform als Funktionalreform:* Bezieht sich auf die Verteilung der Zuständigkeiten zwischen den einzelnen Verwaltungsebenen, v.a. Delegation von Aufgaben nach unten. Verwaltungsreform als Funktionalreform tangiert i.d.R. auch eine Umverteilung der Verfügbarkeit über Ressourcen. – 4. *Verwaltungsreform als Organisationsreform:* Bezieht sich auf die Organisationsstruktur der Bundesorgane/Landesorgane sowie ihre Verhältnisse zueinander. Auf der Ebene der Kommunen geht es in Verbindung mit Ansätzen für effiziente Organisationsstrukturen v.a. um die Reform der Kommunalverfassung. – 5. *Verwaltungsreform als Reform des öffentlichen Dienstrechts und Personalwesens:* Bezieht sich auf die Umgestaltung der Beziehungen zwischen den Beschäftigten und dem öffentlichen Dienstherrn, aber auch v.a. neuerdings auf die Schaffung der Voraussetzungen für die Anwendung personalwirtschaftlicher Maßnahmen (bes. Personalentwicklung). Dies umfasst die Diskussion der Änderung des Laufbahnprinzips mit seinen festen Einstiegsämtern bis hin zur generellen Abschaffung des Beamtenstatus in einzelnen öffentlichen Aufgabenfeldern. Diese Diskussion wird durch die EU-Entwicklung gefördert. – 6. *Verwaltungsreform als Reform des Steuerungs- und Kontrollinstrumentariums öffentlicher Verwaltungen, bes. als Reform des Rechnungswesens:* Das traditionelle Rechnungswesen öffentlicher Verwaltungen (→ Kameralistik), v.a. auf Bundes- und Landesebene weist erhebliche Informationsdefizite auf. Es liefert keine Informationen über die tatsächliche Finanz- und Vermögenslage der Gebietskörperschaft. Es liefert weiterhin keine oder nur unzulängliche Informationen über die intertemporale Verteilung von Ressourcenverbrauch und Ressourcenaufkommen, d.h. es besteht die Gefahr einer unangemessenen Verschiebung von finanziellen Lasten in die Zukunft. Außerdem fehlt es an Informationen über die Effektivität und Effizienz des Verwaltungshandelns. Zum Abbau dieser Informationsdefizite werden drei Hauptrechnungen gefordert: Eine Vermögensrechnung, eine Ergebnisrechnung und eine Finanzrechnung (Zahlungsrechnung). Alle drei Rechnungen sollen unter Verwendung der Technik der doppelten Buchführung im Verbund geführt werden, wobei in der Ergebnisrechnung Transaktionen erfasst werden, die die Nettoposition der Vermögensrechnung beeinflussen (ergebniswirksame Vorgänge), während die Finanzrechnung Zahlungsvorgänge aufnimmt. – 7. *Verwaltungsreform als Finanzreform:* Bezieht sich in Anlehnung an die 1969 durchgeführte Reform auf die Neuverteilung des Steueraufkommens zwischen Bund, Ländern und Gemeinden. Nach der Wiedervereinigung tritt bis 1995 eine völlig neue Regelung des Finanzausgleichs zwischen den Gebietskörperschaften Bund, Ländern und Gemeinden an. – 8. *Verwaltungsreform als behördeninterne Änderung (Binnenmodernisierung):* Erfolgt in Form der Änderung von Organisationsstrukturen (z.B. Dezentralisierung, Ausgliederung, formale Privatisierung), Entscheidungskompetenzen (z.B. sachbezogene Regelung des Zeichnungsrechts, Delegation von Entscheidungen), Verfahren (Anwendung bestimmter Entscheidungstechniken wie Nutzwertanalyse, Kosten-Nutzen-Analyse) und Instrumente (Anwendung von Kosten- und Leistungsrechnungen). Verwaltungsreform als behördeninterne Reform kann nur im Rahmen der konstitutiven Bedingungen stattfinden. – 9. *Verwaltungsreform als Wandel vom Verwalten zum Public Management* geht von Verwaltungen als Dienstleistungseinheiten aus, die unter Nutzung des aktuellen Managementwissens und der Berücksichtigung von Marktbedingungen zu steuern sind.

Verzeichnis der Berufsausbildungsverhältnisse – von der zuständigen Stelle (Industrie- und Handelskammer (IHK), Handwerkskammer u.Ä.) für → anerkannte Ausbildungsberufe einzurichtendes und zu führendes Verzeichnis, in das alle → Berufsausbildungsverträge einzutragen sind (§§ 34 ff. BBiG, §§ 28 ff. HandwO). Unverzüglich nach Abschluss des Berufsausbildungsvertrags ist die Eintragung vom → Ausbildenden unter Beifügung einer Vertragsniederschrift zu beantragen. Entsprechendes gilt bei Änderungen wesentlicher Vertragsinhalte.

Die Eintragung ist für den Auszubildenden gebührenfrei. Die Eintragung in das Verzeichnis der Berufsausbildungsverhältnisse ist Voraussetzung für die Zulassung zur Ausbildungsabschlussprüfung. – Im *Handwerk:* Lehrlingsrolle.

Veto-Abstimmungsregel – Von D.C. Mueller (1978) für kleine Gruppen entwickeltes → Abstimmungsverfahren in zwei Runden: In der ersten Runde darf jeder der n Teilnehmer eine Alternative formulieren; in der zweiten darf jeder gegen eine der n + 1 Alternativen (einschließlich des Status quo) sein Veto einlegen. Die am Schluss nicht gestrichene Alternative ist gewählt. Das Verfahren hat günstige Effizienz- und Gerechtigkeitseigenschaften.

Vetomacht – die mit der Anwendung der → Einstimmigkeitsregel verbundene Macht jedes einzelnen Abstimmungsteilnehmers, mit seiner Gegenstimme eine Entscheidung zu verhindern. Ein geschickter Teilnehmer kann in Verhandlungen die Übrigen durch Androhung des Vetos zu bes. Zugeständnissen zwingen.

Vierte Welt – Bezeichnung für Rohstoff-, Kapital- und exportschwache Entwicklungsländer; meist mit → Least Developed Countries (LDC) identisch.

Vignette – Autobahngebühr.

virtuelles Rathaus – Bündelung von Dienstleistungen der Kommune in einem Teilbereich der Webpräsenz mittels Content-Management-Systemen. Im Virtuellen Rathaus bietet die Verwaltung den Bürgern über elektronische Medien die Möglichkeit, jederzeit und überall ihre Informations-, Kommunikations- und Transaktionsdienstleistungen in Anspruch zu nehmen: (1) Unter *Informationsdienstleistungen* werden alle Vorgänge zusammengefasst, in denen sich Bürger, Unternehmen oder Verwaltungseinrichtungen bei einer öffentlichen Institution über bestimmte Sachverhalte informieren. Der Benutzer ist hier lediglich als Empfänger der von der Verwaltung bereitgestellten Informationen zu betrachten. (2) *Kommunikationsdienstleistungen* umfassen dagegen Lösungen wie E-Mail und webbasierte Diskussionsforen. Mithilfe dieser Technologien kann ein Benutzer mit der Verwaltung in direkten oder indirekten Kontakt treten. (3) Als *Transaktionen* definieren sich solche Anliegen, die ein Benutzer komplett online abwickeln kann (dazu gehören z.B. die elektronische Annahme von Anträgen und Aufträgen). – Die Einschränkung auf den Begriff Virtuelles Rathaus ist in Anlehnung an den allg. Sprachgebrauch getroffen worden. Dabei soll die Verwaltung im eigentlichen Sinne nicht etwa ersetzt werden. Neben dem persönlichen Besuch, dem Telefonanruf und weiteren Kommunikationsmitteln wie Fax, E-Mail und Briefverkehr wird vielmehr eine weitere Zugangsmöglichkeit geschaffen. Das Virtuelle Rathaus stellt im Gegensatz zu eGovernment, welches umfassende Dienstleistungsorientierung, Produktivität und Wirtschaftlichkeit im öffentlichen Sektor ermöglicht, lediglich den elektronischen Distributionskanal des Kunden (Bürger/Unternehmen) zur Verwaltung dar. – Das Virtuelle Rathaus lässt sich untergliedern in den für den Bürger sichtbaren Front-Office-Bereich und den verwaltungsinternen Back-Office-Bereich. Die über den Front-Office-Bereich angebotenen Dienstleistungen entsprechen denen, die auch im realen Rathaus oder der Verwaltung in Anspruch genommen werden können. Somit ergibt sich eine Abgrenzung des Bereichs des Virtuellen Rathauses mit den angebotenen Dienstleistungen vom übrigen Web-Auftritt. Im Back-Office-Bereich werden bestehende Fachverfahren und Datenbanken angebunden sowie Dienste für Verwaltungsmitarbeiter und Administratoren zur internen Nutzung und Pflege angeboten. – Anders: → Electronic Government.

VolkswagenStiftung – 1962 von der Bundesrepublik Deutschland und dem Land Niedersachsen gegründete Stiftung bürgerlichen Rechts zur Förderung von Wissenschaft und Technik in Forschung und Lehre; Sitz in Hannover. – *Förderungsmittel:* Es werden zweckgebundene Zuwendungen an förderungswürdige wissenschaftliche Einrichtungen vergeben; die Förderung ist zeitlich begrenzt.

volkswirtschaftliche Erträge → externer Effekt.

volkswirtschaftliche Kosten → externer Effekt, → soziale Kosten.

Vollbeschäftigung – Grundsätzlich sollte Vollbeschäftigung im Sinne einer optimalen Beschäftigung für *alle* Produktionsfaktoren definiert werden (Vollauslastung); in der praktischen Wirtschaftspolitik wird Vollbeschäftigung allerdings nur auf den *Faktor Arbeit* bezogen. Vollbeschäftigung liegt vor, wenn alle für eine Beschäftigung geeigneten Personen, die Beschäftigung zum herrschenden Lohnsatz suchen, diese ohne längere Wartezeiten finden können. Die *quantitative Konkretisierung* der Vollbeschäftigung erfolgt traditionell durch die → Arbeitslosenquote, neuerdings auch durch die Erwerbsquote, die → Potenzialerwerbsquote oder den Auslastungsgrad des Arbeitspotenzials (→ Erwerbspersonenpotenzial · potenzielle durchschnittliche Jahresarbeitszeit). – Nach Ansicht der *Klassiker* ist in der → Marktwirtschaft die Tendenz zur Vollbeschäftigung durch Preis-, Lohn- und Zinsmechanismus vorgegeben (Saysches Theorem). – Nach *Keynes* dagegen ist Gleichgewicht auch bei Unterbeschäftigung, also bei Freisetzung von Arbeitskräften, möglich; Vollbeschäftigung sei in der modernen Wirtschaft vielmehr nur eine „seltene" und kurzlebige Erscheinung. Deshalb empfahl Keynes die Steuerung der gesamtwirtschaftlichen Nachfrage (→ Beschäftigungstheorie). – Seit der Weltwirtschaftskrise wurden von vielen Staaten *beschäftigungspolitische Maßnahmen* ergriffen, da der Glaube an die Selbsterhaltungskräfte der Volkswirtschaft durch die damalige Depression verloren gegangen ist (→ Beschäftigungspolitik).

vollkommene Konkurrenz – *vollständige Konkurrenz*. Die vollkommene Konkurrenz fußt im Sinn des stationären Gleichgewichtsmodells, in welchem die behauptete Harmonie von Einzel- und Gesamtinteressen gewährleistet ist, auf zwei Gruppen von Annahmen: dem stationären Zustand der Wirtschaft und bestimmten *Marktstrukturmerkmalen*: – 1. *Stationärer Zustand der Wirtschaft* mit den Merkmalen: gegebene Technik und damit gegebene → Produktionsfunktion und Ertragsfunktion; gegebene Bevölkerung und Ausstattung mit → Produktionsfaktoren; gegebene Güterpalette, gegebene Bedürfnisstruktur und gegebenes Einkommen, d.h. gegebene Nachfrage. – 2. *Merkmale der vollkommenen Konkurrenz:* a) *Marktstruktur i.w.S.:* (1) Unternehmer und Verbraucher verhalten sich *rational* im Sinne der Nutzen- und Gewinnmaximierung; der Preisbildungsprozess wird auch durch traditionelle Verhaltensweisen nicht gehemmt (Preisbildung). (2) Es bestehen keine sachlichen, persönlichen, räumlichen oder zeitlichen *Präferenzen* der Anbieter oder Nachfrager; die Güter sind daher homogen. (3) Es bestehen keine Friktionen auf dem Markt, d.h. völlige *Transparenz* des Marktes, völlige Voraussicht der Marktteilnehmer, volle Teilbarkeit und Beweglichkeit der Produktionsfaktoren und produzierten Güter. (4) Es fehlen rechtliche oder tatsächliche *Zutrittsbeschränkungen* für Anbieter und Nachfrager. (5) Die *Reaktionsgeschwindigkeit* bei Verhaltensänderung von Anbietern und Nachfragern auf Änderung der Marktdaten ist unendlich groß. (6) Es erfolgen keine Eingriffe in den freien *Preisbildungsprozess* durch den Staat (z.B. Preiskontrollen) oder die Wirtschaftssubjekte (z.B. Kartelle). (7) *Externe Effekte* (Pigou) sind ausgeklammert bzw. werden marktwirtschaftlich abgegolten. (8) Die Zahl der Anbieter und Nachfrager ist sehr groß, es besteht ein *atomistischer Markt*. – b) *Marktverhalten:* Anbieter und Nachfrager können aufgrund ihres geringen Marktanteils durch ihr Verhalten den Preis nicht beeinflussen; sie verhalten sich daher als *Mengenanpasser* (Preis = Datum, Menge = Aktionsparameter).–c) *Marktergebnis:* Im Modell des *totalen Konkurrenzgleichgewichts* determiniert die Marktstruktur in obigem Sinn das Marktverhalten und zugleich das Marktergebnis, das durch eine marktleistungsgerechte Einkommensverteilung, optimale Faktorallokation (Produktionseffizienz) und Angebotssteuerung gemäß den Käuferpräferenzen charakterisiert ist (Tauscheffizienz). Im totalen Konkurrenzgleichgewicht ist es nicht möglich, dass durch eine Veränderung der Tausch- bzw. Produktionsverhältnisse wenigstens ein Wirtschaftssubjekt ein höheres Versorgungsniveau erreicht, ohne dass dadurch das Versorgungsniveau wenigstens einer anderen Person niedriger wird (sog. → Pareto-Optimum). – 3. *Beurteilung:* a) Das derart charakterisierte Pareto-Optimum bei vollkommenen Konkurrenzen stellt einen *Zustand maximaler wirtschaftlicher Effizienz* im Sinne der Allokation (unter Ausschluss des Distributionsaspektes) dar. In dieser Gleichsetzung liegt die Begründung dafür, dass die vollkommene Konkurrenz lange Zeit als Leitbild der Wettbewerbspolitik angesehen wurde (→ wettbewerbspolitische Leitbilder); dieser *Leitbildcharakter* ist jedoch bes. nach dem Zweiten Weltkrieg (in Deutschland seit Anfang der 1960er-Jahre) zunehmend angezweifelt worden. Die vollkommene Konkurrenz wird daher nur noch als *Referenzsituation* benutzt. – b) Die *Kritik* an der vollkommenen Konkurrenz als Leitbild der Wirtschaftspolitik beruht im Wesentlichen auf folgenden Punkten: (1) Zielkonflikte zwischen atomistischer Konkurrenz und Economies of Scale. (2) Zielkonflikte zwischen Vollständigkeit der Konkurrenz im Sinne der Homogenitätsbedingung und Notwendigkeit einer gewissen Produktdifferenzierung im Interesse der Befriedigung differenzierter Verbraucherwünsche. (3) mangelnde Anreizwirkung (Incentives), da bei vollständigem Wettbewerb der Preis als Datum und die Qualität infolge der Homogenitätsbedingung als Aktionsparameter ausscheiden. Im Modell des vollständigen Wettbewerbs sind daher Marktverhalten und Marktergebnis determiniert, sodass keine Wettbewerbsfreiheit mehr herrscht. (4) Infolge des stationären Charakters der vollkommenen Konkurrenz, der durch eine gegebene Zahl von Betrieben und Produkten sowie gegebene Produktionsverfahren und Arten von Produktionsfaktoren gekennzeichnet ist, wird nur ein relatives, aber kein absolutes Optimum gewährleistet. Wegen Nichterfüllung der sog. Totalbedingung werden daher sowohl die Angebotssteuerung als auch die Faktorallokation nur beschränkt optimal. Eine vollständige Optimierung würde sowohl die Einführung neuer und den Verzicht auf alte Produkte als auch die Gründung neuer und Schließung bestehender Unternehmen erfordern. Das Modell der vollkommenen Konkurrenz vermag daher angesichts seines restriktiven Charakters keine Erklärung der evolutorischen Entwicklung der Wirtschaft zu geben.

vollkommener Markt → Markt, → vollkommene Konkurrenz.

Vollmacht-Spediteur – durch eine vom Frachtbriefempfänger ausgestellte Einzel- oder Generalvollmacht wird der Spediteur zum Empfang der Güter bei dem Eisenbahnunternehmen bevollmächtigt. Der Vollmacht-Spediteur leistet Zahlung (als Vertreter des Empfängers) für die auf den Sendungen ruhenden Frachten und evtl. Nachnahme. Zwischen Vollmacht-Spediteur und seinen Kunden gelten die Allgemeinen Deutschen Spediteurbedingungen (ADSp), die Geschäfte werden deshalb auch durch den Speditions- und Rollfuhrversicherungsschein (SVS/RVS) versichert.

vollständige Konkurrenz → vollkommene Konkurrenz.

vollständiger Wettbewerb → vollkommene Konkurrenz.

Voluntarismus → Marxismus-Leninismus.

Vorsorgeprinzip – Maßnahmen zum präventiven Schutz vor Umweltschäden, um diese zu vermeiden bzw. gar nicht erst entstehen zu lassen (→ präventiver Umweltschutz).

Voting by Feet – *Abstimmung mit den Füßen.* Neben der Abstimmung mittels Stimmabgabe (Voice; → Abstimmungsverfahren) kann eine Abstimmung faktisch auch mit den Füßen, d.h. mittels Abwanderung (Exit), erfolgen. In Diktaturen wird üblicherweise versucht, „Voice and Exit" zu unterbinden. – Vgl. auch ökonomische Theorie des Föderalismus.

W – Y

Wachstum – 1. Zahlenmäßige Zunahme von *Populationen* von Lebewesen, z.B. Bevölkerungswachstum. – 2. *Wirtschaftswachstum:* a) *Begriff:* Wirtschaftliches Wachstum kann allg. als Zunahme der wirtschaftlichen Leistungsfähigkeit einer Volkswirtschaft bezeichnet werden. – b) *Indikatoren des Wirtschafts-Wachstum:* Die Leistungsfähigkeit wird dabei durch verschiedene Größen ausgedrückt, in den meisten Veröffentlichungen durch das Bruttoinlandsprodukt (BIP). Wirtschaftliches Wachstum bedeutet somit eine Steigerung der inländischen Produktion, bzw. des im Inland erzielten Einkommens. Dabei sind grundsätzlich *zwei Möglichkeiten* zu unterscheiden: Eine Steigerung kann aufgrund einer verbesserten Auslastung der vorhandenen Produktionskapazitäten durch vermehrten Einsatz der Produktions*faktoren* erfolgen *(Auslastungseffekt)* oder durch eine Ausweitung der Produktions*kapazitäten (Kapazitätseffekt)*, wobei oftmals nur bei Kapazitätseffekten von Wachstumseffekten gesprochen wird. Das Interesse gilt dabei häufig den *Pro-Kopf-Größen*, denn das Wachstum der Indikatoren der Leistungsfähigkeit und das Wachstum der Bevölkerung stehen in einem negativen Zusammenhang: Ist die Wachstumsrate der Bevölkerung höher als die Wachstumsrate etwa als BIP, dann sinkt das BIP pro Bevölkerungsmitglied. – c) *Das BIP als Wachstumsmaßstab* wird aus zwei Gründen kritisiert: (1) unzureichende Möglichkeit des Messens aller in einer Volkswirtschaft erbrachten Leistungen: Diese Kritik bezieht sich v.a. auf das Nichterfassen aller innerhalb von Haushalten erbrachten Leistungen sowie aller Leistungen, die nicht auf offiziellen Märkten getauscht werden, sondern der sog. → Schattenwirtschaft zugerechnet werden müssen. (2) Unzureichende Berücksichtigung von bestimmten *qualitativen* Eigenschaften der wirtschaftlichen Entwicklung: Diese Kritik wurde (und wird) unter der Diskussion *quantitatives vs. qualitatives* Wachstum geführt. Die Forderung nach einem qualitativen wirtschaftlichen Wachstum bezieht sich dabei auf verschiedene wünschenswerte Eigenschaften der Entwicklung. Im Vordergrund stehen eine Verringerung der Ungleichheit der *personellen* Einkommensverteilung und eine *möglichst geringe Beeinträchtigung der Umwelt:* (a) *Verteilungsfragen* können nur mit expliziten Wertungen bez. der Gerechtigkeitsvorstellung beantwortet werden. Das BIP wird von den meisten Ökonomen als Zielgröße des Wachstums akzeptiert, da ein steigendes BIP zumindest für eine größere Verteilungsmasse sorgt, womit Verteilungsfragen dann leichter zu lösen sind. (b) Die Problematik einer *zunehmenden Beeinträchtigung der Lebensumwelt durch wirtschaftliches Wachstum* wurde in umfassender Weise erstmals im Bericht des Massachussetts Institute of Technologie unter Leitung von Meadows (1972) für den Club of Rome (COR) analysiert. Der Bericht ist die Grundlage für Kontroversen, die in den folgenden Jahren unter dem Thema *Ökonomik vs. Ökologie* geführt werden. Unstrittig ist in dieser Diskussion das formulierte Ziel eines umweltschonenden Wirtschaftens, strittig bleibt allerdings die exakte Operationalisierung dieses Ziels. Festzustellen ist vorerst: Die Bürger haben gleichzeitig Präferenzen für produzierte Güter *und* für eine hohe Umweltqualität. Dabei werden in jeder Produktion Ressourcen (und oftmals nichtreproduzierbare Ressourcen) verbraucht und fast jede Produktion hinterlässt Schadstoffe in der Umwelt. Ökonomen stehen vor der Aufgabe, eine wirtschaftliche Entwicklung zu beeinflussen, die sowohl dem Ziel einer gewünschten Güterversorgung dient als auch einer gewünschten Umweltqualität. Dabei stehen quantitatives und qualitatives Wachstum nicht notwendigerweise im Widerspruch, denn ein zunehmender Anteil des BIP wird z.B. durch Umwelttechnik produzierende Industrien erzeugt. – d) Das *Wachstum als politisches Ziel* ist in der Bundesrepublik Deutschland seit 1967 mit dem Gesetz zur Förderung der Stabilität und des Wachstums der Wirtschaft rechtlich vorgegeben: Stabilitäts- und Wachstumsgesetz (StWG). Darin wird von wirtschaftspolitischen Maßnahmen gefordert, „... dass sie im Rahmen der marktwirtschaftlichen Ordnung gleichzeitig zur Stabilität des Preisniveaus, zu einem hohen Beschäftigungsstand und außenwirtschaftlichem Gleichgewicht bei stetigem und angemessenem Wachstum beitragen" sollen.

Wachstumsgrenze – Prominente Beispiele für (vermutete) Wachstumsgrenzen sind die Nahrungsmittelproduktion, die Verfügbarkeit erschöpflicher Ressourcen und die Aufnahmekapazität der Umwelt bez. der Abfallprodukte wirtschaftlicher Aktivität. Aktuell konzentriert sich die Diskussion um Wachstumsgrenzen auf die Folgen des Treibhauseffektes. Die wissenschaftliche und gesellschaftspolitische Diskussion über die „Grenzen des Wachstums" wurde stark durch die gleichnamige Veröffentlichung des Club of Rome (COR) geprägt.

Wahlbeteiligung – Aus der Sicht der Neuen Politischen Ökonomie ist die hohe Wahlbeteiligung in westlichen Demokratien schwer zu erklären, da für jeden einzelnen Wähler die Wahrscheinlichkeit, mit seiner Stimme den Ausschlag zu geben, verschwindend klein ist (→ Wahlparadoxon) und sowohl die Beschaffung von Informationen über die Wahlprogramme als auch der Akt des Wählens selbst Kosten verursachen. – Vgl. auch → Parteienwettbewerb. Neuere Arbeiten beschäftigen sich mit einem grundsätzlich bestehenden Vertrauen und dem Bestehen von Vertrauensbeziehungen zwischen den Bürgern und staatlichen Akteuren (Regierung, Parlament usw.) sowie der Bürger untereinander.

Wahlen – in der Bundesrepublik Deutschland Europa-, Bundestags-, Landtags- und Kommunalwahlen. – 1. Die *Wahl zum Europäischen Parlament* ist durch das Europawahlgesetz (EuWG) i.d.F. vom 8.3.1994 (BGBl. I 423, 555) m.spät.Änd. und die Europawahlordnung (EuWO) i.d.F. vom 2.5.1994 (BGBl. I 957) m.spät.Änd. geregelt. Danach entfallen auf die Bundesrepublik Deutschland 99 Abgeordnete, die in allgemeiner, unmittelbarer, freier, gleicher und geheimer Wahl von den wahlberechtigten Deutschen für fünf Jahre gewählt werden. Die Wahl erfolgt nach den Grundsätzen der Verhältniswahl mit Listenwahlvorschlägen. – 2. Die *Wahl zum Bundestag* ist durch das Bundeswahlgesetz i.d.F. vom 23.7.1993 (BGBl. I 1288, 1594) m.spät.Änd. und die Bundeswahlordnung i.d.F. vom 19.4.2002 (BGBl. I 1376) m.spät.Änd. und die Bundeswahlgeräteverordnung vom 3.9.1975 (BGBl. I 2459) m.spät.Änd. geregelt. Danach besteht der Bundestag i.Allg. aus 598 Abgeordneten, die in allgemeiner, unmittelbarer, freier, gleicher und geheimer Wahl von den wahlberechtigten Deutschen nach den Grundsätzen einer mit der Personenwahl verbundenen Verhältniswahl gewählt werden. Jeder Wähler hat zwei Stimmen. Insgesamt 299 Abgeordnete werden in den Wahlkreisen mit der Mehrheit der abgegebenen *Erststimmen* gewählt (Wahlkreisabgeordnete), die *Zweitstimmen* entfallen nach den Grundsätzen des Verhältniswahlsystems auf die Landeslisten, aus denen die restlichen Abgeordneten nach einem bestimmten System entnommen werden. – 3. *Wahlen zu Landtagen und Kommunalvertretungen* sind landesrechtlich geregelt. – Vgl. auch Wahlrecht. – 4. *Wahlen zur Sozialversicherung:* Sozialversicherungswahlen.

Wählerloyalität – Die (emotionale) Bindung zu einer bestimmten Partei erklärt, warum mancher Wähler einer anderen Partei seine Stimme gibt als der, deren Programm ihm den größten Nutzen verspricht. Je mehr loyale Wähler eine Partei besitzt, desto größer ist ihr Spielraum zur Verfolgung eigener ideologischer Ziele in ihrem Wahlprogramm und desto weniger ist sie (im Zwei-Parteien-Wettbewerb) an die Wünsche des Medianwählers gebunden (→ Medianwähler-Konzept).

Wählersouveränität – Begriff der Neuen Politischen Ökonomie; bedeutet, dass wirtschaftliche Pläne über ein Wahlverfahren festgelegt werden. Jeder Haushalt eines Wirtschaftssystems verfügt über eine Stimme, Produktions- und Konsumpläne werden mit Mehrheit beschlossen. I.d.R. sind Systeme mit Wählersouveränität solchen mit Konsumentensouveränität unterlegen.

Wahlparadoxon – Widerspruch zwischen der Annahme rationalen Wählerverhaltens und der offenbaren Irrationalität der empirisch beobachteten hohen → Wahlbeteiligung, da deren erwarteter Nutzen (die Wahrscheinlichkeit, mit seiner Stimme die Wahl zu entscheiden, multipliziert mit dem Zusatznutzen aus einem günstigen Wahlausgang) i.Allg. kleiner ist als die mit ihr verbundenen Kosten (Informations-, Zeit- und Wegekosten). Die hohen Wahlbeteiligungen der Realität von meist über 50 Prozent (USA), vielfach sogar 80 Prozent (Deutschland) stehen dazu im Widerspruch. Zahlreiche Lösungsmöglichkeiten wurden in der Literatur diskutiert, darunter die Motivation über eine staatsbürgerliche Verpflichtung. – Vgl. auch → indirekte Demokratie.

Währungsamt → Currency Board System.

Währungsdumping – Unterbietung des Inlandspreises durch ausländische Konkurrenten, die durch einen niedrigen Devisenkurs der ausländischen Währung ermöglicht wird.

Währungsgebiet – ein oder mehrere Länder mit einheitlicher Währung. – *Eurowährungsgebiet:* → Euro, Europäische Währungsunion (EWU).

Währungsordnung → Währungssystem.

Währungsparität – der durch Entscheidung fixierte Wechselkurs (fester Wechselkurs), in Abgrenzung zum Wechselkurs, der sich am Markt bildet.

Währungspolitik → Geldpolitik.

Währungsreform – 1. *Begriff:* Gesetzliche Neuordnung des Geldwesens zur Überwindung offener oder verdeckter (zurückgestauter) → Inflation. Nach dem Zweiten Weltkrieg führten mehrere Länder eine Währungsreform durch. Die schärfsten Eingriffe in das Geldwesen brachte die dt. Währungsreform im Juni 1948. – 2. *Vorgeschichte:* Die Nationalsozialisten hatten das Geldvolumen zur Finanzierung der Rüstung und des Kriegs stark ausgeweitet. Bei Kriegsende waren allein in den Westzonen und Westberlin Geldmittel und geldähnliche Forderungen in Höhe von rund 210 Mrd. Reichsmark (RM) vorhanden. Der Geldüberhang wirkte sich nicht in offener Inflation aus, weil die Preise und Löhne eingefroren und die Güter seit Kriegsbeginn rationiert waren. Die öffentliche Bewirtschaftung wurde nach Kriegsende zunächst beibehalten. Es entstand ein Schwarzmarkt, es fehlten Produktionsanreize, und der Wiederaufbau war gehemmt. Für die Beseitigung des riesigen Geldüberhangs wurden rund 250 Pläne entwickelt. Eine gemeinsame Währungsreform der Alliierten war politisch unmöglich. – 3. *Währungsreform in den westlichen Besatzungszonen und Westberlin:* Die Währungsreform in den Westzonen wurde maßgeblich von den Amerikanern konzipiert, mit dt. Experten beraten und mit mehreren Gesetzen durchgeführt. Die gesetzliche Zahlungskraft der auf RM lautenden Zahlungsmittel erlosch am Sonntag, dem 20.6.1948. Ab dem 21.6.1948 galt die „Deutsche Mark" (DM). Die neuen Banknoten und Münzen wurden von der am 1.3.1948 gegründeten „Bank Deutscher Länder" ausgegeben. – a) *Rechnerischer Anschluss* an die

Reichsmarkwährung: Alle *wiederkehrenden* Leistungen wie Löhne, Gehälter, Renten, Mieten wurden im Verhältnis 1:1 von RM auf DM umgestellt, alle *abgeschlossenen* Forderungen und Verpflichtungen hingegen grundsätzlich im Verhältnis 10:1. – b) *Umtausch:* Jeder Einwohner konnte 40 RM am 20.6.1948 und weitere 20 RM im Lauf von zwei Monaten im Verhältnis 1:1 in DM umtauschen („Kopfbetrag"). Die Arbeitgeber erhielten auf Antrag einen „Geschäftsbetrag" in Höhe von 60 DM je beschäftigten Arbeitnehmer. Die Länder und die übrigen Gebietskörperschaften erhielten von den Landeszentralbanken Zahlungsmittel in anteiliger Höhe ihrer vorherigen Einnahmen; ebenso stattete die Bank dt. Länder Bahn und Post aus. – c) *Abwicklung der Reichsmarkkonten:* Altgeldnoten und im Währungsgebiet gehaltene RM-Guthaben mussten bis zum 26.6.1948 bei einer Abwicklungsbank eingezahlt oder angemeldet werden. (1) Guthaben natürlicher oder juristischer Personen (mit Ausnahme öffentlicher Körperschaften) wurden grundsätzlich 10:1 umgestellt. Die Hälfte des Betrags war frei verfügbar. Die andere Hälfte wurde einem Festkonto gutgebracht; davon wurden 7/10 gestrichen, 2/10 freigegeben, 1/10 für die Anlage in mittel- und langfristigen Wertpapieren vorgesehen. Dadurch verschlechterte sich das Umstellungsverhältnis auf 100:6,50. Das Gesetz zur Milderung von Härten der Währungsreform verbesserte für Spar-, Bausparguthaben und andere Kapitaltitel, die schon am 1.1.1940 dem Gläubiger zugestanden hatten, das Umtauschverhältnis auf 100:20. (2) Altgeldguthaben von Geldinstituten erloschen. Deshalb erhielten die Kapitalsammelstellen für ihre im Rahmen der Kriegsfinanzierung übernommenen Schuldtitel des Deutschen Reichs und anderer öffentlicher Schuldner langfristig zu tilgende Ausgleichsforderungen gegenüber der öffentlichen Hand der Bundesrepublik Deutschland in Höhe von 17, später 22 Mrd. DM. (3) Es erstrecke auch die Altgeldguthaben der Gebietskörperschaften, Bahn- und Postverwaltungen sowie aller von der Militärregierung aufgelösten Organisationen etc. – d) *Schuldverschreibungen, Hypotheken, andere Forderungen und Verpflichtungen* wurden im Verhältnis 10:1 umgestellt, bei Altbesitz an diesen Kapitaltiteln 10:2. – 4. *Die Währungsreform in der sowjetischen Besatzungszone (SBZ):* In der SBZ waren anfangs alle Bankkonten gesperrt worden. Die sowjetische Besatzungsmacht wurde durch die Währungsreform im Westen offenbar überrascht. Sie zog rasch nach und führte die Währungsreform am Mittwoch, dem 23.6.1948, durch. Der Geldumlauf sollte unter Beibehaltung der bisherigen Recheneinheit verringert werden. Als erste Stufe wurden vom 24. bis 28.6.1948 die vorhandenen Banknoten, da noch keine neuen verfügbar waren, mithilfe aufgeklebter Coupons umgestellt. Grundsätzlich wurde Bargeld gegen Bargeld getauscht; die Konten wurden in einem bes. Verfahren umgestellt. Von dem eingereichten Bargeld wurden 70 RM im Verhältnis 1:1, der übrige Betrag im Verhältnis 10:1 umgetauscht. Sparkonten wurden je nach Einlagenhöhe 1:1 bis 10:1 umgestellt. Die Westmächte verhinderten, dass die Währungsreform in der SBZ auf ganz Berlin ausgedehnt wurde. Daraufhin verhängte die Sowjetunion die Berlinblockade. Die zweite Stufe begann mit dem Umtausch der umlaufenden Reichsbanknoten mit den aufgeklebten Coupons in neue Noten der Deutschen Notenbank vom 25. bis 28.7.1948. An die Stelle der Reichsmarkrechnung trat nun die Rechnung in „Deutsche Mark der Deutschen Notenbank". Das Geld wurde im Verhältnis 1:1 umgetauscht, wobei 70 Mark sofort in bar ausgezahlt wurden. Der Rest wurde einem Konto gutgebracht. Am 13.10.1957 wurden die Noten erneut zum Umtausch aufgerufen. 1964 erhielt die Währung den Namen „Mark der Deutschen Notenbank", 1968 die Bezeichnung „Mark".

Währungsreserven – Die Währungsreserven bestehen aus den → Devisenreserven plus den Goldbeständen der → Zentralbank und Reservepositionen aus der Mitgliedschaft in internationalen Institutionen (z.B. IWF-Sonderziehungsrechte (→ IWF)). Die Verwaltung der Währungsreserven erfolgt in der Europäischen Währungsunion (EWU) durch das *Europäische System der Zentralbanken (ESZB)*.

Währungsschlange – *Währungsverbund;* Bezeichnung für das Wechselkurssystem in Ländern der EG von 1972 bis 1979. – 1. *Zu unterscheiden:* a) *Schlange im Tunnel:* Im Washingtoner Währungsabkommen vom 18.12.1971 wurde beschlossen, zur Rettung des Bretton-Woods-Systems die Bandbreiten (Zielzonen-System) der Währungen der am → IWF beteiligten Länder gegenüber dem US-Dollar von ± 1 auf ± 2,25 Prozent zu erweitern. Da dies dem Ziel der EU einer stufenweisen Einengung der Bandbreiten widersprach, beschloss der Europäische Ministerrat 1972 eine Beschränkung der Bandbreiten innerhalb der EG auf ± 1,125 Prozent. Schwankungen dieses Kursbandes nach oben und unten waren durch die größere IWF-Bandbreite (Tunnel) begrenzt. – b) *Schlange ohne Tunnel:* Mit dem Übergang zu flexiblem Wechselkurs der europäischen Währungen gegenüber dem Dollar 1973 verschwanden die *Tunnelränder,* zwischen EU-Währungen wurde das System fester Wechselkurse mit Bandbreiten beibehalten *(Blockfloating).* – 2. *Entwicklung:* Einige Länder schieden zeitweise aus der Währungsschlange aus (Frankreich, Großbritannien, Italien). In dem Bemühen um eine stärkere Integration innerhalb der EG wurde die Währungsschlange 1979 durch das Europäische Währungssystem (→ EWS) abgelöst.

Währungsstichtag – Tag der → Währungsreform von 1948.

Währungssystem – *Geldordnung, Währungsordnung.* 1. *Begriff:* Grundlage für die Ordnung der Währung eines Landes. – 2. *Formen:* a) *Gebundene Währungen:* Die Recheneinheit ist dem Wert einer bestimmten Gewichtsmenge des Geldstoffes gleichgesetzt: (1) *Monometallistisches Währungssystem:*

Ein Edelmetall ist Währungsmetall: (a) *Goldwährungen:* Nur Gold ist Währungsmetall. (b) *Silberwährungen:* Nur Silber ist Währungsmetall. (2) *Bimetallistisches Währungssystem:* Zwei Edelmetalle (Gold und Silber) sind Währungsmetalle: (a) *Parallelwährung* bzw. → Konkurrenzwährung: Beide Metalle sind frei ausprägbar und ihre Münzen gesetzliches Zahlungsmittel, ohne dass ein Wertverhältnis festgelegt ist. (b) *Doppelwährung:* Das Verhältnis wird festgelegt, doch bleiben beide Metalle noch frei ausprägbar. (c) *Hinkende Goldwährung:* Nur noch Gold ist frei ausprägbar; das Wertverhältnis wird durch Knapphaltung der umlaufenden Silbermünzen gesichert. – b) *Freie Währungen (manipulierte Währungen):* Diese versuchen die wirtschaftliche Bedeutung der Recheneinheit durch Knapphaltung des Zahlungsmittelumlaufs zu bestimmen: (1) *Währungen mit gesperrter Prägung:* Durch Sperrung der freien Ausprägbarkeit der Münzen, d.h. durch die Knappheit der Zahlungsmittel (Münzen) wird die Kaufkraft bestimmt. (2) → Papierwährungen: Zentral gelenkte Kreditschöpfung passt den Zahlungsmittelbedarf und -umlauf an die wirtschaftlichen Notwendigkeiten an (Gefahr des Missbrauchs). (3) → Indexwährungen: Standardisierung des Geldes wird durch Bindung an einen bestimmten Preisindex angestrebt. – 3. *Internationales Währungssystem:* Grundlage für die weltweite Ordnung der Währungen zum Zweck einer reibungslosen Abwicklung des internationalen Waren-, Dienstleistungs- und Kapitalverkehrs. – a) *Vor dem Ersten Weltkrieg* waren internationale Vereinbarungen unnötig, da alle wichtigen Handelsländer Goldumlauf- oder Goldkernwährungen (→ internationaler Goldstandard) hatten. – b) *Nach dem Ersten Weltkrieg* war dem System der Gold-Devisenwährung nur kurzer Erfolg beschieden. – c) *Nach dem Zweiten Weltkrieg* erfolgte Neuordnung durch das Bretton-Woods-Abkommen, das bis 1972 bestand (→ Währungsschlange). – d) Die *Freigabe der Wechselkurse* durch wichtige Welthandelsländer 1973 bedeutete faktisch die endgültige Auflösung dieses Systems; die Wahl des Wechselkurssystems ist heute den einzelnen Ländern grundsätzlich freigestellt. – Vgl. auch → EWS, → IWF.

Währungsumstellung – im Vertrag über die Schaffung einer Währungs-, Wirtschafts- und Sozialunion vom 18.5.1990 geregelte Umstellung der auf Mark der DDR lautenden Forderungen und Verbindlichkeiten auf Deutsche Mark; es waren unterschiedliche Umstellungssätze vorgesehen.

Währungsverbund → Währungsschlange.

Waisenrente – Leistung der gesetzlichen Renten- und Unfallversicherung und Kriegsopferversorgung, gewährt nach dem Tode des Versicherten bzw. Beschädigten an deren eheliche, für ehelich erklärte, an Kindes statt angenommene und nichteheliche Kinder sowie Pflegekinder und Stiefkinder, i.d.R. bis zum vollendeten 18. Lebensjahr. Für Kinder, die in Berufsausbildung stehen, ein freiwilliges soziales Jahr leisten oder sich wegen körperlicher oder geistiger Gebrechen nicht selbst erhalten können, wird Waisenrente ggf. bis zum vollendeten 27. Lebensjahr weitergewährt (in der Kriegsopferversorgung bei Gebrechen ohne zeitliche Begrenzung). Bei Verzögerung der Ausbildung durch Erfüllung der Wehrpflicht entsprechend länger (§§ 67, 68 SGB VII; § 48 SGB VI; § 45 BVG).

Ware – 1. *Allgemein:* Gut, das auf dem → Markt angeboten und nachgefragt wird. – 2. *Wirtschaftstheorie des Marxismus:* Güter, die für den Verkauf über Märkte zur Fremdbedarfsdeckung erzeugt werden. Ihr Preis entspreche dem → Tauschwert.

Warengeld – Zahlungsmittel in einer Währungsordnung, in der Waren Geldfunktion ausüben. Das können im Prinzip beliebige, lagerfähige Güter sein. Historisch waren verschiedene Edelmetalle, v.a. Gold beim Warengeld vorherrschend. – Vgl. auch Geld, → Naturalgeld.

Warenhilfe – nicht projekt- oder programmgebundene Hilfe im Rahmen der → finanziellen Zusammenarbeit, die zur laufenden Finanzierung von Importen ziviler Güter und Dienstleistungen für die Instandhaltung bestehender Produktionsanlagen verwendet wird.

Warenproduktion – im marxistischen Sprachgebrauch ein Synonym für die Koordination der betrieblichen Einzelpläne über Märkte.

Wassenaar Arrangement – genauer: *Wassenaar Arrangement on Export Controls für Conventional Arms and Dual-Use Goods and Technologies;* multilaterales Abkommen zur Exportkontrolle bei Rüstungsgütern und Gütern mit ziviler und militärischer Verwendung. Nachfolger des 1994 aufgelösten → COCOM. Der Name ergibt sich aus der Vorstadt von Den Haag, wo das Abkommen ausgehandelt wurde. Seit September 1996 aktiv; mit 33 Ländern als Gründungsmitgliedern – darunter USA, Japan, Kanada, die EU-Mitgliedsländer, die Mehrzahl der Länder Osteuropas sowie Russland und Ukraine. China ist nicht Mitglied. – Sitz der Verwaltung: Wien.

WBGU – Abk. für → Wissenschaftlicher Beirat der Bundesregierung Globale Umweltveränderung.

Wechselkursspekulation → Devisenspekulation.

Welfare Economics → Wohlfahrtsökonomik.

Welfare Function → Wohlfahrtsfunktion.

Welfare Theory → Wohlfahrtsökonomik.

Weltbank → IBRD.

Weltbankgruppe – Begriff für die Internationale Bank für Wiederaufbau und Entwicklung (→ IBRD) und ihre Schwesterorganisationen, der Internationalen Entwicklungsorganisation (→ IDA), der internationalen Finanz-Korporation (→ IFC), der multilateralen Investitions-Garantie-Agentur (→ MIGA) und des internationalen Zentrums für die Beilegung von

Investitionsstreitigkeiten (→ ICSID). – Das gemeinsame *Ziel* dieser Organisationen mit knapp 11.000 Mitarbeitern ist die wirtschaftliche und soziale Entwicklung weniger entwickelter Mitgliedsländer durch die Vergabe von langfristigen Darlehen, Firmenbeteiligungen und Übernahme von Garantien privatwirtschaftlicher → Direktinvestitionen.

Weltentwicklungsbericht – seit 1978 von der → Weltbankgruppe jährlich herausgegebener Bericht, der sich mit wesentlichen wirtschaftlichen Problemen der Entwicklungsländer beschäftigt, wobei jeweils wechselnde, aktuelle inhaltliche Schwerpunkte behandelt werden. Ein umfangreicher Tabellenanhang mit sozialen und ökonomischen Indikatoren ergänzt die wirtschaftspolitischen Ausführungen.

Welternährungsorganisation → FAO.

Welternährungsprogramm der Vereinten Nationen → WFP.

Weltgesundheitsorganisation → WHO.

Welthandelsordnung → GATT.

Welthandelsorganisation → World Trade Organization (WTO).

Welthandels- und Entwicklungskonferenz der Vereinten Nationen → UNCTAD.

Weltkinderhilfswerk → UNICEF.

Weltkonferenzen – seit 1946 jährliche Zusammenkünfte (in Caux/Schweiz) der Bewegung für Moralische Aufrüstung (Moral Rearmament (MRA)), einer Bewegung zur sozialen und politischen Erneuerung der Welt im Geiste des Christentums, hervorgegangen aus der von Frank Buchmann gegründeten Oxford-Gruppen-Bewegung.

Weltorganisation für geistiges Eigentum → WIPO.

Weltorganisation für Meteorologie → UN.

Welttextilabkommen → Multifaserabkommen (MFA).

Weltwährungsfonds → IWF.

Weltwährungssystem – Gesamtheit aller institutionellen und praktischen Regelungen zur möglichst reibungslosen Durchführung zwischenstaatlicher wirtschaftlicher Transaktionen, bes. des Zahlungs- und Kreditverkehrs (→ Währungssystem). Hierzu zählen v.a. die in den Abkommen über den → IWF, die → OECD, die → BIZ sowie die → EU getroffenen Vereinbarungen über den intervalutarischen Zahlungsverkehr.

Weltwirtschaftsgipfel – 1. *Begriff:* Ökonomische und politische Schocks in den 1970er-Jahren führten zur Einsicht der Notwendigkeit einer stärkeren wirtschaftspolitischen Kooperation und zum Informationsaustausch auf höchster Ebene. Der dt. Regierungschef und der franz. Präsident setzten sich für ein Gipfeltreffen der wichtigsten Industrieländer ein (→ G 7, Group of Seven). Der erste Weltwirtschaftsgipfel fand in Rambouillet 1975 statt. Seitdem treffen sich jährlich die Staats- und Regierungschefs Deutschlands, Frankreichs, Großbritanniens, Italiens, Japans, Kanadas und der USA sowie seit 1977 der Präsident der Kommission der Europäischen Gemeinschaft. Seit 1994 nahm Russland faktisch an den G 7-Treffen teil, seit 1998 ist diese Teilnahme formalisiert (→ G 8, Group of Eight). – 2. *Aktivitäten:* Die ersten Gipfel (1975 in Rambouillet, 1976 in Puerto Rico, London 1977) galten der Vertrauensbildung. Der Bonner Gipfel (1978) befasste sich mit ökonomischen Koordinierungsbemühungen, er war die umstrittenste Veranstaltung. Die Gipfel Tokio (1979), Venedig (1980), Ottawa (1981), Versailles (1982), Williamsburg (1983), London (1984), Bonn (1985) dienten der Konsolidierung. Die Gipfel von Tokio (1986), Venedig (1987), Toronto (1988), Paris (1989) und Houston (1990) dienten der währungspolitischen Zusammenarbeit. Der Weltwirtschaftsgipfel 1991 (London) behandelte die Hilfe für die UdSSR, um ihren Reformkurs zu unterstützen; der Weltwirtschaftsgipfel 1992 (München) hatte Zusammenarbeit für Wachstum und eine sichere Welt zum Thema; in Tokio (1993) ging es um Handelsprobleme, Bekämpfung der Arbeitslosigkeit und die Russlandhilfe; der Weltwirtschaftsgipfel 1994 (Neapel) diskutierte Verbesserungen des internationalen Wettbewerbs. 1995 standen in Halifax währungs- und handelspolitische Fragen im Vordergrund. Weitere Gipfel waren Moskau (1996) mit dem thematischen Schwerpunkt nukleare Sicherheit, Lyon (1996) mit dem Schwerpunkt Kampf gegen den Terrorismus, Denver (1997), Birmingham (1998) mit voller russischer Beteiligung, Köln (1999), Okinawa (2000), Genua (2001), Kananskis/Kanada (2002), Evian (2003) und Sea Island/Georgia (2004) mit den Schwerpunkten Armutsbekämpfung, Weltwirtschaftslage und Klimaschutz, Gleneagles (2005) mit den Themen Afrika und Klimaschutz. 2006 wurde der Weltwirtschaftsgipfel (St. Petersburg) das erste Mal von Russland ausgerichtet, Schwerpunkte waren die Energiesicherheit und die Gesundheits- und Bildungspolitik, Heiligendamm (2007) mit den Themen Globalisierung und Klimaschutz. – 3. *Bewertung:* Oft werden die Weltwirtschaftsgipfel als ineffiziente Diskutierzirkel abqualifiziert, da aus ihnen kaum direkt umsetzbare Handlungsanweisungen hervorgehen. Sie dienen jedoch als Forum privaten Meinungsaustausches der Staats- und Regierungschefs der sieben führenden Industrienationen und helfen dem Verständnis wirtschaftspolitischer Zusammenarbeit. Gefahren drohen durch eine Politisierung der Weltwirtschaft, wenn unrealisierbare Vorhaben gegen marktwirtschaftliche Kräfte durchgesetzt werden sollen. Vermittelt wird der Öffentlichkeit eine „Machbarkeit" in währungs- und wirtschaftspolitischen Fragen. Gegen diskretionäre makropolitische Koordinationsabsprachen sind ordnungspolitische Bedenken zu erheben.

Weltwirtschaftskonferenzen → UNCTAD.

Weltzentralbank → Neue Weltfinanzarchitektur.

Werbe- und Abfertigungsvergütung – Leistungsvergütung, die dem bestellten Abfertigungsspediteur für seine Tätigkeit als eine Art „Ersatzgüterabfertigung" vom Unternehmer des gewerblichen Güterfernverkehrs zusteht; Festpreise.

Werkschule – räumliche und organisatorische Zusammenfassung der oft vielfältigen Ausbildungseinrichtungen größerer Unternehmungen. Von staatlich geprüften Lehrkräften geleitete und staatlich anerkannte Werkschulen können der → Berufsschule gleichgestellt werden.

Werkverkehr – Güterverkehr mit eigenen Verkehrsmitteln, für eigene Zwecke und mit eigenem Personal; gesetzlich geregelt im Güterkraftverkehrsgesetz (GüKG). – *Gegensatz:* gewerblicher Verkehr. – Vgl. auch → öffentlicher Verkehr.

Werner-Plan – nach dem damaligen luxemburgischen Ministerpräsident und Finanzminister Werner benannter EG-Bericht. Er enthält einen Plan zu einer stufenweisen Realisierung einer Wirtschafts- und Währungsunion in der EG bis Ende 1980. Auf Beschluss des Rates der EG vom 6.3.1970 wurde eine entsprechende Arbeitsgruppe unter Werners Vorsitz eingesetzt, welche am 8.10.1970 den sog. Werner-Plan vorlegte. Diese wurde leicht revidiert am 22.3.1971 vom Rat verabschiedet. – Die *erste Stufe* vom 1.1.1971 bis zum 31.12.1973 (mit der Möglichkeit einer zweijährigen Verlängerung) sollte bez. der allg. Wirtschaftspolitik eine freiwillige Harmonisierung und Koordinierung der Haushalts- und Steuerpolitiken der EG-Länder, u.a. eine Angleichung von Umsatz-, Verbrauchs- und Körperschaftssteuern, beinhalten. Zudem waren der Einstieg in eine vollständige Öffnung der Kapitalmärkte, eine Verringerung der Wechselkursbandbreiten sowie die Errichtung eines Europäischen Fonds für währungspolitische Koordination vorgesehen. – In der *zweiten Stufe* sollten die Harmonisierungstendenzen beschleunigt und obligatorisch werden, womit eine zunehmende Verlagerung von Kompetenzen von der Ebene der Mitgliedsstaaten auf die EG-Ebene einhergehen sollte. – Die *dritte Stufe* sah die Einführung einer gemeinsamen Währung ab 1980 vor. Aufgrund der weltwirtschaftlichen Problemlagen (Auflösung des globalen Festkurssystems von Bretton Woods, Ölpreiskrise) konnte bereits der Übergang in die zweite Stufe nicht mehr fristgerecht vollzogen werden. – Mitte der 1970er-Jahre wurde der Werner-Plan endgültig *aufgegeben*; wesentliche Elemente wurden jedoch bei der Schaffung des Europäischen Währungssystems (→ EWS) (1979) und auch bei dem Konzept einer Europäischen Währungsunion (EWU) des Vertrages von Maastricht (1991) übernommen.

Wertfreiheit – von Weber geforderte Wissenschaftsethik, die sich auf den Verzicht von intersubjektiv nicht überprüfbaren Werturteilen verpflichten soll. Ursprünglich wurde in der → Wohlfahrtsökonomik versucht, die Forderung nach Wertfreiheit der ökonomischen Theorie dadurch sicherzustellen, dass die allg. akzeptierten Wertprämissen erkundet werden, um unter Berücksichtigung der für die Analyse dadurch exogen vorgegebenen gesellschaftlichen Zielsetzungen ein positives Theoriegebäude zu entwickeln. In der Erkundung allg. Wertprämissen liegt jedoch das Problem. Hier wird es in pluralistischen Gesellschaften immer Unstimmigkeiten geben. Deshalb umgeht die Wohlfahrtsökonomik dieses Problem mit der Beschränkung auf die Verwendung des Nutzens als Ausdruck für die ökonomische Wohlfahrt. Das „wertfreie" Kriterium des Nutzenzuwachses als Ausdruck für die Wohlfahrtssteigerung verlagert das Problem jedoch auf die Definition des Nutzens sowie die Problematik → interpersoneller Nutzenvergleiche. – Vgl. auch Methodenstreit, → Wissenschaftstheorie, normative Betriebswirtschaftslehre, Positivismus.

Wertpapierpensionsgeschäfte – *Effektenpensionierung*. Laut § 340b HGB sind Pensionsgeschäfte Verträge, durch die ein Kreditinstitut oder der Kunde eines Kreditinstitutes (Pensionsgeber) ihm gehörende Vermögensgegenstände einem anderen Kreditinstitut oder einem seiner Kunden (Pensionsnehmer) gegen Zahlung eines Betrages überträgt und in denen gleichzeitig vereinbart wird, dass die Vermögensgegenstände per Termin zu einem höheren Rücknahmepreis vom Verkäufer zurückgekauft werden. Im Fall von Wertpapierpensionsgeschäften handelt es sich bei den Vermögensgegenständen um Wertpapiere, die die Anforderungen an ein Pensionsgeschäft erfüllen. Wertpapierpensionsgeschäfte unter Banken dienen der Steuerung der Liquidität und lassen den Preis des Aktivums weitgehend unberührt. Wertpapierpensionsgeschäfte bilden gleichzeitig das Hauptinstrument der Europäischen Zentralbank – Europäisches System der Zentralbanken (ESZB), Geldpolitik – bei der Liquiditätsversorgung des Systems der → monetären Finanzinstitute (MFI).

Wertstaffel – Staffelung der Beförderungsentgelte nach dem Wert der Güter. Nur noch indirekte Bedeutung.

Westafrikanische Wirtschaftsgemeinschaft → CEAO.

Western European Union → WEU.

Westeuropäische Union → WEU.

Wettbewerb – I. Allgemein: 1. *Allgemein:* Unter Wettbewerb ist das Streben von zwei oder mehr Personen bzw. Gruppen nach einem Ziel zu verstehen, wobei der höhere Zielerreichungsgrad des einen i.d.R. einen geringeren Zielerreichungsgrad des (der) anderen bedeutet (z.B. sportlicher, kultureller oder wirtschaftlicher Wettkampf). – 2. *Wirtschaftlich:* Überträgt man diese sehr allg. gefasste Wettbewerbsvorstellung auf das Wirtschaftsleben, so ist

Wettbewerb begrifflich durch folgende Merkmale charakterisiert: (1) Existenz von Märkten mit (2) mind. zwei Anbietern oder Nachfragern, (3) die sich antagonistisch (im Gegensatz zu kooperativ) verhalten, d.h. durch Einsatz eines oder mehrerer Aktionsparameter ihren Zielerreichungsgrad zulasten anderer Wirtschaftssubjekte verbessern wollen; (4) damit ist eine Komplementarität von Anreiz- und Ordnungsfunktion gegeben, die im sog. sozialistischen Wettbewerb (sozialistische Marktwirtschaft) fehlt. – 3. Um den so skizzierten Wettbewerb inhaltlich auszufüllen, sind in der Literatur verschiedene → wettbewerbspolitische Leitbilder bzw. Konzeptionen entwickelt worden. – 4. Konzept eines *wirksamen Wettbewerbs*.

II. Wirtschaftsethik: Der Wettbewerb bringt ein antagonistisches Element in die sozialen Beziehungen. Dies hat den Menschen und den Moralphilosophen seit Jahrhunderten theoretische und ethische Probleme bereitet. Wirtschaftsethik hat deutlich zu machen, dass der Wettbewerb, sofern er unter einer geeigneten Rahmenordnung stattfindet, eine ethische Begründung hat: Er hält alle Akteure zu Kreativität und Disziplin an und garantiert so, dass die Allgemeinheit sehr schnell in den Genuss der relativ besten Problemlösungen gelangt. Wettbewerb ist nach Böhm „das großartigste und genialste Entmachtungsinstrument der Geschichte".

Wettbewerbsbehörden → Kartellbehörden.

wettbewerbsbeschränkende Strategien → Wettbewerbsbeschränkungen.

Wettbewerbsbeschränkungen – jede Form der Beeinträchtigung der Wettbewerbswirtschaft (der freien → Konkurrenz) durch Maßnahmen des Staates (z.B. Zwangswirtschaft), durch Bildung von Unternehmenszusammenschlüssen (Kartellen, Trusts etc.), durch Preisbindung zweiter Hand u.Ä. – *Zu unterscheiden:* (1) → horizontale Wettbewerbsbeschränkung; (2) → vertikale Wettbewerbsbeschränkung. – *Verhinderung* von Wettbewerbsbeschränkungen ist Aufgabe der Wettbewerbspolitik.

Wettbewerbsfunktionen – Aufgaben bzw. Ziele, die der → Wettbewerb erfüllen soll. Die Funktionen bzw. Ziele des Wettbewerbs lassen sich wie folgt systematisieren: (1) *Verteilungsfunktion* im Sinne einer funktionellen Einkommensverteilung nach der Marktleistung (Prinzip der Leistungsfähigkeit). – *Anders:* Prinzip der Bedarfsgerechtigkeit bzw. der Gleichheit); (2) → Konsumentensouveränität im Sinne einer Steuerung der Zusammensetzung des Warenangebots gemäß den Käuferpräferenzen (Anpassungsfunktion); (3) *optimale Faktorallokation* im Sinne einer Lenkung der Produktionsfaktoren in ihre produktivsten Einsatzmöglichkeiten, wodurch bei gegebener Technik die Gesamtkosten gegebener Produktionsvolumina gesenkt bzw. der Output bei gegebenen Faktoreinsatzmengen gesteigert werden (Allokationsfunktion); (4) *Anpassungsflexibilität* im Sinne einer laufenden flexiblen Anpassung von Produkten und Produktionskapazitäten an sich ständig ändernde Daten (z.B. Nachfragestruktur oder Produktionstechnik); (5) *Förderung des technischen Fortschritts* in Form neuer Produkte oder Produktionsmethoden (Fortschritts- und Entwicklungsfunktion); (6) Gewährleistung der wirtschaftlichen Handlungs- und Entschließungsfreiheit (*Kontrolle wirtschaftlicher Macht* als außerökonomische bzw. metaökonomische Wettbewerbsfunktion; Freiheitsfunktion); (7) Eliminierung Leistungsschwacher aus dem Markt im Sinne der Auslese- bzw. Selektionsfunktion (→ Sozialdarwinismus).

wettbewerbspolitische Leitbilder – 1. *Ordoliberalismus der Freiburger Schule, Leitbild der vollständigen Konkurrenz:* Der Ordoliberalismus der sog. Freiburger Schule (Eucken, Böhm, Müller-Armack etc.) kann als eine Art dritter Weg zwischen einer vermachteten Laissez-faire-Wirtschaft und einer zentral geplanten Verwaltungswirtschaft verstanden werden. Wettbewerb wird dabei als ein *Entmachtungsinstrument* verstanden, was die Marktform der → vollkommenen Konkurrenz voraussetzt. In dieser ist der Marktpreis ein gegebenes Datum für die Wirtschaftssubjekte, das von ihnen nicht beeinflusst werden kann (Mengenanpasser). Das Modell der vollkommenen Konkurrenz als Leitbild der Wettbewerbspolitik ist problematisch, da (a) viele kleine Anbieter und Nachfrager nicht das Potenzial zur Forschung und Entwicklung haben (Fortschritts- und Entwicklungsfunktion), (b) homogene Güter und die Abwesenheit der Präferenzen die Konsumentensouveränität einschränken und (c) vollkommene Information und Markttransparenz sowie unverzügliche Anpassung keinen Vorsprungsgewinn zulassen. – *Konstituierende und regulierende Prinzipien:* Der Ordoliberalismus fordert einen starken Staat, der die *Rahmenbedingungen im Sinne von Spielregeln einer Wettbewerbswirtschaft* setzen muss; denn die Wirtschaftspolitik des sog. Altliberalismus habe gezeigt, dass eine unbegrenzte Vertragsfreiheit der Wirtschaftssubjekte zu einer wachsenden Monopolisierung führe, d.h. zu einer Vergrößerung des Freiheitsspielraums für nur wenige Wirtschaftssubjekte. Zur Erhaltung der Funktionsfähigkeit der Wettbewerbsordnung postuliert Eucken sieben sog. konstituierende und drei regulierende Prinzipien. Die *sieben konstituierenden Prinzipien* sind: (1) Preissystem der vollständigen Konkurrenz; (2) Schaffung einer die Geldwertstabilität sichernden Währungsverfassung; (3) Privateigentum an den Produktionsmitteln; (4) Gewährleistung der Vertragsfreiheit; (5) volle Haftung der Marktteilnehmer; (6) freier Zugang zu den Märkten (Gewerbefreiheit) und (7) Konstanz der Wirtschaftspolitik. Diese sieben konstituierenden Prinzipien werden durch *drei regulierende Prinzipien* ergänzt: (1) aktive Monopol- und Oligopolpolitik; (2) Einkommens- und Konjunkturpolitik, die bestimmte Funktionsschwächen der Marktwirtschaft korrigieren soll, und (3) Sozialpolitik. – Das Leitbild der vollständigen Konkurrenz soll gesichert werden durch ein striktes Kartellverbot, eine präventive Fusionskontrolle sowie eine staatliche → Strukturpolitik und die Entflechtung von → Monopolen im Hinblick auf die Erhaltung bzw. Überführung von Märkten in die Marktform der vollständigen Konkurrenz. Unvermeidbare (natürliche) Monopole *(natürliches Monopol)* sollen nach Eucken nicht verstaatlicht, sondern einer *Missbrauchsaufsicht* durch ein staatliches Monopolamt unterstellt werden (sog. „*Als-ob-Konkurrenz*"), wodurch ein Marktergebnis wie bei vollständiger Konkurrenz realisiert werden soll. – 2. *Konzept des funktionsfähigen Wettbewerbs:* Das von F. W. Kantzenbach entwickelte Konzept eines funktionsfähigen Wettbewerbs geht von den *Aufgaben (Zielfunktionen) des Wettbewerbs* aus, die dieser zu erfüllen hat: (1) Auf den Faktormärkten soll der Wettbewerb die funktionelle Einkommensverteilung nach der Marktleistung steuern *(leistungsgerechte Einkommensverteilung)*, wodurch eine Ausbeutung aufgrund von Marktmacht (→ Macht) verhindert wird. (2) Der Wettbewerb soll die Zusammensetzung des laufenden Angebots an Waren und Dienstleistungen gemäß den Käuferpräferenzen *(Konsumentensouveränität)* steuern, wodurch sich bei gegebener Einkommensverteilung und gegebenem Produktionsvolumen eine optimale Befriedigung der individuellen Bedürfnisse ergibt. (3) Der Wettbewerb soll die Produktionsfaktoren in ihre produktivsten Einsatzmöglichkeiten *(optimale Faktorallokation)* lenken. Dadurch werden bei gegebenem Stand der Produktionstechnik die Gesamtkosten gegebener Produktionsvolumina gesenkt bzw. der Output bei gegebenen Faktoreinsatzmengen gesteigert. (4) Der Wettbewerb soll die laufende flexible Anpassung von Produkten und Produktionskapazitäten an außenwirtschaftlichen Daten, bes. an die sich ständig ändernde Nachfragestruktur und Produktionstechnik *(Anpassungsflexibilität)* ermöglichen. Dadurch wird das Ausmaß von Fehlinvestitionen verringert, die durch Strukturwandlungen hervorgerufenen volkswirtschaftlichen Kosten werden gesenkt. (5) Der Wettbewerb soll die Entstehung, Einsatz und Verbreitung des → technischen Fortschritts in Gestalt neuer Produkte und Produktionsmethoden *(technischer Fortschritt* durch Produkt- und Prozessinnovation) beschleunigen. – *Folgerungen:* Nach Kantzenbach ist ein Wettbewerb dann funktionsfähig, wenn er die fünf - qua Werturteil - vorgegebenen ökonomischen Zielfunktionen bestmöglich erfüllt. Das ist seines Erachtens im *Bereich weiter Oligopole* mit *optimaler Interdependenz*, d.h. mit mäßiger Produktheterogenität und begrenzter Transparenz der Fall, da in dieser Marktform Gewinnchancen, Existenzrisiken und Finanzierungsmöglichkeiten der Unternehmen bes. günstig kombiniert seien. Dagegen sei das *enge Oligopol* durch eine *überoptimale Interdependenz* gekennzeichnet, die entweder zu funktionslosen Oligopolkämpfen oder zu einer faktischen Beschränkung des Wettbewerbs durch *spontan-solidarisches Parallelverhalten* führen. Das → Polypol sei durch eine *unteroptimale Interdependenz* charakterisiert, die mangels ausreichender Selbstfinanzierungsmöglichkeiten, geringer absoluter Unternehmensgrößen und traditioneller Verhaltensweisen nicht die im Hinblick auf strukturelle Anpassung und technischen Fortschritt notwendigen Investitionen erlaube; im Polypol herrsche daher ruinöser Wettbewerb. – *Wettbewerbspolitische Empfehlungen:* Im Hinblick auf das Leitbild des weiten Oligopols sollten enge Oligopole nach Möglichkeit entflochten und Polypole mit unteroptimaler Interdependenz durch eine Legalisierung von Kartellen und Förderung von Zusammenschlüssen in weite Oligopole überführt werden. – 3. *Konzept des freien Wettbewerbs der sog. Neuklassik:* Hoppmann knüpft mit seinem als neuklassisch bezeichneten Wettbewerbskonzept an die klassische Wettbewerbstheorie an. Er unterscheidet zwei *Zielkomplexe der Wettbewerbspolitik:* (1) Sicherung der Wettbewerbsfreiheit im Sinne der Abwesenheit von Zwang durch Dritte (sog. *Entschließungsfreiheit*) und der Abwesenheit von Beschränkungen des Tauschverkehrs durch Marktteilnehmer (sog. *Handlungsfreiheit*); (2) ökonomische Vorteilhaftigkeit des Wettbewerbsprozesses im Hinblick auf niedrigere Preise, bessere Qualitäten oder Einführung des technischen Fortschritts. – Wettbewerbsfreiheit wird als notwendige, jedoch nicht als hinreichende Bedingung für gute Marktergebnisse angesehen; vielmehr müsse ein entsprechender Wettbewerbsgeist (Spirit of Competition) hinzukommen, damit Wettbewerbsfreiheit zu ökonomischer Vorteilhaftigkeit führe. Bei Wettbewerbsfreiheit führe der Marktmechanismus aufgrund ökonomischer Anreize und Sanktionen zu einer Koordination der Pläne und Handlungen der Wirtschaftsobjekte, die für alle Marktteilnehmer vorteilhaft sei (sog. *systemtheoretischer Ansatz*). – *Wettbewerbspolitische Empfehlungen:* Die Handlungs- und Entschließungsfreiheit der Marktteilnehmer soll durch das *Verbot bestimmter Verhaltensweisen* (z.B. Monopolisierung, Diskriminierung, Behinderung oder Fusionen) gesichert werden, wobei die von der Wettbewerbspolitik zu setzenden *Per-se-Regeln* folgendermaßen ausgestaltet sein sollen: (1) Den Wirtschaftsobjekten darf kein positiv definiertes Verhalten vorgeschrieben werden, vielmehr dürfen Verhaltensweisen nur *negativ* durch Verbot ausgeschlossen werden. (2) Dieses Verbot muss *allgemein-abstrakt* erfolgen. (3) Die Wettbewerbsregeln müssen für *alle* Wirtschaftsobjekte gleichermaßen gelten. – 4. *Das Konzept der sog. Chicago School of Antitrust Analysis:* Die Chicago School, die in der Vergangenheit nur mit dem Monetarismus (Friedman u.a.) identifiziert worden ist, hat in den 1970er-Jahren auch ein wettbewerbspolitisches Konzept entwickelt. Das wettbewerbspolitische Konzept dieser Schule (Bork, Demsetz, Director, Posner, Stigler u.a.) war während der 1980er-Jahre unter Präsident Reagan zum Leitbild der US-Antitrustpolitik geworden. – *Elemente:* Die Chicago School versteht das Marktgeschehen als ein *freies Spiel der Kräfte* ohne staatliche Eingriffe, in welchem die Gesündesten und

Besten überleben *(Survival of the Fittest,* sog. → Sozialdarwinismus); dabei soll der Einfluss des Staates auf die Setzung weniger Rahmenbedingungen beschränkt werden. Das *Ziel der Antitrustpolitik* besteht nach der Auffassung dieser Schule allein in einer Maximierung der Konsumentenwohlfahrt. Die *Aufgabe der Wettbewerbspolitik* müsse daher in der Aufrechterhaltung von Marktmechanismen bestehen, die ein Maximum an Konsumentenwohlfahrt im Sinne einer optimalen Allokation der volkswirtschaftlichen Ressourcen gewährleisten. Für die Antitrustbehörden sollen daher nur *zwei Effizienzkriterien* für die Beurteilung von Wettbewerbspraktiken ausschlaggebend sein: (1) die *allokative Effizienz* (im Sinn einer volkswirtschaftlich optimalen Allokation der Ressourcen, d.h. Angebot der Wettbewerbsmenge zum Wettbewerbspreis gemäß der Grenzkosten = Preis-Regel im Gegensatz zum Cournot Fall (Preistheorie)) und (2) die *produktive Effizienz* (im Sinn einer effizienten Ressourcenverwendung in den einzelnen Unternehmen z.b. durch Ausnutzen von Economies of Scale oder Transaction Cost Efficiencies). Um festzustellen, wann diese beiden Effizienzkriterien gewährleistet bzw. gefährdet sind, wollen die Vertreter der Chicago School die neo-klassische Preistheorie heranziehen, wobei → vollkommene Konkurrenz und → Monopol als Referenzsituationen dienen. Die Steigerung der betrieblichen Effizienz wird damit zum ausschließlichen Ziel der Antitrustpolitik; die anderen Wettbewerbsfunktionen (z.B. leistungsgerechte Einkommensverteilung, Konsumentensouveränität oder technischer Fortschritt) werden aus der Analyse ausgeklammert bzw. nicht berücksichtigt. – *Wettbewerbspolitische Empfehlungen:* Da die Chicago School auf die langfristige Wirkung des Marktmechanismus (Fehlen von privaten Marktzutrittsschranken und extrem langfristiger Zeithorizont) vertraut und zudem jeglichen staatlichen Eingriffen ablehnend gegenübersteht, nimmt sie grundsätzlich eine skeptische Haltung im Hinblick auf staatliche Aktivitäten im Bereich des Wettbewerbs ein. Sie kommt daher zu folgenden Empfehlungen: (1) *Fusionen* werden i.Allg. nicht als wettbewerbsgefährdend angesehen, da sie in erster Linie der Ausschöpfung von Economies of Scale oder → Transaction Cost Economies, der Vermögenskonzentration in den Händen überlegener Unternehmen sowie der Bestrafung eines ineffizienten oder schlechten Managements dienen; externes Wachstum (→ Konzentration) sei insofern grundsätzlich Ausdruck von produktiver Effizienz. Eine Fusionskontrolle solle daher in den USA nur noch *im Fall horizontaler Zusammenschlüsse* bei sehr hohen Marktanteilen stattfinden. *Im Fall vertikaler Fusionen* käme es nicht zu direkten Marktanteilszuwächsen und damit einer möglichen Verschlechterung der Marktversorgung; nur im Fall ausgeprägter Marktschließungseffekte sei eine Fusionskontrolle geboten. *Konglomerate Fusionen* stellen nach Auffassung der Chicago School von „Non-Problem" dar. (2) *Wettbewerbswidriges Verhalten* wird dagegen kritischer gesehen als strukturbedingte Konzentration. So wird für *horizontale* Absprachen ein striktes Per-se-Verbot gefordert, während *vertikale* Absprachen als Erhöhung der produktiven Effizienz des handelnden Unternehmens und damit der Erhöhung der Konsumentenwohlfahrt als Ganzes gesehen werden.

Wettbewerbsrecht → Deutsches Kartellrecht, → Europäisches Kartellrecht, unlauterer Wettbewerb.

wettbewerbsrechtliche Ausnahmebereiche – Wirtschaftsbereiche, in denen Wettbewerb aus wirtschaftlichen Gründen nicht möglich (sog. natürliche Ausnahmebereiche, z.B. in Versorgungsnetzen) oder im Hinblick auf die Realisierung bestimmter politisch vorgegebener Ziele nicht geeigenet ist (sog. politische Ausnahmebereiche) ist. – Das geltende Kartellrecht sieht Ausnahmeregelungen lediglich für die Landwirtschaft vor (§ 28 GWB). Ähnliche Regelungen für die Kredit- und Versicherungswirtschaft (§ 29 GWB a.F.), die Urheberrechtsverwertungsgesellschaften (§ 30 GWB a.F.) und für den Sport (§ 31 GWB a.F.) sind hingegen mit der Siebten GWB-Novelle entfallen, sodass für diese Wirtschaftsbereiche die kartellrechtlichen Vorschriften (wieder) uneingeschränkt zur Anwendung kommen. – Vgl. auch kartellrechtliche Ausnahmebereiche.

WEU – Abk. für *Western European Union, Westeuropäische Union;* am 5.5.1955 errichtet, Ende Juni 2011 aufgelöst; sie umfasste 2010 insgesamt 28 Mitglieder mit unterschiedlichem Status: Mitgliedsstaaten, assoziierte Mitgliedsstaaten, Beobachter und assoziierte Partner. Mitgliedsstaaten sind Belgien, Deutschland, Frankreich, Griechenland, Italien, Luxemburg, die Niederlande, Portugal, Spanien und Großbritannien. Assoziierte Mitglieder sind Island, Norwegen, Polen, die Tschechische Republik, die Türkei und Ungarn. Bloßen Beobachterstatus haben Dänemark, Finnland, Irland, Österreich und Schweden. Assoziierte Mitglieder sind Bulgarien, Estland, Lettland, Litauen, Rumänien, die Slowakei und Slowenien. Die WEU ist auf eine kollektive Selbstverteidigung ihrer Mitgliedsstaaten sowie deren wirtschaftliche, politische und kulturelle Integration gerichtet. Im → Amsterdamer Vertrag wurde bestimmt, dass die WEU Bestandteil der Entwicklung der EU ist. Diese Bestimmung wurde im Vertrag von Nizza gestrichen, da die EU die Aufgaben der WEU teilweise an sich gezogen hat. Die WEU hatte wegen der Bemühungen der EU um eine *Europäische Sicherheits- und Verteidigungspolitik (ESVP)* immer mehr an Bedeutung verloren. Mit dem Vertrag von Lissabon, der am 1.12.2009 in Kraft getreten ist, übernahm die EU endgültig alle Aufgaben der WEU. Am 31.3.2010 teilte der Vorstand der WEU mit, dass die WEU aufgelöst wird. Die vollständige Auflösung wurde Ende Juni 2011 vollzogen.

WFP – *World Food Programme, Welternährungsprogramm der Vereinten Nationen;* durch Resolutionen der → UN und der → FAO aus dem Jahre 1961 gegründet; Tätigkeitsbeginn: Januar 1963. – *Sitz:*

Rom. – *Mitglieder:* Über 60 Länder. – *Ziele:* Förderung der wirtschaftlichen und sozialen Entwicklung durch → Nahrungsmittelhilfe, Ernährungssicherungsprogramme und Bekämpfung des Hungers in Notstandsgebieten über Katastrophenhilfen. – *Struktur: Committee on Food Aid Policies and Programmes* aus 42 Mitgliedern (seit 1992), 21 Mitglieder vom FAO-Rat, 21 Mitglieder vom Wirtschafts- und Sozialausschuss der UN (jeweils für drei Jahre), 27 Mitglieder von Entwicklungsländern. *Sekretariat* mit Exekutivdirektor, der gemeinsam vom UN-Generalsekretär und dem Generalsekretär der FAO ernannt wird. – *Aktivitäten:* Internationale Koordination der Nahrungsmittelhilfe für Notfälle. Über Food-for-Work-Projekte soll eine nachhaltige Entwicklung mit Verbesserung der Einkommenssituation von Kleinproduzenten erreicht werden (→ Projekthilfe). Das Budget betrug 2007 2,97 Mrd. US-Dollar.

WHO – Abk. für *World Health Organization, Weltgesundheitsorganisation;* gegründet 1948.*Sitz:* Genf. *Mitglieder* (2008): 193 (Bundesrepublik Deutschland seit 1961); Sonderorganisation der → UN. – 1. *Entstehung:* Vorläufer war die *internationale Sanitätskonferenz* in Paris 1851 und die sich daraus ergebenden *internationalen Sanitätsabkommen* 1926, 1933 und 1944. Die Satzung der WHO wurde am 22.7.1946 von 61 Staaten unterzeichnet und die *WHO Interim Commission* errichtet. Am 7.4.1948 trat sie durch Ratifizierung von 26 Mitgliedern in Kraft (7. April daher Weltgesundheitstag). – 2. *Organe: Weltgesundheitskonferenz,* die jährlich zusammentritt aus Vertretern aller Mitgliedsstaaten; *Exekutivrat:* Fachleute aus 31 Mitgliedsstaaten; *Sekretariat* mit sechs regionalen Zweigorganisationen und einem Verbindungsbüro bei der UN; beratender *Ausschuss* für medizinische Forschung und mehrere *Sachverständigengremien.* Als autonomes Organ im Rahmen der WHO wurde 1965 die *internationale Krebsforschungsstelle* in Lyon eingerichtet. – 3. *Ziele:* Bekämpfung von Krankheiten und Gebrechen, Herbeiführung des völligen, körperlichen, geistigen und sozialen Wohlbefindens der Völker (laut Satzung); Zusammenarbeit aller auf diesem Gebiet tätigen Personen und Dienststellen; Förderung der wissenschaftlichen Forschung, der Berufsausbildung; Hilfestellung für Mitgliedsländer bei dem Ausbau des Gesundheitsdienstes. – 4. *Aufgaben und Arbeitsergebnisse:* Koordinierungszentrale für die internationale Gesundheitsarbeit; Unterstützung der Regierungen bei der Entwicklung eines nationalen Gesundheitsdienstes; Bereitstellung technischer Hilfe, auch in Krisenfällen; Überwachung und Bekämpfung epidemischer, endemischer u.a. Krankheiten; Fürsorge für Mutter und Kind; Förderung und Durchführung von Forschungsarbeiten auf allen Gebieten des → Gesundheitswesens; Erarbeitung verbesserter Standards für Lehre und Ausbildung in Gesundheitsberufen; Entwicklung internationaler Programme, z.B. Einführung internationaler Standards für Arzneimittelbezeichnungen, Entwicklung lokaler Voraussetzungen für den Aufbau eines Gesundheitsdienstes. Einzelaktivitäten der WHO sind z.b. das weltweite Meldesystem gegen Grippeepidemien und die Entwicklung und Bereitstellung von Impfstoffen gegen neue Erreger im Rahmen des erweiterten Impfprogramms. – *Arbeitsbereiche:* Seuchenwarndienst, Rauschmittelbekämpfung, Standardisierung von Heilmitteln, internationale medizinische Forschung, Ausrottung von Massenkrankheiten (Malaria), Ausbildungshilfe für medizinisches Personal, Tagungen medizinischer Experten. – *Einzelprojekte:* Unterstützung nationaler Maßnahmen in Planung und Durchführung des Aufbaus von Gesundheitsfürsorge. – 5. *Bewertung:* Bes. Erfolge verzeichnete die WHO in der Bekämpfung von Seuchen. Beim Abbau des Stadt-Land-Gefälles der gesundheitlichen Versorgung und des Gesundheitsdienstunterschiedes zwischen den Ländern war sie kaum erfolgreich. Während anfänglich die Gesundheitsdienstleistungen kostenlos zur Verfügung gestellt wurden, werden neuerdings geringe Eigenbeiträge der Armen in der Dritten Welt erwartet.

Windfall-Profit – Zufallsgewinn; von einem Windfall-Profit spricht man, wenn ein unvorhergesehener, nicht eingeplanter bzw. nicht einplanbarer Gewinn entsteht. Nicht durch Leistungsabgabe, sondern durch eine Veränderung der Marktlage entsteht ein plötzlicher Vermögenszuwachs. Dieser kann bspw. auf Gütermärkten durch eine Änderung staatlicher Regulierungsvorschriften zugunsten eines Unternehmens oder auf dem Devisenmarkt bei einer unerwarteten positiven Kursänderung eines Wechselkurses entstehen. – Gegenteil: Windfall-Loss. – Vgl. auch → Dynamische Einkommen.

Wintergeld – 1. *Begriff:* Leistung der → Bundesagentur für Arbeit an Arbeitnehmer des Baugewerbes, deren Arbeitsverhältnis in der Schlechtwetterzeit nicht aus witterungsbedingten Gründen gekündigt werden kann (§ 102 IV SGB III). – 2. *Formen:* (1) Mehraufwands-Wintergeld (§ 102 III SGB III) zur Abgeltung witterungsbedingter Mehraufwendungen für geleistete Arbeitsstunden in der Förderungszeit vom 15. Dezember bis zum letzten Kalendertag des Monats Februar; (2) Zuschuss-Wintergeld (§ 102 II SGB III) in der Schlechtwetterzeit vom 1. Dezember bis zum letzten Kalendertag des Monats März für ausgefallene Arbeitsstunden, wenn zu deren Ausgleich Arbeitszeitguthaben aufgelöst und dadurch die Inanspruchnahme von → Saison-Kurzarbeitergeld vermieden wird. – 3. *Ziel:* Das Wintergeld dient der Förderung der ganzjährigen Beschäftigung in der Bauwirtschaft. – 4. *Höhe:* Das Mehraufwands-Wintergeld beträgt 1,00 Euro je geleisteter Arbeitsstunde, das Zuschuss-Wintergeld 2,50 Euro je Ausfallstunde. – 5. *Finanzierung:* erfolgt durch eine Umlage, die in Betrieben des Bauhauptgewerbes 2 Prozent der umlagepflichtigen Bruttoentgelte der gewerblichen Arbeitnehmer, in den Betrieben des Baunebengewerbes 1 Prozent beträgt. Im Bauhauptgewerbe wird die

Umlage zu 60 Prozent von den Arbeitgebern und zu 40 Prozent von den Arbeitnehmern aufgebracht.

WIPO – *World Intellectual Property Organization, Weltorganisation für geistiges Eigentum, Organisation Mondiale pour la Propriété Intellectuelle (OMPI)*; gegründet 26.4.1970; auf der Grundlage des Übereinkommens zur Errichtung der Weltorganisation für geistiges Eigentum (WIPO-Konvention vom 14.7.1967, BGBl. 1970 II 295) errichtet. Seit Dezember 1974 hat sie den Rang einer UN-Sonderorganisation (→ UN). – *Sitz:* Genf. – *Mitglieder* (2013): 185 Länder. – *Ziele:* Förderung des weltweiten Schutzes des geistigen Eigentums durch Zusammenfassung der auf diesem Gebiet tätigen und auf multilateralen Verträgen beruhenden Organisationen. – *Zwei Hauptrichtungen:* gewerbliche Schutzrechte (Erfindungen, Handelsmarken, Patente, gewerbliche Muster) und Urheberrechte (Berner Übereinkunft). – *Aufgaben und Tätigkeit:* Hilfeleistungen für Entwicklungsländer. Bes. Aktivitäten im Rahmen folgender *Programme:* ständige WIPO-Programme für Entwicklungsarbeit im Zusammenhang mit gewerblichen Schutzrechten und Urheber- sowie Nachbarschaftsrechten; ständiger WIPO-Ausschuss für Patentinformationen des internationalen Dokumentationszentrums für Patente in Wien sowie WIPO-Dienste für internationale Registrierung von Handelsmarken; internationale Depositenstelle für gewerbliche Muster, internationale Registrierung von Namens- und Urheberrechten, internationale Beantragung von Patentrechten. – *Veröffentlichungen:* u.a. Copyright (monatlich), Industrial Property (monatlich), Intellectual Property in Asia and the Pacific (vierteljährlich).

wirtschaftliche Rechnungsführung – betriebsbezogenes wirtschaftspolitisches Lenkungsinstrumentarium in → staatssozialistischen Zentralplanwirtschaften. Die wirtschaftliche Rechnungsführung steht für die normative Festlegung aller betrieblichen Rechengrößen wie Kosten, Gewinn, Steuern, Prämienvorschriften etc. („ökonomische Hebel") durch zentrale Lenkungsinstanzen und für die Verhaltensregularien, mit denen das betriebliche Verhalten bei Planaufstellung und -durchführung mittels der „ökonomischen Hebel" im Rahmen des → Planerfüllungsprinzips indirekt auf die Zielvorstellungen der zentralen Lenkungsinstanzen ausgerichtet werden soll. Die wirtschaftliche Rechnungsführung ist als gesamtwirtschaftliches Lenkungsverfahren der güterwirtschaftlichen → Bilanzierungsmethode untergeordnet und soll dabei deren Koordinationslücken ergänzen.

Wirtschaftlichkeitsrechnung – *Wirtschaftlichkeitsberechnung*; Kalkül zur Bestimmung der Wirtschaftlichkeit einer Handlung. – Unterschiedliche Arten von Handlungen (Investition, Produktionsverfahren, Angebot eines Produkts, Unternehmenstätigkeit insgesamt etc.) machen unterschiedliche *Arten von* Wirtschaftlichkeitsrechnungen erforderlich: In erwerbswirtschaftlichen Unternehmen bes. Investitionsrechnung und Auswertungsrechnung der Kostenrechnung (Verfahrensvergleiche, Produkterfolgsrechnungen, Losgrößenrechnungen etc.), in öffentlichen Institutionen u.a. Kosten-Nutzen-Analyse und Nutzwertanalyse.

Wirtschaftsakademie → Berufsakademie.

wirtschaftsberufliche Curriculumentwicklung – Prozess der wissenschaftlichen Planung, Erprobung und Evaluation von Lernsequenzen im Bereich der beruflichen Bildung (→ Berufsbildung) vor dem Hintergrund einer curriculumtheoretischen Konzeption, der sowohl Ziele/Inhalte wie auch Lernprozessgestaltung und -überprüfung umfasst (→ Curriculum). Wirtschaftsberufliche Curriculumentwicklung, als zentrales Problemfeld der → Berufs- und Wirtschaftspädagogik geht damit von der Notwendigkeit wissenschaftlich begründeter und gerechtfertigter Curriculumentscheidungen und einer umfassenden Kritik an der Praxis staatlich-administrativer Lehrplanentwicklung sowie der Qualität berufsbildenden Unterrichts aus.

Wirtschaftsbetriebe der öffentlichen Hand → öffentliche Unternehmen.

Wirtschaftsdidaktik – 1. *Begriff:* Arbeitsbereich der Wirtschaftspädagogik (→ Berufs- und Wirtschaftspädagogik), der als Fachdisziplin die wissenschaftliche Aufklärung der Voraussetzungen, Prozesse und Ergebnisse institutionell organisierten Lernens und Lehrens im Bereich wirtschaftsberuflicher Fächer zum Gegenstand hat und i.d.R. zugleich als Bereichsdidaktik auf das berufliche Bildungswesen, bes. berufsbildende Schulen, bezogen ist. – 2. *Abgrenzung zur wirtschaftsberuflichen Curriculumentwicklung:* Wirtschaftsdidaktik überschneidet sich z.T. mit dem Aufgabenfeld der → wirtschaftsberuflichen Curriculumentwicklung. Ist weniger stark auf komplexe gesellschaftsbezogene Begründungs- und Rechtfertigungszusammenhänge, sondern stärker auf konkrete, gegenwärtige Orientierungsbedürfnisse der Praxis ausgerichtet. Die Entwicklung unterrichtsrelevanter Technologien und Instrumente tritt als Aufgabe hinzu, die i.d.R. durch eine kritisch-emanzipative Funktion ergänzt wird, die auf kritische Reflexion und normativ gerechtfertigte Weiterentwicklung der Ausbildungs- und Unterrichtspraxis zielt. – 3. *Wissenschaftssystematische Einordnung:* Wirtschaftsdidaktik ist im Schnittpunkt erziehungs- und fachwissenschaftlicher (Wirtschaftswissenschaften, Sozialwissenschaften, Jura) Fragestellungen angesiedelt. Entsprechend der Komplexität des Problemfeldes finden sich weitere interdisziplinäre Bezüge v.a. zur Arbeits- und Berufsforschung, Psychologie, Soziologie, Politikwissenschaft und Sozialphilosophie.

Wirtschaftsfachschule → Fachschule für Betriebswirtschaft.

Wirtschaftsförderinstitute – 1. *Begriff:* Institutionen, die Aufgaben der → Wirtschaftsförderung wahrnehmen. Wirtschaftsförderinstitute sind i.d.R. nicht erwerbswirtschaftlich orientiert. Sie handeln überwiegend in öffentlichem Auftrag, teils auch als Selbsthilfeeinrichtungen der Wirtschaft. Im letzteren Fall ist Gemeinnützigkeit charakteristisches Merkmal. – 2. *Organisationsformen:* a) Als *Teil der öffentlichen Verwaltung*, z.B. kommunale → Wirtschaftsförderungsgesellschaften (teils auch in privater Rechtsform der GmbH, aber in öffentlichem Besitz). – b) *Körperschaften oder Anstalten des öffentlichen Rechts*, häufig mit der Ausübung von Bankgeschäften betraut, wie die → Kreditanstalt für Wiederaufbau (KfW), Landesaufbaubanken, Landesentwicklungsgesellschaften (die beiden letzten u.U. auch privatrechtlich organisiert). – c) Privatrechtliche Unternehmen, häufig mit Beteiligung von z.B. Industrie- und Handelskammern, Handwerkskammern, ggf. aber auch der öffentlichen Hand. – 3. *Aktivitäten:* a) *Unternehmensberatung*. – b) *Standortmarketing* (→ kommunale Wirtschaftsförderung). – c) → *Investitionsförderung*. – d) *Vermittlung oder Bereitstellung von Kapitalbeteiligungen* (→ Kapitalbeteiligungsgesellschaften). – e) *Übernahme von Bürgschaften* zugunsten bestimmter Unternehmen (→ Bürgschaftsbanken).

Wirtschaftsförderung – 1. *Begriff:* Maßnahmen der Wirtschaftspolitik zur *selektiven Begünstigung* bestimmter wirtschaftlicher Tatbestände oder Verhaltensweisen. Wirtschaftsförderung ist insofern abzugrenzen von anderen, gesamtwirtschaftlich wirkenden Maßnahmen, etwa zur Konjunktur- oder Wachstumsbelebung (Globalsteuerung). – 2. *Formen:* Die Vielzahl der in der Praxis vorkommenden Ansatzpunkte der Wirtschaftsförderung lassen sich nach Hauptformen zusammenfassen: a) *Sektoral* oder branchenbezogen, z.B. Bergbau, Schiffbau, Wohnungswirtschaft (→ sektorale Strukturpolitik, → Industriepolitik). – b) *Regionale Wirtschaftsförderung* (→ Regionalpolitik). – c) Fördermaßnahmen zugunsten bestimmter *Unternehmensgruppen* oder *wirtschaftlicher Tätigkeiten*. – *Beispiele:* – Existenzgründungsförderung, Mittelstandsförderung, Förderung des Fremdenverkehrs, Filmförderung, Forschung und Entwicklung, → Forschungs- und Entwicklungsförderung, Umweltschutz, betriebliche Ausbildung u.a. – 3. *Begründungen:* Die Notwendigkeit der Wirtschaftsförderung wird i.Allg. damit begründet, dass die begünstigten wirtschaftlichen Tatbestände oder Verhaltensweisen unter den Funktionsbedingungen des Marktes allein nicht zu den volkswirtschaftlich oder gesellschaftlich erwünschten Ergebnissen führen. Es wird folglich von der Notwendigkeit einer Korrektur der Marktmechanismen ausgegangen (→ Marktversagen). – 4. *Träger:* In der Bundesrepublik Deutschland sind aufgrund der verfassungsmäßigen Aufgabenaufteilung zwischen den föderativen Ebenen zunächst die Bundesländer Träger der Wirtschaftsförderung. Tatsächlich gibt es auf Ebene der Bundesländer die größte Zahl an Wirtschaftsförderungs-Maßnahmen. Von ihrer budgetären Ausstattung her gesehen, treten die Landesmaßnahmen allerdings deutlich hinter den Maßnahmen des Bundes zurück. Bes. wichtige Aufgaben der Wirtschaftsförderung werden als Gemeinschaftsaufgaben von Bund und Ländern abgewickelt. Auch auf kommunaler Ebene wird Wirtschaftsförderung betrieben. Schließlich ist die EU als supranationale Institution ebenfalls mit derartigen Aufgaben befasst. Die konkrete Durchführung von Maßnahmen der Wirtschaftsförderung wird häufig speziellen → Wirtschaftsförderinstituten übertragen. – 5. *Instrumente:* Es kann zwischen *nachfrage-* und *angebotsseitig* wirkenden Instrumenten sowie zwischen *fiskalischen* und *nicht fiskalischen* Instrumenten unterschieden werden. Fiskalische Instrumente sind mit Bezug auf einen öffentlichen Haushalt ausgaben- oder einnahmenwirksam. Ausgabenwirksame Instrumente führen zu Zahlungen an private Unternehmen (→ direkte Finanzhilfen), einnahmenwirksame Instrumente bedeuten i.Allg. einen Einnahmenverzicht der öffentlichen Hand (Steuerverzicht). – a) *Absatzförderung mit fiskalischen Instrumenten:* (1) Änderungen in der Höhe und/oder der *Zusammensetzung des Staatsverbrauchs* können (in engen Grenzen) für Zwecke der Wirtschaftsförderung eingesetzt werden, z.B. Förderung der Bauwirtschaft durch öffentliche Bauaufträge, der Luft- und Raumfahrt- oder der Schiffbauindustrie durch militärische Rüstungsaufträge. (2) *Steuerliche Anreize* sind v.a. in Form differenzierter Verbrauchsteuern oder der Mehrwertsteuer möglich (z.B. Mehrwertsteuerpräferenz nach dem früheren Berlinförderungsgesetz). (3) *Absatzförderung für inländische Produkte* durch Verteuerung von Importsubstituten über Einfuhrzölle (ein heute unter den Regeln der WTO nur noch begrenzt einsetzbares Instrument). (4) → Exportförderung durch → öffentlich unterstützte Exportkredite oder durch staatliche Garantien für Exportgeschäfte (Exportkreditgarantien des Bundes). – b) *Absatzförderung mit nicht fiskalischen Instrumenten* beschränkt sich im Wesentlichen auf den Außenwirtschaftsbereich (Abbau von Handelshemmnissen, was allerdings in aller Regel zugleich den Verzicht auf Importrestriktionen bedeutet). – c) *Angebotsseitige fiskalische Instrumente:* (1) *Unentgeltliche Zurverfügungstellung öffentlicher Vorleistungen* (→ Infrastruktur, Einrichtung von → Gewerbeparks oder Gründerzentren (→ kommunale Wirtschaftsförderung)). (2) *Finanzielle Unterstützung der Produktion* (Zuwendungen zu den laufenden Kosten, z.B. Personalkosten) oder der Investitionen (→ Investitionsförderung). (3) *Steuerliche Begünstigung bestimmter Aufwandsarten* (z.B. für Forschung und Entwicklung, Umweltschutz). – d) *Angebotsseitige nicht fiskalische Instrumente:* (1) *Schutz vor ausländischer Konkurrenz* durch nicht tarifäre Handelsbeschränkungen. (2) *Schaffung eines ordnungs- oder wettbewerbspolitischen Sonderstatus* (→ Regulierung, → Deregulierung). – 6. *Quantitative*

Bedeutung fiskalischer Instrumente: Eine umfassende monetäre Erfassung und Bewertung aller Maßnahmen der Wirtschaftsförderung ist nicht möglich, da für die nicht-fiskalischen Maßnahmen ein geldwerter Vorteil praktisch nicht zu ermitteln ist. Aber auch für jene fiskalischen Instrumente, die zu Einnahmenverlusten (Steuerverzichten) des Staates führen, ist nicht immer eine genaue betragsmäßige Quantifizierung möglich. – 7. *Wirkungskontrollen:* Mitnahmeeffekte.

Wirtschaftsförderungsgesellschaften – v.a. auf der Ebene von Städten und Gemeinden, Gemeindeverbänden (Landkreisen) oder Bundesländern tätige Gesellschaften, die, häufig in privater Rechtsform, aber in öffentlichem Auftrag, Aufgaben der → Wirtschaftsförderung wahrnehmen. – Vgl. auch → Wirtschaftsförderinstitute.

Wirtschaftsgemeinschaft südostasiatischer Länder → ASEAN.

Wirtschaftsgemeinschaft westafrikanischer Staaten → ECOWAS.

Wirtschaftsgut → knappes Gut.

Wirtschaftsgymnasium – Schulform im Rahmen des berufsbildenden Schulwesens; → Fachgymnasium mit kaufmännisch-ökonomischer Ausrichtung. Führt i.d.R. zur Allgemeinen Hochschulreife. Als Gymnasium der Aufbauform, das auf den Realschulabschluss oder einen als gleichwertig anerkannten Abschluss aufbaut und über den dreijährigen Schulbesuch zum Abitur führt, existiert das Wirtschaftsgymnasium unter differierenden Bezeichnungen in allen Bundesländern mit Ausnahme Bayerns (dort achtjähriges Wirtschaftswissenschaftliches Gymnasium) sowie Bremens und Nordrhein-Westfalens (dort → Berufsfachschule mit gymnasialer Oberstufe bzw. gymnasialem Zweig). Curriculum des Wirtschaftsgymnasiums geprägt durch eine Kombination des traditionellen gymnasialen Fächerkanons (bes. Deutsch, Geschichte, Mathematik, zwei Fremdsprachen) mit einer von allem „Berufsbezüglichem" befreiten Ökonomik (Volkswirtschaftslehre, Betriebswirtschaftslehre, Rechnungswesen); entsprechend steht die studienpropädeutische Funktion des Wirtschaftsgymnasiums sowohl unter curricularem Aspekt als auch hinsichtlich der Berufswahlpräferenzen der Schüler eindeutig im Vordergrund. Durch die Einführung der neu gestalteten gymnasialen Oberstufe (Kursstufe) hat sich die Tendenz zur Anpassung des Wirtschaftsgymnasiums an andere Gymnasialformen weiter fortgesetzt. Neuerdings entwickeln → Berufskollegs in NRW wirtschaftsgymnasiale Zweige.

Wirtschaftslehre – in der Wirtschaftspädagogik verwendeter Sammelbegriff zur Bezeichnung der zentralen Fächergruppe berufsbildender Schulen im kaufmännisch-verwaltenden Bereich. – 1. *I.e.S.:* Betriebs- und Volkswirtschaftslehre. – 2. *I.w.S.:* Einbeziehung weiterer wirtschaftsorientierter Fächer (wie Rechnungswesen, Wirtschaftsmathematik, auch Rechtslehre). – Vgl. auch → Wirtschaftsdidaktik.

Wirtschaftslehrecurriculum → wirtschaftsberufliche Curriculumentwicklung, → Wirtschaftsdidaktik.

wirtschaftsnahe Infrastruktur – zusammenfassend für solche Bereiche der → Infrastruktur, die unmittelbaren Vorleistungscharakter für die privatwirtschaftliche Produktion haben (z.B. Verkehr, Telekommunikation).

Wirtschaftsordnung – I. Begriff: Uneinheitliche Verwendung des Begriffes Wirtschaftsordnung und Abgrenzung zu → Wirtschaftssystem in der wirtschaftswissenschaftlichen Literatur. Im Folgenden wird als Wirtschaftsordnung die Gesamtheit aller jeweils realisierten Teilordnungen bzw. -strukturen, die ein bestimmtes *Ordnungsgefüge für das ökonomische Handeln* der Menschen konstituieren, verstanden. Der Begriff Wirtschaftssystem beschreibt hingegen für Eucken die beiden Idealtypen der → Verkehrswirtschaft und der → Zentralverwaltungswirtschaft. Das realisierte Ordnungsgefüge einer Wirtschaftsordnung stimmt die wirtschaftlichen Aktivitäten der Menschen aufeinander ab und ist somit Voraussetzung für die knappheitsmindernde Wirkung der arbeitsteiligen Wirtschaftsprozesse; *determinierende Faktoren* sind: (1) Die gesetzlich fixierte → Wirtschaftsverfassung, (2) die gewachsene kulturelle, sittlich-moralische Ordnung und (3) die realisierte → Wirtschaftspolitik. – Die unterschiedlichen Wirtschaftsordnungen können im Anschluss an Eucken und Hensel mittels der Morphologie oder im Rahmen des systemtheoretischen Ansatzes (Neuberger, Duffy) anhand der realisierten Teilstrukturen des Wirtschaftssystems (Entscheidungs-, Informations- und Motivationsstruktur) beschrieben werden.

II. Klassifikation: *Ausgangspunkt* der Systematisierung der vielfältig beobachtbaren oder theoretisch ableitbaren Wirtschaftsordnungen ist die Annahme, dass bestimmte Elemente, Teilordnungen bzw. -strukturen den Charakter einer jeden Wirtschaftsordnung grundlegend bestimmen. Entsprechend der jeweiligen Ausprägung dieses Klassifikationsmerkmals erfolgt die Zuordnung zu den einzelnen *Grundtypen*: 1. Der *Theorie der* → Wirtschaftsstile im Rahmen der → historischen Schule der Nationalökonomie zufolge ist die Gesamtheit der Faktoren, die der Ordnung und Organisation des Wirtschaftsgeschehens konstituieren, das grundlegende Klassifikationsmerkmal, zu dem Wirtschaftsgesinnung und realisierte Technologie ergänzend hinzutreten (Sombart). Die Ordnung und Organisation werden bestimmt durch: (1) Normbildung der Wirtschaftssubjekte, (2) Träger der wirtschaftlichen Initiative, (3) Verteilung der Weisungsbefugnisse, (4) Umfang der Arbeitsteilung, (5) Form der Betriebsorganisation, (6) bedarfs- bzw. verkehrswirtschaftliche Zielsetzung der Produktion. Von den so abgeleiteten unterschiedlichen Wirtschaftsstilen der Dorfwirtschaft, des Handwerks und des

→ Kapitalismus wird angenommen, dass sie mit gewisser Gesetzmäßigkeit aufeinander folgen („Denken in Entwicklungen"). – Vgl. auch → Wirtschaftsstufe. – 2. Dem → Marxismus zufolge ist die Form des Eigentums an den Produktionsmitteln grundlegendes Klassifikationsmerkmal. Je nach Ausgestaltung kann die Wirtschaftsordnung (in marxistischer Terminologie: Produktionsweise) der Urgesellschaft, der Sklavenhaltergesellschaft, dem Feudalismus, dem → Kapitalismus oder dem → Sozialismus bzw. dem → Kommunismus zugerechnet werden. Auch hier wird angenommen, dass diese Grundtypen („Formationen") im Zeitverlauf in der genannten Reihenfolge aufeinander folgen (→ historischer Materialismus). – 3. *Eucken* (s. → Freiburger Schule) zufolge muss in jeder, wie immer gearteten Wirtschaftsordnung geplant werden, und diese Konstante des Wirtschaftsgeschehens wird beim „Denken in Entwicklungen" übersehen. Die gesamtwirtschaftliche Ordnung der Planung ist für ihn daher das elementare Klassifikationsmerkmal und der Ausgangspunkt seiner ordnungstheoretischen Analyse („Denken in Ordnungen"). Je nach der Zahl der Planträger unterscheidet Eucken idealtypisch zwischen der → Verkehrswirtschaft und der → zentralgeleiteten Wirtschaft. – 4. Mit diesem Ansatz korrespondiert derjenige *Hayeks*, der die realisierten Organisationsprinzipien der Handelnsordnung heranzieht. Dabei unterscheidet er zwischen: a) → *Spontanen Ordnungen:* Diese sind dadurch gekennzeichnet, dass die einzelnen Menschen ihre Ziele und Aktivitäten selbstständig und eigenverantwortlich den jeweiligen Umweltbedingungen anpassen (dezentrale Planung). – b) *Organisationen:* Ziele, Aktivitäten und Anpassungsmaßnahmen der Organisationsmitglieder werden durch eine Zentralinstanz bestimmt, deren Plan daher die innerhalb der Organisation ablaufenden Prozesse bestimmt (zentrale Planung). – 5. *Hensel* zufolge bestimmt die Form der gesamtwirtschaftlichen Knappheitsmessung das Allokationssystem und hierdurch die Planungsordnung, da jede wirtschaftliche Planung der Informationen über die Verfügbarkeit bzw. Knappheit der einzelnen Güter und Faktoren bedarf. Er leitet ab, dass es prinzipiell nur zwei Möglichkeiten der Informationsgewinnung gibt: (1) Durch die sich auf Wettbewerbsmärkten bildenden Preise (privatwirtschaftliche → Marktwirtschaft); (2) die Salden güterwirtschaftlicher Planbilanzen (→ Bilanzierungsmethode). Der Markt-Preis-Mechanismus kann nur auf der Basis dezentraler individueller Planung wirksam werden. Die Bilanzierungsmethode dagegen bedarf einer zentralen Instanz, die anhand der Plansalden über den Einsatz aller Faktoren und Mittel entscheidet. Die einzelnen Wirtschaftsordnungen lassen sich also Hensel zufolge nach der Form des gesamtwirtschaftlichen Rechnungszusammenhangs (Marktpreise oder Bilanzsalden), mit der eine bestimmte Planungsordnung korrespondiert, klassifizieren. – 6. Eine *zweidimensionale Klassifizierung* ist möglich durch die Kombination der unterschiedlichen Formen der Planungsordnung (zentral oder dezentral) mit denjenigen der Eigentumsordnung (Privat-, Gesellschafts- oder Staatseigentum an den Produktionsmitteln). Da die personelle Zuordnung der Planungsrechte gleichzeitig diejenige der Verfügungsrechte über die Güter und Faktoren bestimmt – nur so können die Pläne auch realisiert werden –, beinhaltet die Eigentumsordnung in diesem Fall lediglich die Zuordnung der Besitz- und Übertragungsrechte und des Rechts auf Aneignung des Produktionsergebnisses. Abgeleitet werden können folgende Grundtypen: (1) Privatwirtschaftliche → Marktwirtschaft (dezentrale Planung, Privateigentum); (2) → selbstverwaltete sozialistische Marktwirtschaft (dezentrale Planung, Gesellschaftseigentum); (3) → staatssozialistische Marktwirtschaft (dezentrale Planung, Staatseigentum); (4) → Rätedemokratie (Zentrale Planung, Gesellschaftseigentum); (5) → staatssozialistische Zentralplanwirtschaft (zentrale Planung, Staatseigentum). – 7. Die mikroökonomisch ausgerichtete *Theorie der Verfügungsrechte (Property Rights-Theorie)* analysiert die Auswirkungen der Eigentumsrechtsstruktur auf das individuelle ökonomische Verhalten. Das ökonomische Eigentumsrecht beinhaltet Dispositions-, Übertragungs- und Aneignungsrechte an den Gütern und Faktoren. Der jeweilige Umfang dieser Rechte, ihre personelle Zuordnung sowie der institutionelle Rahmen für ihre Wahrnehmung beeinflussen das individuelle Verhalten und präformieren damit auch die Art und Weise, in der der Einsatz dieser Rechte jeweils geplant wird. Die Klassifikation einer Wirtschaftsordnung kann im Rahmen dieses Ansatzes nach Maßgabe der realisierten Verteilung der ökonomischen Eigentumsrechte erfolgen.

III. Ordnungstheoretische Analyse: 1. Die *wirtschaftliche Ordnungstheorie* kann die *Vielfalt beobachtbarer Wirtschaftsordnungen ermitteln,* indem Informationen über die jeweils realisierten Teilordnungen und ihre spezifische Kombination gesammelt werden. Diese Methode, die jedoch keine Erkenntnisse über Wirkungs- und Funktionszusammenhänge innerhalb der Wirtschaftsordnungen vermittelt, war bes. Gegenstand der Historischen Schule. Auch den im angelsächsischen Sprachraum vorherrschende Ansatz des primär empirisch-deskriptiv ausgerichteten Vergleichs der Funktionsweise und Effizienz konkreter Wirtschaftsordnungen *(Comparative Economic Systems)* ist hier zu nennen. – 2. Im Rahmen der *positiven Ordnungstheorie* werden die *Wirkungs- und Funktionszusammenhänge innerhalb einer Wirtschaftsordnung* analysiert. Untersucht wird, welche Teilordnungen bzw. -strukturen eine Wirtschaftsordnung ausmachen, welche dabei den Grundcharakter dieser Ordnung konstituieren, welche Interdependenzen zwischen den einzelnen Teilordnungen bestehen und welche Ausprägung der sekundären Teilordnungen mit dem jeweiligen Grundtypus (zentrale oder dezentrale Verfügungsrechtsstruktur bzw. Planung und Bilanzierung oder Markt-Preis-Mechanismus) konform sind. Auf Basis dieser Analyse können die Funktionsweisen und -probleme einzelner (realer oder theoretisch konzipierter) Wirtschaftsordnung sowie der Grad ihrer Stabilität und Effizienz abgeleitet werden. In diesem Rahmen ist auch eine ordnungstheoretische Beurteilung der Ansätze der → Konvergenztheorie und der → gemischten Wirtschaftsordnung möglich. – *Beispiel:* Wirtschaftsrechnungsdebatte (→ Unmöglichkeitstheorem und → Konkurrenzsozialismus). – 3. Auf der Grundlage der durch die positive Analyse gewonnenen Erkenntnisse geht die *normative Ordnungstheorie* der Frage nach, wie eine *Wirtschaftsordnung konzipiert sein sollte*, um bestimmte ökonomische und außerökonomische Ziele zu erreichen. Hieraus lassen sich Beurteilungskriterien für die Ordnungskonformität der staatlichen Ordnungs- und Prozesspolitik ableiten (s. auch → Systemkonformität). Ein derzeit bes. aktuelles Feld ordnungstheoretischer Analyse sind die Fragestellungen, die sich im Zusammenhang mit der Umwandlung (Transformation) einer staatssozialistischen Zentral- oder Marktwirtschaft in eine privatwirtschaftliche Marktwirtschaft stellen (J. Elster). Mit der Finanz- und Wirtschaftskrise zu Beginn des 21. Jh. rücken auch die Fragen nach der Gestaltung einer stabilen Finanz- und Wirtschaftsordnung („funktionsfähig und menschenwürdig", Eucken) wieder stärker in den wissenschaftlichen und politischen Fokus.

IV. Ordnungsvergleich: 1. *Vergleichskriterien:* Unterschiedliche Wirtschaftsordnungen können u.a. im Hinblick auf ihr Ressourcenpotenzial, ihre infrastrukturelle Ausstattung oder die Struktur einzelner Wirtschaftszweige und -branchen miteinander verglichen werden. – 2. Im Rahmen der *ordnungstheoretischen struktur- und prozessbezogenen Analyse* können Wirtschaftsordnungen wie folgt verglichen werden: (1) Realisierte Wirtschaftsordnungen untereinander *(realer Vergleich);* (2) eine realisierte Wirtschaftsordnung mit der ihr zugrunde liegenden Konzeption *(immanenter Vergleich);* (3) unterschiedliche Konzeptionen untereinander *(konzeptioneller Vergleich).* Diese Analyse kann sich auf einzelne Teilordnungen *(partieller Vergleich)* oder auf die Gesamtwirtschaft *(umfassender Vergleich)* beziehen. Aus den in der positiven Ordnungstheorie gewonnenen Erkenntnissen können Aussagen über die jeweilige relative Stabilität und Effizienz der Wirtschaftsordnungen abgeleitet werden. – 3. Ein dritter komparativer Ansatz vergleicht die *Ergebnisse des Wirtschaftsprozesses* in unterschiedlichen Ordnungen, wobei die Wahl der Indikatoren und die Vergleichbarkeit der Daten (z.B. bei der Messung des individuellen Lebensstandards) bisher nicht eindeutig geklärte Probleme sind.

Wirtschaftspädagogik → Berufs- und Wirtschaftspädagogik.

Wirtschaftspolitik → Allgemeine Wirtschaftspolitik.

wirtschaftspolitische Grundlagen → Allgemeine Wirtschaftspolitik.

wirtschaftspolitische Instrumente → wirtschaftspolitische Mittel.

wirtschaftspolitische Konzeption – System von grundlegenden gesellschaftlichen Zielen, ordnungspolitischen Grundsätzen sowie einer konformen Instrumentenauswahl. Kontinuität in der praktischen Wirtschaftspolitik erfordert einen dauerhaften politischen Konsens über die wirtschaftspolitische Konzeption und eine permanente Überprüfung der → Systemkonformität. – *Beispiele:* → Liberalismus, → Sozialismus, → Soziale Marktwirtschaft.

wirtschaftspolitische Maßnahmen → wirtschaftspolitische Mittel.

wirtschaftspolitische Mittel – *wirtschaftspolitische Instrumente, wirtschaftspolitische Maßnahmen.* 1. *Systematische Gliederung:* a) In Anlehnung an Gliederungssysteme der allgemeinen Wirtschaftspolitik wird z.B. zwischen *ordnungs- und prozesspolitischen Mitteln* unterschieden (→ Ordnungspolitik, → Prozesspolitik). Die Grenzen verschwimmen, wenn ordnungspolitische Mittel den Wirtschaftsprozess beeinflussen oder prozesspolitische Mittel die Wirtschaftsordnung aushöhlen. Zu den ordnungspolitischen Mitteln zählen v.a. die Eigentumspolitik und die Wettbewerbspolitik. – b) Eine andere Systematik setzt beim institutionellen *Träger* an und unterscheidet z.B. zwischen der → Finanzpolitik und der Geldpolitik. Zu den finanzpolitischen Mitteln zählen im Einzelnen die Einnahmenpolitik (Steuern, Zölle), die Ausgabenpolitik und die Fiskalpolitik als Finanzpolitik zum Ziele der Stabilisierung. Die geldpolitischen Instrumente umfassen die Zinspolitik, die Geldmengenpolitik und die Währungspolitik. – c) *Weitere Systeme* der Gliederung wirtschaftspolitischer Mittel bilden die Instrumente der Marktintervention (Preis- und Mengeninterventionen) und der → Verteilungspolitik (Einkommenspolitik und Vermögenspolitik). – Alle genannten Bereiche der wirtschaftspolitischen Mittel lassen sich in Einzelinstrumente weiter untergliedern. – 2. *Formelle Charakteristik:* Für den praktischen Einsatz der wirtschaftspolitischen Mittel ist, ebenso wie bei den → wirtschaftspolitischen Zielen die → Operationalisierbarkeit der Mittelvariablen entscheidend. Je genauer ein Mitteleinsatz numerisch festgelegt und tatsächlich auch realisiert werden kann, umso sicherer ist seine Wirksamkeit (→ Ziel-Mittel-Zusammenhang). – 3. *Zwischenziel oder Indikator:* Eine weitere Charakteristik des wirtschaftspolitischen Mittels resultiert aus seiner Funktion als → Zwischenziel. Wegen des Transmissionsprozesses vom Einsatz der wirtschaftspolitischen Instrumente bis zur Wirkung auf die wirtschaftspolitischen Ziele (vgl. → Ziel-Mittel-Zusammenhang) werden verschiedene Größen (z.B. die Geldmenge, Wechselkurse oder Kreditmarktzinsen) als Indikator oder Zwischenziel der Wirtschaftspolitik verwendet. Der Indikator sollte vom wirtschaftspolitischen Entscheidungsträger steuerbar sein und in einer zeitlich und quantitativ stabilen Beziehung zum Endziel (z.b. Inflationsrate) stehen. – 4. *Nebeneffekt:* Von bes. Bedeutung sind die möglichen Nebeneffekte wirtschaftspolitischer Mittel. Sie bezeichnen den meist unerwünschten Einfluss des Mitteleinsatzes auf andere wirtschaftliche Größen, die nicht zu den angestrebten Zielgrößen gehören. So kann z.b. ein überzogener Einsatz fiskalpolitischer Mittel zum Zwecke der Konjunktur- und Wachstumssteuerung zu Inflationseffekten führen.

wirtschaftspolitischer Prozess – 1. *Begriff:* Der wirtschaftspolitische Prozess ist Analyseobjekt der allgemeinen Wirtschaftspolitik, die v.a. die Struktur des wirtschaftspolitischen Prozesses beschreibt und damit häufig eine Erklärung des Misslingens wirtschaftspolitischer Maßnahmen liefert. – 2. *Struktur:* Der wirtschaftspolitische Prozess lässt sich in eine Folge von Ablaufphasen unterteilen. Diese beziehen sich sowohl auf die Behandlung der → wirtschaftspolitischen Ziele als auch auf die Handhabung der wirtschaftspolitischen Mittel und bestehen aus Variationen der Standardphasen der Information, Entscheidung, Durchführung, Kontrolle und Modifikation. – a) *Zielorientierte Ablaufphasen:* Am Beginn des Prozesses steht eine zielorientierte Informationsphase, in der mögliche Zielgrößen erfasst werden (z.B. die Preisniveauentwicklung). In einer nachfolgenden zielorientierten Entscheidungsphase werden die erwünschten Zielgrößenwerte (Ziel-Soll) festgelegt (z.B. eine gewünschte Inflationsrate von 2 Prozent). Danach wird in einer zielorientierten Ex-Ante-Durchführungsphase eine Prognose des künftigen Zielwertes (Ex-Ante-Ziel-Ist) vorgenommen (z.B. Inflationsprognose von 3,5 Prozent) und der Prognosewert mit dem Sollwert in einer Ex-Ante-Kontrollphase verglichen. – Ist eine über einen Toleranzwert hinaus gehende Differenz feststellbar, beginnt der mittelorientierte Prozessabschnitt. Andernfalls (z.B. Inflationsprognose von 2,1 Prozent) wird eine zielorientierte Ex-Post-Durchführungsphase zur Erfassung des tatsächlich eingetretenen Zielwertes (Ex-Post-Ziel-Ist) vorgenommen und in der zielorientierten Ex-Post-Kontrollphase mit dem Sollzielwert verglichen. Bei Übereinstimmung ist der Prozess erfolgreich abgeschlossen.Bei Nichtübereinstimmung ist eine zielorientierte Modifikationsphase einzuleiten, die alle bisher durchlaufenen Prozessphasen betrifft und schließlich zum Neubeginn der anfänglichen Informationsphase führt. – b) *Mittelorientierte Ablaufphasen:* Wird aufgrund der mittelorientierten Ex-Ante-Kontrolle eine nicht tolerierbare Differenz festgestellt, beginnt der mittelorientierte Prozessabschnitt. Am Beginn steht die mittelorientierte Informationsphase, in der die möglichen wirtschaftspolitischen Instrumente erfasst und ihre Einwirkungen auf den Zielwert analysiert werden (→ Ziel-Mittel-Zusammenhang). In der anschließenden Entscheidungsphase wird das wirtschaftspolitische Mittel (z.B. Begrenzung der Geldmengenausweitung) festgelegt und der Wert der einzusetzenden Mittelvariablen (Mittel-Soll) fixiert (z.b. Begrenzung der Geldmengenausweitung auf 5 Prozent). Die mittelorientierte Durchführungsphase beinhaltet die Realisation dieser Mitteleinsatzwerte (Mittel-Ist). Ob dies mit Erfolg geschehen ist, wird in der nachfolgenden mittelorientierten Kontrollphase überprüft. Ist der Mitteleinsatz nicht im vorgegebenen Umfang realisiert worden, muss eine mittelorientierte Modifikationsphase eingeleitet werden, in der die vorangegangenen mittelorientierten Ablaufphasen überprüft werden. Kann dort kein Fehler festgestellt werde, ist eine zielorientierte Modifikation vorzunehmen. – Erst ein erfolgreicher Mitteleinsatz kann zum erfolgreichen *Ende des wirtschaftspolitischen Prozesses* führen. Dazu ist jedoch zunächst eine Rückkehr zum zielorientierten Prozessteil notwendig. Wie bereits zuvor beschrieben ist eine zielorientierte Ex-Post-Durchführungsphase vorzunehmen, um bei dem mit einem erfolgreichen Mitteleinsatz tatsächlich erreichten Zielwert festzustellen. Erst der nachfolgende Kontrollabschnitt kann die erfolgreiche Zielerreichung endgültig bestätigen. – 3. *Zeitverzögerungsproblematik* (Lag, Time-Lag): Wegen der zeitlichen Verzögerung zwischen dem Erkennen der wirtschaftlichen Störung und dem Wirken der eingesetzten wirtschaftspolitischen Instrumente auf die End- bzw. Oberziele der Wirtschaftspolitik kann sich eine prozyklische Verstärkung der Maßnahmen ergeben. Man kann die Time-Lags untergliedern in Recognition Lag (Verzögerung beim Erkennen der Zielabweichung, z.B. aufgrund statistischer Messprobleme), Decision Lag (Verzögerung wegen der parlamentarischen Beratung und Entscheidung), Institutional Lag (Verwaltungs- und bürokratische Verzögerung), Implementation Lag (Verzögerung wegen des Ausarbeitens konkreter Programme) sowie dem Impact Lag (Verzögerung zwischen dem Einsatz der Instrumente und der Wirkung auf die Zielvariablen).

wirtschaftspolitischer Träger – 1. *Begriff:* Der wirtschaftspolitische Träger ist ein Kernstrukturelement der allgemeinen Wirtschaftspolitik. Die Auswahl und die Funktion des wirtschaftspolitischen Trägers ist im Wesentlichen durch das allg. politische System bestimmt, in dem der wirtschaftspolitische Träger operiert. Seine Definition berührt deshalb auch Fragen der → Wirtschaftsordnung und der Staatsverfassung. – 2. *Charakteristik:* Der wirtschaftspolitische Träger bestimmt den praktischen Vollzug der wirtschaftspolitischen Handlungen. Seine Charakterisierung resultiert aus der Beantwortung der beiden Fragen: „Wer handelt für wen" und „Wozu und wodurch ist der Handelnde legitimiert". – a) Die erste Frage betrifft die *aktive und passive Rolle der Staatsangehörigen* im wirtschaftspolitischen Trägersystem, das wirtschaftspolitische Personifikationssystem mit den Grundtypen: (1) Individuelle Trägerschaft: Jeder handelt für sich selbst (z.B. freie Marktwirtschaft, geordnete Anarchie); (2) Gruppenträgerschaft: Die Gruppe handelt für sich selbst (z. B. Kibbuz, Kleinkommune); (3) monarchische Trägerschaft: Einer handelt für alle (Monarchie, Diktatur); (4) oligarchische Trägerschaft: Eine Gruppe handelt für alle (Aristokratie, Junta, parlamentarische Demokratie); (5) polyarchische Trägerschaft: Alle handeln für alle (direkte Demokratie, Volksabstimmung). – Bei abgestuften Personifikationssystemen (z.B. bei föderalen Staatsstrukturen) ist die Art der Zusammenfassung der wirtschaftspolitischen Kompetenzen von zusätzlicher charakteristischer Bedeutung (z.b. die Dominanz der Bundespolitik über die Länderpolitik). – b) Die zweite Charakterisierung des wirtschaftspolitischen Trägers beruht auf seiner *Legitimation*, mit den Teilaspekten Legitimationsverfahren und -bereich. (1) Die verschiedenen *Legitimationsverfahren* entsprechen weitgehend den unterschiedlichen Verfassungsformen eines Staates. Bes. sind die Methoden der Auswahl wirtschaftspolitischer Träger zu beachten (z.B. demokratische Wahl, Ernennung, Duldung, gewaltsame Übernahme der Trägerschaft). (2) Der *Legitimationsbereich* verweist in funktioneller Sicht auf die einzelnen Ablaufphasen des → wirtschaftspolitischen Prozesses. Weiterhin sind zeitliche (z.B. Wahlperioden), räumliche (z.B. regionale Begrenzungen), thematische (z.B. Europäische Zentralbank für Geldpolitik oder die Gebietskörperschaften i.S.d. Stabilitäts- und Wachstumsgesetzes für die Fiskalpolitik) und personelle Abgrenzungen möglich.

wirtschaftspolitisches Instrumentarium → wirtschaftspolitische Mittel.

wirtschaftspolitisches Personifikationssystem → wirtschaftspolitischer Träger.

wirtschaftspolitisches Ziel – 1. *Systematische Gliederung:* Eine monovariable Allgemeinformulierung des wirtschaftspolitischen Ziels, wie etwa den Wohlstand der Nation zu vermehren oder die gesellschaftliche Wohlfahrt zu maximieren, stellt sich i.d.R. als nicht praktikabel heraus. Stattdessen wird eine Vielzahl von Zielen (z.B. Unterziele des Wohlfahrtsziels) spezifiziert. Der erste Schritt der Wirtschaftspolitik besteht in der Erstellung eines Zielsystems. Dabei wird ausgegangen von den Grundwerten der Gesellschaft (Freiheit, Gerechtigkeit, Gleichheit) als wirtschaftspolitische Oberziele. Anschließend leitet man im Rahmen der → Operationalisierung Unterziele (Vollbeschäftigung, Preisniveaustabilität, Angemessenes und stetiges Wirtschaftswachstum, außenwirtschaftliches Gleichgewicht, Umwelt und soziale Sicherung) aus den Oberzielen ab. Die → Zielbeziehungen sind bes. zu berücksichtigen. – Die spezielle Ausformulierung der wirtschaftspolitischen Ziele leitet dabei mehr und mehr von der allgemeinen Wirtschaftspolitik zur speziellen Wirtschaftspolitik über. *Die zielorientierte Spezialisierung der Wirtschaftspolitik kann nach dynamischen, sektoralen, regionalen, strukturellen und sozialen Aspekten erfolgen.* Im Einzelnen zählen (1) zu den dynamischen Zielorientierungen Wachstumspolitik und Konjunkturpolitik (Stabilitätspolitik) mit den Einzelzielen Geldwertstabilität und Vollbeschäftigung, (2) zu den sektoralen Zielorientierungen → Agrarpolitik, → Industriepolitik und Handelspolitik mit den Unterteilungen in Binnen- und Außenhandel, (3) zu den regionalen Zielorientierungen Entwicklungspolitik, (4) zu den strukturellen Zielorientierungen → Energiepolitik, Verkehrspolitik, Rohstoffpolitik – diese drei werden vermehrt auch der → Umweltpolitik untergeordnet – und die Kommunikationspolitik mit den Untergebieten Medien- und Nachrichtentechnik sowie (5) zu den sozialen Zielorientierungen Gesundheitspolitik, Sozialhilfepolitik und Rentenpolitik. Die Grenzziehung zu vielen vormals als rein gesellschaftspolitisch angesehenen Politikfeldern wird dabei zunehmend durch die wirtschaftlichen Implikationen und Interdependenzen aufgehoben. – 2. *Formelle Charakteristik:* Bes. im Hinblick auf eine Steuerung der wirtschaftspolitischen Ziele durch einen geeigneten Instrumenteneinsatz sind die formellen Eigenschaften von wirtschaftspolitischen Zielen von Bedeutung. Zwei Aspekte stehen dabei im Gegensatz: Die → Operationalisierbarkeit und der Repräsentationsgehalt der Zielvariablen. Daneben besteht das Aggregationsproblem, individuelle Wirtschaftsziele (i.Allg. die individuelle Nutzenmaximierung) zu einer gesellschaftlich getragenen wirtschaftspolitischen Zielgröße (z.B. gesellschaftliche Wohlfahrt) zusammenzufassen (Aggregation). – Dabei können unlösbare Widersprüche entstehen (→ Arrow-Paradoxon) oder Ziele formuliert werden, die entweder wegen ihrer unpräzisen Formulierung nicht operationalisierbar sind (z.B. das Ziel, einen allg. Konjunkturaufschwung herbeizuführen) oder als Scheinziele den eigentlichen Zielgehalt nicht repräsentieren (z.B. als Indikator des Konjunkturaufschwungs den Wert der vergebenen Staatsaufträge zu wählen und das Ziel der Verdoppelung dieses Wertes anzustreben). – I.d.R. gilt: Je höher der Aggregationsgrad der Zielformulierung ist, um so geringer ist die Operationalisierbarkeit. Je höher die Operationalisierbarkeit, um so geringer der Repräsentationswert der Zielformulierung. – 3. *Zielinterdependenzen:* (a) Zwischen den Unterzielen können Zielkonflikte auftreten die eine gleichzeitige Verfolgung bestimmter Zielkombinationen verhindern. Nach der originären und keynesianischen Phillips-Kurve ist z.B. die gleichzeitige Erreichung von Vollbeschäftigung und Geldwertstabilität unmöglich. Neben diesen horizontalen Zielkonflikten unter den Unterzielen besteht grundsätzlich ein potenzieller Zielkonflikt zwischen den Unterzielen und dem mittels Erreichung dieser Unterziele angestrebten Gesamtziel, da dieser zusammenhang nicht hinreichend bekannt ist (→ Ziel-Mittel-Zusammenhang). Andere Zielkonflikte sind zwischen Umwelt und Wachstum oder zwischen Preisniveaustabilität bzw. hohem Beschäftigungsstand und dem außenwirtschaftlichen Gleichgewicht. (b) Zielharmonie liegt zwischen der Zielsetzung des Wachstums der Wirtschaft und der des hohen Beschäftigungsstandes vor. Je schneller die Wirtschaft wächst, umso schneller werden neue Arbeitsplätze geschaffen. (c) → *Zielneutralität* bedeutet, dass ein steigender Realisierungsgrad bei einem Ziel ohne Auswirkung auf den Zielerreichungsgrad bei anderen Zielen ist. Beispiele sind die Umwelt im Verhältnis zum außenwirtschaftlichen Gleichgewicht oder zur Preisniveaustabilität. – Vgl. auch → Zielbeziehungen.

Wirtschaftssektoren → Sektoren der Volkswirtschaft, Kreislaufanalyse.

Wirtschaftsstil – 1. *Charakterisierung:* Bezeichnung der → historischen Schule der Nationalökonomie zur Kennzeichnung und Klassifizierung von → Wirtschaftsordnungen, bes. auf Sombart und Spiethoff zurückgehend. Je nach Ausprägung der zur Bestimmung des Wirtschaftsstils herangezogenen Merkmale ergeben sich unterschiedliche (klassifikatorischer Aspekt) und im Zeitverlauf mit gewisser Regelmäßigkeit aufeinander folgende (entwicklungstheoretischer Aspekt) Wirtschaftsordnungen. – *Beispiele* für zugrunde gelegte Klassifikationsmerkmale: (1) Wirtschaftsgesinnung, Ordnung und Organisation des Wirtschaftens, Stand der Technik sowie ökonomisch relevanter Datenkranz (Sombart) oder (2) Wirtschaftsgeist, natürliche und technische Grundlagen des Wirtschaftens, Gesellschafts- und Wirtschaftsverfassung sowie Wirtschaftslauf (Spiethoff). – 2. *Kritische Einwände:* (1) Auswahl der jeweils zugrunde liegenden Merkmale und ihre Gewichtung gelten als nicht eindeutig bestimmbar und logisch zwingend. (2) Interdependenzen zwischen den einzelnen Merkmalen werden nicht ausreichend analysiert. (3) Die These der zwangsläufigen zeitlichen Abfolge unterschiedlicher Wirtschaftsstile steht im Widerspruch zur Variabilität und Offenheit des Entwicklungsprozesses. – Vgl. auch → Wirtschaftsstufen, → Wirtschaftsordnung.

Wirtschaftsstruktur – 1. *Allgemein:* Struktur wird als Aufteilung einer ökonomischen Größe in relevante Teilaggregate bezeichnet. – 2. *Wirtschaftlich:* Als ökonomische Größe kommen viele Sachverhalte in Betracht, z.B. Sozialprodukt, Angebot, Nachfrage, Konsum, Investitionen, Beschäftigung, Export, Import, Märkte, Unternehmensgröße etc. – Häufig verwendet werden die Begriffe sektorale und regionale Wirtschaftsstruktur: (1) Unter *sektoraler Wirtschaftsstruktur* versteht man etwa die Anteile einzelner Sektoren (wie Verarbeitendes Gewerbe, Energie- und Wasserversorgung, Bergbau, Handel, Land- und Forstwirtschaft, öffentliche Dienstleister) am Sozialprodukt, die Verteilung der Erwerbstätigen auf Sektoren, oder die Aufteilung der Investitionen auf Sektoren. Bezieht sich die Analyse nicht auf den Vergleich zwischen Sektoren, sondern auf Aspekte innerhalb eines bestimmten Sektors, spricht man von intrasektoraler Struktur. (2) Unter *regionaler Wirtschaftsstruktur* versteht man die Verteilung der genannten Größen im geografischen Raum einer Volkswirtschaft. – Vgl. auch → Strukturpolitik.

Wirtschaftsstufen – 1. *Begriff:* Bezeichnung der Volkswirtschaftstheorie für die in der geschichtlichen Entwicklung der Wirtschaft sich wiederholende Muster des Industrialisierungsprozesses. Die Entwicklungsstadien werden nach Kriterien wie Produktionsweise, Art der Agrar- und Güterproduktion oder nach der Organisationsart des Tauschverkehrs eingeteilt. Vertreter solcher Typologien sind Marx, Hoffmann, Kuznets und Rostow. – 2. *Marx* unterscheidet fünf aufeinander folgende Stufen, die sich durch unterschiedliche Ausprägung von Produktivkräften und Produktionsverhältnissen voneinander unterscheiden (→ historischer Materialismus). – 3. Nach *Rostow* sind ebenfalls fünf Wirtschaftsstufen zu unterscheiden: (1) Die traditionelle Gesellschaft, deren Struktur- und Produktionsmöglichkeiten auf vornewtonscher Wissenschaft und Technik basieren. (2) Übergangsphase zur wirtschaftlichen Expansion, in der die Grundlagen für den wirtschaftlichen Aufstieg geschaffen werden, indem neue Wertvorstellungen sowie geeignete politische und wirtschaftliche Organisationsformen entstehen. (3) Der wirtschaftliche Aufstieg (Take-off-Phase), charakterisiert durch die Durchsetzung neuer Technologien in Landwirtschaft und Industrie und einen Anstieg der Investitionsquote auf über 10 Prozent des Nettoinlandsprodukts. (4) Die wirtschaftliche Reife (Mature Economy), erreicht etwa 60 Jahre nach Beginn des Aufstiegs und gekennzeichnet durch die institutionelle Anpassung der Gesellschaft an die Erfordernisse effizienter Produktionsmethoden, sowie durch die Vielfalt von Industriezweigen. (5) Der Massenkonsum, charakterisiert durch das Aufkommen des Wohlfahrtsstaates und der Massenproduktion dauerhafter Konsumgüter. Indikator dieses Stadiums ist die Produktion des Automobils. – 4. *Beurteilung:* Die kritischen Einwände gegen eine derartige Sicht der historischen Entwicklung wirtschaftlichen → Wachstums richten sich hauptsächlich auf das starre Ablaufschema. Die Diskrepanzen in der Entwicklung einzelner Volkswirtschaften seien jedoch zu groß, als dass sie in ein allg. Schema gepresst werden könnten. – Im *Gegensatz* zu Stufentheorien ist die Rostowsche Konzeption als Alternative zur marxistischen Auffassung der Entwicklung von Gesellschaften gedacht.

Wirtschaftssystem – I. *Begriff:* uneinheitliche Verwendung des Begriffes Wirtschaftssystem und Abgrenzung zu → Wirtschaftsordnung in der wirtschaftswissenschaftlichen Literatur. – *Definitionen:* 1. Nach *Sombart* (→ historische Schule): Wirtschaftsweise einer Gesellschaft, determiniert durch Wirtschaftsgesinnung (Zwecksetzung und Verhalten der Wirtschaftssubjekte), Ordnung und Organisation des Wirtschaftslebens (Rechts-, Sitten- und Konventionalordnung) und realisierte Produktionstechnologien. – 2. Nach *Eucken* (Ordoliberalismus, → Freiburger Schule): Idealtypische Art und Weise der

Lenkung des Wirtschaftens. Klassifikationskriterium ist für ihn, ob die Planung des Wirtschaftsgeschehens dezentral von den einzelnen privaten und öffentlichen Haushalten (→ Verkehrswirtschaft) oder von einer Zentralinstanz (→ Zentralverwaltungswirtschaft) durchgeführt wird. Zusammen mit den Marktformen (vollständige Konkurrenz, Teiloligopol, Oligopol, Teilmonopol, Monopol), den Formen der Geldentstehung (Warengeld, Kreditgeld) und den Hauptformen der Geldwirtschaft determiniert das Wirtschaftssystem (Form der Planung) die (marktwirtschaftliche) Wirtschaftsordnung. – *Wirtschaftsordnung* ist definiert als die Gesamtheit der jeweils realisierten Formen, in denen Haushalte und Unternehmen miteinander verbunden sind. Sie setzt sich aus verschiedenen Teilordnungen zusammen: Ordnung der Landwirtschaft, der gewerblichen Wirtschaft, des Verkehrswesens, der Arbeitsverhältnisse und des Geldwesens. Spätere Begriffserweiterung um die sittlichen und rechtlichen Determinanten des Wirtschaftsgeschehens (Hensel). – 3. Im Rahmen des heute vorherrschenden *systemtheoretischen Ansatzes der Sozialwissenschaften* bildet das Wirtschaftssystem den analytischen Oberbegriff. Unter einem → System werden eine Menge von Elementen, die in einem System- und Sinnzusammenhang stehen, die zwischen ihnen bestehenden Interdependenzen und die hieraus folgenden Abläufe verstanden (Systemtheorie). Das Wirtschaftssystem ist ein Teil des Gesellschaftssystems. Als Mindestklassifikation wird zwischen wirtschaftlichem, politischem und kulturellem Teilsystem unterschieden. – Die Menschen, Grundelemente eines jeden Gesellschaftssystems, werden je nach Handlungszweck ihrer Aktivitäten den einzelnen Teilsystemen zugeordnet; sie sind gleichzeitig Mitglieder aller drei Teilsysteme und diese gegenüber ihrer Umwelt jeweils offen, sodass Interdependenzen zwischen diesen einzelnen gesellschaftlichen Teilstrukturen bestehen. Handlungszweck des Wirtschaftssystems ist die Produktion von Gütern und Dienstleistungen. Die von den Menschen in ihrer Eigenschaft als Produzenten und/oder Konsumenten durchgeführten Aktivitäten formen den Wirtschaftsprozess; dieser wird bestimmt durch (1) die Wirtschaftsordnung, die die realisierte Form theoretisch möglicher Systemregelungen repräsentiert. Sie setzt sich zusammen aus der rechtlich fixierten → Wirtschaftsverfassung und der gewachsenen kulturellen und sittlich-moralischen Ordnung; (2) die Wirtschaftsfaktoren, die vorhandene → Ressourcen, → Humankapital und daneben wirtschaftsrelevante Daten (Klima, Größe eines Landes u.a.) umfassen.

II. **Systemanalyse:** Ziel ist die Ableitung der relevanten Systemstrukturen bzw. der Bestandteile des Wirtschaftssystems, die Bestimmung der möglichen Ausprägungen dieser Strukturen bzw. Bestandteile und die Ermittlung der Interdependenzen zwischen ihnen sowie ihres Einflusses auf den Wirtschaftsprozess. – *Ansätze:* 1. *Morphologischer Ansatz* (von Eucken begründet): Die einzelnen Bestandteile der jedes Wirtschaftssystem determinierenden Rahmenordnung werden ermittelt. Diese als Hauptformen genannten Teilordnungen (Ordnung der Planung, des Eigentums, der Märkte, des Wettbewerbs etc.) können in unterschiedlichen Ausprägungen (Elementarformen) realisiert werden. Jedes Wirtschaftssystem lässt sich so als Kombination unterschiedlicher Elementarformen klassifizieren; hinzu treten die rechtlichen und sittlich-moralischen Rahmenbedingungen. – *Weitere Erkenntnisse* können gewonnen werden: Welche theoretisch möglichen unterschiedlichen Elementarformen miteinander vereinbar bzw. unvereinbar sind; Folgerungen über die Legitimation (Konsensnorm, → Konstitutionenökonomik) und Effizienz realisierter Wirtschaftssystemen und die → Systemkonformität wirtschaftspolitischer Maßnahmen ausgehend von der Annahme, dass der Form der Planung (zentral oder dezentral) die wesentliche Bedeutung zukommt und sie die systemspezifische Festlegung der übrigen Elementarformen und deren Kombinationsmöglichkeiten determiniert. – 2. *Entscheidungstheoretischer Ansatz* (von Neuberger und Duffy begründet): Eine Reihe von Grundproblemen, die in jedem Wirtschaftssystem gelöst werden müssen, werden abgeleitet. Jedem dieser Aufgabenbereiche entspricht eine Teilstruktur des Wirtschaftssystem. Zu bestimmen sind: (1) Entscheidungsstruktur: Wie wird die Macht, wirtschaftlich relevante Entscheidungen treffen zu können, auf die Gesellschaftsmitglieder verteilt; (2) Informationsstruktur: Wie werden die wirtschaftlich relevanten Informationen gesammelt, gespeichert, bearbeitet und übermittelt; (3) Motivationsstruktur: Wie werden die Menschen zu Aktivitäten, die die gesamtwirtschaftliche Knappheitsminderung ermöglichen, motiviert; (4) Koordinationsstruktur: Abstimmung der einzelnen Aktivitäten; (5) Kontrollstruktur: Sicherstellung, dass die tatsächlichen Handlungen den ökonomischen Anforderungen entsprechen.

Wirtschafts- und Sozialausschuss der EU (WSA) – Abk. für *Wirtschafts- und Sozialausschuss der EU (WSA).* – 1. *Gegenstand:* Der WSA (Art. 13 IV EUV-Lissabon, Art. 300 II, IV und Art. 301-304 AEUV) ist ein sog. *Hilfsorgan* der → EU. Er dient durch die Abgabe sog. Stellungnahmen der Beratung des → Rats der Europäischen Union und der → Europäischen Kommission. – 2. *Zusammensetzung:* Der WSA setzt sich aus Vertretern der wichtigsten Interessengruppen (Unternehmen, Gewerkschaften, Verbraucher, Branchenverbände, Berufsverbände, Landwirte etc.) des wirtschaftlichen und sozialen Lebens innerhalb der Gemeinschaft zusammen; diese sind drei verschiedenen Obergruppen zugeordnet (Arbeitgeber, Arbeitnehmer, übrige Bereiche des wirtschaftlichen und sozialen Lebens). In Gestalt des WSA sind die maßgeblichen mitgliedstaatlichen und transeuropäischen Verbände in den politischen Willensbildungsprozess und in das Rechtssetzungsverfahren der

EU eingebunden. – 3. *Mitglieder:* Der WSA besitzt seit dem 1.1.2007 344 Mitglieder. Deren nationale Verteilung ergibt sich derzeit aus dem in Art. 7 des Protokolls Nr. 36 zum EUV (ex-Art. 258 EGV) festgelegten Schlüssel (der in ziemlich losem Zusammenhang zur unterschiedlichen Größe der Mitgliedsstaaten steht). Mit dem Vertrag von Lissabon wird die Höchstzahl der Mitglieder durch Art. 301 AEUV auf 350 beschränkt (der Schlüssel ergibt sich dann aus einem neu zu fassenden Beschluss des Rates). Die meisten Vertreter haben Deutschland, Frankreich, Italien und Großbritannien mit jeweils 24 Mitgliedern. Die Mitglieder des WSA werden von den jeweiligen nationalen Interessenverbänden nominiert und auf Vorschlag der nationalen Regierungen für die Dauer von vier Jahren vom Rat persönlich (*ad personam*) ernannt (nach Inkrafttreten des AEUV auf die Dauer von fünf Jahren). Die Wiederernennung ist zulässig. Die Mitglieder des WSA sind an Weisungen nicht gebunden und üben ihre Tätigkeit in voller Unabhängigkeit zum allg. Wohl der EU aus. – 4. *Bedeutung:* Vor einer Entscheidung über einen (Gesetzgebungs-)Vorschlag der Europäischen Kommission ist das jeweilige Projekt und der dazugehörige Entwurf zunächst dem → Europäischen Parlament und – in der Mehrzahl der Fälle – auch dem WSA zur Stellungnahme zu unterbreiten. Die Stellungnahmen des WSA spiegeln die Auffassungen der beteiligten Gruppen zu einem Gesetzgebungsvorhaben wider; die Stellungnahmen binden aber weder den Rat noch die Europäische Kommission und sie besitzen auch keine aufschiebende Wirkung. Nachhaltige Akzente konnte der WSA in der Vergangenheit in Gestalt des Entwurfs für die sog. → EU-Sozialcharta setzen. Im Laufe der Zeit hat sich eine wachsende Zahl von Interessenverbänden außerhalb des WSA „europäisch" organisiert, um die eigenen Anliegen unmittelbar an die Europäische Kommission und den Rat der Europäischen Union heranzutragen.

Wirtschafts- und Sozialkybernetik – Die Wirtschaftskybernetik widmet ihr Forschungsinteresse den dynamischen Systemen Unternehmung und Volkswirtschaft. – Die *Vorgehensweise* der Wirtschafts- und Sozialkybernetik besteht in einer schrittweisen Detaillierung (Disaggregation) der Systembeschreibung bis zu einem Erklärungsmodell, das die Zusammenhänge zwischen den wirtschaftlichen Entscheidungen und den problemrelevanten Prozessen beschreibt. Die Systembeschreibung erfordert eine auf den betrachteten Realitätsausschnitt bezogene Struktur- und Verhaltensanalyse, an die sich die theoretische und empirische Modellbildung anschließt. Auf dieser Basis erfolgt die Ermittlung des optimalen oder auch des anspruchsniveau-gerechten Verhaltens der Entscheidungsträger mit Optimierungskalkülen oder Simulations-Tests zur Vorgabe von Sollwerten oder Sollwert-Pfaden für die konkreten Aufgaben in der Praxis. Die Anwendung der Wirtschafts- und Sozialkybernetik bietet somit die Möglichkeit, dynamische Entscheidungsprobleme unter Ungewissheit theoretisch und empirisch zu erforschen und in Modelle zu überführen. Dem Entscheidungsträger wird dadurch eine Entscheidungshilfe für alle Phasen seines Entscheidungsprozesses (Planung, Realisation, Überwachung) gegeben. Die Operationalisierung komplizierter Systeme ist möglich, bes. durch schrittweise Erweiterung der Modelle (Modelltechnik) und die Einbindung von Kostenüberlegungen durch die Bewertung der einzelnen Systemelemente. Es lassen sich stochastische Relationen berücksichtigen und die Modelle sind bei Verwendung des Regelprinzips ex definitione flexibel, da sie den veränderten Informationsstand bei Entscheidungen in der Zukunft berücksichtigen und Zieländerungen im Zeitablauf erfassen können. Viele wirklichkeitsfremde Prämissen reiner Planungsmodelle lassen sich durch die Anwendung der Wirtschafts- und Sozialkybernetik abbauen.

Wirtschafts- und Währungsunion → EWWU, → EU, → Wirtschaftsunion, Währungsunion.

Wirtschaftsunion – Zusammenschluss von selbstständigen Staaten zu einem gemeinsamen Wirtschaftsgebiet mit binnenmarktgleichen Verhältnissen (multinationale, gemeinschaftliche Volkswirtschaft; in der EU: → Einheitlicher Binnenmarkt). Die Verwirklichung einer Wirtschaftsunion erfolgt im Wege einer stufenweisen Harmonisierung der Außen- und Binnenwirtschaftspolitik der Mitgliedsstaaten sowie ihrer → Sozialpolitik. Ein Großteil der nationalen Rechtsordnung wird dort supranationales Recht ersetzt oder diesem angepasst. – *Beispiel:* → EWWU.

Wirtschaftsverfassung – 1. *Begriff:* Der Begriff stammt aus der jüngeren → historischen Schule und wurde dort meist gleichbedeutend mit verwandten Begriffen wie → Wirtschaftsstil, → Wirtschaftsstufe, → Wirtschaftssystem oder → Wirtschaftsordnung gebraucht. Aufgegriffen wurde er in den 1930er-Jahren von Vertretern der → Freiburger Schule (Böhm, Eucken), die ihn zur Bezeichnung eines eigenständigen Wirtschaftsverfassungs-Konzepts benutzten. – Rechtswissenschaft und Volkswirtschaftlehre haben in der Folge unterschiedliche Schwerpunkte bei der Diskussion dieses Konzepts gesetzt. Grundsätzlich trägt das Konzept in all seinen unterschiedlichen Ausprägungen der Tatsache Rechnung, dass alle Interaktionsprozesse im Rahmen des gesellschaftlichen Wirtschaftens durch Regeln gesteuert werden. Soweit diese Regeln durch den Staat gesetzt sind (externe → Institutionen), lassen sie sich als Teil der Wirtschaftsverfassung bezeichnen. – a) *Ökonomisch* wird zwischen einem deskriptiven und einem funktionalen Wirtschaftsverfassungsbegriff unterschieden: (1) Der *deskriptive Begriff* umfasst alle durch den Gesetzgeber erlassenen Rechtsregeln, die in Form von Ge- und Verboten die ökonomischen Aktivitäten der Rechtssubjekte beeinflussen. (2) Der *funktionale Begriff* bezieht sich auf diejenigen Rechtsregeln, die für ein bestimmtes Wirtschaftssystem, i.d.R. die

→ Marktwirtschaft, als konstitutiv gelten. – b) Die *juristische* Diskussion von Wirtschaftsverfassung konzentriert sich auf den deskriptiven Begriff und unterscheidet: (1) Wirtschaftsverfassung i.e.S. bezieht sich ausschließlich auf die entsprechenden Regeln, die in der Verfassungsurkunde festgehalten sind. (2) Wirtschaftsverfassung i.w.S. erstreckt sich zusätzlich auf alle anderen wirtschaftlich relevanten und in sonstigen Gesetzen und Verordnungen fixierten Regelungen. – 2. *Leitgedanken des Konzepts der Wirtschaftsverfassung:* Ausgangspunkt der funktionalen Sicht von Wirtschaftsverfassung waren die Arbeiten von Böhm und Eucken, die Wirtschaftsverfassung übereinstimmend als „Gesamtentscheidung über die Ordnung des Wirtschaftslebens eines Gemeinwesens" bezeichnen (→ Ordnungsökonomik). Sie beziehen diese „Gesamtentscheidung" auf ihre idealtypische Unterscheidung von → Marktwirtschaft und → Zentralverwaltungswirtschaft, um darauf hinzuweisen, dass die unterschiedlichen Systemeigenschaften dieser Wirtschaftssysteme entsprechend unterschiedliche rechtliche Beziehungen und Rechtsregeln implizieren. Dies ermöglicht umgekehrt eine analytische Verknüpfung von deskriptivem und funktionalem Begriff: Wirtschaftsverfassung im funktionalen Sinn kann bei der Analyse real beobachtbarer Wirtschaftsverfassungen im deskriptiven Sinn als Referenzmaßstab dienen, um die funktionale Qualität der beobachtbaren Rechtsregeln zu beurteilen. In diesem Sinn lassen sich also z.B. Aussagen darüber treffen, inwieweit die Wirtschaftsverfassung der Bundesrepublik Deutschland den funktionalen Anforderungen einer marktwirtschaftlichen Wirtschaftsverfassung entspricht. Darüber hinaus sind Aussagen über die möglichen Folgen einer Diskrepanz zwischen Referenzmaßstab und zu beobachtender Wirtschaftsverfassung ableitbar. – 3. *Inhalte einer marktwirtschaftlichen Wirtschaftsverfassung:* Die funktionalen Anforderungen einer marktwirtschaftlichen Wirtschaftsverfassung ergeben sich aus grundlegenden Eigenschaften eines marktwirtschaftlichen Systems. Danach müssen die Regeln dazu beitragen, Selbstkoordination und Selbstkontrolle zu erleichtern bzw. zu sichern. Sie müssen dabei so ausgestaltet sein, dass die Handlungsfreiheit der ökonomischen Akteure gewährleistet und ihr Wissensbedarf reduziert wird. Diese Anforderungen können unter den Begriff der *Universalisierbarkeit* subsumiert werden. Universalisierbare → Regeln sind: (1) *Allg. gültig*, d.h. sie finden ausnahmslos und unbefristet auf alle Wirtschaftssubjekte Anwendung; (2) *offen oder abstrakt*, d.h. sie untersagen nur solche Handlungen, die für die Handlungsfreiheit anderer als erheblich erkannt wurden, und lassen damit eine unbekannte Zahl von Handlungsmöglichkeiten zu; (3) *bestimmt oder gewiss*, d.h. auf ihr Fortbestehen kann vertraut werden, und sie untersagen nur solche Handlungen, die von Umständen abhängen, die zu kennen oder festzustellen vernünftigerweise von den Betroffenen erwartet werden kann. – Vor dem Hintergrund des konstitutionellen Wissensmangels (ähnlich → Schleier der Unwissenheit) aller Wirtschaftssubjekte erfüllt die Universalisierbarkeit von Rechtsregeln zwei *Funktionen:* Danach gestaltete Regeln stabilisieren Erwartungen und halten das Marktsystem offen für neu entwickelte Handlungsmöglichkeiten. – In diesem Sinn liegt der Zweck einer marktwirtschaftlichen Wirtschaftsverfassung darin, institutionelle Vorkehrungen zur Sicherung von marktlicher Selbstkoordination und Selbstkontrolle bereitzustellen. *Selbstkoordination* erfordert, dass durch den Gesetzgeber: (1) Private Eigentumsrechte als Tauschobjekte und als Elemente der Begrenzung individueller Einflusssphären definiert und gesichert werden, welche von den Inhabern derartiger Rechte in eigener Verantwortung genutzt werden können; (2) die Autonomie aller Wirtschaftssubjekte in dem Sinn hergestellt wird, dass ihnen gleicher Rechtsstatus verliehen wird. Dies veranlasst sie, in all jenen Fällen, in denen sie bei der Verfolgung ihrer individuellen (wirtschaftlichen) Ziele auf die Zusammenarbeit mit anderen angewiesen sind, ihre Wirtschaftspläne nur durch Aushandeln von Verträgen zu koordinieren; (3) die wirtschaftliche Freiheit privater Akteure garantiert wird, indem ihnen entsprechende wirtschaftliche Grundrechte gewährt werden, die vor staatlicher Einflussnahme geschützt sind. Die Selbstkoordination dezentral handelnder ökonomischer Entscheidungsträger erfordert also die Herstellung und Sicherung dessen, was Hume als „Sicherheit des Besitzes, Übertragung durch Zustimmung und Erfüllung von Versprechungen" beschrieben hat. Die entsprechenden Rechtsregeln sind wichtige Bestandteile des Privat- bzw. Bürgerlichen Rechts. Selbstkontrolle durch die Vornahme von Wettbewerbshandlungen erfordert Handlungsfreiheit. Diese Freiheit schließt die Möglichkeit ein, sich nicht wettbewerblich zu betätigen. Sie kann aber ebenso benutzt werden, um die Wettbewerbsfreiheit anderer einzuschränken. Solche Handlungen sind möglichst zu verhindern (s. auch konstituierende Prinzipien, → Freiburger Schule). – 4. *Wirtschaftsverfassung des Grundgesetzes:* Im Sinn des deskriptiven Begriffs wurde in den ersten Jahren der Bundesrepublik Deutschland heftig darüber diskutiert, ob das Grundgesetz eine bestimmte Wirtschaftsverfassung vorschreibt. Auf der einen Seite wurde, bes. von *Nipperdey*, argumentiert, das Grundgesetz verankere die Wirtschaftsverfassung der → Sozialen Marktwirtschaft. Die andere Seite, vertreten v.a. durch *Abendroth* und *Krüger*, postuliere der „wirtschaftspolitische Neutralität des Grundgesetzes": Danach setze das Grundgesetz dem Gesetzgeber keinerlei Schranken bei der Ausgestaltung der Wirtschaftsverfassung es lasse also eine liberale wie eine sozialistische Wirtschaftsverfassung zu. Das *Bundesverfassungsgericht* hat sich in seinem sog. Investitionshilfeurteil von 1954 weder der einen noch der anderen Auffassung angeschlossen. Es hat dem Gesetzgeber allerdings einen weiten Ermessensspielraum zugestanden, soweit dieser die im Grundgesetz festgelegten Grenzen beachtet. Diese bestehen zum einen in der Gewährung wirtschaftlicher Freiheitsrechte durch die Verfassung (v. a. (wirtschaftliche) Handlungsfreiheit, Berufsfreiheit, Eigentumsfreiheit), zum anderen im Sozialstaatlichkeitspostulat des Grundgesetzes. In dem Sinn sind nur die „reine" Marktwirtschaft und die Zentralverwaltungswirtschaft durch das Grundgesetz ausgeschlossen. – Aus ökonomischer Sicht ist der Streit über die Wirtschaftsverfassung, des Grundgesetzes von geringer Bedeutung. Aufgrund seiner inhaltlichen Unbestimmtheit dürfte das Konzept einer sozialen Marktwirtschaft mit den vom Bundesverfassungsgericht niedergelegten Grundsätzen im Wesentlichen übereinstimmen.

wirtschaftswissenschaftliche Politikberatung – 1. *Zielsetzung:* Erhöhung der Rationalität in der Wirtschaftspolitik durch den Einbezug wirtschaftswissenschaftlichen Sachverstands in den Entscheidungsprozess. Der Informationsstand der Politiker in der Entscheidungsvorbereitung und der Erfolgskontrolle soll erhöht und die kritische Beurteilung des Entscheidungsverhaltens wirtschaftspolitischer Entscheidungsträger erleichtert werden. Die Entscheidung selbst bleibt in der Verantwortlichkeit der Politiker. – 2. *Probleme:* Wissenschaftler werden durch ihre Beratertätigkeit zu Einflussträgern der Wirtschaftspolitik; dies beinhaltet die Möglichkeit zur gezielten Einflussnahme, ohne einer parlamentarischen Kontrolle zu unterliegen. Die kritische Distanz des Wissenschaftlers zum Politiker wird evtl. verringert; die Kritikfunktion der Beratung wird geschwächt. Divergierende wissenschaftliche Auffassungen ermöglichen es Politikern, durch eine gezielte Vorauswahl von Beratern scheinbar objektive Argumente für präferierte Entscheidungsmöglichkeiten zu „produzieren". – 3. *Beispiel:* Sachverständigenrat zur Begutachtung der gesamtwirtschaftlichen Entwicklung (SVR).

Wirtschaftszweig – Zusammenfassung produzierender institutioneller Einheiten nach einer in der EU verbindlichen Klassifikation der Wirtschaftsbereiche (Wirtschaftzweigsystematiken). Die Zuordnung einzelner Produktionseinheiten zu einem Wirtschaftszweig erfolgt nach dem Schwerpunkt der wirtschaftlichen Tätigkeit, i.d.R. gemessen an der Beschäftigtenzahl.

Wissenschaftlicher Beirat der Bundesregierung Globale Umweltveränderung (WBGU) – von der Bundesregierung 1992 ins Leben gerufenes unabhängiges interdisziplinäres Expertengremium zur periodischen Begutachtung der globalen Umweltveränderungen und ihrer Auswirkungen; Geschäftsstelle in Berlin. Der WBGU besteht aus neun Wissenschaftlern, die natur- und gesellschaftswissenschaftliche Disziplinen vertreten. Sie werden vom Bundeskabinett auf Vorschlag von den Ministern für Bildung und Forschung (BMBF) bzw. Umwelt, Naturschutz und Reaktorsicherheit (BMU) für vier Jahre berufen (Wiederberufung möglich). – Der Beirat legt der Bundesregierung jährlich ein Gutachten vor und kann von ihr mit Sondergutachten beauftragt werden. Das weit gefächerte Aufgabenfeld umfasst z.b. globale Umweltveränderungen auf den Gebieten Klima, Ozonabbau, Tropenwälder und sensible terrestrische Ökosysteme, sozioökonomische Folgen globaler Umweltveränderungen.

wissenschaftlicher Sozialismus → Sozialismus.

wissenschaftliche Wirtschaftspolitik → Allgemeine Wirtschaftspolitik.

Wissenschaftsrat – unabhängiges Gremium, mit dem die Zusammenarbeit des Bundes, der Länder und der dt. wissenschaftlichen Institutionen bei der Förderung von Wissenschaft und Forschung gesichert werden soll. Geschäftsstelle mit Sitz in Köln. Errichtet aufgrund eines Verwaltungsabkommens zwischen Bund und Ländern vom 5.9.1957.

Wissenschaftstheorie → Methodologie.

WMO → UN.

Wohlfahrt → Wohlfahrtsökonomik.

Wohlfahrtsfunktion – *Welfare Function.* 1. *Begriff:* Formale Darstellung der Aggregation individueller Wohlfahrtsvorstellungen. In der → Wohlfahrtsökonomik sind eine Reihe von Wohlfahrtsfunktionen entwickelt worden, um das Verteilungsproblem zu lösen, das innerhalb der pareto-optimalen Punkte, die die → Kontraktkurve ergeben, nicht gelöst werden kann. Zu nennen sind bes. die → Bergsonsche Wohlfahrtsfunktion, die → Bernoulli-Nash-Wohlfahrtsfunktion, die → Leontief-Lerner-Wohlfahrtsfunktion sowie die → Rawlsche Wohlfahrtsfunktion. – 2. *Beurteilung:* Die Verwendung von Wohlfahrtsfunktionen beruht auf einer Reihe deutlich einschränkender Annahmen: Einstimmige Vereinbarung entsprechend dem Postulat der Konsumentensouveränität sowie der Möglichkeit kardinaler Nutzenmessungen und → interpersoneller Nutzenvergleiche. Auch ein Übergang von der Einstimmigkeitsregel zur Mehrheitsentscheidung schafft keine Abhilfe. Arrow hat nachgewiesen, dass die theoretische Ableitung einer auf demokratischen Mehrheitsentscheidungen basierenden Wohlfahrtsfunktion unmöglich ist (→ Arrow-Paradoxon).

Wohlfahrtskriterien – Kriterien zur Ermittlung des gesellschaftlichen → Wohlfahrtsoptimums. In der → Wohlfahrtsökonomik sind eine Reihe von Wohlfahrtskriterien entwickelt worden. Zu nennen sind bes. das → Pareto-Optimum, das → Kaldor-Hicks-Kriterium, der → Scitovsky-Doppeltest, das → Samuelson-Kriterium und das → Little-Kriterium. Alle Wohlfahrtskriterien stellen den Versuch dar, eine einwandfreie Definition für ein Wohlfahrtsoptimum zu liefern.

Wohlfahrtsökonomik – *Wohlfahrtstheorie, Welfare Economics, Welfare Theory.* 1. *Begriff:* Teilgebiet der Mikroökonomik. Die Wohlfahrtsökonomik analysiert die Bedingungen für ein → Wohlfahrtsoptimum und die Kriterien für gesellschaftliche Wohlfahrtserhöhungen. Dabei geht die Wohlfahrtsökonomik der Frage nach, wie mit volkswirtschaftlich knappen Mitteln gewirtschaftet werden soll, damit eine Versorgung erreicht wird, die von den Gesellschaftsmitgliedern als bestmöglich beurteilt wird. Ausgehend von der individuellen Nutzenbetrachtung entwickelt die Wohlfahrtsökonomik → Wohlfahrtskriterien, mit deren Hilfe alternative gesellschaftliche Zustände sowie wirtschaftspolitische Maßnahmen bez. ihres Wohlfahrtsgehaltes beurteilt werden können (→ Hauptsätze der Wohlfahrtsökonomik). – 2. *Erkenntnisziele:* Die Wohlfahrtsökonomik verfolgt den Anspruch, eine mikroökonomisch fundierte Entscheidungsgrundlage für wirtschaftspolitisches Handeln zu liefern. Dazu wird die Wohlfahrtsökonomik als positive Theorie formuliert, die ihre normativ vorgegebenen Ziele im Sinn der angestrebten → Wertfreiheit als exogen gegeben betrachtet. Um ein Wohlfahrtsoptimum abzuleiten, sind modelltheoretisch zunächst zwei Grundfragen zu klären: (1) *Produktionstechnisches Allokationsproblem:* Klärung der verfügbaren → Produktionsfaktoren sowie ihrer produktionstechnisch bedingten Kombinationsmöglichkeiten. (2) *Bewertungsproblem:* Klärung der verwendeten Bewertungsregeln, d.h. der verwendeten Wohlfahrtskriterien und → Wohlfahrtsfunktionen. Sind die Grundfragen beantwortet, impliziert die Anwendung des Rationalitätsprinzips formal eine Maximierung der Wohlfahrt unter Nebenbedingungen. – 3. *Entwicklung:* Die Wohlfahrtsökonomik gibt keine einheitliche Antwort auf das Grundproblem, welche Kriterien geeignet sind, um die in der Mikroökonomik verwendeten individuellen Nutzeneinheiten in gesellschaftliche Wohlfahrtsaussagen transformieren zu können. Dies hängt wesentlich zusammen mit der grundlegenden Informationsbasis der Wohlfahrtsökonomik, dem Nutzenmaßstab. Im Laufe der Theorieentwicklung hat sich der Umgang mit dem Nutzen, den verfügbare Gütermengen stiften, als Maßstab für die Wohlfahrt von Individuen und Gesellschaften deutlich verändert. – a) *Traditionelle Wohlfahrtsökonomik:* Die von Pigou und Marshall geprägte traditionelle Wohlfahrtsökonomik basiert auf der Annahme, dass individuelle Nutzen kardinal mess- und addierbar seien. Dies ermöglicht interpersonelle Nutzenvergleiche und die Aggregation individueller Nutzeneinheiten zu gesellschaftlichen Wohlfahrtsfunktionen. Während Marshall mit dem Konzept der → Konsumentenrente das Wohlfahrtsoptimum partialanalytisch herleitet, richtet Pigou sein b. Augenmerk auf externe Effekte als mögliche Verursacher von → Wohlfahrtsverlusten. Positive externe Effekte, d.h. die positive Differenz zwischen sozialen und privaten Nettogrenzproduktivitäten, sollen durch Subventionierung des Faktoreinsatzes und negative externe Effekte mittels einer entsprechenden Besteuerung internalisiert werden (→ Pigou-Steuer). – b) *Neuere Wohlfahrtsökonomik, auch paretianische Wohlfahrtsökonomik:* Vertreter sind v.a. Pareto, Kaldor, Hicks, Boulding, Samuelson und Sen. Die neuere Wohlfahrtsökonomik geht davon aus, dass kardinale sowie interpersonell vergleichbare Nutzenmessungen nicht möglich sind. Dafür arbeitet die paretianische Wohlfahrtsökonomik mit einem ordinalen Nutzenmaßstab. Dieser setzt nur noch die individuelle Vergleichbarkeit alternativer Güterbündel im Sinn von „besser", „schlechter" oder „indifferent" voraus. Hiervon ausgehend wird das Wohlfahrtsoptimum mithilfe zentraler Wohlfahrtskriterien (v.a. → Pareto-Optimum und → Kaldor-Hicks-Kriterium) und von Wohlfahrtsfunktionen abgeleitet. Wirtschaftspolitische Eingriffe werden begründet mit der Diskrepanz zwischen dem Zustand, der unter Anwendung wirtschaftstheoretischer Modellüberlegungen ermittelt wird und dem mit wohlfahrtstheoretischen Instrumenten abgeleiteten optimalen Ergebnis (→ Theorie des Zweitbesten, Theorie des → Marktversagens). Wohlfahrtsfunktionen werden theoretisch mithilfe von Mehrheitsentscheidungen herbeigeführt, da die einfache Aggregation ordinaler Nutzeneinheiten nicht möglich ist. Dabei ergibt sich allerdings ein Problem, auf das Arrow hingewiesen hat: Demokratische Mehrheitsentscheidungen können abhängig von der gewählten Abstimmungsform zu unterschiedlichen Ergebnissen führen (→ Arrow-Paradoxon). Mehrheitsentscheidungen sind daher nicht geeignet, um individuelle Präferenzen konsistent zu aggregieren und eine gesellschaftliche Wohlfahrtsfunktion abzuleiten. Sen geht noch einen Schritt weiter und bezweifelt, dass man ein „Paretian Liberal" sein könnte. Sen zeigt, dass es in den Situationen, in denen der autonome Entscheidungsspielraum eines Menschen von anderen Gesellschaftsmitgliedern verletzt wird, die Basis für die Ableitung einer gesellschaftlichen Wohlfahrtsfunktion fehlt (→ liberales Paradoxon). Daraus folgt, dass das Pareto-Optimum nur auf solche Situationen angewandt werden sollte, die keine Auswirkung auf die autonome Entscheidung eines anderen haben. – 4. *Beurteilung:* Die Wohlfahrtsökonomik besticht durch ihre klare und elegante mathematische und grafische Ableitung des gesellschaftlichen Wohlfahrtsoptimums. In dieser Stärke liegt aber gleichzeitig auch ihre Schwäche. Durch die teilweise stark idealisierten Bedingungen droht bei der praktischen Anwendung ein Versagen der wirtschaftspolitischen Empfehlungen. Die stringente Ausrichtung auf den allg. Gleichgewichtszustand führt dazu, dass die möglicherweise wohlfahrtssteigernde Wirkung von Innovationsprozessen und die Bedeutung institutioneller Rahmenbedingungen für die Wohlfahrt einer Gesellschaft nie wirklich in das Blickfeld der Wohlfahrtsökonomik geraten sind. Erst Sen hat wichtige Anstrengungen unternommen, um in die Wohlfahrtsökonomik außer Nutzeninformationen auch Informationen über institutionelle Rahmenbedingungen einfließen zu lassen. An dieser Stelle muss weitergearbeitet werden, um die Wohlfahrtsökonomik von dem ihr entgegengebrachten Vorwurf zu befreien, sie sei eine „Theorie im sozialen Vakuum".

Wohlfahrtsoptimum – gesellschaftlich wünschenswertes Maximum der ökonomischen Wohlfahrt in einer Volkswirtschaft. Ziel der → Wohlfahrtsökonomik ist es, auf der Basis der → Wertfreiheit die Bedingungen für die Erreichung eines gesamtwirtschaftlichen Wohlfahrtsoptimum zu formulieren. Dazu sind in der Literatur verschiedene → Wohlfahrtskriterien entwickelt worden.

Wohlfahrtsstaat – 1. *Begriff:* Der Wohlfahrtsstaat entstand – parallel zum Sozialstaat – als *Grundmodell der Sozialpolitik* moderner Wettbewerbsgesellschaften in den angelsächsischen und skandinavischen Ländern. In ihm genießt die *staatliche Verantwortung* für die Gewährleistung grundlegender Menschenrechte („soziale Grundrechte") und für die Daseinsvorsorge seiner Einwohner bei der grundsätzlichen Ausgestaltung der Sozialpolitik Vorrang vor der individuellen Eigenvorsorge. – Vgl. auch Sozialpolitik in der Marktwirtschaft, → Theorie der Sozialpolitik, → Beveridge-Plan. – 2. *Auswirkungen:* Der Umfang staatlicher Umverteilungsmaßnahmen, bes. der gruppen- bzw. branchenbezogener Sondervergünstigungen weitet sich aus, verbunden mit wachsendem → Interventionismus und zunehmender Reglementierung; ablesbar ist diese Entwicklung am Wachstum des Staatssektors (Staatsausgaben-, Steuer- und Sozialabgabenquote etc.) und dem Anwachsen des bürokratischen Staatsapparats. Negative Folgen sind das Sinken der Flexibilität und Dynamik des Marktmechanismus und der Anstieg der → Schattenwirtschaft, verbunden mit zunehmender Inflationierung und anwachsenden Staatsdefiziten. – 3. *Ursachen:* (1) Erfolgszwang der politischen Entscheidungsträger, Wählerstimmen durch das Angebot immer weiterer (gruppenspezifischer) Staatsleistungen zu erlangen (s. → Capture-Theorie); (2) wachsender Einfluss organisierter → Interessengruppen auf die Legislative zur Durchsetzung von Sonderinteressen. – 4. *Marktwirtschaftliche Lösungsvorschläge:* (1) verfassungsrechtliche Beschränkung der Besteuerung (Wicksell); (2) Aufteilung der Gesetzgebungskompetenzen bez. Ordnungs- und Prozesspolitik auf zwei voneinander unabhängige Kammern (Hayek).

Wohlfahrtstheorie → Wohlfahrtsökonomik.

Wohlfahrtsverlust – 1. *Begriff:* Marshall definiert den Wohlfahrtsverlust als Verringerung der → Konsumentenrente, die sich ergibt, wenn die Optimalitätsbedingungen der → vollkommenen Konkurrenz verletzt sind. Wohlfahrtsverluste bilden im Rahmen der → Wohlfahrtsökonomik die argumentative Grundlage für die → Theorie des Zweitbesten. – 2. *Formen:* Wohlfahrtsverluste entstehen aufgrund von starren Faktor- und Güterpreisen, → externen Effekten, → Monopolen und monopolistischer Konkurrenz.

Wohlstandsgrenze – Die von Samuelson entwickelte Wohlstandsgrenze ist die Umhüllungskurve aller individuellen → Nutzenmöglichkeitskurven in einer Gesellschaft. Sind die Bedingungen des → Pareto-Optimums der → paretianischen Wohlfahrtsökonomik erfüllt, ergibt sich ein → Wohlfahrtsoptimum (z.B. Punkt P), das auf der Wohlstandsgrenze liegt.

Wohlstandsverteilung – Die → Verteilungspolitik (und damit auch die Verteilungstheorie) beschäftigt sich mit Problemen der Wohlstandsverteilung auf Wirtschaftssubjekte. Dabei wird üblicherweise die Einkommensverteilung als ein Hauptindikator für die Verteilung des Wohlstands gewählt. Dieses Vorgehen unterstellt realistischerweise, dass Wohlstand und Einkommensverteilung eng miteinander verbunden sind, auch wenn ein nicht geringer Teil von Gütern und Dienstleistungen nicht über den Markt, sondern anderweitig an die Wirtschaftssubjekte verteilt wird. Dabei handelt es sich vornehmlich um die sog. kollektiven Güter (öffentliche Güter wie Parks, Freibäder etc.) und Lasten (Verkehrslärm, Luftverschmutzung etc.) und um unentgeltliche öffentliche Leistungen (bes. im Rahmen der Sozialgesetzgebung). Die verteilungspolitische Bedeutung dieser Phänomene ist grundsätzlich unbestritten und führt zum Ausbau von Verteilungsrechnungen in Richtung umfassender Systeme sozialer Indikatoren, macht aber die Beschäftigung mit den Problemen der Einkommensverteilung nicht überflüssig.

wohlwollender Diktator – Ausweg aus dem *Arrow-Unmöglichkeitstheorem;* von der traditionellen → Wohlfahrtsökonomik implizit unterstellte Fiktion eines Politikers, der einzig und allein dem Gemeinwohl verpflichtet ist und bei seinem Handeln keine Restriktionen zu beachten hat, die mit dem demokratischen System verbunden sind (z.B. Begrenzung der Amtszeit). – Vgl. auch → Diktator.

Wohngeld – 1. *Begriff:* Zuschuss zu den Aufwendungen für Wohnraum zur wirtschaftlichen Sicherung

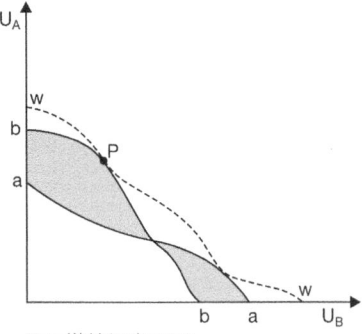

ww = Wohlstandsgrenze
aa = Nutzenmöglichkeitskurve des A
bb = Nutzenmöglichkeitskurve des B
U_A = (ordinaler) Nutzen des A
U_B = (ordinaler) Nutzen des B

angemessenen und familiengerechten Wohnens. – 2. *Rechtsgrundlage:* Wohngeldgesetz (WoGG) i.d.F. vom 24.9.2008 (BGBl. I 1856) m.spät.Änd. – 3. *Formen:* Wohngeld wird als Mietzuschuss (für Mieter etc.) und als Lastenzuschuss (für Eigentümer etc.) gewährt, beides als verlorener Zuschuss (nicht Darlehen). Auf Wohngeld besteht bei gegebenen Voraussetzungen Rechtsanspruch. – 4. *Höhe:* wird jeweils gesondert ermittelt, unter Berücksichtigung der Zahl der zum Haushalt rechnenden Haushaltsmitglieder, der Höhe des Haushaltseinkommens, der Höhe der zu berücksichtigenden Miete (des Mietwertes oder der Belastung). Heizkosten wurden dabei nur in der Zeit vom 1.1.2009 bis 31.12.2010 pauschal berücksichtigt (§ 12 VI WoGG a.F.). – 5. *Zuständig* für Anträge und Entscheidungen i.d.R. die örtlichen Verwaltungsbehörden. – Die *Bewilligung* soll für jeweils zwölf Monate erfolgen. – Vgl. auch → soziale Sicherung des Wohnens.

Wohnungsbau – *Wohnungswirtschaft.*

I. Wesen: Erstellung, Verwaltung und Vermietung von Wohnungen durch private Bauherren, gemeinnützige Wohnungs- und Siedlungsunternehmungen, durch Betriebe und den Staat, ferner gemeinnützige oder privatwirtschaftliche Wohnungsbauträgerunternehmen und Wohnungsbaufinanzierungsunternehmen (Heimstätte, Bausparkassen).

II. Soziale Wohnraumförderung: geregelt im Wohnraumförderungsgesetz.

III. Steuerliche Wohnungsbauförderung: 1. erhöhte *Abschreibungssätze für Wohngebäude:* Absetzung für Abnutzung (AfA). – 2. Eigenheimzulage wurde bis zum 1.1.2006 nach dem Eigenheimzulagengesetz i.d.F. vom 15.12.1995 (BGBl. I 1783) für die zu eigenen Wohnzwecken genutzte oder einem Angehörigen im Sinn von § 15 AO unentgeltlich zu Wohnzwecken überlassene Wohnung im eigenen Haus gewährt, es sei denn, es wurde vor dem 1.1.2006 der notarielle Kaufvertrag beurkundet oder der Bauantrag für eine neu zu errichtende Wohnung gestellt. – 3. *Wohnungsbauprämien* oder *Wohnungssparbeträge* als Sonderausgaben (bis 1995). – 4. *Wohnungsgenossenschaften* sind gemäß § 5 I Nr. 10 KStG von der Körperschaftsteuer befreit.

World Bank → IBRD.

World Food Programme → WFP.

World Health Organization → WHO.

World Intellectual Property Organization → WIPO.

World Meteorological Organization → UN.

World Trade Organization (WTO) – *Welthandelsorganisation;* am 1.1.1995 in Genf gegründete Sonderorganisation der Vereinten Nationen (→ UN) zur Gestaltung zwischenstaatlicher Handelsbeziehungen. Sie übernimmt u.a. Aufgaben in der in der Havanna-Charta geplanten → ITO, zusätzlich die Regelung grenzüberschreitender Dienstleistungen und geistigen Eigentums; 159 *Mitglieder* (2013). – *Organe:* Im Zweijahresrhythmus tagende *Ministerkonferenz* aller Vertragsparteien. Ein *Allgemeiner Rat* (General Council) führt die Tagesgeschäfte. – Die WTO besteht aus drei *Vertragspfeilern:* → GATT (1994) für den Warenhandel, → GATS (General Agreement on Services) für Dienstleistungen und TRIPS (Agreement on Trade-Related Aspects of Intellectual Property Rights, → TRIPS-Abkommen) für Fragen des geistigen Eigentums. GATT-Rat, GATS-Rat und TRIPS-Rat sind drei bes. Organe für sachspezifische Tagesgeschäfte, die dem Allgemeinen Rat untergeordnet sind. Laufende Geschäfte werden auch von folgenden *Komitees* übernommen: Komitee für Handel und Entwicklung, Komitee für Handel und Umwelt, Komitee für Zahlungsbilanzrestriktionen, Komitee für Haushalt, Finanzierung und Verwaltung. – *Aufgaben:* Handelspolitisch führt WTO die vom GATT-Provisorium verfolgte Politik fort, Wachstum und Wohlstand über eine Förderung der internationalen Arbeitsteilung zu unterstützen. Zu lösen sind noch Probleme des Verhältnisses von Handel und Umwelt sowie die Formulierung einer internationalen Wettbewerbspolitik. Der WTO sind erstmals der Agrarhandel sowie der Textilhandel zugeordnet. So müssen alle Agrarschutzmaßnahmen in (äquivalente) Tarife überführt und zunehmend liberalisiert werden. Mit der WTO wurde erstmals eine gültige Welthandelsordnung (mit dem Status einer → internationalen Organisation) geschaffen (GATT 1947 war nur ein Abkommen und stellte somit nur ein Provisorium dar). WTO dient als Forum multilateraler Handelsrunden; geschaffen wurde ein Schiedsgericht zur Beilegung von Handelskonflikten (Dispute Settlement Body). – Nationale Handelspolitiken werden von WTO überwacht. Generell gelten die im GATT verankerten *Prinzipien* der Liberalisierung, Reziprozität, Nicht-Diskriminierung (→ Meistbegünstigung), Transparenz und eine Informationspflicht. Einige Abkommen gelten nur plurilateral, z.B. solche der Tokio-Runde (Fair Trade in Civil Aircraft, öffentliche Beschaffungen oder die Vereinbarung über Molkereiprodukte (International Dairy Agreement) und Rindfleisch (International Bovine Meat Agreement), die alle seit dem 1.1.1980 in Kraft sind. – *Bewertung: Gefahren* der WTO liegen in der wachsenden Regeldichte und den vielen Ausnahmen und Sonderbestimmungen. Als *Erfolg* kann die weit gehende Überwindung des „GATT à la carte" angesehen werden. Wichtige Abkommen (z.B. über Dumping, Subventionen, technische Handelshemmnisse) gelten nun ausnahmslos für alle Mitglieder. Insofern brachte die WTO eindeutig eine Stärkung und erhöhte Transparenz der Welthandelsordnung.

WSA – Abk. für → Wirtschafts- und Sozialausschuss der EU.

WTO – 1. Abk. für → World Trade Organization. – 2. Ursprüngliche (bis 10/2005) Abk. für *World Tourism Organization (UNWTO).*

X-Ineffizienz

X-Ineffizienz – 1. *Allgemein:* Die X-Ineffizienz im Sinne von Leibenstein bezeichnet die nicht allokative Ineffizienz, die durch fehlenden Wettbewerbsdruck und mangelnde Motivation des Managements und der Mitarbeiter eines Unternehmens hervorgerufen wird. Im Rahmen einer Kostenbetrachtung lässt sich für jede beliebige Ausbringungsmenge q die X-Ineffizienz als *Differenz zwischen den tatsächlichen und den mind. anfallenden (Produktions-)Kosten auffassen*, wobei die Auswirkungen auf die durchschnittlichen totalen Kosten (DTK) in Abhängigkeit von der Ursache einer bestimmten X-Ineffizienz unterschiedlich sind: (1) So verschiebt sich bei Nachlässigkeit infolge sinkenden Wettbewerbsdruckes oder von Interessengegensätzen zwischen Managern und Kapitaleignern die DTK-Kurve *unabhängig* vom Output nach oben (vgl. Abbildung „X-Ineffizienz (1)"). (2) Durch Bürokratisierung infolge absoluter Unternehmensgröße

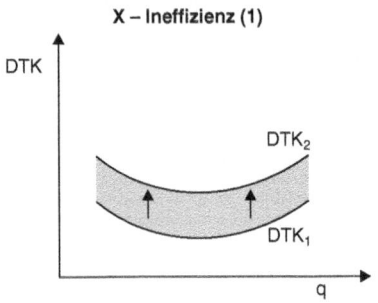

X – Ineffizienz (1)

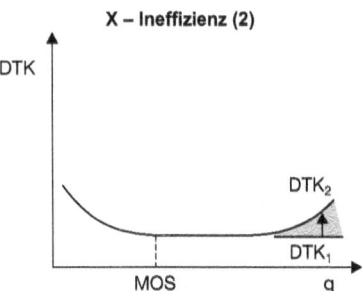

X – Ineffizienz (2)

steigt die DTK-Kurve bei L-förmigem Verlauf erst ab einem bestimmten, kritischen Output wieder an (vgl. Abbildung „X-Ineffizienz (2)"). – 2. *Empirische Relevanz:* Die Diskussion um die sog. Lean Production (Lean Management) verdeutlicht die herausragende Bedeutung der *Kostenkontrollfunktion des Wettbewerbs* und die empirische Relevanz der X-Ineffizienz. Bei ihrer Überprüfung haben sich drei Ansätze herausgebildet: (1) Inwieweit werden durch horizontale → Konzentration realisierte Economies of Scale durch X-Ineffizienz kompensiert? (2) Welche Zusammenhänge bestehen zwischen X-Ineffizienz und den eigentumsrechtlichen Regelungen eines Unternehmens? (3) Welchen Einfluss hat die → Marktstruktur und damit die Wettbewerbsintensität auf das Ausmaß der X-Ineffizienz?

Yaoundé-Abkommen → Jaunde-Abkommen.

Zahlungsmittel – Teil des Finanzvermögens mit der Eigenschaft, im Wirtschaftsverkehr zur Tilgung von Geldschulden und i.d.R. auch als allg. Tauschmittel akzeptiert zu werden (perfekte Zahlungsmittel). Die Zahlungsmitteleigenschaft können bestimmte Finanzaktiva gewohnheitsmäßig oder kraft Gesetzes erlangen. Im letzten Fall spricht man von gesetzlichen Zahlungsmitteln. In Deutschland sind die vom Eurosystem in Umlauf gebrachten Banknoten und Münzen gesetzliche bzw. beschränkt gesetzliche Zahlungsmittel. Zu den perfekten Zahlungsmitteln zählt heute das Giralgeld, da es i.d.R. kraft Treu und Glaubens im Zahlungsverkehr angenommen werden muss. In Zeiten zerrütteter Währungsverhältnisse – wie in Deutschland nach dem Ersten und dem Zweiten Weltkrieg – kann es zu einer Trennung der Zahlungsmittel- und Tauschmitteleigenschaft des staatlichen Geldes kommen.

Zehner-Gruppe → G 10, Group of Ten.

Zeitarbeit → Arbeitnehmerüberlassung.

Zeitcharter – Charterverkehr, → Chartervertrag.

Zentralafrikanische Wirtschaftsgemeinschaft → ECCAS.

Zentralafrikanische Zoll- und Wirtschaftsunion → CACEU.

Zentralamerikanischer Gemeinsamer Markt → CACM.

Zentralbank – I. *Bankwesen*: Eigenständige staatliche Institution, die mit der Wahrung der Aufgaben der Geldpolitik betraut ist und über ein Emissionsmonopol verfügt. In den einzelnen Ländern gibt es verschiedene Grade der → Unabhängigkeit der Zentralbank und unterschiedliche Aufteilung der geldpolitischen Einzelkompetenzen zwischen den Zentralbanken und den Regierungen. Im Zuge der Europäischen Währungsunion (EWU) wurde in der EU das Europäische System der Zentralbanken (ESZB) geschaffen.

II. *Genossenschaftswesen*: Die genossenschaftlichen Zentralbanken sind die DZ Bank AG Deutsche Zentral-Genossenschaftsbank, Frankfurt a.M. und die WGZ-Bank Westdeutsche Genossenschaftszentralbank, Düsseldorf.

Zentralbankautonomie → Unabhängigkeit der Zentralbank.

Zentralbankgeld – 1. *Begriff*: Das von der → Zentralbank (Notenbank) geschaffene Geld; Zentralbankgeld existiert in Form von Sichtguthaben bei der Notenbank oder als Bargeld in Form von Banknoten und Münzen und wird von Kreditinstituten oder von Wirtschaftssubjekten gehalten, die keine Banken sind (Nichtbanken). – 2. *Entstehung und Vernichtung*: Entstehung und Vernichtung des Zentralbankgeldes schlagen sich in der Bilanz der Notenbank nieder. Zentralbankgeld entsteht bspw. durch den Ankauf von Gold, Devisen oder Sonderziehungsrechten durch die Notenbank oder durch Kredite an Geschäftsbanken. Die Entstehung von Zentralbankgeld führt also zu einer Bilanzverlängerung bei der Notenbank und zu einem Aktivtausch bei den Geschäftsbanken. Jede Zunahme der Aktivposten in der Notenbankbilanz ist mit der Entstehung zusätzlichen Zentralbankgeldes verbunden; man spricht daher auch von einer Monetisierung der Aktiva durch die Notenbank. Die Vernichtung von Zentralbankgeld geht mit einer Verkürzung der Notenbankbilanz und ebenfalls mit einem Aktivtausch bei den Geschäftsbanken einher. – Da aus dem Verkauf von Devisen (oder Gold) an die Notenbank keine Rückzahlungsverpflichtung der Geschäftsbanken resultiert, liegt ein nicht-kreditweise Schaffung von Zentralbankgeld vor. In allen übrigen Fällen – ausgenommen ist die „Erstausstattung" mit Zahlungsmitteln - lässt sich die Entstehung von Zentralbankgeld auf eine Kreditgewährung vonseiten der Notenbank zurückführen. – Zentralbankgeld ist risikolos, da die Zentralbank in ihrer eigenen Währung stets die benötigte Liquidität selbst schaffen kann. Banken benötigen Zentralbankguthaben für alle Transaktionen, die sie nicht auf eigenen Konten ausführen können, sondern für die sie ein risikoloses Zahlungsmittel benötigen, die sie nicht selbst schaffen können. Solche Zahlungen sind Bartransaktionen, Zahlungen an andere Kreditinstitutsgruppen und Zahlungen zugunsten von Kontoinhabern der Bundesbank. Jede Geschäftsausweitung der Kreditinstitute bringt derartige Zahlungen mit sich und mindert die verfügbaren Zentralbankguthaben der Banken. Um ihre Zentralbankguthaben wieder auffüllen zu können, brauchen die Banken sichere Refinanzierungsmöglichkeiten bei der Zentralbank und damit Aktiva, die die Zentralbank jederzeit zu erwerben bereit ist.

Zentralbankgeldbedarf der Banken – Die Banken benötigen → Zentralbankgeld zur Befriedigung der Bargeldabzüge ihrer Kunden, da diese sich erfahrungsgemäß einen Teil ihrer Sichtguthaben in bar auszahlen lassen, und zur Erfüllung ihrer Mindestreserveverpflichtungen (→ Mindestreserve).

Zentralbankgeldmenge – Bargeld in Händen der Nichtbanken zzgl. der Reservehaltung der MFI (= Mindestreserve-Solls (→ Mindestreserve) und die Überschussreserve der MFI). – *Steuerung der Zentralbankgeldmenge*: Geldpolitik, → geldpolitische Instrumente.

zentralgeleitete Wirtschaft – *Zwangswirtschaft.* 1. *Begriff:* → Wirtschaftsordnung, die nach Eucken dadurch gekennzeichnet ist, dass der Wirtschaftsprozess von einer Zentralinstanz umfassend geplant und koordiniert wird („monistisches Planen"). Idealtypus einer Wirtschaftsordnung. – *Gegensatz:* → Verkehrswirtschaft. – 2. Nach Größe zu unterscheidende *Arten:* (1) *Einfache zentralgeleitete Wirtschaft,* auch Eigenwirtschaft genannt, z.B. Kloster- und Familienwirtschaft; (2) → Zentralverwaltungswirtschaft, einen Staat umfassend.

Zentralisation des Kapitals – Begriff der Wirtschaftstheorie des → Marxismus, externes Unternehmenswachstum. – 1. *Begriffserläuterung:* Durch die Übernahme kleinerer Unternehmen und Fusionen ständen den Großunternehmen zusätzliche Kapitalmittel zur Verfügung, mit deren Einsatz sie die unterstellt gesetzmäßig sinkende Kapitalrentabilität (→ tendenzieller Fall der Profitrate) durch eine größere, vom Kapitaleinsatz abhängige, Gewinnsumme kompensieren könnten. Auch stiegen mit fortschreitendem Unternehmenswachstum die Skalenerträge der Produktion. – 2. *Auswirkungen:* Die zunehmende Monopolisierung und Vermachtung der Märkte, die als entwicklungsgeschichtliche *Zwangsläufigkeit* angesehen wird, führte zu einer Verschärfung des kapitalistischen Grundwiderspruchs (→ historischer Materialismus): Die zunehmende Arbeitsteilung in den immer weiter wachsenden Unternehmen („Vergesellschaftung der Produktion") gerate in immer größeren Gegensatz zu der durch die → Produktionsverhältnisse verursachten, privatkapitalistischen Aneignung der Wertschöpfung, da gleichzeitig die Zahl der Unternehmer abnähme. – Vgl. auch → Expropriation. – 3. *Beurteilung:* Es wird übersehen, dass die auf einzelnen Märkten tatsächlich zu beobachtenden Vermachtungserscheinungen in → Marktwirtschaften oftmals die Folge ungenügender bzw. verfehlter (wettbewerbspolitischer) → Ordnungspolitik sind und daher prinzipiell umgekehrt werden können (s. → Staatsversagen).

Zentralismus – Bestrebung, alle Staatsfunktionen zentral von der obersten Behörde aus wahrzunehmen. Die mittleren und unteren Verwaltungsorgane sind weisungsgebunden und haben nur ausführende Funktionen.

Zentralnotenbank → Notenbank, → Zentralbank.

Zentralplanwirtschaft → Zentralverwaltungswirtschaft.

Zentralverwaltungswirtschaft – *Zentralplanwirtschaft.* 1. *Begriff:* → Wirtschaftsordnung, in der die innerhalb einer Gesellschaft ablaufenden Wirtschaftsprozesse von einer staatlichen Zentralinstanz geplant und koordiniert werden. Im Idealfall ist nur ein Planträger vorhanden. – *Gegensatz:* Marktwirtschaft, → Verkehrswirtschaft. – 2. *Formen:* a) Nach den *Konsumentenfreiheiten* (Eucken): (1) *Total zentralgeleitete Wirtschaft:* Die Konsumenten erhalten ein von der Zentralinstanz individuell eindeutig determiniertes Konsumgutbündel; (2) *zentralgeleitete Wirtschaft mit freiem Konsumguttausch:* Die Konsumenten können untereinander die ihnen jeweils zugeteilten Güter nach eigenen Präferenzen austauschen; (3) *zentralgeleitete Wirtschaft mit freier Konsumgutwahl:* Die Konsumenten erhalten Berechtigungsscheine bzw. Geldzeichen, mit denen sie nach eigenen Präferenzen staatlich bereitgestellte Konsumgüter auswählen können. – b) Nach *Eigentumsform:* (1) Zentralverwaltungswirtschaft mit *Privateigentum* (→ Kriegswirtschaft); (2) Zentralverwaltungswirtschaft mit *Gesellschaftseigentum* (→ Rätedemokratie); (3) Zentralverwaltungswirtschaften mit *Staatseigentum* (→ staatssozialistische Zentralplanwirtschaften).

Zentralwert → Median.

Zertifikat → Umweltzertifikat.

Ziehungsrechte – *Drawing Rights;* Rechte eines Landes zur Beschaffung (Ziehung) von ausländischen Zahlungsmitteln (Devisen) beim *Internationalen Währungsfonds* (→ IWF) gegen Hingabe eigener Währung für einen begrenzten Zeitraum im Rahmen bestimmter Kontingente (→ Reserveposition im IWF). – *Bes.* Bedeutung der Ziehungsrechte haben heute beim IWF die → Sonderziehungsrechte (SZR).

Ziel – Ein wirtschaftliches Ziel ist ein festgelegter wirtschaftspolitischer oder unternehmensrelevanter Sollzustand, z.B. Vollbeschäftigung, Preisniveaustabiliät oder eine bestimmte Absatzmenge, ein Qualitätsstandard in der Produktion, eine Senkung der Personalfluktuation oder Fehlzeiten. – Vgl. auch → wirtschaftspolitisches Ziel, Unternehmungsziele, Zahlungsziel, Führung durch Zielvereinbarung.

Zielantinomie → Zielbeziehungen, → Zielkonflikt.

Zielbeziehungen – 1. *Vertikale Zielbeziehungen:* Beziehung von Zielen mit Mittelcharakter. Vgl. auch → Zwischenziel. – *Beispiel:* Das Ziel Abbau von Subventionen kann Mittel sein für Steigerung des Wirtschaftswachstums. – 2. *Horizontale Zielbeziehungen:* a) *Logische Zielbeziehungen:* (1) *Zielidentität:* Verschiedene Ziele, die sich bei genauer Analyse inhaltlich nicht voneinander unterscheiden, z.B. Geldwertstabilität und Inflationsbekämpfung. (2) *Zielantinomie (Zielunvereinbarkeit):* Die Verfolgung eines Ziels negiert die Erreichung eines oder mehrerer anderer Ziele, z.B. Autarkie und Wahrnehmung der Vorteile aus internationaler Arbeitsteilung. – Voraussetzung für die gleichzeitige Verfolgung mehrerer wirtschaftspolitischer Ziele ist die logische Vereinbarkeit der Ziele. – b) *Formale Zielbeziehungen:* Beziehungen, die entstehen, wenn Instrumente zur Erreichung eines Ziels eingesetzt werden und sich daraus Nebenwirkungen ergeben, die die Erreichung anderer Ziele beeinflussen. – *Formen:* (1) *Zielkomplementarität:* Die Nebenwirkungen begünstigen die Erreichung anderer Ziele. (2) *Zielneutralität:* Die Nebenwirkungen lassen die Verfolgung anderer Ziele unberührt. (3)

Zielkonflikt: Die Nebenwirkungen beeinträchtigen die Verfolgung anderer Ziele; sie erschweren wirtschaftspolitische Entscheidungen, weil sie Abwägungsprobleme aufwerfen und einen Kompromiss erfordern.

Zielerfüllungsgrad – 1. Relativ leicht zu bestimmen ist der Zielerfüllungsgrad von *quantifizierbaren (messbaren) Zielen (quantitative Ziele).* Der Zielerfüllungsgrad kann durch absolute oder relative Maße angegeben werden, deren Ermittlung lediglich statistische Schwierigkeiten aufwirft. – *Beispiel:* Beschäftigungsgrad als Verhältnis von Beschäftigten und Arbeitsfähigen, Leistungsbilanzausgleich als Höhe des Saldos der Leistungsbilanz. – 2. Erhebliche Schwierigkeiten bereitet die Bestimmung des Zielerfüllungsgrads von *nicht quantifizierbaren (nicht messbaren) Zielen (qualitative Ziele).* Als Maß für den Zielerfüllungsgrad kann entweder der Zielerfüllungsgrad eines quantitativen Ziels, das in Kompatibilitätsbeziehung zu diesem Ziel steht, oder das quantitative Ausmaß der Maßnahmen, die zur Verfolgung dieses Ziels ergriffen werden, gewählt werden. – *Beispiel:* soziale Gerechtigkeit.

Zielhierarchie – Die Aufstellung einer Zielhierarchie kann notwendig und sinnvoll sein, wenn wegen bestehender Zielkonflikte nicht alle wirtschaftspolitischen Ziele gleichzeitig im optimalen Ausmaß erfüllt werden können. Theoretisch geht die Wirtschaftspolitik aus von den gesellschaftlichen Grundwerten (Freiheit, Gerechtigkeit, Gleichheit) als Oberziele und leitet hieraus die Unterziele bzw. operativen Ziele (Vollbeschäftigung, Preisniveaustabilität, stetiges und angemessenes Wachstum, außenwirtschaftliches Gleichgewicht, Umwelt und Sozialpolitik) ab. – Vgl. auch → Zielbeziehungen.

Zielidentität → Zielbeziehungen.

Zielinterdependenzen → Zielbeziehungen, → wirtschaftspolitisches Ziel.

Zielkonflikt → Zielbeziehungen.

Zielkonformität – Kriterium, das angibt, ob die Hauptwirkung eines wirtschaftspolitischen Instruments geeignet ist, bestimmte wirtschaftspolitische Probleme zu lösen. Voraussetzung der Prüfung der Zielkonformität (Situationsanalyse) ist wirtschaftspolitisches Lenkungswissen über die Ziel-Mittel-Beziehung (→ Ziel-Mittel-Zusammenhang). – Mögliche Neben- und Folgewirkungen (→ Systemkonformität, → Marktkonformität) eines Instruments sowie der Eigenwert, der manchen Instrumenten beigemessen wird, können bei der *Auswahl unter zielkonformen Mitteln* weitere Entscheidungskriterien sein. – Vgl. auch → wirtschaftspolitische Konzeption.

Ziel-Mittel-Beziehung → Ziel-Mittel-Zusammenhang.

Ziel-Mittel-Funktion → Ziel-Mittel-Zusammenhang.

Ziel-Mittel-Zusammenhang – *Ziel-Mittel-Beziehung, Ziel-Mittel-Funktion.* 1. *Begriff:* Der Ziel-Mittel-Zusammenhang beinhaltet die wirtschaftspolitisch verwendbare Formulierung bestimmter wirtschaftswissenschaftlicher Theorien. Für seine politisch-praktische Akzeptanz ist bes. entscheidend, auf welcher methodologischen Grundlage die zugrunde liegende wirtschaftswissenschaftliche Theorie entwickelt wurde (→ Methodologie). – 2. *Spezifikation:* a) Formell wird der Ziel-Mittel-Zusammenhang zunächst durch eine *allg. mathematische Funktion* dargestellt: $Z = f(M)$,

wobei: M = Element der Gesamtmenge möglicher Mitteleinsatzwerte und Z = Element der mit dieser Funktion erreichbaren Zielwerte. Für den praktischen Einsatz ist die *Spezifikation* dieser Funktion notwendig. Die *allg. analytische Funktion* (z.B. $Z = a \times m + b$) reicht dabei nicht aus. Erst *die numerisch spezifizierte Funktion* (z.B. $Z = 0{,}5 \times M + 2$) eröffnet die Möglichkeit der Lösung einer Zielaufgabe. – b) Das einfache Schema des Ziel-Mittel-Zusammenhangs lässt sich ausweiten auf *eine multivariable Funktion*

$$Z = f(M_1, M_2, M_3, ..., M_n),$$

bei denen eine Kombination von Mitteleinsätzen ($M_1, M_2, M_3, ..., M_n$) den Zielwert Z beeinflusst. Sind für die verschiedene Mitteleinsatzkombinationen bestimmte Varianten ausgeschlossen, liegt ein Ziel-Mittel-Zusammenhang mit *Nebenbedingung* vor. In der Mikroökonomik ist diese Situation z.B. bei der Nutzenmaximierung mit Budgetrestriktion gegeben. – Die Nebenbedingung ist ebenfalls zu formulieren (z.B. $g(M_1, M_2, M_3, ..., M_n) = 0$) und numerisch zu spezifizieren. Die Lösung der Zielaufgabe bedingt nun die Lösung eines Gleichungssystems aus Ziel-Mittel-Funktion und Nebenbedingung. – c) Eine zusätzlich Erweiterung des Gleichungssystems resultiert aus der *simultanen Verfolgung mehrerer Zielwerte (Zielbündel):*

$$Z_1 = f_1(M_{11}, M_{21}, M_{31}, ..., M_{n1}),$$
$$Z_2 = f_2(M_{12}, M_{22}, M_{32}, ..., M_{n2}),$$
$$Z_3 = f_3(M_{13}, M_{23}, M_{33}, ..., M_{n3}) \text{ etc.,}$$

wobei als weitere Nebenbedingung ein Ausschluss bestimmter Zielwertekombinationen bestehen kann (Zielkonflikte): $h(Z_1, Z_2, Z_3, ...) = 0$. – d) *Weitere Spezifikationsvarianten* beziehen die Zeitdimension ein (dynamische Modelle) und unterscheiden Ziel- und Mittelwerte, die zu bestimmten Zeitpunkten oder in bestimmten Zeitperioden realisiert werden. – 3. *Lösung:* Die praktische Anwendung der Ziel-Mittel-Zusammenhänge bedingt stets die Lösung der Zielaufgabe, die durch die Festlegung eines bestimmten Zielwerts Z' (bei Zielbündeln einer bestimmten Zielwertekombination) gestellt wird. Gesucht ist/sind demnach der oder die Mitteleinsatzwerte, die zu den vorgegebenen Zielwerten führen. Im mathematischen Sinn bedeutet dies die Auflösung der Funktion $Z' = f(M)$ nach M. – Die Lösung des Ziel-Mittel-Zusammenhangs kann zum einen an den mathematischen

Grenzen bestimmter Gleichungssysteme scheitern, deren nichtexistente oder nichtbestimmbare Lösungen bereits auf der allg. analytischen Ebene beweisbar sind. Zum anderen kann die Nichtlösbarkeit an den mangelhaften oder unmöglichen numerischen Spezifikationen liegen. – Wenngleich die ständig weiter entwickelten Methoden der Ökonometrie zunächst die Hoffnung auf immer bessere numerische Spezifikationen von Ziel-Mittel-Zusammenhängen verbreiteten, hat sich zuletzt eine zunehmende Skepsis gegenüber der Spezifikationsmöglichkeiten entwickelt. Dies gilt v.a. für die komplexen Totalmodelle der wirtschaftspolitischen Feinsteuerung.

Zielneutralität → Zielbeziehungen.

Zinsen – 1. *Begriff:* Preis für die Überlassung von Kapital bzw. Geld. In diesem Sinn werden auch Mieten und Pacht gelegentlich als Zinsen angesehen. – 2. *Höhe:* Der Zinssatz bildet sich nach marktmäßigen Gesetzen von Angebot und Nachfrage. Die Höhe variiert je nach der Länge der Leihfristen; dadurch unterschiedliche Zinssätze am Geld- und Kapitalmarkt. Durch geldpolitische Maßnahmen kann die Höhe des Zinssatzes beeinflusst werden (Offenmarktgeschäfte, Angebote ständiger Fazilitäten). Es können auch Zinsgrenzen vorgeschrieben sein. – 3. *Wirtschaftstheoretische Behandlung des Zinsproblems:* Zinstheorie.

Zinsfixierung – geldpolitische Strategie, bei welcher der → Marktzins als Zwischenvariable vorgesehen wird. Die angebotene Geldmenge muss sich dann den Schwankungen der Geldnachfrage anpassen. Dieses Konzept wird als Alternative zur monetaristischen → Geldmengenregel im Zusammenhang mit der Stabilisierung des Geldwertes und des realen Volkseinkommens diskutiert.

Zinsführerschaft → Leitzinsen.

Zinsstruktur – 1. *Begriff:* Zusammenhang zwischen Zinssätzen (Rendite, Effektivverzinsung) und (Rest-)Laufzeiten für festverzinsliche Kapitalanlagen (Anleihe) und Kreditfinanzierungen (Kredit). Die Zinsstruktur leitet sich aus den von der Laufzeit und dem Risiko der Kapitalüberlassung resultierenden Kapitalmarktkonditionen ab. – 2. *Bedeutung:* Bei gleichem Risiko sind die Zinssätze für *längerfristige* Kapitalanlagen und Kredite typischerweise höher als diejenigen für kürzerfristige Kapitalüberlassungen (normale Zinsstruktur). Sind die *kurzfristigen* Zinssätze höher als die langfristigen, spricht man von einer *inversen Zinsstruktur*. – Vgl. auch → Zinsstrukturkurve.

Zinsstrukturkurve – grafische Darstellung der jeweils geltenden Zinssätze für kurz-, mittel- und langfristige Anlagen. Üblicherweise bezieht eine Zinsstrukturkurve staatliche Anleihen mit (Rest-)Laufzeiten von einem, zwei, drei bis zu zehn Jahren ein. Die langfristigen Zinsen liegen im Normalfall (normale → Zinsstruktur) über den entsprechenden kurzfristigen Zinsen. Das wird mit Erwartungsunsicherheit oder mit einer Liquiditätsprämie erklärt. Im Falle der inversen Zinsstruktur sind die Zinsen auf Wertpapiere mit zunehmender Laufzeit geringer.

Zinstender – 1. *Begriff:* → Tenderverfahren einer Zentralbank, bei dem deren Geschäftspartner Betrag sowie Zinssatz des Geschäfts bieten, das sie mit der Zentralbank tätigen wollen. – *Anders:* → Mengentender. – 2. *Zuteilungsverfahren:* Bei Zinstendern kann die Zentralbank die Zuteilung entweder zu einem einheitlichen oder zu mehreren Zinssätzen vornehmen. Bei der Zuteilung zu einem einheitlichen Bietungszinssatz (holländisches Verfahren) erfolgt die Zuteilung bei allen zum Zuge kommenden Geboten zum marginalen Preis bzw. Zinssatz (d.h. demjenigen Zinssatz, bei dem der gesamte Zuteilungsbetrag ausgeschöpft wird). Bei einer Zuteilung nach dem amerik. Zuteilungsverfahren erfolgt die Zuteilung zu den individuell geforderten Preisen bzw. Zinssätzen.

zirkuläre Verursachung → Entwicklungshilfe.

ZKR – Abk. für *Zentralkommission für die Rheinschifffahrt, Central Commission for the Navigation of the Rhine;* eine der ältesten der bestehenden internationalen Organisationen, 1815 vom Wiener Kongress ins Leben gerufen. – *Sitz:* Straßburg. – *Mitglieder:* Belgien, Bundesrepublik Deutschland, Frankreich, Niederlande, Schweiz. – *Aufgaben:* Die ZKR überwacht die Freiheit der Schifffahrt und die gleichmäßige Behandlung der auf dem Rhein verkehrenden Schiffe und hat sich gemäß ihrer zuletzt 1963 revidierten Konvention für die Rheinschifffahrt zum Ziele gesetzt, die einzelnen Prinzipien entgegenstehende Hindernisse wirtschaftlicher, technischer, steuerlicher, zollrechtlicher und juristischer Art zu beseitigen. Jahresberichte geben Überblick über Arbeitsergebnisse und enthalten umfassende Statistiken über die Rheinschifffahrt. Enge Zusammenarbeit mit → UNECE, → ILO und → EU.

Zollunion – spezifisches Konzept zur regionalen Handelsliberalisierung. Im Zuge der Verwirklichung einer Zollunion werden zwischen den beteiligten Volkswirtschaften (schrittweise) alle Zölle und Kontingente beseitigt; parallel hierzu werden gleichzeitig die von den Mitgliedsländern gegenüber Drittländern angewendeten Zölle und Kontingente aneinander angeglichen, sodass nach außen hin ein einheitliches Zollrecht gilt (Entstehen *eines* gemeinsamen Zolltarifs, s. Einreihung in den Zolltarif). – *Bedeutung:* Eine Zollunion (so auch im Fall der Europäischen Union) dient i.d.R. als *Vorstufe* zur Errichtung eines gemeinsamen → Binnenmarktes oder einer → Wirtschaftsunion (regionale Integration). Der zur Gründung einer Zollunion erforderliche politische Konsens zwischen den beteiligten Ländern ist wegen des Verlustes der nationalen handelspolitischen Autonomie erheblich schwieriger zu erreichen als bei einer → Freihandelszone. – Eine Zollunion verstößt prinzipiell gegen den Grundsatz der → Meistbegünstigung des → GATT bzw. der → World Trade Organization (WTO). Art. XXIV des → GATT-Abkommens definiert die Bedingungen, unter denen eine Zollunion zwischen Staaten, die Vertragspartner im Rahmen des GATT sind, zulässig ist. – *Beispiel:* Die → EU ist die bekannteste und wirtschaftlich bedeutendste Zollunion mit 27 Mitgliedsstaaten (vgl. Art. 28 AEUV). Weitere Zollunionen: → MERCOSUR, → CARICOM, → CEMAC, UEMOA, EAC, → Southern African Customs Union (SACU). – Vgl. auch → Integration, Regionalismus.

Zollverein – 1. *Zusammenschluss* von Staaten zur Vereinheitlichung des Zollwesens und zum Abbau der Zollschranken, u.U. als Vorstufe einer → Zollunion. – 2. In Deutschland entstanden 1828 der *süddeutsche, mitteldeutsche* und *norddeutsche Zollbund*, 1833 wurde der „Deutsche Zollverein" gegründet als Zusammenschluss des bayerisch-württembergischen und des preußisch-hessischen Zollvereins mit Sachsen und Thüringen. Mit dem am 1.1.1834 in Kraft getretenen Zollverein wurden die Binnenzölle aufgehoben und die wirtschaftliche Zusammenschluss der dt. Länder auch auf anderen Gebieten vorbereitet, so z.B. die Allgemeine Deutsche Wechselordnung von 1847, die in den Folgejahren von den Zollvereinsstaaten in Kraft gesetzt wurde. Der Vereinszolltarif wurde 1838 auf Grundlage des preussischen Zolltarifes geschaffen, der lediglich 43 alphabetisch sortierte Warengruppen enthielt. Schon 1842 gehörten dem Deutschen Zollverein 28 der 39 Bundesstaaten an. 1854 gehörten dem Zollverein alle Staaten des späteren Deutschen Reiches mit Ausnahme von Mecklenburg, Hamburg, Bremen und den später hinzugekommenen Gebieten Schleswig-Holstein und Elsass-Lothringen an. Bremen trat erst 1884, Hamburg 1888 bei, nachdem die Freihäfen ein Zollausschlussgebiet ermöglichten. Bis 1888 traten insgesamt 39 dt. Staaten bei, so auch Luxemburg, allerdings ist Österreich nie beigetreten. Ein bedeutender Verfechter des Zollvereingedankens war Friedrich List. Der Deutsche Zollverein führte zur wirtschaftlichen Integration und Gründung einer Währungsunion, da der Vereinstaler als Zahlungsmittel durch die Münzkonventionen von 1838 und 1857 eingeführt wurde. Darüber hinaus wurden Maße und Gewichte vereinheitlicht, was zur Erleichterung des Handelslebens führte. Der Deutsche Zollverein ist ein frühes Beispiel der wirtschaftlichen Integration und gilt mit Einschränkungen als Vorbild für die europäische Einigung im Rahmen der Europäischen Union.

Zumutbarkeit – z.T. gesetzlich fixiertes Kriterium zur Bewertung (umwelt-)politischer Maßnahmen, welches auf das Verhältnismäßigkeitsprinzip abstellt. Zur Prüfung der Zumutbarkeit wird in Verwaltungsvorschriften auf folgende Aspekte verwiesen: (1) vergleichbare Entsorgungspflichtige, (2) Vergleich zu anderen Verfahren der Entsorgung, (3) Markt für Reststoffe vorhanden und zu schaffen? (4) Verhältnis der Verwertungsaufwendungen zu den gesamten Produktionskosten, (5) erhebliche Änderungen des geplanten Produktionsverfahrens notwendig? (6) Auswirkungen auf die weitere Absetzbarkeit des Produkts? In der Vollzugspraxis entstehen teilweise erhebliche Probleme bei der Auslegung.

zurückgestaute Inflation – Begriff der Ungleichgewichtstheorie; eine zurückgestaute Inflation liegt vor, wenn ein Nachfrageüberhang nicht offen in Form steigender Preisniveaus auftritt, sondern in Form von Warteschlangen, Schwarzmärkten eher verdeckt ist. – Vgl. auch → Inflation.

Zusammenschlüsse – Unternehmenszusammenschluss, → Unternehmenskonzentration, Zusammenschlusskontrolle.

Zusatzbeitrag → Gesundheitsreform.

zusätzliche Altersversorgung im öffentlichen Dienst – gilt für Arbeiter und Angestellte im öffentlichen Dienst, traditionell um deren Altersversorgung funktional äquivalent der Altersversorgung der Beamten zu gestalten. Die *Versorgungsanstalt des Bundes und der Länder* (VBL) wird von Beiträgen der Arbeitgeber und der Arbeitnehmer finanziert und gewährte ursprünglich Leistungen, die zusammen mit den Leistungen aus der gesetzlichen Rentenversicherung der Altersversorgung der Beamten entsprechen sollten. Am 1.1.2002 ist das System grundlegend umgestellt worden. Die Zusatzversorgung wurde durch eine Kombination aus kapitalgedeckter → Betriebsrente und → Riester-Rente ersetzt.

Zuschlagskalkulation – I. Kostenrechnung: In der Praxis weit verbreitetes Verfahren der Kalkulation von Kostenträgern im Rahmen der Kostenträgerrechnung. – 1. *Vorgehensweise:* Wird angenommen, dass auf den Gütermärkten keine vollkommene Konkurrenz herrscht und die Produktionskapazitäten der Unternehmen nicht vollausgelastet sind, reagieren die Unternehmen bei Nachfrageänderungen bezüglich ihrer Güter mit Mengen- anstatt mit Preisanpassungen. Die Güterpreise sind demnach nicht nachfragebestimmt, sondern kostendeterminiert. Dabei bilden (unterschiedlich definierbare) Kosten die Kalkulationsgrundlage für einen Zuschlag. – In der Monopolgradtheorie der Verteilung von Kalecki sind die Basis für den Zuschlag (auch: Aufschlag, Mark-up) die variablen Stückkosten, d.h. die Lohnstück- und Materialkosten. Es wird angenommen, dass die variablen Durchschnittskosten unterhalb der Vollauslastung der Kapazitäten in etwa konstant bleiben. Der Zuschlag hat dann die Gemeinkosten (zu denen im Modell von Kalecki auch die Gehälter der Angestellten gehören, da ihre Anzahl unabhängig von der Produktionsmenge ist) zu decken und umfasst zusätzlich den angestrebten Gewinn. Der Gewinn und damit der Zuschlagsatz fällt bei Kalecki umso höher aus, je geringer die Wettbewerbsintensität auf dem Gütermarkt ist; der Monopolgrad kann daher auch als Maß der Unternehmenskonzentration („degree of monopoly") angesehen werden. Außerdem hat die relative Verhandlungsstärke der Gewerkschaften einen

Grundschema der Zuschlagskalkulation

Kalkulationsbestandteile	Zuschlagssumme	Zuschlagsbasis
Materialeinzelkosten	–	–
+ Materialgemeinkosten	Gemeinkosten der Materialstellen	Materialeinzelkosten
= Materialkosten	–	–
Fertigungseinzelkosten (Fertigungslöhne)	–	–
+ Fertigungsgemeinkosten	Gemeinkostensumme der Fertigungsstellen	Fertigungseinzelkosten
+ Sondereinzelkosten der Fertigung	–	–
= Fertigungskosten	–	–
Materialkosten	–	–
+ Fertigungskosten	–	–
= Herstellkosten	–	–
Herstellkosten	–	–
+ Verwaltungsgemeinkosten	Gemeinkostensumme der Verwaltungsstellen	Herstellkosten
+ Vertriebsgemeinkosten	Gemeinkostensumme der Vertriebsstellen	Herstellkosten
+ Sondereinzelkosten des Vertriebs	–	–
= Selbstkosten		

Einfluss auf den Zuschlagssatz. Ist z.B. die Arbeitslosigkeit hoch (gering), ist die relative Konfliktstärke der Arbeiter und ihrer Gewerkschaften gering (hoch) und der Zuschlagssatz fällt entsprechend größer (kleiner) aus. – Eine Zuschlagskalkulation im Rahmen der Monopolgradtheorie der Verteilung kann dann z.B. folgendermaßen aussehen. Der Güterpreis bildet sich aus den durchschnittlichen Lohn-, Material-, Gemeinkosten und dem Gewinn pro Stück:

$$P = (\frac{W_n}{x}) + (\frac{M}{x}) + (\frac{G}{x})$$

Dabei bezeichnet W_n die nominalen Lohnstückkosten, M/x die Materialstückkosten und G/x den Brutto-Gewinn pro Stück, der außer den Gemeinkosten (Abschreibungen, Gehälter der Verwaltungsmitarbeiter) auch den eigentlichen Netto-Gewinn enthält. Der Preis kann unter den gemachten Voraussetzungen durch einen Zuschlag auf die variablen Stückkosten (Lohn- und Materialstückkosten) bestimmt werden:

$$P = (1+m)(\frac{W_n}{x} + \frac{M}{x})$$

Wie sich aus den beiden vorherigen Gleichungen ergibt, kann der Zuschlagssatz (Mark-up) als das Verhältnis des Brutto-Gewinns zur Summe aus Lohn- und Materialkosten dargestellt werden.

$$m = \frac{G}{W_n + M}$$

Vgl. → Monopolgradtheorie der Verteilung.

Zustimmungsregel – Abstimmungsregel (→ Abstimmungsverfahren) über n Alternativen, bei der jeder Teilnehmer beliebig vielen (von ihm akzeptierten) Alternativen je eine Stimme geben kann. Gewählt ist diejenige Alternative, die die größte Stimmenzahl erhalten hat. Diese Regel hat einige günstige Eigenschaften.

Zuteilungssatz – Zinssatz, zu dem die Kreditinstitute bei → Wertpapierpensionsgeschäften → Zentralbankgeld erhalten. Bei → Mengentendern handelt es sich um den von der Zentralbank vorgegebenen Zinssatz, bei → Zinstendern um niedrigsten Zinssatz, zu dem Banken gerade noch von der Bundesbank Liquidität erhalten (marginaler Zuteilungssatz).

Zuzahlungen für Medikamente → Arzneimittelversorgung, → Gesundheitsreform.

Zwangssparen – 1. Vom *Staat angeordnetes Zwangssparen*, indem Zwangsanleihen ausgegeben werden oder auch indem Teile des Lohns und der Gehaltszahlungen für eine mehr oder weniger lange Zeit auf Sparkonten festgelegt werden müssen. Die Zwangsspargelder sind der Zirkulation entzogen und können auf dem Kapitalmarkt für Investitionen oder auch für andere vom Staat gewünschte Zwecke verwendet werden. – 2. *Zwangssparen aufgrund monetärer Einflüsse*, wenn eine inflationistische Kreditausweitung mit entsprechenden Preissteigerungen oder Warenverknappungen vor sich geht. Die Einkommensbezieher können weniger Güter für ihre gleichgebliebenen Bezüge kaufen. Dieser Zustand ist nur wirksam, solange nicht die Lohn-Preis-Spirale in Tätigkeit tritt.

Zwangswirtschaft → zentralgeleitete Wirtschaft.

Zweckbindung – Ausdruck des Budgetrechts der Legislative gegenüber der Exekutive bzw. der Verwaltung. Bezeichnet die Zuordnung eines spezifischen Verwendungszwecks für Ausgabepositionen (Kameralistik) bzw. Auszahlungs- und Aufwandspositionen (Doppische Buchführung in Konten/Doppik), die in einem Haushaltsplan veranschlagt sind. Im Zuge des Haushaltsvollzugs ist diese Zweckbestimmung für die Verwaltung verpflichtend, sodass die Haushaltsmittel nur für den jeweiligen Verwendungszweck verwendet werden dürfen. Man unterscheidet die Bindung an den zugewiesenen Zweck (sachliche Zweckbindung) und den vorgesehenen Zeitraum (zeitliche Zweckbindung).

Zweckverband – 1. *Begriff*: Zusammenschluss von Gemeinden und Gemeindeverbänden zur gemeinsamen Erfüllung bestimmter Aufgaben, zu den Durchführung sie berechtigt oder verpflichtet sind. Klassische Form der interkommunalen Zusammenarbeit. – 2. *Arten nach den Aufgaben*: Planungsverbände, Sparkassen- und Giroverbände, Schulverbände und Zweckverband zur Wasserver- und -entsorgung. – 3. *Rechtsform*: Die Zweckverbände sind öffentliche Körperschaften des öffentlichen Rechts mit Selbstverwaltung unter sinngemäßer Anwendung der für die Gemeinden geltenden Bestimmungen aufgrund der Verbandssatzung. Die öffentlich-rechtliche Form des freiwilligen Zweckverbands kann handelsrechtlich selbstständige Unternehmen, deren Kapital sich ausschließlich in öffentlicher Hand befindet, mit Zustimmung der obersten Landesbehörde auch natürliche Personen und → gemischtwirtschaftliche Unternehmen einschließen. – ~ 4. *Organisatorisch* ist ein Zweckverband i.d.R. das Organ der gemeinsamen Willensbildung und der Vermögensträger; die eigentliche Aufgabenwahrnehmung (z.B. Versorgungsaufgabe) wird von einem Tochterunternehmen des Zweckverbands in privatrechtlicher Form wahrgenommen. – 5. *Alternative*: Anstelle der Bildung eines Zweckverbands können Gemeinden zur Erfüllung einer bestimmten Aufgabe eine öffentlich-rechtliche Vereinbarung derart treffen, dass einer der Beteiligten gegen angemessene Entschädigung seitens der übrigen die gemeinsame Aufgabe erfüllt oder den übrigen Beteiligten die Mitbenutzung einer von ihm betriebenen Einrichtung gewährt (z.B. Müllverbrennungsanlagen). – 6. *Organe*: Wesentliche Organe des Zweckverbandes sind der Verbandsvorsitzende, der von der Verbandsversammlung gewählt wird und die laufenden Geschäfte des Zweckverbandes übernimmt und diese nach außen vertritt, die Verbandsversammlung als das Hauptorgan, in dem alle Verbandsmitglieder mit mindestens einem Mitglied vertreten sind sowie (freiwillig) ein Verwaltungsrat, dem einem Aufsichtsrat vergleichbare Aufgaben zu Teil werden. – Kommunen können sich freiwillig zu einem Zweckverband (*Freiverband*) zusammenschließen oder sich unter besonderen, gesetzlich geregelten Voraussetzungen zur Erfüllung von Pflichtaufgaben auch unter aufsichtsbehördlicher Verfügung zusammenschließen (*Pflichtverband*). – Rechtsverhältnisse eines Zweckverbandes richten sich nach den jeweiligen Gesetzen über kommunale Gemeinschaftsarbeit, Zweckverbandsgesetzen auf Landesebene und den subsidiär geltenden Kommunalverfassungen. Ebenso gelten die Bestimmungen der jeweiligen Zweckverbandssatzung. – Eine spezielle Form des Zweckverbandes stellt der *Wasser- und Bodenverband* dar, dessen Organisation im Gesetz über Wasser- und Bodenverbände (WVG) ausgestaltet ist. Wasser- und Bodenverbände werden im Bereich Wasserversorgung und Abwasserbeseitigung eingesetzt. Eine Beteiligung natürlicher oder anderer juristischer Personen ist bei dieser Spezialform ohne Einschränkung möglich (§ 4 WVG).

Zwei-Säulen-Strategie – geldpolitische Konzeption, die die → Europäische Zentralbank (EZB) bei der Beurteilung einer Reihe von Konjunkturindikatoren zur Ableitung geldpolitischer Maßnahmen zugrundelegt. Mithilfe einer Zwei-Säulen-Strategie versucht die EZB sicherzustellen, dass das Ziel der Preisniveaustabilität (→ Preisniveau) erreicht wird. Diese Zwei-Säulen-Strategie besteht aus einer Steuerung der weit gefassten Geldmenge M3, die auf monetaristischer Basis ein jährliches Wachstum von 4,5 Prozent aufweisen soll, und aus einer Inflationssteuerung. Dabei wird die avisierte Inflationsrate von 2 Prozent des Harmonisierten Verbraucherpreisindex (HVPI) mit der erwarteten Inflationsrate verglichen. Kritiker der

Zwei-Säulen-Strategie wenden ein, dass die Transparenz und Glaubwürdigkeit der Geldpolitik beeinträchtigt würde. – Vgl. auch Geldpolitik, Europäisches System der Zentralbanken (ESZB).

zweiter Bildungsweg – gesellschafts- und bildungspolitisch begründeter Bildungsgang zum Nachholen von Schulabschlüssen und Berechtigungen bis hin zum Abitur außerhalb des traditionellen Bildungsganges. Im Vordergrund steht dabei die Möglichkeit, die allg. oder begrenzte Hochschulzugangsberechtigung ohne den Besuch eines Gymnasiums erwerben zu können. – *Formen des zweiten Bildungswegs:* (1) Besuch von → Instituten zur Erlangung der Hochschulreife in Teilzeitform neben einer Berufsausübung (Abendgymnasien) bzw. in Vollzeitform im Anschluss an eine Berufsausbildung (Kolleg); (2) Ablegung einer Begabtenprüfung (Immaturenprüfung) zur Zulassung für ein bestimmtes Studienfach ohne festgelegte vorherige Schulabschlüsse; (3) etappenweiser Erwerb von Abschlüssen im berufsbildenden Schulsystem, die neben beruflichen Berechtigungen bis hin zur Fachhochschul- und Hochschulreife führen (→ Berufsbildungssystem).

Zwischenspediteur – ein vom Hauptspediteur beauftragter Spediteur, der von einem bestimmten Punkt der Transportabwicklung an gewisse Speditionsleistungen für fremde Rechnung zu übernehmen bzw. Frachtverträge abzuschließen hat. Der Zwischenspediteur ist nicht Erfüllungsgehilfe des Hauptspediteurs. Der Speditionsversicherungsschein deckt auch den vom Zwischenspediteur zu vertretenden Schaden, selbst wenn der Zwischenspediteur seinen Sitz im europäischen Ausland hat.

Zwischenziel – 1. *Begriff und Merkmale*: Ein Zwischenziel ist eine Variable, die in einem engen Zusammenhang zum wirtschaftspolitischen Instrumenteneinsatz einerseits und zum angestrebten Endziels andererseits steht. – 2. *Begründung*: Wegen der Wirkungsverzögerung (Lag) und der Komplexität eines → Ziel-Mittel-Zusammenhangs kann die Verfolgung eines Zwischenziel geeignet sein, die Wirtschaftspolitik effizienter und transparenter zu gestalten.

The manufacturer's authorised representative in the EU is Springer Nature Customer Service Centre GmbH, Europaplatz 3, 69115 Heidelberg, Germany. If you have any concerns regarding our products, please contact ProductSafety@springernature.com

Printed and bound by CPI Group (UK) Ltd, Croydon, CR0 4YY

23/03/2026

02076674-0001